2017 2017 2017

中國奶業年鑒

2017

中华人民共和国农业农村部　主管
中国奶业年鉴编辑委员会　编

中国农业出版社

编辑说明

《中国奶业年鉴》是反映我国奶业发展情况的综合性年刊，也是农业农村部（原农业部）年鉴系列中的一部重要产业年鉴。2002年经原农业部批准由中国奶业协会组织编纂，已经连续出版15卷，2017卷为第十六卷本。《中国奶业年鉴》自出版发行以来，客观记述了我国奶业的发展历程，反映了奶业生产的实际情况，为行业管理部门制定规划、政策和实施决策提供了依据，为奶业生产经营者提供了技术和数据支持，为广大消费者提供了市场和信息引导，是中国奶业发展的编年史册，也是奶业行业发展的公报。

《中国奶业年鉴》实行编辑委员会领导下的编辑负责制，编辑委员会由农业农村部等部委和各省（自治区、直辖市）农牧、农垦厅（局）等部门的负责人，中国农业科学院、中国农业大学等院校学者专家以及奶业相关企业人士组成，编辑部设在中国奶业协会。为拓宽《中国奶业年鉴》的服务功能，增强其权威性、史存性、科学性和连续性，《中国奶业年鉴》2012卷调整了栏目的名称、结构和顺序；2013卷修订了编纂大纲，增加了条目和附录，细化了条目内容；2014 卷增加了索引，进一步方便读者查阅。农业农村部、财政部、海关总署、工业和信息化部相关部门为本卷撰写了有关条目。行业数据主要采用国家统计局、海关总署和国家发展和改革委员会的统计数据，部分数据资料由农业农村部畜牧业司、全国畜牧总站、中国奶业协会和中国乳制品工业协会等单位提供。国内数据资料范围仅限于内地30个省、自治区、直辖市，不包括香港、澳门特别行政区和台湾地区。各地奶业中的数据有些省份采用畜牧行业统计数据，与本年鉴行业统计栏目中数据有差异，请注意引用。

《中国奶业年鉴》2017卷中各省、自治区、直辖市按行政区划顺序排列。

《中国奶业年鉴》2017卷所刊载资料一般截至2016年年底，部分时效性较强的资料不限于2016 年。

《中国奶业年鉴》2017卷的编辑、出版和发行工作得到了各级畜牧兽医行政主管部门、奶业行业协会、国家产业技术体系、科研院校、乳品企业等各有关单位和奶业知名专家的大力支持和帮助，谨此表示诚挚的感谢。

中国奶业年鉴编辑委员会名单

阎奋民　甘肃省农牧厅巡视员
马建路　青海省奶业协会秘书长
柴育东　宁夏回族自治区农牧业厅畜牧局局长
才仁拉吉甫　新疆维吾尔自治区畜牧厅副厅长
赵福义　新疆生产建设兵团农业局巡视员
张景伟　黑龙江省农垦总局畜牧兽医局副局长
潘　刚　内蒙古伊利实业集团股份有限公司董事长
卢敏放　内蒙古蒙牛乳业（集团）股份有限公司总裁
高丽娜　现代牧业（集团）股份有限公司总裁
杨　凯　中国辉山乳业控股有限公司总裁
常　毅　北京三元食品股份有限公司董事长
魏立华　石家庄君乐宝乳业有限公司总裁
朱航明　光明乳业股份有限公司总裁
邵根伙　内蒙古圣牧高科牧业有限公司董事长
邱太明　中垦乳业股份有限公司总经理
王景海　黑龙江省完达山乳业股份有限公司董事长
赵　斌　新疆西域春乳业有限责任公司总经理
蔡永康　福建长富乳品有限公司总经理
白元龙　南京卫岗乳业有限公司董事长
席　刚　新希望乳业控股有限公司董事长
冷友斌　黑龙江飞鹤乳业有限公司董事长
黄　焘　贝因美婴童食品股份有限公司总经理
刘连超　天津嘉立荷牧业集团有限公司董事长
关晓彦　河南花花牛乳业有限公司董事长
李　瑜　济南佳宝乳业有限公司董事长
刘华国　西安银桥乳业集团公司董事长
王　赞　光明牧业有限公司总经理

窦树龙　海关总署动植物检疫监管司动检处处长
吴凯锋　农业部畜牧业司行业处调研员
邓兴照　农业部畜牧业司奶业处副处长
胡翊坤　农业部畜牧业司饲料处副处长
张　富　农业部畜牧业司监测分析处副处长
张军民　中国农业科学院北京畜牧兽医研究所副所长
刘海良　全国畜牧总站饲料行业指导处处长
马金星　全国畜牧总站奶业与畜产品加工处处长
刘丑生　全国畜牧总站行业统计分析处处长
王志刚　全国畜牧总站体系建设与推广处处长
张书义　全国畜牧总站奶业与畜产品加工处研究员
卜登攀　中国农科院北京畜牧兽医研究所研究员
张养东　中国农科院北京畜牧兽医研究所副研究员
黄京平　农业部畜牧业司奶业处
任　康　北京市畜牧总站高级畜牧师
孟庆江　天津市奶业发展服务中心主任
李贺峰　河北省奶业协会副秘书长
侯晋兰　山西省农业厅饲料奶站管理办公室调研员
杜　哲　内蒙古自治区农牧业厅畜牧处
张建勋　辽宁省畜牧兽医局处长
刘景诗　辽宁省畜牧兽医局副处调研员
迟桂凤　吉林省畜牧业管理局调研员
张维银　黑龙江省奶业协会常务副会长
季爱华　上海奶业行业协会
侯庆永　江苏省奶业协会副秘书长
杨金勇　浙江省奶牛业协会秘书长
李赛明　安徽省畜牧技术推广总站站长
吴大新　福建省奶业协会秘书长
欧阳延生　江西省畜牧兽医局畜牧饲料处处长
吴孝兵　山东省畜牧兽医局畜牧科技处处长
柴士名　山东省畜牧总站
宋洛文　河南省畜牧局奶业管理办公室副主任
郭安国　湖北省畜牧兽医局草业管理处调研员

刘海林　湖南省奶业协会秘书长

陈三有　广东省畜牧技术推广总站副站长

刘建营　广东省奶业协会副秘书长

唐善生　广西壮族自治区畜牧总站

陈圣法　海南省农业厅畜牧业处处长

罗　健　重庆市农业委员会畜牧处调研员

王世林　四川省农业厅畜牧业处处长

谢劲松　贵州省农业委员会畜牧业发展处

黄艾祥　云南省奶业协会秘书长

边　珍　西藏自治区农牧厅畜牧处副处长

王鹏飞　陕西省畜牧兽医局

沈启云　甘肃省畜牧业产业管理局高级畜牧师

张惠萍　青海省奶业协会副秘书长

吴彦虎　宁夏回族自治区畜牧兽医总站站长

齐新林　新疆维吾尔自治区奶业办公室主任

刘根俊　新疆生产建设兵团农业局畜牧处调研员

杨　华　新疆生产建设兵团畜牧兽医总站高级畜牧师

周兴民　黑龙江省农垦总局畜牧兽医局

温永平　内蒙古蒙牛乳业（集团）股份有限公司副总裁

肖洪亮　黑龙江省完达山乳业股份有限公司总经理助理

宋乃社　北京中地种畜有限公司副总经理

胡朝阳　四方力欧畜牧科技股份有限公司董事长

张定宏　中博农畜牧科技股份有限公司董事长

刘光磊　上海奶牛育种中心总经理

张少华　福建长富乳品有限公司

刘李萍　光明牧业有限公司

夏兆刚　中绿华夏有机食品认证中心常务副主任

中国奶业年鉴编辑部

2017 年 6 月 16 ~ 18 日，第八届中国奶业大会暨 2017 中国奶业展览会在江苏省南京市举行。

2017 年 10 月 25 日，中国奶业协会会长高鸿宾在光明乳业考察指导工作。

2017 年 6 月 16 ~ 18 日，第八届中国奶业大会暨 2017 中国奶业展览会期间，农业部副部长于康震、中国奶业协会刘亚清参观南京卫岗乳业有限公司展位并听取企业负责人的介绍。

2017 年 6 月 17 日，在农业部屈冬玉副部长的陪同下，俄罗斯、巴西、印度、南非农业部长一行参观了与第八届中国奶业大会同期举办的 2017 中国奶业展览会。

2017 年 7 月 27 日，由农业部倡议，中国奶业 D20 企业联盟主办，黑龙江飞鹤乳业承办的 2017 中国奶业 D20 峰会在黑龙江省齐齐哈尔市举行。农业部副部长于康震为峰会致辞。

2017 年 11 月 15 日，首届婴幼儿配方奶粉创新发展论坛在石家庄市举行。中国奶业协会会长高鸿宾作主旨演讲。

2017 年 7 月 19 日，中国奶业协会在京举行新闻发布会，中国奶业协会刘亚清发布《中国奶业质量报告》。

2017 年 2 月 21 日，农业部和中国奶业协会联合举办“中国小康牛奶行动”启动仪式。

光明牧业免费服务电话
800 · 820 · 1536

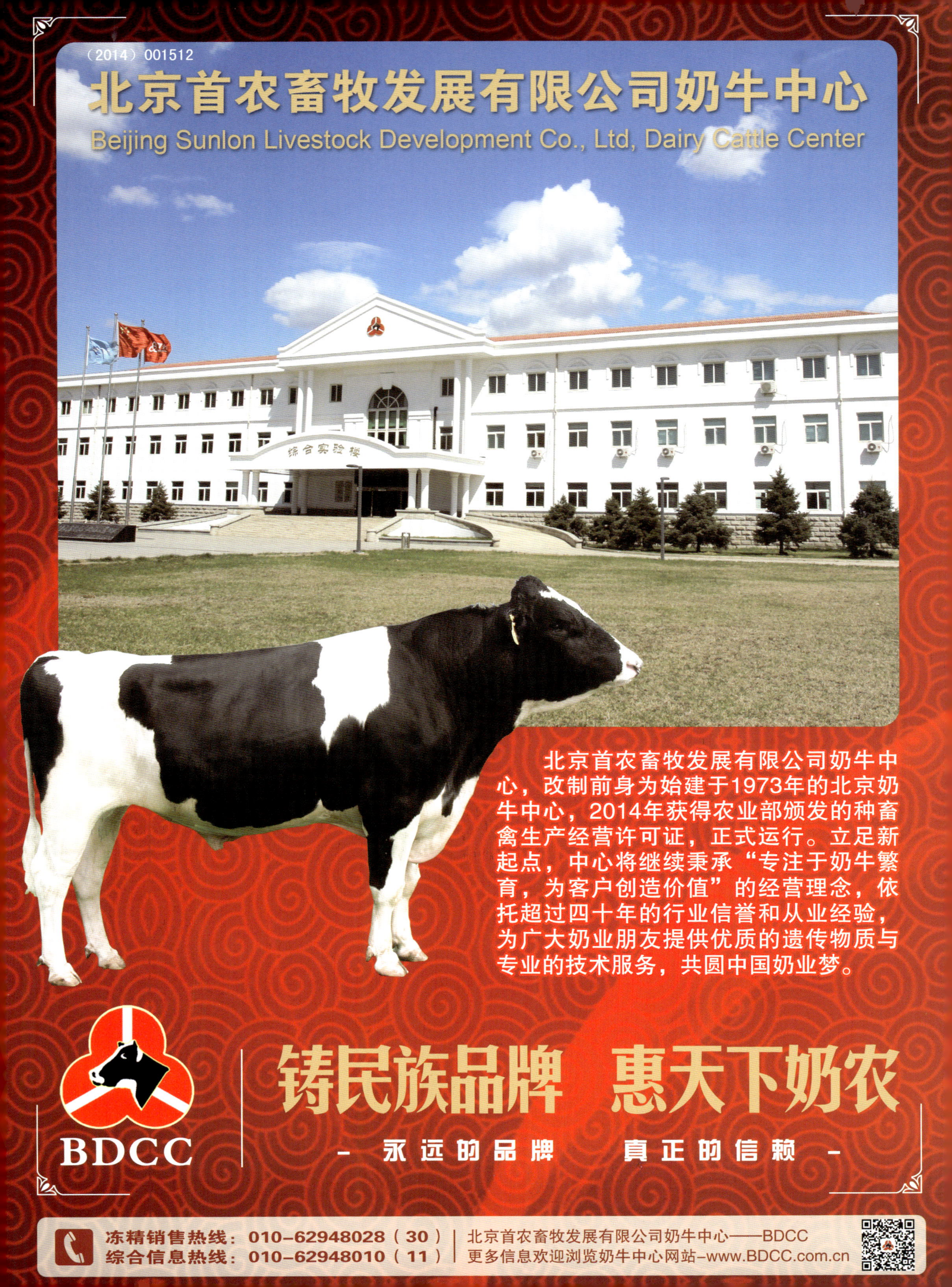

11108565　11108656　11108793　11108813

11109012　11109533　11109563　11109589

11109597　11109630　11110646　11110724

AG11111351　LM11109010　XM11109001　XM11111901

XL11111301　XL11108016　MB11108691　MB11108712

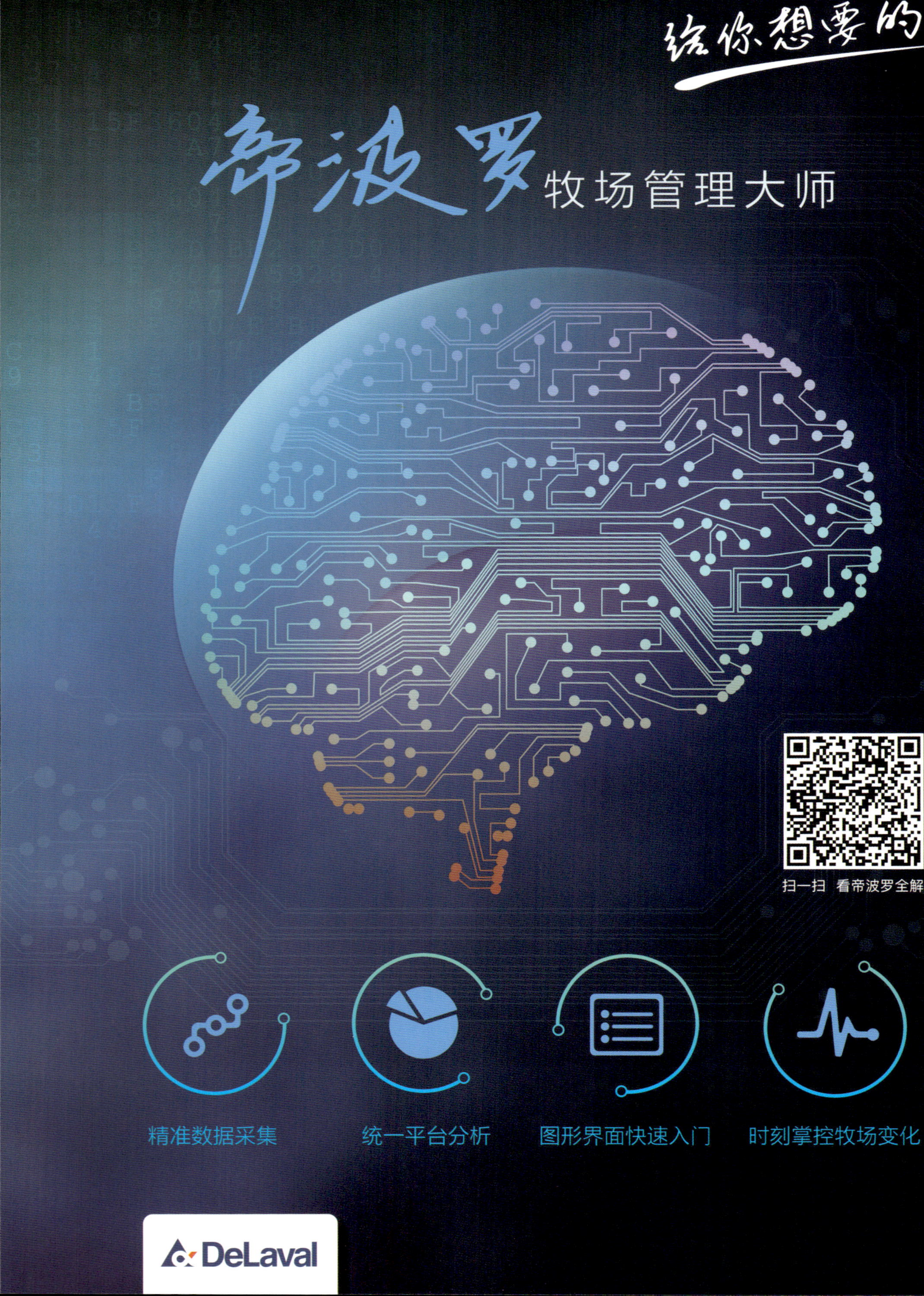
给你想要的
帝波罗
牧场管理大师
扫一扫 看帝波罗全解
精准数据采集
统一平台分析
图形界面快速入门
时刻掌控牧场变化
DeLaval

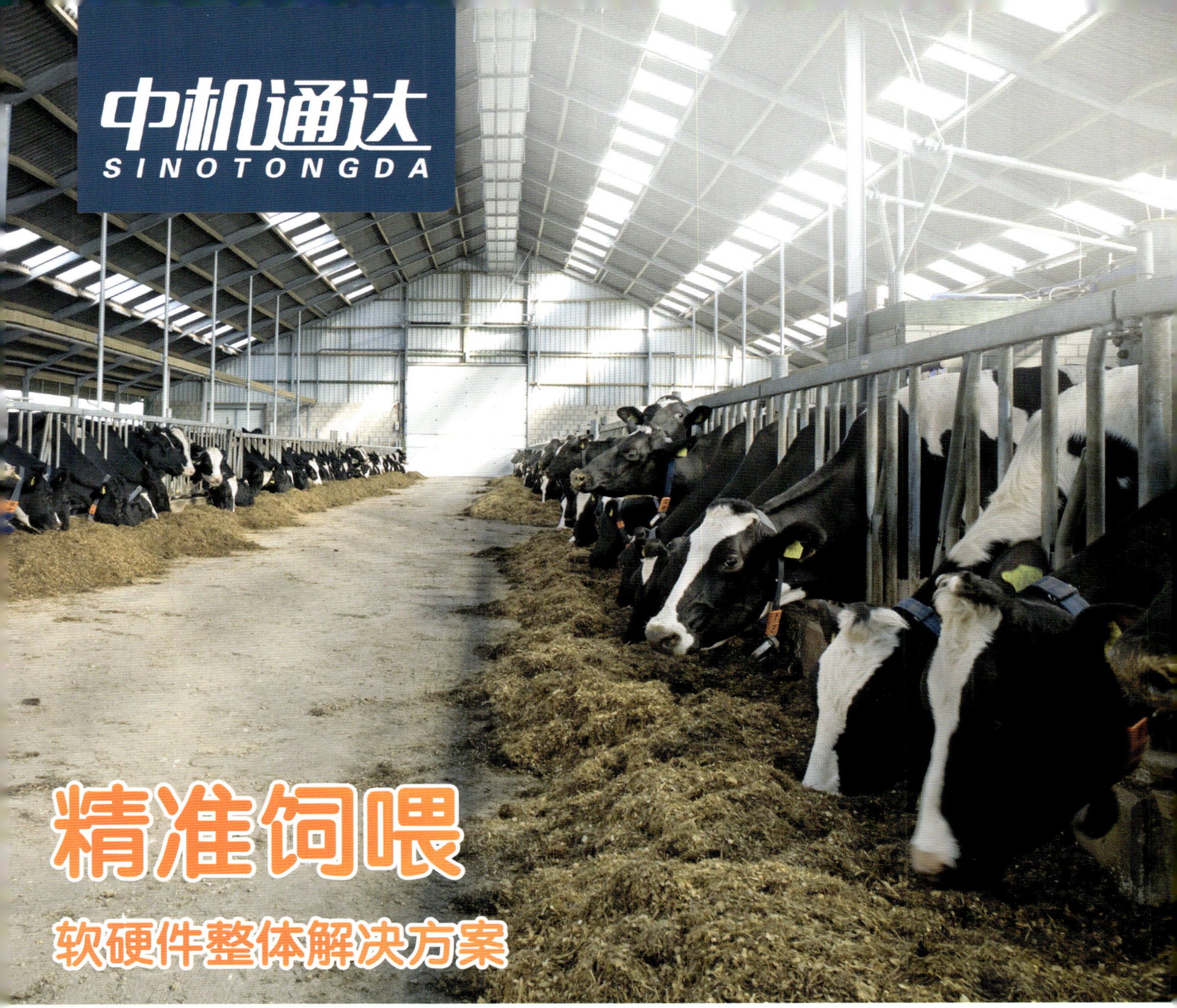

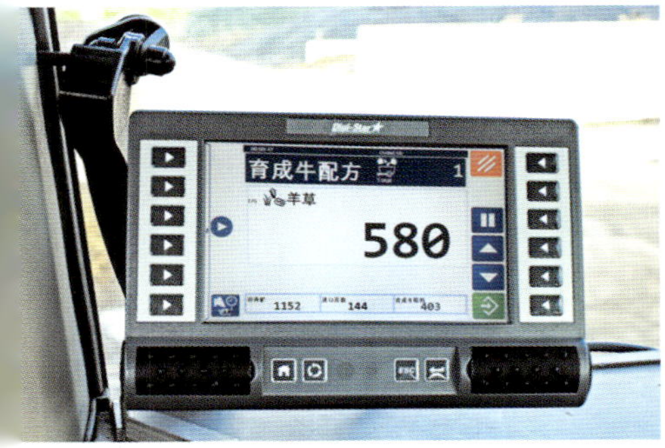

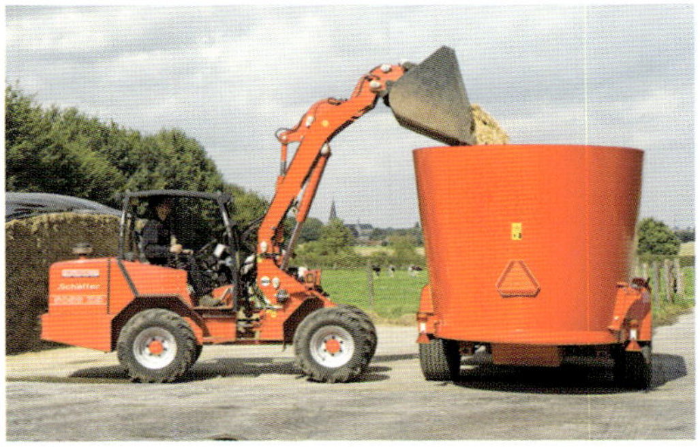

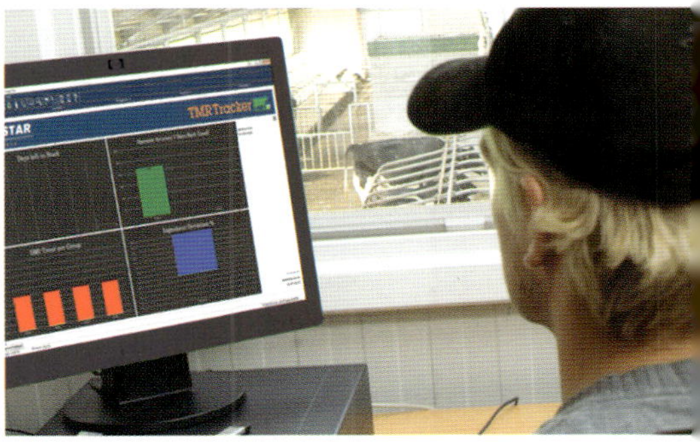

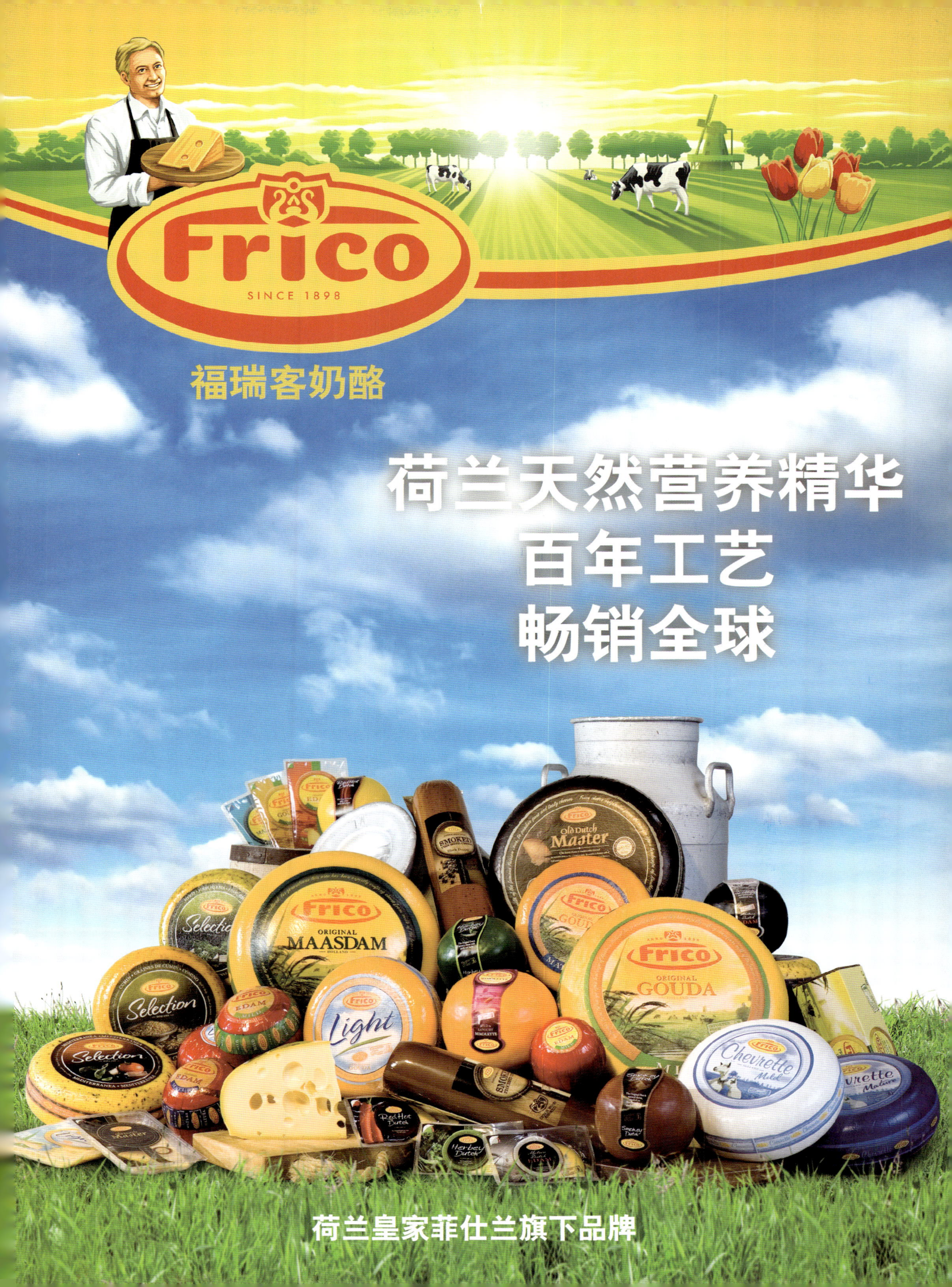
Frico
SINCE 1898
福瑞客奶酪
荷兰天然营养精华
百年工艺
畅销全球
ORIGINAL
MAASDAM
ORIGINAL
GOUDA
Light
Selection
Old Dutch Master
Chevrette
荷兰皇家菲仕兰旗下品牌

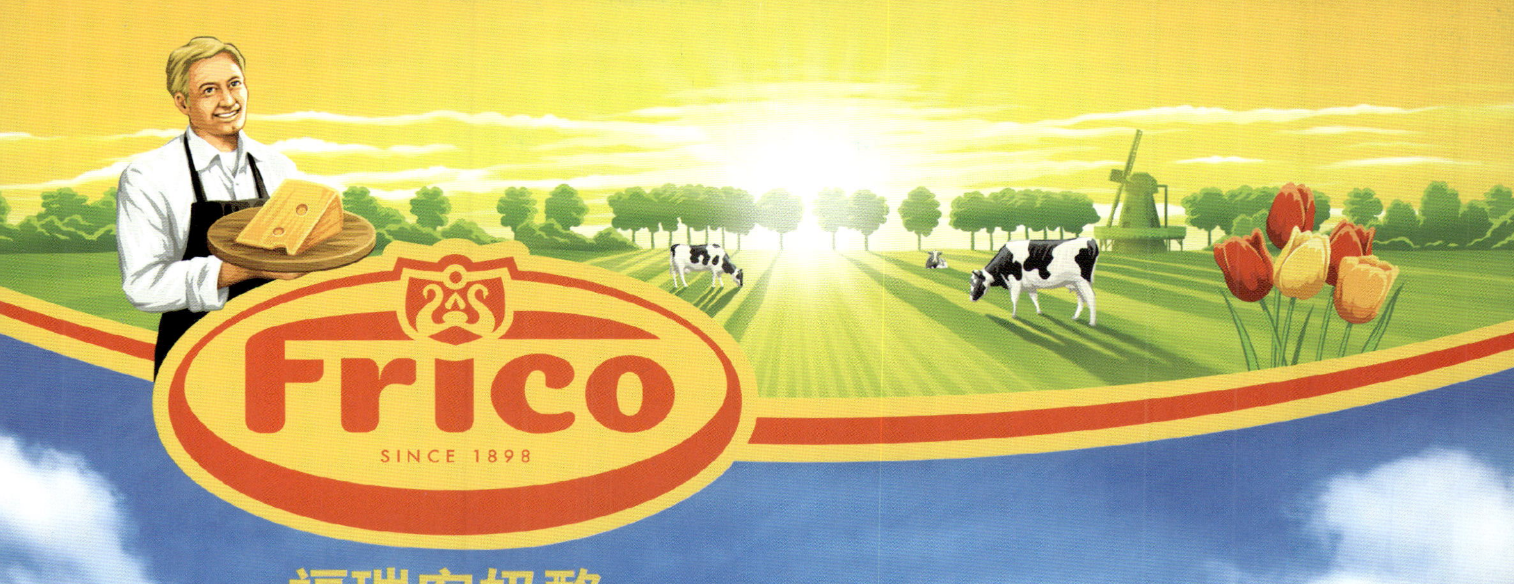

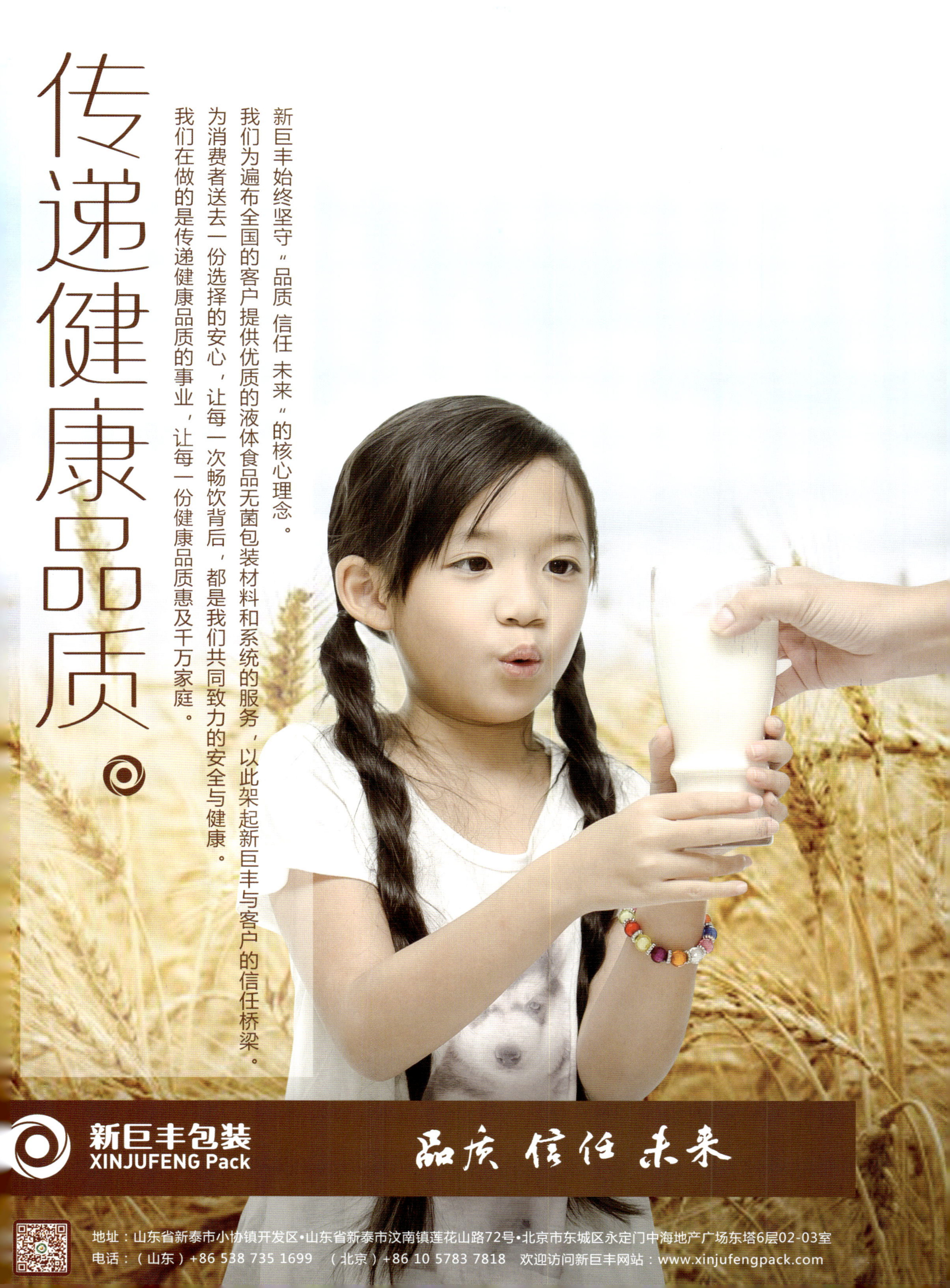
传递健康品质。
新巨丰始终坚守"品质 信任 未来"的核心理念。
我们为遍布全国的客户提供优质的液体食品无菌包装材料和系统的服务，以此架起新巨丰与客户的信任桥梁。
为消费者送去一份选择的安心，让每一次畅饮背后，都是我们共同致力的安全与健康。
我们在做的是传递健康品质的事业，让每一份健康品质惠及千万家庭。
新巨丰包装
XINJUFENG Pack
品质 信任 未来
地址：山东省新泰市小协镇开发区•山东省新泰市汶南镇莲花山路72号•北京市东城区永定门中海地产广场东塔6层02-03室
电话：（山东）+86 538 735 1699　（北京）+86 10 5783 7818　欢迎访问新巨丰网站：www.xinjufengpack.com

自然力量
天生要强
蒙牛汇聚自然精华 助你成就更强

蒙牛首席要强官
梅西
FIFA WORLD CUP
RUSSIA 2018
MENGNIU
蒙牛
2018 FIFA 世界杯
全球官方赞助商

目　录

特　载

发 展 综 述

行 业 专 述

各 地 奶 业

政策法规

科 学 技 术

国 际 奶 业

奶 业 大 事 记

行 业 统 计

特　载

TEZAI

中共中央国务院关于深入推进农业供给侧结构性改革加快培育农业农村发展新动能的若干意见

（2016 年 12 月 31 日）

经过多年不懈努力，我国农业农村发展不断迈上新台阶，已进入新的历史阶段。农业的主要矛盾由总量不足转变为结构性矛盾，突出表现为阶段性供过于求和供给不足并存，矛盾的主要方面在供给侧。近几年，我国在农业转方式、调结构、促改革等方面进行积极探索，为进一步推进农业转型升级打下一定基础，但农产品供求结构失衡、要素配置不合理、资源环境压力大、农民收入持续增长乏力等问题仍很突出，增加产量与提升品质、成本攀升与价格低迷、库存高企与销售不畅、小生产与大市场、国内外价格倒挂等矛盾亟待破解。必须顺应新形势新要求，坚持问题导向，调整工作重心，深入推进农业供给侧结构性改革，加快培育农业农村发展新动能，开创农业现代化建设新局面。

推进农业供给侧结构性改革，要在确保国家粮食安全的基础上，紧紧围绕市场需求变化，以增加农民收入、保障有效供给为主要目标，以提高农业供给质量为主攻方向，以体制改革和机制创新为根本途径，优化农业产业体系、生产体系、经营体系，提高土地产出率、资源利用率、劳动生产率，促进农业农村发展由过度依赖资源消耗、主要满足量的需求，向追求绿色生态可持续、更加注重满足质的需求转变。

推进农业供给侧结构性改革是一个长期过程，处理好政府和市场关系、协调好各方面利益，面临许多重大考验。必须直面困难和挑战，坚定不移推进改革，勇于承受改革阵痛，尽力降低改革成本，积极防范改革风险，确保粮食生产能力不降低、农民增收势头不逆转、农村稳定不出问题。

2017 年农业农村工作，要全面贯彻党的十八大和十八届三中、四中、五中、六中全会精神，以邓小平理论、“三个代表”重要思想、科学发展观为指导，深入贯彻习近平总书记系列重要讲话精神和治国理政新理念新思想新战略，坚持新发展理念，协调推进农业现代化与新型城镇化，以推进农业供给侧结构性改革为主线，围绕农业增效、农民增收、农村增绿，加强科技创新引领，加快结构调整步伐，加大农村改革力度，提高农业综合效益和竞争力，推动社会主义新农村建设取得新的进展，力争农村全面小康建设迈出更大步伐。

一、优化产品产业结构，着力推进农业提质增效

1. 统筹调整粮经饲种植结构。按照稳粮、优经、扩饲的要求，加快构建粮经饲协调发展的三元种植结构。粮食作物要稳定水稻、小麦生产，确保口粮绝对安全，重点发展优质稻米和强筋弱筋小麦，继续调减非优势区籽粒玉米，增加优质食用大豆、薯类、杂粮杂豆等。经济作物要优化品种品质和区域布局，巩固主产区棉花、油料、糖料生产，促进园艺作物增值增效。饲料作物要扩大种植面积，

发展青贮玉米、苜蓿等优质牧草，大力培育现代饲草料产业体系。加快北方农牧交错带结构调整，形成以养带种、牧林农复合、草果菜结合的种植结构。继续开展粮改饲、粮改豆补贴试点。

2. 发展规模高效养殖业。稳定生猪生产，优化南方水网地区生猪养殖区域布局，引导产能向环境容量大的地区和玉米主产区转移。加快品种改良，大力发展牛羊等草食畜牧业。全面振兴奶业，重点支持适度规模的家庭牧场，引导扩大生鲜乳消费，严格执行复原乳标识制度，培育国产优质品牌。合理确定湖泊水库等内陆水域养殖规模，推动水产养殖减量增效。推进稻田综合种养和低洼盐碱地养殖。完善江河湖海限捕、禁捕时限和区域，率先在长江流域水生生物保护区实现全面禁捕。科学有序开发滩涂资源。支持集约化海水健康养殖，发展现代化海洋牧场，加强区域协同保护，合理控制近海捕捞。积极发展远洋渔业。建立海洋渔业资源总量管理制度，规范各类渔业用海活动，支持渔民减船转产。

3. 做大做强优势特色产业。实施优势特色农业提质增效行动计划，促进杂粮杂豆、蔬菜瓜果、茶叶蚕桑、花卉苗木、食用菌、中药材和特色养殖等产业提档升级，把地方土特产和小品种做成带动农民增收的大产业。大力发展木本粮油等特色经济林、珍贵树种用材林、花卉竹藤、森林食品等绿色产业。实施森林生态标志产品建设工程。开展特色农产品标准化生产示范，建设一批地理标志农产品和原产地保护基地。推进区域农产品公用品牌建设，支持地方以优势企业和行业协会为依托打造区域特色品牌，引入现代要素改造提升传统名优品牌。

4. 进一步优化农业区域布局。以主体功能区规划和优势农产品布局规划为依托，科学合理划定稻谷、小麦、玉米粮食生产功能区和大豆、棉花、油菜籽、糖料蔗、天然橡胶等重要农产品生产保护区。功能区和保护区内地块全部建档立册、上图入库，实现信息化精准化管理。抓紧研究制定功能区和保护区建设标准，完善激励机制和支持政策，层层落实建设管护主体责任。制定特色农产品优势区建设规划，建立评价标准和技术支撑体系，鼓励各地争创园艺产品、畜产品、水产品、林特产品等特色农产品优势区。

5. 全面提升农产品质量和食品安全水平。坚持质量兴农，实施农业标准化战略，突出优质、安全、绿色导向，健全农产品质量和食品安全标准体系。支持新型农业经营主体申请“三品一标”认证，推进农产品商标注册便利化，强化品牌保护。引导企业争取国际有机农产品认证，加快提升国内绿色、有机农产品认证的权威性和影响力。切实加强产地环境保护和源头治理，推行农业良好生产规范，推广生产记录台账制度，严格执行农业投入品生产销售使用有关规定。深入开展农兽药残留超标特别是养殖业滥用抗生素治理，严厉打击违禁超限量使用农兽药、非法添加和超范围超限量使用食品添加剂等行为。健全农产品质量和食品安全监管体制，强化风险分级管理和属地责任，加大抽检监测力度。建立全程可追溯、互联共享的追溯监管综合服务平台。鼓励生产经营主体投保食品安全责任险。抓紧修订农产品质量安全法。

6. 积极发展适度规模经营。大力培育新型农业经营主体和服务主体，通过经营权流转、股份合作、代耕代种、土地托管等多种方式，加快发展土地流转型、服务带动型等多种形式规模经营。积极引导农民在自愿基础上，通过村组内互换并地等方式，实现按户连片耕种。完善家庭农场认定办法，扶持规模适度的家庭农场。加强农民合作社规范化建设，积极发展生产、供销、信用“三位一体”综合合作。总结推广农业生产全程社会化服务试点经验，扶持培育农机作业、农田灌排、统防统治、烘干仓储等经营性服务组织。支持供销、邮政、农机等系统发挥为农服务综合平台作用，促进传统农资流通网点向现代农资综合服务商转型。鼓励地方探索土地流转履约保证保险。研究建立农业适度规模经营评价指标体系，引导规模经营健康发展。

7. 建设现代农业产业园。以规模化种养基地为基础，依托农业产业化龙头企业带动，聚集现代生产要素，建设“生产＋加工＋科技”的现代农业产业园，发挥技术集成、产业融合、创业平台、核心辐射等功能作用。科学制定产业园规划，统筹布局生产、加工、物流、研发、示范、服务等功能板块。鼓励地方统筹使用高标准农田建设、农业综合开发、现代农业生产发展等相关项目资金，集中建设产业园基础设施和配套服务体系。吸引龙头企业和科研机构建设运营产业园，发展设施农业、精准农业、精深加工、现代营销，带动新型农业经营主体和农户专业化、标准化、集约化生产，推动农业全环节升级、全链条增值。鼓励农户和返乡下乡人员通过订单农业、股份合作、入园创业就业等多种方式，参与建设，分享收益。

8. 创造良好农产品国际贸易环境。统筹利用国际市场，优化国内农产品供给结构，健全公平竞争的农产品进口市场环境。健全农产品贸易反补贴、反倾销和保障措施法律法规，依法对进口农产品开展贸易救济调查。鼓励扩大优势农产品出口，加大海外推介力度。加强农业对外合作，推动农业走出去。以“一带一路”沿线及周边国家和地区为重点，支持农业企业开展跨国经营，建立境外生产基地和加工、仓储物流设施，培育具有国际竞争力的大企业大集团。积极参与国际贸易规则和国际标准的制定修订，推进农产品认证结果互认工作。深入开展农产品反走私综合治理，实施专项打击行动。

二、推行绿色生产方式，增强农业可持续发展能力

9. 推进农业清洁生产。深入推进化肥农药零增长行动，开展有机肥替代化肥试点，促进农业节本增效。建立健全化肥农药行业生产监管及产品追溯系统，严格行业准入管理。大力推行高效生态循环的种养模式，加快畜禽粪便集中处理，推动规模化大型沼气健康发展。以县为单位推进农业废弃物资源化利用试点，探索建立可持续运营管理机制。鼓励各地加大农作物秸秆综合利用支持力度，健全秸秆多元化利用补贴机制。继续开展地膜清洁生产试点示范。推进国家农业可持续发展试验示范区创建。

10. 大规模实施农业节水工程。把农业节水作为方向性、战略性大事来抓，加快完善国家支持农业节水政策体系。加大大中型灌排骨干工程节水改造与建设力度，同步完善田间节水设施，建设现代化灌区。大力实施区域规模化高效节水灌溉行动，集中建成一批高效节水灌溉工程。稳步推进牧区高效节水灌溉饲草料地建设，严格限制生态脆弱地区抽取地下水灌溉人工草场。建立健全农业节水技术产品标准体系。加快开发种类齐全、系列配套、性能可靠的节水灌溉技术和产品，大力普及喷灌、滴灌等节水灌溉技术，加大水肥一体化等农艺节水推广力度。全面推进农业水价综合改革，落实地方政府主体责任，加快建立合理水价形成机制和节水激励机制。全面推行用水定额管理，开展县域节水型社会建设达标考核。实施第三次全国水资源调查评价。

11. 集中治理农业环境突出问题。实施耕地、草原、河湖休养生息规划。开展土壤污染状况详查，深入实施土壤污染防治行动计划，继续开展重金属污染耕地修复及种植结构调整试点。扩大农业面源污染综合治理试点范围。加大东北黑土地保护支持力度。推进耕地轮作休耕制度试点，合理设定补助标准。支持地方重点开展设施农业土壤改良，增加土壤有机质。扩大华北地下水超采区综合治理范围。加快新一轮退耕还林还草工程实施进度。上一轮退耕还林补助政策期满后，将符合条件的退耕还生态林分别纳入中央和地方森林生态效益补偿范围。继续实施退牧还草工程。推进北方农牧交错带已垦草原治理。实施湿地保护修复工程。

12. 加强重大生态工程建设。推进山水林田湖整体保护、系统修复、综合治理，加快构建国家生态安全屏障。全面推进大规模国土绿化行动。启动长江经济带重大生态修复工程，把共抓大保护、不搞大开发的要求落到实处。继续实施林业重点生态工程，推动森林质量精准提升工程建设。完善全面停止天然林商业性采伐补助政策。加快推进国家公园建设。加强国家储备林基地建设。推进沙化土地封禁与修复治理。加大野生动植物和珍稀种质资源保护力度，推进濒危野生动植物抢救性保

护及自然保护区建设。加强重点区域水土流失综合治理和水生态修复治理，继续开展江河湖库水系连通工程建设。

三、壮大新产业新业态，拓展农业产业链价值链

13.大力发展乡村休闲旅游产业。充分发挥乡村各类物质与非物质资源富集的独特优势，利用“旅游+”“生态+”等模式，推进农业、林业与旅游、教育、文化、康养等产业深度融合。丰富乡村旅游业态和产品，打造各类主题乡村旅游目的地和精品线路，发展富有乡村特色的民宿和养生养老基地。鼓励农村集体经济组织创办乡村旅游合作社，或与社会资本联办乡村旅游企业。多渠道筹集建设资金，大力改善休闲农业、乡村旅游、森林康养公共服务设施条件，在重点村优先实现宽带全覆盖。完善休闲农业、乡村旅游行业标准，建立健全食品安全、消防安全、环境保护等监管规范。支持传统村落保护，维护少数民族特色村寨整体风貌，有条件的地区实行连片保护和适度开发。

14.推进农村电商发展。促进新型农业经营主体、加工流通企业与电商企业全面对接融合，推动线上线下互动发展。加快建立健全适应农产品电商发展的标准体系。支持农产品电商平台和乡村电商服务站点建设。推动商贸、供销、邮政、电商互联互通，加强从村到乡镇的物流体系建设，实施快递下乡工程。深入实施电子商务进农村综合示范。鼓励地方规范发展电商产业园，聚集品牌推广、物流集散、人才培养、技术支持、质量安全等功能服务。全面实施信息进村入户工程，开展整省推进示范。完善全国农产品流通骨干网络，加快构建公益性农产品市场体系，加强农产品产地预冷等冷链物流基础设施网络建设，完善鲜活农产品直供直销体系。推进“互联网+”现代农业行动。

15.加快发展现代食品产业。引导加工企业向主产区、优势产区、产业园区集中，在优势农产品产地打造食品加工产业集群。加大食品加工业技术改造支持力度，开发拥有自主知识产权的生产加工设备。鼓励食品企业设立研发机构，围绕“原字号”开发市场适销对路的新产品。实施主食加工业提升行动，积极推进传统主食工业化、规模化生产，大力发展方便食品、休闲食品、速冻食品、马铃薯主食产品。加强新食品原料、药食同源食品开发和应用。大力推广“生产基地+中央厨房+餐饮门店”“生产基地+加工企业+商超销售”等产销模式。加强现代生物和营养强化技术研究，挖掘开发具有保健功能的食品。健全保健食品、特殊医学用途食品、婴幼儿配方乳粉注册备案制度。完善农产品产地初加工补助政策。

16.培育宜居宜业特色村镇。围绕有基础、有特色、有潜力的产业，建设一批农业文化旅游“三位一体”、生产生活生态同步改善、一产、二产、三产深度融合的特色村镇。支持各地加强特色村镇产业支撑、基础设施、公共服务、环境风貌等建设。打造“一村一品”升级版，发展各具特色的专业村。支持有条件的乡村建设以农民合作社为主要载体、让农民充分参与和受益，集循环农业、创意农业、农事体验于一体的田园综合体，通过农业综合开发、农村综合改革转移支付等渠道开展试点示范。深入实施农村产业融合发展试点示范工程，支持建设一批农村产业融合发展示范园。

四、强化科技创新驱动，引领现代农业加快发展

17. 加强农业科技研发。适应农业转方式调结构新要求，调整农业科技创新方向和重点。整合科技创新资源，完善国家农业科技创新体系和现代农业产业技术体系，建立一批现代农业产业科技创新中心和农业科技创新联盟，推进资源开放共享与服务平台基地建设。加强农业科技基础前沿研究，提升原始创新能力。建设国家农业高新技术产业开发区。加大实施种业自主创新重大工程和主要农作物良种联合攻关力度，加快适宜机械化生产、优质高产多抗广适新品种选育。加强中低产田改良、经济作物、草食畜牧业、海洋牧场、智慧农业、农林产品精深加工、仓储物流等科技研发。加快研发适宜丘陵山区、设施农业、畜禽水产养殖的农机装备，提升农机核心零部件自主研发能力。

支持地方开展特色优势产业技术研发。

18.强化农业科技推广。创新公益性农技推广服务方式，引入项目管理机制，推行政府购买服务，支持各类社会力量广泛参与农业科技推广。鼓励地方建立农科教产学研一体化农业技术推广联盟，支持农技推广人员与家庭农场、农民合作社、龙头企业开展技术合作。深入推进绿色高产高效创建，重点推广优质专用品种和节本降耗、循环利用技术模式。实施智慧农业工程，推进农业物联网试验示范和农业装备智能化。发展智慧气象，提高气象灾害监测预报预警水平。深入推行科技特派员制度，打造一批“星创天地”。加强农村科普公共服务建设。

19.完善农业科技创新激励机制。加快落实科技成果转化收益、科技人员兼职取酬等制度规定。通过“后补助”等方式支持农业科技创新。实施农业科研杰出人才培养计划，深入推进科研成果权益改革试点。发展面向市场的新型农业技术研发、成果转化和产业孵化机构。完善符合农业科技创新规律的基础研究支持方式，建立差别化农业科技评价制度。加强农业知识产权保护和运用。

20.提升农业科技园区建设水平。科学制定园区规划，突出科技创新、研发应用、试验示范、科技服务与培训等功能，建设农业科技成果转化中心、科技人员创业平台、高新技术产业孵化基地，打造现代农业创新高地。支持园区产学研合作建立各类研发机构、测试检测中心、院士专家工作站、技术交易机构等科研和服务平台。支持园区企业和科研机构结合区域实际，开展特色优势产业关键共性技术研发和推广。完善国家农业科技园区管理办法和监测评价机制。

21.开发农村人力资源。重点围绕新型职业农民培育、农民工职业技能提升，整合各渠道培训资金资源，建立政府主导、部门协作、统筹安排、产业带动的培训机制。探索政府购买服务等办法，发挥企业培训主体作用，提高农民工技能培训针对性和实效性。优化农业从业者结构，深入推进现代青年农场主、林场主培养计划和新型农业经营主体带头人轮训计划，探索培育农业职业经理人，培养适应现代农业发展需要的新农民。鼓励高等学校、职业院校开设乡村规划建设、乡村住宅设计等相关专业和课程，培养一批专业人才，扶持一批乡村工匠。

五、补齐农业农村短板，夯实农村共享发展基础

22.持续加强农田基本建设。深入实施藏粮于地、藏粮于技战略，严守耕地红线，保护优化粮食产能。全面落实永久基本农田特殊保护政策措施，实施耕地质量保护和提升行动，持续推进中低产田改造。加快高标准农田建设，提高建设质量。有条件的地区可以将晒场、烘干、机具库棚、有机肥积造等配套设施纳入高标准农田建设范围。引导金融机构对高标准农田建设提供信贷支持。允许通过土地整治增加的耕地作为占补平衡补充耕地的指标在省域内调剂，按规定或合同约定取得指标调剂收益。推进重大水利工程建设，抓紧修复水毁灾损农业设施和水利工程，加强水利薄弱环节和“五小水利”工程建设。因地制宜推进平原地区农村机井油改电。

23.深入开展农村人居环境治理和美丽宜居乡村建设。推进农村生活垃圾治理专项行动，促进垃圾分类和资源化利用，选择适宜模式开展农村生活污水治理，加大力度支持农村环境集中连片综合治理和改厕。开展城乡垃圾乱排乱放集中排查整治行动。实施农村新能源行动，推进光伏发电，逐步扩大农村电力、燃气和清洁型煤供给。加快修订村庄和集镇规划建设管理条例，大力推进县域乡村建设规划编制工作。推动建筑设计下乡，开展田园建筑示范。深入开展建好、管好、护好、运营好农村公路工作，深化农村公路管养体制改革，积极推进城乡交通运输一体化。实施农村饮水安全巩固提升工程和新一轮农村电网改造升级工程。完善农村危房改造政策，提高补助标准，集中支持建档立卡贫困户、低保户、分散供养特困人员和贫困残疾人家庭等重点对象。开展农村地区枯井、河塘、饮用水、自建房、客运和校车等方面安全隐患排查治理工作。推进光纤到村建设，加快实现4G网络农村全覆盖。推进建制村直接通邮。开展农村人居环境和美丽宜居乡村示范创建。加强农

村公共文化服务体系建设，统筹实施重点文化惠民项目，完善基层综合性文化服务设施，在农村地区深入开展送地方戏活动。支持重要农业文化遗产保护。

24. 提升农村基本公共服务水平。全面落实城乡统一、重在农村的义务教育经费保障机制，加强乡村教师队伍建设。继续提高城乡居民基本医疗保险筹资水平，加快推进城乡居民医保制度整合，推进基本医保全国联网和异地就医结算。加强农村基层卫生人才培养。完善农村低保对象认定办法，科学合理确定农村低保标准。扎实推进农村低保制度与扶贫开发政策有效衔接，做好农村低保兜底工作。完善城乡居民养老保险筹资和保障机制。健全农村留守儿童和妇女、老人、残疾人关爱服务体系。

25. 扎实推进脱贫攻坚。进一步推进精准扶贫各项政策措施落地生根，确保2017年再脱贫1000万人以上。深入推进重大扶贫工程，强化脱贫攻坚支撑保障体系，统筹安排使用扶贫资源，注重提高脱贫质量，激发贫困人口脱贫致富积极性主动性，建立健全稳定脱贫长效机制。加强扶贫资金监督管理，在所有贫困县开展涉农资金整合。严格执行脱贫攻坚考核监督和督查巡查等制度，全面落实责任。坚决制止扶贫工作中的形式主义做法，不搞层层加码，严禁弄虚作假，务求脱贫攻坚取得实效。

六、加大农村改革力度，激活农业农村内生发展动力

26. 深化粮食等重要农产品价格形成机制和收储制度改革。坚持并完善稻谷、小麦最低收购价政策，合理调整最低收购价水平，形成合理比价关系。坚定推进玉米市场定价、价补分离改革，健全生产者补贴制度，鼓励多元市场主体入市收购，防止出现卖粮难。采取综合措施促进过腹转化、加工转化，多渠道拓展消费需求，加快消化玉米等库存。调整完善新疆棉花目标价格政策，改进补贴方式。调整大豆目标价格政策。科学确定粮食等重要农产品国家储备规模，优化中央储备粮品种结构和区域布局，改革完善中央储备粮管理体制，充分发挥政策性职能作用，严格政策性粮食监督管理，严防跑冒滴漏，确保储存安全。支持家庭农场、农民合作社科学储粮。

27. 完善农业补贴制度。进一步提高农业补贴政策的指向性和精准性，重点补主产区、适度规模经营、农民收入、绿色生态。深入推进农业“三项补贴”制度改革。完善粮食主产区利益补偿机制，稳定产粮大县奖励政策，调整产粮大省奖励资金使用范围，盘活粮食风险基金。完善农机购置补贴政策，加大对粮棉油糖和饲草料生产全程机械化所需机具的补贴力度。深入实施新一轮草原生态保护补助奖励政策。健全林业补贴政策，扩大湿地生态效益补偿实施范围。

28. 改革财政支农投入机制。坚持把农业农村作为财政支出的优先保障领域，确保农业农村投入适度增加，着力优化投入结构，创新使用方式，提升支农效能。固定资产投资继续向农业农村倾斜。发挥规划统筹引领作用，多层次多形式推进涉农资金整合。推进专项转移支付预算编制环节源头整合改革，探索实行“大专项＋任务清单”管理方式。创新财政资金使用方式，推广政府和社会资本合作，实行以奖代补和贴息，支持建立担保机制，鼓励地方建立风险补偿基金，撬动金融和社会资本更多投向农业农村。建立健全全国农业信贷担保体系，推进省级信贷担保机构向市县延伸，支持有条件的市县尽快建立担保机构，实现实质性运营。拓宽农业农村基础设施投融资渠道，支持社会资本以特许经营、参股控股等方式参与农林水利、农垦等项目建设运营。鼓励地方政府和社会资本设立各类农业农村发展投资基金。加大地方政府债券支持农村基础设施建设力度。在符合有关法律和规定的前提下，探索以市场化方式筹集资金，用于农业农村建设。研究制定引导和规范工商资本投资农业农村的具体意见。对各级财政支持的各类小型项目，优先安排农村集体经济组织、农民合作组织等作为建设管护主体，强化农民参与和全程监督。

29. 加快农村金融创新。强化激励约束机制，确保“三农”贷款投放持续增长。支持金融机构

增加县域网点，适当下放县域分支机构业务审批权限。对涉农业务较多的金融机构，进一步完善差别化考核办法。落实涉农贷款增量奖励政策。支持农村商业银行、农村合作银行、村镇银行等农村中小金融机构立足县域，加大服务“三农”力度，健全内部控制和风险管理制度。规范发展农村资金互助组织，严格落实监管主体和责任。开展农民合作社内部信用合作试点，鼓励发展农业互助保险。支持国家开发银行创新信贷投放方式。完善农业发展银行风险补偿机制和资本金补充制度，加大对粮食多元市场主体入市收购的信贷支持力度。深化农业银行三农金融事业部改革，对达标县域机构执行优惠的存款准备金率。加快完善邮储银行三农金融事业部运作机制，研究给予相关优惠政策。抓紧研究制定农村信用社省联社改革方案。优化村镇银行设立模式，提高县市覆盖面。鼓励金融机构积极利用互联网技术，为农业经营主体提供小额存贷款、支付结算和保险等金融服务。推进信用户、信用村、信用乡镇创建。支持金融机构开展适合新型农业经营主体的订单融资和应收账款融资业务。深入推进承包土地的经营权和农民住房财产权抵押贷款试点，探索开展大型农机具、农业生产设施抵押贷款业务。加快农村各类资源资产权属认定，推动部门确权信息与银行业金融机构联网共享。持续推进农业保险扩面、增品、提标，开发满足新型农业经营主体需求的保险产品，采取以奖代补方式支持地方开展特色农产品保险。鼓励地方多渠道筹集资金，支持扩大农产品价格指数保险试点。探索建立农产品收入保险制度。支持符合条件的涉农企业上市融资、发行债券、兼并重组。在健全风险阻断机制前提下，完善财政与金融支农协作模式。鼓励金融机构发行“三农”专项金融债。扩大银行与保险公司合作，发展保证保险贷款产品。深入推进农产品期货、期权市场建设，积极引导涉农企业利用期货、期权管理市场风险，稳步扩大“保险+期货”试点。严厉打击农村非法集资和金融诈骗。积极推动农村金融立法。

30.深化农村集体产权制度改革。落实农村土地集体所有权、农户承包权、土地经营权“三权分置”办法。加快推进农村承包地确权登记颁证，扩大整省试点范围。统筹协调推进农村土地征收、集体经营性建设用地入市、宅基地制度改革试点。全面加快“房地一体”的农村宅基地和集体建设用地确权登记颁证工作。认真总结农村宅基地制度改革试点经验，在充分保障农户宅基地用益物权、防止外部资本侵占控制的前提下，落实宅基地集体所有权，维护农户依法取得的宅基地占有和使用权，探索农村集体组织以出租、合作等方式盘活利用空闲农房及宅基地，增加农民财产性收入。允许地方多渠道筹集资金，按规定用于村集体对进城落户农民自愿退出承包地、宅基地的补偿。抓紧研究制定农村集体经济组织相关法律，赋予农村集体经济组织法人资格。全面开展农村集体资产清产核资。稳妥有序、由点及面推进农村集体经营性资产股份合作制改革，确认成员身份，量化经营性资产，保障农民集体资产权利。从实际出发探索发展集体经济有效途径，鼓励地方开展资源变资产、资金变股金、农民变股东等改革，增强集体经济发展活力和实力。研究制定支持农村集体产权制度改革的税收政策。深化集体林权制度改革。加快水权水市场建设，推进水资源使用权确权和进场交易。加快农村产权交易市场建设。

31.探索建立农业农村发展用地保障机制。优化城乡建设用地布局，合理安排农业农村各业用地。完善新增建设用地保障机制，将年度新增建设用地计划指标确定一定比例用于支持农村新产业新业态发展。加快编制村级土地利用规划。在控制农村建设用地总量、不占用永久基本农田前提下，加大盘活农村存量建设用地力度。允许通过村庄整治、宅基地整理等节约的建设用地采取入股、联营等方式，重点支持乡村休闲旅游养老等产业和农村三产融合发展，严禁违法违规开发房地产或建私人庄园会所。完善农业用地政策，积极支持农产品冷链、初加工、休闲采摘、仓储等设施建设。改进耕地占补平衡管理办法，严格落实耕地占补平衡责任，探索对资源匮乏省份补充耕地实行国家统筹。

32.健全农业劳动力转移就业和农村创业创新体制。完善城乡劳动者平等就业制度，健全农业劳动力转移就业服务体系，鼓励多渠道就业，切实保障农民工合法权益，着力解决新生代、身患职业病等农民工群体面临的突出问题。支持进城农民工返乡创业，带动现代农业和农村新产业新业态发展。鼓励高校毕业生、企业主、农业科技人员、留学归国人员等各类人才回乡下乡创业创新，将现代科技、生产方式和经营模式引入农村。整合落实支持农村创业创新的市场准入、财政税收、金融服务、用地用电、创业培训、社会保障等方面优惠政策。鼓励各地建立返乡创业园、创业孵化基地、创客服务平台，开设开放式服务窗口，提供一站式服务。

33. 统筹推进农村各项改革。继续深化供销合作社综合改革，增强为农服务能力。稳步推进国有林区和国有林场改革，加快转型升级。深化农垦改革，培育具有竞争力的现代农业企业集团。深化经济发达镇行政管理体制改革。全面推行河长制，确保 2018 年年底前全面建立省市县乡四级河长体系。扩大水资源税改革试点。继续加强农村改革试验区和国家现代农业示范区工作。开展农村综合性改革试点试验。尊重农民实践创造，鼓励基层先行先试，完善激励机制和容错机制。加强对农村各类改革试点试验的指导督查，及时总结可复制可推广经验，推动相关政策出台和法律法规修改，为推进农业供给侧结构性改革提供法治保障。扎实做好第三次全国农业普查工作。

各级党委和政府必须始终坚持把解决好“三农”问题作为全党工作重中之重不动摇，重农强农调子不能变、力度不能减，切实把认识和行动统一到中央决策部署上来，把农业农村工作的重心转移到推进农业供给侧结构性改革上来，落实到政策制定、工作部署、财力投放、干部配备等各个方面。要深入贯彻党的十八届六中全会精神，切实增强“四个意识”，将全面从严治党要求落实到农村基层，严格落实农村基层党建工作责任制，坚持整乡推进、整县提升，切实加强农村基层党组织建设，全面规范农村基层党组织生活，持续整顿软弱涣散村党组织，选好管好用好农村基层党组织带头人，实行村党组织书记县级备案管理，强化村级组织运转经费保障，发展壮大村级集体经济。扎实推进抓党建促脱贫攻坚工作，充分发挥村党组织第一书记的重要作用。县乡纪委要把查处侵害群众利益的不正之风和腐败问题作为主要工作任务。加强农民负担监管。完善村党组织领导的村民自治有效实现形式，加强村务监督委员会建设，健全务实管用的村务监督机制，开展以村民小组、自然村为基本单元的村民自治试点工作。深化农村社区建设试点。培育与社会主义核心价值观相契合、与社会主义新农村建设相适应的优良家风、文明乡风和新乡贤文化。提升农民思想道德和科学文化素质，加强农村移风易俗工作，引导群众抵制婚丧嫁娶大操大办、人情债等陈规陋习。强化农村社会治安管理、法律宣传教育服务和信访工作。加大“三农”工作宣传力度，为农村改革发展稳定营造良好氛围。

让我们更加紧密团结在以习近平同志为核心的党中央周围，锐意进取，攻坚克难，扎实推进农业供给侧结构性改革，以优异成绩迎接党的十九大召开！

（新华社北京 2017 年 2 月 5 日电）

加快振兴中国奶业[①]

一杯牛奶，强壮一个民族。奶业发展密切关系民生保障，关系国民体质增强，是农业现代化的标志性产业，是食品安全的代表性产业。小康社会不能没有牛奶，十几亿中国人不能没有自己的民族奶业。发展奶业、提升奶业、振兴奶业，是推进农业供给侧结构性改革的重大任务。近日，农业部会同国家发展改革委、工业和信息化部、商务部、食品药品监管总局等部门发布了《全国奶业发展规划（2016—2020 年）》（以下简称《规划》），对“十三五”时期奶业发展做出了总体规划和系统部署。《规划》的发布，为奶业发展指明了方向和路径，必将对振兴中国奶业产生重要作用和深远影响。

一、深刻认识振兴中国奶业的重要意义

党中央、国务院高度重视奶业发展。习近平总书记、李克强总理多次就奶业问题作出重要指示批示，对振兴民族奶业、重塑消费信心提出明确要求。各地区各部门按照党中央、国务院的决策部署，全面开展奶业整顿，狠抓质量安全监管、技术进步、生产发展和品牌建设，奶业发展取得了长足进步，实现了脱胎换骨，奶业振兴已具有坚实的基础。

一是奶业生产能力迈上新台阶。2015 年，我国生鲜乳和乳制品产量分别达到 3 870.3 万 t 和 2 782.5 万 t，总体规模仅次于印度和美国，位居世界第三位。人均奶类消费量折合生鲜乳达到 36.1kg，比 2008 年增加 5.9kg。二是乳品质量安全水平大幅提升。从奶源质量看，违禁添加物抽检合格率连续 8 年保持 100%，2015 年生鲜乳中的乳蛋白、乳脂肪抽检平均值均高于《生乳》国家标准，其中规模牧场指标达到奶业发达国家水平。从终端产品看，2015 年乳制品抽检合格率 99.5%，2016 年前三季度抽检合格率为 99.7%。三是奶牛养殖方式快速转变。2015 年 100 头以上奶牛规模养殖比重达到 48.3%，比 2008 年提高 28.8 个百分点；机械化挤奶率达到 95%，提高 44 个百分点，规模牧场全部实现机械化挤奶；泌乳牛年均单产达到 6t，提高 1.2t；奶农专业合作组织超过 1.5 万个，是 2008 年的 7 倍多，奶牛养殖规模化、标准化、机械化、组织化水平显著提高。四是乳制品加工快速转型升级。近年来，我们淘汰了一批布局不合理、奶源无保障、技术落后的产能，产业集中度不断提高，中国奶业企业 20 强的市场份额已超过 50%，主要加工装备和技术水平已经接近或达到世界先进水平，许多产品在国际获奖，质量可与国外品牌媲美。

但也要看到，我国奶业仍然“大而不强”，面临着产品供需不平衡、产业竞争力不强，资源环境约束趋紧、进口影响加剧等问题。同时，我国人均奶类消费量，仅为世界平均水平的 1/3、亚洲的 1/2，占全国人口一半的农村居民还很少喝奶甚至喝不上牛奶，奶类消费增长蕴含着巨大潜力。随着城乡居民收入水平提高、城镇化加快推进和全面二孩政策的实施，未来一个时期，中国乳制品市场仍是全世界最大的增长市场。有十几亿人的大市场，我们没有理由放弃民族奶业，更没有理由把国内这么大的市场拱手让人。

我国奶业对外开放度高，增强奶业竞争力任务艰巨。近年来，受国际乳制品市场影响，国内奶业周期性波动加大。奶业一头连着养殖业、一头连着加工业，一头连着奶农、一头连着消费者，实现民族奶业健康发展，既关系广大奶农利益，又关系乳品安全和人民群众身体健康。为国人的幸福

① 本文为农业部部长韩长赋于 2017 年 1 月 16 日在《农民日报》发表的署名文章（稿件来源：农民日报）。

生活计，为农民的就业增收计，为国家重要农产品和食品供给保障计，我们都必须加快振兴民族奶业，为所有中国人都能喝上奶、喝优质奶而不懈努力。

“谋定而后动，知止而有得。”适应新形势、新任务、新要求，按照党中央国务院的部署要求，制定发布《规划》，明确奶业振兴发展的“路线图”，对于凝聚各方力量，破解当前制约奶业发展的深层次问题，推进奶业供给侧结构性改革，转变奶业生产方式，加快振兴中国奶业，具有非常重要的现实针对性和长远指导意义。

二、准确把握《规划》的总体要求

“十三五”时期，是全面建成小康社会的决胜阶段。《规划》与“十三五”规划纲要和全国农业现代化规划紧密衔接，结合奶业自身特点，突出落实新发展理念、供给侧结构性改革等要求，提出了“十三五”奶业发展的指导思想、发展目标、主要任务和保障措施，是指导今后一个时期我国奶业发展的纲领性文件。

第一，《规划》首次明确了奶业的战略定位。牛奶是大自然赋予人类最接近完美的食物，世界卫生组织把人均乳制品消费量作为衡量一个国家人民生活水平的重要指标之一。加快发展奶业，对于改善居民膳食结构、增强国民体质、增加农牧民收入具有重要意义。《规划》指出，奶业是健康中国、强壮民族不可或缺的产业，是食品安全的代表性产业，是农业现代化的标志性产业，是一二三产业协调发展的战略产业。

第二，《规划》明确了奶业发展的目标任务。农业发达国家的奶业现代化水平一般都较高。“十三五”时期，我国奶业现代化建设要取得明显进展，奶业供给侧结构性改革取得实质性成效，产业结构和产品结构进一步优化，消费信心显著增强，奶业整体进入世界先进行列。《规划》提出，到2020年，奶类产量达到4 100万t，100头以上奶牛规模养殖比重达到70%以上，婴幼儿配方乳粉监督抽检合格率达到99%以上，婴幼儿配方乳粉行业前10家国产品牌企业的行业集中度达到80%。

第三，《规划》强调推进奶业供给侧结构性改革。振兴中国奶业，关键是要从生产端、供给侧发力，解决结构性问题，改造提升传统动能，培育发展新动能，提高奶业供给体系质量和效率。《规划》提出，要把乳品质量安全放在优先地位，建立以安全为核心的法规标准体系，强化质量安全监管措施，消除产业链各环节监管漏洞；促进奶源与加工协调发展，优化奶畜品种和乳制品结构，开发推广应用新技术、新工艺，加快推进产品创新、技术创新、经营理念和模式创新，增强发展活力；前伸后延产业链，发展种养加一体、一二三产融合的新业态；鼓励兼并重组，优化资源配置，培育一批具有国际竞争力的龙头企业。

第四，《规划》突出绿色发展。绿色是奶业的本色，绿色发展是奶业供给侧结构性改革的基本要求。要认真贯彻落实习近平总书记在中央财经领导小组第十四次会议上关于加快推进畜禽养殖废弃物处理和资源化的重要讲话精神，加快推进种养结合农牧循环发展，促进奶畜粪便资源化利用。《规划》提出，要坚持“源头减量、过程控制、末端利用”基本思路，根据环境承载能力，合理确定奶畜养殖规模，配套建设粪污处理设施和饲草料种植基地，实现以养带种、草畜配套，推动生产生态协同发展，实现“十三五”末粪便综合利用率提高到75%以上的目标。

三、采取有效措施贯彻实施好《规划》

加快推进奶业供给侧结构性改革，提升中国奶业竞争力，是当前和今后一个时期的重要任务。各级农业部门要把打好奶业振兴攻坚战摆上重要日程，加大力度，强化措施，统筹组织好、贯彻实施好《规划》。

一要做好宣传解读。牛奶是关系国计民生的重要产品，奶业是保障国家重要农产品供给、促进农民增收的重要产业。要充分认识发展民族奶业的重要性，以贯彻落实《规划》为契机，加大工作力度，促进奶业振兴。要做好《规划》宣传和解读，充分展示我国奶业发展成就和乳品质量安全的良好状况，展现奶业发展的蓝图，提振消费者的信心。

二要加大政策支持。要整合现有资金项目，加大对奶牛标准化规模养殖、优质饲草生产、粪污综合利用、企业技术装备升级改造等支持力度。要创新项目支持手段，重点支持信息化技术应用、精准化管理和一二三产融合发展等，延长产业链，提升价值链，培育奶业发展新动能。

三要发挥企业作用。继续指导完善中国奶业 20 强（D20）联盟工作机制，促进乳品企业大协作、大联合，增强吸引力和影响力，把 D20 打造成引领中国奶业的旗帜和标杆。推动 D20 企业履行《中国奶业振兴宣言》，发挥企业主体和引领作用，确保乳品质量，承担社会责任，实现“好乳品、中国造”，赢得信誉和尊重，做大做强中国奶业。

四要形成工作合力。奶业产业链条长、涉及管理部门多，需要多方协作。各级农业部门要按照《规划》要求，进一步采取有力措施，加强奶源基地建设，强化生鲜乳质量安全监管，切实提高奶牛养殖和生鲜乳质量安全水平。同时，要与发改、工信、商务、食品药品监管、卫生计生等部门加强协调配合，畅通信息沟通渠道，在标准制修订、复原乳管控、完善利益联结机制等方面形成工作合力，推动奶业振兴发展。

一分部署，九分落实。“十三五”奶业振兴发展的蓝图已经绘就，建设现代奶业的号角已经吹响。让我们以《规划》为引领，凝心聚力、狠抓落实、开拓创新、拼搏进取，加快奶业振兴，早日实现由奶业大国向奶业强国转变。

关于当前奶业发展的几个问题[1]

今天的大会是一年一度的全国奶业大会，人来得很多，群贤毕至，好汉云集，难能可贵。从行业协会服务企业的角度讲，召开这样会议的目的不是传道、授业，而是从行业的共同利益出发，以客观负责的态度，努力解疑释惑，为解决行业面临的现实问题和长远发展提供建设性的意见。针对目前奶业的发展状况，我搞了一点研究，走了几个地方，看了不少企业，同时也请教了几位行业内的重量级专家，根据我了解的情况，我讲几个问题：

一、要全面肯定中国奶业取得的巨大历史性进步和发生的根本性变化

我之所以说这个话，绝不是无的放矢，主要是社会上对中国奶业的发展现状褒贬不一，众说纷纭。怎样评价判断，关键是实事求是，既不能妄自菲薄，自惭形秽，也不能妄自尊大，盲目乐观。现在社会上否定或贬损中国奶业者言必及三聚氰胺（三鹿奶粉事件）。应该说，三鹿奶粉事件是1949年以来，最恶劣的一次全国性食品安全事件，比历史上任何一次食品安全事件影响都广泛，持久，具有摧毁性的破坏力。为什么三鹿奶粉事件让人刻骨铭心，关键是事件的直接受害人是婴幼儿，问题的严重性在于触动了人类最柔软，最脆弱，也最敏感的那部分神经。这次事件对中国奶业造成了致命性的打击，直接后果是领导提心吊胆，企业战战兢兢，消费者忧心忡忡，谈奶色变，杯弓蛇影。这确实是一次非常深刻的教训。但是今天我想在这里说的不再是事态的严重性，而是要强调事发九年来我们中国奶业同仁知耻后勇、自我反省的态度，不忘初心、砥砺前行的精神，义无反顾、不懈努力所取得的进步。

9年前，也就是事发之初，我们一方面强调最大限度的保护奶农的利益，少倒奶，不杀牛。另一方面更强调，要以最大的决心和魄力，以壮士断腕的勇气彻底整顿、改造和提升中国的奶业。并且坚定地相信，经过政府和业界同仁的共同努力，中国奶业一定会实现凤凰涅槃，浴火重生。9年来，在座的诸位同仁都亲身经历了这个阶段中国奶业发展、变迁的历史进程。到今天，我们可以毫不夸张地说，经过顽强追求和持续努力，中国奶业已经完成了脱胎换骨的改造，发生了翻天覆地的变化。这是质的提升，是历史性的进步。主要标志：

标志一：养殖水平大幅度提高。2016年全国奶牛养殖场（户）平均存栏75头，其中100头以上的规模化养殖场比例达到53%。规模化养殖场100%实现了机械化挤奶，80%以上配备了全混合日粮搅拌机。全国荷斯坦奶牛良种覆盖率达到了100%，平均单产达到6.4t，规模化养殖场达到8.4t。10t以上的养殖企业相当普遍。去年全国奶牛存栏减少6.8%，但产奶量只下降了3.9%，生鲜奶供给充足，主要得益于奶牛单产提高和大型养殖场产能的提高。

标志二：生鲜乳质量大幅度提高。据农业部监测，2016年全国生鲜乳乳蛋白平均值为3.22%，规模化养殖场为3.33%，乳脂肪平均值 为3.81%，规模化养殖场为3.87%；菌落总数平均值为25万/mL，规模化养殖场为13.1万/mL（国家标准为200万/mL)；体细胞数平均值为59.2万/mL，规模化养殖场30.1万/mL（美国标准为75万/mL）。生鲜乳的这些质量指标不仅高于国家标准，而且达到了国际先进水平，完全具备生产一流优质乳制品的基础和条件。

标志三：监管监测水平大幅度提高。目前我们国家对奶业实行的是史上最严格，甚至是最严苛

[1] 本文为中国奶业协会会长高鸿宾于2017年6月16日在南京召开的第八届中国奶业大会暨2017中国奶业展览会上的讲话。

的全产业链的监管制度，是从饲料到养殖、奶站、加工直至销售的全程监督监测。首先是企业自检。现在企业自检费用已经占到销售额的1%~2%，除了企业自检之外，农业、食药、质检等部门都直接实施监测。国家食药监总局每年用于全国监测的经费有4亿元，其中用于食品的是2亿元，这其中用于奶业的1亿元。2016年全国食品行业的总销售额是12万亿，乳制品只有3 500亿元，只占2.9%，但监测费用却占到了50%。结果让人欣慰，2016年，对违禁添加剂的检测合格率为100%，生鲜乳检测合格率为99.8%，乳制品检测合格率为99.5%，婴幼儿配方奶粉检测合格率为98.7%。横向比较，同期全国食品检测合格率为96.8%。全国药品质量抽检监测，中药材与饮片的合格率只有77%。

标志四：行业的集中度越来越高。一批企业脱颖而出，品牌影响力越来越大。与9年前奶业的小、乱、散、差行业状况比较，今天的格局已经发生了极大的变化：存栏奶牛100头以上的规模养殖比重从2008年不足20%上升到53%，奶站从2.3万个减少到6 130个。与此同时，乳制品加工企业数量也在大幅度减少。2016年末，全国规模以上乳制品加工企业为627家，婴幼儿配方奶粉生产企业为103家。企业数量减少，但产能和效益都在提高。去年全国乳制品产量2 993.2万t，同比增长7.6%。规模以上企业销售额为3 503.9亿元，同比增加5.3%；利润259.9亿元，同比增加7.5%。更引人注意的是奶业行业的领军企业表现突出。前年，中国奶协根据乳品企业的品质、口碑和品牌影响力、奶源基地建设、自建牧场存栏、生鲜乳收购量、销售额等诸项指标，在全国乳品企业中评选出了排名前20的企业，也可以称为中国奶业20强。2016年，20家企业自建牧场荷斯坦奶牛存栏168万头，占全国的24%；生鲜乳收购量1 420万t，占全国的57%；销售额1 930亿元，占全国的55%。伊利、蒙牛同时入选中国最具价值品牌100强，伊利荣登首位。现代牧业纯牛奶四次蝉联世界食品品质评鉴大会金奖，飞鹤婴幼儿配方奶粉3次获得世界食品品质评鉴大会金奖，旗帜荣获特别金奖。特别是君乐宝婴幼儿配方奶粉登陆香港销售。不论数量多少、效益高低，登陆香港销售婴幼儿配方奶粉本身的社会意义、政治意义远远高于经济意义。

综上所述，当前奶业的主要矛盾不再是质量安全问题，而是发展问题。中国奶业被三聚氰胺困扰的阶段已经结束了，历史翻开了新的一页，中国奶业已经进入了层次更高、实力更强、目标更远大、质量安全稳定、持续健康发展的新阶段。中国奶业浴火重生，其羽更丰，其言更清，其神更髓。业界同仁应该为此骄傲和自豪，实践证明，我们没有辜负国家、民族和社会对我们的期望。

二、中国奶业前景广阔、潜力巨大，目前我国奶业发展的主要瓶颈是消费迟滞

讲奶业有前途、有希望，首先是中央领导高度重视。这几年，习近平总书记多次对奶业作出重要指示。今年春节前，总书记专程到河北张家口的旗帜乳业视察，强调我国是乳业生产和消费大国，要下决心把乳业做强做优，生产出让人民满意、放心的高品质乳业产品，打造出具有国际竞争力的乳业企业，培育出具有世界知名度的乳业品牌。根据中央的要求，去年年底，农业部、国家发改委、工业和信息化部、商务部和国家食药监总局联合印发了《全国奶业发展规划（2016—2020年）》。这个规划最主要的是两条：第一条是第一次明确了我国奶业在国民经济发展中的定位：“奶业是健康中国、强壮民族不可或缺的产业，是食品安全的代表性产业，是农业现代化的标志性产业，是一二三产业协调发展的战略产业”。第二条明确到2020年我国奶业的发展目标，就是奶类产量要达到4 100万t，也就是说今后四年要增加近400万t，这是一个相当艰巨的任务。因为这几年全国奶类总产量不是上升而是下降。2016年与2011年比下降2.4%，与2015年比下降了3.9%。所以，为了实现这个艰巨的任务，协调解决奶业发展中的重大问题，农业部和食药监总局等10个部委联合组成了奶业部际联席会议，并已经在今年4月召开了第一次会议。中央率先垂范，各省区也相继动作。内蒙古、黑龙江、河北、山东和河南等奶业大省都曾专题研究，专项部署，并且出台了一系列的支持政策。说实话，在有中国特色的社会主义市场经济的环境中，有中央和地方各级政府的关

心和支持，是一个产业发展壮大的重要保障和直接助力。

领导重视固然非常重要，但在市场经济的条件下，一个产业能否发展、速度快慢关键在于有没有需求。需求是供给扩大的前提和基础。毫无疑问，中国作为世界上人口最多的国家，作为第二大经济体对奶制品的需求是巨大的。去年，全国乳制品消费总量为 3 204.7 万 t。折合鲜奶 4 993 万 t，其中自产 3 712 万 t，进口 1281 万 t。我们奶类总产量是全球总产的 4.7%，我们的消费总量是全球总产的 6.1%，接近 5 000 万 t 的消费量排在世界第三，确实是名副其实的奶类消费大国。但现在的问题是消费总量很大，人均消费水平很低。去年，全国人均乳制品消费折合生鲜奶只有 36.2kg，是亚洲平均水平的 1/2，世界平均水平的 1/3，发达国家的 1/10，甚至比发展中国家的平均消费水平低约 40kg。这么巨大的差距与我国人均国民收入超过 8 000 美元水平极不相称，完全不符合人们对健康和强壮的强烈追求。因此，国家去年提出的《中国居民膳食指南（2016）》推荐每人每天消费 300g 鲜奶，人均年消费 109.5kg。即将出台的国家营养纲要（2030）也提出了同样的 110kg 的标准。据此推算，如果人均消费要达到这个水准，就是增加 2 倍的消费量，那全国的总需求量将达到 1.5 亿 t。去年五部委制定的奶业发展规划提出的发展目标是，到 2020 年奶类总产达到 4100 万 t。缺口在 1 亿 t 以上。即使按规划提出的消费总量 5 800 万 t，缺口也在 1 700 万 t。现在全球的奶制品贸易总量是 7 320 万 t，去年中国进口量已达到世界贸易总量的 17%，如果增加到 1 700 万 t，就将占到 23.2%。如果真的达到人均 110kg 的消费水平，全球可供贸易的奶制品都给中国也不够。

这几年，我国奶业发展经常出现一些阶段性的困难，比如收购价格低，卖奶难等，于是，很多同志认为这是进口乳制品冲击的结果。甚至激烈批评政府相关部门，认为如果不控制进口，允许外国乳制品长驱直入，中国奶业将面临灭顶之灾。客观地说，这些年国外奶制品进口确实在大幅度增加，2008 年进口不到 40 万 t，之后逐年递增，去年已经达到 217 万 t。这也确实给中国奶牛养殖带来了很大影响。对这个状况我们不能简单地抱怨，而应该从更广阔的视野、更高的层次和更长远的角度去分析、判断。

第一，开放是我们的基本国策。中国要发展必须改革，必须开放。世界经济一体化、贸易全球化是世界潮流，浩浩荡荡，不可逆转。中国为什么加入 WTO，就是要更广泛、更全面地融入世界经济。现在天天讲的“一带一路”，共享共赢，讲的是什么，讲的就是进一步扩大开放。最近，习近平总书记出席在哈萨克斯坦召开的上合组织会，特别强调消除商品流通壁垒，特别是各类非关税壁垒，反对地方保护主义。现在的问题是你要扩大开放，融入世界经济，人家同不同意。2001 年我们经过反复谈判，不断努力加入了 WTO。当时批准的《中国加入世界贸易组织议定书》第 15 条明确规定，15 年后中国应该被自动承认是完全市场经济国家，但是到现在议定书已经被批准 16 年了，美国、日本、欧盟仍然拒绝承认，而且不断对中国发起反倾销、反补贴。特朗普当选，强调美国优先，强调贸易保护，更给全球经济带来了不确定性。在这种背景下，你设置贸易壁垒，控制国外的奶制品进口弊大于利还是利大于弊？明智吗？

第二，中国奶业这些年的发展和进步，在很大程度上得益于对外开放。从冻精到奶牛，从苜蓿到豆粕，从饲养技术到加工设备，从加工工艺到产品包装，哪一项离得了对外开放。在封闭的条件下，中国奶业不可能有这样的成就。所以说，全面学习，吸收和借鉴国外先进的东西，是提高中国奶业发展水平的重要途径，这是一条十分宝贵的经验。

第三，现在国内农产品贸易与国外农产品的关联度越来越高。不仅乳制品在进口，粮食、棉花、牛羊肉和糖都在大量进口。为什么进口？主要原因是价格和质量。一旦你的价格高于甚至接近国际市场的价格进口就不可避免。这是市场规律，是企业行为。前年，奶制品进口增加幅度很大，主要是世界原料奶供大于求，价格下跌。进口奶粉到岸价格低于 1 万元一吨，折合原料奶只有两元多，而国内生鲜乳平均要达到 3.6~3.8 元 /kg。因此国内的加工企业进了不少大包奶粉，目前国际奶业形势好转，价格上扬，进口随之下降。今年1~3月，欧盟和新西兰生鲜奶收购价分别上涨了14%和16%，我国大包粉进口减少2.2%，液态奶减少了10.4%。因为报税的关系，进口奶制品大多集中在1月份，所以一季度减少，可能预示全年进一步减少。专家预计，随着下半年加工需求旺季到来和进口减少，下半年限收、压价、养殖场效益下降的状况将有所改善，价格将明显持续回升，形势好转，至少到明年春节。

第四，应该看到，国外的奶制品大量进口，但同时，我国的奶企也正在海外开疆扩土，兼并收购，气势夺人。光明在新西兰收购建厂，雅士利在新西兰建厂，宁波牛奶公司在澳大利亚投资牧场，伊利更是大手笔地勾画全球发展方略。过去我们只是买牛，现在是买厂了，过去是你来，现在是我往，交叉投资，相互合作，在合作中竞争，在竞争中共赢，中国奶业与国际合作的大格局正在形成。

第五，是更长远，更高层次的发展。考虑中国的资源禀赋，我们到底能养多少牛，产多少奶，一旦中国市场的潜在需求变为现实需求，谁来保证，这需要我们自身的努力，但也必定离不开国际的合作和世界贸易。当然这是将来必须回答的问题，现在需要研究的问题是为什么中国人均奶制品消费这么低，为什么潜在的需求没有转变为现实的市场消费？因为现在人均消费提高缓慢，增长相对迟滞已经成为阻碍奶业的瓶颈。

三、要坚持供给侧改革，持续不断地推动和提升奶业消费

从理论角度上讲，现在促进奶业消费的积极因素很多。比如，放开二胎政策。去年新生婴儿就有1 789万人。再比如，中国日益加速的城市化进程，基本上每年增幅都超过一个点，2008年城镇化率为47%，到2016年就已达到57.35%。到2020年要超过60%。那时，城市人口要超过8.3亿人。有专家预测，在城市化过程中，平均每人减少口粮33%，肉类增加51%，动物蛋白增加50%。更重要的是居民收入的提高会直接促进奶制品的消费，专家们预测的系数是1 ∶ 8。但实际上这些年居民可支配收入每年平均递增8%~10%，但奶制品消费并没有同步增长，而是相对滞后。从2008年到去年只增加了6kg，平均每年不到1kg。原因主要有三条：第一条是老百姓对当期收入感受和未来增收信心持续不高，甚至有所回落。比如说，今年大学生平均月收入4 014元，较上年下滑16%。即使如此，795万大学生也很难全部找到工作，预期薪酬和实际薪酬差距不断扩大。因此，老百姓消费意愿下降。据央行今年第一季度调查，只有23.6%的居民倾向于更多消费，而有43.1%的居民倾向于更多储蓄，另有33.3%的居民倾向于购买理财产品等更多投资。这就是说尽管收入增加，但是老百姓仍然近七成半的没有选择更多消费。第二条是老百姓的消费倾向。去年全国居民财富增加17.6%，但是其中七成是房产。除房产之外，居民消费选择排序依次为旅游和教育，中国目前已经超过德国和美国，成为全球最大的国际出境消费来源国，占全球跨境旅游的10%。去年我国出境游人口1.22亿人次，2020年可能达到2亿人次。教育更不必说，为了孩子不能输在起跑线上，家长们什么钱都敢花。第三条因素可能比较直接，就是乳制品本身的消费结构。发达国家，特别是西方国家为什么乳制品消费量大，主要是他们是吃奶而不是喝奶。美国人均消费奶酪16kg，欧盟人均18.3kg，折合生鲜乳就160kg和183kg。而我们年人均是0.1kg，折合生鲜乳也就是1kg。

从大的方面说，要推动和提升奶业消费，主要是依赖于国民经济的健康持续稳定发展，提高群众对未来收入增加的信心，让群众敢于消费，理性消费。这不是新问题，而是老问题。这么多年我们国家高速增长主要依赖投资和出口，内需始终乏力，增长缓慢。因此提出调整结构，重点是拉动内需，但目前效果并不明显，这需要从国家去考虑能否持续努力。从政府和行业协会角度讲，就是要广泛反复科学地向社会宣传喝奶的好处，强调牛奶对健康中国、强壮民族的重要作用。我们这方面做了一些工作，比如实施“国家学生饮用奶计划”，比如今年2月启动的中国小康牛奶行动，这都有助于普及牛奶知识，扩大消费。但是，还不够，还要坚持，要扩大。从奶业企业的角度讲，

要做的工作更多，更繁重。最主要的是坚持供给侧的改革，不断创新，开拓市场。这几年我们的企业也开始生产奶酪，据说年均复合增长率达到了24.93%，专家预计今后5年奶酪消费增长率在15%~20%。现在国际间交往日益广泛频繁，西风东渐，国人的消费习惯也会发生变化。其实，供给是可以改变需求甚至创造需求。谁能想到130年前，美国亚特兰调剂的新口味糖浆，能演变到今天风靡世界的饮料呢（可口可乐）？所以开拓奶制品消费市场，是一个创新创造的过程，是一个充满智慧的过程，也是一个水滴石穿的过程。希望各个企业努力奋斗。

四、要增强忧患意识，努力提高企业（行业）的核心竞争力

根据我的了解，这两年奶业企业压力很大。粗略地看，压力来自几个方面。第一是成本压力。虽然近期饲料价格比较平稳甚至似乎有所下降，但是劳动力成本大幅度上升，不仅要缴纳五险一金，还要提高薪酬水平。第二是销售压力。刚才我已经讲了很多。第三是环保压力。主要是奶牛养殖企业的压力。面对这种压力从政府到企业，必须明确两个问题，第一个问题，强调环境保护、生态文明是非常正确的国策，功在当代，利在千秋。对所有的养殖企业来说，控制粪污污染，不仅是法律要求，也是应尽的社会责任，是必须解决的问题，必须跨越的障碍。第二个问题，环境保护和畜牧养殖不是相互对立的，不是相互矛盾的。大家去过欧洲，天蓝水净，空气清新，人家不也在养牛养猪吗？所以绿水青山我们要，金山银山我们也应该要，不能因噎废食。现在个别地方政府，一说调整结构，转型升级首先就是想淘汰畜牧业，一说治理污染就是禁养。这种要吃猪肉不让猪跑，想喝牛奶不让养牛一刀切的做法绝对没有道理。合理的办法是科学合理地划定禁养区、限养区和发展区，同时帮助支持和引导养殖企业，依靠先进的技术手段和处理设施，合理利用畜禽粪污，变废为宝。没有什么东西是天生的废料和污染物，关键是能不能有效的利用。现在不少企业走种养相结合的路子，粪便污水处理成有机肥，直接还田，形成了生态环保的良性循环，既环保，又降低了成本，提高了效益。第四是来自金融领域，或者说金融风险的压力。这几年，我国的奶业企业逐步做大，不少企业已经上市或即将上市，对这些企业来说来自金融领域或者叫资本市场的风险很大，特别是在香港和美国上市的中国企业。现在，国外针对中概股的沽空机构不少。天马西来，都为翻云手。所以，我的建议是没上市的或准备上市的要铭记，股市有风险，上市需谨慎。德国和欧洲不少百年企业，规模很大，但不上市。因为他们知道上市的风险。对已经上市的公司来说，要谨言慎行，遵纪守法。第五是接班压力。这几年改革开放之后的第一代民营企业的创业者都渐行渐老，确实到了选择接班人的时候，在民营企业选择接班人与国有企业不同，不光是选贤任能，第一就是讲忠诚，忠贞不渝至关重要。第二要讲情感，要看是否热爱这个事业，对经营这个企业有没有兴趣，没有兴趣和热情不能强人所难。第三条标准是能力和担当，看能不能坐住天下，开拓发展。所有这些都是需要在实践中观察和培养。

面对巨大的压力我们必须强化忧患意识。生于忧患，死于安乐。在激烈的竞争中求发展，必须不断提高企业的核心竞争力。这也是习近平总书记“打造出具有国际竞争力的乳业企业”的要求。行业的竞争力来自企业的竞争力。未来的竞争不仅是中国乳业和外国乳业的竞争，更是在全球范围内，企业与企业的竞争。什么叫核心竞争力？就是你企业能够取得竞争优势的核心因素，比如规模，品牌，加工水平，研发能力以及市场占有率等，其实企业无论大小，都各有各的优势。比如君乐宝就强调欧盟认证，登陆香港。比如飞鹤就突出为中国宝宝设计生产。飞鹤飞鹤，一飞冲天。今年一季度飞鹤的婴幼儿配方奶粉就增长194%。怎么能扬长避短，需要各个企业自己研究。就我国奶业现状发展趋势看，我认为前些年军阀混战、逐鹿中原的局面已经基本结束，这个行业越来越成熟，发展格局也越来越清晰，越来越稳定。现在的奶业企业大致可分为两类：一类是覆盖全国、横跨中外的大型企业，像伊利、蒙牛、光明等，这些企业的优势自不待言，我希望这些企业能超越雀巢和达能。我希望这些企业能向上游延伸，通过兼并组合方式（兼并养殖企业）形成种养加一体化的利

益联结机制，形成利益共同体。不仅要横向兼并，还要纵向联合，如蒙牛控股现代牧业。另一类是卫岗、新希望、天友、长富、银桥、燕塘、得益、佳宝等一大批以生产巴氏奶为主的区域性企业。这类企业规模不大，但是奶源稳定，客户稳定，效益稳定，安于一隅，也逍遥自在，千万不能小看这类企业的优势。牧场就在身边，牛奶自然新鲜。低温奶全程冷链，最大限度的保留牛奶中的活性物质，当然是高品质的牛奶，目前在发达国家，液态奶当中巴氏奶的比例一般超过 80%，而我国只有 15%。随着消费者对健康饮食的追求和对奶制品理解的成熟，这类企业一定会有更大发展。

这些年，在不同场合总有人讨论高温灭菌奶和巴氏低温奶孰优孰劣。这根本就是两个频道的问题。第一，牛奶是公认的大自然赐予人类最近接完美的食物，有奶就比没有奶好。第二，你巴氏奶营养再丰富，质量再高，你总有销售半径限制，偏远地区，深山更深处你能冷链运输吗？所以大路朝天，各走一边，两者根本不存在非此即彼的关系，今后没有必要在争论你是我非了。

落实生态文明建设新要求 不断提高草原监督管理能力和水平[①]

在党的十九大召开之前，我们全国草原监理系统的同志聚集一堂，总结成绩经验，研判发展形势，理清工作思路，明确今后一段时期的工作任务，意义特别重大。刚才，6个省区的代表做了经验交流发言。其中，四川省介绍了草原执法监督情况，内蒙古介绍了挂牌督办草原违法案件的情况，新疆介绍了加强草畜平衡监管的情况，甘肃省介绍了草原监测的经验做法，青海省介绍了加强草原火灾防控的情况，黑龙江省介绍了非法征占用草原约谈地方领导的情况。大家的经验做法很好，有不少创新点，应该得到鼓励，值得大家相互学习借鉴。大家讲得很好，我都赞成。下面，我讲四点意见。

一、总结成绩经验，坚定做好草原工作的信心和决心

党中央国务院高度重视草原工作，中央领导同志多次对草原工作做出重要批示，国务院出台一系列促进草原牧区又好又快发展的支持政策。全国人大、全国政协领导同志对草原工作高度关注，十分关心，每年都组织开展草原工作检查调研，帮助呼吁解决草原重大问题。去年，全国人大就《草原法》修订工作进行了专题调研。在全国政协广泛深入调研的基础上，俞正声主席亲自主持召开双周协商座谈会，围绕加强草原生态系统保护和修复建言献策。可以说，党的十八大以来的5年，是我国草原生态保护和建设力度最大的5年。5年来，仅中央财政投入的草原生态保护建设资金就超过1 000亿元，草原生态修复速度明显加快，全国草原生态环境持续恶化的局面得到有效遏制。5年来，全国重点天然草原平均牲畜超载率累计下降了15个百分点；全国天然草原鲜草产量连续6年超过10亿t，实现稳中有增；2016年，全国草原综合植被盖度达到54.6%，较2011年提高3.6个百分点。这5年，各级草原部门依法履行职责，努力克服困难，积极开拓创新，各项草原工作取得突破性进展，在平凡的岗位上创造了不平凡的业绩。

（一）草原保护力度不断加大。坚持节约优先、保护优先，是生态文明建设的基本要求。基本草原保护制度加快落实，全国已划定基本草原35亿多亩[②]，约占全国草原总面积的58%。继续完善草原承包经营制度，全国已承包草原达43亿亩。加强草原自然保护区建设管理，宁夏云雾山草原自然保护区晋升为国家级自然保护区。草原征占用审核审批工作逐步规范，监管措施不断加强。以贯彻草原司法解释为契机，不断加大违法案件查处力度。5年来，全国共立案查处各类草原违法案件8万余起，其中向司法机关移送涉嫌犯罪案件2 200起。农业部连续4年对破坏草原资源的35起典型犯罪案件进行通报曝光，充分发挥典型案件的警示教育作用，对破坏草原的违法犯罪行为产生了极大的震慑作用。

（二）草原建设水平逐步提高。认真落实《草原保护建设利用总体规划》，实施草原保护建设重大工程。5年来，中央财政投资100亿元，在13个省区连续实施退牧还草工程；投入20亿元资金，启动实施京津风沙源治理二期工程进行沙化草地治理；大幅提高退耕还草投资标准，投入23亿元资金启动实施新一轮退耕还林还草项目。同时还启动实施了西南岩溶地区草地治理、已垦草原治理等工程。通过工程措施增加草原植被，促进草原生态加快修复。与非工程区相比，工程区草原植被

①本文为农业部副部长于康震于2017年6月21日在四川省成都市召开的“全国草原监理工作会议”上的讲话。

②“亩”为非法定计量单位，1亩≈667平方米。

覆盖度提高 10 个百分点以上，牧草高度提高 40% 以上，鲜草产量提高 50% 以上。近 3 年草原防火基建投资近 8 亿元，是前 10 年投资总和的 2 倍，初步建立了部、省、市、县四级联通的草原防火应急指挥平台，极高和高草原火险区草原防火物资储备库站建设率由 40% 提高到 70%，防火物资装备水平大幅提升。

（三）草原利用更加科学合理。积极转变草原畜牧业生产方式，减轻对天然草原的放牧压力。全面落实第一轮草原生态保护补助奖励政策，草原生态得到改善，牧民得到实惠。从 2016 年开始，国家启动实施新一轮草原补奖政策，完善优化政策内容，提高草原禁牧补助和草畜平衡奖励标准，加大绩效奖励力度，扩大政策实施范围。2016 年草原生态补奖政策资金投入达到 187 亿元，比上年增加 21 亿元。禁牧休牧制度和草畜平衡制度在草原牧区全面实行，草原禁牧管理面积达到 12 亿亩，草畜平衡管理面积达 26 亿亩。

（四）草牧业健康快速发展。2014 年 10 月，汪洋副总理听取农业部草原工作专题汇报，总结凝练出“草牧业”的概念，明确发展思路和重点。中央 1 号文件明确要求“要加快发展草牧业”。农业部启动草牧业发展试验试点，重点进行粮改饲、种养结合、金融服务支撑等试点示范，形成了一批可复制、可借鉴、可推广的草牧业发展模式。在 10 个北方省区启动实施“振兴奶业苜蓿发展行动”，建设高产优质苜蓿示范片区。在 10 个省区开展南方现代草地畜牧业推进行动，合理开发利用南方草山草坡资源。在“镰刀湾”和黄淮海地区的 17 个省区实施粮改饲试点。草牧业加快发展，全国牧草种植生产稳中有升。目前，全国保留种草面积超过 3 亿亩。

（五）基础支撑能力日益增强。数据清、情况明、信息准，是草原科学化、精细化管理的基础。不断完善草原监测工作机制，提升监测能力。每年编制发布全国草原监测报告，在行业内外均产生较大影响。在十多年数据累积和工作方法创新的基础上，发展出“草原综合植被盖度”这项与“森林覆盖率”同等重要的监测指标，进入到国家战略性文件当中。“到 2020 年草原综合植被盖度要达到 56%”，已写入国民经济“十三五”规划、党中央国务院关于加快推进生态文明建设的意见，纳入生态文明建设目标考核指标，作为由党中央国务院部署的生态文明建设重大目标任务，将对省级党委和政府进行考核，这是草原工作的一项重大突破。举办两届中国草原论坛，推出“草原卫士”公益电影，传唱草原监理行业歌曲，开展草原普法宣传、种草绿化、生物多样性保护、防灾减灾、禁牧休牧等现场宣传活动。围绕草原改革、政策出台等关键节点，唱好草原“四季歌”，谱好政策“解读曲”，在新华社、《人民日报》等中央主流媒体发声，扩大影响力。创新推出“中国草原”移动客户端，利用新媒体开展舆论引导，占领移动互联网舆论阵地。

同志们，这 5 年是草原生态环境治理任务最为艰巨的 5 年，也是工作力度和成效最大的 5 年。草原工作取得的成绩，是中央和部党组坚强领导的结果，是各级党委政府和有关部门大力支持的结果，是各级草原工作人员不畏艰难、开拓创新、扎实工作的结果，特别是草原监理人员功不可没。在此，我代表农业部，对各级党委政府和有关部门对草原工作的大力支持表示衷心的感谢，对全国草原战线广大干部职工表示诚挚的慰问，对所有关心和支持草原工作的社会人士和农牧民朋友表达崇高的敬意！

二、认清形势，准确把握生态文明建设新要求

党的十八大以来，以习近平同志为核心的党中央高度重视生态文明建设，提出了加强和推进生态文明建设的一系列新理念、新思想、新战略，这是我们今后做好草原工作的基本遵循。

（一）“五位一体”总体布局把生态文明提到了前所未有的历史新高度，为草原生态文明建设确定了全新的战略定位。党的十八大首次把生态文明建设纳入五位一体总体布局，将其作为关系人

民福祉、关乎民族未来的长远大计，要求必须树立尊重自然、顺应自然、保护自然的生态文明理念，把生态文明建设摆在突出地位，融入经济、政治、文化、社会建设各方面和全过程，努力建设美丽中国，实现中华民族永续发展。草原、森林、农田共同构筑了我国内陆的绿色生态空间，其中草原面积比重最大，是森林、耕地面积的总和，构成了我国绿色生态空间的主体。草原的主要分布区是我国生态环境的脆弱敏感区、国家生态安全的薄弱区，处于我国北方沙尘的上风口、主要江河的发源地，草原的生态地位极其重要、无可替代。无论看面积体量，还是论功能作用地位，草原都应作为我国生态文明建设的主战场、主阵地，我们所从事的草原生态保护建设工作，必定成为中国特色社会主义总体布局中一项光荣而伟大的事业。

（二）“两山”论精辟阐述了保护与发展的关系，为协调解决草原保护与开发的矛盾提供了强大的理论支撑。习近平总书记高度重视生态环境保护，做出了一系列重要论述。总书记强调，“我们既要绿水青山，也要金山银山。宁要绿水青山，不要金山银山，而且绿水青山就是金山银山”。在不同场合，总书记进一步指出，保护生态环境就是保护生产力，绿水青山和金山银山绝不是对立的，关键在人，关键在思路。要正确处理好经济发展同生态环境保护的关系，牢固树立保护生态环境就是保护生产力、改善生态环境就是发展生产力的理念。总书记的“两山”论，是对经济发展和生态环境保护关系的精辟论述，闪耀着马克思主义哲学的光辉，体现了辩证唯物论的思想，是解决处理好当前保护与发展矛盾的一把金钥匙。草原牧区经济社会发展相对滞后，地方各级党委政府和农牧民群众求生存求发展的愿望十分迫切，超载过牧、乱采滥挖、工矿开发，曾经一度形势非常严峻，不仅破坏了草原生态环境，而且破坏了持续发展的根基，这是惨痛的历史教训。当前，重开发轻保护，或者举棋不定、等待观望的思想在草原牧区仍然大量存在，具有普遍性。必须用总书记的“两山”论解开思想疙瘩，放下思想包袱，坚持“生产生态有机结合、生态优先”的草原牧区工作方针，建设好美丽牧区。

（三）绿色发展理念深入贯彻落实，为草牧业的健康发展拓展了空间。十八届五中全会强调，实现“十三五”时期发展目标，破解发展难题，厚植发展优势，必须牢固树立并切实贯彻创新、协调、绿色、开放、共享的发展理念。其中，绿色发展更加注重环保、和谐，是永续发展的必要条件。为贯彻中央 1 号文件“推行绿色生产方式，增强农业可持续发展能力”的要求，农业部今年实施了农业绿色发展五大行动，畜禽粪污资源化利用是其中的一项重要行动，着力构建种养结合、农牧循环的可持续发展新模式。今年的农业部 1 号文件对农业供给侧结构性改革工作进行了总体部署，明确要求稳粮优经扩饲，深入实施藏粮于地战略；加快北方农牧交错带结构调整，打造生态农牧区，以青贮玉米、苜蓿为重点推进优质饲草料种植，扩大粮改饲补贴试点。草牧业的核心内涵特点是草牧结合、种养结合，十分契合绿色发展理念，属于农业供给侧结构性改革中“补短板”、“做加法”、需要大力强化的领域。深入贯彻绿色发展理念，拓展了草牧业发展空间，有利于做强做大草牧业。

（四）生态文明体制建设的“四梁八柱”基本形成，为草原改革发展指明了方向。十八届三中全会明确提出，生态文明建设必须建立系统完整的生态文明制度体系，用制度保护生态环境。中央深化改革领导小组成立以来，共召开 35 次会议，其中有 22 次研究生态文明议题。中共中央国务院印发《生态文明体制改革总体方案》，明确了生态文明体制改革的指导思想、理念、原则、目标和任务，为我国生态文明领域改革做出了顶层设计。之后，生态文明制度建设按下快进键，27 项重要制度依次出台，将“四梁八柱”的顶层设计蓝图不断补全。生态文明体制改革撑起“美丽中国”这座大厦，大厦有了“四梁八柱”，接下来就需要各个部门、各个方面在上面添砖加瓦，共同盖好这座大厦。草原既然作为生态文明建设的主战场、主阵地，草原部门添砖加瓦的任务自然不轻，我们要责无旁贷、义不容辞，坚决完成好草原生态文明改革的繁重任务。

三、理清工作思路，明确草原改革发展大方向

目前，中央出台的各项生态文明制度，涉及的改革内容十分全面，基本形成了源头预防、过程控制、损害赔偿、责任追究的制度体系框架。我们必须认真学习这些制度文件，理解掌握精神实质，理清逻辑关系，把握正确改革方向，明确改革发展任务。

（一）严格源头预防。建立健全源头预防制度，是推进生态文明建设最重要的基础性工作。《生态文明体制改革总体方案》提出，要健全自然资源资产产权制度，完善主体功能区制度，建立空间规划体系，推进市县“多规合一”等，这些都是从源头预防的角度做出的顶层设计。构建归属清晰、权责明确、监管有效的自然资源资产产权制度，解决自然资源所有者不到位、所有权边界模糊等问题，是落实各项生态文明制度的重要基础。国家发改委等6部委联合制定《自然资源统一确权登记办法（试行）》，推进自然资源确权登记工作。当前，草原资源所有者不明确、所有权边界不清晰、承包经营权落实不到位的问题还比较突出。从源头预防的角度推进草原生态保护，首要任务是明确草原所有权，要通过推进草原确权登记工作，进一步明确国有草原的所有权主体，划清国有草原所有权边界；其次要进一步落实草原承包经营权，着力解决承包草原面积不准、四至不清、位置不明等问题。要根据中央及有关部委文件要求，继续开展自然资源资产的统一确权登记试点工作。要积极开展草原资源清查，准确掌握草原面积、界限、所有权主体等信息，划清草原与林地、耕地等其他土地资源的边界。

（二）强化过程管控。加强过程管控，是落实生态文明制度的关键，是推进生态文明建设的核心。《关于加快推进生态文明建设的意见》提出的完善生态环境监管制度、严守资源环境生态红线、健全生态保护补偿机制，以及《生态文明体制改革总体方案》提出的健全国土空间用途管制制度、完善自然资源监管体制、建立草原保护制度、完善土地有偿使用制度、建立耕地草原河湖休养生息制度、完善环境保护管理制度等，都是过程管控环节的重要制度。特别是在建立草原保护制度中，明确提出要实行基本草原保护制度，确保基本草原面积不减少、质量不下降、用途不改变；健全草原生态保护补奖政策，实施禁牧休牧、划区轮牧和草畜平衡制度；要加强对草原征占用审核审批的监管，严格控制草原非牧使用。在落实过程管控制度工作中，各级草原管理部门担负着繁重的任务。一要严守草原生态红线，严禁在草原生态红线内从事开发经营等活动，确保草原生态红线不被突破；二要严格保护基本草原，对非法破坏基本草原的行为，要依法严肃查处，涉嫌犯罪的，要及时移送司法机关追究刑事责任；三要严格落实草原用途管制制度，严禁随意改变草原用途、非法征用使用草原等行为，进一步规范草原征占用审核审批，探索实行征占用草原面积总量控制、定额管理制度；四要推进草原资源管理体制改革，建立与草原战略地位相适的管理机构和队伍。

（三）落实损害赔偿。党的十八届三中全会明确提出对造成生态环境损害的责任者严格实行赔偿制度。中办、国办印发《生态环境损害赔偿制度改革试点方案》，提出要通过试点，逐步明确生态环境损害赔偿范围、责任主体、索赔主体和损害赔偿解决途径等，形成相应的鉴定评估管理与技术体系、资金保障及运行机制，探索建立生态环境损害修复和赔偿制度。当前，这项制度正在部分省区开展试点，2018年开始要在全国全面推行。长期以来，草原生态环境损害赔偿制度不够健全完善，破坏草原违法成本低的问题十分突出，致使非法征占用草原、开垦草原、破坏草原植被等行为屡禁不止，迫切需要建立健全草原生态环境损害赔偿制度。各级草原管理部门要积极开展草原生态环境损害赔偿制度研究，及时学习总结试点经验，加快建立完善草原生态环境损害赔偿制度。重点要建立草原价值评估体系和标准，明确草原生态环境损害赔偿的范围、赔偿主体、赔偿途径和赔偿标准，为建立并落实草原生态环境损害赔偿制度提供技术支撑。

（四）严肃追究责任。生态环境损害责任追究制度是生态文明制度体系中重要的一环，也是党中央狠抓生态文明建设责任落实、强化各级党政领导干部生态环境和资源保护职责的重要抓手。《关

于加快推进生态文明建设的意见》明确提出，建立领导干部任期生态文明建设责任制；对违背科学发展要求、造成资源环境生态严重破坏的要记录在案，实行终身追责，不得转任重要职务或提拔使用，已经调离的也要问责。中办、国办印发《党政领导干部生态环境损害责任追究办法（试行）》，明确提出地方各级党委政府对本地区生态环境和资源保护负总责，中央和国家机关有关工作部门、地方各级党委政府的有关工作部门及其有关机构领导人员按照职责分工分别承担相应责任；明确了需要追责的具体情形和追责途径，突出强调要党政同责和终身追责。中办、国办印发《生态文明目标评价考核办法》，规定生态文明建设目标评价考核实行党政同责、一岗双责。近两年中央组织开展环保督查，启动“环保风暴”，大家可能都能感受到，中央对于生态环境损害的责任追究是非常认真、十分严厉的，多批地方干部被追责。十几天前，中央对甘肃祁连山保护区遭受严重破坏问题进行了通报，对一大批干部进行了严厉追责、严肃处理。我们一定要引以为戒，深刻反思警醒。要切实增强“四个意识”，坚决贯彻落实党中央决策部署和总书记讲话及指示批示精神，严肃认真，落实到位，令行禁止，绝不搞上有政策下有对策，也绝不能光说不练，不抓落实，浮皮潦草，水过地皮湿。要增强依法行政意识、生态环保意识、责任担当意识，主动作为，避免主管领导被追责、部门被追责、同事下属被追责、自己被追责，对事业负责，对领导负责，对同事负责，对自己负责。对有关党政领导和相关部门违反法律规定、违背政策要求做出的损害草原生态环境的行为，要按照责任追究办法的要求，及时向纪检监察机关或组织部门反映，由相关部门对其依法追责。对于下级政府领导违反法律规定、违背政策要求导致草原生态环境损害的，黑龙江省采取约谈地方领导的办法，很有创意，成效很好，我们可以推广使用。

四、强化工作举措，推进草原监理工作再上新台阶

通过学习党中央国务院关于加快推进生态文明建设的一系列战略部署，我们应当深刻地领会到，虽然近些年草原工作取得了很大成绩，但与中央领导的指示精神相比，与新形势新任务新要求相比，当前草原工作还有一定差距，还存在不少亟待解决的突出问题。这些问题业已引起党中央国务院的高度重视，国务院领导对草原边界不清、界限不明、监管薄弱等突出问题专门作出批示，提出明确要求。要认真研究解决草原工作的深层次矛盾和问题，比如草原法律法规不够健全完善，导致草原概念不清、“一地两证”，草原面积范围不清；执法监管能力薄弱，破坏草原行为依然多发；草原征占用管理工作薄弱，非法占用草原问题依然突出；草原标准制定工作滞后，不同部门间的相关标准不统一，相互矛盾；草原灾害形势依然严峻，防火防灾任务很重，能力还有待提高；草原利用不够科学合理，超载过牧比较突出，草原补奖政策的禁牧休牧和草畜平衡管理任务要切实落实；草原舆论宣传声音不够大，影响不够广。我们要坚持政策导向和问题导向，扎实做好以下重点工作。

（一）完善草原法律法规。加快《草原法》修订进程，着力解决现有草原概念定义范围不清楚、执法主体资格不明确、处罚依据不充分、处罚偏轻等问题，严格草原征占用管理，进一步适应新时期依法治草、生态文明体制改革的需要。推进《基本草原保护条例》立法进程，明确基本草原划定范围和方式，严格基本草原监管举措，全面建立基本草原保护制度。加快《草原征占用审核审批管理办法》等配套法规制修订工作。各地也要积极推动地方立法，完善配套法规，发挥地方优势，加快立法进程，实现率先突破。草原监理机构是执法单位，大家经常运用法律法规，熟悉知晓法律法规条款，对现有法律法规的缺失、不到位、不合理等情况最为了解，理解最为深刻，制定修改法律法规最有发言权，大家要勇挑重担，配合做好草原法律法规和标准的制修订工作。

（二）严厉打击草原违法犯罪行为。把查处草原违法案件作为核心任务，切实做到有案必查，始终保持依法打击草原违法案件的高压态势。针对近年来未批先建、先建后批等非法征用占用草原案件集中显现的问题，加大专项执法和督查力度。加强与国土部门的沟通协调，理顺草原征占用审

核审批程序，厘清工作责任。发现涉嫌犯罪的案件，要及时移送司法机关追究刑事责任，坚决避免有案不移、以罚代刑。进一步完善草原行政执法与刑事司法衔接机制，主动加强与司法机关的沟通协调，充分发挥司法机关在打击草原违法犯罪行为方面的优势和作用，努力遏制草原违法犯罪行为。重大案件的查处结果要通过新闻媒体予以曝光，充分发挥典型案件的教育警示作用。

（三）切实加强草原火灾防控。近年来防火机制、基础设施和保障能力明显增强，但草原火灾防控工作须臾不可掉以轻心。人员流动频繁，人为火源增多，全球气候变暖，春秋季干旱大风日数增加，草原植被和生态改善，可燃物增多，境外火频繁发生，对我方草原安全构成长期威胁。草原火险等级不断升高，草原防火形势依然严峻，草原防火任务异常艰巨。各级草原监理机构和防火主管部门，要深刻认识肩负的重大责任和使命，思想上倍加警惕，措施上更加有力，行动上狠抓落实，千方百计做好新时期的草原防火减灾工作。加强法制预案体系建设，提高草原防火法制化和规范化水平。加强专业半专业草原防火队伍建设，切实提高应急反应能力。

（四）强化草原舆论宣传。准确把握正确的草原工作舆论导向，围绕草原牧区是生态功能区、少数民族地区、边疆地区和贫困地区“四区叠加”和集生态、经济、社会、文化“四大功能”于一体的现实，抓好正面宣传，讲好草原故事。强化政策解读，做好解疑释惑。积极选树草原人物事件典型，抓好典型引路宣传。持续深入开展草原普法宣传月等品牌宣传活动，营造良好的草原法治环境。要加强与主流媒体、新闻部门合作，确保在舆论引导中首先得到主流媒体的支持，抢占舆论制高点。用好用活新媒体，壮大互联网舆论阵地。

（五）加强草原监督管理机构和队伍建设。打铁还需自身硬。在事业单位分类改革和综合执法改革试点中，要突出草原执法的特殊性，确保草原监理机构在改革中不被削弱，力争有所加强。要加强业务技能培训，培养良好的法律素养、业务技能和职业操守。草原执法人员要知法懂法、秉公执法，要敢于亮剑，维护法律尊严。工作上争先创优，思想上见贤思齐，不断改进工作作风，提升精气神，努力培养造就一支敢作敢为、勇于担当、履职尽责的高素质草原监理干部队伍。刚才几位同志在典型发言中谈到，我们草原监理机构在保护草原执法工作中面临很多压力，大家要用中央加快推进生态文明建设的精神要求武装头脑，敢于担当，必要的时候向上级部门反映，寻求工作支持。

同志们，加强草原保护、建设生态文明是实现牧业增效、牧民增收、牧区增绿的有效途径，是打赢脱贫攻坚战、全面建成小康社会的重要举措。让我们紧密团结在以习近平同志为核心的党中央周围，坚定信心，鼓足干劲，大家一道撸起袖子加油干、扬鞭奋蹄疾步追，披肝沥胆保护大草原、振奋同心共筑中国梦，以优异成绩迎接党的十九大胜利召开！

开启畜牧业绿色发展新纪元
引领畜牧业现代化取得新进展①

——农业部畜牧业司司长马有祥就加快推进畜禽养殖废弃物资源化利用答记者问

2016年12月21日，习近平总书记主持召开中央财经领导小组第十四次会议，就畜禽养殖废弃物资源化利用等人民群众普遍关心的突出问题发表重要讲话。习近平总书记强调，加快畜禽养殖废弃物处理和资源化，关系6亿多农村居民生产生活环境，关系农村能源革命，关系能不能不断改善土壤地力、治理好农业面源污染，是一件利国利民利长远的大好事。近日，国务院办公厅印发《关于加快推进畜禽养殖废弃物资源化利用的意见》（以下简称《意见》），要求各地区各部门从制度规范、政策扶持、完善机制等各方面发力，全面推进畜禽养殖废弃物资源化利用。近日，记者就相关问题采访了农业部畜牧业司司长马有祥。

记者：近年来，畜禽养殖废弃物资源化利用工作受到高度重视，习近平总书记专题研究部署，国务院专门印发指导意见，农业部也采取有力措施加以推进，主要是基于哪些考虑？

马有祥：在我国畜牧业发展史上，国办《意见》是首次针对畜禽养殖废弃物资源化利用出台的指导性文件，具有划时代和重要里程碑意义，必将开启畜牧业绿色发展新纪元，引领我国畜牧业现代化建设取得新进展。

畜禽养殖粪污的问题越来越受到重视，主要是由于畜牧业发展步入环境约束关键期，面临重大抉择。生活在当今的我们，一日三餐无肉不香，“吃肉盼过年”已逐渐淡出大多数人的记忆，这无疑要归功于改革开放以来我国畜牧业的大发展。正如一个硬币有两面，畜牧业在保障城乡居民肉蛋奶供应的同时，也伴生了大量的畜禽粪污。特别是规模化养殖快速发展，但配套设施装备和消纳条件跟不上，集中产生的畜禽粪污得不到及时有效处理，很容易造成环境污染，对农民生产生活带来不利影响。据普查，畜牧业排放的化学需氧量占农业排放总量的比重达96%，是农业面源污染的主要来源。在一些地方，畜禽养殖场户成了“过街老鼠”，畜牧业成了不受欢迎的产业。如果不从根本上解决环境污染问题，破解日益趋紧的环境约束难题，畜牧业发展的空间将越来越窄，甚至寸步难行。我们必须顺应时代发展潮流和产业发展规律，加快转型升级，走绿色发展之路，开创畜牧业发展新天地。

记者：畜牧业绿色发展是大趋势，但会不会对畜产品供给生产影响？推进畜牧业绿色发展有哪些有利条件？

马有祥：总体看，畜牧业迎来绿色发展窗口期，面临难得机遇。从产业内部来看，经过多年持续发展，我国畜牧业综合生产能力大幅提升，保障供需平衡有回旋空间，产业转型升级过程中淘汰

① 本文来源：中华人民共和国中央人民政府网站。发布时间：2017年6月24日。

一些落后产能，不会对畜产品供给产生根本影响，为了产业长远发展增加一些设施装备投入，不会削弱产业竞争力。在推进农业供给侧结构性改革的进程中，种养结合循环发展是重要努力方向，种植业可持续发展对有机肥的需求日趋旺盛，农村居民奔小康少不了清洁能源，畜禽粪污资源化利用有广阔的出路与空间。尤为重要的是，以习近平同志为核心的党中央坚持以人民为中心的发展思想，高度重视生态文明建设，绿色发展理念深入人心，以绿色生态为导向的政策支持体系加快形成，为畜牧业绿色发展创造了良好的环境，提供了坚强有力的制度保证。

记者：农业部将从哪些方面加快推进畜禽养殖废弃物资源化利用，推动畜牧业绿色发展？

马有祥：畜牧行业有信心抓住发展机遇，有决心破解发展难题。畜禽粪污，用之则为宝，弃之则为害。畜禽养殖污染问题是畜牧业发展特定历史阶段的产物，应在发展中去解决，资源化利用是根本途径。在推动畜牧业转型升级、绿色发展的关键时期，国务院出台《意见》恰逢其时。《意见》明确要求建立科学规范、权责清晰、约束有力的制度体系，完善企业投入为主、政府适当支持、社会资本积极参与的运营机制，构建以地养畜、农牧结合、绿色种养的发展机制，为加快畜禽废弃物资源化利用提供了强有力的制度、政策和机制支撑。农业部将认真贯彻落实《意见》要求，健全制度体系，强化责任落实，完善扶持政策，严格执法监管，加强科技支撑，强化装备保障，畜禽养殖废弃物资源化利用必将取得新突破，畜牧业绿色发展必将取得新进展。

众志成城 共谋婴幼儿配方奶粉新未来[①]

不忘初心，牢记使命。承载着奶业振兴梦想，肩负着消费保障重任，初冬时节，我们欢聚一堂，共话婴幼儿配方奶粉创新发展大计，在此，我谨代表中国奶业协会，对出席大会的各位领导、嘉宾表示诚挚的欢迎，对长期以来关心、支持中国奶业发展的各界朋友致以衷心的感谢。

创新是社会进步之魂，是实现行业转型发展的核心动力。当前我国奶业发展正处于承前启后、继往开来的关键节点。忆往昔，中国奶业砥砺前行，奋发图强；看今朝，我们众志成城，踏上中国奶业振兴的新征程；畅未来，新时期、新阶段，中国奶业必将欣欣向荣、蓬勃发展、梦想成真。婴幼儿配方奶粉，作为中国奶业的后起之秀，地位无可替代，成绩可圈可点。举办本论坛，旨在展示成就，交流问题，谋划发展，意义重大而深远。

第一，这是以实际行动践行重大指示精神的论坛

婴幼儿是一个民族、一个国家发展的未来和希望，党中央、国务院高度重视婴幼儿健康成长。1 月 24 日，在察北旗帜乳业，习近平总书记情深意切、语重心长，一句话“让祖国下一代喝上好奶粉，我很重视”，让人深思，催人奋进，充分体现了总书记对我们中国奶业人的殷切期望和严格要求；在党的十九大报告中，习近平总书记强调，让国人全面小康，把饭碗牢牢端在中国人手中。作为广大婴幼儿的主要食品，婴幼儿配方乳粉质量安全和营养成分直接关系下一代的健康成长，关系亿万家庭的幸福和国家民族的未来。推动婴幼儿乳粉行业创新发展，是全心全意为人民谋福祉的重大体现，也是贯彻落实习近平总书记重大指示的具体行动。

第二，这是展示成就、交流技术、谋划未来的论坛

改革求发展，创新促提升，在国家的扶持下，在行业的拼搏下，我国婴幼儿配方奶粉发展迅猛，成就显著，催生了新供给，释放了新需求，我国已成为名副其实的婴幼儿配方奶粉生产、进口和消费大国。在世界食品品质评鉴大会上，飞鹤品牌婴幼儿配方奶粉三度蝉联金奖，旗帜品牌婴幼儿配方奶粉荣获特别金奖，君乐宝品牌婴幼儿配方奶粉通过英国 BRC 国际权威认证机构认证，成功登陆香港销售。后起之秀，令人瞩目，我国婴幼儿配方奶粉用 20 多年的时间，走完了发达国家 100 多年的历程。但不容骄傲，如何更接近母乳，如何更适合中国宝宝，还任重而道远。希望全行业以此论坛为契机，总结经验，交流技术，谋划未来，吹响行业创新发展的时代号角，把我国婴幼儿配方奶粉产业做大、做强、做优。

第三，这是承诺担当、彰显责任、开启新征程的论坛

使命呼唤担当，使命引领未来。奶业振兴，匹夫有责。奶业是现代农业和食品工业的重要组成部分，是健康中国、强壮民族不可或缺的产业，是食品安全的代表性产业，是农业现代化的标志性产业和一二三产业协调发展的战略产业。不负人民重托，不愧历史选择，新时期、新阶段，我们要

① 本文为中国奶业协会秘书长刘亚清于 2017 年 11 月 15 日在河北石家庄举办的首届婴幼儿配方奶粉创新发展论坛上的致辞。题目为《中国奶业年鉴》编辑部所加。

勇于践行企业家精神，要敢于兑现社会承诺，在婴幼儿配方奶粉领域构筑良心工程、诚信堡垒和安全堤坝，坚守“四项意识”，坚持“四个最严”，以为婴幼儿负责的态度和行动，开启新征程、创造新辉煌！

本论坛得到了农业部、中国农业科学研究院、食品药品监督管理总局等单位的指导，得到了河北省农业厅、君乐宝乳业的支持，也得到了各地奶业协会、中国奶业协会各专业委员会、各婴幼儿配方奶粉企业，以及青岛北琪实业、北京紫天明光、奥瑞乐包装、安洁康、益嘉粮油、银河伟业等企业的协助，在此，我代表主办方一并表示敬意和感谢！

各位领导、各位嘉宾，婴幼儿配方奶粉产业发展大幕已启、大势已成，让我们全行业凝聚起坚强的共识，汇集起磅礴的力量，共同推进婴幼儿配方奶粉事业创新发展，实现建设民族奶业的使命担当。

谢谢大家！

全国奶业发展规划（2016—2020年）

奶业是现代农业和食品工业的重要组成部分，对于改善居民膳食结构、增强国民体质、增加农牧民收入具有重要意义。为促进奶业持续健康发展，保障乳品质量安全，根据《乳品质量安全监督管理条例》，制定本规划。

一、奶业发展现状

2008年以来，各地区各部门认真贯彻落实党中央国务院部署，以保障乳品质量安全为核心，全面开展乳品质量安全监督执法和专项整治，加快转变奶牛养殖生产方式，推动乳品加工优化升级，奶业素质大幅提升，现代奶业建设取得显著成绩。

（一）奶业生产能力迈上新台阶

2015年，我国生鲜乳和乳制品产量分别达到3 870.3万t和2 782.5万t，总体规模仅次于印度和美国，位居世界第三位。乳品市场种类丰富、供应充足，人均奶类消费量折合生鲜乳达到36.1kg，比2008年增加5.9kg。奶业已成为现代农业和食品工业中最具活力、增长最快的产业之一（表1-1）。

表1-1　2008—2015年全国奶业生产情况

年份	奶类总产量（万t）	其中：牛奶产量	乳制品产量（万t）	其中：液态奶产量	干乳制品产量
2008	3 781.5	3 555.8	1 810.6	1 525.2	285.3
2009	3 734.6	3 520.9	1 935.1	1 641.7	293.5
2010	3 748.0	3 575.6	2 159.6	1 845.8	313.8
2011	3 810.7	3 657.8	2 387.5	2 060.8	326.7
2012	3 875.4	3 743.6	2 545.2	2 146.6	398.6
2013	3 649.5	3 531.4	2 698.0	2 336.0	362.1
2014	3 841.2	3 724.6	2 651.8	2 400.1	251.7
2015	3 870.3	3 754.7	2 782.5	2 521.0	261.5
比2008年增长	2.3%	5.6%	53.7%	65.3%	-8.3%

数据来源：国家统计局

（二）乳品质量安全水平大幅提升

奶业全产业链质量安全监管体系日趋完善，监管力度不断加强。生鲜乳抽检覆盖所有奶站和运输车，乳制品实行出厂批批检验制度。2008年以来累计抽检生鲜乳15.1万批次，清理整顿奶站11 893个，奶站基础设施、卫生、检测等条件显著改善。2015年，生鲜乳中的乳蛋白、乳脂肪抽检平均值分别为每100克中含3.14g、3.69g，均高于《生乳》国家标准，规模牧场指标达到发达国家水平；违禁添加物抽检合格率连续7年保持100%。乳制品抽检合格率99.5%，婴幼儿配方乳粉抽检合格率97.2%。

（三）奶牛养殖方式加快转变

大力发展奶牛标准化规模养殖，实施振兴奶业苜蓿发展行动，推行奶牛遗传改良计划，奶牛养殖规模化、标准化、机械化、组织化水平显著提高。2015年，100头以上奶牛规模养殖比例达到

48.3%，比 2008 年提高 28.8 个百分点。机械化挤奶率达到 95%，提高 44 个百分点，规模牧场全部实现机械化挤奶。泌乳奶牛年均单产达到 6t，提高 1.2t。规模牧场全混合日粮饲养技术（TMR）普及率达到 70%。奶农专业合作组织超过 1.5 万个，是 2008 年的 7 倍多。

（四）乳制品加工加快转型

产业结构逐步优化，婴幼儿配方乳粉企业兼并重组，淘汰了一批布局不合理、奶源无保障、技术落后的产能，乳制品企业加工装备、加工技术和管理运营已接近或达到世界先进水平。2015 年，规模以上乳制品企业（年销售额 2 000 万元以上）638 家，比 2008 年减少 177 家，婴幼儿配方乳粉企业 104 家，比 2011 年减少 41 家。奶业 20 强（D20）企业产量和销售额占全国 50% 以上，2 家企业进入世界乳业 20 强（表 1–2）。

表 1–2　2008—2015 年产业素质变化情况

主要指标	2008	2015
100 头以上规模养殖比重（%）	19.5	48.3
泌乳奶牛年均单产（t）	4.8	6
优质苜蓿产量（万 t）	15	180
机械化挤奶率（%）	51	95
规模牧场全混合日粮饲养技术（TMR）普及率（%）	30	70
奶农专业生产合作社数量（个）	2 097	15 161
D20 企业销售额占比（%）	–	54
规模以上乳制品企业数量（家）	815	638
婴幼儿配方乳粉生产企业数量（家）	–	104
规模以上乳制品企业主营业务收入（亿元）	1 431.0	3 328.5
规模以上乳制品企业利润总额（亿元）	40.3	241.7
规模以上乳制品企业税金总额（亿元）	63.6	122.1

（五）奶业法规和政策体系日趋完善

2008 年以来，国务院及有关部门先后颁布实施了《乳品质量安全监督管理条例》《奶业整顿和振兴规划纲要》《关于进一步加强婴幼儿配方乳粉质量安全工作的意见》《乳制品工业产业政策》《推动婴幼儿配方乳粉企业兼并重组工作方案》《婴幼儿配方乳粉产品配方注册管理办法》等 20 余项规章制度，公布了《生乳》国家标准等 66 项乳品质量安全标准，出台了促进奶牛标准化规模养殖、振兴奶业苜蓿发展行动、奶牛政策性保险、乳品企业技术改造、婴幼儿配方乳粉质量安全追溯等重大政策，初步构建起覆盖全产业链的政策法规体系。

二、奶业发展面临的挑战

（一）竞争力不强

与奶业发达国家相比，我国奶牛单产水平、资源利用效率和劳动生产率仍有一定差距。泌乳奶牛年均单产比欧美国家低 30%；饲料转化率 1.2，低 0.2 左右；规模牧场人均饲养奶牛 40 头，只有欧美国家的一半。农牧结合不紧密，奶牛养殖污染越发凸显。产业一体化程度较低，养殖与加工脱节，缺乏稳定的利益联结机制，产业周期性波动大。国产乳制品竞争力不强，品牌缺乏影响力。

（二）进口影响加剧

我国乳制品关税低，只有世界平均水平的 1/5，进口乳制品完税价格大幅低于国内生产成本，导致乳制品进口量激增，从 2008 年的 38.7 万 t 增至 2015 年的 178.7 万 t，我国乳制品新增消费的

80% 被进口所占。随着欧盟取消牛奶生产配额、中国－新西兰自贸区乳制品关税继续减让和中国－澳大利亚自贸区协定全面实施，国际竞争压力进一步加大。

（三）消费信心不足

消费者对国产乳制品，尤其是婴幼儿配方乳粉还缺乏信心。同时，国外婴幼儿配方乳粉价格明显低于国内婴幼儿配方乳粉价格。近年来，消费者到境外购买、邮购、代购婴幼儿配方乳粉增多，乳制品消费外溢，国外品牌市场占有率增加。2015 年进口婴幼儿配方乳粉 17.6 万 t，是 2008 年的 4.8 倍。受此影响，国产乳制品消费增速放缓。“十二五”期间乳制品产量年均增长 5.2%，较“十一五”下降 5.3 个百分点。

综合来看，我国奶业发展既存在困难挑战，也面临重大机遇。从市场潜力看，我国人均奶类消费量仅为世界平均水平的 1/3、发展中国家的 1/2。随着城乡居民收入水平提高、城镇化推进和二胎政策的实施，奶类消费有较大增长潜力。预计 2020 年全国奶类总需求量为 5 800 万 t，年均增长 3.1%，比“十二五”年均增速高 0.5 个百分点。从生产发展看，经过八年的整顿和发展，奶业取得长足进步，已具备全面振兴的基础和条件，随着产业政策的不断完善和国际市场的不断融合，通过转型升级、创新驱动、提质增效、补齐短板，我国奶业将迎来更大的发展空间。

三、指导思想和发展目标

（一）指导思想

全面贯彻落实党的十八大和十八届三中、四中、五中和六中全会精神，深入贯彻习近平总书记系列重要讲话精神，坚持创新、协调、绿色、开放、共享的新发展理念，以市场需求为导向，以优质安全、提质增效、绿色发展为目标，大力推进奶业供给侧结构性改革，加快转变奶业生产方式。强化标准规范、科技创新、政策扶持、执法监督和消费引导，着力降成本、优结构、提质量、创品牌、增活力，提升奶业规模化、组织化、标准化、品牌化、一体化水平，提高奶业发展的质量效益和竞争力，走产出高效、产品安全、资源节约、环境友好的奶业现代化发展道路，为实现奶业全面振兴、引领现代农业发展奠定坚实基础。

（二）战略定位

1. 健康中国、强壮民族不可或缺的产业。一杯牛奶强壮一个民族，小康社会不能没有牛奶。婴幼儿配方乳粉是重要的母乳替代品。世界卫生组织把人均乳制品消费量作为衡量一个国家人民生活水平的重要指标之一。发展奶业是增强国民体质，尤其是改善青少年营养与健康的重要选择，也是建设健康中国的必要前提和重要标志。

2. 食品安全的代表性产业。奶业产业链条长，乳品质量安全保障是一项复杂的系统性工程，也是检验国家食品法规标准、质量监管、企业诚信等体系的试金石。乳品质量安全水平很大程度上反映了我国食品质量安全的整体状况，备受消费者关注，是反映消费者信心的晴雨表。

3. 农业现代化的标志性产业。奶牛养殖业是世界公认的节粮、经济、高效型畜牧业，也是技术、资本密集型产业，奶业发展需要现代的物质装备、现代的经营理念、现代的信息技术、现代的生产经营体系为支撑。农业发达国家的奶业现代化水平通常都较高。目前，我国奶业的现代化已具雏形，有望在农业中率先实现现代化，引领农业现代化发展。

4. 一二三产业协调发展的战略产业。乳制品工业是我国改革开放以来增长最快的产业之一，也是推动一二三产业协调发展的重要支柱产业。发展乳制品工业对于改善城乡居民膳食结构，提高国民身体素质，丰富城乡市场，提高人民生活水平，优化农村产业结构，增加农民收入，促进社会主义新农村建设具有很大推动作用；对于带动畜牧业和食品机械、包装、现代物流等相关产业发展也具有重要意义。

（三）发展原则

1. 突出质量安全，健全监管体系。把乳品质量安全放在优先地位，建设以安全为核心的法规标准体系，落实“四个最严”要求，强化质量安全监管措施，消除产业链各环节监管漏洞，建立公平有序的市场秩序。

2. 突出利益联结，促进产业融合。完善利益联结机制，密切奶农和乳品企业联系，稳定产销关系，实现风险共担、利益共享。前伸后延产业链，发展种养加一体、一二三产融合的新业态。

3. 突出市场主导，加强政策支持。充分发挥市场在资源配置中的决定性作用，强化企业市场主体地位，鼓励兼并重组，优化资源配置，增强发展活力。大力发展婴幼儿配方乳粉产业，培育国产优势品牌。更好发挥政府在政策引导、宏观调控、支持保护、公共服务等方面作用。

4. 突出绿色发展，加快提档升级。因地制宜，合理布局种养业，以加带养，以养带种，草畜配套，促进奶畜粪便资源化利用。坚持科技和体制创新，优化产品结构，推进节本增效，提高奶业综合生产能力，推动生产生态协同发展。

（四）发展目标

到 2020 年，奶业现代化建设取得明显进展，现代奶业质量监管体系、产业体系、生产体系、经营体系、支持保障体系更加健全。奶业供给侧结构性改革取得实质性成效，产业结构和产品结构进一步优化，供给和消费需求更加契合，消费信心显著增强。奶业综合生产能力、质量安全水平、产业竞争力、可持续发展能力迈上新台阶，整体进入世界先进行列（表 1–3）。

表 1–3 奶业发展目标

主要指标		2015	2020
保障供给能力	奶类产量（万 t）	3 870.3	4 100
	奶源自给率（%）	77.9	≥ 70
	乳制品产量（万 t）	2 782.5	3 550
质量安全水平	生鲜乳抽检合格率（%）	99.34	≥ 99
	乳制品监督抽检合格率（%）	99.5	≥ 99
	婴幼儿配方乳粉监督抽检合格率（%）	97.2	≥ 99
产业素质	100 头以上规模养殖比重（%）	48.3	≥ 70
	机械化挤奶率（%）	95	≥ 99
	泌乳奶牛年均单产（t）	6	7.5
	优质苜蓿产量（万 t）	180	540
	粪便综合利用率（%）	50	75
	婴幼儿配方乳粉行业收入超过 50 亿元的大型企业集团数量（家）	1	3~5
	婴幼儿配方乳粉行业前 10 家国产品牌企业的行业集中度（%）	—	80

四、主要任务

（一）优化区域布局

根据市场需求、资源环境、消费习惯和现有产业基础等因素，巩固发展东北和内蒙古产区、华北产区，稳步提高西部产区，积极开辟南方产区，稳定大城市周边产区。重点提升奶畜品种质量，加强优质饲草料生产，推进标准化规模养殖，加快养殖小区牧场化改造和家庭牧场发展；合理布局加工企业，依法依规淘汰落后产能，优化调整乳制品结构，大力发展液态奶，加快奶酪等干乳制品生产发展，促进奶源基地建设和乳制品加工协调发展（表 1–4）。

表 1-4 区域布局及主要任务

区域	主要任务
东北和内蒙古产区（黑龙江、吉林、辽宁、内蒙古）	引导奶业生产实现规模化、标准化和专业化。发展全株青贮玉米及高产优质苜蓿生产，推进种养结合、循环发展。以荷斯坦奶牛为主，兼顾乳肉兼用牛发展。重点发展奶粉、干酪、奶油、超高温灭菌乳等，根据市场需要适当发展巴氏杀菌乳、发酵乳等产品。
华北产区（河北、河南、山东、山西）	加快养殖小区改造升级为牧场，发展专业化养殖场，提高集约化程度。探索农副饲料资源综合利用新模式，形成种养加一体化产业体系。以荷斯坦奶牛为主，适当发展奶山羊等品种。重点发展奶粉、干酪、超高温灭菌乳、巴氏杀菌乳、发酵乳等产品。
西部产区（陕西、甘肃、青海、宁夏、新疆、西藏）	着力发展奶牛规模养殖场、家庭牧场和奶农合作社，提高奶类商品化率，提升价值链。扩大青贮玉米、优质苜蓿等种植，提高优质饲草料供给水平。以荷斯坦奶牛为主，发展乳肉兼用牛，兼顾奶山羊、牦牛等品种。重点发展奶粉、干酪、奶油、羊乳及相关乳制品，适度发展超高温灭菌乳、发酵乳、巴氏杀菌乳等产品，鼓励发展具有地方特色的牦牛奶、骆驼奶等乳制品。
南方产区（湖北、湖南、江苏、浙江、福建、安徽、江西、广东、广西、海南、云南、贵州、四川）	采用寓龙头企业＋合作社＋家庭牧场寓的组织形式，积极发展适度规模养殖场。加大养殖设施设备改造提升，提高青贮饲料供应水平，推广全日粮饲喂技术，提高奶业生产效率。安徽、湖北、福建、广东、四川等新兴区域发展荷斯坦奶牛、娟姗牛，广西、云南等省区鼓励发展奶水牛。重点发展巴氏杀菌乳、干酪、发酵乳，适当发展炼乳、超高温灭菌乳、乳粉等产品，鼓励发展水牛奶等具有地方特色的乳制品。
大城市周边产区（北京、天津、上海、重庆）	稳定奶牛数量，提高生产效率，重点发展种业龙头企业，培育优秀种公牛。大力开展粪肥污水环保处理和资源化利用，探索发展休闲观光奶业。主要发展巴氏杀菌奶、酸奶等低温产品，适当发展干酪、奶油等其他乳制品，鼓励新型乳制品的开发。

（二）发展奶牛标准化规模养殖

坚持良种良法配套、设施工艺结合，提质增效并重、生产生态协调，建立健全标准化生产体系。支持养殖场改扩建、小区牧场化改造和家庭牧场发展，重点建设标准化圈舍、粪污处理、防疫、挤奶设施及饲草料基地等，支持企业自有自控奶源基地建设，引导适度规模养殖。开展奶牛养殖标准化示范创建，创建 300 家标准化示范场，引领带动生产技术水平提高。加大牧场物联网技术、智能化技术及设施设备的应用，提升奶业生产机械化、信息化、智能化水平。

（三）提升婴幼儿配方乳粉竞争力

严格执行婴幼儿配方乳粉法规标准，根据食品安全国家标准的制修订情况，适时修订《粉状婴幼儿配方食品良好生产规范》和《婴幼儿配方乳粉生产许可审查细则（2013 版）》，严格行业准入。加大婴幼儿配方乳粉质量安全监管力度，实施婴幼儿配方乳粉产品配方注册管理制度。加强农业投入品使用监管，实行奶源奶站、运输车全覆盖抽检，增加婴幼儿配方乳粉抽检范围和频次，严厉查处违法违规行为。支持乳品企业建设自有自控的婴幼儿配方乳粉奶源基地，推动婴幼儿配方乳粉企业兼并重组。鼓励研发适合中国婴幼儿的产品，培育具有国际影响力和竞争力的国产婴幼儿配方乳粉品牌。

（四）推动乳制品加工业发展

打造资源配置合理、技术水平先进、产品结构优化、具备国际竞争力的现代乳制品加工业。优化乳制品产品结构，因地制宜发展常温奶、巴氏杀菌奶、酸奶等液态奶产品，适度发展干酪、乳清粉等产品。修订完善《乳制品工业产业政策》，严格奶源基地、加工布局、技术装备、环境控制、质量安全等方面的要求。完善冷链储运硬件设施设备，严管冷链流程，确保终端乳制品的安全与品质。鼓励企业兼并重组，依法淘汰技术、能耗、环保、质量、安全等不达标的产能。鼓励乳制品企业创新产品、节能减排。建立健全行业诚信体系，实现乳品生产经营者食品安全信用信息与人民银行、国家税务等征信系统对接。

（五）加强乳品质量安全监管

实施乳品质量安全监测计划，严厉打击违法添加行为。开展乳品质量安全风险评估，及时发现并消除风险隐患，大力提升生鲜乳质量安全管控力度。强化奶牛养殖环节饲料、兽药等投入品监管，对生鲜乳收购站和运输车实行全覆盖、动态化、精准化监控，加快推进生鲜乳质量安全追溯试点工作。加强兽药残留综合治理工作，加大监测力度，实施阳性样品追溯监管。加强复原乳监管，严格落实标识制度。督促和指导企业建立质量安全追溯体系，落实企业主体责任。

（六）加快推进产业一体化

发展龙头企业、家庭牧场、奶农专业合作组织等新型经营主体，提高组织化程度和风险抵御能力。支持加工企业自建、收购、参股、托管养殖场，提高自有奶源比例，促进一二三产业融合发展。推行《生鲜乳购销合同（示范文本）》，督促严格履行购销协议，建立长期稳定的购销关系，实行订单生产，逐步形成奶农与乳品企业利益共享、风险共担的长效机制。在奶业主产省开展生鲜乳质量第三方检测试点，促进优质优价。积极发展社会化服务，提升奶牛养殖场繁育、饲养管理等专业化、规范化水平。

（七）打造国产乳品品牌

启动国产乳品品牌营造行动，树立优质品牌，重塑奶业形象，提振消费信心。办好 D20 峰会，做大做强 D20 品牌，示范引领国内乳品企业增强品牌意识，提升品牌影响力。加大奶业市场研究与开发力度，适应消费需求变化，开发新型产品。创新流通方式，发展“互联网 +”等新型营销模式，满足乳品便捷、个性化的消费需求。加强奶业宣传引导，发布乳品质量检测信息，大力宣传乳品质量安全状况和奶业监管工作成效，展示国产乳制品良好品质。开展奶业公益宣传，普及牛奶营养知识，倡导科学健康消费，为奶业发展创造良好的舆论环境。

（八）加强良种繁育及推广

深入实施《中国奶牛群体遗传改良计划（2008—2020 年）》，健全奶牛生产性能测定、种牛遗传评定和种公牛后裔测定体系，开展中国荷斯坦牛品种登记，推广优秀种公牛冷冻精液，增强自主培育种公牛能力。创新育种模式，支持建立奶牛育种联盟，探索市场化运营机制。加强高产奶牛核心群建设，推进青年公牛全基因组选择工作，提高种源质量和供种效率。提高种用奶牛进口技术要求，推动引进国外优质奶牛和奶山羊，支持引进国外优秀奶牛胚胎。加强奶水牛、奶山羊等种质资源的开发利用。

（九）促进优质饲草料生产

继续实施振兴奶业苜蓿发展行动，新增和改造优质苜蓿种植基地 600 万亩，开展土地整理、灌溉、机耕道及排水等设施建设，配置和扩容储草棚、堆储场、农机库、加工车间等设施，配备检验检测设备，提升国产优质苜蓿生产供给能力。在“镰刀弯”地区和黄淮海玉米主产区，扩大粮改饲试点，推进全株玉米等优质饲草料种植和养殖紧密结合，扶持培育以龙头企业和农民合作社为主的新型农业经营主体，提升优质饲草料产业化水平。

（十）推进奶牛粪污综合利用

坚持“源头减量、过程控制、末端利用”基本思路，推进种养结合农牧循环发展。因地制宜推广种养结合、深度处理、发酵床养殖和集中处理等粪污处理模式。在奶牛养殖大县开展种养结合整县推进试点，根据环境承载能力，合理确定奶牛养殖规模，配套建设饲草料种植基地，促进粪污还田利用。支持规模养殖场建设干清粪等粪污处理设施，提高粪污处理配套设施比例。支持社会化服务组织和专业公司在奶牛养殖密集区建设粪污集中处理中心或有机肥加工厂，推进奶牛粪污储存、收运、处理、综合利用全产业链发展。

（十一）加强奶牛疫病防控

加快实施国家中长期动物疫病防治规划，加大防控工作力度，切实落实各项防控措施。按照国家口蹄疫和布病防治计划、奶牛结核病防治指导意见要求，全面推进口蹄疫防控和布病结核病监测净化工作，统筹抓好奶牛乳房炎等常见病防控。加强奶牛场综合防疫管理，健全卫生消毒制度，不断提高生物安全水平。

五、保障措施

（一）加强组织领导

建立奶业工作部际联席会议制度，加强部门协调配合，畅通信息沟通渠道，形成推动奶业发展的合力。落实《乳品质量安全监督管理条例》，强化属地管理责任。建立乳品质量安全事件应急处置预案，提升有效防范和处置重大乳品质量安全事故能力。奶业主产省（市、区）应当根据资源状况、消费能力等制定本地区奶业发展规划，促进区域奶业协调发展。

（二）完善法规标准体系

根据《食品安全法》的规定，修订《乳品质量安全监督管理条例》，明确部门职责，完善生产加工、质量监管、消费引导等规定。修订《生乳》国家标准，进一步严格卫生要求，建立生乳分级标准体系引导优质优价。修订灭菌乳等液态奶产品标准，对原料使用作出更加严格的规定。制定发布复原乳检测方法食品安全国家标准，为复原乳监管提供依据。制定液态奶加工工艺标准，提升乳品质量安全水平。

（三）加大政策扶持和市场调控力度

整合优化现有资金项目，加大政策扶持力度，重点支持乳品质量安全监管和可追溯体系建设、优质奶源基地建设、高产优质饲草料种植、婴幼儿配方乳粉企业兼并重组等。加大奶业金融支持力度，鼓励社会资本投资建设现代奶业，支持奶业企业上市直接融资。加强奶业生产市场信息监测，及时发布预警信息，探索开展生鲜乳目标价格保险试点。充分发挥行业协会组织作用，引导各类经营主体自觉维护和规范市场竞争秩序。加强乳制品国际贸易监测，依法启动贸易救济调查，保护国内产业发展。

（四）统筹利用国内国际两个市场两种资源

顺应奶业国际化的大趋势，坚持“引进来”和“走出去”相结合，促进资本、资源、技术等优势互补，提升奶业国际竞争力。学习借鉴国际先进的技术和管理经验，加强与奶业发达国家在奶牛养殖、乳品加工、牧草种植加工和质量管控等方面的交流和合作，提升奶业生产水平。坚持国内供给为主、进口调剂为辅，满足乳品多元化消费需求。

（五）强化科技支撑与服务

依托畜牧兽医技术推广部门、科研院所和大专院校，围绕种、料、病、管等关键环节开展集中攻关研究，着力破解制约奶业发展的技术难题。推进建立以企业为主体、科研院所为支撑、产学研结合的奶业科技创新体系。推动加工领域的重大科技攻关，科学设定风险指标，开展乳制品关键共性技术研究、集成与示范。加强社会化服务体系建设，强化从业人员培训，提高奶业生产加工技术水平。

农业部办公厅 2016 年 12 月 27 日印发

发展综述

FAZHAN ZONGSHU

2016 年我国奶业发展概况

一、奶牛养殖

（一）奶类产量

2016 年，全国奶类产量 3 712 万 t，同比下降 4.1%，比 2011 年下降 2.6%（图 2–1）。其中，牛奶产量 3 602 万 t，同比降低 4.1%；羊奶等其他奶类产量 110 万 t，同比下降 4.3%。中国奶类产量位于印度和美国之后，居世界第三位，约占全球总产量 4.7%（图 2–2）。

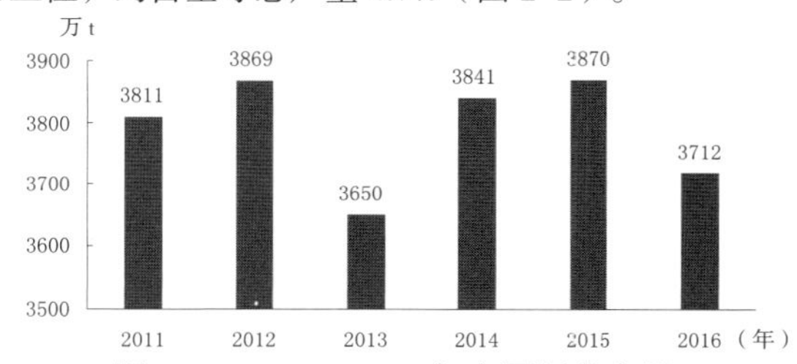

图 2–1　2011—2016 年全国奶类产量

数据来源：国家统计局

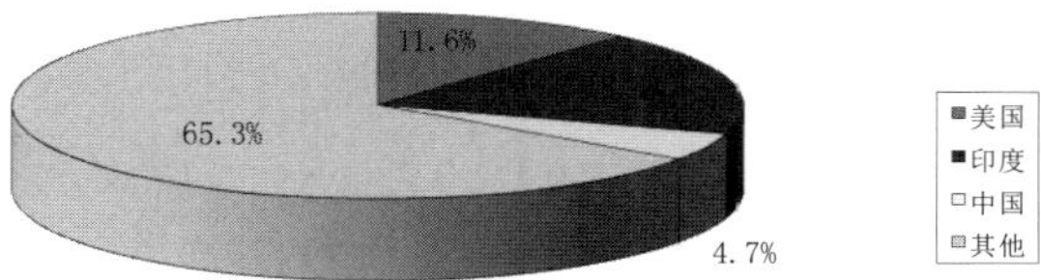

图 2–2　中国奶类产量占世界比重

数据来源：国际奶业联盟（IDF）

（二）规模养殖水平

2016 年，全国奶牛场（户）平均存栏奶牛 75 头，同比增加 43 头，增幅 74.4%；100 头以上规模养殖比例达到 53.0%，同比提高 4.7 个百分点，比 2011 年提高 20.1 个百分点（图 2–3）。

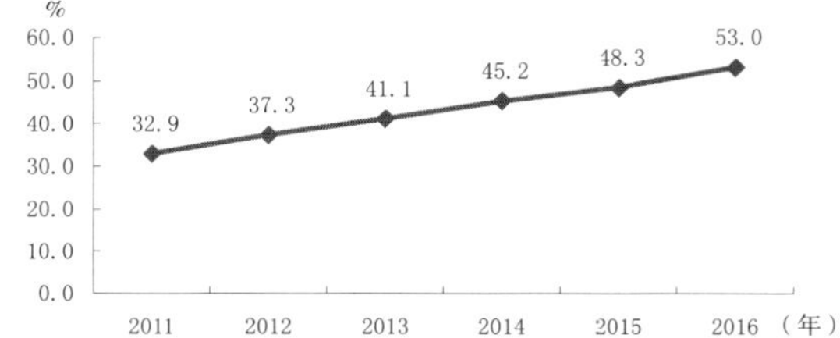

图 2–3　2011—2016 年全国奶牛规模养殖比重变化

数据来源：农业部

（三）奶牛单产水平

2016 年，全国荷斯坦牛平均单产 6.4t，同比增加 400kg，比 2011 年增加 1.1t。对 1 500 多个 100 头以上的规模牧场奶牛生产性能测定显示，奶牛平均日产奶量 28.1kg，折合年产量 8.4t（表 2–1）。

表 2–1　2011—2016 年规模牧场奶牛平均单产

年度	参测牛只（万头）	日产奶量（kg）
2011	46.37	24.1
2012	52.6	24.5
2013	52.9	24.3
2014	73.8	25.8
2015	79.50	27.1
2016	100.5	28.1

数据来源：农业部

（四）奶农组织化程度

2016 年，全国奶农专业生产合作社 16 037 个，同比增加 876 个，增幅为 5.8%，是 2011 年的 1.6 倍多，奶农组织化水平逐年提升（图 2–4）。

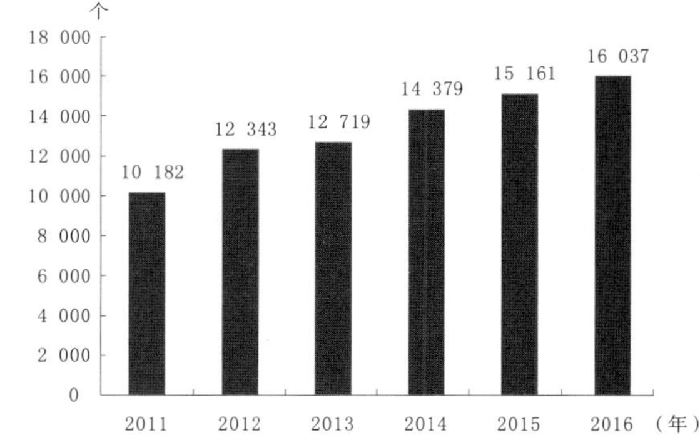

图 2–4　2011—2016 年全国奶农专业生产合作社数量

数据来源：农业部

（五）生鲜乳价格

2016 年，全国生鲜乳平均价格仍处于低位。据监测，10 个主产省区全年平均价格 3.47 元 /kg，同比略有增长。2011 年以来，生鲜乳价格年均增长率 1.6%，小于牛奶销售价格年均增长率 5.4% 的涨幅（图 2–5）。

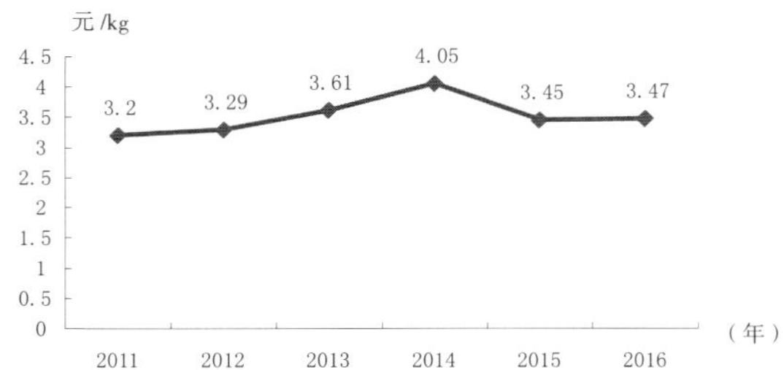

图 2-5　2011—2016 年主产省区生鲜乳平均价格

数据来源：农业部

二、乳制品加工

（一）乳制品产量

2016 年，全国乳制品产量 2 993.2 万 t，同比增长 7.6%，比 2011 年增长 25.4%。其中，液态奶产量 2 737.2 万 t，同比增长 8.6%；奶粉产量 139 万 t，同比下降 2.1%（图 2-6）。

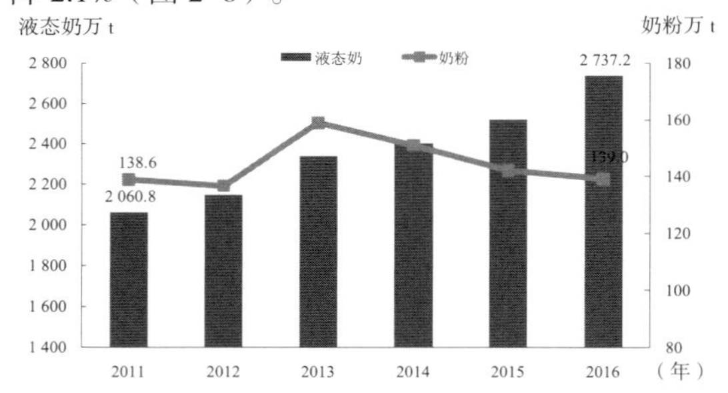

图 2-6　2011—2016 年全国乳制品产量变化

数据来源：国家统计局

（二）乳制品加工业集中度

2016 年年底，全国规模以上乳制品加工企业（年销售额 2 000 万元以上，下同）627 家，同比减少 11 家，比 2011 年减少 17 家。销售额排名前 15 位的乳制品加工企业销售额为 1 794.0 亿元，约占全国销售总额的 53.9%。婴幼儿配方乳粉生产企业 108 家。

（三）乳制品价格

2016 年，全国牛奶平均零售价格为 11.2 元/kg，同比上涨 2.8%，比 2011 年上涨 32.2%；酸奶平均零售价格为 14.1 元/kg，同 2015 年持平，比 2011 年上涨 27.5%；婴幼儿配方乳粉平均零售价格为 166.3 元/kg，同比上涨 1.22%，比 2011 年上涨 21.8%（图 2-7）。

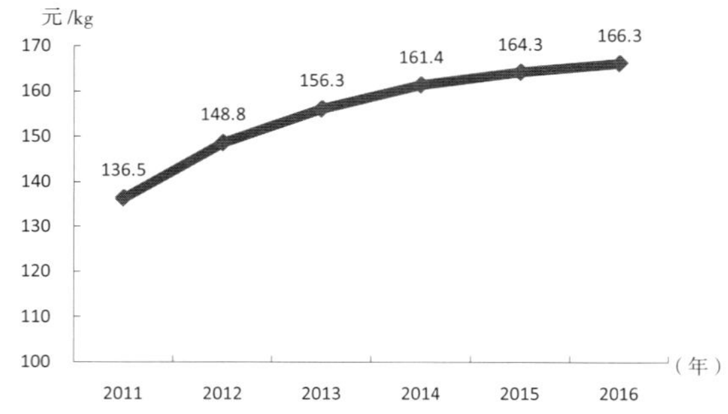

图 2-7　2011—2016 年婴幼儿配方乳粉平均零售价格

数据来源：商务部

（四）乳制品销售额和利润

2016 年，全国规模以上乳制品加工企业销售总额 3 503.9 亿元，同比增长 5.3%，比 2011 年增长 51.7%；利润总额 259.9 亿元，同比增长 7.5%，比 2011 年增长 46.3%（图 2-8）。

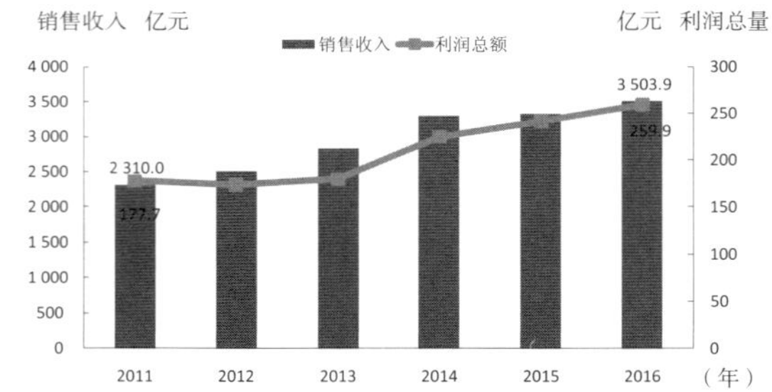

图 2-8　2011—2016 年全国乳制品加工行业销售和利润情况

数据来源：国家统计局

三、乳制品及相关产品进出口

（一）乳制品进口

2016 年，中国进口奶制品总量 217.7 万 t，同比增长 21.8%。比 2011 年增长 1.2 倍（图 2-9）；进口总额 63.8 亿美元，同比增长 12.9%，比 2011 年增长 1.4 倍。按照干乳制品与生鲜乳 1∶8 折算（下同），2016 年进口的乳制品折合生鲜乳约 1 283 万 t。2016 年进口数量最大的前 4 种乳制品分别是液态奶（含发酵乳）、奶粉、乳清粉、婴幼儿配方乳粉，分别占 30.1%、27.8%、22.8% 和 10.2%；进口额最大的前 4 种乳制品是婴幼儿配方乳粉、奶粉、液态奶和乳清粉，分别占 47.2%、23.2%、10.7% 和 7.1%。

从进口来源国看，排名前五位的分别是，新西兰 78.9 万 t，占 36%；美国 31.2 万 t，占 14%；德国 28.9 万 t，占 13%；法国 19.7 万 t，占 9%；澳大利亚 14.6 万 t，占 7%；其他国家共 44.3 万 t，占 21%（图 2-10）。

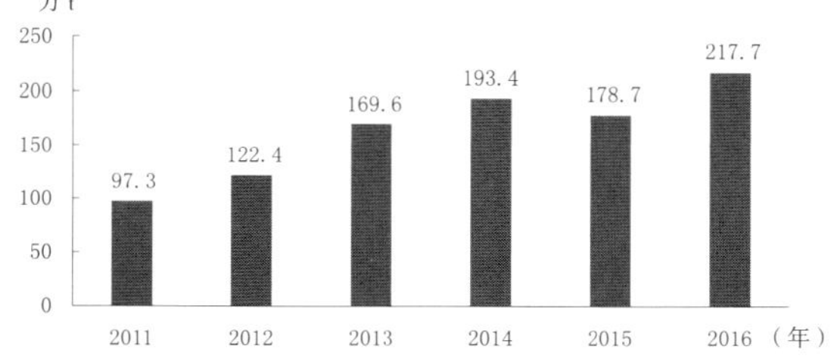

图 2-9　2011—2016 年中国进口乳制品数量

数据来源：海关总署

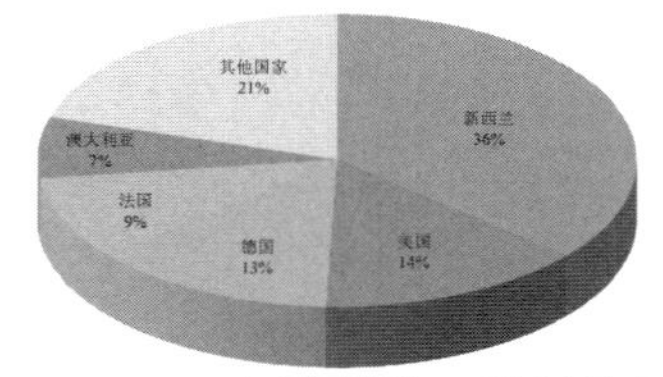

图 2-10　2016 年中国进口乳制品来源国

数据来源：海关总署

（二）奶牛和苜蓿进口

2016年，中国进口奶牛10.09万头，同比下降17.3%，比2011年增长10.1%；平均进口价格1 814美元/头，同比下降27.3%，比2011年下降31.26%。

2016年，进口苜蓿138.8万t，同比增长14.6%，比2011年增长4倍（图2-11）；平均进口价格321.66美元/t，同比下降16.9%，比2011年下降10.1%。

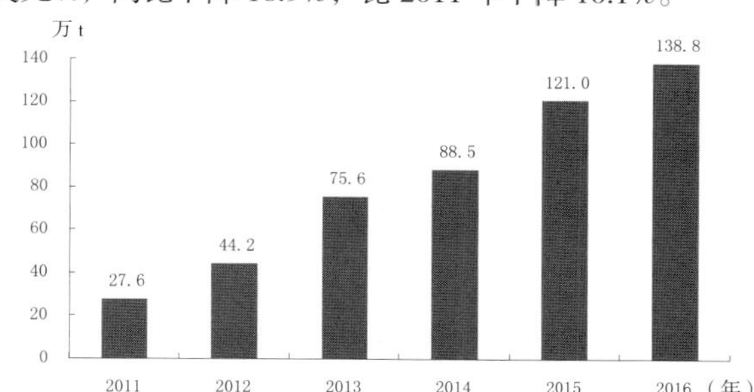

图2-11　2011—2016年中国进口苜蓿数量

数据来源：海关总署

（三）乳制品出口

2016年，乳制品出口总量3.3万t，比2011年下降25.1%；出口总额0.76亿美元，同比增长46.4%，比2011年下降7.1%，主要出口目的地是中国香港。2016年出口乳制品折合生鲜乳约9.6万t。

四、乳制品消费

2011—2016年，全国乳制品消费量为从2 480.5万t增至3 204.7万t，年平均增长87.1万t（图2-12）。2016年，全国人均乳制品折合生鲜乳消费量36.1kg，约为世界平均水平的1/3（图2-13）。据行业统计，液态奶消费结构中，巴氏杀菌乳占10%，超高温灭菌乳（又称常温奶、UHT奶）占40.6%；发酵乳占21.3%，调制乳占28.1%。美国、澳大利亚等国巴氏杀菌乳占液态奶消费总量80%以上，我国仅为10%。美国奶酪人均消费16.0kg，折合生鲜乳160kg；欧盟奶酪人均消费18.3kg，折合生鲜乳183kg；我国奶酪人均消费0.1kg，折合生鲜乳1kg，相对偏低。

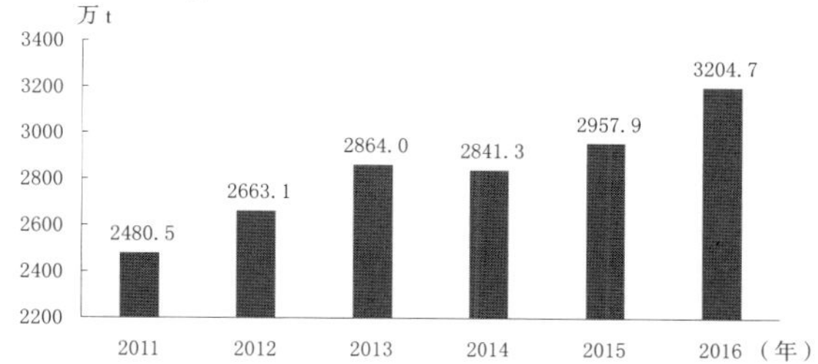

图2-12　2011—2016年全国乳制品消费总量

数据来源：国家统计局、海关总署

（乳制品消费总量=国内乳制品产量+乳制品进口量-乳制品出口量）

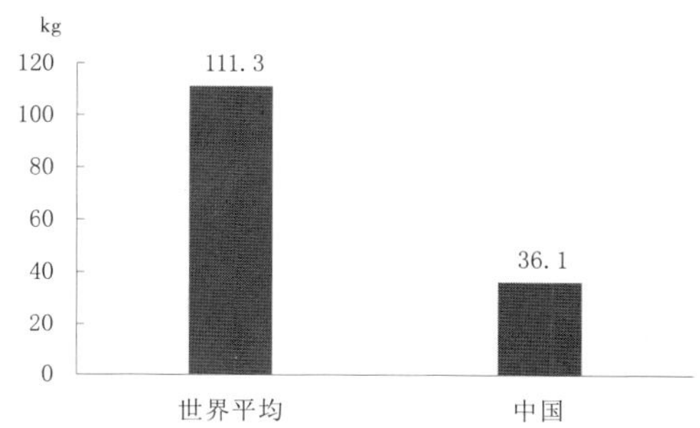

图2-13　2016年人均乳制品折合生鲜乳消费量

数据来源：FAO

（中国奶业协会，农业部奶及奶制品质量监督检验测试中心）

2016年我国乳品质量安全概况

一、奶牛养殖卫生安全

奶牛养殖环境和卫生条件是保障生鲜乳质量安全的基本要求。2016年，继续规范奶牛场选址与建设，完善奶牛场装备设施，保障饲草料供应，强化生鲜乳储运及收购站管理，不断改善奶牛养殖环境和卫生条件。

（一）奶牛场建设

2016年，全国奶牛存栏100头以上的规模养殖场已达8600个。规模养殖场严格按照《畜牧法》等法律法规的规定，执行《奶牛标准化规模养殖生产技术规范》，加强动物防疫和生鲜乳质量安全管理，实现了标准化、规范化建设与生产。

（二）奶牛场设施装备

近年来，奶牛场的机械化、信息化、智能化装备和关键技术加快推广应用，质量安全保障能力进一步加强。2016年，全国规模牧场100%实现机械化挤奶，比2011年提高了30个百分点；80%以上配备了全混合日粮（TMR）搅拌车，比2011年提高了40个百分点。

（三）优质饲草料供应

苜蓿和青贮玉米是奶牛的主要粗饲料。2016年，全国优质苜蓿种植面积350万亩，产量为210万t，比2015年增加30万t，比2011年增加178.8万t（图2-14）。优质苜蓿可满足180万头奶牛饲喂需求。近年来，我国奶牛粗饲料基本完成了从黄贮到全株玉米青贮的转变，据国家奶牛产业技术体系对800家规模牧场调查，2016年奶牛青贮玉米使用量3 500万t，全株玉米青贮使用率88.2%以上。

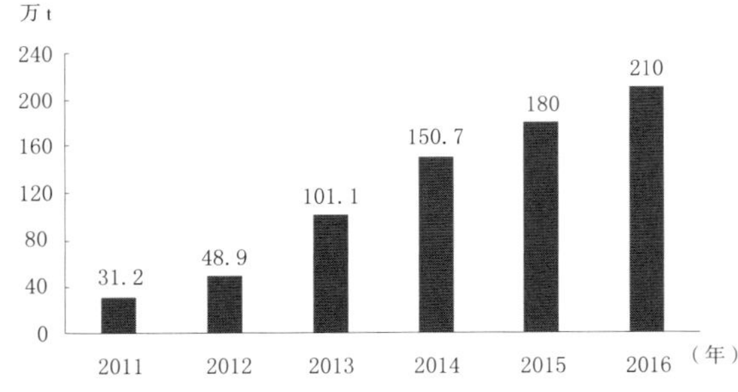

图2-14 2011—2016年全国优质苜蓿产量
数据来源：农业部

（四）生鲜乳收购站和运输车

通过严格落实生鲜乳收购站发证六项规定，执行《生鲜乳收购站标准化管理技术规范》，生鲜乳收购站的基础设施、机械设备、质量检测、操作规范、管理制度和卫生条件显著提升。2016年生鲜乳收购站运输车监督管理系统已对全国6 130个生鲜乳收购站，5 279辆运输车进行了信息化、精准化管理，保障生鲜乳质量安全。

二、生鲜乳质量安全

生鲜乳质量安全指标中，乳蛋白、乳脂肪是衡量生鲜乳营养价值的主要指标，杂质度、酸度、相对密度、非脂乳固体是体现生鲜乳理化性质的指标，菌落总数、黄曲霉素M_1、体细胞数是反映生鲜乳卫生状况的主要指标，铅、铬、汞是判断生鲜乳是否受到重金属污染的主要指标，三聚氰胺、革皮水解物是判断生鲜乳中是否存在人为添加违禁物的指标。

农业部从2009年开始实施生鲜乳质量安全监测计划，重点监测生鲜乳收购站和运输车，检测指标包括乳蛋白、乳脂肪、菌落总数、黄曲霉素M_1、体细胞数、铅、铬、汞、三聚氰胺、革皮水解物等10项指标，2016年新增了杂质度、酸度、相对密度、非脂乳固体4项指标，累计抽检生鲜乳样品17.8万批次（图2-15）。

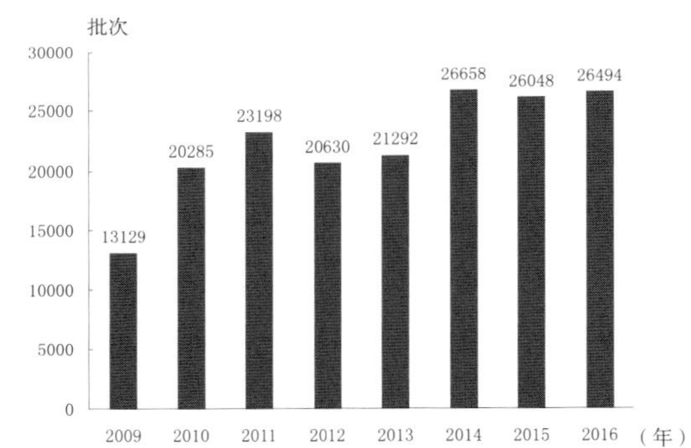

图2-15 2009—2016年抽检生鲜乳样品批次数
数据来源：农业部

（一）乳蛋白

乳蛋白是乳的主要成分之一，是反映牛奶营养品质的指标，国家标准为每100g ≥ 2.8g。

2016年，农业部对8302批次生鲜乳样品进行监测，平均值为每100g3.22g，同比增长2.5%，远高于国家标准（图2-16），规模牧场生鲜乳样品乳蛋白平均值为3.33g/100g（图2-17）。

2016年，共有52批次生鲜乳样品乳蛋白平均值为2.70g/100g，低于国家标准，不达标率为0.63%。

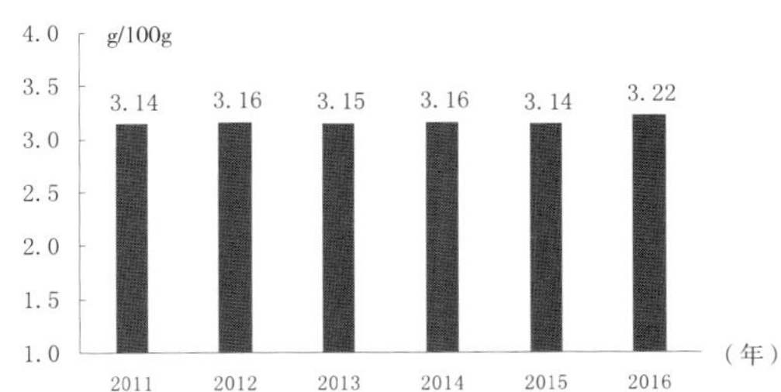

图 2-16　2011—2016 年全国生鲜乳样品中乳蛋白平均值

数据来源：农业部

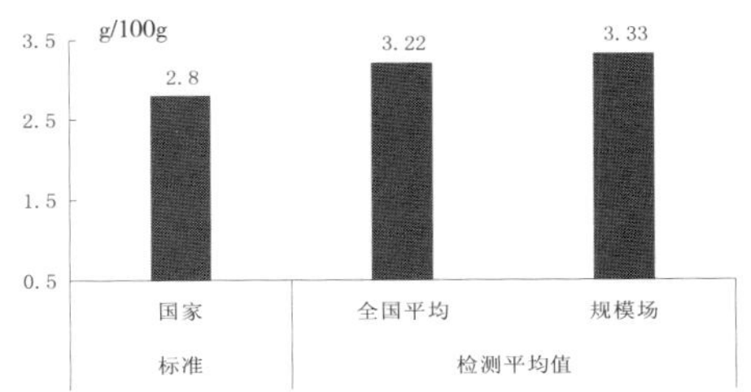

图 2-17　2016 年全国生鲜乳样品中乳蛋白含量与国家标准的比较

数据来源：农业部

（二）乳脂肪

乳脂肪是乳的主要成分之一，是反映牛奶营养品质的指标。国家标准为每 100g ≥ 3.1g。

2016 年，农业部对 7591 批次生鲜乳样品进行监测，平均值为 3.81g/100g，同比增长 3.3%，远高于国家标准（图 2-18），规模牧场生鲜乳样品乳脂肪平均值为每 100g 含 3.87g（图 2-19）。

2016 年，共有 46 批次生鲜乳样品乳脂肪低于国家标准，平均值为每 100g 含 2.95g，不达标率为 0.61%。

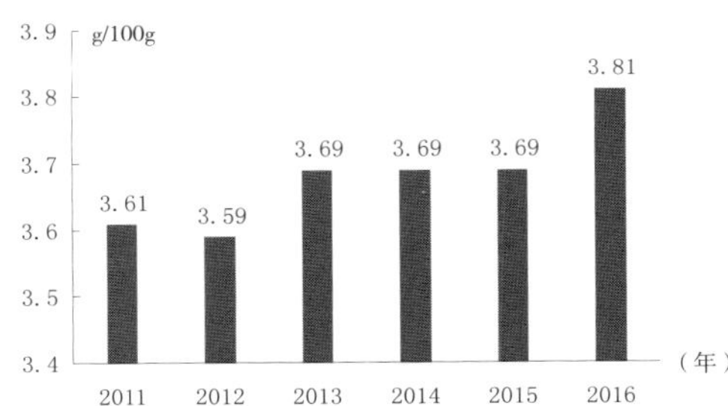

图 2-18　2011—2016 年全国生鲜乳样品中乳脂肪平均值

数据来源：农业部

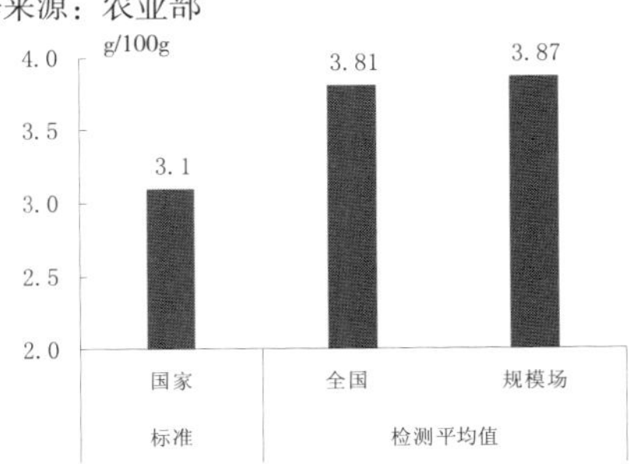

图 2-19　2016 年全国生鲜乳样品中乳脂肪含量与国家标准的比较

数据来源：农业部

（三）非脂乳固体

非脂乳固体是生鲜乳中除脂肪和水分外的物质的总称，国家标准为每 100g ≥ 8.1g。

2016 年，农业部对 7 975 批次生鲜乳样品进行监测，非脂乳固体平均值为每 100g 含 8.8g，高于国家标准（图 2-20）。

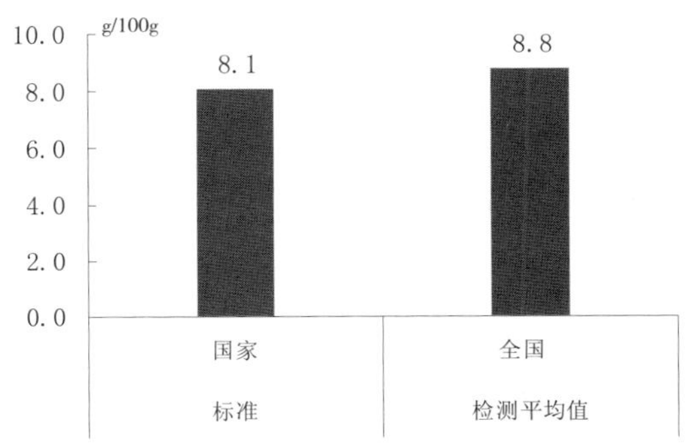

图 2-20　2016 年全国生鲜乳样品中非脂乳固体含量与国家标准的比较

数据来源：农业部

（四）杂质度

杂质度是指生鲜乳中含有杂质的量，是衡量生鲜乳质量的重要指标，国家标准为≤ 4.0mg/kg。

2016 年，农业部对 6 637 批次生鲜乳样品进行监测，杂质度均符合国家标准，全年抽检合格率为 100%。

（五）酸度

酸度是评价牛奶新鲜程度的指标。国家标准规定，牛奶酸度范围为 12~18°T，羊奶酸度范围为 6~13°T。

2016 年，农业部对 7 975 批次生鲜乳样品进行监测，牛奶酸度平均值为 13.89°T，羊奶酸度平均值 12.5°T，均符合国家标准。

（六）相对密度

相对密度是反映牛奶是否掺水的重要指标，国家标准为 20℃ /4℃≥ 1.027。

2016 年，农业部对 6 736 批次生鲜乳样品进行监测，相对密度平均值为 1.030，高于国家标准（图 2-21）。

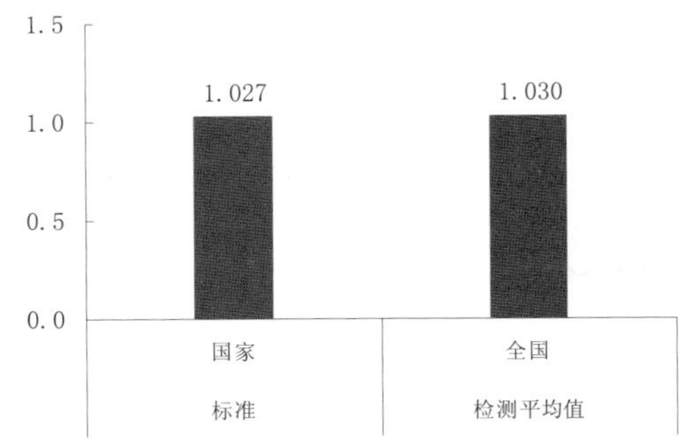

图 2-21　2016 年全国生鲜乳样品中相对密度平均值与国家标准的比较

数据来源：农业部

（七）菌落总数

菌落总数是反映奶牛场卫生环境、挤奶操作环境、牛奶保存和运输状况的一项重要指标。生鲜乳中菌落总数过高，不仅会影响牛奶的口感，还可能使乳制品中的细菌数超标，从而对人体造成伤害。世界各国都对生鲜乳中的菌落总数进行了限定。菌落总数的国家标准为≤ 200 万 CFU/mL。

2016 年，农业部对 8 060 批次生鲜乳样品进行监测，平均值为 25 万 CFU/mL，同比降低 46.5%，低于国家标准。另对 220 个规模牧场生鲜乳样品进行监测，菌落总数平均值为 13.1 万 CFU/mL，低于全国平均水平（图 2–22 和图 2–23）。

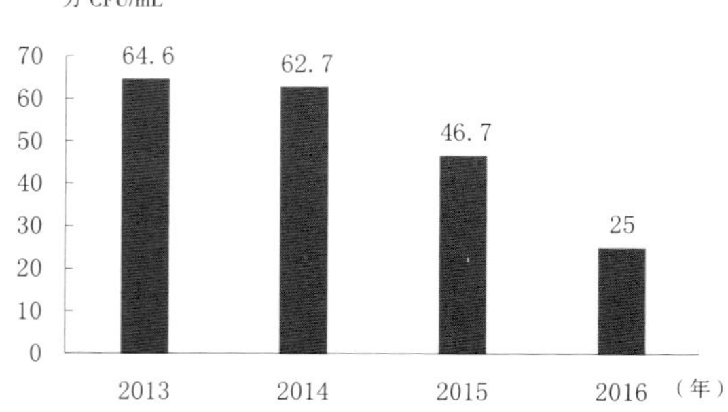

图 2–22　2013—2016 年全国生鲜乳样品中菌落总数平均值

数据来源：农业部

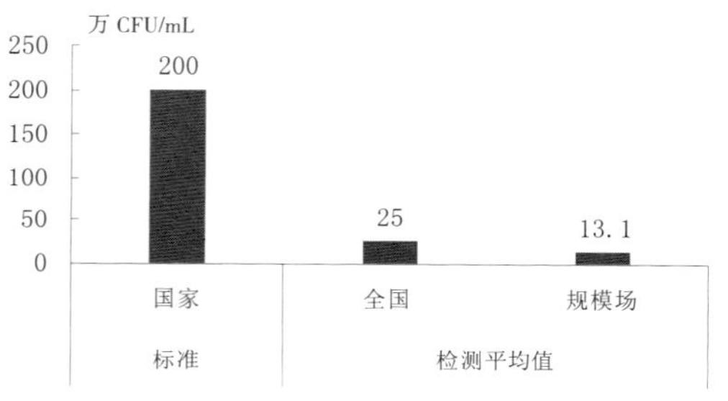

图 2–23　2016 年全国生鲜乳样品中菌落总数结果与国家标准的比较

数据来源：农业部

（八）体细胞数

体细胞数是衡量奶牛乳房健康状况和乳品质量的一项重要指标，当奶牛乳房受到感染或伤害时，体细胞数会明显增加。体细胞数越高，生鲜乳中致病菌和抗生素残留的污染风险越大，对人类健康的危害也越大。欧盟和新西兰规定生鲜乳中体细胞数≤ 40 万个 /mL，加拿大规定体细胞数≤ 50 万个 /mL，美国规定体细胞数≤ 75 万个 /mL（A 级、B 级牛奶），我国暂未规定。

2016 年，农业部对 6 798 批次生鲜乳样品进行监测，体细胞数平均值为 59.2 万个 /mL，低于美国标准，规模牧场生鲜乳样品的体细胞数平均值 30.1 万个 /mL，低于全国平均水平（图 2–24）。

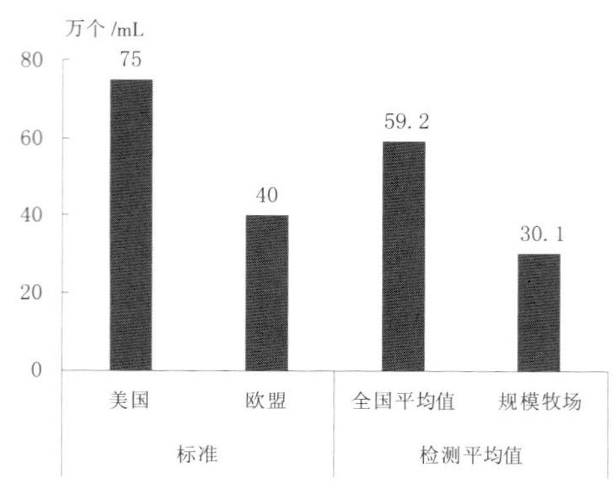

图 2–24　2016 年全国生鲜乳样品中体细胞数与美、欧标准的比较

数据来源：农业部

（九）黄曲霉素 M_1

2016 年，农业部对 20 825 批次生鲜乳样品进行监测，黄曲霉毒素 M_1 的平均值为 0.055μg/kg，远低于国家标准 0.5μg/kg（图 2–25）。

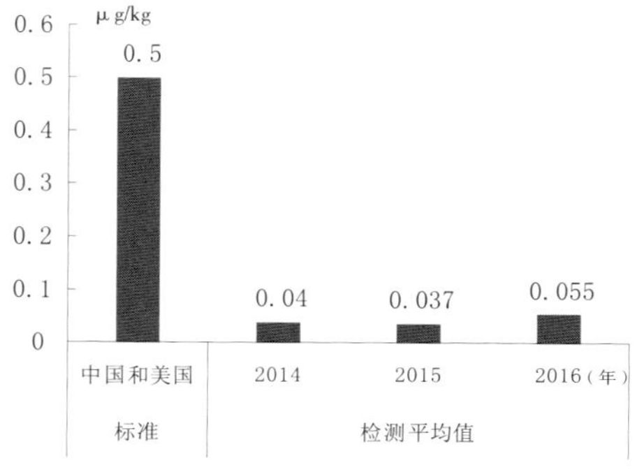

图 2–25　2014—2016 年全国生鲜乳样品中黄曲霉素 M_1 平均值与中、美标准的比较

数据来源：农业部

（十）铅

生鲜乳中铅的国家标准为≤ 0.05mg/kg。2016 年，农业部对 4 132 批次生鲜乳样品进行监测，铅的平均值为 0.016mg/kg，同比降低 15.8%，远低于国家标准（图 2–26）。

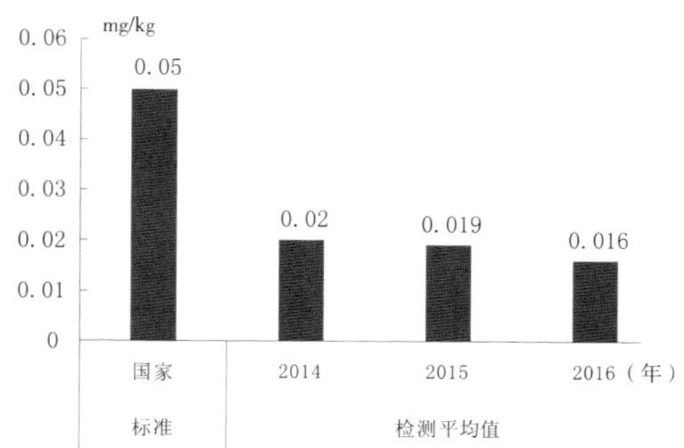

图 2–26　2014—2016 年全国生鲜乳样品中铅的平均值与国家标准的比较

数据来源：农业部

（十一）铬

生鲜乳中铬的国家标准为≤0.3mg/kg。2016年，农业部对1 089批次生鲜乳样品进行监测，铬的平均值为0.037mg/kg，远低于国家标准（图2-27）。

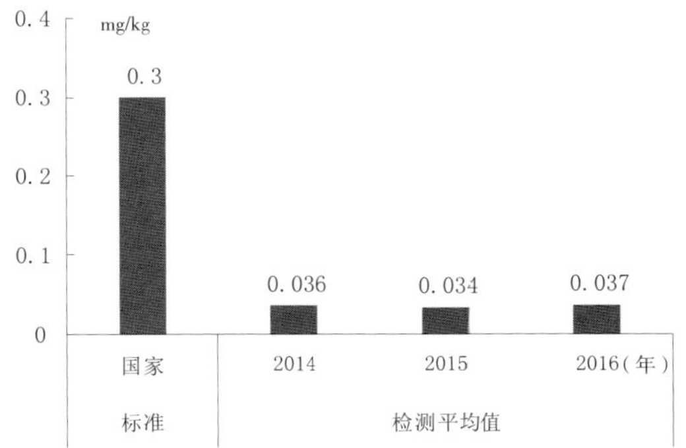

图2-27 2014—2016年全国生鲜乳样品中铬的平均值与国家标准的比较

数据来源：农业部

（十二）汞

生鲜乳中汞国家标准为≤0.01mg/kg，2016年，农业部对4 132批次生鲜乳样品进行监测，汞的平均值为0.0029mg/kg，远低于国家标准（图2-28）

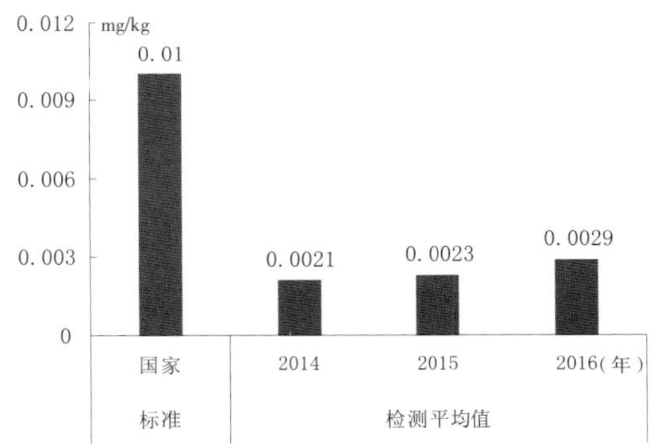

图2-28 2014—2016年全国生鲜乳样品中汞的平均值与国家标准的比较

数据来源：农业部

（十三）三聚氰胺

2008年12月，三聚氰胺列入《食品中可能违法添加的非食用物质名单（第一批）》中，禁止在生鲜乳及乳制品中添加。2011年4月6日，卫生部、工业和信息化部、农业部、国家工商行政管理总局、国家质量监督检验检疫总局联合发布了《关于三聚氰胺在食品中的限量值的公告》（2011年第10号），规定生鲜乳中三聚氰胺的限量值为2.5mg/kg。美国、欧盟、加拿大、澳大利亚和新西兰等国家和地区也规定生鲜乳中三聚氰胺限量标准为≤2.5mg/kg。

2016年，农业部对11 440批次生鲜乳样品进行监测，三聚氰胺检出最大值为0.04 mg/kg，未超过2.5mg/kg的国家限量标准，抽检合格率达到100%（图2-29和图2-30）。

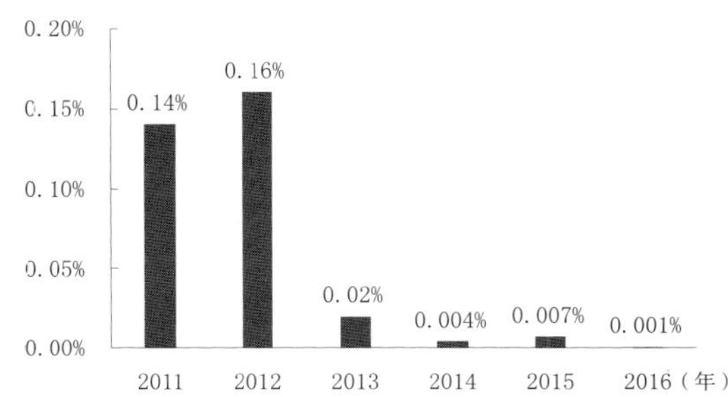

图2-29 2011—2016年全国生鲜乳样品中三聚氰胺检出率

数据来源：农业部

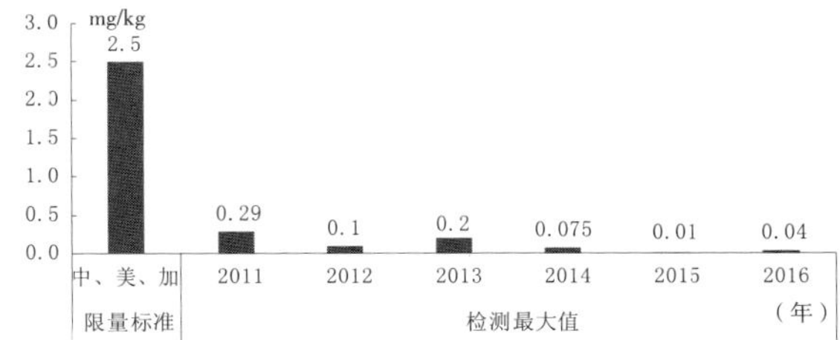

图2-30 2011—2016年全国生鲜乳样品中三聚氰胺检出最大值与中、美、加等国限量标准的比较

数据来源：农业部

（十四）革皮水解物

2009年2月，革皮水解物列入《食品中可能违法添加的非食用物质名单（第二批）》中，禁止在乳及乳制品中添加，不得检出。

2016年，农业部对8 370批次生鲜乳样品进行监测，均未检出革皮水解物。

三、乳制品质量安全

（一）与国内其他食品比较

2016年，国家食品安全监督抽检食品样品257 449批次，其中合格食品样品249 166批次，合格率96.8%，不合格率3.2%。抽检乳制品样品3 318批次，其中合格产品3 303批次，合格率99.5%，不合格率0.5%（表2-2）。乳制品抽检合格率远高于食品抽检合格率。2016年，进一步加大了婴幼儿配方乳粉监督抽检力度。国家食品药品监督管理总局对所有婴幼儿配方乳粉生产企业，进行全覆盖监督抽检，并坚持月月抽检、月月公布，共抽检婴幼儿配方乳粉2 532批次，抽检合格率98.7%。

表2-2 2016年乳制品与食品抽检合格率比较

抽样	食品	乳制品	婴幼儿配方乳粉
抽样批次	257 449	3 318	2 532
合格批次	249 166	3 303	2 500
合格比例（%）	96.8	99.5	98.7

数据来源：国家食品药品监督管理总局

（二）进口乳制品不合格情况

2016年，进口乳制品中，共有来自19个国家的10类154批次产品不符合中国国家标准，被退货或销毁。

不合格原因主要包括霉菌超标、大肠菌群超标、超范围使用食品添加剂、超过保质期、包装标签不合格等质量和食品安全问题（表 2-3）。

表 2-3　进口乳制品不合格情况汇总表

项 目	不合格样品及数量
类型	奶酪（65）、灭菌乳（41）、巴氏杀菌乳（15）、婴儿配方食品（12）、发酵乳（8）、奶油（5）、调制乳（4）、乳清粉（2）、炼乳（1）、乳粉（1）
来源	德国（30）、澳大利亚（28）、法国（26）、意大利（21）、西班牙（12）、韩国（10）、丹麦（8）、阿根廷（3）、波兰（3）、瑞士（2）、荷兰（2）、美国（2）、新西兰（2）、英国（2）、奥地利（1）、比利时（1）、乌拉圭（1）
处理方式	销毁（143 批次，130 吨）、退货（11 批次，188 吨）

数据来源：国家质量监督检验检疫总局

结论：

2016 年监测结果表明，我国乳品质量安全风险可控，整体状况良好。

第一，生鲜乳中乳蛋白和乳脂肪等营养指标达到较高水平。监测结果表明，2011—2016 年，生鲜乳的乳蛋白和乳脂肪的平均水平高于《生乳》国家标准，生鲜乳的质量安全水平大幅提升。

第二，生鲜乳中各项安全指标达到标准。菌落总数、黄曲霉素 M_1、体细胞数、杂质度、酸度、铅、铬、汞等监测平均值均符合我国限量标准，表明我国奶牛养殖环境和奶牛健康状况显著改善，奶源优质安全。

第三，生鲜乳中不存在人为添加三聚氰胺、革皮水解物等违禁添加物的现象，生鲜乳收购、运输行为规范。自婴幼儿奶粉事件以来，不断强化生鲜乳质量安全监管，有效遏制了违禁添加等违法行为。

（中国奶业协会，农业部奶及奶制品质量监督检验测试中心）

拼搏进取的中国奶业 D20

一、中国 D20 企业联盟简介

D20 是指中国奶业 20 强企业，D 是 Dairy 的首字母。2015 年中国奶业协会根据乳品企业品质和口碑、品牌影响力、奶源基地建设、自建牧场奶牛存栏、生鲜乳收购量、销售额等指标，在全国 600 多家乳品企业中评选出综合排名前 20 位的企业。

在中国奶业协会推动下，成立了中国 D20 企业联盟，联盟秘书处设在中国奶业协会，负责中国 D20 企业联盟日常工作和 D20 峰会的组织工作。2015 年 8 月 18 日在北京钓鱼台国宾馆召开首届峰会，汪洋副总理出席峰会并致辞；2016 年 8 月 26 日在河北石家庄召开第二届峰会，农业部韩长赋部长出席并作主旨报告，国家食品药品监督管理总局等部委相关负责人出席并演讲。

二、D20 企业是中国奶业的领头羊

2016 年，D20 企业乳制品销售额 1 930 亿元，约占全国乳制品销售总额的 55%；自建牧场荷斯坦奶牛存栏 168 万头，约占全国荷斯坦奶牛存栏的 24%；生鲜乳收购量 1 420 万 t，约占全国生鲜乳收购总量的 57%。

三、D20 企业奶源质量优良

2016 年，农业部抽检 D20 企业的生鲜乳样品 15 304 批次，占全国总量的 57.8%。检测结果显示，D20 企业奶源质量良好，优于全国平均水平（图 2-31）。

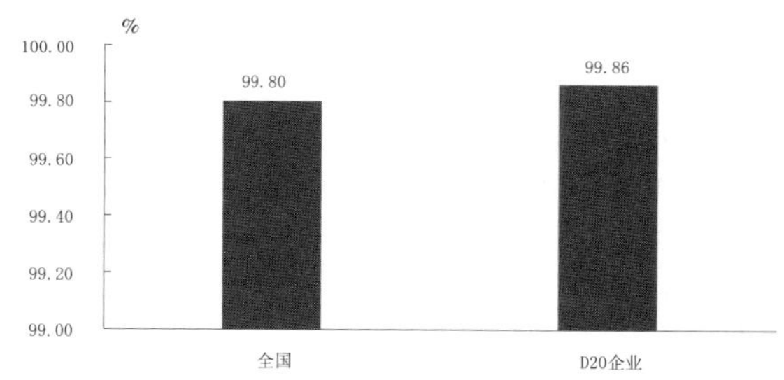

图 2-31　全国及 D20 企业生鲜乳监测合格率情况
数据来源：农业部

附：D20 企业名单

内蒙古伊利实业集团股份有限公司
内蒙古蒙牛乳业（集团）股份有限公司
现代牧业（集团）有限公司
光明乳业股份有限公司
辽宁辉山乳业股份有限公司
内蒙古圣牧高科牧业有限公司
北京三元食品股份有限公司
中垦乳业股份有限公司
黑龙江省完达山乳业股份有限公司
君乐宝乳业有限公司
新希望乳业控股有限公司
黑龙江飞鹤乳业有限公司
贝因美婴童食品股份有限公司
南京卫岗乳业有限公司
天津嘉立荷牧业集团有限公司
新疆西域春乳业有限责任公司
福建长富乳品有限公司
河南花花牛乳业有限公司
济南佳宝乳业有限公司
西安银桥乳业集团

（中国奶业协会）

行业专述

HANGYE ZHUANSHU

【遗传改良】

奶牛良种工程

自1998年国家启动畜禽良种工程以来，奶牛良种繁育体系作为其中重点支持领域，围绕“与现代养殖业相适应、保障良种供应安全”的目标，不断加大投入力度。2016年，中央投资1 868万元，安排奶牛良种工程项目7个，其中育种创新基地2个，生产性能测定中心5个。

奶牛良种工程实施以来，奶牛良种繁育体系逐步完善，保障了奶业持续健康发展。一是育种创新基地、生产性能测定中心的基础设施明显改善，生产水平和测定能力大幅提升。2016年，全国22家生产性能测定中心对1 551个规模牧场开展了奶牛生产性能测定，测定奶牛53.4万头；二是奶牛供种能力进一步增强，奶牛良种覆盖率大幅提高，荷斯坦牛良种化率基本达到100%；三是奶牛生产性能明显提高。2016年全国奶牛平均单产达到6.4t，比2015年增加400kg。

（全国畜牧总站，孙志华）

2016年全国种公牛站概况

截至2016年年底，全国共有44个种公牛站获得《种畜禽生产经营许可证》。

一、基本情况

1. 人员构成

全国种公牛站从业人员共1 949人，具有大专以上学历的专业技术人员1 061人，其中具有高级技术职称205人，具有中级技术职称264人。冻精产品质量检验员124人，执业兽医82人。

2. 种公牛存栏基本情况

44个种公牛站存栏种公牛4 531头，比上年减少407头；涉及35个品种，比上年减少了大额牛和婆罗门牛，增加了皖南牛、大别山牛、徐州黄牛、湘西黄牛等品种。

采精种公牛存栏3 428头，较上年减少312头。其中荷斯坦牛1 145头，乳肉兼用西门塔尔牛290头，褐牛41头，三河牛50头，娟姗牛18头，牦牛82头，奶水牛179头，肉用西门塔尔牛897头，夏洛来牛176头，利木赞牛80头，安格斯牛98头，其他肉用品种种公牛372头。

后备种公牛存栏1 103头，较上年减少95头。其中荷斯坦牛506头，乳肉兼用西门塔尔牛60头，褐牛21头，三河牛137头，娟姗牛1头，牦牛7头，奶水牛33头，肉用西门塔尔牛136头，夏洛来牛27头，利木赞牛23头，安格斯牛47头，其他肉用品种后备种公牛105头。

3. 冻精生产与推广

全年生产冻精3 998万剂，同比减少19.1%，头均生产冻精1.17万剂，同比减少11.4%。生产荷斯坦牛冻精1 213万剂，占冻精生产总量的30.3%，冻精产量同比减少35.1%。生产兼用牛冻精448万剂，占冻精生产总量的11.2%，冻精产量同比增长8.1%；其中生产乳肉兼用西门塔尔牛冻精364万剂，同比增长11.4%。生产其他乳用品种牛冻精139万剂，占冻精生产总量的3.5%，冻精产量同比降低19%。生产肉用牛冻精2 198万剂，占冻精生产总量的55%，冻精产量同比减少11.5%；其中生产肉用西门塔尔牛冻精1 367万剂、夏洛来牛冻精272万剂、利木赞牛119万剂、安格斯牛115万剂。

全年推广销售冻精2 799万剂，较上年减少18%。销售荷斯坦牛冻精869.7万剂，占冻精销售总量的31.1%，销量同比减少30.9%。销售兼用牛冻精203万剂，占冻精销售总量的7.3%，销量同比减少25.1%；其中乳肉兼用西门塔尔牛冻精销售161万剂，同比减少

13%。销售其他乳用品种牛冻精118.9万剂，占冻精销售总量的4.2%，冻精销量同比降低29.9%。销售肉牛冻精1 607.4万剂，占冻精销售总量的57.4%，销量同比减少6.3%；其中销售肉用西门塔尔牛冻精1 072.6万剂，夏洛来牛冻精154万剂，利木赞牛冻精81万剂，安格斯牛冻精71万剂。

二、主要成绩

1. 降成本，种公牛存栏总数下降

目前，冻精供求关系属于供大于求，适度降低种公牛存栏量，提高种源品质，既可降低成本，也有利于提高国产冻精市场竞争力。与2015年相比，采精种公牛和后备种公牛存栏数分别下降312头和94头，以每头采精牛每年2万元饲养成本和后备牛平均每头25万元选种引种成本计算，可节约生产成本约3 000万元，平均每个站节约68万元。

2. 调结构，乳肉兼用型种公牛存栏数逆势增长

2016年，种公牛存栏数和荷斯坦牛存栏数同比分别下降8%和18.6%。而乳肉兼用西门塔尔牛、三河牛、褐牛存栏599头，同比增长24%，实现逆势增长，一年之内存栏数总占比提高3.3个百分点。肉用种公牛存栏量占比43%，与2015年基本持平。

3. 强强联合，多个育种组织协同发力推进种公牛自主培育

北方联盟、香山联盟和金博肉用牛后裔测定联合会涵盖的20多个种公牛站，积极组织交换奶牛、肉牛后测冻精。荷斯坦种公牛自主选育已经实现全基因组选择和后裔测定相结合。全国21家国家肉牛核心育种场共存栏种牛3万余头，包含11个肉牛品种，全年累计向社会提供种牛3 500余头，其中公犊牛2 700余头，国家肉牛核心育种场在肉牛遗传改良工作中的作用初步显现。

4. 纵向延伸，与规模牧场创新联盟推进奶牛群体改良

北京首农畜牧发展有限公司联合首农畜牧、优然牧业、中地种畜、宁夏贺兰山、中鼎牧业、上海荷斯坦六家国内规模化奶牛养殖集团，成立奶牛育种自主创新联盟，覆盖良种奶牛群体规模超过35万头。联盟育种团队广泛开展牧场育种技术服务，累计服务牧场342个，鉴定泌乳牛64 929头，覆盖18个省、市、自治区，为联合育种、市场化精准育种服务提供技术支持，为自主培育优秀种公牛提供了技术平台，也为国产冻精进入大型规模牧场的销售市场打开了局面。

5. 搭建平台，实现全国种公牛数据信息实时监控与管理

“全国种公牛管理信息平台”已经开发完成。在这个平台上，各种公牛站生产数据是独立的、封闭的，可满足对人员、仪器、种公牛管理等需求。通过平台可以完成相关工作的申请、审核与批准，并生成统一规范的种公牛系谱和优良种公牛登记证书。平台还将与国家肉牛遗传评估中心、中国奶牛生产性能测定分析系统有效对接，实现全国种公牛育种数据实时采集和育种值动态发布。

三、存在的问题

目前，全国牛冻精销售市场复杂，面临着国产冻精生产成本高、定价低和进口冻精产品的全面冲击。2016年良补项目管理方式改变，奶牛、肉牛良种补贴项目资金减少，对部分种公牛站的生存发展造成压力。另外，各站都存在不同程度冻精库存压力，没有做到以销定产。全年冻精销售量仅占冻精产量的70%，同时库存冻精累计7 065万剂，存在较严重的供求关系失衡。

（全国畜牧总站奶业与畜产品加工处，李姣）

2016年全国奶牛生产性能测定概述

一、整体概况

2016年，我国的奶牛生产性能测定工作在国家和地方有关政策和项目的大力支持下，得到很大发展。农业部奶牛生产性能测定项目覆盖了北京、天津、河北、山西、内蒙古、辽宁、黑龙江、上海、江苏、山东、河南、湖北、湖南、广东、云南、陕西、宁夏和新疆18个省（区、市）以及黑龙江省农垦总局和新疆生产建设兵团。另外，四川、安徽、福建、广西等非项目地区也纷纷建立了DHI测定中心（实验室）并自行开展测定工作。全国参加DHI测定的奶牛场达到了1 543个，参测牛头数增加到了100.5万头。全国有28个DHI测定中心（实验室）开展测定工作和相关技术服务，覆盖了26个省（自治区、直辖市）。

二、数据情况

2016年，中国奶牛数据中心收集整理了DHI相关数据700万余条，主要包括母牛系谱数据56.7万条，产奶性能测定日数据573.5万条，繁殖数据69万条，体型鉴定数据5.1万条。对2016年DHI数据进行分析，测定日平均产奶量由2015年的27.08kg提高到28.10kg，平均乳脂率、平均乳蛋白率和平均体细胞数相对稳定。参测牛群规模200头以下占22.9%，200~499头占38.4%，500~999头占23.3%，1 000头以上牧场占15.4%。

2016年，中国荷斯坦牛新增316头种公牛品种登记，母牛新增了16.8万头。全年品种登记量达到125.1万头；体型外貌鉴定奶牛25.4万头。

三、宣传服务

为了持续推动奶牛生产性能测定工作的开展，中国奶业协会、全国畜牧总站及各 DHI 中心纷纷开展多种形式的技术服务和宣传推广工作。中国奶业协会和全国畜牧总站联合出版了《奶牛生产性能测定及应用》；同时为了进一步让牛场熟练应用 DHI 报告，中国奶业协会组织专家编印了《奶牛生产性能测定（DHI）报告解读手册》，全部发放到规模奶牛场，针对实际应用的问题邀请经验丰富的专家，开展 DHI 配套技术的讲解，指导生产。

四、实验室评审

按照农业部畜牧业司印发的《奶牛生产性能测定实验室现场评审程序（试行）》（农奶办便函【2015】50 号）要求，全国畜牧总站完成了第一轮 DHI 实验室的评审工作，对全国 DHI 实验室进行了综合能力考核和全面梳理。每月组织制备和发放奶牛生产性能测定标样物质和未知样，定期通过冷链快速运输到各奶牛生产性能测定中心，进行校准和比对工作 12 次。95% 以上的测定中心检测数据符合国际 DHI 标准物质控制参考标准，数据准确性、稳定性、一致性有了明显提高，为下一步扩大 DHI 测定工作奠定了坚实的基础（表 3-1）。

表 3-1 2016 年开展 DHI 工作单位列表

序号	编号	DHI 测定中心名称
1	1101	北京奶牛中心奶牛生产性能测定实验室
2	1201	天津市奶牛发展中心奶牛生产性能测定实验室
3	1301	河北省畜牧良种工作站奶牛生产性能测定中心
4	1401	山西省奶牛生产性能测定管理站
5	1501	内蒙古天和荷斯坦牧业公司生产性能测定技术服务中心
6	1502	内蒙古伊利优然牧业
7	1503	内蒙古赛科星奶牛生产性能检测中心
8	2101	沈阳乳业有限责任公司奶牛生产性能测定中心
9	2102	辽宁省畜牧业经济管理站
10	2301	黑龙江省家畜指导站奶牛生产性能测定中心
11	2302	黑龙江省大庆分中心
12	2303	黑龙江省农垦乳品检测中心
13	3101	上海奶牛育种中心有限公司奶牛生产性能测定实验室
14	3201	南京卫岗乳业有限公司检测中心
15	3401	安徽省畜禽遗传资源保护中心 DHI 实验室
16	3701	山东省农业科学院奶牛研究中心奶牛生产性能测定实验室
17	3702	山东省畜牧总站奶牛 DHI 测定中心
18	4101	河南省奶牛生产性能测定中心
19	4102	洛阳市奶牛生产性能测定中心
20	4201	湖北奶牛生产性能测定中心
21	4301	湖南省奶牛生产性能测定中心
22	4401	广州市奶牛研究所有限公司奶牛生产性能检测中心
23	5101	四川新希望生态牧业有限公司
24	5301	云南省昆明市奶牛生产性能测定中心
25	6101	陕西省奶牛生产性能测定中心
26	6401	宁夏奶牛生产性能测定中心
27	6501	新疆维吾尔自治区奶牛生产性能测定中心
28	6502	新疆兵团奶牛生产性能测定（DHI）中心

（中国奶业协会，闫青霞、曹正）

2016 中国荷斯坦青年公牛全基因组检测概况

21 世纪初，基因组选择（Genomic Selection，GS）技术为传统奶牛育种体系带来新的活力。通过基因组选择可以实现初生公牛的早期选择，进而可以节约待定青年公牛的养殖成本，提高奶牛种公牛的平均选育效益。通过直接使用基因组选择公牛的冻精，不仅缩短奶牛育种的世代间隔、加速遗传进展，同时更直接降低了奶牛育种企业的运行成本，增加企业收益。

中国奶业协会从 2012 年开始，利用我国自己构建的奶牛参考群体和基因组选择技术平台，开展荷斯坦种公牛全基因组检测服务。2016 年基因组选择仍然沿用性能指数 GCPI，作为中国奶牛基因组选择性能指数（Genomic China Performance Index）。GCPI 指数包括产奶量、乳脂率、乳蛋白率、体细胞评分等生产性状和体型总分、乳房、肢蹄等体型性状。利用中国荷斯坦牛基因组选择参考群体数据平台，结合青年公牛基因组检测的 SNP 基因型信息，用 GBLUP 方法估计公牛的各性状基因组直接育种值，并与其系谱育种值进行标准化后加权合并，计算得到 GCPI。计算系谱指数所用公牛系谱由各公牛站提供。公牛父亲和外祖父各项育种值，采用国际公牛组织（INTERBULL）2015 年 12 月份发布的数据。

GCPI 计算公式：

$$GCPI = 20\times\left[\begin{array}{l}30\times\frac{GEBV_{\mathrm{milk}}}{800}+15\times\frac{GEBV_{Fatpct}}{0.3}+25\times\frac{GEBV_{\mathrm{Pr}\,opct}}{0.12}+5\times\frac{GEBV_{Type}}{5}\\+10\times\frac{GEBV_{MS}}{5}+5\times\frac{GEBV_{F\&L}}{5}-10\times\frac{GEBV_{scs}-3}{0.46}\end{array}\right]+80$$

表 3-2 基因组各性状估计育种值标准差

性状	符号	标准差
产奶量	Milk	800
乳脂率	Fatpct	0.3
乳蛋白率	Propct	0.12
体型总分	Type	5
泌乳系统	MS	5
肢蹄	F&L	5
体细胞评分	SCS	0.46

2016 年，全国有 11 个公牛站共 300 头牛参加了全基因组检测。截至 2016 年底，全国范围内共有 29 个公牛站的 2 424 头次公牛参加了全基因组检测。

表 3-3 2016 年各公牛站全基因组检测概况

公牛站号	公牛站名	送检牛头数
111	北京首农畜牧发展有限公司奶牛中心	19
131	河北品元畜禽育种有限公司	21
141	山西省畜牧遗传育种中心	8
155	内蒙古赛科星繁育技术有限责任公司	20
212	大连金弘基种畜有限公司	36
311	上海光明荷斯坦牧业有限公司	31
373	山东奥克斯畜牧种业有限公司	54
374	先马士畜牧（山东）有限公司	17
411	河南省鼎元种牛育种有限公司	40
612	西安市奶牛育种中心	32
651	新疆天山畜牧生物工程股份有限公司	22

表 3-4 2012-2016 年各公牛站全基因组检测概况

公牛站号	公牛站名	送检牛头数
111	北京首农畜牧发展有限公司奶牛中心	182
121	天津市奶牛发展中心	102
131	河北品元畜禽育种有限公司	177
132	秦皇岛全农精牛繁育有限公司	5
133	亚达艾格威（唐山）畜牧有限公司	82
141	山西省畜牧遗传育种中心	42
151	内蒙古天和荷斯坦牧业有限公司	83
155	内蒙古赛科星繁育生物技术（集团）股份有限公司	197
211	辽宁省牧经种牛繁育中心有限公司	5
212	大连金弘基种蓄有限公司	62
222	吉林省德信生物工程有限公司	15
231	黑龙江省博瑞遗传有限公司	135
232	大庆市银螺乳业有限公司	90
311	上海奶牛育种中心有限公司	289
322	南京利农奶牛育种有限公司	14
371	山东省种公牛站有限责任公司	13
373	山东奥克斯畜牧种业有限公司	245
374	先马士畜牧（山东）有限公司	53
411	河南省鼎元种牛育种有限公司	154
413	南阳昌盛牛业有限公司	10
414	洛阳市洛瑞牧业有限公司	14
511	成都汇丰动物育种有限公司	12
531	云南恒翔家畜良种科技有限公司	16
532	大理五福畜禽良种有限责任公司	20
611	陕西秦申金牛育种有限公司	6
612	西安市奶牛育种中心	73
631	青海省家畜改良中心	10
641	宁夏四正种牛育种有限公司	61
651	新疆天山畜牧生物工程股份有限公司	257
合计 3	29	2 424

2016 年，全国畜牧良种补贴项目入选的 640 头荷斯坦公牛中，有 248 头是通过基因组选择技术选择推荐的，占到 39%。

（中国奶业协会，曹正、闫青霞）

【进口奶牛检疫】

2016 年我国进口奶牛检疫情况

近年来，中国消费者对乳制品的旺盛需求为奶业振兴提供了大好机遇。然而，优良种源短缺成为制约中国奶业发展的一大瓶颈。大规模引种已成为近 10 年的常态，我国已成为世界上每年进口动物数量最多的国家。中国热衷于进口奶牛的主要原因包括：一是产业快速升级的关键基础。大规模引种可在较短时间内大幅度提升基础母牛数量，提高生产效率，从而推动我国奶业整体水平快速提高；二是降低奶牛疫病控制成本。进口奶牛和遗传物质历经国内外一系列检疫流程，携带疫病的几率极低，可有效降低企业运行成本。据业界估算，中国在今后一段时期每年进口奶牛数量将继续维持高位运行态势。

一、2016 年我国奶牛进口基本情况

1. 进口奶牛数量分析

当前我国奶业发展正处在转型升级的关键阶段，供给侧改革对奶业发展也提出了更高要求。我国奶牛养殖业也面临着调结构、转方式，需积极转变来适应变化多端的奶业市场。因此，2016 年我国奶牛进口数量继续维持在较高水平，全年共进口奶牛 128 081 头（图 3-1），较 2015 年下降 6.1%，分别来自澳大利亚（86 431 头）、新西兰（38 711 头）、智利（2 939 头）。自 2014 年进口量达到 24 万余头的峰值后，2015—2016 年奶牛进口数量趋向平稳。

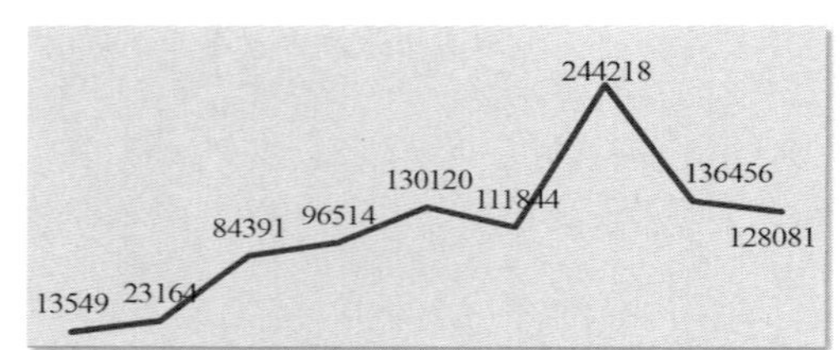

图 3-1 2008—2016 年进口奶牛数量（单位：头）

2. 进口奶牛检疫不合格情况分析

质检总局在进口奶牛检疫过程中实施产地预检、境内隔离检疫措施，在这一过程中将淘汰检疫阳性动物和因外貌缺陷、皮肤疾病、跛行外伤、体格消瘦等原因不适合进口的奶牛。2016 年，共检疫 169 475 头奶牛，淘汰不合格奶牛 41 565 头，检疫合格 128 081 头，总淘汰率为 24.53%（图 3-2），有效维护了国门安全，为企业避免直接经济损失近 6.3 亿元人民币。

从淘汰率上看，澳大利亚、新西兰进口奶牛的淘汰率较高，均在 24% 以上，原因主要是其近年来出口量过大，造成存栏奶牛整体质量不高；而智利于 2014 年开启进口牛业务，可供选择的优秀奶牛资源较多，所以淘汰率最低，仅为 13.82%。

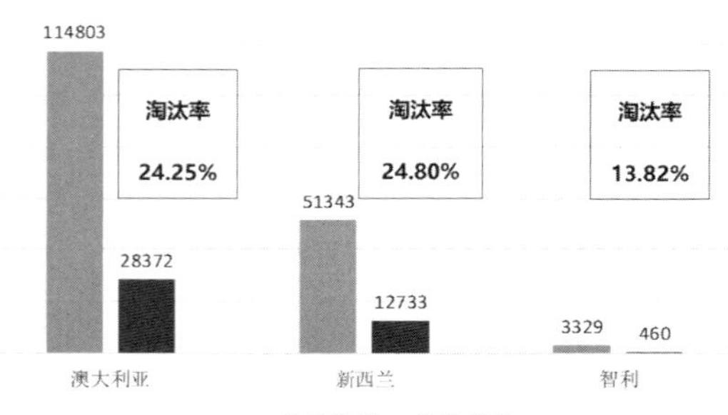

图 3-2 2016 年进口奶牛检疫总体淘汰情况（单位：头）

3. 进口奶牛阳性动物淘汰情况分析

2016 年，共计因疫病原因淘汰不合格奶牛 16 580 头，疫病淘汰率为 9.78%。经统计分析阳性动物淘汰率，智利最低，为 6.77%，澳大利亚次之，为 8.14%，新西兰疫病检出淘汰率最高，为 12.09%（图 3-3）；但境内隔离检疫阳性淘汰率，新西兰却是最低的。由此看出，智利由于是新准入不久，可供选择的牛源充足，加之有良好的动物疫病防控体系，因此淘汰率是最低的；新西兰虽然总体疫病淘汰率最高，但经过境外预检，进入我国后淘汰率却是最低的，说明新西兰检疫管控最好。

另外，图 3-3 也清晰反映出经境外农场检疫和隔离检疫，98.5% 的阳性动物被淘汰在国门之外，显著降低了奶牛疫病传入的风险，确保了我国畜牧业生产安全和人体健康。

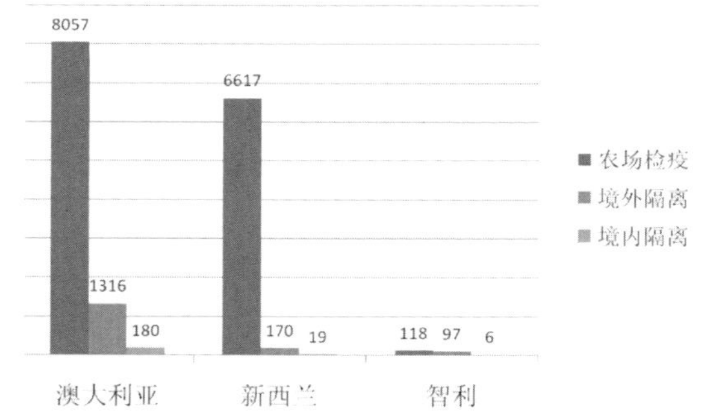

图 3-3 2016 年进境奶牛疫病淘汰情况（单位：头）

二、2016年进口奶牛疫病检出情况分析

1. 澳大利亚

根据议定书的要求，从澳大利亚进口奶牛共检疫了牛传染性鼻气管炎（IBR）、牛病毒性腹泻（BVD）、副结核病（JD）、赤羽病（AKABANE）、牛地方流行性白血病（EBL）、蓝舌病（BT）、鹿流行性出血病（EHD）七种动物疫病（图3-4）。其中IBR占全部检出疫病总数的63%，说明IBR在澳洲普遍流行，澳大利亚对IBR不采取防控措施，牛群携带率较高。澳大利亚是蓝舌病疫区，根据中澳议定书规定，从双方认可的蓝舌病非疫区进口奶牛，所以蓝舌病检出仅占全部检出疫病的0.13%。进行风险分类管理和非疫区的划分，既能够保证有牛可进，又能降低疫病传入的风险。Akabane、BVD和JD占比均在10%上下，说明这几种疫病在澳洲有一定的流行性，也是议定书要求重点检测的疫病。EBL在澳仅是零星检出血清阳性，是偶发疫病，仅占0.15%。EHD没有检出。

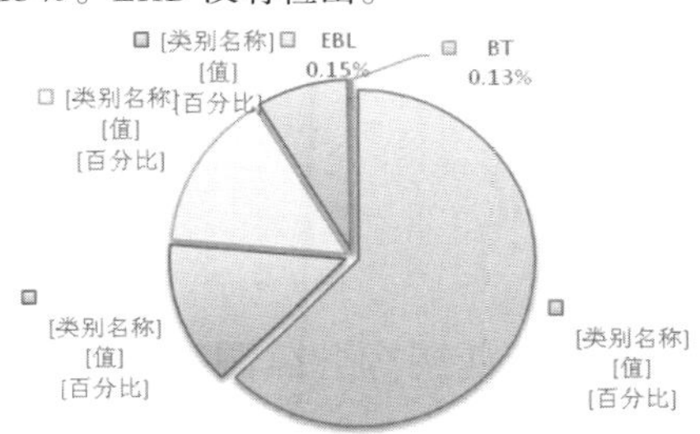

图3-4 2016年澳大利亚进口奶牛疫病检出情况

2. 新西兰

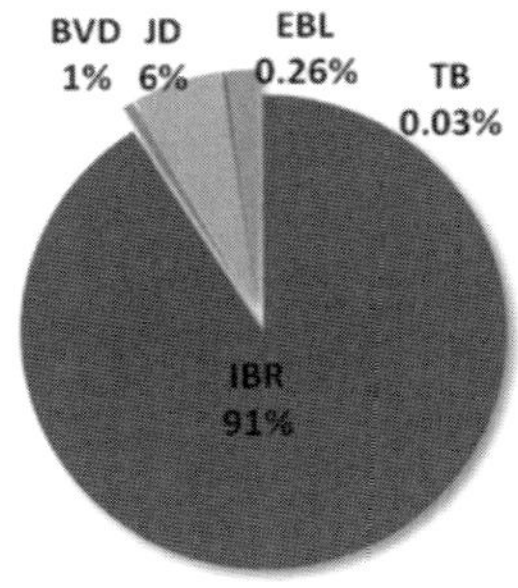

图3-5 2016年新西兰进口奶牛疫病检出情况

根据议定书的要求，从新西兰进口奶牛共检疫了IBR、BVD、JD、EBL、牛结核病（TB）五种动物疫病（图3-5）。新西兰进口奶牛检出疫病中，IBR是主要检出疫病，占检出疫病总数比例的91%。因为新西兰不对IBR采取防控措施，所以牛群IBR携带率很高，新西兰也有JD、EBL、BVD、TB检出，但是数量很少，说明新西兰疫病防控体系完善，是个相对“干净”的国度，既非蓝舌病疫区，也不需要检测赤羽病。

3. 智利

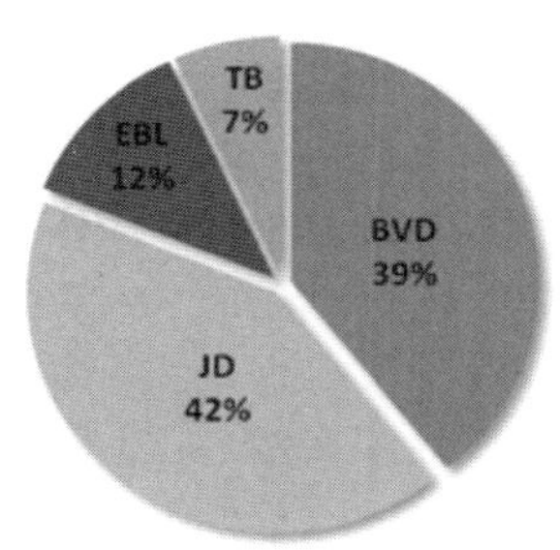

图3-6 2016年智利进口奶牛疫病检出情况

根据议定书的要求，从智利进口奶牛共检疫了IBR、BVD、JD、EBL、TB、布鲁氏菌病（Brucellosis）六种动物疫病（图3-6）。2016年因疫病淘汰奶牛仅有217头，数据样本不大。JD和BVD是主要检出疫病，反映出两种疫病在智利的流行情况及协议书确定检疫的必要性。EBL和TB均有检出，但占比不大。

三、2016年进口奶牛进口商及隔离检疫场分布情况

1. 2016年检疫进口奶牛各省市分布情况

2016年进口奶牛分别在我国6个省市进行隔离检疫，其中天津市最多，全年共检疫6.7万余头，占全年我国进口奶牛数量的52.7%；河北省排名第二位，全年共检疫3.7万余头，占进口奶牛数量的29.1%；山东省全年共检疫1.6万余头，占进口奶牛数量的12.9%。

2. 进口活牛主要进口商

近年来，由于我国对进口种畜需求旺盛，一批具有丰富活畜进口经验、成熟供应网络、完善的隔离场设施的从事进口动物贸易业务的公司蓬勃发展，目前最活跃的进口动物代理公司主要有十余家，代理进口动物市场95%以上的贸易份额。

3. 进口奶牛隔离检疫场分布情况

目前，我国有种牛指定隔离场53个，国家隔离场4个，隔离场数量与口岸进境奶牛数量呈正相关分布，主要分布在天津（17个）、河北（11个）、山东（8个）、江苏（4个）等进口奶牛数量较大的入境口岸。

（国家质量技术监督检验检疫总局，窦树龙、季新成；重庆出入境检验检疫局，江红旗；广州出入境检验检疫局，康　伟；沈阳出入境检验检疫局，王永刚；中国检验检疫科学研究院，仇松寅；深圳出入境检验检疫局，纪　帆）

【饲草饲料】

振兴奶业苜蓿发展行动

苜蓿是奶牛等草食动物的重要优质饲草，被誉为“牧草之王”。从2012年起，中央财政每年安排3亿元专项资金，在奶牛主产省份和苜蓿优势区建设3.33万 hm^2 高产优质苜蓿示范基地。

2016年，继续在河北、天津、内蒙古、辽宁、吉林、黑龙江、安徽、山东、河南、陕西、甘肃、宁夏、新疆13个省（自治区、直辖市）和新疆生产建设兵团以及黑龙江农垦总局开展高产优质苜蓿示范创建，全年完成3.33万 hm^2 高产优质苜蓿基地建设任务。

在项目带动和市场拉动下，我国苜蓿生产能力快速提高，实现了产量和质量的“双提升”。2016年年底，全国优质苜蓿种植面积达到23.33hm^2，干草产量210万t。满足了180万头奶牛饲喂需求，每头奶牛饲喂苜蓿增加效益在1 000元以上。

（农业部奶业管理办公室，邓兴照）

全国饲料工业发展情况

2016年，饲料行业积极适应经济社会发展新常态，充分发挥联结上下游、延长产业链的中枢和纽带功能，创新发展方式，强化产品质量管理，加快产业融合整合，优化产业战略布局，进一步提升行业规范化和可持续发展能力，饲料工业“十三五”开局良好。

一、商品饲料总产量创历史新高

生猪、家禽、水产品养殖市场形势较好，玉米价格低位运行，促进了规模养殖场配合饲料用量。全国商品饲料总产量达20 918万t，同比增长4.5%，为近三年来最高增幅。其中，配合饲料产量18 395万t，同比增长5.7%；浓缩饲料产量1 832万t，同比下降6.5%；添加剂预混合饲料产量691万t，同比增长5.8%。从品种看，2016年猪饲料产量8 726万t，同比增长4.6%；蛋禽饲料产量3 005万t，同比下降0.5%；肉禽饲料产量6 011万t，同比增长9.0%；水产饲料产量1 930万t，同比增长1.9%；反刍动物饲料产量880万t，同比下降0.5%；其他饲料产量366万t，同比增长3.5%。

二、饲料产品质量安全稳定向好

饲料工业发展始终坚持“安全第一、优质取胜”的基本方针，以深入贯彻实施新的饲料法规制度为主线，创新行业管理方式，严把生产准入关，全面实施《饲料质量安全管理规范》，持续组织开展饲料质量安全监测，强化检打联动，着力完善事前、事中、事后有效衔接的饲料质量安全管理体系。全国商品饲料抽检合格率96.31%，连续6年稳定在95%以上。

三、饲料产业结构继续调整

在产品结构上，配合饲料使用比例继续提升，浓缩饲料用量继续减少，配合饲料、浓缩饲料、添加剂预混合饲料产量占总产量比重分别为87.9%、8.8%、3.3%；与2015年相比，配合饲料占总产量比重提高1个百分点，浓缩饲料下降1个百分点，添加剂预混合饲料同比持平。在产业集中度上，大型饲料企业规模扩张迅速，饲料企业与养殖终端“场厂对接”合作不断深化，产业链融合发展加速，年产100万t以上饲料企业34家，年产50万t以上企业51家，比2015年分别增加2家和3家，产量分别占全国总产量57%和63%。广东、山东、河北、广西、湖南、河南、江苏、辽宁和四川9个省（区）产量超过千万t，占全国总产量64.8%。

四、饲料工业总产值稳定增长

全国饲料工业总产值和总营业收入分别为8 014亿元、7 778亿元，同比分别增长2.6%、4.9%。其中，商品饲料工业总产值7 294亿元，同比增长2.4%，营业收入7 090亿元，同比增长4.5%；饲料添加剂总产值654亿元，同比增长6.2%，总营业收入623亿元，同比增长10.6%；饲料机械设备总产值和营业收入均为66亿元，同比分别下降3.8%、4.5%。

五、氨基酸、矿物元素等饲料添加剂产量大幅增长

饲料添加剂产品总量975.9万t，同比增长19.5%。

其中，直接制备饲料添加剂922.3万t，混合型饲料添加剂53.6万t。主要饲料添加剂品种中，赖氨酸、矿物元素等添加剂价格大幅上涨，处于历史高位，产量增长较大。氨基酸总产量201.8万t，同比增长30.6%；矿物元素及其络合物500.5万t，同比增长19.1%；维生素113.1万t，同比增长3.6%；酶制剂11.6万t，同比增长18.2%。

六、饲料机械设备加工能力持续提升

饲料加工机械设备生产总量27 088台套，同比减少52台套，下降0.2%。其中，成套机组1 359台套，同比增加10台套，增长0.7%；单机25 729台，同比减少62台，下降0.2%。在成套机组中，时产≥10t设备1 029台套，同比增加61台套，增长6.3%；时产<10t设备330台套，同比减少51台套，下降13.4%。

七、饲料行业高端人才比例提升

饲料企业年末职工人数为47.6万人，同比下降8.3%。大专以上学历的职工数为18.8万人，占职工总人数的39.5%，其中，博士1 892人，同比增长0.8%；硕士9 150人，同比增长4.1%；大学本科69 302人，同比下降6.8%；大学专科107 343人，同比下降10.9%；其他学历288 436人，同比下降8.0%。技术工种49 059人，同比下降4.2%。

（农业部畜牧业司饲料处）

牧草种植及商品草生产情况

一、2016年牧草种植情况

2016年，全国保留种草面积2 056.2万 hm^2。其中，保留种草面积前三位的内蒙古、甘肃和四川年末保留种草面积分别为385.8万 hm^2、309.93万 hm^2 和232.4万 hm^2，占全国总面积的18.76%、15.08%和11.30%。当年新增种草面积652.67万 hm^2。其中多年生牧草217.8万 hm^2，一年生牧草434.93万 hm^2。多年生牧草年末保留面积达到1621.53万 hm^2，种植的主要种类为紫花苜蓿、披碱草/柠条、多年生黑麦草、老芒麦和沙打旺等，年末保留种植面积分别达437.47万 hm^2、309.93万 hm^2、148.27万 hm^2、121.13万 hm^2、89.73万 hm^2 和75.07万 hm^2。种植的一年生牧草种类主要为青贮专用玉米、多花黑麦草和燕麦，种植面积分别226.87万 hm^2、46.07万 hm^2 和33.6万 hm^2。

二、2016年商品草生产情况

2016年全国商品草种植面积为174.48万 hm^2，总产量为817.11万t。商品草生产面积最大的羊草，达104.14万 hm^2，总产量113.93万t；其次为紫花苜蓿，达45.17万 hm^2，总产量379.84万t。草产品生产集中在内蒙古、黑龙江、甘肃、宁夏等省区，生产面积较大的省（区）为内蒙古、黑龙江、甘肃和吉林，分别为58.81万 hm^2、49.66万 hm^2、22.61万 hm^2 和21.97万 hm^2，分别占全国的33.70%、28.46%、12.96%和12.59%。生产的草产品主要是草捆、草块、草颗粒和草粉，产量为295.41万t、47.88万t、52.62万t和24.89万t，分别占生产总量的54.23%、8.78%、9.65%和4.56%。

（农业部畜牧业司草原处，张金鹏）

草原保护与建设情况

2016年，全国草原保护建设成效显著。全年完成种草改良2 833.7万 hm^2，建设草原围栏299.3万 hm^2，累计落实草原承包2.89亿 hm^2，草原禁牧面积1.05亿 hm^2，草畜平衡面积1.74亿 hm^2。

一、实施草原生态保护补助奖励政策

2016年开始，国家在河北、山西、内蒙古、辽宁、吉林、黑龙江、四川、云南、青海、西藏、甘肃、宁夏、新疆13省区及新疆生产建设兵团和黑龙江省农垦总局启动实施新一轮草原补奖政策。中央财政安排草原补奖政策资金187.6亿元，其中：草原禁牧补助90.5亿元，面积0.81亿 hm^2；草畜平衡奖励65.1亿元，面积1.73亿 hm^2；绩效考核奖励资金近32亿元，对工作突出、成效显著的地区给予资金奖励，由地方政府统筹用于草原管护、推进牧区生产方式转型升级、发展现代草原畜牧业、推广牧草良种等方面。新一轮草原补奖政策取消了牧民生产资料综合补贴和牧草良种补贴；将2016年禁牧补助标准由90元/hm^2 提高到112.5元/hm^2，草畜平衡奖励标准由22.5元/hm^2 提高到37.5元/hm^2；调整了半农半牧区政策实施方式，在河北、山西、东北三省和黑龙江省农垦总局实行“一揽子”政策，中央财政将资金切块下达，不再规定具体政策内容，由相关省和黑龙江农垦总局自助统筹用于草原生态保护建设。同时，将政策范围扩大到张家口市、承德市接坝区草原面积较

大的区域，构建和强化京津冀一体化发展的生态安全屏障。

二、实施草原保护建设工程

2016年，中央财政投入资金20亿元在内蒙古、四川、甘肃、宁夏、西藏、陕西、青海、新疆、贵州、云南、黑龙江、吉林、辽宁及新疆生产建设兵团实施退牧还草工程，建设草原围栏233.4万 hm^2，退化草地改良17.3万 hm^2；投入5.03亿元资金在河北、内蒙等5省（区）实施京津风沙源草地治理工程，治理草原20.1万 hm^2；安排17.5亿元资金在内蒙、湖北等7省（区）实施退耕还林还草工程，完成人工草地建设11.7万 hm^2；投入3.6亿元，在河北、内蒙古等6省（区）实施农牧交错带已垦草原治理工程，完成人工种草15万 hm^2；投入1.1亿元在重庆、贵州等7省市实施岩溶地区石漠化综合治理工程草原建设；投入3亿元在四川、云南等10省份启动南方现代草地畜牧业推进行动，合理开发利用南方草山草地资源，保护和改善南方草地生态环境。

三、加强草原执法监督

2016年，全国各类草原违法案件发案15 705起，立案15 386起，结案14 982起，结案率为97.4%，其中提起行政复议或行政诉讼的案件11起，移送司法机关处理的案件605起。全年草原违法案件共破坏草原9 157.9 hm^2，买卖或者非法流转草原678.5万 hm^2。与上年相比，2016年草原违法案件数量比上年减少1 315起；非法开垦草原、非法征收征用使用草原和非法临时占用草原三类案件破坏草原面积较上年减少2 865.7 hm^2，减少了23.8%。

四、强化草原防灾减灾

2016年，全国共发生草原火灾56起，其中一般草原火灾53起，较大草原火灾2起，特大草原火灾1起。受害草原面积36 916.8 hm^2，经济损失607.3万元，牲畜损失3 075头（只），无人员伤亡。与上年相比，全国草原火灾次数减少32起，受害草原面积减少81 200 hm^2。

2016年，全国草原鼠害危害面积为2 807.0万 hm^2，约占全国草原总面积的7.1%，危害面积较上年减少3.5%。草原鼠害主要发生在河北等13个省（区）。其中，西藏、内蒙古、新疆、甘肃、青海、四川等6省（区）危害面积合计2 607.9万 hm^2，占全国鼠害危害面积的92.9%。

2015年，全国草原虫害危害面积1 251.5万 hm^2，约占全国草原总面积的3.2%，危害面积与上年基本持平。草原虫害主要发生在河北等13个省（区）。其中，西藏、内蒙古、新疆、甘肃、青海、四川6省（区）危害面积合计为1 070.2万 hm^2，占全国草原虫害面积的85.5%。

五、草原植被持续恢复

2016年草原植被状况明显好转。全国天然草原鲜草总产量103 864.86万t，较上年增加1.03%；折合干草32 029.43万t，载畜能力约为25 175.59万羊单位，均较上年增加0.93%。全国草原综合植被盖度达到了54.6%，较上年提高了0.6个百分点。全国23个重点省（自治区、直辖市）鲜草总产量96 526.13万t，占全国总产量的92.93%，折合干草约30 194.87万t，载畜能力约为23 738.25万羊单位。通过实施退牧还草、京津风沙源治理、西南岩溶地区草地治理等重大生态工程，草原植被逐步恢复，草原生态环境明显改善。监测结果表明，草原生态治理工程区比非工程区的草原植被盖度平均提高21个百分点，高度平均提高46.1%，鲜草产量平均增加56.3%。

（农业部畜牧业司草原处，张金鹏）

2016年生鲜乳、玉米和豆粕价格情况

一、牛奶产量下滑，养殖效益回升

2016年，我国生鲜乳产量和奶牛存栏量呈下降态势。全年牛奶产量3 602万t，同比下降4.1%；全国生鲜乳收购站覆盖奶牛存栏同比下降7.1%。全国生鲜乳平均价格总体表现为先降后升。1~2月，生鲜乳价格较为平稳，3~10月出现波动性下降。其中，5月生鲜乳价格回升并保持高位，6月起继续波动性下降，直到10月下旬降至每千克3.62元的全年最低点。10月末至2016年年底，生鲜乳价格平稳回升。2016年年底，生鲜乳平均价格为每千克3.74元，比年初下降2.9%。全年生鲜乳平均价格为每千克3.74元，同比下降1.1%；河北、山西、内蒙古等10个主产省生鲜乳全年平均价格为每千克3.47元，同比下降0.6%。2016年，奶牛养殖水平和效益有所回升，奶牛单产水平同比增长5.9%，一头年产6t的奶牛平均年收益约1 080元，同比增长2.9%（图3-7）。

二、玉米价格涨跌互现，整体呈下降趋势

2016年，全国玉米平均价表现为“两降、一升、一平”。1~4月，玉米价格为下降走势，由年初的每千克2.11元降至4月底的每千克1.96元。5月初至7月中旬，玉米价格一路回升，7月中旬的玉米价格已回涨至年初水平。7月下旬玉米价格开始下降，10月底降至每千克1.93元的全年最低水平。11~12月，玉米价格基本保持平稳。全年玉米平均价为每千克2.02元，同比下降14.8%。

三、豆粕价格波动中上涨

2016年，豆粕价格总体上涨。第一季度，豆粕价格延续了2015年的下降趋势；4~7月，豆粕价格大幅上涨，由4月初的每千克2.96元涨至7月末的每千克3.55元。7月以后，豆粕价格由快速上涨转为波动性缓慢上涨。2016年年底，豆粕价格为每千克3.7元，比年初上涨20.1%（图3-8、表3-5）。

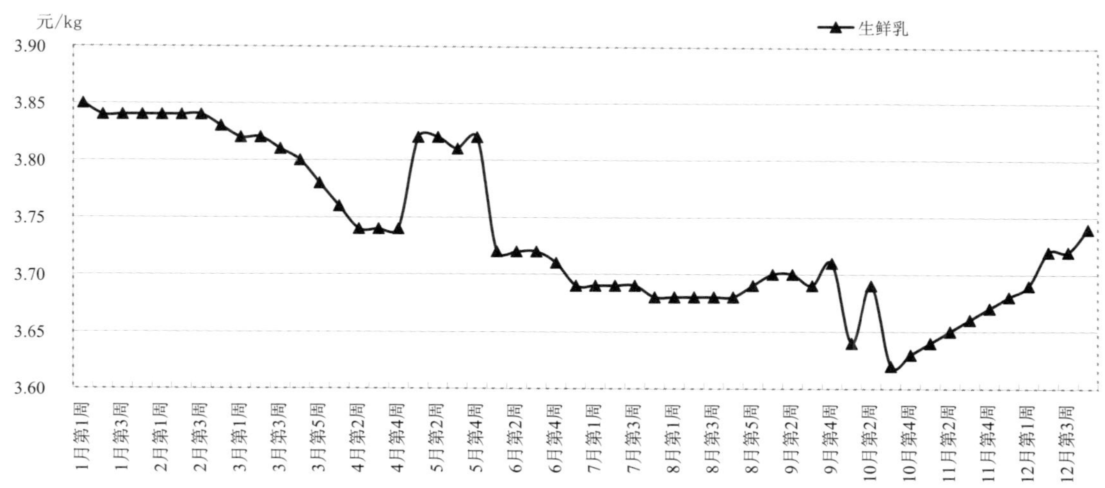

图3-7　2016年全国生鲜乳价格曲线

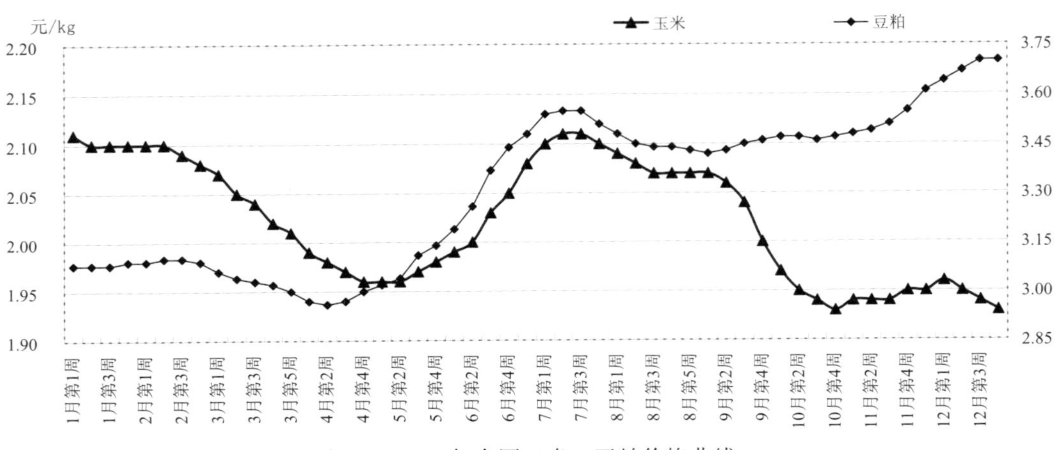

图 3-8 2016 年全国玉米、豆粕价格曲线

表 3-5 2016 年全国生鲜乳、玉米、豆粕周平均价格表

单位：元

周数	2016 年	生鲜乳	玉米	豆粕	生鲜乳（10 个主产省）
1	1 月第 1 周	3.85	2.11	3.08	3.57
2	1 月第 2 周	3.84	2.10	3.08	3.55
3	1 月第 3 周	3.84	2.10	3.08	3.56
4	1 月第 4 周	3.84	2.10	3.09	3.55
5	2 月第 1 周	3.84	2.10	3.09	3.56
6	2 月第 2 周	3.84	2.10	3.10	3.56
7	2 月第 3 周	3.84	2.09	3.10	3.56
8	2 月第 4 周	3.83	2.08	3.09	3.55
9	3 月第 1 周	3.82	2.07	3.06	3.54
10	3 月第 2 周	3.82	2.05	3.04	3.55
11	3 月第 3 周	3.81	2.04	3.03	3.54
12	3 月第 4 周	3.80	2.02	3.02	3.54
13	3 月第 5 周	3.78	2.01	3.00	3.51
14	4 月第 1 周	3.76	1.99	2.97	3.48
15	4 月第 2 周	3.74	1.98	2.96	3.46
16	4 月第 3 周	3.74	1.97	2.97	3.46
17	4 月第 4 周	3.74	1.96	3.00	3.46
18	5 月第 1 周	3.82	1.96	3.02	3.46
19	5 月第 2 周	3.82	1.96	3.04	3.46
20	5 月第 3 周	3.81	1.97	3.11	3.45
21	5 月第 4 周	3.82	1.98	3.14	3.45
22	6 月第 1 周	3.72	1.99	3.19	3.44
23	6 月第 2 周	3.72	2.00	3.26	3.43
24	6 月第 3 周	3.72	2.03	3.37	3.42
25	6 月第 4 周	3.71	2.05	3.44	3.41
26	6 月第 5 周	3.69	2.08	3.48	3.40
27	7 月第 1 周	3.69	2.10	3.54	3.40
28	7 月第 2 周	3.69	2.11	3.55	3.39
29	7 月第 3 周	3.69	2.11	3.55	3.40
30	7 月第 4 周	3.68	2.10	3.51	3.39

（续）

周数	2016 年	生鲜乳	玉米	豆粕	生鲜乳（10 个主产省）
31	8 月第 1 周	3.68	2.09	3.48	3.39
32	8 月第 2 周	3.68	2.08	3.45	3.39
33	8 月第 3 周	3.68	2.07	3.44	3.40
34	8 月第 4 周	3.68	2.07	3.44	3.39
35	8 月第 5 周	3.69	2.07	3.43	3.40
36	9 月第 1 周	3.70	2.07	3.42	3.42
37	9 月第 2 周	3.70	2.06	3.43	3.44
38	9 月第 3 周	3.69	2.04	3.45	3.44
39	9 月第 4 周	3.71	2.00	3.46	3.45
40	10 月第 1 周	3.64	1.97	3.47	3.44
41	10 月第 2 周	3.69	1.95	3.47	3.46
42	10 月第 3 周	3.62	1.94	3.46	3.44
43	10 月第 4 周	3.63	1.93	3.47	3.44
44	11 月第 1 周	3.64	1.94	3.48	3.45
45	11 月第 2 周	3.65	1.94	3.49	3.46
46	11 月第 3 周	3.66	1.94	3.51	3.47
47	11 月第 4 周	3.67	1.95	3.55	3.48
48	11 月第 5 周	3.68	1.95	3.61	3.49
49	12 月第 1 周	3.69	1.96	3.64	3.50
50	12 月第 2 周	3.72	1.95	3.67	3.52
51	12 月第 3 周	3.72	1.94	3.70	3.52
52	12 月第 4 周	3.74	1.93	3.70	3.53

（农业部畜牧业司监测分析处，付松川）

【奶牛保健】

2016年全国奶牛疫病防控情况

2016年，农业部认真贯彻落实中央决策部署，按照《动物防疫法》等有关法律法规要求，坚持预防为主，采取综合防控措施，指导各地不断加大防控工作力度，有效应对突发疫情，防控工作取得明显成效。2016年，全国未发生奶牛口蹄疫疫情；10个省份发生奶牛布鲁氏菌病疫情，发病871头；7个省份发生奶牛结核病疫情，发病827头。全国重大动物疫情继续保持总体平稳，有力保障了奶牛养殖业持续稳定健康发展。

一是及时部署防控工作。围绕《国家中长期动物疫病防治规划（2012—2020年）》确定的优先防治病种，全年多次组织召开会议、印发文件，全面部署动物疫病防控工作，确保各项措施落实。农业部继续制定印发国家动物疫病监测与流行病学调查计划，及时印发国家口蹄疫防治计划，与国家卫生计生委联合印发国家布鲁氏菌病防治计划，联合国家卫生计生委等多部门印发全国包虫病等重点寄生虫病防治计划，全面推进优先防治病种的控制和消灭工作。

二是加强基础免疫工作。制定印发国家动物疫病强制免疫计划，抓好全国口蹄疫春秋两季集中免疫和日常补免，确保免疫密度和质量。各地保质保量按时完成了春秋季集中免疫工作，并定期开展补免。组织开展春秋季防控工作大检查，经实地检查和实验室检测，春秋防期间口蹄疫等强制免疫疫病免疫密度均达到90%以上，免疫抗体合格率均超过国家规定标准。

三是强化疫情监测预警。各地各有关单位认真组织开展奶牛疫情监测和流行病学调查工作，扎实推进奶牛疫病净化工作。加大奶牛布鲁氏菌病、结核病“两病”监测净化力度，及时掌握疫情动态，对病原学阳性牛按规定及时进行处置。强化流行病学调查工作，完成多项专项调查。定期组织专家对口蹄疫等重大动物疫情和外来病防控形势进行分析评估。进一步加强动物疫情测报网络建设，强化疫情举报核查工作。

四是完善应急防控机制。进一步完善应急预案，不断充实应急物资储备，加强应急值守，强化应急培训和演练，完善应急机制，提高应急处置能力。对发生的每起重大动物疫情，农业部都在第一时间派工作组赶赴现场指导疫情处置工作。

五是强化人畜共患病防控。加强部门协作，突出抓好布病、包虫病等主要人畜共患病防控工作。协调财政部门落实布病包虫病专项应急防疫经费6.37亿元。组织召开重点省份防控工作会议，全面部署相关工作，指导各地切实加大工作力度，全面落实免疫、监测等综合防控措施。

六是全面加强监督执法。进一步规范动物产地检疫和屠宰检疫，强化公路动物卫生监督检查站监督检查，严格查物验证。切实抓好病死动物及产品的无害化处理监管工作。切实抓好《国务院关于建立病死畜禽无害化处理机制的意见》的贯彻落实，全面推进相关工作。

七是加强养殖场户综合防疫管理。各地继续指导奶牛规模养殖场、养殖小区建立免疫、卫生消毒、病死牛和粪污无害化处理等防疫制度，实行封闭管理，规范养殖行为，提高养殖场户生物安全水平；积极推行程序免疫、定期消毒灭源等防控措施，不断提高防控能力和水平。

（农业部兽医局）

【机械补贴】

2016年全国农机购置补贴政策实施情况

2016年，中央财政安排农机购置补贴资金237.5亿元，与2015年持平。各地按照农业部、财政部有关规定，积极推进“缩范围、控定额、促敞开”，进一步强化绿色生态导向，强化创新实践、强化综合施策，全年补贴工作高效规范平稳有序，政策常态化稳定实施迈出坚实步伐。全年使用中央财政资金228亿元，进度同比明显加快。扶持246万农户购置农机具283万台（套），推动全国农机装备总量稳步增加、结构持续改善；促进农作物耕种收综合机械化率提升约2个百分点，超过65%。补贴实施工作在财政部组织的第三方绩效考核中获“政策实现度高”最高等级评价。开展的主要工作有：

1.推进常态实施。2016年农业部、财政部两部联合印发《关于做好2016年部分财政支农项目实施工作的通知》，提出“缩范围、控定额、促敞开”的阶段性工作思路和绿色生态的政策导向，与《2015—2017年农业机械购置补贴实施指导意见》构成指导各地落实政策的制度框架。围绕这个制度安排，以提高资金供需的匹配性为切入点，积极推动政策常态化稳定实施。在加强“缩范围”工作指导力度基础上，全面推动落实先购后补、具体操作与经销商分离、一站式服务等高效便民措施。在38个省级实施单位中，有13个实现了补贴范围内全部产品敞开补贴，其他也都有重点产品敞开补贴的安排；28个实行先购后补；27个实现去经销商操作；30个开展了政务大厅一站式服务；10个试点大型农机具金融租赁和农机信贷服务。

2.开展创新试点。注重增强补贴政策支撑农机科技成果转化应用功能，启动福建、浙江、湖南3省农机新产品补贴试点。为尊重企业市场主体地位和农民自主选择权，经农、财两部同意，2016年福建省对12个市场成熟度高、风险可控性强的补贴品目开展市场化改革试点，取消推广鉴定证书资质要求，凡取得法律授权的第三方质量认可的农机产品，农民购置后均可申请补贴。根据全国人大代表和相关方面的意见，联合同意山东省畜牧局、财政厅组织开展养蜂机具补贴试点，从安排给山东省的中央财政补贴资金中切块1 000万元，为养蜂机具补贴试点开辟“绿色通道”。同时要求相关省份加强试点跟踪评估，总结可复制、可推广的操作模式。试点工作的部署开展，进一步丰富了支持“购机”的方式，得到了各方面赞誉和支持。

3.全面公开信息。一是信息化载体建设深入推进。农业部和38个省级农机部门均在官方网站上开通补贴信息公开专栏，2 471个县建立了县级公开专栏，占全部实施县的86%。二是公开内容务实管用。各级基本做到了补贴政策信息、操作流程、受益农户信息等全面公开，农业部还集中公布了10 353个咨询投诉电话，开通了网络投诉受理窗口。三是公开形式不断创新。部省市县建立网址链接，可以双向逐级访问。新疆、湖南等省份在省级专栏统一建设县级专栏，方便查询。山西、江西等省份探索开展受益对象信息和资金使用进度实时公开，为农民要不要购机、购机后能不能当年获得补贴提供了判断依据。

4.严厉打击违规。一是严惩违规行为。对农业部农机化管理司布置调查的举报投诉，经相关省查实后即要求其他省进行联动调查并上报结果，视汇总结果采取后续处理措施，此举有力强化了对失信违规企业的打击力度，加快了违规问题处理。自2015年以来被农业部农机化管理司布置调查的举报投诉，经相关省查实后即要求其他省进行联动调发文暂停补贴的124家企业（含82家国家质量抽查不合格企业）中，有101家的问题已处理完毕。二是强化信息支撑。在部级专栏建立违规处理和黑名单数据库，集中登记各地查处信息，实现了部省互联互通、短信实时告知、风险及时提醒。各地农机部门先后登记了2014—2016年违规产销企业信息384条，涉及违规产销企业239家；登记了2014—2016年黑名单信息72条，涉及企业（个人）72个。三是创新查处机制。对存在具体违规线索或在其他省发生违规问题的产销企业，授权各省可先暂停其补贴资格，省际间违规查处联动机制初步建立。鼓励各省依据“违规行为以发生地处理为主”和“政府领导下的部门负责制”原则，按规定自主开展暂停后处理工作。组织制订农机购置补贴产品经营违规行为处理办法。

5.优化实施管理。一是大力推进简政放权。将补贴机具分类分档、补贴产品投档和补贴软件管理等权限下放到省，废止了2009年以来13份有关补贴政策实施的文件，各省工作自主性、责任感明显增强。二是探索建立内控管理机制。围绕补贴机具种类范围确定、分类分档与补贴额确定、分省资金规模建议提出、部级举报投诉查处、延伸绩效管理等关键工作，研究制定了补贴内部控制规程，突出了程序规范和实践先行意识，合理界定岗位职责，细化业务流程，强化风险应对。三是创新督导检查方式。组织47名部、省专家对重点时段重点工作按照“双随机”原则进行专项抽查，变年度例行检查为动态专项检查，针对问题及时反馈各地进行整改。四是加强延伸绩效管理。科学设置绩效指标，细化农、财两部重要决策部署；强化季度抽查，通报具体问题，督促整改落实；严格绩效结果运用，对优秀省在资金分配过程中按10%比例增加资金。五是提升省级补贴工作人员能力素质。利用“三会四班”、课题研究、集中调研等形式，累计培训500余人次，全面解读政策，集中研讨难点，面对面回应各省关切，省级补贴工作人员业务能力素质明显提升。

（农业部农机化司产业发展处，李伟）

【奶牛保险】

2016 年全国奶牛保险情况

2007 年以来，财政部贯彻落实党中央、国务院有关精神，按照“政府引导、市场运作、自主自愿、协同推进”的原则，实施了农业保险保费补贴政策。2008 年，财政部将奶牛保险纳入保费补贴范围，选择部分地区进行试点。2012 年，中央财政进一步将奶牛保险的保费补贴区域扩大至全国，并根据地区间财力差异，实施了差异化的补贴比例。其中，对中西部地区的补贴比例为 50%，对东部地区补贴比例为 40%。

2008-2016 年，中央财政共拨付奶牛保险保费补贴资金 42.29 亿元，带动全国实现奶牛保险保费收入约 100 亿元，累计为 300 多万户次农户承保奶牛 2 200 多万头，提供风险保障 1 500 多亿元。其中：2016 年中央财政拨付奶牛保险保费补贴资金 8.23 亿元，与 2015 年基本持平，带动全国实现奶牛保险保费 21.62 亿元，提供风险保障 400 多亿元。财政通过保险途径加大对奶业等养殖业的支持力度，不仅提高了资金的使用效益，而且培育了农户的保险意识，充分发挥了市场机制的资源配置作用，对于保障奶农收入，稳定奶业发展具有重要意义。

下一步，财政部将会同有关部门，按照党中央、国务院有关要求，继续落实和完善农业保险政策，积极支持奶业发展，更好地服务“三农”。

（财政部金融司，张宝海）

【奶源基地】

奶牛标准化规模养殖场（小区）建设情况

我国从 2008 年开始实施奶牛标准化规模养殖项目，2016 年，中央投资 10 亿元，其中，落实奶牛标准化规模养殖资金 7.15 亿元，支持 656 个存栏 300 头以上的养殖（小区）场改造与提升。用于建设水电路、粪污处理、防疫、挤奶设施及饲草料基地等。存栏 300~499 头的养殖场（小区），补助 80 万元；500~999 头的养殖场（小区），补助 130 万元；1 000 头以上的养殖场（小区），补助 170 万元。落实资金 2.85 亿元，在河北、内蒙古、辽宁、黑龙江、山东、河南、陕西、宁夏、新疆及新疆生产建设兵团 9 个省（区）的 17 个奶牛养殖大县实施种养结合整县推进试点。

项目带动了全国奶牛标准化规模养殖水平的提高，2016 年奶牛 100 头以上规模养殖比重为 53%，比上年提高 4.7 个百分点，比 2008 年提高 33.5 个百分点。

（农业部奶业管理办公室，黄京平）

2016年农垦奶牛高产高效攻关情况

为全面贯彻落实《中共中央国务院关于进一步推进农垦改革发展的意见》和2016年中央1号文件精神，进一步提高农垦在良种化、机械化、信息化等科技创新和农业技术推广方面的发展能力，突出农垦高产高效技术集成示范作用，加强示范基地建设，推动绿色、高效、可持续现代农业加快发展，为农垦改革打下良好的基础，2016年，农垦系统继续开展奶牛高产高效攻关活动。在全国18个垦区创建了94个奶牛高产攻关点，攻关目标定为北京、天津农垦9 000kg以上，上海农垦8 000kg以上；河北、内蒙古、辽宁、黑龙江、江苏、浙江、河南、广东、重庆、四川、陕西、宁夏、新疆生产建设兵团、新疆畜牧、广州市等垦区7 000kg以上。

农垦系统奶牛高产高效攻关活动坚持以科技创新为核心，以高产、高效、安全、绿色和可持续发展为目标，加快推进规模化、集约化、标准化生产，不断深化攻关内容，严格投入品管理，强化先进实用技术的有效推广，推进养殖业生产方式加快转变，在稳定单产和数量基础上不断提质增效，实现生态环保和清洁生产，推进农垦现代畜牧业稳步健康发展。

攻关活动的主要内容：一是集成先进实用的现代养殖技术。做好高产、优良种质的引进，加强奶牛良种繁育体系建设，提高产品质量和产量。大力促进技术服务的物化、简化和社会化，推广现代健康养殖模式，进一步提高标准化、规模化养殖水平，重点推广应用标准化规模养殖、全混合日粮营养调控、奶牛场环境控制等先进实用技术。二是加强重大疫病防控和畜群保健。加强重大动物疫情监测，定期进行疫情调查，及时汇总、分析动物疫情发展态势，及时发现问题，排除疫情隐患。重点做好疫病的强制免疫工作，进一步完善应急预案，提高应急处置能力。强化动物福利意识，做好畜群保健，提升健康水平。三是严格畜牧业投入品管理。增强畜产品质量安全风险意识，实施畜牧业健康养殖方式，严格按规范要求使用饲料、添加剂并定期进行有效检测；加强兽药、饲料和饲料添加剂的使用管理与监测，杜绝不按规定使用药品和违禁使用药品的行为，确保畜产品质量安全。四是推动生态环保和全程机械化生产。推广有利于减轻污染、节约资源、保护环境的先进技术和机械设备，实现粪污减量化、生态化、资源化利用，达到相关排放标准。积极使用大中型、多功能、高性能、节能环保型配料、饲喂、除污、防疫等工厂化养殖机械。五是成立农垦畜牧高产高效攻关活动专家组，对农垦系统畜牧高产高效攻关活动进行现场指导，解决饲养中的实际问题，提高技术入户率和到位率。

2016年各有关垦区按照农垦系统畜牧高产攻关活动方案的要求进行了研究部署，明确组织机构，细化了攻关方案，制定了具体的工作措施，成立了相应专家组，积极开展培训，组织测产验收。各攻关单位按照高产、优质、高效、生态、安全的要求，实行良种、良法、良机、良管相结合，建立健全牛场生产全过程技术、管理和岗位工作标准体系，积极推广青贮饲料生产、粪污处理新技术、奶牛全混合日粮饲养技术等。同时，强化材料收集，建立活动档案，根据牛场月报表和牛群周转记录，统计年内饲养奶牛头、日数和生长发育各阶段奶牛的头、日数，计算奶牛存栏数量和成母牛比例。

94个高产高效攻关单位，成母牛年平均实际产奶量为9 339.5kg，90个单位实现攻关目标，占95.7%。其中：成母牛年产奶量攻关目标9 000kg以上的单位，成母牛年平均实际产奶量为10 829.4kg；攻关目标8 000kg以上的单位，成母牛年平均实际产奶量为9 941.4kg；攻关目标7 000kg以上的单位，成母牛年平均实际产奶量为8 872.4kg。最高奶产量：天津市嘉立荷牧业有限公司第八奶牛场成母牛年平均实际产奶量达12 140kg。

农垦奶牛高产高效攻关活动，通过集成、展示、推广先进实用技术，大力提升规模化、集约化、标准化生产水平，挖掘增产增效潜力，严格投入品管理，确保产品质量安全，进一步推进农垦农业现代化加快发展，示范带动地方奶牛养殖业发展。

（农业部农垦局，黄勇）

中国奶山羊产业发展现状

据联合国粮农组织(FAO)数据显示，全球的羊奶生产59.3%来自亚洲，14%来自欧洲，初步估计，欧洲羊奶产量为450万~500万t，整个地区羊奶产量整体增幅每年保持在2%，而全球羊乳消费却保持每年至少10%以上的增幅，在中国更是出现三成以上的高速发展。

奶山羊产业是我国奶业发展的重要组成部分。在2016年牛奶价格持续低迷的情况下，我国奶山羊产业的发展呈现蓬勃之势。目前，中国奶山羊的存栏量约为1 300万只，泌乳奶山羊约为790万只，山羊奶总产量约为175万t，占全国鲜奶产量约4.5%。主要养殖区域陕西和山东两省奶山羊存栏量和羊奶产量分别占全国的57.41%和57.1%。随着主产区奶山羊持续发展，为养殖户创造了可观的经济效益，并显著带动了全国奶山羊产业的发展，成为部分地区的支柱产业，且已经形成围绕陕西、山东两大传统奶山羊主产区和辽宁、河北、广东、福建、河南、山西、内蒙古、云南等新产区奶山羊快速发展的大格局，全国奶山羊生产呈现良好的发展势头，种羊市场和羊奶产品市场前景看好。

一、奶山羊产业发展现状

1. 奶山羊数量稳中有升，群体规模不断扩大

随着我国对奶山羊生产关注程度的提高，奶山羊存栏数量也在稳步增加。据不完全统计，2007年以来，奶山羊数量稳步增长，平均年增长率3%左右，山羊奶总产量虽有波动，但保持了10%的平均年增长率，品种质量也有所提高。在奶山羊生产基地县，养羊大户、专业户数量增加，群体规模不断增长，例如，2015年年底，全国奶山羊饲养量最多的富平县存栏量近40万只，大部分养羊户的养殖规模为10~15只，50只以上的养羊大户800余个，200只以上的大型羊场30个，1 000只以上大型羊场8个，规模化养殖方式降低了管理成本，取得了较高的经济效益。陕西和氏乳业神泉羊场加大奶山羊培育，存栏奶山羊2 730只。云南鸿辉牧业现有大型养殖场100多个，存栏山羊数量9万只。内蒙古特羊牧业科技有限公司存栏奶山羊3 100只。黑龙江飞鹤乳业有限公司继在陕西建立大型规模化奶山羊养殖基地后，开始在黑龙江泰来县建设奶山羊养殖基地，集种养加一体，积极推进一二三产业融合，计划建设7个奶山羊养殖场，目前已建成1个奶山羊养殖场，存栏奶山羊1 000余只。

2. 基本形成了较为完善的奶山羊技术推广服务体系

在陕西、山东等传统奶山羊主产区形成了县、乡、村三级技术推广服务体系，统一布局、统一管理、统一育种、统一营销，取得了非常显著的繁育效果，推动了奶山羊发展和种质改良。例如，陕西富平县长期坚持萨能羊鉴定登记工作，采购种公羊分发到各养殖场；陕西省宝鸡市陇县畜产局统一引进优秀种公羊发派到各养殖场及家庭牧场，定期对全县各个养殖户技术人员开展专业技术培训工作，涉及解剖学、生理学、遗传选育、饲养管理、防疫预防等课程的讲解，大力帮助养殖户开展科学养殖，提升了养殖户养好羊、产好奶的信心；千阳县定期不定期地实行科技下乡活动，农技推广服务使得广大养殖户受益良多。另外，探索出了奶山羊乳品加工企业参与良种繁育体系建设的新模式，即通过企业参与进一步调动农户养羊的积极性，推动了产业发展，服务体系建设逐年完善。

在奶山羊程序化饲养、机械化挤奶、人工授精、秸秆青贮等技术推广中，相继开展培训150余期，受训人数8 000余人次，发放资料近万余份。另外，不断完善了奶山羊饲养管理和疫病防治体系。

3. 开发了一系列奶山羊养殖新技术并取得了多项成果

在多年的奶山羊生产实践中，大学、科研单位和养殖场等开发了奶山羊良种扩繁、综合养殖、饲料配合及加工技术、疾病防治等实用技术，为奶山羊高效养殖提供了技术支撑，已在全国奶山羊基地县推广应用。西北农林科技大学萨能羊原种场整理分析了2004年以来的生产繁殖记录资料，并做了各项育种参数计算分析。陕西千阳县种羊场将近40年的技术资料及管理经验进行了认真归纳分析与整理，形成了《奶山羊规模养殖场生产经营管理体会》材料，为奶山羊养殖企业和养殖户提供重要参考。2017年，在中国农业出版社支持下，组织奶山羊研究力量撰写了《奶山羊营养原理与饲料加工》。

“奶山羊良种繁育及产业化关键技术研究与示范”项目获得2014年度陕西省科学技术二等奖，杨凌示范区科学技术奖一等奖。

4. 依托奶山羊基地县建成了多家高标准乳品加工企业

20世纪80年代奶山羊在我国改革开放初期畜牧业发展中发挥了重要作用，在刘荫武教授为首的全国奶山羊工作领导小组指导协调下，在全国28个省区建成了3个纯种西农萨能羊良种场和64个奶山羊生产基地县，同时新建羊奶奶粉厂50余家，为当时总规模300多万只的奶山羊产业发展奠定了基础，为解决城市、农村人口的蛋白质营养问题做出了贡献。当前，现存的种羊场、

奶山羊基地县和奶粉厂仍然是奶山羊产业的重要依托和基础，正在兴起的“羊奶吧”解决了养殖户有奶无处卖或奶价低廉无收益的局面。大多数奶粉厂已经改造成现代化乳品加工企业，2016年羊奶加工厂生产和质量检验设备升级换代的步伐进一步加快，也推进了奶山羊奶源基地建设的速度。

目前，大多数奶粉厂已经改造成现代化乳品加工企业，主要利用羊奶加工奶粉，其次有部分液态奶、酸奶、乳饼（地方奶酪）等。生产商品奶的产地集中在陕西关中、山东胶东半岛、云南昆明奶山羊产业比较发达的地方，如西安百跃乳业有限公司、陕西红星乳业有限公司、陕西金牛乳业有限公司、陕西圣唐乳业有限公司、陕西和氏乳业有限公司、飞鹤关山乳业有限公司、青岛新希望琴牌乳业有限公司、山东阳春羊奶乳业有限公司等，另外，各企业对羊奶产品的加工和开发能力有了显著的提升。

5. 培养了一支奶山羊技术骨干队伍

狠抓技术培训是多年来我国奶山羊产业发展的宝贵经验。近年来，举办了多期奶山羊技术员培训班和数以千计的奶山羊养殖能手短训班，通过养殖、配种、管理和疾病防治、羊奶质量检测等系统技术培训，养殖户对科学养羊知识的接受能力显著提高，一批农村养羊专家脱颖而出，活跃在生产第一线，为奶山羊科技推广和技术服务做出了巨大贡献，培养的奶山羊技术骨干队伍进一步推动了产业发展。在高校科研队伍中先后培养了博士、硕士研究生、本科生400余名，技术骨干近百名。

二、奶山羊产业发展存在的问题

奶山羊产业发展涉及良种繁育体系建设、良种场建设、良种登记注册、繁育技术推广、羊奶质量检测、羊奶产品加工、市场开拓和技术服务等多个方面，其关系错综复杂，由于近年来社会主义市场经济改革的深化和奶山羊生产经营方式的变革，现有的奶山羊产业体系的薄弱环节和矛盾性日趋明显，难以适应现代产业体系建设的需要，主要存在以下问题：

1. 奶山羊良种繁育体系建设认识不足且缺乏支持投入力度

畜禽良种是现代畜牧业生产的基础。在长期的奶山羊推广过程中，恰是奶山羊良种繁育体系建设最大受益者即养羊户对体系建设认识不足，导致良种繁育技术的推广难度增大，另外，羊奶加工企业对产业发展体系建设的认识不到位，投入少，也严重制约了良种繁育体系建设的进程。在过去计划经济体制下，良种繁育体系建设以各地政府为主，省、地、县、乡各级畜牧兽医站成为可以依托的业务主管部门，人员整齐充足，并且配备了一定的仪器设备，在良种繁育体系建设中发挥了重要作用。但是20世纪90年代前后的农业管理体制改革对不适应市场经济要求的县乡级畜牧兽医站等机构冲击较大，原推广和技术服务体系受到影响，推广网络线断人散，因此原有的良种繁育体系技术服务站点人员设备得不到补充和更新，技术人员培训也受到制约，不能及时掌握先进的繁育技术，缺乏为养殖户提供必要技术的本领。

良种繁育体系应放在奶山羊产业体系建设的首位，政府以及各相关部门应从战略高度提高认识，加大支持力度，狠抓良种繁育体系建设工作的落实。

2. 优质种公羊数量少，良种覆盖率低

我国的奶山羊存栏数虽多，但平均生产性能差，种羊数量少，良种覆盖率低。我国奶羊个体的奶产量居世界第34位，泌乳期平均单产仅200 kg左右，与德国的773.6kg和白俄罗斯的819.2kg差距较大。奶山羊原种场、扩繁场、商品场（养殖户）建设没有统一规划，层次结构不明确，职责混淆，生产方向定位不准，尚未建立奶山羊种羊性能测定中心。问题的症结突出表现在种羊生产体系混乱，只要是羊场就想靠销售利润较丰厚的种羊盈利，造成种羊市场不够规范，价格不尽合理，种羊质量难以保证，最终导致奶山羊群体遗传进展缓慢，损害了奶山羊养殖户和企业的利益。

然而近些年，我国对奶山羊的选育投入力度小，工作不到位，良种繁育体系未能发挥应有的作用，导致奶山羊品质下降，奶山羊生产基地县良种羊的数量减少，种羊品质亟待提高。因此，提高奶山羊良种覆盖率将是今后相当一段时期的主要任务。

3. 养殖规模小，规模化养殖水平低

当前，我国对奶山羊的规模化养殖产业重视不大，扶持政策不到位，无奶山羊产业体系，缺乏高层规划及指导，养殖水平不高。另外，我国羊奶粉基础不牢靠，奶山羊养殖正处于由分散养殖向规模化养殖的过渡期，其中存在的许多技术问题没有完全解决，养殖水平低。总之，我国奶山羊规模养殖仍然处于初级阶段，规模小的分散型养殖户占70%以上。

4. 科技支撑能力不强，机械化挤奶尚未全面推广

当前，尽管机械化挤奶推广范围进一步加大，但是由于绝大多数养殖规模小，加之个体单产水平不高，群体日产奶量过低而导致机械挤奶无法大面积使用。很多个体户或者小规模养殖场仍采用污染系数较大的手工挤奶方式。另外，推广机械挤奶过程中应更加重视挤奶机调试维修和卫生管理，以免引起乳房炎和造成羊奶污染，影响羊奶质量。

5、羊奶制品结构单一，新产品开发能力不足

我国目前主要的羊奶产品仍以奶粉为主，酸奶、液态奶和奶酪等产品开发比较滞后。奶山羊产业科研投入不足，科技支撑能力不强，这让本身产奶周期长、产奶量低的奶山羊产业发展受到各种限制，在相当长的一段时间内，羊奶都将以补充牛奶的形式存在。但是，随着消费者对羊奶的正确认知，可以预见，未来在我国不论是婴幼儿配方羊奶粉，还是液态羊奶、羊酸奶、羊奶酪等各产品领域都将大力发展生产，以满足中国巨大的多元化的市场需求。

6. 消费者对羊奶粉认知度低，生产型企业宣传力不足

目前，我国羊奶粉产业规模小，品牌杂，生产环境落后。羊奶粉最核心的问题是当前整个产品的标准不够明确，消费者对羊奶粉的认知度低，生产型企业的宣传力不足。羊奶产品的消费市场十分有限，很难见到关于羊奶的广告宣传和信誉好、营销能力强的代理商、经销商，消费者无法全面了解羊奶的营养特性和市场情况，营销环节十分薄弱是奶山羊产业发展的瓶颈和重要限制因素。羊奶粉成分与母乳最接近的普及教育以及羊奶酪等高附加值的消费引导需要一个较长的过程。

除上述主要问题外，奶山羊良种登记制度不健全、养殖环境卫生状况差、养殖户羊奶质量安全意识差、收奶环节有漏洞以及养殖场与羊奶加工企业对接等问题也普遍存在，需要引起足够重视并予以攻关。

（西北农林科技大学，罗 军、史怀平、李 聪）

【质量安全监管】

中国奶业质量安全监管

2016年，国务院有关部门继续加强乳品质量安全监管工作，进一步完善乳品法规标准体系，加大执法监管力度，落实乳品企业第一责任，着力构建严密的全产业链质量监管体系和高效安全的生产体系。

一、继续完善乳品法规标准

中国现行的奶业标准共有200多项，涵盖奶畜养殖、生鲜乳、乳制品、生产加工、质量控制以及检测方法等各个环节和领域，国内标准与国际通行标准的一致性逐步提高，乳品标准体系日趋完善，为规范乳品生产和质量控制提供了依据。2016年，将《生乳》《巴氏杀菌乳》《灭菌乳》《巴氏杀菌乳和UHT灭菌乳中复原乳的鉴定》4项标准纳入国家食品安全标准修订计划。出台《婴幼儿配方乳粉产品配方注册管理办法》，严格婴幼儿配方乳粉产品配方注册管理，保证婴幼儿配方乳粉质量安全。印发《全国奶业发展规划(2016—2020年)》，对“十三五”时期奶业发展做出了总体规划和系统部署，指明了奶业发展的方向和路径。

二、严格监控乳品质量安全

一是连续8年实施生鲜乳质量安全监测计划。组织全国40多家质检单位采取专项检测、飞行抽检、异地抽检、风险隐患排查等方式，累计抽检2.6万批次生鲜乳样品。二是深入开展生鲜乳专项整治行动，强化日常监管，加大生鲜乳质量安全抽检力度，严厉打击生鲜乳生产、收购和运输过程中各种违法添加行为。三是开展奶站清理和整顿。严格奶站和运输车资质条件审查，坚决取缔不合格奶站和运输车。2016年末全国共有奶站6 310个，比2015年减少2 190个；运输车5 279辆，比2015年减少721辆。四是加强复原乳管控。部署对全国670家乳品企业开展复原乳标签标识现场监督检查，对检查发现的10家存在标签标识问题的企业责令整改或停产整顿，对不合格的标签标识的包装进行销毁。五是加强乳制品质量监督抽检。全年抽检乳制品3 318批次，不合格15批次，依法监督企业下架召回不合格产品，督促企业查找不合格原因并进行整改，对违法违规行为进行严肃处罚。六是形成工作合力。联合修订发布《生鲜乳购销合同（示范文本）》，召开两次奶业工作部际协调会议，在乳品质量监管、奶业生产发展、乳品消费引导等方面共同采取措施，协同推进。

三、全过程严格监管婴幼儿配方乳粉

一是源头严控。坚决落实“确保婴幼儿配方乳粉奶源安全六项措施”，从奶源基地建设、饲草料供应、奶站和运输车监管、奶源质量安全抽检、培训推广关键技术、政策扶持六个方面确保婴幼儿配方乳粉奶源安全。二是过程严管。严格企业生产环境、设备运行状态和设备运行过程的管理，对出厂的婴幼儿配方乳粉的产品进行全项目的批批检验。组织开展婴幼儿配方乳粉生产企业食品安全生产规范体系检查，并向社会公开检查结果，对发现的缺陷要求企业限期整改。三是产品严检。要求企业全项目批批检验，监管部门开展对婴幼儿配方乳粉的专项监督抽样检查，坚持“月月抽检、月月公开”，实现生产企业和检验项目两个全覆盖。四是违法严惩。对监督抽检发现的不合格产品及其企业，监管部门立即责令企业下架召回、停产整改，严肃查处制售不合格婴幼儿配方乳粉的违法犯罪行为。

四、着力提高奶牛养殖水平

2016年，继续采取切实措施，提高奶牛养殖水平。一是继续大力推动奶牛标准化规模养殖。2016年国家资金支持626个奶牛养殖场（小区）开展标准化改造，在河北等9个主产省的17个奶牛养殖大县开展种养结合整县推进试点。二是加强奶牛良种繁育体系建设。深入实施《中国奶牛群体遗传改良计划2008—2020年》，开展优秀种公牛培育，对全国荷斯坦牛全部实施良种冻精补贴，2016年荷斯坦牛良种覆盖率达到100%。三是持续开展奶牛生产性能测定工作。安排资金测定奶牛105万头（次），指导牧场测奶科学养牛，提高牧场管理水平和奶牛生产能力。四是继续实施振兴奶业苜蓿发展行动。印发《全国苜蓿产业发展规划（2016—2020年）》，在甘肃等13个省份支持建设50万亩高产优质苜蓿基地，全国优质苜蓿产量达到210万t，将粮改饲试点扩大到100个县，建设全株青贮玉米基地600多万亩，提高奶牛优质饲草料供应能力。五是全面组织开展奶农培训。2016年以来，继续举办奶牛“金钥匙”、苜蓿“草堂行”、奶农专项技能岗位、生产性能测定技术等系列培训班，共培训5 000多人次，有效提升了

奶农养殖技术水平。

五、大力提升乳品企业竞争力

一是继续推动乳品企业特别是婴幼儿配方乳粉企业兼并重组。支持企业做优做强，提高产业集中度和规范化、规模化、现代化发展水平。二是实施“三品”战略。从供给侧和需求侧两端发力，支持企业增品种提品质创品牌，着力提高乳品有效供给能力和水平，培育一批具有国际影响力的乳品品牌。三是提升乳品企业质量安全保障能力。重点支持婴幼儿配方乳粉企业开展 GMP 改造、产品质量检测能力建设、质量安全追溯体系建设等配套硬件条件改善。四是推进诚信体系建设。深入实施《食品工业企业诚信管理体系》国家标准，着力完善乳品企业诚信管理体系，推动规模以上婴幼儿配方乳粉企业全部建立诚信管理体系。

六、强化奶业宣传

组织开展多种形式的奶业宣传活动，树立行业形象，增强消费者对国产乳制品的了解与信任，提振中国奶业信心。一是编写发布首个《中国奶业质量报告》，全面展示中国奶业发展成就和乳品质量安全状况，提振消费信心。二是组织召开中国奶业 20 强（D20）峰会，树立民族乳业品牌，发布了《中国奶业振兴宣言》，传递了全行业凝心聚力加快奶业振兴的坚定决心。三是组织在主流媒体和网络媒体刊发奶业新闻，建立奶业辟谣联盟，组织“世界牛奶日”“食品安全深度行”等公益宣传，普及饮奶知识，扩大消费群体。

（中国奶业协会，农业部奶及奶制品质量监督检验测试中心）

2016 年奶牛兽药残留监控情况

实施牛奶兽药残留监控计划。为保障动物产品质量安全，2016 年继续组织实施动物及动物产品兽药残留监控计划，重点对社会关注度较大的药物以及容易引发问题的产品开展检测，加大抽检的覆盖面和抽检频率，充分发挥残留监控计划发现问题、查找隐患的作用。同时，要求各地严格执行抽样、检测规定，及时、准确、如实上报检测结果，及时做好阳性样品的跟踪检测和追溯工作。各检测机构按照国家《2016 年动物及动物产品兽药残留监控计划》要求，加大了奶牛养殖场（户）、生鲜乳收购站抽检力度，全年共对 2 722 批次牛奶样品进行了兽药残留检测，检测项目包括 β－内酰胺类、阿维菌素类、氟喹诺酮类、磺胺类、甲砜霉素、林可胺类和大环内酯类、地塞米松激素药物、四环素类 8 类药物，合格率 100%。

实施兽用抗菌药物综合治理。自 2011 年已连续 7 年开展专项整治工作，特别是 2015 年农业部启动“兽用抗菌药综合治理”5 年行动计划，各地兽医部门以此为契机系统推进整治工作。2016 年 7 月，配合国务院食安办，联合工信部、卫计委等 5 部门以整治兽药残留超标为重点开展为期一年半的专项活动，双管齐下，取得阶段性成效。据统计，2016 年各级兽医部门共出动兽药监督执法人员 25.79 万人次，监督检查兽药生产经营企业和使用单位共计 16.39 万个次，查处违法案件 2 476 件，销毁假劣兽用抗菌药共计 26.31t，吊销兽药生产许可证 6 个，吊销兽药经营许可证 132 个，取缔无证经营单位 125 个，移送公安机关案件 4 个。对地方查处结果实施定期通报制度，分两批通报了 2016 年假劣兽药违法案件查处情况，分两批注销了 32 家兽药生产企业的 870 个兽药产品批准文号。同时，加强兽药分类管理，推行处方药制度，保证在兽医指导下安全用药。加大奶牛兽药安全使用宣传活动，指导养殖场（户）安全用药。

（农业部兽医局）

饲料质量安全监管

2016年，农业部持续推动新的饲料法规制度贯彻落实，进一步创新行业管理方式，着力构建事前、事中、事后全程监管机制，全面加强饲料质量安全监管，切实保障饲料质量安全。

一是加强源头管控，以“准入”为重点强化事前监管。进一步规范原料和添加剂使用，禁止饲料企业使用目录和药物饲料添加剂以外的任何物质生产饲料。以确保安全、有效、环保为原则，对申请进入目录的新原料和新饲料添加剂实施严格审查。严格生产许可审批，以“提高门槛、减少数量”为目标，加强许可审核专家培训，指导各地饲料和饲料添加剂行政许可工作，明确厂房、设备、人员、制度等软硬件要求。全国饲料和饲料添加剂生产比最多时压减5 000余家。

二是推行过程管理，以“规范”为重点强化事中监管。贯彻落实质量安全“产”“管”结合要求。从“产”的方面，落实饲料企业生产主体责任，全面推动实施《饲料质量安全管理规范》，组织示范企业创建活动，创建部级示范企业名174家。从“管”的方面，落实地方属地管理责任，以规范实施、行政许可和日常监管为重点，组织对湖南、湖北等12个省的饲料行业管理工作进行检查评估，要求地方管理部门按照“双随机一公开”要求开展日常监管巡查，对企业执行《规范》情况进行逐条比对检查，严肃查处违法违规行为。

三是开展监测预警，以“执法”为重点强化事后监管。继续实施《饲料质量安全监测计划》，对饲料生产、经营和使用全环节进行监测，2016年饲料产品总体合格率达96.3%，连续6年保持在95%以上。积极推行检打联动，每年两次向社会公布抽查结果以及不合格企业和产品名单，2016年共通报不合格产品132个，处罚生产、销售主体163个。组织开展风险预警，针对行业反映集中、风险隐患突出的霉菌毒素、重金属等天然污染物进行预警监测，持续跟踪积累数据、掌握规律。加强敏感信息收集，针对违规使用“瘦肉精”等禁用物质、违法添加未经批准物质等线索，组织开展摸底排查和检测方法研发。

（农业部畜牧业司饲料处）

【奶业贸易】

2016 年奶业贸易概述

2015 年我国奶业贸易受国内经济增长放缓，原料奶粉库存高企等因素影响首次出现回落，但 2016 年又恢复增长，牧草、奶酪、婴幼儿配方乳粉、液奶等进口增长尤为强劲。

进口方面，2016 年全年进口苜蓿干草 138.8 万 t，同比增加了 17.8 万 t，增幅 14.7%；进口燕麦草 22.3 万 t，同比增长 47.0%；全年进口改良种用牛 133 177 头，同比减少了 20 132 头，跌幅 13.1%；全年进口乳制品（HS0401–HS0406）195.6 万 t，同比增长 21.4%，其中进口液态奶 65.5 万 t，同比增长 39.4%；进口干乳制品 130.0 万 t，同比增长 14.0%；将进口乳制品（含婴幼儿配方乳粉）按比例折算，2016 年我国共进口原料奶 1 006.6 万 t，同比增长 16.1%。

乳制品出口方面，整体形势依然严峻，出口数量继续有较大幅度下跌，其中干乳制品出口数量为 7 146t，同比下跌 13.1%，液态奶出口数量为 23 669t，同比下跌 5.7%。出口市场仍然高度集中于中国香港、中国澳门和周边国家。按比例折算，2016 年我国出口乳制品折合原料奶 86 699t，同比下跌 7.7%。

2016 年我国乳制品贸易折合原料奶净进口 998.0 万 t，我国年人均乳制品消费量（折原料奶）为 34.1kg，由于国内生鲜乳产量下跌而进口乳制品数量增长，我国乳制品自给率下跌至 79.7%。

从贸易额上看，我国乳制品贸易不平衡进一步加剧，2016 年进口金额为 33.7 亿美元（折合 223.9 亿元人民币），同比增长 6.0%；乳制品出口金额仅为 4 735 万美元，同比上涨 5.0%；乳制品贸易逆差为 33.2 亿美元。

2016 年饲草进口情况

2015 年我国奶业贸易受国内经济增长放缓，原料奶粉库存高企等因素影响首次出现回落，但 2016 年又恢复增长，牧草、奶酪、婴幼儿配方乳粉、液奶等进口增长尤为强劲。

进口方面，2016 年全年进口苜蓿干草 138.8 万 t，同比增加了 17.8 万 t，增幅 14.7%；进口燕麦草 22.3 万 t，同比增长 47.0%；全年进口改良种用牛 133 177 头，同比减少了 20 132 头，跌幅 13.1%；全年进口乳制品

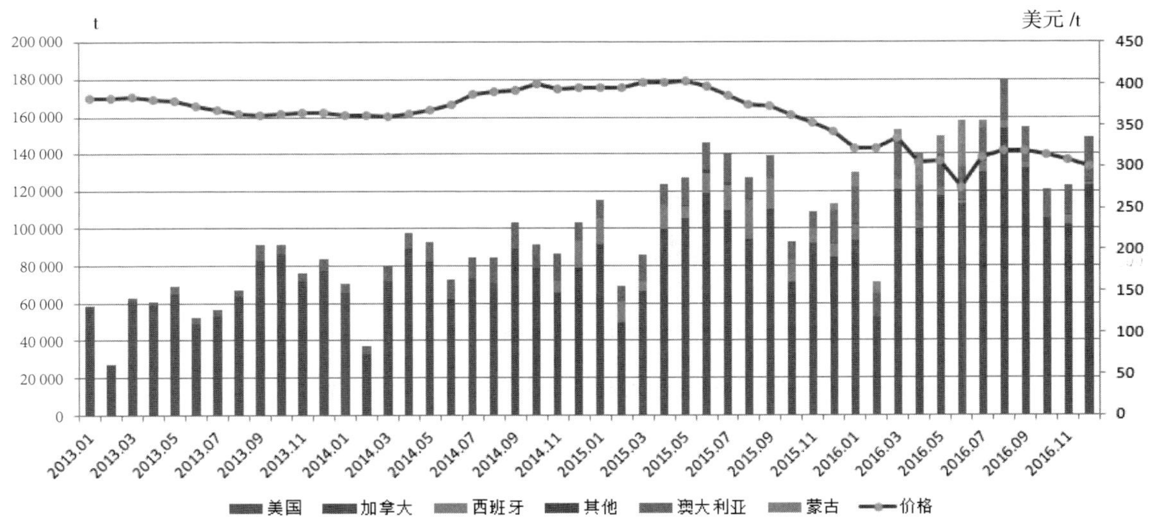

图 3–9 我国干草月度分国别进口量及进口价格 2013.01–2016.12

（HS0401-HS0406）195.6 万 t，同比增长 21.4%，其中进口液态奶 65.5 万 t，同比增长 39.4%；进口干乳制品 130.0 万 t，同比增长 14.0%；将进口乳制品（含婴幼儿配方乳粉）按比例折算，2016 年我国共进口原料奶 1 006.6 万 t，同比增长 16.1%（图 3-9~ 图 3-11）。

乳制品出口方面，整体形势依然严峻，出口数量继续有较大幅度下跌，其中干乳制品出口数量为 7 146t，同比下跌 13.1%，液态奶出口数量为 23 669t，同比下跌 5.7%。出口市场仍然高度集中于中国香港、中国澳门和周边国家。按比例折算，2016 年我国出口乳制品折合原料奶 86 699t，同比下跌 7.7%。

2016 年我国乳制品贸易折合原料奶净进口 998.0 万 t，我国年人均乳制品消费量（折原料奶）为 34.1kg，由于国内生鲜乳产量下跌而进口乳制品数量增长，我国乳制品自给率下跌至 79.7%。

从贸易额上看，我国乳制品贸易不平衡进一步加剧，2016 年进口金额为 33.7 亿美元（折合 223.9 亿元人民币），同比增长 6.0%；乳制品出口金额仅为 4 735 万美元，同比上涨 5.0%；乳制品贸易逆差为 33.2 亿美元。

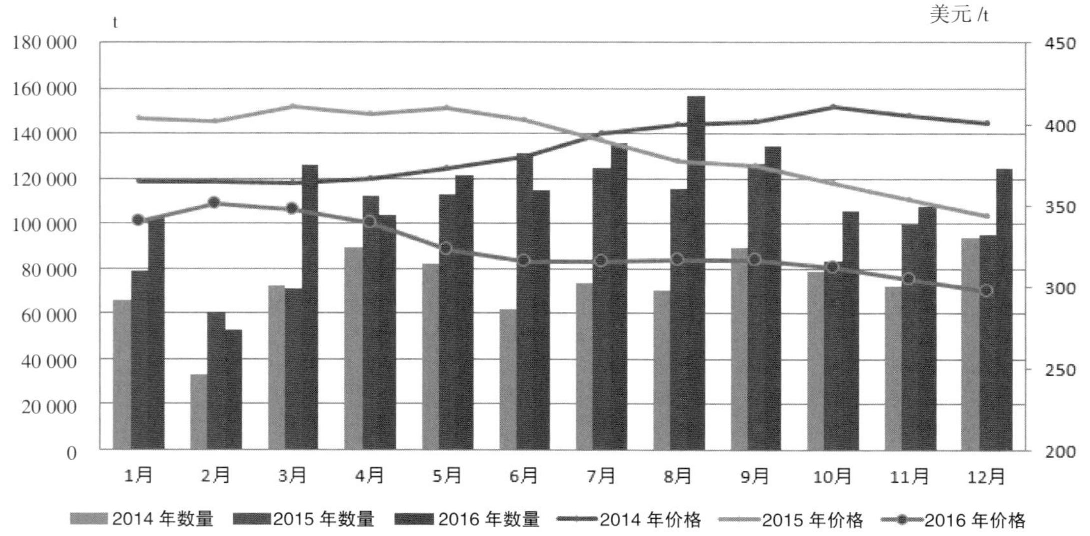

图 3-10 我国苜蓿进口情况 2014.01-2016.12

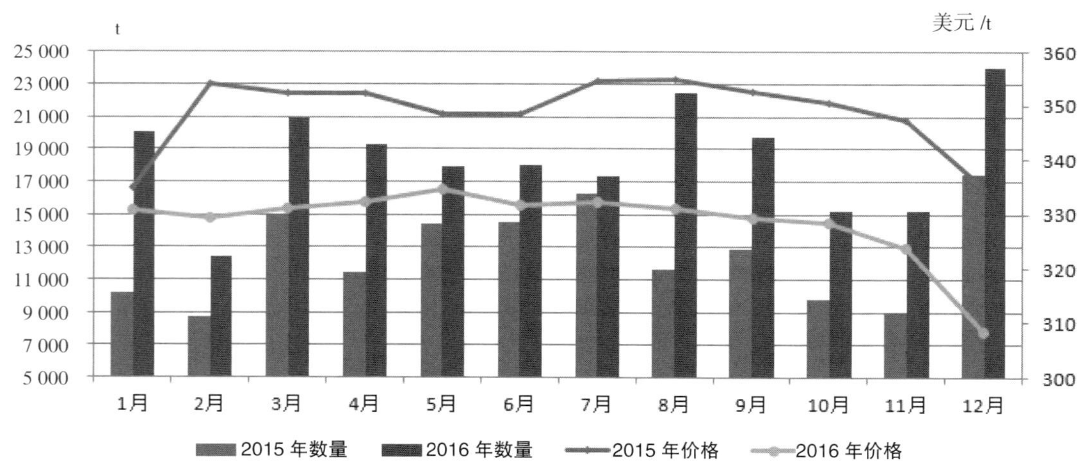

图 3-11 我国从澳大利亚进口燕麦草数量及价格 2015.01-2016.12

2016 年种牛进口情况

2016 年我国共进口改良种用牛 133 177 头，同比减少了 20 132 头，跌幅 13.1%；进口额 24 155 万美元，同比下跌 36.9%；平均到岸价为 1 814 美元 / 头，同比下跌 27.3%，按汇率 6.64 计算折合人民币 12 046 元 / 头（图 3–12）。

在我国 2016 年进口的种牛中，95 516 头来自澳大利亚，占全部数量的 72%，37 661 头来自新西兰，占全部数量的 28%。2016 年，我国没有从乌拉圭和智利进口种牛，也没有开放新的进口来源国（图 3–13）。

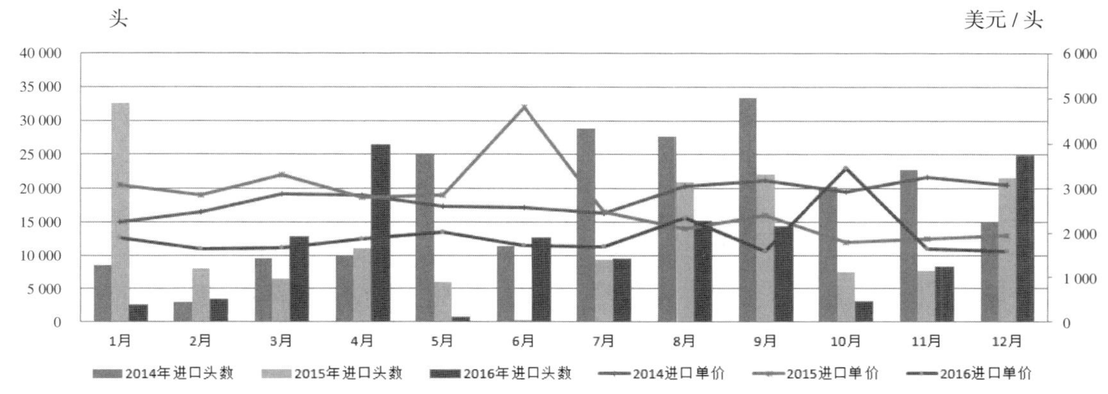

图 3–12 我国改良种用牛进口数量及单价 2014.01–2016.12

2016 年我国种牛进口下滑，一方面是由于国内对生鲜乳的需求不旺，上游养殖环节扩张意愿降低，另一方面是因为国内奶牛核心群在经历数年大规模引进后也形成了一定规模，具备了一定的自繁自育的能力，抵消了部分进口需求。

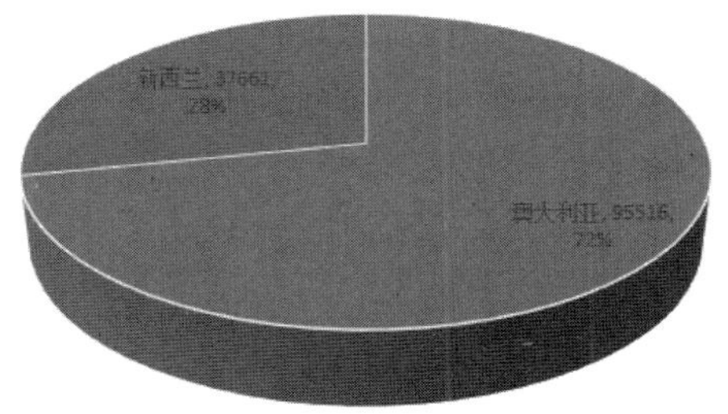

图 3–13 2016 年我国进口改良种用牛数量及比例

2016年乳制品进口情况

2015年我国乳制品进口由于国内经济增长放缓，消费不振，以及原料奶粉库存高企等因素的影响下，整体上首次出现回落，但2016年进口恢复增长，奶酪、婴幼儿配方乳粉、液奶等进口增长尤为强劲。全年进口乳制品合计195.6万t，比2015年增加了34.5万t，同比增幅21.4%（图3-14）。

其中液态奶（包括液奶HS0401和酸奶HS0403）进口65.5万t，同比增长39.4%，进口额68 190万美元，同比增长33.1%；进口干乳制品（HS0402、HS0404、HS0405、HS0406）130.0万t，同比增长14.0%，进口额26.9亿美元，同比增长0.8%。将进口乳制品按比例折算，2016年我国进口原料奶1 006.6万t，出口乳制品折算8.7万t，我国净进口998.0万t，由此推算我国年人均乳制品消费量为34.1kg，由于国内生鲜乳产量下跌而进口乳制品数量增长，我国乳制品自给率下跌至79.7%。

一、2016年液态奶进口情况

2016年我国进口液态奶（包括HS0401和HS0403）65.5万t，同比增长39.4%，进口额68 190万美元，同比增长33.1%。其中，酸奶类产品的进口数量同比增长104.3%，液奶的进口数量同比增幅也达到37.8%，该品类中最主要的是UHT奶，进口UHT奶在电商渠道占据了较大的份额，在沿海城市、一二线城市中的商超也比较普遍，随着渠道下沉，在三、四线城市中也越来越常见，并且品种日益多样化，全脂奶、脱脂奶、风味奶、学生奶、儿童奶等等，产品包装也从单一的1L大包装向多种容量转变。虽然从进口数量的增速来看，近两年有下降的迹象，但随着我国乳制品企业海外代加工、甚至是自己生产的产品越来越多，以及销售渠道的进一步下沉，进口UHT产品的进口数量还将保持较高的增长速度（图3-15）。

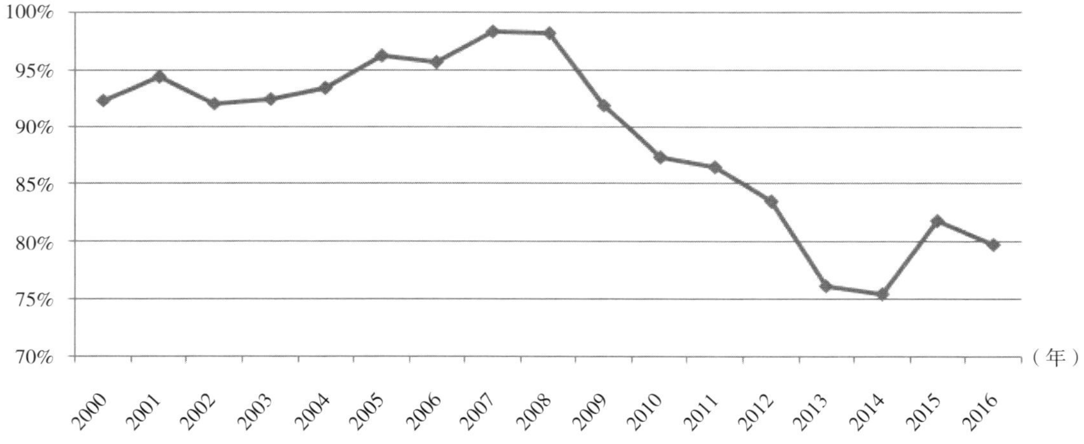

图3-14 我国乳制品自给率2000—2016

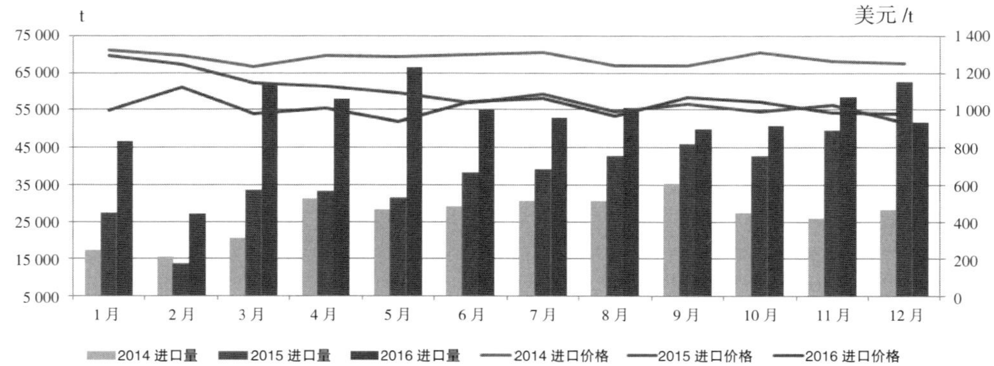

图3-15 我国液奶产品月度进口数量及价格2014.01—2016.12

1. 液奶产品进口

2016 年我国进口液奶产品（HS0401）634 100t，同比增长 37.8%；进口额 63 973 万美元，同比增长 31.7%；进口平均价格为 1 009 美元/t，同比下跌 4.4%，按汇率 6.64 计算折合人民币 6 700 元/t（图 3-17）。

其中，自德国进口 22.1 万 t，同比增长 8.1%，占全部进口数量的 34.9%；自新西兰进口 13.2 万 t，同比增长 76.3%，占全部进口数量的 20.8%；自法国进口 10.7 万 t，同比增长 195.8%，占全部进口数量的 16.9%；自澳大利亚进口 7.3 万 t，同比增长 17.2%，占全部进口数量的 11.5%。前四大进口来源国的进口数量合计 53.3 万 t，占全部进口数量的 84.1%。

2. 酸奶类产品进口

2016 年我国进口酸奶类产品（HS0403）20 939.8t，同比增长 103.0%；进口额 4 208.4 万美元，同比增长 51.1%；进口平均价格为 2 009.7 美元/t，同比下跌 25.5%，按汇率 6.64 计算折合人民币 13 344.7 元/t（图 3-16）。

二、干乳制品进口

2016 年我国干乳制品进口出现了一些新的情况：一是我国进口大包奶粉开始出现恢复性增长，主要原因是在经历了近一年的库存消化后，国内进口需求开始回升。二是乳制品成品（婴幼儿配方乳粉和奶酪等）的进口继续保持了较高增长速度。三是我国干乳制品进口来源地和进口品种较为集中的现象依然明显，目前已有 30 多个国家对华出口乳制品，但乳制品进口量的一半来自新西兰，新西兰的全脂奶粉更是占到了我国进口总量的 90% 以上（图 3-18）。

2016 年我国累计进口干乳制品（HS0402、HS0404、HS0405、HS0406）130.0 万 t，同比增长 14.0%；进口额 26.9 亿美元，同比增长 0.8%。其中奶粉进口 60.4 万 t，价值 14.8 亿美元；炼乳 20 013t，价值 3 645 万美元；乳清 49.7 万 t，价值 4.5 亿美元；黄油 81 865t，价值 3.0 亿美元；奶酪 97 179 t，价值 4.2 亿美元。

1. 奶粉进口

2015 年我国奶粉进口数量受国内需求不振、原料奶粉库存高企等因素影响出现大幅下滑，2016 年我国奶粉库存经过一年左右的时间消化，已经达到相对合理的水平，同时，国内需求也有所恢复，因此进口数量恢复增长。

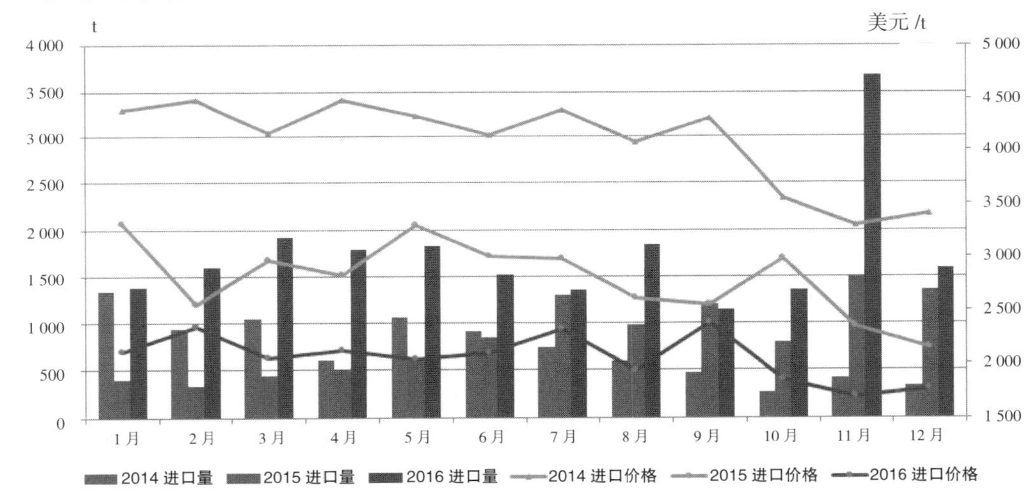

图 3-16 我国酸奶月度进口数量及价格 2014.01—2016.12

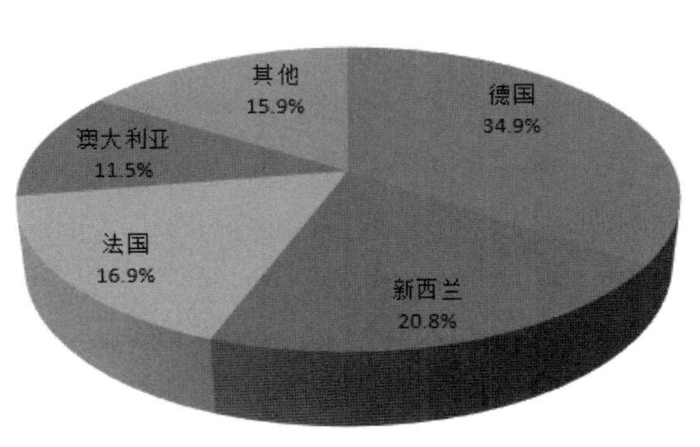

图 3-17 我国 2016 年液奶产品进口来源国

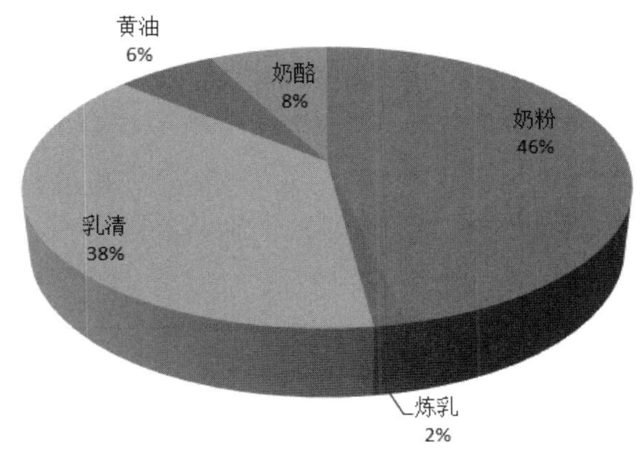

图 3-18 2016 年我国干乳制品进口比例（数量）

据统计，2016年全年我国进口奶粉60.4万t，同比增长10.5%；进口额14.8亿美元，同比下跌1.9%；平均单价为2 446美元/t，同比下跌11.2%，折合人民币16 248元/t。其中进口脱脂奶粉18.4万t，价值39 619.2万美元，平均单价为2 148美元/t，折合人民币14 261元/t；进口全脂奶粉38.6万t，价值10.8亿美元，平均单价为2 805美元/t，折合人民币18 624元/t（表3–6）。

2016年我国进口奶粉主要来源国有：新西兰（503 562t，占总量的83.3%）、澳大利亚（26 687t，占总量的4.4%）、美国（16 195t，占总量的2.7%）、法国（13 441t，占总量的2.2%）和德国（11 735t，

表3–6　我国奶粉进口数量、金额及价格 2009—2016

单位：万t、百万美元、美元/t

年度	2009	2010	2011	2012	2013	2014	2015	2016	同比
数量	24.7	41.4	45.0	57.3	85.4	92.4	54.7	60.4	10.5%
金额	580	1 388	1 645	1 929	3 585	4 437	1 507	1 478	-1.9%
价格	2 352	3 169	3 660	3 366	4 196	4 803	2 755	2 446	-11.2%

表3–7　我国奶粉进口来源地及进口地区 2016

单位：t

进口来源国（地区）	进口量	占比	进口地区	进口量	占比
国家合计	604 209	100.0%	全国合计	604 209	100.0%
新西兰	503 562	83.3%	广东	108 433	17.9%
澳大利亚	26 687	4.4%	上海	107 550	17.8%
美国	16 195	2.7%	浙江	100 648	16.7%
法国	13 441	2.2%	天津	87 075	14.4%
德国	11 735	1.9%	内蒙古	50 603	8.4%
芬兰	7 695	1.3%	北京	30 548	5.1%
荷兰	4 865	0.8%	江苏	27 846	4.6%
瑞典	4 601	0.8%	山东	20 557	3.4%
爱尔兰	4 167	0.7%	福建	14 772	2.4%
乌拉圭	3 300	0.5%	四川	13 691	2.3%
波兰	2 412	0.4%	黑龙江	9 214	1.5%
丹麦	1 810	0.3%	安徽	9 177	1.5%
西班牙	1 272	0.2%	辽宁	8 688	1.4%
新加坡	774	0.1%	河北	6 612	1.1%
台湾省	485	0.1%	湖南	5 616	0.9%
意大利	326	0.1%	江西	1 455	0.2%
阿根廷	302	0.1%	贵州	700	0.1%
智利	241	0.0%	河南	554	0.1%
奥地利	159	0.0%	陕西	207	0.0%
瑞士	110	0.0%	海南	204	0.0%
中国（大陆）	28	0.0%	重庆	37	0.0%
比利时	24	0.0%	吉林	12	0.0%
韩国	12	0.0%	广西	9	0.0%
英国	4	0.0%			
加拿大	2	0.0%			
墨西哥	1	0.0%			
日本	1	0.0%			

注：进口来源为中国的产品（复进口）基本上是出口退货

占总量的 1.9%）等。前五大进口来源国合计进口 571 619t，占进口总量的 94.6%（表 3-7）。

原料奶粉的大量进口一方面弥补了我国原料奶生产的不足，但另一方面，由于进口原料奶粉的价格折算为生鲜乳价格长期较大幅度低于我国的生鲜乳价格，且整体上看质量相对稳定，加上我国对原料奶粉使用的政策环境以及监管措施不够严密，使得国内生产企业在较长时间内有使用进口原料奶粉替代生鲜乳的动力，并且在产品标识上也存在一些违规现象，这对我国奶牛养殖行业造成了较大的负面影响。

2016 年我国进口婴幼儿配方奶粉 22.1 万 t，同比增长 25.8%；价值 30.1 亿美元，同比增长 21.8%；平均单价（到岸价）为 13 598 美元 /t，同比下跌 3.2%，折合人民币 90 308 元 /t（图 3-19）。

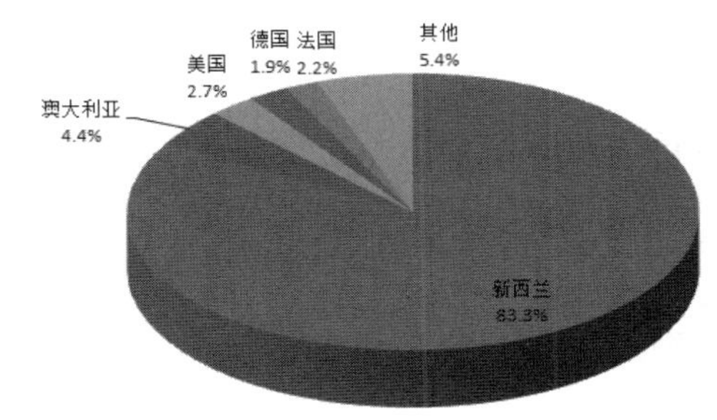

图 3-19 2016 年我国进口奶粉来源国

按此价格计算，原装进口婴幼儿配方乳粉的到岸价每千克约为 90 元，而根据商务部对全国国外品牌婴幼儿奶粉价格的监测，2016 年的价格稳中有增，全年平均价格为每千克 214 元，同比 2015 年增长 2.1%，渠道利润空间仍然很大。2017 年，随着婴幼儿配方乳粉注

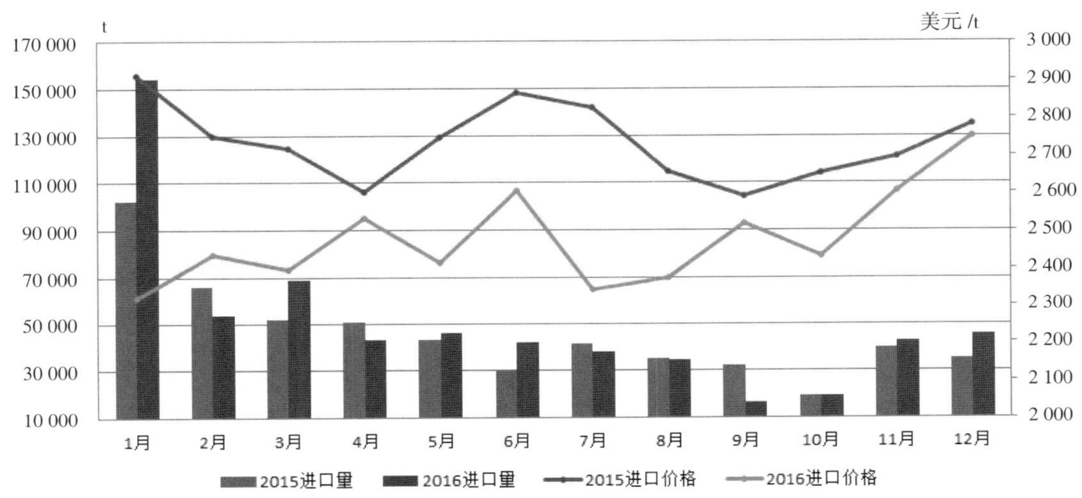

图 3-20 我国奶粉月度进口数量及价格 2015.01—2016.12

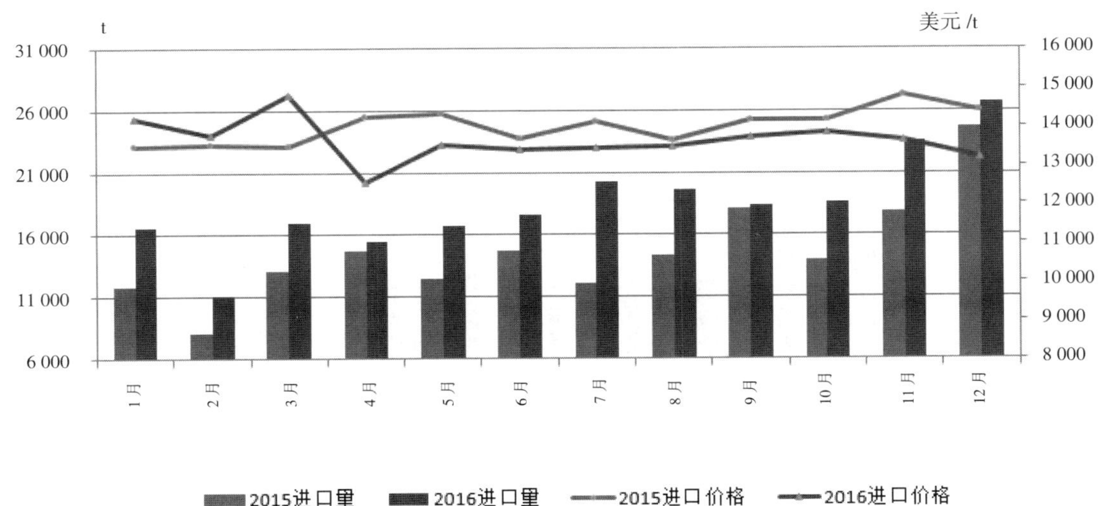

图 3-21 我国婴幼儿配方奶粉月度进口数量及价格 2015.01—2016.12

册制的推进和海淘数量的不断增长，进口婴幼儿配方乳粉的零售价格的不确定性增加（图 3-20、图 3-21）。

2016 年我国婴幼儿配方奶粉主要进口来源国有：荷兰 79 016t，占全部进口数量的 35.7%；爱尔兰 32 380t，占全部进口数量的 14.6%；新西兰 23 932t，占全部进口数量的 10.8%；德国 21 129 t，占全部进口数量的 9.5%；法国 15 021 t，占全部进口数量的 6.8%；丹麦 13 308t，占全部进口数量的 6.0%；澳大利亚 11 832 t，占全部进口数量的 5.3%。前七大进口来源国合计进口 196 618t，占进口总量的 88.8%（图 3-22、图 3-23）。

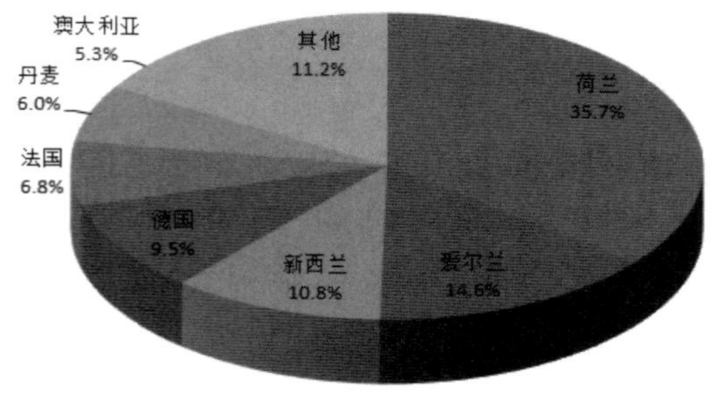

图 3-22 我国婴幼儿配方乳粉进口来源国 2016 年

2. 炼乳进口

2016 年我国累计进口炼乳 20 013 t，同比增长 82.9%；进口额 3 645 万美元，同比增长 62.2%；进口平均价格为 1 821 美元 /t，同比下跌 11.3%，按汇率 6.64 计算折合人民币 12 093 元 /t。主要进口来源国有荷兰（12 019 t，占比 60.1%）、澳大利亚（4 711t，占比 23.5%）和德国（1 226t，占比 6.1%）等（图 3-24）。

3. 乳清进口

在我国的乳制品进口当中，乳清是除了奶粉之外进口数量最多的一个品种，乳清被广泛应用于婴幼儿配方奶粉、食品饮料以及饲料行业当中。

2016 年我国累计进口乳清 49.7 万 t，同比增长 14.1%；进口额 45 239 万美元，同比下跌 13.9%；进口平均价格为 910 美元 /t，同比下跌 24.5%，按汇率 6.64 计算折合人民币 6 041 元 /t。

乳清主要是生产奶酪的副产品，而我国奶酪的生产

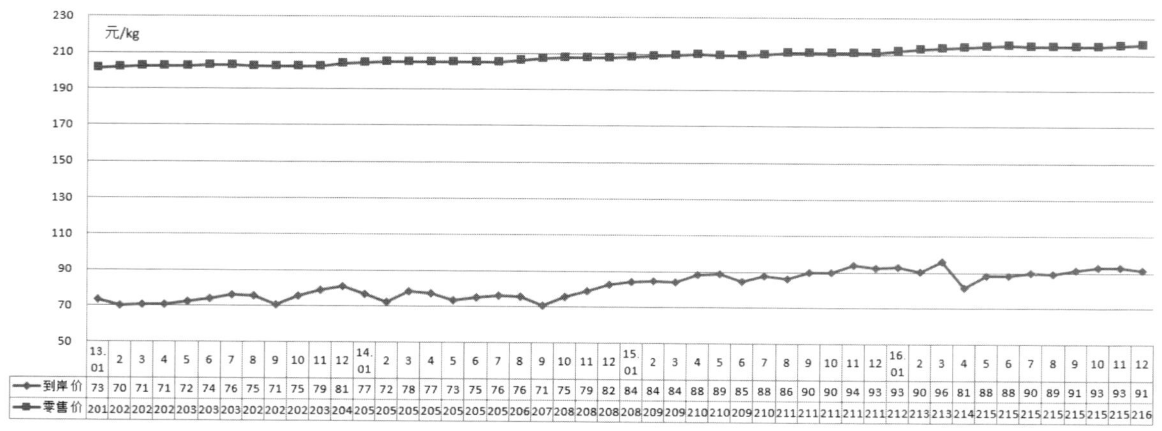

	13.01	2	3	4	5	6	7	8	9	10	11	12
到岸价	73	70	71	71	72	74	76	75	71	75	79	81
零售价	201	202	202	202	203	203	203	202	202	202	203	204

	14.01	2	3	4	5	6	7	8	9	10	11	12
到岸价	77	72	78	77	73	75	76	76	71	75	79	82
零售价	205	205	205	205	205	205	205	206	207	208	208	208

	15.01	2	3	4	5	6	7	8	9	10	11	12
到岸价	84	84	84	88	89	85	88	86	90	90	94	93
零售价	208	209	209	210	210	209	210	211	211	211	211	211

	16.01	2	3	4	5	6	7	8	9	10	11	12
到岸价	93	90	96	81	88	88	90	89	91	93	93	91
零售价	212	213	213	214	215	215	215	215	215	215	215	216

图 3-23 进口婴幼儿配方奶粉到岸价与零售价 2012.01—2016.12

数据来源：中国海关、商务部

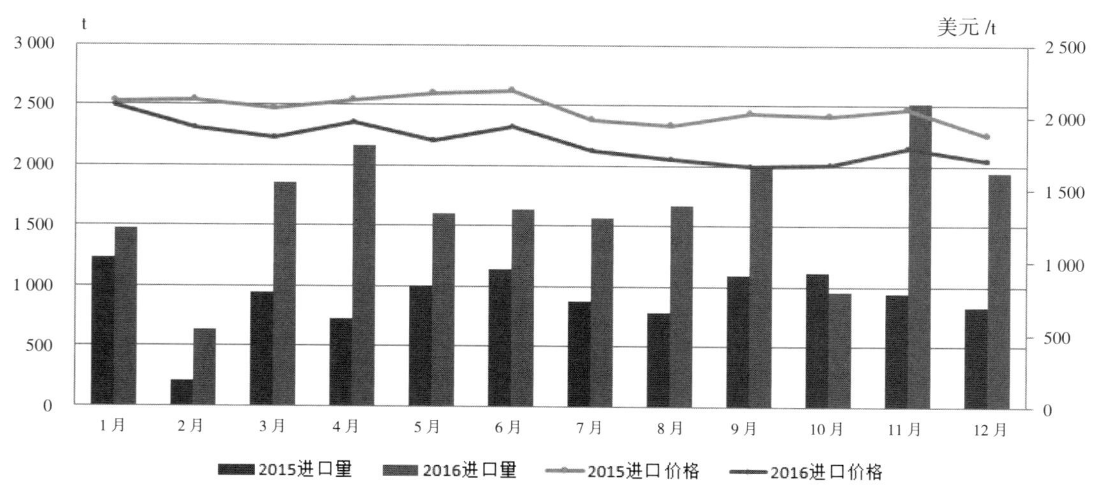

图 3-24 我国炼乳月度进口数量及价格 2015.01—2016.12

能力很低，因此乳清的生产也不足，随着市场对乳清需求的增长，我国对进口乳清的需求也将随之增长，预计2017年我国乳清的进口仍将有一定的增长空间。

我国乳清主要进口来源国有美国（28.4万t，占比57.1%）、法国（53 607 t，占比10.8%）、荷兰（32 251 t，占比6.5%）、波兰（27 648 t，占比5.6%）、阿根廷（24 838 t，占比5.0%）和德国（20 094 t，占比4.0%）等。前六大进口来源国合计进口数量44.2万t，占进口总量的88.9%（图3–25、图3–27、表3–8）。

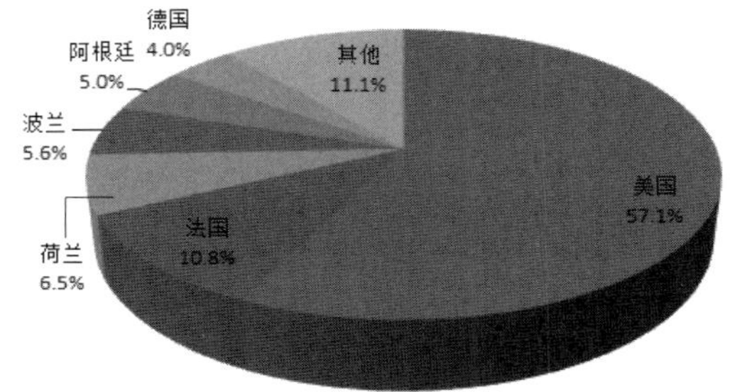

图3–25 我国乳清进口来源国2016年

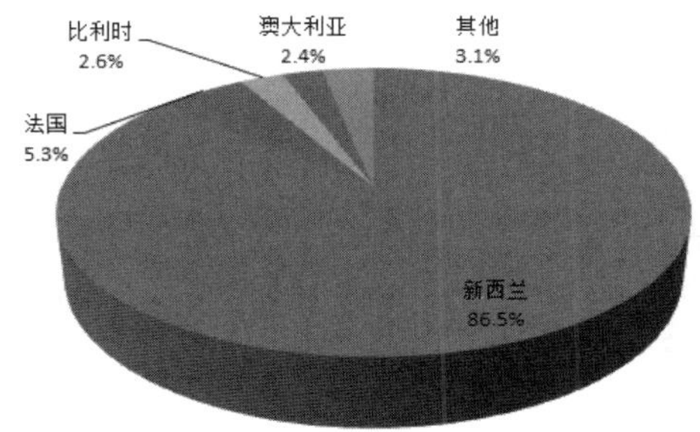

图3–26 我国黄油进口来源国2016年

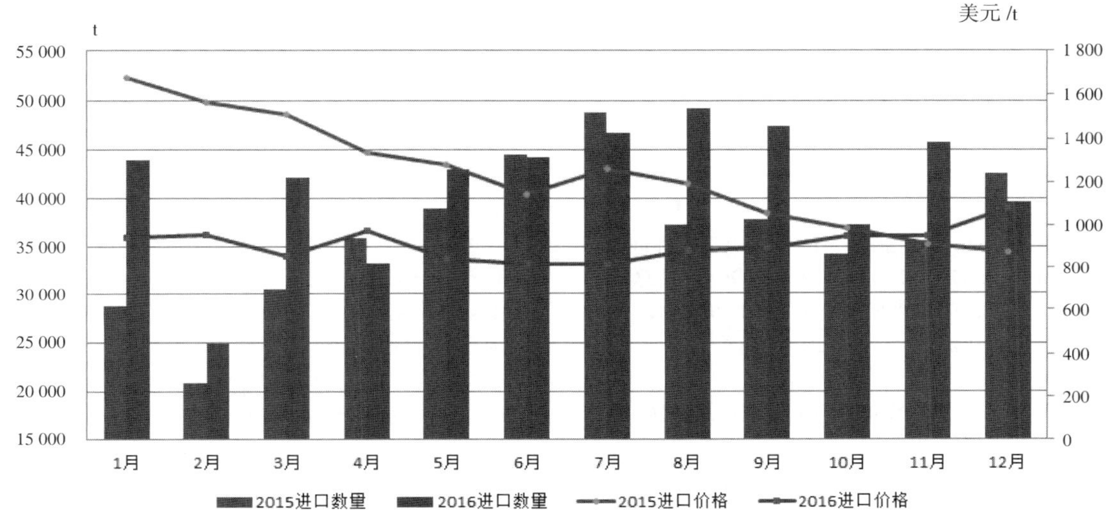

图3–27 我国月度乳清进口数量及价格2015.01—2016.12

表3–8 我国乳清进口来源地和进口地区2016

单位：t

进口来源国（地区）	进口量	占比	进口地区	进口量	占比
国家合计	497 340	100.0%	全国合计	497 340	100.0%
美国	283 885	57.1%	北京	92 829	18.7%
法国	53 607	10.8%	广东	87 996	17.7%
荷兰	32 251	6.5%	上海	73 054	14.7%
波兰	27 648	5.6%	天津	68 368	13.7%
阿根廷	24 838	5.0%	辽宁	56 788	11.4%
德国	20 094	4.0%	福建	38 672	7.8%
爱尔兰	16 149	3.2%	山东	20 184	4.1%
芬兰	10 048	2.0%	浙江	11 655	2.3%
澳大利亚	7 406	1.5%	湖南	11 646	2.3%
乌拉圭	3 850	0.8%	安徽	11 229	2.3%
乌克兰	3 700	0.7%	江苏	8 054	1.6%
智利	3 675	0.7%	内蒙古	6 003	1.2%
新西兰	3 056	0.6%	黑龙江	4 370	0.9%

（续）

进口来源国（地区）	进口量	占比	进口地区	进口量	占比
意大利	2 191	0.4%	四川	2 760	0.6%
西班牙	1 600	0.3%	河南	2 093	0.4%
丹麦	1 143	0.2%	重庆	962	0.2%
白俄罗斯	800	0.2%	江西	260	0.1%
奥地利	757	0.2%	河北	152	0.0%
捷克	234	0.0%	广西	95	0.0%
英国	164	0.0%	贵州	88	0.0%
台湾省	102	0.0%	吉林	57	0.0%
拉脱维亚	89	0.0%	陕西	25	0.0%
新加坡	48	0.0%			
加拿大	4	0.0%			
韩国	1	0.0%			

4. 黄油进口

2016 年我国累计进口黄油 81 865 t，同比增长 14.9%；进口额 30 315 万美元，同比增长 14.2%；平均进口价格为 3 703 美元 /t，同比下跌 0.6%，按 2016 年汇率 6.64 计算折合人民币 24 588 元 /t。

主要进口来源国有新西兰（70 807t，占总量的 86.5%）、法国（4 336t，占总量的 5.3%）、比利时（2 153t，占总量的 2.6%）和澳大利亚（1 996 t，占总量的 2.4%）等。前四大进口来源国合计进口 79 293t，占全部进口数量的 96.9%（图 3-26 和图 3-28）。

5. 奶酪进口

2016 年我国进口奶酪 97 177 t，同比增长 28.6%；进口额 41 941 万美元，同比增长 20.5%；进口平均价格为 4 316 美元 /t，同比下跌 6.3%，按汇率 6.64 计算折合人民币 28 657 元 /t。

主要进口来源国有新西兰（51 116 t，占总量的 52.6%）、澳大利亚（19 968 t，占总量的 20.6%）和美国（8 956t，占总量的 9.2%）等。前三大进口来源国合计进口 80 041t，占全部进口数量的 82.4%（图 3-29 和图 3-31）。

三、其他乳制品进口

1. 酪蛋白进口

2016 年我国进口酪蛋白 21 071 t，同比下跌 0.4%；进口额 13 534 万美元，同比下跌 21.4%；进口平均价格为 6 423 美元 /t，同比下跌 21.1%，按汇率 6.64 计算折合人民币 42 649 元 /t。

主要进口来源国有新西兰（14 156 t，占总量的 67%）和荷兰（4 526 t，占总量的 21%）等，前两大进口来源国合计进口 18 682 t，占全部进口数量的 89%（图 3-30 和图 3-32）。

2. 白蛋白进口

2016 年我国累计进口白蛋白 19 585t，同比增长 13.7%；进口额 12 872 万美元，同比下跌 18.2%；进口

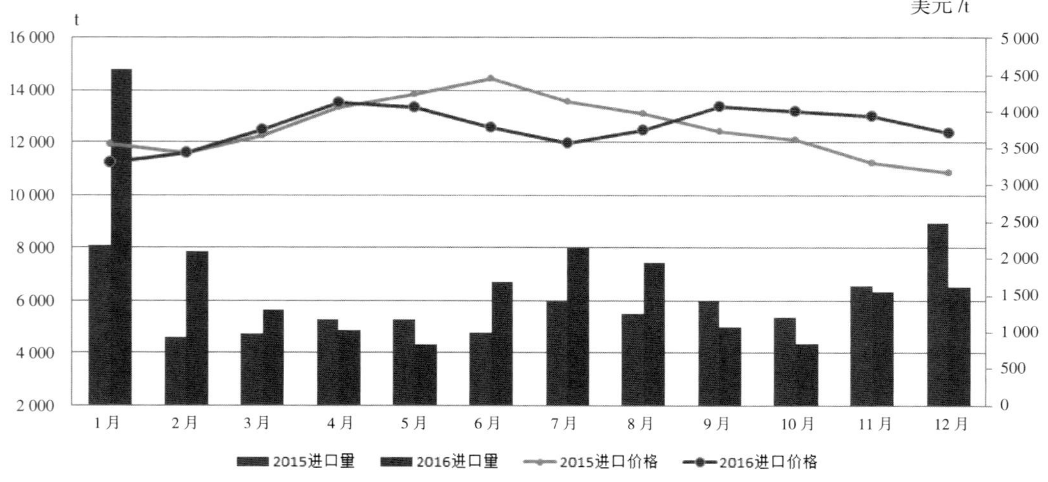

图 3-28 我国黄油月度进口数量及价格 2015.01—2016.12

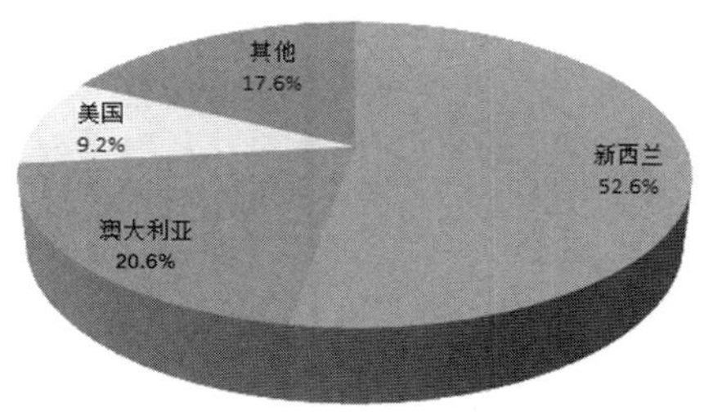

图 3-29 我国奶酪进口来源国 2016 年

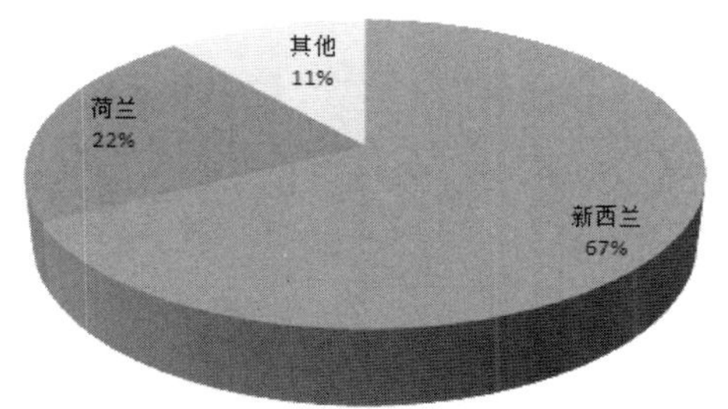

图 3-30 我国酪蛋白进口来源国 2016 年

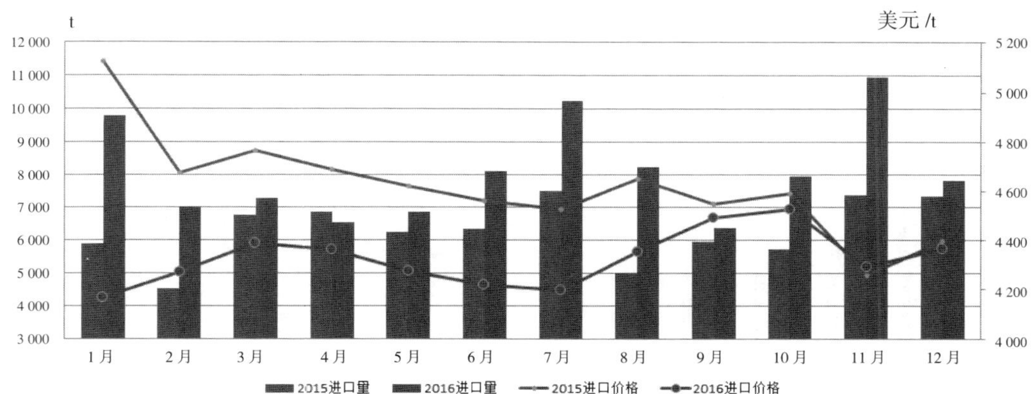

图 3-31 我国奶酪月度进口数量及价格 2015.01—2016.12

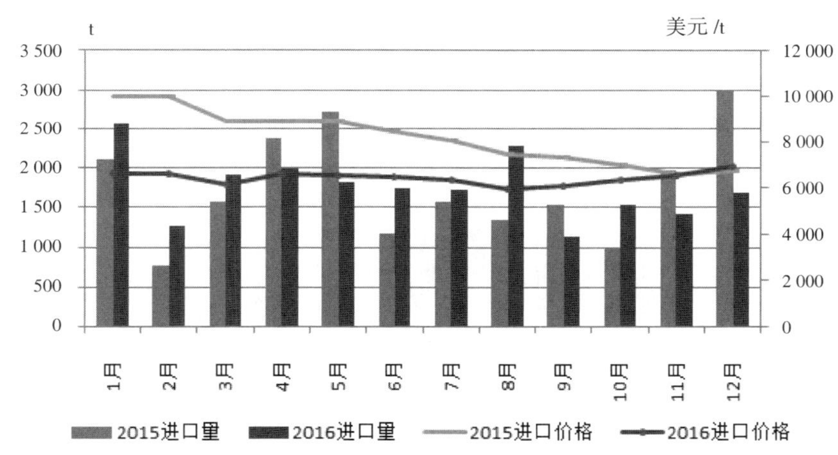

图 3-32 我国酪蛋白月度进口数量及价格 2015.01—2016.12

平均价格为 6 572 美元 /t，同比下跌 28.1%，按汇率 6.64 计算折合人民币 43 641 元 /t。

主要进口来源国有德国（6 717 t，占总量的 34%）、美国（5 074 t，占总量的 26%）和新西兰（2 534 t，占总量的 13%）等，前三大进口来源国合计进口 14 325 t，占全部进口数量的 73%（图 3-33 和图 3-35）。

3. 乳糖进口

2016 年我国进口乳糖 87 080 t，同比下跌 2.7%；进口额 7 026 万美元，同比下跌 15.9%；进口平均价格为 807 美元 /t，同比下跌 13.6%，按汇率 6.64 计算折合人民币 5 357 元 /t。

主要进口来源国有美国（62 094 t，占总量的 71%）、丹麦（7 027t，占总量的 8%）、德国（6 015 t，占总量的 7%）、荷兰（5 467t，占总量的 6%）和澳大利亚（2 834 t，占总量的 3%）等，前五大进口来源国合计进口 83 436t，占全部进口数量的 96%（图 3-34 和图 3-36）。

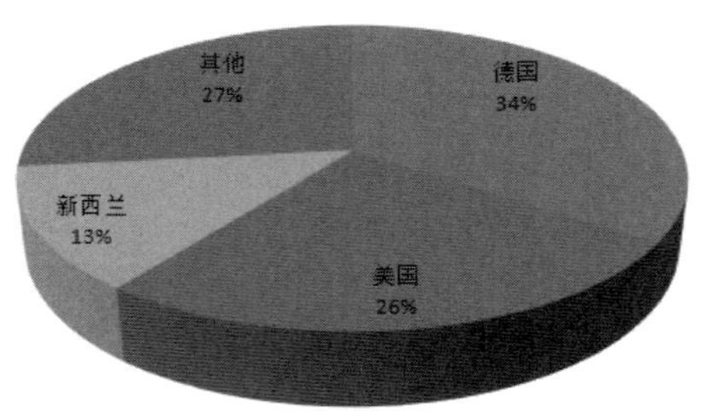

图 3-33 我国白蛋白进口来源国 2016 年

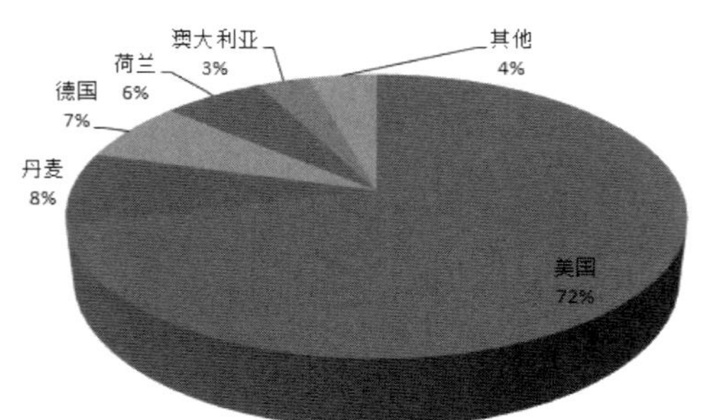

图 3-34 我国乳糖进口来源国 2016 年

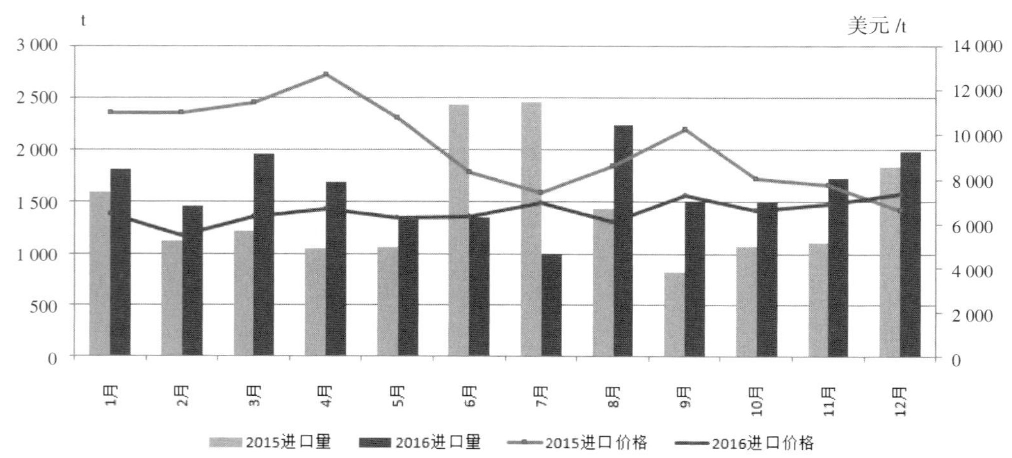

图 3-35 我国白蛋白月度进口数量及价格 2015.01—2016.12

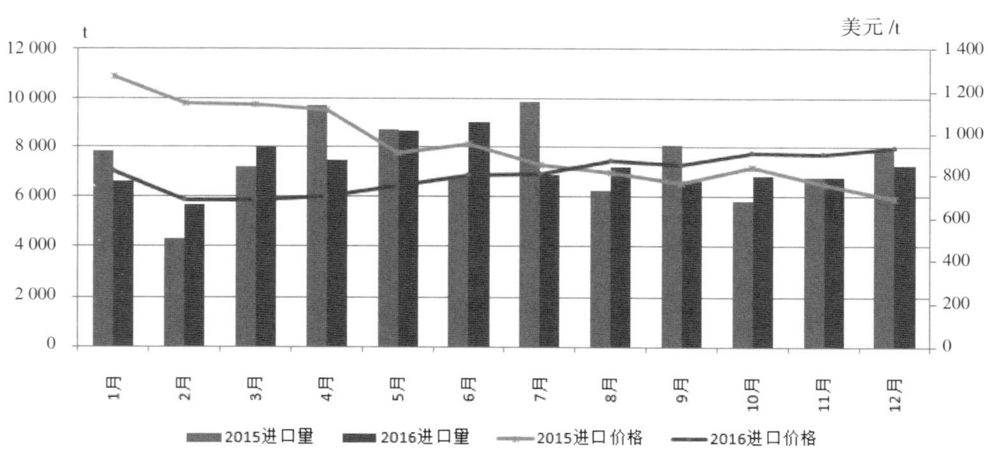

图 3-36 我国乳糖月度进口数量及价格 2015.01—2016.12

2016 年乳制品出口情况

乳制品出口方面，整体形势依然严峻，出口数量连续多年下跌，2016 年共出口乳制品（HS0401–HS0406）30 935t，同比下跌 7.2%，其中干乳制品出口数量为 7 266t，同比下跌 11.7%，液态奶出口数量为 23 669t，同比下跌 5.7%。出口市场仍然高度集中于中国香港、中国澳门和周边国家。按比例折算，2016 年我国出口乳制品（含婴幼儿配方乳粉）折合原料奶 86 699t，同比下跌 7.7%。

一、液态奶出口

2016 年我国的液态奶出口数量和出口金额均出现一定幅度的下跌，出口整体规模仍然很小，出口量仅为进口量的 3.6%，并且出口目的地高度集中，中国香港占了绝大部分的市场份额，另外对中国澳门以及周边一些国家有少量出口。

2016 年我国液态奶（HS0401 和 HS0403）累计出口 23 669t，同比下跌 5.7%，出口额 2 155 万美元，同比下跌 12.5%（图 3–37）。

1. 液奶产品出口

2016 年我国出口液奶产品（HS0401）22 825t，同比下跌 7.1%；出口额 2 019.8 万美元，同比下跌 16.5%；出口平均价格为 885 美元 /t，同比下跌 10.1%，按汇率 6.64 计算折合人民币 5 876 元 /t（图 3–38）。

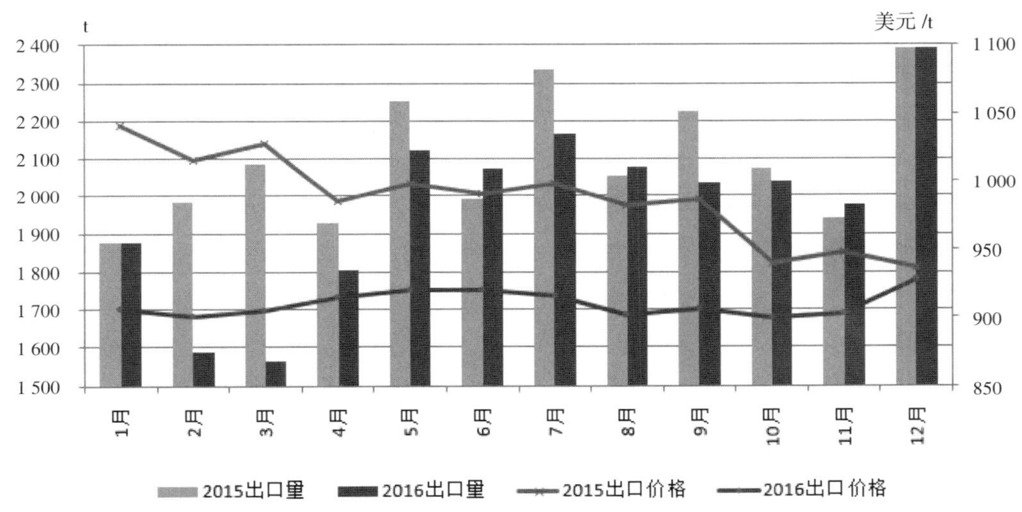

图 3–37 我国液态奶月度出口数量及价格 2015.01—2016.12

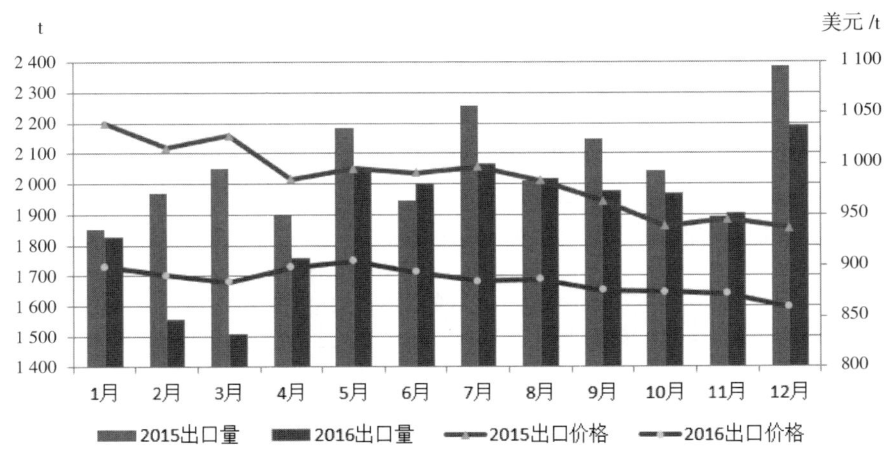

图 3–38 我国液奶产品月度出口数量及价格 2015.01—2016.12

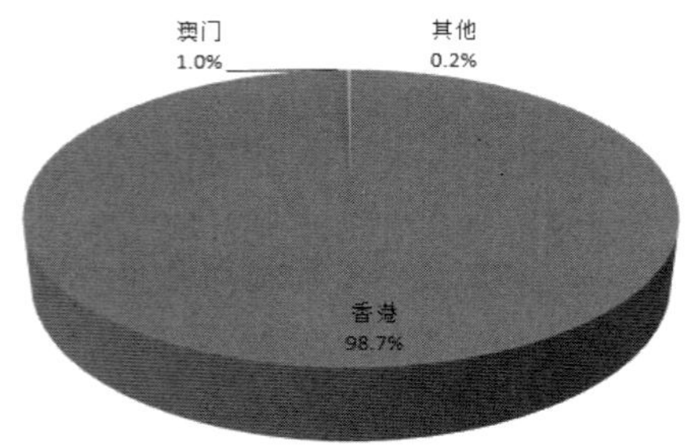

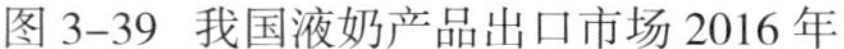

图 3-39 我国液奶产品出口市场 2016 年

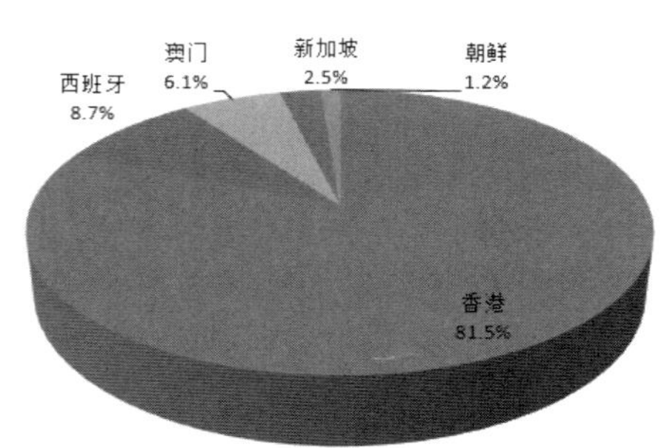

图 3-40 我国酸奶出口市场 2016 年

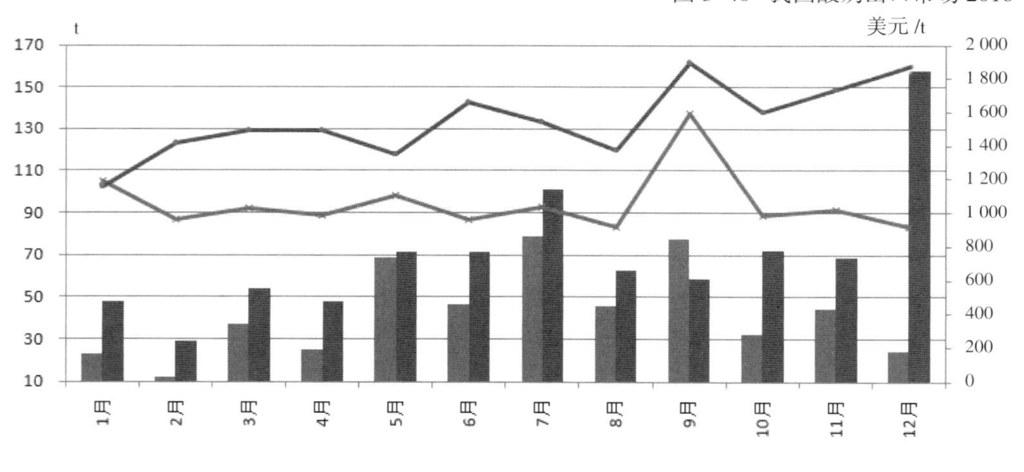

图 3-41 我国酸奶月度出口数量及价格 2015.01—2016.12

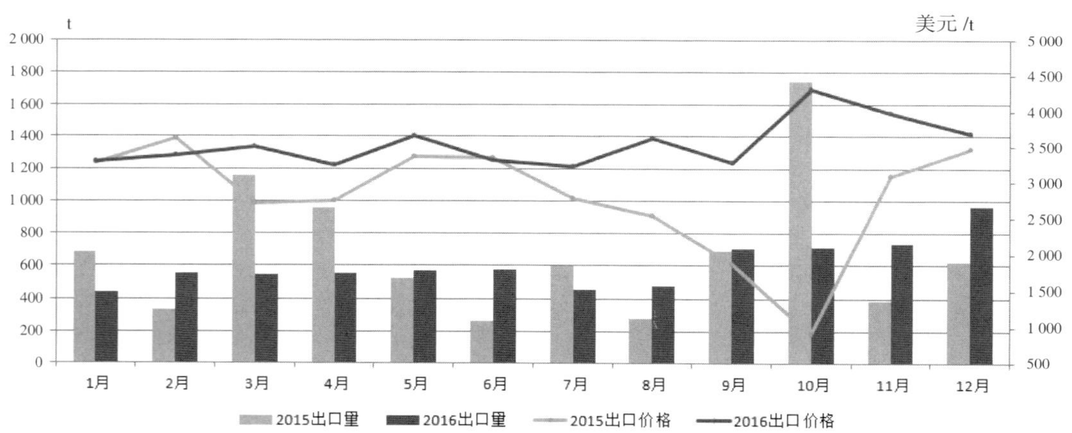

图 3-42 我国干乳制品月度出口数量及价格 2015.01—2016.12

出口目的地主要是中国香港（24 059t），占全部出口量的 98.7%，另外对中国澳门、蒙古、法国和新加坡等也有少量出口（图 3-39）。

2. 酸奶出口

2016 年我国出口酸奶（HS0403）843.7t，同比增长 63.4%；出口额 134.7 万美元，同比增长 136.8%；出口平均价格为 1 597.1 美元 /t，同比上涨 44.9%，按汇率 6.64 计算折合人民币 10 605 元 /t。

出口目的地主要是中国香港（687t，占全部出口量的 81.5%）、西班牙（74t，占全部出口量的 8.7%）和中国澳门（51t，占全部出口量的 6.1%），另外对新加坡和朝鲜也有少量出口，前三大出口市场合计 812t，占全部出口数量的 96.3%（图 3-40 和图 3-41）。

二、干乳制品出口

2016 年我国干乳制品（HS0402、HS0404、HS0405、HS0406）累计出口 7 266 t，同比下跌 11.7%，出口额 2 600 万美元，同比增长 27.1%，平均出口价格

3 578 美元 /t，同比上涨 43.9%（图 3–42）。

奶粉出口

原料奶粉是我国乳制品出口的一个主要品种，但2016 年我国原料奶粉出口数量同比继续出现较大幅度下跌，在单价大幅上涨的情况下，出口额有一定的涨幅。2016 年全年累计出口奶粉 3 615.4t，同比下跌 25.7%；出口额 1 618.1 万美元，同比增长 47.4%；出口平均价格为 4 475.7 美元 /t，同比上涨 98.5%，按汇率 6.64 计算折合人民币 29 719 元 /t。同期我国进口原料奶粉的平均价格为 16 248 元 /t，出口奶粉比进口奶粉每吨贵13 471 元。2016 年的出口数量为近几年来的较低水平，仅相当于进口奶粉 60.4 万 t 的 0.60%，出口市场也主要集中在中国香港和周边国家（图 3–43）。

我国原料奶粉出口主要目的地为中国香港 (2 296t，占总量的 65%)、缅甸 (422t，占总量的 12%)、台湾省 (257t，占总量的 7%)、阿联酋(225t，占总量的 7%)和朝鲜(221t，占总量的 6%）等。前五大出口目的地合计 3 170t，占全部出口数量的 96.9%（图 3–44）。

2016 年我国出口婴幼儿配方奶粉 1 878t，出口目的地主要是中国香港(1 117 t，占总量的 59%)、德国(407t，占总量的 22%）和巴基斯坦（153t，占总量的 8%）等，前三大出口目的地合计 1 678 t，占全部出口数量的 89%（图 3–45）。

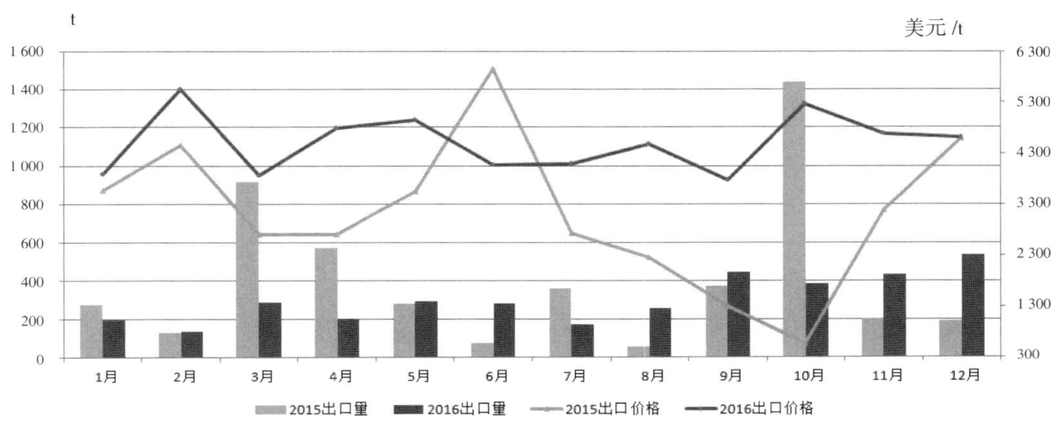

图 3–43 我国原料奶粉月度出口数量及价格 2015.01—2016.12

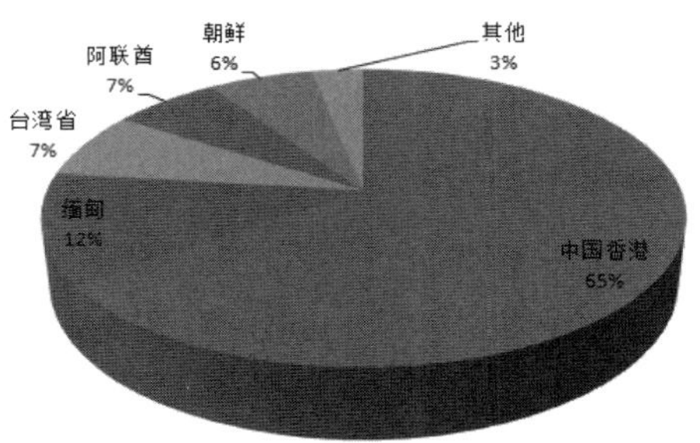

图 3–44 我国奶粉出口市场 2016 年

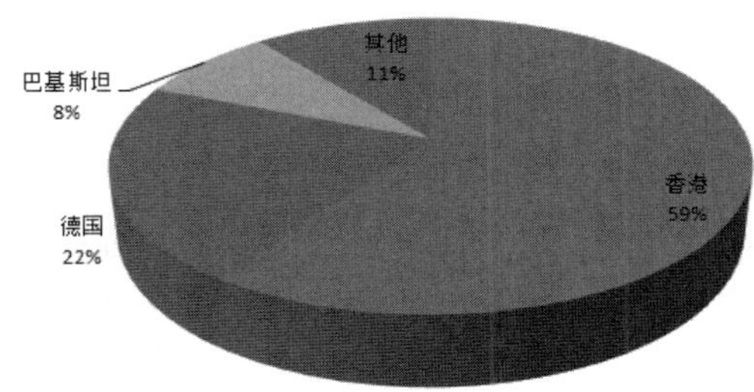

图 3–45 我国婴幼儿配方乳粉出口市场 2016 年

【学生饮用奶】

2016年国家“学生饮用奶计划”推广工作情况

2016年是中国奶业协会正式承接国家“学生饮用奶计划”推广管理工作的第三年，也是《国家“学生饮用奶计划”推广管理办法（试行）》实施的第三年。一年来，在有关部门的指导下，在各级地方政府、各地学生饮用奶工作机构和学生饮用奶生产企业的支持配合下，国家“学生饮用奶计划”的各项工作按照计划稳步推进。

2016年学生饮用奶计划工作的重点是推进奶源基地的再升级。奶源基地建设是从源头保障学生奶安全的关键，中国奶业协会在接手国家“学生饮用奶计划”的推广工作后，秉承了对奶源基地建设一贯的重视，坚持新鲜优质奶源作为学生饮用奶原料奶的原则。在《国家“学生饮用奶计划”推广管理办法（试行）》中对学生奶奶源基地养殖规模、生产水平、设备、原奶质量指标等都提出了明确要求，之后中国奶业协会又着手开展了学生奶奶源基地再升级的相关调研工作。通过实地走访企业和牛场，征询相关机构和专家的意见，结合国内外相关标准和中国当前的奶牛养殖水平，制定了《学生奶奶源基地建设与管理规范（试行）》。根据各方反馈的意见，进行多次修订，最终在2016年7月随中国奶业协会《关于开展学生饮用奶奶源基地认定工作的通知》（中奶协发[2016]21号）印发了《学生奶奶源基地建设与管理规范（试行）》（以下简称《规范》）。《规范》从场址与布局、奶牛繁育管理、日粮与饲养管理、疾病防控、挤奶管理、环境管理、从业人员管理、档案管理、生产水平与质量指标等方面对学生饮用奶奶源基地的建设和管理提出了具体的要求和指导。《规范》首次提出学生饮用奶奶源基地成母牛年均单产应高于7 000kg，以DHI测定记录为依据，生牛乳乳脂率≥3.6%，乳蛋白率≥3.0%。为了配套学生饮用奶奶源基地认定工作的需求，中国奶业协会在国家学生饮用奶计划推广管理信息系统里开发并上线了学生奶奶源基地认定模块，以实现认定工作的全程网络化、信息化。

《学生奶奶源基地建设与管理规范（试行）》的出台和认定系统的上线，标志着学生奶奶源基地的再升级进入了实质性的阶段。截至2016年年底，共计220余家牛场申请备案为学生饮用奶奶源基地，绝大多数省份已完成了学生饮用奶奶源基地的现场认定以及资料上传工作。中国奶业协会对奶源基地认定信息进行最终审核，择期公布。获得备案的学生奶奶源基地实行动态管理，资质有效期限为3年。

“国家学生饮用奶计划推广示范学校”认定试点工作。2016年，中国奶业协会与中国学生营养与健康促进会联合开展的“国家学生饮用奶计划推广示范学校”认定试点工作继续推进，本年度的试点工作共接收到80余所中小学校提交的申报材料，经专家认定评估，省级学生营养与健康促进会（协会）、疾病预防控制中心、学生饮用奶主管机构审查通过，并经中国奶业协会与中国学生营养与健康促进会综合审定，最终批准命名襄阳市第三十三中学等47所学校为“国家学生饮用奶计划推广示范学校”，这些学校分布在四川、湖北、黑龙江、陕西、宁夏、河北、河南、山东、安徽、云南10个省（自治区、直辖市）。目前，全国有两个批次79所学校通过认定，这些学校成为确保国家“学生饮用奶计划”安全实施、促进青少年健康成长的标杆。

中国学生饮用奶生产企业认定工作。2016年中国奶业协会组织专家分两批次对河北省、内蒙古、浙江省、安徽省、山东省、四川省的10家乳品加工企业进行现场考核，最终10家企业均通过考核获准注册为中国学生饮用奶生产企业，其中8家是新申请企业，2家是工厂搬迁后重新注册的企业。截至2016年年底，全国共有中国学生饮用奶生产企业95家，隶属于61家集团企业，分布在除吉林省、贵州省、福建省、海南省以及西藏自治区外的26个省、自治区、直辖市中。

2016年国家“学生饮用奶计划”惠及中小学生2 000多万人，覆盖全国31个省、自治区、直辖市的6万多所学校，饮奶人数超过100万人的省（自治区）有8个，其中河南最多，超过200万人。学生饮用奶在校日均供应量为1 517万份，其中日均供应量在100万~150万份的省份有7个，供应量在50万~100万份的省份有5个，供应量在30万~50万份的省份有4个，供应量在15万~30万份的省份有6个，供应量在15万份以下的省份有7个。

（中国奶业协会，姚远、陈绍祜）

【有机乳】

2016年度中国有机乳制品发展状况

随着国民生活水平的提高，中国乳品行业取得了长足的进步和巨大的发展，已成为国民经济中比较重要的行业。有机产品由于其对生态环境和食品安全、健康的持续关注，消费市场进一步发展壮大。有机乳制品的生产、加工和消费也呈现从无到有、从有到强的发展态势，已成为中国有机产业和中国乳品行业的重要组成部分。

一、国内有机原料乳及乳制品生产

（一）2016年发展概况

1. 有机原料乳

据中国食品农产品认证信息系统统计数据显示，2016年，我国国内生产、经过认证的有机原料乳总产量为172.95万t，涉及种类为牛乳和羊乳。其中，牛乳以172.62万t的年产量和99.8%的占比占据绝对优势；羊乳（主要产自陕西省和河南省）全年总产量为0.33万t。2016年获得有机转换认证证书的原料乳仅有牛乳，产量为8万t。

2. 有机乳制品

按照《有机产品认证目录》划分标准，有机乳制品可分为三大类：经处理的液体奶或奶油（包括牛奶、黄油及奶油）、发酵乳（包括酸奶及奶酪）和乳粉类产品（包括奶粉、乳清粉及乳糖）。据中国食品农产品认证信息系统数据统计显示，2016年，我国国内生产、经过认证的有机乳制品总量为89.35万t，其中经处理的液体奶或奶油以70.08万t的年产量稳居首位，占比为78.43%，其次为发酵乳和乳粉类产品，年产量分别达到15.79万t和1.55万t，占比分别为17.67%和1.73%。

（二）区域分布

1. 有机乳用牛养殖区域分布情况

根据中国食品农产品认证信息系统的数据，2016年我国境内有21个省（市、自治区）进行有机乳用牛的养殖，通过认证的乳用畜总量达1 325 784头，其中乳肉兼用牛1 003 828头，奶牛321 920头。我国有机乳用牛养殖企业主要集中在青海省、四川省、新疆维吾尔自治区、甘肃省等传统牧区，以及内蒙古自治区、黑龙江省、陕西省等农业大省。从养殖规模看，位列前五的分别是青海省（905 988头，占比68.34%）、内蒙古自治区（118 797头，占比8.96%）、四川省（116 375头，占比8.78 %）、新疆维吾尔自治区（61 876头，占比4.67%）。

从养殖品种上看，藏区如青海省、四川省、甘肃省等地区利用其高原地域优势，主要养殖乳肉兼用的牦牛，主要作肉用，产奶量较低，而其他区域养殖品种以产奶量较高的荷斯坦牛为主。

2. 有机原料乳（牛乳）区域分布情况

中国食品农产品认证信息系统的统计数据显示，虽然青海省的养殖规模以绝对数量优势位列第一，但由于该区域养殖的品种主要为乳肉兼用的牦牛，以肉用为主，产奶量较低。2016年认证原料乳产量仅为27 794t。内蒙古自治区拥有广阔的天然牧场和青绿饲料、青贮饲料等生产基地，以及适宜乳用牛生长、发育、生产的气候条件，具备有机奶牛养殖的天然优势，已成为我国最大的有机原料乳产区。2016年度该地区有机原料乳（牛乳）产量为819 264t，占全国总产量的47.94%。近年来，我国部分传统农业大省包括黑龙江省、辽宁省以及山东省，借助其大豆、玉米等饲料原料主产区的优势，在有机乳用牛的养殖规模上也增长较快。

3. 有机乳制品区域分布情况

内蒙古自治区作为最大的经处理的有机液体乳和奶油产地，2016年其有机液体乳和奶油的产量为64.46万t，占全国液体乳和奶油总产量的91.98%。其次为黑龙江省、山东省、北京市，有机液体乳和奶油产量分别为1.45万t、0.98万t和0.83万t，分别占全国的2.07%、1.39%和1.18%。其他省份合计2.36万t，占比3.37%。

2016年有机发酵乳主要集中在内蒙古自治区，产量为15.11万t，占同年度全国有机发酵乳总产量的95.69%。其次为陕西省、北京市和宁夏回族自治区，有机发酵乳的产量为分别为1 800t、1 080t和1 075t，分别占全国的1.14%、0.68%和0.68%。其他省份合计2 790t，占比1.77%。

2016年有机乳粉类产品主要集中在内蒙古自治区、辽宁省和黑龙江省，内蒙古自治区从2015年度没有任何有机乳粉产品，到2016年度跃居全国第一，其有机乳粉类产品产量为6 394t，占同年度全国有机乳粉类产品总量的41.25%。其次为辽宁省、黑龙江省和湖南省，有机乳粉类产品分别为2 731t、1 671t和1 050t，分别占全国的17.61%、10.78%和6.77%。其他省份合计3 654t，占比23.57%。

（三）有机原料乳及乳制品发展趋势分析

1. 地域分布发展趋势

我国有机原料乳和乳制品区域分布仍然以传统畜牧业优势区域为主，特别是内蒙古自治区仍占有统治地位，囊括了我国最大规模的有机奶源基地和有机乳制品加工厂。东北地区依托其饲料生产加工方面的优势，在有机乳用牛的养殖规模上有了较大的发展。而其他地区则呈现弱势，总体而言，我国有机乳品区域分布仍处于不均衡的状态。

2. 产量发展趋势

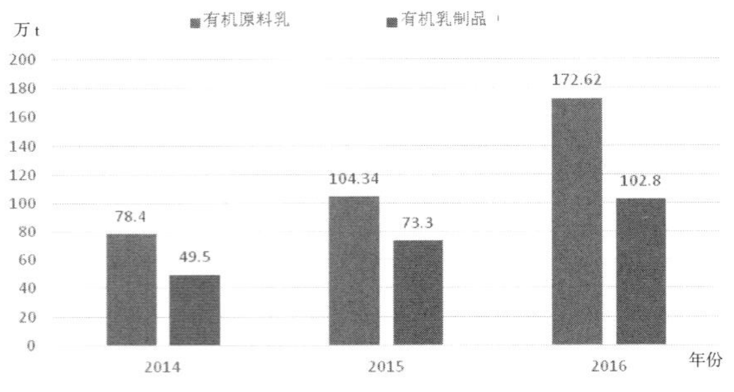

图 3-46　2014—2016 年我国有机原料乳和有机乳制品产量

从图 3-46 可以看出，近三年（2014—2016 年）来国内的有机原料乳和乳制品发展迅速，尤其是 2015 年实现了暴发性的增长，量产实现翻番。2016 年上升势头依然持续，有机原料乳产量增长 23%，有机乳制品产量增长了 40%。

二、境外国标有机乳制品发展情况

2016 年，按照中国有机标准认证的境外牧场面积达 29.3 万 hm^2，占境外国标认证总面积（37.2 万 hm^2）的 78.76%。从认证证书数量来看，境外国标有机乳制品证书数量达 103 张，占所有境外国标认证证书数量（312 张）的 33.01%。从认证产量来看，境外国标有机乳制品产量为 83 万 t，占所有境外国标认证产量（606.4 万 t）的 13.69%。

三、有机乳制品的市场发展情况

（一）总体情况

按照有机产品管理相关要求，在市场上以有机名义销售的产品必须对使用有机标志情况进行备案（有机码或防伪标签）。因此备案有有机标志使用情况的产品基本可以视为是可以出售的产品，其数量大致可代表市场实际销售情况。2016 年，认证产品中备案有有机标志的有机乳制品共计 35 万 t（销售地为国内，含进口有机乳制品），总备案数量为 13.8 亿枚，占全国备案总数（17.44 亿枚）的 78%，其中高温灭菌乳（11.94 亿枚）是备案数量最大的产品，其次是发酵乳（1.25 亿枚）与乳粉类产品（0.12 亿枚），而其他乳制品数量较少（0.11 亿枚）。

根据各类有机乳制品市售产品的大致价格，按不同乳制品类别进行了销售额的测算。2015 年有机乳制品销售额约 146.51 亿元，占有机产品销售份额的 21.1%，占国内乳制品市场（3 370.2 亿元）份额约 4.35%。有机乳制品中高温灭菌乳销售额为 90.78 亿元，其他乳制品为 55.73 亿元。

（二）不同种类产品市场分布情况

从产品种类来讲，有机乳制品的市场基本与常规乳制品一致，市售有机乳制品集中在液体乳（含发酵乳）和乳粉两大类。其中液体乳以高温灭菌乳销售数量最多，有机巴氏杀菌乳在有机乳制品中所占比例较低。黄油和乳清粉这两种既可以作为食品工业原料又可以作为零售产品的乳制品目前在中国尚无零售。

（三）与发达国家比较

作为世界最大有机市场的美国，其 2015 年有机乳制品的销售额约在 60 亿美元，约占有机总销售额（约 397 亿美元）的 15.1%（有机贸易协会 OTA，2016）。德国、法国和澳大利亚，有机乳制品销售额分别占乳制品市场份额的 8.6%、3.2% 和 22%。

（四）销售渠道

从国内销售渠道来说，普通超市仍然是最为主要的有机乳制品购买渠道，但与其他产品一样，电商已成为越来越重要的销售渠道。

（中绿华夏有机食品认证中心，夏兆刚、刁品春、王华飞、李鹏、栾治华、唐韧、段锦、林园耀、田岩；中国农业大学，乔玉辉）

各地奶业

GEDI NAIYE

北京市

【奶畜养殖】北京市2016年奶牛存栏113 076头，其中，成乳牛69 525头。饲养品种主要以荷斯坦牛为主，其他品种奶牛有少量存栏。北京市奶牛养殖在13个区均有分布，主要集中于城市发展新区和生态涵养发展区（表4-1）。

表4-1 2016年北京市奶牛存栏情况

地区	奶牛存栏量（头）	成乳牛存栏量（头）
北京市	113 076	69 525
通州	20 464	12 575
大兴	19 183	12 212
密云	18 541	11 026
顺义	18 460	11 316
延庆	12 448	7 548
房山	9 862	6 789
昌平	6 434	3 888
怀柔	5 889	3 342
平谷	956	522
朝阳	494	57
海淀	307	220
丰台	27	22
门头沟	11	8

2016年全市生牛奶产量456 952.78t。城市发展新区牛奶产量占总产量的66.7%，生态涵养发展区占总产量的32.7%。2016年全市生牛奶产量比2015年减少20.13%。其中，城市功能拓展区减少82.02%，降幅最大；其次为城市发展新区减少19.05%（表4-2）。

表4-2 2016年北京市生牛奶产量

地区	生牛奶产量（t）		
	2016	2015	增长速度(%)
全市	456 952.78	572 154.8	-20.13
城市功能拓展区	2 802.4	15 582.3	-82.02
朝阳区	157.5	7 689.9	-97.95
丰台区	109.4	218.9	-50.02
海淀区	2 535.5	7 673.5	-66.96
城市发展新区	304 679.68	376 389.6	-19.05
房山区	39 851.1	47 933.9	-16.86
通州区	88 269.3	111 097.6	-20.55
顺义区	55 183.5	55556.5	-0.67
昌平区	32 387.3	47 905.2	-32.39
大兴区	88 988.5	113 896.4	-21.87
生态涵养发展区	149 470.7	180 182.9	-17.05
门头沟区	24.5	52.2	-53.07
怀柔区	20 167.8	39536.3	-48.99
平谷区	3 460.6	3 496.2	-1.02
密云区	78 671.2	77 903.7	0.99
延庆区	47 146.6	59 194.5	-20.35

【乳品加工】北京市具有乳制品生产许可证的企业有22家，分布于朝阳、海淀、通州、丰台、门头沟、房山、顺义、昌平、大兴、平谷、怀柔、密云和延庆等区（表4-3）。

表4-3 北京市乳制品生产企业及主要产品

序号	企业名称	主要产品名称	所属区县
1	北京健生饮料有限公司	乳制品［液体乳（发酵乳）］	朝阳
2	北京三元食品股份有限公司	乳制品［液体乳（巴氏杀菌乳、调制乳、灭菌乳、发酵乳）、其他乳制品（奶油、干酪）］	海淀
3	北京圣祥乳制品厂	乳制品［液体乳（发酵乳）］	丰台
4	北京龙泉乳品公司	乳制品［液体乳（发酵乳）其他乳制品（再制干酪）］	门头沟
5	北京天顺华乳品有限公司	乳制品［液体乳（发酵乳）］	房山
6	奥德华乳品（北京）有限公司	乳制品［液体乳（巴氏杀菌乳、发酵乳）、其他乳制品（奶油）］	房山
7	蒙牛乳业（北京）有限责任公司	乳制品［液体乳（灭菌乳、调制乳、发酵乳）蛋白饮料］	通州
8	北京科尔沁乳业有限公司	乳制品［液体乳（发酵乳、灭菌乳）］	通州

（续）

序号	企业名称	主要产品名称	所属区县
9	蒙牛高科乳制品（北京）有限责任公司	乳制品［液体乳（发酵乳）］	通州
10	北京光明健能乳业有限公司	乳制品［液体乳（灭菌乳、调制乳、巴氏杀菌乳、发酵乳）］	顺义
11	北京超凡食品有限公司	乳制品［液体乳（发酵乳）、其他乳制品（干酪、奶油）］	顺义
12	北京艾莱发喜食品有限公司	乳制品［液体乳（巴氏杀菌乳、灭菌乳）、其他乳制品（奶油）］	顺义
13	北京天辰乳业有限公司	乳制品［液体乳（巴氏杀菌乳、灭菌乳、发酵乳、调制乳）］	顺义
14	北京吉康食品有限公司	乳制品［其他乳制品（奶油、无水奶油、干酪）］	昌平
15	北京三元食品股份有限公司乳品四厂	乳制品［乳粉（调制乳粉）、其他乳制品（奶油、稀奶油、干酪、再制干酪）］	昌平
16	北京和润乳制品厂	乳制品［液体乳（巴氏杀菌乳、发酵乳）、其他乳制品（奶油、干酪）］	大兴
17	北京乳旺食品有限公司	乳制品［液体乳（调制乳）］	平谷
18	达能乳业（北京）有限公司	乳制品［液体乳（发酵乳）］	怀柔
19	北京鸿达乳品有限公司	乳制品［液体乳（发酵乳）、其他乳制品（奶油、干酪）］	怀柔
20	北京百思乐乳业有限公司	蛋白饮料［含乳饮料（乳酸菌饮料）］	怀柔
21	内蒙古伊利实业集团股份有限公司北京乳品厂	乳制品［液体乳（发酵乳）、乳粉（全脂乳粉）］	密云
22	北京归原生态农业发展有限公司	乳制品［液体乳（巴氏杀菌乳、发酵乳）]	延庆

北京市乳品企业的产品涵盖了几乎所有的乳制品种类，但在产品形式上主要以发酵乳、灭菌乳、巴氏杀菌乳和调制乳等液态乳制品为主。2016 年全市乳制品产量 62.19 万 t，其中液体乳产量 58.98 万 t。

【奶源基地】完善良种繁育体系，实施标准化生产，有效推进首都“菜篮子”生鲜乳保障体系建设。全市登记备案的规模奶牛养殖场 170 家，奶牛良种覆盖率 100%（表 4–4 和表 4–5）。

表 4–4　2016 年北京市备案的规模化奶牛养殖场分布情况

区	500 头以下	500~999 头	1 000~1 999 头	2 000 头以上	合计
大兴区	24	12	2	3	41
延庆区	22	14	3	0	39
密云区	5	4	7	3	19
怀柔区	5	1	0	0	6
通州区	6	6	8	3	23
房山区	1	6	3	1	11
顺义区	3	6	5	2	16
平谷区	3	1	0	0	4
昌平区	7	1	2	1	11
合计	76	51	30	13	170

备注：数据来自 2016 年北京市畜禽养殖场（小区）登记备案统计数据。

表 4–5　2016 年北京市设计规模 500 头及以上奶牛养殖场名录

序号	名称	设计规模（头）	品种
1	北京海华云都生态农业有限公司	10 000	荷斯坦
2	北京市北务广峰养殖场	3 500	荷斯坦
3	北京中地畜牧科技有限公司	3 000	荷斯坦
4	北京鼎晟誉玖牧业有限责任公司	2 600	荷斯坦
5	北京圣兴达养殖有限公司	2 500	荷斯坦
6	北京首农畜牧发展有限公司渠头牛场	2 500	荷斯坦
7	北京首农畜牧发展有限公司绿荷第一牧场	2 500	荷斯坦

（续）

序号	名称	设计规模（头）	品种
8	北京市三元绿荷奶牛养殖中心金银岛牧场	2 500	荷斯坦
9	北京首农畜牧发展有限公司金星牛场	2 200	荷斯坦
10	北京首农畜牧发展有限公司（北郊五场）	2 025	荷斯坦
11	北京首农畜牧发展有限公司绿荷分公司中以牛场	2 000	荷斯坦
12	北京鼎晟誉玖牧业有限责任公司奶牛二场	2 000	荷斯坦
13	北京安怡牧业有限公司	2 000	荷斯坦
14	北京首农畜牧发展有限公司绿荷牛业分公司（南口二牛场）	1 830	荷斯坦
15	北京乡元奶牛养殖专业合作社	1 808	荷斯坦
16	北京义鹏养殖场	1 568	荷斯坦
17	北京中地种畜有限公司	1 500	荷斯坦
18	北京市久兴养殖场	1 500	荷斯坦
19	北京雄特牧业有限公司	1 400	荷斯坦
20	北京三元绿荷奶牛养殖中心长阳分部（三场）	1 295	荷斯坦
21	北京三元绿荷奶牛养殖中心长阳分部（四场）	1 245	荷斯坦
22	北京绿荷牛业有限责任公司（创辉牛场）	1 231	荷斯坦
23	北京首农畜牧发展有限公司三堡牛场	1 200	荷斯坦
24	北京首农畜牧发展有限公司小务牛场	1 200	荷斯坦
25	北京首农畜牧发展有限公司绿荷分公司半截河牛场	1 200	荷斯坦
26	北京首农畜牧发展有限公司绿荷分公司草厂牛场	1 200	荷斯坦
27	中鼎联合牧业股份有限公司	1 200	荷斯坦
28	北京康源奶牛有限责任公司	1 150	荷斯坦
29	北京奶牛中心良种场	1 150	荷斯坦
30	北京三力源牧业发展有限公司	1 000	荷斯坦
31	北京绿源宇鑫奶牛养殖专业合作社	1 000	荷斯坦
32	北京市福乐奶牛场	1 000	荷斯坦
33	北京永乐治达养殖场	1 000	荷斯坦
34	北京市漷县昌华养殖场	1 000	荷斯坦
35	北京梦渌通养殖有限公司	1 000	荷斯坦
36	北京昭阳牧场	1 000	荷斯坦
37	北京三农嘉华农牧业科技有限公司	1 000	荷斯坦
38	北京北庄南山奶牛养殖场	1 000	荷斯坦
39	北京华鑫养殖场	1 000	荷斯坦
40	北京利元兴养殖专业合作社	1 000	荷斯坦
41	北京首农畜牧发展有限公司绿荷牛业分公司（南口三牛场）	1 000	荷斯坦
42	北京延照富民奶牛养殖中心	1 000	荷斯坦
43	北京利源永兆养殖中心	1 000	荷斯坦
44	北京东方古运奶牛养殖有限公司	900	荷斯坦
45	北京合兴聚养殖有限公司	900	荷斯坦
46	北京中加永宏科技有限公司（赵营牛场）	830	荷斯坦
47	北京康祝养殖中心	815	荷斯坦
48	北京双萍养殖有限公司	800	荷斯坦
49	北京市马坡肖家坡明仁奶牛养殖场	800	荷斯坦
50	北京天辰乳业有限公司	800	荷斯坦
51	北京宏盛胜利养殖专业合作社 原北京宏盛养殖有限公司	800	荷斯坦

（续）

序号	名称	设计规模（头）	品种
52	北京亿盛发养殖有限公司	800	荷斯坦
53	北京金鑫园奶牛中心	800	荷斯坦
54	北京星宝奶牛场	700	荷斯坦
55	北京首农畜牧发展有限公司绿荷分公司里二泗牛场	700	荷斯坦
56	北京小段奶牛合作社	700	荷斯坦
57	北京三元绿荷奶牛养殖中心太和牛场	700	荷斯坦
58	北京茂茂盛奶牛养殖场	700	荷斯坦
59	北京市德瑞养殖场	650	荷斯坦
60	北京彩云泉养殖场	650	荷斯坦
61	北京宝国奶牛场	600	荷斯坦
62	北京市向阳奶牛场	600	荷斯坦
63	北京金顺博通农牧科技发展有限公司	600	荷斯坦
64	北京建军振兴养殖场	600	荷斯坦
65	北京宏兴成养殖有限公司	600	荷斯坦
66	北京诚鑫强养殖有限公司	600	荷斯坦
67	北京长子营福瑞生养殖场	600	荷斯坦
68	北京大地群生养殖专业合作社	600	荷斯坦
69	北京市建雄养殖有限公司	600	荷斯坦
70	闫庄富壮牧场	600	荷斯坦
71	后吕庄奶牛养殖小区	600	荷斯坦
72	北京兴利鹏奶牛养殖中心	560	荷斯坦
73	北京香新诚心种植专业合作社	550	荷斯坦
74	北京兴发旧县奶牛场	530	荷斯坦
75	北京旺龙达奶牛养殖合作社	510	荷斯坦
76	北京森茂种植有限公司	500	荷斯坦
77	北京红山石养殖专业合作社	500	荷斯坦
78	北京兴旺富德养殖有限公司	500	荷斯坦
79	北京万家鼎盛养殖专业合作社	500	荷斯坦
80	北京市涛辉奶牛养殖场	500	荷斯坦
81	北京市东町绪忠奶牛场	500	荷斯坦
82	北京海联养殖场	500	荷斯坦
83	北京统军庄正阳牛场	500	荷斯坦
84	北京悦然牧业有限公司	500	荷斯坦
85	北京天元顺通养殖有限公司	500	荷斯坦
86	北京长子营保顺养殖场	500	荷斯坦
87	北京天盛奶牛场	500	荷斯坦
88	北京九州通达科技有限公司	500	荷斯坦
89	北京峡谷盛隆奶牛养殖专业合作社	500	荷斯坦
90	北京鑫运奶牛养殖场	500	荷斯坦
91	北京天意双兴养殖专业合作社	500	荷斯坦
92	北京富农兴牧奶牛养殖合作社	500	荷斯坦
93	方旭养殖中心	500	荷斯坦
94	北京运昌奶牛养殖专业合作社	500	荷斯坦

备注：数据来自 2016 年北京市畜禽养殖场（小区）登记备案统计数据。

【奶农组织】技术服务体系。北京市通过市、区、乡镇、村"四级"技术服务体系、奶牛产业技术体系北京市创新团队和奶业社团组织机构，有效地整合了全市的科技、人才和产业资源，创立了多种形式的技术服务模式，全方位服务于奶牛产业发展，为北京奶业的健康发展提供了政策、科技与人才的支撑。

奶业社团组织机构。2016 年北京市登记备案的奶业社团组织机构共有 11 家，分布于全市 6 个区，在协助政府进行行业管理、服务行业、维护奶农和行业的合法权益、促进北京奶业产业的健康发展等方面发挥了重要作用。

表 4-6 北京市奶业社团组织机构

序号	名称	业务主管单位	登记证号
1	北京市奶业协会	北京市农村工作委员会	0010029
2	北京市延庆区延庆镇奶牛养殖协会	延庆区延庆镇人民政府	1810104
3	北京市延庆区永宁镇奶牛联合会	延庆区永宁镇人民政府	1810127
4	北京市大兴区采育镇奶业产销协会	大兴区采育镇人民政府	1410118
5	北京市大兴区采育镇奶牛养殖协会	大兴区动物卫生监督管理局	1410084
6	北京市怀柔区怀北镇奶业协会	北京市怀柔区农业局	1610199
7	北京市怀柔区怀柔镇日兴奶业协会	北京市怀柔区农业局	1610185
8	北京市怀柔区杨宋镇奶业协会	北京市怀柔区农业局	1610068
9	北京市怀柔区奶业协会	北京市怀柔区农业局	1610053
10	平谷区刘家店镇奶牛养殖协会	北京市平谷区刘家店镇人民政府	1510090
11	北京市门头沟区奶牛协会	北京市门头沟区农业局	0910002

【政策法规】地方标准截至 2016 年年底，北京市制定与奶牛产业相关的地方标准共计 12 项，对推动本地区奶牛产业规范、健康、有序发展起到积极作用。

表 4-7 北京市奶牛产业地方标准

标准号	标准中文名称	实施日期
DB11/T 1332-2016	奶牛机械挤奶操作规范	2016/8/1
DB11/T 1021-2013	奶牛电子耳标技术规范	2014/2/1
DB11/T 902-2012	秸秆复合颗粒饲料制备及质量要求	2013/1/1
DB11/T 868-2012	生鲜乳贮运技术规范	2012/9/1
DB11/T 708-2010	生鲜乳收购站建设与管理技术规范	2010/8/1
DB11/T 631-2009	有机生鲜乳生产技术规范	2009/5/1
DB11/T 150.5-2007	奶牛饲养管理技术规范第五部分：卫生防疫	2007/12/1
DB11/T 425-2007	种奶牛场舍区、场区、缓冲区环境质量	2007/3/15
DB11/T 150.1-2002	奶牛饲养管理技术规范第一部分：育种	2002/4/1
DB11/T 150.2-2002	奶牛饲养管理技术规范第二部分：繁殖	2002/4/1
DB11/T 150.3-2002	奶牛饲养管理技术规范第三部分：饲养与饲料	2002/4/1
DB11/T 150.4-2002	奶牛饲养管理技术规范第四部分：卫生保健	2002/4/1

（北京市畜牧总站，任康）

天津市

【奶类生产】2016年天津市奶牛存栏数14.92万头（全部为荷斯坦牛），成母牛存栏数8.7万头。主要分布在天津市武清、宝坻、大港、静海、宁河、北辰、西青、东丽、汉沽等区（县）。

2016年全市生鲜乳总产量68.02万t，2016年成母牛年均单产7 820kg，奶业实现总产值22.65亿元，占畜牧业总产值的16.1%。

2016年奶牛存栏数呈现下降趋势。一方面，由于受到进口奶粉冲击和国内乳制品消费市场萎缩的影响，奶业形势严峻。乳制品加工企业面对奶制品终端销售市场低迷的形势，开始不同程度限量收购原料奶，原料奶价格下滑，倒奶、杀牛的现象时有发生，奶牛养殖效益下降，有些奶牛养殖场、特别是奶牛养殖小区出现亏损。另一方面，"健康中国 美丽乡村"建设工程的开展，促使国家连续出台环保政策，地方政府纷纷设置畜禽禁养区和限养区，畜禽养殖场粪污治理压力不断增大，导致奶牛养殖小区和养殖大户逐步退出或对牛群结构进行调整。与此同时，也出现了几个积极的变化：一是生鲜乳质量安全意识及管理得到明显加强，原料奶和乳制品质量明显提高；二是对奶业转型升级的必要性有了更加充分的认识，特别是养殖小区的牧场化改造、种草养畜，草畜结合以及优质牧草的种植与青贮利用等得到重视；三是奶牛规模化与标准化养殖进程明显加快；四是降低养殖成本、节本增效达成共识；五是奶业发展的政策环境得到进一步改善。

【乳品加工】截至2016年年底，全市乳品加工企业共计10家，其中本市乳企5家，分别是：天津海河乳业有限公司、天津华明乳业有限公司、天津津河乳业有限公司、天津中芬乳业有限公司、弗里生（天津）乳制品有限公司（原：子母乳业）；外埠企业5家，分别是：天津光明梦得乳品有限公司、天津完达山乳品有限公司、天津伊利乳品有限责任公司、蒙牛乳制品（天津）有限责任公司、天津三元乳业有限公司。

2016年乳品加工企业收购原奶量57.89万t，乳制品总产量45.14万t。乳制品种类包括巴氏杀菌乳、UHT奶、酸奶、乳酸饮料。

【市场消费】2016年上半年，生鲜乳市场乏力，下半年略有回暖。1~9月，生鲜乳市场延续了2015年的颓势，价格持续下降。9月底开始复苏。最高价为春节前3.79元，最低价出现在9月下旬3.43元。全年平均价格3.64元，同比下降4.19%。生鲜乳市场持续低迷主要原因：一是受进口奶源大量增加的冲击，加工企业压缩收购，造成交奶难，生鲜乳价格上涨乏力；二是消费档次升级，奶源更优质、生产条件管理更严格的进口液态奶受到了广大消费者的追捧；三是消费相对疲软。2016年底，鲜奶及奶制品价格基本触底并出现反弹。

【奶源基地】牧场化改造。2016年全市共有生鲜乳收购站127家（其中，103家正常运行，24家暂停营业），奶牛养殖场（区）共109个（养殖小区21个、独立牧场88个），其中：存栏规模300 ~ 500头的奶牛养殖场（区）23个，存栏规模500 ~ 1 000头的奶牛养殖场（区）49个，存栏规模1 000头以上的奶牛养殖场（区）32个。规模化牧场比例已达到80%以上，小区牧场化改造进程加快。全市共有102个养殖场（区）配备TMR、33个养殖场（区）配备奶牛用B超仪、68个养殖场（区）配备奶牛管理软件，奶牛养殖场（区）奶牛挤奶100%实现机械化。

现代畜牧业设施提升工程建设情况。2016年天津市继续组织实施畜牧业设施提升工程项目，建设奶牛精细养殖园区4个，建成的项目引入现代养殖理念，设施化水平大幅提升，养殖环境控制、自动饲喂、自动清粪等现代化设备及信息化管理技术得以应用，生产管理水平明显提高，对促进全市现代畜牧业发展起到示范引领作用。

现代都市型畜牧业标准化改造项目。2016年天津畜牧部门组织实施现代都市型畜牧业标准化改造项目，对6个规模奶牛场进行标准化改造提升，打造奶牛标准化示范场。

畜禽养殖标准化示范创建积极推进。根据农业部统一部署，2016年天津畜牧部门继续组织开展畜禽养殖标准化示范创建活动。按照《天津市畜禽养殖标准化示范创建活动实施方案》总体要求，组织各区积极动员、加强培训、严格验收。按照优中选优的原则，经过层层筛选，两家奶牛养殖企业被农业部评为"2016年畜禽养殖标准化示范场"。

DHI测定。2016年农业部下达天津市DHI测定项目经费175万元，由天津市奶牛发展中心承担。2016年完成2.5万头奶牛生产性能测定任务，参测牛场41个，成母牛DHI参测率约25%。

种畜产业建设。2016年天津畜牧部门帮助天津市梦得集团有限公司、奶牛发展中心及奥群牧业有限公司三家企业引种，引进荷斯坦奶牛1 500头、荷斯坦奶牛胚胎301枚。

饲草饲料。牧草种植情况。2016年为积极贯彻落实市委市政府"一减三增"农业结构调整工作安排部署，重点鼓励支持青贮玉米、苜蓿和燕麦等优质牧草规模化生产，积极推进天津市草牧一体化发展。一是借助国家"振兴奶业苜蓿发展行动"计划实施，全市累计推广实施高产优质苜蓿示范基地11家，其中种养一体基地4个，建设任务3 733.33hm²。2016年苜蓿实际留床面积3 066.67hm²（因受极端天气影响，全市苜蓿受灾面积800hm²），年产苜蓿青贮3.8万t、苜蓿干草4 960t，折合干草总计2.115万t，苜蓿青贮销售价格平均为550~800元/t，干草销售价格平均为1 700元/t。2016年全市进口苜蓿干草2.9万t，进口平均价格为2 435元/t，苜蓿产品自给率达到45%，全市奶牛成母牛饲喂苜蓿比例达到85%。全市苜蓿产品粗蛋白含量平均值为18.86%、相对饲喂价值135%。二是全市燕麦种植面积600hm^2，生产青贮1.2万t、干草400t，燕麦青贮销售价格500~550元/t；玉米青贮收贮面积1.8万，其中青贮专用玉米种植面积2 066.67hm^2，全年青贮玉米收贮总量66万t，平均亩产2.4t，到场原料价格320~380元/t。

草业生产现代农机装备配套情况。2016年市财政安排高产优质苜蓿示范建设项目配套扶持资金1 760万元，用于组织实施草牧业一体化发展关键设施设备提升建设项目，项目实施单位16家，建设苜蓿青贮窖5.3万m^3、购置牧草青贮收获设备3台（套）、购置粪污循环利用设备1台（套）。截至2016年年底全市用于苜蓿、青贮玉米生产专用农机械装备（割草机、搂草机、打捆机、青贮收割机）数量达到135台（套），其中克拉斯、迪尔等进口先进牧草青贮收获设备数量达到25台（套），2016年克拉斯等进口青贮收割机作业面积达到8 000hm^2，占全市青贮玉米收割面积43%，显著提升了全市奶牛青贮饲料收获效率和质量水平。

疫病防控情况。2016年开展人畜共患病防控。实施布鲁氏菌病综合防治措施，对奶牛进行全面免疫。组织开展奶牛结核病检测，检测奶牛3.05万头，检出并处理阳性牛1头，奶牛结核病继续保持净化标准。区县动物卫生监督机构继续开展奶牛养殖场动物防疫监管，逐场落实监管责任人，落实监管责任。继续实施规模养殖场动物卫生风险评估，根据风险等级实施分类监管。严格奶牛调运检疫和监管，严格跨省调运审批。

粪污处理方式。天津市政府自2013年启动“美丽·天津一号工程”，近年来全面开展了养殖场粪污治理工作。根据环保部推荐的粪污治理模式并结合本市实际，天津市粪污处理方式主要采取种养一体模式为本市优先支持的模式。主要是采用“三改－两分－再利用”技术，实现养殖场粪污减量化、资源化、无害化。三改即：改水冲清粪为干清粪、改无限用水为控制用水、改明沟排污为暗道排污；两分即：固液分离、雨污分离；再利用即：畜禽粪便经过高温堆肥无害化处理后农业利用，养殖污水经过厌氧发酵、有氧曝气和膜处理后成为中水循环利用或在有条件地区经无害化处理后以肥水进行农田灌溉。

技术培训。2016年奶牛养殖技术培训方面坚持“请进来”与“走出去”双结合的原则，2016年针对农民在奶牛养殖、牧草种植等方面的新技术、新知识和实际生产中遇到的问题和需要等方面开展了系统的培训工作。一是多次聘请行业知名专家到天津市为奶业管理及从业人员开展技术培训、主题沙龙等活动。组织行业从业人员外出参加行业大会，技术研讨交流等系列活动。二是创新培训模式，引进先进技术。充分运用“互联网+”的新思维、新理念，联合荷斯坦卫星大讲堂应用卫星互联网直播系统，首次开展“互联网＋奶业”远程技术培训，为推动奶业提质增效和产业转型升级，种养一体化发展起到了积极作用。

2016年共开展奶牛养殖、牧草种植技术培训7期，累计培训从业人员940人次；组织参加行业技术发展研讨交流8次，累计参加技术人员160人次。共计受益从业人1 100人次。

【政策法规】2016年继续实施的国家补贴政策：奶牛良种补贴政策、奶牛标准化规模养殖场改造补贴政策、奶牛生产性能测定补贴政策等。

区县级补贴政策：天津市武清区在奶牛良种补贴方面实行了“双补政策”，既每支奶牛冷冻精液在国家补贴15元的基础上，区里再补贴25元。

【质量监管】生鲜乳质量安全监管工作始终保持高压态势，已成为常态化、常规化工作。2016年在完成常态监管的基础上，天津市生鲜乳质量安全监管部门从生鲜乳质量安全的薄弱点、风险点入手，进一步加强了监管工作。一是强化区县畜牧兽医管理部门的监管责任，要求各区县针对生鲜乳“违禁添加物”（三聚氰胺、革皮水解物、黄曲霉毒素、β－内酰胺酶、硫氰酸钠、碱类物质六项）。二是开展了“重点监管、专题监管”，即将在日常监管任务中发现存在安全隐患的生鲜乳收购站作为重点检查对象，进行全面检查、不定期检查、重点项抽查等工作，督促其整改到位，确保监管工作切实有效。三是加强生鲜乳监督抽检，按照年初抽检计划要求，每月抽检一次，每季度全覆盖。2016年抽检合格率达到了100%。四是生鲜乳质量安全监管更加规范化。为保证监督执法人员在实施生鲜乳质量安全监管工作中更加规范标准的工作，2016年天津市奶业发展服务中心统一定制了防护用品（一次性防护服、手套、鞋套、多次用防护服）以及生鲜乳抽样留样瓶。五是启动“天津市生鲜乳运输车监管信息系统”，项目设计以全市115辆生鲜乳运输车为载体，安装北斗定位系统及视频采集系统，同时对车辆行驶路线、进奶口、出奶口进行监管，确保生鲜乳运输环节质量安全。2016年完成一期工程，安装了44部生鲜乳运输车。

【奶业大事】2016年，天津市奶牛科技帮扶工作全面开展，武清、北辰、静海和嘉立荷牧业集团四个科技帮扶团队，在首席特派员和骨干科技特派员的带领下，对全市奶牛进村入户，深入基层调研，精准扶贫施策，在奶牛饲养管理、奶牛品种繁育、奶牛疾病防控、牛奶质量提升、环境保护监控等方面给予精心指导，顶住了市场下行和环境压力，取得了较好效果。

2016年，天津嘉立荷集团改组成功，畜牧公司奶牛养殖实行了专业化管理和流程化作业，畜牧公司技术部将饲养管理、繁殖育种、挤奶操作、粪污处理、乳房炎防治进行专业化分工，年初制订计划，将任务分配到每个季度甚至每个月，技术人员逐月深入基层，或交流指导工作，或现场解决问题，或进行评比考核，把标准化、精细化养殖落到实处。海河乳品公司在提高乳制品生产水平的同时，正在酝酿实施搬迁扩容工程；技术服务公司完成了利用基因组选育技术培育顶级公牛的科研课题，并努力开展全市2.5万头奶牛的DHI测试、系谱服务和奶牛品种改良工作。

2016年下半年，天津市奶牛产业技术创新团队组建成功，启动了天津市奶牛产业技术体系项目，实现了京津冀奶业协同发展，和国家奶牛产业技术体系进行了很好对接。天津奶牛产业技术体系，执行期三年（2016—2018）。2016年总体任务是开展系统产业调研，摸清家底，进行产业现状分析，与国际、国内先进水平比较，找出问题，提出天津奶牛产业技术体系发展规划和3年工作计划；落实创新团队组织建设；组织岗位专家及其带领的团队对行业关键共性问题进行技术集成研究。体系总体目标和重点任务是进行“奶牛种质提升技术研究与遗传改进技术集成应用”“奶牛精细养殖关键技术研究与先进技术集成应用”和“牧场环境治理技术集成与奶牛健康保障技术研究与示范”3个创新研究，形成解决方案，并进行全覆盖推广应用；提出天津奶牛养殖产业技术、经济对策建议，开展产业重大共性技术集成、关键技术突破创新研究工作，逐步解决产业发展中存在的技术难题。最终形成一支产业技术创新团队，创建一个长效工作机制。

2016年，天津农学院动物科学与医学学院张学炜教授带领团队和加拿大萨斯喀彻温大学农业与生物资源学院俞培强教授继续合作，完成了国产苜蓿和进口苜蓿应用价值的系统评估；与此同时申请到加拿大油菜协会的合作项目：Development of Pellet Products Based on Combination of Canola Meal, Pea/Lentil Screenings and Lignosulfonate Compound to Optimize Nutrient Supply for Dairy Cattle for both Domestic and International Markets。对加拿大双低菜粕作为奶牛饲料的营养价值进行了初步评定，并与加拿大农业部科技司、天津海关动植物检疫局技术检测中心等单位合作，对双低菜粕进行了硫氰酸盐和芥酸等指标的安全监测，目的是为企业降本增效，寻找廉价蛋白资源做基础准备。

2016年，由天津农学院赵辉教授和张学炜教授合作主持的天津市农业新技术引进项目“加拿大奶牛饲料评价及牧场管理关键技术引进与推广”完成。在系统引进消化吸收加拿大奶牛饲料营养评价技术的同时，还为示范奶牛场天津神驰牧业有限公司引进安装了奶牛繁殖监控系统软件SCR，为天津惠泽有限公司引进安装了TMR精准饲喂监控系统软件FeedWatch。同时针对天津神驰牧业有限公司的种养结合－粪污发酵－还田利用模式，天津嘉立荷牧业固液分离－牛粪制作牛床垫料、污水制作沼气发电综合利用模式，天津海林养殖场以色列通铺牛舍－污水养鱼、牛粪堆肥模式，进行了系统比较和总结。形成了天津市奶牛饲料评价及牧场管理关键技术的有机整合。这项技术成果在天津原有技术体系基础上又上了一个新台阶。

2016年，由天津市奶业技术服务中心主持承担的《奶牛养殖提质增效技术集成示范与推广》项目获得全国农牧渔业丰收奖、农业技术推广成果奖一等奖。技术的组织实施对天津市乃至全国的奶牛养殖技术提升、推广起到示范带动作用。

（天津市奶业发展服务中心，罗杰；天津市农学院，张学炜）

河 北 省

【奶畜养殖】2016年河北省奶牛存栏180.6万头，牛奶产量440.5万t，同比分别下降8%和6.9%，均居全国第二位。石家庄、唐山、张家口、保定四大奶业优势区域，奶牛存栏、奶类产量均占全省总量的70%以上，黑龙港流域土地和饲草饲料资源丰富，奶业发展潜力较大，已经成为河北省奶业发展新的增长极。

【乳品加工】河北省现有乳制品加工企业42家，隶属于伊利集团的有4家、蒙牛集团7家、三元集团3家、君乐宝公司9家，日处理生鲜乳能力合计约1.5万t。2016年，全省乳制品产量371万t，同比增长2.74%，其中液体乳361万t，同比增长2.52%，乳制品产量和液体乳产量均居全国第一位；乳粉5.06万t，同比增长17.44%，居全国第五位。

乳粉业是河北省奶业发展的重点，全省共有乳粉加工企业15家，其中取得婴幼儿乳粉生产资质的有6家。2016年，河北省乳粉产能达到20万t，其中婴幼儿配方乳粉产能达到15.5万t，提前一年完成省政府确定的任务目标。君乐宝婴幼儿乳粉获得全球首家国际食品安全标准(BRC)A+顶级认证，2016年8月，经香港的严格检测和审查，在香港成功上市销售。

【奶源基地】河北省奶牛存栏100头以上规模养殖率为100%，其中300头以上奶牛养殖场（区）存栏比例为98%，奶牛标准化规模养殖处于全国领先水平。河北省共有奶牛养殖场（区）1 263个，其中奶牛规模养殖场1 037个，奶牛小区226个，规模养殖场比例为82%，全省泌乳牛平均单产达到7t。

【质量监管】河北省实行生鲜乳质量定期分级抽检联动制度，省级对所有生鲜乳收购站每年抽检1次，市级对辖区内所有生鲜乳收购站每半年抽检1次，县级每季度抽检1次，省、市、县每年联合对生鲜乳收购站、运输车辆进行1次全覆盖现场检查。河北省初步建立“河北省生鲜乳监管日报告平台”，乳企通过平台每日报送生鲜乳收购数量及检测结果。河北省建立6个市级、46个县级生鲜乳收购站网络视频监管平台，实现生鲜乳收购站、乳企和市、县农牧主管部门之间的互联互通、实时监控，网络化视频监管覆盖生鲜乳收购站比例达到66%。

河北省42家乳制品企业已全部安装使用了乳制品预警系统，通过分析研判乳制品生产信息和检验结果大数据形成风险预警通报，监管部门第一时间进行现场排查和处理，实现风险预警与处置无缝衔接，加强了乳制品安全风险监测和防控。同时，还能使乳制品企业了解全省和周边乳业质量安全整体状况，为企业加强内部管理，发现问题和不足提供参考数据。

【省级价格协调机制】由河北省畜牧兽医局、河北省奶业协会、河北省奶源管理办公室、河北省畜牧兽医研究所、河北省畜牧业监测预警服务中心、蒙牛、伊利、君乐宝、河北三元等部分乳企和养殖场（区）相关人员及代表组成的河北省生鲜乳价格协调委员会，召开了四次生鲜乳价格协调会，公布了2016年第二、第三、第四季度和2017年第一季度生鲜乳参考价格，并及时在相关媒体进行发布，维护河北省生鲜乳收购秩序。

【奶业大事】8月26日，2016中国奶业20强（D20）峰会暨奶业振兴大会在石家庄开幕，会议的主题是“推进供给侧结构性改革 提升中国奶业竞争力”。河北省委书记、省人大常委会主任赵克志出席，农业部部长韩长赋发表主旨演讲，河北省省长张庆伟致辞。河北省政府和农业部、工业和信息化部、国家质量监督检验检疫总局、国家食品药品监督管理总局签署了《共建奶业振兴示范省战略合作协议》，全面提升河北奶业竞争力，率先建成全国现代奶业示范省，树立奶业振兴样板，为探索我国奶业振兴之路提供了借鉴经验。

（河北省畜牧兽医局，李保生；河北省奶业协会，李贺峰）

石家庄市

【奶畜养殖】2016年石家庄市奶牛存栏33.92万头，奶产量110.47万t，比2015年存栏减少3.26万头，奶产量减少5.93万t。品种主要是中国荷斯坦牛，年均单产为7t，最高单产为12t，比2008年提高40%。围绕建设奶业强市，实施龙头带动，突出优质奶源基地建设，重点巩固壮大行唐、灵寿、新乐、晋州、无极为重点的北部奶业产业带，加快行唐奶牛标准化规模养殖示范区建设。限制藁城、栾城、鹿泉、正定（三区一县）及主城区周边生产区，引导养殖场转产或搬迁。

【奶源基地】全市有228个奶牛养殖场（区），其中牧场216个，养殖小区12个，规模化养殖达到95%。奶站全部实现了管道式机械化挤奶，全部安装视频网络监控系统，有90%以上的奶牛养殖场（区）使用全混合日粮饲养、奶牛卧床、冷风机和自动饮水等先进技术，100%奶牛场建有粪污处理设施。2016年，全市共有25家奶牛养殖场进行了乳粉用标准化奶牛养殖场改造，利用省、市乳粉业项目资金3.83亿元，300头以上奶牛场达到218家，占比达到90.5%。积极推进“粮改饲”试点项目建设，鼓励种植全株玉米和苜蓿，全市共种植全株玉米6.07万hm^2，228家奶牛养殖场、49个肉牛场、26个肉羊场饲喂了全株青贮玉米，增收5 200万元。

河北省种畜禽质量监测站DHI（奶牛生产性能测定）中心石家庄市分中心挂牌，充分利用生产性能测定数据指导生产，2016年完成了40万支奶牛冻精质量监测和配送任务，实现奶牛胚胎移植7 500枚，全市参加省市奶牛生产性能测定奶牛场达到111家，占全省参测数量的35%，有效提高了全市奶牛的生产水平。

积极推动乳品企业自建牧场建设。君乐宝已建成存栏2 000头的乐源牧业行唐牧场、存栏5 000头的乐源牧业优致牧场。君乐宝优致牧场位于河北省石家庄市鹿泉区，是集奶牛养殖、奶业科普、休闲旅游于一体的大型现代农业观光牧场，被评为国家4A级旅游景区，涵盖奶业全产业链的特色游览观光项目，已成为知名休闲旅游地，2016年免费接待游客60余万人次。目前，正在建设的石家庄君盛牧业有限公司位于行唐县北河乡安家峪村西南，项目占地35.93hm^2，设计存栏5 000头。投资1.1亿元，投产后年产生鲜乳约30 000t。河北三元合同牧场——中元牧业有限公司项目总投资15亿元，共分二期建设，5年内完工。一期项目投资5亿元，包括1.6万头奶牛养殖场、1 000hm^2牧草种植等。目前正在建设中。

【奶站管理】全市228家奶站全部取得了生鲜乳收购许可证，全部与乳品加工企业签订了生鲜乳收购合同，安装了视频监控网络系统，实现了市县畜牧部门在生鲜乳的生产收购、储存运输各环节的全程实时监管；奶站和奶牛养殖场（区）实行一体化建设，通过奶站专项整治和规范化管理，加强奶站监管，落实奶站监管的“十项制度和一项技术操作规程”。强化奶站质量安全责任人意识，健全监管工作台账，完善各项档案记录，确保生鲜乳各监管环节的衔接；加强生鲜乳质量安全检测，先后接受农业部、省抽样5次，市级风险抽样10次，累计抽检奶站和生鲜乳运输车奶样720批次，检测结果全部合格，坚持每月开展一次生鲜乳质量安全风险评估，查找质量安全风险点和安全隐患，有效保证全市生鲜乳质量安全。加大执法检查力度，始终保持奶站监管的高压态势，严厉打击非法收购运输“黑窝点”、无证和超范围收购、一证多用套用等违法行为，突出抓反面典型，震慑不法分子，确保生鲜乳质量安全。

【鲜奶价格】石家庄市收购生鲜乳的大型乳品生产企业主要有6家（蒙牛、伊利、君乐宝、河北三元、光明、石家庄明旺）。2016年，石家庄和全国一样，收购市场持续低迷，收购价格一直在低位运行，六家乳品企业都不同程度出现限量收购现象。据监测，1~12月份，奶站每千克鲜奶的收购均价分别是：3.56元、3.55元、3.52元、3.47元、3.43元、3.36元、3.37元、3.37元、3.42元、3.48元、3.60元、3.65元。奶农的平均结算价格是3.13元、3.11元、3.08元、3.05元、3.07元、2.98元、3.00元、3.01元、3.01元、3.01元、3.04元、3.00元。年均价格奶站3.48元，奶农3.04元。生鲜乳的成本平均在3.00元左右，奶牛养殖处于微利甚至亏本状态。

【乳品加工】石家庄市奶类加工企业有六家，其中石家庄君乐宝乳业有限公司、河北三元食品有限公司和石家庄明旺乳业有限公司是石家庄三家最大的乳品加工企业，年销售收入667 891万元，利税62 717万元，年设计加工能力773 528t，实际加工能力760 037t，从业人员5 546人。君乐宝乳业成立于1995年，集产、销、研于一体。拥有全国规模最大、设备自动化程度最高的单体酸牛奶生产车间，是华北乳业第一品牌，系列酸牛奶、活性乳酸菌饮料市场占有率均居全国第四位，产品曾荣获中国十大酸奶品牌，中国驰名商标等。2013年，依靠国家政策利好国产奶粉和省市政府的大力支持，君乐宝高标准进军婴幼儿配方奶粉市场，2014年君乐宝婴幼儿奶粉正式上市，2016年销售收入达12亿元，全国排名第四位，2016年新建君源乳粉厂，加工能力3.5万t。河北三元乳业有限公司主要生产UHT奶、酸奶、婴幼儿奶粉，年总产值13.7亿元，婴幼儿乳粉销售额达8.2亿元。石家庄明旺乳业有限公司是台湾旺旺集团在河北省建的第一家乳品生产企业，位于石家庄市行唐县上方乡，主要产品UHT液态奶、炼乳、果蔬饮料、植物蛋白饮料等，年销售额53 038万元。

【奶农组织】石家庄市奶业协会于2005年5月成立，是由石家庄市所辖区内的乳品企业、奶牛养殖场（小区）、奶农及牧业机械、兽药饲料、奶业科研以及相关业务单位自愿组成的具有法人资格的非营利性行业组织，有单位会员12家，个人会员186名。主要职责是建立完善行业自律机制，规范行业行为，督促会员依法经营，维护行业内公平竞争；组织行业培训、技术交流、科技攻关与科技成果推广，开展行业调查，制定、修改行业检测标准和质量规范，维护会员合法权益等。石家庄奶业协会每季度召开一次生鲜乳价格协调会，重点是研判当前奶业形势，调解供需矛盾，通报上季度的参考价格的执行情况，议定下季度的参考价格。

行唐县奶业协会是石家庄市唯一一家县级奶业协会，成立于2011年，有会员115名，奶站84家，按每家奶站生鲜乳收购量分级收取相应会费，运行五年来在稳定奶源市场、平议奶价、保护奶农利益等方面发挥着重要作用。

【政策法规】《河北省人民政府关于加快全省乳粉业发展的意见》（冀政〔2013〕57号）和石家庄人民政府《关于加快全市乳粉业发展的实施意见》，推进生产乳粉用奶牛场建设。由市财政局、市畜牧水产局联合制发《石家庄市乳粉产业专项资金管理办法》，制定了养殖场标准化改造补贴资金和使用方案。

【疫病防治】2016年没有重大疫情发生。大部分奶牛养殖场（区）在畜牧兽医部门指导下，由驻场兽医进行常规的程序免疫和消毒，开展春秋两季口蹄疫免疫检测和奶牛结核病、布病的防检疫和净化，2016年已全部完成奶牛场自检和抽检任务，未检出阳性奶牛。目前，奶牛场的常规疾病仍以乳房炎、消化不良、酸中毒和肢蹄病等常见病为主。近年来，由于大力推进乳粉用标准化奶牛养殖场建设，奶牛饲养管理水平和养殖理念已明显提高，绝大多奶牛养殖场区都能做到“以防为主、防重于治”，对常见多发病能做到“早发现，早治疗”。部分奶牛场在收购量紧缩的情况下，为降低养殖成本，直接淘汰病牛。坚持每月开展养殖场兽药风险评估抽样工作，实施风险预警，加大对兽药饲料养殖环节投入品的监管，做到兽药使用可追溯，确保了奶牛养殖环节的用药安全。

2016年奶牛保险政策上实现了新突破，按照2016年市农牧局信贷保险支持畜牧业发展项目的建设要求，多次与保险公司协调调度，奶牛保险赔偿标准由5 600元上调为8 500元，截至12月底，全市共投保牲畜198.6万头，比上年同期增长46%。

【奶业大事】8月26日，中国奶业20强（D20）峰会暨奶业振兴大会在石家庄市隆重召开，国家12个部委领导，各省（自治区、直辖市）农牧部门，中国奶业20强企业，各相关企业、媒体，河北省、石家庄市有关部门及县（市、区）等，共计800人参加会议。省市领导出席了峰会。与会代表参观了奶业发展成就展和君乐宝公司，韩长赋部长发表主旨演讲，会议签署发布了《中国奶业振兴宣言》，农业部等四部委与河北省签订了部省共建奶业振兴示范省战略合作协议。此次奶业盛会是中国奶业振兴的誓师大会，具有标志性意义，国内各大媒体进行了实时报道，在国内外产生了巨大的影响。邢国辉书记等领导对石家庄市成功举办峰会予以充分肯定，市委办公厅、市政府办公厅给予了通报表扬。

（石家庄市农业畜牧局，
席立朋、杜凤国、陈素梅、李亚敏）

唐山市

【奶畜养殖】唐山市自然地理条件优越，气候温和，四季分明，日照充足，雨量丰沛，是著名的玉米种植带，饲草饲料及作物秸秆资源丰富，为发展奶牛养殖提供了有利条件。唐山市交通便捷，毗邻京津、背靠三北，区位优势十分明显，发展奶业市场条件得天独厚。因此，唐山市在加快建设现代畜牧业发展的同时，提出了打造全国最大的绿色、安全牛奶生产基地的发展思路，全力推动奶业发展，主要生产指标连续多年保持快速增长，并形成了汇集蒙牛、伊利、三元等国内外多家知名品牌的乳品加工企业集群。

唐山市是全国农区养奶牛最多的区域，截至2016年年底，全市奶牛存栏42万头，2016年鲜奶产量175万t，成年母牛年平均单产已达7.2t（2013年年底奶牛平均单产为5.9t）。全市奶业已形成以丰润、滦南、滦县、丰南、迁安、开平、汉沽、乐亭等县区为重点的优势产业带，在这个区域内，奶牛养殖量、鲜奶产量均占全市总量的80%以上，其中芦台天成奶牛场是河北省奶牛平均单产最高的奶牛养殖场，该场全群平均单产可达11t以上（经省奶牛DHI中心测定后评定）。同时，近几年涌现了滦县首农新绿洲现代牧场有限公司、恒天然（玉田）牧场有限公司等一批优质高产牧场。

【乳品加工】唐山市辖区内有五家乳品加工企业，位于丰润区的蒙牛乳业（唐山）有限责任公司，其拥有9条TBA/22型无菌灌装生产线、2条TBA/22型无菌灌装生产线、3条TBA19/125S生产线、1条A3-200S生产线、1条TBA8/1000B生产线、1条A3-250高速利乐钻生产线、1条A3SPEED-125生产线，主要生产液体奶系列，包括生鲜乳、乳饮料和儿童奶系列。位于滦南县的蒙牛乳业（滦南）有限责任公司，其拥有世界最先进的无菌灌装机制造商瑞典利乐公司提供的生产线26条（其中22型机2条、TFA3型机6条和百利包生产线15条、康美包3条），同时，可以生产纯牛奶、花色奶、乳饮料三个不同品种的产品。位于汉沽管理区的唐山市三元食品有限公司，其主导产品为奶粉和液体奶，生产许可证核定产品范围为乳制品［液体乳（调制乳、灭菌乳）、乳粉（全脂乳粉）］。位于迁安市的迁安三元食品有限公司，主要生产设备有具有世界先进水平的瑞典利乐－拉伐公司生产的管式超高温灭菌机3套、500利乐枕无菌包装机2台、百利包包装机4台、超高温液态奶生产线6条及为调剂奶源余缺而建设的奶粉生产线1套、百利包无菌灌装生产线2条、利乐公司A3柔性利乐砖高速包装设备1套及附属设施。公司主要生产的产品有超高温灭菌乳及含乳饮料。产品品种主要有：纯牛奶、早餐奶、巧克力牛奶等调制乳及纤果汇乳饮料。位于滦县的滦县伊利乳业有限责任公司，一期项目共有灌装生产线19条，生产品种包括纯牛奶、营养舒化奶、优酸乳等，二期项目采用瑞典、德国等国际先进生产技术和设备，主要生产金典奶、营养舒化奶、QQ星儿童奶、学生奶等伊利高端系列产品。

【市场消费】2016年，受国内外形势影响，鲜奶销售不畅，收购价格持续走低，奶牛存栏数量有所下降。生鲜乳收购价格规模场在3.8元/kg左右，小区在3.4元/kg左右。随着奶牛养殖收益的明显下降，部分奶农选择淘汰低产奶牛来降低养殖成本，实在经营不下去的养殖小区则选择主动停产关闭。原因主要有以下几点：

一是近两年来，进口低价乳制品冲击与消费增长放缓是当前奶业发展面临的主要挑战，受其影响，国内乳品企业在进口低价原料奶同时，对国内奶牛场通过降低收购价格、不定期限收等手段进行调控，致使部分养殖场处于微利或亏损状态，严重影响了奶牛养殖的积极性。

二是奶业利益联结机制不健全。乳品加工企业、规模奶牛养殖场、饲料饲草种植农民专业合作社利益联结机制尚未形成，特别是乳品加工企业和规模奶牛养殖场利益联结机制不健全，造成奶源紧张情况时，乳品加工企业争抢奶源，供大于求时，出现限收、拒收现象，影响奶业健康持续发展。

三是奶业发展受融资、环保等多重因素制约。奶业发展从婴幼儿奶粉事件到现在，经历了由散养模式到小区化饲养再到牧场化转变的渐进式发展历程。伴随着快速发展，也出现了一些现实问题，部分奶牛规模场（区）距村庄较近，由于环保因素及禁养区、限养区划定制约，这部分奶牛养殖场很难享受国家现行补贴政策，奶牛场融资困难，自身生存问题面临挑战。

四是国内消费者对国产乳制品缺乏信任。2008年至今，中国乳业已发生很大变化，牛奶的乳蛋白率、体细胞数等多项指标都达到或超过了国际标准，中国已经能够提供高品质、安全性高的原料奶，但国内消费者对国产乳品信任始终难以恢复，在选购乳制品时往往青睐进口产品。

【奶源基地】唐山市290个奶牛养殖场（区）（规模场175个、养殖小区15个）全部实现了规模养殖，100%实现机械化挤奶。276个奶牛场（区）实施TMR饲喂，占养殖场（区）总数的95%以上。120个奶牛场（区）采用奶牛卧床技术，占养殖场（区）总数的40%以上。90%以上的奶牛养殖小区实现向牧场转变。

为进一步加强奶源基地建设，唐山市积极创新奶牛小区养殖方式，由实物合作向资本合作转变，鼓励奶牛小区通过买断、控股、入股等方式，实现标准化统一饲养，引导暂不具备转型条件的小区采取“四统二分”的模式，改变“集中式散养”的状况。所有奶牛养殖场（区）要比照生产乳粉用标准化奶牛场的要求，配备全混合日粮饲喂机械、奶牛卧床、牛舍冷风机、粪污无害化处理设施，防疫条件和动物无害化处理设施达到标准要求。大力发展苜蓿和全株玉米种植，建立稳固的奶牛专用优质饲草基地。加强奶牛口蹄疫、布病、结核病等重大动物疫病防控，落实各项保障措施，提升奶源基地建设水平。鼓励和引导乳品加工企业通过自建、收购、控股等式，与奶牛场建立不同形式的利益联结机制，吸收奶牛养殖场（区）成为乳品加工企业自有奶源基地，建立产业利益联盟，实现一体化经营。鼓励乳品加工企业根据企业经营状况和奶牛养殖的成本状况，进行合理利润返还，培育忠诚客户，建立稳定和谐的产销关系。

【奶农组织】奶业涉及原奶生产、乳品加工、乳品销售和进出口等乳业链条各环节，生产过程中随机因素多。所以，除了加强政府及其主管部门的协调机制外，还必须辅之以行业组织的自律、监督、协调等手段。唐山市及各县区奶业协会自主地开展有益于加强行业管理的各类活动，发挥行业协会协调、服务、维权、自律的功能，强化行业管理、规范行业秩序、提供社会化服务，对唐山市的乳业发展起到了辅助推动作用。

配合唐山市农牧局和河北省奶牛产业技术体系冀东综合试验推广站，大力推进先进养殖技术及设备的应用，为养殖户搭建技术平台。一是做好技术培训工作。先后参与组织“奶牛育种技术培训”“牛精液质量检测技术培训”“奶牛DHI测定工作采样、保管运输”等技术培训会和座谈会6次，培训技术人员400余人次。

二是参与组织“牛精液质量检测技术大比武”活动。锻炼和培养出一支管理业务精湛、操作技术强、整体素质高的专业技术队伍。三是大力推广 DHI 测定技术。2016 年新增参测场 6 个，参测泌乳牛 2 190 头，唐山市农牧局被评为 2016 年度河北省奶牛生产性能测定工作先进单位。四是总结推广典型经验。参与总结撰写芦台天成奶牛养殖场典型经验，被《中国畜牧业》刊发。五是广泛交流学习。积极参加“第七届中国奶业大会”“首届环渤海奶业发展大会”“第十七届光明荷斯坦牧业论坛”等会议，学习先进技术、开阔视野。

【质量监管】质量安全监控检测体系是乳品质量安全的重要保障。一是在养殖环节加大新技术引进力度，特别加强奶牛疫病监测、饲养环境监控、牛奶品质检测、饲草饲料等投入品的监测，确保原料奶质量安全。二是加强对生鲜乳的日常监测，尤其是加大对随意变更交奶企业的奶站的抽检力度，防止在交奶变更过程中发生掺杂使假等影响奶源质量事件，确保生鲜乳质量安全。三是在乳品加工环节加强原料奶进厂检测和出厂质量检验，严把产品出厂关，决不允许问题产品流向市场。四是加大乳制品流通环节质量监管力度，严格监督乳制品经营者，切实履行索票索证和进货合账制度，严厉打击经销假冒伪劣乳制品的违法行为，切实维护乳制品市场消费安全。

【奶站管理】2016 年年底唐山市共有奶站 280 个，全部发放了《生鲜乳收购许可证》和《生鲜乳准运证明》。全部奶站六项制度齐全，各项记录完备，挤奶、冷却、储藏、运输设施符合规定要求，且全部采用了封闭式管道挤奶方式，鲜奶运输执行“两证一单”制度。加强对奶站的监督管理，完善原料奶价格形成机制，定期发布收购指导价格使原料奶定价公平合理、有据可依。完善生鲜乳购销机制，乳粉企业与配套奶站签订和执行购销合同，加强企业自律，维护正常的生鲜乳收购秩序，严厉打击收购散奶、降低收奶标准、抢奶等不正当竞争行为。对不履行合同规定随意变更交奶企业的奶站和蓄意扰乱收购秩序的乳品企业，采取媒体通报、取消申请国家扶持项目资格、加强质量安全监管、列入黑名单等措施加以惩罚。乳粉企业对合同奶站全程监督，保证生鲜乳质量。加快建设奶站视频网络监控系统和生鲜乳运输车辆 GPS 定位系统，实现生鲜乳生产、运输环节的全程信息化监管。

（唐山市农牧局畜牧处，杨建兴）

山西省

【奶畜养殖】据畜牧部门统计，2016 年山西省奶牛存栏 44.61 万头，同比增长 2.08%。品种全部为荷斯坦牛，主要分布于山西省的北部和中部地区，包括朔州、大同、忻州、晋中、太原 5 市，其奶牛存栏 40.32 万头，占全省存栏总量的 90.38%。奶牛存栏 3 000 头以上的县（市、区）24 个，包括小店区、尖草坪区、清徐县、南郊区、新荣区、阳高县、天镇县、广灵县、浑源县、大同县、朔城区、平鲁区、山阴县、应县、右玉县、怀仁县、榆次区、太谷县、祁县、平遥县、忻府区、定襄县、繁峙县、翼城县，奶牛存栏数为 38.14 万头，占总存栏数的 85.50%。

2016 年，全省奶山羊存栏 16.45 万只，比上年同期上涨 15.67%。主要品种为洪洞奶山羊。奶山羊主要分布于大同、晋中、临汾、运城 4 市，存栏 16.11 万只，占全省存栏总数的 97.93%。奶山羊存栏 2 000 只以上的有 17 个县（市、区），包括阳高县、广灵县、灵丘县、浑源县、寿阳县、祁县、平遥县、临猗县、万荣县、夏县、芮城县、河津市、尧都区、曲沃县、洪洞县、乡宁县、霍州市，共存栏 14.75 万只，占全省存栏总数的 89.67%。

2016 年，山西省奶类总产量达到 137.72 万 t，同比增长 2.95%，其中牛奶产量 135.34 万 t，同比增长 2.87%；羊奶产量 2.38 万 t，同比增长 7.82%。朔州市牛奶类产量达到 55.10 万 t，占全省牛奶产量的 40.71%。

截至 2016 年 12 月，全省运营的生鲜乳收购站 339 个，其中乳品企业开办 16 个，奶畜养殖场开办 114 个，奶农合作社开办 209 个，山西省除阳泉市外的其他 10 个市均分布生鲜乳收购站。全省共有生鲜乳运输车 177 辆。

【乳品加工】2016 年，全省乳制品生产企业共 16 个，涉及 7 个市，分别为太原市 4 个、大同市 2 个、晋中市 2 个、朔州市 5 个、晋城市 1 个、长治市 1 个、阳泉市 1 个。

全省乳制品种类包括巴氏杀菌乳、UHT 奶、奶粉和酸奶。其中，中小型乳制品加工企业主要生产巴氏杀菌乳，部分企业还生产酸奶和乳饮料。

【市场消费】2016 年，原料奶收购价 3.63 元 /kg，环比上涨 2.3 %，同比下降 5.96 %。全省生鲜乳收购价平均为 3.19 元 /kg，平均交售价格为 3.47 元 /kg，分别比 2015 年减少 0.04 元 /kg 和 0.33 元 /kg。

山西市场销售乳制品的品牌主要为本土品牌古城和外来品牌伊利、蒙牛、夏进、君乐宝、现代牧业等；巴氏杀菌乳主要有入户、商超和奶吧三种销售形式，平均价格为 15 元 /kg，市场消费量呈逐渐增大的趋势。

【奶源基地】省外乳品企业在晋组建的公司没有开展奶源基地建设，山西省的多数乳品企业自建有部分奶源基地，如古城乳业集团、大同市牧同乳业有限公司、太原九牛牧业、阳曲县瑞美乳业、长治市牧村乳业、长治市九牛寨乳业等，山西维尔生物乳制品公司有参股奶牛养殖基地。

2016 年年底，山西省饲养 100 头以上奶牛的规模养殖（场）户存栏奶牛 25.94 万头，规模养殖比重为

58.15%。全省不同规模奶牛养殖场户、奶牛存栏、牛奶产量情况分别为：存栏1~19头的有3.14万户，存栏13.85万头，产奶量40.88万t；存栏20~49头的有923个场户，存栏2.83万头，产奶量9.06万t；存栏50~99头的有277个场户，存栏1.99万头，产奶量5.84万t；存栏100~199头的有100个场户，存栏1.48万头，产奶4.91万t；存栏200~499头的有224个场户，存栏8.54万头，产奶量27.13万t；存栏500~999头的有79个场户，存栏6.18万头，产奶量20.68万t；存栏1 000头以上的有34个场户，存栏9.75万头，产奶量26.85万t。

冻精生产和发放。2016年共计生产冷冻精液81万剂，其中奶牛冻精35万剂，肉牛冻精46万剂；全年共计发放冻精55万剂，其中奶牛冻精23万剂，肉牛30万剂，奶牛性控冻精2万剂。

DHI测定。2016年农业部下达山西省DHI测定项目经费98万元，测定任务1.4万头产奶牛。全年参测牛场66个，累计测定奶牛28 119头，共测定165 454头次。全年12个月全部参加测定的牛场16个，占24.24%。测定10次以上的牛场37个，占56.06%；参加测定8次以上牛场46个，占69.69%；参加测定6次以上的牛场53个，占80.3%。均为历年来最高。66个参测牛场日头均产奶量27.94kg，305d产奶量8 127.79kg，为历年来最高。平均乳脂率3.69%，乳蛋白率3.36%，乳糖含量5.04%，干物质含量12.63%，各项指标与上年度基本持平，均显著高于国家生鲜乳标准。省DHI测定中心全年共计走访牛场101场次，对牛场进行生产管理和DHI应用指导，同时在太原举办了一期“养牛技术培训班”，参加人数180人。

荷斯坦青年公牛后裔测定。2016年共计发放本省及北方育种联盟青年公牛后测冻精10 340份，收集配种记录4 481条，妊娠记录1 098条，出生母牛数322头。

种公牛培育。2016年从美国引进荷斯坦牛冷冻胚胎200枚，从澳大利亚引进荷斯坦活体牛60头。培育后备小公牛15头，其中7头小公牛已参加美国基因组鉴定，测定成绩理想，GTPI值最高达2 476，平均值为2 234。

【政策法规】奶（肉）牛良种补贴。2016年，中央财政在山西省安排畜牧良种补贴资金480万元用于奶肉牛良种冻精购置补贴，奶牛改良12万头，发放冻精24万份；肉牛改良12万头，发放冻精24万份，补贴对象为全省范围的奶牛养殖者，包括养殖场、养殖小区和散养户，奶牛按照每头能繁母牛每年补贴30元，肉牛按照每头能繁母牛每年补贴10元，每头能繁母牛每年使用2剂冻精。

奶牛标准化规模养殖场（小区）建设。2016年中央投资1 650万元在山西省进行奶牛标准化规模养殖场（小区）建设。项目性质为改扩建，建设内容以养殖场（小区）水、电、路、粪污处理、防疫、挤奶、质量检测、生产性能测定采样等配套设施设备及饲草料基地为主。共建设16个养殖场（小区），其中存栏奶牛300~499头规模的养殖场（小区）11个，每个场补助80万元；存栏奶牛500~1 000头规模的养殖场（小区）2个，每个场补助130万元；存栏奶牛1 000头以上的规模养殖场（小区）3个，每个场补助170万元。

奶业提质增效项目。2016年，山西省惠农政策，省财政安排资金1 500万元继续对山西省奶业提质增效给予补助。用于采购奶牛发情自动监测项圈及配套软硬件设备免费发放给奶牛场，其中：朔州市300万元，大同市250万元，忻州市200万元，晋中市150万元，太原市100万元。另500万元项目资金下达到山西省畜牧遗传育种中心，用于购买奶牛胚胎、精液和种牛（包括种子母牛）360万元，后裔测定140万元。

【质量监管】2016年，山西省共完成生鲜乳监测1 736批次，其中：农业部监测1 231批次（生鲜乳违禁物质专项监测803批次、异地抽检100批次、生乳国标102批次、兽药残留226批次）；省级监测505批次（例行监测405批次、省级交叉检查监测100批次）。样品覆盖全省所有的生鲜乳收购站和运输车。生鲜乳违禁物质专项监测项目：三聚氰胺、革皮水解物、碱类物质、β－内酰胺酶、硫氰酸钠5种违禁添加物，生乳国标监测项目：冰点、黄曲霉毒素M_1、铅、铬、汞和砷。兽药残留监测项目：β－内酰胺类、甲砜霉素。例行监测监测项目：三聚氰胺。省级交叉检查监测项目：三聚氰胺、黄曲霉毒素M_1。所有受检的生鲜乳质量全部符合国家有关规定要求。

加强监管体系建设。2016年，山西省在全面落实全省生鲜乳质量安全监管责任分解的基础上，进一步完善生鲜乳收购站、运输车、奶牛养殖场（户）质量安全责任主体和监管责任主体，及时更新落实监管责任人的信息联系方式，做好建档造册工作。同时，突出监管工作重点，重申生鲜乳收购站、运输车、奶牛养殖场（户）“六条禁止”，强化县乡奶业管理部门的监管能力建设。继续坚持落实已建立的各项监管责任制度，进一步强化现场监管记录、案件查处记录、档案管理等痕迹化管理措施。确实做到质量安全责任主体明确、监管责任无缝隙全覆盖，全年未发生重大的质量安全事件。

开展专项整治活动。2016年3月31日，山西省农业厅下发了《关于印发〈2016年全省农产品质量安全专项整治与执法监管工作方案〉的通知》（晋农质监发[2016]2号），对包括生鲜乳在内的农产品质量安全专项整治进行了全面部署。在深化认识、明晰责任、突出重点、强化执法、落实措施等方面提出了阶段性要求，对各月的工作进行了具体部署。要求各市县监管部门加强生鲜乳收购站和运输车监管，全面清理审查收购站和运输车资质条件，坚决取缔不合格收购站和运输车，注销关、停空闲收购站和运输车的证号，将正常运行的收购站和运输车信息全部录入“生鲜乳收购站运输车监督管理系统”并实时监控，进行精准化管理。以三聚氰胺、碱类物质为重点，加大生鲜乳质量安全监测力度，监测与执法联动，依据检测结果严格执法，严惩重处违法违规添加行为。加强生鲜乳收购秩序的检查，坚决打击违反生鲜乳购销合同、趁机压级压价、销售和收购不合格生鲜乳、扰乱市场秩序等行为。维护全省奶业持续健康发展的市场环境。同时，强化随机抽样监测，充实专项整治内容，增强查处违法案件的技术支撑。

2016 年 10 月 3 日，山西省农业厅下发《关于开展 2016 年生鲜乳饲料质量安全专项整治交叉检查和随机抽查工作的通知》（晋农办饲奶发〔2016〕159 号）并召开会议进行了部署。检查生鲜乳收购站和运输车标准化建设与管理、生鲜乳跨省长途贩运和中转转运监管情况。重点检查生鲜乳违禁物质监测及执法查处情况以及生鲜乳质量安全监管制度建设和落实情况等。随机抽签确定的 50 个生鲜乳收购站、50 辆生鲜乳运输车进行重点检查并采样抽检，检测项目为三聚氰胺、革皮水解物、碱类物质、β－内酰胺酶、硫氰酸钠五种违禁添加物，合格率为 100%。从检测结果看，经过多年的生鲜乳质量安全专项整治，生鲜乳中 β－内酰胺酶、黄曲霉毒素 M_1 得到控制，生鲜乳质量安全水平明显提高。

严格执法力度。2016 年，全省累计出动执法人员 4 508 人次，检查生鲜乳收购站 1 727 站次，对 97 个奶站下达整改通知书，取缔 27 个奶站，吊销 13 个奶站资格；检查运输车 1 030 车次，依法取缔 26 辆运输车，吊销 1 辆运输车运输鲜奶资格。

【奶业大事】3 月 30 日，开展了“奶业提质增效技术培训班”，邀请山西农业大学动物营养专业教授、山西省农科院畜牧兽医研究所研究员、山西省畜禽育种中心高级畜牧师对来自 11 个市、22 个奶牛养殖重点县、50 个企业代表共计 83 人进行了培训。

3 月 31 日，农业厅下发《关于印发〈2016 年全省农产品质量安全专项整治与执法监管工作方案〉的通知》（晋农质监发 [2016]2 号），对包括生鲜乳在内的农产品质量安全专项整治进行了全面部署。

11 月 4 日，举办了“全省饲料奶业项目管理与监管信息统计培训班”，全省 11 个市分管奶业饲料的局长和奶办主任参加了培训，通过培训极大地提高了全省监管人员综合素质。

（山西省饲料奶站管理办公室，侯晋兰、李艳红）

附表 1 山西省奶牛养殖场（小区）名录

序号	名称	养殖场	小区	全群存栏（头）	成母牛存栏（头）	奶畜品种	成母牛单产（t/年）	年总产（t）	是否参加 DHI	是否应用 TMR
1	尖草坪区九牛牧业	√		6 438	2 981	荷斯坦	7.73	23 052	√	√
2	清徐县长兴奶牛场	√		272	153	荷斯坦	6.00	900	√	√
3	晋源区俊汾奶牛养殖场	√		160	73	荷斯坦	6.85	500	√	√
4	山西永昌乳业有公司	√		200	103	荷斯坦	4.95	510		
5	太原市众和奶牛养殖场	√		300	130	荷斯坦	6.00	780	√	√
6	太原市牧冠乳业有限公司	√		245	115	荷斯坦	6.26	720	√	√
7	阳曲县荣华源养殖合作社	√		101	39	荷斯坦	5.80	230		
8	阳曲四海原种奶牛有限公司	√		780	300	荷斯坦	5.67	1 700	√	√
9	阳曲县农康奶牛养殖合作社		√	146	58	荷斯坦	7.76	450	√	√
10	阳曲县亿源乳业有限公司		√	210	110	荷斯坦	4.91	540		
11	山西旺祥源牧业有限公司	√		940	382	荷斯坦	7.7	2 940	√	√
12	山西崇康奶牛养殖有限公司	√		1 012	484	荷斯坦	6.4	3 084	√	√
13	太原市紫花乳业有限公司		√	301	131	荷斯坦	5.5	720		
14	太原市兴达良种奶牛养殖基地	√		567	262	荷斯坦	7	1 836	√	√
15	太原市天翼聚养殖有限公司	√		798	380	荷斯坦	5.4	2 046	√	√
16	太原市兴祥丰牧业有限公司	√		394	160	荷斯坦	6.8	1 092	√	√
17	山西旺达农牧科技有限公司	√		768	393	荷斯坦	5.1	2 004	√	√
18	太原市小店区顺心奶牛专业合作社		√	504	220	荷斯坦	4.1	912		
19	太原市小店区安康养殖农民专业合作社	√		137	58	荷斯坦	4.9	284		
20	太原市小店区和诚奶牛养殖专业合作社	√		695	380	荷斯坦	6.3	2 412	√	√
21	太原市小店区强盛奶牛养殖专业合作社		√	323	134	荷斯坦	5.3	704		
22	太原市小店区四季旺养殖专业合作社	√		575	283	荷斯坦	5.3	1 512	√	√
23	郊区鑫旺奶牛专业合作社	√		85	57	荷斯坦	5.50	300		
24	郊区裕昌牧业有限公司	√		258	190	荷斯坦	5.00	950		
25	潞城市神农畜牧科技园	√		560	310	荷斯坦	6.00	1 750		√
26	黎城县绿源牧业有限公司	√		267	144	荷斯坦	7.20	1 005	√	√
27	沁源县城南坤泰乳业有限公司	√		560	190	荷斯坦	7.00	2 000		√
28	大同市南郊区四方高科农牧有限公司	√		4 680	2 200	荷斯坦	9.60	24 000	√	√
29	大同市良种奶牛有限责任公司	√		2 060	980	荷斯坦、娟珊	11.00	8 400	√	√
30	大同市永成畜牧有限责任公司	√		2 600	1 500	荷斯坦	10.00	8 000	√	√
31	大同市南郊区三鑫奶牛养殖专业合作社	√		340	180	荷斯坦	10.00	1 440	√	√
32	大同市南郊区佳林奶农专业合作社		√	320	150	荷斯坦	8.00	980		√
33	大同市南郊区鑫源奶牛养殖专业合作社	√		350	250	荷斯坦	8.00	1 460		√
34	大同市南郊区永兴奶牛养殖场	√		306	120	荷斯坦	7.50	950		√
35	大同市南郊区新世纪奶牛养殖有限公司	√		760	340	荷斯坦	8.50	2 890	√	√
36	大同市天和牧业有限公司	√		1 200	720	荷斯坦	9.00	3 600	√	√
37	大同市南郊区平易远丰养殖场	√		480	220	荷斯坦	7.00	1 100		√
38	山西椿林牧业有限公司	√		794	428	德系西门达尔	8.00	3 420		√
39	大同县红星农牧场	√		320	132	荷斯坦	10.45	1 380		√
40	大同县永丰农牧场	√		412	215	荷斯坦	6.97	1 500		√
41	大同县诚宏阳奶牛养殖场	√		385	190	荷斯坦	6.24	1 186		√
42	大同县上泉鑫农养牛合作社	√		323	163	荷斯坦	6.85	1 116		√
43	大同县犇犇农牧专业合作社	√		402	150	荷斯坦	7.22	1 083		√
44	大同县恒升有限责任公司	√		2 000	805	荷斯坦	10.73	8 640		√

（续）

序号	名称	养殖场	小区	全群存栏（头）	成母牛存栏（头）	奶畜品种	成母牛单产（t/年）	年总产（t）	是否参加 DHI	是否应用 TMR
45	阳高县奇园盛畜牧有限公司	√		320	215	荷斯坦	7.50	1 575	√	√
46	阳高县罗屯奶牛养殖专业合作社	√		350	210	荷斯坦	7.50	1 500		√
47	阳高县新义奶牛养殖专业合作社	√		420	298	荷斯坦	7.50	2 100		√
48	阳高县承厚奶牛养殖专业合作社	√		420	260	荷斯坦	7.50	1 985		√
49	阳高县瑞清奶牛养殖专业合作社	√		420	330	荷斯坦	7.50	2 500		√
50	阳高县大联奶牛养殖有限公司	√		365	256	荷斯坦	7.50	1 900		√
51	阳高县永顺奶牛养殖专业合作社	√		150	120	荷斯坦	6.50	800		√
52	阳高县海泉奶牛专业合作社	√		385	280	荷斯坦	7.00	2 100		√
53	阳高县富达养牛专业合作社	√		450	310	荷斯坦	7.00	2 200		√
54	阳高县信一奶牛养殖场	√		330	160	荷斯坦	8.50	1 500	√	√
55	阳高县益民泉奶牛养殖专业合作社	√		360	230	荷斯坦	7.50	1 800		√
56	阳高县宝利养殖场	√		420	280	荷斯坦	7.50	2 100		√
57	阳高县犇犇畜牧养殖公司	√		498	200	荷斯坦	8.50	1 800	√	√
58	阳高县牛郎养牛专业合作社	√		330	190	荷斯坦	7.50	1 500		√
59	大同新荣区伊磊牧业科技有限责任公司	√		4 085	1 251	荷斯坦	9.00	11 250	√	√
60	浑源县云星奶牛养殖有限责任公司	√		200	150	荷斯坦	7.50	1 022		√
61	兴发奶牛繁育有限公司	√		600	300	荷斯坦	8	2 500	√	√
62	华多万隆畜牧有限公司	√		420	220	荷斯坦	8.5	1 278		√
63	天阳奶站专业合作社	√		210	80	荷斯坦	6.4	480		√
64	兴旺奶站专业合作社	√		350	180	荷斯坦	6	1 160		√
65	吉泰种养专业合作社	√		500	280	荷斯坦	7	1 650		√
66	桃园奶牛养殖专业合作社	√		780	380	荷斯坦	9	3 510		√
67	天镇中地生态牧场有限公司	√		10 560	6 000	荷斯坦	9	54 750		√
68	晋丰种养专业合作社	√		320	150	荷斯坦	7	1 070		√
69	晋中榆次博瑞牧业有限公司	√		896	543.2	荷斯坦	8.23	4 470.536	√	√
70	晋中市百合园陈侃奶牛养殖专业合作社		√	682	429.8	荷斯坦	7.62	3 275.076		√
71	晋中榆次博瑞北胡乔乳品有限公司		√	664	386.4	荷斯坦	8.01	3 095.064		√
72	晋中市晋阳奶牛养殖专业合作社		√	1 232	929.6	荷斯坦	10.19	9 472.624		√
73	晋中市榆次区锦宏奶牛养殖专业合作社	√		1 113	813.4	荷斯坦	8.62	7 011.508	√	√
74	晋中威锴奶牛养殖专业合作社		√	511	320.6	荷斯坦	6.98	2 237.788		√
75	晋中市东宏奶牛养殖专业合作社		√	636	338.8	荷斯坦	6.01	2 036.188		√
76	晋中市百合园郝庄奶牛养殖合作社		√	446	317.8	荷斯坦	7.05	2 240.49		√
77	晋中市百合园禄村奶牛养殖合作社		√	189	141.4	荷斯坦	6.23	880.922		√
78	晋中市云禄奶牛养殖专业合作社		√	610	422.8	荷斯坦	6.52	2 756.656		√
79	晋中市义源养殖专业合作社		√	567	410.2	荷斯坦	6.33	2 596.566		√
80	晋中市东兴养殖专业合作社		√	972	558.6	荷斯坦	6.78	3 787.308		√
81	太谷县草上飞养殖专业合作社	√		425	240.8	荷斯坦	6.86	1 651.888	√	√
82	太谷县丽荣养殖专业合作社	√		392	233.8	荷斯坦	6.15	1 437.87		√
83	太谷县昌晟农牧专业合作社	√		1 033	522.2	荷斯坦	7.84	4 094.048		√
84	太谷县普源泰奶牛养殖有限公司	√		1 062	540.4	荷斯坦	9.68	5 231.072		√
85	祁县犇鑫奶牛专业合作社	√		345	194.6	荷斯坦	7.09	1 379.714		√
86	祁县顺才兴养牛专业合作社	√		610	277.2	荷斯坦	8.86	2 455.992		√
87	祁县明盛科技有限公司	√		915	404.6	荷斯坦	7.69	3 111.374		√
88	祁县鸿运养殖场	√		602	393.4	荷斯坦	9.03	3 552.402		√

（续）

序号	名称	养殖场	小区	全群存栏（头）	成母牛存栏（头）	奶畜品种	成母牛单产（t/年）	年总产（t）	是否参加 DHI	是否应用 TMR
89	祁县鸿润牧业有限公司	√		765	534.8	荷斯坦	11.25	6 016.5	√	√
90	祁县泓祁牧业有限公司	√		420	193.2	荷斯坦	8.69	1 678.908		√
91	祁县春辉牧业有限公司	√		662	376.6	荷斯坦	10.01	3 769.766		√
92	祁县高明养殖场	√		270	165.2	荷斯坦	9.11	1 504.972		√
93	晋中盛康养殖专业合作社	√		1 714	1 100.4	荷斯坦	8.99	9 892.596		√
94	祁县旺财奶牛养殖场	√		420	228.2	荷斯坦	9.05	2 065.21		√
95	晋中德辉乳业有限公司	√		392	224	荷斯坦	10.06	2 253.44		√
96	昔阳县大寨绿草湾牧业有限公司	√		332	39.2	荷斯坦	8.24	323.008		√
97	祁县月平养殖专业合作社	√		511	222.6	荷斯坦	9.03	2 010.078		√
98	临汾市三农奶牛养殖有限公司奶站			560	260	荷斯坦	5.4	1 440	√	√
99	临汾市尧都区傲康养殖发展有限公司奶站	√		570	275	荷斯坦	5.7	1 560	√	√
100	曲沃县郇村生鲜乳收购站			348	233	荷斯坦	4.6	1 071		√
101	曲沃县听城生鲜乳收购站			439	296	荷斯坦	4.7	1 391		√
102	北马驹尧瑞奶牛养殖专业合作社			347	140	荷斯坦	5.6	792	√	√
103	公孙恒茂祥养殖专业合作社			326	170	荷斯坦	4.5	756	√	√
104	翼城县芸翊生鲜乳收购站	√		477	245	荷斯坦	7.4	1 836	√	√
105	翼城县长峰生鲜乳收购站	√		1 221	704	荷斯坦	7.9	5 592	√	√
106	翼城县富华生鲜乳收购站	√		1 577	841	荷斯坦	7.8	6 528	√	√
107	乡宁县惠民牧业有限责任公司生鲜乳收购站	√		262	119	荷斯坦	4.7	566	√	√
108	绿源奶站	√		123	85	荷斯坦	0.4	36	√	√
109	临县朝阳农牧有限公司	√		1 298	668	荷斯坦	7.5	5 010		√
110	银山湖奶牛养殖有限公司	√		751	351	荷斯坦	6.0	2 100	√	√
111	忻州伟业奶牛养殖有限公司	√		653	285	荷斯坦	7.3	2 076	√	√
112	忻府区宏伟奶牛养殖专业合作社		√	398	202	荷斯坦	5.5	1 104		
113	忻州市万旺奶牛养殖有限公司	√		592	290	荷斯坦	5.9	1 704		
114	山西忻华农业有限责任公司	√		359	168	荷斯坦	6.6	1 104	√	√
115	忻府区伟达牧业专业合作社		√	456	259	荷斯坦	5.5	1 428	√	√
116	忻府区玉水养殖专业合作社		√	604	237	荷斯坦	6.5	1 548		
117	忻府区乳源种养殖专业合作社		√	455	261	荷斯坦	6.0	1 572	√	
118	忻府区和氏璧奶牛养殖专业合作社		√	139	88	荷斯坦	6.4	564	√	
119	忻府区顺玉奶牛养殖专业合作社		√	241	145	荷斯坦	6.5	948		
120	忻府区北兰台德和万里养殖专业合作社		√	139	85	荷斯坦	6.4	540		
121	忻州市退伍军人养殖有限公司	√		238	128	荷斯坦	5.8	744		
122	忻府区建峰养殖专业合作社		√	178	104	荷斯坦	6.9	720	√	√
123	忻府区南曹民强奶业专业合作社		√	495	268	荷斯坦	6.1	1 632		
124	定襄县犇腾牧业有限公司	√		389	217	荷斯坦	8.6	1 872	√	√
125	定襄县鑫啟牧业有限公司	√		326	187	荷斯坦	4.3	804	√	√
126	山西欣业农牧公司	√		959	518	荷斯坦	6.0	3 120	√	√
127	原平市兴崞养殖专业合作社		√	70	0	荷斯坦	0.0	0		
128	山西河滩奶牛育种有限公司	√		1 564	713	荷斯坦	9.7	6 894	√	√
129	兴源奶牛养殖园区		√	95	0	荷斯坦	0.0	0		
130	繁峙县富源牧业发展有限公司	√		260	0	荷斯坦	0.0	0		
131	繁峙县银河畜牧发展有限公司	√		1 320	620	荷斯坦	7.6	4 740	√	√
132	繁峙县辉煌实业有限责任公司	√		650	365	荷斯坦	5.1	1 860	√	√

（续）

序号	名称	养殖场	小区	全群存栏（头）	成母牛存栏（头）	奶畜品种	成母牛单产（t/年）	年总产（t）	是否参加 DHI	是否应用 TMR
133	平定县长青奶牛养殖场	√		350	230	荷斯坦	4.7	1 080		√
134	山西永济超人奶业有限公司	√		1 434	724	荷斯坦	9.1	6 224.4	√	√
135	永济市卓泰奶业有限公司	√		210	80	荷斯坦	7	560		√
136	山西省泰茂园牧业有限公司	√		380	216	荷斯坦	7	1 440	√	√
137	新绛县润泽养殖有限公司	√		386	274	荷斯坦	7	665	√	√
138	新绛草和牛业有限公司	√		210	128	荷斯坦	6	730	√	√
139	临猗卓晟奶牛养殖专业合作社	√		128	83	荷斯坦	4.8	398		
140	平陆县老城养殖有限公司	√		327	180	荷斯坦	6	1 080		√
141	运城市通和顺奶牛饲养有限公司	√		420	180	荷斯坦	4.5	810		√
142	运城市安红鑫农牧有限公司	√		310	180	荷斯坦	4.5	810		
143	朔城区鸿开养殖专业合作社		√	280	100	荷斯坦	26.04	2 604		√
144	朔城区兴牛富养殖专业合作社		√	310	200	荷斯坦	7.81	1 562		√
145	朔城区明金奶牛养殖专业合作社		√	500	300	荷斯坦	11.90	3 571		√
146	朔城区田苏奶牛养殖专业合作社		√	420	200	荷斯坦	8.37	1 674		√
147	朔城区国雄奶牛养殖专业合作社		√	400	180	荷斯坦	9.09	1 637		√
148	朔城区向前奶牛养殖专业合作社		√	410	190	荷斯坦	10.77	2 046		√
149	通乐奶牛养殖专业合作社		√	385	160	荷斯坦	9.30	1 488		√
150	朔城区诚信奶牛养殖专业合作社		√	260	150	荷斯坦	7.44	1 116		√
151	朔城区国前奶牛养殖专业合作社		√	290	170	荷斯坦	8.75	1 488		√
152	朔城区福生源奶牛养殖专业合作社		√	280	130	荷斯坦	10.02	1 302		√
153	朔城区富营奶牛养殖专业合作社		√	500	280	荷斯坦	13.95	3 906		√
154	朔州市朔城区恒兴农牧渔开发有限公司		√	397	165	荷斯坦	6.76	1 116		√
155	朔城区乳源奶牛养殖合作社		√	190	80	荷斯坦	79.05	6 324		√
156	朔城区继山奶牛养殖专业合作社		√	380	150	荷斯坦	10.17	1 525		√
157	朔州市绿诚农牧有限公司		√	490	230	荷斯坦	7.44	1 711		√
158	朔城区牧康源奶牛养殖有限公司		√	310	130	荷斯坦	11.45	1 488		√
159	朔城区乔光养殖专业合作社		√	460	230	荷斯坦	10.51	2 418		√
160	朔州立新养殖有限公司		√	120	80	荷斯坦	9.30	744		√
161	朔州市来旺乳业公司		√	360	150	荷斯坦	7.44	1 116		√
162	朔州市旺畜源养殖有限公司		√	200	110	荷斯坦	9.13	1 004		√
163	朔州建芳奶牛养殖有限公司		√	500	265	荷斯坦	9.12	2 418		√
164	朔城区									
165	山阴县佳联农业发展有限责任公司奶业分公司	√		632	357	荷斯坦	8.2	2 702		√
166	山阴县万雄养殖专业合作社	√		1 008	692	荷斯坦	7.8	5 562		√
167	山阴县梅海奶牛养殖专业合作社		√	386	209	荷斯坦	6.5	1 032		
168	山阴县和平养殖专业合作社		√	435	252	荷斯坦	7.2	1 992		√
169	山阴县开儒养殖专业合作社		√	365	193	荷斯坦	6.7	1 024.8		√
170	山阴县顺风养殖专业合作社		√	382	245	荷斯坦	6.5	1 248		√
171	山阴县驿泽奶牛专业合作社	√		1 452	693	荷斯坦	8.5	8 556		√
172	山阴县华盛养殖专业合作社		√	513	291	荷斯坦	6.7	1 656		√
173	山阴县鑫瑞奶牛养殖专业合作社		√	346	228	荷斯坦	6.6	1 270		
174	山阴县保乐养殖专业合作社		√	428	267	荷斯坦	6.6	1 036		√
175	山阴县全兴奶牛专业合作社		√	232	120	荷斯坦	6.9	852		
176	山西古城乳业农牧有限公司	√		1 405	936	荷斯坦	7.2	6 114	√	√

（续）

序号	名称	养殖场	小区	全群存栏（头）	成母牛存栏（头）	奶畜品种	成母牛单产（t/年）	年总产（t）	是否参加 DHI	是否应用 TMR
177	山阴县春旺养殖专业合作社	√		698	417	荷斯坦	7.1	2 823.6		√
178	山阴县伟业奶牛养殖专业合作社		√	262	138	荷斯坦	6.4	992.4		
179	山阴县忠梁奶牛养殖专业合作社		√	341	212	荷斯坦	6.3	978		√
180	山阴县金茂源奶牛专业合作社		√	393	236	荷斯坦	6.8	1 180.8		
181	山阴县佃豹奶牛专业合作社		√	342	180	荷斯坦	6.6	1 063		√
182	山阴县强盛养殖专业合作社		√	347	225	荷斯坦	6.5	1 231		√
183	山阴县兴隆奶牛养殖专业合作社	√		685	428	荷斯坦	7	2 460		√
184	山阴县桃仁养殖专业合作社	√		415	205	荷斯坦	6.2	1 776		√
185	山阴县玉英养殖专业合作社	√		473	276	荷斯坦	6.3	2 556		√
186	朔州市玉收农牧有限公司第一分公司	√		1 381	720	荷斯坦	7.1	5 726.4		√
187	山阴县计金养殖专业合作社		√	524	318	荷斯坦	6.3	1 478		
188	山阴县明亮奶牛专业合作社	√		486	286	荷斯坦	6.5	1 380	√	√
189	山阴县美荣奶牛专业合作社	√		653	375	荷斯坦	6.9	2 232		√
190	山阴县亢祥养殖专业合作社		√	357	175	荷斯坦	6.3	1 024.8		
191	山阴县源渊实业有限公司	√		205	112	荷斯坦	6.8	870		
192	山阴县红日奶牛专业合作社		√	427	253	荷斯坦	7.1	1 485.6		√
193	山阴县侯安维畜牧专业合作社		√	513	340	荷斯坦	6.7	1 644		√
194	山阴县海春奶牛专业合作社	√		483	265	荷斯坦	6.8	1 862.4		√
195	山阴县雁山奶牛养殖专业合作社	√		324	183	荷斯坦	6.2	1 032		√
196	山阴县顺源奶牛专业合作社		√	416	278	荷斯坦	6.5	1 120.8		√
197	山阴县宏利奶牛养殖专业合作社	√		492	286	荷斯坦	6.4	1 700.4		√
198	山阴县金元养殖专业合作社		√	226	115	荷斯坦	6.2	780		
199	山阴县九根畜牧专业合作社		√	620	355	荷斯坦	6.8	2 184		√
200	山阴县秉宗养殖专业合作社	√		325	173	荷斯坦	6.2	1 024.8		√
201	山阴县永胜养殖专业合作社		√	305	184	荷斯坦	6.3	856.8		
202	山阴县军世奶牛养殖专业合作社		√	384	243	荷斯坦	6.2	1 107.6		√
203	山阴县福祥养殖专业合作社		√	252	117	荷斯坦	6.2	818.4		
204	山阴县为民养殖专业合作社		√	186	110	荷斯坦	6.4	375.6		
205	山阴县斌城养殖专业合作社	√		367	242	荷斯坦	6.2	1 452		√
206	山阴县正和奶牛专业合作社		√	657	354	荷斯坦	7.8	2 090.4		√
207	山阴县慧丰奶牛养殖专业合作社		√	352	185	荷斯坦	6.5	930		
208	山阴县明大养殖专业合作社	√		374	233	荷斯坦	6.6	1 608		√
209	山阴县全福奶牛专业合作社		√	217	105	荷斯坦	6.1	576		
210	山阴县德永奶牛专业合作社	√		542	306	荷斯坦	6.3	2 082		√
211	山阴县修江奶牛专业合作社		√	354	193	荷斯坦	6.2	904.8		√
212	山阴县民裕奶牛专业合作社		√	286	124	荷斯坦	6.3	744		
213	山阴县道武养殖专业合作社		√	267	168	荷斯坦	6.1	1 024.8		√
214	山阴县鑫兴养殖专业合作社		√	251	174	荷斯坦	6	912		
215	山阴县岗义奶牛专业合作社	√		583	316	荷斯坦	6.6	2 598	√	√
216	山阴县康泰奶牛专业合作社		√	715	396	荷斯坦	6.7	1 644		√
217	山阴县犇佳养殖有限公司	√		1 067	565	荷斯坦	7.1	3 276		√
218	山阴县郴晖养殖专业合作社		√	253	138	荷斯坦	6	822		
219	山阴县振东奶牛养殖合作社		√	648	336	荷斯坦	6.2	1 674		√
220	山阴县保和养殖专业合作社		√	346	214	荷斯坦	6.2	1 236		√
221	山阴县建成养殖专业合作社		√	452	287	荷斯坦	6.3	1 146		√

（续）

序号	名称	养殖场	小区	全群存栏（头）	成母牛存栏（头）	奶畜品种	成母牛单产（t/年）	年总产（t）	是否参加 DHI	是否应用 TMR
222	山阴县宇霞奶牛专业合作社		√	183	107	荷斯坦	6.8	644.4		
223	山阴县诚信奶牛专业合作社	√		375	198	荷斯坦	6	1 152		√
224	山阴县济民农牧专业合作社		√	368	207	荷斯坦	6.2	789.6		
225	山阴县瑞和养殖专业合作社		√	175	106	荷斯坦	6.2	510		
226	山阴县和昌奶牛养殖专业合作社		√	382	229	荷斯坦	6.5	1 072.8		√
227	山阴县厚泽养殖专业合作社	√		563	357	荷斯坦	6.6	1 944	√	√
228	山阴县志强养殖专业合作社		√	256	143	荷斯坦	6	656.4		
229	山阴县存富养殖专业合作社	√		305	167	荷斯坦	6.6	985.2		
230	山阴县鑫龙养殖专业合作社		√	195	104	荷斯坦	6	566.4		√
231	山阴县广秀奶牛专业合作社	√		635	374	荷斯坦	7.1	1944		√
232	山阴县宝发奶牛专业合作社		√	367	175	荷斯坦	6.4	1 036.8		
233	山阴县德旺养殖专业合作社	√		416	233	荷斯坦	6.8	1 140		√
234	山阴县景峰奶牛专业合作社		√	264	142	荷斯坦	6	576		
235	山阴县春喜奥养殖专业合作社		√	452	210	荷斯坦	6.6	1 047.6		√
236	山阴县新星奶牛专业合作社	√		1 196	572	荷斯坦	6.6	2 844		√
237	山阴县樱桃养殖专业合作社	√		515	324	荷斯坦	6.9	2 364		√
238	山阴县塞北畜牧发展有限责任公司	√		356	204	荷斯坦	6.5	1 368		√
239	山阴县泰和牧业专业合作社		√	947	479	荷斯坦	6.4	1 899.6		√
240	山阴县恒康养殖专业合作社		√	573	286	荷斯坦	6.1	1 622.4		√
241	山阴县玉盛奶牛专业合作社	√		573	303	荷斯坦	6.9	2 064		√
242	山阴县紫鹏奶牛专业合作社		√	427	236	荷斯坦	6.2	1 142.4		
243	山阴县驿惠养殖专业合作社	√		313	180	荷斯坦	6.3	676.8		√
244	山阴县文义养殖专业合作社	√		558	246	荷斯坦	6.1	1 824	√	√
245	山阴县鑫海奶牛养殖专业合作社		√	480	235	荷斯坦	6	1 564.8		√
246	山阴县永和奶牛养殖专业合作社		√	362	214	荷斯坦	6.1	768		
247	山阴县利春奶牛养殖专业合作社		√	215	113	荷斯坦	6.3	628.8		
248	山阴县文春养殖专业合作社		√	284	183	荷斯坦	6.3	820.8		
249	山阴县建银农民养殖专业合作社		√	207	98	荷斯坦	6	564		
250	山阴县贵山奶牛专业合作社	√		435	246	荷斯坦	6.5	1 716		√
251	山阴县志仁奶牛专业合作社	√		364	189	荷斯坦	6.2	1 280.4		√
252	山阴中荷奶牛原种基地有限公司	√		435	203	荷斯坦	6.8	1 387.2		√
253	山阴县永通奶牛专业合作社	√		564	326	荷斯坦	7.5	2 260.8		√
254	山阴县阳普奶牛专业合作社	√		573	317	荷斯坦	7.4	2 250		√
255	山阴县万斤生态养殖专业合作社	√		369	228	荷斯坦	6.8	1 929.6		√
256	山阴县宇丰养殖专业合社		√	367	196	荷斯坦	6.3	788.4		
257	山阴县建铭奶牛专业合作社	√		182	85	荷斯坦	6.4	516		
258	山阴县塬升农牧专业合作社		√	325	163	荷斯坦	6.1	771.6		√
259	山阴县义仁奶牛专业合作社		√	261	154	荷斯坦	6	700.8		
260	山阴县康平养殖专业合作社	√		295	146	荷斯坦	6.5	819.6		√
261	山阴县溢鑫奶牛专业合作社		√	578	325	荷斯坦	6.6	1 644		√
262	山阴县天牧农牧有限责任公司	√		406	237	荷斯坦	7.8	1 928.4		√
263	山阴县弘杰养殖专业合作社		√	257	138	荷斯坦	6.3	744		
264	朔州市建海农牧有限公司	√		335	187	荷斯坦	6.9	1 416		√
265	山阴县围牧现代养殖专业合作社	√		287	163	荷斯坦	6.6	1 140		√

（续）

序号	名称	养殖场	小区	全群存栏（头）	成母牛存栏（头）	奶畜品种	成母牛单产（t/年）	年总产（t）	是否参加 DHI	是否应用 TMR
266	山阴县益丰奶牛养殖专业合作社	√		1 065	553	荷斯坦	7	3540		√
267	山西天喜牧业有限公司	√		1 420	952	荷斯坦	7.8	9 151.2		√
268	山阴县子林养殖专业合作社	√		565	352	荷斯坦	7.2	3 216		√
269	山阴县亮福养殖专业合作社		√	486	307	荷斯坦	7	1 915.2		√
270	山阴县									
271	朔州市兴平农牧有限公司	√		1 400	800	荷斯坦	8.50	4 800	√	√
272	平鲁区									
273	天顺牧业有限责任公司	√		667	387	荷斯坦	9.78	3 786	√	√
274	鑫浩奶牛养殖场	√		351	211	荷斯坦	7.27	1 535		√
275	下湿庄奶牛养殖场	√		828	490	荷斯坦	9.50	4 657	√	√
276	犇康牧场	√		874	436	荷斯坦	8.00	3 492	√	√
277	富博养殖场	√		351	160	荷斯坦	6.50	1 041	√	√
278	中源农牧专业合作社	√		485	264	荷斯坦	7.50	1 980		√
279	仁德牧业有限责任公司	√		2 013	712	荷斯坦	5.55	3 956		√
280	怀仁县									
281	朔州市三源商业集团绿缘奶牛养殖有限公司			1 050	500	荷斯坦	7.5	3 500		√
282	右玉县									
283	朔州市玉收农牧有限公司	√		2 120	1 200	荷斯坦	9.30	11 160.00		√
284	应县喜凤奶牛养殖专业合作社		√	359	207	荷斯坦	7.80	1 614.60		√
285	应县富川农牧专业合作社		√	541	301	荷斯坦	8.70	2 618.70		√
286	应县海军奶牛养殖专业合作社		√	710	415	荷斯坦	8.40	3 486.00		√
287	应县东方奶牛养殖专业合作社		√	230	130	荷斯坦	8.40	1 092.00		√
288	应县兴望奶牛养殖专业合作社		√	210	133	荷斯坦	7.80	1 037.40		√
289	应县日忠奶牛养殖专业合作社		√	340	167	荷斯坦	8.10	1 352.70		√
290	应县梦雄奶牛养殖专业合作社		√	170	101	荷斯坦	7.80	787.80		√
291	应县源富奶牛养殖专业合作社		√	380	260	荷斯坦	8.40	2 184.00		√
292	应县营大奶牛养殖专业合作社		√	550	310	荷斯坦	8.70	2 697.00		√
293	应县日福奶牛养殖专业合作社		√	280	195	荷斯坦	8.10	1 579.50		√
294	应县银宗奶牛养殖专业合作社		√	268	160	荷斯坦	8.10	1 296.00		√
295	应县联富奶牛养殖专业合作社		√	280	170	荷斯坦	7.80	1 326.00		√
296	应县仁河富民养殖专业合作社		√	362	252	荷斯坦	8.40	2 116.80		√
297	应县东升奶牛养殖专业合作社		√	345	241	荷斯坦	7.80	1 879.80		√
298	应县乾丰奶牛养殖专业合作社		√	351	236	荷斯坦	8.10	1 911.60		√
299	应县辉煌养殖有限公司	√		420	207	荷斯坦	7.80	1 614.60		√
300	应县润源奶牛养殖专业合作社		√	160	85	荷斯坦	7.50	637.50		√
301	恒天然（应县）牧场有限公司（牛铃牧场）	√		12 226	5 489	荷斯坦	10.80	59 281.20		√
302	恒天然（应县）牧场有限公司（阳光牧场）	√		12 286	6 260	荷斯坦	10.80	67 608.00		√
303	恒天然（应县）牧场有限公司（水边牧场）	√		6 665	3 428	荷斯坦	10.80	37 022.40		√
304	应县源泉奶牛养殖专业合作社		√	350	201	荷斯坦	8.10	1 628.10		√
305	应县欣德奶牛养殖专业合作社		√	150	70	荷斯坦	7.50	525.00		√
306	应县思云奶牛养殖专业合作社		√	280	179	荷斯坦	8.10	1 449.90		√
307	朔州市龙首山盛源牧业有限公司	√		1 120	645	荷斯坦	8.70	5 611.50		√
308	应县乳泉奶牛养殖专业合作社		√	225	130	荷斯坦	8.10	1 053.00		√
309	泽州县海盛奶牛场	√		46	13	荷斯坦	5.00	65	√	

附表 2　山西省乳制品生产企业名录

序号	名称	许可证号码	年收购原奶量（t）	平均支付价格（元/kg）	其中：自有奶源量（t）	年乳制品产量（t）	其中：巴氏杀菌奶(t)	UHT奶(t)	酸奶(t)	奶粉(t)	奶油(t)	奶酪(t)	乳饮料(t)	整体设计加工能力(t/年)	产品销售区域	年销售收入（万元）	利润（万元）
1	山西九牛牧业有限公司		5 500	4.8	5 500	5 500	1 000	3 100	1 400	/	/	/	/	73 000	省外、省内	8 100	368
2	山西维尔生物乳制品有限公司		7 300	4		7 300	3 650	/	3 650	/	/	/	/	73 000	省外、省内	5 000	200
3	阳曲县瑞美乳业有限公司		2 200	4.8	2 200	2 200	1 500	/	700	/	/	/	/	100 000	省外、省内	2 500	375
4	蒙牛乳业（太原）有限公司		70 000	4.3		70 000	/	51 000	4 000	/	/	/	12 000	100 000	国内	4 22371	1 462
5	长治市九牛寨乳业有限公司	SX105140 42710746	685.69	3.72	/	1 066.25	219	268	72	/	/	/	507.25	7 200	省内	703.57	–19.6
6	大同夏进乳业有限责任公司	SC105140 20300457	35 096	3.4	24 780.5	34 571.74	/	34 571.74	/	/	/	/	/	110 000	区外、区内	24 786.18	1 035.46
7	大同市牧同乳业有限公司	SC105140 21100724	13 010	3.4	9 262.34	12 202.84	4 051.48	3 920.32	4 231.04	/	/	/	/	180 000	区外、区内	8 536.35	1 245.39
8	山西古城乳业集团有限公司八分厂	911407007 725444625	18 335.84	3.3	/	20 522.32	1 175.88	13 069.61	3 440.19	/	/	/	2 836.64	50 000	区外、区内	11 944.95	1 430.56
9	晋中伊利乳业有限责任公司		147 825	3.6	51 100	141 500	/	15 500	84 000	/	/	/	42 000	219 000	区外、区内	118 750	
10	阳泉市田园乳业有限公司		3 380	4	1 650	5 010	1 460	3 350	200					7 200	区外、区内	3 376	131
11	山西古城乳业集团有限公司	SC106140 62100116	68 437	3.43	8 326	83 269	8 934	46 538	10 945	3 412	/	/	13 440	160 000	山西省内各地、福建浙江、安徽、江西、河南、湖南	74 123	4 317
12	内蒙古蒙牛乳业（集团）山西乳业有限公司	SC105140 62101853	70 000	3.75	/	22 504.224	/	22 504.224	/	/	/	/	/	34 000	山西、内蒙古、北京、西安河南、甘肃、宁夏、青海，天津、河北	13 478.38	551.06
13	晋城市晋大农牧产业有限公司		2 584	3.8	0	2 814	2 120		454	/	/	/	240	39 600	周边	3 100	279
	合　计		359 353.53		95 118.84	323 460.374	42 140	497 500	80 800	24 978		228				258 798.43	

备注：自有奶源指来自自建和参建（控股、参股）牧场（小区）的原奶。

太原市

【奶畜养殖】截至2016年年底，太原市奶类总产量11.14万t。奶牛存栏2.55万头，其中能繁母牛1.54万头。奶牛品种为荷斯坦牛，主要分布于6个县区即阳曲县、清徐县、小店区、尖草坪区、晋源区和经济区，其存栏量占全市存栏总量的95%。

2016年全年生鲜乳收购均价为3.15元/kg，淡旺季价格分别为2.7元/kg和3.6元/kg。

【乳品加工】2016年全市拥有乳品加工企业（本地）4个，分别为蒙牛总公司太原公司、山西九牛牧业有限公司、山西维尔生物乳制品有限公司、阳曲瑞美乳业有限公司。四家企业全年处理鲜奶8.3万t，生产巴氏杀菌奶0.62万t、UHT奶5.45万t、酸奶及乳饮料2.2万t。乳品企业年销售总额437 971万元，利润2 405万元。

【奶源基地】全市现有100头以上的规模奶牛养殖场和养殖小区23个，500头以上的规模养殖场11个，1 000头以上规模养殖场2个，奶牛养殖入园率达95%以上。全市拥有生鲜乳收购站22个，日均收奶量135.15t，现有持证生鲜乳运输车辆16辆，日运奶量128.39t。全市机械化挤奶率达到100%。

奶牛生产性能（DHI）测定是科学管理牛群的基础，2016年太原市参加奶牛生产性能测定的牧场和园区达20家，测定奶牛头数达5 200头。

2016年奶牛布鲁氏菌病检疫3 215头，无阳性；结核病检疫1 235头，无阳性；口蹄疫免疫25 500头。

2016年全市人工牧草种植面积7 500hm^2，其中苜蓿面积2 760hm^2，专用青贮玉米面积4 740hm^2。

2016年太原市有3家饲料企业具备单独生产奶牛配合饲料能力，其中：太原市小店区腾雄飞饲料厂生产能力26t/h，实际年产8 931t；山西太原易大饲料厂生产能力15t/h，年产5 170t；山西广联畜禽有限公司生产能力10t/h，年产11 432t。

【质量监管】继续开展生鲜乳质量安全专项整治工作，一是落实生鲜乳收购站和运输车经营主体质量安全首要责任，签订“生鲜乳质量安全责任状”；二是严格审查生鲜乳收购站和运输车资质条件，对供应鲜奶吧的12个生鲜乳收购站和相关运输车的资质进行重新审核，建立档案；三是强化生鲜乳收购站和运输车日常监管。重点对生鲜乳收购站和运输车标准化管理、生鲜乳质量检验、不合格生鲜乳处理、安全制度落实等方面进行监督检查。全年对全市22个生鲜乳收购站和16辆运输车辆进行检查，全部合格，符合农业部制定的标准。

根据农业部和省农业厅安排，制定了《2016年全市生鲜乳质量安全监测工作计划》，认真开展生鲜乳质量安全检测工作。完成了农业部64批次和省厅76批次监测样品的采集工作。市县两级还对全市22个生鲜乳收购站、16辆生鲜乳运输车每月进行定期和不定期监测，共检测生鲜乳样品500个，全部合格，杜绝了非法添加行为。认真开展生鲜乳收购站日常巡查与督查，严格加大对奶牛散养户的监管工作，对奶牛散养户逐一登记，建立养殖档案，从源头上杜绝生鲜乳质量安全隐患。积极推进标准化奶牛养殖小区和标准化生鲜乳收购站建设，鼓励奶牛散养户入驻奶牛养殖小区。深入生鲜乳收购站和奶牛养殖场进行实地检查，同时进行了现场检测。共检查5个县（市、区）生鲜乳收购站44个（次），检查生鲜乳运输车辆32辆（次），检测生鲜乳76份，结果全部合格。

为促进太原市奶牛养殖业持续健康发展，继续开展奶业提质增效项目，选取7个符合条件的奶牛养殖场进行项目实施，安装了奶牛发情监测系统发射基站25个，奶牛佩戴了发情监测项圈1 440个，新增监测奶牛头数4 300头，进一步推动全市奶牛养殖业的转型升级。

（太原市乳品监察管理站，陈新慧）

内蒙古自治区

【奶畜养殖】2016年年底，内蒙古奶牛存栏215.3万头，同比下降15.7%；其中荷斯坦牛存栏135.7万头，同比下降20.9%，占奶牛存栏总量的63%。全年奶类产量737.7万t，同比减少9.2%；其中牛奶产量730.4万t，同比减少9%。荷斯坦牛存栏万头以上旗县区35个，存栏合计118.9万头，占全区荷斯坦牛存栏总量的87.6%。牛奶产量10万t以上旗县区23个，牛奶产量合计526.9万t，占全区牛奶总产量的72.1%。

表4-8 2016年内蒙古奶牛存栏和牛奶产量情况

	奶牛存栏（头）	荷斯坦牛存栏（头）	牛奶产量（t）
内蒙古自治区	2153 078	1357 489	7304 884.2
呼和浩特市	322 849	316 200	1964 570
包头市	145 966	125 162	902 517
呼伦贝尔市	499 984	254 590	1180 605
兴安盟	197 019	103 980	422 450
通辽市	150 360	61 081	398 743
赤峰市	146 883	109 590	404 517
锡林郭勒盟	314 490	49 169	615 876
乌兰察布市	175 321	163 959	608 762
乌海市	500	372	2 095
鄂尔多斯市	61 274	36 923	134 164
巴彦淖尔市	121 421	120 929	626 787.2
阿拉善盟	17 011	15 534	43 798

散户、小区、牧场三类生产主体的生鲜乳平均收购价格分别为2.99元/kg、3.29元/kg、3.86元/kg，牛奶平均生产成本分别为2.7元/kg、3元/kg、3.4元/kg。

【乳品加工】2016年内蒙古乳制品产量336.5万t，同比增长14.6%。加工产品以高温灭菌乳为主，具有保质期长、运输储存成本低、产品质量可靠度高等特点，产品价格和品质在消费者中具有较高的认可度。全区形成了呼和浩特市、呼伦贝尔市、巴彦淖尔市、乌兰察布市、赤峰市等重点加工聚集区，培育出圣牧高科等地区龙头企业，引进了呼伦贝尔雀巢公司。伊利、蒙牛两大乳企行业领先地位不断巩固和扩大，2016 年营业总额分别达到 606 亿元和 537.8 亿元，同比分别增长 0.41% 和 9.7%，位居国内行业前两位。两家企业在加强国内规模化奶源基地建设的同时，也十分注重国际乳品市场的战略性开拓，在海外投资建设奶牛养殖基地和乳品加工厂，大力优化产品结构，高端产品比重持续提高，生产经营管理能力显著增强，伊利已跻身全球乳业 8 强，蒙牛排位升至全球乳业 11 强。

【奶源基地】2016 年，内蒙古存栏 100 头以上奶牛规模化养殖比率达到 81%，是 2008 年的 11.5 倍，进站奶牛机械化挤奶率达到 100%，房前屋后放养奶牛的情形得到了彻底改观。荷斯坦牛良种覆盖率达到 100%，荷斯坦泌乳牛平均单产达到 7t 以上，部分管理水平较高的规模牧场超过 9t。奶牛生产性能测定技术得到有效推广应用，覆盖 5 个奶牛主产盟市 10 多个旗县的 200 多个奶牛场区，每年参测奶牛数量超过 5 万头。结合国家奶牛遗传改良计划的实施，先后有近 60 头荷斯坦种公牛通过后裔测定验证。2016 年参测奶牛 305 天产平均产奶量达到 7 251.24 kg，平均乳脂率 3.67%，平均乳蛋白率 3.32%，平均体细胞数 38.52 万 /mL。与 2008 年相比，305 天产奶量提高 873 kg，乳脂率提高 0.34 个百分点，乳蛋白提高 0.2 个百分点，体细胞数下降 21.77 万 / mL。

按照国家农业供给侧结构改革部署，内蒙古作为农业部粮改饲首批试点地区，2015 年在翁牛特旗、奈曼旗和扎赉特旗三个旗县率先开展粮改饲试点，2016 年试点范围扩大到兴安盟、通辽市、呼伦贝尔市、赤峰市、巴彦淖尔市的 14 个旗县，补贴资金总额达到 1.5 亿元。通过选择玉米种植面积大、种植结构调整意愿强、牛羊养殖优势突出的旗县区，采取青贮玉米收储补贴的方式，推动种养结合，促进奶牛等草食畜牧业发展，积极构建种养结合、粮饲兼顾的新型农牧业结构，为奶牛养殖提供了大量优质青粗饲料，收到了良好效果。2016 年全区玉米播种面积 349.8 万 hm^2，青贮玉米种植面积 61.38 万 hm^2，青贮年均贮量超过 2 600 万 t。年内完成国家高产优质苜蓿示范片区建设任务 5600 hm^2，全区苜蓿人工草地面积达到 53.33 万 hm^2，其中苜蓿灌溉草地面积 12.2 万 hm^2，荷斯坦牛存栏万头以上旗县区平均每头奶牛 0.067 hm^2 高产优质苜蓿。

【质量监管】截至 2016 年 12 月，内蒙古共有生鲜乳收购站 1 085 个，全部取得生鲜乳收购许可证，其中乳制品加工企业开办 165 个，占 15.2%；奶牛养殖企业开办 341 个，占 31.4%；奶牛养殖专业合作社开办 579 个，占 53.3%。生鲜乳运输车 889 辆，包括生鲜乳收购站自有 255 辆、乳制品加工企业自有 162 辆、租用 440 辆。启动上线了生鲜乳收购、运输监督管理系统，所有发证奶站、奶车全部纳入信息备案管理系统，实现旗县级发证，盟市、自治区两级同步备案。针对奶站和生鲜乳运输车两个重点环节，在全区 12 个盟市组织开展了生鲜乳违禁添加物质专项监测，全年抽检生鲜乳样品 2 200 批次，对三聚氰胺、皮革水解蛋白等国家公布的生鲜乳中可能添加的违禁物质开展了全覆盖监测，抽检结果全部合格，没有发现牛奶中添加违禁物质的违法行为，区内生鲜乳质量安全状况保持良好。伊利、蒙牛等乳企制定了《不合格原奶无害化处理管控制度》《不合格牛奶无害化处理方案》，对不合格生鲜乳进行排地、染色处理或饲喂犊牛。企业安排专人分片包干，负责驻站监管，并在其相关奶站的挤奶厅等关键部位全部安装了视频监控，对生鲜乳运输车进行 GPS 定位追踪，并加装电子铅封，实现了生鲜乳收购运输全程可追溯，

【政策法规】按照“企业主导、政府扶持、社会参与、农民自愿”的基本原则，重点支持荷斯坦奶牛存栏 1 万头以上主产旗县区，以中小规模养殖户和散养户向适度规模养殖转变为主攻方向，加快推进中小养殖户的规模化改造。2016 年落实中央财政奶牛标准化规模养殖建设资金 1.572 亿元，带动社会资本投入 7 898.7 万元，扶持规模化奶牛养殖牧场 142 个。在呼和浩特市土默特左旗、呼伦贝尔市额尔古纳市启动实施奶牛养殖大县整县推进试点项目，中央财政投入 3 000 万元，重点开展奶牛养殖粪污处理利用、种养结合设施完善、养殖设施改造等相关建设。结合国家政策，引导社会资本参与奶牛标准化养殖建设，推动种养结合，引导乳品加工企业把奶源基地作为企业的“第一车间”，推进奶源基地建设。

（内蒙古自治区农牧业厅畜牧处，杜哲）

辽宁省

【奶畜养殖】2016 年，全省奶牛存栏 34.8 万头，同比增长 3.54%，全年牛奶产量 143.5 万 t，同比增长 2.3%。主要养殖区域分布在法库县、新民市、苏家屯区、沈北新区、金州新区、抚顺县、义县、凌海市、阜蒙县、彰武县和铁岭县 11 个县（市、区）。

【奶源基地】辽宁省奶牛养殖以荷斯坦牛为主。主要情况如下：

奶牛良种补贴。一是延续做好 2015 年良种补贴冻精发放工作，至 2016 年年底全部发放到位，共计 41.4 万剂。二是落实 2016 年度奶牛良种补贴工作。采取按需补贴的方式，对全省奶牛良种补贴数量进行了调整，由 2015 年的补贴 20.7 万头调整为 2016 年的 5 万头，补贴冻精 10 万剂。

奶牛生产性能测定。 2016 年，全省参加奶牛生产性能测定牧场 23 家（不含辉山乳业），奶牛 13 135 头，

检测样品 64 506 个。生产性能测定有效地服务于生产企业，提高了牧场的饲养管理水平，促进生鲜乳质量大幅度提升。全省生鲜乳平均乳蛋白率 3.28%，平均乳脂率 4.05%，平均体细胞数 31.5 万个 /mL，这三项主要指标远远优于国家标准，已达欧盟标准。

规模养殖场改扩建。一是组织创建国家级奶牛畜禽养殖标准化示范场 1 个。二是通过实施辽西北生态场建设项目扶持新建 4 个奶牛生态养殖场。三是积极争取奶牛标准化规模养殖场建设项目 14 个、奶牛养殖大县种养结合试点项目 2 个。

粮改饲工作。2016 年，经以市为主体、省局专家参与，畜牧、财政部门联合验收确认，8 个试点县 318 个项目实施单位完成青贮玉米、优质牧草种植 3.31 万 hm^2、青贮总量 149.7 万 t，完成国家下达的种植面积 3.2 万 hm^2、青贮总量 144 万 t 任务指标的 103.3% 和 103.9%。

生鲜乳收购价格。据辽宁省奶业协会统计，2016 年，除辉山乳业外，全省生鲜乳平均收购价格在 3.3~3.8 元 /kg 区间波动，平均价格 3.7 元 /kg；最高收购价格出现在 6~8 月（原因：奶牛夏季热应激产量下降、“双节”备货），最低收购价格出现在 1~2 月（原因：节后消费市场低迷、产犊高峰）。千克奶生产成本 3.3~3.5 元，平均 3.4 元 /kg，若计算牛场的固定资产折旧，省内半数以上奶牛养殖企业处于亏损状态。

【政策法规】法制建设。《辽宁省动物防疫条例》由辽宁省第十二届人民代表大会常务委员会第二十二次会议审议通过，于 2016 年 2 月 1 日起实施。辽宁省畜牧兽医局为学习好、宣传好、落实好《辽宁省动物防疫条例》，在全省范围内开展了《辽宁省动物防疫条例》集中宣传培训活动。2015 年 12 月 14 日，召开了宣贯《辽宁省动物防疫条例》视频会议。2015 年 12 月 15 日，印发了《辽宁省动物防疫条例》宣传培训活动实施方案（辽牧发〔2015〕329 号）。2015 年 12 月 22 日，召开了《辽宁省动物防疫条例》宣贯师资培训会议。

政策扶持。2016 年国家下达辽宁省高产优质苜蓿示范区建设任务指标 1 333.33hm^2，建设标准为每公顷产干草 6 000kg 以上。项目区当年实际完成高产优质苜蓿种植面积 1 333.33hm^2，平均每公顷产干草 7 905kg，种植面积与任务指标持平，每公顷干草增加 1 905kg，增加了 31.75%。全省已建成高产优质苜蓿示范区 6 666.67hm^2。示范区建设有效带动了周边农民提高苜蓿种植水平，带动辽宁省苜蓿种植业的快速发展。

2016 年国家在辽宁省扩大粮改饲试点面积，下达 8 个试点县（区）青贮贮制任务指标 144 万 t，青贮饲料作物种植面积 3.2 万 hm^2。8 个试点县（区）当年实际完成青贮饲料贮制量 149.6 万 t，同比 2015 年增长 96.6 万 t，青贮饲料作物种植面积 33 066.67hm^2，同比增长 8 400hm^2；惠及规模化牛羊养殖场户 318 个，同比增长 267 个，分别增加了 181.9%、34.1% 和 523.5%。

【质量监管】2016 年，辽宁省批准的生鲜乳收购奶站有 214 家。其中，乳制品生产企业开办的奶站 28 家，奶畜养殖场开办的奶站 124 家，奶农专业合作社开办的奶站 62 家。生鲜乳收购站机械化挤奶率为 100%。其中婴幼儿奶粉奶源基地 18 家。

2016 年，农业部对辽宁省生鲜乳检测项目为：三聚氰胺、β－内酰胺酶、铅、汞、黄曲霉毒素 M1。抽检测样品数量为 100 个，检测全部合格。辽宁省生鲜乳质量安全监测对象：生鲜乳收购站、生鲜乳运输车辆、规模奶牛养殖场，其中乳粉企业奶源基地的奶站和生鲜乳运输车辆监测覆盖率 100%。生鲜乳收购站和生鲜乳运输车样品检测项目为三聚氰胺、革皮水解物、碱类物质、β－内酰胺酶四种违禁添加物；规模奶牛养殖场样品检测项目为 β－内酰胺类、阿维菌素类、氟喹诺酮类药物残留。2016 年，省、市、县共检测 5 425 批次，合格率为 99.80%。以沈阳市的辉山、蒙牛、伊利三家乳品公司作为三个监测点进行风险检测，每个监测点根据企业生鲜乳进厂检测的项目和相关风险项目制定风险监测项目，共风险检测 600 批次生鲜乳，全部合格。

（辽宁省畜牧兽医局，张建勋、刘景诗；辽宁省畜牧业经济管理站，林广宇）

沈 阳 市

【奶畜养殖】截至 2016 年年底，全市奶牛总存栏 8.69 万头，其中荷斯坦牛 8.12 万头，娟姗牛 0.57 万头；成母牛存栏 6.7 万头。主要分布在法库县等 8 个区县（市）。2016 年全市牛奶总产量 52.66 万 t，成母牛年均单产 7.3t。

【乳品加工】2016 年，沈阳市共有 3 家乳品加工企业（辉山、蒙牛、伊利），整体设计加工能力为 50 万 t，日处理生鲜奶能力达到 1 329t。2016 年乳制品总产量 37.65 万 t，产品主要有巴氏杀菌奶、超高温灭菌乳（UHT）、酸奶和乳饮料等，年产量分别为 11.3 万 t、9.5 万 t、8.7 万 t 和 8.15 万 t。

【奶源基地】2016 年，全市共有 60 个奶牛养殖场（养殖小区 7 个、独立牧场 53 个）。存栏 300 头以上的奶牛养殖场（区）共 45 个，其中：存栏规模 300~500 头的奶牛养殖场（区）10 个，500 头以上的奶牛养殖场（区）35 个。奶牛养殖场（区）机械化挤奶率达 100%；41 个养殖场安装使用信息化管理系统软件；牧场配备全混合日粮（TMR）搅拌设备，实施 TMR 饲喂技术；52 个养殖场配备了保温水槽。目前，沈阳市奶牛养殖场主要从澳大利亚、新西兰等国进口纯种荷斯坦牛和娟姗牛，实行现代化自营牧场集中养殖路线，单产达 9t，原奶指标均达到欧盟标准。其中，辉山乳业法库县登士堡牧场建有 60 位转盘榨乳厅，6 栋全封闭恒温奶牛舍及饲草饲料作业区。娟姗牛的榨乳转盘是国内第一家使用的榨乳转盘设备，这是一个60位的全功能数据控制的转盘，每小时可以完成420头奶牛挤奶任务。

2016年，全市苜蓿草种植面积达到1.04万 hm^2，玉米青贮及燕麦等奶牛粗饲料种植面积达到2.76万 hm^2。全年生产苜蓿草10.2万t，燕麦24.6万t，玉米青贮123.4万t。其中5 333.33hm^2苜蓿草经过验收评审，获"国家高产优质苜蓿示范片区建设项目"。市、区两级畜牧兽医行政主管部门落实强制免疫计划，口蹄疫等重点疫病免疫密度保持100%。开展奶牛布病、结核病检疫和评估认证，坚持按程序做好口蹄疫O型、亚洲I型和A型三个亚型的免疫工作，加强扑杀净化。加强奶牛养殖场动物防疫监管，实施动物卫生风险评估，根据风险等级实施分类监管。奶牛粪污处理主要采用堆积发酵后还田、生物有机肥、燃料块和牛粪生产沼气等无害化处理模式。2016年沈阳生鲜乳价格平均为4.00元/kg左右，奶牛平均年盈利3 600元/头左右。

【政策法规】由沈阳市农村经济委员会、沈阳市质量技术监督管理局、沈阳市标准化研究院起草修订了《生鲜牛乳收购站通用规范》。《生鲜牛乳收购站管理规范》《生鲜牛乳收购站操作规程》《生鲜牛乳收购站动物防疫技术规范》。沈阳市质量技术监督管理局沈北新区分局、蒲河分局、棋盘山分局，辽宁辉山乳业集团有限公司，辽宁伊利乳业股份有限公司，辽宁蒙牛乳业（集团）股份有限公司共同参与修订。

【质量监管】2016年，全市共有生鲜乳收购站60家。其中：奶牛养殖合作社开办的奶站6家，规模养殖场奶站52家。按照农业部和省畜牧局的要求，2016年对生鲜乳进行三聚氰胺、革皮水解物、碱类物质、β-内酰胺酶、β-内酰胺类、阿维菌素类、氟喹诺酮等抽检，共检测1 960批次，合格率99.4%。

沈阳市为进一步做好生鲜乳质量安全监管工作，紧紧围绕生鲜乳质量安全为中心，强化领导，加强生鲜乳收购站、准运车辆规范化管理，确保生鲜乳质量安全。根据《乳品质量安全监督管理条例》《生鲜乳收购管理办法》等相关规定，在全市范围内开展生鲜乳质量安全专项整治活动，加强生鲜乳质量安全监管。一是落实生鲜乳质量安全监管责任。各区、县（市）按照要求抓好生鲜乳安全生产管理工作，严格落实属地管理责任，进一步规范生鲜乳生产收购和监管工作。二是严格奶站和运输车日常监管，重点是婴幼儿配方乳粉奶源基地质量安全监管，并在奶源基地设置公示牌，将生鲜乳收购站、生鲜乳运输车辆全部纳入监管范围，确保生鲜乳质量安全。三是强化生鲜乳质量安全监督和执法。采取定期抽检和随机抽检相结合的方式，开展生鲜乳质量安全监督和执法工作，增加对奶站和运输车的检测频次，严厉查处非法使用添加剂等行为，确保全市不发生生鲜乳质量安全事件。四是加强生鲜乳收购站管理系统、畜牧业统计监测系统，实现实时监管和生产监测。加强与省畜牧兽医局监管部门沟通，每月定时提醒各区县（市）完成相关信息录入，并实施市级初审。

（沈阳市农村经济委员会，韩波、葛飞）

大连市

【奶畜养殖】2016年，大连市奶牛存栏1.35万头，牛奶产量4.66万t。截至2016年年底，全市年存栏50头以上的规模化养殖场（小区）计17家，奶牛存栏约1万头，占全市总存栏量的74%。奶牛养殖区域主要集中在金普新区、旅顺口区、瓦房店市和普兰店区，存栏量占全市总存栏量的96%。

【乳品加工】目前，全市乳品加工企业共有3个。其中，牛乳加工企业2个，羊乳加工企业1个。牛乳加工企业原料全部来自本市取得生鲜乳收购许可证的奶牛养殖场，羊乳加工企业原料来自陕西省羊乳奶站。乳品加工企业基本以销定产，市场消费量对加工企业影响很大。

【市场消费】大连市乳制品市场主要销售的国内品牌有三寰、心乐、辉山、蒙牛、伊利等。巴氏杀菌奶主要销售品牌是三寰、心乐、辉山。从本市乳制品消费市场发展趋势看，国外进口鲜奶对国内品牌形成一定的冲击，尤其对本市乳品加工企业带来很大压力。另外，奶吧形式销售也在大连形成一定规模。

【奶源基地】2016年，大连市继续推行奶牛良种补贴项目，项目资金共计149万元。通过招标采购北京首农畜牧发展有限公司奶牛中心（原北京奶牛中心）、上海奶牛育种中心有限公司和大连金弘基种畜有限公司3家种公牛站的优良奶牛性控精液共计1万剂，免费发放至全市奶牛饲养场（户），应用良种奶牛精液改良当地奶牛。

2016年，大连市青贮玉米种植面积3 933.33hm^2，青贮窖体积17.9万 m^3，青黄贮制作量11.8万t，其中瓦房店市5.25万t、金普新区5.23万t、普兰店区1.35万t。

【质量监管】2016年，大连市共有生鲜乳收购站15个，比2015年减少1个，原因是心乐乳制品公司下属养殖场合并。其中：12个为奶牛养殖场或养殖户，3个为乳品加工企业自建奶站。全市共有生鲜乳运输车辆11辆。大连市认真贯彻《乳品质量安全监督管理条例》和《生鲜乳生产收购管理办法》，严格规范生鲜乳生产、收购、运输行为，加强生鲜乳收购站规范管理，保障生鲜乳质量安全。全市对奶站和运输车辆进行了多次检查。对生鲜乳收购站及运输车辆开展了两次专项整治，并监督抽检。共监测生鲜乳样品462批次，其中，例行监测120批次，监督检测6批次，快速检测336批次，分别检测了三聚氰胺、碱类物质、革皮水解物、β-内酰胺酶、氟喹诺酮类、β-内酰胺类药物、阿维菌素类等项目，合格率为100%。进一步落实生鲜乳收购、运输环节质量安全主体责任，严格生鲜乳质量检验、不合格生鲜乳处理、安全制度落实等，未发生生鲜乳质量安全事件。

（大连市农村经济委员会，刘一帆）

阜新市

【奶畜养殖】2016年，阜新市奶牛存栏6.4万头，其中能繁母牛3.5万头，牛奶产量22.4万t，运营奶站63家。阜新市奶牛主要养殖区域分布在阜新蒙古族自治县和彰武县，分别占全市奶牛存栏量的17.7%和75%。全市奶牛饲养量和人均鲜奶占有量均居全省前列。目前阜新市奶牛养殖主要有三种模式：一是乳品企业自建基地。利用企业资金、技术等优势，建设高标准的现代化奶牛规模饲养场。彰武辉山乳业投资50亿元全产业链乳品产业集群项目，计划建设3 000头规模养殖场28个，总饲养规模达到8万头，作为企业稳定、优质、安全的原料基地。二是个人独资建设规模化奶牛场。牧场的基础设施建设、奶牛引进等由投资人独自投入，建成的牧场生产区、管理区、生活区、粪污处理区分开，且布局合理，建立场长负责制，实行企业化管理。全市年存栏100头以上奶牛规模化养殖场45家，通过先进的管理水平，使奶牛平均单产达到7t。三是成立奶牛养殖专业合作社。全市已成立奶牛养殖专业合作社58个。

【乳品加工】2006年1月1日内蒙古伊利实业集团股份有限公司颇具发展潜力的子公司——阜新伊利乳业有限责任公司落户阜新市高新区，企业总资产1.36亿元，4条生产线全部引进国际一流水平的超高温无菌奶生产设备。2010年4月伊利集团在阜蒙县民族工业园区高科技大道投资5.6亿元成立阜新伊利乳品有限责任公司，全部引进国外先进的液态奶生产线及加工技术，主要生产纯牛奶、高端奶、乳饮料等系列产品。2016年实际加工鲜奶9.4万t，产值实现7亿元。

【奶源基地】阜新市奶牛品种以荷斯坦牛为主，主要情况如下：

奶牛养殖场改扩建。2016年阜新市落实国家发改委奶牛标准化养殖场（小区）建设项目7个。

青贮种植。2016年阜新市共完成贮制玉米、牧草等青贮饲料34.4万m^3、28.2万t。

疾病防控。2016年，全市开展了布鲁氏菌病监测净化工作，普检奶牛9.48万头次，阳性率为0.045%。

生鲜乳收购价格。2016年阜新市生鲜乳全年平均价格为3.47元/kg。

【奶农组织】阜新市将中、小规模奶牛养殖户集中起来成立奶牛养殖专业合作社，实行统一饲养管理、统一防检疫、统一饲料配制、统一用药、统一销售的“五统一”管理模式。建立“公司+合作社+养殖户”的经营体制，使奶牛养殖户、奶站经营者和加工企业形成一个利益共享、风险共担的整体。

【政策法规】阜新市委、市政府高度重视奶业的发展，确立了优先发展奶业思路，对发展奶业采取各种形式的优惠政策，包括建青贮窖、买切割机、小区配套设施建设补贴和贷款贴息等。为促进奶业发展，阜新市坚持以市场为导向，以龙头企业为依托，以优质安全为基础，充分发挥资源、区位和政策优势，大力实施加工龙头带动、奶源基地建设、奶牛良种和饲草饲料开发三大工程，着力完善疫病防治、质量监控和新技术推广示范三大体系，全面推进奶业产业化经营，促进企业、农民、财政三增收。一是加大资金投入，扶持标准化规模化生产。扶持资金主要用于奶牛标准化养殖小区水电路等基础设施、防疫设施、粪污处理和无害化处理设施的标准化升级改造。2016年开始，争取到彰武县奶牛大县种养结合整县推进试点县项目，项目滚动实施3年，争取中央投资5 189万元，为近十年来单体项目资金额度最大的畜牧业项目。二是培育乳品加工企业。伊利乳业全年加工鲜奶9.4万t，产值实现7亿元，同比增长10.8%；彰武辉山乳业在彰武县投资50亿元的乳品综合加工项目进展顺利，建设内容包括：奶牛养殖场28个、奶粉厂1个、40万t饲料加工厂1个、屠宰厂1个。截至2016年年底已完成饲料加工厂、19座奶牛场、屠宰厂一期的建设。奶粉厂完成鲜奶化验车间主体、综合楼主体、主车间动力组基础、主动力车间塔楼一层及污水处理系统部分工程；屠宰厂二期主要完成深加工车间、宿舍楼、洗车房；污水处理站完成50%。三是大力推广奶牛饲养综合配套技术。全市奶牛100%实施机械化挤奶；推广玉米秸秆青贮饲料生产和使用，加速奶牛基地青贮壕（窖）建设；推广奶牛精料补充料配制和全混合日粮技术；实行统一良种、统一防疫、统一操作规范，降低养殖成本，提高生产水平。

【质量监管】阜新市多措并举，强化监督执法，保障乳品质量。一是实施驻站监督制度。畜牧兽医部门向全市66家生鲜乳收购站派驻质量监督员，加强对生鲜乳购销过程的监管，严格检查奶牛健康情况、牛奶质量、环境消毒、冷储设备、运输设施。二是实施质量保证书制度。驻站质量监督员与各奶站签订《生鲜乳收购站保证生鲜乳质量安全责任书》。三是开展生鲜乳质量安全监测工作。按照农业部要求，阜新市就生鲜乳质量安全监测工作进行安排部署，制定了《阜新市生鲜乳质量安全监测计划》，并按要求认真组织实施。经检测，生鲜乳合格率100%，检测结果表明生鲜乳质量安全可靠。四是加强奶牛疫病防控工作。在强化对奶牛养殖场（小区）防疫管理的同时狠抓检疫监督环节，严禁调运、倒卖染疫奶牛，在重大动物疫病集中免疫过程中，优先安排奶牛口蹄疫免疫注射。五是实施健康证管理制度。加强奶牛布病和结核病检疫工作，对经免疫、检疫和检验合格的奶牛发放健康证，要求生鲜乳收购站凭奶牛健康证收购生鲜乳。六是建章立制，规范管理。指导生鲜乳收购站建立六项制度和五项记录，即：《生鲜乳生产（收购）制度》《生鲜乳销售制度》《生鲜乳运输管理制度》《生鲜乳卫生安全管理制度》《生鲜乳检测制度》《生鲜乳收购站消毒制度》和《生鲜乳生产记录》《生鲜乳监测记录》《生鲜乳销售记录》《消毒记录》《不合格生鲜乳无害化处理记录》。七是开展送法进站到场（户）活动。将《乳品质量安全监督管理条例》等法律法规、规范、标准打印成册，免费发放到生鲜乳收购站和奶牛养殖场（户）。

【奶业大事】2016年9月29日，时任阜新市代市长甄杰会见伊利集团副总裁王维，就进一步深化合作交换意见，王维表示将继续扩大在阜投资规模，为阜新经济发展做出新贡献；辉山乳业在彰武县投资50亿元的乳品综合加工项目进展顺利，截至2016年年底已完成饲料加工厂、19座奶牛场、屠宰厂一期的建设。奶粉厂完成鲜奶化验车间主体、综合楼主体、主车间动力组基础、主动力车间塔楼一层及污水处理系统部分工程；屠宰厂二期主要完成深加工车间、宿舍楼、洗车房；污水处理站完成50%。

（阜新市畜牧兽医局，王波）

附表 1 辽宁省奶牛养殖场（小区）名录

序号	名称	养殖场	小区	全群存栏（头）	成母牛存栏（头）	奶畜品种	成母牛单产（t/年）	年总产（t）	是否参加DHI	是否应用TMR
1	宏力牧场奶站		√	146	87	荷斯坦	7.3	636		√
2	沈阳市韵氏奶牛养殖专业合作社	√		292	138	荷斯坦	5.6	768		√
3	辽中区彤昊奶牛场	√		295	201	荷斯坦	6	1 200		√
4	辽中区银和奶牛场	√		233	131	荷斯坦	5.8	756		√
5	辽中区邢柏奶牛场	√		209	135	荷斯坦	7.3	984		√
6	沈阳市富山奶牛繁殖场	√		204	126	荷斯坦	7.7	972		√
7	沈阳淑珍进口种牛养殖专业合作社	√		201	122	荷斯坦	5.2	624		√
8	塔山奶牛场		√	950	663	荷斯坦	7.2	4 776		√
9	盛达园牧场		√	109	70	荷斯坦	4.6	324		√
10	本溪木兰花乳业有限责任公司奶牛养殖场	√		830	451	荷斯坦	6.7	3 000		√
11	康平县梁家小区奶牛合作社		√	430	275	荷斯坦	6.6	1 800		√
12	康平县唐僧庙现代化奶牛养殖场	√		2 240	1 980	荷斯坦	10.8	21 480		√
13	康平县石头现代化奶牛养殖场	√		2 320	1 723	荷斯坦	6.1	15 612		√
14	康平县两家子现代化奶牛养殖场	√		2 010	910	荷斯坦	9.2	8 400		√
15	新民市贵赫奶牛养殖场	√		303	203	荷斯坦	7.0	1 416		√
16	新民市海江奶牛合作社		√	383	230	荷斯坦	4.3	996		√
17	新民市亿鑫源奶牛养殖场	√		45	25	荷斯坦	7.7	192		√
18	沈阳市金秋实牧业有限公司	√		710	342	荷斯坦	8.5	2 880		√
19	新民市民富养殖专业合作社	√		215	145	荷斯坦	6.7	960		√
20	新民市新权奶牛场	√		103	60	荷斯坦	4.2	252		√
21	新民市繁苒奶牛场奶站		√	370	300	荷斯坦	4.6	1 380		√
22	新民市顺腾奶牛养殖基地	√		230	200	荷斯坦	5.6	1 104		√
23	新民大汉屯奶牛养殖场奶站	√		117	61	荷斯坦	9.1	552		√
24	新民市吕隆奶牛合作社		√	362	252	荷斯坦	3.2	792		√
25	新民市毓然奶牛养殖场	√		349	300	荷斯坦	7.6	2 280		√
26	新民市姚堡乡和盛发养殖场	√		165	125	荷斯坦	5.6	696		√
27	新民市姚堡乡金海奶牛养殖场	√		322	282	荷斯坦	6.9	1 944		√
28	新民辉山太平牧业有限公司新民一牛场	√		1 962	990	荷斯坦	6.2	6 060		√
29	新民辉山太平牧业有限公司新民二牛场	√		2 220	1 030	何斯坦	6.1	6 240	√	√

（续）

序号	名称	养殖场	小区	全群存栏（头）	成母牛存栏（头）	奶畜品种	成母牛单产（t/年）	年总产（t）	是否参加 DHI	是否应用 TMR
30	沈北新区马刚现代化奶牛养殖场	√		440	218	何斯坦	5.2	1 116	√	√
31	沈北新区隆顺奶牛场	√		190	150	何斯坦	6.5	972		√
32	沈北新区武顺牧业有限公司	√		400	200	荷斯坦	6.6	1 320		√
33	沈北新区立新奶牛养殖场	√		2 120	1 950	娟姗	10.9	21 480		√
34	沈北新区朱家堡奶牛养殖场	√		2 250	2 110	荷斯坦	5.3	11 040		√
35	沈北新区曙光奶牛养殖场	√		2 390	2 170	荷斯坦	6.5	14 040		√
36	法库县晟楠奶牛养殖场	√		384	266	荷斯坦	5.3	1 404		√
37	登士堡现代化奶牛养殖场	√		2 973	2 127	荷斯坦	6.8	14 280		√
				3 547	3 103	娟姗	5.5	16 920		√
38	秀水现代化奶牛养殖场	√		2 350	1 980	荷斯坦	8.2	16 200		√
39	王树行子现代化奶牛养殖场	√		2 270	1 850	荷斯坦	8.2	15 120	√	√
40	石桩子现代化奶牛养殖场	√		2 400	1 850	荷斯坦	8.9	16 440		√
41	孙家屯现代化奶牛养殖场	√		2 270	1 930	荷斯坦	8.2	15 840		√
42	彭家堡现代化奶牛养殖场	√		2 150	1 690	荷斯坦	8.5	14 280		√
43	榆树坨现代化奶牛养殖场	√		2 360	1 880	荷斯坦	9.1	17 040		√
44	大三家子现代化奶牛养殖场	√		2 310	1 940	荷斯坦	8.3	16 080	√	√
45	双台子现代化奶牛养殖场	√		2 330	1 930	荷斯坦	7.8	15 000	√	√
46	太平山现代化奶牛养殖场	√		2 090	1 480	荷斯坦	9.0	13 200		√
47	哈户硕现代化奶牛养殖场	√		2 260	1 850	荷斯坦	8.4	15 480	√	√
48	八家子现代化奶牛养殖场	√		2 170	1 700	荷斯坦	8.2	13 920		√
49	杨家堡现代化奶牛养殖场	√		2 340	1 910	荷斯坦	7.8	15 000	√	√
50	四架山现代化奶牛养殖场	√		2 290	1 830	荷斯坦	8.1	14 760		√
51	靠边屯现代化奶牛养殖场	√		2 360	1 960	荷斯坦	8.5	16 560		√
52	吕家堡现代化奶牛养殖场	√		2 360	1 790	荷斯坦	8.2	14 520		√
53	腰达房现代化奶牛养殖场	√		2 260	1 880	荷斯坦	8.4	15 720	√	√
54	拉马章现代化奶牛养殖场	√		2 310	1 870	荷斯坦	8.4	15 600		√
55	七家子现代化奶牛养殖场	√		2 210	1 950	荷斯坦	8.2	15 840	√	√
56	庙台山现代化奶牛养殖场	√		1 920	1 650	荷斯坦	8.4	13 800	√	√
57	麻子泡现代化奶牛养殖场	√		2 270	1 940	荷斯坦	8.0	15 360	√	√

（续）

序号	名称	养殖场	小区	全群存栏（头）	成母牛存栏（头）	奶畜品种	成母牛单产（t/年）	年总产（t）	是否参加DHI	是否应用TMR
58	大康现代化奶牛养殖场	√		3 060	2 430	荷斯坦	7.5	18 120		√
59	敖牛堡奶牛养殖场	√		2 380	2 120	荷斯坦	8.8	18 480		√
60	团山子现代化奶牛养殖场	√		3 090	1 720	荷斯坦	7.4	12 600		√
61	大连三寰奶牛良种繁育基地	√		1 980	1 045	荷斯坦	9	8 837	√	√
62	心乐牟家奶站	√		706	376	荷斯坦	9	3 628	√	√
63	心乐北乐奶牛繁育中心	√		1 405	706	荷斯坦	8	3 401	√	√
64	金弘基从家奶站	√		989	578	荷斯坦	8	3 750	√	√
65	金弘基阿尔滨奶站	√		1 118	713	荷斯坦	8	5 301	√	√
66	大连盛丰牧业公司	√		1 029	489	荷斯坦	9.5	4 667	√	√
67	大连和大奶牛公司	√		598	306	荷斯坦	7.5	1 965	√	√
68	金州区林永盛牧场	√		204	135	荷斯坦	7.5	703		
69	旅顺华通奶牛场	√		62	30	荷斯坦	1.8	54		
70	大连盛大牧业有限公司	√		860	535	荷斯坦	9	2 880	√	√
71	大连奶牛场有限公司华宏分场	√		90	42	荷斯坦	7	450		
72	大连裕源牧业有限公司	√		350	220	荷斯坦	6.8	2 100		√
73	鞍山市顺鑫畜牧业发展有限责任公司	√		310	124	荷斯坦	6.8	843.2		√
74	鞍钢实业集团乳业有限公司养殖场	√		1 001	528	荷斯坦	7.2	3 801.6		√
75	鞍山市恒利奶牛场	√		631	218	荷斯坦	7	1 526		√
76	海城市佳鑫牧业发展有限公司养殖场	√		281	123	荷斯坦	6.5	799.5		√
77	佳禾牧业	√		1 058	380	荷斯坦	7.3	2 774		√
78	鞍山市安达奶牛养殖有限公司	√		437	224	荷斯坦	7	1 568		√
79	卧龙畜牧养殖场	√		74	40	荷斯坦	6	240		√
80	辽宁辉山乳业集团百花牧业有限公司百花牛场	√		2 822	0	荷斯坦			√	√
81	辽宁辉山乳业集团救兵牧业有限公司马和牛场	√		2 182	1 894	荷斯坦	9	14 296	√	√
82	辽宁辉山乳业集团救兵牧业有限公司松岗牛场	√		1 883	1 679	荷斯坦	9	10 571	√	√
83	辽宁辉山乳业集团峡河牧业有限公司峡河牛场	√		2 769	3	荷斯坦			√	√
84	辽宁辉山乳业集团峡河牧业有限公司小林牛场	√		2 833	0	荷斯坦			√	√
85	爱民牛仁牧业有限公司	√		150	102	荷斯坦	7	400		√
86	醇源牧业农民专业合作社	√		150	110	荷斯坦	4	330		
87	东港市升泰奶牛场	√		700	390	荷斯坦	7.8	3 050	√	√

（续）

序号	名称	养殖场	小区	全群存栏（头）	成母牛存栏（头）	奶畜品种	成母牛单产（t/年）	年总产（t）	是否参加DHI	是否应用TMR
88	凤城市升泰奶牛场	√		830	530	荷斯坦	8.0	4 250	√	√
89	丹东市派波乳业有限公司	√		498	250	荷斯坦	7	1 650		√
90	宽甸中地生态牧场有限公司	√		820	440	荷斯坦	8.5	4 400	√	√
91	车坊现代化奶牛养殖场	√		1 981	1 759	荷斯坦	8.0	14 343		√
92	东六台现代化奶牛养殖场	√		2 487	2 225	娟姗	4.9	11 874	√	√
93	高家屯现代化奶牛养殖场	√		1 894	2 011	荷斯坦	8.7	17 817		√
94	徐三家现代化奶牛养殖场	√		1 890	2 052	荷斯坦	7.6	14 704		√
95	河夹心现代化奶牛养殖场	√		1 893	2 086	荷斯坦	8.9	17 806		√
96	头道河现代化奶牛养殖场	√		1 601	1 704	荷斯坦	7.5	15 081		√
97	新庄子现代化奶牛养殖场	√		2 017	2 232	荷斯坦	8.8	15 527		√
98	常家屯现代化奶牛养殖场	√		2 002	2 176	荷斯坦	9.5	19 734	√	√
99	四台子现代化奶牛养殖场	√		2 260	2 586	娟姗	5.7	13 222		√
100	小荒地现代化奶牛养殖场	√		1 970	2 107	荷斯坦	8.7	16 996		√
101	义县前杨奶农专业合作社		√	285	190	荷斯坦	8	1 400	√	√
102	义县日红升奶牛养殖专业合作社		√	334	260	荷斯坦	7	1 300		√
103	义县众鑫奶牛专业合作社		√	308	200	荷斯坦	7	1 150		√
104	黑山县芳山镇得润养殖场	√		200	121	荷斯坦	6	600		
105	顺达奶牛养殖场	√		436	270	奶牛	7.02	1 895.4	√	√
106	阜蒙县大固本镇宏升奶牛养殖场	√		534	312	奶牛	7.91	2 467.92	√	√
107	阜蒙县利晟源牧业养殖场	√		501	310	奶牛	8.24	2 554.4	√	√
108	昌达奶牛合作社	√		186	89	奶牛	7.32	651.48		√
109	亨享奶牛养殖场	√		220	138	奶牛	7.35	1 014.3	√	√
110	东岗生态奶牛养殖场	√		482	316	奶牛	8.32	2 629.12	√	√
111	亚美奶牛养殖合作社	√		282	166	奶牛	6.71	1 113.86	√	√
112	同富奶牛养殖场	√		818	393	奶牛	7.93	3 116.49		√
113	富春奶牛养殖场	√		235	112	奶牛	7.32	819.84		√
114	碱锅奶牛专业合作社	√		486	298	奶牛	7.3	2 175.4	√	√
151	腾达奶牛专业合作社	√		227	129	奶牛	7.78	1 003.62	√	√
116	国强肉牛养殖场	√		283	162	奶牛	7.56	1 224.72	√	√

（续）

序号	名称	养殖场	小区	全群存栏（头）	成母牛存栏（头）	奶畜品种	成母牛单产（t/年）	年总产（t）	是否参加DHI	是否应用TMR
117	海纹奶牛专业合作社		√	273	144	奶牛	7.32	1 054.08		√
118	阜蒙县亚玲养牛专业合作社		√	370	310	奶牛	7.69	2 383.9	√	√
119	哈朋村王兆兴		√	526	316	奶牛	7.63	2 411.08	√	√
120	泓源奶牛养殖场	√		138	59	奶牛	6.96	410.64	√	√
121	养息牧场	√		390	230	荷斯坦	6	1 300		√
122	森林奶农专业合作社	√		380	240	荷斯坦	7.6	1 800		√
123	后新秋镇自强奶农专业合作社	√		320	200	荷斯坦	7.5	1 500		√
124	兴隆牧场	√		840	480	荷斯坦	9	4 300	√	√
125	东六镇官山牧场	√		410	210	荷斯坦	6.6	1 380		√
126	东六镇日生奶农专业合作社	√		400	210	荷斯坦	6.7	1 400	√	√
127	彰武县二郎山奶牛养殖场	√		320	190	荷斯坦	6.7	1 270		√
128	彰武县东六镇占元牧场	√		340	200	荷斯坦	8	1 600		√
129	满堂红乡万合奶农专业合作社	√		380	260	荷斯坦	6	1 500		√
130	东六镇牛兴奶农专业合作社	√		310	190	荷斯坦	6	1 100		√
131	彰武县龙腾奶牛专业合作社	√		520	390	荷斯坦	6.5	2 500	√	√
132	彰武县梓馨奶牛养殖场	√		350	210	荷斯坦	7.5	1 500		√
133	彰武县金鑫奶农专业合作社	√		330	220	荷斯坦	6.5	1 400		√
134	彰武县苇子沟镇殿荣养殖场	√		310	190	荷斯坦	7.2	1 360		√
135	辉山乳业彰武一场	√		2 340	2 120	荷斯坦	8.2	17 300		√
136	辉山乳业彰武二场	√		2 200	1 850	荷斯坦	8.3	15 000		√
137	辉山乳业彰武三场	√		1 990	1 680	荷斯坦	8.8	14 700		√
138	辉山乳业彰武四场	√		1 890	1 620	荷斯坦	8	13 000		√
139	辉山乳业三官场	√		1 440	4	荷斯坦	0	0		√
140	辉山乳业后新秋场	√		3 400	0	荷斯坦	0	0		√
141	辉山乳业刘家场	√		3 000	0	荷斯坦	0	0		√
142	辉山乳业红星场	√		3 400	0	荷斯坦	0	0		√
143	辉山乳业三道沟场	√		3 400	3	荷斯坦	0	0		√
144	辉山乳业二土场	√		1 620	1 480	荷斯坦	8.2	12 100		√
145	辉山乳业大五场	√		1 540	1 320	荷斯坦	8	11 000		√
146	辉山乳业新屯二场	√		2 200	1 800	荷斯坦	8	14 000		√

（续）

序号	名称	养殖场	小区	全群存栏（头）	成母牛存栏（头）	奶畜品种	成母牛单产（t/年）	年总产（t）	是否参加DHI	是否应用TMR
147	辉山乳业哈大冷场	√		1 900	1 700	荷斯坦	8	13 700		√
148	辉山乳业石岭场	√		2 400	2 150	荷斯坦	8	17 400		√
149	辉山乳业二道河子场	√		2 250	2 010	荷斯坦	8.3	16 600		√
150	辽阳环野养殖有限公司	√		1 206	651	荷斯坦	9.1	4 400		√
151	灯塔市博旺良种奶牛合作社	√		445	240	荷斯坦	7	1 600		√
152	辽阳顺兴实业集团有限公司		√	233	43	荷斯坦	6	278		√
153	盘锦金昌畜牧有限公司	√		1 005	460	何斯坦	10	4 600	√	√
154	大洼县曦然畜牧养殖专业合作社	√		298	150	何斯坦	5	750		
155	盘锦市大洼区明氏奶牛养殖专业合作社	√		210	60	何斯坦	6	360		
156	盘锦乳泉奶牛养殖有限公司	√		560	270	何斯坦	10	2 700	√	√
157	盘锦乔凯生态养殖场	√		242	120	荷斯坦	6.5	3 520		
158	盘锦奔腾奶牛养殖小区	√		57		荷斯坦				
159	盘锦源泉奶业专业合作社	√		956	412	荷斯坦	6.5	580		
160	辽宁清河奶牛专业合作社		√	730	610	荷斯坦	6	3 660		
161	辽宁辉山乳业集团丰源牧业有限公司德兴奶牛养殖场	√		2 370	2 010	荷斯坦、娟姗	9	17 135		√
162	辽宁辉山乳业集团丰源牧业有限公司神树奶牛养殖场	√		2 220	2 030	荷斯坦、娟姗	9	17 850		√
163	辽宁辉山乳业集团金星牧业有限公司丰乐奶牛养殖场	√		4 390	1	荷斯坦、娟姗				√
164	辽宁辉山乳业集团金星牧业有限公司青山奶牛养殖场	√		3 420	1	荷斯坦				√
165	辽宁辉山乳业集团金星牧业有限公司寿山奶牛养殖场	√		4 050		荷斯坦、娟姗				√
165	辽宁辉山乳业集团金星牧业有限公司富民奶牛养殖场	√		870		荷斯坦、娟姗				√
166	铁岭县平顶堡镇万兴养殖场	√		245	186	荷斯坦	4.5	650		
167	铁岭县百思特牧业养殖基地	√		390	240	荷斯坦	8	1 500	√	√
168	铁岭县种畜场鑫荣养殖场	√		110	70	荷斯坦	5	350		
169	毕再义养殖场			120	80	荷斯坦	5.2	400		
170	铁岭宏牛生态牧业有限公司	√		1 400	650	荷斯坦	9	5 800		√
171	铁岭安格斯牧业有限公司		√	270	150	荷斯坦	7	700		√
172	昌图县绿野奶牛养殖场		√	440	180	荷斯坦	6.5	1 170		√
173	昌图县溢康奶牛养殖专业合作社	√		1 200	902	荷斯坦	6	5 475	√	√

（续）

序号	名称	养殖场	小区	全群存栏（头）	成母牛存栏（头）	奶畜品种	成母牛单产（t/年）	年总产（t）	是否参加DHI	是否应用TMR
174	北票市天华奶牛养殖牧场奶站	√		2 598	1 519	荷斯坦	0.39	593		
175	北票市宏海牧业有限公司东沟奶站	√		4 452	2 616	荷斯坦	0.42	1 104		
176	祥合奶站	√		960	720	荷斯坦	0.47	340		
177	北票市五间房镇利民奶牛专业合作社利民奶站		√	3 660	2 340	荷斯坦	0.25	604		
178	山嘴奶站	√		123	82	荷斯坦	5	410	√	√
179	金研养殖有限公司	√		321	208	荷斯坦	5	1 040	√	√
180	建平县八家农场源润奶牛专业合作社	√		720	380	荷斯坦	11	2 372	√	√
181	建平县沙海安兴牧业有限公司	√		1 150	520	荷斯坦	15	5 596	√	√

附表 2　辽宁省乳品企业生产情况调查表

序号	名称	许可证号	年收购原奶量（t）	平均支付价格（元/kg）	其中：自有奶源量（t）	年乳制品产量（t）	其中：巴氏杀菌奶（t）	UHT 奶（t）	酸奶（t）	奶粉（t）	奶油（t）	奶酪（t）	乳饮料（t）	整体设计加工能力（t/年）	产品销售区域	是否参加DHI	是否应用TMR
1	蒙牛乳业（沈阳）有限责任公司	QS210110010279QS210106013170	46 583	4.5	12 297	70 864	20 380	18 000	13 400				15 260	120 000	全国		
2	辽宁伊利乳业有限责任公司	QS210106010152QS210105011483	30 267	4.5	13 425	52 718	18 260	13 000	12 200				11 480	100 000	全国		
3	辉山投资有限公司	QS210105010008　QS210106010600			500 778	252 918	74 360	64 000	61 400				54 760	280 000	全国		
4	大连心乐乳业有限公司	辽 210213（2017）007	16 480	3.8	9 541	17 890	11 680	138	5 375	0	0	0	697	3 万	大连辖区	11 329	−60
5	大连九羊乳业股份有限公司	辽 210282（2016）001	830	7	0	790	0	775	15	0	0	0	280	2 000	省内	1 600	
6	大连三寰乳业有限公司	辽 210200（2016）001	21 683	3.9	8 851	20 433	11 643	5 962	2 807				4.6			14 658	3 213
7	鞍钢实业集团乳业有限公司	SC10521030600015	8 000	3.8	4 000	9 000	3 600		3 600				1 800	16 000	鞍山	10 000	800
8	辽宁辉山乳业集团（抚顺）有限公司	SC10521042100034	52 605.50	4.14	52 605.50	10 272.17	0.00	3 840.11	0.00	5 633.38	795.54	3.14	0.00	11 424.00	全国		
9	本溪木兰花乳业有限责任公司	SC10521050400142	9 050	4.08	2 424	9 374	3 864		3 366				2 144	45 000	东北三省	8 047	414
10	丹东升泰乳业有限公司	Sc10521068100459	7 300	4.8	7 300	8 200	1 300	2 000	3 300				1 600	20 000	丹东	4 802	1.2
11	丹东派波乳业有限公司	Sc10521060215047	1 650	4	1 650	1 600	1 250		300				50	10 000	丹东	1 300	−30
12	锦州益多乐乳业有限公司	SC10521071100293	3 100	3.9	1 100	3 220	2 050		1 090				80	10 950	锦州、阜新、营口、葫芦岛	2 600	60
13	锦州市双八乳业有限公司	SC10521078300021	5 058.6	3.22	2 529	5 580	1 056		4 524					30 000	辽宁	4 624	487.3
14	辽宁辉山乳业集团（锦州）有限公司	SC10521072700291	145 684.09	4.45	145 684.09	135 117.29		71 555.52	41 056.53	9 024.02			13 481.21	222 812	全国	122 113.55	2 562.75

（续）

序号	名称	许可证号	年收购原奶量（t）	平均支付价格（元/kg）	其中：自有奶源量（t）	年乳制品产量（t）	其中：巴氏杀菌奶（t）	UHT 奶（t）	酸奶（t）	奶粉（t）	奶油（t）	奶酪（t）	乳饮料（t）	整体设计加工能力（t/年）	产品销售区域	是否参加DHI	是否应用TMR
15	阜新伊利乳品有限责任公司	辽 XK16-204-00465	98 846	3.91	0	93 531	46 384	0	0	0	0	0	47 147	240 000	全国各地	70 197	3 581
16	辽阳市奔月食品有限公司	67049694-9	1 180	4.02	4 678	1 092	350		742					2 600	辽阳 鞍山	1 352	363
17	铁岭市大牛乳品有限公司	SC10621120000050	7 500	3.60	5 800	7 500	2 000	2 000	3 000	100	0	0	400	50 000	全国市场	5 500	25
18	辽宁澳珍乳业有限公司	211300400003068	9 425	4	1 885	8 915	6 058		2 000			857		36 000	辽宁 河北 内蒙古	9 518	803

吉林省

【奶畜养殖】吉林省奶牛存栏 24.98 万头，主要品种为中国荷斯坦和乳肉兼用西门塔尔，牛奶产量 52.85 万 t。中国荷斯坦牛主要分布在吉林省中西部地区，长春、吉林、四平、白城、松原 5 个地区，乳肉兼用西门塔尔牛主要分布在松原市，以上地区奶牛存栏数量占全省总量的 97.2%。2016 年奶牛养殖业产值 23 亿元，占全省畜牧养殖业总产值的 1.8%。

【乳品加工】吉林省正常生产的规模以上乳制品生产企业 5 个。生产婴幼儿配方乳粉的企业有 3 个。2016 年收购生鲜乳总量 72 064t，同比基本持平。其中自有奶源量 38 471.1t，占收购总量的 53.4%。乳制品总产量 82 354t。其中：巴氏杀菌奶 13 804t，同比增长 2.4%；超高温灭菌（UHT）奶 25 628t，同比降低 43.6%；酸奶 20 787t，同比降低 13.2%；乳饮料 15 277t，同比降低 67.6%；奶粉 6 821t，同比增长 27.5%；奶酪 36.45t，同比增长 25%。巴氏杀菌奶产量增长幅度减小，UHT 奶和酸奶等液态奶产量下降，奶粉产量上涨。2016 年乳制品生产企业销售收入 78 523 万元，同比降低 14.3%，利润 7 319 万元，同比增长 55.6%。除白城龙丹乳业科技有限公司之外，其他乳制品生产企业的利润均有大幅提高。

【市场消费】吉林省人均牛奶占有量 19.3kg。在商场和超市内销售的乳制品种类逐年增多，主要有伊利、蒙牛、广泽、飞鹤、龙丹、雀巢、完达山、春光等乳企生产的产品。销售的主要产品有 UHT 奶、奶粉、酸奶、巴氏杀菌奶、含乳饮料等。部分商家有进口的乳制品入驻销售，以 UHT 奶和奶粉为主。入户销售的乳制品主要有巴氏杀菌奶和酸奶，以本地乳制品企业生产的产品为主。销售量较大的为 UHT 奶。巴氏杀菌奶销量增速放缓。

【奶源基地】吉林省存栏规模 1 000 头以上的奶牛养殖场（小区）15 个，奶牛存栏 25 497 头。规模养殖场有半数以上使用全混合日粮（TMR）技术，少数使用生产性能测定（DHI）技术。2016 年国家奶牛良种补贴资金 180.96 万元，补贴的奶牛冻精包括中国荷斯坦和乳肉兼用西门塔尔两个品种。奶牛标准化规模养殖场（小区）中央投资建设项目 12 个，申请中央投资 1 290 万元。吉林省各级动物防疫机构比较健全。在全省对奶牛开展口蹄疫强制免疫，每年至少进行两次检查考核，确保应免奶牛免疫密度达到 100%。开展奶牛布病、结核病检疫监测，加强扑杀净化。奶牛粪污处理方式主要是堆积发酵后还田，少数养殖场（小区）采用了生物有机肥、燃料块和沼气等无害化处理模式。

2016 年，生鲜乳收购站收购生鲜乳价格平均为 3.1 元 /kg，销售价格平均为 3.57 元 /kg。吉林省乳品加工企业收购生鲜乳平均价格为 3.55 元 /kg。饲养一头年产 5.5t 的泌乳牛，产奶纯收入近 2 000 元。

【奶农组织】吉林省有各级协会组织 8 个、奶业联盟 1 个。

【质量监管】一是开展生鲜乳质量安全监测工作。完成抽检生鲜乳样品 236 批次，超额完成 16 批次。检测结果均合格。同时组织开展了生鲜乳收购站标准化管理现场检查和生鲜乳运输车现场检查，检查结果均达标。

二是开展生鲜乳专项整治行动。切实落实生鲜乳质量安全监管责任。严格生鲜乳生产、收购和运输等环节监管，督促奶畜养殖者、生鲜乳收购站开办者和运输车经营者全面落实经营主体责任。严格生鲜乳收购站和运输车监管。加强收购站和运输车许可管理，加大日常检查和巡查力度，加强婴幼儿乳粉奶源监管，对婴幼儿乳粉奶源涉及的收购站、运输车和奶牛场全部建立档案，纳入重点监管。加强生鲜乳质量安全监测执法。加强生鲜乳收购秩序的检查，及时处理和反馈公众举报投诉，充分发挥社会监督作用。

三是加强生鲜乳收购站、运输车信息化管理工作。扎实推进“生鲜乳收购站运输车监督管理系统”和“生鲜乳收购站统计监测系统”运行，实行生鲜乳收购站和运输车的实时动态备案管理，进一步推进生鲜乳收购证和运输车准运证明联网审批和机打出证，实现生鲜乳收购站和运输车监管监测一体化。

【奶业大事】2016 年 11 月 3 日，吉林省奶业联盟（吉林区）成立大会在吉林市召开。

（吉林省畜牧业管理局，迟桂凤）

长春市

【奶畜养殖】2016 年全市奶牛存栏 4.2 万头，其中成母牛 2.04 万头；品种主要是荷斯坦牛，极少数是乳用西门塔尔牛。奶类总产量 6.6 万 t，奶产品产值 2.07 亿元，占畜牧业总产值的 0.7%。长春市奶牛养殖主要集中在榆树市、九台区等县（市）区，奶业生产呈现以下特点：

奶牛存栏有下降趋势。2016 年全市奶牛存栏 4.2 万头，比 2015 年减少了 1.32 万头，2016 奶牛存栏比 2015 年降低 23.9%。

规模化、标准化养殖水平逐年提高。2016 年，全市规模奶牛场（区）50 头以上达到 22 个，进场（50 头以上的养殖场）入区奶牛 1.378 万头，占全市奶牛存栏的 32.8%。全市有生鲜乳收购站 17 家，规模场（区）奶牛机械化挤奶率达到 100%（附表 3）。

奶牛单产水平有所提升。据统计，2016 年全市成母牛平均单产达到 5t，规模 50 头以上的养殖场母牛平均单产达到 5.8t（附表 4），比 2015 年提高了 2.2%。

【乳品加工】长春市目前只有吉林省乳业集团广

泽有限公司一家乳制品加工企业，现在正常生产。该公司年整体设计加工能力20万t（原设计能力为18万t，2016年新上2万t巴氏奶生产线），2016年实际加工奶量4.57万t，产值4.42亿元，利润5062万元。产品类别主要有：UHT奶（超高温瞬时灭菌奶简称为UHT奶）、酸奶、巴氏杀菌奶、奶粉、奶酪及乳饮料等六大类100余个品种。从目前的发展形势看，全市经销的乳制品主要由广泽有限公司和蒙牛、伊利、辉山等企业提供，广泽公司在市场的占有率正在逐步提高，份额越来越大，生产形势较好，发展前景非常乐观。

【市场消费】2016年全市人均占有牛奶量达到14.5kg，乳制品消费量10kg，消费支出125元。通过对大型商场和超市等乳制品销售情况进行调查，其销售乳制品种类及价格如下：

长春市乳制品销售市场品牌及种类繁多，蒙牛、伊利、辉山、雀巢、光明、完达山等国内知名品牌以及本地的广泽有限公司的产品在超市、市场均有销售，产品类型主要以UHT奶、酸奶、各种乳饮料，价格约为12.5元/kg，国内外各大品牌奶粉（包括成人及婴幼儿配方）在该市也均有销售。

广泽乳品公司在市区内有配送站（点），配送新鲜的巴氏杀菌奶，价格约为18.5元/kg。

从该市奶类市场的巴氏杀菌乳、UHT奶、酸奶、奶粉等产品的消费看，UHT奶消费量位居首位，奶粉销量排在第二位，酸奶第三位，巴氏杀菌奶第四位。UHT奶消费比重约占牛奶销量的一半。

就目前看，今后仍然会保持目前的消费态势。

【奶源基地】全市50头以上规模奶牛场（区）达到22个，入区奶牛13 780头，占全市奶牛存栏的32.8%。22个规模场中，其中，存栏1 000头以上场（区）1个，存栏奶牛6 927头，占规模奶牛场奶牛存栏的50.26%；500~999头场（区）4个，存栏奶牛2 946头，占规模奶牛场奶牛存栏的21.37%；300~499头场（区）6个，存栏奶牛2 946头，占规模奶牛场奶牛存栏的15.4%；100~299头场（区）7个，存栏奶牛1 461头，占规模奶牛场奶牛存栏的10.6%；50~99头场（区）4个，存栏奶牛313头，占规模奶牛场奶牛存栏的2.27%。

目前，在长春市只有广泽有限公司奶牛养殖场和吉林农业大学教学实验场使用生产性能测定（DHI）技术。长春市使用全混合日粮（TMR）技术的有榆树市保寿镇团山村奶牛养殖场和九台市营城镇广泽有限公司奶牛养殖场等共11家；其他奶牛养殖场（小区）未使用全混合日粮（TMR）技术，粗饲料主要以干玉米秸和青黄贮玉米秸为主，青干草少量，精料主要以全价配合饲料为主。

奶牛繁殖技术方面，2016年分配国家奶牛良补细管冻精20 400剂，中标单位有新疆天山畜牧生物工程股份有限公司和吉林省德信生物工程有限公司。奶牛全部采用人工授精配种，改良效果较好。

奶牛疫病防控方面，主要是由各县（市）、区动物疫病预防控制中心和各乡镇畜牧兽医站共同完成；乡镇畜牧兽医站主要负责奶牛免疫，主要采用统一下发的O型－亚1-A型三价联苗进行口蹄疫免疫。动物疫病预防控制中心负责布病、结核病疫病检测等健康检查，发现阳性病畜及时上报并捕杀，目前为止，尚未发现阳性奶牛。

奶牛养殖场粪便处理方式：广泽奶牛养殖场实施生物酵素发酵消化；圣泽养殖场实施发酵压块，用于地炉燃烧取暖；其他奶牛养殖场均为堆积发酵，还田施肥。

2016年全市生鲜乳收购站，交售给乳品加工企业，奶价统计：广泽乳业公司收购价3.8元/kg；完达山公司收购价3.0~3.7元/kg；吉林春光乳业公司收购价3.6元/kg；还有一家养殖场销售给制作糕点企业，销售价为5.5元/kg。其余的城边周围养殖场，销售给城市奶吧，售价为4~6元/kg。

对规模奶牛场养殖效益进行调查，每头泌乳牛按年产鲜奶平均5.8t计算，每千克鲜奶的综合生产成本（包括人工、饲料、治疗等费用）按3.5元计算，除产牛犊外，按2016年鲜奶销售平均价格3.7元/kg计算，2016年养殖场每头产奶牛年出售牛奶净收入为：(3.7~3.5)×5 800=1 160.00元。

【奶农组织】2016年，全市共有4个奶农专业合作社，与2015年一致，其中榆树市有3个奶农合作社；农安县有1个奶农合作社，会员总数为60人。合作社每年组织培训班两次，培训人数110人次。主要对荷斯坦牛良种繁育、品种改良技术、荷斯坦牛养殖中的饲养管理、原料奶生产和质量控制、全混合日粮（TMR）配置、青黄贮饲料调制、疫病防控、养殖环境污染等多个方面进行培训。授课分理论课程与实训课程，并与学员们现场沟通交流，收到了良好的学习效果，提高了奶农科学饲养水平，交流了经验，引导奶农向标准化规模养殖方向发展。

【政策法规】长春市为了促进奶牛养殖业发展，制定了《长春市省级乳品产业园区建设规划》，出台了相关的扶持政策，一是出台了《青黄储饲料补贴政策》，主要是给予青储窖、打包生物饲料补贴；二是在用地审批手续方面给予了大力支持，九台市营城万头荷斯坦奶牛场在征地方面是零地价提供；其他政策性补贴是农发项目和省牧业小区扩建项目补贴。

【质量监管】全市生鲜乳质量监管的对象主要是：生鲜乳收购站和运输车监管。全市有生鲜乳收购站17个，其中奶牛养殖场开办的奶站11个，奶牛养殖合作社开办的奶站4个，乳品加工企业开办的奶站2个；全市乳质品运输车2辆。对城市奶吧和散养奶牛也着手实施检测和监管。

长春市畜牧业管理局对生鲜乳质量安全监管工作非常重视，紧紧围绕生鲜乳质量安全为中心，强化领导，加强对生鲜乳收购站的检测和监管工作，采取日常监管和专项整治相结合的措施。一是坚持属地管理的原则，明确落实具体监管单位及监管责任人，奶站监管具体由各县（市、区）畜牧局负责，日常监管由各乡镇畜牧站负责，并指定质量监督员专门负责奶站管理，对榨乳过程进行全程监管，采取留样和定期抽样制度，每年对奶站抽样四次。同时对奶牛的饲养环节进行监管，包括奶牛使用的饲料和兽药。二是强化责任追究。建立责任追究制度，在执行工作时，要明确责任分工，具体工作落实到人头，一级对一级负责，哪一级出现问题，就追究哪一级的责任，哪个人出现问题就追究哪个人的责任。三是强化督导检查。在对奶站等食品安全领域进行日常监管的同时，还要加强督导检查的力度，不定期地进行巡回检查，及时发现隐患，及时进行整改和完善。加强违法的追究和处理力度，形成高压态势，严厉打击违法者。四是加强食品卫生知识宣传。首先加强《畜牧法》和《农产品质量安全法》等法律法规的宣传，下半年印制违禁物添加明白纸，实施宣传。一方面强化企业者守法经营的自觉性和法律意识，另一方面让老百姓懂得食品安全知识，自觉抵制不安全食品行为，建立起依法维权的自觉行为。五是对生鲜乳收购站及运输车信息情况实行月报表制度。各乡镇畜牧站监管人员每月至少一次进行现场检查监管，并填写好监管记录。监管人员要24h开机，实行24h监控。

按照农业部和省畜牧局的要求，省药检所、市畜牧局、市畜牧总站组成联合检查组，对该市生鲜乳收购站及运输车辆进行了联合督导检查，并对生鲜乳收购站及运输车辆进行了现场抽样检测，2016年共抽检奶样8次75个批次，主要检测三聚氰胺、皮革水解物和碱类等物质，抽样检测全部达标和合格。

【奶业大事】2016年，广泽乳业有限公司（广泽农牧科技有限公司奶牛场营城）万头奶牛养殖场，奶牛养殖均使用TMR技术，奶牛单产达到6.52t。年销售收入44 215.35亿元，利润达到5 062.19万元。

（长春市畜牧总站，李朝辉）

白城市

【奶畜养殖】白城市奶牛品种以中国荷斯坦牛为主，奶牛养殖主要分布在五个县（市、区），即：洮北区、镇赉县、通榆县、洮南市、大安市。2016年全市奶牛存栏13万头，其中成母牛5.4万头，牛奶总产量29.6万t，平均每头产奶奶牛的单产达到5.5t，奶业产值达9.5亿元，约占畜牧业总产值的8%。

奶业的健康稳定发展有效地带动了饲草饲料业、运输业、建筑建材业等相关产业的发展。

【乳品加工】白城市有乳品加工企业3个，年设计加工能力25.27万t，实际乳制品总产量4 082.8t，销售收入达13 617.87万元，利润达708.39万元。龙丹乳业主要生产婴幼儿配方奶粉、成人配方奶粉两大类别，6大系列共计50余个品种。艾倍特乳业主要产品有启程、启智、启越系列、超级启越、超级启智系列婴幼儿配方奶粉，它是吉林省内首家获得婴幼儿奶粉生产许可证的企业。阿宝乳业主要生产巴氏杀菌奶和酸奶。

【市场消费】白城市城镇人口年人均奶类消耗量约为15kg，居民以选购知名大品牌的产品居多，主要有蒙牛、伊利、完达山、辉山等。主要品种有巴氏杀菌奶、超高温灭菌奶、风味益生菌酸牛奶（草莓味、大枣味、原味等），本地区枕式包装200mL的巴氏杀菌奶，零售价在2.5元左右，此类产品也是消费主流。婴幼儿奶粉国产的主要品种有雀巢、贝因美，进口品种有惠氏、雅培、安婴宝等。市场消费特点和发展趋势是以纯牛奶为主，其次为酸奶。

【奶源基地】经过几年来的产业转型升级和标准化规模养殖场建设的推进，2016年白城市运营奶站51个。规模养殖情况，存栏300~499头的规模养殖场（小区）达到13个，存栏量为9 856头，占全市奶牛存栏的7.5%；存栏500~999头规模养殖场（小区）达到24个，存栏量为38 214头，占全市奶牛存栏的29.4%；存栏1 000头以上规模养殖场（小区）达到15个，存栏量为66 074头，占全市奶牛存栏的50.8%。目前，全市奶牛规模化养殖场（小区）全部采用TMR饲喂技术，规模较大的养殖场应用了DHI技术，奶业生产全面步入机械化榨乳时代。

由于青贮料气味芳香、适口性好，营养价值高，可解决奶牛冬春青绿多汁饲料供给，大幅提高奶牛产奶量。青贮料的使用可以减少精饲料用量，既降低了奶牛的饲养成本又减少了奶牛代谢疾病的发生，大大降低了奶牛因病死亡，增加了奶牛的利用年限。另外青贮饲料宜于储存、容易推广，因此青贮技术在奶牛场（小区）得到广泛普及。2016年全市苜蓿种植面积6 000hm^2，年产量1.8万t，青饲、青贮玉米种植面积达4.1万hm^2，年青贮量达到71万t。

在奶牛良种方面，使用性控冻精，有条件地使用优良名品的冻精。2016年通过省畜牧业管理局的统一招标，该市得到由吉林德信生物工程有限公司提供的奶牛良种精液33 000剂，通过统一送精送氮的方式补贴给奶牛户；由于该市奶牛实行集中规模化养殖，在疫病防控方面能够做到及时、统一、全面，一直以来未发生大规模疫情；粪污处理方式还是以还田为主。

全市生鲜乳主要销往蒙牛和伊利两家乳企，生鲜乳收购年均价格为：牧场平均收购价格为3.71元/kg、小区平均收购价格为3.23元/kg（含奶站管理费）。

养殖效益分析：

1. 养殖场每头奶牛年经济效益分析

收入部分：平均每头奶牛年生产总收入约为29 975元，其中包括：年平均产奶量约为7.5t，当前乳企鲜奶收购平均价格为3.71元/kg，则年平均鲜奶销售收约为27 825元；奶牛年产粪肥收入平均约为150元；犊牛价格约为2 000元/头（公牛犊每头价格1 500元、母牛犊每头价格 2 000 元，大型养殖场使用性控精液），则奶牛产犊年收入约为 2 000 元。

投入部分：平均每头奶牛年生产总投入约为 21 255 元，包括：饲料投入平均约为 15 330 元（以每头每天精、粗饲料总投入平均 42 元计算）；水电及其他生产性辅助投入平均约为 1 825 元（以每头每天投资平均 5 元计算）；防疫消毒、配种及疾病治疗等日常费用平均约为 1100 元；人员工资平均 3 000 元 / 人・年。

经济效益：平均每头奶牛年收益约为 8 720 元。

2. 养殖小区（合作社）每头奶牛年经济效益分析

收入部分：平均每头奶牛年生产总收入约为 17 650 元。其中包括：年平均产奶量约为 5t，当前奶站鲜奶收购价格为 3.23 元 / kg，则年平均鲜奶销售收入约为 16 150 元；犊牛价格约为 1 500 元 / 头（公、母牛犊每头价格 1 500 元）。

投入部分：平均每头奶牛年生产总投入约为 12 270 元，其中包括：饲料投入约为 9 490 元（以每头每天精、粗饲料总投入平均 26 元计算）；水电及其他生产性辅助投入平均约为 730 元（以每头每天平均 2 元计算）；防疫消毒、配种及疾病治疗等日常费用平均约为 550 元；人工费 1 500 元 / 人・年。

经济效益：平均每头奶牛年收益约为 5 380 元。

【奶农组织】白城市共有奶业协会 6 个，奶牛养殖专业合作社共有 60 个。奶业协会本着“协调、服务、维权、自律”的办会宗旨，积极履行职责，充分发挥奶业行业协会上对政府，下对奶企、奶农的桥梁和纽带作用，扎实工作，积极发挥奶牛生产专业合作社的作用，规范合作社的生产行为，通过专业合作组织指导广大养殖户科学养殖。但是由于近年来奶业发展进入“瓶颈”期，市、县（区）两级奶业协会面对错综复杂的市场大环境无法起到相应的作用，为了缓解这一局面，在市畜牧部门的主导下，目前正在重新整合市级奶业协会，完善组织机构，力争为白城市奶业健康发展研究制定措施和办法。

【质量监管】加强对生鲜乳生产收购、运输环节监督检查，强化奶站管理者及奶户对违禁物质添加危害性的认识，提高生鲜乳收购站、运输车标准化管理水平，有效保障了生鲜乳质量安全。依法规范养殖场户、生鲜乳收购站的生产经营行为，严厉打击无证经营和在生鲜乳生产、收购和运输环节违法添加三聚氰胺等有毒有害物质的行为。确保奶牛养殖户检查率达到 100%、生鲜乳收购站检查率达到 100%、生鲜乳运输车检查率达到 100%、生鲜乳质量安全违规查处率达到 100%。继续推行“两证一单”制度和生鲜乳运输车辆准入制度和入厂交接单制度，有效实施生鲜乳收购和运输环节的全程监管，切实做到“谁发证、谁负责、谁监管”。为严厉打击生鲜乳中添加违禁物质的各类违法行为，按照省监测计划的要求，全年共抽取生鲜乳样品 179 批（次），其中生鲜乳收购站 171 批（次）、运输车 8 批（次），经检验全部合格。

（白城市畜牧业管理局，王为）

附表 1　吉林省奶牛养殖场（小区）名录

序号	名称	养殖场	小区	全群存栏（头）	成母牛存栏（头）	奶畜品种	成母牛单产（t/年）	年总产（t）	是否参加 DHI	是否应用 TMR
1	广泽农牧科技有限公司奶牛场	√		6 958	3 872	荷斯坦	6.52	20 199	√	√
2	白城市恒利源乳业有限公司奶牛养殖场	√		1 580	950	荷斯坦	8	4 200	√	√
3	北京首农畜牧发展有限公司白城分公司奶牛养殖场	√		2 916	1 631	荷斯坦	9	12 000	√	√
4	洮南市新野牧场	√		1 185	630	荷斯坦	5.65	3 560		√
5	镇赉瑞信达原生态牧业有限公司	√		14 700	6 000	荷斯坦	11	66 000	√	√
6	洮南市永茂乡引蛟奶牛养殖专业合作社		√	1 075	441	荷斯坦	5.7	2 514		√
7	洮南市万宝奶农专业合作社		√	1 420	670	荷斯坦	5.86	3 926		√
8	洮南市永茂三段奶牛养殖专业合作社		√	1 237	560	荷斯坦	5.73	3 209		√
9	洮南市野马乡永安奶牛养殖专业合作社		√	1 258	684	荷斯坦	5.77	3 947		√
10	洮南市万宝西太平奶农专业合作社		√	1 326	650	荷斯坦	5.87	3 816		√
11	洮南市福顺镇翟家奶农专业合作社		√	1 465	629	荷斯坦	5.73	3 604		√
12	洮南市鑫龙源牧场	√		1 268	627	荷斯坦	5.91	3 706		√
13	洮南市那金丰华奶牛养殖专业合作社		√	1 330	731	荷斯坦	5.63	4 116		√
14	洮南市中绿生态农业发展有限公司	√		1 153	575	荷斯坦	6.56	3 772		√
15	大安市吉尧牧业有限责任公司	√		1 326	639	荷斯坦	4.3	2 683	√	√

附表 2　吉林省乳制品生产企业名录

序号	名称	许可证号码	年收购原奶量(t)	平均支付价格(元/kg)	其中：自有奶源量(t)	年乳制品产量(t)	其中：巴氏杀菌奶(t)	UHT 奶(t)	酸奶(t)	奶粉(t)	奶油(t)	奶酪(t)	乳饮料(t)	整体设计加工能力(t/年)	产品销售区域	年销售收入(万元)	利润(万元)
1	广泽乳业有限公司	SC10522010819127	45 796.4	3.54	23 333.51	66 220.95	4 303.99	25 628.43	20 536.84	688.03		36.45	15 027.21	200 000	东北三省、山东、北京、上海	44 215.35	5 062.19
2	吉林市春光乳业有限责任公司	SC10522020431800	8 500	3.4	1 500	10 000	9 500		250				250	20 000	吉林省	14 000	1 400
3	白城龙丹乳业科技有限公司	QS220805020002 QS220805012004	2 248	3.34	564	970				970				180 000	全国	3 438	−1318
4	镇赉飞鹤艾贝特乳业有限公司	SC10522082103179	12 167.53	3.98	118 94.3	2 762.8285				2 762.8285				72 000	全国	9 969.87	1 986.39
	合计		**72 063.57**	**3.55**	**38 471.66**	**82 353.7785**	**13 803.99**	**25 628.43**	**20 786.84**	**6 820.8585**		**36.45**	**15 277.21**	**502 000**		**78 523.22**	**7 318.58**

附表 3 长春市奶牛养殖场（小区）名录

序号	县（市、区）	养殖场（小区）、户名称	养殖场	小区	全群存栏（头）	成母牛数量（头）	奶畜品种	年总产（t）	是否参加 DHI	是否应用 TMR
1	榆树市	榆树市团山奶牛养殖场	√		910	370	荷斯坦	1 585	否	是
2	九台区	九台市通慧养殖业农民专业合作社		√	561	386	荷斯坦	1 658	否	是
3		九台市广源牧业有限公司		√	897	591	荷斯坦	2 589	否	是
4		广泽农牧科技有限公司奶牛场		√	6 958	3 872	荷斯坦	20 199	是	是
	合计				9 326	5 219		26 031		

附表 4 长春市乳制品生产企业名录

名称	许可证号码	年收购原奶量（t）	平均支付价格（元/kg）	其中：自有奶源量（t）	年乳制品产量（t）	其中：巴氏杀菌奶（t）	UHT 奶（t）	酸奶（t）	奶粉（t）	奶油（t）	奶酪（t）	乳饮料（t）	整体设计加工能力（t/年）	产品销售区域	年销售收入（万元）	利润（万元）
广泽乳业有限公司	SC10522010819127	45 796.4	3.54	23 333.51	66 220.95	4 303.99	25 628.43	20 536.84	688.03		36.45	15 027.21	20	东三省、山东、北京、上海	44 215.35	5 062.19

备注：1. 自有奶源指来自自建和参建（控股、参股）牧场（小区）的原奶。2. 企业有多个许可证号的，均要填报。3. 填报 2016 年度生产情况。

附表 5　白城市奶牛养殖场（小区）名录

序号	名称	养殖场	小区	全群存栏（头）	成母牛存栏（头）	奶畜品种	成母牛单产（t/年）	年总产（t）	是否参加DHI	是否应用TMR
1	白城市兴盛奶牛养殖有限公司奶牛养殖场	√		860	374	荷斯坦	8	2 600	√	√
2	白城市恒利源乳业有限公司奶牛养殖场	√		1 580	950	荷斯坦	8	4 200	√	√
3	白城市鑫牛乳业有限责任公司奶牛养殖场	√		511	322	荷斯坦	8	1 600	√	√
4	白城市洮北区工农奶牛养殖农民专业合作社奶牛养殖园区		√	530	312	荷斯坦	6	700	否	√
5	北京首农畜牧发展有限公司白城分公司奶牛养殖场	√		2 916	1 631	荷斯坦	9	12 000	√	√
6	洮南市新野牧场	√		1 185	630	荷斯坦	5.65	3 560	否	√
7	洮南市香儒奶牛有限公司	√		953	469	荷斯坦	5.85	2 744	否	√
8	洮南市向阳青松奶牛养殖专业合作社		√	963	531	荷斯坦	5.84	3 101	否	√
9	洮南市瓦房三家子奶牛养殖专业合作社		√	836	424	荷斯坦	5.57	2 362	否	√
10	洮南市万宝乡复盛奶农专业合作社		√	787	430	荷斯坦	5.41	2 326	否	√
11	洮南市永茂乡引蛟奶牛养殖专业合作社		√	1 075	441	荷斯坦	5.7	2 514	否	√
12	洮南市那金镇路家堡奶农专业合作社		√	982	475	荷斯坦	5.48	2 603	否	√
13	洮南市旭日村恒利农奶牛专业合作社		√	728	332	荷斯坦	5.72	1 899	否	√
14	洮南市洮府奶牛养殖专业合作社		√	430	228	荷斯坦	5.9	1 345	否	√
15	洮南市万宝奶农专业合作社		√	1 420	670	荷斯坦	5.86	3 926	否	√
16	洮南市永茂三段奶牛养殖专业合作社		√	1 237	560	荷斯坦	5.73	3 209	否	√
17	洮南市万宝乡蒙古沟奶农专业合作社		√	827	381	荷斯坦	5.53	2 107	否	√
18	洮南市万宝乡民主奶农专业合作社		√	831	375	荷斯坦	5.43	2 036	否	√
19	洮南市野马乡新安奶牛养殖专业合作社		√	920	457	荷斯坦	5.65	2 582	否	√
20	洮南市那金镇新立村杨勇奶牛养殖场	√		680	326	荷斯坦	5.53	1 803	否	√
21	洮南市那金镇互利奶牛养殖专业合作社		√	752	349	荷斯坦	5.92	2 066	否	√
22	洮南市那金奶牛养殖专业合作社		√	862	415	荷斯坦	5.36	2 224	否	√
23	洮南市那金镇兴顺奶农专业合作社		√	960	472	荷斯坦	5.6	2 643	否	√
24	洮南市野马乡永安奶牛养殖专业合作社		√	1 258	684	荷斯坦	5.77	3 947	否	√
25	洮南市野马乡忠臣奶牛养殖专业合作社		√	692	312	荷斯坦	5.64	1 760	否	√
26	洮南市万宝西太平奶农专业合作社		√	1 326	650	荷斯坦	5.87	3 816	否	√
27	洮南市万宝乡东巽奶牛养殖专业合作社		√	950	478	荷斯坦	5.92	2 830	否	√
28	洮南市福顺镇翟家奶农专业合作社		√	1 465	629	荷斯坦	5.73	3 604	否	√
29	洮南市鑫龙源牧场	√		1 268	627	荷斯坦	5.91	3 706	否	√

（续）

序号	名称	养殖场	小区	全群存栏（头）	成母牛存栏（头）	奶畜品种	成母牛单产（t/年）	年总产（t）	是否参加DHI	是否应用TMR
30	洮南市那金丰华奶牛养殖专业合作社		√	1 330	731	荷斯坦	5.63	4 116	否	√
31	洮南市胡力吐双庙前屯奶农专业合作社		√	607	256	荷斯坦	5.96	1 526	否	√
32	洮南市中绿生态农业发展有限公司	√		1 153	575	荷斯坦	6.56	3 772	否	√
33	洮南市东升进步奶牛养殖专业合作社		√	958	448	荷斯坦	5.85	2 621	否	√
34	洮南市富泉奶牛养殖专业合作社		√	993	435	荷斯坦	5.82	2 532	否	√
35	洮南市祥宇奶牛养殖场	√		782	396	荷斯坦	6.58	2 606	否	√
36	大安市吉尧牧业有限责任公司	√		1 326	639	荷斯坦	4.3	2 683	√	√
37	大安市鑫达牧业农民专业合作社		√	580	310	荷斯坦	4.1	1 302	√	√
38	瑞信达牧场	√		14 700	6 000	荷斯坦	11	66 000	√	√

附表6　白城市乳制品生产企业名录

序号	名称	许可证号码	年收购原奶量（t）	平均支付价格（元/kg）	其中：自有奶源量（t）	年乳制品产量（t）	其中：巴氏杀菌奶（t）	UHT奶（t）	酸奶（t）	奶粉（t）	奶油（t）	奶酪（t）	乳饮料（t）	整体设计加工能力（t/年）	产品销售区域	年销售收入（万元）	利润（万元）
1	白城市阿宝乳制品有限公司	QS220805010330（乳制品）	350	3.2	350	350	250		100					700	洮北区	210	40
2	白城龙丹乳业科技有限公司	QS220805020002（配方） QS220805012004（乳制品）	2 248	3.34	564	970				970				180 000	全国	3 438	−1 318
3	镇赉飞鹤艾倍特乳业有限公司	SC10522082103179	12 167.53	3.98	11 894.3	2 762.8285				2 762.8285				72 000	全国	9 969.87	1 986.39
			14 765.53		12 808.3	4 082.8285				3 732.8285				252 700		13 617.87	708.39

备注：1. 自有奶源只来自自建和参建（控股、参股）牧场（小区）的原奶。2. 企业有多个许可证号的，均要填报。3. 填报2016年度生产情况。

黑龙江省

2016年上半年，黑龙江省奶业延续了2014年以来的低迷势头；乳制品消费量增长仍然缓慢；进口乳制品挤压国产乳制品有限的生存空间；具有垄断地位的乳企使用进口大包装奶粉量有增无减；部分乳企原料粉出现积压。这些因素的累加效应直接传导至奶牛养殖环节，导致黑龙江省60%的奶牛场和奶牛小区受制于乳企的低价、限收、拒收影响，处于亏损和保本生存状态，散户大面积退出养殖。2016年下半年，新西兰恒天然全脂大包装奶粉网上拍卖售价由低转高(售价由年初的1.9万元/t上升到年末的3万元/t)，乳企重新将眼光投向区域奶源基地建设，奶价一度转高，个别乳企已开始争抢奶源，就在各方预测行业形势全面抬头时，奶牛养殖利好趋势持续三个月后却再次转低，黑龙江省奶业形势进入严峻且无法预测的时期。

【奶畜养殖】截至2016年年底，根据国家统计局黑龙江省调查总队数据显示，黑龙江省奶牛存栏177万头(其中成母牛达100万头)，同比下降8.6%。全年生鲜乳产量546万t，同比下降4.3%。全省3万头存栏以上的县市有13个，奶牛存栏量约为129万头，约占全省存栏量的73%。黑龙江省奶牛存栏和牛奶产量分别占全国的13%和15%，仍居全国第二位。

奶价与成本：2016年，黑龙江省奶业协会跟踪12个奶业主产市县的1 000余个规模化奶牛场，全年平均奶价为3.40元/kg，其中前9个月平均奶价为3.36元/kg，后3个月平均奶价为3.54元/kg。同时抽样测算了40个规模化奶牛场的养殖成本，1kg奶成本平均为3.49元，2016年后3个月奶牛场进入止损阶段，并稍有盈余，但好形势仅持续3个月又再次转低。

生产水平与奶质：奶牛平均单产5.7t。根据黑龙江省奶业协会针对294个奶牛场的调查数据显示，80%的生乳中乳脂肪、乳蛋白、细菌总数和体细胞数等指标超过或接近欧盟和美国标准，奶源品质得到了大幅度提高。分析原因：一是在全国乳制品加工原料过剩的大背景下，乳品企业按生乳品质“去低留高”，高品质的规模化奶牛场获得了生存保证，低水平规模场和散户面临残酷的优胜劣汰，或选择主动提高水平，或是选择被动退出。另一方面，黑龙江省政府扶持资金建立的182个现代示范奶牛场逐渐投产，新增奶牛21.8万头，无论是单产还是乳指标均居全省前列，进一步助推了奶业的转型升级和生乳品质的提高。

【乳品加工】黑龙江省不但培育了完达山、飞鹤、龙丹、摇篮、红星和万家宝等一批国内具有较高知名度和市场占有率的地方品牌，国内外知名的乳业集团雀巢、伊利、蒙牛、光明、贝因美、娃哈哈等也在省内投资布局。全省现有获证乳制品生产加工企业77家(婴幼儿配方奶粉企业31家)，规模以上企业53家，约占全国1/10，年加工鲜奶能力达到1 004万t，产能居全国第一位。2016年全省乳制品产量196万t，居全国第五位。乳制品中液态奶产量140万t，乳粉55.4万t，约占全国总量36%；婴幼儿配方奶粉产量20万t，约占全国总量的1/3。乳品加工业主营业务收入379亿元，居全国第二位，上缴税金20亿元。2016年，黑龙江省乳制品加工企业总体盈利较好，但平均增速放缓。

【市场消费】黑龙江省乳制品消费水平低于全国平均水平，因为习惯消费肉类和酒精饮料，相应乳制品消费量就较少。2016年黑龙江省人均消费乳制品仅29kg，人均乳制品消费支出为251.6元。根据黑龙江省奶业协会调查，当前消费者倾向于选择灭菌奶、发酵乳和乳饮料，低温奶消费量呈上升趋势，高附加值和低附加值“高低两头”受到消费者的青睐，同时大型超市的进口液态奶呈增长趋势，分别来自新西兰、澳大利亚、俄罗斯和德国等，越南和韩国乳制品也有销售，进口乳制品的消费群体扩大，进一步挤压国产奶的市场空间。

2016年，黑龙江省学生饮用奶供应企业有伊利、完达山、飞鹤、龙丹4家乳品企业，全年完成学生奶配送超3.1亿份，对学生计划的推广发挥重要作用。

【奶源基地】奶牛饲料：2016年黑龙江省苜蓿草种植留床面积4.47万hm^2，新增种植5.2hm^2，苜蓿草产量21.2万t；全省玉米种植面积644.13万hm^2，青贮玉米种植面积为9.2万hm^2，青贮玉米产量450万t，秸秆黄贮产量290万t，为奶牛业发展提供充足的饲料资源。

疫病防控：黑龙江省是人流和物流的始末端，具有奶牛疫病防控的天然屏障，同时黑龙江省启动实施《全省中长期动物疫病防治规划》，保证“内疫不发生、外疫不传入”，实现了布病和口蹄疫的零发生。

粪污处理：黑龙江省主要采用自然堆肥发酵处理、牛粪压块处理、牛粪生产沼气等处理方式，目前常用的方式是固液分离后进入氧化池进行三级氧化，但仍有关键技术点未攻克，第三级氧化结束后多数无法完全达到国家排放标准。

【政策法规】2016年，黑龙江省政府启动了“两牛一猪”标准化规模养殖基地建设项目，对新建的存栏300头以上泌乳牛的146个规模化奶牛场进行补贴，每个单元补助300万元。项目建设实行“先建后补”，政府重点对土建、设备投入进行补助。土建已完工并设备安装完成，且存栏数量达到确定规模60%以上(奶牛母牛为12月龄以上)的建设项目给予补助。

2016年黑龙江省大力推进“粮改饲”试点工作，在继续保留2015年齐齐哈尔市、克东县和双城区3个试点县的基础上，新增加林甸县、杜蒙县、安达市3个县(市)为试点县，共6个试点县(市)。以扶持全株玉米青贮饲料为主，兼顾苜蓿和燕麦青贮饲料生产。采取先贮后补的方式，按照青贮饲料的实际贮量进行补贴。补贴对象为奶牛存栏50头以上且收贮量达到250t以上的奶牛规模养殖场(合作社、小区)，以及具有稳定的青贮饲料供销订单且收贮量达到500t以上的专业收贮企业(合作社)。补贴标准为每吨青贮饲料补贴不超过50元(1立方米窖容按贮700kg青贮饲料进行折算)。

(黑龙江省奶业协会，张维银、阿晓辉)

附表 1 黑龙江省奶牛养殖场（小区）名录

序号	名称	养殖场	小区	全群存栏（头）	成母牛存栏（头）	奶畜品种	成母牛单产（t/年）	年总产（t）	是否参加DHI	是否应用TMR
1	哈尔滨杏林牧业发展有限公司	√		2 170	1 245	荷斯坦	8.4	8 200	√	√
2	八五七农场朝阳奶牛场	√		899	451	荷斯坦	7.5	3 302	√	√
3	富锦市头兴牧业公司	√		903	456	荷斯坦	7	2 911	√	√
4	松花江奶牛场	√		1 500	800	荷斯坦	7	5 500	√	√
5	齐梅良种乳牛繁育科研基地	√		795	351	荷斯坦	7.5	2 499	√	√
6	八五一一农场完达山良种奶牛场	√		1 338	669	荷斯坦	10.5	6 300	√	√
7	富锦市天野牧业有限责任公司	√		930	428	荷斯坦	7.3	3 120	√	√
8	双城市嵘森牧业有限公司	√		1 199	519	荷斯坦	7	3 550	√	√
9	安达市园中园牧业养殖有限责任公司	√		826	653	荷斯坦	7	4 000	√	√
10	青冈县山东屯奶牛场	√		620	370	荷斯坦	10.8	3 800	√	√
11	绥化市裕达牧业有限公司奶牛养殖场	√		1 287	550	荷斯坦	9	4 500	√	√
12	大庆市星星火农业科技有限责任公司	√		890	360	荷斯坦	7	2 500	√	√
13	科菲特龙安桥示范牧场	√		457	242	荷斯坦	9	2 100	√	√
14	哈尔滨文臣奶牛场	√		560	260	荷斯坦	6.6	1 790	√	√
15	黑龙江龙佳生态牧业有限公司奶牛养殖场	√		4 986	2 300	荷斯坦	10	22 990	√	√
16	宝清县圣源奶牛养殖专业合作社	√		2 200	1 199	荷斯坦	8	9 592	√	√
17	黑龙江省九三农垦盛澳奶牛养殖专业合作社	√		1 485	930	荷斯坦	7.9	7 100	√	√
18	安达市澳森有限公司	√		3 886	2 024	荷斯坦	10	19 000	√	√
19	林甸优然牧业有限责任公司	√		3 630	2 235	荷斯坦	9.3	20 000	√	√
20	林甸众晔奶牛养殖场	√		1 046	982	荷斯坦	8.5	8 000	√	√
21	黑龙江省元中园牧业有限公司	√		850	398	荷斯坦	7.5	3 300	√	√

备注：请在养殖场或小区列中选择打钩；如参加 DHI 或应用 TMR，请在相应表格中打钩。

上 海 市

【奶畜养殖】

上海奶牛养殖500头以上规模与中小型牧场比较，优势十分明显，牛奶产量和质量等各项指标明显高于中小型牧场，特别是具备人才和管理优势，坚持科学养牛、确保奶牛健康舒适的理念，实现高产出效益，在全市奶业生产中起到了领头羊作用，带动了全市奶牛生产水平整体的提高。

表 4-9　2016 年上海奶牛规模养殖情况

饲养规模（头）	牧场数（个）	奶牛数（头）	占牧场总数百分比（%）	占总存栏量百分比（%）
101~200	6	859	9.23	1.11
201~500	21	7 468	32.31	9.66
501~1 000	20	14 485	30.77	18.75
1 001~10 000	16	29 575	24.62	38.27
10 000 头以上	2	24 886	3.08	32.21
合计	**65**	**77 273**	**100**	**100**

2016年由于浦东新区迪士尼周边区域的开发，黑臭河道、畜禽养殖场专项整治和生态环境治理工作的推进，浦东新区关闭了25个奶牛场，奶牛饲养数比2015年减少7 252头，饲养总量呈现负增长，奶牛养殖实施区域和结构的调整。2016年年底上海饲养荷斯坦牛7.73万头，比2015年8.17头减少5.44%，其中上海本地存栏5.06万头，同比减少12.8%（主要为浦东新区），域外存栏2.67万头，同比增长12.7%（主要为江苏海丰）。2016年年底饲养成乳牛4.05万头，比2015年同期4.04万头增长0.20%；2016年生鲜乳总产量36.37万t，比2015年37.05万t同比减少1.85%；生鲜乳上市总量34.35万t，比2015年35.62万t同比减少3.55%；2016年成乳牛平均累计单产9 486.46kg，比2015年9 356.98kg同比增长1.38%；截至2016年年底有奶牛场65个，全部为规模化奶牛场，比2015年年底96个，同比减少32.29%（表4-9和表4-10）。

【乳品加工】2016年上海地区共有乳品加工企业10个，生产乳制品包括巴氏杀菌奶、UHT奶、奶粉、酸奶、奶酪。

【市场消费】上海地区2016年城镇居民人均奶制品（折合成原料奶）消费量约40kg。各种乳制品消费量：鲜奶 29kg/人，奶粉0.8kg/人，酸奶9.5kg/人，奶酪0.7kg/人；2016年光明学生奶公司全年销售2.65亿，与2015年基本持平。目前销售半径覆盖24省（市、自治区），日均供应学生奶近100万盒，最高日供数达110万盒。

【奶源基地】

奶牛养殖归属情况：2016年上海奶牛养殖归属情况见图4-1。

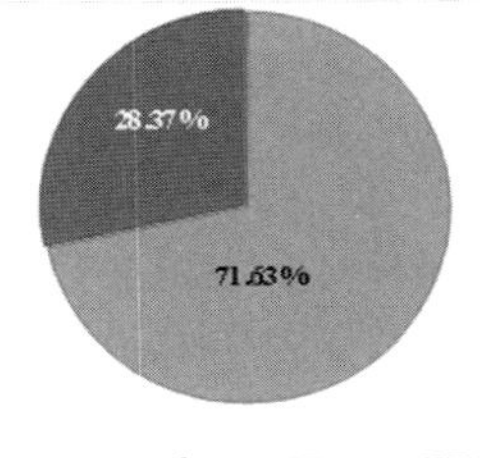

奶牛场类别	头数	占比（%）
光明食品集团	55352	71.63
郊区	29218	28.37
合 计	77273	100

图 4-1　2016 年上海奶牛养殖归属划分

表 4-10　2016 年 12 月份上海奶牛生产概况

地区	总头数	其中				规模场		生鲜乳总产量（万kg）	成乳牛平均单产（kg）	上市生鲜乳总量（万t）
		成乳牛	育成牛	发育牛	犊牛	牧场数	头数			
合计	77 273	40 478	8 337	14 429	14 029	65	77 273	36 367.22	9 486.46	34 358.64
去年同期	81 718	40 396	9 951	18 535	12 836	96	81 718	37 053.26	9 356.98	35 624.13
比去年同期增减（%）	−5.44	0.20	−16.22	−22.15	9.29	−32.29	−5.44	−1.85	1.38	−3.55
郊区小计	21 921	11 385	3 551	3 987	2 998	41	21 921	10 959.13	8 317.95	10 613.79
嘉定区	820	411	160	161	88	1	820	382.71	9 458.29	364.51
宝山区	2 773	1 710	468	428	167	7	2 773	1 426.11	8 020.92	1 400.69
浦东新区	1 693	781	223	393	296	6	1 693	1 972.70	8 534.68	1 890.81
奉贤区	4 946	2 413	1 020	801	712	10	4 946	1 889.46	7 552.27	1 835.94
松江区	675	370	45	140	120	1	675	382.54	10 890.31	372.12
金山区	4 258	2 226	366	898	768	8	4 258	2 042.23	9 619.34	1 972.50
崇明县	6 756	3 474	1 269	1 166	847	8	6 756	2 863.38	7 728.20	2 777.22
光明食品集团	55 352	29 093	4 768	10 442	11 031	24	55 352	25 408.09	10 098.34	23 744.86

2016年原上海牛奶集团经营奶牛场整体并入光明乳业下属上海光明荷斯坦牧业有限公司。光明食品集团奶牛饲养头数达到55 352头，占全市的71.63%，占有率同比2015年增加约8个百分点，光明乳业自有牧场奶牛头数增加，奶业产业一体化的进程得到发展和提高。而随着浦东新区的退养，上海郊区奶牛饲养头数降至21 921头，仅占全市的28.37%，占有率相比2015年低约8个百分点。

奶牛养殖区域分布：2016年上海奶牛养殖区域分布见图4-2。

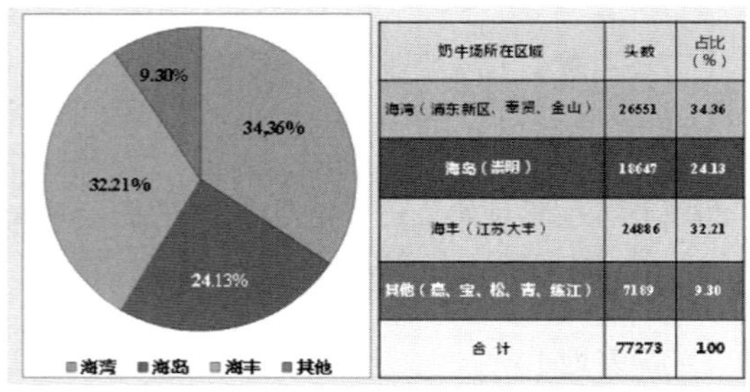

奶牛场所在区域	头数	占比（%）
海湾（浦东新区、奉贤、金山）	26551	34.36
海岛（崇明）	18647	24.13
海丰（江苏大丰）	24886	32.21
其他（嘉、宝、松、青、练江）	7189	9.30
合 计	77273	100

图4-2 2016年上海奶牛养殖区域分布

上海奶牛养殖区域主要分布在“三海”，即：海湾、海岛和海丰（江苏大丰）。2016年和2015年相比，由于浦东新区奶牛的退养和江苏海丰二期申丰万头奶牛场的投产，原有区域布局有所变化。海湾（浦东新区、奉贤、金山）2016年饲养奶牛26 551头，占34.36%，比2015年减少6.86个百分点；海岛（崇明）2016年饲养奶牛18 647头，占24.13%，比2015年增加1.01个百分点；海丰（江苏大丰）2016年饲养奶牛24 886头，占32.21%，比2015年增加4.77个百分点；其他（嘉、宝、松、青、安徽练江）地区2016年饲养奶牛7 189头，占9.30%，比2015年增加1.08个百分点。

奶牛结构分布：2016年上海奶牛结构分布见图4-3。

牛群结构	头数	占比（%）
成乳牛	40478	52.38
育成牛	8337	10.79
发育牛	14429	18.67
犊牛	14029	18.16
合 计	77273	100

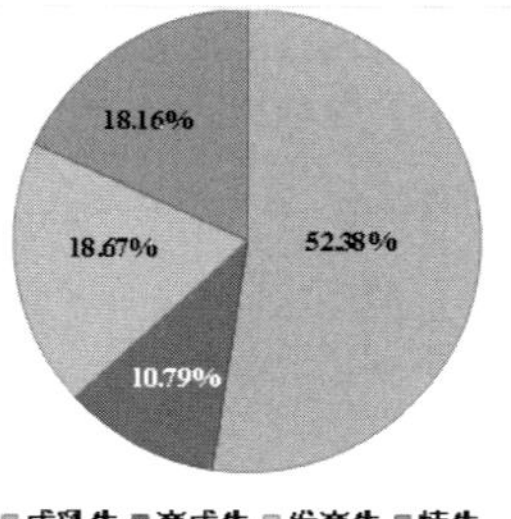

图4-3 2016年上海奶牛结构分布

2016年上海奶牛群结构分布合理，成乳牛40 478头，占52.38%（比2015年的49.43%增加2.95个百分点）；育成牛8 337头，占10.79%（比2015年的12.18%减少1.39个百分点）；发育牛14 429头，占18.67%（比2015年的22.68%减少4.01个百分点）；犊牛14 029头，占18.16%（比2015年的15.71%增加2.45个百分点）。

奶牛平均单产分布情况：2016年上海奶牛平均单产分布情况见图4-4。

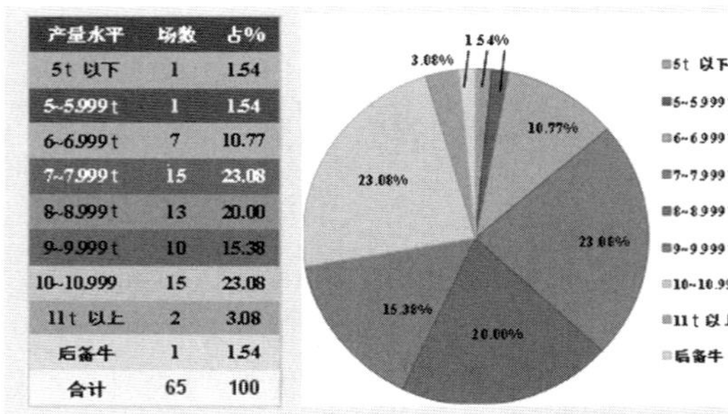

产量水平	场数	占%
5t 以下	1	1.54
5-5.999 t	1	1.54
6-6.999 t	7	10.77
7-7.999 t	15	23.08
8-8.999 t	13	20.00
9-9.999 t	10	15.38
10-10.999	15	23.08
11t 以上	2	3.08
后备牛	1	1.54
合计	65	100

图4-4 2016年上海奶牛平均单产分布（按牛场数统计）

按奶牛场统计，2016年奶牛单产超过8 000kg的有40个奶牛场，占61.54%。因为这些奶牛场的规模均比较大，所以按奶牛头数统计，奶牛单产超过8 000kg的奶牛场共饲养62 487头荷斯坦奶牛，占80.86%。2016年上海有17个牛场成乳牛单产超过10t，其中两个牛场成乳牛单产超过11t（表4-11和表4-12）。

表4-11 2016年上海市成乳牛单产超11t以上的奶牛场

单产排名	牧 场	总头数（头）	成乳牛（头）	平均单产（kg）	比去年同期增减（kg）
1	金山区振华奶牛场	793	398	11 381	+494
2	光明荷斯坦胡桥牧场	873	464	11 038	+322

表4-12 2016年上海市成乳牛单产超10t以上的奶牛场情况

单产排名	牧 场	总头数（头）	成乳牛（头）	平均单产（kg）	比去年同期增减（kg）
1	松江区秋红奶牛场	675	370	10 890	+541
2	光明荷斯坦朱桥奶牛场	511	288	10 781	−934
3	光明荷斯坦江苏申丰奶牛场	12 924	7 139	10 694	−171
4	光明荷斯坦星火奶牛一场	785	439	10 469	−32
5	光明荷斯坦申星奶牛场	1 723	920	10 454	+126
6	光明荷斯坦东风奶牛一场	947	682	10 350	+520
7	光明荷斯坦金山种奶牛场	5 096	2 686	10 262	−406
8	光明荷斯坦江苏海丰奶牛场	11 962	6 318	10 261	−99
9	金山区金山卫奶牛场	346	188	10 225	346
10	上海牛奶集团香花奶牛场	1 088	588	10 217	−70
11	浦东新区希迪奶牛场	1 352	707	10 170	
12	光明荷斯坦佳辰牧场	933	713	10 006	591
13	光明荷斯坦鸿星奶牛场	644	486	10 003	669
14	金山区忆南奶牛公司	1 229	669	10 001	
15	光明荷斯坦星火奶牛二场	1 118	641	10 001	−341

表 4-13 2016 年上海市原料奶按质论价体系（1~12 月）

基准价价格计算				
经双方协商，2016 年 1 月 1 日起至 6 月 30 日每千克收购价 3.80 元。光明乳业推出牧场分级奖励措施。				
计算方法：脂肪含量 × 脂肪单价 + 蛋白含量 × 蛋白单价 = 每千克生奶价格				
1% 脂肪单价（元）	1% 蛋白单价（元）	标准价（元）	脂肪比例	蛋白比例
0.526	0.71	3.80	45%	55%
经双方协商，2016 年 7 月 1 日起至 12 月 31 日每千克收购价 3.75 元。脂肪大于 3.7%、蛋白大于 3.3% 的部分不再加价。				
计算方法：脂肪含量 × 脂肪单价 + 蛋白含量 × 蛋白单价 = 每千克生奶价格				
1% 脂肪单价（元）	1% 蛋白单价（元）	标准价（元）	脂肪比例	蛋白比例
0.520	0.63	3.75	45%	55%
冰点				
-0.500~-0.504		扣 0.04		
-0.505~-0.507		扣 0.02		
-0.508~-0.549		不奖不扣		
>-0.549		可以拒收		
≤ -0.500		可以拒收		

表 4-14 上海牛奶质量情况（2014 年和 2015 年第一季度和 2010 年同期比较，全市平均值）

年 份	每天收购量（t）	细菌数（万个 /mL）	体细胞数（万个 /mL）	乳脂率（%）	乳蛋白率（%）
2010 年第一季度	810.2	8.33	68.50	3.51	3.04
2014 年第一季度	1 028.9	6.49	54.75	3.60	3.22
2015 年第一季度	1 080.3	4.82	46.19	3.60	3.18

其他指标：

牛奶抗生素残留量检测为阴性的判为“合格奶”；若为阳性，判为“不合格奶”。

牛奶黄曲霉毒素 M_1 残留量≥ 0.5mg/kg 的，判为“不合格奶”。

牛奶亚硝酸盐含量 >0.2mg/kg 的，判为“不合格奶”。

重金属，农药残留超标，拒收。

【质量监管】

生鲜乳质量和价格情况：上海地区生鲜乳质量在全国范围处于领先地位。现行生鲜乳收购检测乳脂率、乳蛋白率、细菌数、抗生素残留、黄曲霉毒素 M_1、冰点、亚硝酸盐、体细胞数八大指标，以严格的标准，用经济杠杆手段，引导奶牛场生产更优质的生鲜乳，来获取更高的经济效益。2014 年和 2015 年第一季度与 2010 年第一季相比收购的生鲜乳数量和质量都有明显提高，收购量、乳脂率、乳蛋白率逐年提高，细菌数、体细胞数逐年下降（表 4-14）。自 2008 年 5 月，上海建立了生鲜乳价格协商机制以来，奶牛生产保持了良性的发展，加上第三方监测，优质优价机制不断完善。

上海奶业行业协会承担《上海市生鲜乳分等分级》标准制度项目。经过对上海原料乳生产、加工企业调研，了解生鲜乳质量的生产实际情况，根据生鲜牛乳日常监控的数据分析统计，参考国际乳业发达地区对生鲜乳的质量要求和先进标准，组织上海奶牛养殖、乳品加工和生产、技术管理人员编制《上海市生鲜乳分等分级》。完成标准征求意见稿，征求 5 名专家意见，根据专家意见进行修改完成标准上报稿，再经有关部门批准后，由上海市质量技术监督局发布作为《上海市地方标准》实施。2016 年 3 月上海奶协组织乳企和奶农代表讨论制定了《调整上海地区生鲜乳微生物及体细胞项目计价办法》，自 4 月 1 日起上海生鲜乳收购率先在全国实现欧盟标准（表 4-15 和表 4-16）。

表 4-15 上海地区生鲜乳微生物及体细胞项目计价办法（新旧标准对照表）

项目	检测值（万个 / mL）	原标准（元 / kg）	新标准（元 / kg）2016 年 4 月 1 日起执行
体细胞	≤ 25	+0.10	+0.12
	> 25 ≤ 40	+0.05	+0.05
	> 40 ≤ 75	0.00	-0.10
	> 75 ≤ 100	-0.10	-0.50
	> 100 ≤ 200	-0.50	-1.00
	> 200	-1.00	-2.00
微生物	≤ 10	+0.04	+0.04
	> 10 ≤ 30	0.00	0.00
	> 30 ≤ 50	-0.04	-0.10
	> 50 ≤ 100	-0.10	-0.20
	> 100	-0.30	-0.50

表 4-16 光明乳业 2016 年上半年牧场分级奖励规定

等级	成乳牛规模 或年生鲜乳交售量	分级奖励（元 /kg）
A	501 头以上或 4 000t 以上	0.12
B	301~500 头或 2 400~4 000t	0.09
C	101~300 头或 800~2 400t	0.06
D	100 头以下或 800t 以下	0.03
10 000 头以上	2	24 886
合计	65	77 273

备注：1. 结算价 = 基础价 + 按质论价（脂肪、蛋白、体细胞、微生物、冰点）+ 分级奖励；2. 牛群规模指成乳牛数。

2016 年下半年上海地区生鲜乳按质论价测试结果。经公开招标，2016 年下半年起上海地区生鲜乳按质论价测试第三方检测机构为上海市农产品质量安全检测中心。2016 年下半年上海地区生鲜乳按质论价测试结果见表 4-17。

经由奶协协调组织进行生鲜乳生产成本调查的基础上，每年两次组织召开有光明乳业、奶农和奶协代表参加的生鲜乳价格协商会，分别确定上、下半年上海地区生鲜乳价格。鉴于国际、国内的奶业形势，奶农和乳企双方做出了让步，达成了协议：2016 年上半年上海地区生鲜乳收购基础价格为 3.80 元 /kg，结算时间为 1~6 月；下半年收购基础价为 3.75 元 /kg，结算时间为 7~12 月。同时执行规模和优质优价奖励。2016 年上海地区奶牛场生鲜乳销售实际价格上半年为 4.25~4.30 元 /kg，下半年为 4.20~4.25 元 /kg。

【奶业大事】

2016 年 1 月 18~22 日，朱从余秘书长、王光文、曹明是、冯庆凤等同志赴江苏太仓浏河镇、浦东新区惠南镇，为奶农进行“奶业生产与奶业形势、生奶质量与安全”培训，促进上海与周边的奶牛生产共同健康发展。

2016 年 3 月 18 日，上海奶业行业协会第七届二次理事会在光明乳业股份有限公司总部会议室召开，朱从余秘书长总结了协会 2015 年的工作，并对 2016 年协会工作要点作了报告。

2016 年 3 月 18 日，光明乳业向上海奶协发来《关于建议调整上海地区生鲜乳微生物及体细胞项目计价办法的函》。上海奶业行业协会将此函转发给上海奶农代表，并要求奶农代表广泛听取、收集所在地奶农的意见。经奶农代表、乳企代表和协会相关人员反复认真讨论，决定从 4 月 1 日起执行调整后的《上海地区生鲜乳微生物及体细胞项目计价办法》。

2016 年 3 月 21 日，上海奶业行业协会专家走进闵行区万科社区宣传奶牛与牛奶科普知识。宣传活动上，王光文副秘书长、乳品专家顾佳升分别为消费者讲解怎么选牛奶，规模养殖机器挤奶等乳制品质量安全和营养知识。同时，还发放《饮奶与健康 100 问》和《牛奶与健康》宣传册。

2016 年 3 月 23~24 日，协会派员随同上海奶农代表 18 人去安徽宿州考察青贮玉米粗饲料基地，为奶农服务。

2016 年 4 月 7 日，上海奶业行业协会组织上海奶牛养殖、乳品加工和生产、技术管理人员对《上海市生鲜乳分等分级》标准初稿进行讨论、修改。

2016 年 5 月 13 日，举办“上海市生鲜乳成本调查”培训，市 11 个成本调查点统计员和光明乳业奶源部相关人员参加培训。

2016 年 6 月 2~4 日，由朱从余秘书长带队，王光文副秘书长、办公室冯庆凤主任参加第七届青岛奶业大会暨奶业展览会。

2016 年 6 月 8 日，上海奶协与光明乳业华东中心工厂相关负责人商讨调整上海地区生鲜乳样品采集及计量方式。

2016 年 6 月 16 日和 23 日，协会朱从余秘书长、王光文副秘书长、乳品加工委员会顾佳升主任到上海花冠营养乳品有限公司和上海纽贝滋乳品有限公司考察指导。

2016 年 6 月 30 日和 7 月 6 日，协会朱从余秘书长、王光文副秘书长走访光明乳业股份有限公司乳品四厂、奉贤分厂（永安）、上海乳品一厂分厂。

2016 年 7 月 4 日，王光文副秘书长和冯庆凤主任走访牛奶集团（香花）奶牛场、嘉定超华奶牛场和上海希迪乳业有限公司，就生鲜乳成本与牧场进行沟通交流。

2016 年 7 月 8 日，上海奶业行业协会朱从余秘书长专程前往光明乳业有限公司，向董事长张崇建汇报上海奶协 2016 年上半年工作和下半年工作计划。

2016 年 7 月 19 日，经过近一个月两次协商谈判，

表 4-17 2018 年下半年上海地区生鲜乳按质论价测试结果（平均值）

月份	脂肪 （g/100g）	蛋白质 （g/100g）	冰点(℃)	亚硝酸盐（检出限：0.2mg/kg）	黄曲霉毒素 M_1 （检出限：0.5μg/kg）	抗生素	体细胞 （万 /mL）	菌落总数 （万 cfu/mL）
7 月	3.67	3.15	−0.529	未检出	未检出	阴性	31.9	13.6
8 月	3.64	3.18	−0.530	未检出	未检出	阴性	34.8	10.6
9 月	3.75	3.26	−0.531	未检出	未检出	阴性	32.5	6.5
10 月	3.78	3.23	−0.532	未检出	未检出	阴性	32.1	5.9
11 月	3.73	3.22	−0.529	未检出	未检出	阴性	29.5	2.7
12 月	3.72	3.16	−0.531	未检出	未检出	阴性	28.1	1.8
下半年平均	3.72	3.20	−0.530	未检出	未检出	阴性	31.5	6.9

上海奶农代表与光明乳业代表达成一致意见：2016年下半年上海生鲜乳收购基础价为3.75元/kg，优质优价及奖励不变。生鲜乳价格执行期为2016年7月1日~12月31日。

2016年8月26日，中国奶业20强（D20）峰会暨奶业振兴大会在河北省石家庄市召开，上海奶业行业协会朱从余秘书长和上海忆南奶牛场场长夏连忠参会。

2016年8月29日，光明乳业股份有限公司和上海奶农代表就改进上海地区生奶计价、样品采集进行协商。

2016年9月29日，奶协牧场工程机械委员会与奶牛生产委员会在常熟申福奶牛场召开“牧场精细化管理现场会”。

2016年10月10~11日，受上海市农委农机办公室委托，由上海奶协制定“奶牛秸秆综合利用标准”，作为政府补贴依据。奶协朱从余秘书长带队，王光文副秘书长和冯庆凤3人分别到崇明双瀛奶农专业合作社、锦晟奶农专业合作社、荷斯坦金山种奶牛场、金山忆南奶牛养殖有限公司作秸秆综合利用情况调研。

2016年10月28~29日，在扬州会议中心召开第九届长三角奶业大会。江、浙、皖、闽、沪共计320名行业代表参加会议。

2016年11月28~29日，奶协副秘书长王光文、办公室主任冯庆凤参与学生饮用奶专用牧场的调研工作。

2016年12月19日，朱从余秘书长、王光文副秘书长等和奶农代表、乳企代表考察上海地区生鲜乳按质论价测试第三方检测机构——上海市农产品质量安全检测中心，并召开会议。会上通过了《关于生鲜乳按质论价采样操作流程》《关于生鲜牛乳按质论价采样第三方监督流程》，并于2017年1月1日正式实施。

（上海奶业行业协会，朱从余、李爱华）

江 苏 省

【奶畜养殖】据江苏省统计局数据，2016年年底，江苏省奶牛存栏19.88万头，同比下降0.5%；生鲜牛奶产量59.01万t，同比下降1.0%。全省奶牛在散养户退出的同时，规模养殖场养殖数量不断增加，弥补了散户退出导致的奶牛养殖数量的下降，奶牛养殖总体上保持平稳发展。

据业务统计，徐宿淮、江南、沿海、扬泰四个奶业经济带，2016年年底奶牛存栏量分别为85 705头、40 847头、44 512头和16 850头，分别占全省总量的45.6%、21.7%、23.7%和9.0%，江南奶业经济带奶牛存栏占全省的比重减少了3个百分点，徐宿淮奶业经济带继续保持领先优势，徐州和宿迁奶牛存栏79 568头，占全省奶牛存栏比重的42.3%。存栏总量超过2万头的有宿迁、徐州、盐城3市，淮安市奶牛存栏增幅达到17.6%，盐城市奶牛存栏增幅达到7.8%。

【乳品加工】2016年，全省共有43家乳制品加工企业，其中液体乳加工企业38家，年生产液体乳产量145万t。全省有6家企业注册使用中国学生饮用奶标志，22家企业注册使用江苏学生饮用奶标志。全省乳品行业有国家级农业产业化龙头企业3家，省级龙头企业11家。5月15日，省重大投资项目辽宁辉山乳业江苏有限公司在射阳县投产。首期开业的辉山乳业发展（江苏）有限公司乳品加工厂占地20hm^2，总投资8.66亿元，其中一期投资约为5.8亿元，占地11.33hm^2，设计产能18万t/年。作为东北最大的乳制品企业，辉山乳业首次在异地复制全产业链项目。通过在射阳自建牧草饲料种植加工基地、饲养纯种进口奶牛以及发展现代乳品加工，打造长三角优质奶源基地和江苏沿海绿色生态循环经济样本。

【市场消费】江苏奶业以鲜奶（巴氏杀菌奶）和酸奶等冷链产品为主，以送奶入户和奶点为主要销售渠道。近年来每年的“世界牛奶日”，各地奶业协会或乳品加工企业开展丰富多彩的公益宣传活动，合理引导鲜奶及乳制品的消费，培育市场增量。倡导科学饮奶、改善膳食结构、提高营养水平成为城乡居民的共识。据估算，2015年江苏省乳制品消费量约150万t，巴氏杀菌奶、UHT奶、酸奶产量位居前三位。

【奶源基地】江苏省奶牛养殖场户数量持续下降，2016年末，全省有奶牛养殖场户738个，比2015年年底减少166个。全省有规模奶牛场365个，规模牛场合计存栏18.9万头，奶牛规模养殖比重为95%，其中大中型规模养殖场奶牛存栏18.1万头，大中型规模养殖比重为91%；20头以下的奶牛场户343个，存栏奶牛2 278头，分别比2015年减少89户和1 046头。近几年，全省组织实施奶牛良种补贴项目，组织开展奶牛DHI测定，推广奶牛TMR日粮饲喂技术，奶源基地奶牛单产水平不断提升，中大中型规模养殖场奶牛年单产均达到7t以上，部分奶牛场奶牛年单产突破10t以上，昆山向阳乳业有限公司奶牛年单产12t以上（图4-5）。

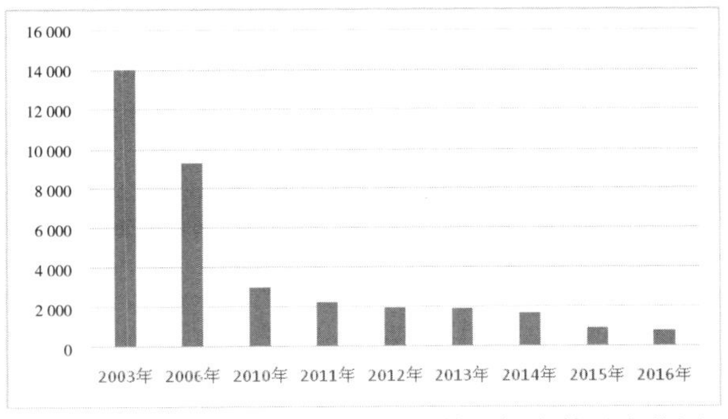

图4-5 2003—2016年全省奶牛养殖场户数量变化图

【质量监管】江苏省十二届人大常委会第二十二次会议通过了《江苏省食品小作坊和食品摊贩管理条例》，于2016年7月1日起施行。条例规定，对食品小作坊生产加工的食品实行目录管理，规定了禁止食品小作坊生产加工的食品种类，其中乳制品列入禁止食品小作坊生产加工的食品种类。12 月，江苏省奶业协会组织专家对南京卫岗有限公司等学生饮用奶生产企业的 14 个奶源基地进行现场查验和评估，听取申请单位汇报，查看现场和查阅资料，进行交流评估。其中南京卫岗乳业有限公司淳化牧场、南京西岗联营牛奶场、江苏申牛牧业有限公司（海丰奶牛场）、维维农牧科技有限公司、盱眙卫岗牧业有限公司、爱德卫岗现代牧业（泗洪）有限公司、江苏梁丰食品集团有限公司奶牛场、泰兴市双喜牧业有限公司、江苏三元双宝乳业有限公司奶牛分公司、丰县天翊牧业有限公司 10 家单位通过评估和备案。

附表 1　2009–2016 年江苏省奶牛存栏和牛奶产量（省统计局）

年份	2009 年	2010 年	2011 年	2012 年	2013 年	2014 年	2015 年	2016 年
奶牛存栏（万头）	21.9	22.1	21.47	20.87	20.41	20.51	19.98	19.88
牛奶产量（万 t）	55.4	57.28	59.17	61.3	59.89	60.72	59.59	59.01

附表 2　2015 年和 2016 年江苏省辖市奶牛存栏变化（业务统计）

省辖市别	2015 年奶牛存栏（头）	2016 年奶牛存栏（头）	2016 年比 2015 年增减数量（头）	2016 年比 2015 年增减幅度（%）
南京市	11 299	8 724	–2 575	–22.79
无锡市	6 533	5 066	–1 467	–22.46
徐州市	41 162	39 357	–1 805	–4.39
常州市	2 874	2 585	–289	–10.06
苏州市	22 869	19 844	–3 025	–13.23
南通市	7 331	7 416	85	1.16
连云港市	8 971	8 622	–349	–3.89
淮安市	5 219	6 137	918	17.59
盐城市	26 410	28 474	2 064	7.82
扬州市	4 188	3 991	–197	–4.70
镇江市	5 201	4 628	–573	–11.02
泰州市	13 924	12 859	–1 065	–7.65
宿迁市	41 161	40 211	–950	–2.31

（江苏省奶业行业协会，贡玉清、侯庆永）

浙 江 省

【奶畜养殖】2016年浙江省奶牛存栏3.93万头，比2015年同期减少10%；牛奶产量15.3万t，比2015年同期减少7%。面对低价进口奶粉和液态奶的持续冲击，养殖户为提高效益，不断引进高产奶牛，淘汰低产奶牛，奶牛生产水平明显提升。浙江省奶牛养殖区域化明显，据业务统计，80%的奶牛集中在金华、杭州、温州、宁波四大城市。其中，金华市为浙江省奶牛生产最集中的地区，2016年年底存栏量为14 500头，占全省奶牛存栏量的37%左右。

【乳品加工】浙江省现有获得生产许可证的乳制品及婴幼儿配方乳粉生产企业23家，其中婴幼儿配方乳粉企业3家，学生饮用奶生产企业3家。几家主要乳制品加工企业的日处理鲜奶能力在1 800t左右,2016年生产乳制品46万t，销售额84亿元。

【市场消费】牛奶消费量逐年上升，尤其是高端乳制品消费群体逐年增加，主要集中在光明、新希望双峰、美丽健、一鸣、一景、现代牧业等品牌。光明、新希望双峰以在超市销售为主，配送兼顾。现代牧业主要在超市销售；一鸣乳业主要以奶吧形式销售，深受年轻消费者青睐，2016年公司奶吧门店突破1 200家，销售额达到12亿元；一景乳业以配送为主。

【奶源基地】据业务统计，2016年全省奶牛存栏45 597头，比去年下降12%，其中成母牛24 963头；牛奶总产量17.46万t，奶牛平均单产6.9t/年，最高单产超过11.8t/年；共有奶牛养殖户441户，同比下降40%；奶牛存栏100头以上规模养殖比例为78%，比上年增加12%。存栏49头以下的有296个场（户），存栏奶牛4 735头，年产奶14 506.5t，存栏50~99头的有73个场（户），存栏奶牛5 183头，年产奶15 810.59t，存栏100~499头的有51个场（户），存栏奶牛10 365头，年产奶37 382.11t，存栏500~999头的有9个场（户），存栏奶牛6 001头，年产奶22 777.02t，存栏1 000头以上的有12个场，存栏奶牛19 313头，年产奶84 095.66t。

2016年全脂奶粉运至国内到岸价按照加价15%~30%，按1 ∶ 8.5比例还原液态奶，折合人民币约3.07~3.47元/kg，已与国内价格3.44元/kg价差大幅度缩减，乳企使用大包粉动力减弱，省内生鲜乳销售市场回暖，价格上涨。省内乳制品生产企业生鲜乳交易价格参照上海市2017年上半年的3.78元/kg的基准价格按质论价，一般收购价格在4~4.2元/kg,质量好的生鲜乳最高可以卖到4.6元/kg。

【奶牛组织】2016年6月，浙江省奶牛业协会组织会员及相关单位30多人参加第七届中国奶业大会。10月，浙江省奶业协会与上海市奶业协会、江苏省奶业协会、安徽奶业协会合作，在江苏成功举办了“第九届长三角奶业大会”，并组织省内奶牛养殖户、饲料生产及乳品加工企业40余人参加。为进一步提升浙江省奶牛生产水平，提高奶农养殖效益，协会继续加强与省畜牧技术创新与推广服务团队的协作，借助团队专家力量在金华和宁波等地围绕奶牛精准营养调控、奶牛饲养管理技术、奶牛养殖机械化等内容等开展技术培训与入户指导，深受会员单位欢迎。

【政策法规】2016年，浙江省继续落实后备母牛补贴和奶牛良种补贴政策。根据《浙江省后备母牛补贴资金管理办法》，按每头后备母牛500元标准给予补贴。全省7 960头后备奶牛享受补贴398万元，其中省财政资金238万元，地方财政配套160万元。

2016年奶牛良种补贴政策按照2013年补贴标准不变，中央财政安排资金120万元，省财政安排资金90万元，通过政府采购公开招标程序，组织奶牛冻精具体采购计划的编制，确定采购的具体品种与数量，全年采购奶牛冷冻精液8.0万支。

【质量监管】为落实生鲜乳质量安全监管措施和责任机制，浙江省按照农业部专项整治方案的要求，健全监管机制，加大监督抽检和违法行为打击力度，在全省深入开展生鲜乳质量检测工作。全省合法持证经营奶站有49家，其中乳制品生产企业自建10家、奶畜养殖场建设22家、奶农专业合作社建设17家；共有生鲜乳运输车辆48辆，全部核发准运证，生鲜乳质量安全状况良好，未发生质量安全事件。

（浙江省奶业协会，杨金勇）

金 华 市

【奶畜养殖】金华市奶牛业产值约5亿元，占全市畜牧业总产值的8%，占农业总产值的2.1%，已形成从生态养殖、牧草种植、品种改良、奶牛饲养、乳制品加工到产品包装销售较为完整的产业链，是浙江省重要的奶牛养殖区域和主要奶源基地。婺城区的白龙桥镇、琅琊镇、蒋堂镇、汤溪镇、雅畈镇和金东区的曹宅镇、鞋塘管理区7个乡镇（街道）为主的奶业经济带，经济带内奶牛养殖量占全市总量的80%，已基本形成了区域集中、特色鲜明的奶业经济带。近几年，全市以畜牧业转型升级为主线，绿色发展为方向，推进美丽牧场建设，转变养殖方式和经营机制，研发乳制品新产品，发展发酵床生态养殖，大力推广TMR饲喂技术和集中挤奶，奶牛单产和鲜乳质量大幅度提高，有效保障乳产品质量安全及市场乳制品有效供给，带动相关产业发展、吸纳城乡富余劳动力，促进农民增收献。2010年以来，先后实施了《“奶牛产业关键技术集成与推广”富民强县》“奶牛品种改良和养殖技术”“饲料营养调控及疾病防控技术”等项目，在项目的带动下，经过几年的发展，奶牛乳品业已成为金华市农业产业链最为完整的一个产业。

2016 年鲜奶产量达到 6.27 万 t，奶牛年平均单产 6.8t。

【奶源基地】

2016 年品种良种化程度进一步提升。全市奶牛统一供精中心重新调整规范，完善了供精网点，加强了制度建设，加大引进推广应用优质冻精力度，提高良种覆盖率，年平均单产提高到现在的 6.8t，其中浙江荷斯坦牧业有限公司达到 10t 以上水平，鲜奶乳脂率从 3.68% 增加到 3.82%，乳蛋白率从 3.23% 增加到 3.32%，细菌总数从 85 万 /mL 降至 20 万 /mL，体细胞数从 100 多万降至 38 万 /mL，鲜奶质量稳步提升，单产水平明显提高，奶农收益倍增。

全市已发展 20 头以上养殖场（小区）160 个，存栏量达到 16 822 头，占全市总存栏的 98.5%，比 2014 年提高 7.4 个百分点。在发展规模养殖的同时，重点推广“奶牛 – 牧草 – 奶牛”模式，以奶牛场产生的粪尿作为肥料，生产的牧草供奶牛生产优质牛奶，实现了生态养殖循环发展。目前，全市青贮玉米、黑麦草、皇竹草等种植面积达到 2 000 余 hm^2，连片 6.67hm^2 以上的牧草基地有 8 个。

标准化生产上了新台阶。一是在以“精料 + 稻草”精细标准喂养为主，力推广“精料 + 辅料 + 青贮饲料 + 青干草”的科学饲喂方式，减少精饲料的饲喂量，既降低饲料成本，又提高产奶量和乳品质量；二是开展标准化体系建设，建立并完善了奶牛场标准化推广体系、奶牛良种繁育体系、奶牛场疫病综合防控体系、生鲜乳质量保障体系、奶牛场饲料供应体系和奶业科技培训体系等 6 个技术标准体系；三是积极推广标准化养殖技术，推广了《无公害食品 生鲜牛乳》《无公害食品 奶牛饲养兽药使用准则》《无公害食品 奶牛饲养兽医防疫准则》《无公害食品 奶牛饲养饲料使用准则》《奶牛场饲养管理技术规程》《奶牛场卫生规范》《奶牛标准化规模养殖生产技术规范》《生鲜乳生产技术规程》《畜禽养殖业污染物排放标准》《畜禽养殖业污染防治技术规范》《生鲜牛乳质量管理规范》11 个标准及规范，涉及所有养殖场户及奶牛。

推广应用先进设施设备，金华一康农业发展有限公司、浙江荷斯坦牧业有限公司等 10 家养殖场应用 TMR，金华一康农业发展有限公司奶牛场和浙江荷斯坦牧业有限公司还应用 48 位转盘挤奶机，10 多家养殖场（小区）采用了集中挤奶，其余养殖场安装应用机械挤奶及安装管道，奶源质量得到有效保障。

奶牛业走向绿色发展之路。全市按照省、市畜牧业绿色发展三年行动方案，着力发展绿色生态养殖，金华一康农业发展有限公司奶牛场和浙江荷斯坦牧业有限公司九峰山牧场被农业部评为奶牛标准化养殖示范标杆场，一康、荷斯坦和金东区乐乐牧场先后通过省无公害产地认定，金华佳乐乳业公司九峰牧场建立了观光园，创立了牧旅发展模式。2016 年，金华佳乐乳业公司九峰牧场成为全省畜牧业转型升级现场会现场参观点，得到省主要领导充分肯定，成为全省美丽牧场标杆。以佳乐公司为经验典型上报的《龙头带路 效益发动佳乐乳业“公司 + 农户”模式走出畜牧业转型新路》获得车俊书记的批示向全省推广。

奶站监管信息化智能化。经过近年来的养殖污染整治、禁限区拆除搬迁及“五水共治”“三改一拆”等行动，奶站得到优化规范，全市标准化奶站整规到 12 个。金华市畜牧兽医局与奶牛乳品行业协会通过培训和等级评定来规范奶站管理，严格落实奶牛养殖场（户）、生鲜乳收购站生鲜牛奶质量安全监管责任制，进一步加强了奶牛养殖场和奶站标准化建设与规范管理力度，养殖场全部纳入全省智慧云平台。

品牌化经营得到加强。采取抓大放小、扶优扶强的办法，重点培育实力较强、对奶农带动较大的企业。经过多年的努力，佳乐自主品牌进一步增强，先后自主研发了“九峰牧场”“初道纯奶”“碧润酸牛奶”“乐饮、乐活”“青青牧场”等系列乳制品、乳酸饮料等品牌。佳乐乳业被农业部认定为第一批“全国农产品加工示范企业”“大型沼气工程项目示范点”“国家牧草种子建设项目示范点”，被省政府认定为“浙江省奶业现代化生产核心示范区”。

（金华市畜牧兽医局，高士寅）

宁波市

【奶畜养殖】截至 2016 年年底宁波市奶牛存栏 7 136 头（统计局 7 963 头），其中成乳牛 3 733 头，同比分别减少 14.5% 和 18.42%。主要分布在慈溪市、余姚市、鄞州区、镇海区和江北区等。奶牛存栏减少与宁波市推进的“五水共治”活动，及奶价低位等因素有关，如因环保原因宁海县利丰牧业有限公司，存栏 1 000 头的奶牛场面临关闭，致使宁波市奶业面临发展瓶颈。2016 年全市奶类总产量 3.202 万 t(统计局 3.04 万 t)，比 2015 年同期减少 1.86%。全年奶牛养殖总体情况稳定，仅个别养殖企业由于自身养殖水平低下，再加上奶价处于低位，导致处于亏损状态。全市 2016 年奶业产值达到 2.26 亿，占全市畜牧业产值的 4.75%。

【乳品加工】全市共有乳品加工企业 1 家，为宁波牛奶集团有限公司，年生产能力 10 万 t，2016 年收购原料奶 3.065 万 t，生产低温鲜奶 1.53 万 t、UHT 奶 1 839t、调味 UHT 乳 919t、酸奶 6 131t、乳饮料 6 437t，企业年销售额达到 8.61 亿元，利润 6 906 万元。

【市场消费】宁波市乳制品当地市场销售的品牌主要是涌优和光明两个品牌。

【奶源基地】

奶业规模养殖情况。目前，宁波市存栏100头以下的小散户已全部淘汰。2016年奶牛养殖户共11家，其中存栏100~499头的有6个场（户），存栏1 333头，年产奶5 776t；500~999头的有2个场（户），存栏1 685头，年产奶7 420t；1 000头以上的有2个场（户），存栏4 920头，年产奶18 824t。按照宁波市平均单产7.88t，每头牛每天养殖成本80元计算，奶牛养殖年净收入为800~2000元/头。

生鲜乳收购情况。目前，全市奶牛养殖场（户）所产生鲜乳主要有宁波牛奶集团、蒙牛乳业、光明乳业和温州一鸣家在负责收购。其中：十八牧场和涌优奶牛养殖场专业合作社所产的生鲜乳全部销往宁波牛奶集团，生鲜乳收购中心价格为4.2元/kg左右；联盛牧场所产生鲜乳销往光明乳业，收购价约为4.4元/kg。

奶业机械情况。目前，所有奶牛场均采用机械挤奶，全市4/5的奶牛采用挤奶厅或管道式挤奶，应用固定式和移动式全混合日粮（TMR）技术，但由于采购目录和政府采购价格等因素，农户对机械购置补贴积极性总体不高。全年苜蓿种植面积133.33hm^2，青贮玉米种植333.33hm^2，近两年部分养殖场利用冬闲田种植大小麦青贮来替代青贮玉米，且干物质含量高、青贮品质相当。全市奶牛单产平均7.88t，最高达到9.5t，牛奶总产量3.202万t。牛奶单产的提高主要缘于养殖场转变养殖观念，在提高群体选育的基础上，提高青饲料品质，如使用全株玉米、进口苜蓿和TMR技术的应用。2016年宁波宁兴涌饲料有限公司建立的裹包TMR饲料已投入生产，利用当地水稻秸秆和玉米秸秆，以及食品副产品橘子渣等生产裹包TMR饲料1.1万t，大大降低了养殖成本。

粪污处理情况。为解决奶牛养殖粪污处理问题，宁波市开展了发酵牛床养殖试验和示范项目，从试验情况来看，发酵牛床值得推广和应用。目前，全市已有80%以上的养殖场应用了发酵牛床养殖技术。发酵牛床可减少正常排粪量的2/3以上，从而大大降低了养殖场后继粪污处理难度。其他牛场粪污处理方式主要以建造沼气池和氧化塘、有机肥加工生产等方式来解决。

DHI测定工作。自2011年5月宁波市奶牛场开展DHI测定工作以来，宁波牛奶集团十八牧场等四家规模奶牛场一直在开展DHI测定工作，具体由山东奥克斯畜牧种业有限公司负责。

【奶农组织】宁波市尚未组建奶农合作社和协会。目前，主要由奶牛良补供精单位——山东奥克斯畜牧种业有限公司负责提供良种选配、疾病防控和饲养管理等服务，5年来该公司已为全市10余个奶农7 000余头奶牛建立了良种选配档案。

【政策法规】

后备母牛补贴。2016年，全市继续实行后备母牛补贴政策，农财两局制定下发了《关于印发宁波市后备奶牛补贴资金管理办法的通知》，规定后备母牛按每头500元的标准进行补助。2016年市级财政安排106.92万元用于后备母牛补助。

奶牛良种补贴。根据《宁波市奶牛良补项目实施方案》文件精神，2016年共安排良补资金91.15万元，其中中央财政12万元，市级配套79.15万元，用于补助全市11户奶农存栏的7 261头奶牛的冻精使用，并继续将性控冻精按每剂补助100元的标准纳入市级补助范畴。

【质量监管】根据《浙江省生鲜乳收购站行政许可现场审验评分标准》和省畜牧兽医局制订的《生鲜乳收购站日常监管评分规则》，开展了生鲜乳收购站的换证和清理整顿工作。2016年全市共有生鲜乳收购站4家、生鲜乳运输车8辆，全部实现持证运输，许可证到期的1家生鲜乳收购站重新申请后经审验换证。

（宁波市畜牧兽医局，王亚琴）

安徽省

2016年，安徽省奶业逐步走出发展困境，保持稳定发展态势，尤其是大型规模养殖企业和种养加一体化企业继续稳定发展。

【奶畜养殖】2016年年底，全省存栏奶牛13.2万头，同比增长1.2%。养殖生产进一步向秸秆资源丰富的皖北地区、江淮地区等优势区域集中，主要分布蚌埠、合肥、淮南、马鞍山、亳州、宿州、六安、滁州、阜阳等地。规模化、标准化、智能化、集约化、组织化程度进一步提高，300头以上规模牧场比重为75%。良种化率100%。泌乳母牛占牛群的比重平均为50.1%。奶牛产奶量最高单产为10.5t，最低为4.5t，平均水平为8.9t。鲜奶生产成本：最高为4.2元/kg，成本最低为2.8元/kg。奶产量持续增长，据安徽省统计局统计，全省奶类总产量32.7万t，同比增长6.7%。

【乳品加工】全省共有乳品生产企业10家，主要生产巴氏杀菌奶、UHT奶、酸奶、乳饮料和奶粉，奶油、奶酪几乎没有生产，其中常温纯牛奶、鲜牛奶、酸奶产量持续增长，安徽原料奶收购企业除新希望安徽白帝乳业有限公司、安徽益益乳业有限公司（美丽健）、安徽淮北曦强乳业集团的加工厂外，主要是蒙牛和伊利公司在安徽的乳制品加工厂收购原料奶。合肥市场进口液态奶品牌有38种，国产品牌9种。国产品牌的消毒牛奶价格在9.23 ~ 29.8元/L，乳制品市场国际化程度不断提升。

【奶源基地】认真实施好中央财政2016奶牛标准化养殖场建设项目，引导社会资本参与奶牛标准化养殖建设。利用中央预算内投资安排建设规模奶牛养殖场（小区）项目7个，项目总投资2 082万元，其中中央预算内投资1 290万元、企业自有投资792万元。

按照农业部、财政部项目实施指导意见和财政部、农业部印发的《奶牛良种补贴资金管理暂行办法》的要求，安徽省对全省3.5万头荷斯坦奶牛能繁母牛实施补贴；按照每头能繁母牛补贴70元。荷斯坦牛每头能繁母牛每年使用2剂冻精，每剂冻精补贴35元。全省安排奶牛良种补贴资金245万元。

依托安徽省奶牛产业技术体系，研究奶业发展技术措施和应对市场风险的策略。完善技术服务队伍建设。全省建立了70多人的奶牛养殖技术指导员，发布奶牛养殖主推技术，重点推广奶牛性控冻精技术、TMR饲喂技术、奶牛DHI测定技术等，启动奶牛综合养殖信息平台建设，推广应用性控精2 000枚。全省有8家企业开展奶牛常年性生产性能测定（DHI），测定的牛群数占总存栏的80%。

【质量监管】按照农业部《关于开展2016年生鲜乳违禁物质专项整治行动的通知》、安徽省农委《2016年安徽省农产品质量安全专项整治方案》的统一部署，紧紧围绕不发生重大生鲜乳质量安全为目标，认真落实监管责任，不断强化重点环节许可管理，持续加强日常监管与检查，加大执法监测力度，深入开展生鲜乳违禁物质专项整治，取得显著成效。据统计，2016年2月30日至12月20日，检查生产经营企业405家次，出动执法人员672人次，查处问题18起。媒体宣传67次，发放宣传材料2 789份。指导培训69场次，培训892人次。全省共取缔不合格生鲜乳收购站1个，取缔不合格生鲜乳运输车18辆。目前全省共有16个生鲜乳收购站、15辆生鲜乳运输车。全部持证经营，机械化挤奶率达到100%。

制定并组织实施《2016年兽药、动物及动物产品兽药残留及饲料、生鲜乳等5项监督抽样实施方案》(皖农牧函〔2016〕207号)，2016年2月30日～12月20日，在全省完成生鲜乳违禁添加物专项监测任务3批（期）50批（次），其中生鲜乳收购站30批（次），运输车批（12车）次。完成了生鲜乳国标安全指标专项监测抽检生鲜乳样品2批（期） 40批（次） 。三聚氰胺检测全部合格，没有发现生鲜乳中非法添加违禁物质的违法行为，开展婴幼儿配方奶粉奶源基地质量安全检测抽检，覆盖了本省涉及的1个生鲜乳收购站和2辆运输车。完成任务3批（次），下半年增加指标监测3批（次），仅涉及一个奶站，2辆运输车。检测项目为三聚氰胺、革皮水解物、黄曲霉毒素M_1、铅、汞，检测结果均未超过判定标准，合格率100.0%。全省生鲜乳质量安全状况继续保持良好。

【发展愿景】“十三五”安徽奶业发展思路。把发展全省奶业纳入国民经济发展规划，坚持以市场需求为导向，以优质安全、提质增效、绿色发展为目标，大力推进奶业供给侧结构性改革，加快转变奶业生产方式。强化标准规范、科技创新、政策扶持、执法监督和消费引导，着力降成本、优结构、提质量、创品牌、增活力，提升奶业规模化、组织化、标准化、品牌化、一体化水平，提高奶业发展的质量效益和竞争力，走产出高效、产品安全、资源节约、环境友好的奶业现代化发展道路。

发展原则。一是突出质量安全，健全监管体系。把乳品质量安全放在优先地位，建设以安全为核心的法规标准体系，落实“四个最严”要求，强化质量安全监管措施，消除产业链各环节监管漏洞，建立公平有序的市场秩序。二是突出利益联结，促进产业融合。完善利益联结机制，密切奶农和乳品企业联系，稳定产销关系，实现风险共担、利益共享。前伸后延产业链，发展种养加一体、一二三产融合的新业态。三是突出市场主导，加强政策支持。充分发挥市场在资源配置中的决定性作用，强化企业市场主体地位，鼓励兼并重组，优化资源配置，增强发展活力。更好发挥政府在政策引导、宏观调控、支持保护、公共服务等方面作用。四是突出绿色发展，加快提档升级。因地制宜，合理布局种养业，以加带养，以养带种，草畜配套，促进奶畜粪便资源化利用。坚持科技和体制创新，优化产品结构，推进节本增效，提高奶业综合生产能力，推动生产生态协同发展。

发展目标。到2020年，全省奶牛存栏量达到16万头，泌乳奶牛平均单产7.5t以上，牛奶总产量达到55万t。基本完成奶业转型升级，形成率先实现现代化的产业基础、技术基础和政策环境基础（表4-18）。

表4-18 奶业发展目标

单位：元

主要指标		2015	2020
保障供给	奶类产量（万t）	30.6	55
	乳制品产量（万t）	95.6	150
质量安全水平	生鲜乳抽检合格率（%）	100	100
	乳制品监督抽检合格率（%）	100	100
	婴幼儿配方乳粉监督抽检合格率（%）	100	100
产业素质	100头以上规模养殖比重（%）	89.8	95
	机械化挤奶率（%）	100	100
	泌乳奶牛年均单产（t）	5.9	7.5
	优质苜蓿产量（万t）	5	9
	粪便综合利用率（%）	60	75
	国内一流婴幼儿配方乳粉企业		1~2
	国内一流乳品加工企业		2~3

（安徽省畜牧兽医局，刘千、席海龙）

福 建 省

【奶畜养殖】福建拥有八山一水一分田，土地资源非常匮乏，由于特殊的地理环境所限，全省奶业产值占畜牧业产值比重较小，福建奶业无论奶牛存栏还是奶业总量，在全国占比都比较小，但2016年福建市场的乳制品销售依旧保持在全国平均水平以上。全省2016年奶牛存栏50 322头，能繁母牛27 677.1头，奶类产量158 591t，鲜牛奶产量154 459t。其中，在奶牛方面，福建省奶业主产区——位于闽北的南平市，奶类总产量103 658t，鲜奶产量103 574t，奶牛存栏27 205头，成乳牛存栏14 963头，全省存栏千头以上牧场已达17个。平均单产约8t，单体产量超过16t；而在奶水牛方面，漳州市奶水牛存栏8 800头，能繁母牛8 000头，平均单产0.6625t，年总产5 300t。

奶牛养殖场主产区分布在南平市的延平区、建阳区，建瓯市、邵武市，以及顺昌、浦城、政和等县区；其他地市莆田市辖区以及仙游县；泉州市的鲤城区、晋江市、南安市、漳州市、漳浦县；福州市的福清市、长乐市、闽侯县；厦门市同安区、集美区；宁德市主要分布在周宁县、福安市、福鼎市等24个县（市、区）都有饲养少量荷斯坦牛。其中，南平市奶牛存栏量占全省奶牛存栏量的一半以上。奶水牛主要分布在漳州市、长泰县、华安县、龙海市、南靖县、晋江市、漳浦县、平和县，宁德市、福安市10个县（市、区）。奶山羊存栏主要分布在屏南县、南安市、新罗区、涵江区、永定县、长汀县、上杭县、永安县、尤溪县、同安区等12个县（市、区）。

【乳品加工】2016年，奶类产量158 591t，其中鲜牛奶产量154 459t。福建省乳品企业主要生产液态奶和奶粉两大产品，福建省乳品企业有14家，其中奶粉企业4家，分别是明一、贝登、晨冠、恒信；液态奶企业10家，分别是长富、澳牛、宏宝露、闽牛、碧海、台农、大乘、键氏、秋田、骏牧。目前福建还没有一家年销售超过30亿元的乳品企业。

福建本地生鲜乳总量的66%由本省企业加工，33%生鲜乳销售到广东、湖北等周边省份。虽然福建省多年来主推巴氏鲜奶，举办了多届海峡两岸巴氏鲜奶发展论坛，液态奶年生产加工量约10万t，还有5万余t外销周边省份，但还缺乏能统领福建品牌的生产液态奶的乳品企业，目前液态奶方面还是伊利、蒙牛等常温奶、酸奶占据福建主导市场，销售额均超过50亿。

目前，福建奶业的主要问题有：冬季鲜奶太多，乳品企业要喷粉，夏季鲜奶又不够，乳品企业与养殖企业的矛盾凸显，因奶价协调问题产生矛盾，还需协调磨合。虽然福建奶业总产量较小，但奶源质量较好，目前和将来乳品加工企业都以加工低温巴氏鲜奶和酸奶为重点，奶酪将成为福建部分乳品企业的高端乳制品，为繁荣市场、在花样品种上将多样化，以面对全球奶业的严峻形势。

【市场消费】人均牛奶占有量4.45kg，由于奶源质量优良，福建省长期致力于发展低温巴氏鲜奶产品，液态奶生产企业主要生产低温巴氏鲜奶、酸奶，总体情况良好，但奶粉企业因受国际奶粉市场价格影响销售滑坡厉害。2016年，福建省全年乳品销售总量大约50余万t，60%靠外来乳制品供应全省市场。2016年全省（不含厦门市）鲜奶平均支付价3.6~5.8元/kg，水牛奶平均支付价20元/kg，羊奶平均支付价8.5~10.5元/kg。

巴氏杀菌奶、超高温灭菌奶、酸奶、奶粉等乳制品，在福建大小商超都有销售。总体上说，飞鹤、明一、君乐宝、伊利、完达山等国产品牌奶粉呈现多方竞争的态势，伊利和蒙牛在超高温灭菌奶上占据优势地位，而巴氏鲜奶则以本土的长富、澳牛、宏宝露、闽牛、大乘、台农、秋田等为主。福建省的巴氏杀菌奶和酸奶销售渠道有多种，包括商超和入户配送等，其中液态奶加工企业入户配送是主要渠道。冷链销售网络网点分布于全省各县市区镇，包括社区一些连锁便利店也有。

福建省的乳制品零售价与全国平均水平持平，现以长富公司产品为例介绍几种常见包装乳品价格，见表4-19~表4-21。

表4-19 福建长富乳品有限公司常温利乐包装产品价格表

单位：元

品名	规格	单位	市场零售价
高钙纯牛奶	1*24盒*250mL	件	79
天然牧场纯牛奶	1*24盒*250mL	件	89
精品纯牛奶	1*24盒*250mL	件	76
精品纯牛奶	1*20盒*250mL	件	65
草莓美酸乳饮料	1*24盒*250mL	件	53
原味美酸乳饮料	1*24盒*250mL	件	53
红枣酸乳饮料	1*24盒*250mL	件	61
儿童牧场（骨乐）	1*12盒*200mL	件	55
儿童牧场（维衡）	1*12盒*200mL	件	55
儿童牧场（智聪）	1*12盒*200mL	件	55
武夷牧场纯牛奶	1*12盒*250mL	件	75
长富致纯纯牛奶	250mL*12	件	59
长富小酸乳原味乳饮品	200mL*16	件	42
长富小酸乳草莓味乳饮品	200mL*16	件	42

表4-20 福建长富乳品有限公司牛初乳产品价格表

单位：元

包装类别		规格	净重	单位	市场零售价
消费装	长富牛脆牛初乳粉（消费装30g）	1.0g/袋×30袋/罐	30g	罐	298.00
	长富牛脆牛初乳粉（消费装60g）	1.0g/袋×60袋/罐	60g	罐	508.00
	长富牛脾牛初乳胶囊（消费装2.5g）	250mg/粒×10粒/板	2.5g	盒	30.00
礼盒装	长富牛脾牛初乳粉（礼盒装60g）	1.0g/袋×30袋/罐×2罐/盒	60g	盒	588.00

受益于欧盟牛奶配额取消、中澳自贸协定实施、二孩政策全面放开等相关政策，福建省乳制品进口也呈现火热局面，呈上升趋势。据厦门海关数据统计，2016年1~11月，福建省进口乳制品13.23万t，同比增长1.01倍，其中11月份进口量高达1.93万t，增长1.52倍，刷新乳制品单月进口记录。数据显示，新西兰为福建省进口乳制品最大来源地。2016年1~11月，福建省从新西兰进口乳制品6.36万t，增长1.46倍，占同期全省乳制品进口总量的48.1%。此外，自美国进口乳制品4.26万t，增长47.1%，占全省乳制品进口总量的32.2%；自欧盟进口乳制品1.49万t，增长99.18%，占全省总量的11.3%。

【奶源基地】福建南平拥有山清水秀的生态资源，是福建北部地区重点奶源基地，南平地区奶牛养殖规模化率高于全国平均水平，尤其主产区南平市，全市奶牛存栏2.69万头，占全省奶牛存栏的60%，规模化率达

表4-21　福建长富乳品有限公司中低温产品2016年零售价格表

单位：元

产品包装、品名		规格	单位	零售价
袋装系列	长富巴氏100%鲜牛奶	221mL	袋	3.50
	长富巴氏可可牛奶	221mL	袋	3.50
	长富巴氏高钙甜奶	221mL	袋	3.50
	长富巴氏高钙低脂奶	221mL	袋	3.50
	长富巴氏黑谷物牛奶	221mL	袋	3.50
	长富巴氏谷物麦香奶	221mL	袋	3.50
	长富草莓乳饮品	221mL	袋	3.50
	长富酸乳酪活性乳酸菌乳饮品	221mL	袋	3.50
	长富巴氏100%鲜牛奶	180mL	袋	3.00
	长富巴氏谷物麦香奶	180mL	袋	3.00
屋顶盒系列	长富巴氏100%鲜牛奶	250mL	盒	4.30
	长富巴氏100%鲜牛奶	500mL	盒	8.00
	长富巴氏100%鲜牛奶	1000mL	盒	14.50
	长富“致鲜”巴氏100%鲜牛奶	475mL	盒	9.50
	长富“致鲜”巴氏100%鲜牛奶	950mL	盒	18.00
	长富“武夷牧场”儿童巴氏100%鲜牛奶	200mL	盒	4.00
	长富“武夷牧场”儿童巴氏奶麦香型	200mL	盒	4.00
	长富“武夷牧场”儿童巴氏奶优佳型	200mL	盒	4.00
	长富“武夷牧场”儿童巴氏奶维衡型	200mL	盒	4.00
	长富“武夷牧场”儿童水果味发酵乳	150g	盒	4.00
	长富“武夷牧场”儿童纯净型发酵乳	135g	盒	4.00
	长富“雪儿”活性益生菌发酵乳	250mL	盒	5.50
	长富“雪儿”活性益生菌发酵乳	500mL	盒	10.00
	长富吃活菌活菌型乳酸菌乳饮品	950mL	盒	18.00
八连杯	长富纯酸奶	125g×8杯	件	18.40
	长富双歧发酵乳	125g×8杯	件	20.00
	长富草莓酸奶	125g×8杯	件	18.40
	长富益生菌原味发酵乳	100g×8杯	件	13.60
	长富益生菌草莓发酵乳	100g×8杯	件	13.60
	长富红枣酸奶	100g×8杯	件	16.00
酸奶小点	长富酸奶小点黄桃大麦风味酸乳	115+30g	杯	6.00
	酸奶小点蓝莓椰果风味酸乳	115+30g	杯	6.00
	长富酸奶小点草莓蔓越莓树莓风味酸乳	115+30g	杯	6.00
纸杯	长富巴氏100%鲜牛奶	200mL	杯	4.00
	长富吃活菌活菌型乳酸菌乳饮品	200mL	杯	4.00
	长富搅拌型鲜活发酵乳	125g	杯	3.00
玻璃瓶	长富巴氏100%鲜牛奶	200mL	瓶	7.00
	长富凝固型鲜活酸奶	180g	瓶	7.00

98%；平均单产达 8 t，全市成乳牛平均年单产超过全国平均水平；生鲜乳年平均乳蛋白率约高于国家标准的 10%；生鲜乳菌落总数常年保持在 8 万个 /mL 以下，大大低于国家标准，达到了欧盟标准，南平市是全国率先实行奶牛结核病和布鲁氏杆菌两病净化的地区。规模奶牛场全混合饲料日粮（TMR）技术应用率达 90.9 %，牛舍排污、牛床改造、牛舍刮粪板设计等相关技术都在福建省奶牛养殖企业得到了很好的利用。

南平有十家省级畜禽（奶牛）标准化养殖场，其中有 5 家国家级畜禽（奶牛）标准化示范场，分别是南平市长源牧业有限公司、建阳区吉翔牧业有限公司和建阳区嘉远生态农业科技有限公司、南平市南山生态园有限公司，南平市富洋牧业有限公司；省级畜禽（奶牛）标准化养殖场 5 家：南平市绿盛牧业有限公司、南平市延平区大横生态牧业有限公司、南平市丰旺畜牧养殖有限公司、建瓯市富雅饲草饲料有限公司、建瓯市小雅牧业有限公司等。

福建省液态奶加工企业的鲜奶收购价，基本参照长富公司的收购标准。2016 年长富公司与南平地区奶牛养殖企业合作牧场 13 个，长富公司全年约采购 8.09 万 t 生鲜乳，长富公司对生鲜乳的计价采用“以质论价，根据原奶检验指标蛋白率、乳脂率、体细胞、菌落总数、全脂乳固体等标准，实行冬夏季区别对待”的计价方针。2016 年的全省鲜奶基准价为 3 600 元 /t，冬季（12~ 次年 4 月）减价 500 元 /t，夏季（6~10 月）加价 500 元 /t，5 月、11 月不涨不跌；全年综合鲜奶价格在 4 600 元 /t。

在规模牧场的收益方面，目前生鲜乳千克成本约 4 元，一个千头规模的牧场年产奶量约 5 000t，利润约 600 万元，若成乳牛约 600 头，则单头成乳牛的年收益约 1 万元。在疾病防控方面，福建省是奶牛结核病、布鲁氏菌病的清净区，布鲁氏菌病坚持不打疫苗，每年开展两次官方监测，已基本达到净化标准。在饲料方面，2016 年，全省青贮玉米种植面积约 6 666.66hm^2，总产约 50 万 t；杂交狼尾草 5 333.33hm^2，全省杂交狼尾草总产约 160 万 t。

【奶农组织】福建省奶业协会是福建省目前唯一的奶业行业组织，自 2012 年成立以来，协会努力做好政府和企业的桥梁和纽带，发挥好行业协会中介组织作用，分别在推进福建巴氏鲜奶发展、落实奶牛品种改良政策、深入开展行业调研活动、加强奶业行业宣传力度、开展奶牛养殖技术培训、支持福建奶源基地建设、引导乳品企业发展壮大以及加强福建奶业对外交流等方面做出了自己的贡献，特别在“放心奶”“学生奶”两方面积极工作，取得了一定的成绩。

2016 年协会与奶牛合作社为奶牛牧场举办了 6 场业务培训，牧场的供应商和奶牛服务机构以及国外公司等结合奶牛新技术牧场疫病防控，牛粪资源的合理利用，奶牛场牛床垫料合理利用，以及奶牛的人工授精技术和奶牛性控冻精的合理利用等进行交流培训，也为当地奶牛养殖场举办多期牧场种植技术、牛粪排污处理技术等培训；深受奶牛养殖场管理人员和技术人员的喜爱。

此外，2016 年 9 月由福建省奶业协会和台湾乳业协会联合主办的第五届海峡两岸巴氏鲜奶发展论坛在福州海峡国际会展中心世纪金源大酒店隆重召开。福建省奶业协会为了积极推进福建好奶源、宣传生产优质的巴氏鲜奶，从 2008 年以来福建奶协曾举办多届海峡两岸巴氏鲜奶发展论坛，积极推动省内液态奶乳品企业发展巴氏鲜奶。

【政策法规】《福建省人民政府办公厅关于印发福建省开展市场准入负面清单制度改革试点总体方案的通知》（闽政办〔2016〕135 号），审核查验事项涉及的负面清单事项中 42 细则有两项（28）（40）对奶及乳制品进行规定：（28）食品、禁止投资轻工行业落后生产工艺装备项目：日处理原料乳能力（两班）20t 以下浓缩、喷雾干燥等设施；200kg/h 以下的手动及半自动液体乳灌装设备。（40）食品、未获得许可或资质条件等，不得从事食品生产和进出口：婴幼儿配方乳粉产品配方注册。

《福建省食品药品监督管理局办公室关于试行市场准入负面清单制度的通知》（闽食药监办法〔2016〕170 号）。

《福建省农业厅办公室关于开展 2016 年生鲜乳质量安全监督执法抽检的通知》(闽农综明传[2016]144 号）

《福建省农业厅关于开展 2016 年“瘦肉精”及生鲜乳质量安全专项整治行动的通知》（闽农医 [2016]167 号）

【质量监管】2016 年，福建省农业厅开展了生鲜乳质量安全专项整治，开展了生鲜乳质量安全执法抽检，抽检生鲜乳 39 批次，合格率达 100 %。出动执法人员约 200 人次，对奶牛养殖场、生鲜乳收购站检查 100 次，合格率达到 100%，生鲜乳质量安全总体情况较好。其中执法检查 9 次、质量抽查 20 次，均未检出三聚氰胺、革皮水解物、抗生素（青霉素类）药残和碱类物质；现场检测筛选 β – 内酰胺酶均为阴性；黄曲霉毒素 M_1 检测值均小于 0.5μg/kg，合格率为 100%。全省共有生鲜乳收购站 29 个，运奶车 15 辆，全部核发生鲜乳收购许可证或运输许可证，奶站及运奶车 100% 纳入监管。

【奶业大事】2016 年福建奶业迎新春暨会员代表年会于 2 月 27 日在福州召开。会议表彰了福建奶业（2014—2015）年先进单位和先进个人，并邀请省政协原副主席李祖可，省农业厅原老厅长尤珩、省农业厅原纪检组组长王钧泽、省政府四办董玉洪专员以及省政府、省政协、省农业厅相关处室领导以及会员企业代表一共 100 多人参加。

福建省奶业协会参加省直单位生态文明实践行暨“三下乡”服务（系列）活动，分别在延平区王台镇和山尾村赠送了 300 本《饮奶安全与健康》宣传手册，并为当地农民增送现场书写的书法，福建大乘乳业有限公司赞助鲜奶 20 件在现场发放。

3 月 18~19 日，福建省奶业协会与福建省企业两化融合促进会一同前往福鼎市先后到了福鼎市晨冠乳业有限公司等单位进行生产加工销售的考察调研。

5月22日福建省首届益生菌酸奶与肠道健康研讨会在福州召开。参加本次研讨会的人数达100多人，专家学者围绕“关爱全民肠道健康，如何提升公众的肠道健康意识”的议题进行学术研讨。

7月14~15日，福建省奶业协会、福州万准商贸有限公司、福州大马康参公司在福州举办牛樟芝与益生菌在人体与动物身上应用研讨会。

7月19~20日福建省奶业协会与福建省质量管理协会联合赴南平、三明市交流辅导乳品、牧场企业申报“两化融合体系”建设的调研活动。

9月4日，由中国奶业协会支持，福建省奶业协会、台湾乳业协会主办，福建长富乳品有限公司承办，唯绿包装（上海）有限公司协办的第五届海峡两岸巴氏鲜奶发展论坛在福州市世纪金源会展中心大饭店举行。本次论坛盛会参加人数大约450人。

10月28~29日江苏省奶业协会、上海市奶业行业协会、浙江省奶业协会、安徽省奶业协会、福建省奶业协会等联合举办为期两天的“第九届长三角奶业大会暨奶业展览会”在江苏省扬州市会议中心隆重召开，此次会议主题为“凝聚共识，汇集力量，坚持不懈推进优质乳工程”，来自全国各地的奶业产业链人士共聚长三角，齐话奶业路。此次盛会福建省奶业协会组织了二十几位代表参加会议，其中福建省的两家企业南平市建阳区嘉远生态科技有限公司和南平市南山生态园有限公司受到大会的表彰。

（福建省奶业协会，吴大新、吴妍）

附表 1　福建省奶牛（羊）养殖场（小区）名录

序号	名称	养殖场	小区	全群存栏（头）	成母牛存栏（头）	奶畜品种	成母牛单产（t/年）	年总产（t）	是否参加 DHI	是否应用 TMR
1	福建宏宝露乳业股份有限公司福清东阁牛场	√		1 180	650	荷斯坦	8.7	5 000	√	√
2	福建宏宝露乳业股份有限公司福清江镜牛场	√		500	300	荷斯坦	7.5	2 000	√	√
3	福清市盛泽农牧有限公司	√		1 100	235	荷斯坦	8.5	1 600	√	√
4	厦门久牧乳业有限公司	√		986	473	萨能奶羊	0.76	170		√
5	周宁县和谐牧业有限公司	√		240	170	荷斯坦	6.8	1 153		√
6	福建南安市裕农牧业有限公司	√		2 150	1 585	萨能奶羊	0.85	480		√
7	福建省闽牛乳业有限公司奶牛场	√		779	695	荷斯坦	6.1	4 235	√	
8	三明市碧海乳业有限公司	√		753	683	荷斯坦	6.5	4 432	√	
9	浦城县坑沿牧场	√		540	390	荷斯坦	6	2 300	√	√
10	浦城县澳牛牧场	√		810	463	荷斯坦	6	2 770	√	√
11	政和县兴和乳业有限公司奶牛场	√		800	500	荷斯坦	8	4 000	√	√
12	南平市长源牧业有限公司	√		1 512	868	荷斯坦	9.1	7 362	√	√
13	南平市丰旺畜牧养殖有限公司	√		848	457	荷斯坦	8.1	3 567	√	√
14	建瓯市富雅饲草饲料有限公司	√		1 207	690	荷斯坦	7.3	4 328	√	√
15	南平市绿盛牧业有限公司	√		1 077	597	荷斯坦	7.4	4 593	√	√
16	建瓯市小雅牧业有限公司	√		1 195	640	荷斯坦	7	4 082	√	√
17	顺昌县富泉农业发展有限公司	√		1 925	1 132	荷斯坦	9.9	10 411	√	√
18	南平市富洋牧业有限公司	√		1 182	661	荷斯坦	8.1	5 632	√	√
19	福建南平市禾原牧业有限公司	√		1 680	1 017	荷斯坦	10.3	10 262	√	√
20	福建省南平市南山生态园有限公司	√		1 191	706	荷斯坦	10.1	6 862	√	√
21	福建省南平市荣发牧业有限公司	√		1 187	671	荷斯坦	7.8	4 269	√	√
22	建瓯市东源生态牧业有限公司	√		725	315	荷斯坦	7.5	2 300		√
23	南平市建阳区嘉远生态农业科技有限公司	√		1 657	873	荷斯坦	8.9	7 605	√	√
24	南平市建阳区吉翔牧业有限公司	√		2 099	1 010	荷斯坦	10.1	9 652	√	√
25	南平市延平区大横生态牧业有限公司	√		660	370	荷斯坦	8.8	3 200		√
26	南平市延平区常坑生态牧业有限公司	√		770	385	荷斯坦	7.5	2 580	√	√
27	建阳市锦山牧业有限公司	√		1 100	780	荷斯坦	8	5 600		√
28	南平市三田牧业有限公司	√		1 160	700	荷斯坦	9	6 300		√
29	南平市富益牧业有限公司	√		1 100	235	荷斯坦	8.3	1 900	√	√
30	福建新曙光农业发展有限公司	√		1 038	630	荷斯坦	8.7	5 200		√

（续）

序号	名称	养殖场	小区	全群存栏（头）	成母牛存栏（头）	奶畜品种	成母牛单产（t/年）	年总产（t）	是否参加 DHI	是否应用 TMR
31	南平市福延牧业有限公司	√		1 250	700	荷斯坦	8.3	4 500		√
32	邵武市长盛奶牛养殖有限公司	√		1 150	630	荷斯坦	7	4 230	√	√
33	秋田农牧（福建）乳业有限公司	√		5 000	3 500	萨能奶山羊	0.5	1 700		√
34	**总合计**			**40 551**	**23 711**			**144 275**		

备注：请在养殖场或小区列中选择打钩；如参加 DHI 或应用 TMR，请在相应表格中打钩。

附表 2 福建省乳制品生产企业名录

序号	名称	许可证号码	年收购原料奶量(t)	平均支付价格(元/kg)	其中：自有奶源量(t)	年乳制品产量(t)	其中：巴氏杀菌奶(t)	UHT 奶(t)	酸奶(t)	奶粉(t)	奶油(t)	奶酪(t)	乳饮料(t)	整体设计加工能力(t/年)	产品销售区域	年销售收入(万元)	利润(万元)
1	福建长富乳品有限公司	SC10635070200033	77 301	4.69	77 301	74 140.55	45 627	10 713	11 146	2.55	—	—	15 603	215 000	省内及周边省	71 360.4	7 355.1
2	明一国际营养品集团有限公司	SC20135018200349	95 915	4.2	95 915	38 366	/	/	/	38 366	/	/	/	50 000	全国	214 118	16 724
3	福建省闽牛乳业有限公司	SC10535040200152	6 580	4.50	4 235	9 153	4 754		2 419				1 980	39 600	福建	7 583	136
4	三明市碧海乳业有限公司	SC10535040200793	5 922	4.50	5 922	8 237	4 279		2 177				1 781	42 100	福建	6 821	127
5	福建澳牛乳业有限公司	SC10535072200214	10 000	5	10 000	12 600	/	10 000	/	/	/	/	2 600	17 000	福建	17 000	900
6	福建宏宝露乳业股份有限公司	SC10635018100465	18 000	5	18 000	30 000	6 500	8 000	3 500	/	/	/	12 000	32 000	福建	20 000	1 800
7	大乘乳品有限公司	SC10635070200068	4 855	5.2	4 855	2 600	1 600	900	600	60			800	6 000	福建	4 000	200
8	晨冠生物科技有限公司	CS10535098200011				1 731				1 731				20 000	上海	27 427	415
9	台农（厦门）农牧有限公司	SC10535021201939	1 800	5	480	2 000	1 800	/	50	/	/	/	/	36 500	福建 上海 广东	3 000	150
10	秋田农牧（福建）乳业有限公司		1 750	8.5	1 750	8 000	1 500		500				6 000	76 650	福建	8 000	800
11	贝登（福建）婴幼儿营养品有限公司	QS350005011773				1 485				婴 1 345 特 140				19 000	全国	13 150	650
12	厦门久牧乳业有限公司（羊奶）	QS350005011769	170	8	170	165	160						29	26 000	福建	350	50
	总合计		222 293		218 628	188 477.55	66 220	29 613	20 392	40 159.55			40 793	579 850		392 809.4	29 307.1

备注：自有奶源指来自自建和参建（控股、参股）牧场（小区）的原奶

江西省

2016年，在奶业生产发展新常态下，江西省奶业保持稳步发展态势，奶牛规模化比重不断上升，达43.22%，随着城市化的推进和养殖奶牛比较效益的降低，存栏数量下降较快，区域化发展更加明显，奶牛平均单产略有提高。

【奶畜养殖】2016年江西省奶牛存栏2.48万头，较2015年下降21.77%；奶类产量10.2万t，较2015年下降了5.92%。全省存栏奶牛50~199头的规模养殖82个，200~499头的规模养殖场（小区）10个，存栏500~999头的规模养殖场（小区）5个，存栏1 000头以上的规模养殖场（小区）3个。江西省奶站和生鲜乳运输车辆也保持基本稳定，现有6个奶站分布在牛奶重点产区，拥有10辆生鲜乳运输车。

表4-22 2016年末江西省各主要奶牛养殖地区存栏及产量情况

市（地区）	场（户）数	年末奶牛存栏（头）	牛奶产量（t）
南昌市	127	8 767	36 250
赣州市	818	9 351	39 899
抚州市	266	3 673	14 566
吉安市	2	1 233	3 925
萍乡市	1	585	3 356
宜春市	15	1 147	4 143

表4-23 2016年江西省主要养殖县（区、县级市）奶牛养殖情况

县（区）名称	奶牛存栏（头）	年奶产量（t）	备注
南昌县	5 447	16 500	
进贤县	1 595	14 080	
东乡县	2 930	11 728	
经开区	831	1 371	
奉新县	935	2 962	
芦溪县	585	3 356	
吉州区	960	3 365	含西门塔尔挤奶牛450头
临川区	516	1 584	
于都县	9 244	39 556	

【奶源基地】基地区域化发展明显。江西省奶牛生产基地主要集中在南昌县、进贤县、新建县、东乡县、奉新县、吉州区、于都县、芦溪县等县（区），这些县（区）奶牛存栏占全省80%以上。通过奶牛标准化规模养殖场建设项目和奶牛良种补贴政策，促进全省奶牛养殖业发展壮大。2016年全省共补贴荷斯坦牛1万头，乳肉兼用西门塔尔牛5万头，通过良种冻精的推广，奶牛年平均单产达到5.3t。

表4-24 2016年江苏省奶牛规模化饲养情况

规模（头）	场（户）数	年末存栏数（头）	牛奶产量（t）
1~4	513	1 861	7 367
5~9	397	3 282	13 773
10~19	187	3 359	14 230
20~49	94	4 222	14 749
50~99	25	1 418	5 358
100~199	32	4 707	17 899
200~499	6	2 063	5 890
500~999	5	4 075	23 763

奶牛养殖方式仍较落后，机械化挤奶推行缓慢。2016年奶牛规模养殖场机械化挤奶比重达75%，全省奶牛养殖户机器挤奶比例达70%。主要挤奶机品牌有利拉伐、广东乐宝等。分散的小规模养殖户仍主要以手工挤奶，养殖小区或规模场周围的小散养殖户多以不锈钢奶桶送到奶站。目前只有“阳光”“牛牛”等少数企业采用了挤奶厅集中机械化挤奶，占到全省奶牛数量的45%。

饲草饲料。江西省饲养的奶牛品种全部是荷斯坦牛，可利用的饲草饲料明显不足，饲草加工和贮藏困难，特别是缺乏优质豆科牧草，导致四季饲草不能均衡供应。饲草供应短缺和不均衡主要表现为：一是优质干草尤其是苜蓿等豆科牧草，必须从北方调入和国外进口，成本相对较高；二是没有大面积、成片种植的青贮玉米和牧草。缺乏青贮饲料和新鲜草料；三是大多数奶牛养殖户和奶牛场缺乏种草和青贮草料的习惯和技术，草料频繁变动，而非根据奶牛生长需要而给予适合的草料，不足以满足奶牛生长发育和不同生产阶段的营养需要。

疫病防控。建立了完善的疫情报告、疫病控制和扑灭工作机制，重点防控奶牛口蹄疫、结核病、布氏杆菌病等人畜共患疫病。依据国家动物防疫法建立奶牛疫病防治规范和技术规程。对全省牛群开展全面、有计划的普查，了解疫情并制订强制性免疫和牛群健康计划，坚持一年两次的“两病”检疫，阳性牛及时扑杀，由政府提供经济补偿，并需要探索一条奶牛生产灾害直接救助和畜牧业保险并重的补贴机制。同时，建立了12316电话热线，满足奶业的需求与疫情监督需要。

【市场消费】2016年全省没有出现拒收鲜奶和倒奶事件，鲜奶价格一直保持在4.0~4.2元/kg，奶牛养殖规模化比例提高，小散养殖户正在快速退出。鲜奶主要由当地奶企收购，也有跨地区的蒙牛、光明等在当地收奶。因此，奶农的牛奶销售没有出现问题。

【乳品加工】现有乳制品生产经营许可的乳品企业7家，分别是江西美庐乳业有限公司、江西于都屏山牧山奶业有限公司、萍乡大富乳业有限公司、江西阳光乳业有限公司、江西牛牛乳业、江西金薄金生态科技有限公司、江西雄鹰乳业有限公司。截至2016年12月31日，有3家取得婴幼儿配方奶粉生产经营许可，分别是江西

美庐乳业有限公司、江西金薄金生态科技有限公司、江西雄鹰乳业有限公司。仅江西牛牛乳业有限公司1家取得学生奶生产经营许可。

表 4-25　7家乳品加工企业基本情况

中文名称	企业性质	主要产品
江西美庐乳业有限公司	民营企业	奶粉、婴幼儿奶粉
江西于都屏山牧山奶业有限公司	民营企业	液态奶
萍乡大富乳业有限公司	股份制企业	液态奶
江西阳光乳业有限公司	股份制企业	液态奶、奶粉
江西牛牛乳业有限公司	民营企业	液态奶、学生奶
江西金薄金生态科技有限公司	股份制企业	液态奶、奶粉、婴幼儿奶粉
江西雄鹰乳业有限公司	股份制企业	奶粉、婴幼儿奶粉

【质量监管】江西省2016年有正在运行的奶站5家，较2015年减少了2家，分别是阳光乳业中心站、南湖农场奶站、于都高山青草奶业公司黄沙收奶站、江西牛牛乳业有限公司兴桥奶牛基地奶站、阳光东乡红星乳业有限公司。

江西省在奶业生产发展和生鲜乳质量安全监管做了许多工作，每年质量监测部门都会组织数次到市场和企业进行抽检，到大型奶企驻场监测，取得了很好的成效。但也存在一些不足。主要是生鲜乳质量安全检测体系有待加强。当前，省级检测单位承担着江西省全省畜产品质量安全检测工作，任务繁重。设区市和奶业重点产区牛奶质量安全监管检测体系不健全，加工企业和奶站检测设施也相对滞后，没有第三方检测机构，检测能力有限，严重制约了质量监管工作及时有效地开展。

【奶业大事】2016年，依据《江西省农业厅领导干部社团兼职清理情况表》的有关要求，江西省奶业协会认真对待，填写了《江西省农业厅领导干部社团兼职清理情况表》和《江西省农业厅领导干部社团兼职清理情况办理进度表》，开展了副处以上领导干部（含非领导职务干部）社团兼职等清理工作。根据协会章程，在征求并听取各有关企业理事单位的意见并经主管部门同意后，江西省奶业协会于2017年4月21日已注销。

（江苏省畜牧技术推广站，宁财）

山东省

2016年，面对国际供求关系调整，特别是产能调整，山东奶业继续在调整中优化，奶牛存栏和产奶总量略有下降，单产小幅提升，奶业发展相对平稳。全省奶牛存栏129.3万头，同比下降3.1%；牛奶产量268.4万t，同比下降2.5%。

【奶畜养殖】一是生产结构进一步优化。散户和低水平小规模场加速退出，养殖规模水平提升。全省奶牛养殖场户总数2.0万户，同比下降43.5%；其中：存栏50头以下的养殖场户1.73万户，同比下降45%；存栏50头以上规模场区存栏占比84%，同比增长3个百分点。奶牛养殖散户一部分被市场淘汰，另一部分逐渐转向规模牧场饲养。二是生产水平稳步提升。通过牛群结构调整、管理水平提升、DHI和TMR等增产技术的推广，全省奶牛平均单产6.75t，同比略有增加。东营市平均单产达到7.8t，山东奥亚、现代牧业等大型牧场单产达到10t以上。生鲜乳蛋白、脂肪含量由3.0%，3.3%提升到3.18%和3.37%以上。三是养殖环境逐渐好转。近几年，国家加大对环境污染治理，山东省坚持“源头减量、过程控制、末端利用”基本思路，推进种养结合农牧循环发展。因地制宜推广沼气、生产有机肥、种养结合等模式，推进农牧循环。同时不断加大粪污处理设施标准化改造，在控制用水的基础上，配套建设储粪场和储污池，实现雨污分离、固液分离，以及防渗防溢防雨等。根据环境承载能力，合理确定奶牛养殖规模，配套建设饲草料种植基地，促进粪污还田利用。

【奶业走势】原奶收购价格呈现“W”和深“V”型两阶段走势。2016年1月~5月中旬(第19周)山东省原奶收购价格呈现“W”型走势，呈现震荡变化。随后急速探底，至8月中下旬(第33周)达到年度最低点为3.15元/kg，之后价格快速提升，2016年年底山东省牛奶价格高位收盘，为3.49元/kg，再创当年历史新高，整个走势呈现深“V”型。2017年生鲜乳收购价延续2016年年底好行情，市场全面向好，奶价继续冲高。2017年第1周，全省牛奶价格再次高点向上，生鲜乳收购价为3.50元/kg，同比升高3.24%，环比升高0.29%。

【乳品加工】2016年年底统计，全省有佳宝、得益、亚奥特等乳制品加工企业59家，主要产品为液态奶、奶粉、乳饮料以及其他干乳制品。2016年全省乳制品产量259.87万t，其中液态奶产量243.60万t，占93.74%，乳粉产量3.77万t，占1.45%。乳品业发展趋势：一是乳业发展同国际接轨的距离拉近。2016年新西兰原奶价格走势与国内基本一致，虽然波动剧烈，对我国奶业市场成熟起到促进作用。二是乳业现代化程度大大提高。全省一半以上的乳品加工企业逐渐向原奶基地现代化、加工设施设备现代化、质量品控现代化、品牌国际化、营销物流现代化的方向发展。三是产品结构比较齐全。目前，市场上巴氏杀菌奶、超高温灭菌乳、酸乳、乳粉、干酪、奶油、炼乳等产品种类齐全，消费市场逐渐引导企业加大巴氏鲜奶供应。

【市场消费】2016年，定期饮用液态奶消费者比例进一步提升，达到77%。2016年全省人均奶类占有量41.64kg，城镇居民人均乳制品消费量约为34kg，比2000年增长一倍；农村居民人均乳制品消费量约为11kg，比2000年增长10倍多。全省商场、超市出售的巴氏杀菌奶平均价格为每500g6.83元，超高温灭菌乳平均价为每500g6.04元，酸奶平均价为每500g7.53元。为做好乳品市场消费引导，山东省加大宣传力度，通过网络、报刊、电视、广播等媒体开设专家访谈和讲座，普及乳品营养和安全知识，努力扩大牛奶特别是巴氏杀菌奶等低温奶的消费；举办“爱牛奶”活动和到乳企“亲子游”活动，提高居民对奶牛养殖场、牛奶制作流程认识感，增强国产品牌安全使用意识，不断提振国产奶消费信心。

【奶源基地】2016年全省存栏奶牛200~499头的牧场有418个，奶牛存栏15万头，占总存栏的14.08%；500~999头的牧场有250个，奶牛存栏18.23万头，占总存栏量的17.10%；存栏1 000头以上规模场区121家，存栏38.46万头，占总存栏量的36.13%。全省奶牛养场（户）机械化挤奶率达到95%以上，全混合日粮（TMR）使用率达到80%以上，奶牛生产性能测定（DHI）牧场230多个，测定泌乳牛超过7万头。中鼎牧业在山东省采取集团化托管的方式，合作牧场10多个，给合作牧场注入资金和人力技术资源，大大提高了牧场生产管理水平。饲草饲料供应方面：2016年全省饲料生产量3 275.14万t，同比降低0.88%，其中配合饲料生产量2 160.63万t，同比增长2.54%；全省“粮改饲”深入推进，2015年在全国率先启动省级“粮改饲”试点，2016年试点县达到19个，全株青贮玉米种植面积13.33万hm^2、产量825万t，苜蓿等优质牧草种植1万hm^2，并创新推广了青贮小麦喂牛等新技术。

【奶农组织】通过技术培训、DHI测定服务、冻精配种技术指导等，技术指导服务与养殖生产结合更加紧密。通过养殖团队托管服务、乳企设立奶源基地等形式，产业运行组织模式不断创新。通过加工环节质量规范的倒逼机制，养殖环节牧场化改造和生产管理的规范化推进不断加快，乳品质量控制更趋严格、更加到位。2016年全省组织各类新型农民畜禽养殖关键技术培训班20多期，累计培训技术员6 000余人次。省畜牧协会等加大对会员的服务力度，组织与奶牛有关的单位技术人员赴欧洲等境外考察学习10余人次，举办泰山奶业论坛、奶牛金钥匙传播工程、山东牛精英团队等培训活动20多场次。

【政策法规】一是加强宣传，营造消费氛围。各级各部门加强国产生鲜乳质量安全宣传，鼓励动员居民积极消费巴氏杀菌奶；在济南组织召开首届全省D20奶业峰会，发布泉城宣言，加强奶业宣传，规范奶业生产。二是有效实施生鲜乳价格协调机制，保护奶农利益。继续发挥省生鲜乳价格协调委员会作用，定期发布交易参考价，发布新版生鲜乳购销合同，加强产销协调，解决卖奶难问题。三是着眼长远发展，推动奶业转型升级。对全省14.5万头能繁母牛开展冻精补贴、引进种用胚胎650枚；落实中央预算内投资8 010万元对70个规模奶牛场区开展标准化改造，投资4 000万元对宁阳、曹县开展奶牛养殖大县种养结合整县推进试点项目；落实资金1 080万元择优扶持1200hm^2高产优质苜蓿示范片区建设。东营市实施了农业保险新增补贴项目，引导鼓励养殖场户入险，提高畜牧业抵御自然灾害风险能力。

【质量监管】一是做好生鲜乳许可动态监管。全面推行电子发证管理，基本实现了信息录入、变更等系统基本运行机制与行政许可发证、执法监管的有机结合，截至2016年年底，全省646个生鲜乳收购站、486台运输车全部实现电子发证打印。二是加强生鲜乳收购站、运输车监督抽检。2016年根据农业部和山东省财政安排开展了生鲜乳违禁添加物、菌落总数和部分理化指标监测等近2 000批次的监测任务，监测范围覆盖17地市，总体合格率99.9%以上。三是继续开展专项整治，保持高压态势。在全省范围组织开展生鲜乳违禁添加物质专项整治行动，重点是生鲜乳生产收购记录和进货查验及各地畜牧部门日常监督检查所留的“痕迹”；严厉打击非法收购运输和非法添加等违法行为。2016年全省共出动执法人员6 000人次，检查奶站2 420站次，检查运输车1 632车次，整改、取缔生鲜乳收购站40个。

【奶业大事】

1月20~21日，山东省奶业协会在东营市召开奶牛健康养殖与奶吧乳品安全研讨会，围绕“降低成本，增加效益，积极应对奶业寒冬”和“如何保障鲜奶吧乳品质量安全”等进行了研讨。

2月20~22日，全国畜牧总站刘海良处长、中国农业大学张胜利教授等5位农业部评审专家组成员，对山东省畜牧总站奶牛DHI测定中心进行现场评审，并顺利通过。

4月6~8日，第二届山东粗饲料资源与利用大会在山东省齐河县召开，围绕粗饲料开发利用、玉米青贮技术进展、牧场精细化管理、构建现代饲草产业体系、推进草食畜牧业转型升级等进行研讨交流，与会代表300多人。

4月7~8日，省畜牧兽医局冯继康局长等陪同澳大利亚南澳州基础产业部代表团，参观考察了位于黄河三角洲地区的山东大地乳业苜蓿种植和万头奶牛养殖基地、河口区澳亚新户万头奶牛场和两万亩粮草轮作种植基地、黄河岛农林牧渔产业基地。

4月27~29日，由山东省畜牧总站、中国奶业协会、山东省农业科学院奶牛研究中心联合在济南举办2016年山东省奶牛DHI管理技术培训班。中国奶业协会谷继承秘书长、山东省畜牧兽医局唐建俊副局长等领导出席。来自山东省17市畜牧局、奶牛场DHI负责人200余人参加了培训班。

5月20日，由山东省畜牧协会、山东省乳制品工业协会、山东省奶业协会等主办的“2016山东奶业D20峰会”在济南召开。会议主题是“转型升级、合作共赢、绿色消费”。会上20家大型奶企代表共同签署发布了《山东奶业D20峰会泉城宣言》，进行了论坛交流，开展了乳品展示。山东省人民政府赵润田副省长出席会议并讲话，中国奶业协会副秘书长邓荣臻代表中国奶协发表致辞。

6月21~26日，应韩国酪农肉牛协会的邀请，山东省奶业协会一行16人对韩国奶业进行为期6天的学习考察。期间举办了韩中（山东）酪农产业情况交流会。

8月28~30日，受农业部奶业管理办公室委托，全国畜牧总站在济南市组织召开全国奶牛遗传改良及奶牛生产性能测定（DHI）工作推进会。全国畜牧总站石有龙总畜牧师、刘海良处长、山东省畜牧兽医局唐建俊副局长等领导出席会议，全国各省市DHI中心实验室主要负责人、技术骨干以及拟新建的DHI实验室代表参加会议，另外还邀请了FOSS、Delta、BENTLEY公司的国外专家等40多人参加了会议。

10月16~17日，由山东省畜牧总站、泰安市畜牧兽医局和山东省畜牧协会奶业分会联合在泰安举办了2016年新型农民奶牛养殖关键技术培训班，全省200多名奶农参加培训。

10月17日，首届中国中小牧场发展战略论坛暨第四届山东现代奶业大会在山东德州召开，会议由山东省奶业协会、中鼎牧业、《中国乳业》杂志共同主办，国内外知名行业企业和媒体代表共计300余人参加了会议。

10月24日，由山东省畜牧兽医局、山东省畜牧协会主办的第31届（2016）山东畜牧业博览会在济南盛大开幕。期间举办了“爱牛奶”主题宣传日活动，旨在“推动全民健康喝奶，推进奶业健康发展”，活动由山东省畜牧协会奶业分会联合济南佳宝、青岛迎春乐、泰安亚奥特、农科院兴牛、银香伟业、东营大地、东君乳业和新希望乳业共同举办，反响良好。

11月18~29日，山东省奶业协会组织奶业相关人员20余人到德国及北欧四国等地进行奶业相关情况考察交流。

（山东省畜牧总站，柴士名；山东省畜牧兽医局，吴孝兵）

附表1 山东省规模奶牛养殖场（小区）调查表

县名	养殖场（区）名称	养殖场	小区	全群存栏（头）	成母牛存栏（头）	奶畜品种	成母牛单产（t/年）	年总产（t）	是否参加DHI	是否应用TMR
莱西	青岛盛世牧业有限公司	√		2 600	1 200	荷斯坦	10	12 000		√
莱西	青岛高氏牧业有限公司	√		1 010	670	荷斯坦	9.5	6 220		√
陵城区	德州光明生态示范奶牛养殖有限公司	√		2 800	1 750	荷斯坦	10	16 000	√	√
禹城市	禹城市息森奶牛养殖专业合作社	√		3 035	1 535	荷斯坦	6.3	9 671	√	√
禹城市	禹城市友丰养殖场	√		4 878	2 399	荷斯坦	6.7	16 073		√
禹城市	禹城市亿陆发奶牛养殖专业合作社	√		3 986	1 994	荷斯坦	6.5	12 961	√	√
禹城市	禹城市瑞丰养殖家庭农场	√		2 145	1 084	荷斯坦	6.2	6 721		√
禹城市	顺发奶牛养殖专业合作社奶站	√		2 018	857	荷斯坦	6.1	5 228	√	√
禹城市	德州市维多利亚农牧有限公司	√		17 452	7 578	荷斯坦	7.8	59 108	√	√
禹城市	梁家镇和顺祥养殖专业合作社奶站	√		2 856	1 335	荷斯坦	6.3	8 411	√	√
宁津县	宁津县佳宁奶牛养殖专业合作社	√		1 068	420	荷斯坦	8.4	3 528		√
庆云县	山东龙泰农牧生态园有限公司	√		1 300	750	荷斯坦	9.5	4 100	√	√
乐陵市	乐陵市乐农奶牛养殖专业合作社	√		1 522	826	荷斯坦	6.3	5 203		√
乐陵市	乐陵市阳光奶牛养殖专业合作社	√		1 528	847	荷斯坦	6.3	5 336		√
乐陵市	乐陵市金亿奶牛养殖专业合作社	√		3 020	1 521	荷斯坦	8.5	12 928	√	√
乐陵市	嘉立荷（山东）牧业有限公司	√		8 311	3 213	荷斯坦	8.4	27 000	√	√
齐河县	醇源牧场有限公司	√		12 000	3 600	荷斯坦	6.1	21 960		√
兰山区	兰山区彦春奶牛养殖农民专业合作社	√		3 096	796	奶牛	9.2	7 380	√	√
兰山区	兰山区广利奶牛养殖农民专业合作社	√		1 220	390	奶牛	8.15	3 080	√	√
兰山区	临沂市兰山区澳蒙奶牛养殖农民专业合作社		√	1 330	390	奶牛	7.85	3 020	√	√
兰陵县	兰陵县汶河奶牛养殖专业合作社		√	1 140	871	荷斯坦	6.5	4 530	√	√
兰陵县	临沂偌干牧业	√		6 135	3 352	荷斯坦	10	23 000	√	√
临沭县	临沭县齐力奶牛场		√	1 026	460	荷斯坦	8	2 880		√
高新区	临沂农丰畜牧发展有限公司	√		1 700	1 000	荷斯坦	8.5	6 500	√	√
牟平区	山东荷斯坦奶牛繁育中心有限公司	√		2 513	1 310	荷斯坦	8.6	9 000	√	√
莱阳市	山东朝日绿源农业高新技术有限公司	√		1 350	702	荷斯坦	9.3	6 500	√	√
莱阳市	莱阳市谭格庄惠农奶牛场	√		1 030	680	荷斯坦	6.8	4 620	√	√
台儿庄区	山东祥和乳业有限责任公司	√		4 800	2 882	荷斯坦	7.2	20 750.4	√	√
台儿庄区	枣庄瑞鑫乳业有限责任公司	√		3 900	2 345	荷斯坦	7.2	16 884	√	√
曹县	山东银香伟业集团有限公司第一牧场	√		1 300	790	荷斯坦	6.7	4 234	√	√

（续）

县名	养殖场（区）名称	养殖场	小区	全群存栏（头）	成母牛存栏（头）	奶畜品种	成母牛单产（t/年）	年总产（t）	是否参加DHI	是否应用TMR
曹县	山东银香伟业集团有限公司第二牧场	√		2 300	1 400	荷斯坦	6.5	7 056	√	√
曹县	山东银香伟业集团有限公司第三牧场	√		3 200	1 950	荷斯坦	6.7	7 017.6	√	√
曹县	山东银香伟业集团有限公司第四牧场	√		1 600	980	荷斯坦	6.6	5 174	√	√
曹县	山东银香伟业集团有限公司第五牧场	√		2 000	1 260	荷斯坦	7	7 176	√	√
曹县	山东银香伟业集团有限公司第六牧场	√		2 100	1 290	荷斯坦	6.8	7 017	√	√
曹县	山东银香伟业集团有限公司第七牧场	√		1 690	1 100	荷斯坦	6.8	4 224	√	√
曹县	山东银香伟业集团有限公司第八牧场	√		2 150	1 300	荷斯坦	6.9	5 720	√	√
曹县	山东银香伟业集团有限公司第九牧场	√		1 600	970	荷斯坦	6.8	5 276	√	√
曹县	山东银香伟业集团有限公司第十牧场	√		1 380	800	荷斯坦	6.6	3 840	√	√
曹县	山东银香伟业集团有限公司第十一牧场	√		1 820	1 100	荷斯坦	6.5	1 960	√	√
曹县	山东银香伟业集团有限公司第十二牧场	√		1 760	1 050	荷斯坦	6.6	6 830	√	√
曹县	山东银香伟业集团有限公司赵楼牧场	√		2 000	0	娟姗、荷斯坦	0	0	√	√
曹县	曹县金牛养殖专业合作社		√	1 300	800	荷斯坦	8	5 000	√	√
东明县	山东广春牧业有限公司	√		1 180	920	荷斯坦	8	7 200	√	√
汶上县	现代牧业（汶上）有限公司	√		8 700	4 540	荷斯坦	9	37 000	√	√
阳谷县	良种奶牛繁育有限公司	√		1 290	635	荷斯坦	9.9	6 286.5	√	√
冠县	冠县范寨康源奶牛养殖专业合作社	√		1 310	540	荷斯坦	7	3 780	√	√
临清	山东聊城东林牧业有限公司	√		3 060	1 510	荷斯坦	7	12 000	√	√
临清	临清乳泰牧业有限公司	√		2 023	934	荷斯坦	9	11 000	√	√
临清	临清市天逸养殖有限公司	√		1 265	571	荷斯坦	8	6 000	√	√
荣成市	山东恒大化工（集团）有限公司大疃奶牛养殖场	√		2 820	1 395	荷斯坦	8.7	11 800	√	√
高青县	山东得益乳业有限公司高青AA示范场	√		5 100	2 800	荷斯坦	9	25 200	√	√
高青县	高青县桂杰农业开发有限公司		√	2 920	1 600	荷斯坦	7.7	12 320	√	√
高青县	高青丙申奶牛养殖专业合作社（河沟马）		√	2 820	1 551	荷斯坦	7.8	12 090	√	√
高青县	淄博神龙滩农业科技有限公司		√	1 800	990	荷斯坦	7.7	7 623	√	√
高新区	山东遥墙农牧业发展有限公司	√		1 018	487	奶牛	9	4 920	√	√
高新区	济南维维乳业奶牛场	√		2 200	920	奶牛	8.4	7 728	√	√
长清区	济南佳宝乳业第一牧场	√		2 200	1 200	荷斯坦	8.5	10 000	√	√
长清区	济南佳宝乳业第二牧场	√		1 800	920	荷斯坦	8.5	6 500	√	√
平阴县	山东申牛牧业有限公司	√		4 334	2 293	荷斯坦	10.6	2.6万	√	√

（续）

县名	养殖场（区）名称	养殖场	小区	全群存栏（头）	成母牛存栏（头）	奶畜品种	成母牛单产（t/年）	年总产（t）	是否参加DHI	是否应用TMR
商河县	现代牧业（商河）有限公司	√		23 506	8 992	荷斯坦	11	100 000		√
济阳县	山东高速生物工程有限公司	√		1 362	750	荷斯坦	9.2	7 000	√	√
肥城市	泰安澳亚现代牧场	√		11 000	6 300	荷斯坦	11.3	68 000		√
东营区	中国石化集团胜利石油管理局胜大水产奶牛场	√		1 080	650	荷斯坦	8	3 637	√	√
东营区	东营市阳光庄园牧业有限责任公司	√		1 023	402	荷斯坦	7.5	1 802	√	√
河口区	东营仙河澳亚现代牧场有限公司	√		11 840	5 878	荷斯坦	12.4	68 430	√	√
河口区	东营神州澳亚现代牧场有限公司	√		14 072	6 572	荷斯坦	12.8	69 704	√	√
河口区	东营神州澳亚现代牧场有限公司新户分公司	√		12 030	6 220	荷斯坦	12.5	68 875	√	√
广饶	东营安和牧业有限公司	√		860	450	荷斯坦	8.8	4 000		√
广饶	东营市柏拉蒙奶牛繁育有限公司	√		1 814	1 191	荷斯坦	9.2	9 080	√	√
广饶	东营澳亚现代牧场有限公司	√		7 936	5 991	荷斯坦	10	66 000	√	√
广饶	山东大地乳业有限公司	√		6 448	3 948	荷斯坦、娟姗	9.5	37 500	√	√

附表 2　山东省主要乳制品企业生产情况

企业名称	许可证号码	年收购原奶量(t)	平均支付价格(元/kg)	其中：自有奶源量(t)	年乳制品产量(t)	其中：巴氏杀菌奶(t)	UHT奶(t)	酸奶(t)	奶粉(t)	奶油(t)	奶酪(t)	乳饮料(t)	整体设计加工能力(t/年)	产品销售区域	年销售收入(万元)	利润(万元)
青岛迎春乐食品有限公司	QS370205010174	22 500	3.5	2 000	22 100	7 300	5 600	6 300	0	0	0	900	73 000	山东、江苏、浙江、上海、河北	29 477	1 033
青岛新希望琴牌乳业有限公司	QS370205011624	23 000	3.5	7 000	25 000	10 000	7 500	7 500	0	0	0	0	80 000	山东、河北、河南、东三省	22 000	1 300
光明乳业有限公司	QS371405010192	139 451	3.71	16 000	136 000	0	28 560	107 440	0	0	0	0	200 750	全国	126 000	9 000
东君乳业有限公司	QS371405010010	120	4.2	7 200	0	0	0	0	0	0	0	0	36 000	全国	34 900	2 000
临沂格瑞食品有限公司	QS371305011200	73 226	3.4	6 700	110 000	40 125	19 774	43 235	0	0	0	8 922	182 000	临沂各县区及周边城市	20 013.5	3 114.45
沂水县御膳香乳业有限公司	SC10637132300202	1 500	5.5	1 200	1 450	0	1 400	0	0	0	0	100	10 000	国内	1 800	96
山东省白羚乳业有限公司	SC10537132301410	1 000	5.5	800	950	0	0	950	0	0	0	0	10 000	全国	2 000	300
烟台益生源乳业有限公司	QS370605010002	4 102	4.25	4 102	4 102	3 610.32	0	491.68	0	0	0	0	43 200	烟台各县市区	3 664.9	525.6
烟台完达山工业园投资开发有限责任公司	370612228010728	5 559	3.34	0	5 664	217	3 368	1 896	0	0	0	183	45 873	烟台、威海、青岛	3 509	–796
烟台长生乳品有限公司	Qs370605011056	300	3.8	300	640	460	140	0	0	0	0	450	2 000	芝罘区	700	2
山东朝日绿源乳业有限公司	QS370605011781	3 500	0	3 500	3 500	0	3 500	0	0	0	0	0	4 200	烟台、青岛、威海、济南等	4 690	
山东祥和乳业有限责任公司	QS370405010007	3 500	4.4	3 500	4 000	1 000	2 000	500	0	0	0	500	60 000	山东省及周边	4 255	–322
山东华英食品有限公司	QS371705010175	3 570	3.5	3 570	5 224	1 806	0	135	0	0	0	3 283	7 665	冀、鲁、豫、皖、苏、京、津、黑	2 927.5	228.5
山东银香大地乳业有限公司	QS371705010176	54 500	4	54 500	32 000	4 800	3 200	4 800	0	0	0	19 200	180 000	鲁、苏、豫、皖、冀	34 600	3 560
山东莱河乳业有限公司	QS371705010401 QS371706019865	5 040	3.5	5 040	1 929	1 800	0	129	0	0	0	8 140	16 000	单县及周边	2 056	165
三强乳业	SC10537081109576	4 600	3.7	0	4 600	2 300	40	2 200	0	0	0	60	72 000	济宁市县区	2 670	180
聊城市团团乳业有限公司	QS371505011353 QS371506109921	900	3.4	500	900	240	0	600	0	0	0	60	7 200	聊城市	800	25
山东德正乳业有限公司	SC10237108100056	3 129	2.75	1 780	1 497	0	0	0	1497	0	0	0	3 000	杭州、东北	2 440	–178
山东鹏程食品股份有限公司	SC11137100114103	1 274	3.49	1 274	1 300	680	290	247	0	0	0	83	1 500	临港区	750	4.5
威海嘉盛乳业有限公司	QS3710 0501 0073	11 201	3 562	11 201	11 210	3 576	3 812	2 286	303	0	0	1 233	70 000	烟台、威海	8 849	–65
山东得益乳业股份有限公司	SC10637039913023	117 000	3.66	4 817	107 692	39 353	820	63 040	261	0	0	4 217.55	300 000	山东	74 292	2734
山东兴牛乳业有限公司	QS370105011581	8 030	3.5	2 007	10 000	6 000	0	3 000	0	0	240	0	60 000	济南	6 000	1000
济南维维乳业有限公司	SC10637011200375	11 550	3.3	11 550	17 300	5 600	5 500	0	0	0	0	6 200	40 000	全国	10 000	–275

（续）

企业名称	许可证号码	年收购原奶量（t）	平均支付价格（元/kg）	其中：自有奶源量（t）	年乳制品产量（t）	其中：巴氏杀菌奶（t）	UHT奶（t）	酸奶（t）	奶粉（t）	奶油（t）	奶酪（t）	乳饮料（t）	整体设计加工能力（t/年）	产品销售区域	年销售收入（万元）	利润（万元）
济南佳宝乳业有限公司	QS370105010060	250 000	4	200 000	300 000	150 000	50 000	70 000	0	0	0	30 000	400 000	山东省及周边	240 000	1 0000
山东旺旺食品有限公司	370100400001017	45 000	3.98	45 000	45 000	0	0	0	0	0	0	0	146 000	全国	0	0
山东高速生物工程有限公司	913701257988724241R	5 475	3.6	5 475	5 475	3285	0	2 190	0	0	0	0	10 000	济南市	8 000	800
蒙牛乳业泰安有限责任公司	SC11037090100044 SC10637090100051	264 397.8	4.0122	0	317 571.54	0	99 712	87 282.67	0	0	0	130 576.87	821 250	全国	260 414	7 479
山东百慧乳业股份有限公司	QS371105010689	18 000	3.5	12 000	30 000	0	9 600	0	0	0	0	20 400	35 000	山东、江苏、湖南、四川、云南等地	13 749	1271
东营安和乳业有限公司	QS370505011091	21 500	3	3 000	2500	0	0	0	2 500	0	0	0	20 000	上海、广州、北京、昆明、浙江等	5 000	500
山东恩泽乳品有限公司	SC10637052300106	9 827	3.92	1 984	2438	975	0	418	1 033	0	0	0	15 000	东营、潍坊、济南、滨州、烟台	4 696	620

附表 3　山东省乳制品市场消费情况调查表

地市	人均奶类占有量（kg/ 年）	人均乳制品消费量(kg/ 年）	人均乳制品消费支出（元 / 年）	商超													
				巴氏杀菌奶		超高温灭菌奶		酸奶		婴幼儿奶粉		其他奶粉		巴氏杀菌奶		超高温灭菌奶	
				主要品牌	价格(元 /500g)	主要品牌	价格(元 /500g)	主要品牌	价格(元 /500g)	主要品牌	价格(元 /500g)	主要品牌	价格(元 /500g)	主要品牌	价格(元 /500g)	主要品牌	价格(元 /500g)
青岛市	34.41			迎春乐（袋装）	6.7	迎春乐（利乐枕）	6.75	迎春乐（原味，袋装）	9	雀巢（罐装）	74.5–217.5	雀巢（全脂奶粉，袋装）	54.5	得益（袋装）	5.88	得益（袋装，原味）	6.25
德州市	41	18	90	得益、蒙牛、伊利	4.5	蒙牛、伊利、得益	6	得益、蒙牛、伊利	6.5	飞鹤、多美滋、雅士利、圣元、贝因美等	188	雀巢、蒙牛、伊利、澳优等	188	奶吧	7	得益	11
临沂市	11.5				5.8		6		6.3								
烟台市	66				9		8		12								
枣庄市	28.5			祥和庄园	7.5	祥和庄园	4.5	祥和庄园	6.75								
菏泽市	22.5	19.5	320		7	蒙牛、伊利、三元	12	蒙牛、伊利、光明、三元、佳宝、得益	14								
聊城市	20	25	400	蒙牛	13.75	伊利	6	佳宝	5.6								
威海市	171	28.5	520	鹏程、嘉盛	4	鹏程、嘉盛	3.14	鹏程、嘉盛	4.18								
高青县	250	60		得益	5	得益、伊利、蒙牛、佳宝、君乐宝	5	得益、伊利、蒙牛、光明	5								
桓台县	32	22		得益乳业	5	得益、伊利	5	得益乳业乳业	6								
济南市	30	30	300	佳宝	5	佳宝	4	佳宝	6					佳宝	6元	佳宝	5
东营市	183	20.59	267.95	伊利	10	蒙牛	8.8	君乐宝 150g 袋装	13.6	伊利金领冠珍护 1 段	221	完达山中老年奶粉	47	得益	6.25	东方鲜奶	6.5

济南市

【奶畜养殖】2016年年底，济南市奶牛存栏12.62万头，其中能繁母牛6.31万头，主要分布的县（区）是章丘区、历城区、长清区、平阴县、济阳县、商河县，其奶牛存栏数占总存栏数的86.5%。全市奶类年总产量36.36万t，奶牛种群规模加大，管理水平逐步提升，单产水平不断提高。全市年平均奶价为3.3元/kg，同比下降5.7%。

【乳品加工】济南市共有乳品加工企业6个，日处理鲜奶的能力总计达到2 100t，其中合资企业1个、地方自建企业3个。

【市场消费】济南市人均奶类占有量47.6kg，农村住户牛羊奶人均消费量为13.6kg，城市居民奶及奶制品年人均支出金额为320元，占消费支出比重的1.2%。对当地乳制品消费市场调查发现，超市乳制品品牌主要有伊利、蒙牛、光明、佳宝、君乐宝等品牌，超高温灭菌乳仍占市场主导地位，其中包括外国品牌的液态奶，巴氏杀菌奶主要为当地乳品企业生产，价格在5.0~8.5元/500g。

【奶源基地】全市奶牛存栏50~99头的有35个场（户）、100~199头的有15个场（户）、200~499头的有33个场（户）、500~999头的有21个场（户）、1 000头以上10个场（户）；奶牛养殖小区32个，奶牛存栏3.58万头。标准化规模养殖场48个，奶牛存栏8.65万头。共有奶站66个，其中企业自建的23个，合作社建设31个，其他12个。奶站平均日收奶800t。全市奶牛场机械化挤奶达到100%。疫病防治情况：常规防疫、检疫和强制免疫相结合，免疫率达100%，无重大疫病发生。

【奶农组织】全市有奶农协会共1个，包含农户1 200户，存栏奶牛8.75万头；奶农合作社共31个，包含农户380户，存栏奶牛1.8万头。

【政策法规】为提高奶业现代化水平，加快优质奶牛种群扩繁速度，提升全市奶牛种群的生产性能和经济效益，济南市在全市范围内大力推广奶牛优质性控冻精的使用。

【质量监管】在生鲜乳质量安全监管工作中，济南市做到坚持“三到位”“四检查”制度。“三到位”包括：一是制度建设到位。十项制度一规程和奶牛小区（场）四项制度全部上墙。二是记录到位。生鲜乳收购、销售和检测记录等档案材料齐备，有清洗消毒记录、不合格奶处理，有留样记录，使生鲜乳质量可寻根、可追溯。三是监督管理到位。实行市级监管人员每季度抽查、县区监管人员每月巡查、监管责任人日常检查的层层监管督导制度，把好源头、管好出口。“四检查”制度。一查牛奶质量状况，督促生鲜乳收购站加强常规检测；二查器具环境消毒状况，指导和监督生鲜乳收购站落实卫生防疫消毒措施；三查冷链设施运转状况，指导生鲜乳收购站加强设施设备维护，确保生鲜奶不变质；四查销售运输状况，对销售运输过程进行监督，杜绝各种人为添加违禁物或有害物的现象发生。

通过多种形式和渠道，加强生鲜乳质量安全知识宣传和技术培训，提高从业者质量意识和安全生产能力；并结合奶牛良种补贴、生鲜乳收购站机械设备购置补贴、奶牛标准化规模养殖补贴和奶牛生产性能测定（DHI）等项目，积极引导奶牛标准化规模养殖，夯实生鲜乳质量安全基础。

2016年共完成省级以上抽检任务380批次，市级以下180批次，经检测单位反馈均无不合格样品。

【奶业大事】2016年济南市大力支持商河县现代牧业（商河）有限公司投资建设的大型现代化奶牛牧场一体化项目，是市现代农业工作组确定的实体经济重点项目。

（济南市畜牧兽医局，吕洪义）

青岛市

【奶畜养殖】2016年年底，青岛市奶牛存栏9.43万头，较2015年存栏减少11.95%，其中莱西、即墨两市存栏量占全市总存栏量的84.2%，奶牛规模化养殖比例逐年上升。

【乳品加工】全市从事液态奶加工和婴幼儿配方乳粉生产的乳制品生产企业共6家，其中从事液态奶加工的乳制品生产企业共3家，新希望琴牌乳业有限公司和青岛迎春乐食品有限公司生产的发酵乳品种增多，市场占有率提升很快。获婴幼儿配方乳粉生产许可的企业共3家，分别为迈高乳业（青岛）有限公司、圣元营养食品有限公司和青岛索康食品有限公司，详见表4-26。

【市场消费】对当地乳制品消费市场调查发现，超市乳制品品牌主要有伊利、蒙牛、光明、君乐宝、新希望、迎春乐、得益等品牌。超高温灭菌乳市场占有率最大，国外品牌的液态奶也越来越多，巴氏杀菌乳和发酵乳市场份额上升较快，其中巴氏杀菌奶主要为当地乳品企业（新希望、迎春乐）生产，价格在6.4~12.6元/500g。

【奶源基地】全市加大了集约化、标准化和规模化养殖的扶持力度，规模化养殖比例上升，特别是存栏100头以上规模养殖的比例发展较快。大部分规模奶牛场采用机械挤奶、全混合日粮（TMR）饲喂工艺，参加生产性能测定（DHI）的奶牛场（合作社）有20余家。奶业机械如TMR搅拌车等设备获得农机购置补贴。青岛市继续实施奶牛良种补贴政策、退户进区等政策，苜蓿和青贮玉米种植面积、单产和总产，较2015年略有增长。疫病防控情况总体良好，未发生重大疫情。粪污

表 4–26 青岛市获乳制品、婴幼儿配方乳粉生产许可企业情况

序号	企业名称	产品名称	许可生产产品
1	青岛雀巢有限公司	乳制品	液体乳（调制乳）、其他乳制品（炼乳、奶油）
2	青岛新希望琴牌乳业有限公司	乳制品	液体乳(巴氏杀菌奶、灭菌乳、调制乳、发酵乳)
3	青岛迎春乐食品有限公司	乳制品	液体乳（巴氏杀菌奶、灭菌乳、调制乳、发酵乳）
4	迈高乳业（青岛）有限公司	乳制品	乳粉（调制乳粉）
		婴幼儿配方乳粉	婴幼儿配方乳粉（干法工艺）
5	圣元营养食品有限公司	乳制品	乳粉（调制乳粉）
		婴幼儿配方乳粉	婴幼儿配方乳粉（干法工艺）
6	青岛索康食品有限公司	乳制品	乳粉（调制乳粉）
		婴幼儿配方乳粉	婴幼儿配方乳粉(干湿法复合工艺)

处理方式以堆肥发酵为主，鼓励规模化、标准化奶牛场建设固液分离、沼气发酵、堆肥发酵等粪污处理设备。生鲜乳收购年均价格 3.3~3.7 元 /kg，每头奶牛年净收入 2 000~4 000 元。

【奶农组织】青岛市奶业协会由青岛市民间组织管理局批准注册，成立于 1992 年。协会是由青岛市行政区域内从事奶牛养殖、乳品加工和相关产业及科研院校单位及个人，自愿申请参加组成的群众性经济、技术协作、非营利性的行业组织，是社会团体法人。

【政策法规】2016 年 5 月，青岛市畜牧兽医局《关于做好 2016 年畜禽养殖标准化建设工作的通知》（青牧字【2016】16 号），开展畜禽养殖标准化示范创建活动，要求参与标准化创建的规模奶牛养殖场存栏奶牛 100 头以上。其中国家、省级示范场规模为存栏奶牛 300 头以上。

2016 年 5 月，青岛市畜牧兽医局、财政局《关于做好 2016—2017 年现代畜牧业发展项目实施工作的通知》（青牧字【2016】35 号），指出财政资金重点用于沼气处理、畜禽粪便收集、贮存、沉淀、氧化等设施设备，排污管道，有机肥加工及畜禽粪便无害化处理设施设备的购建等。

2016 年 9 月，青岛市畜牧兽医局和市财政局发布了《2016 年奶牛性控冻精补贴项目实施方案的通知》（青牧字【2016】61 号）全市补贴奶牛性控冻精 2 万支。通过项目实施，加快全市奶牛良种化进程。

【质量监管】2016 年，青岛市加强生鲜乳入厂查验监督确保辖区乳制品安全。对乳制品企业进行了梳理，通过自查自纠、集中整治和规范提高三个阶段工作的开展，专项整治生鲜乳及乳制品企业，进一步规范了生产环境和生产秩序，乳制品企业质量控制能力和乳制品质量安全水平明显提高。青岛市食品药品监督管理局对青岛市乳品生产企业的生鲜乳、原料乳粉和成品乳制品的三聚氰胺和黄曲霉毒素 M_1 项目进行了周周抽检。2016 年 10~11 月共抽检原料乳 342 批次，成品乳 44 批次，共计 386 批次，全部合格。

【奶业大事】2016 年 5 月 20 日，“山东奶业 D20 峰会”在济南召开，青岛市代表企业青岛新希望琴牌乳业出席峰会及乳品展览。山东二十家大型奶业企业发表泉城宣言，共同承诺：严把产品质量安全关，确保产品货真价实，自觉维护消费者的知情权和选择权。

2016 年 6 月 2~4 日，第七届中国奶业大会在青岛隆重举办。青岛新希望琴牌乳业作为岛城代表乳企，受邀参展，其展台清新靓丽的风格、对产品健康理念的解读，获得了多方关注和赞誉。

（青岛市畜牧兽医研究所，王建华）

淄 博 市

【奶畜养殖】淄博市奶畜养殖主要以奶牛为主，2016 年年底全市奶牛存栏 4.12 万头，较 2015 年同比下降 3.46%；牛奶产量 12 万 t，同比下降 4%。淄博市奶牛养殖在各区县均有分布，主要集中在高青县、桓台县和临淄区，其中高青县是淄博市传统奶牛养殖大县。2016 年年底高青县奶牛存栏 3.1 万头，年产生鲜乳 9.3 万 t，奶业年产值占全县畜牧业产值的 40% 左右，各项生产数据稳居淄博市第一位。高青县内奶牛已全部实现集中饲养，存栏 100 头以上的奶牛规模化饲养场（区）共 39 处。国家级奶牛标准化示范场 2 处，省级奶牛标准化示范场 2 处，通过无公害生鲜牛乳产地认证 11 处。淄博市立足奶牛业发展基础，以集约型、规模化奶牛养殖为重点，突出沿黄优势发展区域，通过加大投入、整合资源、创新机制、强化监管，调动广大奶农积极性，强力推进奶牛养殖方式转变，配套建设奶牛产业技术支撑服务和组织运营体系，逐步形成了现代化奶牛生产模式和产业体系，逐步发展了以高青县黑里寨镇、木李镇为中心的奶牛核心产业区，奶牛业产出水平、产品质量和综合效益显著提高，形成了以奶牛产业带动畜牧产业、畜牧产业拉动现代农业、现代农业促动社会主义新农村建设的良好局面。

【乳品加工】淄博市现有一家乳品加工企业，为山东得益乳业股份有限公司。得益乳业是一家集牧草种植、饲料加工、奶牛养殖、生产加工、乳品研发、物流配送

于一体的农业产业化国家重点龙头企业，中国乳制品工业协会副理事长单位，山东首家通过乳制品行业GMP认证的企业，是山东省最大的低温奶制造商，也是国内低温奶领域第四大乳品企业。得益乳业在山东省率先启动了“黄河三角洲生态牧场基地”建设，采用“公司+养殖小区”的集约化养殖，实行统一饲料、统一兽药、统一防疫、统一技术服务、统一清洗、统一管理的“六统一”模式，在山东省各地建立合作化牧场102个，带动12 000多户农民养殖奶牛4万头，年转化玉米秸秆1.07万hm^2，年带动农民收入3.1亿元。

公司目前生产鲜奶、酸奶、纯奶、乳酸菌饮料4大系列70多个产品，得益商标被认定为“中国驰名商标”。2009年得益牛奶被选为中华人民共和国第十一届运动会唯一指定专用奶，2010年公司被选为山东省第二十二届运动会合作伙伴。2011年2月，得益牛奶成为山东省“两会”和济南、青岛、潍坊、临沂、淄博市“两会”专用奶。2012年4月，得益乳业获得“2012年国际体操联合会体操世界杯合作伙伴”荣誉称号。2014年得益牛奶作为山东省第二十三届运动会指定专用奶再次服务省运会。2016年荣获全国液态奶消费者满意度第一名，这是得益乳业第七次获此殊荣。

【市场消费】淄博市人均奶类占有量约31kg，乳制品消费量约21kg，市场销售乳制品品牌以伊利、蒙牛、得益、佳宝、光明为主，价格不一，其中山东得益作为淄博市当地乳品企业，在市场销售中占有主要地位。高青县作为奶源大县，鲜奶吧发展迅速，现已有鲜奶吧数十家，消费者对巴氏杀菌奶认知度较高，鲜奶吧市场潜力巨大。

【奶源基地】淄博市奶畜养殖以集约化、规模化、标准化、生态化的现代养殖模式为发展方向，规模化、标准化养殖场（区）逐渐取代散养模式，把发展适度规模、标准化养殖作为发展现代奶业的重要措施，其中高青县已全部实现规模化养殖，桓台县、临淄区规模养殖比重约占85%~95%。科学调整奶业发展布局，对现有奶畜养殖场（区）分类施策，指导整合规模较小、管理落后的奶畜养殖场（区），鼓励发展标准化奶畜养殖场（区），积极帮助改建、新建、扩建的标准化奶畜养殖场争取相关优惠政策和扶持补贴。合理引导建设生鲜乳收购站，全部采用机械挤奶，逐步推进全混合日粮（TMR）技术、生产性能测定（DHI）体系的应用，养殖场内青贮设施比较配套，粗饲料普遍使用全株玉米秸秆青贮饲料，精饲料多数用浓缩料或预混料。完善各级疫病防控体系，强化重大动物疫病防控能力，淄博市每年组织春、秋两季重大动物疫病防控，强化疫情监测，科学研判疫情，免疫牛、羊100万头（只），免疫合格率85%以上。督促养殖场（区）严格开展奶畜排泄物、污染物无害化处理，大型养殖场粪污处理配有相对应的粪污处理发酵棚、沉淀池、沼气池等粪污设施。临淄区有大型沼气工程一处——淄博临淄庚源晨奶牛专业合作社大型沼气工程，建设内容主要有建设1 000m^3CSTR厌氧反应器、400m干式柔性膜贮气柜和200户集中供气、沼气锅炉热水系统及配套土建工程等，目前该项目已建成投入使用。日处理牛粪21t、养殖废水21m^3；日产沼气1 000m^3；年产沼气36.5万m^3；年产沼渣有机肥1 380t；年产沼液有机肥13 500m^3。大力开展奶牛良种补贴、奶业机械购置补贴、规模养殖场改扩建补助。高青县2016年奶牛标准化规模养殖场（小区）建设项目共申请中央补助资金1 460万元，有11个项目实施单位。据统计，淄博市生鲜乳年均收购价格在3.3元/kg左右，养殖户养殖奶牛年净收入2 600元/头。

【奶农组织】淄博市现有奶农合作社50余家，其中高青县现有奶农合作社46家。2016年淄博市各区县畜牧兽医局组织了规范养殖培训20余场，开展生鲜乳质量安全培训班，培训奶业生产从业人员1 000余人次。

【政策法规】2016年淄博市实施了规模奶牛场标准化改扩建项目，共涉及项目实施单位14个，项目资金1 720万元。

2016年高青县实施粮改饲项目，推动种养一体化进程。同时把奶业粪污治理作为工作重点，兴建有机肥加工厂，加快粪污无害化处理、资源化利用进程。

【质量监管】全市认真贯彻落实《乳品质量安全监督管理条例》《生鲜乳生产收购管理办法》，以提升生鲜乳质量安全为目的，以严格审批准入为前提，以宣传指导、日常监督巡查、随机检查、集中整治等措施为手段；以探索乳企抓管理、政府抓监督，推进乳企、奶站、养殖场一体化经营等新模式为创新，以严格的监督执法为保障，全力构建生鲜乳质量安全长效监管机制，着力打造绿色安全奶源基地。2016年对全市900余家规模养殖场实行“四统一”挂牌监管，71家生鲜乳收购站、35辆运输车实现标准化管理，严格开展检疫监督，逐步推行了中心城区报检中心、畜禽生产远程监控、检疫申报大厅、检疫信息化等模式，为安全监管增加了新保险。2016年完成了省、市两级畜产品监测1 200批次，生鲜乳三聚氰胺抽检合格率达99%以上，保障了生鲜乳质量安全。

【奶业大事】 4月，淄博市畜牧兽医局在周村区组织了全市突发重大动物疫情应急演练，提高了应对突发疫情能力。

6月，高青县畜牧兽医局举办了全县生鲜乳质量安全培训班。全县生鲜乳生产、收购环节相关负责人120余人，以及伊利、蒙牛、得益、光明、三元等乳品加工企业奶源负责人参会。

6月，全市开展夏季生鲜乳质量安全专项检查，重点检查夏季生鲜乳细菌总数超标及违法添加双氧水的违法行为。

（淄博市畜牧兽医局，王岳）

东营市

【奶畜养殖】2016年年底，东营市奶牛存栏8.05万头，能繁母畜4.82万头，奶类总产量39.05万t，实现产值13.86亿元，奶业产值占畜牧业产值的11.26%。奶牛养殖主要分布在东营区、河口区、垦利区和广饶县4个县区，存栏量占全市存栏总量的99.4%。目前，全市5处万头牧场奶牛和部分千头以上规模牧场平均单产达11t以上，其他规模场和养殖小区奶牛平均单产达到8t以上。在设施装备上，万头牧场安装了世界上最先进的转盘挤奶机、大型牧场数字化管理系统以及奶牛全自动识别系统等，规模奶牛场在玉米青贮、精饲料配方、TMR自动饲喂等方面都积累了成熟的经验，在育种、防疫、饲养管理及粪污无害化处理等方面走在全国前列。在各项富民政策的引导下，全市奶牛规模化、集约化饲养步伐加快，所有奶牛场全部实现了青贮玉米饲喂、机械化挤奶，确保了牛奶质量。

【乳品加工】东营市现有乳品加工企业3处，其中1处在建，为外商投资企业，设计日加工鲜奶能力为740t，计划2017年7月底建成试运行。达产后，全市日处理鲜奶能力将达1 840t。

【市场消费】据统计，2016年，全市人均奶类占有量约为183kg/年，4个牛奶主产县区乳制品消费约为20.59kg/年，人均乳制品消费支出约为267.95元/年。当地市场主要销售的品牌巴氏杀菌奶有得益、蒙牛、伊利；酸奶为得益、蒙牛、伊利；婴幼儿奶粉为伊利金领冠珍护1段、飞鹤星飞帆3段、合生元超级呵护2段、美赞臣A+1段，价格分别为221元、230元、254元、149元；其他奶粉为完达山中老年奶粉、雀巢学生奶粉、伊利女士奶粉、飞鹤中老年奶粉，价格分别为47元、61元、50元、54元；入户巴氏杀菌奶为10.5元/500g，超高温灭菌奶为6.5元/500g。目前，全市已有奈高、胜大、东方、柏拉蒙、绿源、得益等品牌奶产品入户。

【奶源基地】全市存栏100头以上标准化规模奶牛场38家，奶牛标准化规模养殖比重达到98%以上，机械挤奶比例达100%。生鲜乳收购年均价格为3.5元/kg左右，综合成本为3.3元/kg左右，饲养管理较好的奶牛场户年净收入在1 000~2 000元/头。但普遍来说，全市奶牛场受乳品企业压价和限购的影响，利润大幅下滑，甚至出现奶价倒挂现象，奶业形势不容乐观。分析主要原因是进口乳制品挤占了国内鲜奶市场，引发了国产牛奶销售价格的下降和卖奶难问题。

2016年，东营市财政投入资金300万元、国家投入高产优质苜蓿示范创建项目资金540万元，全部用于支持东营市粮改饲试点项目建设；河口区、广饶县先后被列为国家级“粮改饲”示范县，获批项目资金1 800万元，用于19个实施主体在种植、加工和利用方面的规范提升。种植青贮玉米2.07万hm^2，产量80万t；种植优质苜蓿1 867hm^2，生产苜蓿干草约2.24万t。此外，还借助中国农科院、省畜牧总站的技术力量和科研经费，在全市三个片区落实种子实验基地5处，引进苜蓿品种12个、青贮玉米15个、小黑麦8个、甜高粱96个、高丹草3个，开展了品种试验。

疫病防控情况。一是强化免疫防控。全市每年对所有奶牛场组织两次疫苗接种，接种疫苗既有政府免费提供的A型灭活疫苗和O–亚I型2价灭活疫苗，也有各养殖场根据自身需要自行采购的疫苗。二是加强场内环境净化。制定消毒工作方案，定时开展消毒灭源工作，保证养殖场区清净无疫。三是密切监控布病、结核病等威胁奶牛产业的重大疾病，建立全市统一格式的养殖档案，规范养殖。

全市奶牛场废弃物处理方式以堆积发酵还田利用为主，建有沼气设施奶牛场15家；有4家规模奶牛场采取生产有机肥处理粪污，年产有机肥8万t。

【奶农组织】东营市成立了市级奶业协会1家，奶农合作组织9家。2016年，制作奶牛饲养管理技术和苜蓿种植技术科教片2部，培树省级新型职业农民培育实训基地3处，开展奶农各类培训6期，培训奶农300余人次。

【政策法规】着力推进畜牧业政策性保险。按照《东营市农业保险新增补贴品种实施方案》要求，积极联系保险公司，扎实做好宣传推进工作，实行月报告制度，坚持“政府引导，入保自愿”的原则，引导鼓励养殖场户入险，提高畜牧业抵御自然灾害风险能力。2016年，全市承保奶牛79 648头、保费2 389.44万元，同比增长98.44%。

【质量监管】按照《乳品质量安全监督管理条例》要求，东营市对生鲜乳收购及运输实行准入制度，严把企业经营资质，从源头上保证生鲜乳质量安全。2016年底，全市建有奶站34家，奶类运输车辆55辆。每年分季度对全市所有奶站奶样进行抽检，抽检奶样全部合格。实行官方兽医监管制度，每家奶牛场均有驻场官方兽医，指导养殖企业开展疫病防治和监控工作。严格投入品管理，大力宣传相关法律法规，严厉打击假冒伪劣兽药饲料及各类使用违禁投入品的违法行为。

【奶业大事】2月20日，东营神州澳亚现代牧场有限公司与山东省农业科学院奶牛研究中心、山东奥克斯畜牧种业有限公司签署了“荷斯坦种子母牛群组建合作协议”，组建世界一流的种子母牛群。

4月7日，南澳基础产业部首席执行官Scott Ashby（斯科特·阿什比）带领南澳洲代表团来东营市考察畜牧业发展情况。

（东营市畜牧局，仲崇岳、刘学森）

烟 台 市

【奶畜养殖】2016年烟台市奶牛存栏8.17万头，奶山羊存栏51.25万只。奶类总产量47.61万t，其中牛奶产量35.94万t。奶业产值占畜牧业产值的比重为12%。奶牛养殖主要集中在莱阳、牟平两个县市区，奶牛存栏数量占全市奶牛存栏量的75%。全市始终坚持以规模化促标准化、以标准化提升规模化的总体思路，加快奶牛养殖方式转变，加大科技创新力度，大力发展奶牛标准化规模养殖，促进了全市奶牛业持续健康发展。

【乳品加工】全市共有烟台益生源乳业有限公司、烟台完达山投资开发有限公司、烟台长生乳品有限公司、山东朝日绿源农业高新技术有限公司4个乳品加工企业，年设计单班生产能力10万t，2016年实际加工乳品1万t，实现销售收入7 300多万元。乳品加工主要以液态奶加工为主，面向社会市民订购，采取送奶入户、入单位（宾馆）、入奶吧、入超市等方式销售。

【市场消费】2016年，全市人均奶类占有量为66kg，乳及乳制品人均消费量为56kg。从商场和超市调查来看，全市主要销售乳制品类别、品牌和价格为：①巴氏杀菌奶：益生源2.8元/243mL，佳宝18元/1 000mL，得益鲜境11元/1 000mL，光明鲜牛奶8元/500mL。②超高温灭菌奶：伊利纯牛奶5.5元/250mL，蒙牛纯牛奶2.3元/181mL，蒙牛新养道4.8元/250mL，伊利纯牛奶2.9元/240mL。③酸奶：益生源2.8元/243mL，蒙牛纯甄5.5元/200g，蒙牛精选牧场5元/200g，安慕希5.5元/200g。④婴幼儿奶粉：雅培喜康力111元/500g，雅培喜康宝120元/500g，飞鹤超级飞扬153.75元/500g，雀巢超级能恩170元/500g。⑤其他奶粉：伊利中老年奶粉53.75元/500g，雀巢全脂奶粉53.75元/500g，雀巢全家营养35.3元/500g，雀巢怡养中老年奶粉68元/500g。⑥入户奶：巴氏杀菌奶3元/243mL，酸奶2.6元/150g。

【奶源基地】2016年，全市存栏100头以上的奶牛养殖场户达到98个，其中存栏100~199头的42家，存栏200~499头的40家，存栏500~999头的12个，存栏1 000头以上的4个。全市建起奶牛良种繁育场3个，存养良种奶牛3 000多头；建起奶牛冷配改良站（点）130处，年冷配改良奶牛4万多头；目前，全市奶牛良种覆盖率达到100%。全市有7个县市继续实施了奶牛良种补贴项目，争取中央资金62万元；在莱阳7个规模奶牛养殖场实施了2016年奶牛标准化规模养殖场（小区）建设项目，争取中央资金700万元。规模奶牛场坚持开展布病和结核病的监测与净化，并认真做好口蹄疫疫病防控工作。全市规模奶牛场利用粪污生产沼气或有机肥比例达到95%以上。2016年全年生鲜乳收购价格平均为1.72元/500g，养殖场户保本经营。奶牛养殖主要呈现以下特点。

一是精细化管理水平不断提升。全面强化精细化饲养管理技术应用，提高奶牛生产性能和生鲜乳安全。2016年，在全市大力推广应用奶牛分群饲养、TMR饲喂、机械挤奶、铺设牛床等精细化饲养管理技术，奶牛单产水平显著提高。全市规模奶牛场全部采用分群饲养、机械挤奶、TMR搅拌车饲喂和铺设牛床。

二是优质饲草使用率不断提高。全面强化优质粗饲料饲喂技术，提升奶牛单产水平和生鲜乳质量。2016年，全市规模奶牛场中，有90%以上的奶牛场泌乳牛饲喂优质苜蓿、羊草和青贮玉米等粗饲料，其中使用进口优质苜蓿的奶牛场占70%左右启动规模奶牛场“玉米秸秆发酵生产高蛋白饲草技术”试点项目，推广使用发酵玉米秸秆饲喂奶牛。

三是品种改良步伐不断加快。全面强化奶牛品种改良技术，提高奶牛良种化程度和单产水平。2016年，规模奶牛场在引进高产奶牛、使用优质冻精等方面投入进一步加大，有力推进了奶牛品种改良步伐。全市规模奶牛场全部饲养荷斯坦牛，平均单产6 800kg，比2006年提高了900kg。山东荷斯坦牛繁育中心是全市奶牛存栏规模最大、奶牛单产水平最高的奶牛场，存栏奶牛2 500多头，成年母牛年均单产达到8 700kg，遗传物质全部引自美国、澳大利亚和新西兰等国家。

四是粪污无害化处理水平显著提高。全面强化奶牛场粪污处理，提高奶牛粪便的无害化处理和综合利用水平。2016年，全市有90%以上的规模奶牛场建起沼气工程，实现了粪污无害化处理，并对所产沼气进行了充分利用；约有6%的规模奶牛场配套建设了有机肥厂，利用奶牛粪便加工有机肥，实现了奶牛废弃物的肥田、丰产、富民，社会效益、生态效益十分显著。

【奶农组织】全市共有奶业合作社65个，每年面向奶农采取多种方式开展奶业技术培训和指导。一方面，整合科研院所和畜牧部门的技术骨干，组建了畜牧兽医技术专家顾问团，积极为奶农开展各类技能培训，2016年专门举办奶牛标准化养殖及疫病防治技术培训班23次，培训农民2 000多人次；召开现场观摩会6次，现场培训农民200多人。另一方面，认真搞好技术咨询服务工作，各专业合作社均设立了咨询服务公开电话，2016年共回复各类咨询2 000多个，涉及奶牛供应、兽药饲料使用、生鲜乳及饲料市场价格、牧草种子供应及种植技术、奶牛饲养场建设和饲养管理技术等问题，及时帮助会员解决疑难问题。

【质量监管】全市共有生鲜乳收购站20个，其中奶农专业合作社开办7个，奶牛养殖场开办11个，乳品加工企业开办2个。在生鲜乳质量安全监管方面，重点采取以下措施：一是全面落实监管责任。市、县两级主管部门均成立了奶业管理办公室，安排专人负责生鲜乳收购站建设与管理工作；设立了生鲜乳质量安全举报电话和邮箱并向社会公开；组织各县市区畜牧主管部门与辖区内的生鲜乳收购站和监管人员签订了《生鲜乳收购站质量责任书》《生鲜乳收购站监管人员责任书》和

《监管人员责任书》，切实将监管责任落实到人。二是切实强化日常监管。全面实行生鲜乳收购站派驻监管员制度，强化日常监管，从生鲜乳收购、运输、出售等环节进行全程监管；全面落实生鲜乳准运制度，以生鲜乳运输准运证明和交接单为重点，加强对生鲜乳运输车辆的监督检查，确保运输环节的生鲜乳质量；规范完善生鲜乳收购站内部管理制度，统一了生鲜乳收购、销售、监测、交接单等有关记录格式和内容。三是切实强化产品质量监测。充分利用部、省、市三级质检机构，有计划地加大对生鲜乳的统一抽检力度。2016 年，烟台市的生鲜乳生产和收购环节均没有检测出三聚氰胺或其他违禁添加物质，生鲜乳产品质量合格率达到 100%。四是坚持开展监督执法。积极开展生鲜乳专项整治行动，抽调力量组成生鲜乳专项整治小组，深入基层进行生鲜乳收购和运输环节执法检查。2016 年，全市共出动执法人员 110 余人次，对生鲜乳和运输车开展了 2 次拉网式检查，严厉打击了非法收购生鲜乳、倒买倒卖不合格生鲜乳、中转站转运等违法违规行为，有力维护了生鲜乳生产经营秩序。

（烟台市畜牧兽医局，刘玉华）

泰安市

【奶畜养殖】2016 年年底，泰安市奶牛存栏 20.33 万头，奶产量 45.8 万 t，同比分别下降 23.3%、22.8%。全市有 4 个县市区奶牛存栏超过万头；奶牛个体单产提高到 6.9t，标准化奶站发展到 83 家，规模饲养比重达 95%；乳品加工企业达到 6 家，日加工鲜奶能力达到 1 300 多 t，奶业从业者近万人，年创产值 30 多亿元，占农业产值比重达到 15%，奶业富民的作用日益凸现。奶牛饲养的专业化、区域化特征明显，优势产业带开始形成，现代奶业体系初步建立，成为名副其实的“山东奶业第一市”。

奶业发展特点：一是领导高度重视，创新发展思路。2003 年，市政府研究制定了《关于实施奶业富民工程，促进奶业快速发展的意见》，成立了由市长任组长，分管市长任副组长，财政、土地、金融、发改、畜牧等 22 部门共同组成的奶业发展领导小组，同时成立了贷款、调牛、技术服务和物资保障四个指挥部，制订了贷款、土地、考核、奖励等一系列政策和措施，明确了各部门职责，形成发展合力。泰安市奶业发展也得到了上级领导的高度重视，给予了政策上的大力支持。特别是近年来，泰山区、岱岳区、新泰市、肥城市、宁阳县 5 个县市区被国家新一轮奶业发展规划列为优势产业发展县；岱岳区、宁阳县等县市区争取了粮改饲、种养结合整县推进等项目，获得大量的扶持资金，为奶业发展输入外血，助推了奶业腾飞。二是实施奶牛数字化养殖，推进现代奶业发展。通过引进和推广先进的管理模式和成套的适用技术，加快提高奶牛养殖的科技水平，推进奶业现代化发展进程。泰山区台资企业鲁宝乳业引进的乳成分在线分析仪，能够在奶牛挤奶的同时，在线检测原料奶的各种成分，实现了行业生产及技术的数字化管理，建立以奶牛精准养殖、现代联合育种、奶源可追溯管理、优质巴氏奶生产为主要特征的现代奶业生产组织与技术体系，使泰安市奶牛养殖水平有了跨越式提升。三是调整产业结构，发展观光牧场。近年来，全市认真贯彻落实省委、省政府以及省畜牧兽医局、省旅游局相继出台的关于发展高效、生态、特色畜牧业及观光旅游畜牧业的一系列意见，充分依托旅游资源和畜牧资源优势，把奶业与旅游业有机融合，将第一产业向第三产业逐步延伸，规划建设了一批生态观光牧场，为畜牧业转方式、调结构开辟了新路子，得到了省局领导的充分肯定。四是加强粪污治理，加快推进绿色奶业发展。岱岳区、宁阳县实施粮改饲项目，推动种养一体化进程。各县市区依托大型奶牛场兴建了锦利源、元溢生物、金兰等一批有机肥加工企业，加快粪污无害化处理、资源化利用进程。

【乳品加工】全市有影响力的牛奶加工生产龙头企业主要是蒙牛乳业泰安公司、亚奥特乳业、伊特乳业、安康乳业、和生源乳业、伊金兰乳业 6 家，他们立足企业自身特点，做好市场定位与产品开发，取得了新的发展。蒙牛乳业泰安公司调整产品结构，增加高毛利产品比例，2016 年销售收入达到 26 亿元，利税 1 亿元。亚奥特乳业公司坚持新鲜战略，立足区域市场，重点发力低温奶市场，2016 年利税过 5 千万元。

【市场消费】人均奶类占有量达到 90kg，乳制品消费量逐年上升，消费支出也水涨船高。乳制品人均消费量大约在 35kg 左右，人均支出在 600 元左右。全市销售主要乳制品品牌有蒙牛、伊利、亚奥特、得益、佳宝等。如亚奥特 200g 普通酸奶售价 2.30 元，佳宝 180g 售价 2.30 元，得益 230g 售价 2.8 元。入户巴氏杀菌奶价格亚奥特 230g 袋装 2.30 元，奶吧巴氏杀菌奶每 500g 6 元。近年来，乳品市场变化较快，传统 UHT 奶份额逐步下降，巴氏杀菌奶随着奶吧的兴起，进一步侵占 UHT 奶份额。青少年则是巴氏杀菌奶和酸奶的主力消费者。随着对乳品营养认识的深化，巴氏杀菌奶、酸奶将会被更多消费者认可，奶酪的消费量也有所上升。本地乳品企业重点发展低温奶，蒙牛、伊利则侧重常温奶市场。金兰奶牛养殖有限公司积极向消费环节拓展，日产鲜奶 12t，自己加工 3t 供应奶吧，产品以巴氏奶和酸奶为主，经济效益显著。

【奶源基地】全市奶业规模化、标准化水平不断提高。2016 年年底，规模饲养比重达到 95% 以上，50~99 头、100~199 头、200~499 头、500~999 头和 1 000 头以上牧场的奶牛存栏量分别占总存栏量的 10%、6%、7%、22% 和 47.6%，规模化水平进一步提升。国家级奶牛标准化示范场 9 家，省级标准化示范场 18 家。规模场全部做到了机械化挤奶，90%推广应用TMR技术，36家规模场开展了DHI测定。全市10余万头能繁母牛享受奶牛良种补贴，推广性控冻精1万剂。牛粪多采用堆肥的处理方式，大型奶牛场大多建设了沼气发电、沼气池等粪污处理设施。依托大型奶牛场建设有机肥厂6处，产能达到15万t，实现了资源利用化。全年收购价格在3.2~4.0元/kg。

【奶农组织】鼓励企业通过订单收购、建立风险基金、返还利润、参股入股等多种形式，与奶农结成稳定的产销关系，形成紧密的利益联结机制，达到以龙头带产业，产业促龙头的良好发展局面。

【质量监管】为进一步规范生鲜乳生产、收购和运输行为，落实奶畜养殖与生鲜乳生产收购环节监督抽检、异地抽检、进货查验、从重处罚、收购站“黑名单”等5项制度，强化和完善体制建设。全市生鲜乳收购站83家，奶畜养殖场开办51家，奶农生产专业合作社开办34家。开展生鲜乳中违禁添加物专项监测，开展生鲜乳质量安全异地抽检，开展《生乳》国标指标监测，完成对83个奶站、34辆运输车的监测，监测全部合格。

【奶业大事】泰山区、岱岳区、宁阳县试点开展生鲜乳价格指数险，按照个人负担30%，政府补贴70%的比例进行分担。奶牛保险承保规模进一步扩大，商业险承保2万头，赔付率同比增长较大，为奶业生产提供了更多保障。

（泰安市畜牧兽医局，侯磊）

河南省

【奶畜养殖】河南省奶业围绕千万吨发展目标，积极实施沿黄河区域绿色奶业发展规划，认真落实奶业扶持政策，大力推进小区牧场化转型，深入开展奶牛单产层级提升，全省奶业基本保持平稳发展。一是奶牛存栏和奶产量保持基本稳定。2016年，全省奶牛存栏99万头，居全国第六位，奶类产量337万t，居全国第四位。从区域布局看，河南省奶牛养殖主要集中在郑州、开封、洛阳、新乡、焦作、平顶山、商丘、南阳等省辖市及兰考、滑县、邓州等省直管县，奶业发展集聚度进一步提升，黄河滩区绿色奶业示范带、豫东豫西南一带两片优势更加凸显。二是小区转型升级全面推进。加强小区牧场化转型的技术培训、指导和服务，全省200头以上奶牛养殖场区中，牧场化率已达69.6%，比2015年提升近10.2个百分点。三是奶牛生产水平持续提高。持续开展奶牛单产提升行动，大力推广优质牧草、全混合日粮（TMR）、性控冻精和生产性能测定等一系列新技术，取得了显著成效。全省200头以上奶牛养殖场区全株玉米、TMR、优质苜蓿使用率分别达到85%、73%、71%，分别比2015年提高12个、15个和11个百分点。据DHI测定数据，2016年全省连续参测6次以上的奶牛场172个，参测奶牛7.05万头，上报农业部测定数据84.3万头次，参测牛平均日产奶量25.95kg，平均单产同比提高447kg。四是启动奶牛粗饲料测料养牛科技项目，在积累数据、建立全省粗饲料数据库的同时，指导养殖场依据营养成分精准配料，提高饲料利用效率。2016年，重点对80个单产层级提升场的粗饲料情况进行检测，共采集、检测花生秧、苜蓿、全株玉米青贮、全混日粮等样品336个。

【乳品加工】全省有乳品加工企业37家，乳品加工能力300多万t。近年来，河南花花牛、焦作蒙牛、济源伊利、南阳三色鸽、商丘科迪、洛阳巨尔等乳品加工龙头企业，围绕产业链条延伸、配套服务体系建设，整合饲草种植、奶牛饲养、饲料加工等资源，开展兼并重组、战略合作，逐步形成了集饲料、养殖、加工、物流配送于一体的产业链条，并形成了全省10大奶业产业化集群。2016年10大集群总产值合计达到149亿元，集群乳品加工能力占全省加工能力的81%。

2016年，受国际市场冲击、乳品消费增长乏力和生鲜乳价格下降的影响，河南省奶牛养殖行业整体效益下降。在此不利因素影响下，河南省积极转变发展思路，创新奶业发展新业态、新模式，取得明显成效。上蔡县牛硕牧业公司充分利用现制现售生鲜乳饮品的政策，扩大生鲜乳销售渠道，在城区中学餐厅设置牛奶+面包的营养餐直供店，在县城社区设置巴氏奶直供店，在幼儿园设置巴氏奶预订配送点，扩大奶类销售，延长产业链条。荥阳昌明公司利用自身距郑州市区较近的优势，以科普教育为主线，寓教于乐，探索观光牧场加连锁奶吧的经营路子，已初见成效。

【奶源基地】优质奶源基地建设取得新进展。一是认真实施奶牛标准化改造项目。启动宝丰奶牛养殖大县种养结合整县推进试点县项目，落实14个奶牛养殖场区标准化改造项目。二是继续推进小区转型升级。加强与中鼎、楷行、正大等托管公司沟通，引导养殖小区通过全程托管、部分托管、技术外包、入股等形式开展转型升级。全省奶牛规模养殖场区牧场化率持续提高，其中伊利、蒙牛奶源全部牧场化，花花牛、科迪、三色鸽等乳品企业自建扩建奶源基地不断增加，2016年全省乳制品年加工企业自有奶源比例达到20%以上。

2016年，奶牛养殖整体效益下降，但玉米、豆粕等原料降价使生鲜乳生产成本也同步下降。全年生鲜乳收购平均价格为3.65元/kg，原料奶生产成本为3.3~3.5元/kg，每吨原料奶纯利润150~350元，每头产奶牛平均盈利1 500元。2016年上半年部分奶牛养殖企业出现了亏损经营现象，部分地区出现了限量、拒收鲜奶等情况。

【奶农组织】2016年．河南省奶业协会积极履行职责，充分发挥自身的优势和职能，积极为行业发展服务。

1月，针对部分地区出现奶牛养殖场生鲜乳销售困难及部分乳品加工企业拖欠奶款的情况，河南省奶业协会积极配合省畜牧局、省工信局、省工商局等开展全省生鲜乳购销及合同履行情况专项调查，并根据调查情况及时约谈相关企业负责人。2月29日至3月1日在郑州市召开河南省粗饲料利用大会，针对全省饲草饲料管理及技术推广人员、规模奶牛场负责人、技术场长、技术员、乳品企业奶源部人员开展培训，提高了从业人员对粗饲料的认知和专业技术水平。5月，对全省奶业专家服务团队7名优秀服务专家进行表彰。为了更好地激发全省奶牛场参加DHI测定的积极性，对参与DHI测定的35个高产奶牛养殖场测定数据进行及时公布，引导鼓励更多的奶牛场依托DHI技术，不断提高单产水平。11月，配合中国奶业协会开展学生饮用奶奶源基地认证工作，组织专家组对全省花花牛乳业、三元食品、科迪乳业、三剑客农业股份、三色鸽乳业、佳源乳业的16个奶源基地进行现场评估，14个奶源基地获得认证通过。

【政策法规】实施国家奶牛良种补贴政策。全省申请使用良种冻精的乳用能繁母牛11.5万头。根据各地实际需求，对10万头能繁荷斯坦牛实施良种冻精补贴；对开展乳肉兼用改良的0.5万头奶牛实施良种冻精补贴。累计采购奶牛冻精20万支，每支补贴20元；采购乳肉兼用牛冻精1万支，每支补贴10元。对信阳市1万头奶水牛实施良种冻精补贴。全省使用补贴资金440万元。

河南省承担农业部振兴奶业苜蓿发展行动项目。共申报项目11个，补贴面积1 196.67hm^2，补贴资金1 077万元，实施区域主要包括郑州市荥阳市、开封市祥符区、洛阳市伊川县、平顶山市宝丰县和鲁山县、新乡市原阳县、南阳市镇平县，驻马店市平舆县和正阳县等。项目资金主要用于推行苜蓿良种化、实行标准化生产、改善生产条件、提升质量水平等四个环节。

积极实施国家奶牛场区标准化改造项目。2016年中央财政批复河南省14个奶牛标准化规模养殖场（区）标准化改造建设项目，下达项目资金1 270万元；下达奶牛大县种养结合推进项目1个（宝丰县）1 000万元。

【质量监管】贯彻落实《乳品质量安全监督管理条例》和国家有关要求，依法履行监管职责，提高监管能力，提升全省生鲜乳质量安全监管水平。

生鲜乳质量安全专项整治和风险排查有序开展。组织各地对辖区内生鲜乳收购站和运输车辆进行拉网式隐患排查，对生鲜乳收购站运输车监督管理系统基础信息进行审核。对存在问题的进行整治，对不符合条件的予以取缔。省级分两次进行督导检查，专项整治，全省共出动排查人员1 707人次，检查养殖场和收购站619个，排查问题78个，整改收购站79个、运输车12辆。

质量安全抽检检测力度加大。依据监测计划，分三次抽调人员，统一组织在全省同步开展监测抽样和现场检查。对现场检查中发现的问题，立即反馈，实现检管联动。在全国率先实现所有站、车许可证二维码全覆盖，率先使用了现场抽样检查移动终端设备。通过扫描许可证二维码，即时读取许可信息，现场判定检查结果，实时上传检查信息，现场打印抽样单和检查表，提高了工作效率，受到了农业部的表扬。2016年完成农业部两次240批次的异地抽检任务，所检项目合格率100%。省畜牧局在郑州、焦作、南阳三个省辖市开展了生鲜乳第三方检测试点，包括理化、药残、三聚氰胺等十余个项目的检测，截至2016年年底，三个试点市共检测生鲜乳样品587批次，所检项目均合格。

生鲜乳质量安全信息化追溯体系初步构建。投入414.8万元建设追溯体系一、二期项目。为200辆生鲜乳运输车安装了实时定位和视频监控设备；为相关市、县和乳企安装了监控用户端；为18家规模以上乳企的收奶区安装了监控设备和监控拼接屏；建设了省畜牧局和12个省辖市畜牧局监控平台；实现了对乳企收奶区的全程录像和实时视频监控。为充分发挥系统的作用，采取边建设、边培训、边使用的方式，集中和分片培训14场，培训人员472人。系统的建成，使省、市、县畜牧行政主管部门和乳品企业“三级四层”通过电脑、手机等终端，对生鲜乳运输车辆实时定位、在线监控、全程轨迹查询和移动侦测录像，对异常车辆可到现场精准督查、重点监管。实现了对生鲜乳的来源可追溯、去向可监控，提高了精准监管、即时监管的能力。对非法收购、倒买倒卖、非法添加等违法行为形成了威慑。生鲜乳运输环节从业者依法守规运营的主体意识得到明显提升，监管工作力度和效率得到明显提高。

日常监管进一步加强。进一步完善分类监管机制，按照分类监管要求，明确监管责任，落实监管责任制，并在河南省畜牧业信息港上公示公开。加强日常巡查，加大督导检查力度，特别是对风险隐患大和问题易发、多发地区增加监测检查频次。进一步修订完善了生鲜乳收购站及运输车许可，规范许可行为。各地还采取了县（区）自查、省辖市督查的方式，对奶站和运输车辆关停并转情况、违禁物质监测等情况进行检查，全面了解生鲜乳质量安全监管情况，及时发现和解决问题。

【奶业大事】2016年5月13日省畜牧局下发《关于印发〈河南省奶牛产业体系专家服务团工作方案〉的通知》（豫牧畜【2016】16号），决定调整充实专家团队，在2012年奶业专家组和专家服务团队的基础上，依据全省奶业发展实际和需要，调整充实了专家服务团，按照饲养管理、繁殖育种等不同专长，合理分组，规范服务，进一步强化了奶业服务体系建设。

5月23日，省畜牧局、省工业和信息化委员会、省工商局下发《关于维护生鲜乳购销正常秩序的通知》（豫牧【2016】23号），并会同省工信委、省工商局，联合对奶业主产市、主要乳品企业落实文件情况进行督导，对督导中发现的问题，提出了督促整改意见。

7月11日，省畜牧局、省工业和信息化委员会、省工商局转发《关于印发〈生鲜乳收购合同〉（示范文本）的通知》（豫牧【2016】36号），要求全省乳品加工企业与生鲜乳收购站签订新的生鲜乳收购合同。

9月18日，河南省省长陈润儿主持召开知名奶业企业负责人座谈会，就推进河南奶业产业发展，听取大家意见建议。陈润儿强调，要把发展优质草畜业作为推进种养业供给侧结构性改革的重要内容，以奶牛产业为重点，拉长产业链条，扩大经营规模，做强精深加工，提升经济效益，着力将这一产业打造成河南的特色产业、优势产业、品牌产业。蒙牛、伊利、三元、飞鹤、完达山、花花牛、三色鸽等乳品企业代表参加会议。

12月29日，河南省人民政府印发《关于支持肉牛奶牛产业发展的若干意见》（豫政【2016】87号）。文件提出的发展目标是：到2020年，全省新增肉牛100万头，新增高品质生鲜乳100万t，新增饲料作物种植面积33.33万hm^2，新增产值1 000亿元。全省肉牛奶牛生产体系、经营体系、产业体系基本构建，粮经饲结构进一步优化，肉牛奶牛标准化规模养殖加快发展，精深加工水平显著提升，市场销售体系更加完善，一二三产业发展深度融合，城乡居民消费量大幅增长。

（河南省畜牧局奶业管理办公室，宋洛文）

郑州市

【奶业养殖】2016年郑州市奶牛存栏4.8万头，其中成母牛2.88万头；奶类总产量32.02万t，其中牛奶产量31.42万t，畜牧业总产值81.28亿元。存栏100头以上规模奶牛场（区）50个，分布在中牟县、荥阳市、新郑市、惠济区等县（市）区。主要呈现以下特点：

规模化养殖程度进一步提高。应对奶业形势严重下滑的局面，2015年起在全市开展奶牛场（小区）转型升级行动，通过淘汰低产奶牛、小区牧场化转型、规模场技术托管等措施，2016年淘汰小区4个，7家奶牛场(小区）成功转型升级，牧场化率达到84%，比2015年提升21%。

机械化生产水平明显增强。2016年更新升级挤奶设备6套，规模场和养殖小区机械化挤奶率100%；90%以上牧场配备了全混合日粮（TMR）搅拌车，数量达到40个；大型青贮收割机、自动清粪、自动饮水等设施设备和技术相继应用于奶业生产，奶业规模化、标准化、机械化水平均居全省前列。

奶牛单产水平明显提升。连续两年开展了奶牛单产提升行动，机械化、智能化、信息化和关键生产技术的加快推广应用，奶牛科学分群和精细化管理，取得明显效果，多数规模奶牛场单产水平达到7t上，高产奶牛的比例逐渐增加，牛群结构更趋合理，生产力水平逐年提升。

生鲜乳品质和质量安全水平达历史高点。据2016年抽检数据分析，生鲜乳中乳蛋白和乳脂肪率分别达到3.1%和3.6%以上，生鲜乳品质明显提高，远超国家标准；生鲜乳质量安全水平明显提升，全年共抽检生鲜乳317批次，合格率均达到100%。

奶牛存栏量和生鲜乳产量下降。围绕郑州市建设现代化大都市的总体规划，区域布局进一步调整，禁养区和限养区内养殖场（区）拆迁逐步落实到位，加之奶业发展形势持续低迷，奶牛存栏同比减少2.87万头，减少37.42%；生鲜乳产量同比减少10.85万t，减少25.67%。

休闲观光奶业取得新突破。位于荥阳市的郑州昌明牧业有限公司发挥自身优势，对奶牛场进行改造，探索发展观光奶业，在奶牛场开辟了科普园和现场制作体验馆，8月份试运营，吸引幼儿园、小学的孩子们近距离认识奶牛、接触奶牛，了解奶牛及牛奶知识，从儿童做起加强宣传和引导，培育饮奶群体。2016年年底参观人数达4万多人，省畜牧局和农业部多次派调研组调研，已经被农业部确定为亲子互动家庭牧场休闲观光模式向全国推广。

【乳品加工】2016年全市有河南花花牛生物科技有限公司、郑州光明乳业有限公司等5家乳品加工企业，年设计加工能力56.06万t，实际年加工量22.96万t，其中代加工奶粉0.17万t，巴氏消毒奶0.23万t,UHT奶1.01万t,酸奶20.01万t,乳饮料1.54万t,年销售收入19.52亿元。其产品主要有常温酸牛奶、低温酸牛奶、巴氏消毒奶、常温纯牛奶及牛奶饮料等。

【市场消费】2016年全市人均占有牛奶量达到33.1千克，城镇居民消费支出23 210元/人，农村居民生活支出13 595元/人。

通过对大商新玛特、丹尼斯、世纪联华等超市乳制品销售情况进行调查，其销售乳制品种类及价格如下：

1. 纯牛奶、酸牛奶类。市场上销售的纯牛奶和酸牛奶主要来自河南花花牛生物科技有限公司、蒙牛乳业有限公司、伊利乳业公司等。

花花牛纯牛奶及酸奶：花花牛酸奶180mL/包，售价1.8元;花花牛益生菌酸奶，16包×180g，售价41.2元。

伊利纯牛奶：无菌砖，规格20盒×250mL，售价64元；无菌枕，规格16包×240mL，售价29.9元。

蒙牛纯牛奶：无菌砖，规格20盒×250mL，售价64元；无菌枕，规格16包×240mL，售价29.9元。

辉山乳业纯牛奶：无菌砖，规格12盒×250mL，售价22.9元；无菌枕，规格16包×240mL，售价19.9元；

2. 婴幼儿奶粉类。销售的产品主要有：雀巢、惠氏、雅培、伊利、飞鹤等品牌。

雀巢能恩1~3段婴幼儿奶粉，900g，售价196~265元/听。

惠氏1~3段婴幼儿奶粉，900g，售价365~208元/听。

雅培1~3段婴幼儿奶粉，900g，售价259~196元/听。

飞鹤1~3段婴幼儿奶粉，900g，售价368~196元/听。

伊利金领冠1~3段婴幼儿奶粉，900g，售价308~288元/听。

三元爱力优1~3段婴幼儿奶粉，900g，售价

358~250.6 元 / 听。

美赞臣 1~3 段婴幼儿奶粉，900g，售价 442~398 元 / 听。

【奶源基地】据统计，2016 年全市存栏 100 头以上规模奶牛场（区）50 个，其中存栏 1 000 头以上场（区）7 个，占规模奶牛场总数的 14%；500~999 头场（区）14 个，占规模奶牛场总数的 28%；300~499 头场（区）19 个，占规模奶牛场总数的 38%；200~299 头场（区）6 个，占规模奶牛场总数的 12%；100~199 头场（区）4 个，占规模奶牛场总数的 8%。

2016 年全市人工牧草种植面积达 333.33hm^2，其中苜蓿种植面积 233.33hm^2。青贮技术得到广泛应用，全株青贮玉米种植面积 7 780hm^2，年青贮量达到 86 万 t，其中全株玉米青贮 35 万 t。

在规模奶牛场推广 TMR 饲喂技术，全市有 TMR 搅拌加工设备 40 余台。全市有 16 个奶牛场参加河南省奶牛生产性能测定，参测奶牛头数达到 5 061 头。

奶牛场粪污处理方面，大部分规模奶牛场采用雨水、粪污水分离，粪污水采用三级沉淀池分离，定期抽取沉淀液；牛舍采用人工干清粪或刮粪板清粪，并集中到贮粪场发酵处理。

2016 年全市有 1 个奶牛场实施中央投资奶牛标准化规模养殖场（小区）建设项目，项目总投资 161 万元，其中中央预算内投资 80 万元，自筹资金 81 万元，新建污水收集沟 130m、干草棚 924m^2、机械库 218m^2、TMR 棚 49m^2、犊牛舍 147m^2、改造挤奶厅 285m^2、牛颈枷 400 头位、改造牛运动场 1 260m^2、新建遮阳棚 1 200m^2 等。

全市有 4 个奶牛场实施省畜牧局千万吨奶业工程奶牛核心育种场项目，每场省财政补贴资金 20 万元，购买性控冻精 1 640 支，完成奶牛胚胎移植 64 头，购置发情监控设备 1 套。

全市有 19 个奶牛场（区）开展奶牛单产提升项目，每场省财政补贴资金 5 万元，购买体细胞测定仪 2 套，购买性控冻精 4 050 支，普通冻精 2 525 支。

据对 2016 年全市生鲜乳收购站交售给乳品加工企业奶价进行统计，全市生鲜乳平均交售价 3.79 元 /kg，其中交售给蒙牛乳业（焦作）有限公司平均价 3.96 元 / kg，交售给济源伊利乳业有限公司平均价 3.92 元 /kg，交售给河南花花牛生物科技公司平均价 3.50 元 /kg。

通过对规模奶牛场养殖效益进行调查，每头泌乳牛按年产鲜奶平均 7.0t 计算，每千克鲜奶的综合生产成本（包括人工、饲料、治疗等费用）按 3.2 元计，除产牛犊外，按 2016 年生鲜乳销售平均价格 3.79 元 /kg 计，每头产奶牛年出售牛奶净收入为：$(3.79-3.2)\times 7\ 000=4\ 132$ 元。

【奶农组织】2016 年 11 月召开郑州市奶业协会第四届会员代表大会，选举新一届协会领导成员，实现了市奶业协会在人员、办公方面完全与市畜牧局脱钩，协会现有会员单位 70 个，会员 90 人。

【质量监管】2016 年，全市有生鲜乳收购站 47 个，其中奶牛养殖场开办的生鲜乳收购站 26 个，奶牛养殖合作社开办的生鲜乳收购站 20 个，乳品加工企业开办的生鲜乳收购站 1 个；生鲜乳运输车辆 36 辆。加强生鲜乳质量安全监管主要有以下几项措施：

进一步完善和提升了生鲜乳收购站、运输车辆的视频监控系统。在生鲜乳生产全程视频监控的基础上，2016 年对 36 台生鲜乳运输车辆安装视频监控系统，并在河南花花牛生物科技有限公司、河南花花牛股份有限公司和郑州妙可乳业有限公司同步安装视频监控，实现了生鲜乳运输过程全程 GPS 定位和在线视频监控，实现了生鲜乳全程可追溯。

扎扎实实开展生鲜乳专项整治活动。开展 2 次生鲜乳收购站和运输车辆集中检查，共检查收购站 51 个（次）、运输车辆 76 辆（次），现场检查全部全格；抽取奶样 141 个批次，碱类物质、三聚氰胺、革皮水解物和 β－内酰胺酶等检测项目全部合格。开展了一个月的生鲜乳收购销售环节质量安全风险隐患排查，共排查生鲜乳收购站 51 个，未发现有非法添加违禁物质、无证收购运输生鲜乳、倒买倒卖不合格生鲜乳等现象。2016 年下半年开展为期 4 个月的生鲜乳专项整治行动，重点对 34 个三类监管对象进行摸底排查，共出动执法人员 535 人次，检查奶站（站次）150 次，检查运输车辆（车次）93 次，查出问题 11 起，责令整改 11 起；清理了 9 家在有效期内但已无生鲜乳生产、收购、销售行为的生鲜乳收购站许可证。

实施风险分类监管，加强日常巡查，强化责任落实。一是对生鲜乳收购站和运输车辆明确两级监管责任人，监管要求和联系方式公示在显著位置，接受广泛的监督和督促。二是认真落实日常巡查。对奶牛养殖场和生鲜乳收购站实行定期巡查和不定期检查制度，现场检查并填写巡查记录，发现问题及时整改。三是加强抽检检测。市局安排监测资金 7 万元，制定 2016 年生鲜乳监测计划，市畜产品质量安全检测中心共抽检生鲜乳样品 76 批次，生鲜乳中三聚氰胺、皮革水解物检测指标全部合格。

探索开展生鲜乳第三方检测试点工作。按照省畜牧局统一部署，郑州市制定了试点方案，通过政府采购招标了河南广电计量检测有限公司，派驻 2 名检测人员入驻河南花花牛生物科技有限公司，实行现场快速检测与实验室检测相结合的方式，开展第三方检测的探索，帮助奶农解决争议。从 2016 年 10 月开始到年底，共日常检测奶样 772 批次，药物及非法添加物检测 181 批次。由于 2016 年奶农依然存在卖奶困难，试点以来虽未有奶农对加工企业的检测结果提出异议，但在生鲜乳质量安全方面起到了风险预警作用。

（郑州市畜牧局，马淑玲、陈兴龙）

洛阳市

【奶畜养殖】2016年全市奶牛存栏77 275头，其中成母牛44 833万头；奶类总产量30.7015万t,其中牛奶产量29.3206万t,奶业产值10.3亿元，占畜牧业总产值116亿元的8.9 %。洛阳奶业是发展速度较快、产业化程度较高的畜牧产业。洛阳市奶牛养殖主要集中在偃师市、孟津县、嵩县和高新区等县（市）区，奶业生产呈现以下特点：

生鲜乳质量安全有保障。全市有生鲜乳收购站52，小区奶牛机械化挤奶率达到100%。2016年，共组织2拉网式检查和2次督查，对奶站“三证一单”使用和存档情况进行监督检查，县级畜牧部门也抽调人员进行了监督检查，省、市畜产品质量检测中心全年共抽查生鲜乳样品216个，经检测化验全部合格。

奶牛单产水平有较大提升。2016年，全市成母牛平均单产达到6 540kg，比2015年提高160kg。全市单产7t以上的奶牛小区（场）达到18家。

新技术不断得到推广应用。针对奶牛单产不高、效益不佳的现状，主要做了几项工作：一是积极落实奶牛良种补贴政策，2016年洛阳市发放高产奶牛冻精8万剂；二是加大性控冻精的推广力度，引进优质性控冻精1万剂，加速品种改良；三是推广优质牧草和全株玉米。300头以上规模场全部饲喂全株玉米青贮，规模场全部使用了TMR机；四是积极进行奶牛DHI测定，全市有18个场3000头奶牛参加DHI测定，为奶牛精细化管理奠定了良好基础；五是加强技术培训，推广了性控繁殖、微生态添加剂、精细化管理、分阶段饲养、DHI测定等先进实用技术5项，培训人员255人次，提高奶牛养殖者生产管理水平。

【乳品加工】全市有乳品加工企业3家（洛阳巨尔乳业有限公司、洛阳生生乳业有限公司、洛阳阿新奶业有限公司），年设计加工能力27.6万t，实际年加工鲜奶4.15万t，其产品主要有巴氏奶、酸牛奶、学生奶等乳饮料和乳制品，年销售收入2.3750亿元。

【市场消费】2016年全市年人均占有牛奶量达到41.6kg。

通过对大型超市等商场乳制品销售情况进行调查，其销售乳制品种类及价格如下：

1. 纯牛奶、酸牛奶类。市场上销售的纯牛奶和酸牛奶主要来自蒙牛公司、伊利公司、夏进公司、光明公司、洛阳巨尔乳业有限公司和洛阳生生乳业有限公司。

巨尔袋装低温牛奶，每袋130mL，售价2.5元；巨尔袋装常温牛奶，每袋200g，售价1.6元；巨尔袋装红枣酸牛奶，每袋160g，售价1.3元；巨尔白马寺袋装益生菌发酵乳，每袋150g，售价1元；巨尔白马寺袋装酸牛奶，每袋150g，售价1.2元；巨尔白马寺杯装酸奶，每袋160g，售价1.8元；巨尔澳牛牧场纯牛奶，袋装200g，售价1.6元；巨尔澳牛牧场纯牛奶，盒装250g，售价2元；巨尔原生酸奶，250g×12，售价55元；巨尔原生纯牛奶，200g×12，售价49元；学生奶200mL,每盒1.9~2.0元。

生生低温纯牛奶，每袋200g，售价2.4元；生生袋装酸奶，每袋200g,售价2.4元；生生袋装酸奶，每袋180g，售价1.5元；生生益生菌发酵乳，每袋150g，售价1元。

伊利安慕希酸奶，205g，售价5.5元；伊利金典有机奶250mL，售价6.3元；伊利金典纯牛奶250mL，售价5.4元；伊利谷粒多250mL，售价3元；伊利舒化无糖低脂奶250mL，售价4.4元。

蒙牛纯甄酸牛奶200g，售价4.6元；蒙牛特仑苏低脂奶250mL，售价5.6元；蒙牛纯牛奶：蒙牛特仑苏有机奶250mL，售价5.5元；蒙牛未来星儿童成长奶190mL，售价4.6元。

夏进瓶装甜牛奶243mL，售价3.8元；夏进枕装麦香奶227g,售价2.2元;夏进枕装纯牛奶240mL,售价2.2元;夏进爵品全脂纯奶250mL,售价4.9元。

光明优+纯牛奶200mL，4.60元；光明莫斯利安酸奶200g，5.50元；光明益生菌发酵乳450g，8.50元；光明畅优原味优酪乳180g，2.50元；光明爱壳经典酸牛奶（袋装）180g,3.20元。

2. 婴幼儿奶粉类。

销售的产品主要有：雅士利、圣元优博、雀巢、多美滋、飞鹤、贝因美、伊利等品牌。

雅士利金装1段奶粉，铁桶900 g，售价198元；雅士利金装2段奶粉，铁桶900 g，售价188元；雅士利金装3段奶粉，铁桶900 g，售价1,78元

圣元优博1段奶粉900 g，售价248元；圣元优博2段奶粉900 g，售价228元，圣元优博3段奶粉900 g，售价198元。

雀巢能恩金装1段奶粉，铁桶900 g，售价256元；雀巢能恩金装2段奶粉，铁桶900 g，售价228元，雀巢能恩金装3段奶粉，铁桶900 g，售价195元。

多美滋致粹婴儿配方乳粉，铁桶900 g，售价268元;多美滋致粹较大婴儿乳粉，铁桶900 g，售价248元；多美滋致粹幼儿乳粉，铁桶900 g，售价228元。

飞鹤超级飞帆1段奶粉，铁桶700g，售价270元；飞鹤超级飞帆2段奶粉，铁桶700g，售价262元；飞鹤超级飞帆3段奶粉，铁桶700g，售价2246元；飞鹤超级飞帆4段奶粉，铁桶700g，售价214元。

贝因美爱+奶粉1段，铁桶1 000g,售价294元；贝因美爱+奶粉2段，铁桶1 000g,售价282元；贝因美爱+奶粉3段，铁桶1 000g,售价273元。

伊利金领冠1段奶粉，铁桶900g,售价358元；伊利金领冠2段奶粉，铁桶900g,售价348元；伊利金领冠3段奶粉，铁桶900g,售价328元。

【奶源基地】2016年，接受省局分配国家奶牛良补细管8万支，每支细管国家给种公牛站补贴15元，推广使用优质性控冻精1万剂，加速品种改良。年青贮

量达到162万t，青贮技术在奶牛场(区)得到普及。

2016年本市有奶站52个，交售蒙牛养殖场4家，伊利5家，花花牛3家，河南三色鸽、博爱农场及灵宝阿木斯均各收购1家，其余36家奶牛场区均交售本市三家乳企。本市奶企收购价格为3元/kg左右，生化指标较高、产奶量大的规模养殖场生产稳定，生鲜乳收购价可达4元/kg左右。按当前的生鲜乳购收价格，奶牛养殖场收益较好，小型养殖场区生产形势较严峻，奶牛养殖户基本处于亏损或保本的情况。

从目前情况看，本市奶业存在的主要问题是：一是牛群结构仍不合理，产奶牛总体不到50%。二是奶牛养殖小区，饲养管理不统一，不利于整体上提高饲喂管理水平，不利于疫控和质量安全，应逐步向养殖场转型。三是一些养殖场奶牛单产提升虽取得较好效果，但已出现产量瓶颈，应进一步推广DHI测定，分析问题所在，实施精细化养殖思路。

针对上述问题，重点加快了奶牛养殖小区牧场化转型升级工作。建成的52奶牛场(区)中，小区管理模式仍然有23个。奶牛养殖小区虽然解决了集中机械化挤奶、有利于生鲜乳质量监管，但组织管理模式的缺陷并没有解决，存在牛群质量和管理水平提高等诸多问题。小区内的奶农对奶牛养殖、疫病防控的认识程度不统一，甚至有些的小区只是散户养殖的简单集中而已，偏离了奶牛养殖所需要注重技术密集、种群培育等基本要求。尤其是奶牛小区在生产经营中各自为战，不但奶牛生产性能得不到提高，环境卫生较差，粪污治理难以实现，且无人进行统一的日常的管理，奶牛养殖小区牧场化转型升级工作势在必行。

加大宣传力度。多次召开座谈会和现场推进会，以典型带动，助推奶牛规模化养殖进程。利用各种养殖技术培训会、重点工作调度会、项目推进会、生鲜乳价格协调会等形式大力推广先进经验，以典型示范带动，推进奶牛的规模化养殖。通过组织各县市主管奶业监管工作的负责人、奶站负责人等从业人员参加全国奶业发展大会，拓展视野，相互交流借鉴，加快奶牛养殖场的升级改造建设，通过托管、购买、控股、入股等方式向规模养殖场转型，逐渐达到牧场的标准和要求。

【奶农组织】目前，洛阳市、偃师市和孟津县都成立了奶业协会，2016年三个协会共举办8期培训班，培训人员达320人次。开通了荷斯坦奶牛卫星大讲堂，免费为奶农提供学习交流场地。

【政策法规】2010年，市政府研究出台了《农作物秸秆综合利用实施意见》，对奶牛场开展玉米秸秆青贮每吨给予5元补贴，对购买青贮机械，除享受国家农机补贴外，市县财政再给予10%补贴，对连片种植饲料玉米、优质牧草500亩以上的，每亩奖励100元。此外，市财政每年还拿出60万元专项资金，用于优秀奶公牛引进更新，拿出50万元资金用于奶牛性控技术推广。

【质量监管】2016年本市有生鲜乳收购站52个，其中奶牛养殖场开办的奶站28个，奶牛养殖合作社开办的奶站16个，乳品加工企业开办的奶站8个，生鲜乳运输车辆20辆。实现了生鲜乳收购许可证和车辆准运证持证率100%，牛奶100%来自持证的奶牛养殖场(区)和100%机械化挤奶等三个100%。

对生鲜乳质量安全监管，主要采取以下几项措施：

一是依法规范生鲜乳收购运输许可。首先按照《河南省畜牧局关于规范生鲜乳收购运输许可的通知》(豫牧畜〔2014〕26号)规定的条件，要求全市各地严格验收标准，做好资料归档，做好许可工作；同时做好《生鲜乳收购站运输车监督管理系统》的日常管理工作，全市十三个县(市、区)和市畜牧局都确定有专门的生鲜乳收购站运输车系统管理人员，对到期的许可证除系统自动提醒外，也通过其他方式及时督促许可人按时换证，确保许可工作落实到位；其次加强对系统的行政许可的监管，每月保证查阅系统2次以上，及时督促对系统提醒许可即将到期或到期的生鲜乳收购站、生鲜乳运输车所在的有关县市区处理，一年来督促换证20余起，督促注销收购站3个、运输车辆3辆，有效地维护了许可的严肃性。

二是做好河南省生鲜乳质量追溯体系一、二期建设。从元月份开始，按照《河南省生鲜乳运输车辆监控系统建设和运行方案》(实行)及省局有关文件安排，配合省局为本市19辆生鲜乳运输车安装了车辆监控(本市共计23辆生鲜乳运输车，另有4辆运输车为伊利安装，截至2016年年底有4辆退出，新增1辆，实际安装为16辆)，完成了生鲜乳质量追溯体系(一期)生鲜乳运输车监控系统安装任务；从8月开始，根据《河南省财政局 河南省畜牧局关于下达2015年生鲜乳运输车辆监控系统建设补助资金的通知》豫财农【2015】292号和《河南省畜牧局关于完善生鲜乳运输车辆监控系统的通知》豫牧畜【2015】54号，本市于11底完成了生鲜乳质量追溯体系(二期)乳企监控系统安装任务，为市畜牧局安装拼接屏1套，巨尔乳业安装拼接屏和室内监控1套、收奶区多点位监控1套，生生乳业安装收奶区两点位监控1套；生鲜乳质量安全追溯系统(一、二)期监控系统安装建成后，按照省局要求，对省安装监控车辆和乳企运行情况进行了经常性的检查，每月上线查阅2次以上，对普遍存在的视频模糊问题要求监管县和乳企要经常进行督促清理，对个别摄像角度不对等问题进行纠正，对个别运行有问题的及时进行维修，基本保证了生鲜乳运输车辆监控的正常运转；最后加强培训学习。3月2日组织全市有运输车的县市区及三个乳企共12个单位由省局奶办吴主任对生鲜乳运输车监控运行情况进行了一期业务培训；6月16~17日按照省局文件要求组织县市区共13人参加了省局组织的生鲜乳运输车监控系统运行情况培训班。12月6~7日组织乳企及乳企所在的县共7人参加了省局奶办组织的生鲜乳质量安全信息追溯体系培训班。

三是做好生鲜乳质量安全专项整治工作。按照《河南省畜牧局关于开展生鲜乳专项整治行动的通知》(豫牧畜【2016】11号）和《洛阳市畜牧局关于〈印发洛阳市畜牧局2016年生鲜乳专项整治方案〉的通知》（洛市牧【2016】29号）要求，决定生鲜乳专项整治从4月底至8月底前结束，据统计全市安排监测资金5万元，抽检总批次187批次，专项检查奶站、运输车共计189次，出动执法人员334人（次），整改问题17个，吊销生鲜乳收购站许可证5个，较好地完成了专项整治行动的目标任务。按照省局统一安排和《洛阳市畜牧局关于开展全市畜产品质量安全风险隐患集中排查月活动的通知》（洛牧质【2016】13号）要求，开展畜产品质量安全风险隐患排查月活动，洛阳市市辖县（市、区）畜牧局、农办均及时成立了风险排查工作领导小组，并从6月1~30日在全市开展了畜产品质量安全风险隐患集中排查月活动对各自辖区内的生鲜乳收购站和奶牛养殖户进行风险隐患排查，并按规定撰写上报了总结和统计表，据统计本次排查共排查生鲜乳收购站及奶牛养殖场户56家次，生鲜乳运输车辆23辆，排查出问题29起，下发整改通知书25个，注销生鲜乳收购站许可证3个，有效的规范了生鲜乳收购贩运环节的生产经营活动；根据《河南省畜牧局 河南省工业和信息化委员会 河南省工商行政管理局关于维护生鲜乳购销正常秩序的通知》豫牧【2016】23号，决定从6月开始，全省将开展为期2个月的维护生鲜乳收购秩序专项检查，《河南省畜牧局 河南省工业和信息化委员会 河南省工商行政管理局转发〈关于印发〈生鲜乳购销合同〉（示范文本）的通知〉的通知》（豫牧【2016】36号）文件，截至2016年8月30日本市三家乳企（巨尔、生生、阿新）与负责收购的31家生鲜乳收购站新合同全部签订完毕。

四是加强分类监管，确保生鲜乳质量安全。根据《河南省畜牧局关于对全省生鲜乳生产收购环节实行分类监管的通知》（豫牧【2014】78号）要求，有关县（市、区）畜牧部门在2016年底均完成对各自辖区内奶牛养殖场、生鲜乳收购站及生鲜乳运输车辆共125个监管对象的分类，按风险等级由低到高分别确定为一类、二类、三类监管对象，其中一类监管对象28个，二类监管对象55个，三类监管对象42个；开展拉网式检查。5月18~20日和9月25~26日分两次对区域内奶牛养殖场、生鲜乳收购站、运输车进行了集中专项检查。查看畜产品质量安全责任《告知书》和《承诺书》，涉牧企业主体责任一年一告知、履行主体责任承诺书一年一签订执行情况。重点检查生鲜乳收购许可证和奶站生产经营条件。现场查验了奶站进货台账档案、生鲜乳交接单以及收购、销售、检测、不合格生鲜乳处理记录等。经核查，所有奶站收购和运输的生鲜乳来源清楚，流向清晰。加强生鲜乳监测工作。全年省部级抽样检测3次118批次，3月7日完成省局组织的2016年上半年生鲜乳53个样的现场抽样和对生鲜乳收购站的现场检查工作，4月25日完成省局指定的为农业部抽取生鲜乳样品23个任务（其中偃师13个，孟津10个），7月11日完成省局奶办组织的2016年下半年生鲜乳抽样42个（奶站35个，运输车7个）和现场检查。全年市级抽样检测2次98批次，5月18完成市级对奶站、运输车抽取奶样57个（奶站52，运输车5），9月25完成全市2016年下半年生鲜乳采样41个任务，市监测中心按时向省局报送书面监测报告。综上全年抽检样品216个，从检测结果看，样品全部合格；严格处理不合格的生鲜乳。通过拉网式检查，查看生鲜乳收购站不合格生鲜乳处理记录登记表表明，洛阳市所有生鲜乳收购站都能严格执行对不合格生鲜乳处理并登记在册，确保乳制品质量的安全。

五是认真开展奶牛单产提升行动。为实施奶牛单产提升行动，市畜牧局充分发挥专业人才资源优势，成立了以河科大、畜牧站和种牛站养牛专家为主的奶牛单产提升行动专家服务团，开展技术服务，各县（市、区）畜牧局也依托自身优势组建了专家服务团，对养殖场户进行全覆盖技术培训，提高奶农科技素质。积极推广全混合日粮饲喂、奶牛专用饲料应用等技术，提高奶农科学饲养水平，保证奶牛产业健康有序发展。据不完全统计，2016年以来，推广了性控繁殖、微生态添加剂、精细化管理、分阶段饲养、DHI测定等先进实用技术5项。生生乳业以DHI为依据，对全群牛进行分析，按照DHI测定报告合理分群，分群饲养后产奶量提高5.7%。

（洛阳市畜牧局，石学忠）

附表 1　河南省奶牛养殖场（小区）名录

序号	名称	养殖场	小区	全群存栏（头）	成母牛存栏（头）	奶畜品种	成母牛单产（t/年）	年总产（t）	是否参加 DHI	是否应用 TMR
1	原阳县福源奶牛有限公司	√		1 470	1 150	澳洲荷斯坦	9	4 878	√	√
2	北京首农畜牧发展有限公司河南分公司	√		5 000	4 580	荷斯坦	11	22 265	√	√
3	滑县光明生态示范奶牛养殖有限公司	√		4 600	1 500	荷斯坦	11	16 060	√	√
4	河南花花牛畜牧科技有限公司	√		1 540	1 022	荷斯坦	9	3 650	√	√
5	新乡市盛亚牧业有限公司	√		1 400	510	荷斯坦	7	3 102	√	√
6	新乡市黄河岸边乳业有限公司		√	1 260	765	荷斯坦	7	3 650	√	√
7	开封市禹王乳业有限公司	√		1 280	896	荷斯坦	7.5	5 439	√	√
8	周口裕达养殖服务有限公司奶牛场		√	1 600	800	荷斯坦	6.5	2 190	√	√
9	河南源源乳业集团思源养殖有限公司	√		4 052	1 560	荷斯坦	8	11 680	√	√
10	济源市惠龙牧业有限公司	√		1 209	680	荷斯坦	9	7 300	√	√
11	济源市永兴牧业有限公司奶牛场	√		1 010	465	荷斯坦	7.5	4 380	√	√
12	济源市赛科星牧业有限公司	√		3 312	1 206	荷斯坦	11	10 950	√	√
13	河南荣华牧业有限公司	√		1 300	535	荷斯坦	8	6 205	√	√
14	焦作多尔克司示范乳业有限公司	√		3 200	1 700	荷斯坦	8	12 483	√	√
15	河南天牧农业发展有限公司	√		2 000	512	荷斯坦	8	4 928	√	√
16	郑州绿麒麟奶牛养殖有限公司	√		1 250	600	荷斯坦	8	3 468	√	√
17	河南瑞亚牧业有限公司	√		3 000	1 600	荷斯坦	9	19 710	√	√
18	郑州天润农牧有限责任公司	√		1 050	460	荷斯坦	8	3 650	√	√
19	中牟县绿源奶牛养殖有限公司（辛寨）		√	1 000	450	荷斯坦	6.8	2 920	√	√
20	中牟县绿源奶牛养殖有限公司（太平庄）		√	1 000	400	荷斯坦	6.8	2 738	√	√
21	郑州惠达牧业发展有限公司		√	1 200	500		6	3 000	√	√
22	河南省泰煜农牧业有限公司	√		1 000	400	荷斯坦	7.5	4 380	√	√
24	中牟县富源牧业有限公司	√		1 000	400	荷斯坦	8	4 380	√	√
25	河南科迪生物工程有限公司	√		4 825	2 545	荷斯坦	7	17 520	√	√
26	河南科迪商丘现代牧场有限公司	√		1 412	279	荷斯坦	7	2 555	√	√
27	睢县麒麟乳业有限公司		√	1 160	610		6.5	3 965	√	√
28	河南大运牧业有限公司	√		1 000	600	荷斯坦	10	3 650	√	√
29	三门峡程宇奶牛养殖有限公司	√		1 033	465	荷斯坦	8	2 920	√	√
30	灵宝瑞亚牧业有限公司	√		2 262	1 130	荷斯坦	9	11 680	√	√
31	三门峡天谷农业有限公司	√		1 436	773	荷斯坦	7.5	4 928	√	√

（续）

序号	名称	养殖场	小区	全群存栏（头）	成母牛存栏（头）	奶畜品种	成母牛单产（t/年）	年总产（t）	是否参加DHI	是否应用TMR
32	郏县发展牧业有限公司	√		1 400	500	荷斯坦	8	4 400	√	√
33	郏县乳源牧业有限公司	√		2 600	1 500	荷斯坦	7	10 500	√	√
34	河南源源乳业集团有限公司	√		1 200	800	荷斯坦	8	6 400	√	√
35	河南源源乳业集团合源养殖有限公司	√		1 500	916	荷斯坦	8	7 328	√	√
36	平顶山市汝源奶业有限公司	√		100	596	荷斯坦	9	5 364	√	√
37	河南伊源乳业有限公司	√		1 030	350	荷斯坦	9	3 150	√	√
38	平舆瑞亚牧业有限公司	√		2 000	0		0	0	√	√
39	上蔡县牛硕牧业有限公司	√		1 100	502	荷斯坦	8	4 016	√	√
40	新蔡富宇牧业有限公司	√		1 100	0	荷斯坦	0	0	√	√
41	濮阳市天然林牧业科技公司	√		2 100	840	荷斯坦	6	5 084	√	√
42	邓州市煜通牧业有限公司	√		1 194	712	荷斯坦	9	6 408	√	√
43	河南广春牧业有限公司		√	1 100	600	荷斯坦	7	4 200	√	√
44	洛阳巨尔牧业有限公司	√		1 051	557	荷斯坦	7.1	3 955	√	√
45	洛阳生生乳业有限公司第一牧场	√		1 580	760	荷斯坦	8	6 080	√	√
46	偃师市兴民奶牛养殖有限公司		√	1 500	600	荷斯坦	7.2	4 320	√	√

附表 2　河南省乳制品生产企业名录

序号	名称	许可证号码	年收购原奶量（t）	平均支付价格（元/kg）	其中：自有奶源量（t）	年乳制品产量（t）	其中：巴氏杀菌奶(t)	UHT 奶（t）	酸奶（t）	奶粉（t）	奶油（t）	奶酪（t）	乳饮料（t）	整体设计加工能力（t/年）	产品销售区域	年销售收入（万元）	利润（万元）
1	蒙牛乳业（焦作）有限公司	91410800755178552Y	219 000		104 506	270 173	82 143	120 864	41 786	0	0	0	25 380	344 508	全国	250 339	9 349
2	济源伊利乳业有限公司	SC10541900100129	126 890	3.84	0	233 632	0	38 748	0	0	0	0	194 884	390 000	全国	152 594	19 507
3	河南花花牛生物科技有限公司	SC10541018400354 SC10541010300077	96 858	3.53	9 900	130 280	2 198	10 107	101 103	1 445	0	0	15 427	365 000	河南省及周边	130 300	1 000
4	正阳君乐宝乳品有限公司	SC10541172400014	22 000	3.8	5 000	36 000	0	0	32 000	0	0	0	4 000	180 000	全国	36 000	3 600
5	郑州光明乳业有限公司	SC10541018400032	32 691	3.9	32 691	98 550	0	0	98 550	0	0	0	0	182 500	华中地区	64 000	5 700
6	新乡市三元食品有限公司	SC10541072500442	22 801	3.65	0	30 252		15 889	4 080				10 283	106 584	北京、上海、安徽、河南	17 175	0
7	河南三剑客农业股份有限公司	SC10541110200015	9 400	3.65	3 000	10 444	480	2 287	1 545	0	0	0	39 100	180 000	全国	20 072	658
8	河南三色鸽乳业有限公司	SC10541130200300	21 900	3.95	15 400	34 667	1 032	12 210	9 590	0	0	0	11 835	140 000	南阳、郑州、南阳周边区域	20 927	1 302

（续）

序号	名称	许可证号码	年收购原奶量（t）	平均支付价格（元/kg）	其中：自有奶源量（t）	年乳制品产量（t）	其中：巴氏杀菌奶(t)	UHT 奶（t）	酸奶（t）	奶粉（t）	奶油（t）	奶酪（t）	乳饮料（t）	整体设计加工能力（t/年）	产品销售区域	年销售收入（万元）	利润（万元）
9	河南伊利乳业有限公司	410421100001361	8 154	4.2	0	0	0	0	5 974	0	0	0	0	72 000	湖南、湖北江西、河南	36 000	1 700
10	洛阳巨尔乳业有限公司	QS410005010256	13 903	3.3	3 000	19 627	3 920	2945	5 890	0	0	0	6 872	30 000	河南及周边	16 620	27
11	洛阳生生乳业有限公司	SC10641032200017	6 200	4	6 200	7 000	1 600	280	4 800	0	0	0	320	10 000	洛阳市所有区县及周边市县	5 400	100
12	西峡县新太阳乳业有限责任公司	SC10641132300307	4 500	4.5	0	1 600	300		400				900	6 000	南阳市	1 200	50
13	南阳农校绿白乳制品厂	SC10541130300224	0	0		1 800	1 000		800					2 900	南阳市	0	0
14	洛阳阿新奶业有限公司	QS410006010186 SC10541032200212	4 500	3.2	1 800	5 034	1 200	800	2 800	0	0	0	234	11 000	河南	4 260	120
15	焦作市博农乳业有限责任公司	SC10541082200164	14 610	3.7	3 280	14 850	4 100	135	9 808				807	100 000	河南、山西	10 088	1 462
16	开封市禹王乳业有限公司	SC10541020500151	2 400	3.62	2 400	1 690	790		900					100 000	开封地区	1 200	96
17	河南中荷乳业有限公司(获嘉县)	SC10541072400031	4 000	3.8	4 000	5 000	500	200	3 000	0	0	0	1 300	180 000	河南	6 000	58
18	河南宝乐奶业有限公司	411621（2017）002	3 000	3.5	3 000	6 000	3 000						3 000	36 000	河南、重庆	3 000	100
19	郑州妙可奶业有限公司	QS410105010627	13 440			1 680				1680				12 000		630	45
20	河南佳源乳业股份有限公司	91411100794279321H	1 711	3.5	0	1 784	39	0	194	0	0	0	1 551	0	0	2 118	0

备注：自有奶源指来自自建和参建（控股、参股）牧场（小区）的原奶

湖北省

【奶畜养殖】2016年全省奶牛10.23万头，其中存栏荷斯坦牛5.12万头，主要分布在武汉等7个市（州）25个县（市、区）；奶水牛5.11万头，分布在仙桃、崇阳等42个县（市、区）。全省共完成冻配改良15万头，其中肉牛10万头、水牛5万头。2016年湖北省牛奶总产量28.6万t，其中荷斯坦牛奶总产量27.5万t；奶水牛奶总产量1.1万t。其中最大的奶水牛养殖企业湖北劲牛牧业有限公司，存栏奶水牛1 632头（产奶牛638头），奶牛品种以地中海奶水牛为主。

【乳品加工】随着湖北省奶业标准化、规模化水平不断提升，乳品生产总量稳步增长，乳品加工企业发展迅速。2016年，全省乳品加工企业16家，其中鲜奶处理能力在50t以上的乳品加工企业有13家，日处理能力4 000t；加工设计总规模达180万t，实际年加工量达155万t，年产值达120亿元，固定资产达50亿元，年销售收入120亿元。

【市场消费】2016年湖北省乳制品市场消费，人均鲜奶占有量20kg左右；人均消费支出约300元，占总支出的2%。市场主要品牌有：光明、友之友、蒙牛、武汉九州乳业、俏牛儿鲜奶等。

【奶源基地】2016年湖北省奶牛（包括奶水牛）规模养殖企业（场、户）362家，1 000头以上37家，存栏奶牛7.95万头，占总数77.7%；500~999头21家，存栏奶牛1.34万头，占总数13.1%。2016年，湖北省推广应用全混合日粮（TMR）技术的荷斯坦牛牧场有53家，达到100%推广应用。每个牧场建设了现代化挤奶大厅，形成了特有的“一场一厅（站）”模式，达到100%机械化挤奶。DHI测定：2016年湖北省参加DHI测定的奶牛场有25个（含1个奶水牛场），其中5 000头规模奶牛场4个，参测奶牛数量达到1.6万头，约占全省泌乳奶牛存栏量的85%；参测6次以上的牛只达到9 800头，占农业部下达年度生产任务（测定荷斯坦牛1.35万头）的73%；全年共计检测奶样达到9.9万头份，有效数据达到80%以上。2016年，全省参测奶牛日均产奶量达到27.11kg，平均乳脂率3.56%，平均乳蛋白率3.35%。良种补贴：2016年湖北省对全省实施了奶牛良种补贴项目，其中荷斯坦牛良种补贴26个县市，奶水牛良补42个县市。通过公开招标发放冻精20.23万支，其中荷斯坦牛冻精5.23万支、奶水牛15万支，改良荷斯坦牛3万头、奶水牛5万头，项目总投资230万元，奶牛良种补贴实现了全覆盖。粪污处理方式：主要采取有机肥加工厂和沼气、农田利用等方式。饲草饲料：2016年湖北省饲草料资源，全省种草保留面积将达22万hm^2，其中改良草地8万hm^2，人工种草14万hm^2；利用农闲田地种草13.33万hm^2，其中冬闲田种草6万hm^2。疫病防治：2016年湖北省奶牛疫病防治工作，注重季节、地方病的防治，坚持疫病防治的经常化、制度化。产房、病牛舍每天清扫后消毒，牛舍、运动场每季度一次大消毒，场区每半年一次大消毒，每年春季对奶牛进行驱虫，每年春、夏、秋进行大范围灭蚊蝇，隔离牛舍每次隔离结束后，进行清扫、消毒；对疑似传染病的病牛，进入牛场隔离牛舍饲养。所有死亡牛根据《国家动物防疫法》在当地政府指定地点进行无害化处理。外购牛只必须持有法定单位的健康检疫证明，并隔离观察检疫，确认无传染病时方可并群。

【政策法规】为确保乳品质量安全，按照《农业部关于印发〈2016年农产品质量安全专项整治方案〉的通知》和《湖北省奶业跨越式发展规划(2012—2016年)》文件精神，2016年湖北省农业厅向各市（州）、县（区）畜牧兽医局和厅直属有关单位印发了《湖北省农产品质量安全专项整治方案的通知》，湖北省畜牧兽医局也制定了生鲜乳质量安全监测方案并负责组织对重点地区、重点对象开展生鲜乳违禁物质专项整治工作。

【质量监管】按照《农业部关于开展2016年生鲜乳质量安全监测工作的通知》（农牧发〔2016〕1号文件）要求，组织开展了生鲜乳专项监测（三聚氰胺、β－内酰胺酶、黄曲霉毒素M_1、革皮水解物）和生乳国标指标监测（冰点、黄曲霉毒素M_1、亚硝酸盐、铅和汞），深入对黄冈市、武汉市、咸宁等6个县市进行了隐患排查，重点对奶牛养殖档案管理、用药记录、奶站设施、运输车的“两证一单”进行了督导检查，现场检测样品140份，未发现异常。全省累计出动执法人员1 161人次，检查生产经营企业509家，查处问题4起，指导培训38场次，培训422人次，监测686批次，全部符合要求。国家及农业部在湖北省抽取280个样品，全部合格。奶站管理：2016年湖北省登记在册的生鲜乳收购站（点）共24个，其中奶农养殖合作社开办2个，奶畜养殖场开办18个，乳制品生产企业开办4个。通过对24个奶站开办主体和生鲜乳收购许可证原件进行查验，合作社全部有工商部门登记，奶畜养殖场具有动物防疫合格证，各生鲜乳站收购许可证全部有效。全省共有生鲜乳运输车26辆，其中乳制品企业自有5辆，租有21辆。通过对26辆运输车生鲜乳准运证、鲜奶运输罐等进行了查验，均随车携带有效生鲜乳准运证原件，运输车鲜奶运输罐隔热、保温、防腐蚀、密封、罐内分区隔离，符合生鲜乳运输要求。

（湖北省畜牧兽医局，危浩）

湖南省

【奶畜养殖】湖南省奶畜种类以奶牛为主，奶山羊的养殖数量呈现增长势头，奶牛品种为荷斯坦牛。2016年，全省奶牛存栏27 637头，其中成母牛为15 780头，牛奶总产量76 788t；成母牛年均单产4 866kg。2016年度全省奶牛存栏和奶类产量均有所下降，与2015年比较，奶牛存栏数减少2 890头，成母牛数减少373头，降幅分别为9.5%和2.3%；牛奶总产量减少6 354t，降幅为7.6%；奶牛年均单产降低281kg，降幅为5.5%。2016年，全省奶山羊存栏3 200只，羊奶总产量657t。奶牛养殖分布在邵阳市城步县、常德市、永州江华和长沙市周边，奶牛存栏数分别为14 062头、5 530头、2 500头和1 250头，占全省奶牛存栏数的比例分别为50.9%、20.0%、9.0%和4.5%。全省共有生鲜奶收购站9个，2016年度收购鲜奶62 143t，生鲜乳运输车9辆。本年度奶牛养殖业总产值为3.98亿元，约占全省畜牧业的比重为0.24%。奶牛养殖业的发展趋势是养殖方式继续调整、规模化程度继续提高，乳品加工企业自有牧场或形成利益联结机制的牧场占比增加；牛奶价格稳中微降，奶牛养殖业利润微薄。主要成效是两家现代化的千头以上规模牧场建成并投入使用，全省未出现牛奶滞销的现象。

【乳品加工】2016年，湖南省共有乳制品以及涉乳生产企业18家，乳品总产值过亿元的企业8家。乳制品总产量288 559t，其中液态乳237 215t、干乳制品51 344t。全省乳品销售收入47.58亿元，利润总额2.06亿元，年末从事乳品加工业人数为3 000人左右。全省乳制品加工业的奶源主要依靠外调，本土奶源供应严重不足；干乳制品和乳饮料生产企业的主要原料全部需外调，液态奶生产企业部分奶源以本地奶源为主、部分企业需要完全依靠省外调运奶源。2016年度液态奶产品生产特点为巴氏奶、酸奶等低温奶产品持续稳定增长，产销两旺。乳制品加工能力进一步提升，全年有1家液态奶生产企业建成投产、3家企业新增或改造低温奶生产车间并投入使用，投入建设资金共计2.8亿元，新增液态奶产能25万t。2016年乳制品加工业整体效益基本稳定，呈现的趋势是干乳制品生产企业效益整体优于液态奶生产企业。

【市场消费】2016年湖南省人均奶类占有量为1.13kg；城镇居民人均乳制品（折合成原料奶）消费量18.3kg，农村居民人均奶制品（折合成原料奶）消费量6.9kg；城镇和农村人均奶类消费支出分别为391.5元/年和138.3元/年。乳制品消费市场的特点是总量基本稳定；消费结构有所变化，城镇居民消费以常温奶产品转向以酸奶、巴氏杀菌奶等低温奶产品为主，低温液态奶消费增长速度较常温奶明显加快；奶粉消费以婴幼儿奶粉为主，消费总量呈快速增长；农村居民消费以常温奶、乳饮料等产品为主。乳制品市场销售模式从传统渠道、超市、社区店向送奶上户、城市鲜奶屋和鲜奶吧等多种销售模式发展，2016年送奶上户销量增长30%、城市鲜奶屋和鲜奶吧销量增长35%。

市场消费中本地液态奶品牌有“金健”“新希望南山”“南山草原”“皇氏优氏”“湘密”“派派”“德人牧香”等，在湖南境内生产销售的全国性液态奶品牌有“光明”“旺仔”“新希望”；市场消费中在湖南省内生产奶粉品牌有“澳优”“南山”“倍慧”“合生元”。湖南省内消费的本地产乳制品规格和价格见表4-27。

表4-27 湖南省生产销售的主要乳制品品牌、规格及价格

	巴氏杀菌奶	超高温灭菌奶	酸　奶	奶粉
品牌	新希望南山、南山草原、金健、皇氏优氏	新希望南山、金健、皇氏优氏、湘密、南山草原	光明、新希望南山、派派、金健、皇氏优氏、南山草原	澳优、倍慧、南山、合生元
规格	150~250mL	200~250mL	120~250mL	900g
价格	3.2~8.0元	2.8~4.8元	2.0~8.0元	148~428元

【奶源基地】2016年，湖南省共有奶牛养殖小区11个，奶牛小区实施统一挤奶、统一饲料供应、统一养殖方式、统一防疫，主要集中在湖南省城步苗族自治县南山牧场，小区集中一定区域内牧民的奶牛；总存栏数12 100头，占全省存栏数的比重为43.8%。奶牛存栏数在100头以内的养殖场（户）21个，奶牛总数为1 486头，占全省的比重为5.4%；奶牛存栏在100~499头的场12个，存栏总数为4 197头，所占比重为15.2%；奶牛存栏在500~999头的场4个，存栏总数为2 138头，所占比重为7.7%；奶牛存栏规模在1 000头以上的养殖场6个，存栏总数为7 716头，占全省的比重为27.9%；奶牛养殖规模化程度进一步提高。全省奶牛机械化挤奶率为100%，实现了全覆盖，散养户以手推式挤奶机挤奶，规模化奶牛场（小区）以管道式和挤奶台设备挤奶为主。

全混合日粮（TMR）饲喂方式在省内10家规模化奶牛场应用；奶牛生产性能（DHI）测定在16个规模化牧场或小区开展，参测母牛头数达6 400头。2016年，奶牛良种补贴政策全面落实，由中央财政支持的良种补贴资金共采购奶牛冻精3.6万支，能繁母牛良种补贴率达到100%。挤奶机械、全混合日粮设备以及饲草料收购设备纳入了农业机械购置补贴范畴。省内奶牛养殖的草料以干草、青贮玉米或新鲜牧草为主；其中干草全部依靠北方调运或进口苜蓿、燕麦，新鲜牧草以天然草场资源和人工种草主，天然草场以南山牧场为代表，有天然草场1.53万hm^2，其中人工改良草场面积达0.67万hm^2，可承载奶牛养殖1.5万头；全年青储玉米种植面积约1 220 hm^2，平均亩产为3.8t，总产量69 540t。疫病防控方面，全省各级动物疫病防检部门全力抓好奶牛疫病防

控工作，奶牛养殖场（户）奶牛“两病”检疫工作覆盖率为100%；按要求定期接种疫苗；全年无重大疫病发生。在粪污处理上，散养户主要采用粪污直接还田（地），规模化养殖场采用粪便生产有机肥或简单处理后种植牧草的方式处理。

2016 年湖南省生鲜乳平均收购价格为 4.13 元 /kg，其中规模牛场平均奶价为 4.25 元 /kg，养殖小区平均奶价为 4.00 元 /kg，鲜奶收购价格和标准见表 4-28。经济效益方面，规模化场（小区），按成母牛计算，年头均效益为 1 500~2 000 元，小规模养殖户年头均净收入为 3 500~5 000 元；生鲜奶价格及养殖效益基本保持稳定。

表 4-28 主要乳制品企业奶源收购标准和价格

养殖模式	基础价格	收购标准
规模化场	4.2 元 /kg	指标要求：蛋白质≥ 2.95%、脂肪≥ 3.1%、微生物≤ 50 万、体细胞≤ 50 万。计价标准：蛋白、脂肪每增加 0.1% 加 0.05 元 /kg，菌落总数和体细胞每减少 10 万增加 0.05 元 /kg。
养殖小区	4.0 元 /kg	
散养户	3.8 元 /kg	

【奶农组织】全省成立了 1 个省级奶业行业协会、1 个县级行业协会和 4 个奶牛养殖合作社；目前，参与协会和合作社的会员和成员共 185 人。2016 年全省共组织相关的培训班、学习班共 5 次，培训奶牛养殖户和相关技术人员 276 人次。

【政策法规】为促进奶业行业健康、持续发展，2016 年全省共出台相关的政策、法规等文件 3 项，分别是湖南省农业委员会制定的《2016 年农产品质量安全专项整治工作方案》和湖南省畜牧水产局制定的《2016 年湖南省生鲜乳质量安全监测计划》和《湖南省 2016 年生鲜乳违禁物质专项整治行动》。各市州畜牧（兽医）部门按照湖南省畜牧水产局的统一安排，对相关的政策组织实施。

【质量监管】湖南省严格按照《农业部关于开展 2016 年生鲜乳质量安全监测工作的通知》和《2016 年湖南省生鲜乳质量安全监测计划》的安排，组织实施 2016 年湖南省生鲜乳质量安全监测工作；配合做好省部级生鲜乳抽检工作，加大本省级监督抽检和检查力度，确保监测覆盖所有生鲜乳收购站和运输车辆。全年全省共抽检生鲜乳样品 70 批次，其中农业部监测计划 45 批次，本省监测计划 25 批次，对每个生鲜乳收购站、运输车抽检 3 次以上。重点监测三聚氰胺、革皮水解物和β-内酰胺酶、碱类物质和硫氰酸钠等五种违禁添加物，以及黄曲霉毒素 M1、大观霉素、铅等物质，及时发现和排除质量安全风险隐患，严厉打击违法违规行为。本年度农业部监测抽样和省本级监测的合格率为 100%。

按照《国务院办公厅关于加强农产品质量安全监管工作的通知》《农业部关于加强 2016 年农产品质量安全执法监管工作的通知》《农业部办公厅关于开展 2016 年生鲜乳专项整治行动的通知》《2016 年农产品质量安全专项整治工作方案》和《湖南省 2016 年生鲜乳违禁物质专项整治行动》的要求，在长沙市、常德市和邵阳市等奶牛养殖县和奶牛养殖重点区域全面开展生鲜乳违禁物质专项整治行动。采取行政监管和乳品企业自管相结合、日常监管与突击检查相结合、项目实施与执法监管相结合的监管方式，全面落实生鲜乳质量安全监管责任制。各地特别是奶牛饲养重点市、县要制定生鲜乳违禁物质专项整治方案，明确整治工作任务和工作责任，层层签订生鲜乳质量安全监管责任状，每个生鲜乳收购站和运输车都要明确监管责任人，使其在有效监管之下运营。全年共对全省 9 家生鲜乳收购站和 9 辆生鲜乳运输车的质量安全生产情况进行三次以上全覆盖专项检查，其中检查奶站 47 次、运输车 49 车次，出动执法人员 530 人次，抽检总批次 49 次。举办监管人员和生鲜乳养殖收购运输车从业人员培训 17 期，专业执法培训 800 人次。在专项整治行动中没有发现生鲜乳添加违禁物的行为，各项日常监管措施到位，生鲜乳质量安全监管体系完善；但仍发现奶牛养殖场和奶站环境卫生差、生产和检查资料保存不规范、兽药进货记录填写不规范、饲料堆码不整齐、设备清洗记录保存不完整等问题，市县两级畜牧部门分别下达了整改通知书后整改到位。

【奶业大事】2016 年，湖南省奶业协会发布“湖南省学生饮用奶计划推广管理办法（试行）”，按照“中国学生饮用奶计划推广管理办法（试行）”的要求，大力推广“中国学生饮用奶”标志产品；同时，推出了“湖南省学生专用奶”标志，对生产巴氏奶、发酵乳产品的企业进行评审认定，符合条件的企业授权使用“湖南省学生专用奶”标志。全年有 2 家乳制品企业申请并通过“湖南省学生专用奶”标志使用评审。本年度全省推广“中国学生饮用奶”和“湖南省学生专用奶”标志产品 4 700 万份，惠及在校学生 23.5 万人以上。

湖南优卓牧业集团公司组建成立，拥有湖南优卓牧业有限公司、湖南优卓食品科技有限公司和优卓牧业休闲观光基地三个全资或控股的子公司，总投资 2.2 亿元；是集生态奶牛养殖、种畜繁育、牧草种植、优质生鲜乳加工及销售、农业观光旅游、中小学生科普教育于一体，一二三产业深度融合的农业产业化龙头企业。其“优卓乳业生态产业园”位于湖南宁乡，注册资本 7 000 万元，自 2014 年成立并投资建设。该集团打造奶业全产业链发展模式，以自有牧场提供优质奶源为基础、以高端乳制品产销为核心、以体验式营销平台加奶牛主题农庄为纽带；倡导“以人为本、以诚立足、以质求成”的管理方针；努力践行“以德聚人、知人善任、尊重信任”的用人理念；与中国科学院亚热带研究所合作建立国家级工程实验室，与科研院校合作打造产学研科技中；坚持种好草、养好牛、产好奶、做真正好鲜奶的创业初心和情怀，以优质的产品和服务，追求卓越的客户消费体验，打造成为南方地区低温高端奶品牌。

（湖南省奶业协会，刘海林、樊志坚）

广 东 省

【**奶畜养殖**】截至2016年年底，广东省存栏荷斯坦牛5.4万头，主要分布在珠江三角洲地区，前五位分别是：广州市、清远市、肇庆市、惠州市和深圳市，全省奶类总产量14.3万t。全省共建立生鲜乳收购站44个，全部实行持证经营。

【**乳品加工**】2016年广东有液态奶乳品加工企业26家，其中年产量超过万t的企业主要有：广东燕塘、深圳晨光、广州光明、广州风行、蒙牛清远5家企业，液态奶年总产量达39.34万t，产品销售收入42.66亿元，利润总额23.1亿元。市场需求量增加，产品结构变化，乳制品产量持续增加。

【**市场消费**】广东省人均奶类占有量1.37kg，城镇居民乳制品消费支出270.05元/人。广东市场乳制品销售的主要品牌是燕塘、风行、香满楼、光明、蒙牛、伊利等。绝大部分广东消费者倾向于购买本地乳企生产的液态奶产品。

【**奶源基地**】广东奶牛规模化养殖水平较高，其中奶牛存栏在1 000头以上的养殖比重达72.9%，500～999头的占12.9%，200～499头的占4.6%，100～199头的占1.8%，1～99头的占7.7%。

奶牛规模化养殖水平高，极大地促进了机械化和标准化发展，广东省的牧场100%实现机械挤奶，生鲜奶的质量和卫生指标均好于国家标准的要求。根据广东省2008年以来参测DHI项目奶牛场统计数字显示，蛋白质平均含量为3.3%，乳脂含量平均为3.8%，体细胞数平均为35万/mL。

2016年广东省继续贯彻落实《国务院关于促进奶业持续健康发展的意见》（国发【2007】31号）和《广东省2015—2017年农机补贴实施方案》（粤农【2015】35号）文件要求，将乳品加工厂常用的挤奶机、贮奶罐和冷藏罐等设备纳入农机购置补贴的设备进行补贴。通过农机购置补贴项目的实施，持续不断地提升乳品加工厂和生鲜乳收购站机械设备的现代化水平，进而达到提升生鲜乳质量的目的。

广东省生鲜奶的购销全部实行订单生产。一般是每年11~12月，广东省奶业协会主持召开几次生鲜奶购销沟通协调会（包括奶农之间、乳品企业之间、奶农与乳品企业之间），并于12月底前在行业内发布生鲜奶购销参考价，同时组织奶农与乳品加工企业共同签订下一年度的生鲜奶购销合同，明确规定生鲜奶供应的时间、数量、质量、价格、检测方法与奖罚条款等。这样，在下一年，奶农就可以专心地养健康牛，出优质奶，不用担心市场销路；而乳品加工企业也就可以全力做好乳品加工与市场开发，不用担心奶源问题。

生鲜奶收购实行优质优价，2016年生鲜奶价格从5 300～5 600元/t不等，平均价约5 500多元。生鲜奶除每天供港50多t外，全部用于生产液态奶（包括巴氏奶、纯牛奶和酸奶等），没有用于奶粉加工。

随着环保压力不断增加，广东省牧场通过争取相关项目资金支持或自筹资金，增建或改建了环保设施。如广东燕塘乳业股份有限公司红五月良种奶牛场分公司采用刮板将牛粪尿收集到搅拌池，然后使用固液分离机将牛粪和污水分离，固体用作有机肥，液体经厌氧发酵后灌溉农田和果树，产生的沼气用于发电和生活使用；广州风行牛奶有限公司仙泉湖牧场成为广东省唯一一家安装污染源在线监督系统的现代化奶源基地，环保部门即时监控该场排放水质，防止不达标水对外排放。

【**政策法规**】2016年广东省扶持奶牛养殖业发展的主要措施有：

奶牛良种补贴项目。2016年共实施奶牛良种补贴25 500头，每头能繁母牛补贴两支冷冻精液共30元，补贴资金76.5万元，所需资金全部由中央财政支付。

优质后备母牛饲养补贴项目。对享受奶牛良种补贴改良后的优质后备母牛给予饲养补贴，每头一次性补贴500元。2016年共实施优质后备母牛饲养补贴8 293头，补贴资金414.65万元。省级财政对东西两翼和粤北地区以及江门开平市的优质后备母牛饲养补贴给予补助（其中江门开平市补助70%），广东省与各级地方财政分别负担补贴资金的60%和40%；珠三角地区所需资金全部由各级地方财政自行解决。

奶牛生产性能测定项目。2016年广东省继续委托广州市奶牛研究所有限公司承担实施奶牛生产性能测定项目，共测定奶牛5 000头，每头补助测定经费70元，共补助资金35万元，所需资金全部由中央财政负责。经精心组织和实验室测定，参测牛群牛奶平均蛋白含量为3.30%，乳脂含量为3.84%，尿素氮为14.98mg/mL，体细胞为34.54万/mL。

畜禽养殖标准化示范场。广州市穗新牧业有限公司挂牌成为2016年畜禽养殖标准化示范场。

重点发展草地畜牧业。重点投入650万元扶持广东省湛江市建设种公牛站、牧草种子场，填补广东省未有种公牛站、牧草种子场的空白。

建设完成广东省奶牛生产性能测定（DHI）实验室。根据广东省奶业发展的需要，投资350.15万元建设完成广东省奶牛生产性能测定（DHI）实验室。拥有一套福斯FOSS FT+体细胞成分测定仪器、尿素氮分析仪等相关设备。

【**奶农组织**】2016年广东省奶业协会主要做了以下四个方面的工作：

加强自身建设，做好宣传与信息服务。为加强南方地区奶业行业的交流与合作，每年出版由广东、广西、福建和湖南等四省（区）联合主办的《南方奶业》。同时，不断加强南方奶业网站建设，及时报道和更新各类奶业信息、牛奶知识、展会信息、行业标准和奶牛生产与疾病防治技术、乳品加工技术等信息文章。

充分发挥行业桥梁纽带作用。受广东省畜牧兽医局委托，认真做好2016年广东生鲜乳收购站统计监测汇总工作；协助中国奶业协会开展广东省学生饮用奶生产企业和奶源生地基地验收工作；认真做好2017年度广东省生鲜奶购销价格协调工作，2017年度广东省生鲜奶购销价建议与2016年持平，供需双方可根据生鲜奶质量和供应情况，适当上浮或下调；为会员单位奶牛场搬迁补偿做出专家评估意见；协会派员协调地方政府对个别奶牛场的拆迁事件；对《消费者报道》杂志擅自发布不科学、不真实的食品检测报告，臆造毫无科学可言的所谓评分指标，及时向广东省委宣传部等部门反映，最终《消费者报道》删除了所有不实报道；认真履行政府与企业之间、企业之间和会员之间的沟通工作，维护会员合法权益。

认真开展技术培训研讨。4月12日，举办广东奶牛场夏季管理技术研讨会；7月13日，举行南方牧场夏季关键技术研讨会；8月15～16日，举办南方牧场粪污处理关键技术及原奶质量管控研讨会；11月11～12日，举办2016年第一届楷行论坛，来自辽宁、宁夏、福建、山东等省份的代表和广东省养殖代表共计300人参加此次论坛。

积极组织考察交流活动。3月2日，协会组织相关乳品企业部门负责人参观第二十三届中国国际包装工业展览会；5月26日，协会组织有关乳品企业相关部门负责人前往参观"第七届中国（广州）国际物流装备与技术展暨国际生鲜配送及冷链展览会"；11月，组织乳品企业参加第七届广东现代农业博览会等。

【质量监管】截至2016年年底，广东省共建立生鲜奶收购站44个，其中广州市12个，惠州市12个，清远市6个，珠海4个，深圳市和江门市各2个，佛山市、汕头市、湛江市、肇庆市、梅州市、揭阳市各1个，所有奶站全部实行持证经营。

根据《农业部关于开展2016年生鲜乳质量安全监测工作的通知》（农牧发【2016】1号）、《关于开展2016年生鲜乳质量监测工作的通知》（粤农办【2016】106号）以及《关于调整2016下半年生鲜乳质量监测任务的通知》（农奶办便函【2016】145号）的要求，广东省兽药饲料质量检验所于2016年8~10月对广东省的生鲜乳收购站和生鲜乳运输车开展了两次质量安全监测工作，共采样36批，对所采样品进行β－内酰胺酶、黄曲霉毒素M_1、蛋白质、脂肪、非脂乳固体、体细胞、菌落总数、冰点、酸度、杂质度、相对密度等项目检测，均未检出黄曲霉毒素M_1和β－内酰胺酶，合格率为100%。

根据《关于印发〈2016年度广东省省级农产品质量安全监测方案〉的通知》（粤农函【2015】1340号）的要求，省兽药饲料质量检验所对广东省内的生鲜乳收购站、运输环节进行了牛奶质量安全专项监测工作，监测项目为青霉素族抗生素（阿莫西林、氨苄西林、青霉素G）、氨基糖苷类药物（链霉素、双氢链霉素、丁胺卡那霉素、安普霉素、庆大霉素、大观霉素、新霉素）、三聚氰胺、β－内酰胺酶、黄曲霉毒素M_1等。共采样80批，所有样品均未检出青霉素族抗生素、三聚氰胺、氨基糖苷类、β－内酰胺酶和黄曲霉毒素残留，监测合格率为100%。

（广东省奶业协会，陈三有、刘建营）

附表 1　广东奶牛存栏 1000 头以上部分养殖场（小区）名录

序号	名称	养殖场	小区	全群存栏（头）	成母牛存栏（头）	奶畜品种	成母牛单产（t/年）	年总产（t）	是否参加 DHI	是否应用 TMR
1	广州市华美牛奶公司	√		3 445	1 426	荷斯坦奶牛	7.5	10 695	√	√
2	广州珠江牛奶有限公司	√		1 714	938	荷斯坦奶牛	8.85	8 302	√	√
3	广州市穗新牧业有限公司	√		2 617	1 254	荷斯坦奶牛	7.9	9 907	√	√
4	广州市燕海奶牛科技研究有限公司	√		1 421	817	荷斯坦	7.5	5 000	√	√
5	新陂头奶牛场	√		2 100	1 045	荷斯坦	7.5	8 042	√	√
6	晨光博罗奶源基地	√		2 208	1 227	荷斯坦	6.5	7 972		√
7	龙门奶源基地	√		1 120	616	荷斯坦	6.5	4 004	√	√
8	惠州健源奶牛发展有限公司		√	1 422	920	荷斯坦	6	5 520		
9	龙门县荷丰牧业有限公司	√		1 060	508	荷斯坦	7.7	3 920		√
10	广东燕塘乳业股份有限公司红五月良种奶牛场分公司	√		1 943	1 108	荷斯坦、娟姗	7.6	8 715	√	√
11	英德市九龙镇安兴奶牛场	√		1 767	961	荷斯坦	7	6 900		√
12	蒙牛第二十牧场	√		1 445	801	荷斯坦	7.2	5 767		√
13	湛江燕塘澳新牧业有限公司	√		1 979	1 547	荷斯坦、娟姗	7.1	6 026	√	√

备注：1、请在养殖场或小区列中选择打钩；如参加 DHI 或应用 TMR，请在相应表格中打钩。

2、统计年度：2016 年度

附表 2　广东省乳制品企业生产情况统计表

序号	企业名称	许可证号码	生鲜奶年收购量（t）		生鲜奶价格（元/t）	其中：自有奶源产量 (t)	年乳制品总产量 (t)	巴氏杀菌奶 (t)	UHT 奶 (t)	酸奶 (t)	乳饮料 (t)	其他 (t)	总设计单班加工能力 (t/年)	产品销售区域	年销售收入（万元）	利润（万元）
			省内	省外												
1	广东燕塘乳业股份有限公司	QS440105010164, QS440106010355	26 497	24 207	5 244	14 741	118 263.33	12 430.59	11 988.21	10 003.19	83 841.34	0	94 958.42	广东福建广西海南	110 074.26	13 012.82
2	深圳市晨光乳业有限公司	QS440305010260、SC10644030900047	26 900	0	5 400	16 763	89 498	14 477	4 259	37 590	24 982	8 190	195 000	全国	72 200	3 000
3	广州光明乳品有限公司	SC10544011600445	635	9 391	4 800	0	66 929	3 346	0	53 704	9879	0	40 000	广东广西海南福建	66 655	3 855
4	广州风行乳业股份有限公司	QS440105010086、SC10644010600071	24 679	5 497	5 500	18 700	65 447	9 183	34 445	9 249	9425	3 145	130 000	广东	65 052	–282
5	蒙牛乳制品清远有限责任公司	91441802086826400D	28 400	1 626	5 200–5 700	0	53 300	0	10 380	19 674	42 920	60 909	327 600	全国港澳新加坡	112 569	3 524

说明：1、统计年度：2016 年度；

2、自有奶源指来自自建和参建（控股、参股）牧场（小区）的原奶；

3、乳制品总产量为巴氏杀菌奶、UHT 奶、酸奶、乳饮料之和，如有其他，请注明其他项名称。

广西壮族自治区

【奶畜养殖】据2016年统计，广西壮族自治区奶牛存栏共8.48万头，其中，荷斯坦牛存栏2.42万头（能繁母牛存栏1.56万头），奶水牛存栏6.05万头，娟姗牛等其他品种奶牛存栏0.01万头。牛奶总产量9.66万t，其中，水牛奶产量4.27万t。

广西壮族自治区奶牛养殖分布格局与往年一致，主要分布于南宁市、柳州市、来宾市、贵港市、防城港市、北海市、贺州市、钦州市、玉林市。荷斯坦牛养殖仍主要集中在南宁市、柳州市、来宾市、贵港市、防城港市、北海市、贺州市。奶水牛养殖主要集中在钦州市、北海市、玉林市、南宁市。

【乳品加工】广西壮族自治区现有18家乳品加工厂获准生产乳制品。广西皇氏集团股份有限公司、广西灵山百强水牛奶乳业有限公司、广西桂牛水牛乳业股份有限公司、广西壮牛水牛乳业有限责任公司、广西石埠乳业有限责任公司等企业是该区主要的水牛乳制品生产加工企业。乳制品有巴氏奶、酸奶、乳酸饮料、蛋白质饮料、奶酪等系列品种，水牛奶主要品牌有摩拉菲尔、爱克包、鲜水牛奶等。

【奶源基地】2016年广西壮族自治区存栏奶牛100头规模以上的奶牛养殖场（小区）共60个，共存栏奶牛36 782头，占全区奶牛总数的43.4%，奶牛品种主

表4-29　2016年广西壮族自治区规模养殖场（小区）概况

序号	奶牛养殖场（小区）名称	全群存栏（头）	成母牛存栏（头）	奶畜品种	是否参加DHI	是否应用TMR
1	钟山温氏乳业有限公司	4 762	2 566	荷斯坦	√	
2	合浦东园公司牛场	2 869	1 600	奶水牛	√	√
3	北海元地农业发展有限公司养牛场	320	136	奶水牛	√	√
4	广西农垦西江乳业有限公司奶牛场	368	202	荷斯坦		
5	上思皇氏乳业畜牧发展有限公司	961	492	荷斯坦	√	√
6	广西来宾市兴宾区宏礼奶水牛养殖场	347	222	奶水牛		
7	广西来宾绿健牧业有限公司	1 506	775	荷斯坦	√	√
8	文利镇南城村委黄丫冲奶水牛养殖小区	678	412	奶水牛		√
9	文利镇南城村委水鸭江奶水牛养殖小区	737	456	奶水牛		√
10	文利镇南城村奶水牛养殖小区	553	274	奶水牛		√
11	袁叶中奶水牛养殖小区	383	231	奶水牛		√
12	文利镇文利村奶水牛养殖小区	363	183	奶水牛		√
13	文利镇大桥头奶水牛养殖小区	757	421	奶水牛		√
14	文利镇钦廉林场奔奔奶水牛养殖小区	733	395	奶水牛		√
15	文利镇驿面村奶水牛养殖小区	796	437	奶水牛		√
16	文利镇香山村奶水牛养殖小区	668	318	奶水牛		√
17	文利镇甲叉村卜竹地奶水牛养殖小区	840	430	奶水牛		√
18	文利镇东埇村奶水牛养殖小区	763	367	奶水牛		√
19	文利镇黎头村奶水牛养殖小区	463	248	奶水牛		√
20	文利镇犇鑫奶水牛养殖小区	521	305	奶水牛		√
21	帽岭奶水牛养殖小区	689	397	奶水牛	√	√
22	帽岭第二个奶水牛养殖小区	338	276	奶水牛	√	√
23	高岭奶水牛养殖小区	885	469	奶水牛	√	√
24	高岭第二个奶水牛养殖小区	326	375	奶水牛		√
25	伯劳镇盘山村奶水牛养殖小区	628	331	奶水牛		√
26	伯劳镇雅聪奶水牛养殖小区	304	162	奶水牛		√
27	伯劳镇伯劳村奶水牛养殖小区	482	463	奶水牛		√
28	伯劳镇六槛村奶水牛养殖小区	511	268	奶水牛		√
29	三隆镇金西村奶水牛养殖小区	484	251	奶水牛		√
30	丰塘镇平岭村奶水牛养殖小区	394	219	奶水牛		√

（续）

序号	奶牛养殖场（小区）名称	全群存栏（头）	成母牛存栏（头）	奶畜品种	是否参加 DHI	是否应用 TMR
31	佛子镇大坡村奶水牛养殖小区	407	217	奶水牛		√
32	檀圩镇檀圩村奶水牛养殖小区	389	204	奶水牛		√
33	新圩镇梯始村奶水牛养殖小区	403	198	奶水牛		√
34	灵山县富民奶水牛养殖专业合作社	194	106	奶水牛		√
35	灵山县陆屋镇粤桂奶水牛养殖场	498	328	奶水牛	√	√
36	柳州三元天爱乳业有限公司羊角山牛奶场	450	270	荷斯坦	√	√
37	柳州市三千奶牛场	170	85	荷斯坦		
38	柳州市雅维奶牛养殖场	110	98	荷斯坦		
39	柳州市康小乐奶牛场	186	78	荷斯坦		√
40	柳州三元天爱乳业有限公司鹧鸪江牛奶场	674	374	荷斯坦		√
41	柳州市石腾虎奶牛场	177	83	荷斯坦		
42	广西皇氏甲天下畜牧有限公司	700	580	荷斯坦		√
43	广西华海正农业有限公司	110	80	荷斯坦		
44	南宁华侨投资区奥科乳业有限公司	228	120	荷斯坦		
45	广西石埠乳业有限责任公司南宁奶牛场	1 077	724	荷斯坦		
46	南宁市罗文实业有限责任公司石埠二队奶牛基地	653	490	荷斯坦		
47	南宁市罗文实业有限责任公司石埠三队奶牛基地	420	374	荷斯坦		
48	广西农垦金光农场青年分场	914	680	荷斯坦		
49	广西壮族自治区畜牧研究所（种牛场）	152	90	荷斯坦		
50	广西水牛研究所水牛种畜场	838	339	奶水牛		
51	广西横县校椅镇辉兴奶牛场	1081	840	荷斯坦		
52	广西横县宝森牧业有限公司	260	210	荷斯坦 奶水牛		
53	广西横县新平农业科技有限公司	150	88	奶水牛		
54	广西横县兴云牧业有限公司	330	260	荷斯坦		
55	广西南宁北部湾现代农业有限公司	340	170	奶水牛		
56	广西横县云天畜牧有限公司	220	140	荷斯坦 奶水牛		
57	北流刘单杰奶水牛养殖场	135	75	奶水牛		√
58	北流市仕利奶水牛养殖场	195	142	奶水牛		√
59	陆川县众牛种养专业合作社	102	60	奶水牛		
60	广西桂牛水牛乳业股份有限公司	790	463	奶水牛		√

要有奶水牛、荷斯坦牛、娟姗牛，其中钦州市 28 个、南宁市 15 个、来宾市 2 个、玉林市 4 个、柳州市 6 个、贵港市 1 个、北海市 2 个、防城港市 1 个、贺州市 1 个。存栏规模 101~300 头的奶牛养殖场（小区）14 个；存栏规模 301~500 头的奶牛养殖场（小区）20 个；存栏规模 501~1000 头的奶牛养殖场（小区）21 个；1 000 头以上存栏规模的奶牛养殖场（小区）5 个（表 4-29）。

2016 年广西壮族自治区进一步完善了奶牛 DHI 实验室的配套设施建设、人员培训、设备调试、测试耗材及日常用品采购等系列工作后广西壮族自治区奶牛 DHI 实验室已正式启用，开展了全国畜牧总站 DHI 实验室的标准物测定实验，并与皇氏乳业、广西大学进行了 DHI 项目的三方合作，顺利测出第一批 365 份奶样。

2016 年该区继续落实好国家畜牧良种补贴政策，全年向全区各市供应牛冻精 68.09 万支，其中奶水牛冻精 21.27 万支，奶牛冻精 2.32 万支。

奶水牛良种补贴：2016 年该区对 14.30 万头能繁奶水牛（含地中海水牛）实施全覆盖冻精补贴，补贴牛冻精 28.6 万支，共计 286 万元，全区累计人工授精配种母水牛 16.70 万头，完成年度计划任务（14.30 万头）的 116.79%。

奶牛良种补贴：2016 年该区对现存栏的 1.56 万头

荷斯坦牛（含娟姗牛）能繁母牛实施全覆盖补贴，补贴奶牛冻精 2.24 万支，共计 33.6 万元，累计人工授精配种母牛 1.01 万头。

2016 年该区落实奶牛场机械购置补贴共计 36.08 万元，2015—2016 年度获得中央财政奶牛标准化规模养殖场（小区）建设项目资金共 480 万元。

【奶农组织】广西壮族自治区奶业协会成立于 2012 年，是集乳业生产、经营、技术推广与服务于一体的非盈利性社会组织。根据《中共中央办公厅国务院办公厅关于印发〈行业协会商会与行政机关脱钩总体方案〉的通知》文件的要求，广西壮族自治区奶业协会作为脱钩试点单位，在广西壮族自治区水产畜牧兽医局的指导下，率先完成脱钩工作。

2016 年广西壮族自治区奶业协会开展的主要工作：

6 月 2~4 日发动并组织协会会员参加在青岛举办的第七届中国奶业大会。

7 月根据国家《学生饮用奶奶源基地建设与管理规范（试行）》和学生饮用奶奶源基地评估等相关要求，协会在广西壮族自治区水产畜牧兽医局的领导下，组织专家对申请学生饮用奶奶源基地的企业养殖场开展了现场认定评估。

7 月 13~16 日，协会协同广东省奶业协会举办了解决南方奶牛夏季热应激等问题的研讨会，实地参观了广州华美牛奶公司牧场、广州瑞新牧场，学习广东省规模牧场的先进养殖技术，以提高广西壮族自治区的奶牛养殖水平。

12 月 1 日，广西壮族自治区水产畜牧兽医局正式将广西“学生奶饮用奶计划”工作移交至广西壮族自治区奶业协会，该协会正式承接广西壮族自治区学生饮用奶计划推广的相关工作。

【政策法规】为支持广西壮族自治区粮食及农林优势特色产业发展，提高农业生产组织化程度，保障粮食等重要农产品供给，推动产业发展壮大，2016 年该区设立自治区粮食及农林优势特色产业扶持资金项目，继续对奶水牛等特色产品良种化、规模化和标准化养殖等方面进行扶持，推动发展奶水牛规模养殖基地建设。

【质量监管】2016 年广西壮族自治区在农业部生鲜乳收购站管理系统登记的生鲜乳收购站共 31 家，其中乳制品企业奶站 18 个，养殖场奶站 6 个，合作社奶站 7 个；分布如下：南宁市 14 个、钦州市 5 个、来宾市 2 个、柳州市 3 个、北海市 1 个、防城港市 1 个、玉林市 1 个、贵港市 1 个、贺州市 1 个、崇左市 1 个。核发生鲜乳运输许可证的运输车辆共 27 辆台。 2016 年采取多种举措，加强全区生鲜乳质量安全监管：

加强领导，落实生鲜乳质量安全责任高度重视生鲜乳质量安全监管工作，将其列为 2016 年部门绩效考核重点工作之一，印发了《2016 年广西生鲜乳质量安全监测计划的通知》（桂渔牧办发【2016】18 号），有计划地部署全年监管工作任务，要求各级畜牧兽医部门在当地政府的统一领导下，认真履行生鲜乳质量安全监管职责，落实监管措施，加大监管力度，严厉打击违法违规行为。

认真实施监管工作，层层落实，全面覆盖。

根据广西壮族自治区水产畜牧兽医局印发的桂渔牧办发【2016】18 号和《关于调整 2016 下半年生鲜乳质量安全监测任务的通知》(农奶办便函【2016】145 号）的要求，该局分上下半年开展农业部监测任务，对全区生鲜乳收购站及运输车全覆盖监管，进行生鲜乳抽检和对奶站、奶车进行检查，抽检生鲜乳 75 批次，检查生鲜乳收购站 75 个次，检查生鲜乳运输车 60 台次。其中：

2016 年上半年 3 月份完成了 29 站次的生鲜乳收购站，28 辆次的生鲜乳运输车检查及 29 批次样品的抽检工作，其中检测生鲜乳收购站奶样 24 批次、检测生鲜乳运输车奶样 5 批次。在检查中，生鲜乳收购站均持有生鲜乳收购许可证和生鲜乳交接单，标准化管理达标；运输车中均持有生鲜乳准运证、生鲜乳交接单，驾驶员携带有效的健康证明。抽样样本分别进行了三聚氰胺、β－内酰胺酶、黄曲霉毒素 M_1、革皮水解物 4 个项目的检测，检测结果均符合规定，合格率为 100%。

2016 年下半年共抽检生鲜乳 46 批次，检查生鲜乳运输车 32 台次。其中，7 月共抽检生鲜乳 24 批次（在生鲜乳收购站共抽检 16 批次，在生鲜乳运输车抽检 8 批次）。10 月共抽检生鲜乳 22 批(其中在乳制品生产企业、奶畜养殖场、奶农专业生产合作社开办的生鲜乳收购站分别抽检 13 批、3 批、6 批)，检查生鲜乳运输车 12 台次。抽检指标（β－内酰胺酶、黄曲霉毒素 M_1）的检测结果均符合规定，合格率为 100%，在生鲜乳收购环节未发现有违法添加违禁物质的行为，生鲜乳收购站和运输车都能实现达标管理。

2016 年 5 月底和 9 月下旬配合安徽省宿州市动物疫病预防与控制中心完成农业部奶产品质量安全风险评估抽样任务，在钦州市灵山县开展了生鲜水牛乳质量安全风险专项评估抽样工作，在 25 个奶水牛养殖场（户）共抽取生鲜水牛乳样品 50 批次，饲料 40 批次，奶牛饮用水 20 批次用于相关风险因子的检测分析。

2016 年全年，除南宁市检出一例黄曲霉素 M_1 可疑阳性样品外（经乳品加工企业实验室检测确认后，共销毁鲜牛乳 4.5t），广西壮族自治区的生鲜乳收购环节未发现有非法添加违禁物质的行为，未发生生鲜乳质量安全事故。生鲜乳收购站标准化程度有所提高，相关质量安全制度健全，记录的规范完整性、从业人员的素质、操作规范以及质量安全意识等方面都有所提高。

【奶业大事】2016 年 1 月 4 日广西壮族自治区彭清华书记、陈武主席就水牛奶业发展问题作出重要批示。2016 年 2 月 19 日下午，自治区副主席张秀隆在南宁市主持召开会议，研究全区水牛奶业发展有关工作。自治区人民政府副秘书长周光华，自治区水产畜牧兽医局等单位负责人，有关专家代表、企业代表参加会议。会议听取了自治区水产畜牧兽医局关于该区水牛奶业发展情况的汇报，讨论了水牛奶业发展瓶颈问题及发展前景，研究部署了下一步工作。会议议定以下事项：一是发挥企业主体作用。积极扶持该区现有水牛奶生产企业做大做强。企业要开发特色、优质、高附加值乳制产品，培育和发展名牌产品，不断增强水牛奶产品市场竞争力。二是强化政府引导作用。编制水牛奶业“十三五”发展规划；制定出台水牛奶业相关标准与规程；加强产业支撑体系建设。加大财政项目扶持力度。三是加强宣传引导。各种媒体媒介开展多层次、多方位宣传推介，让广大消费者对水牛奶认识、认知、认同，促进水牛奶消费。

（广西壮族自治区水产畜牧兽医局，郑自华）

海南省

【奶畜养殖】2016年年底海南省奶牛存栏1 106头，同比增长22.9%，全年牛奶产量2251t，同比减少4%。奶牛养殖主要集中在海口、三亚、昌江等地，养殖企业少，标准化、规模化程度高。奶业产值占畜牧业产值比重较低。近年来随着鲜奶需求增加，奶牛养殖成逐渐上升状态。

【乳品加工】本地共有2家乳品加工企业，主要加工各自生产的鲜奶。产品主要分为巴氏杀菌奶、酸奶和乳酸菌饮料，其中巴氏杀菌奶仅占一小部分。因受限于市场需求和养殖成本，复原乳生产的酸奶在本地市场占有率较大。

【市场消费】海南当地市场的各大乳品企业均有进入，本地品牌以“艾森”为主，主要生产巴氏杀菌奶、复原乳酸奶和乳酸菌饮料等，规格多为150g(mL)，杯装，市场售价在3~5元。

【奶源基地】奶牛养殖基地3个，较去年新增昌江县1个，其余2个分别位于海口市和三亚市，规模化率100%，机械挤奶比例100%，全部应用全混合日粮（TMR）技术。主要种植玉米、象草等青绿饲料，苜蓿等优质牧草依靠岛外输入。

【质量监管】严格按照《农产品质量安全法》《乳品质量安全监管条例》《生鲜乳生产收购管理办法》等有关法律法规，进一步健全制度、完善措施、落实责任，加强生鲜乳质量安全监管。同时，提高生鲜乳质量安全水平，根据《农业部关于开展2016年生鲜乳质量安全监测工作的通知》（农牧发【2016】1号）和《海南省农业厅办公室关于下达2016年饲料、兽药及畜产品质量安全监测计划的通知》（琼农办【2016】8号）有关要求，积极组织开展生鲜乳质量安全监测工作。全省全年共抽检生鲜乳样品49批次，检测三聚氰胺、皮革水解蛋白、黄曲霉毒素M_1、β－内酰胺酶等项目，合格率100%。此外，协助农业部畜牧业司完成《食品安全国家标准 生乳》（GB 19301—2010）修订工作中有关海南省相关指标数据的采集工作，在全省采集30批次生鲜乳样品，检测菌落总数、酸度、杂质度、蛋白质、体细胞、脂肪等8个项目，并将结果及时上报。

（海南省农业厅，程文科）

重庆市

【奶畜养殖】生产现状：截至2016年年底，重庆市奶牛存栏12 506头，同比减少16.8%；牛奶产量44 666t，同比降低14.0 %。奶牛养殖主要分布在巴南、长寿、黔江、渝北、合川、开州、垫江、荣昌、云阳、巫山10个区县。2016年奶牛养殖规模化程度和养殖水平进一步提高、奶牛单产稳步增加、牛奶质量明显好转、奶业整体水平显著提升。

发展特点：①供给侧结构性改革，奶业转型升级。重庆市的乳品加工企业将于2017年1月起实施新的原料奶计价方式，提高计价标准，要求和指导各奶牛场（小区）进行相应的升级改造。各奶牛场（小区）在2016年下半年纷纷进行转型升级改造：将栓系式喂养改成散栏式喂养，分群管理；将手推式挤奶改成管道式或厅式挤奶；将精粗料分开饲喂改成TMR全混合日粮饲喂。奶牛养殖业进入转型升级、淘汰低产能的结构性改革。②规模化程度进一步提高，奶牛存栏减少。2016年下半年，条件比较差、达不到转型升级要求的小规模牛场和养殖小区陆续关闭。此外，一些小区养殖户转型后因饲喂成本将增加、一次性投入改造资金大又缺乏资金来源，缺乏继续养牛的信心而纷纷卖牛关场。小规模养殖逐渐退出，规模化程度进一步提高，存栏大幅度减少，减少了16.8%。③兼并重组，养殖模式将发生根本改变。栓系式改为散栏式；手推挤奶改为管道式或厅式挤奶；精粗料分开饲喂改为TMR全混合日粮饲喂方式，奶牛饲喂方式和养殖模式将发生根本改变，养殖小区将完全改变原有经营模式。奶牛养殖方式的改变：按照配置容量一个养殖小区只能配备一台（套）挤奶机械和一台TMR设备，过去集中饲养一家一户饲喂和独立挤奶的方式只有进行兼并重组，一个小区成为一个牛场。根据各小区实际情况，采用不同的兼并方式：一是小区租赁户将牛卖给小区业主，由小区业主继续养殖；二是对牛进行估价，按牛的价值入股，实行股份制经营；三是租赁户将牛托管给小区业主，每年收取一定的托管费。

【乳品加工】加工能力：全市乳制品加工企业有2家，年加工能力60万t。2016年生产各类乳制品25.93万t，其中巴氏奶2.33万t、灭菌奶10.97万t、酸奶8.76万t、乳饮料5.35万t、奶粉740t。加工能力保持不变，乳制品总产量较2015年减少2.7%。

加工特点：①加工企业继续应对激烈竞争。继2015年以来，国外价格相当的大量乳制品进入本地超市，让消费者有了更多的选择，有的消费者存在崇洋媚外的心理更愿意选择进口乳制品，对国内乳制品的销售带来很大冲击。重庆市乳制品加工企业继续应对激烈的市场竞争，一是练好内功，提高品质、开发新品；二是加大巴氏奶宣传、引领消费，鲜乳制品销量有所提高，鲜乳制品产量较2015年增长了24.0%。②严把原料奶和乳制品质量关。乳制品加工企业更加注重产品质量，从源头抓起，每月深入所有收奶的牧场，加大对生产指导和原料质量抽查力度，针对查出有毒有害物质超标的牧场，不但拒收当批次原料奶，并给出较长的整改期，拒收整改期牛奶。原料奶生产水平和质量大幅度提高。同时，对乳制品质量，严把质量关，生产更高品质的产品以提高整体乳制品质量。③乳制品种类推陈出新。为顺应市场发展和满足不同消费人群的需求，乳品加工企业加大研发投入，积极生产高品质新产品，2016年推出的新品种多达10种。

【市场消费】消费情况：据重庆市调查总队定点调查，2016年重庆市城镇居民人均消费各类乳制品（奶粉折合成鲜奶）30.0kg，较2015年增长1.7%，增长缓慢。平均消费金额为323.11元，较2015年多支出25.1元。其中鲜奶消费13.06kg，较2015年大幅度增长；酸奶消费4.12kg，同比大幅度下降。农村居民人均消费乳制品8.51kg，较2015年增长6.8%。

消费特点：①鲜奶消费呈明显增长态势。在中国奶业协会2015年提出的“发展巴氏鲜奶，提升中国奶业整体质量水平”战略方针的指导下，乳品企业加大了鲜奶消费的宣传引导，喝巴氏奶的消费者明显增多，其消费同比增长了11.4%。②乳制品价格持续走低。随着乳制品销售的全球化，国际国内琳琅满目的低价格乳制品大量进入重庆市场，致使本地企业不得不采取优惠销售的方式进行竞争，部分产品一直采取买3送1或买5送2的优惠销售，乳制品实际销售价有所降低。

【奶源基地】规模养殖：重庆市乳制品加工企业建有10个奶源基地，在市外建有4个大型奶源基地。该市50~99头的规模牛场（小区）10个，存栏占总量的5.6%；100~199头的规模牛场（小区）5个，存栏占5.9%；200~499头的规模牛场（小区）4个，存栏占7.2%；500头以上的规模牛场（小区）7个，存栏占56.7%。散养和小规模养殖户占总量的24.6%，集中在远郊区县，鲜奶经简单消毒后直接上市销售和在奶吧销售，供应当地市场。

机械化挤奶：重庆市乳品加工企业的供奶牛场和养殖小区全部实现机械挤奶，大部分实行管道式和厅式挤奶，小部分实行手推式挤奶，机械化挤奶达100%。随着奶牛养殖的提质增效，养殖场和小区将取消手推车挤奶，全部改为管道式和厅式挤奶。

全混合日粮应用：2016年以前，仅重庆天友乳业公司和重庆光大乳业集团自营规模牛场采用TMR饲喂方式，饲喂比例不到全市总量的50%。2016年下半年，全市奶业供给侧结构性改革，生产满足市场需求的优质牛奶，淘汰低产能，奶牛场和养殖小区逐渐将饲喂方式改为TMR饲喂，全市TMR饲喂比例提高到58%。

生产性能测定：全市有2个生产性能测试站，由重庆光大乳业集团有限公司和重庆天友乳业有限公司建立，两大乳业公司自营牛场和市外自营牛场成母牛全部进行生产性能测定。重庆市参与测定的母牛占全市成母牛的32%。

奶牛良种补贴：2016年实施的国家奶牛良种补贴项目使用补贴资金34万元，采购奶牛优质冻精1.7万剂，为所有能繁母牛免费提供冻精供应，良种改良面达到100%。

疫病防控：①各牛场在当地兽医部门的监督下严格按照国家规定的免疫程序执行强制免疫计划。重点在春秋两季全面落实集中强制免疫、消毒灭源、疫病普查、驱虫，平时补免。免疫密度、免疫档案建档率、圈舍消毒面、驱虫面等均达100%，免疫质量达到国家标准。②把布病和结核病防控作为重点，市卫生监督所布置安排各区县举办“两病”培训会，加大“两病”危害的宣传培训和技术指导，加强重视和防控监督。③重庆市农业委员会、重庆市财政局联合发文《关于调整完善动物疫病防控支持政策的通知》，《通知》明确了国家将我市划为布病、结核病二类防控地区，对牛羊布病、牛结核病等规定动物疫病实行禁止免疫，主要采取监测、监管、净化等防控措施。布病、结核病强制扑杀的畜种范围由奶牛扩大到所有牛和羊。

生鲜乳价收购价及养殖收入：生鲜乳收购标准仍然执行企业2015年制定的收购标准，其营养指标和卫生指标均高于国标GB19301《生乳》标准。实行以质论价、优质优价、分规模等级计价，养殖规模越大给予的基础收购价越高。全市平均奶价4.6元/kg，较2015年提高0.3元/kg，乳品企业到厂平均价5.3元/kg。成母牛养殖利

表4-30 乳制品市场价格

品种	规格	250mL	1 000mL	有机鲜牛奶（1 000mL）	进口纯牛奶（1 000mL）
超市价格（元）	巴氏杀菌奶	5.0	17.0	29	
	超高温灭菌奶	2.5	12.5		18.0
	原味酸牛奶	7.5		36.0	
	果粒酸牛奶	5.5			
	乳饮料	2.0			
订户价（元）	巴氏杀菌奶	7.0			
	瓶装酸牛奶	7.6			

润为 5 000~6 000 元。

【质量监管】严格监管生鲜乳收购站和运输车。加强收购站和运输车管理，严格资质条件审查，坚决取缔不合格收购站和运输车，注销、关停僵尸收购站和运输车的证号，将全市正常运行的 17 个收购站和 37 辆运输车信息全部录入“生鲜乳收购站运输车监督管理系统”，进行规范化管理。加强生鲜乳收购秩序检查，未发现违反生鲜乳购销合同、趁机压级压价、销售和收购不合格生鲜乳、扰乱市场秩序等行为。

加强生鲜乳质量安全监测执法。一是开展生鲜乳质量安全检查。严格按照《农业部生鲜乳质量安全监测工作规范》要求，对 17 个生鲜乳收购站、10 辆（次）运输车抽检了 60 批次的生鲜乳样品。所检样品检测结果全部合格，均未检出三聚氰胺、黄曲霉毒素 M_1 和革皮水解物，β－内酰胺酶均为阴性，所检项目合格率为 100%；二是开展定期巡查和节假日突击检查。重点检查收购站和运输车标准化管理、生鲜乳质量检验、不合格生鲜乳处理、安全制度落实等情况，提出整改措施，做好巡查记录。对 9 个生鲜乳收购站进行了现场检查，均有收购许可证和开办主体证件，制冷与储存、有毒有害化学品管理等，全部达标；10 辆（次）运输车均有准运证和交接单，检查项目均符合标准规定，全部达标。生鲜乳收购站运输车监督管理系统运行良好，生鲜乳质量安全监管制度建设和落实总体较好；通过检查没有发现违法违规经营和违禁添加行为。

【奶业大事】1 月 21 日，在质量榜样・传媒大奖组委会、四川日报报业集团消费质量报系全媒体主办的“2016 年度传媒大奖”颁奖盛典上，天友乳业获得“2016 好口碑年度人气奖”。

7 月，光大乳业集团 16 万 t 乳品加工基地主体工程开建。光大乳业集团 16 万 t 乳制品加工主体工程于 2015 年进入地基平整及前期筹备环节，经过近一年的前期工作，生产基地主体工程正式动工，进入全面建设阶段。投产后将进一步满足重庆市场需求，同时完善光大乳业养殖、供奶、加工、销售一条龙的产业链。

8 月下旬，根据重庆市农业产业化办公室公布，光大乳业再获 2016 年重庆市农业产业化龙头企业称号。

10 月 20 日，在“2016 重庆大企业峰会暨专家报告会”上，天友乳业和光大乳业凭借强大的综合实力，均荣获‘2016 重庆制造业 100 强企业’和‘重庆知名品牌企业’两项大奖。本次奖项由重庆市企业联合会（重庆市企业家协会、重庆市工业经济联合会）颁发。

光大乳业荣获 2016 年重庆市技术创新示范企业。由重庆市经济和信息化委员会评选的 2016 年重庆市技术创新示范 20 家企业中，重庆光大（集团）有限公司凭借技术创新等优势名列其中。

天友・淳源有机鲜奶在“中国中西部首届品牌食材大会”上，历经评审组的层层严苛筛查，力压其余 22 家品牌食材企业，终以全场高评审分数荣获“首届中西部优秀食材一等奖”。

2016 年光大乳业开启打造西南地区 GAP 标杆牧场之路，坚持更加科学化、更高标准的自我要求和管理，致力生产欧盟标准的五星好奶。

11 月 2 日，经重庆市学生饮用奶评审专家组评审，光大乳业再次通过学生饮用奶定点生产企业及奶源基地资质认定。

（重庆市农业委员会，罗健；重庆市畜牧技术推广总站，凌虹）

附表 1 重庆市奶牛养殖场（小区）名录

序号	名称	养殖场	小区	全群存栏（头）	成母牛存栏（头）	奶畜品种	成母牛单产（t/年）	年总产（t）	是否参加 DHI	是否应用 TMR
1	泰基奶牛标准化规模养殖场	√		2 441	1 268	荷斯坦、娟姗	7.75	9 826	√	√
2	重庆市天翼牧业发展有限公司	√		859	599	荷斯坦	8.05	4 820	√	√
3	重庆市倍发牧业有限责任公司		√	240	175	荷斯坦	6.03	1 056		√
4	荣昌县百盛农业开发有限责任公司		√	159	116	荷斯坦	6.08	705		
5	重庆一牛农业发展有限公司		√	1 696	1 180	荷斯坦	6.22	7 330		√
6	重庆蒙揽农业开发有限责任公司	√		517	362	荷斯坦	6.6	1 527		√
7	重庆天友两江奶牛养殖场	√		517	364	荷斯坦、娟姗	8.02	2 920	√	√
8	重庆市文顺奶牛养殖场		√	140	106	荷斯坦	6.2	657		
9	垫江县永大牧业有限责任公司		√	120	90	荷斯坦	5.96	536		
10	重庆市新曲奶牛养殖专业合作社		√	240	180	荷斯坦	6.02	1 083		
11	垫江县勤有奶牛养殖专业合作社	√		221	168	荷斯坦	6.12	1 028		
12	垫江县农福生态奶牛养殖专业合作社	√		206	148	荷斯坦	6.52	965		√
13	重庆英华牧业有限公司	√		238	178	荷斯坦	6.08	1 083		√
14	巫溪县文鑫农牧有限责任公司	√		514	390	荷斯坦	6.32	2 460		
15	重庆天禾农业发展有限公司	√		695	465	荷斯坦	7.8	3 604	√	√
16	云阳县林久牧场	√		157	122	荷斯坦	5.8	706		√

备注：请在养殖场或小区列中选择打钩；如参加 DHI 或应用 TMR，请在相应表格中打钩。

附表 2 重庆市乳制品生产企业名录

序号	名称	许可证号码	年收购原奶量（t）	平均支付价格（元/kg）	其中：自有奶源量（t）	年乳制品产量（t）	其中：巴氏杀菌奶（t）	UHT 奶（t）	酸奶（t）	奶粉（t）	奶油（t）	奶酪（t）	乳饮料（t）	整体设计加工能力（t/年）	产品销售区域	年销售收入（万元）	利润（万元）
1	重庆天友乳业股份有限公司		150 070	5.2	89 630	234 480	20 370	99 215	78 020	740			36 135	450 000	渝云贵川	286 850	8 000
2	重庆光大（集团）有限公司		15 333	5.4	10 800	24 870	2 970	10 500	9 546				1 854	120 000	川渝	29 950	2 280

备注：自有奶源指来自自建和参建（控股、参股）牧场（小区）的原奶。

四川省

【奶类生产】2016年年底，四川省奶牛存栏量为17.56万头，其中荷斯坦牛年末存栏12.61万头；乳用西门塔尔牛（含乳用蜀宣花牛）4.5万头；娟姗奶牛900头，改良奶牛（娟荷/西荷）1 500头，奶水牛2 000头。三州牧区挤奶牦牛120万头。2016年进口改良种用牛808头。眉山市是四川省奶牛存栏数和生鲜乳产量第一市，2016年年底，眉山奶牛存栏6.5万头。四川省全年生鲜乳产量为62.77万t。

2016年全省规模化牧场（小区）产鲜奶均价在4.20～4.80元/kg，收奶站价格为3.50～4.00元/kg。收奶站平均交售工厂价为4.00元/kg左右。

【乳品加工】2016年四川省乳制品产量123.42万t，其中液态奶产量109.69万t。四川省许可证乳制品生产企业中2016年产量超过10万t，产值超过10亿元的企业有新希望川乳、邛崃伊利、眉山蒙牛、四川菊乐、广元娃哈哈等5家，年产值5亿～10亿元的1家。

【乳品进口】2016年年底四川省进口液态奶3 509t，其中进口液奶749t，进口额79.4万美元。进口干乳制品18 919t，其中进口奶粉13 691t，进口额2 905.3万美元；进口乳清2 760t，进口额183万美元；进口黄油2 443t，进口额639.3万美元；进口干酪25t，进口额8万美元。

【奶类市场】四川是一个乳制品消费大省，年消费乳制品达到260万t以上，其中成都市居民年人均乳制品消费456元。消费的乳类制品中，四川省产品和省外进入四川的乳制品各占1/2。

四川省对学生饮用奶工作十分重视，全省经审定有学生饮用奶供应企业14家，其中7家为本地企业，日供应量为116.37万份。

【奶源基地】2016年年底四川省规模奶牛场（小区）196个，其中国家级和省级奶牛标准化示范场25个，7个规模场通过GAP评定，15个规模化奶牛场成为学生饮用奶奶源基地示范牧场。四川省有4个奶牛场参测，测定奶牛3 805头。测定的无公害畜牧产品奶牛场12个。四川省高原牦牛产奶以牧民自行加工食用为主，牦牛奶加工主要有“阿坝红原乳业有限公司”和“高原之宝牦牛乳业有限公司”，收奶期为每年的5～9月，主要收购当地牧民的牦牛奶。

四川省目前有两个单位从事奶牛生产性能测定工作，其中四川省奶牛DHI测定中心年检测能力3万头；新希望公司DHI实验室主要检测企业内的自有奶牛。2016年所测奶牛日平均产奶量为27.7kg，日平均脂肪率3.78%，日平均蛋白率3.20%，日平均体细胞数20.3万个/mL。

成都汇丰动物育种公司是四川省唯一种公牛站，2016年入选全国奶牛良种补贴奶牛种公牛7头，其中娟姗牛5头，荷斯坦牛2头。

【草料生产】四川省2016年饲料产量为1 568万t，其中配合饲料859.0万t，混合饲料350.0万t。四川草原总面积2 088.93万hm²，其中可利用面积1 766.6万hm²。牧区草原面积981.87万hm²。2016年年底保留种草面积232.44万hm²，2016年新增种草面积58.45万hm²，种子产量2476t。2016年生牧草中种植较多的有：披碱草104.56万hm²、老芒麦48.67万hm²、多年生黑麦草39.99万hm²、紫花苜蓿5.48万hm²、三叶草5.42万hm²、菊苣2.09万hm²。披碱草和老芒麦多种植于牧区和半牧区。一年生牧草种植较多的有：毛苕子（非绿肥）、多花黑麦草、燕麦、饲用块根块茎作物。四川省青饲料作物种植主要种植作物为青贮玉米、饲用小麦、墨西哥玉米草、黑麦草、牛鞭草、高丹草、甜高粱等。四川省以养定种发展青贮饲草玉米20万hm²以上，洪雅县种植青贮玉米2 333.33万hm²，居四川省第一位。洪雅县青贮玉米总产13.3万t。

成都、眉山、绵阳等市已出现专门成片种植饲料青贮玉米、生产全株青贮饲料产品出售的公司和专业农户。

【政策法规】奶牛疫病防治全部纳入各地畜牧兽医部门归口管理。奶牛场对口蹄疫防控普遍采用春秋两季规范预防，对效价不达标个体采用补防注射一次疫苗。对“口蹄疫、结核、布病”严格按规定检疫防控，全年无重大疫情。四川省对挤奶机、冷藏罐和贮奶罐实行农机具购置补贴。奶牛政策性保险中各级财政补贴保费的80%，养殖户承担剩余的20%，保费为300元/头•年，保额为6 000元/头。

【质量监管】四川省2016年生鲜乳收奶站31家，其中乳品企业开办18家，奶畜养殖场开办4家，奶农合作社开办9家；核发生鲜乳运输准运证车辆91辆。年初四川省农业厅下发了《关于加强2016年畜禽养殖和生鲜乳收购运输环节质量安全监管工作的通知》（川农业函【2016】150号）和《关于开展2016年生鲜乳专项整治行动的通知》，对省内所有生鲜乳收购站进行了全覆盖现场检查，现场抽查了42辆生鲜乳运输车。将全省收奶站及运输车全部纳入了“生鲜乳收购站运输车监督管理系统”。2016年全年未测出违规添加物，未发生生鲜乳重大质量安全事件。

【奶业大事】2016年1月年产20万t乳制品的新希望华西郫县安德工厂投产，成为西南地区最大的高档酸奶制品基地。

2016年8月，蓝逸高原食品有限公司在四川省甘孜州康定市折多塘村建设牦牛乳加工基地，日处理牦牛奶达到20t。该公司在折多塘村建立了首个研发中心，研制并开发了鲜牦牛奶、牦牛乳酸奶、冰淇淋、奶茶等产品。同时在木雅景区设立了收奶中心。

2016年11月，四川省唯一一家婴幼儿配方乳粉生产企业高原之宝牦牛乳业有限责任公司被四川省人力资源和社会保障厅批准设立2016年度博士后创新实践基地，成为阿坝州首个省级博士后创新实践基地。

（四川省农业厅畜牧业处，林胜华；四川省畜牧总站，杨嵩）

成都市

【奶畜养殖】2016年成都市存栏奶牛23 143头，奶产量为103 932t。成都市奶牛主要分布在邛崃、金堂、彭州、崇州、新都、郫县、双流、青白江和简阳9个区（市）县，这9个区（市）县存栏奶牛22 079头，占全市奶牛存栏的95.40%，牛奶产量98 281t，占奶产量的94.56%。其他区（市）县仅存栏1 064头，占全市奶牛存栏的4.60%。邛崃、金堂、彭州和简阳为成都市的主要奶源基地县（表4-31）。

表4-31 2016年主要奶牛养殖县奶业生产情况

县（区）名称	奶牛存栏（头）	牛奶产量（t）
新都区	2 110	10 251
金堂县	2 633	13 728
双流区	1 226	6 224
郫　县	1 172	6 732
彭州市	2 816	9 167
邛崃市	7 350	27 839
崇州市	1 540	7 514
青白江区	1 660	8 506
简阳市	1 572	8 320
其他区县	1 064	5 651
合　计	23 143	103 932

【乳品加工】成都市境内获准乳制品加工企业有四川新希望乳业、四川菊乐食品、成都伊利乳业和四川杨森乳业股份有限公司4家乳品加工企业。年加工能力80万t。2016年度奶制品产值达25.47亿元。乳制品产品主要为常温液态奶，低温巴氏灭菌乳，酸奶和乳饮料等。2016年常温液态奶产量43.55万t，酸奶产量5.83万t，巴氏奶产量3.85万t，乳饮料产量23.30万t。

【市场消费】据城调队资料，成都市2017年城镇居民人均消费奶制品417元，农村人均消费奶制品14kg。

市场消费乳制品国产主要品牌为新希望、菊乐、雪宝、蒙牛、伊利、天友、完达山、光明、银桥、三元等。液态奶中超高温灭菌奶（含纯牛奶、各型调味牛奶）占据市场85%。

【奶源基地】存栏100头以上的奶牛养殖场（小区）27个，存栏奶牛13 042头，占全市奶牛存栏的68.75%。生鲜乳收购年均价格：散户平均3.4元/kg，最低价3.0元/kg，最高价3.8/kg；规模场平均4.25元/kg，最低价3.8元/kg，最高价5.2元/kg。

粪污处理方式，主要模式为固形牛粪机械或人工清运—养殖蚯蚓—有机肥；牛场污水—沼气—沼气利用+肥源利用。2016年年底，成都市奶牛场蚯蚓养殖达到14家，蚯蚓田39.27hm^2，年处理牛粪8.5万t，年生产有机肥2.6t，年生产蚯蚓560t。蚯蚓肥售价400 ~ 1 500元/t，平均540元/t，平均利润100 ~ 400元/t；蚯蚓售价9 000 ~ 12 000元/t，平均10 500元/t，平均利润3 500元/t。成都市美丽谷科技有限公司与新疆兵团和海南农垦合作，运用蚯蚓粪和氨基酸螯合肥进行土地生态有机改良，种植库尔勒香梨和海南王品蜜瓜、圣女果，产量提高30% ~ 480%。蚯蚓肥价格达到1 200 ~ 1 500元/t。奶牛养殖业带动了蚯蚓产业，成都市牛粪蚯蚓养殖有机肥循环利用成为国内最具规模和特色的产业之一。

TMR主要在30家规模化奶牛养殖场运用。

奶牛疫病防治全部纳入该市各地畜牧兽医部门归口管理，奶牛场对口蹄疫防控普遍采用春秋两季规范预防，个别牧场对效价不达标牛采用补防注射一次疫苗。做到了定期防疫。对“两病”严格按规定检疫防控，全年无重大疫情。口蹄疫、结核、布病防控得力，牛群稳定。

【质量监管】2016年全市共有8个收奶站，其中乳品加工企业奶站有5个，养殖场奶站2个，合作社奶站1个。全年监测检查奶站68站次，出动运输车辆45车次，出动执法人员300人次，抽检740批次。奶站严格按标准审批，实现了持证经营，规范运作管理。

【奶农组织】成都市所属市县存栏奶牛较多的建立奶业协会4个，分别是成都市、邛崃市、新都区和彭州市奶业协会；专业合作社组织6个，分别是邛崃市聚友奶牛合作社、邛崃市裕民奶牛合作社、新都区北新奶业专业合作社、彭州市农旺奶牛养殖合作社、彭州市绿了畜禽养殖合作社和彭州市何氏奶牛养殖农民专业合作社。

（成都市动物疫病预防控制中心，周立新；四川省奶业协会，李自成）

附表 1　四川省 2016 年奶牛存栏 100 头以上养殖企业（小区）情况

序号	企业（小区）名称	养殖品种	存栏量（头）			单产水平 kg/ 年・头
			成乳牛	后备牛	合计	
1	四川新希望华西牧业有限公司	荷斯坦	840	428	1 268	9
2	成都伊利畜牧发展有限公司（杨坝牧场）	荷斯坦	1 400	0	1 400	8
3	成都伊利畜牧发展有限公司（金鸡牧场）	荷斯坦	0	737	737	0
4	成都伊利畜牧发展有限公司（榆树牧场）	荷斯坦	2 000	229	2 229	9
5	大朋奶牛养殖场	荷斯坦	300	30	330	5
6	成都市吉丰生态农业有限公司	荷斯坦	170	10	180	5
7	海山林奶牛养殖场	荷斯坦	620	50	670	4.6
8	永华养殖有限公司	荷斯坦	280	20	300	4.4
9	福美源奶牛场	荷斯坦	220	20	240	4
10	华荣养殖有限公司	荷斯坦	53	7	60	4.7
11	犇裕农业发展有限公司	荷斯坦	125	15	140	4
12	华会奶牛场	荷斯坦	280	30	310	5
13	渝蓉奶牛养殖有限公司	荷斯坦	70	0	70	4
14	天达奶牛场(棠子沟奶牛场)	荷斯坦	490	30	520	5.8
15	成都市宅奶百鋆奶牛养殖场	荷斯坦	290	10	300	4.2
16	优源奶牛专业合作社（丰收村奶牛场）	荷斯坦	240	10	250	4.5
17	胡长兵养殖场	荷斯坦	55	5	60	5
18	优源奶牛专业合作社（七里村奶牛场）	荷斯坦	310	20	330	5
19	崇州市九头牛生态农业有限公司	荷斯坦	300	150	450	5.2
20	成都钧桥农业开发有限公司	荷斯坦	40	60	100	4.5
21	四川杨森乳业股份有限公司	荷斯坦	216	82	298	5
22	简阳市宏杨农牧养殖有限公司	荷斯坦	200	80	280	5
23	彭州市傲旺奶牛养殖农民专业合作社奶牛养殖小区	荷斯坦	206	146	350	5.2
24	彭州市信达农业发展有限公司奶牛养殖小区	荷斯坦	235	145	380	5.3
25	彭州市三丰源畜禽养殖农民专业合合作社奶牛养殖小区	荷斯坦	190	110	300	5.3
26	彭州市丽春镇何教成奶牛养殖农民专业合作社奶牛养殖小区	荷斯坦	114	66	180	5.3
27	金堂惠民奶牛专业合作社奶站	荷斯坦	823	487	1 310	3.5
合计	27 个				13 042	

附表 2　四川省成都市乳制品生产许可重新审核合格企业名单（第一批）

序号	企业名称	产品类别	住所	生产地点	证书编号	有效期至	发证日期	发证单位
1	成都伊利乳业有限责任公司	乳制品[液体乳(巴氏杀菌乳、灭菌乳、发酵乳)、其他乳制品(干酪)]、冷饮、饮料	四川省成都邛崃市工业集中发展区	四川省成都邛崃市工业集中发展区	冷饮：QS510110011658 乳制品：QS510105011697 饮料：QS510106010308	2017 年 2 月 3 日	2014 年 1 月 28 日	四川省质量技术监督局
2	四川菊乐食品有限公司温江乳品厂	乳制品[液体乳(巴氏杀菌乳、调制乳、灭菌乳、发酵乳)]	成都市温江区成都海峡两岸科技产业开发园蓉台大道	四川省成都市温江区成都海峡两岸科技开发园蓉台大道	QS510105010001	2017 年 3 月 28 日	2014 年 3 月 29 日	四川省质量技术监督局
3	四川新希望乳业有限公司华西分公司	乳制品[液体乳(巴氏杀菌乳、调制乳、灭菌乳、发酵乳)]	成都市锦江区工业开发区金石路 316 号	四川省成都市锦江区工业开发区金石路 316 号	QS510005011227	2017 年 3 月 28 日	2014 年 3 月 29 日	四川省质量技术监督局
4	成都金蒙乳业有限公司	乳制品[液体乳(发酵乳)]	成都市金堂县三中园区工业新区	四川省成都市金堂县三中园区工业新区	QS510105010562	2017 年 3 月 28 日	2014 年 3 月 29 日	四川省质量技术监督局
5	成都明旺乳业有限公司	乳制品[液体乳(调制乳)]	成都高新西区南北大道 1388 号	四川省成都高新西区南北大道 1388 号	QS510105011732	2017 年 3 月 28 日	2014 年 3 月 29 日	四川省质量技术监督局
6	成都光明乳业有限公司	乳制品[液体乳(巴氏杀菌乳、灭菌乳、发酵乳)]	成都市东三环路二段	四川省成都市成华区东三环路二段	QS510005010947	2017 年 3 月 28 日	2014 年 3 月 29 日	四川省质量技术监督局
7	成都娃哈哈昌盛饮料有限公司	乳制品[液体乳(发酵乳)]	成都市海峡两岸科技产业开发园	四川省成都市海峡两岸科技产业开发园	QS510105010003	2017 年 3 月 28 日	2014 年 3 月 29 日	四川省质量技术监督局
8	四川杨森乳业股份有限公司	乳制品[液体乳(巴氏杀菌乳、调制乳、灭菌乳、发酵乳)]	简阳市十里坝工业园区	简阳市十里坝工业园区	QS510005010816	2017 年 3 月 28 日	2014 年 3 月 29 日	四川省质量技术监督局

贵州省

【奶畜养殖】2016年贵州省奶类总产量6.39万t，较去年同比增加3.06%，奶牛存栏1.86万头，较2015年同比增加3.9%。贵州省的奶牛品种主要为荷斯坦牛，有少量娟姗牛，主要分布在贵阳市、遵义市、黔南州、黔东南州的清镇、开阳、息峰、修文、红花岗、都匀、独山、凯里等县（市、区）。其中，贵阳市奶牛存栏占全省87%以上。全省生鲜牛乳平均交售价格为3.8~4.94元/kg。

【乳品加工】全省主要乳品加工企业有6个，年处理生鲜乳能力83万t，2016年乳品企业销售总额为9.7亿元，利润为0.54亿元。乳制品产量10.92万t，其中：巴氏杀菌奶3.45万t，UHT奶（超高温杀菌乳）4.01万t，酸奶3.31万t，乳饮料0.15万t。与2015年同期比较，巴氏杀菌奶、乳饮料的产量下降，UHT奶、酸奶的产量有所增加。本地乳品企业未生产配方奶粉。

【市场消费】2016年，贵州省城镇居民人均消费鲜奶9.04kg，市场上主要销售的乳制品包括山花、好一多、贵草、遵义、甘字牌、来思儿、伊利、蒙牛、新希望、皇氏、欧亚、现代牧业、光明等品牌，同类产品价格相差不大。据市场消费调查，收入水平、消费习惯、购买便利性、营养知识、保健意识、质量和价格等因素是影响液态奶消费行为的主要因素。因消费理念及价格等因素，UHT奶在贵州省仍然占有较大市场消费比例。城镇居民人均液态奶消费量稳定，市场正处于成熟阶段，农村居民人均液态奶消费量随着生活水平的不断提高，市场处于成长阶段。消费者在超大仓储和超市购买液态奶的比例在不断上升。

【奶源基地】据行业统计数据，2016年全省奶牛养殖场（户）共196个。其中：1～4头规模130个，存栏奶牛434头，占2.33%；5～9头规模31个，存栏奶牛197头，占1.06%；10～19头规模16个，存栏奶牛223头，占1.20%；20～49头规模8个，存栏奶牛220头，占1.18%；100～199头规模1个，存栏奶牛141头，占0.76%；200～499头规模4个，存栏奶牛1137头，占6.10%；500～999头规模1个，存栏奶牛539头，占2.89%；1 000头以上规模5个，存栏奶牛15 745头，占84.49%。

全省奶牛养殖以规模养殖场（户）为主，存栏奶牛200头以上的规模养殖场（户）占93.48%，存栏500头以上的养殖场（户）存栏奶牛占87.38%。挤奶方式为集中到挤奶平台机械化挤奶，大多采用全混合日粮（TMR）技术，未进行生产性能测定（DHI）。

【奶农组织】全省有奶农合作社7个，遵义市乳制品有限公司创办"奶牛学校"，采用"公司+奶农合作社+奶农"的方式举办各类专业技术培训；贵阳市为组织周边农户种草和解决周边粪污消纳利用等问题，组建了合作社；独山县采取了"龙头企业+合作社+养殖户"的奶业生产模式。

【政策法规】在原料奶生产源头，通过标准化奶牛养殖小区的建设，实行原料奶标准化生产，相关部门定期进行监督，有效防止生鲜乳掺杂使假行为，并加强对奶牛饲养投入品的监管，杜绝使用违禁药品，保障了奶源安全；在生鲜乳收购方面，通过建立《防疫管理》《卫生制度》《消毒制度》等制度并配备相应检测设备，收购环节运转费用在乳品企业公司成本中列支，杜绝非法谋利；在乳品加工方面，有力监督加工企业的质量控制和销售体系，确保市场销售乳品的质量安全。

【质量监管】贵州省共有6个奶站，全部由乳制品生产企业开办，均取得《生鲜乳收购许可证》，生鲜乳收购没有中间环节。在质量安全监管方面，狠抓中央有关精神的贯彻落实，按照农业部相关工作要求，制定全省2016年生鲜乳质量安全监测工作计划，明确了生鲜乳及运输车辆监管组织工作、抽检数量及送样时间、监测对象和要求、监测方式、工作进度等内容，检测项目包括三聚氰胺、碱类物质和皮革水解物、β－内酰胺酶等，检测合格率100%。

【奶业大事】2016年12月，贵州省农业委员会印发了《贵州奶业裂变发展实施方案》，围绕贵州"大扶贫""大农业""大食物"发展理念，按照"奶牛下乡、牛奶进户"的发展思路，积极扶持和充分依托地方乳品龙头企业，着力建牧场、带农户、提销量、增效益，打造贵州奶业品牌，做大做强贵州奶业。2016年年底，在贵阳市实施了贵州奶业裂变发展第一期项目，已投入省级财政资金1 000万元，扶持贵阳市三家乳品加工企业发展奶源基地、改进加工设备等。

2016年组建贵阳市农业投资发展集团，贵阳三联乳业有限公司成为贵阳市农业投资发展集团有限公司主要成员之一。

（贵州省农业委员会，谢劲松、杨红文、王燕、唐霞）

附表 1　贵州省奶牛养殖场（小区）名录

序号	名称	养殖场	小区	全群存栏（头）	成母牛存栏（头）	奶畜品种	成母牛单产（t/年）	年总产（t）	是否参加DHI	是否应用TMR
1	贵阳三联乳业有限公司龙岗一场	√		2 084	1 265	荷斯坦	8	9 858	否	是
2	贵阳三联乳业有限公司龙岗一场	√		1 509	741	娟姗	6	2 180	否	是
3	贵阳三联乳业有限公司坪山奶牛场	√		1 800	956	荷斯坦	9	7 105	否	是
4	贵阳三联乳业有限公司卫城奶牛场	√		3 000	0	荷斯坦	0	未投产	否	是
5	贵阳三联乳业有限公司息烽青山基地		√	115	54	荷斯坦	4.6	270	否	是
6	贵阳三联乳业有限公司清镇民联基地		√	305	116	荷斯坦	4.6	480	否	否
7	贵州好一多乳业股份有限公司谷堡养殖场	√		4 100	2 200	荷斯坦	6.8	14 960	否	是
8	贵州好一多乳业股份有限公司六桶养殖场	√		4 050	2 150	荷斯坦	6.5	13 975	否	是
9	遵义市乳制品有限公司尖山养殖基地	√		320	233	荷斯坦	5.5	12 81.5	否	否
10	遵义市乳制品有限公司海龙镇奶牛养殖基地		√	712	420	荷斯坦	5.5	2 310	否	否
11	遵义市乳制品有限公司金鼎镇奶牛养殖基地		√	219	180	荷斯坦	5.5	990	否	否
12	黔东南州永丰牛奶场	√		230	130	荷斯坦	5	710	否	否
13	都匀市奶牛场	√		249	160	荷斯坦	4.8	768	否	否
14	贵州牧草种籽繁殖场独山草种场	√		442	312	荷斯坦	4.928	1 537.54	否	是
15	贵州牧草种籽繁殖场上司镇打羊奶牛养小区		√	305	210	荷斯坦	4.82	1 012.20	否	否

附表 2　贵州省乳制品生产企业名录

序号	名称	许可证号码	年收购原奶量(t)	平均支付价格（元/kg）	其中：自有奶源量(t)	年乳制品产量(t)	其中：巴氏杀菌奶(t)	UHT 奶(t)	酸奶(t)	奶粉(t)	奶油(t)	奶酪(t)	乳饮料(t)	整体设计加工能力(t/年)	产品销售区域	年销售收入（万元）	利润（万元）
1	贵阳三联乳业有限公司	QS520105010885 / QS520106015381	45 058	4.94	15 082	67 320	12 553	37 255	17 512	0	0	0		365 000	贵州、湖南、广西	70 330	2 001
2	贵州好一多乳业股份有限公司	SC11052012300012	27 000	自有奶源基地	27 000	33 000	16 000	2 000	14 000	0	0	0	1 000	432 000	贵州省	21 648.67	3 108.75
3	遵义市乳制品有限公司	黔 520309（2016）001	4 581.5	4.8	4 581.5	4 581.5	2 600	800	821.5				360	18 000	遵义市	3 000	20
4	黔东南州永丰牛奶场	黔 522601（2017）第 1 号	710		710	610	462		148					10 000	凯里市	460	-40
5	都匀市奶牛场	QS522705010002	768	4	768	752.76	652.8		72.96	0	0	0	0	2 700	黔南州	602.21	67
6	贵州牧草种籽繁殖场	SC10552272610074	2 549.736	3.8	2 549.74	2 422.2492	2 013.52		312.7292				96	3 500	贵州省	1 347	270
	合计		80 667.236		50 691.236	108 686.5092	34 281.32	40 055	32 867.1892	0	0	0	1 456	831 200		97 387.88	5 426.75

云南省

【奶畜养殖】2016年云南省奶畜（中国荷斯坦牛、奶水牛、奶山羊）存栏总数67.64万头（只），奶类总产量62.99万t，其中牛奶产量53.71万t。全省存栏奶牛19.88万头、能繁母牛12.85万头，其中荷斯坦奶牛14.54万头、能繁母牛9.42万头，主要分布在昆明市（晋宁县、宜良县、石林县、嵩明县、寻甸县，奶牛存栏4.14万头）、大理州（洱源县、大理市、弥渡县、祥云县、剑川县、宾川县、巍山县，奶牛存栏9.10万头）和红河州（个旧市、弥勒县、泸西县、建水县，奶牛存栏1.29万头）。昆明市牛奶产量10.77万t，奶类产值5.88亿元，占畜牧业比重4.57%；大理州奶产量37.65万t，奶业产值10.22亿元，占畜牧业产值的7.13%；红河州奶产量5.82万t，奶业产值1.98亿元，占畜牧业产值的1.15%。奶水牛存栏2.72万头，其中成母牛0.9万头，主要分布在德宏州（芒市、盈江县、陇川县）、保山市（腾冲市）、大理州（大理市、巍山县、鹤庆县）、文山州（广南县），水牛奶产量0.83万t。奶山羊存栏47.76万只，主要分布在昆明市（石林县）、曲靖市（陆良县）、红河州（开远市、弥勒县、建水县），山羊奶产量7.82万t。牦牛存栏12.81万头，主要分布在云南迪庆藏族自治州，牦牛奶产量0.63万t。云南奶业总产值60.0亿元，约占畜牧业产值的6.0%，其中奶牛养殖产值约20.0亿元、乳品加工产值40.0亿元。中国荷斯坦牛养殖规模化程度逐年提高，除了标准化奶牛养殖场外，主要采用奶牛小区及合作社集中饲养、统一挤奶的模式，使奶业成为当地农民的主要收入来源之一。

云南奶业特色明显，具有中国荷斯坦牛、奶水牛、奶肉兼用型西门塔尔牛、牦牛和奶山羊多元化发展的较为完善的奶业生产、加工和销售体系。2016年云南省奶业生产的总体趋势表现为“稳中有降”，特别是大理州洱海环保限养政策的实施，导致奶牛养殖数量持续下滑。云南奶业机遇与挑战并存，继续推进奶牛标准化规模养殖，同时发展适度规模的家庭牧场，提高养殖效益，积极探索适合云南省的产业化发展模式。

【乳品加工】云南省2016年有乳品加工企业18个（见附表2），其中昆明市6个、大理州5个、红河州4个、德宏州1个（水牛奶加工）、腾冲市1个（水牛奶加工）、楚雄州1个。云南省2016年乳品加工能力约为100万t/年。乳制品总产量47.78万t，其中巴氏杀菌奶5.82万t，UHT奶20.76万t，酸奶11.2万t，含乳饮料10.0万t，奶粉0.30万t。全省乳品加工产值达40.0亿元。

云南乳品加工业较上一年度稳重有升，乳品加工呈现多样化，鲜奶（巴氏杀菌奶）、酸奶发展势头良好，升幅较大，而乳饮料市场普遍下滑，说明消费者的营养健康意识不断提高。各乳品企业更加重视奶源基地建设，大力引进国外优秀荷斯坦牛，建设标准化奶牛场。作为奶业发展的新模式，云南省“鲜奶吧”产业发展稳中有进，任重道远。

【市场消费】云南省2016年人均奶类占有量约为17.8kg/人·年，人均奶制品（折合成生奶）消费量16.0kg/人·年。云南省内市场主要的乳制品品牌有省外的蒙牛、伊利、光明等，省内的雪兰、欧亚、蝶泉、来思尔、海子、七彩云、乍甸、祥祥、艾爱、华农等。根据品牌、包装和产品质量，云南市场主要产品销售价格：巴氏杀菌奶：1.17~2.32元/100g；低温酸奶：1.34~3.13元/100g；常温酸奶：2.2元/100g；常温调制乳：2元/100g；常温乳饮料：1~1.5元/100g；常温纯奶：1.2~2元/100g；婴幼儿奶粉（1阶段）：290~348元/900g；中老年奶粉：86.0~98元/900g。

消费者偏爱酸奶，其次是巴氏杀菌奶，奶粉消费群体主要为婴幼儿和中老年人。巴氏杀菌乳（鲜奶）和酸奶发展势头良好，市场消费量逐年增加。乳制品遵循大众消费特点，尽量使其多样化，口味与营养俱佳。

【奶源基地】奶牛场：2016年，云南省录入规模养殖云平台奶牛100头以上的养殖场（小区）103个，奶牛存栏5.25万头、成母牛存栏2.82万头。其中100头以上荷斯坦奶牛规模养殖场81个、存栏4.77万头、成母牛存栏2.6万头，存栏1 001头以上规模养殖场9个，501~1 000头9个，101~500头50个。奶站：云南省录入生鲜乳监督管理系统的奶站有233个，其中荷斯坦奶站216个、占92.7%，奶水牛奶站8个、占3.4%，奶山羊奶站9个、占3.9%。机械挤奶：机械化挤奶站有178个，机械化挤奶率达76.4%，其中乳品企业开办164个、占70.4%，奶畜养殖场开办28个、占12.0%，奶农专业合作社开办41个、占17.6%。生鲜乳准运：取得生鲜乳运输车准运证122辆，随车携带生鲜乳交接单。TMR应用：云南省有24家标准化荷斯坦奶牛场应用TMR，其中昆明市45个规模化奶牛场（合作社）有8个牧场应用TMR，占17.8%。奶牛生产性能测定（DHI）：2016年测定奶牛场（含奶水牛场）33个，其中昆明市22个，其他州市11个，每月测定样品数在9 000以上。2016年共上报中国奶牛数据处理中心11.246万条数据。出具DHI检测报告396份，出具DHI牧场管理报告144份。奶牛良种补贴项目：2016年全省荷斯坦牛完成11.77万头（占任务总数的84.1%），改良本地水牛：奶水牛良种补贴完成7.84万头（占任务总数的112%）。2016年补助14个规模养殖场1 200万元。种草：苜蓿种植面积近1.05万hm^2，干草重平均30t/hm^2，总产31.61万t（鲜草单产120t/hm^2，总产126.44万t）；青贮玉米种植面积约0.73万hm^2，单产75t/hm^2，总产达51万t。疫病防控：主要由省市县各级动物疫病预防控制中心、动物卫生监督所监督管理。以防为主、防治结合，将强制免疫和疫情监测工作作为重点，每年进行两次三联疫苗注射，确保100%的免疫密度；每年至少进行一次奶牛“两病”检疫及扑杀净化工作，并实施动物标识管理，跨境奶牛引种检疫审批、产地检疫、运输检疫监督等。粪污处理方式：A. 沼气工程模式：在政府相关部门的引导和支持下，规模奶牛场普遍采用沼气工程技术；B. 还田模式：奶牛粪便污水还田作肥料为传统而经济有效的处置方法，个体分散户养牛粪便污水处理均采用该法；C. 自然处理模式：主要采用氧化塘、土地处理系统或人工湿地等自然处理系统对养殖场粪便污水进行处理。奶价与定价：2016 年度荷斯坦牛奶收购价为：昆明片区平均奶价 3.80 元 /kg，大理片区平均奶价 3.14 元 /kg，红河州平均奶价 3.4 元 /kg，全省平均收购价约 3.41 元 /kg，奶价较上年度基本持平；水牛奶生奶收购价为 8 元 /kg，山羊奶收购价为 6 元 /kg，与上年基本持平。在国家食品安全标准——生奶（GB19301-2010）基础上，云南乳企生奶收购按质论价（根据脂肪、蛋白质含量，细菌数、酸度等）。养牛效益：中国荷斯坦牛养殖户养殖年净收入 2 500 元 / 头，奶水牛年净收入约 3 500 元 / 头。

【奶农组织】奶业协会：云南省奶业协会、昆明市奶业协会，大理州奶业协会以及奶业主产县市的奶牛协会。奶农培训：云南省农业厅、云南省奶业协会、云南省现代农业奶牛产业技术体系组织了 3 次全省范围的“奶牛现代养殖技术”班。昆明市、大理州农业局及其奶业协会组织了 6 次“奶牛养殖及原料奶质量安全培训”班。

【政策法规】《云南省人民政府办公厅关于印发云南省 2016 年食品安全工作要点的通知》云政办发【2016】35 号；《云南省农业厅办公室关于开展 2016 年生鲜乳专项整治行动的通知》云农办牧【2016】72 号。

云南省奶业扶持政策：能繁奶牛保险政策；畜牧良种补贴政策；粮改饲试点项目补助政策。奶牛标准化规模养殖小区（场）建设，2016 年中央预算内投资补助规模养殖场 990 万元，补助 7 个养殖场。省级奶业发展专项，省级财政补助奶业发展专项资金 1 420 万元，主要用于奶站建设、饲料及生鲜乳日常监管工作经费。

【质量监管】日常监管：主要由乳品加工企业每批次自检，省、市、县级食药部门、农业部门、动物卫生监督机构抽检监督。根据《云南省农业厅办公室关于开展 2016 年生鲜乳专项整治行动的通知》云农办牧【2016】72 号文件，重点开展：生鲜乳质量安全监管责任落实情况。重点检查生鲜乳质量安全监管责任主体是否明确，责任有无分工、是否层层落实，有无具体的责任人，有无细化监管措施及具体规定；奶畜养殖者、生鲜乳收购站开办者和运输车经营者的经营主体是否落实。奶畜养殖场、生鲜乳收购站、运输车监管情况。重点检查奶畜养殖场备案管理，生鲜乳收购许可证和运输车准运证发放、换证和吊销等情况；收购站和运输车注销、关停并转情况；奶畜养殖场、收购站和运输车标准化建设和管理、生鲜乳质量检验、不合格乳处理、安全制度落实等情况，以及生鲜乳收购站监督管理体系运行、监管监测信息一体化管理情况。生鲜乳质量安全监测与执法情况。重点检查 2016 年生鲜乳质量安全监测计划实施情况，包括监测抽检覆盖范围、监测指标设定情况，组织排查风险隐患情况，信息化监测手段运用情况；违法违规添加行为、破坏生鲜乳收购秩序行为监管及查处情况；农牧部门与同级食药监、质检、公安等部门衔接、共管情况。服务、培训及宣传情况。重点检查奶业重点州（市）、县（市、区）支持开展生鲜乳质量安全监测、监管技术服务情况；以及围绕生鲜乳质量安全监管安全法律法规开展宣传、组织培训情况。

2016 年，昆明市动物卫生监督所和昆明市奶业协会以奶牛合作社、生鲜乳收购站、运输环节为监测重点，共检测生鲜乳抗生素、黄曲霉毒素 M_1 等 1 611 批，结果符合安全范围。加强对“奶吧”的原料奶检测，每周进行一次抽样，严格对营养指标、安全指标及卫生指标检测把关，共检测“奶吧”送检奶样 144 批次，牛场抽检样品 36 批次，发现问题及时反馈，指导改进，有效促进“奶吧”自律。

【奶业大事】“云南省学生饮用奶管理办法”颁布施行。为了更好地推进云南省学生饮用奶的实施推广，根据《国家“学生饮用奶计划”推广管理办法（试行）》和《云南省农村义务教育学生营养改善计划领导小组办公室关于进一步规范学生饮用奶管理的指导意见》（云学生营养办函【2013】20 号），在广泛征求协会各成员单位、理事、相关部门以及中国奶业协会意见的基础上，云南省奶业协会制订了《云南省学生饮用奶管理办法（试行）》，于 2016 年 6 月 1 日起颁布施行。“办法”共分总则、推广运行、专用标志、产品品种、生产企业、注册程序、质量管理、实施学校、应急处置和附则 10 章，其宗旨是让云南学生“多饮云南优质奶”。首先，以“新鲜、营养、安全”为原则，云南省学生饮用奶的亮点之一是将巴氏杀菌奶、调制乳和发酵乳等低温奶系列产品纳入学生饮用奶范畴；其次将水牛奶、山羊奶等特色鲜明、营养价值高的特色奶作为学生饮用奶推广实施；最后，原料奶质量在符合《生乳》（GB 19301）规定的基础上有较大提高。

云南省奶业协会开展“学生饮用奶奶源基地认定工作”。根据中国奶业协会“关于开展学生饮用奶奶源基地认定工作的通知”（中奶协发【2016】21 号），云南省学生饮用奶生产企业对其奶源基地自查调整、在中国学生饮用奶网站填报信息提出认定申请的基础上，2016 年 10~11 月，云南省奶业协会对云南欧亚乳业有限公司（3 个奶源基地）、云南皇氏来思尔乳业有限公司（2 个奶源基地）、云南新希望邓川蝶泉乳业有限公司（1 个奶源基地）、昆明雪兰牛奶有限责任公司（3 家奶源基地）以及云南乍甸乳业有限责任公（2 个奶源基地）5 家学生饮用奶生产企业的 11 个奶源基地进行了现场评估，上报中国奶业协会，通过了学生饮用奶奶源基地认定。

（云南省奶业协会，黄艾祥）

附表 1　云南省奶牛养殖场（小区）名录

州市	序号	名称	养殖场	小区	全群存栏（头）	成母牛存栏（头）	奶畜品种	成母牛单产（t/年）	年总产（t）	是否参加DHI	是否应用TMR
昆明市	1	晋宁县，晋城兴隆奶牛农专业合作社		√	2 387	1 623	荷斯坦	4	6 514.2	√	
	2	晋宁县，县孙家坝奶牛合作社		√	826	586	荷斯坦	3.99	2 339.2		
	3	晋宁县，晋城联盟奶牛养殖场		√	614	417	荷斯坦	3.976	1 658.8		
	4	晋宁县，晋城十里奶牛农民专业合作社		√	1 383	980	荷斯坦	4	3 925.5	√	
	5	晋宁县，昆明绿源养殖有限公司		√	576	387	荷斯坦	5	1 400	√	
	6	晋宁县，尼摩合奶牛专业合作社	√		277	170	荷斯坦	7.5	1 168	√	√
	7	晋宁县，华达牧业有限公司牛奶收购站		√	396	270	荷斯坦	3.95	1 067.2		
	8	晋宁县，晋城宏尚奶牛农民专业合作社		√	909	609	荷斯坦	3.976	2 431.8	√	
	9	晋宁县，牛恋现代奶牛养殖场		√	668	468	荷斯坦	3.98	1 864.2		
	10	晋宁县，昆明绿源养殖有限公司		√	980	667	荷斯坦	3.995	2 665.3		
	11	晋宁县，晋城月表奶牛专业合作社		√	1 026	697	荷斯坦	3.997	2 786.1	√	
	12	宜良县，顺兴裕奶牛养殖专业合作社		√	286	238	荷斯坦	4.1	560		
	13	宜良县，县瓦窑奶牛养殖场		√	622	505	荷斯坦	4.5	1 656	√	
	14	宜良县，奶初源奶牛养殖合作社		√	760	512	荷斯坦	5.6	560		
	15	宜良县，兴达奶牛养殖场		√	680	400	荷斯坦	4.5	1 800		
	16	宜良县，华达奶牛养殖合作社		√	334	221	荷斯坦	5.3	602		
	17	宜良县，胜利奶牛养殖合作社		√	430	260	荷斯坦	5.6	1 010	√	
	18	宜良县，古城新村奶牛养殖专业合作社		√	325	206	荷斯坦	4.4	520		
	19	宜良县，木希奶牛合作社		√	260	125	荷斯坦	5	630.93		
	20	宜良县，鑫磊奶牛养殖场		√	290	186	荷斯坦	5.1	600	√	
	21	宜良县，锦秀奶牛养殖专业合作社		√	342	213	荷斯坦	5.6	760	√	
	22	宜良县，森琦奶牛养殖合作社		√	330	235	荷斯坦	5.6	800		
	23	宜良县，九乡阿格里乳牧业有限公司		√	250	158	荷斯坦	5.2	986		
	24	嵩明县，会新奶牛养殖合作社		√	2 471	675	荷斯坦	3.4	2 304	√	
	25	嵩明县，兴瑞合奶牛养殖公司		√	1 520	470	荷斯坦	5	2 347.2	√	
	26	嵩明县，明新奶牛养殖公司		√	1 945	621	荷斯坦	4.8	2 952	√	
	27	嵩明县，龙鱼多奶牛养殖专业合作社		√	280	66	荷斯坦	4	262.8	√	
	28	嵩明县，牧兴养殖专业合作社		√	2 277	651	荷斯坦	4.2	2 916	√	
	29	嵩明县，金国养殖场		√	826	227	荷斯坦	3.8	864	√	

（续）

州市	序号	名称	养殖场	小区	全群存栏（头）	成母牛存栏（头）	奶畜品种	成母牛单产（t/年）	年总产（t）	是否参加DHI	是否应用TMR
	30	嵩明县，犇腾养殖有限公司		√	264	78	荷斯坦	5.6	432	√	
	31	嵩明县，东达种养殖合作社		√	353	123	荷斯坦	3.6	448.2	√	
	32	嵩明县，富达奶牛养殖基地	√		266	166	荷斯坦	6.5	1 079		√
	33	嵩明县，大家利奶牛养殖场		√	70	34	荷斯坦	4.2	288		
	34	石林县，春草原农产品专业合作社		√	360	110	荷斯坦	5.18	490	√	
	35	石林县，新希望雪兰牧业有限公司	√		2 137	1 000	荷斯坦	10.58	1 0585	√	√
	36	石林县，映山畜牧有限公司	√		200	66	荷斯坦	7.98	1 022	√	
	37	寻甸县，大家利生态奶牛养殖基地（王凤萍）		√	255	112	荷斯坦	4.7	410	√	√
	38	寻甸县，稼竜奶牛养殖场	√		530	250	荷斯坦	0	0		√
	39	寻甸县，唐牛山顶牧场	√		314	178	荷斯坦	7.1	1 095	√	√
	40	经开区，云南绿盛美地农牧发展有限公司	√		252	100	荷斯坦	6.5	474	√	√
	41	五华区，众维奶牛养殖专业合作社	√		187	100	荷斯坦	5.11	511	√	√
	42	现代奶牛养殖场		√	610	335	荷斯坦	5.5	2 100	√	
昆明市合计					30 068	15 495		206.61	68 885.43		
大理州	1	洱源县，云南新希望蝶泉牧业有限公司	√		2 050	908	荷斯坦	9.00	768	√	√
	2	巍山县，巍山千头奶牛养殖示范牧场	√		1 000	300	荷斯坦	8.00			√
	3	剑川县，剑湖奶牛养殖示范牧场	√		500	100	荷斯坦	8.00			√
	4	大理市，七里桥感通牧场	√		120	70	荷斯坦	8.00	560		√
	5	大理市，风仪齐美奶牛养殖合作社	√		150	80	荷斯坦	8.00	640		
	6	大理市，喜洲利波奶牛养殖专业合作社	√		80	35	荷斯坦	8.00	280		
	7	祥云县，欧亚刘厂牧场	√		480	480	荷斯坦	9.50	4 560	√	√
	8	祥云县，欧亚禾甸牧场	√		450	420	荷斯坦	9.50	3 990	√	√
	9	大理市，清碧溪牧场	√		180	160	荷斯坦	8.20	1 312		
	10	弥渡县，金润牧场	√		350	335	荷斯坦	9.20	3 082	√	
	11	弥渡县，神野牧场	√		340	330	荷斯坦	8.50	2 805	√	
	12	大理市，天娇牧场	√		180	165	荷斯坦	8.50	1 402.5		
	13	大理市，灿明牧场	√		160	145	荷斯坦	8.60	1 247		
	14	大理市，益新牧场	√		280	270	荷斯坦	8.80	2 376		
	15	大理市，德源山		√	370	356	荷斯坦	8.50	3 026		√

（续）

州市	序号	名称	养殖场	小区	全群存栏（头）	成母牛存栏（头）	奶畜品种	成母牛单产（t/年）	年总产（t）	是否参加DHI	是否应用TMR
	16	大理市，蝶泉乳业示范牧场机械化挤奶站	√		1 333	788	荷斯坦	9.00	3 538.93	√	√
	17	洱源县，右所高家营养殖小区		√	136	116	荷斯坦	7.00	298.564		
	18	大理市，惠农奶牛标准化养殖小区机挤站		√	185	165	荷斯坦	7.00	276.143		√
	19	大理市，喜洲托牛所		√	40	20	荷斯坦	6.00	200		
	20	鹤庆县，鹤庆牧场	√		820	400	荷斯坦	6.00	2400		√
大理州合计					9 204	5 643		163.30	32 762.137		
红河州	1	弥勒市，东风奶牛养殖小区		√	756	586	荷斯坦	4.88	3 933		
	2	弥勒市，云南盛泽畜牧有限公司	√		80	45	荷斯坦	5.03	489.6		
	3	弥勒市，林园家畜养殖专业合作社		√	274	82	荷斯坦	4.67	1 425		
	4	弥勒市，盘龙奶牛养殖合作社		√	56	12	荷斯坦	4.58	218.4		
	5	弥勒市，九牛牧业有限责任公司	√		197	125	荷斯坦	4.96	1025		√
	6	个旧市，云南乍甸乳业有限责任公司	√	√	6 580	5 850	荷斯坦	5.59	32 720	√	√
	7	泸西市，云南牛牛牧业股份有限公司牧场			2 580	953	荷斯坦	9.15	8 720	√	√
	8	新发村奶牛合作社		√	785	340	荷斯坦	3.8	1 292.38		
红河州合计					11 308	7 993		42.66	49 823.38		
曲靖市	1	云南新希望雪兰牧业科技有限公司	√		3 500	1 272	荷斯坦	10.00	1 520	√	√
	2	麒麟区靖源养殖合作社（李江）		√	530	258	荷斯坦	4.35	568		
	3	陆良县，新希望雪兰奶牛养殖有限公司	√		2 995	1 565	荷斯坦	9.80	17 710	√	√
曲靖市合计					7 025	3 095		24.15	19 798		
玉溪市通海县		通海县云江奶牛养殖场		√	1 420	545	荷斯坦	4.75	2 245		
玉溪市合计					1 420	545		4.75	2 245		
文山州		文山伊兴奶牛养殖合作社	√		1 920	1 600	荷斯坦	8.70	7 500		√
文山州合计					1 920	1 600		8.70	7 500		
楚雄州		楚雄安友农庄奶牛养殖基地	√		170	125	荷斯坦	3.6	450		

（续）

州市	序号	名称	养殖场	小区	全群存栏（头）	成母牛存栏（头）	奶畜品种	成母牛单产（t/年）	年总产（t）	是否参加DHI	是否应用TMR
楚雄州合计					170	125	荷斯坦	3.6	450		
丽江市		白沙奶牛养殖小区		√	337	300	荷斯坦		1 735		
丽江市合计					337	273	荷斯坦		1 735		
德宏州芒市	1	苏正芳奶牛养殖户	√		12	5	荷斯坦	3.8	21		
	2	施芹辉奶牛养殖户	√		14	7	荷斯坦	4.5	30		
	3	朱绍常奶牛养殖户	√		6	3	荷斯坦	3.9	12		
	4	双福柄奶牛养殖户	√		4	2	荷斯坦	3.5	7		
	5	宴发进奶牛养殖户	√		12	7	荷斯坦	4.6	33		
	6	付国昆奶牛养殖户	√		26	14	荷斯坦	3.9	55		
德宏州合计					74	38		24.2	158		
总计					61 526	34 807		477.96	183 356.947		

附表 1.1 云南省奶水牛养殖场（小区）名录

州市	序号	名称	养殖场	小区	全群存栏（头）	成母牛存栏（头）	奶畜品种	成母牛单产（t/年）	年总产（t）	√参加DHI	√应用TMR
保山市	1	马站养殖小区		√	203	160	奶水牛	1.8	81		
腾冲市	2	腾冲县巴福乐槟榔江水牛良种繁育有限公司	√		684	389	槟榔江	889	350	√	√
	3	腾冲市中和约园奶水牛养殖专业合作社		√	236	120	槟榔江	833	100		
	4	腾冲县腾和养殖有限责任公司	√		100	50	槟榔江	600	30		
	5	明光畜牧发展有限责任公司	√		475	63	槟榔江	476	30		
	6	景胜山河农牧有限责任公司	√		3 80	56	槟榔江	482	27		
	7	固东鸿福奶水牛养殖专业合作社	√		300	176	摩本杂 槟本杂	397	70		
	8	伟业奶水牛养殖专业合作社	√		100	67	摩本杂 槟本杂	447	30		
	9	曲石箐桥聂家湾奶水牛养殖小区		√	120	90	槟榔江	1 111	100		

（续）

州市	序号	名称	养殖场	小区	全群存栏（头）	成母牛存栏（头）	奶畜品种	成母牛单产（t/年）	年总产（t）	√参加DHI	√应用TMR
	10	云南腾冲龙川江农业发展有限公司	√		384	170	槟榔江	882	150	√	
	11	吉成家庭农场	√		100	50	摩本杂 槟本杂	900	45	√	
	12	界头孙正堂奶水牛养殖场	√		40	20	摩本杂 槟本杂	437	14		
	13	腾冲市牛哥奶水牛养殖基地	√		100	40	摩本杂 槟本杂	750	30	√	
	14	腾冲腾超农业发展有限公司	√		450	210	摩本杂 槟本杂	714	150		
	15	滇滩鑫杰奶水牛养殖场	√		100	42	摩本杂 槟本杂	619	26		
	16	滇滩王建堂奶水牛养殖场			60	24	摩本杂 槟本杂	458	11		
保山市合计					3 832	1 727		9 996.8	1 244		
德宏州	1	芒市，勐戛镇赵苍达奶水牛养殖场	√		37	23	奶水牛	2.5	32.4	√	√
	2	芒市，勐戛镇芒丙奶水牛养殖专业合作社		√	183	125	奶水牛	1.7	123	√	
	3	芒市，风平镇法帕朝阳奶水牛养殖小区		√	86	54	奶水牛	1.5	50	√	
	4	芒市，风平镇法帕竹林奶水牛养殖小区		√	68	48	奶水牛	1.3	39	√	
	5	芒市，张建国董兴荣郑安辉养殖场			47	29	奶水牛	1.8	31	√	
	6	芒市，朱贵周养殖场	√		21	9	奶水牛	1.3	7	√	
	7	芒市，赵前达养殖场	√		22	8	奶水牛	2.4	24	√	
	8	芒市，勐戛镇勐旺奶牛养殖专业合作社			74	38		4	158		
		芒市合计			538	334		16.5	464.4		
	1	盈江县，弄璋文明奶水牛养殖小区		√	86	40	奶水牛	1.3	20	√	
	2	盈江县，旧城宏发奶水牛养殖小区		√	178	115	奶水牛	1.3	10		
		盈江县小计			264	155		2.6	30		
	1	陇川县，张老大奶水牛养殖场	√		22	16	奶水牛	2.4	19.2	√	
	2	陇川县，许有增奶水牛养殖场	√		25	23	奶水牛	2.6	26	√	
	3	陇川县，张定建奶水牛养殖场	√		18	13	奶水牛	2.4	16.8	√	
	4	陇川县，叶超留奶水牛养殖场	√		19	12	奶水牛	2.4	16.8	√	

（续）

州市	序号	名称	养殖场	小区	全群存栏（头）	成母牛存栏（头）	奶畜品种	成母牛单产（t/年）	年总产（t）	√参加DHI	√应用TMR
	5	陇川县，聂大行奶水牛养殖场	√		20	13	奶水牛	2.4	19.2	√	
	6	陇川县，李文发奶水牛养殖场	√		21	16	奶水牛	2.5	24	√	
	7	陇川县，董有强奶水牛养殖场	√		17	12	奶水牛	1.7	10.2	√	
	8	陇川县，韩永传奶水牛养殖场	√		23	12	奶水牛	2.5	20	√	
	9	陇川县，陈昌寿奶水牛养殖场	√		18	13	奶水牛	1.9	13.3	√	
	10	陇川县，陈德金奶水牛养殖场	√		12	9	奶水牛	2	14	√	
		陇川县合计			195	139		22.8	179.5		
德宏州合计					997	628		41.9	673.9		
大理州	1	大理市，云南省乳用奶水牛原种场			65	45	奶水牛		35	√	
	2	巍山县，大仓镇幸福奶水牛标准化规模养殖小区		√	305	280	奶水牛		291	√	
	3	巍山县，大仓镇小河奶水牛标准化规模养殖小区		√	211	120	奶水牛		250	√	
	4	巍山县，大仓镇小河西片奶水牛标准化规模养殖小区			305	175	奶水牛		240	√	
		鹤庆县，松桂奶水牛示范村			2 000	200	奶水牛	2	400		
大理州合计					2 886	820			1216		
文山州广南县	1	谷多水牛乳业有限公司			631	580	奶水牛		194.05	√	
	2	馥明乳业基地			50	45	奶水牛				
	3	奔奔奶水牛养殖有限公司			23	23	奶水牛		14.2		
文山州合计					704	648			208.25		
总计					8 419	3 823		10 038.7	1 917.9		

附表 2 云南省乳制品生产企业名录

序号	名称	许可证号码	年收购原奶量(t)	平均支付价格(元/kg)	其中：自有奶源量(t)	年乳制品产量(t)	其中：巴氏杀菌奶(t)	UHT 奶(t)	酸奶(t)	奶粉(t)	奶油(t)	奶酪(t)	乳饮料(t)	整体设计加工能力(t/年)	产品销售区域	年销售收入(万元)	利润(万元)
1	昆明雪兰牛奶有限责任公司	QS530005010292	98 550.00	4.19	46 393	72 495.84	30 865.85	27 355.45	7 247.54	0.00	0.00	0.00	7 027.00	100 000.00	云南	97 200.00	4 300.00
2	昆明市海子乳业有限公司	QS530005010417				20 901.32			20 901.32	0.00	0.00	0.00		36 500.00	云南	2 058.00	248.00
3	昆明七彩云乳业股份有限公司	QS530105011228				21 745.00	8 313.00		11 542.00	0.00	0.00	0.00	1 809.00	30 000.00	云南	2 343.00	60.00
4	云南欧亚乳业有限公司	SC10553290113000	73 500.00	3.53	23 800	123 000.00	305.00	68 913.97	7 604.00	35.07	0.00	0.00	46 141.96	233 600.00	全国	91 843.00	9 612.00
5	云南新希望邓川蝶泉乳业有限公司	91532930218860337E	30 152.84	3.40	7 132.499	69 852.36		33 763.26	7 174.85	1 601.87	53.43		27 258.95	100 000.00	全国	53 708.50	1 902.46
6	云南皇氏来思尔乳业有限公司	SC10553290101054	45 618.00	3.45	1 706	75 104.00	2 310.00	29 036.00	28 996.00				11 479.00	150 000.00	云南 四川 贵州	51 000.00	6 545.00
7	云南乍甸乳业有限责任公司	滇 532501（2016）001	32 720.00	3.60	32 720	32 720.00	1 7350.00	9 816.00	5 235.00	无	无	无	319.00	100 000.00	云南	30 378.00	4 165.00
8	昆明龙腾生物乳业有限公司	SC10553012207005	6 000.00	6.5（羊奶）	0	1 200.00	300.00		300.00	750.00	0.00	0.00	0.00	10 000.00	全国	4 800.00	180.00
9	腾冲市艾爱摩拉牛乳业有限责任公司	530505010001	1 960.00	8.0（水牛奶）		1 950.00	180.00	1 400.00				90.00	280.00	3 000.00	云南 北京 上海	3 600.00	215.00

（续）

序号	名称	许可证号码	年收购原奶量（t）	平均支付价格（元/kg）	其中：自有奶源量（t）	年乳制品产量（t）	其中：巴氏杀菌奶（t）	UHT 奶（t）	酸奶（t）	奶粉（t）	奶油（t）	奶酪（t）	乳饮料（t）	整体设计加工能力（t/年）	产品销售区域	年销售收入（万元）	利润（万元）
10	德宏祥祥乳业有限公司	SC10653310325621	306.00	7.0（水牛奶）	0	224.70	119.90	62.00	42.80	0.00	0.00	0.00	85.80	66 00.00	德宏州	312.00	−61.00
11	云南华农乳业有限公司	QS532306010397			2 200	10 000		4 000.00	200.00				5 000.00	28 800.00	云南省		
12	云南伊利乳业有限责任公司	91530127587393009E（未报）												44 298.00			
13	大理金花乳业有限责任公司	QS532905011246（停产）												5 000.00			
14	大理银河乳业有限责任公司	QS532905011100（停产）												73 000.00			
15	云南多喝乳业有限责任公司	QS532505010886（停产）												36 500.00			
16	红河云牛乳业有限责任公司	QS532505011735（停产）												175 200.00			
17	弥勒县羊妈妈乳制品厂	QS5300 2801 0013（羊奶）															
18	石林雨欧畜牧产品开发有限公司	QS（羊奶产品）															
	总计		288 806.84		113 951.50	429 193.22	59 743.75	174 346.68	89 243.51	2 386.94	53.43	90.00	99 400.71	920 798.00		337 242.50	27 166.46

昆明市

【奶畜养殖】2016年年底，昆明市全市奶牛存栏总数4.14万头，比2015年的4.25万头，减少了2.59%；全市鲜奶产量10.77万t，与2015年的10.53万t相比，增加了2.28%。奶牛集中分布在宜良、晋宁、嵩明、石林、阳宗海、寻甸、五华、安宁等10个县（市）区、管委会（见表4-32），全部为荷斯坦牛。全市现有规模化奶牛场8个（石林生态牧场，绿盛美地、尼摩合、映山、众维、唐牛、稼竜、富达等），存栏奶牛0.42万头，占总存栏奶牛的10.1%，平均单产达8 346t；奶牛养殖小区（合作社）32个，存栏奶牛2.42万头，占总存栏奶牛的58.34%，平均单产达3 880t；散养户存栏奶牛1.3万头，占存栏奶牛的31.4%（见表4-33）。

表4-32 2016年主要养殖县（区）奶牛养殖情况

县(区)名称	奶牛存栏（头）	成乳牛存栏（头）	牛奶产量（t）	奶牛单产（kg/头·年）
五华区	178	89	364	4 090
阳宗海	1 870	935	2 166	2 317
东川区	20	15	60	4 000
寻甸县	334	167	1 012	6 060
晋宁区	11 279	5 640	31 459	5 578
宜良县	15 314	7 657	43 002	5 616
石林县	3 716	1 858	11 511	6 195
嵩明县	8 522	4 261	17 686	4 151
安宁市	188	94	398	4 234
富民县	12	6	28	4 666
合计	41 433	20 716	107 686	5 198

2016年昆明市奶类生产总量为12.33万t，其中荷斯坦牛奶10.77万t，山羊奶1.56万t。荷斯坦奶牛年单产达到5 198kg，山羊年单产是160kg。见表4-34。

表4-34 2016年昆明市奶畜养殖情况

奶类产量（万t）	荷斯坦牛				奶山羊		
	牛奶产量（万t）	奶牛存栏（头）	成乳牛存栏（头）	单产（kg/头·年）	山羊奶产量（万t）	山羊存栏（只）	单产（kg/头·年）
12.33	10.77	41 433	20 716	5 198	1.56	1 601 216	160

2016年全市畜牧业产值128.55亿元，比2015年的131.9亿元减少2.54%。奶类产值5.88亿元，比2015年的5.51亿元增加6.72%，奶牛产值占畜牧比重4.57%。

由于昆明市奶牛养殖规模化程度高，奶牛主要是集中饲养，统一挤奶的模式，所以奶业是奶业产区农民的主要收入，占其总收入的88%。

昆明市2016年黑白花牛奶收购标准：脂肪3.10%、蛋白质2.85%、无抗奶，体细胞80万、细菌数200万个/mL以内，平均收购价3.6元/kg(2016年雪兰自有牧场奶量占比达到50%，综合奶价随之升高)。全年牛奶收购实行按质论价，平均收购价格2.80~4.80元/kg。

昆明市山羊奶收购价为5~7元/kg。

【乳品加工】昆明市2016年乳品加工企业5个，即昆明雪兰牛奶有限责任公司、昆明市海子乳业有限公司、七彩云乳业股份有限公司、伊利集团牛奶有限责任公司云南分公司、昆明龙腾生物乳业有限公司。另外，还有3家奶吧加工巴氏奶。昆明市2016年加工能力1 224t/h，实际加工量306t/h。

昆明市2016年乳品加工实际产量18.31万t，销售收入14.81亿元，利润8 966万元。

昆明市2016年规模以上企业昆明雪兰牛奶有限责任公司（含海子和七彩云）生产乳制品115 142t，其中巴氏消毒奶39 179t、UHT奶27 355t、酸奶39 691t、含乳饮料类8 116t；昆明市龙腾生物乳业有限公司：羊奶粉300t；酸奶300t；巴氏消毒奶300t、UHT奶100t。另外，昆明市三个奶吧日加工销售巴氏奶2.3t，2016年共生产巴氏奶830t。

寻甸县稼竜奶牛有限公司奶牛场，牧场建设已完成，现在已引进奶牛530头，等待项目验收。

表4-33 2016年度昆明市标准化奶牛场牛存栏情况

序号	牧场名称	奶牛现存栏			年产奶量(吨)	泌乳牛	青年牛	备注
		荷斯坦	西门塔尔	娟姗牛				
1	石林生态牧场	2 137			10 585	1 000	1 137	
2	石林映山	200			1 022	66	134	
3	宜良绿盛美地	238	14		474	100	138	
4	晋宁尼摩合	255	15	7	1 168	170	85	
5	嵩明富达	266				166	100	
6	五华众维	180	7		511	100	80	
7	寻甸赛优	314			1 095	178	136	
8	寻甸稼竜	530					530	
合计	合计	4 120	36	7	14 855	1 780	2 340	

【市场消费】2016年昆明市人均奶类占有量18.47kg／年，人均支出222元／年。巴氏杀菌奶销售增长明显、UHT奶，酸奶、奶粉等产品的消费有所下降。（表4-35~表4-36）

表4-35 2016年昆明市乳制品生产情况

主要产品种类	巴氏杀菌奶	UHT奶(含乳饮料）	酸奶	奶粉	消费趋势
产量（t）	39 179	39 191	39 690.86	0	消费升级，巴氏奶和酸奶消费需求增长明显

表4-36 2016年产品价格变化表（元）

产品名称	2016年1~2月	2016年3~11月	2016年12月
500ML利乐枕	3.8	3.8	3.8
150G原味塑杯	1.8	1.8	1.8
950ML大盒	11	11	11
250ML甜牛奶	2	2	2
250ML红枣奶	2	2	2

【奶源基地】昆明市2016年不同规模养殖场区数量及其生产情况（表4-37）。

表4-37 2016年不同规模养殖场区规模及数量

养殖场规模(头）	数量（个）	生产情况（kg/头、年）
100头以下	1	3 800~9 100 kg/头/年
101~500头	20	
501~1 000头	11	
1 001头以上	8	

2016年昆明市规模奶牛场存栏29 369头，平均单产5 198kg/（头·年），散养奶牛12 000头，平均单产4 149kg/（头·年）。散养户主要集中在晋宁县和宜良县。

生鲜乳收购站及运输车辆准运证情况。昆明市目前共有生鲜乳收购站45个，均持有《生鲜乳收购许可证》，且在有效期内，其中乳企开办的奶站有7个，奶牛养殖场开办的奶站有17个，合作社开办的奶站有16个；实行机械化挤奶的有40个，机械化挤奶率达88.8%。（牛奶的生乳收购站有40个，机械化挤奶率达100%；生鲜羊奶收购站5个，1个为合作社开办，其余4个均为乳制品生产企业开办，全部为手工挤奶）。

45个生鲜乳收购站均有生鲜奶运输专用40车辆，其中，生鲜乳收购站自有25辆，乳制品企业自有13辆，租用的有2辆。35个生鲜牛奶收购站运输车辆均为冷藏专用车，有冷藏设备，均有生鲜乳准运证，均随车携带生鲜乳交接单，生鲜牛奶贮奶罐及运输车辆均定期清洁消毒。

全市40个规模化奶牛场（合作社）有8个牧场应用TMR，占20%。

饲草饲料、品种改良、疫病防控等情况。

饲养奶牛的精料部分，绝大多数养牛户主要以玉米面为主，适当添加预混料或浓缩料精、盐、钙和酸碱平衡剂。预混料和浓缩料精主要使用云南农业大学生产的金田园牌，四川生产的普瑞纳牌。青绿饲料，粗饲料，各合作社使用情况不尽相同。粗饲料主要是干稻草。青贮饲料主要是玉米秸秆青贮。标准化奶牛场饲草饲料按奶牛饲养管理规范执行。

品种改良一直按国家奶牛良种补贴执行，全部奶牛4.14万头都享受国家奶牛良种补贴。

疫病防控以防为主、防治结合，将强制免疫和疫情监测工作作为重点，每年至少进行一次结核病、布病检疫及扑杀净化工作。每年两次口蹄疫疫苗注射，确保100%的免疫密度，并实施动物标识管理，引种检疫、产地检疫等。

【奶业组织】昆明市奶业协会于2015年4月11日进行了换届；有两个县级奶业协会，宜良县奶业协会、晋宁县奶业协会，两个协会都于2017年上半年进行了换届。

组织全市奶业从业人员参加省内外的会议和技术培训10期100余人次，例如组织昆明市奶业协会25名会员参加在青岛举办的第七届中国奶业大会。

【政策法规】昆明市创建国家级标准化示范奶牛场项目。对改扩建的养殖规模达1 000头以上的标准化奶牛场一次性补助300万元，补助项目是牛颈夹、TMR饲料混合机、挤奶机及奶牛购买补助等。

优质冻精改良。2016年昆明市动物卫生监督所购买加拿大进口冻精200枚，使用对象是管理条件较好、系谱档案全的牛场或者合作社。

【质量监管】

2016年，配合农业部、云南省动物卫生监督所、昆明市动物卫生监督所共检测生鲜乳1 611批，其中青霉素379批、氯霉素400批、四环素325批、镉65批、黄曲霉毒素M_1 642批，未检出不合格样品。镉残留量在10ug/kg以下，在安全范围内。

一是根据云南省农业厅、昆明市农业局等上级业务部门的要求，积极配合昆明市动物卫生监督所，以奶牛合作社、生鲜乳收购站、运输环节为监测重点，加大对生鲜乳的抽检力度。共抽检生鲜乳1 348余批次，进行了三聚氰胺、黄曲霉毒素、氯霉素、β-类抗生素、四环素类、磺胺类、庆大霉素等的有毒有害物质残留的监测。

二是协会积极配合农业部每年一次对全市生鲜乳收购站及生鲜乳运输环节抽检。按照《生鲜乳收购站标准化管理现场检查内容和判定标准》《生鲜乳运输车现场检查内容和判定标准》的要求进行现场检查。共抽检生鲜乳83批次，其中收购环节45批次，运输环节38批次，主要检测三聚氰胺、皮革水解物、碱类物质、硫氰酸钠、β-内酰胺酶5种违禁添加物，抽检样品全部合格，有效促进昆明市生鲜乳质量安全监管工作，杜绝违法经营行为。

三是加强对奶吧的原料奶检测，每周进行一次抽样，严格对营养指标、安全指标及卫生指标检测把关。共检测奶吧送检奶样144批次，协会工作人员还到绿盛美地奶牛场、晋宁县尼摩合奶牛场、五华众维奶牛场抽检样品36批次，发现问题及时反馈，指导改进，有效促进奶吧自律。

昆明市动物卫生监督所对奶牛养殖环节使用的饲料、兽药等投入品进行监管指导，并指导乳品企业和各奶牛养殖基地进行优质奶源生产加工，确保奶制品质量安全。

昆明市建立主管部门抽检、乳品加工企业普检和奶站自检的三位一体质量安全检测保障体系，切实保障了昆明市牛奶质量安全。

奶牛生产性能测定。2016年测定奶牛场（含奶水牛场）33个，其中昆明市22个，州市11个，每月测定样品数在9 000以上。2016年共上报中国奶牛数据处理中心112 460条数据。出具DHI检测报告396份，出具DHI牧场管理报告144份。全市45个规模化奶牛场（合作社）有8个牧场应用TMR，占17.8%。

（云南省昆明市奶业协会，周亚平）

附表 1　昆明市奶牛养殖场（小区）名录

序号	名称	养殖场	小区	全群存栏（头）	成母牛存栏（头）	奶畜品种	成母牛单产（t/年）	年总产（t）	是否参加DHI	是否应用TMR
1	石林新希望雪兰牧业有限公司	√		2 137	1 000	荷斯坦	10.58	10 585.00	√	√
2	石林映山畜牧有限公司	√		200	66	荷斯坦	7.98	1 022.00	√	
3	石林春草原农产品专业合作社		√	360	110	荷斯坦	5.18	490.00	√	
4	昆明五华区众维奶牛养殖专业合作社	√		187	100	荷斯坦	5.11	511.00	√	√
5	嵩明犇腾养殖有限公司		√	264	78	荷斯坦	5.60	432.00	√	
6	嵩明会新奶牛养殖合作社		√	2 471	675	荷斯坦	3.40	2 304.00	√	
7	嵩明明新奶牛养殖公司		√	1 945	621	荷斯坦	4.80	2 952.00	√	
8	嵩明牧兴养殖专业合作社		√	2 277	651	荷斯坦	4.20	2 916.00	√	
9	嵩明金国养殖场		√	826	227	荷斯坦	3.80	864.00	√	
10	嵩明兴瑞合奶牛养殖公司		√	1 520	470	荷斯坦	5.00	2 347.20	√	
11	嵩明大家利奶牛养殖场		√	70	34	荷斯坦	4.20	288.00		
12	嵩明东达种养殖合作社		√	353	123	荷斯坦	3.60	448.20	√	
13	宜良县森琦奶牛养殖合作社		√	330	235	荷斯坦	5.60	800.00		
14	宜良九乡阿格里乳牧业有限公司		√	250	158	荷斯坦	5.20	986.00		
15	宜良胜利奶牛养殖合作社		√	430	260	荷斯坦	5.60	1 010.00	√	
16	宜良顺兴裕奶牛养殖专业合作社		√	286	238	荷斯坦	4.10	560.00		
17	宜良县锦秀奶牛养殖专业合作社		√	342	213	荷斯坦	5.60	760.00	√	
18	云南绿盛美地农牧发展有限公司	√		252	100	荷斯坦	6.50	474.00	√	√
19	宜良奶初源奶牛养殖合作社		√	760	512	荷斯坦	5.60	560.00		
20	宜良古城新村奶牛养殖专业合作社		√	325	206	荷斯坦	4.40	520.00		
21	宜良县华达奶牛养殖合作社		√	334	221	荷斯坦	5.30	602.00		
22	宜良兴达奶牛养殖场		√	680	400	荷斯坦	4.50	1 800.00		
23	宜良县瓦窑奶牛养殖场		√	622	505	荷斯坦	4.50	1 656.00	√	
24	宜良鑫磊奶牛养殖场		√	290	186	荷斯坦	5.10	600.00	√	
25	寻甸县唐牛山顶牧场	√		314	178	荷斯坦	7.10	1 095.00	√	√
26	晋宁华达牧业有限公司牛奶收购站		√	396	270	荷斯坦	3.95	1 067.20		
27	晋宁晋城联盟奶牛养殖场		√	614	417	荷斯坦	3.98	1 658.80		
28	晋宁牛恋现代奶牛养殖场		√	668	468	荷斯坦	3.98	1 864.20		
29	昆明绿源养殖有限公司		√	980	667	荷斯坦	4.00	2 665.30		

（续）

序号	名称	养殖场	小区	全群存栏（头）	成母牛存栏（头）	奶畜品种	成母牛单产（t/年）	年总产（t）	是否参加DHI	是否应用TMR
30	晋宁晋城宏尚奶牛农民专业合作社		√	909	609	荷斯坦	3.98	2 431.80	√	
31	晋宁晋城兴隆奶牛农专业合作社		√	2 387	1 623	荷斯坦	4.00	6 514.20	√	
32	晋宁县孙家坝奶牛合作社		√	826	586	荷斯坦	3.99	2 339.20		
33	晋宁晋城月表奶牛专业合作社		√	1 026	697	荷斯坦	4.00	2 786.10	√	
34	晋宁晋城十里奶牛农民专业合作社		√	1 383	980	荷斯坦	4.00	3 925.50	√	
35	晋宁尼摩合奶牛专业合作社	√		277	170	荷斯坦	7.50	1 168.00	√	√
36	木希奶牛合作社		√	260	125	荷斯坦	5.00	630.93		
37	新发村奶牛合作社		√	785	340	荷斯坦	3.80	1 292.38		
38	龙鱼多奶牛养殖专业合作社		√	280	66	荷斯坦	4.00	262.80	√	
39	寻甸县稼竜奶牛养殖场	√		530	0	荷斯坦	0.00	0.00		√
40	嵩明县富达奶牛养殖基地	√		266	166	荷斯坦	6.50	1 079.00		√
	合计 / 平均			29 412	14 751		4.88	66 267.81		

附表 2　昆明市乳制品生产企业名录

序号	名称	许可证号码	年收购原奶量（t）	平均支付价格（元/kg）	其中：自有奶源量（t）	年乳制品产量（t）	其中：巴氏杀菌奶（t）	UHT 奶（t）	酸奶（t）	奶粉（t）	奶油（t）	奶酪（t）	乳饮料（t）	整体设计加工能力（t/年）	产品销售区域	年销售收入（万元）	利润（万元）
1	昆明雪兰牛奶有限责任公司	QS530005010292	98 550	4.19	46 393	72 496	30 866	27 355	7 248	0	0	0	7 027	10 万 t	主要为省内销售	97 200	4 300
2	昆明市海子乳业有限公司	QS530005010417				20 901			20 901	0	0	0		3.65 万 t	主要为省内销售	2 058	248
3	昆明七彩云乳业股份有限公司	QS530105011228				2 1745	8 313		11542	0	0	0	1 809	3 万 t	主要为省内销售	2 343	60
4	昆明龙腾生物乳业有限公司	SC10553012207005	6 000.00	（羊奶）6.5	0	1 200.00	300.00		300.00	750.00	0.00	0.00	0.00	10 000.00	全国	4 800.00	180.00
5	云南伊利乳业有限责任公司	91530127587393009E	不详		—		0		0	0	0	0			云南、贵州、广西		
6	贵州牧草种籽繁殖场	SC10552272610074	2 549.736	3.8	2 549.74	2 422.2492	2 013.52		312.7292				96	3 500	贵州省	1 347	270

备注：自有奶源指来自自建和参建（控股、参股）牧场（小区）的原奶。

西藏自治区

【奶畜养殖】近年来，西藏奶业在自治区党委、政府的高度重视下，按照自治区提出的“要把奶牛品种改良工作作为农牧业经济结构战略性调整的重大举措，作为农区畜牧业大发展的突破口”的决策思路，抓住一系列强农惠农政策体系不断完善的战略机遇和提高农牧业综合生产能力的有利时机，坚持以市场为导向，优化奶牛品种，以转变方式为举措，以合作社、龙头企业为依托，充分挖掘内部潜力，实施“畜牧业提质增效”行动，有效推动了全区奶业健康发展，优良奶牛存栏和生鲜乳产量稳步提高。据统计，2016 年全区奶牛饲养量 104 万头，其中改良牛存栏 59 万头。自 20 世纪 70 年代引进冻精开展人工授精以来，荷斯坦、娟姗等优良奶牛品种与当地黄牛杂交的后代在群体结构中稳步增加，个体生产性能明显提高。先后从澳大利亚、新西兰引进优良奶牛 1 000 多头。目前，F_2 代以上的杂交奶牛 24 万头，良种率占奶牛总数的 23%。奶类产量 37.92 万 t，比 2015 年增长 7%，其中黄牛奶 22 万 t，牦牛奶 13 万 t。

【乳品加工】截至 2016 年年底，全区有一定规模的奶制品加工企业 8 家，分别是高原之宝牦牛乳业、西藏年河乳业发展有限公司、拉萨圣吉雪乳业、西藏康园食品、林芝地区贡布乳业、西藏藏地吉农乳业、山南雅砻惠民乳业、山南乃东结莎利群。主要产品品种为高原特色牦牛乳、有机乳、风味酸乳，共有 30 余个品种。规模以上企业产值达到 6.7 亿元，鲜奶年加工突破万 t。

由于奶源基地的奶牛饲养规模小而分散，加之受收奶半径限制，乳品企业规模小，经营水平低。同时，由于饲养分散，手工挤奶，造成原料奶新鲜程度差，影响高质量乳制品生产。乳制品大多以简单的酸奶、奶渣加工为主，没有形成规模，产品没有竞争优势。

【奶源基地】全区奶牛存栏规模在 100~300 头的奶牛养殖小区已达到 34 个，1 000 头养殖规模的 1 家，共存栏奶牛 7 290 头，平均单产 3.5t 左右，但目前还没有一个养殖场使用 TMR 设备。

2016 年，根据自治区人工种草与饲草料基地建设总体部署，进一步加强了优质牧草种植与加工，尤其是扩大了苜蓿和饲料玉米的种植，以满足规模养殖场和散户需要。截至 2016 年年底，共完成高标准人工饲草建设面积 4.5 万 hm^2。各地市充分利用低产田、弃耕地、荒滩荒地开展人工种草，促进粮经饲三元种植结构调整。同时，通过种草养畜、种草养地，形成粮草兼顾、农牧结合、循环发展的新型种养结构。

【奶农组织】根据高原之宝牦牛乳业公司的倡议，2016 年，西藏自治区农牧厅主动协助高原之宝成立西藏自治区奶业协会，组织专家开展实地评审，已完成民政部门的初步审查。高原之宝成立奶协，将吸纳全区 10 个成员单位和 98 家合作社，为 8 万多个养殖户提供服务。形成以各级畜牧技术推广服务站和乡镇综合服务中心为基础，以行业协会为补充，建成多层次多功能奶业发展服务体系，强化服务载体，及时为农户提供服务。

【建设项目】一是按照《西藏农区黄牛改良项目实施方案（2013—2020 年）》要求，进一步整合资金，完善基础设施建设。2016 年，黄改配种站点建设已基本完成，落实建设资金 5 930 万元，在 33 个县维修黄改配种站点 251 个、新建黄改配种站点 228 个。以山南市为例，黄改站点覆盖率已达到 65%，12 个县均有分布；拉萨市达到 70%，除部分半农半牧区和纯牧区，其他区基本实现全覆盖。二是从澳大利亚引进娟姗牛 42 头，落实建设资金 1 185 万元；支持城关区奶牛繁育中心建设；落实资金 2 900 万元，建设日喀则市种畜场、林芝市种畜场、曲水县才纳现代畜牧业示范基地、隆子县奶牛扩繁场等 20 个奶牛养殖场（小区），完善奶牛良种繁育体系建设。从草奖绩效考核中安排资金，用于转变畜牧业发展方式。三是继续开展标准化示范创建活动，2016 年，自治区 6 家养殖场被授予国家级畜禽养殖标准化示范创建单位，其中奶牛养殖场 2 个。四是按照国家发改委、农业部下达的种养业循环一体化项目 2016 年中央预算内投资计划，投入资金 800 万元，实施 10 个奶牛标准化规模养殖场（小区）建设，完成了场区的标准化改造提升和粪污资源化利用设施建设。

【政策法规】按照《西藏农区黄牛改良项目实施方案（2013—2020 年）》品种改良和布局要求，2016 年完成黄牛改良 12.36 万头，其中荷斯坦 8.4 万头，娟姗 4 万头，落实补贴资金 1 854 万元，其中中央财政补贴 300 万元，自治区本级财政补贴 1 554 万元。完成配种 8.03 万头。鉴于西藏奶牛良种率低，奶业发展滞后，良种繁育推广体系尚不健全，自治区已申请国家农业部、财政部补贴，将开展奶牛人工授精的养殖合作社、小区、基地纳入畜牧良种推广补贴范围，继续给予购置冻精补贴，并根据实际需要由自治区财政安排一部分资金。

（西藏自治区农牧厅畜牧水产处，边珍）

附表 1 西藏自治区奶牛养殖场（小区）名录

城市	序号	养殖场或合作社名称	养殖场	小区	存栏规模（头）	成母牛存栏（头）	日鲜奶产量（t）	是否应用TMR	平均产奶天数（d）	品种	年产鲜奶量（t）
拉萨市	1	德庆镇高产奶牛养殖场	√		132	99	4.73	否	270	荷斯坦	467.8
	2	章多乡章多村奶牛养殖场	√		257	214	4.2	否	270	荷斯坦	895.6
	3	唐家奶牛养殖场	√		60	50	2.7	否	270	荷斯坦	135
	4	荣多奶牛养殖合作社	√		90	74	2.7	否	270	荷斯坦	199.8
	5	甘曲镇江角奶牛养殖小区		√	206	164	3.38	否	270	荷斯坦	554.3
	6	甘曲镇吴坚麦奶牛养殖小区		√	150	126	3.38	否	270	荷斯坦	425.9
	7	甘曲镇亚荣奶牛养殖小区		√	150	121	3.38	否	270	荷斯坦	408.98
	8	强嘎乡连布奶牛养殖小区		√	150	118	3.38	否	270	荷斯坦	398.8
	9	松盘乡那玛耐你养殖小区		√	200	155	3.78	否	270	荷斯坦	585.9
	10	边林乡藏嘎奶牛养殖小区		√	170	150	2.03	否	270	荷斯坦	303
	11	茶巴郎村玉珠奶牛样子合作社		√	170	125	4.73	否	270	荷斯坦	590
	12	曲水达噶鑫强奶牛养殖场	√		198	157	3.38	否	270	荷斯坦	529
	13	城关区高标准奶牛养殖场	√		1 500	547	6.75	否	270	荷斯坦	3 692.3
	14	岗堆小区奶牛养殖场	√		70	70	4.05	否	270	荷斯坦	283.5
	15	次角林小区奶牛养殖场	√		65	65	4.05	否	270	荷斯坦	263
	16	藏热小区奶牛养殖场	√		478	370	2.8	否	270	荷斯坦	1036
	17	吉苏小区奶牛养殖场	√		150	130	4.05	否	270	荷斯坦	526
	18	利良奶牛养殖合作社		√	104	36	3.65	否	270	荷斯坦	131
	19	东嘎村奶牛场	√		105	55	4.27	否	270	荷斯坦	235
日喀则	20	日喀则市种畜场	√		110	20	3.25	否	260	荷斯坦	845
	21	拉洛奶牛养殖场	√		506	150	2.99	否	260	荷斯坦	777.4
	22	甲措雄乡岗苏家庭农场	√		150	46	2.99	否	260	荷斯坦	777.4
	23	聂日雄乡坚参孜家庭牧场	√		110	35	2.6	否	260	荷斯坦	676
	24	旺达奶牛养殖场	√		140	53	2.08	否	260	荷斯坦	540.8
	25	圣雄奶牛养殖场	√		230	30	2.6	否	260	荷斯坦	676
	26	扎寺罗玛农牧场	√		120	60	2.86	否	260	荷斯坦	743.6
	27	江孜县奶牛扩繁场	√		55	23	2.86	否	260	荷斯坦	743.6
	28	谢通门达那塔乡奶牛专业养殖合作社	√		30	10	2.34	否	260	荷斯坦	608
	29	亚东帕里神女奶牛专业养殖合作社	√		65	22	2.08	否	260	荷斯坦	540.8

（续）

城市	序号	养殖场或合作社名称	养殖场	小区	存栏规模（头）	成母牛存栏（头）	日鲜奶产量（t）	是否应用TMR	平均产奶天数（d）	品种	年产鲜奶量（t）
	30	上亚东扎西达借黄牛养殖专业合作社	√		45	15	2.08	否	260	荷斯坦	540.8
山南	31	乃东县白荣奶牛养殖繁育基地	√		284	188	4.9	否	260	荷斯坦	476
	32	隆孜县奶源基地	√		110	77	4.9	否	260	荷斯坦	195
	33	扎囊县玉岗富民养殖合作社	√		94	65	4.9	否	260		164
阿里	34	阿里昆莎奶牛养殖场	√		257	249	2.4	否	240	荷斯坦	400
昌都	35	昌都益西奶牛养殖场	√		220	90	4.9	否	200	荷斯坦	220

备注：请在养殖场或小区列中选择打勾；如参加 DHI 或应用 TMR，请在相应表格中打钩。

陕西省

【奶畜养殖】2016年，陕西省奶牛存栏43.7万头，较2015年下降3.9%；奶类产量189.1万t，较2015年下降0.4%，其中牛奶产量140.2万t，较2015年下降0.7%。

陕西省奶牛主要分布在关中地区5市1区（即西安市、宝鸡市、咸阳市、铜川市、渭南市和杨凌示范区），奶牛存栏和牛奶产量分别占陕西省的95.4%和95.1%。奶牛存栏前10名大县依次为泾阳县、陇县、临潼区、武功县、乾县、千阳县、合阳县、临渭区、眉县和岐山县。2016年年底这10个县区奶牛存栏、奶类产量分别占陕西省的62.5%和61.6%（数据来源于统计局）。奶山羊主要分布在关中地区，奶山羊存栏和羊奶产量分别占陕西省的97.8%和98.4%。奶山羊存栏前10名大县依次是富平县、泾阳县、三原县、淳化县、临渭区、陇县、凤翔县、蓝田县、永寿县、蒲城县，2016年年底这10个县区奶山羊存栏和羊奶产量分别占陕西省的69.2%和68.6%（数据来源于行业统计）。

陕西省奶业发展具有以下几个特点：一是奶业聚集度高，陕西省奶畜养殖主要集中在关中地区，奶牛和奶山羊存栏前十名的大县存栏量均超过全省总存栏量的60%；二是拥有"双奶源"，陕西省是全国少有的"双奶源"省份，而且存栏量和产奶量均位居全国前列，其中奶牛养殖位居全国第六位，奶山羊养殖位居全国第一位；三是奶山羊产业优势更加突出。"十二五"以来，陕西省先后建成了6家具有国际先进水平的羊乳加工生产线，4家正在建设，装备水平大幅度提升。2014年以来，先后有黑龙江飞鹤乳业有限公司与陕西关山陇州乳业有限责任公司、西安百跃羊乳集团有限公司与陕西优利士乳业有限责任公司、西安宏兴乳业有限公司与杨凌圣妃乳业有限公司实现联合重组，产业集中度显著提高。

奶山羊作为陕西特色畜牧产业，近两年地方财政已加大对奶山羊产业的扶持力度，今后陕西奶畜产业发展围绕稳定奶牛产业，大力发展奶山羊产业方向，做大做强地方优势特色产业。

【乳品加工】2016年，陕西省45家乳品生产企业主营收入150亿元，同比下降2.2%。全省乳制品总产量144万t，同比下降10.9%，其中液体乳118万t，同比下降12.4%，奶粉26万t，同比下降3.7%。陕西省液体乳产量在全国排第五位，乳粉排第二位。陕西省羊乳产业在全国羊乳产业格局中具有举足轻重的影响，2016年羊奶粉产量约7万t，销售收入60亿元，产销量全国第一位，市场份额占全国85%以上（数据来源于陕西省工信厅）。

【市场消费】2016年，全省人均奶类占有量49.6kg，人均奶类消费量7.3kg，较2015年增加0.8kg，其中人均消费鲜奶3.8kg、酸奶1.1kg、奶粉0.8kg，其他乳制品1.5kg（国家统计局陕西调查总队）。

【奶源基地】据行业统计，陕西省奶牛存栏100头以上养殖场有400个。共有生鲜乳收购站495个，较2015年减少199个。其中乳品企业开办147个，养殖场开办183个，合作社开办165个，分别占奶站总数的29.7%、36.9%、33.4%。与2015年相比，乳品企业和养殖场开办的收购站增加0.23%，合作社开办的奶站减少1.90%。

产业开发：一是开展奶牛种养结合整县推进工作。国家财政投入1 500万元扶持泾阳县开展奶牛种养结合整县推进试点工作，对20个奶牛规模养殖场进行粪污处理设施改造；二是实施畜牧产业转型升级工程。省级财政投入3 000万元，扶持泾阳县奶牛产业转型升级示范县建设、陇县和富平县奶山羊产业转型升级示范县建设，按照"规模化、标准化、现代化、产业化、品牌化"要求，以家庭牧场为基础，以标准化规模养殖为主攻方向，突出龙头企业的引领作用，推进全产业链整体转型升级。

DHI测定：2016年陕西省参加奶牛生产性能测定的规模牛场（小区）共46个，测定3年以上的牛场已达42个，占3年总测定场数的78%，全年连续测定10次以上的牛场40个。全年测定样品172 448头份，测定奶牛25 021头，制作DHI测定报告549批份。2016年测定奶牛场305天平均产奶量为7 901.4kg。平均日产奶26.63kg，较2015年增加1.26kg。其中有14个参测牛场305天产奶量达到7 000~8 000kg，11个奶牛场达到8 000~9 000kg，3个奶牛场达到9 000kg以上，其中4个奶牛场305天产奶量由2015年的7 000~8 000kg跨进8 000~9 000kg的行列。从测定结果来看，2016年参测奶牛的平均乳脂率为3.96%，乳蛋白率3.33%，较2015年的3.82%和3.27%提高了3.6%和1.8%，平均脂蛋比1.19，处于合理区间；平均体细胞数29.65万/mL，其中体细胞数小于50万/mL的牛场有35家，占总测定场的76%，参测场乳品质量明显提高。

饲草种植：2016年，国家高产优质苜蓿示范建设项目投资1 500万元，在陕西省新种植1 667hm^2高产优质苜蓿。中央投资4 896万元，在临潼、陇县、岐山、泾阳、乾县、合阳6个县区和省农垦集团实施粮改饲试点项目，种植青贮玉米2万hm^2，全株青贮90万t。

养殖效益：（1）奶牛养殖效益。2016年陕西存栏奶牛100头以上的规模养殖场400个，较2015年减少371个。全省20个奶牛监测村80个奶牛监测场奶牛存栏3.85万头，同比下降2.25%，成母牛存栏1.87万头，同比下降7.53%，牛奶产量0.97万t，同比下降5.74%。

据全省50个畜产品价格监测点数据分析，2016年上半年生鲜乳收购价格持续下降，从年初的2.94元/kg下降至7月底的2.74元/kg，降幅7.48%；8月开始持续上涨，至12月上涨至3.39元/kg，涨幅24.63%。据全省80个奶牛监测场数据分析，2016年全省规模场每头成母牛养殖利润约为 1 900 元（牛奶销售收入 21 674 元 / 头 · 年 + 公犊销售收入 378 元 / 头 · 年 + 母犊牛折价 1 390 元 / 头 · 年 + 淘汰牛收入 3 171 元 / 头 · 年 – 养殖成本 24 692 元 / 头 · 年）。注：养殖成本中不包括固定资产折旧及经营管理等费用。

（2）奶山羊养殖效益。2016 年全省羊奶交售价格较为平稳，基本在 4.1~4.5 元 /kg，振幅较小，与 2015 年相比较，羊奶平均价格下降 0.5~1.0 元 /kg。据对全省 50 个奶山羊监测场数据分析，2016 年全省规模场每只成母羊全年养殖利润约为 400 元（羊奶销售收入 1 157 元 / 只 · 年 + 公羔销售收入 98 元 / 只 · 年 + 母羔折价 326 元 / 只 · 年 + 淘汰羊收入 331 元 / 只 · 年 – 养殖成本 1 493 元 / 只 · 年）。注：养殖成本中不包括固定资产折旧及经营管理等费用。

【质量监管】2016 年计划抽检 1 600 批次，实际全年完成生鲜乳监测任务共计 2 310 批次，完成计划的 111.4%。主要对奶站和生鲜乳运输环节的三聚氰胺、革皮水解物、β – 内酰胺酶等违禁添加物进行抽检，监测结果合格率 100%；对婴幼儿配方乳粉奶源基地卫生指标黄曲霉毒素 M_1 和国家明令禁止的违禁添加物三聚氰胺等进行监测，合格率 100%；对生鲜乳质量安全隐患（肠毒素、蜡样芽孢杆菌）进行排查。

【奶业大事】10 月 12~14 日，由西北农林科技大学和国际山羊协会主办的世界奶山羊产业发展大会暨第二届中国奶山羊健康养殖与羊奶加工国际研讨会在陇县顺利召开。国际山羊协会主席胡安 · 卡波特，陕西省农业厅党组成员、畜牧兽医局局长杨黎旭出席会议。本次会议以“绿色、创新、协作、共赢”为主题，来自俄罗斯、西班牙、澳大利亚等 9 个国家的 12 名外国专家，中国奶业协会、中国乳制品工业协会等行业组织的负责人，国内外羊奶企业巨头，羊奶研究的科技精英齐聚陇县，共话奶山羊产业转型升级。会议期间，举办了国际奶山羊产业发展战略与技术研讨会、中国奶山羊 20 强企业联盟促进产业转型升级圆桌会、奶山羊健康养殖国际研讨会、陕西和氏乳业集团有限公司智能化新工厂开业典礼、陕西绿能牧业万只奶山羊标准化养殖场揭牌和签约仪式等系列活动。

（陕西省畜牧兽医局，王鹏飞）

甘肃省

2016 年，甘肃奶业和全国奶业一样仍处于深冬，奶业市场低迷，乳品加工企业限收拒收现象愈加普遍，年末虽有所缓解，但并不乐观，仅仅是乳品企业为了囤积春节“礼品奶”而出现的“触底反弹”假象，仍是昙花一现。客观地说，奶业的这一漫长寒冬，实质上主要威胁的是奶牛养殖企业，无论奶牛养殖企业的规模大小，都处于生死存亡的关键时期。在消费市场疲软、进口乳制品挤压、政策扶持乏力、养殖成本上升、乳品企业被歧视（自建牧场收购价 4.2~4.5 元 /kg，非自建牧场只有 2.8~3.2 元 /kg）等多重因素影响下，奶牛养殖企业所面临的生存环境愈加艰难。奶牛养殖处境从“卖奶难”向规模化牛场破产退出发展，推动着产业供给侧结构的快速调整和生产方式的转变。

【奶畜养殖】据畜牧业统计与监测数据显示，2016 年甘肃省奶牛（含杂种牛）存栏 27.36 万头，其中荷斯坦牛 20.96 万头，高代改良牛（含偏雌牛）6.40 万头，主要分布在武威市 (5.07 万头)、张掖市 (4.44 万头)、临夏州 (3.55 万头)、定西市 (2.58 万头)、兰州市 (2.54 万头)、白银市 (2.36 万头)、酒泉市 (1.92 万头)、金昌市（1.46 万头）、庆阳市（9 761 头）、平凉市（9 615 头）、天水市（8 346 头）、庆阳市 (6 796 头)、天水市 (7 748 头)、嘉峪关 (5 256 头) 等市（州）的凉州、甘州、临泽、临夏、安定、临洮、榆中、红古、七里河、永登、景泰、靖远、平川、肃州、金川、合水 16 个县（区）的规模化奶牛场，其奶牛存栏数约占总存栏数的 85% 以上。

甘肃省牦牛存栏 140.88 万头，主要分布在甘南藏族自治州（112.75 万头）、武威市（14.51 万头）、张掖市（4.89 万头）、定西市（2.89 万头）、陇南市（3.99 万头）等市（州）的玛曲、夏河、碌曲、卓尼、天祝和肃南等高寒牧区和边缘山区。其牦牛存栏数占总存栏数的 95% 以上，主要是藏系牦牛和杂种犏雌牛。地方优良牦牛品种主要是天祝白牦牛，存栏 10 万头左右，主要分布在甘肃省武威市天祝藏族自治县境内海拔 3 000 m 以上的高寒草原。

甘肃省奶山羊存栏 23.91 万只，主要分布在天水市（9.99 万只）、张掖市（3.90 万只）、庆阳市（3.38 万只）、平凉市（2.80 万只）、定西市（1.34 万只）、陇南市（5174 只）等市的农区和半农半牧区。

与 2015 年相比，2016 年奶牛存栏增长了 2.20%，成母牛增长了 8.26%。其中：荷斯坦牛存栏增加 3.14%，成母牛增长 5.15%；牦牛存栏比 2015 年减少 0.97%，能繁母畜增长 1.95%。奶牛存栏呈现回升势头，尤其是荷斯坦牛存栏数量，主要是因为近年来新建的几个千头以上规模牛场正在按照原设计规模补充高产牛群数量。

据畜牧业统计与监测数据显示，2016 年甘肃奶类总产量 66.53 万 t，比 2015 年增加 5.82 万 t，增加了 9.58%。其中：牛奶总产 65.61 万 t，比 2015 年增加了 5.72 万 t，增长了 9.55%。奶类主要产自武威市（9.41 万 t）、张掖市（9.58 万 t）、甘南州（9.18 万 t）、兰州市（8.02 万 t）、定西市（6.71 万 t）、白银市（4.43 万 t）、临夏州（4.21 万 t）、酒泉市（4.19 万 t）、天水市（2.94 万 t）、金昌市（2.75 万 t）、平凉市（2.00 万 t）、嘉峪关（1.53 万 t）、庆阳市（1.47 万 t）等市州的牛奶主产县区。牦牛奶产量 7.85 万 t，主要产自甘南州（7.36 万 t）、张掖市（2 568t）、武威市

（1 529t）高寒草原牧区，成年母牦牛年单产在270kg左右。山羊奶8 133t，主要产自平凉市（1 584t）、庆阳市（1 670t）、天水市（2 222t）、定西市（1 338t）的奶山羊主产区。其他奶类（驼奶、马奶等）产量1 055t，主要产自武威市（980t）、张掖市（26t）少数民族集聚的牧区，自食与商品用途兼而有之，以自食为主。

2016年奶类产量同比增加5.82万t，增长9.58%。其中：牛奶产量增加5.72万t，增长9.55%；牦牛奶产量减少2.22万t，减少22.02%；羊奶产量增加898t，增长12.41%。除了牛群规模扩大，成母牛比例提高外，奶牛单产提高也是牛奶产量增加的主要因素。

2016年前11个月，生鲜乳价格总体平稳，经历了“高－低－高”的曲线变化过程。据甘肃奶业协会生鲜乳价格监测数据，2016年1~12月，生鲜乳价格逐月平均分别为3.52元/kg、3.53元/kg、3.5元/kg、3.46元/kg、3.4元/kg、3.4元/kg、3.4元/kg、3.39元/kg、3.4元/kg、3.45元/kg、3.50元/kg、3.65元/kg。截至10月底，生鲜乳价格持续走低，从10月底开始，生鲜乳价格开始反弹，甘肃省奶业协会收集的近四年生鲜乳月平均价走势如图4-6所示。

标准化规模奶牛场的交售价虽然稍好些，在3.5~3.8元/kg，但时而也因质量不达标而被拒收。甘肃省奶业协会监测记录的近四年来的奶农生鲜乳交售价格如表4-38所示。

【乳品加工】2016年乳品企业日处理鲜奶能力总计达到2 800t以上，年总销售额在20亿元以上，产品主要是本地巴氏杀菌奶、UHT奶、奶粉、酸奶和干酪素。规模企业主要有兰州庄园乳业有限责任公司、兰州伊利乳业有限责任公司、兰州雪顿生物乳业有限公司、甘南州燎原乳业有限责任公司、酒泉市乐为尔乳业有限责任公司等10余家。据初步统计，2016年收购原奶量32.82万t，平均支付价格3.26元/kg，其中：自有奶源量12.05万t。年乳制品产量30.48万t，其中：巴氏杀菌奶1.91万t，UHT奶13.06万t，酸奶4.13万t，奶粉4 452t，乳饮料11.28万t。整体设计加工能力114.01万t/年。年销售收入20.1亿元，年利润2.4亿元。2016年新建乳品加工企业和项目正在快速建设，预计在翌年投产的有四家：

甘肃雪顿牦牛乳业股份有限公司位于甘南藏族自治州夏河县拉卜楞镇嘛莲滩村，距兰州260km。厂区总占地面积约14.67hm^2，建筑物总面积3.52万/m^2。投产后，液态奶生产车间可日处理牦牛鲜奶400t，奶粉车间可日处理牦牛鲜奶200t。主要产品包括液态奶、奶粉和酸奶产品。

武威荣华新型农业股份有限公司乳制品厂投资10.8亿元，建设年加工30万t生鲜乳、1.50万t婴幼儿奶粉项目。

白银鑫昊生物科技有限公司乳制品加工项目投资2.5亿元，项目用地13.33hm^2，建设日加工500t原奶的生产线三条。

甘肃黑河水电实业投资有限责任公司与张掖市现代农业投资股份有限公司、北京三元食品股份有限公司共同出资设立的国有控股公司甘肃三元乳品加工项目。建设日处理500t鲜奶（年产18万t）的乳品生产线。项目占地面积约10hm^2，总建筑面积4.08万/m^2，概算总投资4.26亿元。

【奶源基地】在消费市场疲软、进口乳制品挤压、政策扶持乏力、乳品企业歧视、养殖成本上升等多重因素影响下，中小养殖户所面临的生存环境越来越恶劣。经历两年多的持续低迷，中小养殖户破产非常普遍，奶牛养殖处境从“卖奶难”向养殖户大量退出发展，推动着养殖结构的转变。据政府部门统计，2016年甘肃省百头以上规模化牛场160家，饲养奶牛13.74万头，年牛奶产量32.44万t，比2015年的186家、11.53万头、26.37万t，分别减少了26家、增加了22.19万头、增加了6.12万t，农户减少了14%，奶牛饲养量增长了19.3%，牛奶产量增长了23.2%。万头以上规模奶牛场从无到有，已经发展到了3家。万头奶牛场分别是甘肃前进牧业科技有限公司的石岗墩万头奶牛场、武威荣华新型农业股份有限公司的奶牛一场和二场两个奶牛场，总存栏2.6万头。2015年和2016年奶牛规模化养殖情况见表4-39。

从奶牛规模养殖情况看，饲养户数在逐年趋减，户均养殖规模在逐年趋增。百头以上规模养殖场虽比2015年减少了14%，只有160个，约占奶农总数的0.6%，但饲养奶牛13.74万头，约占奶牛存栏总数的50.2%，年牛奶总产3.25万t，占全省牛奶产量的58.1%。甘肃省奶业生产方式、组织形式和产品结构发生了新的变化，综合生产能力进一步加强。

主要牛场。据甘肃省奶业协会统计，2016年甘肃省规模化奶牛场（户）有160家，存栏奶牛12.37万头，其中成母牛7.71万头。2016年规模化牛场亏损企业超过了60%。部分新建奶牛养殖企业由于资金成本很高，有的负债率高达80%～90%，加上找不到收购原奶的乳品企业，迫于资金成本过高的压力难以为继而步入崩溃的边缘。有例证显示，已有一些规模化奶牛养殖企业已经倒闭。甘肃省存栏200头以上规模奶牛场养殖情况见表4-41。

学生饮用奶。在中国奶业协会的指导下，甘肃省奶业协会加强了学生饮用奶推广计划的管理工作。一是按照《国家“学生饮用奶计划”推广管理办法（试行）》，在组织专家严格考核的基础上，向中国奶业协会推荐了兰州庄园牧场股份有限公司和兰州雪顿生物乳业有限公司两个学生奶生产企业，并配合中国奶业协会专家组对推荐的两个企业进行了严格的考核。二是2016年5月，组织专家对拟申报学生饮用奶计划生产企业的甘肃祁牧乳业有限责任公司和庆阳陇牛乳业有限公司进行了审核和现场考核，按照考核组的初步意见，对基本具备生产企业条件的甘肃祁牧乳业有限责任公司，向中国奶业协会提交了推荐函，但由于该企业目前还没有按照考核组

表 4-38 2013—2016 年生鲜乳价格

单位：元 /kg

年度	1 月	2 月	3 月	4 月	5 月	6 月	7 月	8 月	9 月	10 月	11 月	12 月	平均	比上年
2013	3.80	3.82	3.84	3.84	3.96	4.07	4.15	4.28	4.62	4.73	4.84	4.95	4.24	15.11%
2014	4.85	4.75	4.62	4.11	4.00	3.90	3.85	3.48	3.31	3.22	3.33	3.33	3.90	-8.15%
2015	3.31	3.28	3.33	3.35	3.37	3.39	3.40	3.40	3.41	3.46	3.50	3.55	3.40	-12.83%
2016	3.52	3.53	3.5	3.46	3.4	3.4	3.4	3.39	3.4	3.45	3.50	3.65	3.47	2.09%

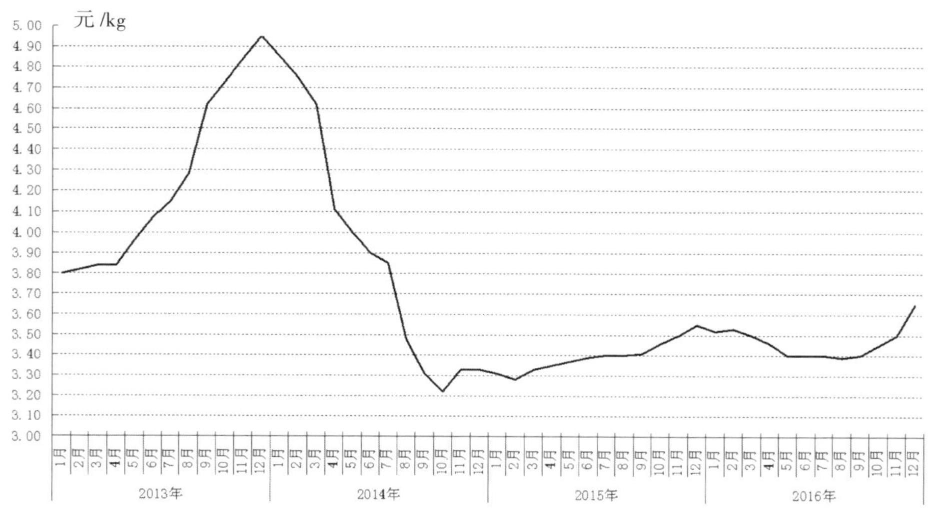

图 4-6 2013—2016 年规模化奶牛场生鲜乳交售价逐月走势图

推出的整改意见完成生产线改造和通过 ISO 9001 质量管理体系认证、危害分析与关键控制点 (HACCP) 管理体系认证，为此，暂时还没有批准。庆阳陇牛乳业有限公司由于产能和其他条件均达不到要求，因而没有推荐。三是分别于 4 月 7~8 日、8 月 25 日和 12 月 15 日参加了三次学生饮用奶计划推广工作座谈会，交流了甘肃省学生饮用奶计划工作的进展，进一步了解了兄弟省区学生饮用奶计划推广管理的经验。四是按照中国奶业协会学生饮用奶推广计划办公室中奶协发【2016】21 号《关于开展学生饮用奶奶源基地认定工作的通知》的安排和《学生饮用奶奶源基地建设与管理规范》的要求，在制定详细实施方案的基础上，对兰州庄园牧场有限公司和兰州雪顿乳业生物有限公司申请的，属地在甘肃境内的为两家企业供应学生饮用奶加工奶源的 7 家企业（临夏县瑞安牧场有限公司、临夏县瑞园牧场有限公司、榆中瑞丰牧场有限公司、兰州瑞兴牧业有限公司、武威瑞达牧场有限公司、甘肃农垦天牧乳业有限公司、会宁县亿源养殖有限公司）进行了现场评估认定。

DHI 测定。甘肃省奶牛养殖企业目前还没有开展生产性能测定工作，这对推动奶牛养殖技术走数字化、度量化的道路，奶牛养殖散养和家庭牧场大型规模化养殖转型的发展方向影响很大。特别是学生饮用奶推广计划明确要求奶源基地必须开展 DHI 测定工作。已经考评通过了学生饮用奶奶源基地的企业虽然承诺在 3 个月内开展这项工作，但因甘肃还没有一家奶牛 DHI 测定服务机构而搁置。因此，建议相关部门引起重视，争取早日建设甘肃省奶牛 DHI 测定实验室，为推动甘肃奶牛养殖业的发展做出实质性贡献。

品种改良。甘肃省奶牛品种改良主要是采用细管冻精及人工授精技术，2016 年共完成黄牛冻配改良 102 万头，政府招标采购奶牛冻精 2.60 万支，肉牛冻精 116 万支。奶牛良种改良主要靠引进国内外良种高产奶牛和冻精，良种冻精主要来自北京奶牛中心、蒙牛赛科星、加拿大 SEMEX(先马士)、环球种畜和天山凯风等服务企业。国家奶牛良种补贴统一采购的冻精，主要通过市县畜牧兽医技术推广体系在散户牛群中应用较多，大部分规模化牛场担心统一采购的冻精质量难以保证，一般通过社会化牛种服务企业自主采购可信赖的冻精配种，效果也好。

草料生产。甘肃省扩大优质牧草面积和基地，引进和培育草业龙头企业，充分利用科技优势加快科企联动，不断拓展草产品市场，全省草产业步入快车道。目前甘肃省已成为全国奶业优质饲草的重要供给补给区，形成了满足全省、面向全国、兼顾生态保障的区域化草产业基地。甘肃省实施草地农业、粮改饲、草牧业、退耕还草等重大示范工程，形成了三大草产业生产加工基地。河西灌区高端苜蓿、燕麦草捆产业基地，是甘肃内最主要的奶业高端苜蓿和燕麦生产储备供应基地。以定西 - 白银 - 兰州为主的中东部黄土高原旱作草产业基地，是目前国内最大的商品青贮草生产基地，创出了旱

表 4-39 2015—2016 年奶牛规模化养殖情况

单位：户、头、t

规模	指标	年度		增减		不同规模所占比重
		2016	2015	数量	幅度	
全省合计	场（户）	26 133	28 497	−2 364	−8.3%	—
	存栏牛	273 569	267 683	5 886	2.2%	—
	奶产量	559 480	491 275	68 205	13.9%	—
≤ 99 头	场（户）	25 973	28 311	−2 338	−8.3%	99.4%
	存栏牛	136 123	152 430	−16 307	−10.7%	49.8%
	奶产量	234 600	227 550	7 049.87	3.1%	41.9%
≥ 100 头	场（户）	160	186	−26	−14.0%	0.6%
	存栏牛	137 446	115 253	22 193	19.3%	50.2%
	奶产量	324 880	263 725	61 155	23.2%	58.1%
1 ~ 4 头	场（户）	19 238	20 766	−1 528	−7.4%	73.6%
	存栏牛	49 711	53 233	−3 522	−6.6%	18.2%
	奶产量	66 911	65 262	1 649	2.5%	12.0%
5 ~ 9 头	场（户）	4 126	4 680	−554	−11.8%	15.8%
	存栏牛	29 492	33 451	−3 959	−11.8%	10.8%
	奶产量	57 424	53 953	3 470	6.4%	10.3%
10 ~ 19 头	场（户）	1 850	1 987	−137	−6.9%	7.1%
	存栏牛	26 400	29 208	−2 808	−9.6%	9.7%
	奶产量	46 491	42 447	4 044	9.5%	8.3%
20 ~ 49 头	场（户）	597	681	−84	−12.3%	2.3%
	存栏牛	19 310	22 606	−3 296	−14.6%	7.1%
	奶产量	39 382	40 757	−1 376	−3.4%	7.0%
50 ~ 99 头	场（户）	162	197	−35	−17.8%	0.6%
	存栏牛	11 210	13 932	−2 722	−19.5%	4.1%
	奶产量	24 393	25 130	−738	−2.9%	4.4%
100 ~ 199 头	场（户）	65	81	−16	−19.8%	0.2%
	存栏牛	10 056	12 213	−2 157	−17.7%	3.7%
	奶产量	27 741	30 474	−2 733	−9.0%	5.0%
200 ~ 499 头	场（户）	40	48	−8	−16.7%	0.2%
	存栏牛	13 745	16 457	−2 712	−16.5%	5.0%
	奶产量	36 377	40 258	−3 881	−9.6%	6.5%
500 ~ 999 头	场（户）	21	22	−1	−4.5%	0.1%
	存栏牛	16 041	16 656	−615	−3.7%	5.9%
	奶产量	37 387	33 750	3 637	10.8%	6.7%
≥ 1 000 头	场（户）	34	35	−1	−2.9%	0.1%
	存栏牛	97 604	69 927	27 677	39.6%	35.7%
	奶产量	223 375	159 244	64 131	40.3%	39.9%

作农业区粮改饲、调结构、促增收的产业经营模式。甘南和祁连山高原区生态屏障维系带，是甘肃省重要的草原牧草基地和国家重要生态屏障。目前人工种草面积达160.10万hm^2，居全国第二位。其中紫花苜蓿留床面积达67.33万hm^2，占全国种植面积的1/3，居全国第一位；燕麦种植面积8万hm^2，草产品加工企业发展到110家，草产品加工量达760万t。据统计，苜蓿平均单产干草5 700kg/hm^2，粗蛋白含量≥15%，相对饲喂价值128。以河西走廊灌区为例，收获苜蓿中的60%~70%达到平均株高95cm，平均产量6 225kg/hm^2，粗蛋白≥18%，相对饲喂价值≥140。其中西部草王（大业）公司草产品生产能力达47万t，创立了国内第一个草产品品牌"草王"；甘肃农垦组建的田园牧歌草业集团在内蒙古、宁夏、天津等全国主要奶业基地布局产业基地，年产苜蓿草产品25万t，成为全国最大的优质苜蓿草捆企业；三宝公司短短几年在山丹马场建立高端燕麦基地1万hm^2，上市新三板；安定区培育的甘肃民祥公司，2016年带动全区加工玉米秸秆等青贮饲草达百万吨。一批草业企业实力强劲，带动合作组织32家，产品远销宁夏、内蒙古、黑龙江等国内奶业优势区域，年外销优质商品草200万t，占全国外销商品草的60%以上。

草产业的稳定发展为奶业提供了优质的饲草料保障。规模化牧场的粗饲料绝大多数使用的是青贮和苜蓿青干草，并且使用TMR机械饲喂，奶牛福利比较好，牛奶质量和安全有保障。少部分牧场和散户使用玉米秸秆和其他农作物秸秆为主，苜蓿干草和全株青贮玉米很少，饲养管理仍然很粗放，牛奶质量和安全难保证。

疫病防控。2016年，甘肃省没有重大的动物疫情发生。大部分奶牛养殖场（区）每年在当地畜牧兽医部门指导下，由驻场兽医进行常规的程序免疫和消毒，春秋两季开展口蹄疫免疫检测、奶牛结核病和布病的防检疫和净化工作，通过多年的检测净化，全省规模化奶牛养殖场（小区）达到了稳定控制标准（无疫情发生，且连续两年阳性检出率<0.01%）。目前，奶牛场的常规疾病仍以乳房炎、消化不良、酸中毒和肢蹄病等常见病为主。由于大力推进标准化奶牛养殖场建设，奶牛饲养管理水平和养殖理念明显提高，绝大多数奶牛养殖场区都能做到"以防为主、防重于治"，对常见多发病能做到"早发现，早治疗"。个别散户缺乏奶牛饲养管理和疾病防治技术和知识，奶牛常见疾病发生率较高，得不到科学及时的防治，导致饲养效益不高，甚至亏损赔钱。

【质量监管】2016年12月，甘肃省共有生鲜乳收购站88家，全部取得生鲜乳收购许可证，实现机械化挤奶，基本达到了"五有一符合"的设站条件。88家生鲜乳收购站覆盖奶农610家，存栏奶牛12.27万头，其中成年母牛5.70万头。按奶站申办主体划分：乳制品加工企业开办19个，占55.68%；奶牛养殖企业开办49个，占21.59%；奶牛养殖专业合作社开办20个，占22.73%。88家生鲜乳收购站年收鲜奶量42.66万t，其中：奶畜养殖场收购站年鲜奶收购量31.70万t，乳品生产企业年鲜奶加工量3.60万t，奶农专业合作社年鲜奶产量7.36万t（表4-40）。

表4-40 甘肃省2016年生鲜乳收购站监测与统计

奶站性质	奶站数量（个）	养殖场户数量（个）	奶牛总数（头）	其中成母牛（头）	年挤奶量(t)
奶畜养殖场	49	65	89 289	38 810	317 018
乳品生产企业	19	424	16 508	9 645	35 998
奶农专业合作社	20	121	16 894	8 547	73 630
合计	88	610	122 691	57 002	426 645

【奶农组织】甘肃省目前有奶农合作社20个，包含农户121户，存栏奶牛1.69万头。规模奶业合作社有张掖市甘州区的前进奶业合作社和下寨乡奶业合作社，这两个合作社是以融资入股方式成立的。合作社立足新农村小康建设，高起点规划、高标准建设、高技术生产，目前存栏优良品种荷斯坦牛2 300多头。为了加快农民专业合作社规范健康发展，切实做好农民专业合作社示范社工作，省农牧厅举办全省农民专业合作社、示范社、理事长专题培训班。并按照农业部等11部门《关于开展农民专业合作社示范社建设行动的意见》，确定的示范社建设目标和主要内容，结合各地示范社建设经验，制定了《农民专业合作社示范社创建标准（试行）》。但总的来看，奶农合作社组织建设在起步阶段，缺乏政府部门的支持，运行缓慢。

【奶业大事】2016年白银鑫昊生物科技有限公司乳制品加工项目正式开工建设。白银鑫昊生物科技有限公司计划投资2.5亿元，新建日加工500t原奶的生产线三条，占地13.33hm^2，建筑总面积5万m^2。公司拟于2017年年底开始投产，2020年8月建成并达到设计规模。项目建成后，将有效推动白银市奶牛养殖向规模化、集约化、专业化、标准化方向发展，有利于白银市经济转型和升级。

1月25日，甘肃燎原乳业集团在甘肃农业大学隆重举行了"燎原乳业奖学金"颁发仪式。甘肃燎原乳业集团共为该项目捐赠助学金30万元，分3年发放，每年10万元，其中6万元设立"燎原乳业奖学金"，4万元设立"燎原乳业社会实践资助项目"。"燎原奖学金暨社会实践资助"主要用于资助甘肃农业大学品学兼优、经济困难的大学生更好地完成他们的学业，并鼓励更多学子进入畜牧业和食品等领域学习、工作。

4月27日，甘肃燎原乳业集团荣登由中国品牌排行网主办的"2016年度中国奶粉行业十大品牌"榜单。

6月29日，甘肃黑河水电实业投资有限责任公司与张掖市现代农业投资股份有限公司、北京三元食品股份有限公司共同出资设立的国有控股公司甘肃三元乳品加工项目开工奠基仪式在甘肃省张掖市甘州区的滨河新区张掖绿洲现代物流园区举行。项目主要是利用张掖丰富的牧场资源和鲜奶资源，依托"北京三元"品牌，拟建设日处理500 t鲜奶（年产18万t）的乳品生产线。项目占地面积约10hm^2，总建筑面积4.08万m^2，概算总投资4.26亿元，建设工期18个月，采用世界先进的液态奶生产设备，规范使用北京三元乳品加工配方，严格控制加工工艺，确保产品高标准、高质量，项目建成达产达标后，可实现年销售收入14.3亿元，年实现利润和税金均在1亿元以上。

7月8~11日，一年一度的“兰洽会”在兰州开幕，兰州庄园牧场股份有限公司作为甘肃最大乳制品公司受邀参加了这一盛会，会议期间庄园牧场两款产品“酸奶熟了”与“丝路褐饮”得到一致好评。

7月14日，在北京国家会议中心举办的2016中国（北京）国际妇女儿童产业博览会上，甘肃燎原乳业在众多展示企业中脱颖而出获得多项殊荣。其中，甘肃燎原乳业所生产的“领跑线”及“金装+”两个系列婴幼儿配方奶粉获得品质金奖；“高铁高钙”“中老年”“孕妈妈”三个系列配方奶粉获得产品创新大奖；同时燎原乳业还获得了“公众大拇指奖”的殊荣。

7月16~17日，甘肃省定西市建设中国西部草都加快草牧业发展高层研讨会召开。会上提出了把定西打造成“中国西部草都”的计划，这也标志着该市特色优势产业格局由中医药、马铃薯“两轮驱动”向中医药、马铃薯、草牧产业“三足鼎立”格局的转变。

7月18日，甘肃省委常委、省委统战部部长王玺玉一行在省、州相关部门领导的陪同下莅临燎原乳业临夏生产基地调研指导工作。

7月23日，首届牦牛乳产业发展（国际）论坛在甘肃省甘南州合作市举行。中国奶业协会名誉会长刘成果，九三学社第十二届中央委员会副主席贺铿，著名经济学家、民建中央经济委员会副主任马光远，德国乳品专家Gregor Schafer，中国农业大学教授任发政，中央党校经济学教研部教授胡希宁，高级乳业研究员宋亮，甘肃华羚实业集团董事长敏文祥等领导、专家学者、知名企业家代表约400人出席了会议。

8月8日，来自燎原乳业全国各省市的300多位客户代表在甘肃燎原乳业集团热情的接待和安排下汇聚兰州市，先后参观了燎原乳业甘南、临夏两大生产基地及临夏养殖基地。

9月6 ~ 8日，甘肃省畜牧业产业管理局、张掖市畜牧兽医局、张掖市畜牧管理站、国家奶牛产业技术体系兰州综合试验站、国家奶牛产业技术体系疾病控制研究室在张掖市举办了全省规模化奶牛场饲养管理技术培训班，来自全省各市（州）畜牧中心（站）负责人、县级畜牧站技术人员、大中型奶牛养殖企业负责人和技术主管等120多人参加了培训。

9月9日，甘肃燎原乳业冠名举办的2016甘肃首届孕婴童产业博览会在甘肃国际会展中心隆重开幕，来自国内外的多家知名乳品企业及孕婴童产业的商家参加了此次展会。

9月22日，由甘肃前进牧业科技有限责任公司与成都菊乐集团共同筹建的甘肃德瑞牧业科技有限责任公司万头牧场项目奠基仪式在甘肃省张掖市甘州区石岗墩畜牧养殖园区举行。甘肃德瑞牧业科技有限责任公司万头牧场项目是集奶牛养殖、牛奶生产为一体的生态化养殖基地，位于甘州区石岗墩畜牧循环产业园区，占地面积66.67hm^2，计划投资2.9亿元，项目建成达标后，前进牧业奶牛养殖量将突破4万头，日产鲜奶500 t，可实现年销售额9亿元。

10月17日，“甘肃省草产业技术创新战略联盟”和“甘肃省草产业协会”在兰州召开成立大会，甘肃省草原技术推广总站站长韩天虎当选为甘肃省草产业技术创新战略联盟理事长，甘肃亚盛田园牧歌草业董事长张延林当选为甘肃省草产业协会会长。这两个组织的成立对推动全省草产业健康快速发展，进一步整合行业资源，构筑甘肃省草产业各个环节之间的互动桥梁，打造行业团结协作、合理竞争、互利互惠、共同发展的合作交流平台，形成良好的利益联动机制，促进龙头企业培育和品牌建设具有重要的现实意义。

11月4~9日，甘肃省奶业协会组织专家组对兰州庄园牧场股份有限公司和兰州雪顿乳业生物有限公司申请的属地在甘肃境内的供应学生饮用奶奶源的规模化奶牛养殖企业，依据《学生饮用奶奶源基地建设与管理规范》包括场址与布局、奶牛繁育管理、日粮与饲养管理、疾病防控、挤奶管理、环境管理、从业人员管理、档案管理、生鲜乳生产水平九大块明细的92条内容进行了评估并通过了认定。

11月10日，《中国乳业》百家牧场调研组来甘肃调研，调研组由甘肃省奶协秘书长沈启云陪同，深入牛场对甘肃张掖市甘州区绿洲奶牛繁育农民专业合作社、甘肃前进牧业科技有限责任公司石岗墩万头牧场、甘肃农垦天牧乳业有限公司、武威荣华新型农业股份有限公司、庄园乳业兰州瑞兴牧业有限公司等牧场进行了实地考察。甘肃地区规模化养殖起步虽然晚，但通过短短几年来的发展，养殖规模迅速崛起。总体上，生鲜乳指标良好，乳蛋白率为3.2%~3.6%，乳脂率为4.1%~4.6%，体细胞数控制在25万个/mL以下，大部分牛场控制在10万个/mL以下。

11月30日~12月3日，中国农垦乳业联盟成员大会暨第五届中国乳业可持续发展论坛在广东湛江召开，甘肃省奶业协会及其甘肃农垦天牧乳业有限公司、甘肃前进牧业科技有限公司、兰州庄园牧场股份有限公司和武威荣华新型农牧科技有限公司受邀参加会议。

（甘肃省畜牧业产业管理局，袁勇、潘晓荣、沈启云）

表 4-41　甘肃省奶牛规模化（200 头以上）养殖情况

单位：头、万元、m^2、m^3

养殖场名称	市州	奶牛存栏	成年母牛	固定资产	占地面积	建筑面积	畜舍面积	草料设施	青贮池
武威荣华新型农业股份有限公司	武威市	26 000	15 000	13 030	6 670 000	828 980	1 284 160	445 632	134 656
张掖市甘州区前进奶牛专业合作社	张掖市	16 547	13 237	50 000	900 000	127 900	100 000	7 500	17 000
甘肃祁牧乳业有限责任公司	嘉峪关	5 878	2 600	18 707.14	501 500	229 000	180 000	26 000	40 000
甘肃农垦天牧乳业有限公司	金昌市	5 492	2 925	39 000		20 010	253 784	504	537 600
甘肃荷斯坦奶牛繁育示范中心	兰州市	4 160	2 190	9 726	1 420 487	42 000	200 000	20 000	50 000
甘肃华瑞农业股份有限公司	张掖市	3 200	2 500	100 000	720 200	41 800	18 400	6 000	8 400
富民奶牛养殖专业合作社	张掖市	3 000	0	3 000	681 300	39 270	24 750	7 000	4 320
白银鑫昊工贸有限公司四龙奶牛养殖示范园	白银市	2 900	0	5 000	934 800	29 000	25 898	1 170	30 000
会宁县金铃养殖有限公司中川分公司	白银市	2 700	2 700	3 000	5 430	4 000	4 000	1 000	0
甘肃临夏丰源奶牛养殖有限责任公司	临夏州	2 400	1 500	8 000	88 0 440	121 000	2 661	82 110	24 960
张掖市甘州区下寨奶牛养殖农民专业合作社	张掖市	2 350	2 170	5 200	210 800	45 900	23 000	5 500	16 500
会宁县金玲养殖有限公司中川分公司	白银市	2 236	2 236	3 358	99 719	45 274	24 564	300	17 000
天水嘉信畜牧有限公司	天水市	2 100	1 800	7 200	893 780	50 000	42 000	1 800	16 000
清水宇新牧业有限公司	天水市	1 682	1 300	7 800	203 000	5 000	4 480	200	1 000
张掖市五泉奶牛养殖农民专业合作社	张掖市	1 680	890	420	48 563	31 256	14 960	5 061	11 000
环县甘牧源奶牛养殖专业合作社	庆阳市	1 550	1 550	755	166 680	104 000	98 000	2 000	12 800
甘肃泰丰乳业发展有限公司	白银市	1 500	824	3 900	41 405	33 973	25 744	3 100	10 000
甘肃安贝源乳业有限公司	定西市	1 500	900	15 000	3 335 000	3 270	1 470	300	20 000
新华草畜科技有限公司	张掖市	1 500	950	3 289.3	146 520	84 690	82 000	880	10 000
白银市大福乳业有限公司	白银市	1 360	680	200	170 000	120 000	87 000	30 000	13 000
兰州瑞兴牧业有限公司	兰州市	1 330	1 100	5 000	18 000	10 800	3 000	0	6 000
环县甘牧源奶牛养殖专业合作社	庆阳市	1 307	1 195	755	166 680	104 000	98 000	2 000	12 800
临洮兴达乳业有限公司	定西市	1 300	700	2 300	106 668	38 001	26 668	4 667	1 991
金昌市居佳乳业有限公司	金昌市	1 240	594	2 500	57 400	14 748	14 200	0	14 000
甘肃一正农业科技有限公司	白银市	1 200	675	4 800	180 000	37 351	34 964	20	10 000
张掖市蓼泉奶牛养殖农民专业合作社	张掖市	1 200	500	2 800	239 760	12 200	4 050	2 500	4 500
育强牧业有限公司	定西市	1 100	650	200	65 000	16 100	15 000	500	15 000
白银天博养殖有限公司	白银市	1 100	0	4 700	934 800	266 000	25 900	1 200	30 000
张掖市东联草畜科技有限责任公司	张掖市	1 100	1 100	5 000	146 740	17 060	14 000	2 600	31 200
甘肃春寅乳业有限责任公司	定西市	1 000	800	7 500	119 800	20 800	15 000	5 000	6 000

（续）

养殖场名称	市州	奶牛存栏	成年母牛	固定资产	占地面积	建筑面积	畜舍面积	草料设施	青贮池
瑞达牧场	武威市	985	600	260	93 240	92 827	92 371	0	0
甘肃中盛农业科技有限公司	白银市	900	700	3 568	125 022	10 759	8 640	10	2 925
甘肃陇蓄园农业发展有限责任公司	白银市	860	420	2 570	19 000	20 320	19 200	10	3 300
会宁县亿源养殖有限公司	白银市	800	500	3 500	9 500	6 400	4 000	500	500
临夏县瑞园牧场有限公司	临夏州	738	408	3 000	82 041	15 054	9 660	720	13 284
甘肃美加农畜牧科技有限公司	张掖市	700	350	0	74 000	0	2 880	100	3 000
瑞安牧场	临夏州	690	408	1 253	0	4 100	3 000	400	5 400
甘肃省天辰牧业有限公司	定西市	665	348	1 200	14 200	6 300	4 500	800	8 000
武威市凉州区金谷丰畜牧发展农民专业合作社	武威市	650	550	1 000	73 370	12 545	6 200	150	6 000
白银今日阳光生态农牧有限责任公司	白银市	650	500	3 000	918 180	30 550	29 000	1 000	8 000
会宁县千胜乳业有限公司	白银市	600	550	600	100 000	60 000	47 500	2 000	10 000
玉门市油田农牧公司华油奶牛场	酒泉市	580	496	990	140 070	7 740	5 640	500	400
庆阳运通草业公司	庆阳市	560	480	800	47 286	36 230	34 630	1 000	10 000
兰州志存养殖有限公司	兰州市	530	260	600	33 850	3 600	3 000	0	2 400
景泰县恒丰牧业有限公司	白银市	520	250	1 000	19 999	6 000	4 000	0	6 000
合作市南木杰奶牛养殖农民专业合作社	甘南州	500	132	350	6 910 170	660	600	1	
甘南华新畜牧业发展有限责任公司	甘南州	480	80	6 000	200 000	40 000	28 000	4 000	500
兰州源生奶牛养殖专业合作社	兰州市	459	308	1 050	20 000	10 000	5 000	2 000	2 800
甘南州供销社天鸿养殖加工农牧民专业合作社麻木索那村民小组奶牛养殖小区	甘南州	456	456	505.1	10 800	3 940	3 840		
天祝藏族自治县殿梅养殖场	武威市	450	360	45	6 600	1 360	1200	80	
甘肃华清农牧科技有限公司	兰州市	428	260	3 900	14 550	35 000	16 512	14 788	2 380
甘肃润沣牧业有限公司	白银市	390	0	2 780	210 000	24 000	9 000	6 900	7 000
陇南白龙乳业有限公司	陇南市	372	263	257	49 410	1 310	1 020	150	
临洮县华加牧业科技有限公司	定西市	368	238	2 000	44 622	4 950	4 200	500	12 000
央德牦牛养殖牧民专业合作社	甘南州	360	144	37	18 365	350	330		
临洮县和谐奶牛养殖专业合作社	定西市	360	280	200	29 960	7 000	6 000	500	16 000
卓尼县柳林镇栩程养殖专业合作社	甘南州	350	180	45	6 000	1 667	1 500		
甘肃三鼎乳业有限公司	白银市	350	0	1 576.69	133 334	48 200	32 010	1 926	13 597
甘肃九叶奶牛繁育有限公司	兰州市	350	300	500	11 000		4 000		1 500

（续）

养殖场名称	市州	奶牛存栏	成年母牛	固定资产	占地面积	建筑面积	畜舍面积	草料设施	青贮池
金昌市瑞金养殖有限责任公司	金昌市	320	265	1 000	713 800	2 400	24 000		10 000
合作市那吾乡多河尔兴盛奶牛养殖农民专业合作社	甘南州	320	320	352	6 870	1 680	1 280	120	
兰州五丰乳业有限公司	兰州市	305	275	300	6 000	300	2 500		500
卓尼县平和养殖专业合作社	甘南州	300	168	525	4 800	2 000	1 600	300	
卓尼县卫东养殖种植专业合作社	甘南州	300	130	0	7 800	2 000	1 600		
凉州区永新长盛养殖农民专业合作社	武威市	300	200	1 000	113 390	4 100	3 500	0	0
白银钰强养殖有限公司	白银市	285	0	1 000	180 000	100 000	95 700	2 000	1 500
陇西县菜子镇深沟罗记乳业	定西市	280	220	1 800	39 780	4 000	3 000	400	500
鸭暖奶牛养殖小区	张掖市	269	124	100	46 180	10 715	2 520	4 852	1 530
白银有色产业集团有限公司奶牛场	白银市	260	220	480	40 000	3 000	2 300	200	4 000
通渭县亨丰乳业有限责任公司	定西市	250	180	3 800	13 000	4 000	2 400	1 000	2 000
卓尼县祥和养殖专业合作社	甘南州	235	129	500	5 000	1 200	1 000	0	0
卓尼县民生养殖专业合作社	甘南州	230	150	90	5 500	900	0	0	0
酒泉鑫华荣奶牛养殖专业合作社	酒泉市	230	230	420	46 200	8 340	1 800	0	6 000
合作市那吾乡多河尔在绕沛金奶牛养殖农民专业合作社	甘南州	230	230	233.4	3 335	1 240	1 080	80	0
兴牧养殖责任有限公司	定西市	228	200	400	4 980	4 000	3 200	300	3 000
史飞龙养殖农民专业合作社	兰州市	220	105	300	10 000	3 000	2 000	0	150
酒泉市雄鹏乳业有限责任公司	酒泉市	220	220	1 100	95 700	27 000	19 800	600	5 400
甘谷县三合奶牛场	天水市	210	115	280	26 680	26 890	3 200	0	2 000
合水县海洋乳业有限责任公司	庆阳市	210	100	2 650	42 460	7 000	4 800	300	5 000
兰州博壮良种奶牛养殖专业合作社	兰州市	210	120	3 000	348 169	5 000	4 000	0	300
庄浪县鑫盛源牛业有限责任公司	平凉市	200	110	800	60 000	11 000	5 200	3 000	10 000
卓尼县金发综合养殖专业合作社	甘南州	200	130	68	6 450	1 200			
兰州金和奶牛养殖农民专业合作社	兰州市	200	105	800	13 000	3 500	3 100		

青海省

2016年，青海省奶业和全国奶业一样一直在困难中前行，特别是最近两年，进口低价乳制品冲击与消费增长放缓，全行业都面临着严峻挑战，产品销售不畅，库存积压严重。尤其是奶农“卖奶难”，亏损面持续扩大，但主要原因还是自身的竞争力不强，饲料、人工等要素成本上升快，技术、管理等环节增效能力提升慢，导致生产成本过高。奶牛养殖和乳品加工一体化程度低，利益联结机制不紧密。消费者对国产乳品的信心仍然不足，从而为国外乳制品的大量涌入提供了条件，压缩了市场空间。奶业正处在一个从传统产业向现代产业、由弱质低效产业向现代高效产业转变的历史过程中。

【奶畜养殖】2016年青海省中国荷斯坦牛存栏25.54万头，比2015年增长了0.63%，其中能繁母牛14.45万头，比2015年减少2.63%。中国荷斯坦牛主要分布在西宁市、海东市，存栏分别为13.93万头、7.09万头。牦牛存栏488.40万头，比2015年增长2.87%，其中能繁母牛239.97万头，比2015年减少1.35%。牦牛主要分布在海北州、黄南州、海南州、果洛州、玉树州、海西州，存栏分别为45.81万头、66.34万头、65.47万头、90.27万头、188.68万头、11.17万头。

2016年青海省奶类总产量为44.55万t，比2015年增长了5.19%。其中，中国荷斯坦牛奶产量27.10万t，比上年增长了2.62%；牦牛奶产量17.33万t，比2015年增长了9.06%。

通过规模养殖场建设、良种奶牛引进、良种补贴等一系列项目的实施，奶牛散养户和低产牛逐步退出养殖环节，牛群结构进一步得到优化，种养加一体化运营加快推进。2016年存栏100头以上的场（户）数达到51个，存栏1~9头的场（户）数较去年降低3.84%。

【乳品加工】2016年青海省较大规模的乳品加工企业有青海天露乳业有限责任公司、青海雪峰牦牛乳业有限责任公司、青海青海湖乳业有限责任公司等7家，主要产品有巴氏杀菌奶、UHT奶、酸奶及乳饮料。年销售收入达12 866.1万元、乳制品总产量达110 369t/年。其中：巴氏杀菌奶18 500t、UHT奶42 713t、酸奶47 252t、奶粉775t、乳饮料2 136t。

【市场消费】2016年青海省人均奶类占有量64.32kg/年，超市主要销售的乳制品品牌为圣湖、小西牛、天露、伊利、蒙牛、光明、庄园等品牌，灭菌乳价格2.0元/200mL~4.8元/250mL，酸奶4.0元/170g~6.0元/205g，乳饮料3.8元/190mL~4.6元/250mL。

【奶源基地】2016年不同规模养殖场（户）数量及其生产情况（表4-42）。

表4-42 2016年不同规模养殖场（户）数量及其生产情况

指标名称单位	场（户）数（个）	年存栏数（头）	产奶量（t）
年存栏1~9头	88 593	216 983	187 362
年存栏10~19头	851	13 635	18 195
年存栏20~49头	214	6 354	9 380
年存栏50~99头	32	2 151	3 737
年存栏100~199头	31	4 543	11 408.95
年存栏200~499头	14	4 169	12 224
年存栏500~999头	3	2 116	10 418
年存栏1 000头以上	3	5 481	18 669

标准化规模养殖场认定：2016年通过青海省级认定的奶牛标准化规模养殖场（小区）11个；2016年生鲜乳收购年均价为2.95元/kg；全省机械挤奶比例达到68%；粪污处理采用“干清粪、粪污防雨防渗集中堆积加工有机肥”技术。

学生饮用奶奶源基地建设。根据《关于开展学生饮用奶奶源基地认定工作的通知》中奶协发【2016】21号，《关于学生饮用奶生产企业延续注册的通知》中奶协发【2017】9号要求，青海天露乳业有限责任公司完成了“中国学生饮用奶生产企业”注册，青海省乐都良种奶牛繁育中心通过了国家学生奶奶源基地认定。

畜禽良种繁育及推广。2016年青海省从国外引进荷斯坦牛2 000头。投资1 280万元。其中，西宁市700头，每头补贴9 000元，计630万元；海东市1 300头，每头补贴5 000元，计650万元。2016年发放荷斯坦牛冻精11.03万剂。

规模养殖场建设。2016年青海省标准化规模养殖场建设项目资金4 500万元。其中中央财政资金2 100万元、省级支农资金2 400万元。主要用于奶牛标准化奶站新建及改（扩）建、标准化奶牛规模养殖场（小区）改（扩）建、标准化牛改站（点）建设、粪污处理系统及仪器设备购置等。

饲草饲料。2016年，全省年加工能力2.5万t以上的饲料加工企业11家，全省配合饲料获证生产企业10家。年生产各类饲料产品达到52.8万t，其中：工业商品饲料25.3万t，自配料27.5万t。

2016年全省种植玉米、苜蓿等饲草料共计8.82万hm^2，其中玉米种植面积达3.59万hm^2、苜蓿种植面积为0.88万hm^2、燕麦4.34万hm^2。

疫病防治。2016年，青海省各级兽医机构认真贯彻全国重大动物疫病防控工作会议精神，紧紧围绕“努力确保不发生区域性重大疫情及努力确保不发生重大畜产品质量安全事件”目标任务，主动进位，积极作为，突出重大动物疫病、主要人畜共患病防治，统筹外来动物疫病、地方流行性动物疫病防控，全省未发生区域性重大动物疫情和重大畜产品质量安全事件，保障了畜禽生产安全、畜产品质量安全、公共卫生安全和生态环境安全。

【质量监管】根据农业部《关于开展2016年生鲜乳质量安全监测工作的通知》要求，对西宁市、海东市和海南州7个市（县）22家生鲜乳收购站的生鲜乳抽样检测工作，共抽检生鲜乳样品154批，其中：生鲜乳收购站（贮奶罐）抽样97批，生鲜乳运输车抽样57批，均未检出三聚氰胺、碱类物质和革皮水解物，β－内酰胺酶呈阴性，合格率均为100%。在抽样监测的同时，按照生鲜乳收购站、生鲜乳运输车辆标准化管理检查内容和判定标准的要求进行了检查，合格率100%。

生鲜乳质量安全专项检查工作。根据农业部办公厅要求和青海省奶业办公室工作部署，对生鲜乳质量安全工作进行了全面检查、专项整治，共检查生鲜乳收购站22个、生鲜乳运输车15辆、学生奶奶源基地1个。从检查及整改落实情况看，生鲜乳收购站负责人质量安全意识增强，生鲜乳收购站管理规范有序，生鲜乳质量安全监管工作扎实有效。

严格审核生鲜乳收购站和运输车资质条件，严把准入门槛，青海省按照修订的《生鲜乳收购经营许可行政审批办事指南》和《生鲜乳准运证明行政审批办事指南》，严格审核生鲜乳收购站和运输车资质条件，严把准入门槛确保发证收购站和运输车达到规定要求，规范发证程序，切实做到“谁发证、谁负责、谁监管”原则，规范了生鲜乳收购秩序。进一步健全和规范档案管理，完善生鲜乳管理系统和生鲜乳收购站监测月报制度。

经过清理和整顿，2016年取缔了1家不合格生鲜乳收购站和2辆运输车辆，对全省22个生鲜乳收购站的许可证和15辆运输车的准运证全部进行了换发，并逐一建档备案。生鲜乳收购站主要分布在西宁市、海东市、海南州的7个市（县），其中乳品加工企业开办的7家、奶牛养殖场（户）开办的13家、奶农合作社开办的2家。集中机械挤奶站15个，挤奶机械化比例为68%。

（青海省畜牧总站，张惠萍）

西宁市

【奶畜养殖】近年来，西宁市认真落实奶业扶持政策，增加资金投入，强化基础设施建设，加强良种繁育和推广，加快转变饲养方式，落实发展措施，促进了奶牛养殖向规模化、生产标准化、经营产业化方向迈进，奶牛养殖保持持续快速发展的态势。截至2016年年底西宁市存栏牛36.33万头，其中奶牛13.93万头，主要分布湟中县、湟源县及大通县，养殖户数达到14 962余户，呈现出分散养殖和规模化养殖并驾齐驱的态势，已建成规模化奶牛养殖基地25个，存栏奶牛3.24万头，奶产量达到4.6万t，主要供应乳制品加工企业。分散养殖多以农户为单位，利用当地饲草资源和劳动力优势，养殖规模多为1~5头，产品就地销售或进行简单加工（主要是制作酸奶）后就地销售。

2016年西宁市牛奶总产量达16.04万t，规模养殖场通过“公司＋基地＋农户”“合作社＋基地＋农户”等形式的联结机制，利用企业资源优势配置提升饲养管理水平和鲜奶质量，加强生鲜乳的监管工作，提高养殖效益，降低奶农养殖风险，实现企业和农户双赢的效果。同时吸收农村剩余劳动力，开展奶牛养殖新技术推广培训，对加快地区产业结构调整，丰富菜篮子乳制品市场供应、增加农民收入发挥了积极作用。

根据《西宁市现代农业发展规划》西宁市湟中县、湟源县及大通县奶业发展将继续以规模化现代化发展为主，逐步推进奶牛养殖由农户散养向规模化养殖转型，重点发展小南川奶牛养殖园区，大力引进和推广新技术新品种，充分利用当地资源优势，改建、新建一批上档次、上规模的奶牛养殖基地，促进奶业发展向园区化、现代化、集约化方向发展。

【乳品加工】西宁市共有4家乳品加工企业，主要产品有酸奶系列、饮料乳系列等近30个品种，拥有“天露”“圣湖”“青海老酸奶”“小西牛”等10余个品牌。

【市场消费】2016年西宁人均乳制品消费量26kg，西宁乳制品销售市场上的省内主要品牌为圣湖、小西牛、天露、青海湖等，省外品牌以伊利、蒙牛、光明、庄园为主。其中成品液态奶规格多为220mL百利包包装或纸盒包装，价格为1.7~2.8元；散打鲜奶主要由部分城郊奶农销售，售价平均为6元/kg；酸奶产品因品牌和风味不同，价格差异较大，原味酸奶售价平均为3.0~5元（180g包装），部分品牌高端产品价格为10元。西宁市奶业市场消费特点为：

鲜奶消费人群以中小学生和老年人为主，奶粉则以中老年人为主。随着近几年个别乳品质量事件的曝光，众多的消费者对奶粉制品质量的信任度下降，开始把目光转向身边的牛奶，当地奶农散打鲜奶销量大增。

牛奶消费的主导市场在城镇。由于经济能力和购买力的不同，城镇和农村的牛奶消费存在着较大差距，大部分生鲜乳及乳制品消费仍以城镇居民为主。

今后乳制品市场发展趋势：

牛奶消费已经开始从奶粉向液态奶消费转变和过渡，由于市民的购买力提升比较快，居民家庭的冰箱及商场的冷链设施已较普及和趋向完善，以及加上液态奶具有饮用方便、营养价值高等特点，液态奶增长势头更快更猛，取得消费者的信赖，它将会成为大众型的产品，会拥有广阔的消费市场。

酸牛奶在未来相当一个时期内会成为液态奶的发展方向和市场的亮点；特别是带有活性益生菌、活性乳酸菌的酸牛奶、发酵型乳饮品产品等均具市场发展潜力；风味型的调味奶仍将会保持较大的市场份额。

【奶源基地】2016年西宁市存栏奶牛13.93万头，其中农户散养奶牛存栏10.73万头，占全市奶牛存栏的77%。机械挤奶仅在规模养殖场中开展；奶牛规模养殖场中，已有6家养殖场开展全混合日粮（TMR）技术应用。近年来随着国家和省市各级政府对奶源基地建设的重视，规模养殖场改扩建的补助资金也明显增加，2008—2015年，中央、省市各级财政部门用于扶持西宁市奶牛规模养殖的资金达到7 872万元。

生鲜乳收购年均价格为4 100元/t，奶业养殖年净收入因受其饲养管理、种群规模等影响，尤其2014年奶价下跌严重，一直处于亏损状态。

各养殖场高度重视疫病防控，县、乡两级动物防疫机构实行技术承包和指导，疫苗采购列入计划，制定相应的免疫程序，积极配合省市动物防疫部门开展“布病”“结核病”监测等。粪污处理方式多采用沼气池、堆积发酵和有机肥加工处理。

【奶农组织】一是按照“抓龙头、建基地、扩市场、创特色”的原则，重点培育扶持辐射带动能力强、特色优势明显的龙头企业。二是加快农民专业合作经济组织建设，使其上规模，上档次，不断壮大专业合作队伍，提高养殖业生产的组织化程度。

【质量监管】2016年西宁市生鲜乳收购站18个，其中乳品企业开办6个、合作社开办1个、养殖场开办11个。经过对18家生鲜乳收购站的生鲜乳进行抽样检测，均未检出三聚氰胺、碱类物质和革皮水解物、β-内酰胺酶呈阴性，合格率均为100%。

按照属地化管理的原则，技术人员对管辖的生鲜乳收购站，加强监管、落实工作责任，严把生鲜乳质量安全。按照标准化生产要求，完善内部管理制度，建立健全食品安全控制、质量管理、场内卫生环境管理等内部质量安全保证体系，规范兽药、饲料、养殖、生鲜乳收购站等生产经营企业的行为。在养殖上真正做到生产规范化和标准化，促进西宁市奶业健康、快速发展。

（西宁市农牧和扶贫开发局，陈仲瑾）

海东市

【奶畜养殖】2016年，海东市牛存栏30.72万头，较上年增长1.76%，占草食畜存栏的14.41%，其中奶牛7.09万头、黄牛12.88万头、牦牛10.75万头，分别占牛存栏数的23.05%、41.93%、34.99%。能繁母牛存栏15.77万头，较2015年增长5.0%，其中奶牛4.62万头、黄牛6.64万头、牦牛4.52万头。

2016年海东市牛奶总产量6.76万t，较2015年增长3.50%。荷斯坦牛是海东市主要的奶牛品种，主产区是民和、互助、乐都。奶业发展趋势是规模化、标准化比重提高，养殖规模扩大，散养户退出，奶牛养殖机械化、自动化水平提高。但是由于乳品加工企业少，缺乏低温冷链配送体系，城乡居民乳制品消费中，场（户）生产的鲜奶仍占很大比重。

奶业总产值4.91亿元，占畜牧业产值的16.9%。其中：饲养环节产值4.61亿元；乳制品产值3 015万元。

【乳品加工】2016年，商品奶生产2.91万t，其中：奶牛规模场生鲜乳收购站直接向乳品加工企业销售8 936t，通过加工酸奶向城乡居民市场销售200t；小型奶牛规模养殖场、养殖户通过生鲜乳收购站向乳品加工企业销售11 964t，以鲜奶（酸奶）形式向城乡居民市场销售8 000t。市内仅有1家乳制品加工企业，年加工能力3.6万t。2016年收购鲜奶9 300t，收购价3.1元/kg。年产乳制品3 775t，其中酸奶3 000t，奶粉775t。销售收入3 015万元，利润158万元。产品主要销往青海、甘肃、西藏、浙江等省区。生鲜乳年均收购价格为3.3~3.8元/kg，奶牛规模养殖场仍处于亏损状态。

【市场消费】2016年海东市城镇居民乳制品消费支出人均232.24元，其中：鲜奶60.22元/人，鲜奶消费量7.89kg/人；奶粉49.5元/人，奶粉消费量0.17kg/人，约折合鲜奶1.19kg/人；酸奶56.22元/人，酸奶消费量5.4kg/人，约折合鲜奶5.4kg/人；其他奶制品66.3元/人，折合鲜奶9.01kg/人。由此计算海东市年人均牛奶消费量23.49kg/人（全市2016年城乡居民人口179万），按本市2016年牛奶产量6.76万t计算，本市自产牛奶除去满足本市城乡居民消费以外尚剩余2.56万t销往外地。

海东市自产自销的乳制品品牌主要为湟乳乳制品，酸奶均价为12元/kg，900g灌装奶粉为75元/桶，300g袋装奶粉为14元/袋。海东市市场和超市销售的都是常温奶。

【奶源基地】2016年海东市荷斯坦牛、乳用西门塔尔牛及杂种奶牛存栏7.09万头，其中能繁母畜4.62万头；杂种奶牛存栏1.56万头，其中能繁母畜7 800头。

规模化程度。23家奶牛规模养殖场存栏荷斯坦牛6 622头，其中能繁母牛3 763头。规模化比重占42.45%。机械挤奶比例达80%以上。

2016年，落实国家奶牛标准化养殖场建设项目19个，每个养殖场建设得到国家基本建设财政扶持支农资金80万元，共1 520万元。实施了奶牛良种补贴，即每头奶牛每年补助良种细管冻精2枚（每枚15元，共30元）；2016年从澳大利亚引进乳用西门塔尔牛200头，每头补贴资金5 000元，共100万元。

奶牛疫病防控情况。严格执行国家相关法律法规规定，按属地管理原则由动物卫生监督部门责任人和各养殖场签订防疫工作承包责任书，并且对养殖场防疫合格证书发放进行严格审批。各养殖场严格按照相关粪污处理的规章制度对产生的粪污进行发酵无害化处理，在保障防疫工作的同时，实现了废弃物循环利用的双重目标。

奶牛场粪污处理采用干清粪的方式，做到雨污分流，尿液污水进行三级沉淀，牛粪首先进行堆积发酵还田或制造有机肥处理，做到牛场粪污零排放，零污染。

近年来随着政府扶持力度的加大，虽然奶牛规模化养殖兴起，但海东市奶牛饲养仍以小规模生产、分散的农户饲养为主，户均饲养规模在3~5头，20头以上的规模经营比重很小。2016年全市奶牛规模养殖场（小区）共有1 980户，存栏量为1.62万头。

饲草饲料。2016年农田种植饲草料7.67万 hm^2，其中种植玉米2.92万 hm^2，占种植面积的38.09%；苜蓿0.59万 hm^2，占种植面积的7.64%；燕麦3.94万 hm^2，占种植面积的51.33%。

海东市从事规模化（6.67 hm^2 以上）饲草种植的专业合作社（企业）、养殖场达到了556家，种植面积2.97万 hm^2，占种植面积38.67%。其中200 hm^2 以上的种植专业合作社（企业）10家，种植面积3 273 hm^2；133.33~200 hm^2 的25家，种植面积5 140 hm^2；66.67~133.33 hm^2 的60家，种植面积7 573 hm^2；33.33~66.67 hm^2 的119家，种植面积6 173 hm^2；6.66~33.33 hm^2 的342家，种植面积7 500 hm^2。

饲料工业情况。2016年生产配合饲料5.92万t，浓缩饲料500 t。民和、互助、乐都共有饲草加工企业、合作社、养殖场30家，加工配送饲草19.3万t。海东市74.07万 hm^2 可利用天然草场，可提供优质牧草（干草）62万t。全市加工饲草164.34万t，其中：燕麦、玉米等青贮98.1万t，同比增加了10.27%，青干草加工22.08万t，折鲜草66.24万t，同比增加40.01%。2016年玉米年平均价格为2.03元/kg。

【奶农组织】民和县成立了奶牛养殖协会，各级奶业合作组织积极开展工作，发挥桥梁和纽带作用，帮助奶农和规模养殖场搞好日常饲养管理、繁殖育种、疫病防控等工作，积极开展技术交流与饲养管理技术培训工作，促进了全市奶业的发展。奶牛养殖面临的主要问题就是经费不足，利益联结机制还不完善，协会组织还不够规范等。

【质量监管】2016年海东市有生鲜乳收购站2个，其中乳品企业开办1个、养殖场开办1个。生鲜乳收购站抽检9批次，均未检出三聚氰胺、碱类物质和革皮水解物、β－内酰胺酶呈阴性，合格率均为100%。

生鲜乳质量安全监管部门加大对原料奶质量的控制，各部门加强对奶牛养殖小区和乳品加工企业的检查检测力度，乳品加工企业配备了先进的检测设备，根据脂肪、蛋白质、干物质、微生物等主要指标定级，做到优质优价。

市县（区）两级密切配合，积极落实监管责任。加强生鲜乳收购站及运输车的现场检查、监管等专项整治工作，同时，按照生鲜乳收购站、生鲜乳运输车辆标准化管理要求进行检查，合格率达100%。

各级质监、食品监督、工商等部门定期、不定期对乳制品生产企业进行检查，从生鲜乳生产、收购、加工、奶牛兽药残留监控、饲料质量等环节进行督促检查。对检查中发现问题的奶站，从鲜奶生产、收购、销售记录及档案、鲜奶检测等方面要求整改。整改后仍不合格的进行处罚，并限期整改；限期整改还不合格的，则吊销生鲜乳收购许可证。

（海东市畜牧兽医站，李智花）

附表 1　青海省奶牛养殖场（小区）名录

序号	奶牛养殖场（小区）名称	养殖场	小区	全群存栏（头）	成母牛存栏（头）	奶畜品种	成母牛单产（t/年）	年总产（t）	是否参加 DHI	是否应用 TMR
1	贵德天露良种奶牛繁育有限公司	√		2 270	1 101	荷斯坦	6.7	6 000		√
2	互助县宏伟畜牧养殖专业合作社		√	80	55	荷斯坦	5	275		
3	互助县发云养殖农民专业合作社	√		68	50	荷斯坦	5	200		
4	互助县恒得茂养殖农民专业合作社		√	143	50	荷斯坦	6	300		
5	互助县华丰奶牛繁育养殖场	√		236	35	荷斯坦	6	210		
6	互助县盛兴奶牛养殖专业合作社		√	245	98	荷斯坦	6	588		
7	互助伊兴园生态养殖农民专业合作社	√		163	78	荷斯坦	5	390		
8	青海极牛生态农牧业有限公司	√		90	90	荷斯坦	4	360		
9	互助县玉润生态庄园有限公司	√		237	213	荷斯坦	5	1 065		
10	民和县忠杰奶牛养殖场	√		563	400	荷斯坦	5.5	1 067		√
11	马聚垣奶牛养殖场		√	636	447	荷斯坦	6	826		√
12	乐都良种奶牛繁育中心	√		2 287	1 049	荷斯坦	8.5	7 658	√	√
13	民和三荣养殖专业合作社	√		436	251	荷斯坦	4.2	250		√
14	循化县三江牦生态养殖有限公司	√		153	83	荷斯坦	6	672		
15	循化县胖子农牧开发有限公司	√		300	80	荷斯坦	4	200		
16	青海圣亚高原牧场有限公司	√		2 160	1 100	荷斯坦	8.76	9 636		√
17	青海春源畜牧有限公司	√		820	480	荷斯坦	6.2	2 880		√
18	青海互邦农业开发有限公司	√		510	270	荷斯坦	6	1 320		√
19	青海藏地堂生物科技开发有限公司	√		536	375	荷斯坦	7.5	2 100		√
20	青海西堡羊圈奶牛养殖园	√		100	92	荷斯坦	5.6	460		√
21	青海进前牛业有限公司	√		134	121	荷斯坦	7	750		√
22	湟源玉盛奶牛养殖场	√		234	140	荷斯坦	4.0	700		
23	湟源拓鑫奶牛养殖场	√		130	60	荷斯坦	3.9	200		
24	湟源新辉奶牛养殖专业合作社		√	120	50	荷斯坦	3.3	150		
25	湟源源波奶牛养殖场	√		140	80	荷斯坦	2.6	150		
26	湟源云祥奶牛养殖场	√		120	60	荷斯坦	3.5	200		
27	湟源圣源牧场	√		1 400	693	荷斯坦	8.76	6 071		√
28	青海大美奶牛养殖有限公司	√		210	102	荷斯坦	3.0	260		
29	湟源旺泉奶牛养殖专业合作社	√		65	35	荷斯坦	3.0	80		

（续）

序号	奶牛养殖场（小区）名称	养殖场	小区	全群存栏（头）	成母牛存栏（头）	奶畜品种	成母牛单产（t/年）	年总产（t）	是否参加DHI	是否应用TMR
30	大通县锦农奶牛繁育有限公司	√		316	210	荷斯坦	3.5	600		
31	大通县海园奶牛养殖专业合作社	√		160	90	荷斯坦	3.0	200		
32	大通县彦忠奶牛养殖专业合作社	√		210	140	荷斯坦	3.0	360		
33	大通县福惠奶牛养殖专业合作社	√		180	100	荷斯坦	3.0	260		
34	共和县世辉奶牛养殖专业合作社	√		460	260	荷斯坦	6.0	1 500		√

附表 2　青海省乳品加工企业名录

序号	名称	许可证号码	年收购原奶量(t)	平均支付价格（元/kg）	其中：自有奶源量(t)	年乳制品产量(t)	其中：							整体设计加工能力（t/年）	产品销售区域	年销售收入（万元）	利润（万元）
							巴氏杀菌奶(t)	UHT奶(t)	酸奶(t)	奶粉(t)	奶油(t)	奶酪(t)	乳饮料(t)				
1	青海天露乳业有限责任公司	SC10563010502579	25 393	3.8	12 893	25 393	4 000	14 000	7 400					50 000	北京、上海、成都、广州及西宁	18 567	1 200
2	青海雪峰牦牛乳业有限责任公司	SC10563252101104	7 500	3.2		7 900	4 500		3 400					45 000	青海、北京、上海、山东等	9 119	600
3	青海好朋友乳业有限公司	SC10563010302557	21 000	4.5		21 000	10 000		11 000					10 000	青海省	15 000	3 000
4	青海青海湖乳业有限责任公司	SC10563010201430	19 000	3.9	15 707	18 000		9 000	9 000				1 000	25 000	全国	26 000	5 200
5	青海小西牛生物乳业股份有限公司	SC10563010502538	28 000	4	15 000	30 841		19 713	9 992				1 136	10 000	全国	23 058	2 258
6	湟源县天源乳制品有限公司	SC10563012302635	3 500	4	1 500	3 460			3 460					3 500	青海省	3 400	450
7	民和湟乳乳制品公司	SC10563212201598	9 300	3.1		3 775			3 000	775				36 000	青海、甘肃、西藏、浙江等省区	3 015	158

宁夏回族自治区

【奶畜养殖】2016 年年底，宁夏回族自治区（以下简称宁夏）存栏奶牛 59 万头，居全国第 9 位；牛奶总产量 202 万 t，同比分别增长 0.9% 和 8.3%；人均鲜奶占有量 301kg，居全国第 2 位；成母牛年均单产 7400kg，居全国第 4 位；以银川市、吴忠市为核心区，中卫、石嘴山为发展区的奶牛优势产区，奶牛存栏和奶产量分别占到全区的 92.9% 和 99.7%。

【乳品加工】2016 年宁夏全区现有乳品加工企业 20 家，其中，日加工处理鲜奶能力 200t 以上的企业 8 家，年加工能力 195 万 t。2016 年乳制品产量 106.2 万 t，其中，液态奶 65 万 t、乳饮料 30 万 t、酸奶 6 万 t、奶粉 3.2 万 t、其他产品 2 万 t。

【市场消费】2016 年，全区居民人均鲜奶占有量为 301kg，居全国第 2 位。主要乳制品品牌及产品：夏进（纯牛奶、酸奶、乳酸菌饮料）、金河（纯牛奶、酸奶、蛋白粉）、北方（纯牛奶、酸奶、乳饮料）、蒙牛（纯牛奶、酸奶、冰淇淋）、伊利（纯牛奶、酸奶、冰淇淋）等。

【奶源基地】2016 年，宁夏全区共有奶牛养殖场（户）4 411 个，奶牛存栏 20 头以下的场（户）3 603 个，存栏 4.14 万头；20~49 头的场（户）447 个，存栏 2.02 万头；50~99 头的场（户）57 个，存栏 0.53 万头；100~199 头的场（户）55 个，存栏 1.31 万头；200~499 头的场（户）38 个，存栏 2.02 万头；500~999 头的场（户）93 个，存栏 9.9 万头；1 000 头以上的场（户）118 个，存栏 39.08 万头。建成银川月牙湖、吴忠金银滩、五里坡、孙家滩和宁夏农垦贺兰山奶业集团 5 个万头奶牛养殖基地。存栏 200 头以上标准化规模奶牛场达到 255 个，其中国家级标准化示范场 22 个，规模化养殖比例达到 90%。奶牛良种覆盖率达到 100%，机械化挤奶、全混合日粮（TMR）饲喂、全株玉米青贮饲喂技术推广应用率达到 100%，生产性能测定（DHI）技术在 46 个规模奶牛场推广应用。2016 年，宁夏青贮玉米种植面积达到 76.5 万 hm^2，制作全株玉米青贮 235 万 t。苜蓿留床面积 600 万 hm^2，其中，优质高产苜蓿饲草基地 70 万 hm^2，年加工优质苜蓿青贮 5 万 t、青干草 48 万 t。宁夏规模场生鲜乳收购价 3.4~3.9 元 /kg。

【奶农组织】宁夏现有奶农专业合作社 89 家。通过政策扶持，规范了生产、经营、服务行为。奶农专业合作社在协调奶企双方利益，做好奶农生产、技术、资金、信息、销售等服务方面发挥了积极作用，进一步促进了奶农合作组织的发展。“龙头企业 + 合作社 + 奶农”产、加、销一体化的紧密利益共同体逐步建立。

【政策法规】2016 年，宁夏出台了《关于加快农业现代化实现全面小康目标的意见》和《关于创新财政支农方式加快发展农业特色优势产业的意见》。意见提出，在农业产业发展上，围绕实现农业现代化总目标，以增加农民收入为核心，以整合财政支农资金为切入点，对不同经营主体采取资金直补、贷款担保、贷款风险补偿、贷款贴息、实物租赁、引导基金和农业保险等方式，促进特色产业提质增效。宁夏草畜产业项目整合资金大力发展奶业，主要有七个方面的政策措施：一是在贺兰县、利通区开展奶牛养殖大县种养结合整县推进试点，通过试点，建设奶牛配套饲草料基地，提高标准化规模化养殖水平和养殖场粪污处理利用率；二是对收购该区生鲜奶 10 万 t 以上的乳品加工企业扩大生鲜乳收购，日新增收购生鲜奶 200t 以上，每吨补贴 100 元；鼓励新投产的乳品加工企业扩大生鲜乳收购，日收购鲜奶 200t 以上，每吨补贴 100 元；三是对具有婴幼儿配方奶粉生产资质的乳品加工企业，支持其拓展婴幼儿配方奶粉市场，每生产销售 1t 婴幼儿配方奶粉补贴 1 000 元；四是支持奶牛养殖企业开展粪污资源化利用，按照成年母牛实际存栏量，每头一次性补贴 500 元，补贴资金主要用于奶牛养殖企业新建或改造废物处理设施设备；五是继续实施奶业振兴苜蓿发展行动，安排种植优质苜蓿 6.6 万 hm^2，每亩补助 600 元；六是对青贮优质牧草，中部地区 50t 以上、引黄灌区 100t 以上，每吨补贴 100 元;收储作物秸秆 100t 以上，每吨补贴 100 元；七是在贺兰县、利通和沙坡头区安排资金 3 000 万元开展粮改饲试点，扩大青贮玉米种植面。同时，宁夏自 2015 年开始连续开展节本增效科技示范工作，印发了节本增绩效科技示范方案，组织专家团队针对生产中存在的问题，开展了一系列的专题培训班和现场指导，指导全区规模奶牛养殖场实施精准化饲养管理，提高生产水平。

【质量监管】按照“落实制度、严格发证、强化监管、确保质量”的原则，以奶站监管和生鲜乳检测为抓手，层层落实生鲜乳质量安全监管责任，扎实开展生鲜乳违禁物质专项整治行动，三聚氰胺、β－内酰胺酶、碱类物质等抽检合格率连续 4 年达到 100%。生鲜乳违禁添加物抽检合格率连续 8 年保持 100%。开展饲料生产和饲喂环节质量安全监测，依法加强对生鲜乳生产、收购和运输等重点环节的监管，确保生鲜乳质量安全。严厉打击非法添加、超范围、超剂量添加兽药等违法行为，违法案件查处率达到 100%。

【奶业大事】1 月 2~10 日，宁夏奶业协会组织考察了宁夏“牛奶外运”“北奶南运”市场行情，前往四川、云南、贵州等地了解新希望、贵州三联等乳品加工企业生鲜乳需求情况。

1 月 21~22 日，宁夏奶业协会联合贺兰山奶业集团举办了《奶牛健康养殖节本增效技术培训班》，聘请区内外奶业知名专家授课。

2 月 25 日，“关于奶牛生产性能测定（DHI）大数据引领我国奶业创新驱动转型发展的建议”研讨会在中国工程院召开。在此次研讨会上，宁夏畜牧工作站研究员温万代表宁夏做了经验交流发言，向与会人员介绍了宁夏DHI工作开展情况和主要做法，并提出了相关建议。

3月3日，创建了宁夏奶业协会微信平台，吸引区内知名专家、教授、行家里手参与互动，提供产业相关信息、技术、销售等方面的服务。

3月30日，与黑龙江奶业协会合作，在贺兰山奶业公司举办奶牛场场长交流座谈会。

3月22日，由宁夏畜牧站主持实施的宁夏重大育种专项《优质高产奶牛选育》项目，顺利通过了宁夏科技厅组织的项目中期评估。

4月7~10日，协会到蒙牛、伊利等乳品企业和吴忠部分奶牛养殖场调研，为自治区奶产业发展规划编制提供意见建议。

5月28~29日，英国Cogent公司国际销售及运营总监Stuart Boothman来宁夏考察了汇丰源牧业、俊华月牙湖农牧科技及农垦贺兰山奶业等奶牛规模养殖场。同期在宁夏畜牧站举行了奶牛育种技术专题交流座谈，畜牧站及部分规模奶牛场技术人员共30余人参加了座谈交流。

6月24日，中国（宁夏）奶业转型升级研讨会暨婴幼儿配方奶粉研发中心揭牌仪式在银川召开。农业部副部长于康震、自治区政府副主席曾一春出席会议。曾一春副主席为大会致辞，于康震副部长作重要讲话。会议宣布成立“中国（宁夏）婴幼儿配方奶粉研发中心”，于康震副部长、曾一春副主席共同为中国（宁夏）婴幼儿配方奶粉研发中心揭牌，并为研发中心聘任的中国农业大学教授、奶牛体系首席科学家李胜利等5名专家颁发聘书。与会代表围绕“优质奶源、精品高端”两个目标，就如何推进宁夏奶业转型升级的战略性思路和措施、婴幼儿配方奶粉等精深加工产品主攻方向等展开研讨。参加会议的有国家工信部、农业部畜牧业司、中国农科院、全国畜牧总站、中国奶业协会等部门负责人；农业部、中国农业大学、中国社会科学院、中国农科院、山东农科院、中爱奶业科学技术中心、首农集团三元乳业等奶业行业专家和国内大型乳品加工企业及电商代表。自治区党委宣传部、农办，宁夏发改委、经信委、科技厅、财政厅、商务厅等相关部门负责人；宁夏五市和灌区县（区）政府主管领导、农牧局负责人；宁夏奶业协会、宁夏乳制品工业协会负责人及宁夏奶业生产、加工企业负责人等100余人。

7月3~5日，农业部评审专家组对宁夏畜牧工作站奶牛生产性能测定（DHI）实验室进行现场评审。本次评审由全国畜牧总站奶业处刘海良处长带队，天津奶牛发展中心田雨泽高级畜牧师等5位国内奶牛DHI知名专家参加了评审。

8月1~3日，宁夏畜牧工作站组织20余名技术骨干参加了在北京召开的“2016第四届中美牧场管理交流峰会”。

9月26日，中国工程院庞国芳院士、中国农业大学任发政教授等一行4人，在农牧厅党组成员杨金龙的陪同下，对宁夏奶牛DHI工作开展情况进行考察调研。

10月24~26日，由美国明尼苏达大学主办、中国农业国际合作促进会和美国乳腺炎委员会合办的“第三届中国奶牛业大会暨2016世界奶牛产业博览会”在银川国际会堂举办。会议为奶牛养殖者提供高端行业咨询，内容涵盖奶牛乳房保健、繁殖技术和管理、围产期管理、犊牛饲养管理新理念、奶牛场盈利能力和可持续发展等内容。

11月3日，由宁夏畜牧工作站承建，在吴忠市实施的“宁夏奶牛DHI测定中心扩建（吴忠）项目”暨宁夏奶牛DHI（吴忠）中心全面完成实验室改造、附属设备安装及人员培训工作，正式建成并进入试运行阶段。项目正常运行后，宁夏DHI测定能力将由目前的3万头/年提高到6万头/年，标志着全区DHI测定能力又上了一个新台阶。

2016年12月，为突破制约宁夏奶产业发展的瓶颈，加快推进产业转型升级，率先实现奶产业现代化，根据宁夏党委、人民政府《关于加快农业现代化实现全面小康目标的意见》（宁党发【2016】1号）精神，制定了《加快推进奶产业现代化建设主攻方向的方案》。

（宁夏回族自治区畜牧工作站，王瑜、封元）

附表 1　宁夏回族自治区奶牛养殖场（小区）名录

序号	县（市）	名称	养殖场	小区	全群存栏（头）	成母牛存栏（头）	奶畜品种	成母牛单产（t/年）	年总产（t）	是否参加DHI	是否应用TMR
1	银川市	宁夏赛科星养殖有限责任公司	√		8 066	4 028	荷斯坦	8.7	36 000	是	是
2	银川市	宁夏塞上阳光牧场养殖有限公司	√		1 286	710	荷斯坦	9.7	7 037	是	是
3	银川市	宁夏翔达牧业科技有限公司	√		4 562	2 540	荷斯坦	8.4	22 000	是	是
4	银川市	银川市西夏区先锋奶牛养殖场	√		1 350	670	荷斯坦	9.9	6 570	是	是
5	银川市贺兰县	贺兰中地生态牧场有限公司	√		19 128	9 567	荷斯坦	10.5	101 030	是	是
6	银川市贺兰县	宁夏汇丰源牧业股份有限公司	√		4 400	2 370	荷斯坦	9.7	21 535	是	是
7	银川市贺兰县	贺兰县金牧养殖有限公司	√		730	450	荷斯坦	9.8	4 400	是	是
8	吴忠市利通区	宁夏夏进奶牛繁育科技有限公司	√		1 074	640	荷斯坦	10.4	5 950	是	是
9	吴忠市利通区	吴忠市利牛畜牧科技发展有限公司	√		990	565	荷斯坦	9.8	4 900	是	是
10	吴忠市	吴忠市义明黄沙窝奶牛养殖合作社	√		1 300	855	荷斯坦	8.5	9 673	是	是
11	吴忠市青铜峡市	青铜峡市康盛牧业有限责任公司	√		1 490	773	荷斯坦	10.4	8 395	是	是
12	石嘴山市惠农县	石嘴山市卉丰农林牧场	√		838	453	荷斯坦	9.9	4 380	是	是
13	石嘴山市惠农县	惠农区益农金禾奶牛养殖有限公司	√		1 130	610	荷斯坦	9.3	5 475	是	是
14	石嘴山市平罗县	平罗县永和奶牛养殖专业合作社	√		761	410	荷斯坦	8.2	3 285	是	是
15	中卫市中宁县	宁夏利莱达农林综合开发有限公司	√		680	354	荷斯坦	9.6	3 285	是	是
16	宁夏农垦	宁夏农垦贺兰山奶业有限公司平吉堡奶牛一场	√		1 125	588	荷斯坦	9.8	6 172	是	是
17	宁夏农垦	宁夏农垦贺兰山奶业有限公司平吉堡奶牛三场	√		1 019	560	荷斯坦	11.5	6 786	是	是
18	宁夏农垦	宁夏贺兰山奶牛原种繁育有限公司（平四）	√		1 198	635	荷斯坦	10.1	6 753	是	是
19	宁夏农垦	宁夏荷利源奶牛原种繁育有限公司（平五）	√		1 441	645	荷斯坦	10.9	7 374	是	是
20	银川市灵武市	灵武市金昊达奶牛养殖有限公司	√		764	320	荷斯坦	8.5	2 920	是	是

附表2　宁夏回族自治区乳制品生产企业名录

序号	名称	许可证号码	年收购原奶量(t)	平均支付价格(元/kg)	其中：自有奶源量(t)	年乳制品产量(t)	其中：巴氏杀菌奶(t)	UHT奶(t)	酸奶(t)	奶粉(t)	奶油(t)	奶酪(t)	乳饮料(t)	其他	整体设计加工能力(t/年)	产品销售区域(外销比例%)	年销售收入(万元)	利润(万元)
1	宁夏伊利乳业有限责任公司	SC10564030200130	570 804	3.65		458 530		391 327.4039	46 811.14				14 829.56	5 561.75	550 000	100	296 000	
2	蒙牛乳业（银川）有限公司	SC10564010500185	404 099	3.78		197 110		174 653.49	9 573.66					12 883.1	350 000	80	151 000	
3	宁夏夏进乳业集团股份有限公司	SC10564030200017	146 556	3.41		205 838	711	147 017	11 088				47 022		300 000	49	119 500	
4	宁夏金河科技股份有限公司	SC10564012200013	16 484	4.10		29 628	96.3	2 615.71	14 660				12 256		30 000	15	25 800	
5	宁夏亿美科技有限公司	SC20164018100275	140 000	3.40		3 574									16 500	100	20 600	
6	宁夏明旺乳业有限公司	SC10564012200579	17 416	3.55		2 494				2 494					17 000	100	14 000	
7	宁夏恒大乳业有限公司	SC12964030200112	4 928	2.59		840				840					12 000	40	11 350	
8	中宁县黄河乳制品有限公司	SC12964052100985	30 537	3.75		3 411				3 411					10 000	90	10 950	
9	吴忠恒枫乳业有限公司	SC10564030200269	47 995	1.77		6 128				6 128					15 000	100	10 600	
10	宁夏塞尚乳业有限公司	QS640105010009	22 077	3.28		3 708								3 707.7	4 000	95	10 100	
11	宁夏雪泉乳业有限公司	正在换证中	20 000	3.60		2 160		260	300	1 600					10 000	60	9 000	
12	宁夏北方乳业有限公司	QS640005010300	12 775	3.00		13 300	1 100	8 000	1 600				2 600		50 000	30	8 000	
13	宁夏伊友乳业有限公司	SC10564030200679	21 978	2.93		390				390					6 000	99	730	
14	平吉堡国富酸奶场	91640105574873433	400	3.2	540	800			750				50		1 800	0	1 000	

备注：自有奶源指来自自建和参建（控股、参股）牧场（小区）的原料奶。

银川市

【奶畜养殖】2016年，银川市奶牛存栏21.9万头，其中成母牛存栏10.23万头，全市牛奶总产量78.4万t，鲜奶平均交售价格为3.5~3.9元/kg，奶业产值占畜牧业产值比重51.4%。

【乳品加工】2016年，银川市共有乳品加工企业9家，分别是蒙牛集团银川事业部、宁夏明旺乳业有限公司、宁夏北方乳业有限公司、银川市金河乳业有限公司、宁夏塞尚乳业有限公司、夏进昊尔乳业有限公司、宁夏熊猫乳业有限公司、宁夏亿美乳业有限公司、平吉堡酸奶厂，日加工鲜奶能力2 000t，产品以巴氏奶、奶粉、酸奶为主。

【市场消费】2016年，银川市人均奶类占有量286kg,乳制品和奶类的人均消费支出为401元。

【奶源基地】2016年，银川市共有奶牛养殖户1 617个，奶牛存栏49头以下的场（户）1 495个，存栏1.79万头；50~99头的场（户）16个，存栏1 647头；100~199头的场（户）17个，存栏4 426头；200~499头的场（户）17个，存栏9 199头；500~999头的场（户）30个，存栏2.96万头；1 000头以上的场（户）42个，存栏15.7万头。全市苜蓿种植面积10.57万hm^2，年产青干草8.46万t，青贮玉米种植面积15.5万hm^2，总产量52.7万t。成母牛年均单产达到7 600kg以上，全市40%以上的奶牛养殖场配备了粪污处理设备，今后将在所有养殖场推广。全市所有奶牛养殖场全部实现了机械挤奶，全混合日粮（TMR）饲喂技术在全市所有规模奶牛场（园区）普及推广，生产性能测定(DHI)技术在全市34个奶牛场得到推广应用。

【质量监管】2016年银川市共有奶站75家，生鲜乳运输车辆156辆，奶业主管部门建立健全奶站管理制度，奶站负责人做好奶站监管记录、生鲜奶销售记录、卫生消毒记录、生产投入品记录，对于大型乳品加工企业实行驻站员管理制度,加强了对奶牛养殖投入品使用、饲养管理、规范化挤奶和卫生消毒等生产环节的全程监控，确保生鲜乳质量安全。

（银川市畜牧技术推广服务中心，蔡建伟）

吴忠市

【奶畜养殖】2016年，吴忠市奶牛存栏23.8万头，牛奶总产量86.6万t，人均鲜奶占有量439kg，成母牛存栏11.4万头，年均单产7 600kg，鲜奶平均售价3.5~3.9元/kg，奶业产值占畜牧业产值的47.7%。

【乳品加工】吴忠市现有乳品加工企业10家，日鲜奶加工处理能力200t以上的企业有8家。目前，日加工鲜奶2 320t，其中伊利集团1 800t，夏进公司360t，红果乳业20t，雪泉乳业20t，恒枫乳业124t；加工处理辖区以外县（市、区）鲜奶1 000t。吴忠市日产鲜奶约2 000t，其中，伊利收购900t、夏进300t、蒙牛收购500t，其余运往四川、上海、云南等地。

【市场消费】吴忠市乳制品市场主要销售的品牌及产品：夏进，主要产品有纯牛奶、酸奶、乳酸菌饮料、奶粉；伊利，主要产品有纯牛奶、酸奶、冰淇淋等。

【奶源基地】2016年，吴忠市共有奶牛养殖户2 548个，奶牛存栏49头以下的场（户）2 381个，存栏4.2万头；50~99头的场（户）39个，存栏3 434头；100~199头的场（户）26个，存栏6 333头；200~499头的场（户）16个，存栏8 898头；500~999头的场（户）39个，存栏4.5万头，1 000头以上的场（户）47个，存栏15万头。建成孙家滩、五里坡、金银滩、青铜峡沿山4个奶牛养殖核心区。青贮玉米种植面积15万hm^2，制作全株玉米青贮49.5万t，多年生牧草留床面积71万hm^2，一年生牧草种植面积保持在50万hm^2，苜蓿种植面积13万hm^2，制作苜蓿青贮300t。

实施了奶牛良种工程、科技提升工程，健全了良种繁育体系、饲料配送体系和奶牛防疫体系。全株玉米青贮加工调制技术推广应用率达到100%，奶牛生产性能测定（DHI）技术已在18个规模养殖场得到推广应用，年测定牛群2万余头。以吴忠市国家农业科技园区、利通区、青铜峡市等奶牛主产区为重点，以规模养殖场、专业合作组织、家庭牧场为主体，建设40个示范点，加强主推技术示范应用，坚持改良选育，加快奶牛群体遗传进展，应用DHI技术，开展测奶养牛工作，抓好繁殖管理，提升牛群繁育效率。优化日粮配制，降低饲草料成本。控制隐性乳房炎，提高牛群健康水平。积极推进奶牛养殖污染防治工作，以实现清洁化生产。利用奶公犊资源，提高养殖综合效益。建立现代化管理技术体系，推进种养结合和一二三产业融合发展。

【奶农组织】吴忠市现有奶农专业合作社14家。通过政策扶持，规范了生产、经营、服务行为。奶农专业合作社在协调奶企双方利益，做好奶农生产、技术、资金、信息、销售等服务方面发挥了积极作用，进一步促进了奶农合作组织的发展。“龙头企业+合作社+奶农”产、加、销一体化的紧密利益共同体逐步建立。

【政策法规】2016年，吴忠市出台了《吴忠市草畜产业发展规划》《吴忠市农业提质增效行动计划》《关于加快建设吴忠市孙家滩国家级现代农业科技示范区的意见》等一系列奶业扶持政策及措施，明确了奶产业的发展思路、措施办法、目标任务。筹资6 500万元建立了奶业风险基金。

【质量监管】严格生鲜乳收购站许可管理，严厉打击非法收购运输“黑窝点”和各种违禁添加行为；加强生鲜乳抽样检测，对全市奶站、运输车辆抽检做到全覆盖。开展饲料生产和饲喂环节质量安全监测，严厉打击非法添加、超范围、超剂量添加兽药等违法行为，违法案件查处率达到100%。

【奶业大事】吴忠市利通区先后实施了国家奶牛大县种养结合整县推进、粮改饲和宁夏农业产业化等项目，推进了奶牛养殖规模化、标准化、科技化和产业化发展。

宁夏金宇浩兴农牧业股份有限公司成功上市。

吴忠市与伊利集团形成战略合作关系，建设伊利二期、三期及饲料加工项目，2016年2月伊利三期安幕希酸奶生产线正式投产。

中国青贮协会在吴忠市召开了全国青贮玉米品种展示现场会。

10月8日，吴忠DHI检测分中心正式开始试运行。

12月16日，由宁夏畜牧工作站主办，吴忠市畜牧水产技术推广服务中心承办的"2016年全区奶牛生产性能测定技术培训班"在吴忠市召开。

（吴忠市畜牧技术推广服务中心，周磊、袁国军）

新疆生产建设兵团

【奶畜养殖】据统计，2016年新疆兵团奶牛存栏23.31万头，比2015年减少1.1万头，同比下降4.5%；牛奶年总产62.9万t，同比持平。奶牛主要品种有中国荷斯坦牛、西门塔尔牛和新疆褐牛，其中荷斯坦牛存栏18.1万头，主要分布在一师、七师、八师、十二师四个师；西门塔尔牛2.1万头，在各师均有分布；新疆褐牛3.1万头，主要分布在四师、九师和十师。

奶牛主产区一、七、八、十二师，4个师奶牛存栏14.1万头，占兵团奶牛总存栏的60.5%，牛奶总产46.5万t，占兵团奶产量的74%，成母牛单产7.2t。

2016年兵团原料奶实现产值22.3亿元，占畜牧业产值的8%。受进口奶粉冲击、品牌建设滞后、产品研发及市场开拓不足等影响，牛奶价格维持较低水平，一、六、七、八、十二师主产区原料奶交售价格全年维持3.0~3.5元/kg。原奶生产成本3.2~3.6元/kg，奶牛养殖户多数处于亏损或微利状态。兵团液态奶销售市场有限，乳企奶粉积压库存较严重。

【乳品加工】2016年兵团辖区共有乳制品加工企业18家（含2家婴幼儿配方乳粉生产企业），日加工处理鲜奶能力总计2 704t，年加工能力达到90万t以上。产品主要包括大包装工业奶粉、巴氏杀菌奶、UHT奶、酸奶、奶酪等，大包装工业奶粉销往内地，液态奶主要在疆内销售。2016年实际加工鲜奶41.5万t，生产奶粉1.75万t、液态奶18.06万t、固体和半固体乳等1.87万t。兵团区域内规模较大的乳企有石河子花园乳业、新疆天润乳业、新农乳业、石河子娃哈哈启力乳业、石河子乳旺乳业、石河子西牧乳业六家，其中石河子花园乳业、新疆天润乳业和新农乳业为兵团控股上市乳品企业，石河子花园乳业和石河子西牧乳业是新疆区域内仅有的两家婴幼儿配方奶粉生产许可企业。目前乳企面临严峻挑战，液态奶销售市场拓展有限，奶粉积压库存较严重。

【市场消费】2016年兵团人均奶类占有量201kg，人均乳制品(折合成鲜奶)消费44.5kg，其中：纯牛奶27kg，酸奶9.5kg，奶粉1 kg。人均用于奶类消费支出约为515元（表4-43）。

表4-43 新疆花园乳业市场主要产品销售价格和规格

序号	商品名称	件规格	售价（元）	保质期（d）
1	花园纯牛奶（箱装）	20袋/件	36	45
2	花园浓缩酸奶	1×180g/袋	2.5	21
3	花园老酸奶	1×160g/杯	4	21
4	花园红枣优酪乳	1×180g/杯	2.5	21
5	花园优酪乳自然100	1×180g/杯	2.5	21
6	花园益生菌优酪乳	1×180g/杯	2.5	21
7	花园蓝莓优酪乳	1×180g/杯	2.5	21
8	悠然酸奶原味	1×180g×12袋	36	
9	悠然酸奶红枣	1×180g×12袋	36	
10	焦点芒果	1×230ml×10瓶	40	
11	燕麦浓缩酸奶	1×180g×12杯	48	
12	芝士冰淇淋酸奶	1×120g×12杯	36	
13	GOS酸奶	1×180g×12杯	36	
14	奇亚籽草莓酸奶	1×180g×12杯	48	
15	奇亚籽奇异果酸奶	1×180g×12杯	48	

【奶源基地】2016年兵团奶牛养殖场户共8 186个。其中：1~29头规模7 603户，约占总养殖场户的92.8%；30~99头规模440户，约占总养殖场户的5.4%；100~199头规模场18户，200~499头规模场35户，500~999头规模场33户，1 000~1 999头规模场27户，2 000~2 999头规模场16户，3 000头规模以上的14户。100头以上规模场约占总养殖场户数的1.8%，存栏规模达100头以上荷斯坦奶牛场（小区）143个，总存栏量达到14.5万头，奶牛规模化养殖总体水平达到62%以上。配备TMR饲喂机械156台套，青贮玉米收割机123台，苜蓿收获机械202台。机械化挤奶设备150余套，机械化集中挤奶比例达到80%以上。具备粪污处理设施（干粪）的规模场个数为140个，占比为99%（堆肥腐熟还田处理120个、沼气工艺处理2个、有机肥加工4个、委托处理模式2个、牛床垫料3个、其他9个），具备污水处理利用的规模场个数为113个，占比74%。

疫病防治。通过落实重大动物疫病防控责任，一年3次集中免疫和月月补免。兵团各级兽医实验室累计开展口蹄疫等重大动物疫病免疫评估监测抽样11.15万份，免疫抗体平均合格率分别为：牛O型口蹄疫90.86%，牛亚洲Ⅰ型口蹄疫92.55%，牛A型口蹄疫92.47%，开展布病监测血清样品92.9万份，其中监测奶牛个体阳性率 0.19%，群体阳性率 8.93%；其他品种牛个体阳性率 0.32%，群体阳性率 4.17%；开展牛结核检疫 21.3 万头，平均阳性率 0.32%。对奶牛布病、结核，实行一年两次两病检测，发现阳性畜进行无害化扑杀处理，净化了奶牛养殖环境。奶牛乳房炎、子宫内膜炎等发病率逐年下降。

饲草料基地建设。全年落实饲草料作物种植面积 20.93 万 hm^2，其中籽实玉米 11 万 hm^2，青贮玉米 4.47 万 hm^2，苜蓿种植面积 5.11 万 hm^2，其他饲草 0.36万 hm^2。北疆各师饲草料供给充足，南疆垦区仍有缺口。兵团乳业集团、疆南牧业、八师、九师等在探索推进以养带种、种养结合、种养一体化经营方面成效显著。

农作物秸秆饲料化利用工作实施范围涵盖 13 个师的 109 个团场，各师主要以增加农作物种植面积、提高秸秆机械收获率和推广“三贮一化”技术提高秸秆饲料化利用率来增加农作物秸秆饲料化利用量，全兵团共增加 5.1 万 t。

品种改良。奶牛品种改良主要通过人工授精技术，2016 实际使用奶牛冻精 35.8 万剂，奶牛肉牛性控冻精配种 0.9 万头。参配母牛 14.7 万头。奶牛冻精冷配技术覆盖面达到 93% 以上。通过冷配项目带动，兵团奶牛良种率由 40% 左右提高到 60% 以上。全兵团规模化牛场奶牛母牛平均单产由 2006 年的 5t 提高到 2016 年 7t 以上，平均单产提高了 2t 左右。

2016 年申请国家奶牛良种补贴资金 520 万元，从中标的 7 家奶牛肉牛冻精供种单位（区内 1 家，区外 6 家）统一采购良补冻精 39.9 万剂，其中：荷斯坦牛冻精 26.2 万剂，褐牛冻精 3.0 万剂，乳用西门塔尔牛冻精 8.7 万剂，肉牛冻精 2.0 万剂。

奶站及运输车管理。截至 12 月底有生鲜乳收购站 142 家，均为发证奶站，全年新建 2 个奶站，因奶源不足等因素关停 18 个规模较小的奶站。奶站全部集中机械挤奶，其中，开办主体为加工企业的 49 个，奶畜养殖场的 79 个，奶农合作社的 12 个，奶牛养殖小区的 2 个。现有运输车 77 辆，其中新增合格车辆 6 辆，核发了 77 个生鲜乳准运证，准运证核发比例 100%。运输车辆严格初检和交接：进口和出口用铅封，并详细记录数量、领取时间、各个铅封号码，双方签字确认。初检合格后，填写生乳交接单，详细记录生鲜乳收购站名称、生鲜乳收购经手人、生鲜乳数量、押运员、司机、车牌号、出发时间、出发时生鲜乳温度、到达时间、到达时生鲜乳温度、收购企业名称、企业收奶人员签名，签字确认。

兵团现有奶站挤(收)奶厅、贮奶间、化验室、设备间等基础设施齐全，更衣室、办公室较全。冷藏、冷却、低温贮运等设备配套。拥有简单的化验、计量、检测仪器设备，乳糖、脂肪、蛋白、乳比重计等测定仪器拥有率较高。生鲜乳收购站布局合理，硬件设施基本完善，可保障兵团范围内生鲜乳的正常收购及其质量安全。

【质量监管】根据农业部 2016 年生鲜乳质量安全计划，兵团各级严格从生产、收购和运输三个关键环节进行了生鲜乳监督检查，全年开展现场检查 162 次，其中检查收购站 120 个，检查运输车 42 辆，对现场抽检的生鲜乳进行检验，三聚氰胺含量全部合格，未检出革皮水解物等违禁添加物。生鲜乳质量安全监测及监管行动覆盖兵团各级奶站，检测指标覆盖卫生部公布的违禁添加物，确保兵团范围内生鲜乳质量安全。

【发展规划】至 2020 年，兵团计划用 5 年时间，奶牛养殖规模由 23 万头增加至 40 万头（近两年拟进口奶牛 3 万头），牛奶总产实现 140 万 t，其中天山北坡奶业产业奶牛存栏 26 万头，占兵团 65%，牛奶产量 102 万 t，占兵团 72.8%。新建 100 个标准化奶牛规模养殖场，改扩建 100 个标准化奶牛规模养殖场。存栏 300 头以上奶牛规模化养殖比重超过 85%，商品牛奶加工率达到 80% 以上，规模养殖场生鲜乳质量达到欧盟标准。80% 的奶牛规模化养殖场实现畜禽养殖排泄物资源化利用和病死畜禽无害化处理。优质饲草青贮玉米种植面积 20 万 hm^2，高产苜蓿种植面积 6.67 万 hm^2，其他 6.67 万 hm^2（表 4–44）。

表 4–44　新疆生产建设兵团主要规模养殖场情况

养殖场名称	品种	总存栏（头）	成乳牛存栏（头）	后备母牛存栏（头）
四团奶牛养殖一场	荷斯坦	3 250	1 210	300
四团奶牛养殖二场	荷斯坦	2 117	715	389
四团奶牛养殖三场	荷斯坦	2 032	653	389
五团奶牛养殖一场	荷斯坦	4 300	2 500	2 017
五团奶牛养殖二场	荷斯坦	4 375	2 647	2 147
五团奶牛养殖三场	荷斯坦	4 337	2 481	2 081
新农奶牛养殖一场	荷斯坦	1 352	811	487
新农奶牛养殖二场	荷斯坦	1 194	705	123
新农奶牛养殖三场	荷斯坦	1 513	908	527
良种奶牛繁中心	荷斯坦	2 024	1 615	200
巴口香创锦牧业有限公司	荷斯坦	4 025	2 070	941
西部准噶尔牧业股份有限公司	荷斯坦	3 738	2 768	970
奇台双牛牧业	荷斯坦	1 037	869	168
一牧场	荷斯坦	1 350	750	350
祥盛通牧业	荷斯坦	1 319	500	561
兵团乳业	荷斯坦	14 920	11 900	3 642
天澳四牧场	荷斯坦	1 450	930	520
六牧场	荷斯坦	1 360	830	530
九牧场	荷斯坦	3 152	2 212	1 008
润达牧业	荷斯坦	2 240	1 230	950
东润牧业	荷斯坦	1 918	1 240	155
133 团红光牧业（西部牧业 133 牛场）	荷斯坦	2 934	2 212	722
133 团天盈牧业	荷斯坦	2 000	1 000	1 000
西部牧业	荷斯坦	2 376	1 725	321
曙瑞牧业	荷斯坦	2 024	1 705	300
克拉玛依祥瑞牧业	荷斯坦	1 300	1 000	200

（续）

养殖场名称	品种	总存栏（头）	成乳牛存栏（头）	后备母牛存栏（头）
西牧一场	荷斯坦	1 982	986	
三盈公司	荷斯坦	1 814	959	
双鹤牛场	荷斯坦	1 479	1 067	89
振兴牧业	荷斯坦	3 976	2 645	1 065
天锦牧业	荷斯坦	1 201	722	367
西部牧业中心牛场	荷斯坦	2 979	2 001	604
泉旺牧业牛场	荷斯坦	2 050	1 100	200
五牛场	荷斯坦	1 440	1 181	299
利群牛场	荷斯坦	2 085	1 362	763
西锦牧业	荷斯坦	2 162	1 419	635
娃哈哈	荷斯坦	1 120	790	302
娃哈哈一牛场	荷斯坦	1 406	1 028	478
娃哈哈二牛场	荷斯坦	1 368	1 365	403
阜瑞牛场	荷斯坦	2 666	1 447	1 290
二牛场	荷斯坦	1 170	1 064	618
梦园牧业	荷斯坦	1 534	1 356	695
中心牛场	荷斯坦	3 826	2 448	1 400
133 牛场	荷斯坦	3 727	2 390	1 456
134 牛场	荷斯坦	3 160	2 160	675
141 牛场	荷斯坦	2 214	1 652	533
147 牛场	荷斯坦	1 811	1 505	409
玛纳斯牛场	荷斯坦	2 732	0	2 732
呼图壁牛场	荷斯坦	1 693	1 199	303
准噶尔牛场	荷斯坦	2 937	2 246	992
五一农场奶牛养殖标准化二场	荷斯坦	1 040	634	406
三坪农场一连奶牛养殖小区	荷斯坦	1 309	786	523
天润公司沙湾牛场	荷斯坦	1 750	1 020	730

（新疆生产建设兵团畜牧兽医工作总站，杨华）

黑龙江农垦

【奶畜养殖】截至 2016 年年底，黑龙江农垦奶牛存栏 15.5 万头，其中成母牛存栏 8.5 万头，奶牛总产量 42.7 万 t，主产区为牡丹江管理局、九三管理局、北安管理局。奶业产值占畜牧业产值 23.95%。垦区存栏 300 头以上规模养殖场 56 个，存栏 6.9 万头、成母牛 3.7 万头，规模养殖场平均单产 7.2t，其中有 8 个养殖场单产超过 9t。存栏 300 头以上规模养殖场产奶量占总产奶量 60% 以上。总产奶量上升、总存栏量稳定、规模养殖比例提高。

【乳品加工】2016 年垦区共有乳品加工企业 3 个，其中完达山为最主要的品牌。2016 年全年加工生鲜乳 37.7 万 t，其中用于生产液态奶 18.2 万 t、用于生产生产奶粉 19.5 万 t。完达山乳业股份有限公司，下辖 24 家分、子公司，年加工鲜奶能力 80 万 t，生产奶粉、液态奶、豆制品等 11 大系列近 150 个品种，销售至全国，产品远销东南亚和非洲。

【奶源基地】2016 年垦区规模养殖比例超过 85%，机械挤奶比例 100%，全混合日粮（TMR）技术应用 60% 以上，生产性能测定（DHI）20 000 头以上。享受奶牛良种补贴 540 万元补贴冻精 36 万剂。生鲜乳收购年均价格规模场 3.3 元 /kg、养殖小区 2.8 元 /kg，养殖户和奶牛场分别处于亏本和保本状态。垦区 3 月初完成了强制免疫疫苗采购招标工作。2016 年 3~5 月在全垦区组织开展了春季重大动物疫病强制免疫会战，派出两个督导检查组赴 9 个管理局对春秋防工作进行了督导检查。垦区利用发改委奶牛标准化规模养殖项目中央投资 3 600 万元对 28 个小区实施标准化改造。2015 年总局制发了《垦区规模奶牛场高产攻关活动实施方案》，目标是用 5 年左右时间，主要通过技术推广、技术集成和创新及强化生产管理等措施，使垦区 300 头以上的规模奶牛场单产实现 9t 以上，达到国际先进水平。2016 年为创新推进以“20 项核心技术 +11 项保障措施”为主要内容的高产攻关活动的持续开展。垦区先后将国家奶牛产业技术体系、中国农科院北京畜牧兽医研究所、北京奶牛育种中心请进垦区，签订技术合作框架协议加以实施，并联合在垦区成功举办全国奶牛提质增效现场会和中国奶业竞争力提升行动培训班。2016 年组织有关奶牛养殖技术类培训班（会）18 个，培训技术和管理人员 500 多人次，同时采取技术专家包场、单项技术培训班到场、国内外专家巡访等方式走进牧场解决、指导技术难题，全年国内外奶牛专家下牧场指导 44 次，巡回指导牧场 160 次。上述活动使今年的 9t 奶工程再创佳绩，按今年前 10 个月奶牛生产性能测定（DHI）数据显示，8 个牧场奶牛单产达到 9t 以上，另外有 7 个牧场达到 8t 以上。

【质量监管】2016 年，垦区制定下发了《2016 年垦区畜产品质量安全监管工作方案》，为确保监管工作落到实处和推进重点工作全面落实，6 月 15~30 日，组织 3 个重点工作督查组，实地督查了 9 个管理局和 36 个农牧场。完成了国家、省和垦区三级生鲜乳、畜产品和饲料质量安全抽检工作，安排抽检 659 批次生鲜乳样品，其中奶站 421 批次，生鲜乳运输环节 238 批次，三聚氰胺、碱类物质、硫氢酸钠检测合格率均为 100%。垦区有生鲜乳收购 194 个、生鲜乳运输车 122 辆。奶站和奶车主要由乳品企业黑龙江省完达山乳业股份有限公司开办。

【奶业大事】 2016 年黑龙江省组织实施了“两牛一猪”标准化规模养殖基地建设项目。该项目对新建奶牛养殖场按存栏泌乳牛 300 头为一个单元，每个单元补助 300 万元。垦区共有 9 个奶牛养殖主体实施了 14 个单元的项目建设，申请资金 4 200 万。

2016年利用现代农业发展资金1 050万元对农垦科学院和总局本级500万元对双鸭山农场乳肉兼用牛育种核心场进行改扩建。同时安排700万元乳肉兼用牛品种培育资金，其中500万元用于进口德系西门塔尔乳肉兼用牛冻精，共招标采购92 355支。200万元用于四个核心育种场育种技术服务、指导、建档立卡补贴，加快北大荒乳肉兼用牛育种进程。

2016年垦区全株高能量青贮玉米种植制贮面积2.33万 hm^2，贮量130万t。落实国家振兴奶业苜蓿发展行动，新增苜蓿草种植面积1 800hm^2，超额完成计划任务35%，苜蓿草留床面积达到10 667hm^2；新增饲用燕麦种植（包括复种）面积1 667hm^2。共计享受资金5 565万元。

组织实施全国农垦系统畜牧高产攻关活动和农业部畜禽养殖标准化示范创建活动。以奶牛、生猪养殖为重点，组织垦区21个奶牛规模场、10个生猪规模场，参加全国农垦系统畜牧高产攻关活动，通过集成、展示、推广先进实用技术，加快提升规模化、集约化、标准化饲养水平，加快畜牧业发展方式转变。继续组织开展农业部畜禽养殖标准化示范创建活动，加强示范场监管，完成了4个部级标准化示范场申报和验收工作，组织专家对2010年和2013年命名到期的18个示范场进行了复检。2016年又有4个养殖场被评为部级标准化示范场。

（黑龙江省农垦总局畜牧兽医局，周兴民、王京航）

政策法规

ZHENGCE FAGUI

【农业部发布】

农业部关于促进现代畜禽种业发展的意见

农牧发【2016】10号

我国是畜产品生产和消费大国，畜禽良种是畜牧业发展的基础和关键。为提升畜牧业综合竞争力，保障畜产品供给安全，现就促进现代畜禽种业发展提出如下意见。

一、我国畜禽种业发展的形势

（一）畜禽种业发展取得积极成效。近年来，农业部和地方各级畜牧兽医部门认真贯彻《畜牧法》及配套法规，启动生猪等主要畜种遗传改良计划，实施良种补贴、良种工程、资源保护等政策，推动畜禽良种繁育体系不断完善，种业基础进一步夯实。一是育种自主创新水平大幅提升。核心育种场良种登记、性能测定等基础性育种工作稳步推进，生猪、奶牛和肉牛等引进品种的本土化选育进程加快；通过引进消化吸收再创新，培育了135个畜禽新品种、配套系，其中国产高产蛋鸡市场占有率达40%以上，打破了对引进品种的依赖。二是商业化育种蓬勃发展。畜禽种业龙头企业不断发展壮大，市场集中度逐步提高，以企业为主体、市场为导向、产学研相结合的商业化育种体系初步建立。三是畜禽遗传资源保护成效显著。原产地保护和异地保护相结合、活体保种和遗传物质保存互为补充的畜禽遗传资源保护体系不断完善，建设了国家级保种场154个、保护区22个和基因库6个。

（二）畜禽种业发展面临严峻挑战。当前我国畜牧业正处于转型升级的关键时期，畜禽种业长期积累的矛盾和问题愈发凸显。一是部分优良品种核心种源依赖进口，全部白羽肉鸡祖代、大部分优质种牛精液和胚胎从国外引进。二是联合育种机制缺乏，育种企业上下游联合与横向联合的育种机制不健全，育种素材难交流，资源共享难实现。三是种畜禽企业综合实力偏弱，数量多、规模小，技术力量薄弱，科技创新能力和市场竞争力不足，尚未形成市场普遍认可的优势品牌。四是种业市场监管基础薄弱，种畜禽生产经营执法队伍不健全，执法手段单一，质量评价和执法监管滞后。

各地畜牧兽医部门要充分认识促进现代畜禽种业发展的重要性和紧迫性，坚持问题导向和需求导向，加快科技攻关和自主创新，全面提升畜禽种业国际竞争力，为建设畜牧业强国奠定坚实的种业基础。

二、总体要求

（三）指导思想

全面贯彻创新、协调、绿色、开放、共享的发展理念，落实推进农业供给侧结构性改革的决策部署，以培育自主品种、打造民族品牌、提升核心种源自给率和扩大良种覆盖面为目标，以市场为导向、企业为主体，坚持高产高效的育种方向，全面实施畜禽遗传改良计划，健全畜禽良种繁育体系，加快优良品种推广，加强地方资源保护与开发，加大扶持力度，强化科技支撑，完善体制机制，鼓励自主创新，提高畜禽种业发展质量效益和竞争力，为现代畜牧业发展提供有力支撑。

（四）基本原则

自主育种，有序引进。坚持地方品种原始创新和引进品种消化吸收再创新相结合，加快培育适应市场需求的畜禽新品种和配套系，形成自主品牌，提升畜禽种业的核心竞争力。引导国外优良品种有序引进，提高引种质量。

企业主体，政府引导。坚持市场导向，突出企业主体地位，构建商业化畜禽种业体系。加强政策扶持，发挥财政资金的引导作用，通过金融、保险、土地等政策多渠道支持畜禽种业发展，调动种畜禽企业的积极性。

科技支撑，提质增效。坚持产学研相结合，激发种畜禽企业和科研机构活力，构建畜禽种业科技创新平台。支持开展常规基础性育种，积极应用分子育种等先进技术和前沿技术，降低育种成本，提高育种效率。

突出重点，统筹兼顾。重点突出生猪、奶牛、蛋鸡、肉鸡、肉牛和肉羊等主要畜种，突出生产性能好、适应范围广的主导品种。结合区域特点和资源禀赋，加强水禽、蜜蜂等地方特色品种资源开发利用，满足多元化的市场需求。

（五）发展目标

主要引进品种本土化选育取得明显进展，地方畜禽遗传资源得到有效保护利用，畜禽育种评价体系基本建立。培育一批市场竞争力强的新品种、配套系和品系，打造一批大型畜禽种业集团和民族品牌。形成以育种企业为主体，产学研相结合、育繁推一体化的种业发展机制。到2025年，主要畜种核心种源自给率达到70%，国家级保护品种有效保护率达到95%以上，基本建成与现代畜牧业相适应的良种繁育体系。

（六）育种路径

以生产性能测定和遗传评估为基础，坚持常规育种与分子育种相结合。家畜突出本品种选育，充分挖掘地方品种资源优势，培育新品种、配套系，家禽突出商业配套系培育。生猪以杜洛克猪、长白猪、大白猪等品种为主，系统开展本土化选育，打造“华系”种猪品牌；奶牛以荷斯坦牛为主，肉牛以西门塔尔牛、安格斯牛、秦川牛、延边牛等品种为主，重点培育优秀种公牛；肉羊以小尾寒羊、湖羊、杜泊羊、萨福克羊等品种为主，开展本品种持续选育；蛋鸡以配套系培育和持续选育为主，肉鸡以培育黄羽肉鸡配套系和新品种为主，支持开展白羽肉鸡育种攻关。

三、主要任务

（七）提升育种创新能力。全面实施遗传改良计划，提升自主育种能力。继续开展国家核心育种场遴选，指导企业扎实开展生产性能测定等基础工作。以生猪、奶牛为突破口，支持和鼓励育种企业成立纵向或横向联合育种组织，探索建立家畜联合育种机制。支持建立国家畜禽遗传评估中心，提高遗传评估的准确性和及时性，指导育种企业合理开展选种选配。建立畜禽全基因组选择技术平台，开展奶牛、生猪、肉牛全基因组选择育种。

（八）完善育种评价机制。依托国家畜禽遗传资源委员会，完善新品种和配套系审定制度，探索开展新品系审定。建立健全种畜禽性能测定体系，坚持场内测定和集中测定相结合，加强第三方测定机构条件能力建设，提高集中测定的权威性和公正性。提升遗传评估中心育种数据分析能力，定期向社会发布遗传评估成绩，推介优良种畜，引导广大养殖场户选良种、用良种。通过种畜拍卖等多种形式，加快建立畜禽良种优质优价机制，引导企业不断提高育种水平。

（九）加快优良种畜推广。结合各地资源条件和养殖基础，明确优势区域主推品种，健全畜禽良种推广体系。支持建设国家良种扩繁推广基地，引导种业企业与规模养殖场户建立紧密的利益联结机制，打造一批国家级育繁推一体化种业企业。支持种公畜站改善基础设施条件，扩大优质种群规模，确保采精种公畜全部具备性能测定成绩。加强基层畜牧技术推广机构建设，完善冷链运输体系，提高人工授精服务站点社会化服务水平，打通良种推广的最后一千米。

（十）强化畜禽遗传资源保护。继续建设一批国家级和省级畜禽遗传资源保种场、保护区和基因库，努力确保列入保护名录的资源得到有效保护。组织实施畜禽地方品种登记，建立国家畜禽遗传资源动态监测预警体系。开展藏区等区域畜禽遗传资源调查，实现畜禽遗传资源调查全覆盖。开展地方畜禽品种种质特性评估与分析，挖掘优良特性和优异基因。完善畜禽遗传资源保护理论和方法，制定国家级、省级保种场个性化保种方案，评估保种效果，提升保种效率。

（十一）培育壮大龙头企业。将畜禽种业纳入现代种业发展基金支持范围，采取股权投资等方式，重点支持育种基础好、创新能力强、市场占有率高的种畜禽企业，整合资源、人才、技术等要素，培育一批大型畜禽种业集团。鼓励种业企业建设现代化育种科研平台，推动企业与科研院校共建高标准实验室、育种研发中心和良繁基地。以优势品种为基础，以优势种畜禽企业为载体，通过繁育推广、市场推介、产业开发、媒体宣传等形式，打造一批具有国际竞争力的畜禽种业品牌。

（十二）加强种畜禽疫病净化。以核心育种场为重点，加强种用动物健康管理，推动主要动物疫病净化，从生产源头提高畜禽生产健康安全水平。坚持政府政策引导、企业自主参与、多方技术支撑，采取从场入手、分步实施、示范带动、合力推动等方式，开展种畜禽疫病净化。将疫病净化与核心育种场建设、标准化示范创建等相结合，在政策、项目、技术等方面给予支持。积极开展种畜禽场主要动物疫病净化试点、示范，推动种畜禽场主动开展疫病净化，保障种畜禽质量。

四、保障措施

（十三）加大政策扶持。现代畜禽种业是一项系统工程，具有战略性、长期性、公益性。各地要抓紧编制现代畜禽种业发展规划，积极争取将畜禽种业发展经费列入财政预算。落实好现代种业提升工程、良种补贴、种质资源保护等各项扶持政策，加大对生产性能测定和遗传评估等育种基础工作的支持力度。围绕种畜禽企业用地、金融保险等需求，加强政策创设，完善现代畜禽种业发展政策体系。

（十四）强化科技支撑。充分整合国家产业技术体系、科研院所和种畜禽企业等资源，形成科技支撑合力。以新品种培育、遗传物质保存、特色资源开发等为重点，开展联合攻关，研发一批先进实用技术。健全遗传改良计划专家组工作机制，指导企业制定完善育种方案，开展经常性技术服务。开展性能测定、疫病净化等技术培训，提高种畜禽企业良种繁育技术水平。

（十五）依法加强管理。加强种畜禽市场监管，加大执法检查力度，严厉打击无证经营等违法违规行为。加强种畜禽进出口管理，科学评价引进种畜禽的生产性能，防止低水平重复引种。提高种畜禽场准入门槛，提升企业生产经营软硬件水平。继续实施种畜禽质量安全监督检验项目，加大抽检力度，督促企业提高种畜禽质量，营造健康有序的市场环境。

农业部
2016年6月22日

农业部关于印发《推进草原保护制度建设工作方案》的通知

农牧发【2016】11号

各省、自治区、直辖市畜牧（农牧、农业）厅（局、委、办），新疆生产建设兵团畜牧兽医局，黑龙江省农垦总局畜牧兽医局：

按照《生态文明体制改革总体方案》要求，我部制定了《推进草原保护制度建设工作方案》（以下简称方案），现印发给你们。请你们根据方案内容，结合实际，遵照执行。

农业部

2016年6月22日

推进草原保护制度建设工作方案

为贯彻落实中央决策部署，推进草原保护制度建设，加快构建草原保护建设利用长效机制，制定本方案。

一、重要意义

草原是我国面积最大的陆地生态系统，是主要江河的发源地和水源涵养区，生态地位十分重要。草原畜牧业是牧民收入的主要来源，是牧区脱贫致富奔小康的支柱产业，产业地位十分独特。《中共中央国务院关于加快推进生态文明建设的意见》和《生态文明体制改革总体方案》明确提出，要建立草原保护制度，稳定和完善草原承包经营制度，实行基本草原保护制度，健全草原生态保护补奖机制，实施禁牧休牧、划区轮牧和草畜平衡等制度。“十三五”期间，推进草原保护制度建设，加快构建草原保护建设利用长效机制，是中央统筹我国经济社会发展全局作出的重大决策，是深入贯彻“创新、协调、绿色、开放、共享”理念、促进城乡区域协调发展的具体体现，是转变农牧业发展方式、打赢扶贫攻坚战的有力支撑。各地要从加快建设生态文明、全面建成小康社会、维护民族团结和边疆稳定的战略高度出发，深刻认识推进草原保护制度建设的重要性和紧迫性，精心组织，周密部署，扎实工作，确保各项制度措施落到实处。

二、总体思路

通过推进草原保护制度建设，全面落实基本草原保护、草原禁牧休牧轮牧和草畜平衡等制度，促进草原生态环境稳步恢复；加快推动草原畜牧业发展方式转变，提升特色畜产品生产供给水平，促进草原地区经济可持续发展；不断拓宽农牧民增收渠道，稳步提高农牧民收入水平，初步建立草原保护建设利用的长效机制，为加快建设生态文明、全面建成小康社会、维护民族团结和边疆稳定作出积极贡献。

三、基本原则

（一）深化改革，完善机制。从统筹草原生态、牧业生产和农牧民生活多维度着手，建立健全草原保护、建设、利用与管护等方面的政策法律法规制度，不折不扣落实草原改革任务要求，构建草原保护建设利用长效机制。

（二）保护生态，绿色发展。遵循“保护生态环境就是保护生产力、改善生态环境就是发展生产力”的理念，坚持“生产生态有机结合、生态优先”的方针，着力保护和恢复草原生态环境，夯实草原地区经济社会可持续发展基础。

（三）因地制宜，分类指导。充分考虑各地自然、经济和社会发展规律，统筹规划，合理布局，针对草原地区发展不平衡的现状，分别采取有针对性的政策措施，加强对贫困地区和薄弱环节的指导支持。

（四）强化监管，依法推进。加强法律监督和行政监察，对各类草原违法违规行为实行“零容忍”，完善草原监测评估和草原监理绩效考核机制，依法严厉查处各类破坏草原资源和违反草原保护制度的行为，巩固草原生态保护建设成果。

四、主要目标

——草原生态环境逐步好转。到2020年，全国草原综合植被盖度达到56%，重点天然草原牲畜基本实现草畜平衡，全国草原生态恶化势头得到有效遏制。

——草原畜牧业发展方式进一步转变。草原畜牧业规模化率、牲畜出栏率和防灾减灾能力明显提高，产业发展水平不断提升，农牧民生产性收入稳步增长。

——草原保护建设利用法律法规制度全面建立。草原法律法规不断完善，草原承包、基本草原保护、草原禁牧休牧轮牧和草畜平衡等制度深入落实，草原保护建设利用长效机制初步形成。

五、重点任务

（一）抓好草原改革任务研究落实。开展草原生态文明体制改革研究，探索建立健全草原产权、生态补偿、用途管制、资源资产负债表、绩效评价考核和责任追究等草原保护重大制度。稳定和完善草原承包经营制度，实现承包地块、面积、合同、证书"四到户"，规范承包经营权流转，推进承包确权登记试点。加快落实基本草原保护制度，依法划定和严格保护基本草原，确保基本草原面积不减少、质量不下降、用途不改变。全面落实禁牧休牧轮牧和草畜平衡制度，切实减轻天然草原承载压力，实现草原休养生息和永续利用。

（二）启动实施新一轮草原补奖政策。研究完善草原补奖政策内容，提高禁牧补助和草畜平衡奖励标准，调整半牧区省份政策实施方式，扩大政策实施范围。召开启动实施新一轮草原补奖政策视频会，制定印发新一轮草原补奖政策实施指导意见（2016—2020年）。各有关省区要强化组织领导，做好政策宣传解读工作，让广大农牧民群众充分知晓新一轮政策内容，合理确定禁牧补助、草畜平衡奖励具体发放标准以及封顶、保底标准，避免因补贴额度过高垒大户或因补贴过低影响农牧民生活，保证政策平稳过渡和全面落实。

（三）保护和恢复草原生态环境。编制实施"十三五"草原保护建设利用规划。扩大退牧还草工程实施范围，完善工程建设内容。实施新一轮退耕还林还草工程，扩大退耕还草规模。继续实施京津风沙源治理和石漠化综合治理工程，推动启动草原自然保护区建设和草原防灾减灾工程，加大草原有害生物和黑土滩治理力度，扩大农牧交错带已垦草原治理试点。坚持工程措施与自然修复相结合、重点突破与面上治理相结合，实施草原休养生息，着力保护和恢复草原生态环境，不断提高草原生态产品生产能力。

（四）推进依法治草。组织修订《草原法》，推进《基本草原保护条例》立法进程。严格草原征占用审核审批，严控草原非牧使用，加强草原植被恢复费征收使用管理。按照机构设置合理、队伍结构优化、设施设备齐全和执法监督有力的要求，进一步加强草原监督管理工作。在地方机构编制总量内，健全草原监理机构和基层草管员队伍，保障工作经费，改善工作条件，提升工作能力。依法查处和通报非法征占用、乱开滥垦、乱采滥挖及其他破坏草原的案件，及时纠正违反禁牧和草畜平衡制度的行为，保护和巩固草原生态建设成果。

（五）大力发展现代草原畜牧业。继续开展粮改饲和草牧业试验试点，促进种植结构调整和草畜配套，推进现代饲草料产业体系建设。实施南方现代草地畜牧业推进行动和振兴奶业苜蓿发展行动，扶持草产品和畜产品生产加工营销，统筹一二三产业发展。推动启动牧区草原畜牧业转型示范工程，加强牲畜棚圈、储草棚库、青贮窖池等基础设施建设，夯实产业发展基础。组织专家和技术人员深入草原地区特别是贫困地区开展生产指导服务，引导养殖户实行良种良法配套，提高生产效率，增加养殖收益。在保护草原生态环境的前提下，加快现代草原畜牧业发展，促进农牧民增收和产业精准脱贫。

农业部关于印发《全国草食畜牧业发展规划（2016—2020年）》的通知

农牧发【2016】12号

各省（区、市）畜牧兽医（农牧、农业）厅（局、委、办），新疆生产建设兵团畜牧兽医局：

为推动草食畜牧业又好又快发展，保障优质安全草食畜产品有效供给，促进畜牧业结构调整和转型升级，加快现代畜牧业建设，我部组织制定了《全国草食畜牧业发展规划（2016-2020年）》，现印发给你们，请结合本地实际，认真组织实施。

农业部

2016年7月6日

文件下载：http://www.moa.gov.cn/zwllm/tzgg/tz/201607/P020160711394507833451.ceb

农业部关于印发《国家口蹄疫防治计划(2016-2020年)》和《国家高致病性禽流感防治计划(2016-2020年)》的通知

农医发【2016】39号

各省、自治区、直辖市及计划单列市畜牧兽医(农牧、农业)厅(局、委、办),新疆生产建设兵团畜牧兽医局,部属有关事业单位:

为贯彻落实《国家中长期动物疫病防治规划(2012-2020年)》,深入推进口蹄疫、高致病性禽流感的控制和消灭工作,根据《中华人民共和国动物防疫法》等法律法规,我部组织制定了《国家口蹄疫防治计划(2016-2020年)》和《国家高致病性禽流感防治计划(2016-2020年)》。现印发给你们,请遵照执行。

农业部

2016年8月22日

下载文件:http://www.moa.gov.cn/zwllm/tzgg/tz/201608/ P020160830367458251840.ceb

农业部关于印发《关于推进大东北地区免疫无口蹄疫区建设的指导意见》的通知

农医发【2016】41号

内蒙古自治区农牧业厅、辽宁省畜牧兽医局、吉林省畜牧业管理局、黑龙江省畜牧兽医局,部属有关事业单位,国家口蹄疫参考实验室:

为贯彻落实《国家中长期动物疫病防治规划(2012-2020年)》,深入推进大东北地区免疫无口蹄疫区建设,我部会同辽宁、吉林、黑龙江和内蒙古等4个省区,制定了《关于推进大东北地区免疫无口蹄疫区建设的指导意见》。现印发给你们,请遵照执行。

农业部

2016年8月30日

下载文件:http://www.moa.gov.cn/zwllm/tzgg/tz/201609/ P020160902321007688233.ceb

农业部关于公布第七次监测合格农业产业化国家重点龙头企业名单的通知

农经发【2016】15号

各省、自治区、直辖市及新疆生产建设兵团农业产业化主管部门：

为贯彻落实《国务院关于支持农业产业化龙头企业发展的意见》（国发【2012】10号）有关“完善重点龙头企业认定监测制度，实行动态管理”的要求，根据《农业产业化国家重点龙头企业认定和运行监测管理办法》（农经发【2010】11号）的规定，在各省（区、市）初步监测的基础上，经专家审核，全国农业产业化联席会议审定，北京德青源农业科技股份有限公司等1131家农业产业化国家重点龙头企业监测合格（名单附后）。其它因达不到规定标准和要求，监测不合格的企业，不再享有农业产业化国家重点龙头企业资格。

“十三五”时期是全面建成小康社会决胜阶段，为农业产业化发展带来了难得的机遇和严峻的挑战。农业产业化是现代农业发展的方向，对推进农业供给侧结构性改革，加快转变农业发展方式，保持农业稳定发展和农民持续增收具有重要作用。龙头企业是现代农业经营体系中最有活力、最具创新能力的经营主体，是推进农业产业化经营的关键，是促进农村一二三产业融合的引领力量。各地区、各有关部门要全面贯彻党的十八大和十八届三中、四中、五中全会精神，按照“创新、协调、绿色、开放、共享”的理念，加快推进农业产业化发展，聚焦促进农村产业融合发展的新任务，强化对龙头企业服务指导，支持龙头企业创新协同发展。农业产业化龙头企业要不忘初心、继续前进，建立更加紧密的联农带农机制，参与农业产业精准扶贫，进一步增加农民收入；加快自身转型升级，推动农业科技创新，进一步提升农业现代化水平；培育农村新产业、新业态，推进产业链和价值链建设，进一步领军农村产业融合发展。

附件：第七次监测合格农业产业化国家重点龙头企业名单

农业部

2016年10月14日

下载文件：http://www.moa.gov.cn/zwllm/tzgg/tz/201610/ P020161021701566340931.ceb

http://www.moa.gov.cn/zwllm/tzgg/tz/201610/P020161021701566340931.ceb

农业部关于印发《全国草原保护建设利用“十三五”规划》的通知

农牧发【2016】16号

各省（自治区、直辖市）畜牧（农牧、农业）厅（局、委、办），新疆生产建设兵团畜牧兽医局：

为切实做好“十三五”时期草原保护建设利用工作，加快草原生态改善，推进草牧业发展，我部组织制定了《全国草原保护建设利用“十三五”规划》，现印发给你们，请结合本地实际，认真组织实施。

农业部

2016年12月30日

下载文件：http://www.moa.gov.cn/zwllm/tzgg/tz/201701/P020170104595235323067.ceb

农业部办公厅关于印发《奶牛生产性能测定工作办法（试行）》的通知

农办牧【2015】36号

各省、自治区、直辖市畜牧兽医（农牧、农业）局（厅、委、办），新疆生产建设兵团畜牧兽医局，全国畜牧总站，中国奶业协会，各奶牛生产性能测定中心、参加测定奶牛场：

为加强奶牛生产性能测定工作，更好地为奶牛群体遗传改良和饲养管理服务，我部制定了《奶牛生产性能测定工作办法（试行）》。现予以印发，请遵照执行。

附件：奶牛生产性能测定工作办法（试行）

农业部办公厅

2015年12月30日

一、总则

第一条 根据《中国奶牛群体遗传改良计划（2008—2020年）》规定，为加强奶牛生产性能测定工作的组织实施，实现2020年奶牛生产性能测定（Dairy Herd Improvement，简称DHI）数量达到100万头的目标，更好地为奶牛群体遗传改良和饲养管理服务，特制定本办法。

第二条 DHI工作坚持项目引导、技术支撑、分工负责、强化监督的原则。

第三条 农业部畜牧业司、省级畜牧兽医行政主管部门、全国畜牧总站、中国奶业协会、DHI测定中心、参加测定奶牛场应各司其职，协调配合，共同推进DHI工作。

第四条 DHI工作经费要按照相关项目资金管理规定使用，确保资金发挥最大效益。

二、主要内容

第五条 测定品种以荷斯坦牛为主，兼顾娟姗牛、乳肉兼用西门塔尔牛、三河牛、褐牛和奶水牛等。

第六条 参加测定的奶牛场原则上成母牛存栏要达到100头以上，配备有规范的采样设备，系谱资料、繁殖记录、饲养管理等养殖档案信息完整。

第七条 测定指标主要包括产奶量、乳成分、体细胞数等生产性能指标。

第八条 测定基础工作主要包括品种登记、体型外貌鉴定及遗传评估等内容。

第九条 测定服务工作主要包括为奶牛场提供DHI报告及解读，开展饲养管理、选种选配等配套技术服务和培训。

三、任务分工

第十条 农业部畜牧业司负责全国DHI工作的组织实施，制定实施方案，开展监督检查。

第十一条 省级畜牧兽医主管部门负责本行政区域DHI工作的实施，组织相关任务和项目的申请、执行监督、总结等工作。

第十二条 全国畜牧总站协助农业部畜牧业司开展DHI工作的实施管理，负责标准物质及未知样的生产、发放、比对工作，进行实验室考评，审核发布遗传评估结果等。

第十三条 中国奶业协会负责DHI数据收集、整理和存储，对DHI数据进行核查、分析和质量考评，组织开展全国奶牛品种登记、体型外貌鉴定、遗传评估、技术培训等工作。

第十四条 DHI测定中心负责以本地区为主的奶牛生产性能测定工作，包括：使用DHI标准物质校准仪器设备，参加DHI检测能力比对，接受未知样检测核查，校准流量计，组织奶牛场开展品种登记、体型外貌鉴定，指导牛场样品采集、DHI报告应用等技术服务及培训工作。

第十五条 参加测定奶牛场负责本场的奶牛品种登记、建立完善系谱资料、饲养管理等养殖档案，按标准要求规范采集奶样，及时准确报送基础数据，应用DHI报告改进饲养管理，协助开展体型外貌鉴定、后裔测定等工作。

四、工作要求

第十六条 农业部畜牧业司根据DHI工作安排和相关项目资金的管理要求，每年第四季度组织申报下年度工作任务、制定具体实施方案。

第十七条 DHI测定中心按照任务要求，制定工作计划，开展测定工作，建立工作管理档案及项目资金台账，对基础数据存储备份；指导参加测定奶牛场规范采集奶样，严格定标精准测定，接收奶样和基础数据后3

个工作日内向参加测定奶牛场出具DHI报告；每月15日前向中国奶业协会报送上月数据；每年12月15日前向农业部畜牧业司上报经省级畜牧兽医主管部门审核的年度工作总结。

第十八条 参加测定奶牛场应指定专人负责测定工作，每月按约定的测定日对全群泌乳牛采集奶样和测定日产奶量，并在送样当天报送牛只信息变更等基础数据，每年定期校准流量计。

第十九条 中国奶业协会每月进行DHI数据收集、整理和存储，每年11月份完成各DHI测定中心年度数据质量考评，每年12月份完成年度种公牛遗传评估工作。

第二十条 全国畜牧总站负责协助督导检查工作，每月组织开展标准物质比对和未知样检测，每年1月份公布年度种公牛遗传评估结果。

五、工作考核

第二十一条 DHI测定中心根据品种登记、奶样采集、基础数据、报告应用等情况，对参加测定奶牛场定期进行考核，对考核结果差的奶牛场可取消其参加测定资格。

第二十二条 中国奶业协会根据年度任务完成情况、遗传评估数据贡献率、数据规范程度、技术服务效果、上报数据及时性、仪器校准情况等指标，对DHI测定中心进行数据质量综合考评。

第二十三条 全国畜牧总站根据《DHI实验室现场评审程序》，开展DHI测定中心评审。

第二十四条 农业部畜牧业司综合数据质量考评和DHI测定中心评审结果，确定工作承担单位资格，安排下一年度任务。

六、附则

第二十五条 本办法自2016年1月1日起施行。

第二十六条 本办法由农业部畜牧业司负责解释。

农业部办公厅关于亚洲I型口蹄疫病毒材料调查和处置等工作的通知

农办医【2016】2号

各省、自治区、直辖市及计划单列市畜牧兽医（农牧、农业）厅（局、委、办），新疆生产建设兵团畜牧兽医局，部属有关事业单位：

按照《农业部办公厅关于印发〈亚洲I型口蹄疫退出免疫监测评估工作方案〉的通知》（农办医【2015】50号）要求，经研究，现就亚洲I型口蹄疫病毒材料调查和处置等工作要求通知如下。

（一）我部指定中国兽医药品监察所（国家动物病原微生物菌毒种保藏中心）、中国农业科学院兰州兽医研究所（国家口蹄疫参考实验室）作为我国亚洲I型口蹄疫病毒材料指定保藏机构。请中国兽医药品监察所会同中国农业科学院兰州兽医研究所，研究提出亚洲I型口蹄疫抗原储备规模、储备方式、抗原质量监控和管理方案，以及储备单位推荐名单，于2016年1月31日前报我部兽医局。

（二）各有关疫苗生产企业以及各省级动物疫病预防控制机构、兽医科研单位、大专院校应全面清查保藏亚洲I型口蹄疫活病毒的情况，详细记录保存地点、数量等情况并总结疫苗生产过程中的生物安全管理情况，提出转交指定保藏机构保藏的计划或销毁计划。疫苗生产企业于2016年1月15日前，其他单位于2016年3月15日前向所在地省级兽医部门报告。各省级兽医部门应督促辖区内各有关疫苗企业、单位及时提交报告，汇总后分别于2016年1月31日、2016年3月31日前报我部兽医局，同时抄送中国兽医药品监察所、中国动物疫病预防控制中心。

（三）请中国农业科学院兰州兽医研究所检索查阅国内有关单位、专家曾经在国内外发表过的涉及亚洲I型口蹄疫病毒实验活动的论文、基因银行（GenBank）的毒株信息等，于2016年3月15日前将论文作者、毒株信息提交人、所在单位、所涉及实验时间、实验主要内容、论文链接等信息统计汇总报我部兽医局。

（四）2016年5月底前，除指定保藏机构、口蹄疫疫苗定点生产企业以及我部指定的亚洲I型口蹄疫抗原储备单位外，其他保藏有亚洲I型口蹄疫活病毒和抗原的兽医科研单位、大专院校、动物疫病预防控制机构、疫苗企业，应在所在地省级兽医部门监督下，按照所提计划，将所保藏的亚洲I型口蹄疫活病毒和阳性血清交指定保藏机构，或全部销毁，并通过所在地省级兽医部门将转交或销毁情况报我部兽医局。

（五）请中国兽医药品监察所组织有关疫苗生产企业，对现有口蹄疫O型–亚洲I型二价灭活疫苗、O型–

亚洲Ⅰ型-A型三价灭活疫苗研究提出去除亚洲Ⅰ型组分的工作计划、已生产含有亚洲Ⅰ型口蹄疫组分成品疫苗的处置方案，于1月31日前报我部兽医局。请中国兽医药品监察所完善相关疫苗生产规程、质量标准，做好产品批准文号核发工作。

（六）自2016年6月1日起，除指定保藏机构以及我部指定的亚洲Ⅰ型口蹄疫抗原和应急疫苗储备单位外，任何单位和个人不得保藏亚洲Ⅰ型口蹄疫活病毒和阳性血清。各省级兽医部门应依法加强监督检查，对私自保藏亚洲Ⅰ型口蹄疫活病毒和阳性血清，以及违法开展亚洲Ⅰ型口蹄疫活病毒实验活动等行为，按照《病原微生物实验室生物安全管理条例》等法律法规规定从严从重处理。我部将根据有关工作进展情况，组织对重点单位进行监督检查。

农业部办公厅
2016年1月4日

农业部办公厅关于印发《2016年畜禽养殖标准化示范创建活动工作方案》的通知

农办牧【2016】8号

各省、自治区、直辖市及计划单列市畜牧兽医（农牧、农业）局（厅、委、办），新疆生产建设兵团畜牧兽医局，黑龙江省农垦总局，广东省农垦总局：

为加快推进畜禽标准化规模养殖，我部决定2016年继续开展畜禽养殖标准化示范创建活动。现将《2016年畜禽养殖标准化示范创建活动工作方案》印发你们，请按照方案要求，抓紧组织实施。

农业部办公厅
2016年2月5日

为加快转变畜牧业生产方式，不断提升畜禽养殖生产水平，我部决定继续开展畜禽养殖标准化示范创建活动。为确保创建工作规范有序开展，制定本方案。

一、创建目标

继续在全国生猪、奶牛、蛋鸡、肉鸡、肉牛和肉羊优势区域开展畜禽养殖标准化示范创建，在浙江、福建、江西、山东、湖北、广西、四川和青海8省区启动兔、水禽和蜜蜂养殖标准化示范创建试点，以生态养殖场示范创建为重点，通过集中培训、专家指导、现场考核，2016年再创建500个畜禽标准化示范场。

二、创建内容

（一）基本要求。参与创建的规模养殖场生产经营活动必须遵守《畜牧法》《动物防疫法》《畜禽规模养殖污染防治条例》等相关法律法规，具备养殖场备案登记手续和《动物防疫条件合格证》，养殖档案完整，两年内无重大动物疫病和质量安全事件发生。

1. 生猪：能繁母猪存栏300头以上，且年出栏肥猪5 000头以上。

2. 奶牛：存栏奶牛300头以上。

3. 蛋鸡：产蛋鸡养殖规模（笼位）在1万只以上。

4. 肉鸡：单栋饲养量5 000只以上，年出栏量10万只以上。

5. 肉牛：年出栏育肥牛500头以上，或存栏能繁母牛50头以上。

6. 肉羊：农区存栏能繁母羊250只以上，或年出栏肉羊500只以上的养殖场；牧区存栏能繁母羊400只以上，或年出栏肉羊1 000只以上的养殖场。

7. 兔、水禽、蜜蜂：具体要求由各试点省结合本地实际自行确定。

（二）示范创建内容。畜禽养殖场标准化创建的主要内容有：

1. 畜禽良种化。因地制宜，选用高产优质高效畜禽良种，品种来源清楚、检疫合格。

2. 养殖设施化。养殖场选址布局科学合理，畜禽圈舍、饲养和环境控制等生产设施设备满足标准化生产需要。

3. 生产规范化。制定并实施科学规范的畜禽饲养管理规程，配备与饲养规模相适应的畜牧兽医技术人员，严格遵守饲料、饲料添加剂和兽药使用有关规定，生产过程实行信息化动态管理。

4. 防疫制度化。防疫设施完善，防疫制度健全，科学实施畜禽疫病综合防控措施，对病死畜禽实行无害化处理。

5. 粪污无害化。畜禽粪污处理方法得当，设施齐全且运转正常，实现粪污资源化利用或达到相关排放标准。

三、重点工作

（一）开展宣传动员。各省（区、市）具体负责本区域的示范创建工作，要按照要求细化工作方案，明确工作内容和时间表；县级畜牧兽医主管部门要组织宣传发动工作，确保养殖场户知晓创建内容和要求，调动养殖场户的积极性，营造示范创建的良好氛围。

（二）加强技术支撑。各省区要结合创建活动需要，建立健全创建技术专家组考核制度，完善专家队伍，切实做到专家组人员固定、技术过硬、工作负责、公平公正，要加强检查考核，对于不能发挥技术服务的，及时予以调整。

（三）确定创建单位。农业部核定不同省区标准化示范场创建数量（兔、水禽、蜜蜂示范场创建数量由试点省另行确定），分畜种创建数量由各省结合实际确定。县级畜牧兽医主管部门将自愿参与创建的养殖场户报省级畜牧兽医主管部门，省（地、市）属农场报省农垦主管部门，由省农垦部门报省畜牧兽医主管部门，省级畜牧兽医主管部门审核同意后报农业部畜牧业司备案。参与创建的养殖场户数量不得超过核定创建数量的120%。各地组织的区域性示范创建工作，由各地结合实际自行制定标准创建验收，并纳入当地示范场。

（四）强化创建培训。各省区负责对本省区创建单位进行集中培训与技术指导，推广畜禽粪便综合利用实用技术模式，带动提高畜禽规模养殖质量效益。各创建单位根据要求对基础设施进行改造、管理措施进行规范。

（五）实施验收挂牌。农业部制定生猪、奶牛、蛋鸡、肉鸡、肉牛和肉羊示范场验收评分标准（2016年进行了修订，标准电子版从农业部网站信息公开栏下载）。省级畜牧兽医主管部门可结合实际，制定本省区验收评分标准，但相关指标不得低于我部发布的验收标准。兔、水禽、蜜蜂示范场验收评分标准由各试点省自行制定，4月底前与创建单位名单一并报农业部畜牧业司备案。各地要按照验收评分标准和既定程序，组织专家评审验收，并将验收合格的标准化养殖场在当地媒体上公示，公示无异议后报农业部畜牧业司。各地务必要从严考核，宁缺毋滥。我部根据上报结果组织抽查复核，统一对外发布示范场名单。根据我部发布的示范场名单，各省区自行制作并颁发示范场标牌。

（六）发挥示范效应。在组织好新一轮示范创建工作的同时，省级畜牧兽医主管部门要以已挂牌的示范场为重点，组织开展多种形式的示范推广活动，确保措施具体，成效显著，切实使示范场标准化生产技术看得懂、学得会，带动更多养殖场户在发展标准化生产中受益。各省区于11月30日前，将示范带动工作总结以电子版格式发送畜牧业司畜牧处。

（七）加强监督管理。农业部畜牧业司会同全国畜牧总站组织专家开展督导调研，指导各地开展示范创建活动。兔、水禽、蜜蜂示范场由农业部畜牧业司会同全国畜牧总站进行抽查。省级畜牧兽医部门应设立监督举报电话，接受社会监督，确保活动开展公开、公平、公正。要建立健全创建活动考核机制，按照《农业部畜禽标准化示范场管理办法（试行）》的要求，加强对本省区已挂牌畜禽养殖标准化示范场的日常监管。各省区要按照示范场管理办法的有关规定，组织开展2013年挂牌示范场复检工作，并于6月30日前将检查结果上报农业部畜牧业司，我部审核后统一对外发布复检结果。复检不合格的2010–2012年挂牌示范场，经整改后达到示范场验收评分标准的，可参与2016年创建活动。

（八）推进产业化经营。各地要通过多种形式积极推进畜禽养殖标准化示范场的产业化经营，鼓励支持标准化示范场打造自主品牌，与畜产品加工龙头企业、大中型批发市场和超市等进行合作，促进产销衔接。

四、保障措施

（一）强化组织领导。农业部成立畜禽养殖标准化示范创建工作领导小组，具体工作由畜牧业司牵头，部内有关司局和直属单位参加。

（二）加大政策支持。农业部将整合有关项目，支持畜禽养殖标准化示范创建工作。地方畜牧兽医主管部门要积极争取政府和有关部门的支持，加大项目资金和技术培训投入力度，提高活动的实施效果。

（三）加强宣传报道。在媒体上公开畜禽养殖标准化示范创建活动的主要内容，引导广大养殖场户积极参与。通过报刊、杂志、网络等多种形式。宣传报道各地在开展示范创建活动过程中取得的成功经验，引导各地因地制宜，加快推进畜禽养殖标准化生产。

附件：奶牛标准化示范场验收评分标准

附件

奶牛标准化示范场验收评分标准

申请验收单位:	验收时间:　　年　月　日				
必备条件(任一项不符合不得验收)	1. 场址不得位于《中华人民共和国畜牧法》明令禁止区域，并符合相关法律法规及区域内土地使用规划。		可以验收☐ 不予验收☐		
	2. 具备县级以上畜牧兽医部门颁发的《动物防疫条件合格证》，两年内无重大疫病和产品质量安全事件发生。				
	3. 具有县级以上畜牧兽医行政主管部门备案登记证明；按照农业部《畜禽标识和养殖档案管理办法》要求，建立养殖档案。				
	4. 奶牛存栏 300 头以上，生鲜乳生产、收购、贮存、运输和销售符合《乳品质量安全监督管理条例》《生鲜乳生产收购管理办法》的有关规定。执行《奶牛场卫生规范》（GB16568—2006）。设有生鲜乳收购站的，有《生鲜乳收购许可证》，生鲜乳运输车有《生鲜乳准运证明》。				
	5. 符合《畜禽规模养殖污染防治条例》要求。				
验收项目	**考核内容**	**考核具体内容及评分标准**	**满分**	**得分**	**扣分原因**
一、选址与建设（18 分）	（一）选址（4 分）	距离居民区和主要交通干线、其他畜禽养殖场及畜禽屠宰加工、交易场所 500m 以上，得 1 分。	1		
		交通便利，有硬化路面直通到场，得 1 分；地势高燥、通风良好，得 1 分。	2		
		场址远离噪声，得 1 分。	1		
	（二）基础设施（5 分）	饮用水源稳定，有水质检验报告，并符合《生活饮用水卫生标准》的规定，得 1 分	1		
		电力供应充足有保障（备有发电机组），得 1 分。	1		
		草料库、青贮窖和饲料加工车间有防火设施，得 1 分。	1		
		具备全混合日粮（TMR）饲喂设备，并能够在日常饲养管理中有效实施，得 1 分；具备 TMR 混合均匀度与含水量测定仪器和日常记录，得 1 分。	2		
	（三）场区布局（6 分）	在场区入口处设有人员消毒室、车辆消毒池等防疫设施，并能够有效实施，得 1 分。	1		
		场区有防疫隔离带，得 1 分；场区内生活管理区、生产区、辅助生产区、病畜隔离区、粪污处理区明确划分，得 2 分；部分分开，得 1 分。	3		
		犊牛舍、育成（青年）牛舍、泌乳牛舍、干奶牛舍、隔离牛舍布局合理，得 1 分。	1		
		饲草区、饲料区和青贮区设置在相邻的位置，便于 TMR 搅拌车工作，得 1 分。	1		
	（四）场区卫生（3 分）	场区环境整洁，场区内空闲地面进行了硬化或者绿化，得 1 分；场区内设有净道和污道，得 1 分；净道和污道严格分开，得 1 分，没有严格分开的，扣 1 分。	3		
二、设施与设备（13 分）	（一）牛舍（8 分）	牛舍有固定、有效的降温（夏）防寒（冬）设施，得 2 分。	2		
		1 月龄内犊牛采用单栏饲养，得 1 分；1 月龄后不同阶段采用分群饲养管理，得 1 分。	2		
		采用自由散栏式饲养的牛舍建筑面积（成母牛）10 m²/头以上，每头牛一个栏位，得 1 分；而且垫料干净、平整、干燥，得 1 分。	2		
		运动场面积（成母牛）每头不低于 25 m²（自由散栏牛舍除外），得 1 分；有遮阳棚、饮水槽，得 1 分。	2		
	（二）挤奶厅（5 分）	有与奶牛存栏量相配套的挤奶机械，得 1 分。	1		
		挤奶厅有机房、牛奶制冷间、热水供应系统和办公室，得 1 分。	1		
		挤奶厅有待挤区，能容纳一次挤奶头数 2 倍的奶牛，得 1 分。	1		
		储奶厅有储奶罐和冷却设备，挤奶 2h 内冷却到 4℃以下，且不能低于冰点，得 1 分。	1		
		输奶管存放良好无存水、收奶区排水良好，地面硬化处理，墙壁防水处理，便于冲刷，得 1 分，不足之处，酌情扣分。	1		
	（一）饲养与繁殖技术(14 分)	参加生产性能测定，得 3 分；有连续生产性能测定记录，得 1 分；记录规范、并做技术分析，得 1 分。	5		
		系谱记录规范，有电子档案或纸质档案，按照国家统一编号规则编号，得 1 分；有年度繁殖计划、技术指标、实施记录与技术统计，得 1 分，缺项不得分。	2		

（续）

验收项目	考核内容	考核具体内容及评分标准	满分	得分	扣分原因
三、管理制度与记录（39分）	（一）饲养与繁殖技术(14分)	有完整的饲料原料采购计划和饲料供应计划，得1分；使用优质苜蓿，得2分；有日粮组成、配方记录，得1分。	4		
		有常用饲料常规性营养成分分析检测记录，得1分；无使用国家禁止的饲料、添加剂和兽药记录，得1分。	2		
		有根据奶牛不同生长和泌乳阶段制定的饲养规范和实施记录，得1分，缺项不得分。	1		
	（二）疫病控制（12分）	有奶牛结核病、布氏杆菌的检疫记录和处理记录，得2分。	2		
		有口蹄疫等国家规定疫病的免疫接种计划和实施记录，得2分，缺项不得分。	2		
		有定期修蹄和肢蹄保健设施，并有相关记录，得1分。	1		
		有传染病发生应急预案，隔离和控制措施，责任人明确，得1分。	1		
		有预防、治疗奶牛常见疾病规程，得1分。	1		
		有兽药使用记录，包括使用对象、使用时间和用量记录，记录完整，得2分，不完整适当扣分。	2		
		抗生素使用符合《奶牛场卫生规范》的要求，有奶牛使用抗生素隔离及解除制度和记录，得2分，记录不完整适当扣分。	2		
		有乳房炎处理计划，包括治疗与干奶处理方案，得1分。	1		
	（三）挤奶管理（10分）	有挤奶卫生操作制度，并张贴上墙，得1分。	1		
		挤奶工工作服干净，挤奶过程挤奶工手和胳膊保持干净，得1分，不完整适当扣分。	1		
		完全使用机器挤奶，输奶管道化，得1分。	1		
		挤奶前后两次药浴，一头牛用一块毛巾（或一张纸巾）擦干乳房与乳头，得2分，不完整适当扣分。	2		
		将前三把奶挤到带有网状栅栏的容器中，观察牛奶的颜色和形状，得1分。	1		
		有将生产非正常生鲜乳（包括初乳、含抗生素乳等）奶牛安排到最后挤奶的记录与牛奶处理记录，得1分。	1		
		输奶管、计量罐、奶杯和其他管状物清洁并正常维护，有挤奶器内衬等橡胶件的更新记录，得1分；大奶罐保持经常性关闭，得1分。	2		
		按检修规程检修挤奶机，有检修记录，得1分。	1		
	（四）从业人员管理（3分）	从业人员每年进行身体检查，有身体健康证明，得2分。	2		
		有1名以上经过畜牧兽医专业知识培训的技术人员，持证上岗，得1分。	1		
四、环保要求（20分）	（一）环保设施（8分）	采用机械清粪工艺，得2分，采用人工清粪工艺，得1分，采用水冲粪工艺，不得分。	2		
		有固定且足够容量与处理方式配套的奶牛粪和污水贮存设施，并有防溢流、防渗漏措施，得2分；有雨污分离措施，得1分。	3		
		有奶牛粪堆肥发酵；污水处理、沼气发酵、或其他处理设施的，得3分。	3		
	（二）废弃物管理（3分）	粪便、污水等处理正常运行，能够达到国家、行业或地方标准规定的无害化或排放要求的，得2分；对污水、粪便处理设施运行及效果进行定期监测，且记录真实、完整的，得1分	3		
	（三）综合利用（7分）	对奶牛粪便污水进行综合利用的，得5分；其中采用种养结合模式进行利用、且配套足够面积农田、菜地和果园的，得7分。	7		
	（四）病死畜无害化处理（2分）	配备有焚烧、化制、掩埋和发酵等病死奶牛无害化处理设施的，得1分；或者委托当地畜牧兽医部门认可的集中处理中心统一处理，且有正式协议的，得1分。	1		
		有病死奶牛无害化处理记录、记录真实、完整，得1分。	1		
五、生产水平和质量安全（10分）	（一）生产水平（4分）	泌乳牛年均单产大于6 000kg，得2分；大于7 000kg，得3分；大于8 000kg，得4分，此记录以DHI测定记录为依据。	4		
	（二）生乳质量安全（6分）	乳蛋白率大于2.95%，乳脂率大于3.40%，得1分；乳蛋白率大于3.05%，乳脂率大于3.60%，得2分。	2		
		体细胞数小于75万/mL，得1分；小于50万/mL，得2分。	2		
		菌落总数小于50万/mL，得1分；小于20万/mL，得2分。	2		
总分			100		

农业部办公厅关于印发2016年农垦系统畜牧高产高效攻关活动方案的通知

农办牧【2016】8号

各省、自治区、直辖市农垦主管部门，新疆生产建设兵团农业局：

为全面贯彻落实《中共中央 国务院关于进一步推进农垦改革发展的意见》和2016年中央1号文件精神，进一步强化农业科技攻关，开展高产高效技术集成示范，推动绿色、高效、可持续现代畜牧业发展，今年我部在农垦系统继续开展以奶牛和生猪为重点的畜牧高产高效攻关活动。经研究，确定畜牧高产高效攻关单位149个，其中奶牛高产高效攻关单位94个，生猪高产高效攻关单位55个。现将《2016年农垦系统畜牧高产高效攻关活动方案》印发给你们，请组织各攻关单位按照活动方案要求，强化措施，狠抓落实，确保攻关活动顺利开展。

农业部办公厅

2016年3月3日

文件下载：http://www.moa.gov.cn/zwllm/tzgg/tfw/201603/t20160307_5042916.htm

农业部办公厅关于开展跨省调运种用动物、乳用动物专项整治行动的通知

农办医【2016】28号

为切实加强活畜禽跨省调运监管，根据《中华人民共和国动物防疫法》（以下简称《动物防疫法》）《中华人民共和国畜牧法》（以下简称《畜牧法》）《种畜禽管理条例》和《国家中长期动物疫病防治规划（2012—2020年）》，我部决定组织开展跨省调运种用动物、乳用动物专项整治行动。现将有关事宜通知如下。

一、目标任务

以种畜禽场、乳用动物饲养场（养殖小区）为重点，严把种用动物、乳用动物调运前审批、调运中监管和落地隔离三道关，严厉打击违法违规调运种用动物、乳用动物行为，降低动物疫病传播风险，保障养殖业健康发展。

二、进度安排

专项整治行动时间为2016年5~10月（为期6个月），分为三个阶段。

（一）动员部署阶段（2016年5~6月）。

1. 规范行政许可行为。根据《动物防疫法》《畜牧法》和“先照后证”的改革要求，按照“谁审批，谁负责”的原则，完善种畜禽生产经营许可证核发、动物防疫条件合格证核发和跨省调运乳用、种用动物检疫许可的审批程序。对所有取得《种畜禽生产经营许可证》《动物防疫条件合格证》的种畜禽场、乳用动物饲养场（养殖小区）进行一次清查，及时发现和纠正违规审批行为。清查结果统一在省级畜牧兽医主管部门的网站上公布，接受社会监督。

2. 健全完善监管机制。严格落实《国务院关于“先照后证”改革后加强事中事后监管的意见》（国发【2015】62号）精神，按照“谁审批、谁监管，谁主管、谁监管”原则，根据种畜禽场、乳用动物饲养场（养殖小区）的动物卫生风险评估结果确定监管频次和监管重点，健全

完善日常巡查和随机抽查为主、专项督查和专项整治为辅的常态化监管机制。推进畜牧兽医部门、工商部门间信息互联共享机制，为加强事中事后监管提供支撑。在同级人民政府的统一领导下，建立健全跨部门联动响应机制和失信惩戒措施，形成“一处处罚，处处受限”的联合惩戒机制。

3. 提升监管水平。根据种畜禽、乳用动物饲养、疫病防控的特点，有针对性地面向基层执法人员开展一次种畜禽管理专业知识、有关法律法规、《国家中长期动物疫病防治规划（2012—2020 年）》、跨省调运种禽产地检疫规程和跨省调运乳用、种用动物产地检疫规程的专题培训。加强动物卫生监督检查站设施条件建设，规范执法行为，切实加强运输环节动物防疫监督执法能力。

4. 开展普法宣传活动。切实落实“谁执法谁普法”的普法责任制，面向种畜禽生产经营单位、动物饲养场（养殖小区）和畜禽养殖及其相关从业人员，开展一次普法宣传活动。利用广播、电视、报纸、网络等新闻媒体，广泛宣传《动物防疫法》《畜牧法》和《种畜禽管理条例》等法律法规规章和相关政策，结合近几年查处的典型违法案例，以案释法。

（二）集中整治阶段（2016 年 7~9 月）。各级畜牧兽医主管部门、动物卫生监督机构，对种畜禽场、乳用动物饲养场（养殖小区），运输种畜禽、乳用动物的单位和个人开展专项执法检查，集中力量纠正和查处生产经营活动中不规范甚至违法生产经营的现象。

1. 种畜禽场。重点检查种畜禽场是否符合核发《种畜禽生产经营许可证》规定的法定条件，是否按规定取得《动物防疫条件合格证》。核查 2015 年跨省调入、出售的种畜禽数量，调入种畜禽是否按规定办理跨省引进种用动物检疫审批手续；出售的种畜禽是否按规定申报检疫、取得检疫证明，是否附有种畜禽场出具的种畜禽合格证明、种畜系谱。调入的种畜禽到达目的地后，是否按规定进行隔离观察。

2. 乳用动物饲养场（养殖小区）。重点检查奶牛、奶山羊饲养场（养殖小区）是否按规定办理《动物防疫条件合格证》；场址或者经营范围，布局、设施设备和制度，单位名称或者其负责人等发生变化，是否按规定重新申请办理《动物防疫条件合格证》或按规定办理变更手续。核查 2015 年动物疫病监测是否达到《乳用动物健康标准》，未达到健康标准的奶牛、奶山羊是否按规定进行处理。核查 2015 年调入、出售的奶牛、奶山羊数量，调入的奶牛、奶山羊是否按规定办理跨省引进乳用动物检疫审批手续，出售的奶牛、奶山养是否按规定申报检疫、取得检疫证明。调入的奶牛、奶山羊到达目的地后，是否按规定进行隔离观察。

3. 运输种畜禽、乳用动物的单位和个人。重点检查运输种畜禽、奶牛和奶山羊的运载工具是否按规定实施消毒，承运人是否凭检疫证明承运种畜禽、奶牛和奶山羊，运输途中病死或死因不明的种畜禽、奶牛和奶山羊是否按规定进行无害化处理。跨省调运的种畜禽、奶牛和奶山羊是否办理跨省引进乳用动物种用动物检疫审批手续。在实施指定通道制度的省份，种畜禽、奶牛和奶山羊是否通过指定通道运入。

（三）总结提升阶段（2016 年 10 月）。结合专项行动，对本地区种畜禽场、乳用动物饲养场（养殖小区）监管工作开展情况、主要成效、典型案例、经验做法、存在问题和建议进行全面梳理和总结，针对集中整治阶段发现的问题和风险隐患，能够立即解决的，坚持“立行立改”；对需要研究解决的，要明确提出解决方案，完成时限和责任人，下一步工作安排中予以明确。

三、有关要求

各省（自治区、直辖市）兽医主管部门要按照本通知要求，结合本地实际，制定具体实施方案，明确分工，落实责任。加大对各市、县的督导检查力度，对重点地区、重点问题实施现场指导、跟踪督办，确保整治行动取得实效。要进一步加快推进动物卫生监督信息化建设，确保 2016 年 6 月底前实现全国跨省调运动物检疫关键信息互联互通。

农业部办公厅

2016 年 4 月 29 日

农业部办公厅关于印发促进草牧业发展指导意见的通知

农办牧【2016】22 号

各省、自治区、直辖市畜牧（农牧、农业）厅（局、委、办），新疆生产建设兵团畜牧兽医局：

国家对草牧业发展高度重视。2014 年 10 月，汪洋副总理专题听取农业部汇报，明确了今后一个时期草牧业的发展思路和重点。2015 年，农业部将加快草牧业发展作为重点课题专题研究，并在全国 12 个省（区）开展了草牧业发展试验试点。今年 1 月，于康震副部长在《加快草牧业发展支持政策研究报告》报告上作出重要批示，要求加快研究成果转化。根据于部长的批示精神和各地草牧业试点发展的实践，现将《关于促进草牧业发展的指导意见》印发给你们。请你们结合实际，抓紧细化实化本省（区、市）草牧业发展思路，不断提升草牧业发展水平。

附件：关于促进草牧业发展的指导意见

农业部办公厅

2016 年 5 月 6 日

关于促进草牧业发展的指导意见

2015 年，中央 1 号文件提出要加快发展草牧业。农业部在河北等 12 个省区的 37 个县（团、场）组织开展了草牧业发展试验试点。这项工作开展以来，各地在政策引导和市场拉动下积极探索，草牧业发展呈现良好势头，草产业和草食畜牧业加快发展，形成了一批可复制、可推广的典型。为加快推进草牧业发展，现提出以下意见。

一、进一步认识发展草牧业的重要意义

（一）发展草牧业是统筹农村牧区生态与生产的重要平台。草牧业以饲草资源的保护利用为基础，涵盖了草原保护建设、饲草及畜产品生产加工等环节，顺应了当前草原生态文明建设和畜牧业绿色发展的大趋势，为着力打造农牧结合、种养结合的生态循环发展模式提供有力支撑，有利于实现农村牧区生产、生活与生态的有机结合，协调发展。

（二）发展草牧业是推进农业供给侧结构性改革的重要切入点。我国牛羊肉和奶产品竞争力不强。依托草牧业全产业链运作，推进草畜配套和产业化，实现好草产好肉、产好奶，满足消费者对更绿色、更丰富、更优质、更安全的草畜产品的需求，增强畜产品竞争力，提高供给结构的适应性和灵活性，提升农业供给体系质量和效率。

（三）发展草牧业是农牧业增效和农牧民增收的重要举措。草牧业是牧区和贫困山区的传统产业、优势产业和支柱产业，约占农牧民纯收入的 50% 以上。发展草牧业，转变养殖方式，优化草畜产品生产结构，推进一二三产业融合，有助于挖潜力、提质量、增效益，大幅度增加农牧民收入，有利于农牧民脱贫致富奔小康。

二、总体要求

（一）指导思想。

全面贯彻党的十八大和十八届三中、四中、五中全会精神和中央农村工作会议精神，认真落实创新、协调、绿色、开放、共享发展理念，以持续推进草牧业科学发展为主线，坚持“生产生态有机结合、生态优先”的基本方针，创新制度、技术和组织方式，着力提升草原保护建设水平，实现生态稳步向好；着力促进草产业发展，加快建设现代饲草料产业体系；着力转变草食畜牧业发展方式，形成规模化生产、集约化经营的产业发展格局，为农牧业可持续发展和全面建成小康社会提供重要支撑。

（二）基本原则。

1. 生态优先，草畜配套。根据区域自然资源的承载能力，在确保生态安全的前提下开展草原保护建设，妥善处理生产发展与生态环境保护的关系，为养而种，草畜配套，良性循环，实现生产与生态协调发展。

2. 优化布局，分区施策。综合考虑北方干旱半干旱区、青藏高寒区、东北华北湿润半湿润区和南方区的草原生态实际及草食畜牧业发展水平，统筹资源、产业、技术和市场等因素，结合全国种植业结构调整，科学确定发展重点和空间布局，推动形成绿色发展方式。

3. 市场主导，政府引导。充分发挥市场配置资源的决定性作用，用好价格“指挥棒”和供求“杠杆”，激活草牧业发展内生动力。更好发挥政府引导作用，为各类经营主体营造良好的发展环境，构建多形式的利益联结机制。

4. 产业融合，提升效益。加强顶层设计，统筹规划，加快促进一二三产业融合，培育多元化产业融合主体，大力发展新型业态，引导产业集聚发展，完善多渠道产业融合服务，提升草牧业生产效率和规模效益。

（三）主要目标。

到 2020 年，全国天然草原鲜草总产草量达到 10.5 亿 t，草原综合植被盖度达到 56%，重点天然草原超载率小于 10%，全国草原退化和超载过牧趋势得到遏制，草原保护制度体系逐步建立，草原生态环境明显改善；人工种草保留面积达到 2 333.33 万 hm^2，草产品商品化程度不断提高；牛羊肉总产量达到 1 300 万 t 以上，奶类达到 4 100 万 t 以上，草食畜牧业综合生产能力明显提升。

三、区域布局及主要模式

（一）北方干旱半干旱区。

1. 基本情况。该区位于我国西北、华北北部以及东北西部地区，涉及河北、山西、内蒙古、辽宁、吉林、黑龙江、陕西、甘肃、宁夏和新疆等 10 个省（区），草原面积 15 994.86 万 hm^2，是我国北方重要的生态屏障。该区域气候干旱少雨，年降水量一般在 400mm 以下，降水分布不均，部分地区低于 50mm。冷季寒冷漫长，暖季干燥炎热，水分蒸发量大，一般为降水量的几倍或几十倍。该区域以荒漠化草原为主，生态系统脆弱。草食畜牧业生产方式以“放牧 + 补饲”为主，经营模式多样。长期以来，由于重利用轻管护，超载过牧、滥采乱挖等问题较为严重，鼠虫害发生频繁，导致草原严重退化、沙化和盐碱化，水土流失和风沙危害日趋严重。

2. 主攻方向。着力治理退化草原，改善草原生态，重点实施退牧还草、京津风沙源治理、新一轮退耕还林还草、农牧交错带已垦草原治理、牧区草原防灾减灾等工程，全面实施好草原生态保护补助奖励政策，巩固北方重要的生态安全屏障。着力推进草食畜牧业提质增效、转型发展，重点实施肉牛肉羊养殖大县奖励、畜牧良种补贴、标准化规模养殖扶持、肉牛基础母牛扩群增量、畜禽养殖粪污综合利用等政策，同时加大饲草产业发展扶持力度，大力实施振兴奶业苜蓿发展行动，推进粮改饲试点，夯实草牧业发展的物质基础。

3. 推介模式。围绕“提质、增效、绿色”的基本方针，引导流转整合草场、牲畜等生产要素，发展家庭农（牧）场和农牧民合作社，走规模化养殖、标准化生产、品牌化经营的产业化发展道路。推介企业“立草为业、创新开拓、融合发展”的“互联网 + 草业”模式和特色家庭农（牧）场适度规模经营的“轮牧 + 补饲”模式等。

（二）青藏高寒区。

1. 基本情况。该区位于我国青藏高原，涉及西藏、青海全境及四川、甘肃和云南部分地区，草原面积 13 908.45 万 hm^2，是长江、黄河、雅鲁藏布江等大江大河的发源地，是我国水源涵养、水土保持的核心区，享有中华民族“水塔”之称，也是我国生物多样性最丰富的地区之一。该区主要分布在海拔 3 000m 以上，空气稀薄，气候寒冷，无霜期短。该区域以高寒草原为主，生态系统极度脆弱，牧草生长期短，产草量低。草食畜牧业生产方式以放牧为主，经营模式主要包括单户经营、联户经营以及“公司 + 牧户”等。由于超载过牧、乱采滥挖草原野生植物、无序开采矿产资源等因素影响，加之自然条件恶劣，鼠虫害和雪灾发生严重，致使草原退化，涵养水源功能减弱，大量泥沙流失，直接影响江河中下游的生态环境和经济社会可持续发展。

2. 主攻方向。着力修复草原生态系统，恢复草原植被，维护江河源头生态安全，保护生物多样性，改善农牧民生产生活条件。重点实施退牧还草、牧区草原防灾减灾、草原自然保护区建设等工程，大力实施草原生态保护补助奖励政策，加大对“黑土滩”等退化草原的治理力度，重点搞好江河源头和生态脆弱区草原保护。着力推进传统畜牧业转型发展，重点实施肉牛肉羊养殖大县奖励、畜牧良种补贴、标准化规模养殖扶持、肉牛基础母牛扩群增量等政策，同时加大饲草产业扶持力度，发展人工种草，因地制宜推进粮改饲，推进草产业发展。

3. 推介模式。以科学合理利用草地资源为基础，通过培育公司、合作社、家庭农（牧）场等多种经营主体，探索推行股份制合作社为主的规模经营方式，优化配置草场、饲草料地、牲畜等基本生产要素，适度发展高原生态特色畜牧业。推介行业协会带农户的“打通信息、渠道、技术三平台”发展模式；村级合作社的“草场、牲畜、品种、劳力重新分配和统治、统种、统购、统办、统分五统一”模式等。

（三）东北华北湿润半湿润区。

1. 基本情况。该区主要位于我国东北和华北地区，涉及北京、天津、河北、山西、辽宁、吉林、黑龙江、山东、河南和陕西等 10 省（市），草原面积 2 960.82 万 hm^2。该区水热条件较好，年降水量一般在 400mm 以上，是我国草原植被覆盖度较高、天然草原品质较好，产量较高的地区，也是草地畜牧业较为发达的地区，发展人工种草和草产品加工业潜力很大。草食畜牧业生产方式主要是夏秋放牧 – 冬春舍饲，经营模式以家庭牧场和联户经营并存。该区草原主要分布在农牧交错带，开垦比较严重，水土流失加剧，部分地区草原盐碱化、沙化。

2. 主攻方向。着力加强草原监督管理，遏制乱开滥垦、乱采滥挖等违法行为。大力推广人工种草，积极发展草产业，拓宽农牧民增收渠道。重点实施京津风沙源治理、农牧交错带已垦草原治理、新一轮退耕还林还草等工程和草原生态保护补助奖励政策。开展人工种草，推行粮改饲试点和振兴奶业苜蓿发展行动，加快种养业结构调整。推进草食畜牧业提质增效，重点加强畜牧良种补贴、标准化规模养殖、肉牛基础母牛扩群增量、畜禽养殖粪污综合利用等扶持，提高畜牧业发展质量和效益。

3. 推介模式。通过挖掘饲草料生产潜力，积极探索“牧繁农育”和“户繁企育”的养殖模式，发挥各经营主体在人力、资本、饲草等方面的优势，实现牧区与农区协调发展，种植户、养殖户与企业多方共赢。推介综合性龙头企业的“种好草、养好畜、重环保、出精品”的“种养加一体化”模式和“公司 + 合作社 + 基地 + 农户”的种养结合发展模式等。

（四）南方区。

1. 基本情况。该区位于我国南部，涉及上海、江苏、浙江、安徽、福建、江西、湖南、湖北、广东、广西、海南、重庆、四川、贵州和云南等 15 省（市、区），草原面积 6 419.12 万 hm^2。该区气候温暖，水热资源丰富，年降水量一般在 1 000mm 以上，牧草生长期长，产草量高。草食畜牧业生产方式传统上散养散放，草畜不配套，发展潜力大。该区草资源开发利用不足，垦草种地问题突出，部分地区草地石漠化严重，水土流失加剧。

2. 主攻方向。合理开发利用草地资源，减少水土流失，积极发展草地农业和草地畜牧业。重点实施退牧还草、岩溶地区石漠化草地综合治理、新一轮退耕还林还草等工程，推进实施草原生态保护补助奖励政策，加大草原生态保护力度。加快草食畜牧业转型发展，重点实施南方现代草地畜牧业推进行动、畜牧良种补贴、标准化规模养殖、肉牛基础母牛扩群增量、畜禽粪污资源化利用等政策，同时大力发展人工种草，推行草田轮作，因地制宜推进粮改饲，强化草畜配套，推进草食畜牧业发展。

3. 推介模式。依托青绿饲草资源优势，大力推广粮经饲三元结构种植和标准化规模养殖，因地制宜发展地方特色草食畜牧业。推介天然草山草坡改良、混播牧草地建植、农闲田种草养畜的“工程项目 + 公司 + 合作社”统筹发展模式和“公司 + 家庭农（牧）场”的产业化经营模式等。

四、保障措施

（一）切实加强组织领导。各级农牧部门要高度重视，切实把促进草牧业发展列入重要议事日程，积极协调将草牧业纳入地方国民经济和社会发展规划。要广泛凝聚工作合力，落实目标任务，明确工作责任，建立健全“统一领导、分工协作、广泛参与”的工作机制，确保各项措施落实到位。

（二）落实好已有政策。各级农牧部门要认真落实草原和畜牧业各类财政专项资金及重大工程建设投资，积极发挥财政资金“四两拨千斤”的作用，探索创新资金使用方式，放大资金效应，夯实草牧业发展基础设施，不断扩大中央投入的引导示范作用。要创新项目管理，加强督导检查，确保各项政策措施落实到项目建设主体和草场地块。

（三）完善创设新政策。各级农牧部门要结合当前生态文明体制和农业农村改革新要求，立足本地区草牧业发展实际，突出问题导向，围绕草原保护、培育新型经营主体、提升物质装备水平、加强科技推广支撑和完善金融服务等方面，加强政策创设力度，不断完善草牧业发展政策体系。

（四）加强舆论宣传。各级农牧部门要积极总结好经验好模式，运用多种传播方式，加大对“保护草原得力、产业优势突出、农牧增收显著、示范带动强劲”的现代草牧业模式的宣传推介力度，营造良好社会氛围，推动草牧业又好又快发展。

中华人民共和国农业部公告

第 2377 号

《巴氏杀菌乳和 UHT 灭菌乳中复原乳的鉴定》标准业经专家审定通过，现批准发布为中华人民共和国农业行业标准，标准号为 NY/T939-2016，代替农业行业标准 NY/T939-2005，自 2016 年 4 月 1 日起实施。

特此公告。

农业部

2016 年 3 月 23 日

中华人民共和国农业部公告

第 2413 号

根据《中华人民共和国动物防疫法》《无规定动物疫病区评估管理办法》及有关规定，胶东半岛免疫无口蹄疫区和免疫无高致病性禽流感区已正式通过国家评估验收，达到国家免疫无口蹄疫区和免疫无高致病性禽流感区标准。

胶东半岛免疫无口蹄疫区和免疫无高致病性禽流感区核心区包括青岛市（其中市南区、市北区和李沧区为无畜禽养殖的非农业区）、烟台市、威海市的全部行政区域，以及潍坊市的坊子区、奎文区、寒亭区、潍城区、昌乐县、寿光市、安丘市、诸城市、高密市、昌邑市。

胶东半岛免疫无口蹄疫区和免疫无高致病性禽流感区缓冲区包括潍坊市的青州市、临朐县，东营市的东营区、广饶县，淄博市的临淄区，日照市的莒县、五莲县、东港区、岚山区，临沂市的沂水县。

特此公告。

农业部

2016 年 6 月 12 日

中华人民共和国农业部公告

第 2460 号

根据《中华人民共和国畜牧法》和《中华人民共和国畜禽遗传资源进出境和对外合作研究利用审批办法》的有关规定，我部修定了《种猪及精液进口技术要求》《种牛及冷冻精液和胚胎进口技术要求》，制定了《种鸡进口技术要求》，现予发布，自2017年1月1日起执行。农业部第1677号公告同时废止。

特此公告。

附件：1. 种猪及精液进口技术要求（略）

2. 种牛及冷冻精液和胚胎进口技术要求

3. 种鸡进口技术要求（略）

农 业 部

2016 年 10 月 26 日

附件 2　种牛及冷冻精液和胚胎进口技术要求

为做好种牛及冷冻精液和胚胎进口的技术审查工作，保证进口种牛及冷冻精液和胚胎质量，根据《中华人民共和国畜牧法》《中华人民共和国畜禽遗传资源进出境和对外合作研究利用审批办法》的规定，制定本技术要求。

1 基本条件

1.1 从境外引进种牛及冷冻精液和胚胎的供体，应符合本品种的种用要求。

1.2 申请从境外引进种牛及冷冻精液和胚胎的，应提供出口国家（地区）法定机构或企业出具的相关个体格式规范、记录完整的三个世代系谱资料。

1.3 出口方应在系谱上标识或在销售合同条款中写明种牛及冷冻精液和胚胎未携带脊椎弯曲综合征（CVM）、白细胞黏附缺陷综合征（BLAD）、短脊椎综合征（BY）、单蹄病（MF）、尿核苷单磷酸盐合成酶缺失综合征（DUMPS）、胍氨酸血症（CN）、蜘蛛腿综合征（AS）等主要遗传缺陷基因。

1.4 从境外引进的种牛及冷冻精液和胚胎应符合我国进口动物及动物产品检疫有关规定。

2 从境外引进种公牛的技术条件

2.1 验证种公牛的估计育种值或综合育种值排名应达到出口国家（地区）该品种的前 15%。

2.2 青年公牛的估计育种值或综合育种值排名应达到出口国家（地区）该品种的前 15%，或其父亲的估计育种值或综合育种值排名应达到出口国家（地区）该品种的前 10%。肉用青年公牛的母亲估计育种值或综合育种值排名应达到出口国家（地区）该品种的前 5%。

3 从境外引进种母牛的技术条件

种母牛父亲的估计育种值或综合育种值排名应达到出口国家（地区）该品种的前 20%，其中肉用种母牛母亲的估计育种值或综合育种值排名应达到出口国家（地区）该品种的前 30%。

4 从境外引进种牛冷冻精液和胚胎的技术条件

4.1 供体种公牛应是经过后裔测定的验证公牛或经基因组检测遗传评定的青年公牛。

4.2 供体种公牛的遗传性能可在国际公牛组织（INTERBULL）、相应品种协会网站或其它育种组织网站上查询，估计育种值或综合育种值排名应该达到出口国家（地区）该品种的前 10%。

4.3 进口的牛冷冻精液和性控冷冻精液应符合我国相关标准要求。

4.4 进口肉用种牛胚胎的供体母牛的估计育种值或综合育种值排名应达到出口国家（地区）该品种的前 15%。

【海关总署发布】

中华人民共和国海关总署
关于2016年进口原产于新西兰的
黄油和其他脂和油实施特殊保障措施的公告

2016年第1号

根据《中华人民共和国政府和新西兰政府自由贸易协定》（以下简称《协定》），中国对原产于新西兰的12个税号农产品实施特殊保障措施。截至2016年1月6日，实施特殊保障措施管理的黄油和其他脂和油（税则号列：04051000、04059000）进口申报数量已达到14 204.47t，超过2016年13 888t的特殊保障措施触发标准。因此，自2016年1月11日起，对《协定》项下进口的原产于新西兰的黄油和其他脂和油恢复按最惠国税率征收进口关税。对于在途农产品的税率适用和其他有关事宜，按照海关总署2008年第91号公告的规定执行。

特此公告。

海关总署

2016年1月8日

中华人民共和国海关总署
关于2016年进口原产于
新西兰的乳酪实施特殊保障措施的公告

2016年第2号

根据《中华人民共和国政府和新西兰政府自由贸易协定》（以下简称《协定》），中国对原产于新西兰的12个税号农产品实施特殊保障措施。截至2016年1月12日，实施特殊保障措施管理的乳酪（税则号列：04061000、04063000、04069000）进口申报数量已达到5 355t，超过2016年5 319t的特殊保障措施触发标准。

因此，自2016年1月15日起，对《协定》项下进口的原产于新西兰的乳酪恢复按最惠国税率征收进口关税。对于在途农产品的税率适用和其他有关事宜，按照海关总署2008年第91号公告的规定执行。

特此公告。

海关总署

2016年1月14日

中华人民共和国海关总署
关于2015年度自澳大利亚进口
两大类农产品数量和2016年度进口触发水平数量的公告

2016年第3号

根据《中华人民共和国政府和澳大利亚政府自由贸易协定》和海关总署公告2015年第66号，我国对自澳大利亚进口的两大类8个税号农产品（以下简称两大类农产品）实施特殊保障管理措施。现将2015年度两大类农产品适用协定税率进口数量和2016年度进口触发水平数量予以公布（详见附件）。

两大类农产品进口时仍按照海关总署公告2015年第66号的规定办理相关手续。

特此公告。

附件：2015年度两大类农产品适用协定税率进口数量和2016年度进口触发水平数量情况表

海关总署

2016年1月16日

附件

2015年度两大类农产品适用协定税率进口数量和2016年度进口触发水平数量情况表

单位：t

分类	税号	产品描述	2015年度适用协定税率进口数量			2016年度适用协定税率可进口数量	
			本年度触发水平数量	累计进口数量	以在途方式进口数量	本年度触发水平数量	本年度实际可进口的触发水平数量
牛肉	02011000	整头及半头鲜、冷牛肉	5 589	897.930	0.000	170 000	170 000
	02012000	鲜、冷的带骨牛肉					
	02013000	鲜、冷的去骨牛肉					
	02021000	冻的整头及半头牛肉					
	02022000	冻的带骨牛肉					
	02023000	冻的去骨牛肉					
奶粉	04022100	脂肪量 >1.5% 未加糖或其他甜物质固状乳及奶油	575	0.000	0.000	18 375	18 375
	04022900	脂肪量 >1.5% 的加糖或其他甜物质固状乳及奶油					

说明：1. 协定指《中华人民共和国政府和澳大利亚政府自由贸易协定》。

2.2016年度实际可进口的触发水平数量=2016年度协定所规定年度触发水平数量－2015年度以在途方式进口数量。

中华人民共和国海关总署关于2016年进口原产于新西兰的固状和浓缩非固状乳及奶油实施特殊保障措施的公告

2016年第4号

根据《中华人民共和国政府和新西兰政府自由贸易协定》（以下简称《协定》），中国对原产于新西兰的12个税号农产品实施特殊保障措施。至2016年1月19日，实施特殊保障措施管理的固状和浓缩非固状乳及奶油（税则号列：04021000、04022100、04022900、04029100）进口申报数量达到143 717t，超过2016年特殊保障措施触发标准。因此，自2016年1月21日起，对《协定》项下进口的原产于新西兰的固状和浓缩非固状乳及奶油恢复按最惠国税率征收进口关税。对于在途农产品的税率适用和其他有关事宜，按照海关总署2008年第91号公告的规定执行。

特此公告。

中华人民共和国海关总署

2016年1月20日

中华人民共和国海关总署关于2016年度自新西兰进口有关农产品数量和2017年度进口触发水平数量的公告

2016年第80号

根据《中华人民共和国政府和新西兰政府自由贸易协定》和海关总署公告2008年第91号，我国对自新西兰进口的四大类12个税号农产品（以下简称四大类农产品）实施特殊保障管理措施。现将2016年度四大类农产品适用协定税率进口数量和2017年度进口触发水平数量予以公布（详见附件）。

四大类农产品进口时仍按照海关总署公告2008年第91号的规定办理相关手续。

特此公告。

附件：2016年度有关农产品适用协定税率进口数量和2017年度进口触发水平数量情况表

中华人民共和国海关总署

2016年12月14日

附件

2016 年度有关农产品适用协定税率进口数量和 2017 年度进口触发水平数量情况表

单位：t

分类	税号	产品描述	2016 年度适用协定税率进口数量			2017 年度适用协定税率可进口数量	
			本年度触发水平数量	累计进口数量	以在途方式进口数量	本年度触发水平数量	本年度实际可进口的触发水平数量
一	04012000	脂肪含量＞1% 但≤6% 未浓缩及未加糖的乳及奶油	1 921	2 127.405	206.405	2 017	1 810.595
	04014000	6%＜脂肪含量≤10% 未浓缩及未加糖的乳及奶油					
	04015000	脂肪含量＞10% 未浓缩及未加糖的乳及奶油					
二	04021000	脂肪含量≤1.5% 固状乳及奶油	140 358	211 249.075	70 891.075	147 376	76 484.925
	04022100	脂肪含量＞1.5% 未加糖固状乳及奶油					
	04022900	脂肪含量＞1.5% 加糖固状乳及奶油					
	04029100	浓缩但未加糖的非固状乳及奶油					
三	04051000	黄油	13 888	24 073.803	10 185.803	14 582	4 396.197
	04059000	其他从乳中提取的脂和油					
四	04061000	鲜乳酪（未熟化或未固化的）	5 319	8 887.870	3 568.870	5 585	2 016.130
	04063000	经加工的乳酪，但磨碎或粉化的除外					
	04069000	其他乳酪					

说明：1. 协定指《中华人民共和国政府和新西兰政府自由贸易协定》。

2.2016 年度适用协定税率累计进口数量 =2016 年度适用协定税率实际进口数量 +2015 年度以在途方式进口数量。

3.2016 年度以在途方式进口数量 =2016 年度适用协定税率累计进口数量－2016 年度触发水平数量。

4.2017 年度实际可进口的触发水平数量 =2017 年度协定所规定年度触发水平数量－2016 年度以在途方式进口数量。

【食品药品监管总局发布】

国家食品药品监督管理总局令
婴幼儿配方乳粉产品配方注册管理办法

第 26 号

《婴幼儿配方乳粉产品配方注册管理办法》已于 2016 年 3 月 15 日经国家食品药品监督管理总局局务会议审议通过，现予公布，自 2016 年 10 月 1 日起施行。

局长　毕井泉

2016 年 6 月 6 日

第一章　总 则

第一条　为严格婴幼儿配方乳粉产品配方注册管理，保证婴幼儿配方乳粉质量安全，根据《中华人民共和国食品安全法》等法律法规，制定本办法。

第二条　在中华人民共和国境内生产销售和进口的婴幼儿配方乳粉产品配方注册管理，适用本办法。

第三条　婴幼儿配方乳粉产品配方注册，是指国家食品药品监督管理总局依据本办法规定的程序和要求，对申请注册的婴幼儿配方乳粉产品配方进行审评，并决定是否准予注册的活动。

第四条　婴幼儿配方乳粉产品配方注册管理，应当遵循科学、严格、公开、公平、公正的原则。

第五条　国家食品药品监督管理总局负责婴幼儿配方乳粉产品配方注册管理工作。

国家食品药品监督管理总局行政受理机构（以下简称受理机构）负责婴幼儿配方乳粉产品配方注册申请的受理工作。

国家食品药品监督管理总局食品审评机构（以下简称审评机构）负责婴幼儿配方乳粉产品配方注册申请的

审评工作。

国家食品药品监督管理总局审核查验机构（以下简称核查机构）负责婴幼儿配方乳粉产品配方注册的现场核查工作。

省、自治区、直辖市食品药品监督管理部门负责配合国家食品药品监督管理总局开展本行政区域婴幼儿配方乳粉产品配方注册的现场核查等工作。

第六条 申请人应当对提交材料的真实性、完整性、合法性负责，并承担法律责任。

申请人应当协助食品药品监督管理部门开展与注册相关的现场核查、抽样检验等工作。

第二章 申请与注册

第七条 申请人应当为拟在中华人民共和国境内生产并销售婴幼儿配方乳粉的生产企业或者拟向中华人民共和国出口婴幼儿配方乳粉的境外生产企业。

申请人应当具备与所生产婴幼儿配方乳粉相适应的研发能力、生产能力、检验能力，符合粉状婴幼儿配方食品良好生产规范要求，实施危害分析与关键控制点体系，对出厂产品按照有关法律法规和婴幼儿配方乳粉食品安全国家标准规定的项目实施逐批检验。

第八条 申请注册产品配方应当符合有关法律法规和食品安全国家标准的要求，并提供证明产品配方科学性、安全性的研发与论证报告和充足依据。

申请婴幼儿配方乳粉产品配方注册，应当向国家食品药品监督管理总局提交下列材料：

（一）婴幼儿配方乳粉产品配方注册申请书；

（二）申请人主体资质证明文件；

（三）原辅料的质量安全标准；

（四）产品配方研发报告；

（五）生产工艺说明；

（六）产品检验报告；

（七）研发能力、生产能力、检验能力的证明材料；

（八）其他表明配方科学性、安全性的材料。

第九条 同一企业申请注册两个以上同年龄段产品配方时，产品配方之间应当有明显差异，并经科学证实。每个企业原则上不得超过3个配方系列9种产品配方，每个配方系列包括婴儿配方乳粉（0~6月龄，1段）、较大婴儿配方乳粉（6~12月龄，2段）、幼儿配方乳粉（12~36月龄，3段）。

第十条 同一集团公司已经获得婴幼儿配方乳粉产品配方注册及 生产许可的全资子公司可以使用集团公司内另一全资子公司已经注册的婴幼儿配方乳粉产品配方。组织生产前，集团公司应当向国家食品药品监督管理总局提交书面报告。

第十一条 受理机构对申请人提出的婴幼儿配方乳粉产品配方注册申请，应当根据下列情况分别作出处理：

（一）申请事项依法不需要进行注册的，应当即时告知申请人不受理；

（二）申请事项依法不属于国家食品药品监督管理总局职权范围的，应当即时作出不予受理的决定，并告知申请人向有关行政机关申请；

（三）申请材料存在可以当场更正的错误的，应当允许申请人当场更正；

（四）申请材料不齐全或者不符合法定形式的，应当当场或者在5个工作日内一次告知申请人需要补正的全部内容；逾期不告知的，自收到申请材料之日起即为受理；

（五）申请材料齐全、符合法定形式，或者申请人按照要求提交全部补正申请材料的，应当受理注册申请。

受理机构受理或者不予受理注册申请，应当出具加盖国家食品药品监督管理总局行政许可受理专用章和注明日期的书面凭证。

第十二条 受理机构应当在受理后3个工作日内将申请材料送交审评机构。

第十三条 审评机构应当对申请材料以及产品配方声称与产品配方注册内容的一致性进行审查，并根据实际需要通知核查机构对申请人开展现场核查，组织检验机构开展抽样检验，组织专家对专业问题进行论证，自收到受理材料之日起60个工作日内完成审评工作。

特殊情况下需要延长审评时间的，经审评机构负责人同意，可以延长30个工作日，延长决定应当书面告知申请人。

第十四条 核查机构应当自接到审评机构通知之日起20个工作日内完成对申请人研发能力、生产能力、检验能力等情况的现场核查，出具现场核查报告。

核查机构应当通知申请人所在地省级食品药品监督管理部门参与现场核查，省级食品药品监督管理部门应当派员参与。

第十五条 审评机构应当委托具有法定资质的食品检验机构开展抽样检验。

检验机构应当自接受委托之日起30个工作日内完成抽样检验工作，出具产品检验报告。

第十六条 对境外生产企业现场核查、抽样检验的工作时限，根据实际情况确定。

第十七条 审评机构应当根据申请人申请材料、现场核查报告、产品检验报告开展审评，并作出审评结论。

第十八条 审评机构作出不予注册审评结论的，应当向申请人发出拟不予注册的书面通知。申请人对通知有异议的，应当自收到通知之日起20个工作日内向审评机构提出书面复审申请并说明复审理由。复审的内容仅限于原申请事项及申请材料。

审评机构应当自受理复审申请之日起30个工作日内作出复审决定，并书面通知申请人。

第十九条 审评机构认为需要申请人补正材料的，应当一次性告知需要补正的全部内容。申请人应当在3个月内按照补正通知的要求一次补正材料。补正材料的时间不计算在审评时间内。逾期未补正的，按申请人不再提供补正材料处理。

第二十条 国家食品药品监督管理总局自受理申请之日起20个工作日内根据审评结论作出准予注册或者不予注册的决定。

受理机构应当自国家食品药品监督管理总局作出决定之日起10个工作日内向申请人发出婴幼儿配方乳粉产品配方注册证书或者不予注册决定。

第二十一条 现场核查、抽样检验、复审所需时间不计算在技术审评和注册决定的期限内。审评时间不计算在注册决定的期限内。

第二十二条 申请人对国家食品药品监督管理总局作出不予注册决定有异议的，可以向国家食品药品监督管理总局提出书面行政复议申请或者向人民法院提起行政诉讼。

第二十三条 婴幼儿配方乳粉产品配方注册证书及附件应当载明下列事项：

（一）产品名称；

（二）企业名称、法定代表人、生产地址；

（三）注册号、批准日期及有效期；

（四）生产工艺；

（五）产品配方。

婴幼儿配方乳粉产品配方注册号格式为：国食注字YP + 4位年代号 + 4位顺序号，其中YP代表婴幼儿配方乳粉产品配方。

婴幼儿配方乳粉产品配方注册证书有效期为5年。

第二十四条 婴幼儿配方乳粉产品配方注册有效期内，婴幼儿配方乳粉产品配方注册证书遗失或者损毁的，申请人应当向受理机构提出书面申请并说明理由。因遗失申请补发的，应当在省、自治区、直辖市食品药品监督管理部门网站上发布遗失声明；因损坏申请补发的，应当交回婴幼儿配方乳粉产品配方注册证书原件。

国家食品药品监督管理总局自受理之日起20个工作日内予以补发。补发的婴幼儿配方乳粉产品配方注册证书应当标注原批准日期，并注明“补发”字样。

第二十五条 婴幼儿配方乳粉产品配方注册证书有效期内，需要变更注册证书及其附件载明事项的，申请人应当向国家食品药品监督管理总局提出变更注册申请，并提交下列材料：

（一）婴幼儿配方乳粉产品配方变更注册申请书；

（二）婴幼儿配方乳粉产品配方注册证书及附件；

（三）与变更事项有关的证明材料。

第二十六条 申请人申请产品配方变更等可能影响产品配方科学性、安全性的，审评机构应当根据实际需要按照本办法第十三条的规定组织开展审评，并作出审评结论。

申请人申请企业名称变更、生产地址名称变更等不影响产品配方科学性、安全性的，审评机构应当进行核实，并自受理机构受理之日起10个工作日内作出结论。申请人名称变更的，应当由变更后的申请人申请变更。

国家食品药品监督管理总局自接到审评结论之日起10个工作日内根据审评结论作出准予变更或者不予变更的决定。对符合条件的，依法办理变更手续，注册证书发证日期以变更批准日期为准，原注册号不变，证书有效期保持不变；不予变更注册的，作出不予变更注册决定。

第二十七条 婴幼儿配方乳粉产品配方注册证书有效期届满需要延续的，申请人应当在注册证书有效期届满6个月前向国家食品药品监督管理总局提出延续注册申请，并提交下列材料：

（一）婴幼儿配方乳粉产品配方延续注册申请书；

（二）申请人主体资质证明文件；

（三）企业研发能力、生产能力、检验能力情况；

（四）企业生产质量管理体系自查报告；

（五）产品营养、安全方面的跟踪评价情况；

（六）生产企业所在地省、自治区、直辖市食品药品监督管理部门延续注册意见书；

（七）婴幼儿配方乳粉产品配方注册证书及附件。

审评机构应当根据实际需要对延续注册申请按照本办法第十三条组织开展审评，并作出审评结论。

国家食品药品监督管理总局自受理申请之日起20个工作日内作出准予延续注册或者不予延续注册的决定。准予延续注册的，向申请人换发注册证书，原注册号不变，证书有效期自批准之日起重新计算；不予延续注册的，应当作出不予延续注册决定。逾期未作决定的，视为准予延续。

第二十八条 有下列情形之一的，不予延续注册：

（一）未在规定时限内提出延续注册申请的；

（二）申请人在产品配方注册后5年内未按照注册配方组织生产的；

（三）企业未能保持注册时研发能力、生产能力、检验能力的；

（四）其他不符合有关规定的情形。

第二十九条 婴幼儿配方乳粉产品配方变更注册与延续注册的程序未作规定的，适用本办法有关婴幼儿乳粉产品配方注册的相关规定。

第三章 标签与说明书

第三十条 申请人申请婴幼儿配方乳粉产品配方注册的，应当提交标签和说明书样稿及标签、说明书中声称的说明、证明材料。

标签和说明书涉及婴幼儿配方乳粉产品配方的，应当与获得注册的产品配方的内容一致，并标注注册号。

第三十一条 产品名称中有动物性来源的，应当根据产品配方在配料表中如实标明使用的生乳、乳粉、乳清（蛋白）粉等乳制品原料的动物性来源。使用的乳制品原料有两种以上动物性来源时，应当标明各种动物性来源原料所占比例。

配料表应当将食用植物油具体的品种名称按照加入量的递减顺序标注。

营养成分表应当按照婴幼儿配方乳粉食品安全国家标准规定的营养素顺序列出，并按照能量、蛋白质、脂肪、碳水化合物、维生素、矿物质、可选择性成分等类别分类列出。

第三十二条 声称生乳、原料乳粉等原料来源的，应当如实标明具体来源地或者来源国，不得使用“进口奶源”“源自国外牧场”“生态牧场”“进口原料”等模糊信息。

第三十三条 声称应当注明婴幼儿配方乳粉适用月龄，可以同时使用“1段、2段、3段”的方式标注。

第三十四条 标签和说明书不得含有下列内容：

（一）涉及疾病预防、治疗功能；

（二）明示或者暗示具有保健作用；

（三）明示或者暗示具有益智、增加抵抗力或者免疫力、保护肠道等功能性表述；

（四）对于按照食品安全标准不应当在产品配方中含有或者使用的物质，以“不添加”“不含有”“零添加”等字样强调未使用或者不含有；

（五）虚假、夸大、违反科学原则或者绝对化的内容；

（六）与产品配方注册的内容不一致的声称。

第四章 监督管理

第三十五条 承担婴幼儿配方乳粉产品配方注册技术审评、现场核查、抽样检验、专家论证的机构和人员应当对出具的审评结论、现场核查报告、产品检验报告、专家意见等负责。

婴幼儿配方乳粉产品配方注册技术审评、现场核查、抽样检验、专家论证的机构和人员应当依照有关法律、法规、规章的规定，恪守职业道德，按照食品安全国家标准、技术规范等对婴幼儿配方乳粉产品配方进行技术审评、现场核查和抽样检验，保证相关工作科学、客观和公正。

第三十六条 食品药品监督管理部门接到有关单位或者个人举报的婴幼儿配方乳粉产品配方注册受理、技术审评、现场核查、抽样检验、专家论证、审批等工作中的违法违规行为，应当及时核实处理。

第三十七条 国家食品药品监督管理总局自批准之日起20个工作日内公布婴幼儿配方乳粉产品配方注册目录信息。

第三十八条 参与婴幼儿配方乳粉注册申请受理、技术审评、现场核查、抽样检验、专家论证等工作的机构和人员，应当保守在注册中知悉的商业秘密。

申请人应当按照国家有关规定对申请材料中的商业秘密进行标注并注明依据。

第三十九条 申请人拒绝现场核查或者抽样检验的，国家食品药品监督管理总局不批准其产品配方注册申请。

第四十条 有下列情形之一的，国家食品药品监督管理总局依据职权或者根据利害关系人的请求，可以撤销婴幼儿配方乳粉产品配方注册：

（一）工作人员滥用职权、玩忽职守作出准予注册决定的；

（二）超越法定职权作出准予注册决定的；

（三）违反法定程序作出准予注册决定的；

（四）对不具备申请资格或者不符合法定条件的申请人准予注册的；

（五）依法可以撤销注册的其他情形。

第四十一条 有下列情形之一的，由国家食品药品监督管理总局注销婴幼儿配方乳粉产品配方注册：

（一）企业申请注销的；

（二）企业依法终止的；

（三）注册证书有效期届满未延续的；

（四）注册依法被撤销、撤回，或者注册证书依法被吊销的；

（五）法律法规规定应当注销的其他情形。

第五章 法律责任

第四十二条 食品安全法等法律法规对婴幼儿配方乳粉产品配方注册违法行为已有规定的，从其规定。

第四十三条 申请人隐瞒有关情况或者提供虚假材料、样品申请婴幼儿配方乳粉产品配方注册的，国家食品药品监督管理总局不予受理或者不予注册，对申请人给予警告，并向社会公告。申请人在1年内不得再次申请婴幼儿配方乳粉产品配方注册；涉嫌犯罪的，依法移送公安机关，追究刑事责任。

申请人以欺骗、贿赂等不正当手段，或者隐瞒真实情况、提交虚假材料等方式取得婴幼儿配方乳粉产品配方注册证书的，国家食品药品监督管理总局依法予以撤销，处1万元以上3万元以下罚款。被许可人在3年内不得再次申请注册；涉嫌犯罪的，依法移送公安机关，追究刑事责任。

第四十四条 申请人变更不影响产品配方科学性、安全性的事项，未依法申请变更的，由县级以上食品药品监督管理部门责令改正，给予警告；拒不改正的，处1万元以上3万元以下罚款。

申请人变更可能影响产品配方科学性、安全性的事项，未依法申请变更的，由县级以上食品药品监督管理部门依照食品安全法第一百二十四条的规定处罚。

第四十五条 伪造、涂改、倒卖、出租、出借、转让婴幼儿配方乳粉产品配方注册证书的，由县级以上食品药品监督管理部门责令改正，给予警告，并处1万元以下罚款；情节严重的，处1万元以上3万元以下罚款；涉嫌犯罪的，依法移送公安机关，追究刑事责任。

第四十六条 婴幼儿配方乳粉生产销售者违反本办法第三十条至第三十四条规定的，由食品药品监督管理部门责令改正，并依法处以1万元以上3万元以下罚款。

第四十七条 食品药品监督管理部门及其工作人员对不符合条件的申请人准予注册，或者超越法定职权准予注册的，依照食品安全法第一百四十四条的规定处理。

食品药品监督管理部门及其工作人员在注册审评过程中滥用职权、玩忽职守、徇私舞弊的，依照食品安全法第一百四十五条的规定处理。

第六章 附则

第四十八条 本办法所称婴幼儿配方乳粉产品配方，是指生产婴幼儿配方乳粉使用的食品原料、食品添加剂及其使用量，以及产品中营养成分的含量。

本办法自2016年10月1日起施行。

国家食品药品监督管理总局办公厅
关于开展婴幼儿配方乳粉标签标识规范和监督检查工作的通知

食药监办食监一【2016】168号

各省、自治区、直辖市食品药品监督管理局，新疆生产建设兵团食品药品监督管理局：

《中华人民共和国食品安全法》（以下简称《食品安全法》）、《乳品质量安全监督管理条例》《食品标识管理规定》等法律法规及今年10月1日施行的《婴幼儿配方乳粉产品配方注册管理办法》均对婴幼儿配方乳粉标签标识使用作出明确规定。近期，各地食品药品监管部门在食品安全日常监管中发现婴幼儿配方乳粉标签标识在产品名称、标示内容、含量和功能声称等方面违反法律法规及不规范现象仍十分突出。为进一步规范婴幼儿配方乳粉标签标识，为婴幼儿配方乳粉产品配方注册工作奠定良好基础，更好地维护广大消费者的合法权益，总局决定近期开展婴幼儿配方乳粉标签标识规范和监督检查工作。现就有关要求通知如下：

（一）各地要按照《食品安全法》《乳品质量安全监督管理条例》《食品标识管理规定》《婴幼儿配方乳粉产品配方注册管理办法》等法律法规和《食品安全国家标准预包装食品标签通则》（GB 7718—2011）、《食品安全国家标准预包装食品营养标签通则》（GB 28050—2011）、《食品安全国家标准预包装特殊膳食用食品标签》（GB 13432—2013）、《食品安全国家标准婴儿配方食品》（GB 10765—2010）、《食品安全国家标准较大婴儿和幼儿配方食品》（GB 10767—2010）等食品安全国家标准，并参照《婴幼儿配方乳粉产品配方注册管理办法》申请材料项目与要求对婴幼儿配方乳粉的标签标识开展规范和监督检查工作。

（二）婴幼儿配方乳粉生产企业要对照法律法规及食品安全国家标准，对本企业的婴幼儿配方乳粉标签标识开展自查。主要检查以下几个方面，一是产品名称方面，婴幼儿配方乳粉的标签标识应真实、准确，不得利用字号大小或色差误导消费者；二是原辅料来源方面，不得使用“进口奶源”“源自国外牧场”“生态牧场”等模糊信息；三是配料表和营养成分表方面，其标注方式应按照GB 13432—2013及其他有关要求进行标示；四是标示内容方面，婴幼儿配方乳粉的标签标识应当标注食品生产许可证编号等应当载明的事项；五是含量声称方面，对按照食品安全标准不应在产品配方中含有的物质，不得以“零添加”“不含有”等字样强调；六是功能声称方面，不得明示或者暗示具有益智、增加抵抗力或者免疫力、保护肠道等功能性表述；七是标签中存在的夸大、误导或未经证实的其他方面问题，以及标签上不得使用“人乳化”“母乳化”或近似术语表达。

（三）婴幼儿配方乳粉经营者要建立进货查验记录制度，查验婴幼儿配方乳粉的标签标识，保证包装完好，并按照保证食品安全的要求贮存。销售的进口婴幼儿配方乳粉，应当有中文标签；有说明书的，还应当有中文说明书。标签、说明书应当符合我国有关法律法规的规定和食品安全国家标准的要求，并载明食品的原产地以及境内代理商的名称、地址、联系方式。

（四）自本通知下发之日起3个月内，婴幼儿配方乳粉生产经营者要严格按照有关要求开展自查自纠，自查过程中发现生产经营的婴幼儿配方乳粉标签标识明显不符合《食品安全法》《乳品质量安全监督管理条例》《食品标识管理规定》等法律法规和食品安全国家标准规定的，要立即停止生产经营，做好相关记录，并及时向生产经营所在地食品药品监管部门报告；对于婴幼儿配方乳粉标签标识不符合《婴幼儿配方乳粉产品配方注册管理办法》等有关规定和要求的，食品生产经营者应当提出整改计划和方案。婴幼儿配方乳粉生产经营者要在自查整改结束后15日内将相关情况向所在地食品药品监管部门报告。向中国出口婴幼儿配方乳粉的境外生产企业亦应遵照上述有关规定，通过在中国的销售代理商将自查整改情况报代理商所在地食品药品监管部门。

（五）各级食品药品监管部门要以婴幼儿配方乳粉生产企业、主要从事婴幼儿配方乳粉经营业务企业等为重点检查对象，以生产婴幼儿配方乳粉的包装车间、成品仓库，经营婴幼儿配方乳粉的商场超市、批发市场、母婴店等为重点检查场所，对婴幼儿配方乳粉标签标识进行监督检查。重点检查婴幼儿配方乳粉标签标识的产品名称、标示内容、含量和功能声称等问题，严厉打击虚假标注婴幼儿配方乳粉生产日期、保质期等欺诈行为，生产经营营养成分不符合食品安全国家标准及利用食品标签标识分装、伪造冒用他人品牌生产销售婴幼儿配方乳粉等违法行为。

（六）对于生产经营的婴幼儿配方乳粉标签标识不符合《食品安全法》《乳品质量安全监督管理条例》《食品标识管理规定》等法律法规和食品安全国家标准规定的，由县级以上食品药品监管部门责令改正，拒不改正的，根据违法情况，作出行政处罚；对于利用食品标签标识制假售假等严重违法行为，涉嫌犯罪的，移送司法机关追究刑事责任。在检查过程中发现的不正当竞争、虚假广告等问题，要移交相关主管部门查处。中国乳制品工业协会要发挥行业协会作用，组织开展“清洁标签”行动，加强有关婴幼儿配方乳粉标签标识的法律法规、食品安全国家标准及规范性文件的宣传贯彻培训，督促婴幼儿配方乳粉生产经营企业对照法律法规、食品安全国家标准及规范性文件的要求开展自查整改。

（七）各省级食品药品监管部门要制定严格周密的工作方案，确定工作要求、实施步骤、治理重点、检查措施，积极开展监督检查工作。要畅通举报投诉渠道，认真处理消费者的投诉、举报，督促生产企业改进标签标识，形成合理有效的社会监督机制。各级食品药品监管部门要主动公开查处的案件信息，及时通报工作中发现的风险信息和隐患问题，并及时向本级政府和上级食品药品监管部门报送相关信息。请各省级食品药品监管部门于2017年6月30日前将监督检查工作情况报送总局食监一司。

国家食品药品监管总局办公厅
2016年12月7日

【质检总局发布】

国家质量监督检验检疫总局关于进口苏丹共和国苜蓿草检验检疫要求的公告

2016年第33号

根据我国专家对苏丹共和国苜蓿草的风险分析结果，在实地考察的基础上，经中苏两国检验检疫部门协商，双方签署了《关于苏丹苜蓿草输华卫生与植物卫生条件的议定书》。即日起，允许符合《进口苏丹共和国苜蓿草检验检疫要求》的苏丹苜蓿草进口。

质检总局
2016年3月28日

文件下载：http://www.aqsiq.gov.cn/xxgk_13386/jlgg_12538/zjgg/2016/201604/t20160407_463985.htm

国家质量监督检验检疫总局
关于防止俄罗斯炭疽疫情传入我国的公告

2016 年第 76 号

近期，俄罗斯西伯利亚地区出现炭疽疫情，截至 8 月 4 日共确诊 28 例炭疽病例，其中 1 例死亡。为防止炭疽疫情传入我国，根据《中华人民共和国国境卫生检疫法》及其实施细则的有关规定，现公告如下：

（一）来自俄罗斯的人员，如有高热、寒战、皮肤溃疡黑痂、呼吸急促、呕吐、腹泻或者低热伴干咳、肌痛等症状，入境时应当主动向出入境检验检疫机构进行健康申报，如在入境后出现上述症状，应当立即就医，并向医生说明近期的旅行史和动物接触史，以便及时得到诊断和治疗。出入境检验检疫机构应当加强对来自流行区人员的体温监测、医学巡查、医学排查等工作，对主动申报的或现场发现的炭疽可疑病例，出入境检验检疫机构应当按规定程序采取隔离留验等控制措施。

（二）来自俄罗斯的交通工具、集装箱应当保持良好卫生状况。检疫人员对来自俄罗斯的交通工具、货物、集装箱、行李、邮包应严格实施检疫查验，并做好个人防护。对受染或有受染嫌疑的交通工具、货物、集装箱、行李、邮包和可疑病例分泌物、排泄物及其污染的区域、物品应实施严格的消毒和无害化处理。

（三）前往俄罗斯的人员应当向出入境检验检疫机构及其国际旅行卫生保健中心咨询相关疫病情况，或登陆质检总局网站（http://www.aqsiq.gov.cn）卫生检疫专栏查询相关信息。在俄期间，做好必要的个人防护措施，并尽量避免前往炭疽疫情流行地区。

（四）炭疽是由炭疽杆菌所致的人畜共患急性传染病，患病的草食动物是主要传染源，人类因接触牛、马、羊等病畜或病畜皮毛、排泄物，或吸入带芽孢的尘埃、食用受污染的食物而被感染，在牧区呈地方流行性。最常见为皮肤炭疽，表现为皮肤坏死和黑痂，吸入感染可致肺炭疽，误食感染可致肠炭疽，可以继发炭疽性脑膜炎、炭疽性败血症。病死率高，发病急骤，有高热寒战等中毒症状。潜伏期一般为 1 至 5 天，长的可达 60 天，人群普遍易感。

本公告自发布之日起生效，有效期 3 个月。

质检总局
2016 年 8 月 9 日

国家质量监督检验检疫总局
关于进口美国甜菜粕检验检疫要求的公告

2016 年第 97 号

根据我国专家对美国甜菜粕的风险分析结果，在实地考察的基础上，经中美两国检验检疫部门协商，双方确定了美国甜菜粕输华植物卫生要求。即日起，允许符合《进口美国甜菜粕检验检疫要求》的美国甜菜粕进口。

质检总局
2016 年 9 月 26 日
文件下载：http://www.aqsiq.gov.cn/xxgk_13386/jlgg_12538/qtwj/201609/t20160927_474688.htm

【卫生计生委发布】

国家卫生计生委
关于发酵乳杆菌 CECT5716 等 3 个菌种的公告

2016 年第 6 号

根据《食品安全法》规定，审评机构组织专家对发酵乳杆菌 CECT5716(Lactobacillus fermentum) 等 3 个菌种的安全性评估材料审查通过。将发酵乳杆菌 CECT5716(Lactobacillus fermentum)、短双歧杆菌 M-16V(Bifidobacterium breve) 列入《可用于婴幼儿食品的菌种名单》，将凝结芽孢杆菌（Bacillus coagulans）列入《可用于食品的菌种名单》。

特此公告。

国家卫生计生委

2016 年 5 月 30 日

国家卫生计生委
关于印发有碍食品安全的疾病目录的通知

国卫食品发【2016】31 号

各省、自治区、直辖市卫生计生委，新疆生产建设兵团卫生局：

根据《中华人民共和国食品安全法》第四十五条，为规范接触直接入口食品工作的从业人员健康管理，我委组织制定了《有碍食品安全的疾病目录》。现印发给你们，请遵照执行。

附件：1. 有碍食品安全的疾病目录

2. 有碍食品安全的疾病目录起草说明

国家卫生计生委

2016 年 7 月 1 日

附件 1 有碍食品安全的疾病目录

根据《中华人民共和国食品安全法》、《中华人民共和国传染病防治法》规定，为规范接触直接入口食品工作的从业人员的健康管理，制定本目录。

一、疾病目录

（一）霍乱

（二）细菌性和阿米巴性痢疾

（三）伤寒和副伤寒

（四）病毒性肝炎（甲型、戊型）

（五）活动性肺结核

（六）化脓性或者渗出性皮肤病

二、我委适时根据食品安全需要、相关疾病预防控制情况等因素对本目录进行调整。

附件 2 有碍食品安全的疾病目录起草说明

一、起草过程

接触直接入口食品的从业人员如果罹患某些疾病，可能对食品造成污染，导致疾病传播，影响食品安全。2015 修订的《食品安全法》规定患有国务院卫生行政部门规定的有碍食品安全疾病的人员，不得从事接触直接入口食品的工作。为落实《食品安全法》《传染病防治法》，国家卫生计生委牵头组织制定《有碍食品安全的疾病目录》（以下简称《目录》）。

2015 年 6 月 8 日，我委食品司委托食品评估中心组织召开了第一次《目录》编制研讨会，中国疾控中心以及 13 家省级疾控中心的行政管理、食品安全技术、实验室检验、传染病防控、病毒病防控、寄生虫病防控、临床医学相关专家参会。会议对《目录》编制思路进行了讨论，并确定了《目录》基本内容。

2015年6月12~13日、7月9日，我委食品司会同食品评估中心组织召开两次研讨会，对存有争议的疾病进行讨论及修改完善，统一认识，明确《目录》的使用范围。

2015年8月，我委食品司就《目录》征求了委法制司、应急办、疾控局、医政医管局，中国疾控中心、监督中心等的意见。10月，征求了各省、自治区、直辖市卫生计生委，新疆生产建设兵团卫生局，教育部、工业和信息化部、农业部、商务部、质检总局、食品药品监管总局的意见，根据相关意见修改完善《目录》。

2016年1月20日，我委食品司组织专题座谈会，邀请相关行业协会、企业代表以及食品安全、传染病防控、医疗专家等相关人员参会，对《目录》的科学性、可操作性等进行讨论，深入听取意见。会后，食品司会同食品评估中心，吸收采纳有关意见后形成了《目录》。

二、主要内容

《目录》旨在为监管部门和食品生产经营者对从业人员进行健康管理提供依据，包含两部分内容：一是有碍食品安全的疾病。这些疾病可通过患病者污染食品，并能通过食物传播，患病者不宜从事接触直接入口食品的工作。二是我委将根据食品安全需要、相关疾病预防控制情况等，对本目录进行调整。

三、重点说明的几个问题

（一）关于疾病名称的进一步细化。《目录》中的细菌性和阿米巴性痢疾、伤寒和副伤寒、病毒性肝炎（甲型、戊型）、活动性肺结核、化脓性或者渗出性皮肤病5种疾病从《食品卫生法》（1995年）和《食品安全法》（2009年）的相关规定中沿袭而来，并作了进一步细化。与2009版《食品安全法》及《食品安全法实施条例》相比，本《目录》从既保障食品安全又最大程度保护从业人员合法权益的角度考虑，将痢疾进一步细化为细菌性和阿米巴性痢疾，并在伤寒的基础上，增加了副伤寒。

（二）关于将霍乱纳入《目录》。鉴于霍乱属于《传染病法》规定的甲类传染病，且近年来由食物传播的霍乱病例时有发生，此次《目录》制定过程中，增加纳入了霍乱。

（三）关于在食品生产经营从业人员日常管理中如何使用《目录》。从业人员发现可能患有《目录》中规定的疾病时，应当立即到医疗机构就诊，如确诊患有《目录》中规定的疾病，按照食品安全监管部门的相关规定处理。

国家卫生计生委办公厅
关于印发2016年度食品安全国家标准项目计划（第二批）
的通知

国卫办食品函【2016】1358号

各有关单位：

根据《食品安全法》规定，我们制定了《2016年度食品安全国家标准项目计划（第二批）》。现印发给你们，请认真组织落实。有关工作要求如下：

（一）按照《食品安全法》《食品安全国家标准管理办法》等规定，做好标准起草工作。起草过程中，应当以食品安全风险评估结果为主要依据，充分考虑我国经济发展水平和客观实际情况；要在全国范围内深入调查研究，广泛征求监管部门、技术机构、行业协会、企业、专家和消费者等各方意见，确保标准科学性、合理性。

（二）项目承担单位登录食品安全国家标准管理信息系统（http://bz.cfsa.net.cn），填报相关信息并打印《2016年食品安全国家标准制定、修订项目委托协议书》，由项目承担单位相关负责人签字并加盖单位公章，于2016年12月20日前报送食品安全国家标准审评委员会秘书处（以下简称秘书处）。

（三）项目承担单位应当严格按照协议书要求，制订工作计划、项目路线图和进度表，定期向秘书处报告项目进展情况。项目完成后，要如期向秘书处提交标准文本、起草说明等送审材料。

（四）相关省（区、市）卫生计生委要会同农业厅（局）、食品药品监督管理局、质量技术监督局（市场监管局）认真指导、督促下属单位严格执行项目，确保标准制定、修订的质量和进度。

（五）项目承担单位应当按规定如期向秘书处提交经费决算报告，经费决算报告由财务负责人和单位负责人签字并加盖公章。对标准起草工作实行问责制，未能按期提交经费使用情况报告或不按规定使用标准工作经费，以及在标准起草中弄虚作假、徇私舞弊的，将实行问责，按法律法规追责并予以严肃处理。

附件：2016年度食品安全国家标准项目计划（第二批）

国家卫生计生委办公厅

2016年12月12日

附件

2016 年度食品安全国家标准项目计划（第二批）

序号	项目拟订名称	制定/修订	承担单位
基础标准			
1	食品中污染物限量	修订	国家食品安全风险评估中心、云南省疾病预防控制中心、吉林省疾病预防控制中心、广东省疾病预防控制中心
2	食品中致病菌限量	修订	国家食品安全风险评估中心、中国乳制品工业协会、中国食品工业协会
3	散装即食食品微生物限量标准	制定	中国食品药品检定研究院、深圳市标准技术研究院、成都市食品药品检验研究院等
4	食品添加剂使用标准	修订	国家食品安全风险评估中心
5	预包装食品标签通则	修订	国家食品安全风险评估中心、中国食品工业协会、深圳市标准技术研究院
6	预包装食品营养标签通则	修订	中国营养学会、国家食品安全风险评估中心、深圳市标准技术研究院
食品产品标准			
7	生乳	修订	中国农业科学院北京畜牧兽医研究所、中国奶业协会
8	巴氏杀菌乳	修订	中国农业科学院北京畜牧兽医研究所、中国乳制品工业协会
9	灭菌乳	修订	中国农业科学院北京畜牧兽医研究所、中国乳制品工业协会
10	炼乳	修订	中国乳制品工业协会、科信食品与营养信息交流中心
11	再制干酪	修订	科信食品与营养信息交流中心、国家乳业工程技术研究中心、辽宁省卫生计生监督局
12	速冻面米制品	修订	国家食品安全风险评估中心、北京市卫生监督所、中国食品科学技术学会
13	食用动物血制品	制定	中国肉类协会、河南省疾控预防控制中心、中国畜牧兽医学会
14	食品加工用菌种	制定	国家食品安全风险评估中心、中国食品发酵工业研究院、中国食品科学技术学会
15	调味面制品	制定	河南省口岸食品检验检测所、中国食品科学技术学会、安徽省食品药品检验研究院、重庆市食品药品检验检测研究院
特殊膳食用食品标准			
16	特殊医学用途配方食品通则	修订	中国疾病预防控制中心营养与健康所、国家食品安全风险评估中心
17	糖尿病全营养配方食品	制定	北京协和医院
18	炎性肠病全营养配方食品	制定	四川省营养学会、四川大学华西医院
19	肿瘤全营养配方食品	制定	航空总医院
20	特殊医学用途配方食品临床应用指南	制定	北京协和医院、航空总医院、四川大学华西医院
21	婴儿配方食品	修订	国家食品安全风险评估中心、中国疾病预防控制中心营养与健康所
22	较大婴儿配方食品	修订	国家食品安全风险评估中心、中国疾病预防控制中心营养与健康所
23	幼儿配方食品	修订	国家食品安全风险评估中心、中国疾病预防控制中心营养与健康所
24	特殊医学用途婴儿配方食品通则	修订	国家食品安全风险评估中心、中国疾病预防控制中心营养与健康所
25	老年饮食摄入功能障碍人群配方食品（暂定）	制定	青岛大学营养与健康研究院、中国疾病预防控制中心营养与健康所
26	学生餐营养操作指南	制定	中国学生营养与健康促进会、北京市疾病预防控制中心
食品添加剂质量规格标准			
27	食品添加剂制剂通则	制定	国家食品安全风险评估中心、中国食品工业协会、中国食品添加剂和配料协会
28	食品用香精	修订	上海香料研究所
29	食品用香料通则	修订	中国香料香精化妆品工业协会
30	食品添加剂 氨水（液氨）	修订	中海油天津化工研究设计院有限公司

（续）

序号	项目拟订名称	制定/修订	承担单位
31	食品添加剂 二氧化硅	修订	中海油天津化工研究设计院有限公司
32	食品添加剂 六偏磷酸钠	修订	中海油天津化工研究设计院有限公司
33	食品添加剂 脱氢乙酸钠	修订	中国石油化工股份有限公司北京化工研究院
34	食品添加剂 过氧化氢	制定	中海油天津化工研究设计院有限公司
35	食品添加剂 谷氨酸钠	制定	中国食品添加剂和配料协会
36	食品添加剂 d- 木糖	制定	中国食品添加剂和配料协会
37	食品添加剂 可溶性大豆多糖	制定	国家粮食局科学研究院
38	食品添加剂 磷脂（牛奶来源）	制定	国家乳业工程技术研究中心、中国乳制品工业协会、科信食品与营养信息交流中心
39	食品添加剂 胭脂虫红	制定	中国食品添加剂和配料协会、中国食品发酵工业研究院
40	食品添加剂 胭脂树橙	制定	中国食品添加剂和配料协会
41	食品添加剂 黑加仑红	制定	上海市质量监督检验技术研究院
42	食品添加剂 花生衣红	制定	中国食品发酵工业研究院
43	食品添加剂 甲壳素	制定	上海市食品添加剂和配料行业协会
44	食品添加剂 金樱子棕	制定	吉林出入境检验检疫局
45	食品添加剂 联苯醚	制定	上海市食品添加剂和配料行业协会
46	食品添加剂 叶绿素铜钾盐	制定	中国食品发酵工业研究院、中国食品添加剂和配料协会
47	食品添加剂 玉米黄	制定	上海市质量监督检验技术研究院、辽宁省卫生计生监督局
48	食品添加剂 藻蓝	制定	辽宁省卫生计生监督局、中国食品添加剂和配料协会、中国科学院南海海洋研究所、湖南省食品质量监督检验研究院
49	食品添加剂 沙棘黄	制定	辽宁省卫生计生监督局、中国食品添加剂和配料协会
50	食品添加剂 磷酸（湿法）	制定	中海油天津化工研究设计院有限公司
51	食品添加剂 海藻酸钙	制定	华东理工大学
食品营养强化剂质量规格标准			
52	食品营养强化剂 羟钴胺	制定	广东出入境检验检疫局检验检疫技术中心
53	食品营养强化剂 氯化高铁血红素	制定	广东出入境检验检疫局检验检疫技术中心
54	食品营养强化剂 D- 泛酸钙	制定	上海市食品化妆品质量安全管理协会
55	食品营养强化剂 血红素铁	制定	青岛大学营养与健康研究院
56	食品营养强化剂 胆钙化醇（维生素 D_3）	制定	深圳市慢性病防治中心
57	食品营养强化剂 碘化钠	制定	深圳市慢性病防治中心
58	食品营养强化剂 肌醇（环己六醇）	制定	江西出入境检验检疫局检验检疫综合技术中心
59	食品营养强化剂 氯化钠	制定	江西出入境检验检疫局检验检疫综合技术中心
60	食品营养强化剂 植物甲萘醌	制定	上海市质量监督检验技术研究院
61	食品营养强化剂 酒石酸氢胆碱	制定	中国食品发酵工业研究院
62	食品营养强化剂 磷酸氢镁	制定	江西省疾病预防控制中心
63	食品营养强化剂 柠檬酸锌	制定	江西省疾病预防控制中心
64	食品营养强化剂 富马酸亚铁	制定	安徽医科大学
65	食品营养强化剂 烟酰胺	制定	上海市食品添加剂和配料行业协会

（续）

序号	项目拟订名称	制定/修订	承担单位
食品相关产品标准			
66	食品接触用油墨	制定	国家食品安全风险评估中心、广东出入境检验检疫局检验检疫技术中心、上海市食品药品包装材料测试所
67	食品接触用淀粉基塑料材料及制品	制定	北京工商大学
68	洗涤剂	修订	中国洗涤用品工业协会、中国日用化学工业研究院
生产经营规范标准			
69	食品中黄曲霉毒素 B_1 控制规范	制定	国家食品安全风险评估中心、科信食品与营养信息交流中心
70	特殊医学用途配方食品良好生产规范	修订	中国乳制品工业协会
71	餐饮具集中消毒服务单位卫生规范	制定	湖南省卫生计生综合监督局
72	即食鲜切蔬果生产卫生规范	制定	北京市食品药品监督管理局、北京市食品安全监控和风险评估中心、山东省食品药品检验研究院
理化检验方法标准			
73	食品中碘的测定	修订	深圳市疾病预防控制中心、上海市质量监督检验技术研究院、北京市疾病预防控制中心
74	食品中合成着色剂的测定	制定	中国食品药品检定研究院、北京市食品安全监控和风险评估中心、四川省食品药品检验检测院、浙江省食品药品检验研究院等
75	食品中偶氮甲酰胺的测定	制定	北京市食品安全监控和风险评估中心、厦门出入境检验检疫局、山东省食品药品检验研究院等
76	食品中酪蛋白磷酸肽的测定	制定	黑龙江出入境检验检疫局检验检疫技术中心、浙江清华长三角研究院、农业部谷物及制品监督检验测试中心（哈尔滨）
77	食品中 4 －己基间苯二酚残留量的测定	制定	北京出入境检验检疫局检验检疫技术中心、天津出入境检验检疫局动植物与食品检测中心、黑龙江出入境检验检疫局检验检疫技术中心
78	食品中纳他霉素残留量的测定	制定	中国食品发酵工业研究院、北京出入境检验检疫局检验检疫技术中心、中国检验检疫科学研究院
79	食品中肉桂醛残留量的测定	制定	北京出入境检验检疫局检验检疫技术中心、广东出入境检验检疫局检验检疫技术中心、中国食品发酵工业研究院
80	食品接触材料及制品 总迁移量的测定	修订	常州进出口工业及消费品安全检测中心、宁波出入境检验检疫局检验检疫技术中心
81	食品接触材料及制品 丙烯酸和甲基丙烯酸迁移量的测定	制定	江苏出入境检验检疫局检验检疫技术中心、广东出入境检验检疫局检验检疫技术中心、常州进出口工业及消费品安全检测中心
82	食品接触材料及制品 4,4– 磺酰基二苯酚迁移量的测定	制定	上海市质量监督检验技术研究院、天津出入境检验检疫局动植物与食品检测中心
83	食品接触材料及制品 1,4– 丁二醇迁移量的测定	制定	上海市质量监督检验技术研究院、上海出入境检验检疫局工业品与原材料检测技术中心
84	食品接触材料及制品 壬基酚迁移量的测定	制定	常州进出口工业及消费品安全检测中心、广东出入境检验检疫局检验检疫技术中心
85	食品接触材料及制品 芳香族伯胺迁移量的测定	制定	广东出入境检验检疫局检验检疫技术中心、常州进出口工业及消费品安全检测中心
86	食品接触材料及制品 N– 亚硝胺类化合物迁移量的测定	制定	天津出入境检验检疫局动植物与食品检测中心、常州进出口工业及消费品安全检测中心
87	食品中 15 种有毒生物碱的测定 液相色谱 – 串联质谱法	制定	河北省食品药品检验研究院等
88	食品中 4– 甲基咪唑、2– 甲基咪唑及 1– 甲基咪唑含量的测定	制定	四川省食品药品检验检测院、北京市食品安全监控和风险评估中心、成都市食品药品检验研究院
微生物检验方法标准			
89	食品微生物学检验 创伤弧菌检验	制定	国家食品安全风险评估中心
毒理学检验方法与规程标准			
90	哺乳类动物细胞体外微核试验	制定	广东省疾病预防控制中心
91	扩展一代生殖毒性试验	制定	国家食品安全风险评估中心

【多部委联合发布】

农业部办公厅 财政部办公厅
关于印发《新一轮草原生态保护补助奖励政策实施指导意见（2016—2020年）》的通知

农办财【2016】10号

经国务院批准，“十三五”期间，国家将在河北、山西、内蒙古、辽宁、吉林、黑龙江、四川、云南、西藏、甘肃、青海、宁夏、新疆13个省（自治区）以及新疆生产建设兵团和黑龙江省农垦总局，启动实施新一轮草原生态保护补助奖励政策。为切实做好政策贯彻落实工作，农业部、财政部共同制定了《新一轮草原生态保护补助奖励政策实施指导意见（2016—2020年）》。现印发给你们，请遵照执行。

农业部办公厅 财政部办公厅

2016年3月1日

新一轮草原生态保护补助奖励政策实施指导意见
（2016—2020年）

经国务院批准，“十三五”期间，国家在内蒙古、四川、云南、西藏、甘肃、宁夏、青海、新疆8个省（自治区）和新疆生产建设兵团（以下统称“8省区”），以及河北、山西、辽宁、吉林、黑龙江5个省和黑龙江省农垦总局（以下统称“5省”），启动实施新一轮草原生态保护补助奖励政策(以下简称“草原补奖政策”)。为切实做好贯彻落实工作，现提出如下指导意见。

一、重要意义

草原在我国生态文明建设和经济社会发展大局中具有重要战略地位。“十二五”期间，国家在河北、山西、内蒙古、辽宁、吉林、黑龙江、四川、云南、西藏、甘肃、青海、宁夏、新疆13省（区）以及生产建设兵团和黑龙江省农垦总局启动实施草原补奖政策，取得了显著成效，有力促进了牧区草原生态、牧业生产和牧民生活的改善。“十三五”期间启动实施新一轮草原补奖政策，是中央统筹我国经济社会发展全局做出的重大决策；是深入贯彻“创新、协调、绿色、开放、共享”理念，促进城乡区域协调发展的具体体现；是加快草原保护，建设生态文明的重要举措。各地要从加快建设生态文明、全面建成小康社会、维护民族团结和边疆稳定的战略高度出发，深刻认识启动实施新一轮草原补奖政策的重要性和必要性，精心组织，周密部署，把落实好这项工作作为稳当前、保长远的重要任务抓实抓好。

二、任务目标

通过实施草原补奖政策，全面推行草原禁牧休牧轮牧和草畜平衡制度，划定和保护基本草原，促进草原生态环境稳步恢复；加快推动草牧业发展方式转变，提升特色畜产品生产供给水平，促进牧区经济可持续发展；不断拓宽牧民增收渠道，稳步提高牧民收入水平，为加快建设生态文明、全面建成小康社会、维护民族团结和边疆稳定作出积极贡献。

三、基本原则

（一）保护生态，绿色发展。遵循“创新、协调、绿色、开放、共享”的发展理念，坚持“生产生态有机结合、生态优先”的基本方针，全面推行各项草原管护制度，保护和恢复草原生态环境，夯实牧区经济社会可持续发展基础。

（二）权责到省，分级落实。坚持草原补奖资金、任务、目标、责任“四到省”，逐级建立目标责任制，分解任务指标。完善政策落实工作机制，建立健全绩效评价制度，加强资金管理和监督检查，确保资金任务落实到位。

（三）公开透明，补奖到户。坚持政策实施全程透明，做到任务落实、资金发放、建档立卡、服务指导、监督管理“五到户（项目单位）”，保证政策落实公平、公正、公开，切实使政策成为社会认同、群众满意的德政项目和民心项目。

（四）因地制宜，稳步实施。尊重客观实际，坚持分类指导，因地制宜制定政策实施方案。科学合理确定补奖标准以及封顶、保底标准。第一轮实施禁牧的草原植被恢复达到解禁标准可转为草畜平衡区的，要由省级行业主管部门重新核定。

四、政策内容

在8省区实施禁牧补助、草畜平衡奖励和绩效评价奖励；在5省实施“一揽子”政策和绩效评价奖励，补奖资金可统筹用于国家牧区半牧区县草原生态保护建设，也可延续第一轮政策的好做法。其中，将河北省兴隆、滦平、怀来、涿鹿、赤城5个县纳入实施范围，构建和强化京津冀一体化发展的生态安全屏障。

（一）禁牧补助。对生存环境恶劣、退化严重、不宜放牧以及位于大江大河水源涵养区的草原实行禁牧封育，中央财政按照每年每亩7.5元的测算标准给予禁牧补助。5年为一个补助周期，禁牧期满后，根据草原生态功能恢复情况，继续实施禁牧或者转入草畜平衡管理。

（二）草畜平衡奖励。对禁牧区域以外的草原根据承载能力核定合理载畜量，实施草畜平衡管理，中央财政对履行草畜平衡义务的牧民按照每年每亩2.5元的测算标准给予草畜平衡奖励。引导鼓励牧民在草畜平衡的基础上实施季节性休牧和划区轮牧，形成草原合理利用的长效机制。

（三）绩效考核奖励。中央财政每年安排绩效评价奖励资金，对工作突出、成效显著的省区给予资金奖励，由地方政府统筹用于草原生态保护建设和草牧业发展。

五、工作要求

（一）强化组织宣传。各级农牧、财政部门要密切配合，相互协调，全力做好新一轮草原补奖政策落实各项工作。要及时向同级党委政府汇报工作进展情况，建立健全由地方党政领导任组长的政策实施工作领导小组，强化组织领导，明确责任分工，完善工作机制。要广泛通过广播电视、报刊杂志、手机网络等载体，以及进村入户宣讲培训、发放政策明白纸等形式，做好政策宣传解读工作。要让广大牧民群众充分知晓新一轮草原补奖政策内容，保证政策平稳过渡和全面落实。

（二）强化基础工作。各有关省区均要根据草原类型、植被状况和生产特点，因地制宜编制政策实施方案。8省区要合理确定禁牧补助、草畜平衡奖励具体发放标准以及封顶、保底标准，避免出现因补贴额度过高“垒大户”和因补贴过低影响牧民生活的现象，确保牧民享受草原补奖政策的收益不降低。5省要做好政策衔接，既可延续第一轮政策的做法，也可根据相关资金管理办法，围绕草原生态保护建设中存在的重点难点问题，有针对性的安排项目内容，与中央财政安排的支持粮改饲、振兴奶业苜蓿发展行动等资金做好统筹衔接，避免重复投入。扎实做好草原补奖信息系统数据录入和管理工作。稳定和完善草原承包经营制度，划定和保护基本草原，严守草原生态红线。

（三）强化绩效评价。新一轮草原补奖政策继续开展绩效评价，对获得合格以上评价等级的地区，按照等级排名，综合考虑草原面积、工作难度等因素安排绩效评价奖励资金；对不合格的地区，不安排绩效评价奖励资金。各有关省区安排使用绩效评价奖励资金时，用于草原生态保护建设和草牧业发展的资金比例不得低于70%。继续统筹利用绩效评价奖励资金，推进草牧业试验试点，加大对新型经营主体发展现代草牧业的支持力度。各有关省区农牧、财政部门负责本地区的政策实施情况绩效评价工作，从生态、生产和生活等三方面科学设定绩效指标，严格开展评价考核。

（四）强化资金管理。建立健全省级草原补奖资金管理规章制度，规范资金使用和管理。各有关省区财政部门要会同农牧部门按照实施方案制定补奖资金分配方案，设立补奖资金专账，并下设各分项资金明细账户，分别核算，专款专用。要通过“一卡通”或“一折通”将补奖资金及时足额发放给牧民，并在卡折中明确政策项目名称。草原补奖资金发放严格实行村级公示制，接受群众监督。草原补奖资金原则上不能形成结余，如因特殊原因形成结余的，需商财政部后，按有关规定由同级财政部门收回统筹使用或者上交中央财政，不得擅自调剂或挪用。

（五）强化监督检查。各级农牧、财政部门要会同纪检、监察、审计等部门，加强对政策任务和资金落实情况的监督检查。要按照政策实施需求，完善草原监测体系，定期开展定点监测和入户调查，分年度评估政策实施成效。建立健全县、乡、村三级草原管护网络，调动和发挥牧民自我管理与相互监督的作用。各级草原监理机构要加大对草原禁牧休牧轮牧、草畜平衡制度落实情况的监督检查力度，巡查禁牧区、休牧期的牲畜放牧情况，核查草畜平衡区放牧牲畜数量，发现问题及时纠正，保护和巩固政策实施成效。

农业部　工业和信息化部　国家工商行政管理总局关于印发《生鲜乳购销合同（示范文本）》的通知

农牧发【2016】8号

各省、自治区、直辖市畜牧（农牧、农业）厅（局、委、办）、工业和信息化主管部门、工商行政管理局（市场监督管理部门），新疆生产建设兵团畜牧兽医局：

为规范生鲜乳购销秩序，根据《乳品质量安全监督管理条例》的有关规定，农业部、工业和信息化部、国家工商行政管理总局制定了《生鲜乳购销合同（示范文本）》（GF-2016-0157），自2016年6月1日起实施。

原《生鲜乳购销合同（示范文本）》（GF-2008-0157）同时废止。

农业部　工业和信息化部

国家工商行政管理总局

2016年5月27日

附件

合同编号：________________

生鲜乳购销合同

收购人：______________________

销售人：______________________

见证人：______________________

根据《中华人民共和国合同法》和《乳品质量安全监督管理条例》的规定，收购人与销售人在平等、自愿、公平、诚信的基础上协商一致，经见证人见证，签订本合同。

第一条 收购时间与数量

1. 收购时间为___年___月___日至___年___月___日。

2. 收购量为___kg/月，收购量上下浮动范围为：___%。

第二条 收购价格

生鲜乳收购基准价格为____元/kg，当地有生鲜乳价格协调委员会并公布交易参考价格的，收购人和销售人应参照交易参考价格协商确定生鲜乳收购价格。

为鼓励销售人提供优质生鲜乳，生鲜乳最终收购价格按收购人和销售人商定的质量等级有所浮动。生鲜乳质量等级应根据蛋白质含量、脂肪含量、非脂乳固体、菌落总数、体细胞数等指标确定。生鲜乳计价方案经收购人和销售人协商一致作为本合同的附件。

第三条 质量要求

1. 生鲜乳应符合下述质量要求：

（1）乳品质量安全国家标准；

（2）收购人与销售人商定的其他质量标准，作为本合同的附件。

2. 生鲜乳有下列情况的，销售人不得销售、收购人不得收购：

（1）经检测不符合健康标准或者未经检疫合格的奶畜产的生鲜乳；

（2）奶畜产犊后7日内的初乳，但以初乳为加工原料的除外；

（3）在规定用药期和休药期内的奶畜产的生鲜乳；

（4）掺杂使假或者变质的生鲜乳；

（5）其他不符合乳品质量安全国家标准的生鲜乳。

3. 销售人交售的生鲜乳在生鲜乳收购站挤奶的，应遵守生鲜乳收购站的操作规定；销售人自行挤奶的，要确保盛奶、挤奶器具清洁，不得使用塑料及有毒有害容器。

4. 贮存生鲜乳的容器，应当符合国家有关卫生标准。

第四条 结算方式

1. 收购人应于本条第2款约定的付款日期前至少两日，书面通知销售人结算货款的相关数据。如销售人对以上数据有异议，应于收到以上数据之日起两日内以书面形式提出，否则视为销售人无异议；异议期间，收购人不支付货款，不承担逾期付款违约责任，但无异议部分的货款仍需按约定支付。异议解决后，收购人应在两日之内支付异议部分的货款。

2. 收购人应按照生鲜乳收购量按月支付货款，即当月结算并支付上个月的货款，具体付款日期为每月的日前，支付地点为合同履行地。

第五条 检验方式

1. 收购人对销售人提供的生鲜乳进行抽样检验，并在收购之时起4个小时内公布脂肪含量、蛋白质含量等各项计价指标和其他常规检验结果。销售人对收购人公布的脂肪含量、蛋白质含量等各项计价指标和其他常规检验结果有异议的，应当在接到检验结果之时起8小时内，持质量检验单到具有相应资质的生鲜乳质量安全检测机构申请复检，由当地奶业协会根据检测结果出具调解意见。若确为收购人检验结果错误则须赔偿销售人的损失，并承担检测和调解所发生的费用。

2. 收购人应将有异议的生鲜乳样品留存48小时以上。

3. 收购人与销售人对数量发生争议时，以国家计量基准器具或者社会公用计量标准器具检定的数据为准，检定结果由收购人和销售人签字后各留一份。

4. 销售人应当接受收购人对生鲜乳的检查及取样工作。

5. 在本合同有效期内，如任何一方发现在生鲜乳生产、收购、贮存、运输、销售过程中存在或者可能存在添加任何物质的情况，应当立即向合同履行地人民政府畜牧兽医主管部门举报，并留存相关证据。

第六条 交付时间和方式

1. 销售人送货的时间为每日___时至___时。

收购人收购的时间为每日___时至___时。

2. 经过称量、抽样、初步质量检验、签单，完成交付过程。

3. 销售人无法按时送奶或收购人无法按时收奶，应在至少24小时之前以____方式通知对方，并承担给对方造成的损失。

第七条 履行地和履行期限

1. 本合同履行地为__________生鲜乳收购站；

2. 履行期限为___年___月___日至___年___月___日；

3. 合同到期如需续签的，则应在合同到期前完成新合同的签订；收购人和销售人中任何一方不同意续签的，应在合同到期前至少三个月书面通知另一方。

第八条 合同的变更和解除

1. 本合同经收购人与销售人协商一致，并达成书面协议，可以依法变更或解除。

2. 发生不可抗力时，收购人和销售人可协商调整购销数量。因不可抗力导致无法履行合同的一方应当自不可抗力发生之日起____日内以书面形式通知对方，并在___日内提供有关机构出具的证明。

第九条 违约责任

1. 收购人或销售人未按本合同第一条约定的时间和月收购量收购或销售生鲜乳的，当月应向对方支付违约金___元。

2. 销售人出售的生鲜乳不符合本合同第三条的约定，收购人不予收购，由此造成的经济损失由销售人承担。

3. 收购人不按时收购、随意提高标准、限收或拒收符合质量标准的生鲜乳，由此给销售人造成的损失应当由收购人承担。

4. 收购人违反本合同约定，拖欠销售人生鲜乳货款的，应当从合同约定支付货款之日起，按日支付拖欠金额万分之____的违约金，并继续履行支付拖欠货款的义务。

5. 因不可抗力不能履行合同的，根据不可抗力的影响，部分或者全部免除责任，但法律另有规定的除外。当事人迟延履行后发生不可抗力的，不能免除责任。

第十条 争议解决方式

本合同履行过程中所发生的争议，应由收购人与销售人协商解决或提交当地奶业协会调解解决；协商或调解不成的，收购人与销售人可采取以下方式解决：

1. 销售人为中小规模养殖场（户）的，应提交本合同第七条所述合同履行地有管辖权的人民法院诉讼解决；

2. 销售人为大型养殖企业的，提交收购人与销售人协商约定的争议解决地人民法院诉讼解决。

第十一条 其他

1. 本合同经三方签字或盖章生效，本合同一式三份，三方各执一份。未尽事宜，各方可协商签订书面补充协议。本合同附件以及补充协议具有同等的法律效力。

2. 本合同的见证人原则上应为本合同第七条所述合同履行地的奶业协会，当地没有奶业协会的，可为收购人、销售人共同认可的独立个人或组织。见证人不得因见证行为受益。

收购人：	销售人：	见证人：
（盖章）	（签字或盖章）	（签字或盖章）
地址：	地址：	地址：
邮编：	邮编：	邮编：
电话：	电话：	电话：
电子邮箱：	电子邮箱：	电子邮箱：
法定代表人：	法定代表人：	法定代表人：
委托代理人：	委托代理人：	委托代理人：
年 月 日	年 月 日	年 月 日

质检总局 农业部
关于解除法国等 4 国牛精液施马伦贝格病禁令的公告

2016 年第 53 号

根据风险评估结果，自本公告发布之日起，允许从法国、德国、英国和丹麦 4 国施马伦贝格病疫区进口符合中国检验检疫要求的牛精液。

国家质量监督检验检疫总局和农业部 2012 年联合公告第 67 号和第 153 号对上述 4 国有关牛精液的禁令同时终止。

质检总局 农业部
2016 年 6 月 1 日

质检总局 农业部
关于解除哥伦比亚指定区域口蹄疫疫情的公告

2016 年第 75 号

鉴于世界动物卫生组织（OIE）已认可哥伦比亚指定区域为非免疫无口蹄疫地区（具体区域及区划图见附件），根据我国对哥伦比亚口蹄疫疫情状况风险分析结果，自本公告发布之日起，解除哥伦比亚非免疫无口蹄疫地区口蹄疫疫情禁令。

特此公告。

附件：哥伦比亚口蹄疫非免疫无疫区及区划图

1. 哥伦比亚非免疫无口蹄疫地区

Chocó 省西北区（限 Acandi 市，Bahía Solano 市，Bojayá 市，Carmen del Darién 市 (Atrato 河左岸)，Juradó 市，Riosucio 市 (Atrato 河左岸) 和 Unguía 市）；San Andrés 和 Providencia 群岛省。

2. 哥伦比亚口蹄疫区划图（略）

质检总局 农业部
2016 年 7 月 28 日

农业部 国家卫生计生委
关于印发《国家布鲁氏菌病防治计划（2016—2020年）》的通知

农医发【2016】38号

各省、自治区、直辖市及计划单列市畜牧兽医（农牧、农业）厅（局、委、办）、卫生计生委，新疆生产建设兵团畜牧兽医局、卫生局，部属有关事业单位：

为贯彻落实《国家中长期动物疫病防治规划（2012—2020年）》，进一步做好全国布鲁氏菌病防治工作，农业部、国家卫生计生委组织制定了《国家布鲁氏菌病防治计划（2016—2020年）》，现印发给你们，请遵照执行。

农业部　国家卫生计生委

2016年9月7日

文件下载：http://www.moa.gov.cn/govpublic/SYJ/201609/t20160909_5270524.htm

http://www.moa.gov.cn/zwllm/tzgg/tz/201609/P020160909545336908217.ceb

质检总局 农业部
关于解除哈萨克斯坦国部分地区口蹄疫禁令的公告

2016年第94号

根据我国对哈萨克斯坦国口蹄疫疫情状况的风险分析结果，自本公告发布之日起，解除对哈萨克斯坦阿克莫拉（Akmola）、阿克托别（Aktobe）、阿特劳（Atyrau）、卡拉干达（Karaganda）、库斯塔奈（Kostanay）、曼格斯套（Mangistau）、北哈萨克斯坦（North Kazakhstan）、巴甫洛达尔（Pavlodar）和西哈萨克斯坦（West Kazakhstan）9个非免疫无口蹄疫地区（哈萨克斯坦国口蹄疫区划图见附件）的口蹄疫禁令。

原国家出入境检验检疫局1999年公告第22号对有关哈萨克斯坦上述9个地区的口蹄疫疫情禁令同时终止。

特此公告。

质检总局　农业部

2016年9月19日

国家卫生计生委 食品药品监管总局关于发布《食品安全国家标准 食品接触材料及制品通用安全要求》（GB 4806.1—2016）等53项食品安全国家标准的公告

2016年第15号

根据《中华人民共和国食品安全法》和《食品安全国家标准管理办法》规定，经食品安全国家标准审评委员会审查通过，现发布《食品安全国家标准食品接触材料及制品通用安全要求》（GB 4806.1-2016）等53项食品安全国家标准。其编号和名称如下：

GB 4806.1-2016 食品安全国家标准 食品接触材料及制品通用安全要求

GB 4806.3-2016 食品安全国家标准 搪瓷制品

GB 4806.4-2016 食品安全国家标准 陶瓷制品

GB 4806.5-2016 食品安全国家标准 玻璃制品

GB 4806.6-2016 食品安全国家标准 食品接触用塑料树脂

GB 4806.7-2016 食品安全国家标准 食品接触用塑料材料及制品

GB 4806.8-2016 食品安全国家标准 食品接触用纸和纸板材料及制品

GB 4806.9-2016 食品安全国家标准 食品接触用金属材料及制品

GB 4806.10-2016 食品安全国家标准 食品接触用涂料及涂层

GB 4806.11-2016 食品安全国家标准 食品接触用橡胶材料及制品

GB 4789.15-2016 食品安全国家标准 食品微生物学检验 霉菌和酵母计数

GB 5009.156-2016 食品安全国家标准 食品接触材料及制品迁移试验预处理方法通则

GB 9685-2016 食品安全国家标准 食品接触材料及制品用添加剂使用标准

GB 14934-2016 食品安全国家标准 消毒餐（饮）具

GB 31604.11-2016 食品安全国家标准 食品接触材料及制品 1，3- 苯二甲胺迁移量的测定

GB 31604.12-2016 食品安全国家标准 食品接触材料及制品 1，3- 丁二烯的测定和迁移量的测定

GB 31604.13-2016 食品安全国家标准 食品接触材料及制品 11- 氨基十一酸迁移量的测定

GB 31604.14-2016 食品安全国家标准 食品接触材料及制品 1- 辛烯和四氢呋喃迁移量的测定

GB 31604.15-2016 食品安全国家标准 食品接触材料及制品 2,4,6- 三氨基 -1,3,5- 三嗪（三聚氰胺）迁移量的测定

GB 31604.16-2016 食品安全国家标准 食品接触材料及制品 苯乙烯和乙苯的测定

GB 31604.17-2016 食品安全国家标准 食品接触材料及制品 丙烯腈的测定和迁移量的测定

GB 31604.18-2016 食品安全国家标准 食品接触材料及制品 丙烯酰胺迁移量的测定

GB 31604.19-2016 食品安全国家标准 食品接触材料及制品 己内酰胺的测定和迁移量的测定

GB 31604.20-2016 食品安全国家标准 食品接触材料及制品 醋酸乙烯酯迁移量的测定

GB 31604.21-2016 食品安全国家标准 食品接触材料及制品 对苯二甲酸迁移量的测定

GB 31604.22-2016 食品安全国家标准 食品接触材料及制品 发泡聚苯乙烯成型品中二氟二氯甲烷的测定

GB 31604.23-2016 食品安全国家标准 食品接触材料及制品 复合食品接触材料中二氨基甲苯的测定

GB 31604.24-2016 食品安全国家标准 食品接触材料及制品 镉迁移量的测定

GB 31604.25-2016 食品安全国家标准 食品接触材料及制品 铬迁移量的测定

GB 31604.26-2016 食品安全国家标准 食品接触材料及制品 环氧氯丙烷的测定和迁移量的测定

GB 31604.27-2016 食品安全国家标准 食品接触材料及制品 塑料中环氧乙烷和环氧丙烷的测定

GB 31604.28-2016 食品安全国家标准 食品接触材料及制品 己二酸二（2 -乙基）己酯的测定和迁移量的测定

GB 31604.29-2016 食品安全国家标准 食品接触材料及制品 甲基丙烯酸甲酯迁移量的测定

GB 31604.30-2016 食品安全国家标准 食品接触材料及制品 邻苯二甲酸酯的测定和迁移量的测定

GB 31604.31-2016 食品安全国家标准 食品接触材

料及制品 氯乙烯的测定和迁移量的测定

GB 31604.32-2016 食品安全国家标准 食品接触材料及制品 木质材料中二氧化硫的测定

GB 31604.33-2016 食品安全国家标准 食品接触材料及制品 镍迁移量的测定

GB 31604.34-2016 食品安全国家标准 食品接触材料及制品 铅的测定和迁移量的测定

GB 31604.35-2016 食品安全国家标准 食品接触材料及制品 全氟辛烷磺酸(PFOS)和全氟辛酸(PFOA)的测定

GB 31604.36-2016 食品安全国家标准 食品接触材料及制品 软木中杂酚油的测定

GB 31604.37-2016 食品安全国家标准 食品接触材料及制品 三乙胺和三正丁胺的测定

GB 31604.38-2016 食品安全国家标准 食品接触材料及制品 砷的测定和迁移量的测定

GB 31604.39-2016 食品安全国家标准 食品接触材料及制品 食品接触用纸中多氯联苯的测定

GB 31604.40-2016 食品安全国家标准 食品接触材料及制品 顺丁烯二酸及其酸酐迁移量的测定

GB 31604.41-2016 食品安全国家标准 食品接触材料及制品 锑迁移量的测定

GB 31604.42-2016 食品安全国家标准 食品接触材料及制品 锌迁移量的测定

GB 31604.43-2016 食品安全国家标准 食品接触材料及制品 乙二胺和己二胺迁移量的测定

GB 31604.44-2016 食品安全国家标准 食品接触材料及制品 乙二醇和二甘醇迁移量的测定

GB 31604.45-2016 食品安全国家标准 食品接触材料及制品 异氰酸酯的测定

GB 31604.46-2016 食品安全国家标准 食品接触材料及制品 游离酚的测定和迁移量的测定

GB 31604.47-2016 食品安全国家标准 食品接触材料及制品 纸、纸板及纸制品中荧光增白剂的测定

GB 31604.48-2016 食品安全国家标准 食品接触材料及制品 甲醛迁移量的测定

GB 31604.49-2016 食品安全国家标准 食品接触材料及制品 砷、镉、铬、铅的测定和砷、镉、铬、镍、铅、锑、锌迁移量的测定

特此公告。

国家卫生计生委 食品药品监管总局
2016 年 10 月 19 日

文件下载：http://www.nhfpc.gov.cn/sps/s7891/201611/06ed87a09dad4cf6aee48cd89efbef35.shtml

标准下载：http://www.nhfpc.gov.cn/ewebeditor/uploadfile/2016/11/20161118163918259.rar

国家卫生计生委 食品药品监管总局
关于发布《食品安全国家标准 鲜（冻）畜、禽产品》（GB 2707—2016）等127项食品安全国家标准的公告

2016年第17号

根据《中华人民共和国食品安全法》和《食品安全国家标准管理办法》规定，经食品安全国家标准审评委员会审查通过，现发布《食品安全国家标准 鲜（冻）畜、禽产品》（GB 2707-2016）等127项食品安全国家标准。其编号和名称如下：

GB 2707-2016 食品安全国家标准 鲜（冻）畜、禽产品

GB 2715-2016 食品安全国家标准 粮食

GB 2726-2016 食品安全国家标准 熟肉制品

GB 14884-2016 食品安全国家标准 蜜饯

GB 14932-2016 食品安全国家标准 食品加工用粕类

GB 17399-2016 食品安全国家标准 糖果

GB 19640-2016 食品安全国家标准 冲调谷物制品

GB 19643-2016 食品安全国家标准 藻类及其制品

GB 20371-2016 食品安全国家标准 食品加工用植物蛋白

GB 31636-2016 食品安全国家标准 花粉

GB 31637-2016 食品安全国家标准 食用淀粉

GB 31638-2016 食品安全国家标准 酪蛋白

GB 31639-2016 食品安全国家标准 食品加工用酵母

GB 31640-2016 食品安全国家标准 食用酒精

GB 8950-2016 食品安全国家标准 罐头食品生产卫生规范

GB 8951-2016 食品安全国家标准 蒸馏酒及其配制酒生产卫生规范

GB 8952-2016 食品安全国家标准 啤酒生产卫生规范

GB 8954-2016 食品安全国家标准 食醋生产卫生规范

GB 8955-2016 食品安全国家标准 食用植物油及其制品生产卫生规范

GB 8956-2016 食品安全国家标准 蜜饯生产卫生规范

GB 8957-2016 食品安全国家标准 糕点、面包卫生规范

GB 12694-2016 食品安全国家标准 畜禽屠宰加工卫生规范

GB 12695-2016 食品安全国家标准 饮料生产卫生规范

GB 12696-2016 食品安全国家标准 发酵酒及其配制酒生产卫生规范

GB 13122-2016 食品安全国家标准 谷物加工卫生规范

GB 17403-2016 食品安全国家标准 糖果巧克力生产卫生规范

GB 17404-2016 食品安全国家标准 膨化食品生产卫生规范

GB 18524-2016 食品安全国家标准 食品辐照加工卫生规范

GB 20799-2016 食品安全国家标准 肉和肉制品经营卫生规范

GB 20941-2016 食品安全国家标准 水产制品生产卫生规范

GB 21710-2016 食品安全国家标准 蛋与蛋制品生产卫生规范

GB 22508-2016 食品安全国家标准 原粮储运卫生规范

GB 31641-2016 食品安全国家标准 航空食品卫生规范

GB 1903.13-2016 食品安全国家标准 食品营养强化剂 左旋肉碱（L-肉碱）

GB 1903.14-2016 食品安全国家标准 食品营养强化剂 柠檬酸钙

GB 1903.15-2016 食品安全国家标准 食品营养强化剂 醋酸钙（乙酸钙）

GB 1903.16-2016 食品安全国家标准 食品营养强化剂 焦磷酸铁

GB 1903.17-2016 食品安全国家标准 食品营养强化剂 乳铁蛋白

GB 1908.18-2016 食品安全国家标准 食品营养强化剂 柠檬酸苹果酸钙

GB 1903.19-2016 食品安全国家标准 食品营养强化剂 骨粉

GB 1903.20-2016 食品安全国家标准 食品营养强化剂 硝酸硫胺素

GB 1903.21-2016 食品安全国家标准 食品营养强化剂 富硒酵母

GB 1903.22-2016 食品安全国家标准 食品营养强化剂 富硒食用菌粉

GB 1903.23-2016 食品安全国家标准 食品营养强化剂 硒化卡拉胶

GB 1903.24-2016 食品安全国家标准 食品营养强化剂 维生素 C 磷酸酯镁

GB 1903.25-2016 食品安全国家标准 食品营养强化剂 D- 生物素

GB 5009.5-2016 食品安全国家标准 食品中蛋白质的测定

GB 5009.6-2016 食品安全国家标准 食品中脂肪的测定

GB 5009.8-2016 食品安全国家标准 食品中果糖、葡萄糖、蔗糖、麦芽糖、乳糖的测定

GB 5009.9-2016 食品安全国家标准 食品中淀粉的测定

GB 5009.22-2016 食品安全国家标准 食品中黄曲霉毒素 B 族和 G 族的测定

GB 5009.24-2016 食品安全国家标准 食品中黄曲霉毒素 M 族的测定

GB 5009.25-2016 食品安全国家标准 食品中杂色曲霉素的测定

GB 5009.26-2016 食品安全国家标准 食品中 N- 亚硝胺类化合物的测定

GB 5009.27-2016 食品安全国家标准 食品中苯并 (a) 芘的测定

GB 5009.28-2016 食品安全国家标准 食品中苯甲酸、山梨酸和糖精钠的测定

GB 5009.32-2016 食品安全国家标准 食品中 9 种抗氧化剂的测定

GB 5009.33-2016 食品安全国家标准 食品中亚硝酸盐与硝酸盐的测定

GB 5009.36-2016 食品安全国家标准 食品中氰化物的测定

GB 5009.82-2016 食品安全国家标准 食品中维生素 A、D、E 的测定

GB 5009.83-2016 食品安全国家标准 食品中胡萝卜素的测定

GB 5009.85-2016 食品安全国家标准 食品中维生素 B2 的测定

GB 5009.87-2016 食品安全国家标准 食品中磷的测定

GB 5009.89-2016 食品安全国家标准 食品中烟酸和烟酰胺的测定

GB 5009.90-2016 食品安全国家标准 食品中铁的测定

GB 5009.92-2016 食品安全国家标准 食品中钙的测定

GB 5009.96-2016 食品安全国家标准 食品中赭曲霉毒素 A 的测定

GB 5009.111-2016 食品安全国家标准 食品中脱氧雪腐镰刀菌烯醇及其乙酰化衍生物的测定

GB 5009.118-2016 食品安全国家标准 食品中 T-2 毒素的测定

GB 5009.124-2016 食品安全国家标准 食品中氨基酸的测定

GB 5009.128-2016 食品安全国家标准 食品中胆固醇的测定

GB 5009.137-2016 食品安全国家标准 食品中锑的测定

GB 5009.149-2016 食品安全国家标准 食品中栀子黄的测定

GB 5009.150-2016 食品安全国家标准 食品中红曲色素的测定

GB 5009.154-2016 食品安全国家标准 食品中维生素 B6 的测定

GB 5009.158-2016 食品安全国家标准 食品中维生素 K1 的测定

GB 5009.168-2016 食品安全国家标准 食品中脂肪酸的测定

GB 5009.185-2016 食品安全国家标准 食品中展青霉素的测定

GB 5009.189-2016 食品安全国家标准 食品中米酵菌酸的测定

GB 5009.191-2016 食品安全国家标准 食品中氯丙醇及其脂肪酸酯含量的测定

GB 5009.198-2016 食品安全国家标准 贝类中失忆性贝类毒素的测定

GB 5009.206-2016 食品安全国家标准 水产品中河豚毒素的测定

GB 5009.208-2016 食品安全国家标准 食品中生物胺的测定

GB 5009.209-2016 食品安全国家标准 食品中玉米赤霉烯酮的测定

GB 5009.212-2016 食品安全国家标准 贝类中腹泻性贝类毒素的测定

GB 5009.213-2016 食品安全国家标准 贝类中麻痹性贝类毒素的测定

GB 5009.222-2016 食品安全国家标准 食品中桔青霉素的测定

GB 5009.261-2016 食品安全国家标准 贝类中神经性贝类毒素的测定

GB 5009.262-2016 食品安全国家标准 食品中溶剂残留量的测定

GB 5009.263-2016 食品安全国家标准 食品中阿斯巴甜和阿力甜的测定

GB 5009.264-2016 食品安全国家标准 食品中乙酸苄酯的测定

GB 5009.265-2016 食品安全国家标准 食品中多环芳烃的测定

GB 5009.266-2016 食品安全国家标准 食品中甲醇的测定

GB 5009.267-2016 食品安全国家标准 食品中碘的

测定

GB 5009.268-2016 食品安全国家标准 食品中多元素的测定

GB 5009.269-2016 食品安全国家标准 食品中滑石粉的测定

GB 5009.270-2016 食品安全国家标准 食品中肌醇的测定

GB 5009.271-2016 食品安全国家标准 食品中邻苯二甲酸酯的测定

GB 5009.272-2016 食品安全国家标准 食品中磷脂酰胆碱、磷脂酰乙醇胺、磷脂酰肌醇的测定

GB 5009.273-2016 食品安全国家标准 水产品中微囊藻毒素的测定

GB 5009.274-2016 食品安全国家标准 水产品中西加毒素的测定

GB 5009.275-2016 食品安全国家标准 食品中硼酸的测定

GB 5009.276-2016 食品安全国家标准 食品中葡萄糖酸－δ－内酯的测定

GB 5009.277-2016 食品安全国家标准 食品中双乙酸钠的测定

GB 5009.278-2016 食品安全国家标准 食品中乙二胺四乙酸盐的测定

GB 5009.279-2016 食品安全国家标准 食品中木糖醇、山梨醇、麦芽糖醇、赤藓糖醇的测定

GB 5413.30-2016 食品安全国家标准 乳和乳制品杂质度的测定

GB 8538-2016 食品安全国家标准 饮用天然矿泉水检验方法

GB 21926-2016 食品安全国家标准 含脂类辐照食品鉴定 2- 十二烷基环丁酮的气相色谱－质谱分析法

GB 23748-2016 食品安全国家标准 辐照食品鉴定筛选法

GB 31642-2016 食品安全国家标准 辐照食品鉴定电子自旋共振波谱法

GB 31643-2016 食品安全国家标准 含硅酸盐辐照食品的鉴定 热释光法

GB 4789.1-2016 食品安全国家标准 食品微生物学检验 总则

GB 4789.2-2016 食品安全国家标准 食品微生物学检验 菌落总数测定

GB 4789.3-2016 食品安全国家标准 食品微生物学检验 大肠菌群计数

GB 4789.4-2016 食品安全国家标准 食品微生物学检验 沙门氏菌检验

GB 4789.6-2016 食品安全国家标准 食品微生物学检验 致泻大肠埃希氏菌检验

GB 4789.10-2016 食品安全国家标准 食品微生物学检验 金黄色葡萄球菌检验

GB 4789.12-2016 食品安全国家标准 食品微生物学检验 肉毒梭菌及肉毒毒素检验

GB 4789.16-2016 食品安全国家标准 食品微生物学检验 常见产毒霉菌的形态学鉴定

GB 4789.30-2016 食品安全国家标准 食品微生物学检验 单核细胞增生李斯特氏菌检验

GB 4789.34-2016 食品安全国家标准 食品微生物学检验 双歧杆菌检验

GB 4789.35-2016 食品安全国家标准 食品微生物学检验 乳酸菌检验

GB 4789.36-2016 食品安全国家标准 食品微生物学检验 大肠埃希氏菌 O157:H7/NM 检验

GB 4789.40-2016 食品安全国家标准 食品微生物学检验 克罗诺杆菌属（阪崎肠杆菌）检验

GB 4789.42-2016 食品安全国家标准 食品微生物学检验 诺如病毒检验

GB 4789.43-2016 食品安全国家标准 食品微生物学检验 微生物源酶制剂抗菌活性的测定

特此公告。

国家卫生计生委
食品药品监管总局
2016 年 12 月 23 日

文件下载：http://www.nhfpc.gov.cn/sps/s7891/201701/77b8a50e61c94522a589b925dc3b994f.shtml

标准下载：http://www.nhfpc.gov.cn/ewebeditor/uploadfile/2017/01/20170109171529420.rar

科学技术

KEXUE JISHU

优质奶，产自于本土奶

一、对奶业发展的认识

1. 如何认识牛奶价格的变化？

奶价过低，奶牛养殖业受损，甚至出现倒奶杀牛，危及奶业发展的根基，必须防止。那么奶价过高，是不是奶业的春天就到来了？从2008年到现在，我国人均奶制品消费量没有发生大的变化，除了消费信心不振之外，其中一个重要原因是牛奶的价格相对偏高，对消费有抑制作用。

可以看出，奶价过低或者过高，对奶业健康发展都有害无益。问题的关键是，我国奶价高低谁说了算？这个问题我们不能不警惕。回顾这几年我国奶价像过山车一样高低震荡，对奶业稳定发展伤害很大。值得注意的一个现象就是国际奶粉降价了，我国牛奶价格就降低了，国际奶粉涨价了，我国牛奶价格就上涨了。我国奶价受国际市场影响是肯定的，但是定价权在谁手里？话语权在谁手里？这是我们必须高度警惕、严肃关注的关键点，绝不能让国外垄断公司决定中国牛奶的价格和命运。

2. 如何认识奶业发展方向的问题？

奶产品属于鲜活农产品，无论是生产、贮存、运输、加工，还是消费，都有距离和时间的限制。2016年1~6月，我国液态奶进口增加77%，奶粉进口增加18%。农业部奶产品质量安全风险评估实验室对进口奶产品进行了长期跟踪检测，发现进口奶与国产奶相比，进口奶产品的保质期普遍较长，运输距离更远。风险评估研究显示，进口奶产品存在鱼目混珠的状况，不但冲击国内奶产品的价格，实际上对消费者也不公平。

为什么会存在这种状况？我国奶业发展面临的挑战很多，比如消费信心不足、成本偏高、环境压力大、优质饲料资源不足、标准化水平不高等，最终表现为竞争力不强。但是环顾周围日本、韩国，甚至我们台湾省奶业的发展，面临的挑战也多数相似。实质上，我国奶业面临的最大挑战是发展方向问题，而不是其他问题。长期以来，我国奶业从管理、研发到消费，对发展方向的认知过于分散、过于碎片化，全国上下没有形成共识，没有形成凝聚力，导致我们迷失了方向。

二、优质乳是我国奶业发展的方向

1. 如何跳出错综复杂的细节，从战略上确定我国奶业发展的方向？

农业部奶产品质量安全风险评估实验室通过对国产奶和进口奶进行科学系统的比较评估研究，确定奶产品中糠氨酸可以作为品质高低的标记物。糠氨酸是牛奶受热过程中的副产物，糠氨酸含量越高，说明奶产品加工温度越高、时间越长或者运输距离越远。生乳中糠氨酸含量仅为每100g蛋白质3~6mg，奶粉中糠氨酸最高能达到每100g蛋白质1 000mg以上。从全国26个城市的大型超市中抽样发现，国产奶制品的糠氨酸平均含量为每100g蛋白质196mg，进口奶制品糠氨酸平均含量为每100g蛋白质227mg。可见，进口奶产品普遍存在受热强度高、运输距离远、贮存时间长的问题，按照国际上优质奶产品的标准衡量，这些进口奶产品都不是优质奶产品，其中乳铁蛋白等对人体营养健康具有重要作用的活性物质也显著降低，而且糠氨酸含量越高，奶产品中的活性物质就越低。

黄曲霉毒素B_1是全球范围内食品中普遍存在的霉菌毒素，它的主要危害是引发肝脏发生癌变，包括破坏肝细胞，造成肝细胞DNA损伤。农业部奶产品质量安全风险评估实验室的营养功能评价研究发现，乳铁蛋白可以减轻黄曲霉毒素B_1诱发的肝细胞DNA损伤，从而对肝细胞起到保护作用。因此，我们喝的每一杯牛奶，对健康的保护都有显著的作用，而且越是优质牛奶，乳铁蛋白等活性物质的含量越丰富，营养健康效果就越好。

消费者迷信进口奶，这不一定是科学、理性的选择。农业部奶产品质量安全风险评估实验室的长期研究表明，进口奶产品因为受热强度高、运输距离远、贮存时间长，导致奶中的活性物质含量大幅度减少，很难为中国消费者担当起优质奶的重任。在现有条件下，“优质奶只能产自于本土”，这是科学规律，也是我国科学家们10余年研究的科学结论。这对我国奶业发展，恰恰是最重要的突破口，要下最大的决心发展优质奶业。

2. 全面建成小康社会和推进健康中国建设怎么能没有优质奶?

奶业对于一个国家和民族来说，不仅仅要算经济账，更要算健康账。我们发展奶业，真正目的是为了消费者的营养健康，这是奶业应该存在的基本价值。因此，从政府管理、科技创新、产业定位，到企业发展，都要集中在发展优质奶业这个方向上来，把本土奶打造成优质奶，我国奶业就会立足于不败之地，任凭风吹浪打，都能健康持续发展。而且，对于“优质奶只能产自于本土”这一科学理念，要广为传播，使之植根于消费者心中。

三、优质乳工程的实践与成效

实施优质乳工程，是发展优质乳产业的战略途径。

自 2013 年农业部奶产品质量安全风险评估实验室向国家建议实施优质乳工程以来，得到众多企业的积极响应和主动实践，取得了重大进展，这些实践成效超出了预期目标。现代牧业、新希望雪兰、福建长富和重庆天友等企业开展了大量卓有成效的工作，为国内消费者生产出了实实在在的优质奶，营养品质达到国际先进水平。

优质乳工程包含原料奶质量控制、乳品加工工艺优化、优质乳产品评价和优质乳标识四项内容。这些企业首先严格按照优质乳工程的要求，一个牧场一个牧场开始提升原料奶质量安全水平。在这里，原料奶的质量安全绝对不能用平均值表示，而是要绘制全年每一天的质量安全曲线。一个企业的质量安全标准，不仅仅在于有多高和多低，而是在于稳定不稳定、可控不可控。有一天不稳定，就可能是致命的。实施优质乳工程的企业，必须在牧场建立质量安全的标准线、内控线和预警线，真正做到三道线一个比一个更严格，并且做到早发现、早预警、早纠正。

优化乳品加工工艺，是一次影响深远的技术革命。20 世纪 80 年代，我国的原料奶质量安全水平较低，乳品加工设备和工艺流程不得不附加很多环节，目的是牺牲品质，确保安全。如今，我国原料奶质量安全水平已经发生了翻天覆地的变化，但是加工设备和工艺没有随之改变。所以，企业要实施优质乳工程，就是要把那些多余的设备和工艺去除掉，不但不会增加成本，反而会大幅度降低成本，减少能耗。新希望雪兰公司实施优质乳工程后，加工成本每小时减少 300 元以上，而且节约了大量水、清洗剂和劳力。可以看出，优质乳工程不但生产出了品质优异、营养健康的奶产品，而且是绿色低碳工程。

国外的牛奶，在生产国消费的时候，它可能是优质奶，但是漂洋过海来到中国，就不会再是优质奶。我们一定要把优质奶只能来自本土奶的科学理念，广为传播，家喻户晓，植根心中。只有实现从安全底限向优质奶产品消费的根本转变，振兴民族奶业才有希望。

（农业部奶产品质量安全风险评估实验室、国家奶业科技创新联盟，王加启）

2016 年国家奶牛产业技术体系建设情况

国家奶牛产业技术体系（以下简称“奶牛体系”）建设依托单位是中国农业大学，李胜利教授为首席科学家。2016 年奶牛体系下设 26 位岗位科学家（112 名团队成员）、22 个综合试验站（86 名团队成员）；综合试验站涵盖 115 个示范县、247 个示范辐射牛场、345 名技术推广骨干。

2016 年，根据农业部部署安排，奶牛体系紧紧围绕奶牛高产高效生态养殖技术研究与集成示范、奶牛重要疾病防控关键技术研究与示范推广等主要体系任务，以及扶贫任务，跨体系全面落实推进各项工作。另外，在奶业产业竞争力提升方面做了大量卓有成效的工作。

2016 年，奶牛体系在重大技术突破、技术培训与示范推广、应急事件处理、行业咨询与宣传方面取得了重大进展。

一、阶段成果总述

2016 年，奶牛体系按照农业部部署，积极推进体系建设。其中，取得新技术 4 项，新产品 12 项，新设备 1 项，新标准 4 项，计算机软件 9 项，专利 42 项，论文 266 篇，其中 SCI 55 篇，著作 6 部，1 人入选国家级人才，4 人入选省部级人才，获得省部级奖励 5 项，举办培训班 226 场，培训 1.5 万人次。

二、针对农业生产技术需求开展的科研工作成效

1. 生产性能测定（DHI）更加规范化

2016 年全国奶牛生产性能测定工作进一步规范，规模扩大。2016 年在农业部 DHI 专项经费支持下，全年共收集到全国 1 343 个奶牛场的 786 500 头中国荷斯坦牛的生产性能测定数据，数据有效率达到 84.56%，较 2015 年提高了 1.29 个百分点。

2. 后裔测定和遗传评估体系不断完善

2016 年不断完善了种公牛后裔测定和遗传评估体系。2016 年 3 月利用收集的 650 451 头（较 2015 年增加 132 454 头）母牛的 7 016 206 条奶牛生产性能测定数据和 109 278 头（新增 19 925 头）一胎牛的体型数据，用动物模型和测定日模型遗传评估技术，对全国荷斯坦种公牛进行了新一轮的遗传评估，共有 2 077 头国内公牛获得女儿验证育种值结果。根据中国奶牛性能指数（CPI）值，从中选出 375 头优秀验证种公牛参加了 2016 年国家奶牛良种补贴项目。

3. 全基因组选择技术取得重要进展

根据农业部的要求，2016 年利用中国农业大学自主建立的中国荷斯坦牛基因组选择技术平台，对国内 28 个公牛站的 2 336 头青年公牛进行了基因组检测和遗传评估，选出 248 头 GCPI 值在 1 500 以上的优秀青年公牛参加全国良种补贴项目，为保证良种补贴公牛的遗传质量提供了科学依据。

由奶牛体系顾问张沅、岗位科学家张胜利、三元综合试验站站长李锡智参与的“中国荷斯坦牛基因组选择技术平台的建立与应用”课题项目，2016 年获得国家科技进步二等奖，建立了完整的中国荷斯坦牛基因组选择分子育种技术体系。

4. 奶牛生产性能和种牛培育工作与世界接轨

2016 年 4 月，山东省农业科学院奶牛研究中心加入美国荷斯坦协会，所培育的种公牛将全部接受美国荷斯坦协会的登记和审核，并可获得美国荷斯坦协会的正式官方系谱和认证，从而具备了美国公牛站公牛的同等资质。2016 年 8 月开始，该中心已有 21 头公牛的遗传性能在美国 dairybulls.com 上公布。

山东省农业科学院奶牛研究中心被批准加入国际动物记录委员会（ICAR，International Committee for Animal Recording）组织。山东奶牛生产性能测定（DHI）工作将更加规范，部分 DHI 数据将在国外网站进行公开，并应用于国际公牛的遗传评估。

5. 开发利用新型非常规饲料资源

针对我国饲料成本居高不下、养殖效益低下等问题，2016 年奶牛体系营养与饲料研究室 7 位岗位科学家以及部分综合试验站开展了非常规饲料资源的开发与利用。通过全面系统的评价，研究发现籽粒苋、巨菌草、玉米纤维饲料、辣木饲料、木薯、白酒糟、裹包稻草在不影响生产性能的前提下，提高了奶牛饲料消化率，降低了饲料成本，提高了养殖效益，可作为奶牛粗饲料的来源。

6. 低淀粉 + 高纤维 + 高糖蜜开食料有助于犊牛瘤胃和肠道发育

用低淀粉 + 高纤维 + 高糖蜜开食料饲喂犊牛时，

能够在保证犊牛生长性能不受影响的情况下，可以升高瘤胃 pH，一定程度上能够预防亚急性瘤胃酸中毒的发生，且增加了小肠长度，对犊牛小肠发育能起一定的促进作用；低奶量饲喂犊牛一定程度上可以促进瘤网胃的发育。

7. 奶牛围产期蛋白营养需要与营养调控

研究发现围产前期粗蛋白水平为 13.07% 的饲粮，提高了产后奶牛的干物质采食量和产奶量，降低了奶牛产后体重损失，加快了产后血清葡萄糖的恢复，可缓解产后能量负平衡状态。

围产前期奶牛饲粮中添加 400~500 mg/（头·d）莫能菌素，可以提高产奶量，降低乳脂率，减少奶牛产后的体重损失，提高围产期 NDF 和 ADF 的消化率，以及血中葡萄糖的浓度，降低围产后期血中甘油三酯的浓度。

8. 提高奶牛饲料转化效率研究与应用

（1）明确我国规模场饲料转化效率。

通过对全国 13 个省市共计 205 个奶牛场的调研分析，发现全群平均饲料转化效率是 1.27 ± 0.18，高产牛群平均饲料转化效率为 1.48 ± 0.19，中产牛群的饲料转化效率为 1.24 ± 0.19，低产牛群的饲料转化效率为 0.98 ± 0.25。综合来讲中国的牧场需要整体的提升，生产管理和畜群规模等参数与产奶量、饲喂效率确有一定相关性。

（2）营养评估体系节本增效明显。

伊利综合试验站 2016 年以“提单产、降成本”为主要目标，开发了奶牛营养评估体系。该体系综合考量奶牛的体况、单产情况、经济效益等，通过日粮、饲槽、奶厅、后备牛发育等评估指标筛选和调整适合各场使用的“典型配方”。通过 4 次营养评估，土默特左旗牧场奶牛单产从起初的 27.41 kg 增加到 35.35 kg，每千克奶成本降低 0.03 元，饲料转化率提升 0.25（由 1.26 增加到 1.51），节本增效效果明显。

9. 节能减排的营养调控技术研究

在奶牛日粮中添加富马酸和莫能菌素，甲烷产量降低 16.7%；添加紫苏子提取物甲烷产量降低 63.6%；生姜和葫芦巴提取物在不显著改变瘤胃发酵内环境的同时可抑制瘤胃甲烷的生成。

奶牛饲喂低蛋白日粮（粗蛋白水平 14%），同时添加过瘤胃赖氨酸和蛋氨酸，在保持奶牛生产性能不受影响的基础上，同时能够促进氮消化率提高，降低氮排泄。

10. 建立优化牛传染性鼻气管炎、牛病毒性腹泻等持续感染牛的群体快速筛查技术

利用重组酶聚合酶等温扩增技术（RPA），并结合侧流层析试纸条方法（LFD），优化了牛传染性鼻气管炎病毒牛传染性鼻气管炎病毒（IBRV）、牛病毒性腹泻病毒（BVDV）等牛主要病毒病病原的 RPA-LFD 现场快速检测方法。该法具有较好的灵敏性、特异性和重复性，检测时间短，30 min 左右完成检测，不要求特殊仪器设备；既可用于临床血液、奶样、组织等临床常规样本的检测，也可对等微量样本进行检测，为发现持续感染（PI）阳性牛提供了强有力的支撑。

11. 建立了环境气溶胶病原群体监测技术，为及时发现牛群隐患提供预报预警配套技术

持续性感染牛是造成牛群内牛主要传染病广泛流行和难以根除的重要原因，气溶胶是传播疫病的重要途径。通过多功能微生物采样器收集牛场环境中的气溶胶样本，利用荧光定量 PCR 方法可检测牛传染性鼻气管炎病毒（IBRV）、牛病毒性腹泻病毒（BVDV）、牛流热病毒（BEFV）、布鲁氏菌、口蹄疫病毒（FMDV）、结核杆菌等多种病原气溶胶。该技术可应用于牛群中持续感染牛、隐性感染牛的群体监测，为疫病发生潜在风险的预报预警提供了关键技术。

12. 抗球虫药物——乙酰氨基阿维菌素获得国家新兽药证书

乙酰氨基阿维菌素浇泼剂获得国家新兽药证书；牛奶中乙酰氨基阿维菌素残留检测方法获国家标准。研究团队联合河北动物药业有限公司，在保定综合试验站以及全国范围内的奶牛场推广使用乙酰氨基注射剂，推广规模达 230 万 mL，约 23 万头份。

13. 开发了生鲜乳兽药残留量的测定技术

生鲜乳质量安全检测技术仍是 2016 年生鲜乳质量安全研发重点。2016 年针对兽药残留量检测技术开展研究，研发了乳品中 61 种抗菌药物残留量超高效液相色谱 - 质谱 / 质谱测定方法，该法适用于牛奶和奶粉中 17 种 β - 内酰胺类、10 种大环内酯类、3 种林可胺类、3 种酰胺醇类、17 种磺胺类、4 种四环素类、7 种喹诺酮类等 61 种兽药残留检测。制定了农业行业标准《乳品中抗菌药物多残留的测定 超高效液相色谱 - 串联质谱法》征求意见稿。

14. 开发牛场粪污发酵技术

研发粪污发酵剂 1 个，累计生产发酵剂 500 kg；在西安综合试验站进行中试，在冬季可提高发酵效率 26% 以上，粪污发电量提高 34% 以上；集成了奶牛粪污无害化技术 1 套，已经在新疆奶牛主要养殖区域乌昌地区、伊犁河谷地区和喀什地区建立粪污处理示范中心，包括 3 个中型处理中心，2 个小型处理中心。

15. 研发奶牛场环境远程监控系统

开展了基于以太网和移动平台的奶牛场环境远程监控系统研究，完成了牛舍环境智能监测、远程数据采集平台框架搭建，并在天津梦得牛场进行了试用，该技术对提高牛场管理水平具有重要参考价值。

16. 开展德氏乳杆菌保加利亚亚种重要生产特性及其相关基因的研究

完成了 188 株 Lactobacillus delbrueckii subsp. bulgaricus 分离株基因组的基因预测和功能注释，鉴定出这一群体的核心基因集（775 个基因）和泛基因集（6 682 个基因）。完成了 200 株 Lactobacillus delbrueckii subsp. bulgaricus 的比较基因组学分析，构建了该群体系统发育关系。重构了 200 株 Lactobacillus delbrueckii subsp. bulgaricus 代

谢通路，完成了菌株参与蛋白水解和乳糖代谢基因在不同菌株间的差异分布，初步定位了丝氨酸羟甲基转移酶等 10 个关键的功能基因。

17. 开发干酪新产品

以自主分离的一株辅助降血糖作用植物乳杆菌 Sc52 为附属发酵剂，添加塔格糖为益生元，优化干酪加工工艺和产品配方，开发了益生菌干酪新产品 1 种。添加益生菌和益生元显著改善干酪质构特性，促进蛋白水解，提高游离氨基酸和脂肪酸的含量。与白俄罗斯国家科学院乳品和肉品研究所联合开发新鲜软质干酪 1 种，该款干酪口味清淡、奶香浓郁，在白俄罗斯久负盛名，也符合中国人的口味。

三、在农业生产中的培训服务情况

2016 年，奶牛体系全面贯彻落实体系任务书以及提升奶业竞争力要求，继续深入推进农业科技快速进村、入养殖场，采取现场指导、技术示范、座谈走访、小型培训以及大型培训班等多形式、多样化的培训方式，开展了奶牛场高级人才研修班、金钥匙现场示范会、牛精英计划（学生培养项目）以及基层骨干农技人员和养殖场（大户）培训活动。奶牛体系 26 位岗位科学家和 22 个综合试验站 2016 年共计培训 226 场，培训岗位人员 1.5 万余人次。

1. 金钥匙培训成为国内奶业科技示范和培训的知名品牌

“金钥匙”培训由奶牛体系与农业主管部门通力打造，重在“宣传政策、传授技术、答疑解惑、现场诊断、操作示范”。“金钥匙”培训作为一个完全的公益性培训，自 2009 年开办以来，已连续运行 7 年，成为国内奶业科技示范和培训的知名品牌。2016 年奶牛体系联合各方面资源，不断创新培训模式，引入战略合作伙伴实现强强联合，提升培训的针对性和执行力，应用科学精准的现场诊断工具（近红外检测仪、粪便分析筛、宾州筛、干草取样器、体细胞检测仪、酮病检测仪、尿素氮检测仪、热成像检测仪等），以数据说话，邀请社会责任专家和社会媒体现场观摩，加强宣传，培训效果显著，社会反响强烈。现场示范指导规模牛场 32 个，累计 34 个培训日，推出专题技术报告 136 个，共培训 2460 人次；其中：20 天课堂讲授、双向交流，14 天现场咨询诊断、技术操作演示和解决难题。2016 年通过金钥匙培训，带动企业单产提升、成本下降、经济效益提升。技术示范现场会真正起到了降本增效，提升竞争力的作用。

2. 奶牛场高级人才研修班逐步创建中国奶业的“黄埔军校”

2016 年共举办三期研修班，累计培训 230 人次。学员主要由来自蒙牛、伊利、三元、辉山、现代牧业、君乐宝等大型乳企和规模化牧场的场长或技术主管组成。研修班立足奶牛产业发展对高级管理人才的需要，沿着奶业产业链，从奶牛繁育、饲料生产、营养调控、疾病防控、挤奶操作、生产管理、牛舍设计、粪污处理 8 个方面开展奶业关键技术示范、培训与推广。培训设计包括四个模块：第一模块为专业知识梳理；第二模块为派驻现场实训；第三模块为返校案例教学；第四模块为专业能力考试和答辩考核。研修班的举办引起社会各界的高度关注，为培训企业和我国规模化奶牛场的可持续发展培养了大批合格的场长和后备场长。

3. 岗位科学家和试验站加强实用技术推广

体系岗位科学家和站长与示范基地建立固定对接关系，定期走访、小型座谈、大型培训、现场指导，加强与示范基地的紧密联系，推进岗位科学家和试验站新技术的示范应用和推广。2016 年体系功能研究室、岗位科学家和站长组织和参加的培训会和现场指导 200 多次，培训人数超过 1 万余人次。

针对各自情况，不同的岗位和试验站摸索出了适合本岗位和本试验站的培训模式。例如，伊利综合试验站利用依托于伊利集团的辐射网络，建立了“集团技术中心 - 事业部技术服务处 - 分公司技术服务部”的三级技术服务体系，形成了针对性和专业性强的综合技术培训服务模式，每月定期举行，制作了“现代农业（奶牛）产业技术体系”技术示范推广课程的光盘资料作为培训辅助教材。鞍山综合试验站每年邀请体系岗位科学家定期对该场进行技术指导，特别是与育种与繁殖研究室建立了紧密的对接培训机制，在专家的指导下，鞍山综合试验站建立了乳肉兼用牛的核心群，在当地树立了良好的典型，辐射带动效果明显。

4. 继续开展牛精英计划，培养学生实践动手能力

牛精英联盟致力于培养未来中国牛产业的高级人才。2016 年牛精英联盟继续秉承“走出去，引进来”的发展策略，联合美国康奈尔大学开展“牛精英联盟国际交流——康奈尔大学来访项目”，增进两国学生文化和学术交流；组织学生参加第七届中国奶业大会；组织学生赴美国威斯康辛大学和康奈尔大学进行为期 20 天的学习交流活动；为了巩固学生的理论与实践结合的能力，暑期组织联盟高校的学生进行了首届全国高校牛精英挑战赛；组织学生深入牧场进行 TMR 制作专项培训；举办牛精英成立 5 周年年会，促进联盟高校学生交流。

四、农业生产应急服务和决策咨询情况

1. 及时应对强降雨对奶牛养殖业带来的影响，开展现场指导提出救灾措施

2016 年汛期，我国多地出现了强降雨过程，部分地区大到暴雨，多地降水量达到历史极值，对奶牛养殖业造成了不小的影响，奶牛场设施设备、饲草料等遭受严重损失，乳房炎等发病率增加。湖北、河北、河南等地尤为严重。奶牛体系首席科学家迅速动员湖北、河南、河北省的岗位科学家深入灾区，对部分受灾严重地区受灾情况进行统计，对养殖场受灾、饲料被淹、疫情风险、生鲜乳质量进行评估，迅速起草应急处理措施，指导牛场救灾，形成《强降雨对奶牛养殖业的影响以及救灾措施》报告指导生产。

2. 积极参加奶业行业会议，提供行业发展与技术咨询

2016年积极参与农业部举行的各种行业分析会议，定期发布奶业形势分析；完成多个调研活动，向行业主管部门提供国内饲料资源利用情况、奶牛养殖情况、奶业发展现状和趋势以及国际贸易情况，为主管领导了解国内和国际奶业动态、把握全国局势提供了第一手资料和数据，深受领导好评。

作为农业部奶办和奶协的技术支持，积极配合完成各项行业咨询，2016年主要进行了《全国奶业十三五规划》初稿的拟定工作；完成《全国草食畜牧业发展第十三个五年规划（征求意见稿）》《中国农业展望报告》《种牛及冷冻精液和胚胎进口技术要求》修订工作；整理完成了中国和各国关于巴氏灭菌奶、复原乳、疫苗、补贴政策、监管体系、家庭牧场、奶牛养殖装备、绿色养殖技术等材料和报告；承担畜牧业司的牛场节本增效调研；承担全国畜牧总站反刍动物饲料质量安全调研；完成西藏类乌齐、四川昌台的地方牦牛遗传资源鉴定等。应国务院发展研究中心农村经济研究部部长叶兴庆的邀请，产业经济团队共同参与国研中心农村部的“中国农业国际竞争力研究”项目，深化对中国奶业国际竞争力的研究。

五、行业宣传和对外交流

1. 多渠道加强奶业技术和资讯宣传

奶业经济研究室定期编辑和发行《中国奶业经济月刊》《中国奶业贸易月刊》《国际奶业市场动态周报（双周）》《中国奶业经济调查研究》，主要收集国内外奶业生产、加工及行业发展动态、奶业国际贸易、政策和趋势等相关信息，已成为农业部、各奶业优势省区主管领导、企业家和学者了解我国奶业和国际奶业发展、贸易情况的案头参考资料，受到政府、协会、企业界的广泛赞誉，电子版发行量逐期增加。

体系在中国畜牧杂志和荷斯坦杂志开辟了专栏，每期都会刊登一篇文章。刊登在中国畜牧杂志的文章内容主要是科学研究试验，主要对象是奶业专家学者；刊登在荷斯坦杂志的文章主要是具有应用性的关键生产技术，主要对象为奶牛场场长和技术员。2016年，中国畜牧杂志和荷斯坦杂志体系专栏各发表12篇体系文章。

体系的另一个宣传途径是工作简报，内容以国家奶业政策、国内和国际奶业发展动态、体系工作动态、岗位科学家和站长的科研成果为主，这也是体系向产业展示其科研进展与工作动态的一条有效途径。2016年奶牛体系完成简报7期，每期电子版的定向发行量约800人次。

2. 积极加强与国内外奶业的交流与合作

2016年，体系积极加强同国内养殖企业、乳品加工企业以及高校和其他地方体系的交流合作，共同探讨全球奶业低迷情况下，中国奶业产业竞争力提升技术，找寻奶业振兴的有效措施。

2016年，体系考察了美国、爱尔兰、瑞典、荷兰、加拿大、新西兰、比利时、希腊、波兰等国家的畜牧业和奶业，并和这些国家奶业方面的政府官员和专家进行了交流和座谈，商讨了在奶业领域开展具体合作的内容和方案，加深了相互了解，增强了与这些国家的交流与合作。

六、其他工作情况

1. 特困区扶贫任务

根据农业部部署，2016年参加的特困区扶贫任务包含地区有西藏及四省藏区、新疆南疆四地州、六盘山区、大兴安岭南麓山区、燕山－太行山区、大别山区。在以上特困区开展奶业现状调研并形成调研报告；在河北丰宁、河北张家口、内蒙古乌兰察布、内蒙古海拉尔、湖北黄冈、新疆喀什、甘肃六盘山区等地，针对牛场营养配方、饲养管理、疾病、犊牛管理、繁育方面的技术问题进行技术指导，对养殖人员开展技术培训；对口支援西藏奶业发展，2016年安排博士生常年在西藏城关区开展科学研究和技术指导。

2. 跨体系任务

根据农业部部署，2016年奶牛体系参加的跨体系任务包含作物干秸秆饲料化利用研究、中小规模畜禽养殖户设施与装备研究、家畜主要传染病研究、规模化养殖畜禽粪便专用肥关键技术研究、畜禽粪便农田安全利用技术研究、畜禽水产饲料资源评价与饲养标准研究、玉米大豆与畜禽产业发展联动和预警、肉蛋奶产量价格预警。其中，家畜主要传染病研究牵头体系为奶牛体系；作物干秸秆饲料化利用研究牵头体系之一为奶牛体系。2016年，奶牛体系开展的跨体系工作如下：

（1）家畜主要传染病研究

与肉羊体系遗传育种与繁殖研究室岗位科学家李发弟教授合作，初步建立适用于肉羊繁育站的布病、小反刍兽疫的防控措施，并开展布病免疫试验，为肉羊疫病防控关键技术提供重要技术。与肉牛牦牛疾病控制研究室岗位科学家郭爱珍教授积极合作，进行牛结核病诊断技术的交流。建立并完善了奶牛、肉牛牦牛、羊体系中共有的衣原体病的一套诊断技术。

（2）作物干秸秆饲料化利用研究

在内蒙古大兴安岭地区开展了玉米秸秆DDGS型颗粒饲料饲喂育肥羊效果的评价。结果表明以发酵DDGS和玉米秸秆为主，辅之以少量蛋白和能量饲料玉米（约35%）以及部分钙磷和微量元素预混料制备秸秆颗粒型饲料与常规饲料相比，不仅可降低饲养成本，提高动物生产性能，而且可明显增加育肥羊养殖经济效益。值得在秸秆饲料资源丰富地区大力推广应用。

（3）畜禽水产饲料资源评价与饲养标准研究

2016年开展了多项饲料资源开发与评价，逐步完善饲料成分价值数据库和饲养标准。考核指标中饲料营养价值数据库逐步完善，饲料配方软件正在开发，已经研制基于实测饲料营养成分的2个典型性节本增效日粮配方。

3. 提升奶业产业竞争力

针对奶牛生产成本高、竞争力不强、优质牧草不足、资源约束趋紧、产业组织化程度不高、利益联结不紧密、养殖加工“两张皮”、饲养方式相对落后、单产较低、国内乳制品消费信心不足等制约奶业生产的产业和技术问题，根据2016年全国农业工作会议“实施农业竞争力提升科技行动”工作部署和我国奶业面临的主要产业及技术问题，国家奶牛产业技术体系联合部分D20联盟企业开展了“提升奶牛养殖竞争力科技行动”。

结合奶牛体系重点任务，2016年奶牛体系主要在北京市大兴区、天津市北辰区、河北省定州市、张家口市塞北管理区、辽宁省海城市、内蒙古自治区土默特左旗、新疆维吾尔自治区呼图壁县、上海市崇明区、宁夏回族自治区贺兰县、四川省洪雅县围绕提高奶牛饲料转化效率研究与应用、后备牛标准化养殖技术研究与应用、节能减排的营养调控技术研发、我国生鲜乳低成本高效检测方法研发、奶牛常见疾病诊断技术和检测方法研究方面开展了相关工作，节本增效效果显著。

（国家奶牛产业技术体系首席科学家办公室，李胜利、姚琨、夏建民、曹志军、王雅晶、都文）

表 6-1 国家奶牛产业技术体系“十三五”人员名单

序号	体系名称	所属研究室	岗位 / 试验站名称	姓名	工作单位
1	奶牛体系	遗传改良研究室	育种规划与核心群建立	王雅春	中国农业大学
2	奶牛体系	遗传改良研究室	育种技术与方法	孟庆勇	中国农业大学
3	奶牛体系	遗传改良研究室	奶牛品种资源评价	史远刚	宁夏大学
4	奶牛体系	遗传改良研究室	胚胎工程	朱化彬	中国农业科学院北京畜牧兽医研究所
5	奶牛体系	遗传改良研究室	良种扩繁与生产技术	仲跻峰	山东省农业科学院奶牛研究中心
6	奶牛体系	遗传改良研究室	后裔测定与遗传评估	张胜利	中国农业大学
7	奶牛体系	遗传改良研究室	繁殖技术	杨利国	华中农业大学
8	奶牛体系	疾病防控研究室	传统中兽医兽药防治	李建喜	中国农业科学院兰州畜牧与兽药研究所
9	奶牛体系	疾病防控研究室	病毒性传染病防控	高明春	东北农业大学
10	奶牛体系	疾病防控研究室	细菌性传染病防控	范伟兴	中国动物卫生与流行病学中心
11	奶牛体系	疾病防控研究室	奶牛场生物安全与综合防控	吴文学	中国农业大学
12	奶牛体系	疾病防控研究室	繁殖病防控	杨宏军	山东省农业科学院奶牛研究中心
13	奶牛体系	疾病防控研究室	兽药残留检测	沈建忠	中国农业大学
14	奶牛体系	营养与饲料研究室	营养需求与饲养标准	李建国	河北农业大学
15	奶牛体系	营养与饲料研究室	泌乳生理与调控	刘建新	浙江大学
16	奶牛体系	营养与饲料研究室	粗饲料资源开发与利用	高　民	内蒙古自治区农牧业科学院
17	奶牛体系	营养与饲料研究室	饲料营养价值评定	张永根	东北农业大学
18	奶牛体系	营养与饲料研究室	泌乳牛饲养管理	李胜利	中国农业大学
19	奶牛体系	营养与饲料研究室	饲料安全监测	王中华	山东农业大学
20	奶牛体系	营养与饲料研究室	奶牛环境营养	高腾云	河南农业大学
21	奶牛体系	营养与饲料研究室	后备牛饲养管理	蒋永清	浙江省农业科学院
22	奶牛体系	营养与饲料研究室	饲料配制与工艺	赵国琦	扬州大学
23	奶牛体系	生产与环境控制研究室	牛舍设计与养殖装备	施正香	中国农业大学
24	奶牛体系	生产与环境控制研究室	环境控制与奶牛福利	余　雄	新疆农业大学
25	奶牛体系	生产与环境控制研究室	生鲜乳质量控制与安全检测	王加启	中国农业科学院北京畜牧兽医研究所
26	奶牛体系	生产与环境控制研究室	粪污处理与利用（肥料化）	韩鲁佳	中国农业大学
27	奶牛体系	加工研究室	乳酸菌及发酵乳加工	张和平	内蒙古农业大学
28	奶牛体系	加工研究室	乳粉及液态奶加工	张列兵	中国农业大学
29	奶牛体系	加工研究室	干酪加工	李盛钰	吉林省农业科学院
30	奶牛体系	加工研究室	质量安全与营养品质评价	郑　楠	中国农业科学院北京畜牧兽医研究所
31	奶牛体系	产业经济研究室	产业经济	刘长全	中国社会科学院农村发展研究所
32	奶牛体系		三元综合试验站	李锡智	北京首农畜牧发展有限公司
33	奶牛体系		延庆综合试验站	任师喜	北京市归原生态农业发展有限公司
34	奶牛体系		武清综合试验站	贾春涛	天津市武清区海林养殖场
35	奶牛体系		北辰综合试验站	于　静	天津梦得集团有限公司
36	奶牛体系		保定综合试验站	孙凤莉	河北省畜牧兽医研究所
37	奶牛体系		石家庄综合试验站	张新同	河北省农林科学院
38	奶牛体系		大同综合试验站	马　腾	大同市良种奶牛有限责任公司
39	奶牛体系		奶联社综合试验站	李兆林	内蒙古奶联科技有限公司
40	奶牛体系		伊利综合试验站	王　典	内蒙古伊利实业集团股份有限公司
41	奶牛体系		鞍山综合试验站	谢振全	鞍山市恒利奶牛场
42	奶牛体系		哈尔滨农垦综合试验站	甘文平	黑龙江省农垦科学院
43	奶牛体系		哈尔滨综合试验站	张维银	黑龙江省奶业协会
44	奶牛体系		齐齐哈尔综合试验站	王永信	黑龙江克东瑞信达原生态牧业股份有限公司
45	奶牛体系		上海综合试验站	袁耀明	上海光明荷斯坦牧业有限公司
46	奶牛体系		济南综合试验站	赵　鲲	济南佳宝乳业有限公司
47	奶牛体系		西安综合试验站	党东河	西安草滩牧业有限公司
48	奶牛体系		银川综合试验站	赵国丽	宁夏现代牛业工程技术研究中心
49	奶牛体系		呼图壁综合试验站	葛建军	新疆呼图壁种牛场有限公司
50	奶牛体系		克拉玛依综合试验站	邹阿玲	克拉玛依绿成农业开发有限责任公司
51	奶牛体系		大理综合试验站	张克强	农业部环境保护科研监测所
52	奶牛体系		西藏综合试验站	尼玛穷达	西藏自治区拉萨市城关区净土农业发展有限公司

2016年度牧草产业技术体系工作情况

2016年作为“十三五”的第一年，也是“十二五”向“十三五”过渡的一年，国家牧草产业技术体系谨遵农业部的要求，严格按照体系任务书的计划和安排，体系工作有条不紊。全体人员积极围绕技术研发、示范推广、联合创新等方面展开工作，最终在育种和种子繁育、栽培与草地管理、病虫害防控、加工利用、机械设备、产业经济六个方面取得阶段性或突破性成果，为2016年画上圆满的句号，极大地促进了我国牧草产业的发展。

一、科技培训

2016年，牧草体系各技术岗位和综合试验站以依托示范基地为主要场地，通过理论授课、专题讲座、座谈讨论会、现场答疑、观摩考察、实践操作、发放技术手册等多种形式，累计开展各种类型的科技服务工作场349（次），培训基层农业技术研究与推广人员、企业技术人员、农牧民共24 209人（次）。发放《牧草栽培与加工利用技术》《种草养畜使用技术手册》《云南肉牛养殖技术》《苜蓿生产技术明白纸》《高原燕麦的栽培与管理》《草类植物病害诊断手册》等技术手册近万册，极大地提高了基层生产者的科技素质和技术应用能力。

1. 思路清、机制全、效果好

继续贯彻实行“牧草产学研联合行动计划”：2016年，牧草体系继续贯彻与企业共同启动“牧草产学研联合行动计划”方针，双方通过多种渠道多种方式展开全方位的合作，包括技术研发与应用、技术示范与推广、技术咨询与指导等。干草设施与技术岗位、草田轮作与耕作制度岗位、禾本科育种岗位、青贮技术岗位、阿坝试验站、盐池试验站、赤峰试验站、衡水试验站、昌吉试验站、青岛试验站等岗位和试验站为当地相关领域的企业、合作社提供了大量的技术指导、技术咨询、技术培训。如与两家大型草畜种养一体化企业签定了技术合作协议，进行部分自研牧草新成果的示范推广工作和高产优质苜蓿种植管理指导；与包头市鹿灵机械有限公司、第一兵器集团、内蒙古双环机械厂合作进行割草机核心部件的开发与研制、牧草割草机刀片材料的创新研发及牧草机械加工工艺及加工手段的优化工作等；与天津吉天环境科技发展有限公司合作生产了“苜丰”牌大量元素水溶肥料和有机无机复混肥，与北京地福来科技发展有限公司合作开展微生物肥试验示范；和信园蒙草抗旱绿化股份有限公司、阿鲁科尔沁旗达布希绿业有限责任公司合作，进行体系专家的各项科研工作及其新技术成果试验与示范；深入洪雅奶业产业带、简阳肉羊产业带、富顺鹅产业带、宣汉蜀宣花牛产业带等地方进行调研和牧草生产技术指导，与蒙牛、四川杨森乳业集团、新希望奶业、四川正东农牧集团和四川阳平种牛场等建立长期合作与示范基地73hm^2；与沧州市草业协会、黄骅丰茂盛园农业科技有限公司、中捷犇放牧业、献县泰恒苜蓿种植合作社共建国家牧草产业技术体系沧州草产品研发基地，完善了草颗粒研发及中试车间、苜蓿拉伸膜裹包青贮生产线、优质苜蓿干草捆生产线、苜蓿袋装青贮生产线的建设，为优质草产品研发与生产提供了平台支持；与新疆昆仑尼雅生态农牧发展有限公司及新疆石大科技股份有限公司积极接洽，编制了“新疆优质牧草产业创新工程”项目建议书；体系与上百家牧草企业、合作社等针对性地进行了多元化合作，极大地推动了我国牧草产业的健康快速发展。

2. 目标明、方式活、惠及广

（1）成功举办“振兴奶业苜蓿发展行动—草堂行”牧草生产技术培训会。

牧草产业技术体系特色讲堂——“草堂行”系列培训活动，寓意为“流动的牧草大课堂”，即依据各地对牧草生产技术的需求特点安排不同专家进行集中授课，传授牧草生产技术。随着“振兴奶业苜蓿发展行动”的实施，全国苜蓿种植热情高涨，但大部分企业缺乏种植管理知识，导致国产苜蓿草产品质量较低。

2016年，国家牧草产业技术体系受农业部奶业管理办公室委托，先后针对河北沧州、新疆昌吉、贵州罗甸和黑龙江地区的情况召开了“振兴奶业苜蓿发展行动—草堂行”牧草生产技术培训。牧草体系专家、团队成员以及地方相关领域专家30余人先后参与到培训中，为来自草原、畜牧、兽医方面的技术人员以及广大农牧民近500人讲授了适合当地的苜蓿、青贮玉米栽培管理与收获加工技术、现代肉牛养殖技术等。

典型事例一：“沧州草堂行”培训会

“沧州草堂行”培训结合当地实际情况“对症下药”，意在解决生产中的实际问题。此次培训从苜蓿在单胃动物中的饲喂利用、苜蓿品种选择与栽培管理、苜蓿收获加工、苜蓿病虫害防治四个专题并结合沧州地区的实际情况因地制宜地进行了授课与现场互动；同时，参会代表们深入到沧州综合试验站黄骅苜蓿示范基地现场观摩了老苜蓿地切根施肥一体化技术、苜蓿地平地技术、规模化苜蓿地收获技术、鲜苜蓿揉切打浆一体化技术演示。

典型事例二："罗甸草堂行"培训会

"罗甸草堂行"在充分调研和征集罗甸县养殖合作社及种草养殖户在生产过程中最关注的技术问题的基础上，邀请专家作了黑麦草、菊苣、"桂闽引象草""金荞麦1号"等高产牧草栽培及利用技术，低热河谷

人工草地建植技术要点，青贮饲料制作技术，"现代肉牛养殖技术"及"常见猪病防控技术"等9个技术讲座，每个讲座后均进行了现场互动与交流，与会人员就牧草生产及利用中遇到的问题积极地提问，并由报告专家解答，有效地解决了当地牧草生产及利用中的关键技术问题，同时还现场发放种草养畜技术资料800余份，培训活动受到与会人员的肯定和好评。

（2）简报出版与网站、微信建设。

2016年国家牧草产业技术体系出版工作简报6期。其中"牧草生产实用技术"栏目介绍了各地生产技术49套，"草人"说草、调研报告栏目刊登了各地的调研报告10篇，牧草体系成果栏目刊登体系专利、标准、新品种等成果介绍文章17篇。

体系网站"中国牧草产业网"（http://www.forage.org.cn/）和微信公众号"草牧经"进入正式运营阶段，2016年，网站、微信同步推送体系新闻动态、体系专家风采、牧草生产技术等图文信息共计57条。同时，继续扩大微信群"中国牧草技术交流研讨群"的成员，该群包括科学研究人员、生产上游服务相关企业人员、生产企业及生产合作社人员等，目前，已达到434人。微信群为生产者、企业与科研工作者相互之间的交流提供了方便，同时，有利于行业信息共享。本年度通过全方位、多途径线上、线下平台推广牧草体系相关研究进展与成果，实现了有效的宣传和互动。

二、示范带动

2016年，牧草体系共示范牧草生产技术93项，

37.89 万 hm^2。其中，种子生产技术 11 项，示范面积 1 636hm^2；栽培管理技术 48 项，示范面积 2.18 万 hm^2；病虫害防治技术 3 项，示范面积 5 073.33hm^2；草产品加工技术 13 项，示范面积 1 933.33hm^2；机械化生产技术 18 项，示范面积 3 200hm^2。

1. 加强牧草新品种及繁种技术的推广，提高科技成果转化效率

阿坝综合试验站选育的国审新品种川草引 3 号虉草和阿坝燕麦成功转让给四川省川草生态草业科技开发有限责任公司，在国家草牧业试验试点项目中使用，分别在阿坝州红原县和凉山州布托县建种子生产基地各 200hm^2，建成青干草草产品加工基地各 1 个，青贮产品加工基地各 1 个。阿坝燕麦成功获得四川省成果转化项目支持，在四川省阿坝州和凉山州大面积转化推广。

禾本科牧草育种岗位在眉山奶业产业带蒙牛洪雅基地、新希望奶业峨眉基地及泸州叙永典型示范县，调整"粮改饲"示范推广新品种（川农 1 号多花黑麦草、阿鲁巴鸭茅）和新品系（川农 2 号多花黑麦草、大汉燕麦）面积 8hm^2，在各试验区，筛选出的新品种（系）生长性能好，叶片宽大，生长旺盛，产量上表现出明显优势，单位面积饲草产量可增加 15% 以上，综合经济效益提高 15% 以上。

豆科牧草岗位与沧州试验站、东营试验站、山东大地乳业有限公司、山西朔州金土地牧业有限公司等企业和农户等相合作，在山东东营建成 200hm^2 中苜 3 号高产示范基地 1 处，在山西朔州新建成 200hm^2 中苜 3 号高产示范基地 1 处，不仅为种植企业及农户提供了技术支撑，同时也为周边地区发展苜蓿产业化起到了良好的示范带动作用。

2. 加强高产核心种子示范田推广，显著提高牧草种子单产

在江苏盐城、四川洪雅、雅安及巴中等地建成长江 2 号多花黑麦草 333.33hm^2 和"滇北"鸭茅等禾草种子核心试验示范田 10hm^2，建立禾草高产示范片推广，多花黑麦草种子产量达到 2 250kg/hm^2。在四川成都崇州、眉山、遂宁、达州、重庆云阳、丰都等地建立优良牧草品种示范基地，共计约 333 hm^2。而且分别在四川眉山及巴中、贵州、江苏盐城建立"滇北"鸭茅、"雅安"扁穗牛鞭草、"川农 1 号"多花黑麦草及"长江 2 号"多花黑麦草新品种种子示范基地 66.67hm^2。

2016 年 4 月，新建新苏 3 号苏丹草种子田 10hm^2，新苏 2 号苏丹草种子田 12hm^2；8 月 22 日，采用宽窄行（80cm + 40cm）精量穴播和地下渗灌技术，在新疆农业大学呼图壁草地生态实验站新建新牧 4 号种子田 10hm^2。2016 年 8~9 月与乌鲁木齐天源牧丰农业开发有限公司、新疆呼图壁百粒优牧草种植专业合作社、乌鲁木齐天盛金泉农业科技有限公司等企业进行合作，采用地下滴管和精量穴播技术，在呼图壁、玛纳斯、石河子等地示范推广新牧 4 号种子田 94hm^2、饲草田 166.66hm^2（新牧 4 号 100hm^2、新牧 1 号杂花苜蓿 66.67hm^2）。

3. 推进牧草高效栽培管理技术示范与推广，生态、经济、社会效益显著

结合生产实际，为充分利用土地资源，研究集成了林草间作、草田轮作（多花黑麦草、箭筈豌豆、白三叶、蚕豆）、粮草间套轮作（小麦 + 紫花苜蓿 / 香豌豆，光叶紫花苕轮作洋芋、水稻、套作玉米、间作小麦和果木）、混播等栽培模式技术。该类种植模式已经辐射到周边的市、县，累计面积 2.7 万 hm^2，培训区域内市、县的农技人员和种植大户 1 520 人次，发放栽培技术手册 5 611 份。

沧州综合试验站 2016 年建设苜蓿示范基地数量达到 9 个，其中万亩大片 2 个、千亩大片 7 个，示范基地示范面积共计 4 740hm^2。通过技术培训、技术展示、技术示范、现场观摩等渠道加大新品种和新技术的示范应用与转化，2016 年示范田苜蓿单产（干草）平均达到 14.35t/hm^2，较对照田 10.95t/hm^2 提高 23.5%；苜蓿干草粗蛋白质含量平均达到 18.5%，较对照田 16.3% 提高 2.2 个百分点；与对照相比，示范田平均实现亩增收 275 元。在河北省"粮改饲"典型示范县建立示范基地 5 个，示范面积 656.67hm^2，单位面积饲草产量增加 18.5%，综合经济效益提高 19.6%，带动区域内主栽饲草及配套模式应用 3 788.33hm^2。

塔里木试验站自 2011 年试验站开始推广冬小麦套种草木樨以来，在阿克苏地区拜城县已经推广冬小麦套种草木樨 1.33 万 hm^2，草木樨作为豆科牧草能改土肥田，改善农作物茬口，减少病虫害，抑制杂草，保护生态环境，为家畜提供优质牧草。草木樨根系多集中在 0 ~ 30cm 的耕层内，此层根系约占总根系的 80%，鲜根产量每公顷一般为平均 9 000kg。套种当季小麦平均增产 16% 以上，下一季玉米平均增产 10% 左右，每公顷增加草木樨干草 4 500~10 500kg。种植草木樨后土壤全氮增加 32%~41%，有机质增加 41%~84%。缓解了当地饲草料紧张问题，利用草木樨饲喂羊，日增重能够提高 15%~20%，深受农牧民欢迎，为此，拜城电视台、阿拉尔电视台和塔里木日报等媒体进行了报道宣传。

呼伦贝尔试验站针对降水效率提高问题，设计了草原综合改良配套技术。利用自行研制的草原土壤改良一体机，实施针刺疏松 3~5 次，实现板结土壤的机械疏松。针对植物的养分需求，合作研制四位一体复合肥料实现已机械疏松土壤的养分补充和生物喧松。营造微生物生存有利环境，喷施蜂蜜、土壤调理剂等。2016 年，开展技术示范 333.33hm^2，培训技术推广人员 500 余人次，其中骨干人才 70 余人次。本年已提高产量 50%~100%，优质牧草比例增加 30% 以上，预计有 2~3 年增产效果。该项技术作业简单、适应性强、效果明显且成本低廉，易于推广应用。该项成果已列入内蒙古陈巴尔虎旗草牧业试点示范工程推荐技术模式，可在北方草甸草原区、尤其是羊草草甸草原区开展大面积推广。

4. 加强病虫害防控技术示范，挽回大量经济损失

盐池试验站根据苜蓿虫害系统监测结果，先后在宁夏农垦茂盛草业公司、固原荟峰农副产品公司、彭阳荣发农牧有限公司、海原兴农草畜专业合作社、惠农区回乡兴农奶牛养殖专业合作社、西夏区银川万苗种植合作社、兴庆区宝丰生态牧场有限公司等苜蓿示范基地开展了 8 次虫害防治技术示范，面积 4 866.66hm^2，每公顷挽回产量损失 15%~25%，其中，灌溉地示范 2 666.66hm^2，挽回产量损失 432 万元；旱地示范 1 533.33hm^2，挽回产量损失 128.8 万元，合计 560.8 万元。

虫害与生物防控岗位提出了蝗虫分级分区治理策略，建立了草原蝗灾绿色可持续防控技术体系，该成果被列入农业部草原重大生物灾害防控计划，在草原区进行了大面积的推广应用，使全区蝗虫危害面积下降至 266.67 万 hm^2，生防比例提高到 60.0%，持续防效达 85%，少施化学农药 800t，挽回经济损失 18 亿元，生态和社会效益显著。

5. 提高牧草加工与利用示范力度，带动牧草产业发展

塔里木试验站在阿克苏、和田、喀什、克州地区开展玉米青贮技术集成与示范，连续推广青贮玉米工作，取得一定成效，2016 年喀什地区麦盖提县累计加工青贮 27.65 万 t，正播玉米加工青贮 1.82 万 t，复播玉米加工青贮 25.83 万 t；其中永久性青贮窖 548 座 3.01 万 t，土窖 8 545 座 20.62 万 t，打包 502 602 个 4.02 万 t。和田地区的青贮制作实际完成的青贮 204 万 t，全地区总铡草机 15 801 台，青贮窖 107 786 个，其中水泥窖 9 554 个，土窖 98 232 个，活干菌青贮 43 155t。阿克苏地区收储饲草和农作物秸秆 504.995 万 t，其中：粮食作物秸秆收储 411.1 万 t，完成“三贮一化”制作 243.5 万 t, 加工利用棉秆 20.6 万 t。得到塔里木综合试验站的技术指导，制作积极性高，制作技术更规范，青贮质量较好，受到广大农牧民的接受，经济效益提高 11%。根据不同的养殖规模，进行窖贮和裹包青贮。各团场、乡镇场、畜牧龙头企业、养殖小区、规模养殖户以及科学养畜示范村、示范场、示范户制作青贮，基本实现了青贮技术在南疆的全面覆盖，下一步将重点提高青贮质量和品质。

阿坝站在红原县瓦切示范基地开展藕草、燕麦、老芒麦等裹包青贮示范，生产青贮产品 100 余 t，特别是 2016 年新引进的大型裹包青贮一体机在高寒地区试验成功，生产大型裹包青贮产品 80 余 t，单个裹包重 700kg 左右。

6. 扩展机械设备示范与推广，加快产业机械化进程

青贮设施与机械岗位根据体系对牧草机械发展提出的“研发适宜我国国情牧草加工机械，适合丘陵山区、平原区的牧草收获机械，研发牧草生产各环节的机具和设施”的战略定位，贯彻落实《农业部关于开展主要农作物生产全程机械化推进行动的意见》，在原有的苜蓿全程机械化生产技术方案的基础上，结合我国各地牧草生产需求，补充提出了青贮玉米、燕麦（草）、高秆禾草和林间种草模式下的全程机械化生产技术方案，并依托体系平台，先后在山东、河南、山西、青海、河北、新疆、甘肃、内蒙古、湖北和四川等地开展的技术培训和现场示范会议上进行推广培训，共计培训 14 次，累计培训基层技术人员 600 余人次，累计培训种植大户和农民合计 2 000 余人次。此外，在 5 个示范旗开展了苜蓿种植收获的相关技术支撑，共完成标准化苜蓿种植 1 533.33hm^2。

干草设施与机械岗位运用 DMB 系列免耕播种机、9BS 系列苜蓿草种子播种机等设备进行牧草机械化种植试验示范，试验示范面积 666.67hm^2。运用 9GX-2.5 型六圆盘割草机、BL-600 型指盘式搂草机、9LZ-5 型指盘式搂草机、RT-13 型指盘式搂草机、9JK-1.7 型捡拾打捆机等设备进行牧草机械化收获试验示范，试验示范面积 1 200hm^2。

7. 重视牧草综合利用示范，成效显著

资阳综合试验站示范基地建设分别布局在眉山市洪雅县、自贡市富顺县、资阳市雁江区、简阳市、达州市宣汉县五个县（市、区），核心示范区共计 73.33hm^2。为掌握循环农业以牧草为主的种植模式沼液灌溉量以及环境风险，集成牧草主栽模式的精准沼液灌溉技术，在核心示范基地洪雅县修建径流小区，开展田间试验。通过在示范区试验、示范、推广“优质牧草丰产栽培技术及配套栽培模式”“草 - 田轮作”“林草间作”“坡耕地牧草高效栽培模式及保土种植技术”“牧草病虫害综合防控”“优质牧草青贮技术”等技术，辐射推广牧草生产面积达到 6.17 万 hm^2，占四川农区人工牧草种植面积 14.51 万 hm^2 的 42.5%。

针对呼伦贝尔地区气候寒冷，生长季短，作物种植面积广阔，畜牧业基础较好等特点，同时，为改善本地区种植结构和大力发展适应于奶牛、肉牛等草食畜牧业的需求，呼伦贝尔综合试验站集成组装示范了“优质饲草料高效利用模式”。示范地牧草种植的品种选择以补充蛋白质、能量为主要原则，蛋白质饲草料选择以杂花苜蓿品种为主，能量饲草料以青贮玉米和燕麦为主。建植示范区苜蓿 33.33hm^2，青贮玉米 66.67hm^2，燕麦 20hm^2。呼伦贝尔站对播种、水肥管理、收获等整个流程提供技术支撑，苜蓿与燕麦以青草捆，青贮玉米以窖贮为主利用。从示范效果看，是否具备灌溉条件是人工草地的建植成功首要决定因素之一。通过改进的种植模式与饲喂模式，单位奶牛产奶量提高 2~3kg/d，奶质提高 1 个百分点，人均增收 150~250 元，综合效益得到提高。优质饲草料利用模式的可推广性为当地大型养殖户生产带来了信心，这也为推动内蒙古自治区种植业结构调整方案提供了理论支撑。

三、重大技术

2016 年，牧草体系在各个岗位和综合试验站对任务中的瓶颈技术继续展开攻关突破，在牧草育种与种子

生产、栽培管理、病虫草害防治、草产品加工与利用、机械设备、产业经济等各个方面研究情况如下。

1. 六个方面的重大技术

（1）牧草育种与种子生产。

本年度引进牧草种质资源、收集野生种植资源1 876份，发掘创制具有优异特性的牧草、饲草作物新种质材料161个；对牧草种质资源进行抗寒性、抗旱性、耐盐碱等抗逆性状及生产性状的筛选，确定出253份优异种质资源，为品种选育提供基础。系统收集西南区重要饲草种质资源13个属78个种共1 847份，创建了西南区最大的牧草基因库（圃），成功选育出4个国审饲草品种，并配套了牧草丰产栽培技术，《西南区饲草种质资源发掘创新与育种应用》2016获四川省科技进步二等奖。

育成17个牧草新品种，其中8个国审品种，9个省审品种，其中中苜7号为我国第一个早熟苜蓿新品种，热研25号圭亚那柱花草具有良好的抗病抗旱性，阿鲁巴鸭茅抗旱耐寒，产量品质高，适应性强，能在北方冬季气候温和区种植。利用SSR技术、荧光检测等技术构建多花黑麦草、鸭茅等品种指纹图谱，为牧草品种审定和保护以及选配优良杂交组合提供了重要的理论依据；从紫花苜蓿中克隆得到一个赤霉素受体基因，命名为MsGID1b，分离出苜蓿耐盐碱相关基因4个，吉农朝鲜碱茅抗逆功能基因3个，多花黑麦草抗盐抗旱基因7个，为牧草抗逆遗传改良和分子育种奠定了新的理论基础；在土壤微生物中分离克隆到一个新的抗除草剂功能基因，命名为SEPSPS，并构建了其pGM3301系列表达载体，为培育既抗草甘膦又抗草丁膦的转基因苜蓿新材料奠定基础；创建了饲用小黑麦、高丹草品种选育及生产技术体系，获河北省科技进步二等奖。

对苜蓿、柱花草、老芒麦、鸭茅、无芒雀麦、多花黑麦草、苏丹草、碱茅、垂穗披碱草、羊草等牧草种子田密度控制技术、水肥耦合技术、施用生长调节剂控制技术、虫害防治技术、机械化收获技术等进行重点研究。研制了苜蓿制种田精量穴播机，实现对宽幅、行距、株距及播量的精准调控，提高了单株有效株数和种子产量；研究鸭茅春化、开花调控分子机制，筛选出主要调控的基因簇，下一步将研究春化、开花过程中期协调控制作用的基因；首次尝试用蛋白质组学的方法研究苜蓿小花落花机理，取得初步成效，今后还将结合代谢组学、细胞形态学等，从苜蓿小花生长、发育的角度，探讨苜蓿落花的原因，为利用分子手段调控苜蓿花发育，进而提高结实率奠定基础。

（2）栽培管理。

完成“粮改饲”轮作模式关键技术研究与示范任务的总体设计，确定典型生态区的重点研究内容与研究的关键技术；筛选出适宜各生态区的青贮玉米、苜蓿、甜高粱、小黑麦、高粱、燕麦等牧草良种近百种；青贮玉米适宜品种筛选是本年度的重要工作之一，东北冷凉地区筛选出的适宜品种如金岭410、357、377、367，华北农牧交错区如雅玉青贮79491、衡玉175、北农青贮308和北农青贮2932，黄淮海平原区如中原单、豫青贮、晋单、恩喜爱，黄土高原区如品种5102和正大12，西北荒漠灌区如郑单958，南方地区如红丹十号（云南）、雅玉8号、奥玉5102、渝青玉3号（湖北）等。开展“粮改饲”配套种植制度及轮作体系的研究，提出各区域主导模式20个，如南方地区集成了设计成都平原区“黑麦草＋青贮玉米/高丹草”“粮改饲”模式与产业布局方案，南疆研究棉花与紫花苜蓿轮作、冬小麦套种草木樨模式，河北沧州地区集成苜蓿－冬小麦－夏玉米轮作、苜蓿－饲用谷子轮作、饲用燕麦－青贮玉米轮作等高效种植模式。

进行主要牧草抗逆栽培生物学基础和关键技术研究，如开展研发高纬度地区栽培草地土壤水分－养分运动规律与牧草水分利用及养分吸收规律，揭示高纬度地区牧草水肥需求规律；研究磷肥与微生物互作缓解紫花苜蓿干旱胁迫的理论依据；研究干旱对分枝期、花期和结荚期紫花苜蓿的形态学影响，筛选出了对苜蓿适应干旱胁迫具有指示作用的指标，即根冠比和比叶面积；进行干旱区苜蓿、春小麦、冬小麦、裸燕麦和皮燕麦等不同作物的轮作混播协同效应研究，目前已完成植株浸提液对种子萌发和幼苗生长的影响；提出盐碱旱地牧草栽培管理技术3套，即深开沟浅覆土带镇压保苗播种技术、牧草微咸水安全补灌技术、盐碱旱地苜蓿氮肥追施技术；牧草水肥耦合技术1项，即盐碱旱地苜蓿适水追肥技术；研发出苜蓿越冬情况遥感监测技术，初步提出评估方法。

继续开展草场坡规模化高校生产关键技术的研究与示范，确定了苜蓿田连作障碍研究思路与评价指标体系，建立了荒漠灌区苜蓿与玉米/小麦的两年轮作改良方案，在半干旱地区多年生苜蓿草地向农田转变过程中，以轮作一年小麦为宜的方案；开展沙质土壤苜蓿、燕麦水分利用模式和水肥耦合模式的研究及施用有机肥＋菌肥对牧草生产性能提高的研究，初步确定沙地苜蓿生产适宜的灌水频率和定额，阐明有机肥＋菌肥对微生物种群和活力、苜蓿生长的作用；开展研制草原土壤疏松机械进行物理疏松，利用有机肥、微生物肥料进行生物喧松，实现羊草产量和总产量双提高。

开展放牧草地系统高效生产和持续利用关键技术的研究，在贝加尔针茅草原和羊草草甸草原进行改良、刈割技术和控制放牧实验研究，形成了适宜于草甸草原不同植被类型割草地和放牧地合理利用技术；建成“苜蓿＋苇状羊茅＋鸭茅＋百脉根”放牧型混播人工草地试验区、披碱草属＋紫羊茅＋早熟禾混播建植和刈牧试验区及披碱草属＋紫羊茅＋早熟禾混播组合和混播比例小区，为下一步放牧试验做好准备；并于呼伦贝尔建立一个延迟放牧平台，以持续研究不同季节休牧对改良草地的影响。

（3）病虫害防治。

进一步完善了包括“一带两区”在内的我国草类植物真菌病害名录，收录病害4 600余种，包括植物、病害、病原菌、病害分布等信息；在甘肃、宁夏、内蒙古、新疆、云南、四川等地对苜蓿等作物病害进行了系统调查，研究表明褐斑病、匍柄霉叶斑病、炭疽病等病害为普遍发生病害，且在不同年份、不同地区呈现出不同发病趋势；褐斑病、匍柄霉叶斑病、炭疽病、小光壳叶斑病、尾孢叶斑病、轮纹病、霜霉病、茎点霉叶斑黑茎病、锈病等病害为普遍发生病害；在内蒙古赤峰市苜蓿田，发现苜蓿根腐病 Paraphoma radicina，普遍发生于“草都”赤峰的所有苜蓿田，危及苜蓿产业发展；在甘肃会宁等旱作苜蓿田，发现由炭疽菌引致的苜蓿炭疽病，经分离鉴定病原菌为炭疽菌 Colletotrichum americae-borealis，该病害为我国紫花苜蓿新病害；在甘肃民乐发现苜蓿黄萎病，并在 SCI 一区杂志 Plant Disease 发表。

明确了内蒙古羊草草原主要蝗虫毛足棒角蝗、宽须蚁蝗、白边雏蝗、北方雏蝗共 4 种蝗虫的种群动态。筛选了白僵菌粉剂防治草原蝗虫，田间防治效果为 64.5%；明确了羊草种子田主要蝗虫短星翅蝗、宽翅曲背蝗、小翅雏蝗、红腹牧草蝗共 4 种蝗虫的种群动态，筛选了绿僵菌饵剂防治草原蝗虫，田间防治效果为 60.5%；收集草地害虫分布、识别特征、防治方法等数据，进一步完善了草地害虫监测预警系统；筛选苜蓿抗虫基因 NBS-LRR 类 (Nucleotide binding site-leucine-rich repeats)；筛选白僵菌粉剂、吡虫啉防治苜蓿蓟马，田间防效达 75% 以上；通过大尺度、长期性监测，明确针茅可能指示亚洲小车蝗宜生区分布。

（4）草产品加工与利用。

进行全株玉米田间栽培措施与青贮加工调制的耦合研究，提出了全株玉米优质青贮技术 1 项；开展苜蓿添加剂青贮和混合青贮技术研究，提出了苜蓿与燕麦混合青贮技术、苜蓿与全株玉米混合青贮技术各 1 项；研究苜蓿青贮发酵属性及蛋白降解规律并开展添加剂的筛选，提出苜蓿青贮蛋白降解调控技术 1 套；起草了羊草适时收获技术规程初稿；研究苜蓿青干草和燕麦不同配比对奶牛生产性能和牛奶品质的影响，初步获得了苜蓿干草和燕麦草组合在奶牛中的最佳利用模式及其高效转化利用技术体系；研究了不同苜蓿草粉添加量对母猪生产性能及繁殖性能影响，初步建立了苜蓿草粉在后备母猪中的高效转化利用技术模式，制定了后备母猪苜蓿型颗粒饲料产品及标准化制作工艺流程 1 套；进行了不同苜蓿草粉添加量和亚麻酸水平对生长育肥猪生长性能和肉品质的影响的研究，获得了苜蓿草粉在三元生长育肥猪中饲喂效果的经济效益评价，为开展“草畜（猪）结合、种养一体化”及利用优质牧草发展优质畜牧业提供了政策建议。

（5）牧草机械设备。

对环模压块机和青草成辫成型装置进行了改进设计与试验，并研制成功了牧草制粒机和牧草粉碎机；初步探讨苜蓿高水分青贮一体化机械研究，并进行试验改进工作；制定了高杆禾草收获机械研究方案并进行相关收获试验；进行了羊草草地及披碱草草地改良机具的研究与试验，对改良试验效果进行了数据监测和评估，并围绕切根刀具设计参数、退化羊草草地形成的土壤 - 根系复合体结构物理力学特性以及贯入极窄齿刀具与土壤之间的相互作用关系开展了基础性试验研究工作；全面开展离子射频种子处理试验，完成了苜蓿、油莎草等牧草种子的发芽试验与田间试验；完成了 SDM-1750 型甩刀式收获机、DY-60 型圆草捆打捆机的研制，获得实用新型专利 2 项；完成了 9GX-2.5 型六圆盘割草机的优化设计工作，进行了大量的考察调研工作，并对圆盘割草机核心部件进行了实验研究，申报发明专利 1 项；对苜蓿播种镇压辊、播种机的机架及排种系统进行了优化设计，获得了新型苜蓿草种子播种机。

（6）产业经济。

承担完成了《全国草食畜牧业发展规划 2016-2020》；参与完成了“农牧交错带农业结构调整的调研、指导意见的撰写和解读的撰写”；重点开展“粮改饲”实施情况及成效的专题调研，对河北塞北管理区和围场县、山西晋中市和朔州市、黑龙江龙江县、青海门源县和湟源县进行实地调查，重点调研 “粮改饲”试点实施情况及成效，重点关注“粮改饲”试点对粮食种植户生产行为及收入、养殖户饲料粮投入、农业种植结构、养殖效率和耗粮量变动等方面的影响；完成了对 7 省区牧草产业和草畜结合典型模式等方面的调研；及时跟踪收集贸易数据，分析我国草产品和牛羊肉贸易情况并通过牧草体系微信平台进行发布，2016 年共发布报告 3 篇。

2. 重大技术突破

（1）抗旱苜蓿品种高效筛选技术及苜蓿品种抗旱能力分级体系。

苜蓿品种抗旱能力分级体系：经过多年的系统研究，最终提出了基于不同抗旱等级苜蓿存在相应抗旱敏感性生理指标群的抗旱能力分级体系。在建立抗旱能力分级体系的基础上，选用抗旱反应最敏感的生理指标及不同胁迫浓度下各生理指标的敏感阈值，实现苜蓿抗旱性快速准确评价，技术成果为深入挖掘苜蓿优良抗旱基因打下了基础。

抗旱苜蓿品种高效筛选技术：设置 PEG-6000 高浓度梯度 0.38g/mL 和 0.43g/mL 的 Hoagland 营养液模拟干旱胁迫，对生长 6 周左右的苜蓿幼苗根际胁迫处理 7d。测定下列生理指标，同时满足①、②指标体系及阈值范围，则为强抗旱苜蓿品种。①在 0.38 g/mL PEG-6000 溶液胁迫时，苜蓿体内羟自由基（OH•）浓度低于 4143.99 A•1000/g，CAT 活性高于 251.46 U/（g•min）。②在 0.43g/mLPEG-6000 溶液胁迫时，苜蓿体内叶绿素含量高于 2.45 mg/g、叶片相对含水量（RWC）高于 29.45%、POD 活性高于 584.32 U/（g•min）、可溶性糖含量高于 20.94 mg/g。

（2）中苜 3 号耐盐苜蓿新品种推广应用获得良好的的经济、社会、生态效益。

中苜 3 号耐盐苜蓿新品种是以中苜 1 号为亲本材料，经过盐碱地表型选择，耐盐性一般配合力的测定、杂交育种、轮回选择、混合选择，完成品种比较试验、区域试验、生产试验育成的耐盐高产苜蓿新品种。该品种具有耐盐、高产、再生快等优点，在含盐量为0.18%~0.39%的盐碱地上也能获得高产。全国草品种审定委员会专家一致认为“该品种选育研究成果居国内同类研究的领先水平”，中苜3号苜蓿不仅适应于黄淮海地区大面积盐碱地及中低产田种植，而且在西部地区内陆盐碱地种植表现也非常好。该品种已在黄淮海地区河北省沧州、衡水、中捷友谊农场；山东省东营、滨州、德州；天津大港、静海等地、内蒙古中西部、山西等地大面积推广种植，经济效益、社会效益、生态效益显著。该项目的完成填补了我国黄淮海地区长期以来缺乏耐盐高产苜蓿新品种的空白，推动了牧草产业的高效发展。同时还能为盐碱地农业生产提供有效的技术措施，提高盐碱地的利用效率。2016年获得了全国农牧渔业丰收奖二等奖。

（3）完成西南区饲草种质资源发掘创新与育种应用，取得显著成果。

针对我国西南区优良饲草品种匮乏，饲草资源丰富但发掘与创新利用滞后的现状，系统收集重要饲草种质资源13个属78个种共1 847份，创建了西南区最大的牧草基因库（圃），成功选育出4个国审饲草品种，培育出15个新品系通过中国草品种审定委员会审查进入国家区试网。对配套关键技术进行了系统研究集成，建立了西南区重要牧草配套丰产技术体系。研制牧草丰产栽培技术11套，授权国家发明专利10件，颁布标准规程10个，提高牧草产量10%~15%，黑麦草青贮料保质期延长9个月以上。成果应用推广后取得显著的经济、生态和社会效益。所选育的优良品种及研制的配套技术在四川各地推广面达60%以上，8年来累计推广新品种及配套技术90.73万hm^2，累计产值286.08亿元，累积新增利润26.27亿元，项目强化种草养畜与生态建设、扶贫攻坚相结合，促进了种植业结构调整和畜牧业发展。构建了西南区重要牧草分子育种技术体系，开展重要牧草品种分子指纹图谱、高密度遗传图谱、重要性状的基因定位与功能分析等研究，为重要牧草资源开发利用提供了坚实的技术基础。获四川省科技进步二等奖。

（4）饲用小黑麦、高丹草品种选育及生产技术体系创建与利用。

饲用小黑麦、高丹草种质创新与选育方法实现新突破。创新了饲用小黑麦远缘杂交选育技术；发明了调整饲用小黑麦和饲用黑麦远缘杂交花期不遇的方法，远缘杂交成功率由50%提高到90%以上，创新出无芒、极早熟、低蜡质饲用小黑麦种质共106份。创新了高丹草杂交种选育方法；发明了高丹草父本青刈类苏丹草新种质的选育方法，获国家发明专利；选育出抗旱、抗病、多分蘖、耐刈割苏丹草新种质共1 224份。利用创新种质，选育出了早熟、抗旱、耐盐、短芒省级鉴定饲用小黑麦品种冀饲1号、冀饲2号和抗逆、优质、高产、广适国审高丹草杂交种冀草4号。创建了饲用小黑麦、高丹草饲草生产技术体系。

明确了饲用小黑麦、高丹草的种植密度、杂草防除、肥水管理、刈割时期、刈割次数等关键栽培技术，形成了饲用小黑麦、高丹草两个栽培技术规程，成为河北省地方标准；建立了饲用小黑麦+棉花、饲用小黑麦+高丹草、饲用小黑麦－果树等种植模式；形成了饲用小黑麦、高丹草青贮加工技术规范。明确了饲用小黑麦、高丹草饲喂效果；示范应用效益显著。饲用小黑麦代替玉米秸秆饲喂奶牛，产奶量提高8.5%；高丹草饲喂肉羊较全株玉米净收入增加16.6%；高丹草代替2/3青贮玉米时饲喂奶牛效益最好。大型牧业公司示范表明，企业优质牧草供应比例提高了65%，饲草供应在数量、质量上均得到保证，饲喂效益平均提高11%。该集成技术获2016年度河北省科技进步二等奖。

（5）云南亚热带草地承载力与家畜配置研究与应用取得突破。

针对云南草地饲草供应与家畜需求间季节不平衡的矛盾极为突出，草地利用与家畜放牧之间的内在互作研究以及南方特定区域内草畜平衡系统性研究仍十分缺乏等问题，在云南小哨东非狼尾草人工草地、寻甸地区，黑麦草+白三叶混播人工草地上分别放牧肉牛和山羊，开展人工草地承载力研究、饲草－家畜营养动态研究、放牧优化与补饲研究、草畜平衡模式及优化配置技术研究、草地植物饲料添加剂及其饲喂研究、并对草－畜系统经济效益进行综合分析，集成提出滇中地区4个肉牛、肉羊生产饲草供给模式[包括“全年放牧管理下草畜平衡模式”“季节放牧+青贮玉米草畜平衡模式”和“季节放牧+青贮玉米或干草(舍饲)草畜平衡模式”3个，集成提出滇东北地区山羊－饲草平衡技术模式“夏秋高密轮牧、牧草盈余刈贮、冬春适量补饲、精粗合理搭配”1个]，建立草畜平衡及补饲技术推广应用与示范基地，为云南省草地畜牧业持续发展及合理利用提供技术支撑。该项成果获2016年云南省科技进步三等奖。

（6）川西北高寒草地生态恢复综合技术研究与示范方面形成重大突破技术成果。

川西北牧区草地畜牧业正处于转型升级的关键时期，草地普遍退化，生态保护和生产利用矛盾十分突出，对退化草地治理技术，草地合理利用和管理技术有迫切的需求，通过整理草地改良岗位最近几年做的工作，在川西北高寒草地生态恢复综合技术研究与示范方面形成了重大突破技术成果。①研究制定了“川西北高寒草甸草地放牧退化分级”地方标准，构建了退化高寒草地诊断指标体系，为迅速准确判定川西北草地退化程度提供了简单实用、操作性强的指标和方法，为草地生态建设和恢复提供了理论指导和数据支撑。②根据川西北高寒草地的特点和当地的生产力水平研发制定行业和地方标准13个，对中度退化亚高山平坝草甸草地进行综合治理，干草产量提高了2～4倍，草层高度平均达70cm以上；对重度退化亚高山平坝草甸草地和高山草甸草地进行综合治理，草地植被盖度均由原来的50%以下恢复到90%以上，鲜草产量平均提高了10.2t/hm²，鼠害明显减少，平均每公顷草地有效鼠洞由650个下降到不足60个，为川西北高寒退化草地分类分级治理提供了有力的技术支撑。③提出草地共管和“4+3”划区轮牧等草地利用和管理模式，在轻度退化高寒草地应用，草地生产力提高11.4%~20.3%，载畜量增加0.23~0.53个羊单位/hm²，为实现草畜平衡和合理利用川西北高寒草地提供新途径。④开展了川西北高寒退化草地改良产业化示范，集成创新了轻度退化高寒草地“4+3”划区轮牧技术模式，中度退化亚高山平坝草甸草地定向改良“红原模式”，重度退化亚高山平坝草甸草地综合治理“若尔盖模式”，重度退化高山草甸草地综合治理“色达模式”，参与式沙化草地治理与社区管理“麦溪模式”等适应川西北不同草地类型和不同退化程度草地综合治理模式5个。先后建立退化草地综合治理技术核心示范区1.39万hm²。该项成果获得四川省科技进步二等奖。

（7）集成宁夏优质高产苜蓿标准化生产技术。

“十二五”期间盐池站通过研究攻关，突破了宁夏牧草产业急需的苜蓿新品种引选及丰产栽培、病虫害防控、草产品收获加工、宁南山区苜蓿机械化生产等一系列关键技术，制定发布了《苜蓿生产技术规程》《黄土丘陵区紫花苜蓿生产技术规程》《苜蓿收获加工技术规程》等地方标准9项。研发出的灌区苜蓿高效施肥、苜蓿病虫害监测预报与安全防治、收获加工、苜蓿轮作模式等标准化生产技术列入了2015—2016年自治区牧草主推技术，宁夏南部山区苜蓿机械化生产新技术也得到了大面积示范应用，累计示范1.46万hm²，有力提升了宁夏牧草产业科技发展水平，推动了宁夏牧草产业的发展。2016年通过进一步集成优化和示范应用，建立了宁夏优质高产苜蓿标准化生产技术体系，该项研究成果通过了宁夏回族自治区科技成果鉴定。

（8）内蒙古草原蝗虫可持续防控技术研究与示范。

蝗灾与水灾、旱灾并称三大自然灾害，我国草原蝗灾年发生1 466.67万hm²，内蒙古自治区年均666.67万hm²，我国蝗灾之重在内蒙古。造成巨大的牧草损失和生态破坏，导致草场退化、沙化、荒漠化。经常性迁入农田危害，严重威胁粮食生产安全。本项目摸清了我国草原蝗虫本底资源，完成了蒙古高原草原蝗虫10亚区地理区划。通过宜生指数模型构建，国家标准、行业标准制定，保证区划的科学性。弄清了蝗虫种类适宜分布区域。阐明了时间交替为害、空间层叠发生是蝗虫成灾的根本原因，攻克长中短期预测难题，使预测准确率达到80%与85%。实现了发生期预测、发生量预测、发生区预测。研制的野外信息采集系统、全国管理软件、自治区管理软件，使监测数据逐年积累，模型精度不断修正，10年监测精度达到85%以上，推广应用于全国草原省区。为保护内蒙古自治区绿色草原，我国最后一块无污染的净土，创制4个防蝗新产品，制定5项国家标准，1项国际标准。建立3 600株真菌菌种资源库，选育得到适合不同区域的高效菌株，形成全过程控制发酵生产新工艺，实现了规模化生产，突破了制剂半流动膜关键技术，成功研制了粉剂、油剂、饵剂等系列产品，并完成了药证登记。提出了分级分区治理策略，建立了草原蝗灾绿色可持续防控技术体系，该成果被列入农业部草原重大生物灾害防控计划，在内蒙古自治区进行了大面积的推广应用，使全区蝗虫危害面积下降至266.67万hm²，生防比例提高到60.0%，持续防效达85%，少施化学农药800t，挽回经济损失18亿元，生态和社会效益显著。该技术获内蒙古科学技术进步一等奖（第一完成人）。

（9）完成了新型甩刀式收获机及圆捆打捆机的研制。

完成了SDM-1750型甩刀式收获机和DY-60型圆草捆打捆机的研制，并进行了技术鉴定，分别获得鉴定成果1项。SDM-1750型甩刀式收割机适用于农牧区饲料种植地、草场、山地、丘陵地段的秸秆、灌木、杂草等作物的收割作业，在作物湿度大，密集和倒伏较严重的情况下也能正常作业。岗位完成了DY-60型圆草捆打捆机的研制，并对该机进行了技术鉴定，获得鉴定成果1项，DY-60型圆草捆打捆机用于牧草、稻秆、麦秆的捆包作业。将置于地面的散装物料压制成圆形草捆的牧草机械。该设备能自动将田间的条状牧草捡拾起来，压缩成形，用绳捆打结。科研人员集合已有的牧草机械设备进行了大规模的试验示范，推广相关技术。

四、其他课题

1.“十三五”体系特困连片地区牧草技术需求调研报告

为落实中央扶贫开发工作会议精神，按照农业部党组及科教司“十三五”将在中央确定的特困连片地区，以现代农业产业技术体系专家团队为核心，联合全国农业科教优势力量，开展特色农业产业链科技支撑与服务工作的要求。2016年1月中下旬至2月，国家牧草产业技术体系组织本体系专家成员，通过实地调查、座谈交流、走访等形式，赴10个特困连片地区所涉及的约266市、县（区）州旗中的171个开展了牧草技术需求开展调研并形成调研报告。报告充分总结了各个特困连片区的牧草生产情况及对牧草技术的需求特点，牧草技术示范推广情况及推广中遇到的主要问题和建议，并对特困连片区与牧草体系有机结合给出有效途径，为“十三五”期间扶贫技术推广工作奠定了扎实的基础。

2. 科技精准扶贫，捐赠藏区牧民高原捡拾机

在多方力量的支持下、在青贮机械岗位的积极筹备下，“科技精准扶贫 造福西藏牧民”高原捡拾车现场观摩会暨捐赠仪式在西藏自治区当雄县举行。全国政协委员、国务院扶贫开发领导小组专家咨询委员会主任、国务院扶贫办原主任、农业部原副部长范小建，西藏自治区副主席汪海洲，中国农业大学校长柯炳生，农业部科教司领导，西藏农牧厅领导，西藏当雄县领导与牧民代表及本岗位王德成、王光辉、吴焕民等教师和研究生参加本次捐赠仪式，向藏区牧民捐赠了56辆高原捡拾机，现场试验表明该设备能够轻松完成“脚踏踏杆－叉拾牛粪－抛粪入车”的捡拾过程，可在不同地况条件下省力地捡拾、运送和翻卸牛粪，既能够极大地减轻劳动强度，又能够成倍地提高捡拾效率。而且具有拆卸方便、轻便简单、牢固耐用、造价低廉的优点，具有很强的适用性和实用性。同时，体系岗位、试验站与地方政府或科研机构对各地区扶贫点通过技术培训、资源供给、成果共享、创新扶贫技术模式实践等方式，有力带动了农民脱贫致富。扶贫攻坚工作任务艰巨，牧草体系将继续关注贫困地区需要，持续提供技术支撑，助力农牧民快速脱贫致富。

3. 其他协助农业部等领导部门完成的工作

牧草体系向农业部等多个领导部门提供政策建议、并协助完成相关领域的发展规划，承担完成了《全国草食畜牧业发展规划（2016—2020）》；草畜平衡岗位于12月参加“九三学社中央委员会科学座谈会”，为全国政协副主席韩启德、全国政协常委邵鸿、赖明、武维华等就饲（牧）草作物在我国农业产业结构调整中的作用做了主旨报告，韩主席提出重视草牧业发展及其在农业结构调整中的作用；组织了农业部组织的“退牧还草工程典型“十三五”建设规划咨询会”，为农业部“十三五”退牧还草工程建言献策；参加论证了“全国草原保护建设利用“十三五”规划”；参与完成“农牧交错带农业结构调整的调研、指导意见的撰写和解读的撰写”；参加全国政协在北京召开第56次双周协商座谈会，主题是“加强草原生态系统保护和修复”，牧草病害岗位南志标院士做了题为“发展草地农业，建设美丽富饶家园”的预约发言，俞正声主席在总结讲话中对南志标院士提出的多项建议做出了积极的回应，建议有关部门应该抓紧研究和落实。虫害防控岗位科学家张泽华研究员应邀参加了由农业部畜牧业司、全国畜牧总站组织的《2016年草原生物灾害监测预警报告》会商论证会，并作为专家组组长针对草地有害生物监测预警提出了具体建议。这些政策建议的提出对于国家政策的改革和制定以及草牧业的大力发展起到了关键作用。另外，积极协助农业部等领导部门完成其他相关工作。太原综合试验站石永红站长于6月14~30日赴西藏参加“农业部专家西藏行”活动，到山南市进行种草养畜技术指导和培训，通过座谈交流、实地考察饲草种植、管理及利用情况，与基层领导干部、技术人员及农户代表交谈了解，对饲草栽培管理及利用技术存在的问题进行了现场指导与培训；青贮技术岗位协助畜牧业司和全国畜牧总站完成有关“粮改饲”的调研、论证、培训、咨询等活动，重点在全国青贮玉米生产与利用方面开展了大量的工作，为地方“粮改饲”技术的普及与提高以及各级政府确立科学合理的政策提供了技术支撑。

4. 为地方政府提供咨询的情况

为促进地方牧草产业的发展，体系专家积极向主管部门建言献策，并提供技术支撑。

为进一步贯彻国家和内蒙古自治区关于草牧业试点项目，提高项目实施的科技水平，做好草牧业试点项目的技术支撑，按照内蒙古自治区农牧业厅的要求，成立了由内蒙古自治区草原工作站牵头，国家牧草产业技术体系张英俊教授为首席专家的“内蒙古自治区草牧业试点技术服务团队”，乌兰察布综合试验站殷国梅研究员、牧草加工岗位专家格根图等参加，主要为内蒙古地方草牧业发展需要的相关技术和发展模式进行科技支撑。殷国梅团队参加了由内蒙古自治区草原工作站牵头，内蒙古农牧业科学院草原研究所、内蒙古草原勘察设计院、内蒙古草籽工作站等有关单位组成的“内蒙古自治区草牧业试点实施方案”编写小组，为内蒙古草牧业发展的顺利实施献计献策。

干草贮藏与加工岗位通过多名自治区政协委员和人大代表，向自治区政府建议实施饲草产品绿色通道政策，降低饲草运输成本，提高相关生产企业效益。该建议得到自治区政府采纳，并与2016年9月1日起在自治区范围内实施。还通过全国政协委员王召明向国家政协提交《关于将草产品纳入鲜活农产品运输绿色通道的提案》为该政策在全国范围实施努力。草田轮作与耕作制度岗位积极配合甘肃省农牧厅，在甘肃省草原总站的协助下，为甘肃省取消饲草产品运输高速免过路费报告撰写与完善提供建议，并参与定西、河西等地牧草相关企业的饲草产品运输高速公路免过路费相关数据的收集与调研。

土壤与施肥岗位应贵州省农业科学院的邀请前往贵州省进行石漠化治理的调研。本次调研得到贵州省政府的高度重视，贵州省省长孙志刚同志亲自接见。调查组针对石漠化发展现状及当前存在的迫切需要解决的问题进行了详细的调研。结合土壤肥料与施肥岗位前期的研究和此次调研成果，向贵州省政府阐述了发展草地畜牧业在石漠化治理过程中的重要性，同时提出林－草－畜相结合的可持续石漠化治理思路。

草地改良岗位受四川省农业厅委托，草地改良岗位负责研究制定“若尔盖国家草原公园方案”，现在已经完成初稿，正在征求各级政府和各相关部门的意见。

关于2016年的农业部200hm^{2}苜蓿发展行动项目，草产品加工利用岗位和沧州综合试验站根据河南省、河北省农区的实际情况，向农业部写申请报告，建议将河南省、河北省苜蓿项目的最低种植面积修改为33.33hm^2，此项报告得到农业部审批并在河南省、河北省2016年的项目中执行。

病害防控岗位南志标院士赴山西省晋中市指导当地农牧业生产。考察了祁县泓润牧业公司的奶牛生产，并与当地相关领导进行了座谈，听取了祁县县长张鹏的介绍和晋中市畜牧局白志宏局长关于科技支撑的设想汇报。南志标院士充分肯定了当地将畜牧业作为指导产业的发展思路，并建议在全县和全市生产中，要特别着重调整种植业结构，加大牧草生产的比重，注重草畜结合，并表示愿意为当地的草地农业发展提供技术支撑。南志标院士应邀参加了中国安顺黄果树绿色发展论坛。南志标院士做了“草地农业与贵州农业结构调整”的报告，分析了贵州农业的现状与问题，介绍了草地农业的理论与框架，对贵州的农业发展提出了建议。

赤峰试验站应内蒙古自治区农牧业厅要求，由自治区草原站、农牧业厅草原处、自治区农牧业科学院、自治区草勘院等单位组成的10人专家团队，撰写了“内蒙古自治区草牧业发展实施方案（2016—2020）”，为自治区草牧业发展贡献一份力量；还为赤峰市政府提供2016年赤峰市牧草产业发展报告，参与撰写赤峰市草原保护与建设规划（2016—2020）。

海北综合试验站与青海省草原总站共同起草的《加快推进我省现代农牧业种业（牧草种子）发展意见》，并报送青海省人民政府。

沧州试验站主笔撰写并再次修改完善的《关于建立河北省饲草产业技术体系的建议》，呈递给了河北省农业厅张强副厅长，引起厅领导高度重视，为加快河北省饲草产业技术体系建设提供了一个重要契机。

德宏试验站积极配合协助地方业务部门开展工作。负责对12个承担农业部“南方现代草地畜牧业推进项目”的企业、合作社的技术指导工作；协助省农业厅草山饲料处完成了云南省“十三五”草业发展规划。近年来，在云南省委、省政府关于发展云南高原特色畜牧业各项政策的指导下，全省草地畜牧业有了长足发展，草业的发展也得到了各级领导和多部门的重视和关注，并设置专项经费予以支持。站长薛世明入选云岭产业技术领军人才；云南省农业厅以试验站依托单位云南省草地动物科学研究院牵头成立了云南省牧草产业技术体系，创立了全省的草业发展平台，进一步整合了全省的草业科研和推广力量。

5. 面对重大灾害的应急处理

（1）针对涝害进行的应急处理。

2016年夏季，山东、河北、四川、湖北等地区发生严重涝害，导致苜蓿、青贮玉米、高丹草等生产、示范基地牧草出现大面积倒伏，生产利用受到严重影响。

针对夏季连续降雨带来的涝灾影响，东营试验站多次赴东营实地调研苜蓿生产情况，并提供技术指导。利津宏丰农场利用黄河滩地种植了166.67hm^{2}苜蓿，品种为金皇后，出苗良好，但播种量偏大，且由于受夏天连续降雨影响，部分生产田涝灾严重，机械配置还不够齐全；河口区东营裕丰生态农业有限公司作为粮改饲试点单位，2016年播种苜蓿200hm^2，品种为中苜3号，由于受夏季天气影响，苜蓿部分地块发生涝灾，杂草严重，造成苜蓿死亡、缺苗情况。针对以上种植企业存在的问题，试验站建议科学配置机械，受涝地块及时制定补播、轮作计划，尽可能减少损失。

衡水综合试验站及时赴灾区调查、并进行了减灾技术指导。针对威县艾禾公司种植的200hm^{2}苜蓿出现的雨季大面积匍匐，且地块长时间潮湿，基部出现部分叶片霉烂情况；刘贵波研究员建议，待苜蓿地湿度降低到机械能够进入后，抓紧时间进行收获，不再调制干草，进行青贮。针对衡水景县津龙公司种植的高丹草出现的雨季倒伏情况，刘贵波研究员考察后发现，大面积倒伏是由于茎倒伏所致，而非茎倒折，建议等待一周后看其恢复情况，然后及时青贮收获，以利再生。

沧州试验站开展涝灾现场调查和灾减灾技术指导。根据调查，此次沧州地区受灾苜蓿面积近400hm^2，青贮玉米1 333hm^2，占全市播种面积的2%、6%左右。为了尽快、更好的减少涝灾影响，将饲草生产损失降低到最小程度，在查看现场后，针对苜蓿、青贮玉米等涝灾实际情况及饲草生物学特性，给出了具体的减灾技术措施：及时排除田间积水；及时整理田间玉米植株；中耕松土散墒；结合中耕或开沟补施氮磷钾速效肥；做好灾后病虫草害防控；改种其他作物。

湖北地区发生特大洪水，许多养殖场种植的牧草被淹，尤其是青贮玉米，基本上全部倒伏，无法收获。恩施试验站及时赶赴现场，根据水淹情况，制定玉米补播、人工抢收、搭建粮草棚等措施，最大程度地保住农户利益。同时，编制《灾后重建牧草生产技术方案》发给农户和养殖场，协助做好灾后重建技术服务工作。本次抢险救灾共帮助养殖场11个，农户8户，抢救青贮玉米200hm^2。资阳综合试验站联合示范县开展强降雨调研与救灾指导，分析了灾情，制定对策建议，并在各县开展技术服务并发放宣传资料，有效降低了青贮玉米的减产。

（2）针对苜蓿返青率低的应急处理。

2016年4月15~20日，赤峰牧草综合试验站对阿旗苜蓿产业进行返青调研发现，多数种植企业的苜蓿返青率偏低，此次是产业暨2014年春季后又一次遭遇“生存”瓶颈，为找出原因并尽早提出解决办法，赤峰试验站邀请牧草体系栽培与草地管理研究室主任孙启忠研究员为首的专家团队，前往现场提供应急指导。专家团队先后到阿旗巴雅尔有限责任公司、赤峰地森农牧有限公司、蒙草抗旱等种植基地进行田间调查，发现此次返青率低的发生原因主要由于气候、返青水灌溉、刈割制度等不合理的多因素综合作用。随后，试验站联合阿旗草业协会于4月24日在天山镇召开了“2016年第一次观摩交流座会”。会上，孙启忠研究员、孙洪仁教授等专家团队就此次返青率低的问题及时提出了应急技术方案，在品种选择、灌溉管理、刈割制度等关键技术环节进行了针对性培训，有效规避了企业经济损失。

（3）针对冰雹灾害的应急处理。

2016年8月17日下午19:20时许，海北综合试验站门源示范县部分地区出现特大冰雹灾害，由西向东延伸，冰雹直径最大3~4cm，门源县青石嘴、浩门、泉口、北山、西滩等乡镇已不同程度遭受雹灾。应门源县委、县政府的指示，海北综合试验站站长和团队成员第一时间赶赴灾害现场，前往受灾最严重的泉口镇、浩门镇，对牧草受灾程度进行现场调查，深入一线查勘灾情，逐块核查受灾情况。经进一步核查统计，门源县皇城、苏吉滩、青石嘴、北山、浩门、西滩、泉口、东川、仙米9个乡镇和省驻县单位浩门农场、门源种马场不同程度受灾。燕麦饲草受损面积

1 000hm^2（三到五成的66.67hm^2、五到八成的66.67hm^2、绝收的866.67hm^2）。另外省驻县单位浩门农场：燕麦地受损53.33hm^2，直接经济损失63万元。

海北综合试验站站长和团队成员通过灾害调查，和示范县负责人、技术骨干进行了现场交流，提出了以下几点建议：①对受灾较轻的燕麦饲草田地块及时组织抢收，进行青贮利用，将损失降到最低；对受灾严重的燕麦饲草田可以选择耕翻地，追施绿肥，或者作为放牧地利用。②燕麦种子田，根据受灾程度，及时收获，确保能收获一定的种子，尽可能挽回损失；对燕麦种子田受害严重、甚至绝收的地块，等田间含水量降到一定程度后，采取小型割草机收获，作为饲草利用；③门源示范县作为青海省重要的油菜生产基地，油菜受灾面积较大。对受灾的油菜田，通过咨询国家牧草产业技术体系青贮岗位玉柱老师后，建议开展微贮，作为饲料利用。

（4）重大旱情的应急处理。

2016年7、8月份，呼伦贝尔大部分地区接连出现持续高温天气，草原降雨量严重不足，致使土壤失墒，天然草场大面积枯黄，草群盖度、高度、产草量大幅下降。呼伦贝尔市平均降水量和气温均为现有气象记录以来同期最少和最高值。牧区发生自1953年有气象记录以来最严重干旱。7月初，在陈巴尔虎旗针茅退化草地，就发现冷蒿干旱致死的现象。

为切实了解呼伦贝尔地区的受灾情况，配合政府救灾工作与灾后预防，呼伦贝尔综合试验站杨桂霞站长及其团队成员徐丽君、王笛、李达等人对全区及周边地区进行广泛调研并及时提出一些救灾建议，应尽早启动2016年度越冬储备饲草料供给渠道、储备量的落实，越冬基础母畜的保障措施等建设性方案。同时，提出为保证呼伦贝尔草牧业健康发展，应加强天然草原合理利用、水利工程修建、优质饲草地建设、农作物秸秆青贮率提升等建议。实现种植业结构调整，有限的土地面积获得最大化的生态、生产双收益，是今后呼伦贝尔地区草牧业发展必经阶段。

（5）对低温冻害的应急处理。

内蒙古及宁夏地区于均于5月份发生连续低温冻害，对苜蓿生产产生了严重影响。2015年呼伦贝尔地区平均各地的降雪月份，要比历年推迟20~30 d，与往年相比，降雪量少，造成在一部分地区苜蓿发生冻害，不能安全越冬，加之2016年5月比往年温度偏低，对部分已经越冬返青的苜蓿幼苗造成了灾难性的冻伤，苜蓿大面积死亡。因此呼伦贝尔综合试验站团队成员徐丽君博士与栽培管理岗位科学家孙启忠研究员一起，于2016年6月15~18日对呼伦贝尔地区苜蓿种植大户苜蓿越冬进行了实地调研。调研中发现极端天气已经对苜蓿越冬造成重大影响，在调研的样地中，出现了200hm^{2}连片苜蓿死亡的现象，这给苜蓿种植户带来了巨大的经济损失。结合调研情况，呼伦贝尔站总结出适宜的品种是苜蓿建植的首要问题，同时，也获得了第一手呼伦贝尔地区极度年份出现可安全种植生产的苜蓿品种名录。后续进行了跟踪调查，并进行了抗寒性苜蓿材料的收集。由此也发现一些问题，合理的优质牧草种植结构也是保障饲草料储备的重要前提，多年生牧草与一年生牧草只有进行合理的优化配置，才能起到事半功倍的作用。

同样，5月上中旬宁夏南部山区苜蓿连续3次受到低温冻害影响，影响面积达到6 667hm^2，头茬苜蓿草受灾严重，接到相关企业和县区草原站的灾情电话时，正在下乡的张蓉站长及时调整路线，带领团队成员赴受灾严重区域原州区寨科乡调查，提出喷施叶面肥、提前刈割等补救措施。

（6）其他重大灾害的应急处理。

2016年，全国各地区还发生了病虫害、台风等重大灾害。为此，牧草体系多个岗位和试验站积极应对，紧急采取应急防治措施。

受台风“电母”影响，热带牧草育种岗位试验基地布置的田间试验及种质评价区内材料受损严重。8月17~18日，岗位专家们根据天气情况及时对试验地进行排水，并对淤积严重的地块进行了清淤保苗。受台风“莎莉嘉”影响，儋州试验基地、昌江试验基地田间试验浸水严重，大型禾草倒伏严重，田间配套设施（网室、大棚）部分受损。10月18~19日，岗位集中在儋州和昌江基地进行田间排水、试验田清杂等工作。并于10月20~21日，赴海口、文昌、琼海进行风后灾情调研，先后走访了海口扬丰村种养专业合作社、海南三牧牧业有限公司等地，就台风后的防疫、粗饲料饲喂安全、草地恢复生产等进行了交流指导。

病害防控岗位为赤峰综合试验站提供技术支撑，确定了造成阿鲁科尔沁旗紫花苜蓿大面积死亡的病原菌为拟茎点霉（*Phomopsis* sp.），并建议通过滴管过程中用化学药剂灌根的技术，防治该根腐病。

恩施试验站为应对今年冬季冰冻灾害，按照《全省农业科技专家应对雨雪冰冻灾害天气开展科技抗灾救灾行动方案》，该站制定了《山羊雨雪冰冻天气营养调控防控技术要点》《奶牛雨雪冰冻天气营养调控防控技术要点》和《肉牛雨雪冰冻天气营养调控防控技术要点》应急预案，并整理成册。

（7）针对企业、合作社等突发事故的应急处理。

2016年11月28~29日，青岛综合试验站站长孙娟教授及团队成员苗福泓、刘洪庆等前往烟台龙口格润富德农牧业有限公司的苜蓿生产基地，针对该苜蓿田出现的大面积苜蓿苗死亡问题展开了调研与技术指导工作。调研中发现，该企业苜蓿种植基地存在整地不平和盲目灌溉的双重问题是导致苜蓿出苗后大面积死亡的主要原因，由于该区域秋季干旱少雨，苜蓿种植后为了保障水分，管理人员采用多次灌溉的方法管理苜蓿田，其灌溉标准为地面不能干燥。经过田间勘查发现，多数苜蓿苗因为出于低洼地被涝死，而地势高的区域苜蓿苗存活较好。根据这一情况，对于小面积死亡的苜蓿田建议其进行顶凌播种，第二年春季根据雨水情况进行一次性局部合理灌溉补充秧苗；对于大面积死亡而且不平整的苜蓿田需要重新翻耕整地后进行重新播种，并且为其提供了具体种植与管理技术。该企业将于明年发展到 666hm^2 以上，带动周边养殖户发展有机草牧业。

干草设施及机械岗位在 2016 年进行了牧草种植、收获机械化作业大规模试验示范。在试验示范过程中为牧草种植单位，基层农机人员提供了技术服务，其中武川县蒙农农民农村合作社在收草季节中由于收草任务急，工作量大，使得部分搂草机、打捆机出现了故障，尤其是打捆机核心部件打结器。不少打结器的零部件已经损坏，无法正常工作。受雨季的影响，购买新部件已经来不及。岗位专家布库带领团队成员对损坏的搂草机弹齿、打结器进行了诊断。将能够修复的部件当天送回牧草收获中试车间即农业部草原畜牧业装备科学观测实验站进行了修复，将无法使用的部件更换了我团队自主研发的 D 型打结器，同时赠送其一部分易损件部件。保证了武川县蒙农农民农村合作社完成承包牧草收获任务。

6. 继续进行联合攻关试验

“十二五”期间牧草体系共进行了 9 个体系级联合攻关试验，其中 6 个试验已于 2015 年圆满结束，2016 年有 3 个试验在继续深入研究，但部分试验扩大了参与范围，如“粮改饲”轮作模式关键技术研究与示范试验，在综合试验站负责区域试验的基础上，2016 年新增到 18 个综合试验站参加联合试验的研究工作，同时 17 个岗位从各自岗位出发参与。各试验负责人进一步优化了试验方案，通过大家的努力和积极配合，3 个试验进展顺畅，取得了一定的进展，如：

开展了不同苜蓿品种秋眠性与抗寒性的评价，以及不同生态区（新疆、河套灌区等地）旱地苜蓿适应性和生产力研究，明确了不同秋眠性和抗寒性苜蓿在不同生态区的适应性和生产性能，并深入研究了苜蓿根系特征与秋眠性和抗寒性的关系。“粮改饲”轮作模式关键技术研究与示范中，大多数试验站能按联合试验方案观测积累数据，进展顺畅，对改进和筛选适宜当地的牧草耕作制度有支撑作用。尤其是草地管理岗位，完成了“粮改饲”区域布局区划及配套草种资源信息。

7. 推动牧草产业行业标准的制定

体系重点围绕苜蓿、多花黑麦草、雀麦、老芒麦、披碱草、皇草及天然草地等，从建植栽培、收获储藏、品质测定以及种子生产等方面着手，制定了新的技术规程和质量标准。2016 年颁发了 3 项行业标准，12 项地方标准。其中行业标准分别为《苜蓿草田主要虫害防治技术规程》《禾本科草种子生产技术规程 - 多花黑麦草》《禾本科草种子生产技术规程 老芒麦和披碱草》；地方标准为《黄土丘陵区紫花苜蓿生产技术规程》《苜蓿田杂草防除技术规程》《苜蓿主要害虫调查技术规范》《宁夏干旱风沙区退化草原质量提升技术规程》《江夏扁穗雀麦季节性高产栽培技术规程》等。在 2016 中国牧草技术交流研讨会暨产品展示会上，体系将 8 项行业标准和 15 项地方标准汇编成册，即《牧草生产管理技术规范》，发放给参会人员，深受大家好评。这对于实现我国牧草生产的标准化、规范化起到了极大的促进作用。

8. 正式出版《中国现代农业产业可持续发展战略研究——牧草分册》

为贯彻落实党中央、国务院对农业农村工作的总体要求和实施创新驱动发展战略的总体部署，系统总结“十二五”时期现代农业产业发展的现状、存在的问题和政策措施，进一步推进现代农业建设步伐，促进农业增产、农民增收和农业发展方式的转变，在农业部科教司的大力支持下，出版了《中国现代农业产业可持续发展战略研究》系列丛书。《中国现代农业产业可持续发展战略研究—牧草分册》概述了我国牧草产业发展的重要性及发展历程，从牧草育种与种子生产、牧草种植改良、加工贮藏、机械利用、贸易和市场等方面，全面介绍了我国牧草产业发展现状，系统分析了制约我国牧草产业发展的生产要素、市场要素、体质要素等诸多因素；通过借鉴美国、加拿大、日本、澳大利亚、新西兰、欧盟、俄罗斯等牧草产业发展经验，提出中国牧草产业发展战略，内容包括牧草种业、牧草生产管理、加工利用、生物灾害防治、机械装备等各产业链条的战略定位、战略目标、发展重点和区域布局等，确定中国牧草产业发展的政策选择，从市场主体、生产要素、制度支持等方面剖析其可持续发展的需求。

此外，还出版了《云南常见饲用植物》《德宏州草地植物名录》《饲草生产学（第二版）》《牧草及饲料作物栽培学（第二版）》《食草动物饲养学》《饲草生产学》《苜蓿经》《中国牧草经济 2014》《鄂尔多斯高原植物资源图鉴》《内蒙古地区常见苜蓿害虫》《气候变化对草原影响与风险研究》《覆盖作物高效管理》《东北草地常见植物图谱》《红原县常见草本花卉植物图册》《根茎型清水紫花苜蓿特征特性研究》《老芒麦种质资源研究与利用》《牧草机械使用维护与故障排除》《苜蓿水分生理与耐旱研究》19 部著作。

9. 加强数据库建设

在“十二五”原有 22 个数据库的基础上，2016 年新增了 3 个数据库，分别为：草地改良数据库、牧草机械化作业典型案例视屏库和牧草产业生产资料数据库，进一步扩大了数据库监测范围。本年度新增数据量为 55 986 条，总数据量达 513 741 条。其中，牧草主产区土壤肥力、施肥与肥料企业数据库、牧草栽培模式数据库已形成软件，为技术需求者提供支持。牧草生产成本收益、价格和进出口贸易数据库已经成为牧草体系和农业部主管部门制定牧草产业发展相关决策的“数据库”。数据库的建设不仅为牧草研究领域人员提供了大量详实的数据，也对领导决策也具有一定的参考价值。

10. 论文、专著和奖励等

发表学术论文 343 篇；出版专著 21 部；获省部级奖励 21 项，其中一等奖 2 项，二等奖 8 项；已授权专利 105 项，其中发明专利 51 项，实用新型专利 54 项；

获软件著作权 15 项；完成了 15 项标准的颁布，包括 3 项行业标准和 12 项地方标准。

五、交流与合作

1. 加强体系技术与文化宣传建设

8 月 2~4 日，由国家牧草产业技术体系主办的“2016 中国牧草技术交流研讨会暨产品展示会”在新疆昌吉举办。本次会议是在前四届“中国牧草生产技术交流研讨会暨产品展示会”的基础上举办的又一次盛会，大会旨在深度剖析牧草产业发展中存在的关键问题，解决牧草生产与利用中遇到的技术瓶颈，加强科研和企业的合作与交流，进一步促进草畜结合。来自中国牧草产业体系及国内外相关行业专家及企业代表等 600 余人参加了本次会议。本次会议是在国家 " 粮改饲 " 以及国家农业产业技术体系 " 十三五 " 规划中提出加强跨体系合作的背景下，邀请了其他 9 个体系专家做关粮食、经济作物饲用化应用情况的报告，开启体系间交流合作的大门。同时和新疆畜牧科学院第九届学术年会相结合，就“粮改饲”饲草作物生产与利用、苜蓿等牧草高产栽培与田间管理及牧草加工与家畜利用三大议题进行了 9 个主题论坛多方位交流、多维度合作，会议通过实物、展板、讲解等多种方式全方位展示牧草体系和企业的最新技术成果及实用技术，进一步促进体系和企业的深度融合，推动中国牧草产业的健康持续发展。

体系继续与荷斯坦公司合作杂志《牧草技术与市场 Hay Farmer》，2016 年出版 11 期，内容涉及技术专题、草业资讯、专家观点、市场瞭望、牧草饲喂、牧草质量、说草道牧、牧草种植、牧草收贮、草场故事、牧草史话、牧草常识等十多个栏目，旨在积极推动我国牧草种植业科研技术进步和发展，普及牧草种植管理技术知识，提高牧草业生产技术水平和经济效益。

2. 与其他产业体系合作

2016 年，牧草体系积极与奶牛、燕麦荞麦、高粱、谷子糜子、肉牛牦牛、生猪、兔、食用菌、葡萄等体系进行了合作，开展了多项试验研究、科技服务等方面的交流与合作。与燕麦体系开展燕麦品种种子生产特性评价试验及内蒙地区饲用燕麦的引种、筛选和燕麦的青贮试验等方面的合作研究。与高粱体系在赤峰合作开展饲用高粱适应性评价试验；在沧州开展了饲用高粱新品种筛选、高粱青贮技术联合试验研究。与奶牛产业技术体系合作，在沧州联合开展了苜蓿青贮饲喂试验、专用青贮玉米新品种筛选、饲用燕麦栽培等试验研究；与奶牛及食用菌体系合作，联合开展谢尔塔拉农牧场第二牧场的高质量人工牧草供应、三河牛品种改良和粪污综合处理研究。与生猪体系苜蓿型保育猪料、生长育肥猪料、苜蓿型后备、妊娠、哺乳母猪料研发方面开展合作研究。与葡萄体系联合开展真菌制剂防治葡萄根瘤蚜，探索真菌在葡萄根部积累防治害虫新机制。在“十三五”粮改饲背景及加强跨体系合作的要求下，体系间交流合作进一步增多增光增深，对于我国农业现代化的全面发展起到了积极的作用。

3. 继续增进国际交流与合作

2016 年，牧草体系多位专家及团队成员前往美国、西班牙、加拿大、俄罗斯、日本、澳大利亚、爱沙尼亚等以参加国际会议、考察调研、访问参观等方式进行了广泛的交流与学习。通过深入了解牧草种种植资源收集与利用、主要牧草栽培管理、病虫害管理、加工贮藏、草产品品质检测、草种子质量检测、草业机械、天然草地保护与利用等多方面先进技术，掌握国际牧草领域的最新研究现状，并向国外同行介绍我国在本领域取得的新成就，达成开展合作研究的协议。如 9 月，王赞、刘贵波、王志锋等人应邀访问了俄罗斯瓦维洛夫植物遗传资源研究所，经交流讨论，同意在现有合作基础上进一步深化牧草种质资源的合作研究；沧州试验站从法国、匈牙利、加拿大引进了毛叶苕子、紫花苜蓿、黑燕麦等饲草新品种，并与法国专家联合开展了冬季覆盖作物套播、复种、单播、混播试验研究，与法国方面专家达成意向联合申请国际合作项目；辛晓平及其团队以草地放牧系统与优化管理技术为核心，联合澳大利亚国立环境研究所、美国科罗拉多州立大学、密西根州立大学、英国洛桑研究机构、苏丹农牧业研究中心等，开展了全球草地放牧系统对比研究；多个岗站多个专家、站长及团队成员参加相关领域国际大会并作报告或展示，如草地管理岗参加 2016 年欧洲地球科学联盟会议并作报告、青贮设施与机械岗位参加 ASABE 国际会议并做报告、产业经济岗位参加 2016 年肉牛绵羊全球论坛并作主旨报告、豆科牧草育种岗位参加北美苜蓿改良大会并作墙报展示等。同时，注重后备人才的培养，多位硕士、博士前往美国、日本等发达国家进行牧草生产技术学习。

此外，邀请法国、美国、新西兰、俄罗斯、加拿大、日本等多国专家来华访问交流，并达成相关合作协议。新西兰林肯研究中心、国际生物防治组织（OIBC）亚洲和太平洋地区（APRS）副主席 Mark Richard McNeill 教授来访两个月，并拟签订合作协议；中国农科院植保所与新西兰林肯研究中心合作协议；新西兰驻华大使 Al Ross 参赞、Chat Tustin 参赞与牧草虫害防控岗位就具体深入合作的领域及意向进行座谈；The Samuel Robert Noble Foundation 研究所牧草改良中心的博士后柴茂峰前往青岛综合试验站进行交流，主要针对豆科牧草的种子休眠问题展开交流与讨论，随后，青岛综合试验站与 The Samuel Robert Noble Foundation 研究所建立了交流访问合作关系；俄罗斯瓦维洛夫作物研究所所长久班克 • 尼古拉一行两人到东营试验站进行交流访问，就牧草种质资源收集与保存、品种选育、牧草栽培与草产品加工利用等方面的科研创新与研究进展进行了交流学习，为今后双方进一步合作奠定了基础。

（国家牧草产业技术体系首席科学家，张英俊）

表 6-2 2016 年（过渡年）牧草产业技术体系人员基本信息

岗位 / 试验站	姓名	地址	工作单位
抗逆育种	徐安凯	吉林省公主岭市东兴华街 186 号	吉林省农科院畜牧分院
种质资源评价	王　赞	北京市海淀区圆明园西路 2 号	中国农业科学院北京畜牧兽医研究所
禾本科牧草育种	张新全	成都市温江区惠民路 211 号	四川农业大学动物科技学院
热带牧草育种	刘国道	海南省儋州市宝岛新村	中国热带农业科学院热带作物品种资源研究所
豆科牧草育种	杨青川	北京市海淀区圆明园西路 2 号	中国农业科学院北京畜牧兽医研究所
种子扩繁	毛培胜	北京市海淀区圆明园西路 2 号	中国农业大学草地研究所
旱作栽培	孙启忠	内蒙古呼和浩特市乌兰察布东路 120 号	中国农业科学院草原研究所
高产栽培	张　博	新疆乌鲁木齐市沙区农大东路 311 号	新疆农业大学草业与环境科学学院
草畜平衡	张英俊	北京市海淀区圆明园西路 2 号	中国农业大学草地研究所
草地管理	辛晓平	北京市海淀区中关村南大街 12 号	中国农业科学院农业资源与农业区划研究所
草地生产力监测	宝音陶格涛	内蒙古呼和浩特市大学西路 235 号	内蒙古大学
草地改良	刘　刚	成都犀浦四川省草原研究所	四川省草原科学研究院
土壤肥料与施肥	李向林	北京市海淀区圆明园西路 2 号	中国农业科学院北京畜牧兽医研究所
草田轮作与耕作制度	师尚礼	甘肃省兰州市安宁区营门村 1 号	甘肃农业大学
病害防控	南志标	甘肃省兰州市嘉峪关西路 768 号	兰州大学草地农业科技学院
虫害与生物防控	张泽华	北京市海淀区中关村南大街 12 号	中国农业科学院植物保护研究所
干草贮藏与加工	格根图	内蒙古呼和浩特市鄂尔多斯大街 29 号，内蒙古农业大学新区生命科学楼 828	内蒙古农业大学草原与资源环境学院
青贮技术	玉　柱	北京市海淀区圆明园西路 2 号	中国农业大学草地研究所
草产品加工利用	史莹华	河南省郑州市文化路 95 号	河南农业大学牧医工程学院
青贮设施与机械	王德成	北京市海淀区清华东路 17 号	中国农业大学工学院
干草设施与机械	布　库	内蒙古呼和浩特市乌兰察布东路 120 号	中国农业科学院草原研究所
产业经济	王明利	北京市海淀区中关村南大街 12 号	中国农业科学院农业经济与发展研究所
呼伦贝尔综合试验站	杨桂霞	北京市海淀区中关村南大街 12 号	呼伦贝尔市草甸草原研究中心
乌兰察布综合试验站	殷国梅	内蒙古呼和浩特市玉泉区 22 号	内蒙古自治区农牧业科学院
赤峰综合试验站	梁庆伟	内蒙赤峰市松山区农研	内蒙古自治区赤峰市农牧科学院草原研究所
沧州综合试验站	刘忠宽	石家庄市和平西路 598 号	河北省农林科学院草业研究室
昌吉综合试验站	李学森	新疆乌鲁木齐市经济技术开发区（头屯河区）阿里山街 468 号	新疆维吾尔自治区畜牧科学院草业研究所
海北综合试验站	刘文辉	西宁市生物科技产业园纬二路 1 号	青海省畜牧兽医科学院草原所
阿坝综合试验站	白史且	四川省成都犀浦四川省草原研究所	四川省草原科学研究院
绥化综合试验站	陈积山	黑龙江省哈尔滨市南岗区学府路 368 号	黑龙江省农业科学院草业研究所
咸阳综合试验站	杨培志	陕西省杨凌示范区西农路 22 号	西北农林科技大学动物科技学院草业科学系
恩施综合试验站	刘　洋	湖北省武汉市武昌南湖瑶苑特 1 号	湖北省农业科学院畜牧兽医研究所
盐城综合试验站	顾洪如	江苏省南京市玄武区钟灵街 50 号	江苏省农业科学院
东营综合试验站	盛亦兵	山东省济南市工业北路 202 号	山东省农业科学院
黔南综合试验站	莫本田	贵州省贵阳市小河区金竹镇	贵州省农业科学院 / 贵州省草业研究所
德宏综合试验站	薛世明	云南省昆明市官渡区小哨	云南省草地动物科学研究院
鄂尔多斯综合试验站	王育青	内蒙古呼和浩特市乌兰察布东路 120 号	中国农业科学院草原研究所
衡水综合试验站	刘贵波	河北省衡水市胜利东路 1966 号	河北省农林科学院旱作农业研究所
太原综合试验站	石永红	山西省太原市小店区平阳南路 150 号	山西省农业科学院畜牧兽医研究所
资阳综合试验站	林超文	四川省成都市静居寺路 20 号	四川省农业科学院土壤肥料研究所
盐池综合试验站	张　蓉	宁夏银川市黄河东路 590 号	宁夏农林科学院植物保护研究所
塔里木综合试验站	马春晖	新疆阿拉尔市塔里木大道塔里木大学 29 号楼 332 宅	石河子大学
青岛综合试验站	孙　娟	山东省青岛市城阳区春阳路	青岛农业大学动物科技学院
西藏综合试验站	拉　巴	西藏拉萨市城关夺底路 56 号	西藏自治区农牧科学院畜科所

2016 年度牧草产业技术创新战略联盟建设情况

牧草产业技术创新战略联盟 2016 年度积极实践国家重点发展战略、国家创新驱动发展战略纲要，响应国家创新发展号召，通过不断完善联盟组织机构，创新联盟运行机制，提高服务产业发展、引领技术创新的能力，从全产业链出发，建立与企业、政府、科研机构的全方位合作，促进草业科技成果转化，在加快草产业政、产、学、研、用一体化创新方面取得长足的进步。

一、联盟组织机构及运行机制创新

1. 继续完善联盟创新研发平台构建工作

联盟 2016 年度批准成立第二批研发平台共计 13 个，新增联盟重点实验室 7 个、联盟工程技术研究中心 2 个、联盟产业示范基地 4 个。

2. 新建联盟下属机构，全方位提升联盟产业技术创新力量

2016 年度共成立联盟下属机构共计 13 个。与中国农业大学建筑规划设计研究院、北京东方畅想建筑设计有限公司共同成立联盟草业工程设计所；与北京未来实验技术研究应用中心共同成立联盟分析测试中心；与北京百迈客生物科技有限公司共同成立联盟基因研究中心，并依托中国农业大学、中国科学院植物研究所、北京市农林科学院、兰州大学、北京奥科美技术服务有限公司等单位成立了 10 个联盟专业委会。

3. 不断提升联盟产业技术研究院自主创新能力

2016 年联盟产业技术研究院继续以市场为导向、产品开发为抓手、服务行业为宗旨，依托联盟开展草业及相关行业全产业链产学研协同创新，开展基础性、前瞻性、战略性、公益性、关键性技术研发，取得了显著成绩，完成多项专利，并在多个省级重点研发项目中承担主要科研任务。同时在河北、山西、甘肃等地完成多项技术成果转化服务项目，引领产业快速发展。

4. 定期召开会议

定期召开联盟理事会、专家委员会会议，提高联盟运行效率；按需召开联盟秘书处会议，及时解决联盟日常工作中出现的问题。

5. 继续健全联盟宣传平台

本年度新增《草学》杂志作为期刊板块，并不断完善已有宣传平台。联盟网站升级了产业技术、成果、政策、新闻、大型活动信息发布宣传功能，更加直观清晰；新增产品技术线上交易、会员加入等线上功能投入使用后，大幅提高了联盟宣传工作效率。

二、联盟创新工作成效

1. 积极开展科技创新活动

全面完成“十二五”国家科技支撑计划项目验收工作。该项目成果丰硕，经济社会效益显著，超额完成了目标任务，显著提升了联盟研发水平和管理能力，为联盟夯实了重要的科技创新基础。育成新品种（系）27 个，获得省部级奖励 35 项，专利 94 项，制定标准 38 项，发表科技论文 256 篇。

联盟产业技术研究院开展科技创新取得初步成效。2016 年度研究院主要开展青贮及干草调制、能源草育种、机械技术研发工作；已申请发明专利、实用型专利 3 项，获得专利 1 项；发表论文（SCI）3 篇；参与编写专著《果园生草及草地利用》。汇集研发力量以及优势企业共同打造苜蓿青汁、苜蓿乳酸菌片两款全新产品，跻身大健康产业发展行列。

2. 与企业深度合作成效初显

本年度联盟与企业深度合作初见成效：与四川高福记生物科技有限公司携手打造青贮乳酸菌和饲用益生菌（乳酸菌\酶制剂等）产、学、研、销一体化平台；与北京百斯特草业有限公司合作开展“林间组合”优质草种新产品开发推广，目前“林间组合”完成研制，市场表现良好；与石家庄鑫农机械有限公司合作开展一体化小型青贮裹包机、果园（林下）机械等草牧业机械、设备研发与技术推广。

3. 创新发展成果不断，继续获批北京市联盟建设科技专项

联盟以出众的创新发展成效连续 3 年获得北京市联盟建设科技专项，该项目在发挥联盟凝聚、整合创新资源、推动产业创新、跨界融合等方面起到支撑作用，为联盟规范自身建设，开展跨界协同创新，提升对国家重大战略、产业发展及转型升级提供支撑，更好地为联盟在大众创业、万众创新方面开展实质性促进工作提供保障。

4. 积极推进对外战略合作，与甘肃省定西市合作建设中国西部草都

2016 年 9 月，由联盟与甘肃省定西市人民政府共同主办的中国西部草都高层论坛顺利举行，汇集国内外专家学者、企业家、金融人士参加，制定了通过发展苜蓿、青贮玉米、燕麦、猫尾草、红豆草、红三叶等牧草种植和奶牛、肉牛、肉羊养殖，培育草畜旗舰企业，打造“定西”牌饲草、草食畜禽产品高端品牌，提升中国西部草都的产业影响力和竞争力。

5. 遴选发布 10 大产品，加快科技成果转移转化

2016 年联盟为加快技术和成果转移转化，遴选发布联盟第一批 10 个重大产品。产品主要涵盖了种业、饲料添加剂、设备制造、健康食品等领域，分别是苜蓿青汁、苜蓿乳酸菌片、全天候组装式别墅鸡舍、壮乐美青贮发酵剂、林间组合草种、龙牧系列草种、龙牧系列羊草和紫花苜蓿草种、“川农 1 号”多花黑麦草草种、“中科 1 号”羊草草种、“鄂牧 2 号”白三叶草种、桂闵引狼尾草。

6. 积极开展联盟国际合作，推进联盟走出去

2016 年，联盟积极践行国家“一带一路”重点战略，在柬埔寨开展牧草种植利用综合项目，该项目得到了柬方的大力支持，已完成前期考察工作。该项目不仅为柬埔寨草畜产业提供了良好的发展机遇，同时也提高了联盟开展实施国际项目的综合能力。

7. 打造品牌会议，促进行业组织交流

通过“青贮及牧草保存学术研讨及产业展览会”和“‘草畜 +’一体化学术交流暨产业发展研讨会”两大品牌会议，联盟更广泛、更深入地服务草产业创新发展。

2016 年 6 月 15~18 日，由联盟主办的第一届“草畜 +”一体化学术交流暨产业发展研讨会在江苏扬州成功召开，会议以“种养结合、高效循环、优质安全”为主题，完成了国内首次以草畜一体化为核心的产业深度交流。中国农业大学李德发院士在会议开幕式上指出：联盟举办草畜一体化会议的形式很好，希望联盟将各种资源整合在一起推进草畜产业发展，并要大力加强创新。同时，对联盟的创新工作给予充分肯定。会议从饲草料资源开发、加工与转化利用、种养循环、信息化、有机产品认证、观光牧场、大型沼气工程、生物有机肥等重要环节全产业链进行学术交流与产业发展研讨，交流了产业领域新成果、新进展、新技术，积极推动草畜一体化进程。

会议吸引了国内外参会人员 400 余人，以及众多企业参加了展览活动，促进产、学、研全产业深度交流，进一步挖掘了技术服务需求，达成多项合作协议。

8. 不定期召开现场观摩会，促进技术和模式推广应用

2016 年 4 月 17 日，由联盟与北京市农林科学院共同举办的全国首届林 – 草 – 鸡复合系统现场观摩会在北京大兴顺利举行，向来自全国各地的参会代表全方位地展示了林 – 草 – 鸡复合系统的原理、关键技术及成效，促进了该模式的推广与应用。

2016 年 6 月 8 日，联盟与中国科学院植物研究所成功举办全国中科院羊草现场观摩会，向各地代表详细介绍了羊草作为我国北方的重要牧草，在生态治理、粮改饲、林下种养殖等方面的应用与未来发展潜力。

2016 年，联盟牢固树立和贯彻落实创新、协调、绿色、开放、共享的发展理念，主动适应经济发展新常态，以创新驱动为动力，以深度调整为契机，立足实际，巩固传统优势，加快培育竞争新优势，为草业发展作出了新的贡献。

表 6–3 国家牧草产业技术创新战略联盟 北京华夏草业产业技术创新战略联盟 成员单位

单位名称	单位名称
中国科学院地理科学与资源研究所	江苏省农业科学院
中国科学院植物研究所	西北农林科技大学
中国农业大学	山东农业可持续发展研究所
四川农业大学	四川省草原科学研究院
山西农业大学	重庆畜牧科学院
内蒙古农业大学	北京市农林科学院
兰州大学	黑龙江省农业科学院草地研究所
河南农业大学	广西畜牧研究所
西南大学	四川畜牧科学研究院
扬州大学	贵州大学
上海交通大学	北京克劳沃草业技术开发中心
南京农业大学	江苏乡野农业科技有限公司
东北农业大学	黑龙江兰胜草业科技发展有限公司
宁夏大学	内蒙古华农机械有限公司
西南民族大学	北海市绿邦生物创景有限公司
江西农业大学	秋实草业有限公司
河北省农林科学院	西部草王牧业有限公司
黑龙江畜牧研究所	四川省川草生态发展有限公司
辽宁省畜科院	甘肃现代草业发展有限公司
湖北省农业科学院畜牧研究所	甘肃民祥牧草有限公司
华南农业大学	新疆丝路草业（集团）有限公司
郑州大学	阿鲁科尔沁旗京都农业科技有限公司

（国家牧草产业技术创新战略联盟，北京华夏草业产业技术创新战略联盟，北京助尔生物科学研究院）

引导产业发展　推动技术创新
——乳业联盟2016年工作情况

2016年乳业产业技术创新战略联盟（以下简称联盟）在科技部的指导下，在联盟理事长和秘书长的领导及各盟员单位的大力支持下，联盟的工作取得了一定的成绩，为进一步的发展奠定了坚实的基础。

一、联盟的组织运行情况

召开联盟理事会1次、专家技术委员会3次，聘请科技经费管理专家对承担国家项目的盟员单位进行项目检查2次；召开乳业年会1次；召开秘书处工作例会4次；聘请专家技术委员会专家为盟员单位咨询20余次。

二、联盟的创新活动

1. 联盟组织实施承担国家十二五科技支撑项目

“十二五”期间，乳业联盟作为试点联盟之一，作为项目组织单位，负责组织实施国拨经费9 650万元的国家科技支撑项目《乳制品综合加工技术与质量安全控制体系》，此项目以面向盟员单位征集的32个技术需求为基础，以3次专家会议讨论通过的产业技术方向为引领，从满足国家需求、服务国家利益、兼顾地方利益、突出企业示范作用的角度出发，提炼出产业急需解决的共性关键性问题，形成12个项目建议并被科技部予以采纳。组织16所大学、6个研究所、21家乳品企业等42家单位，包括东北农业大学、江南大学和中国农业大学等食品领域的“985”和“211”高校，国家乳业工程技术研究中心、乳业生物技术国家重点实验室（光明）、2个教育部重点实验室（东北农业大学、内蒙古农业大学）等国家级研究机构，伊利、光明、三元、完达山等乳业前10强企业，围绕乳品行业发展中的乳品质量安全、产品同质化严重、设备依赖进口等核心问题，重点开展了乳制品产品开发、乳品关键设备与包装材料研制、乳品关键危害因素检测和控制以及特色乳资源加工技术等研究。

2. 以联盟单位为主体实施的科研项目

联盟成员单位自筹资金开展科技创新项目：北京三元食品股份有限公司开展研发《母乳配方乳品核心辅料制备技术》；圣元食品股份有限公司与国家乳业工程技术研究中心开展《母乳化低聚半乳糖的研究》；中国农业科学院农产品加工研究所开展《质谱技术测定消化肽段种类及含量》研究；石家庄君乐宝乳业与四川大学合作开展《副干酪乳杆菌N1115改善大鼠代谢综合征的效果观察》，与中国工商大学合作开展《副干酪乳杆菌N1115抗后酸化菌株的选育及应用研究》；宁夏塞尚乳业与中国农业大学以及国家乳业工程技术研究中心合作开展《天然稀奶油新品开发项目》《高蛋白饮料新品开发项目》《蛋挞稀奶油新品开发项目》以及《咖啡稀奶油新品开发项目》等9项研究，以解决企业新产品开发、产品升级和具体技术问题为主，经费累计近2 000万元；联盟还积极组织盟员单位申报各类课题，为盟员单位沟通、协调、提供技术支撑，以联盟成员单位为主体承担国家科技计划项目15项，承担省部级科技项目32项。

三、联盟带动产业发展成果

1. 形成新技术、新工艺86项

（1）建立关键危害物检测技术，形成消减及控制技术36项。

建立了乳制品中农药、兽药、生物毒素和违禁添加化学物等快速免疫检测方法15种；开发了液态奶超高压冷杀菌技术1项；建立17种真菌毒素标准品LC-MS/MS的检测方法和3种真菌毒素的ELISA快速检测技术。

（2）研发适合发酵乳生产的发酵剂开发技术4项。

开发了包括乳酸菌高密度培养、高活力冻干保护、高活性发酵剂制备、液氮深冷造粒、微胶囊活性保持等在内的应用关键技术4项。

（3）提升乳品质量羊奶脱膻技术8项。

创新酸奶“烧”制新工艺、益生菌弱化技术、改性乳蛋白工艺、“母乳化”婴幼儿配方乳粉技术、低聚糖制备技术、低乳糖功能乳生产工艺和羊奶脱膻技术等8项。

（4）开发膜浓缩新技术5项。

开发了低温除菌技术、乳蛋白超滤浓缩技术、纳滤浓缩技术、高蛋白物料喷雾干燥、MPC加工废水反渗透回收技术。

（5）研发乳重要组分分离、检测和乳清蛋白应用新技术12项。

建立了高纯度高产率的乳铁蛋白新型分离技术1项；开发了牛乳过氧化物酶快速检测技术1项；开发了乳清蛋白超滤、薄膜蒸发及喷雾干燥制备技术3项；确立了膜法乳清蛋白制备在线热改性技术1项；开发了乳脂肪替代聚合乳清蛋白和高凝胶型聚合乳清蛋白在乳及谷物乳酸发酵应用技术2项；建立了不同聚合乳清蛋白纳米生物活性载体微粒制备技术4项。

（6）开发干乳加工新技术9项。

建立红曲霉、益生菌、开菲尔、夸克等 6 种原制奶酪生产关键技术；开发了 α-La 乳清浓缩蛋白膜分离制备技术 1 项；构建了牛乳 α-乳白蛋白及 β-酪蛋白为基础的母乳化婴儿配方粉技术 1 项；开发了母乳化植物油微胶囊包埋技术 1 项。

（7）建立乳品无菌灌装技术、热敏性物料的无菌在线添加技术及其产品品质控制技术体系等技术 4 项。

开发了高速无菌灌装机不停机自动飞接纸卷、纸筒 CCD 检测自动纠偏、终端弹性滚轮侧压成型关键技术 3 项；建立了原料乳耐热酶快速检测技术 1 项。

（8）形成具有自主知识产权的特色乳制品加工综合技术等 10 项。

基于水牛乳原料乳真实数据库的原料水牛乳品质控制技术 1 项、水牛乳掺假检测技术 1 项、快速检测农药试剂盒 1 个、高品质发酵水牛乳加工技术 1 项、长货架期发酵水牛乳加工技术 1 项、基于天然酸马奶菌群特征的工业化发酵马乳加工技术 1 项、水牛乳干酪加工技术 1 项、具有辅助降血糖功能的发酵骆驼乳加工技术 1 项、高活性多菌株益生菌发酵乳（饮料）加工技术 1 项、Mozzarella 干酪制备技术 1 项。

2. 开发新产品 93 个

（1）开发了新一代“金领冠呵护”系列母乳化婴幼儿配方奶粉产品 3 个；超级爱力优和舒释爱力优母乳化婴儿配方粉产品 2 个。

（2）开发了包括“南京味道”“益点益滴”等发酵乳和发酵剂在内的相关产品共 16 个；新鲜干酪 6 种，耐高温食品、比萨、涂抹等用途的再制奶酪 6 种；离子改性 WPI 及发酵乳清蛋白粉产品 1 个。

（3）开发布朗旎烧酸奶、低聚半乳糖、低乳糖功能乳、富含小分子肽发酵乳、低膻味羊酸奶 5 种；开发 MPC60、MPC70、MPC80、无糖酸奶、高蛋白营养棒、低蛋白营养粉、发酵乳清饮料、乳清饲料粉新产品 8 种。

（4）开发了浓缩乳清蛋白酸奶、乳清蛋白聚合物等乳清蛋白新产品 17 种。

（5）开发了新鲜水牛乳奶酪、水牛奶等特色乳产品 14 个。

（6）开发乳源性脂肪替代物和高凝胶稳定型聚合乳清蛋白果胶替代物 2 种。

（7）开发了新型无铝箔 PVA 纸塑复合无菌包装材料 1 种。

（8）形成快速免疫检测产品 10 种；开发了 LAMP 结合横向流动试纸条 1 项、β-内酰胺酶免疫层析胶体金试纸条 1 项。

3. 研制新设备 27 台 / 套

（1）开发小型移动生奶收集系统 1 套。

（2）开发监控追溯装置 4 套。

（3）开发乳品加工微滤设备、超滤设备、纳滤设备、反渗透设备、废水回收反渗透设备、乳清蛋白回收酶膜反应器等新装置 6 套。

（4）研制乳清蛋白聚合反应装置 1 套 、聚合乳清蛋白粉制备装置 1 套。

（5）开发了高效机械蒸汽再压缩式蒸发器、上进风上排风三段式低温干燥塔、新型抗粘附表面特性列管加热器、自清洗功能的密封式流化床等 4 台 / 套；研制了抗粘附表面特性浓缩及干燥中试装置 1 台套；设计了适于浓奶杀菌的蒸汽直喷式杀菌器 3 套。

（6）研制出 16 000 包 /h 的高速无菌灌装机 1 台 / 套；研制了可使用无铝箔 PVA 纸塑复合无菌包材的无菌灌装机 1 台 / 套；开发了基于膜技术的无菌在线添加设备 1 套。

（7）研制出奶酪的切割装置、简易取样装置 3 台 / 套。

4. 建立中试线 22 条，示范线 37 条

（1）内蒙古伊利集团创新中心建立了产能 25kg/h 中试生产线 1 条；在伊利乳业建立了母乳化婴幼儿配方奶粉的年产 2 万 t 和 3 万 t 生产线各 1 条。

（2）光明乳业建立了 7 条发酵乳生产线、1 条发酵剂中试线，南京卫岗乳业建立了 1 条发酵乳生产线。

（3）建立奶酪生产线 6 条，中试生产线 4 条。

（4）建立产能 500t 的羊酸奶示范线 1 条、6 000t 烧酸奶及 6 000t 婴配粉示范生产线各 1 条。

（5）建设日处理 400tMPC 生产基地，一期处理 200t 原料奶；建设乳清营养奶牛饲料粉和乳糖粉生产线各一条；废水回收利用反渗透中试线一条，处理量 15t/d，废水回收率 85% 。

（6）建立了牛乳中乳铁蛋白中试生产线 1 条和过氧化物酶的中试生产线 1 条。

（7）建立聚合乳清蛋白脂肪替代物及其低脂酸奶示范生产线与高凝胶稳定型聚合乳清蛋白果胶替代品及其酸奶示范生产线各 1 条，中试生产线 3 条。

（8）陕西百跃建立了日处理原料奶 300t 的低温乳粉生产示范线；建设了试验型机械蒸汽再压缩式蒸发器及高效节能喷雾干燥塔中试线 2 条。

（9）建立了无铝箔包材及配套无菌包装机中试示范线 1 条；建立了高速无菌灌装机示范线 1 条；建立了热敏物料无菌在线添加技术中试示范线 1 条；建立了可食性淀粉膜中试生产示范线 2 条。

（10）建立了采用直喷式蒸汽杀菌的乳粉中试生产线 2 条，生产示范线 3 条。

（11）在天津九鼎医学生物工程有限公司建立了快速检测试剂盒和试纸条生产线各 1 条。

（12）建立了 6 条特色乳生产示范线及 2 条水牛乳中试生产线。

5. 建立生产示范基地 10 个

（1）形成再制奶酪示范基地 1 个，建立奶酪烘焙应用中心 1 个。

（2）建成 4 万 t/ 年的婴幼儿配方乳粉和 25 万 t/ 年液态乳的乳品链质量安全监管系统应用示范基地 2 个。

（3）建设日处理 400tMPC 生产基地 1 个。

（4）建立了年产 30~50 台 / 套浓奶直喷式蒸汽杀菌设备生产基地 1 个。

（5）建设水牛乳生产基地4个。

6. 制定规范及申报标准76项

（1）建立婴幼儿配方乳粉相关标准14项。

（2）制定《比萨奶酪感官质量评鉴细则》和《耐温奶酪感官质量评鉴细则》，主持编制2项行业标准和3项企业标准。

（3）制定乳清蛋白应用产品相关标准及产品质量评价体系15项。

（4）制定相关MPC产品及质量控制标准文件8项；膜设备地方标准1项，企业标准3项。

（5）制定乳铁蛋白和乳过氧化物酶企业标准各1项，完成并申请“食品中bLF含量的测定”标准的制定；完成并申请“食品中LP含量的测定”标准的制定。

（6）编制干乳制品加工设备企业标准3项，技术规范3项。

（7）形成特色乳制品技术标准/技术规范16套，制定与修订“生水牛乳”“巴氏杀菌水牛乳”及“水牛乳及其制品中掺入牛乳的定性检测PCR法”3个广西食品安全地方标准；制定“蛋白肽调制乳”“调制水牛乳”2个企业标准；制定特色乳产品生产技术规范11个。

（8）制定2项检验检疫行业标准；编制检验检疫标准草稿2项。

（9）蛋白膜相关标准2项。

7. 其他成果

（1）建立了3 547株乳酸菌的资源信息共享平台；建立了功能性乳酸菌高效筛选模型近10种，并以此开发了具有自主知识产权的优良乳酸菌11株，并完成了4株优良乳酸菌菌种的全基因组测序工作；建立奶酪用菌种库1个。

（2）建立基于物联网的乳品质量安全追溯系统和乳制品私有云平台，实现了20余种产品的全程可追溯。

（3）建设微滤、超滤、纳滤、反渗透小型乳品加工中试线一条，处理量200L/h 。

（4）建立年产1 500kg微胶囊中试生产线1条；建立批次处理1t微胶囊喷雾干燥生产线1条。

（5）经抗黏附列管表面光整加工技术形成的镜面级不锈钢蒸发管，抗乳蛋白结垢能力提高30%~50%；所形成的抗黏附列管蒸发器，设备清洗周期延长35%~50%，清洗用水量减少30%~50%。新型MVR高效浓缩设备节能50%；节能喷雾干燥设备节能15%。新型一体化密封式流化床有效控制乳粉后污染，尤其是阪崎杆菌污染；高效捕粉设备提高细粉回收率2%。

（6）UHT乳品质评价方法及UHT乳货架期预测模型1个。

（7）明确了蜡样芽孢杆菌污染水平及消长规律，构建了预测模型；建立克罗诺杆菌的表型、抗性、遗传等多种特征的分型数据库1个；建立了关键致病菌的污染可追溯体系。

（8）分析了我国母乳中α-乳白蛋白、β-酪蛋白等营养成分，进一步完善了母乳数据库。

（9）筛选出适合于奶酪加工的乳酸菌和霉菌共960株，筛选出高产凝乳酶的菌2株。

（10）建立了优质乳酸菌高效筛选模型近10种，并以此开发了具有自主知识产权的优良乳酸菌11株，完成了4株优良乳酸菌菌种的测序工作，并公布了全基因组。

（11）从物理改性、化学改性及酶法改性三个方面，获得不同改性条件下蛋白与表面电位、粒径大小、蛋白质相互作用、微观结构、黏度等方面相关性；阐明了乳清蛋白/改性乳清蛋白与多糖/酪蛋白大分子之间相互作用体系及作用规律。

（12）开发了高效机械蒸汽再压缩式蒸发器、上进风上排风三段式低温干燥塔、新型抗粘附表面特性列管加热器、自清洗功能的密封式流化床；价格为国外进口设备的25%~35%。

（13）通过深加工开发，推广特种乳畜科学饲养技术，促进饲养，直接经济效益1.63亿元；累计新增产值8.92亿元，新增利税1.1亿元；成年奶水牛饲养规模达到4.49万头，产奶马1.26万头，每年可为奶农增加收入35 862万元；在生产、销售、管理等方面，新增就业岗位2 210个；解决9 177个农村剩余劳动力。

8. 联盟服务产业情况

（1）承办2016年中国国际奶业展览会暨乳业合作大会。设立专利和成果平台，有利于盟员单位互通有无，合理配置资源，充分利用成果和专利平台使成果尽快转化。

（2）面向行业，建设示范工程、组织技术成果转化与推广情况。

组织了“全自动还原糖滴定仪开发”“干酪乳清回收及相关产品加工技术”“L.caseizhang系列益生菌菌种”“一种提高牛奶中褪黑素含量的方法”“生物保鲜菌BPL90在酸奶中的应用”“乳中致病菌快速检测技术”“陶瓷膜M91系统”7项技术转移；“有降胆固醇及抑菌能力的鼠李糖杆菌grx10及其制备方法、用途”“具有酒精性肝损伤保护功能的嗜热链球菌grx02及其制备方法、用途”等8项专利转让；“乳品企业生产管理及食品安全追溯系统”“牛初乳深加工技术开发”等12项技术服务；44项乳制品检测检验标准全行业推广。

（3）人才培养与平台建设。

为企业举办检验员检测技术专项培训，累计培养200余人次，并多次派遣技术人员赴伊利、蒙牛、完达山、贝因美等乳企进行检测技术现场指导；随着《婴幼儿配方乳粉产品配方注册管理办法》的出台，作为主要起草单位的国乳中心派多名专家深入企业现场指导，并对黑龙江省各市县食药监局的300多名技术人员进行培训。

（4）开展乳制品企业实验室检测能力比对工作。为提高乳制品企业实验室的检测技术水平，更好地为企业服务，联盟每年组织1次乳制品行业实验室检测能力比对，每年均有近20个企业参加。对企业提高产品质量、检验水平提供了极大帮助，同时还进行法规层面的技术辅导，使企业能够快速、准确理解、掌握国家乳制品、婴幼儿配方乳粉法律法规，对行业发展提供了有效技术支撑。

（5）加强国际间合作交流，助推乳业产业国际合作。

联盟不断加强与法国农业食品委员会、爱尔兰乳品局、爱尔兰农业部乳品科学实验室、世界乳品联合会（IDF）、美国种畜和基因产品出口委员会等国外组织和实验室的合作交流，不断加强多边、双边合作，谋求合作机遇。促成了法国达能、法国兰特里斯、法国索迪亚与伊利、蒙牛、光明、新希望、完达山、飞鹤、龙丹等国内乳企的供需对接，实现原料直供，降低采购成本；促成了国家质检总局动植司与法国进行的法国奶牛冻精进口准入会谈；国家卫计委与法国代表团闭门会议研究我国奶酪标准修订工作；积极寻求美国雅培、美国美赞臣、新西兰恒天然、爱尔兰凯爱瑞等国际乳业名企在黑龙江投资建厂的合作机遇。

（6）筹建成立国际联盟，提升我国乳业产业在国际的话语权。

在中国检验检疫协会和黑龙江省政府的倡导下，2016 年 4 月 22 日，由乳业联盟组织召开了国际乳业质量与技术联盟筹备会议，一致通过由中国作为发起国组建联盟。国际乳业质量与技术联盟吸引了来自瑞士、法国、荷兰、新西兰、丹麦、爱尔兰、中国、美国等世界乳业前 20 强企业中 9 强等 16 个国家和地区、52 家企业和机构参与。旨在构建全球乳业产业质量发展共享平台和渠道，促进全球乳品行业合作发展，促进成员单位所代表的各国之间符合国际惯例的检测资质、标准、方法、流程、结果和证书互认，实现通关便利化，使乳业产业质量技术快速提升和推广应用，进而逐步提升中国在国际乳业产业中的影响力和话语权。

四、联盟 2017 年工作计划

1. 进行顶层设计，进行产业链、创新链的研究为产业的发展提供指导

产业链、创新链的研究是为产业的发展构建产业技术支撑体系，是成为产业中战略策源地、技术策源地和产品策源地的重要途径。其一，从中可以有组织有计划地进行产学研攻关和创新活动，为申报国家计划做好储备。其二，是产业发展的重要依据。其三，这更是联盟应该抢前主导的重要工作。

2. 加强横向课题的合作，创造联盟自行造血的发展模式

联盟自成立以来，主要依靠的是国家项目及服务产业维持了良好的发展，但是，这种发展模式缺乏后劲，凝聚力不强。随着科技部对联盟发展产学研深度结合的更高要求，只有联盟内部企业具有很高的积极性，自筹资金，自担风险，不依赖国家投入，自行运行良好的联盟才会得到国家认可，获得更大的支持。

3. 制定联盟标准或区域标准是提升联盟作用的一个标志

国家政策支持联盟自定联盟标准，联盟标准的制定可以提升乳品企业的产品质量，恢复国产奶在百姓心中的信誉，从而提高国产乳制品的市场占有率，起到良好的宣传作用，可以从高品质奶标准、绿色奶标准做起，进而加强联盟的凝聚力。

4. 搭建研发平台、数据平台、信息平台和交流平台服务企业特别是中小企业是联盟的主要责任

服务行业一直是联盟工作的宗旨，加大对中小企业的技术支持，是联盟今后的主要责任。

企业对于基础研究投入较少，尤其是中小企业，对产品的配方、工艺以及基础研究的数据需求巨大，所以建立合作共建的研发中心、母乳喂养实验室、母乳数据库等的大数据平台以及最新科技信息平台是企业所需要的。

5. 积极探索联盟发展的创新合作机制

在有国家课题支撑的前提下，联盟运行良好，但是一旦没有国家课题，联盟怎样良好运转，怎么加强凝聚力是联盟面临的严峻问题，所以积极探索创新合作机制，是摆在联盟面前的首要问题。

6. 争取地方政府的支持很重要

北京、江苏、浙江等省市对试点联盟安排专项资金给予三年持续支持。联盟也应该借黑龙江发展大农业的契机积极争取政府支持。

总之，联盟工作应该围绕着促进产业发展，制定产业技术路线图；自主开展产业共性技术研发；组织制定行业标准和运营；构建面向行业发展的技术数据库、公共技术平台以及提供公共技术服务等方面做些自身“造血”的工作，推动联盟自身良性循环发展。

（乳业产业技术创新战略联盟秘书处，孟炯）

中国奶山羊科技发展概况

奶山羊业是奶产业的重要组成部分，近年来受到我国各级政府部门高度重视，2017年陕西省政府提出“陕西千亿羊乳产业规划”，奶山羊产业在陕西全面深入发展。目前，全国奶山羊存栏数量约计1 300万只，其中产奶羊790余万只，规模化奶山羊场和养殖小区数量持续增加，新建羊奶乳品加工厂的生产和质量检验设备等全面升级，研发新产品的能力持续提高，羊奶产品消费市场不断扩大。陕西、山东和云南等地区形成了奶山羊原种场、繁育中心、奶山羊生产基地、种羊场和示范点以及若干乳品加工厂为主的奶山羊产业网络，以黑龙江为首的东北地区和以江浙为中心的东南地区奶山羊产业大有起色，初步形成了我国奶山羊产业发展体系。科研单位与地方生产单位密切合作，科研成果层出不穷，实际生产能力明显提高，科技发展主要体现在以下几个方面：

一、奶山羊种质水平“上台阶”

全国奶山羊主推品种包括4个，分别为西农萨能奶山羊、关中奶山羊、崂山奶山羊和文登奶山羊。西农萨能奶山羊存栏超过万只，全国各地均有分布，已经成为奶山羊种质提高的基础育种材料。关中奶山羊推广面积大，全国一半以上的奶山羊均是关中奶山羊。“文登奶山羊”是新认定的奶山羊品种，泌乳性能好。据不完全统计，良种奶山羊覆盖率在奶山羊主产区已达到40%以上。

在坚持扩繁的基础上，不断提高种质水平。陕西杨凌西北农林科技大学萨能羊原种场和陕西千阳县种羊场共存栏西农萨能奶山羊1 200余只，基础母羊平均产奶量750kg以上。云南昆明萨能奶山羊原种场基础母羊平均产奶量达500 kg以上，经产母羊产羔率194%、羔羊成活率93%。2016年，西北农林科技大学奶山羊研究团队从澳大利亚成功引进阿尔卑斯山羊，经过2年的精心培育，目前已拥有种羊小群体10余只，为扩充奶山羊种质资源奠定了重要基础。

为广泛改良生产区低产奶山羊，西北农林科技大学萨能羊原种场和千阳县种羊场加大品种选育及推广，截至2017年年底，为全国各地输送种羊累计约3 000只。陕西富平县建设标准化配种站点40个，山东省建设奶山羊人工授精点8处，云南省石林、泸西县建设3个奶山羊扩繁场显著改良了当地奶山羊的种质水平。

二、奶山羊生产基地建设“上档次”

陕西省在陇县、千阳县、富平县建成奶山羊生产基地，养殖规模超过60万只，形成了以养殖小区、大型化奶山羊养殖场为主的产业发展模式。富平县奶山羊养殖小区配备消毒柜、消毒机、搅拌机、青贮机具、割草机、挤奶器、冰箱等生产设备；并建设流动挤奶点、机械挤奶站等，方便散户养羊的羊奶收购，有效避免了分散养殖带来的潜在风险。黑龙江飞鹤乳业有限公司在陕西陇县投资建设大型化奶山羊养殖场，并正在筹划2期建设项目。目前，存栏奶山羊8 000余只，采用羊床厚铺垫草法饲养奶山羊，羊场配套可容纳100只奶山羊同时挤奶的转盘式挤奶机，并将光伏技术应用于奶山羊养殖，有效利用了土地面积。内蒙古特羊牧业科技有限公司继续坚持现代农牧业企业理念，建设奶山羊生态农场，利用光伏板材料建设奶山羊舍屋顶及运动场遮阴棚，充分有效地利用土地，引领奶山羊设施建设新理念。云南建水县鸿辉种养殖产业有限公司实施“网上养羊”经营理念，建成存栏2万只奶山羊养殖基地，开启了南方大规模养殖奶山羊的格局。

三、奶山羊养殖技术规范“大有作为”

自2007年农业部设立“奶山羊行业项目”以来，奶山羊养殖技术研究深入开展，研发集成一系列奶山羊养殖技术。2013年山东农业大学申报国家奶山羊标准化养殖规范“奶山羊饲养管理技术规范”，全面陈述了饲养奶山羊的技术要点，获得了农业部认可并发行。西北农林科技大学整理撰写奶山羊养殖技术丛书6册(《奶山羊饲养管理技术》《奶山羊育种与繁殖技术》《奶山羊奶鲜奶存储与加工技术》《奶山羊常见疾病防治技术》《奶山羊饲料配制技术》《奶山羊羊舍设计与环境控制技术》)，发放册子1 500余套。陕西千阳县种羊场将近40年的技术资料及管理经验归纳分析与整理，形成《奶山羊规模养殖场生产经营管理体会》材料，发放册子500余份。值得一提的是，“奶山羊鲜精人工授精技术”在奶山羊产区推广以来，种公羊利用率极大提高，当地奶山羊种质资源水平较好改善，产奶量提高明显，得到了养殖户广泛认可。“羔羊人工哺育技术”提高了羔羊生长速度和成活率，目前，这项技术推广面在规模化养殖场逐步扩大。总体而言，这些实用技术的生产应用纠正了奶山羊饲养的误区，提高了奶山羊养殖企业和养殖户饲养水平，对全国奶山羊标准化养殖具有重要的指导作用。

四、羊奶新产品“层出不穷”

通过对羊奶热稳定性的研究获得了影响羊奶超高

温灭菌的技术参数主要包括羊奶 pH、酪蛋白成分以及乳中盐类平衡；采用酸碱平衡、蛋白平衡和离子平衡技术解决了羊奶在超高温灭菌条件下的沉淀问题。研究开发了羊奶液态奶专用稳定乳化剂，为液态羊奶产品开发提供了技术支持。

目前，羊奶加工企业均拥有自主的畅销品牌。陕西红星乳业有限公司生产的“美羚”牌羊奶粉及系列婴幼儿乳粉，西安百跃乳业有限公司生产的“御宝”羊奶粉，山东阳春羊奶乳业有限公司生产的“液态奶”，富平县秦源乳业有限公司的“秦羚牌”酸羊奶，青岛鲜和食品有限公司研发的发酵山羊乳及巴氏杀菌奶，云南龙腾生物乳业有限公司生产的“阿黑哥”牌羊奶粉，已经全面上市，消费者评价好。为了获得优质的羊奶乳清粉、制造出高端羊乳奶酪制品，陕西红星乳业有限公司增加了奶酪加工生产线，扩大了奶产品的种类与经营。

五、奶山羊宣传工作“卓有成效”

2013 年 12 月 17~18 日，在山东青岛市召开首届全国奶山羊产业高层论坛，参会人数 200 余人。2014 年 10 月 19~21 日，在陕西富平县召开“中国奶山羊健康养殖与羊奶加工国际会议”，参会人员 600 余人。2015 年中国奶业协会正式成立“奶山羊专业委员会”；同年 5 月 31 日至 6 月 2 日，在福建省福州市召开的第六届中国奶业大会上，设“奶山羊健康养殖与产品加工”专场报告会，参会人数 60 余人。2016 年 6 月 1~4 日，在山东青岛召开的第七届中国奶业大会上，设“奶山羊产业发展”专场报告会，参会人数 90 余人；10 月 12~14 日，在陕西陇县召开“世界奶山羊产业发展大会暨中国第二届奶山羊健康养殖与羊奶加工技术国际研讨会”，参会人数 1 000 余人，陇县被授予“世界生态羊奶名城”称号。2017 年，中国奶业协会奶山羊专业委员会扩大成员，委员人数增加到 59 人；6 月 16~18 日，在江苏省南京市召开的第八届中国奶业大会上，设“奶山羊产业发展的国际经验交流”报告会，与会人数 200 余人；10 月 10~12 日，在陕西乾县召开“国际奶山羊产业发展大会暨产业发展技术研讨会”，参会人数 1 300 余人，乾县被授予“中国羊奶城”称号。

“奶羊网”网站设置功能完善，包括行业动态、通知公告等与项目密切相关的内容，也包括科学养殖、学术论坛等科普类内容，点击率高，每天平均访问人数达 40 人。利用报纸、电视等节目广泛宣传，《中国企业报》报道羊奶营养价值，录制以奶山羊为题材的电视片 10 余套，其中包括“西农萨能奶山羊养殖技术”“崂山奶山羊的集体生活”“既要羊奶又要羊羔”“细节成就好羊奶”“奶山羊的前途”“奶山羊期待‘东山再起’”等，总时长 230 min。

六、奶山羊科技成果“屡屡再现”

2016 年，由西北农林科技大学主持的农业部行业专项“奶山羊产业技术研究与示范”顺利通过验收，产生的研究成果受到与会代表的高度关注。近年来，奶山羊研究成果获得省级奖项四项，分别为：“优质高效奶山羊产业化关键技术集成创新与推广”获得 2012 年陕西省农业技术推广奖一等奖，“羊奶产品深加工关键技术研究”获得 2013 年陕西省科学技术奖二等奖，“奶山羊良种繁育及产业化关键技术研究与示范”获得 2014 年陕西省科学技术奖二等奖，“奶山羊种群扩繁与养殖技术示范推广”获得 2009 年陕西省农业技术推广奖二等奖。“奶山羊扩繁与健康养殖技术研究与示范”获得 2016 年杨凌农业高新技术开发区科学技术一等奖。同时，发表学术论文 100 余篇，申请国家发明专利 20 余项，先后培养博士、硕士研究生、本科生 400 余名，技术骨干近 150 余名。

（西北农林科技大学，罗军、史怀平、李聪）

国际奶业

GUOJI NAIYE

【交流合作】

2016 年中国奶业协会国际交流情况

一、协会出访

2016 年 9 月 17~25 日，中国奶业协会副秘书长邓荣臻应邀参加中荷奶业中心组织的荷兰奶业培训班，对荷兰奶业全产业链进行了参观考察，该考察涉及荷兰奶业各个环节，包括牧场、乳品加工厂、社会化服务体系、教育科研机构和政府监督部门。

2016 年 9 月 23 日，中国奶业协会应邀赴泰国曼谷参加由联合国粮农组织亚太区域办公室（FAO-RAP）和泰国奶业推广组织联合组织的“亚洲奶业”国家联络点会议，共有来自巴勒斯坦、不丹、中国、印度、印度尼西亚、蒙古、缅甸、尼泊尔、菲律宾、斯里兰卡、泰国和越南 12 个亚洲国家的 16 位参会代表和来自 FAO-RAP 的 4 位官员出席了此次会议。会议的主要目的是推进亚洲奶业可持续发展框架的修订和完善工作。会议由 FAO-RAP 畜牧政策官员 Vinod Ahuja 主持，主要围绕《2030 可持续发展议程》与奶业的关联、《2030 可持续发展议程》与亚洲奶业可持续发展目标的关联、“亚洲奶业可持续发展区域战略要素”（RSSDDA）战略目标及主要条款的修订、“亚洲奶业”与“全球奶业行动议程”（GDAA）合作事宜和建立亚洲奶业监测与报告体系 5 项议程展开了研讨与协商。

2016 年 11 月 14~22 日，中国奶业协会副秘书长邓荣臻赴德国汉诺威参加汉诺威国际畜牧展。该展会由德国农业协会（DLG）主办，为全球畜牧业行业举办的世界顶级盛会。涉及领域包括畜牧业发展趋势、最前沿的机械设备、动物（牛、猪、家禽、羊、水产等）以及畜牧管理技术和服务等。

二、来访协会

2016 年 1 月 25 日，德意志联邦共和国驻华大使馆食品和农业参赞蒲曼婷女士及德国肉类与奶类协会中国区代表一行到访中国奶业协会，希望能与中国奶业协会主办的行业盛会有更深入的合作，以推动中、德两国的奶业技术交流和商贸合作。经过交流，双方初步达成共识，在展览、培训、信息共享等方面可进行切实有效的合作。

2016 年 3 月 21 日，阿根廷农业产业部国际农业与食品司司长傲马尔和驻中国大使馆农业处参赞艾尔南一行到访中国奶业协会，傲马尔司长介绍了阿根廷的现有的社会经济形势，以及阿根廷现有奶粉库存情况，希望得到协会的帮助。

2016 年 8 月 23 日上午，中德农业中心顾问 Arno Boerger、农业部对外经济合作中心中国—欧洲联盟农业技术中心外资利用二处副处长谢冬生一行到访中国奶业协会，经过交流，双方初步达成共识，在展览、培训、信息共享等方面可进行切实有效的合作。

2016 年 9 月 23 日下午，国际农业记者联合会（IFAJ）一行到访中国奶业协会，双方进行了亲切友好的交谈。在交流中，中方介绍了中国奶业协会的组织结构、职能及开展的主要工作，简要介绍了我国奶业发展的概况和现状。记者联合会成员对于中国奶业有着浓厚的兴趣，尤其是当前中国奶业所面临的机遇和挑战。此行记者联合会成员来自芬兰、瑞典、西班牙、加拿大、挪威、美国、苏格兰、奥地利等国家，这些国家的奶业管理经验、先进技术及创新模式值得我国学习和借鉴。

2016 年 9 月 26 日，中国奶业协会与利拉伐、利乐公司组织的 2016 中瑞现代化奶牛场高级管理和技术人才培训项目启动了海外学习行程。中国奶业协会副秘书长刘琳在瑞典会晤了瑞典驻华大使馆农业参赞 Lennart Nilsson 和利拉伐全球总裁 Joakim Rosengren。

（中国奶业协会国际合作部）

【国际概况】

全球奶业形势

一场持续两年半时间的奶业危机已导致多个区域的奶类产量出现前所未有的显著下降，全球奶业正从这场危机中缓慢复苏。乳制品价格在2016年春夏之际跌至最低点，全球奶类产量随之下降，市场形势却因此好转，并且一直持续至2017年。

一、奶类生产

根据市场形势分析，2015年全球奶类产量增长2.2%，增幅强劲令人惊喜。2016年，奶类产量（各品种奶类）增长放缓，达到8.26亿t，增幅仅0.9%，大部分减产发生在下半年。这一数据与2005年以来2.1%的平均增长率形成鲜明对比。

牛奶产量的增幅最小，仅为0.5%，原因是南美洲和大洋洲的牛奶产量出现5.3%和3.3%的大幅下滑，同时欧洲的增长基本停滞（仅增长0.3%，与俄罗斯、乌克兰一样，欧盟3大生产国——德国、法国和英国的牛奶产量出现负增长）。一方面，这是由于气候条件，以及2016年初中期奶价跌至最低点，各国奶农削减了牛奶产量。此外，欧盟在2016年10月—2017年1月采取暂时性牛奶减产措施，为自愿减少牛奶产量的奶农提供补贴，对未交付牛奶提供0.14欧元/kg的补助标准。据欧盟委员会数据显示，共有4.8万奶农参加了该项计划，共计减产86.1万t牛奶，避免了因供过于求局面进一步加剧而导致的市场恶化（图7–1）。

另一方面，由于国内市场形势变换，印度（2016年3月至2017年3月，增长5.5%）和中北美洲（增长2.1%）对全球奶类增长的贡献最大。

与2016年相比，水牛奶产量增幅达到3.7%，超过自2005年以来较长一段时间3.3%的年均增长率。水牛奶在印度和巴基斯坦占到94%的市场份额，其2016年的增幅分别达到4.2%和3.0%。

绵羊、山羊及其他动物的奶类产量预计会达到3 400万t，与2016年相比小幅增长0.7%。

《世界奶业形势报告》首次基于约60个国家的数据进行预估，2016年整个产业的奶类产量将下降0.1%。2016—2017年初，低迷的原料奶供应导致乳制品生产疲软。2016年年底至2017年1月，由于奶价上涨和气候条件的改善，原奶供应已经显现复苏迹象。2017年，全球奶类生产恢复正常，增长率可能达到1.8%（表7–1、图7–2和图7–3）。

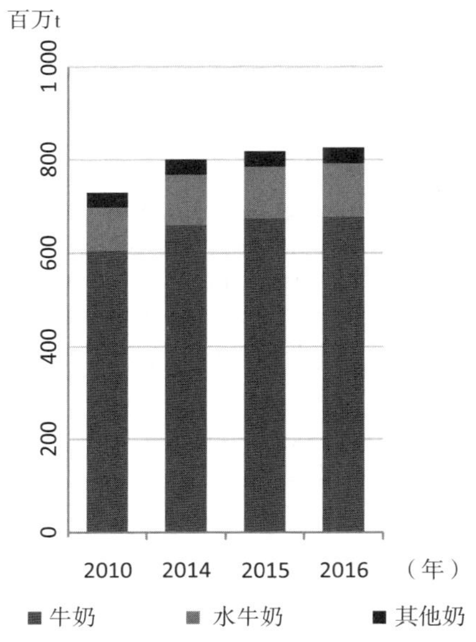

图7–1 全球各品种奶类产量

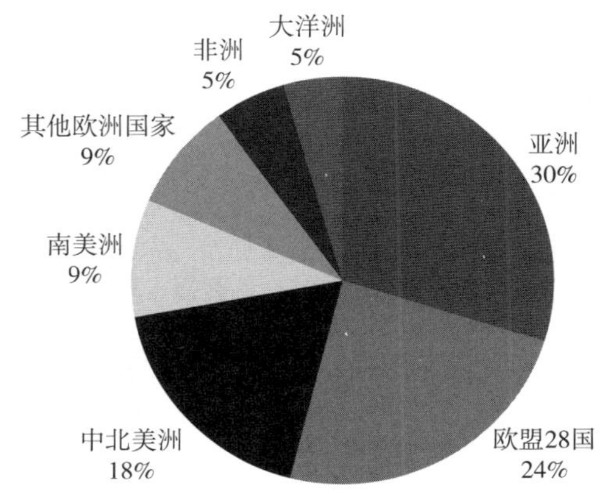

图7–2 全球各地区牛奶产量份额

表 7–1　主产区排序[A]

单位：百万 t

地区	2016 年	2016 年同比增幅
欧盟28国	164.3	+0.5%
德国	32.7	–0.0%
法国	25.2	–2.3%
英国	14.9	–3.3%
荷兰	14.5	+7.5%
波兰	13.3	+1.4%
美国	96.4	+1.8%
印度[B]	77.7	+5.5%
中国	36.0	–4.1%
巴西	34.8	–3.5%
俄罗斯	30.5	–0.1%
新西兰	21.2	–1.7%
土耳其	16.8	–0.9%
巴基斯坦[C]	16.1	+3.8%
墨西哥	12.0	+1.9%
阿根廷	10.2	–12.5%

注：(A) 不包括年产量低于 100 万 t 的国家。(B) 奶业年度在翌年 3 月结束。(C) 奶业年度在翌年 6 月结束；用于人口消费的奶类产量。

资料来源：CNIEL，Zuivelnl,FAO,IDF 国家委员会，各国统计局。

(A)基于56个调查国家

图7–3　全球牛奶供应量[A]

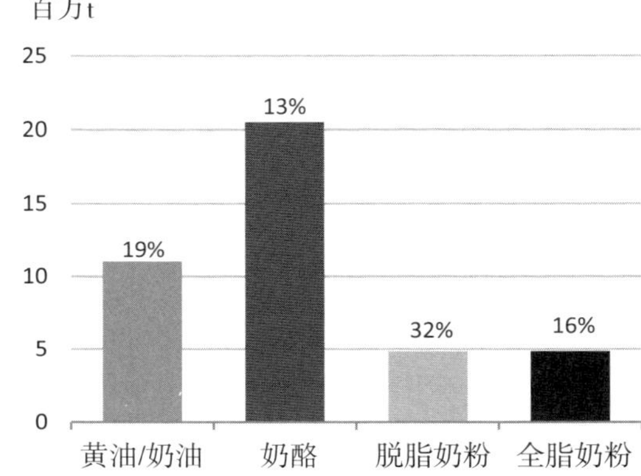

(B)列入调查的国家数：59（黄油）；56（奶酪）；55（脱脂奶粉）；51（全脂奶粉）

图7–4　2016年全球乳制品产量及比2010年的增幅[B]

二、乳品加工

本报告基于可靠的积累数据对全球乳制品产量进行了预估，能够反映全球 75%~90% 的实际产量。

一般情况下，全球乳制品产量与原料奶供应具有相同的走势。因此，大部分乳制品种类 2016 年的增长率远低于其各自长期的平均增长率。

2016 年全球包装奶和发酵乳制品的产量分别增长 1% 和 3.2%。这些产品的贸易量要低于乳制品，其走势遵循人口增长。然而，得出的百分比要低于这些类别产品的正常增长率。

不包括加工品种，2016 年全球牛奶奶酪产量增长 1.8%，达到 2 050 万 t，这主要得益于强劲的消费需求。如果包括其他种类奶酪，总产量将达到约 2 300 万 t。

欧盟作为全球最大的奶酪生产区，尽管原料奶产量较为稳定，但奶酪产量增长了 1.8%，是继黄油之后的第二大增长率。

一般来讲，商品奶产量与原料奶产量会保持动态的一致性，即在上半年大幅增长，而在年底增速放缓。

2016 年，全球黄油和其他乳脂肪（以等量黄油折算）的产量超过 1 100 万 t。然而，尽管需求旺盛，但由于供应缺乏还是限制了黄油的进一步增长，2016 年仅增长了 1.7%，远低于 2010 年以来 3% 的平均增长率。这种局势影响深远，许多供应商和终端使用商宣称 2016 和 2017 年黄油供应不足。

全球最大的全脂奶粉生产国——新西兰在 2016 年减产，中国、南美洲等其他重要的生产国或区域也是如此，从而导致全球全脂奶粉产量下降 5.7%。脱脂奶粉也受到产奶量下降（特别是下半年的大洋洲和欧洲）和价格疲软的困扰。虽然这些不利因素在春季开始好转，但脱脂奶粉的库存量继续加重市场负担，特别是欧洲的内部库存已达到并保持在 35 万 t（图 7–4~ 图 7–8）。

三、消费

2016 年，全球人均乳制品表观消费量（牛奶当量）预计为 111.1kg，与 2015 年相比小幅减少 0.4kg。尽管全球乳品消费驱动因素——人口数量每年增长 1.1 %，但由于石油输出国购买力下降、自 2014 年以来的俄罗斯乳制品进口禁令以及南美洲经济衰退等因素造成的影响，人均消费量增长迟缓。2016 年的需求减少造成了大量库存积累，这在年初尤其严峻。

显然，每年 111.1kg 的人均消费量存在明显的地域性差异，非洲的人均消费量仅为 50kg，而成熟市场如欧洲和美国高于 270kg。另一方面，乳制品消费年增长率最高的地区是亚洲（+5.9%）（表 7–2、图 7–9）。

无证无监管的非常规牛奶的消费量预计约占 4.5%。此外，液态奶和新鲜发酵乳制品是牛奶在正式市场消费的主要形式（17%），其次是黄油（15%）和奶酪（13%）。

根据参与国家提供的数据，一些北欧国家和大洋洲是液态奶最大的消费国和地区（人均100kg以上），尽管其消费量在逐年下降。黄油消费量最高的是欧洲（一些成员国人均5kg以上）以及大洋洲、印度和巴基斯坦。美国、以色列和大多数欧洲国家奶酪人均消费量超过15kg。

从IDF的“全球市场趋势”研究（IDF 487/2017）中可以看出，乳制品消费模式不仅受到经济环境和饮食习惯的影响，还受到行业创新机制等驱动因素的影响，而且越来越受消费者对饮食健康、口味、方便度等要求的影响，以及反乳和反养殖活动的传播、新饮食潮流和植物乳制品替代品的发展也可能会阻碍其增长（图7-10）。

四、乳制品贸易

2016年不同产品类别乳制品贸易的增长表现有所差异。对乳脂制品的强劲需求造成奶酪和黄油/奶油出

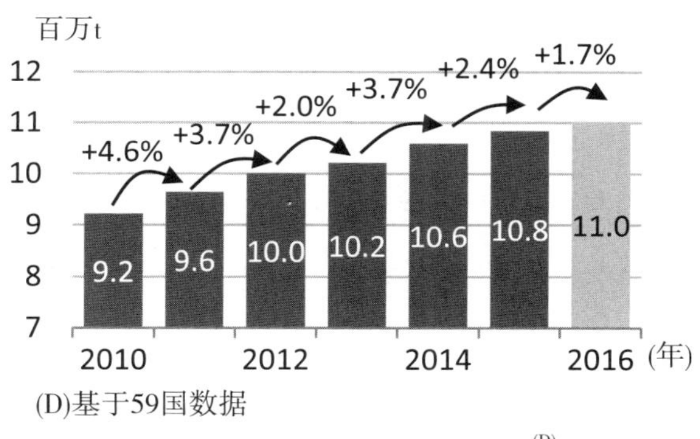

(D)基于59国数据

图7-5 全球黄油和奶油生产情况[(D)]

(E)基于56国数据

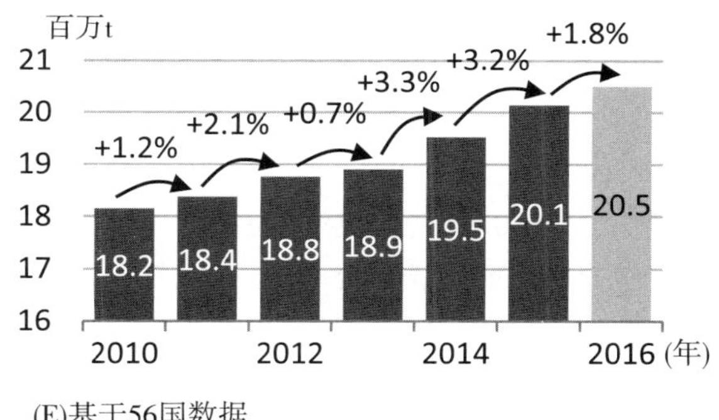

图7-6 全球奶酪生产情况[(E)]

资料来源：CNIEL，ZuivelNL,IDF国家委员会，各国统计局。

(F)基于51国数据

图7-7 全球全脂奶粉生产情况[(F)]

(G)基于55国数据

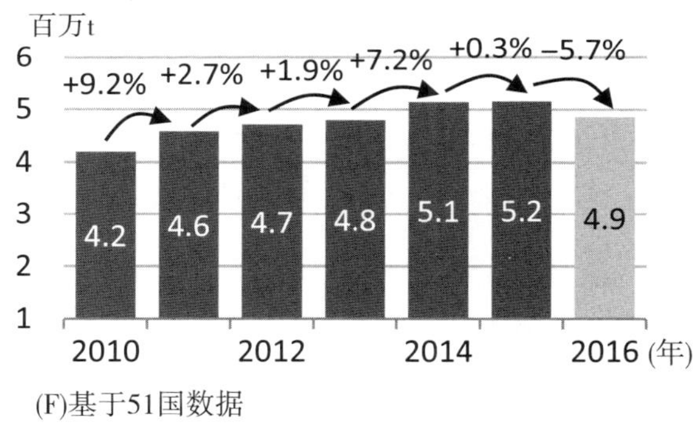

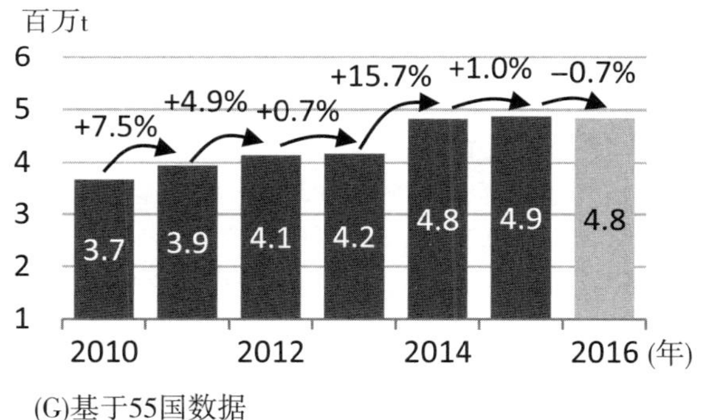

图7-8 全球脱脂奶粉生产情况[(G)]

资料来源：CNIEL，ZuivelNL,IDF国家委员会，各国统计局。

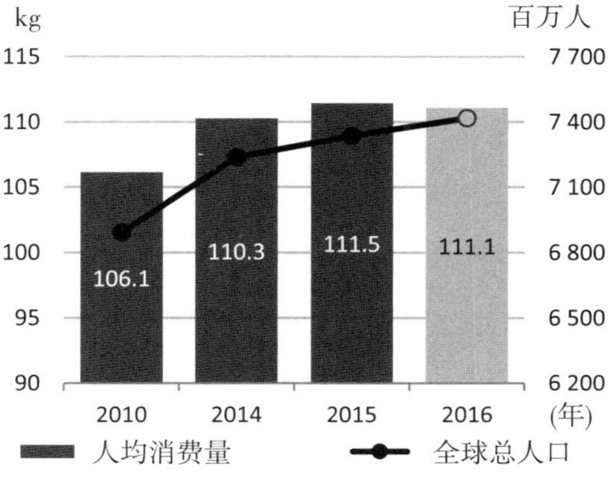

图7-9 全球人均消费量和总人口

表7-2 全球各地区奶类自给率

地区	2010年	2016年
亚洲	93%	91%
欧洲	105%	109%
欧盟	107%	112%
欧盟以外欧洲国家	100%	102%
北美洲	102%	108%
南美洲	102%	101%
非洲	88%	84%
中美洲	82%	78%
大洋洲	311%	311%

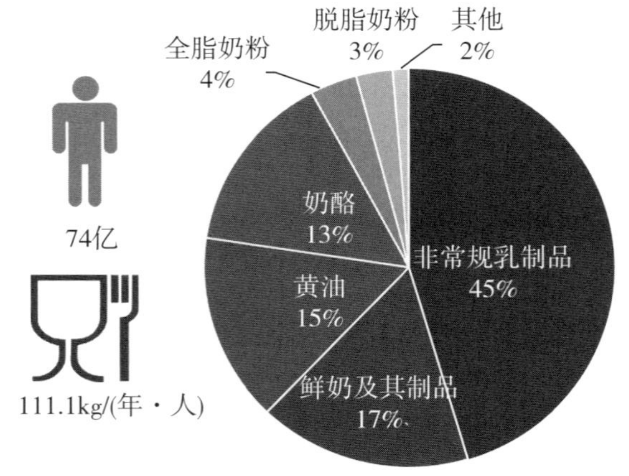

图7-10 乳制品市场分类

资料来源：根据各国统计局数据计算。

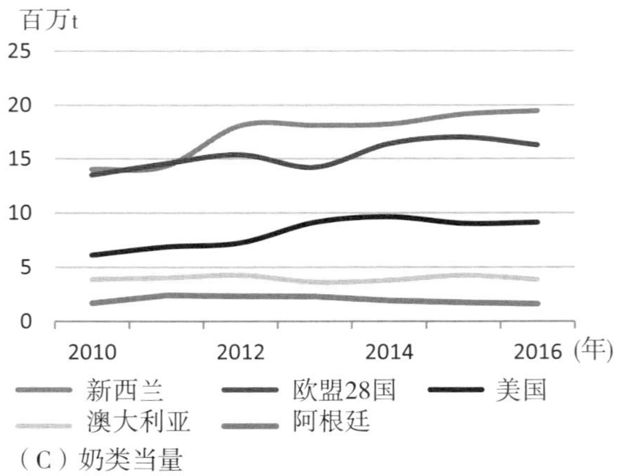

图7-11 全球贸易：前五大出口国和地区[C]

口大幅增加，增长率分别为5.9%和2%。由于需求超过当地供应，黄油/奶油出口因产品缺乏而增长受阻。出口的增长有助于消除2014年和2015年的产品库存。而蛋白质市场趋势恰恰相反：2016年脱脂奶粉和全脂奶粉出口分别下降3.1%和2.5%，这个消长数字有些异常。

新西兰继续巩固其作为全球最大供应国的地位，随后是欧盟。全球第三大乳制品出口国——美国，2016年的乳制品产量增量主要用于国内市场。

正如2016年报告所预测的，2017年的全球需求似乎再次回暖，有助于平衡供需关系。

2017年上半年脱脂奶粉和奶酪出口量显著增长，尤其是欧盟和美国这两大主要国家和地区，尽管由于产

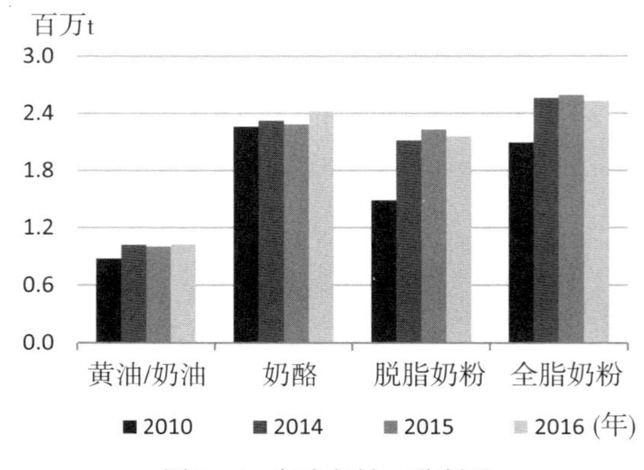

图7-12 全球贸易：乳制品

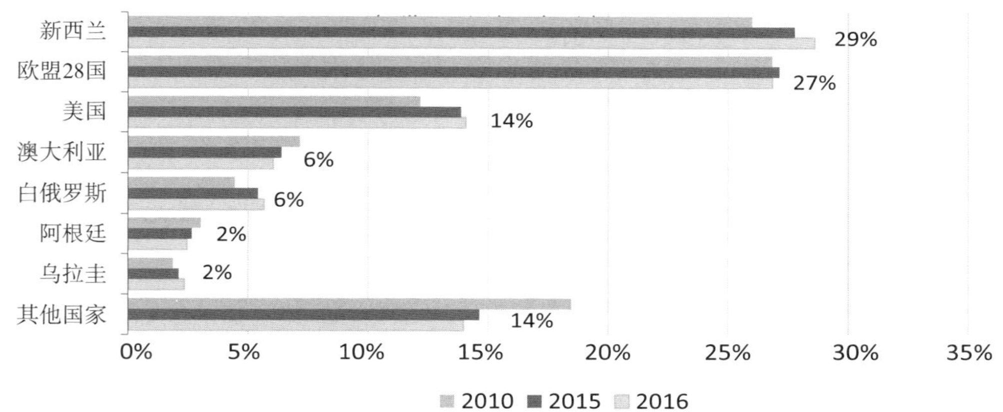

(H)按世界贸易总额的百分比计算；参考依据：2010-5510万t; 2015-7100万t; 2016-7080万t。

图7-13 2010-2016年全球乳业市场主要出口国的[H]市场份额(折原料奶当量)

资料来源：ZuivelNL, Contrade

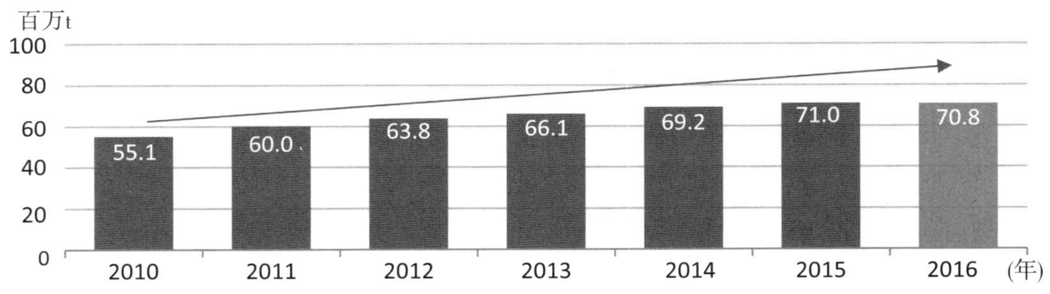

图7-14 2010-2016年全球贸易量

资料来源：ZuivelNL, Contrade

量下降造成另一个主要国家新西兰的出口量减少。亚洲的需求特别强劲。

全脂奶粉出口目前比较稳定，这是由于2016年实现正增长之后，中国和阿尔及利亚的购买力不断增加。

然而，由于全球两大供应地区——欧洲和大洋洲的生产供应减少，2017前半奶业年度的黄油出口明显下降。

随着全球需求恢复正常（在一定程度上），短期内乳制品贸易发展将受到全球动态衍生的关键因素的影响，例如：自由贸易协定（CETA，TTP技术）；影响双边或多边关系的政治动荡；货币政策（图7-11~图7-14）。

五、牛奶和乳制品价格

在乳制品商品价格增长缓慢恢复之前，2015年年底到2016年初牛奶供过于求的局面导致全球大部分地区的原料奶价格降至最低水平（例如在2014—2016年，新西兰和美国平均牛奶收购价降低33%，欧盟降低24%）。

在各种乳制品价格中，脂肪与蛋白质之间的巨大价格差是近期市场发展中最显著的因素，这个现象是在2016年出现的，并且在2017年有所加剧。

国际市场大部分乳制品价格在经历2014、2015和2016年初的剧烈上涨后，开始明显下降。全球脱脂奶粉和黄油价格在2016春季达到历史最低水平：大洋洲和欧洲的脱脂奶粉降至1 700美元/t，黄油价格降至575美元/t。通常这两种乳制品的价格走势一致，在到达其最低点后走向分离。

一方面，2016年底脱脂奶粉价格上涨，但由于大量库存继续影响蛋白质价格，导致2017全年的进一步增长有限。

另一方面，黄油的价格在2016年中期开始反弹，该趋势持续到2017年，由于全球乳脂供应不足价格达到历史最高点：欧洲的黄油价格超过8 000美元/t的历史高点。全脂奶粉价格走势类似，受乳脂需求量高因素的驱动，欧洲的全脂奶粉价格在一年内几乎翻了一倍，增长至3 850美元/t。

同样受强劲需求的影响，奶酪价格在2016奶业年度下半年开始回暖，大洋洲的价格上涨至1 600美元/t（表7-3、图7-15~图7-17）。

图7-15 全球乳制品价格

表7-3 全球原料奶价格

	2016 (USD/100kg)	2015/16
阿根廷	25.44	-18.5%
巴西	37.35	25.9%
中国	57.98	-8.9%
欧盟28国	31.46	-8.1%
法国	31.56	-5.2%
德国	29.59	-9.0%
荷兰	35.25	-7.0%
波兰	27.36	-6.7%
印度 (D)	40.35	-2.0%
新西兰	26.02	-18.1%
俄罗斯	41.96	23.8%
美国	35.71	-5.3%

(D)混合奶(牛奶和水牛奶)；仅为合作牧场数据。

图7-16 2005—2017年乳制品价格走势
资料来源：美国农业部

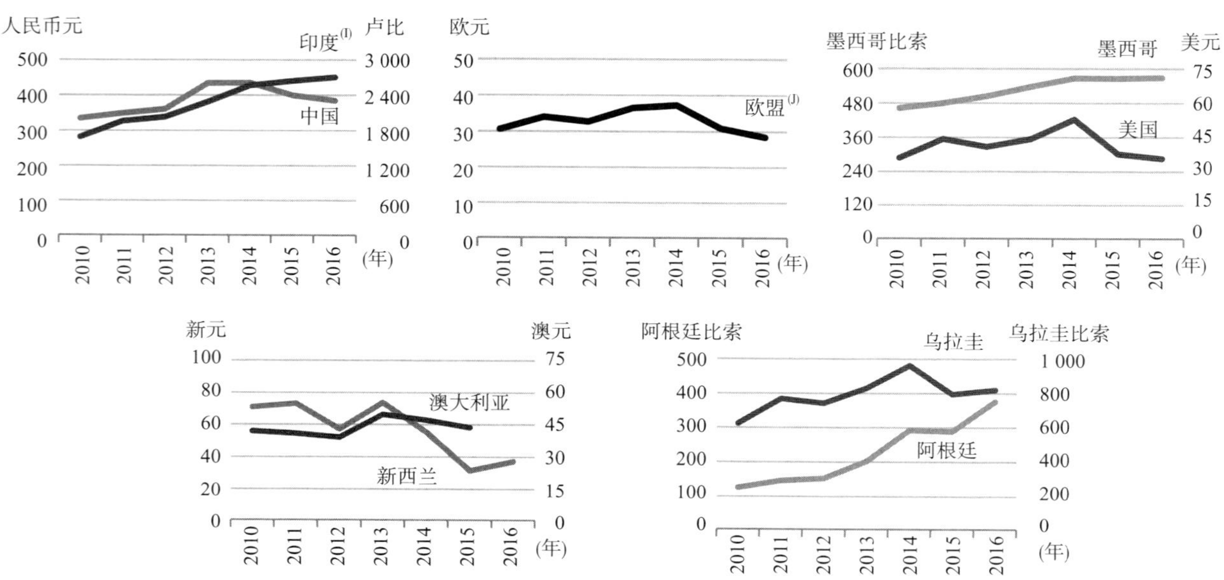

图 7-17 主要国家牛奶收购价

(I)奶业年度至下一年3月结束；混合奶类（奶牛和水牛）；特指合作农场。

(J)加权平均值；(K)奶业年度至下一年6月结束

资料来源：CNIEL，ZuivelNL,IDF国家委员会，各国统计局。

【主产国概况】

2016 年新西兰奶业发展概况

一、原料奶生产

近几年来，由于国际乳制品市场需求的拉动，尤其是 2008 年中新自贸协定签署以后，新西兰的乳制品出口大幅增长，拉动了新西兰的原料奶持续增产，产量从 2008 年的 1 558.0 万 t 上涨到 2014 年的 2 184.2 万 t，六年间增加了 626.2 万 t，增长 40.2%，年复合增长率达到 5.8%。而 2015 年和 2016 年由于中国进口需求减少、国际乳制品市场持续低迷，新西兰原料奶产量出现小幅回落，2015 年产奶量 2 153.2 万 t，2016 年继续下跌至 2 117.4 万 t，同比减少了 36.3 万 t，跌幅 1.7%。预计 2017 年国际乳制品市场需求难以出现大的起色，因此，2017 年新西兰的原料奶产量不会出现大的增幅（图 7–18）。

二、原料奶收购价格

2016 年新西兰的原料奶收购价格平均值为 40.28 新元 /100kg，折合人民币 1.87 元 /kg，比 2015 年的 37.47 新元上涨了 2.82 新元，涨幅为 7.5%。从全年的走势来看，1~5 月价格保持在低位，6~8 月持续上涨，9 月平稳，10 月再次上涨，并保持到年终。

由于 2015 年低迷的原料奶价格已经使得国际上大多数奶业出口国家的奶农出现亏损，2016 年多个主产

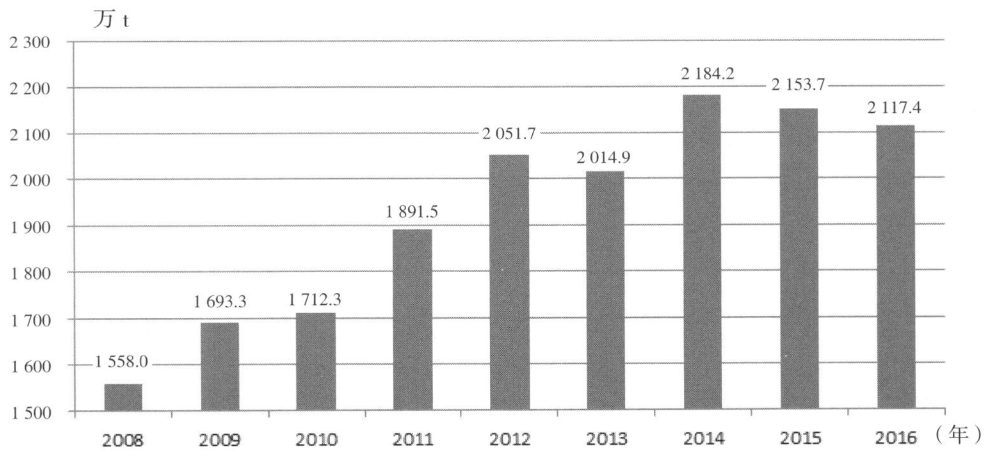

图 7–18　2008—2016 新西兰牛奶产量

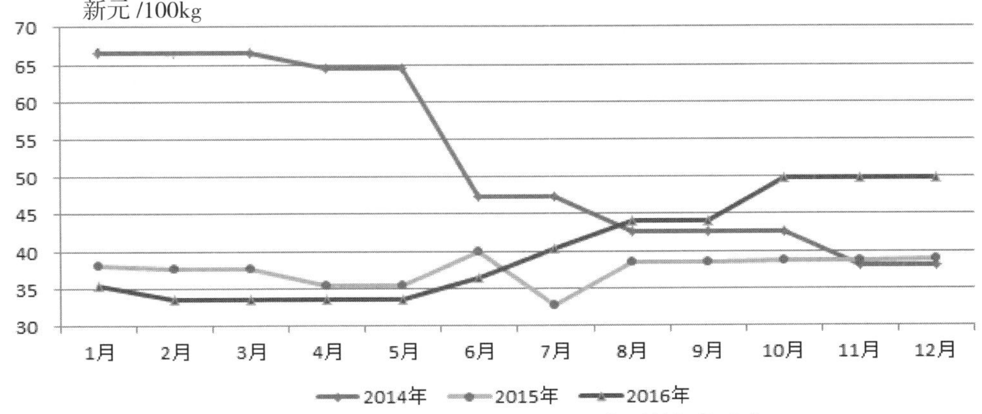

图 7–19　2014.01—2016.12 新西兰月度原料奶收购价

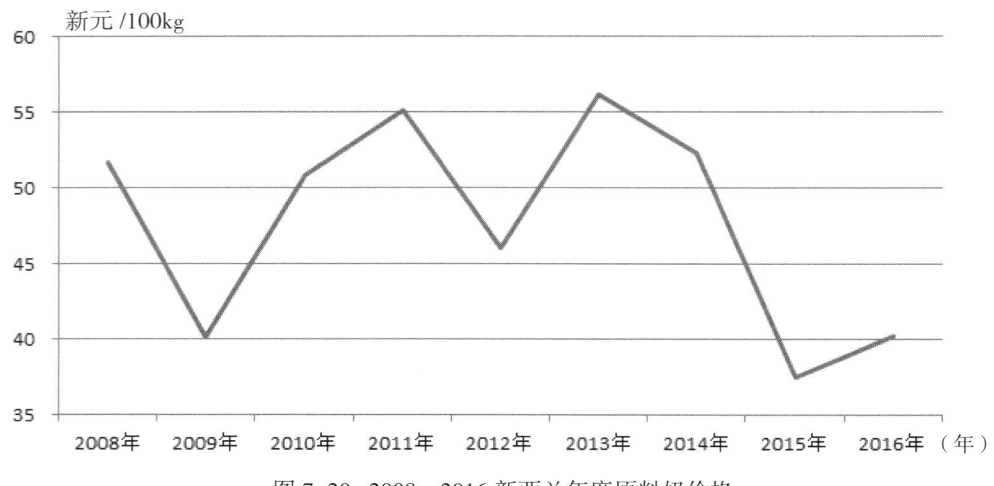

图 7-20 2008—2016 新西兰年度原料奶价格

区的原料奶生产出现减产，尤其是欧盟和新西兰的减产对奶业的供需再平衡起到了较强的推动作用，从而拉动了国际乳制品价格的上涨，进而影响到新西兰的原料奶收购价格上涨，但是国际乳制品的供需平衡主要是在供给端出现了一定程度的改善，而需求端未见大的起色，因此预计 2017 年新西兰的原料奶收购价格难以出现大幅上涨（图 7-19、图 7-20）。

三、乳制品出口

新西兰人口稀少，国内市场空间有限，绝大部分的原料奶都被制成各种乳制品用于出口，新西兰的乳制品出口量约占全球出口量的 1/3。由于地理因素以及乳制品不易长期保存的特点，新西兰的出口以干乳制品为主。

随着国际乳制品市场需求的不断增长，新西兰乳制品的出口数量也不断攀升，虽然 2015 年、2016 年受到传统出口市场需求大幅减弱的影响，但新西兰努力寻找新的出口市场空间，因此出口量并未受到影响，反而出现小幅增长，但出口金额由于国际市场价格大幅下跌而出现较大幅度的下滑（图 7-21）。

2016 年，新西兰乳制品（HS0401-0406）共出口 312.3 万 t，比 2015 年增加了 22.5 万 t，增幅 7.8%；出口金额为 111.25 亿新西兰元，比 2015 年减少了 4.34 亿新元，跌幅 3.8%，占新西兰全部商品出口金额的 22.6%，比 2015 年下跌了 0.8 个百分点，但仍稳居各类商品出口的首位（图 7-22）。

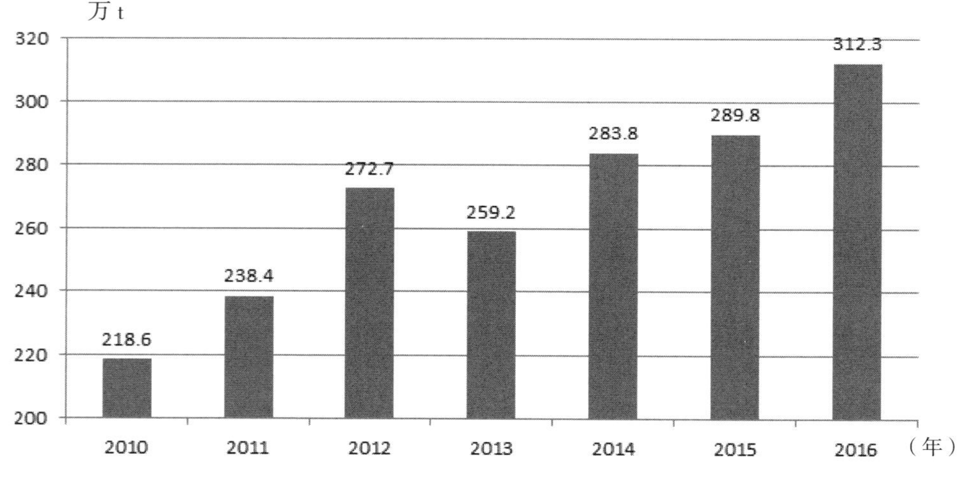

图 7-21 2010—2016 新西兰乳制品出口数量

注：数量进行了季节性调整并排除短期不规则变动

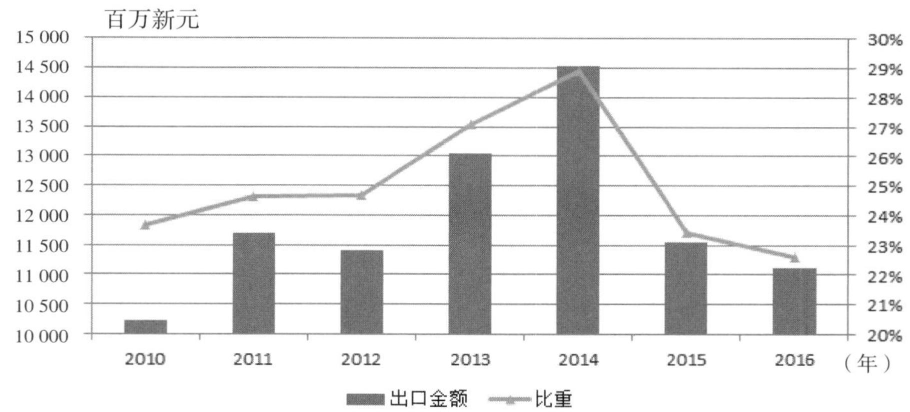

图 7-22　2010—2016 年新西兰乳制品出口金额及占全部商品出口比例

2016 年澳大利亚奶业发展概况

一、原料奶产量

2016 年澳大利亚受国际乳制品市场需求疲软以及气候影响，原料奶产量出现较大幅度下跌，全年产量跌至 935.4 万 t，比 2015 年减少了 67.1 万 t，跌幅 6.7%。从月度产量来看，全年各个月份的产奶量均出现同比下跌，显示全年的生产都不景气。2017 年澳大利亚国内以及国际乳制品需求难有大的改观，因此预计原料奶产量很难出现大幅增长（图 7-23）。

二、干乳制品生产

由于澳大利亚 2016 年原料奶产量下跌，带动干乳制品的产量随之减少，2016 年全年澳大利亚共生产干乳制品 76.1 万 t，比 2015 年减少了 7.0 万 t，跌幅为 8.4%。奶酪、脱脂奶粉和全脂奶粉仍然是最主要的品种，产量分别为 32.4 万 t、23.8 万 t 和 5.3 万 t，所占比重也分别达到了 43%、31% 和 7%，其他干乳制品品种，比如无

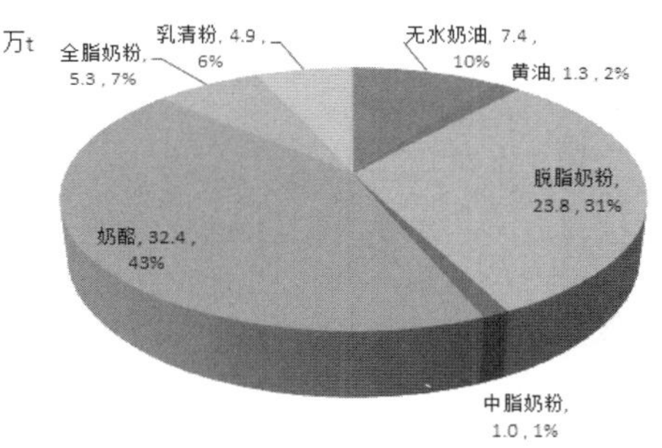

图 7-24　2016 年澳大利亚干乳制品比重

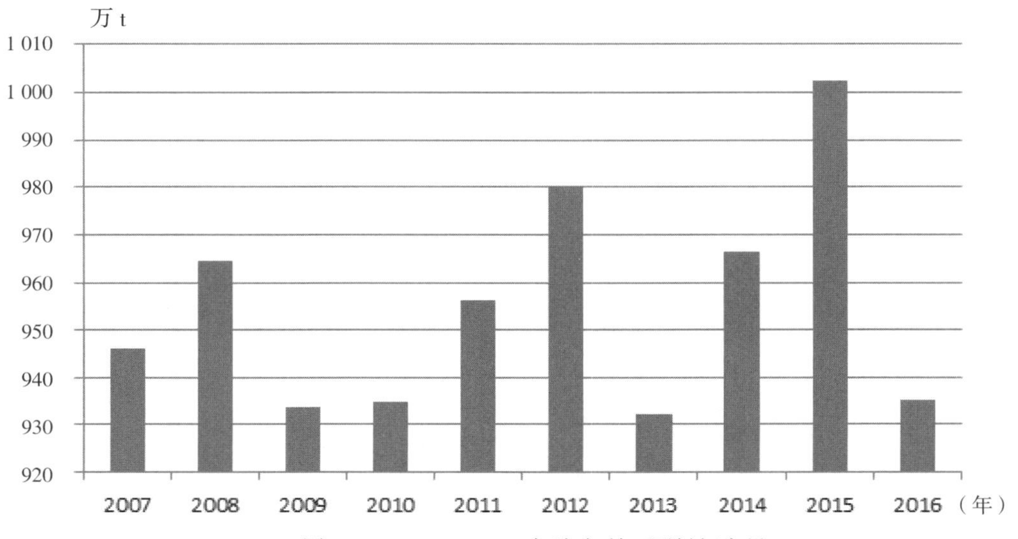

图 7-23　2007—2016 年澳大利亚原料奶产量

注：澳大利亚奶业年度为 7 月 1 日至次年 6 月 30 日

水奶油、黄油、中脂奶粉和乳清粉的产量和比重相对较小（图 7–24）。

三、乳制品出口

澳大利亚是乳制品出口大国，2016 年澳大利亚共出口各类乳制品 829 952t，同比 2015 年增加了 54 665t，增幅为 7.3%；但由于国际乳制品需求不振、价格下跌，出口金额仅为 30.2 亿澳元，同比 2015 年增加了 13 427 万澳元，涨幅为 4.6%。

出口量方面，与 2015 年相比，大部分品种出现同比增长，其中增长幅度较大的有乳清制品（增长 65%）、其他乳制品（增长 24%）、全脂奶粉（增长 23%）和牛奶（增长 20%）；仅脱脂奶粉（跌幅 18%）和黄油（跌幅 14%）出现同比下跌（图 7–25）。

出口金额方面，全脂奶粉（增长 56%）、其他乳制品（增长 18%）和混合物（增长 16%）同比增幅较大；而脱脂奶粉（跌幅 28%）、黄油（跌幅 20%）、无水奶油（跌幅 6%）和其他奶酪（跌幅 6%）出现同比下跌（图 7–26）。

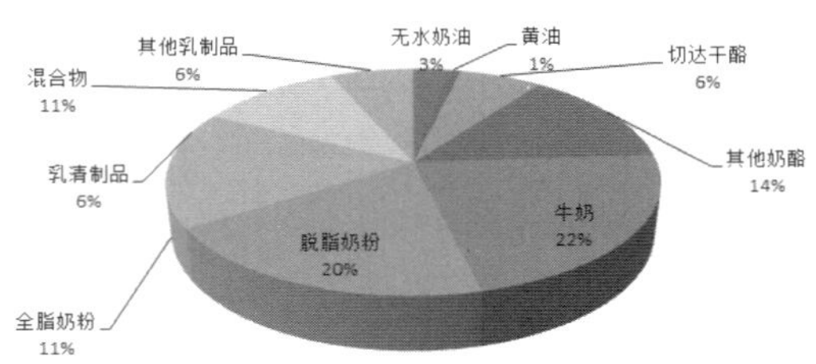

图 7–25 2016 年澳大利亚乳制品出口数量比重

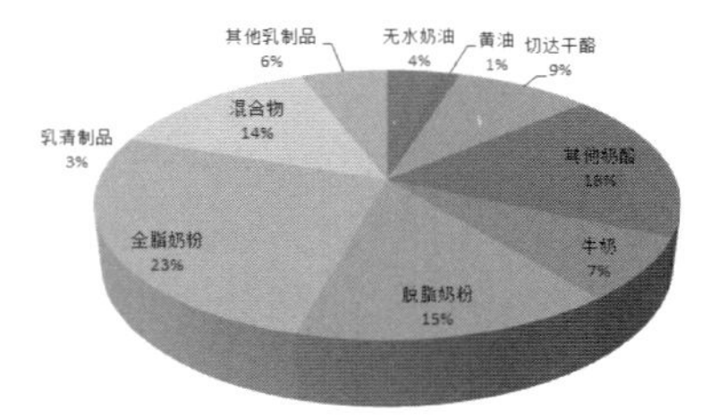

图 7–26 2016 年澳大利亚乳制品出口金额比重

2016 年美国奶业发展概况

一、原料奶生产

2016 年美国原料奶产量连续第 7 年保持增长，全年产量达到了 9 639.4 万 t，同比 2015 年增加了 175.8 万 t，增幅 1.9%。纵观 2016 年，由于美国国内经济的复苏、需求强劲，以及饲料价格持续保持在低位，刺激了原料奶的增产，成为全球主要奶业出口国（地区）中唯一保持产量增长的国家。2017 年，受国际乳制品市场需求不振、价格波动的影响，预计美国原料奶产量增长的势头将有所减缓。

美国的原料奶产量从 2003 年的 7 725.3 万 t 上升到 2016 年的 9 639.4 万 t，13 年间增加了 1 914.1 万 t，增幅达到了 24.8%，年复合增长率为 1.7%（图 7–27）。

二、原料奶收购价格

根据美国农业部（USDA）发布的数据，2016 年美国原料奶平均收购价格为 16.24 美元 / 美担，折合人民币 2.38 元 /kg，比 2015 年的 17.08 美元下跌了 0.84 美元，跌幅为 4.9%。从月度价格上来看，2016 年全年的月度价格仍维持在较低水平，大部分月份的平均价格较 2015 年有所下跌（图 7–28）。

三、玉米价格

2016 年美国的玉米平均价格为 3.48 美元 / 蒲

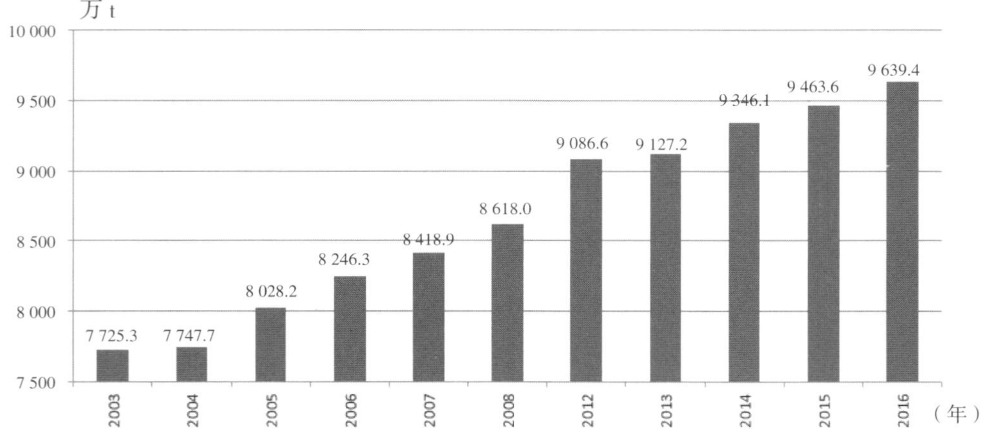

图 7–27 2003—2016 年美国年度牛奶产量

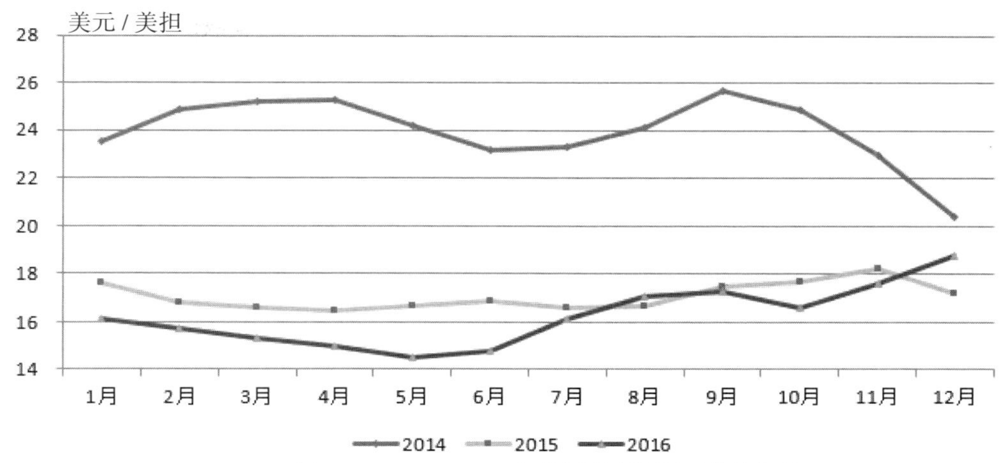

图 7-28 2014—2016 年美国月度原料奶收购价格

式耳，折合人民币 0.91 元 /kg，比 2015 年的平均值 3.70 美元 / 蒲式耳下跌了 0.22 美元，跌幅为 6.0%，为连续第 4 年下跌，目前已经处于 2010 年以来的最低水平。从全年走势来看，2016 上半年美国的玉米价格相对平稳，延续了 2015 年的走势，甚至在 5、6 月份价格出现上涨，同比 2015 年有一定增幅，但 7 月、8 月出现较大幅度下跌，随后到年终一直维持在低位运行。玉米价格的下跌有利于降低饲养成本、增加奶农收益，促进原料奶的增产（图 7-29）。

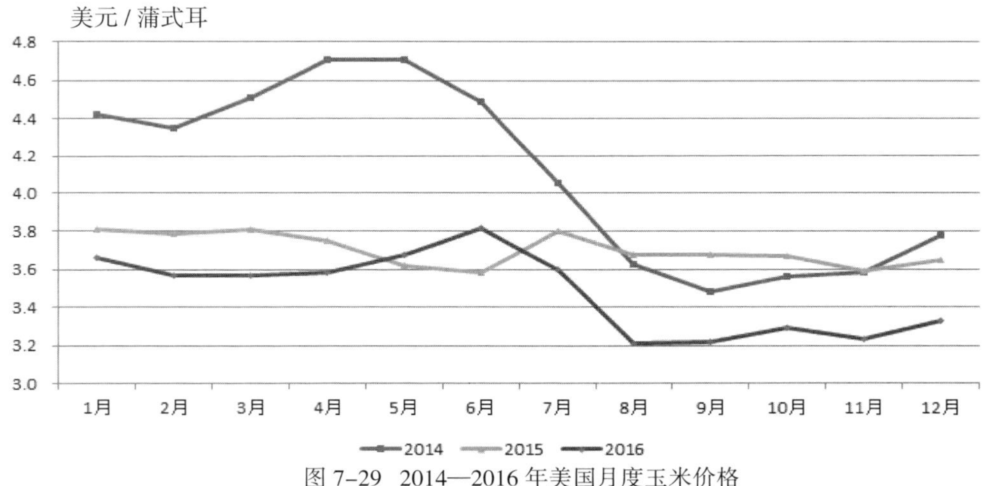

图 7-29 2014—2016 年美国月度玉米价格

四、奶料比

由于美国 2016 年、尤其是下半年的原料奶价格上涨而玉米等饲料价格下跌，美国 2016 年的奶料比在下半年超过 2015 年同期水平，全年平均为 2.24 点，比 2015 年上升 0.11 点，涨幅 5.1%。从全年走势来看，上半年比较低迷，从 7 月开始有所好转，虽然 10 月有所

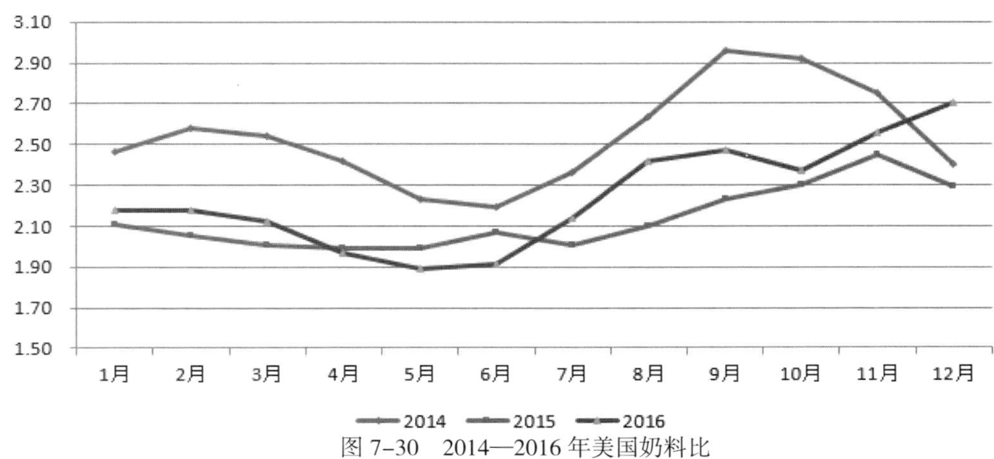

图 7-30 2014—2016 年美国奶料比

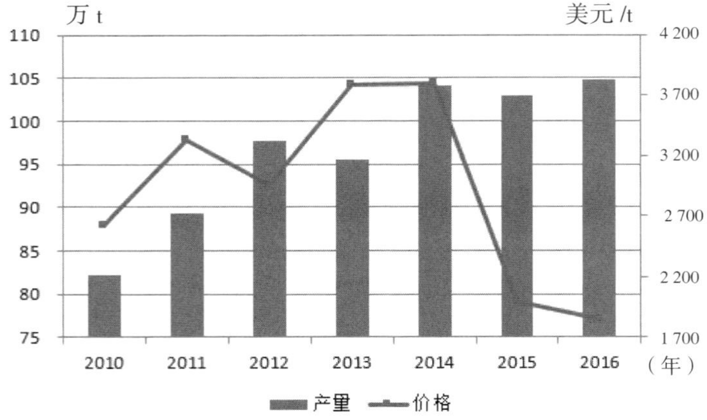

图 7-31　2010—2016 年美国脱脂奶粉产量及价格

注：美国 NDM 和 SMP 产品很类似，但 SMP 对蛋白含量要求最低 34%，而 NDM 没有这方面的要求；文中价格采用美国西部 FOB 价格，包含特级和 A 级两个品种。
资料来源：USDA

回调，但 11 月又恢复上涨态势直至年终。预计 2017 年由于全球乳制品消费难有大的起色，进而影响原料奶价格大幅上涨的可能性较小，而玉米等饲料价格面临涨价的压力，因此美国的奶料比同比 2016 年难以出现大幅回升（图 7-30）。

五、脱脂奶粉

脱脂奶粉（包括 Nonfat Dry Milk 和 Skimmed Milk Powder）是美国乳制品生产中最主要的产品之一，也是最重要的出口产品之一，2016 年其出口量达到 60.2 万 t，相当于其国内产量的 57.5%。美国也是我国脱脂奶粉进口的主要来源国之一。

2016 年美国脱脂奶粉产量为 104.8 万 t，比 2015 年的 102.9 万 t 增加了 1.9 万 t，涨幅为 1.8%，为近几年来的较高水平。全年平均价格下跌至 1 852 美元 /t，较 2015 年下跌了 141 美元，跌幅 7.1%，为 2010 年以来的最低值（图 7-31）。

六、苜蓿草出口

随着我国奶牛标准化规模养殖的快速推进和对苜蓿重要性认识的提高，我国奶牛养殖行业对苜蓿的需求快速增长，而国内的供应目前仍无法满足行业的需求，虽然我国也实施了“振兴奶业苜蓿发展行动”，且 5 年时间取得了巨大的成绩，但毕竟时间较短，现代化的苜蓿产业还没有成型，自然禀赋的限制、配套机械和设施不完善、交通不便以及经验不足，都制约了产业的发展速度。因此，我国仍需要从国外进口大量的苜蓿以弥补国内供给的不足。在进口来源国中，美国的苜蓿产品占据了绝大部分的市场份额，而且进口数量增长较快，在 7 年前的 2009 年，全年进口数量仅有 7.5 万 t，而 2016 年就达到了 113.3 万 t，增长了 14 倍，年复合增长率高达 47.4%, 对中国出口的数量占美国全部苜蓿出口数量的比重也从 2009 年的 4.8% 上升到 2016 年的 44.8%。

我国开放的苜蓿进口来源国已经增加到了 9 个，除美国外还有加拿大、西班牙、吉尔吉斯斯坦、哈萨克斯坦、保加利亚、德国、俄罗斯和阿根廷，其中，除世界第二大出口国——西班牙的出口潜力较大以外，其余各国对中国的出口能力有限，因此美国苜蓿在中国市场的主导地位在短时间内不会有大的改变，预计 2017 年美国苜蓿的进口仍将保持在一个比较高的水平上（图 7-32）。

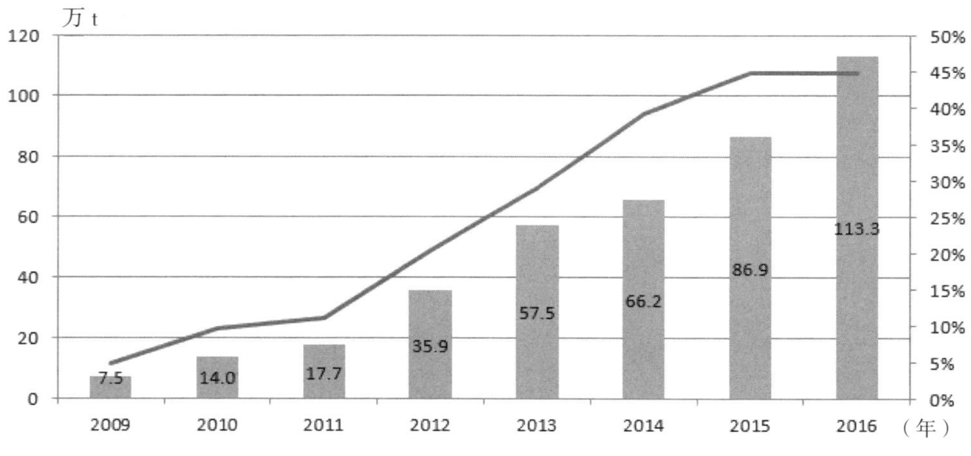

图 7-32　2009—2016 年美国对中国出口苜蓿数量及占美国全部出口比重

2016 年欧盟奶业发展概况

一、原料奶收购价格

由于经济复苏乏力、俄罗斯的乳制品禁令延期以及国际乳制品市场低迷，2016 年欧盟 28 国的原料奶加权平均收购价格进一步跌至 28.46 欧元 /100kg，按年度汇率 7.35 计算折合人民币 2.09 元 /kg，相比 2015 年的 30.84 欧元下跌了 2.38 欧元，跌幅为 7.7%（图 7-33）。

从月度原料奶加权平均收购价格来看，2016 年 1~7 月份的走势基本是一路下跌，从 8 月开始，由于国际乳制品市场价格好转，原料奶价格又是一路上涨，到 12 月达到全年最高点 33.05 欧元 /100kg（图 7-34）。

二、原料奶生产

经过 2009 年全球性的奶业危机后，欧盟 28 国的原料奶产量出现逐年增长势头，尤其是 2015 年 4 月欧盟牛奶生产配额制度终止以后，欧盟 28 国的原料奶产量出现较大幅度的增长，但 2016 年由于俄罗斯继续对欧盟实行乳制品禁运，中国对进口乳制品的需求不振以及全球其他乳制品市场整体低迷，加上欧盟对主动减产实施补贴，因此欧盟 28 国的产量从 6 月开始出现同比下跌，全年原料奶产量为 15 322.4 万 t，同比 2015 年增加了 94.9 万 t，增幅 0.62%。

由于 2017 年全球乳制品市场需求难有大的改观，欧盟高企的乳制品库存也需要处理，在其区域内消费早已饱和的前提下，欧盟的原料奶生产必将受到国际市场的影响；但是，由于欧盟对主动减产的补贴也已经用完，欧盟继续减产的动能也逐步减弱，因此预计 2017 年欧

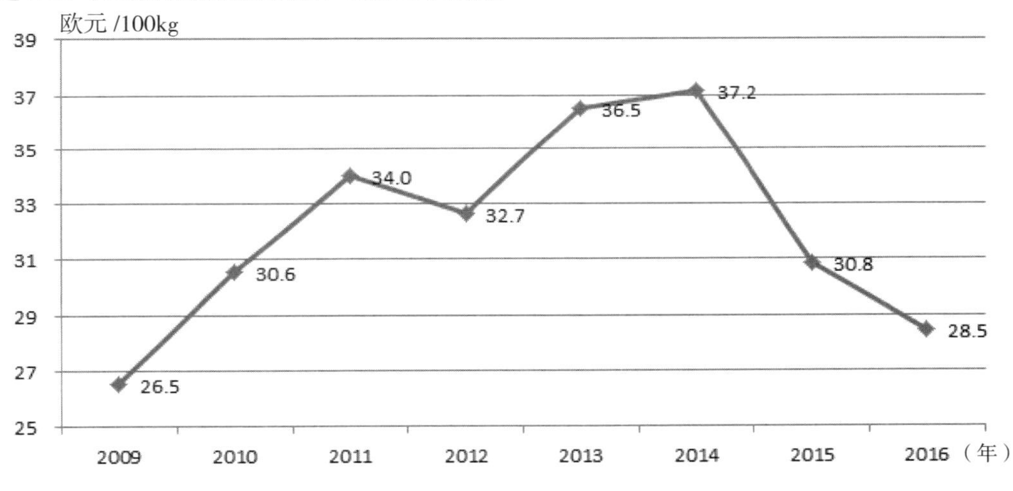

图 7-33　2009—2016 年欧盟 28 国原料奶加权收购价格

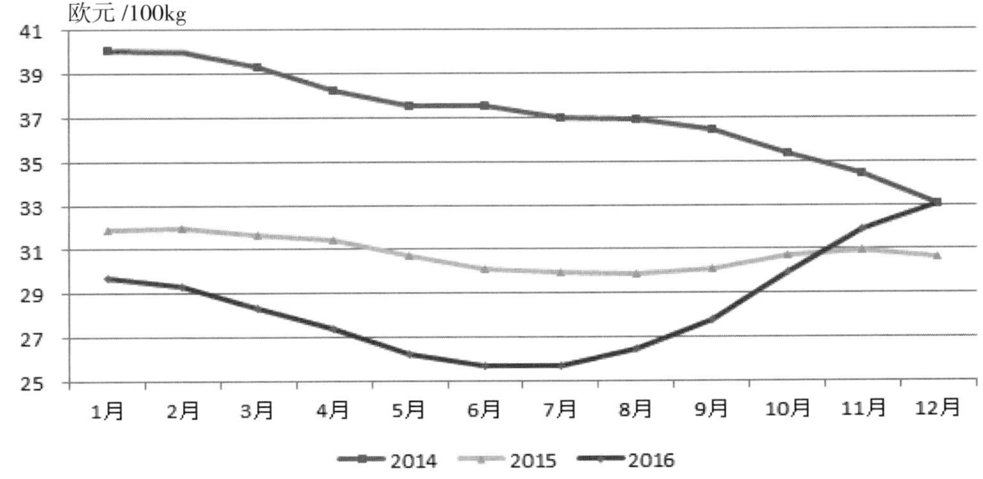

图 7-34　2014.01—2016.12 欧盟 28 国原料奶加权收购价格

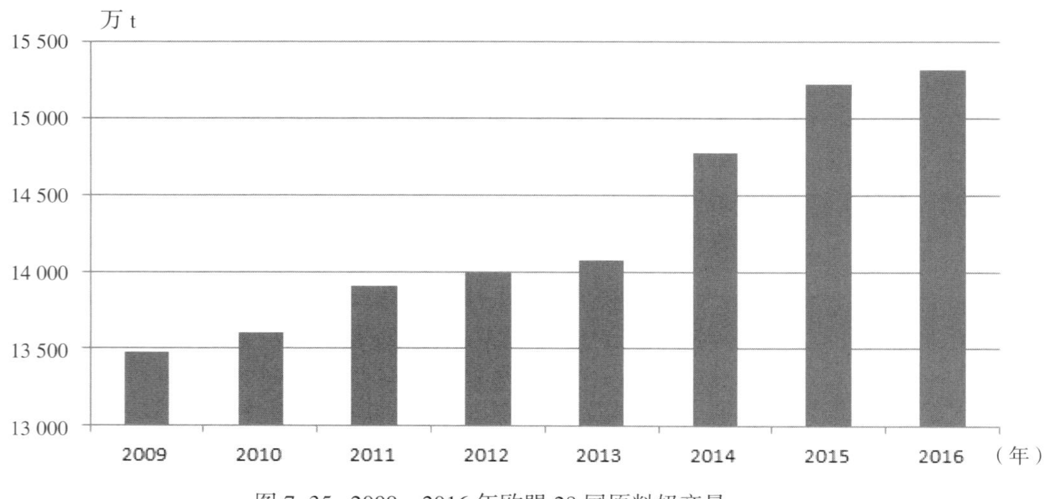

图 7-35　2009—2016 年欧盟 28 国原料奶产量

盟的原料奶产量将基本保持平稳（图 7-35）。

三、乳制品生产

欧盟 28 国 2016 年的乳制品产量整体上保持平稳，略有增长。其中饮用奶产量 3 018 万 t，同比 2015 年下跌 0.2%；发酵乳 813 万 t，同比增长 3.1%；奶酪 922 万 t，同比增长 1.5%；黄油 215 万 t，同比增长 2.5%；脱脂奶粉 156 万 t，同比增长 3.7%；全脂奶粉 66 万 t，同比增长 3.1%；炼乳 95 万 t，同比下跌 12%；稀奶油 275 万 t，同比下跌 0.6%。全部乳制品折合原料奶 15 301.3 万 t，同比增长 1.3%（图 7-36）。

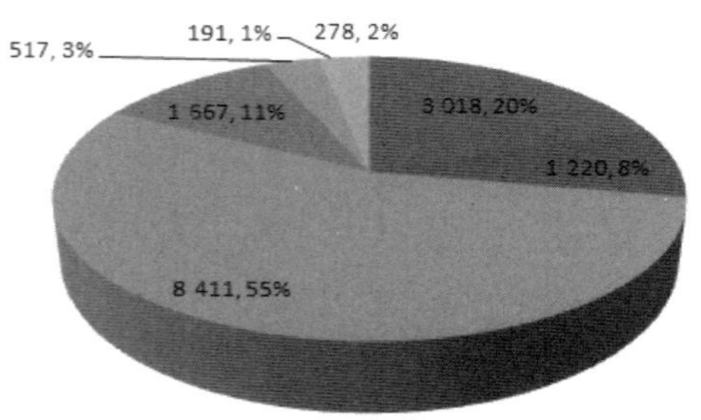

图 7-36 2016 年欧盟 28 国乳制品产量（折原料奶）及占比

四、干乳制品出口

尽管 2016 年欧盟乳制品出口受到中国需求不振、俄罗斯乳制品禁令延期等不利因素的影响，但欧盟出口商积极拓展新的市场，加上由于国际乳制品价格下跌，部分二线进口国加大了采购力度，因此，欧盟 28 国 2016 年的干乳制品出口并未受到太多的负面影响，全年出口量达到 279.2 万 t，同比小幅下跌 1.8%。

在全部干乳制品出口中，全脂奶粉出口量为 38.0 万 t，占全部乳制品出口比重的 14%；脱脂奶粉 57.4 万 t，占 20%；炼乳 27.7 万 t，占 10%；黄油 20.7 万 t，占 7%；奶酪 80.0 万 t，占 29%；乳清 55.3 万 t，占 20%（图 7-37、图 7-38）。

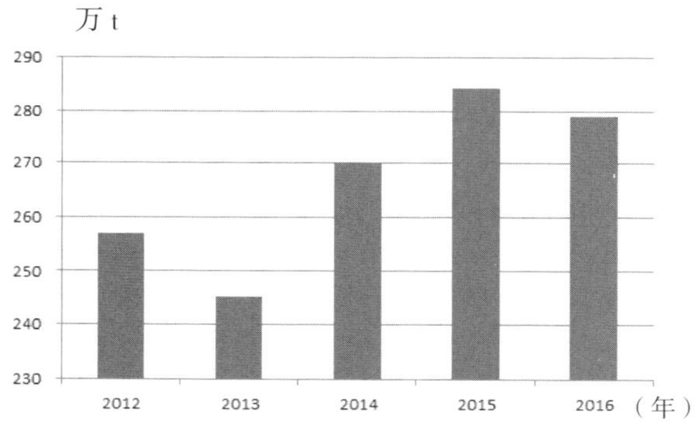

图 7-37　2012—2016 年欧盟 28 国干乳制品出口量

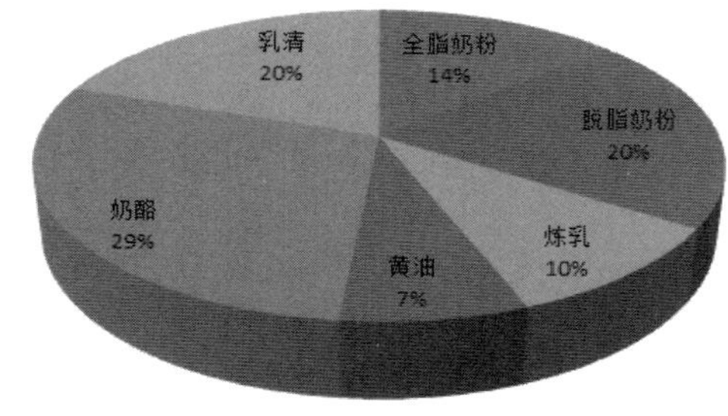

图 7-38　2016 年欧盟 28 国干乳制品出口比重

奶业大事记

NAIYE DASHIJI

2016 年奶业大事记

1 月

8 日 南京工业大学应汉杰教授主持完成的“酵母核苷酸的生物制造关键技术突破及产业高端应用”，荣获国家技术发明奖二等奖。从根本上解决了一些婴幼儿吃奶粉易吐奶、消化不良、腹泻等问题。该项目中的新技术通过中国、美国、瑞士等国内外权威机构认证，国内市场占有率达 70% 左右，同时产品已进入欧美等国际知名公司，全球 4 罐添加核苷酸的高端奶粉中就有 1 罐在使用该产品，打破了国外品牌垄断国内高端婴幼儿奶粉市场的局面，提升了我国食品添加剂行业的国际形象。

10 日 “2015 年度乳制品质量工作会议”在京举行。国家质检总局进出口食品安全局处长韩奕在发言中透露，2015 年我国乳制品进口量为 191 万 t，与 2014 年相比降幅在 9% 左右。在产品来源地方面，欧盟也首次超过新西兰成为我国进口乳制品的最大来源地。在不合格产品方面，进行退货和销毁处理的产品一共 160 批，比 2015 年减少了 30%。

12 日 由国家食品药品监督管理总局、中国科学技术协会指导，中国食品科技学会主办，中国经济网、腾讯网协办的“2015 年食品安全热点科学解读媒体沟通会”在京举行。

同日 中鼎牧业在北京举办挂牌仪式，正式登陆新三板（股票代码 :834586）。在挂牌仪式上，中鼎牧业总裁孙国强表示，中鼎已经整合牧场 140 多座，奶牛存栏突破 10 万头。

15 日 湖南省奶业协会决定组建湖南省奶业工作专家库。专家库成员由中科院亚热带农业生态研究所、湖南农业大学、湖南省营养学会等 14 名知名专家、学者组成。专家库服务领域涵盖行业政策咨询、奶牛养殖、乳品加工、质量安全控制、学生奶推广等各个环节。根据行业发展和成员单位需求提供技术、咨询、业务指导、培训等服务，可与会员单位开展技术合作、研发攻关等科研活动。湖南省奶业协会秘书长刘海林表示，专家库日常联络工作由协会秘书处负责。

同日 从山西省农业厅获悉，由太原畜牧兽医学院樊立超主持完成的奶牛高效繁殖与功能性牛奶生产技术研究项目，通过了山西省科技厅的科技成果鉴定。专家一致认为，该项研究成果达到了同类研究的国际先进水平。

2012—2014 年，项目组研究出 ω-3 脂肪酸（DHA，EPA）和共轭亚油酸（CLA）为重要指标的功能性牛奶，极大地提升了牛奶的附加值和保健功能。奶牛核心群泌乳期产奶量达到 7.5t，鲜乳中的乳蛋白率、乳脂率分别达到 3.01% 和 3.63% 以上。产母犊率达到 93%。牛乳成分中的铁、锌和碘的含量提高 20% 以上，每 100mL 奶中 EPA 与 DHA 分别达到 10mg 和 15mg 以上，示范推广应用奶牛群体 13 800 头，3 年累计增收 1.62 亿元。

18 日 由中国中地乳业控股有限公司主办的国际奶业高峰论坛在京举办。会议聚焦最新政策解读，探讨牧场管理的核心——数据分析与管理，就新常态下牧场如何发挥核心竞争力进行高端对话。参会行业领导有中国奶业协会刘成果名誉会长、农业部畜牧业司马有祥司长、中国奶业协会谷继承秘书长、农业部奶业管理办公室王锋主任等。此外，首农畜牧、蒙牛、伊利、优然牧业、辉山乳业、嘉立荷牧业、澳亚牧业、源源乳业、花花牛集团、华夏畜牧等业内多家知名企业纷纷组团参会。

18~19 日 全国食品生产监管工作会议在京召开。食品药品监管总局副局长滕佳材强调，继续加强重点食品监管和风险防控，加强重点食品共性问题研究，对全国婴幼儿配方乳粉实施月月抽检，严格婴幼儿辅助食品生产许可审查发证工作，加快建立实施婴幼儿配方乳粉产品配方注册。

20 日 特仑苏“营养新高度成就更好人生”品牌升级发布会在北京奥展国际艺术汇举行，蒙牛集团总裁孙伊萍、著名表演艺术家陈道明、中国最具创新精神导演王潮歌、乐视控股副董事长及乐视影业 CEO 张昭等多位嘉宾受邀出席。现场特仑苏宣布品质升级，推出 3.6g 优质乳蛋白、120mg 原生高钙的纯奶产品，陈道明先生为全新升级的特仑苏担纲形象代言人。

23 日 君乐宝总裁魏立华当选“年度三农人物”。CCTV2015 年度三农人物颁奖典礼给他的颁奖词是：“一个奶粉行业的‘新兵’，却造出了获得全球顶级食品安全标准认证的婴幼儿奶粉。站在重拾中国奶业信任的风口浪尖，他一点一滴重来，面对技术壁垒，他一分一毫突破。他正用诚信，重铸中国乳业品质的丰碑。他是‘中国良心奶捍卫者’——魏立华。”

在现场，魏立华带领来自君乐宝奶粉生产链上的牧场饲养员、化验室质检员、车间包装工等12名员工代表共同宣誓：“要用国际最严格的标准，为国产奶粉争回尊严，做良心奶，做良心中国人！”这句口号赢得了现场经久不息的掌声，也成为中国奶业信心提振的一声响亮号角。

28日 农业部畜牧业司司长马有祥在农民日报发表署名文章“加快推进我国奶业转型升级”。就如何持续提高我国奶业发展质量和竞争力，提出四个发力方向：一是持续加强优质奶源基地建设。二是持续加强优质牧草基地建设。三是持续加强奶站和生鲜乳质量安全监管。四是持续加强行业自身建设。

同日 河南省畜牧局消息，河南省将加大扶持力度，推进奶业转型升级，引导现有178家奶牛养殖小区采取合作经营、股份制改造、第三方托管等方式，力争3年内全部完成牧场化转型。

2月

5日 农业部副部长于康震在北京三元食品股份有限公司调研时强调，提高我国奶业发展质量和竞争力，要强化质量安全监管，加强奶源基地建设，支持扩大优质牧草种植，延伸产业链，提升价值链，降成本，提效益，加快推进奶业转型升级。

13日 全球规模最大、影响力最强的有机产品盛会——纽伦堡国际有机产品博览会(BioFach)在德国纽伦堡会展中心圆满落下帷幕。特仑苏有机奶作为此次中国代表团中唯一乳品行业代表，第四次代表中国有机乳品行业参加全球最为权威的有机行业盛会，向世界展现中国有机乳品产业的最高水准。

20日 中以常州创新园的第一个中以农业合作项目——中以农业技术转移中心开工，该中心由以色列路特斯公司、达干公司与常州西太湖中以投资管理有限公司合资开办，首期占地100亩，主要从事农业技术示范及应用推广。高效奶牛养殖技术、生产新鲜有机酸奶制品是该中心农业先期重点项目。常州市副市长李小平出席项目开工活动。

22日 《经济日报》发表一线调查文章“不要忽视‘一杯牛奶’的力量”。文章说，在“洋奶粉”冲击下中国乳业市场的跌宕起伏相比，学生奶市场似乎有些“波澜不惊”。15年来，学生饮用奶的在校日均供应量从2000年启动之初的50万份，增长到2015年初的1 914万份，全国31个省份、6万多所学校的2 200万学生从中受益。文章特别引用国家学生饮用奶计划倡导人、著名营养专家于若木生前曾不止一次地通过媒体表达自己的观点“学生奶不能停滞不前，政府应给予强有力支持。”

同日 《经济日报》发表中国奶业协会副会长兼秘书长谷继承文章“合力促进学生奶计划全面升级”。谷继承在文章中说，当务之急要做好以下重点工作：①加强奶源基地管理。②加强宣传和饮奶食育。③加强与政府部门的沟通。④加强产品质量安全管控。

23日 中华网消息，澳洲自由食品集团总裁RORY2016年春节期间再次来华访问，剑指2016中国乳业市场新格局。该集团于2015年正式以自有品牌Australia's Own（澳牧）全面布局中国市场，切入中国高端儿童牛奶这个细分市场。

29日 国家食药监局举办新闻发布会，婴幼儿配方乳粉的抽检将从现有的季度抽检改为月月抽检并公开，禁止乳粉企业利用配方夸大宣传。国家食药监总局局长毕井泉说，从去年婴幼儿配方乳粉的抽检结果来看，3 400批次样品中，不合格样品为94批次，其中有58批次是属于包装标签的明示值不符合要求，“尽管此类样品不存在质量安全问题，但利用配方夸大宣传，误导消费者”。

3月

3日 中国农业科学院北京畜牧兽医研究所奶产品质量与风险评估创新团队正式出版发布《中国奶产品质量安全研究报告（2015年度）》。奶产品质量与风险评估创新团队（简称“奶业创新团队”）联合全国50余家风险评估与质检单位，通过多年的研究积累和分析凝练，形成了《中国奶产品质量安全研究报告（2015年度）》，旨在建立我国奶产品质量安全年度报告制度。

报告建议加快实施“优质乳工程”，使奶业工作从被动应急转变为主动谋划，推动发展方式转变，生产优质产品，让消费者放心消费，让产业链利益合理分配，保障奶业和谐、健康、可持续发展。

7日 农业部长韩长赋在十二届全国人大四次会议记者会上说，“十三五”期间要推进农业供给侧改革，重点要做三件事之一就是提升牛奶品质，唱响自有品牌，恢复国人对民族乳业的信心。

11日 半岛都市报报道，70岁的泰安市岱岳区金兰奶牛养殖合作社理事长金兰英已连续六届当选全国人大代表。她在奶牛养殖行业摸爬滚打十几年，也数次为国产奶“代言”，在两会上为基层的奶农发声。在两会上，金兰英也再次为她的老本行寻找出路：允许规模化奶牛场就近开展“巴氏杀菌奶”的生产销售，以品质和新鲜抢占先机。金兰英说，“这是我们的优势，也是中国鲜奶消费的必然趋势。”不过，目前我国的现行政策是，凡在现有乳品加工厂周边千米内，日产量低于200t的乳品加工企业一律不予批准。金兰英建议，首先要对上述规定进行修改。

14日 人民网消息，全国人大代表、新希望集团董事长刘永好在全国两会期间接受记者采访时介绍，新希望和澳大利亚最大奶牛养殖场、第二大奶牛养殖场及一个大型乳业加工企业合作成立了一个澳大利亚控股公司，是澳大利亚第一大乳业加工企业，新希望是第一大股东，控制了澳大利亚乃至全球最优秀的A2。公司控制了澳大利亚60%的A2牛资源。

同日 中国学生饮用奶计划网披露，今年全国人大代表、山东银香伟业集团公司董事长王银香在其建议《关于学生饮用奶计划》中提出，当前我国学生饮用奶的推广还存在诸多问题，主要集中在：一是学生饮用奶计划进展缓慢，我国的学生奶推广数量相对目前的青少年人数来说，还远没能达到需求量；二是学生奶质量鱼龙混杂，在一些地方，某些没有学生饮用奶生产资质的企业为了抢占市场，冒用学生饮用奶标签，影响了“学生饮用奶计划”的整体形象；三是受多重因素影响，“学生奶进校难”的现象普遍。

15 日 南方都市报报道，全国政协委员、全国工商联副主席、伊利集团董事长潘刚在两会上说：一年多来，伊利集团给产业链上下游的 1 500 多家中小微企业和农户，提供了高达 25 亿的贷款，资金使用成本平均比市场低 40%。“建议国家考虑让龙头企业带动相关产业链普惠金融的发展，形成良性循环”。

16 日 中荷奶业发展中心媒体访谈见面会在中国农业大学国际创业园举行。中荷奶业发展中心主任李胜利教授、荷兰皇家菲仕兰公司奶业发展负责人尚昊哲(AtzeSchaap) 先生出席会议并接受媒体的采访。

17 日 波兰前总统科莫罗夫斯基一行考察君乐宝乳业，参观了君乐宝永盛工厂、优致牧场，并与君乐宝乳业总裁魏立华等进行交流座谈。科莫罗夫斯基先生表示，“君乐宝先进的牧场运营模式及品质管控理念非常值得借鉴，中国奶业的现代化发展水平让人震撼”。

18 日 中国食品科技网消息，《特殊医学用途配方食品注册管理办法》已通过国家食品药品监督管理总局局务会议审议，将于 2016 年 7 月 1 日起施行。据有关人士预计，一旦《特殊医学用途配方食品注册管理办法》实施，将鼓励国内企业关注特殊配方奶粉，涌入这个市场。

21 日 达能集团旗下知名婴幼儿配方乳粉品牌可瑞康在其官方微博发布退出中国市场的消息。

24 日 新华网联合全国糖酒商品交易会办公室发布《2015 年度食品品牌口碑报告》，伊利、光明、蒙牛在 2015 年液态奶行业品牌网络口碑总指数中位列前三位。现代牧业口碑总指数 2.37，位列第四位，紧追蒙牛。另外，新希望、君乐宝、雀巢 3 家乳企口碑总指数在 1.1 之上，其他乳企指数均落至 1.0 之下。

26 日 第十届内蒙古国际乳业博览会暨“融合、创新、发展”乳业高峰论坛在呼和浩特开幕，内蒙古奶业协会会长布仁作内蒙古奶业协会年度工作报告。论坛由内蒙古奶业协会秘书长刘晓芳主持，内蒙古自治区农牧业厅总畜牧师靳延平致欢迎词。中国奶业协会秘书长谷继承出席并致辞。国家奶牛产业技术体系首席科学家李胜利、中国社会科学院农村发展研究所研究员刘玉满等 20 余位知名国内外专家、嘉宾，做了 20 余场主题报告。来自全国各地 500 余名牧场代表和奶业界人士参与论坛。展会为期 3 天，参展面积 25 000m^2，参展商 246 家。

28 日 国内首款荷兰进口鲜奶新品——优憬鲜牛乳上市发布会在长沙举行。优憬鲜牛乳是互联网 + 时代一款由国内企业自创品牌，荷兰优质牧场专供奶源，一流加工企业采用巴氏杀菌技术进行代工生产的鲜乳产品，也是国内首次进口荷兰鲜牛乳。中荷两国企业家共同为优憬鲜牛乳长沙首发注奶融冰，开启新品上市发布仪式。

30 日 投资 1.3 亿元的西部首家智能化饲料生产线在银川开发区正式上线投产。该生产线年产各种畜禽饲料 18 万 t，将满足西部地区 100 万只蛋鸡、10 万头奶牛、10 万头肉牛、200 万只肉羊的产业发展规划。

4 月

1 日 《巴氏杀菌奶和 UHT 灭菌乳中复原乳的鉴定》行业新标准正式实施，该《标准》由中国农业科学院北京畜牧兽医研究所、农业部奶及奶制品质量监督检验测试中心（北京）修订，增加了超高效液相色谱测定糠氨酸的方法，修改了原有乳果糖的测定方法，有效地缩短了检测时间，提高了检测效率。

8 日 首届 D20 企业奶源转型升级高峰论坛在河北保定举办。论坛由中国奶业协会、国家奶牛产业技术体系主办，河北省奶业协会、君乐宝乳业有限公司、中鼎联合牧业股份有限公司联合协办。中国奶业协会会长高鸿宾，农业部奶业管理办公室副主任马莹，河北省农业厅厅长魏百刚、副厅长张强，保定市市长马誉峰、副市长王锋、农业局局长张明，国家奶牛产业技术体系首席科学家李胜利等出席会议并发表讲话。中国奶业协会副会长兼秘书长谷继承主持论坛开幕式。论坛主题为“推进奶源供给侧改革 提升民族奶业竞争力”，来自 D20 企业奶源部负责人、供应商企业负责人、行业专家、牧场负责人等 300 多名业内人士参会。

同日 新华社瞭望智库、《财经国家周刊》、新华社世界问题研究中心联合举办“重铸中国乳业消费信心”课题会议，瞭望智库乳业研究中心、国家食药监总局、国家质检总局、工信部、农业部的相关负责人以及伊利、蒙牛、光明等乳企的代表，就乳业发展趋势、恢复乳业消费信心等进行了交流。会上发布了 2016 年中国乳业市场第一季度舆情报告。

9 日 国务院食品安全办召开新闻发布会，通报冒牌乳粉案件调查情况，并答记者问。出席新闻发布会的有：国务院食品安全办副主任、国家食品药品监督管理总局副局长滕佳材，国务院食品安全办督查组组长、国家食品药品监督管理总局食监二司司长马纯良，上海食品药品安全办主任、上海市食品药品监督管理局局长阎祖强。新闻发布会由国家食品药品监督管理总局新闻发言人颜江瑛主持。

12 日 第四届中国好鲜奶 • 新鲜盛典高峰论坛在成都举办。中国奶业协会副会长兼秘书长谷继承、中国奶协乳品工业专业委员会副主任顾佳升、农业部奶及奶制品监督检验测试中心(北京)副主任郑楠、著名管理学家陈春花、新希望乳业总裁席刚及互联网大咖金错刀等与 42 家区域乳企负责人参加会议。

15日 东南网消息，4月2日至5月31日，厦门市市场监督管理局开展为期两个月的奶粉及乳制品专项打击行动。针对市场上来路不明的“越南酸奶”已立案两起，查扣1618盒越南酸奶。

18日 澎湃国际新闻：新西兰总理约翰•基于17日开启为期6天的访华之旅，这是他迄今为止第六次、也是时间最长的一次中国之行。据新西兰媒体17日报道称，一个由40名商业代表组成的高级贸易代表团将陪同访问，关注重点在奶制品和肉类产品出口等农业问题上。约翰•基临行前表示，他最近在一次国际会议上向习近平主席提出了两国自由贸易协定升级一事。“我对他说，我们是老朋友，这个问题对我们很重要。其次，只有把乳品包括在内，才能讨论协定升级。乳品占我们出口的45%，我们不能把这个部门排除在外。”他说。陪同约翰•基访华的代表团成员之一，新西兰中国理事会理事凯西•奎因（Cathy Quinn）在《新西兰自治领邮报》上撰文称，代表团最大的愿望就是减少中国对新西兰乳制品的惩罚性关税，扩大新西兰乳制品在中国的市场。

27~28日 由美国达农威公司及其子公司达农威生物发酵工程技术（深圳）有限公司举办的“2016年北京国际奶牛生产技术与饲养管理专题研讨会”召开，200多名来自全国各地规模化牧场、奶牛养殖场的管理者，一线技术人员以及业界的专家学者和饲料生产企业相关人员参加了本次研讨会。

27~29日 由中国奶业协会、山东省畜牧总站、山东省农科院奶牛研究中心联合举办的“2016年山东省奶牛DHI管理技术培训班”在济南举办。中国奶业协会谷继承秘书长、山东省畜牧兽医局唐建俊副局长等有关领导出席开幕式。来自全省17个地市畜牧局、奶牛场DHI主管负责人和技术人员200余人参加了培训。培训班由山东省畜牧总站李有志站长和山东奥克斯畜牧种业有限公司董事长兼总经理高运东先生主持。

29日 北京市奶业协会第七届第一次会员代表大会在北京圆山大酒店举行，北京首都农业集团有限公司副总经理常毅当选为新一届北京市奶业协会会长，北京市奶业协会廖晨星当选为秘书长。中国奶业协会会长高鸿宾，农业部奶业管理办公室主任王俊勋，中国奶业协会秘书长谷继承，北京市农业局副局长马丽英，北京市首都农业集团董事长张福平等领导出席会议。北京市奶业协会会员单位代表近120人参会。

5月

10日 农业部副部长张桃林、科教司司长廖西元、畜牧业司司长马有祥、科教司副巡视员杨礼胜、国家奶牛产业技术体系首席科学家李胜利等近400位来自全国各省的农业厅领导及专家在河南省农业厅厅长朱孟洲、洛阳市等领导的陪同下到洛阳生生乳业有限公司参观。宋经磊董事长向各位领导及专家介绍了公司的发展概况，并陪同到访嘉宾参观了生生牧场，品尝了新鲜的生生牛奶。

同日 美赞臣发布被誉为“爱的结晶”的蓝臻系列新品。美赞臣营养品公司高级副总裁及大中华区总裁游佩瑜女士与姚晨共同启动旨在为中国年轻妈妈们传授母乳喂养知识的美赞臣“蓝臻宝宝母爱关怀计划”。美赞臣婴幼儿营养品研发中心（中国）总监李永雄博士介绍，蓝臻产品是基于国际前沿的婴幼儿营养研究，选择优质营养元素“三剑客”——乳铁蛋白、MFGM乳脂球膜及DHA，且关键营养成分含量达到宝宝天生需求水平范围。李博士表示，蓝臻产品不仅在配方设计上贴近宝宝天生营养需求，还采用高品质欧盟奶源、100%荷兰原装原罐进口。

11日 中国辟谣联盟在北京举办十大乳业谣言新闻发布会。“喝牛奶致癌”“牛奶越喝越缺钙”“奶牛产奶靠打激素”等是近年来泛滥的食品谣言。中国奶业协会秘书长谷继承，中国食品辟谣联盟专家代表、北京大学公共卫生学院教授马冠生分别解读了十大乳业谣言的真相。国家食药监总局国家食品药品稽查专员李海锋、农业部奶业管理办公室副主任马莹、新华网常务副总裁魏紫川分别讲话。农业部奶及奶制品质量监督检验测试中心（北京）主任王加启公布了一份关于中国奶产品质量安全的研究报告。他表示，通过2013—2015年连续3年的风险评估研究，大量数据表明，我国奶产品质量整体情况较好，处于历史最好水平。十大乳业谣言经过业内人士、养殖专家、中国食品辟谣联盟专家团多方审核，中国奶业协会乳品工业专业委员会副主任顾佳升、北京大学公共卫生学院教授马冠生、中国农业大学食品学院教授范志红、中国疾病预防控制中心营养与健康所所长丁钢强、国家食品安全风险技术顾问刘秀梅等专家均参与了谣言信息的审核工作。

12日 中共中央政治局委员、国务院副总理汪洋，在农业部部长韩长赋、国家发展改革委副主任张勇、中央农办副主任韩俊、财政部副部长胡静林，以及黑龙江省委书记王宪魁、省长陆昊、副省长吕维峰等领导陪同下，考察黑龙江农业产业化工作。基于对婴幼儿乳品食品安全的高度重视，汪洋副总理特地实地考察了以乳业推动农业产业化的龙头企业飞鹤乳业。

14日 上海首家新西兰牛奶吧在长宁路1670号开业，新西兰驻上海总领事馆总领事葛甘楠为牛奶吧开业剪彩。

16日 历时两年建设，位于石家庄新乐市的河北三元工业园正式投产。该工业园区总投资18亿元，引进世界先进的生产工艺和加工设备，年产量将达到4万t婴幼儿配方乳粉及25万t液态奶。中国奶业协会会长高鸿宾、石家庄市副市长郝竹山、新乐市市长李志勇等出席投产启动仪式。

20日 农业部举行乳品企业座谈会，农业部部长韩长赋对乳品企业发挥带动作用提出四点希望：一是用好D20峰会平台，为行业发展树立标杆。二是坚决把好质量安全关，增强企业竞争力。三是完善利益联结机制，甘于承担社会责任。四是要加大宣传力度，重塑消费信心。农业部副部长于康震出席座谈会。10 家乳品企业负责人在座谈会上进行了发言交流。

同日 由山东省畜牧协会、山东省乳制品工业协会、山东省奶业协会等主办的“2016 山东奶业 D20 峰会”在济南召开。山东省副省长赵润田出席并讲话，中国奶业协会副秘书长邓荣臻致辞，山东省畜牧兽医局局长冯继康介绍全省奶业发展情况。会上 20 家大型奶企代表共同签署发布了《山东奶业 D20 峰会泉城宣言》，山东省发改委、财政、科技、食安、工商、物价、畜牧等相关部门负责人，各市奶业管理部门负责人，全省主要乳品加工企业、奶牛养殖场和消费者代表共计 200 余人参加了会议。

21 日 临清畜牧局携手乳泰牧业举办了“临清市牛羊混合日粮配制与节本增效新技术培训班”。中国奶业协会副秘书长邓荣臻、临清市畜牧局局长谷启瑞、天津嘉立荷副总经理彭传文、乳泰牧业总经理狄雪珂、北京三元集团副总经理郭刚，以及华农生物、天津畜牧研究所、现代牧业（察北）、上海康臣、田园牧业等相关单位领导出席培训班，临清市 20 多家牛羊养殖场的场长及技术员参加培训和交流。

23 日 由中国农业科学院北京畜牧兽医研究所牵头实施的奶牛提质（节本）增效技术集成模式研究与示范项目示范基地揭牌仪式在贺兰中地生态牧场举行。农业部畜牧业司副司长杨振海、宁夏回族自治区农牧厅副厅长杨明红、中地种业（集团）有限公司董事长张建设、中国农业科学院北京畜牧兽医研究所所长秦玉昌等出席。

24 日 由中国奶业公益群捐资的“牛奶公益杯”2016 全民橄榄球推广周新闻发布会在京召开。推广周冠名方中国奶业协会副秘书长、中国奶业公益群发起人邓荣臻表示，非常感谢主办方给奶业人一个参与支持中国橄榄球运动的机会。他说：“众所周知，体育和奶业合作有着悠久的历史，今天来的奶业企业都在国内或者国际公益赞助体育赛事。我们是采取知名奶业企业产业链众筹的方式募集公益资金，来支持本届橄榄球推广周，共同促进橄榄球运动在中国的发展。”中国农业大学体育和艺术教学部副主任丁峰、央视体育赛事频道编辑部副主任唐春雷、阿里体育副总裁刘勇、灵动玖逸总经理张京刚、北京自由马俱乐部内容互动部总监刘凯、中国橄榄球协会秘书长崔伟红先后发言。参加此次会议的奶业行业代表有：中地乳业集团有限公司、蒙牛集团、北京东方天合生物技术有限责任公司、西藏高原之宝牦牛乳业股份有限公司、中国辉山乳业控股有限公司、黑龙江飞鹤乳业有限公司、伊利集团、现代牧业、北京赛佰特科技有限公司、中和澳亚（北京）股份有限公司。

26 日 农业部部长韩长赋率农业部发展计划司司长张合成、畜牧业司司长马有祥、财务司司长陶怀颖、种植业司副司长何才文等领导组成的调研小组，赴中鼎牧业大同市南郊区新世纪牧场进行实地调研考察。山西省副省长郭迎光，山西省农业厅厅长关建勋，大同市市委副书记、市长马彦平等陪同考察。韩长赋对中鼎牧业“公司 + 基地 + 农户”“存量整合、全程托管”的模式给予肯定，并详细询问了中鼎牧业与养殖户的合作机制、管理效益、乳品企业合作以及种养结合绿色发展方面的情况。

30 日 （匈牙利当地时间）有着食品界“诺贝尔奖”之称的“世界食品品质评鉴大会”在匈牙利首都布达佩斯举行了一年一度的颁奖典礼。飞鹤乳业旗下的星飞帆（1、2、3 段）和超级飞帆（1、2、3 段）系列婴幼儿配方奶粉、现代牧业旗下的纯牛奶摘得金奖。

6 月

1 日 奶牛育种自主创新联盟在青岛正式启动。该联盟由北京奶牛中心牵头，利用北京首农畜牧发展有限公司自身优势，联合中地乳业集团有限公司、三河市中鼎牧业有限公司、内蒙古优然牧业有限责任公司、宁夏农垦贺兰山有限公司、上海荷斯坦奶牛科技有限公司等七家企业共同成立。中国奶业协会秘书长谷继承、全国畜牧总站奶业与畜产品加工处处长刘海良、北京首农集团副总经理常毅、北京奶牛中心主任麻柱、中地乳业总裁张开展、北京市奶业协会副会长刘文奇、北京市奶牛创新团队首席专家路永强等行业专家到会祝贺联盟启动。

同日 由中国儿童少年基金会支持、中国奶业协会信息中心主办、唯绿包装（上海）有限公司协办的大型公益活动“屋顶有爱·爱鲜奶”在青岛举行新闻发布会。中国奶业协会谷继承秘书长、中国奶业协会乳品工业专业委员会副主任顾佳升、唯绿包装（上海）有限公司市场总监沈隽华分别讲话。该活动得到光明乳业、北京三元、广州燕塘、广州风行牛奶、新希望乳业、重庆天友、福建长富乳业、山东得益等乳企的支持。

2~4 日 第七届中国奶业大会暨 2016 中国奶业展览会在山东青岛国际会展中心举办。大会共设专场 21 个，报告 92 场，其中包括中德、中荷、中澳、中新国际论坛专场 4 个；参展企业 412 家，其中国家展团 6 家，展览面积 4.5 万 m^2，观众 6 万余人次。农业部副部长于康震，山东省副省长赵润田，中国奶业协会名誉会长刘成果、会长高鸿宾等领导出席大会。中国奶业协会副会长兼秘书长谷继承主持会议。来自全国各奶业有关行政管理部门、行业协会、奶牛养殖场（户）、乳品加工企业、奶业机械设备企业、教学科研单位等近 2 000 人参会。中央电视台、新华社、光明日报、经济日报、新华网、农民日报等多家媒体聚焦奶业大会和展览会进行宣传报道。会议期间，于康震副部长、刘成果名誉会长、高鸿宾会长、赵润田副省长、谷继承秘书长等一行参观了中国奶业 D20 企业展台。

11 日 由中国奶业公益群捐资，中国橄榄球协会、中国大学生体育协会、中国农业大学主办，北京自由马橄榄球俱乐部、校橄联盟（北京）体育产业承办，中国奶业协会、橄牛人俱乐部大力支持，并得到伊利集团、蒙牛集团、中地乳业、三元食品、辉山乳业、飞鹤乳业、现代牧业、东方天和、中和澳亚、高原之宝、赛佰特、中垦乳业等单位赞助支持的“牛奶公益杯”2016北京全民橄榄球推广周暨各项精彩赛事在中国农业大学西校区落下帷幕。华南农业大学橄榄球队获得2016“牛奶公益杯”全国U22触式橄榄球锦标赛U22混合组杯级冠军。

15日 由陕西省乳品安全生产协会主办的“全省婴幼儿配方乳粉生产技术研讨会”在奶山羊之乡——富平成功召开，陕西省18家婴粉生产企业及80余家奶粉企业领导和技术人员参加了此次会议。陕西省乳品安全生产协会技术专业委员会主任、陕西和氏乳品有限公司总经理李铁超，曹凯博士，西北农林科技大学教授蒿迈道分别就国家食药监局颁布的《婴幼儿配方乳粉产品配方注册管理办法》、高油乳清粉的有关知识、世界奶山羊发展情况和陕西奶山羊发展历史及羊奶的营养价值进行演讲。来自北欧油脂的AAK公司为大家展示了关于婴幼儿乳粉的最新技术及信息，尤其是羊乳清粉的相关知识。

16日 2016中瑞现代奶牛场高级管理和技术人才研修班在京开班。中国奶业协会会长高鸿宾、农业部畜牧业司副司长王俊勋、中国农业大学动物科技学院院长呙于明、农业部国际合作司欧洲处处长王锦标、国家奶牛产业技术体系首席科学家李胜利、利乐公司项目经理柴彤涛分别致辞。中国社科院刘玉满研究员、农业部畜牧业司奶业处副处长邓兴照分别就国外奶业发展的模式、经验及对我国奶业发展的启示和当前奶业发展的态势及“十三五”规划奶业发展方向对学员进行了培训。

同日 全国第一届“草畜+”一体化学术交流暨产业发展研讨会在扬州召开。会议由国家牧草产业技术创新战略联盟、北京华夏草业产业技术创新战略联盟主办，扬州大学、CAU-AFBI中英牧草与食草动物联合研究中心、联盟产业研究院（北京助尔生物科学研究院）承办。联盟秘书长杨富裕教授主持研讨会，中国工程院院士、中国农业大学李德发教授、扬州大学副校长陈国宏教授、中国畜牧业协会草业分会卢欣石会长、江苏省畜牧总站朱满兴站长等专家、领导出席会议并致辞。来自中国农业大学、中国科学院、中国农业科学院、兰州大学、四川大学、甘肃民祥草业、石家庄鑫农机械、甘肃机械研究院、北京百斯特草业、北京正道、盐城市优信饲料、苏州可喜儿农业科技、河南世纪天緣生态科技、河南华丰草业、百绿国际草业、芯来旺生物科技、金尔露生物科技等300多名产学研单位的专家、学者、企业家参加了会议。

23日 凌晨（当地时间）中加奶业合作使者朗尼博士在加拿大因病逝世。朗尼博士作为中国奶业协会唯一的外籍顾问，一直关注着中国奶业的发展，为中国奶业翻天覆地的变化而欣慰。访问加拿大的中国奶业代表团都受到过朗尼博士热情接待。

朗尼博士就任中加奶牛育种综合项目（1993—2004年）主任期间，通过项目的实施，为中国培养了一大批奶牛技术与管理骨干队伍，对中国奶牛育种产生了深远影响并加速了中国奶牛的育种进程，促进了中国奶业的健康发展。

23日 农业部副部长于康震，宁夏回族自治区政府副主席曾一春，宁夏农牧厅厅长王文宇，国家奶牛产业技术体系首席科学家李胜利教授一行在中地乳业贺兰牧场参观考察，中地乳业董事长张建设陪同参观，并汇报了集团公司发展历程及未来规划。

23~24日 中国（宁夏）奶业转型升级研讨会暨婴幼儿配方乳粉研发中心揭牌仪式在银川举办。研讨会暨揭牌仪式由宁夏回族自治区人民政府主办，自治区农牧厅承办，中国奶业协会协办。农业部副部长于康震、宁夏回族自治区副主席曾一春出席开幕式并讲话。出席开幕式的其他领导和专家还有中国农业科学院党组成员、副院长李金祥，中国奶业协会副会长兼秘书长谷继承，宁夏回族自治区农牧厅厅长王文宇，中国农业科学院北京畜牧兽医研究所所长秦玉昌，国家奶牛产业技术体系首席科学家李胜利，国家肉牛产业技术体系首席科学家曹兵海。自治区政府副秘书长王凌和农牧厅首席兽医师晁向阳分别主持开幕式和研讨会。伊利乳业、蒙牛乳业、君乐宝乳业、夏进乳业、贺兰山奶业、金河乳业、中地乳业7家企业作大会发言。

24日 一项总投资12.7亿元，建设3万头泌乳奶牛养殖繁育场、50万t饲料加工厂、14万t牛奶深加工项目在黑龙江省青冈县奠基。项目将由恒阳集团旗下的国粮集团实施。项目完成后将实现年产值20亿元，预计利税4600万元，安置劳动就业千人。

28日 在英国伦敦举办的第十届全球乳制品代表大会（简称GDC）上，凭借包装的极致设计以及对品质的一贯严格把控，蒙牛高端定制牛奶“嗨Milk”从全球品牌中脱颖而出，一举夺得此次GDC大会世界乳业创新大奖中“最佳乳品”和“最佳乳品包装”两大奖项，成为唯一独揽两项大奖的中国乳品公司，蒙牛高端酸奶品牌冠益乳也成功入围“最佳酸奶”奖项，代表了国际同行对蒙牛引领的营养健康新消费潮流的高度认可。

30日 由辉山乳业集团举办的2016第三届（沈阳）国际鲜奶节和振兴奶业高峰论坛于沈阳举办。中国奶业协会会长高鸿宾等领导以及部分行业专家共聚一堂，就如何充分发挥本土优势，进一步把握发展机遇为中国奶业发展建言献策。辉山乳业作为品质乳企的代表，在业内首次提出“奶业都心”模式——即“以城市为核心布局工厂，以工厂为核心布局牧场”的双核心模式，引发了行业热议。

7月

8日 中加乳业商务合作签约仪式暨魁北克LM2公司进军中国市场发布会在加拿大驻华使馆举行。在农业部奶业管理办公室、中国奶业协会、行业专家、牧场代表以及各界媒体代表50余人的见证下，加拿大魁北克

Laboratoire M2 研究所与众一诺美（北京）科技发展有限公司（UNITERUMEN）举行了签约仪式。

21 日　中国乳业大数据生态公共服务平台可行性研究报告评审会在京召开，会议邀请到中国工程院院士李伯虎、和林格尔县发改委评审中心、湖南邮电设计院等相关领导。评审会上，领导专家对平台启动后的运营工作进行了总结和评定。中国乳业大数据生态公共服务平台于 2015 年 11 月启动，由国云数据与呼和浩特市政府联手打造，参与企业有伊利、蒙牛、赛科星、圣牧高科、现代牧业等，该平台是一个以整合资源数据、共同打造乳业产业生态链和为政府、企业以及民众服务的高效信息化大平台。

23 日“2016 首届中国牦牛乳产业发展(国际)论坛”在甘肃省甘南藏族自治州举行。中国奶业协会荣誉会长、农业部原常务副部长、国务院扶贫开发领导小组常务副组长刘成果在论坛中表示，中国是牦牛的原产国，95% 以上的牦牛资源在中国。资源稀缺性决定了牦牛乳具有珍贵性，所以必须抓住这个特色来发展牦牛乳业。同时，科学证明与普通牛乳相比，牦牛乳营养丰富，蛋白质等干物质含量高、不饱和脂肪酸高，含有多种免疫因子。甘南藏族自治州州委副书记、州长赵凌云在致辞中表示，加快牦牛乳产业开发，让中国的牦牛乳品成为国际市场上的中国符号，不仅是“一带一路”国家倡议在甘南州的具体实践，而且丰富和拓展了甘南州“一带一路”国家倡议的独特内涵和深远意义。

8 月

4 日　由中国奶业协会、内蒙古农牧业厅、内蒙古奶业协会支持，《乳业时报》《中国奶牛》杂志、中国乳品产业网共同主办的第二届“全国最美养牛人”评选大型公益活动在美丽的呼和浩特盛大举行。专家评审团对参与报名的 423 位牛人资料集中进行了初审和评定，最终 300 余位牛人进入网络投票阶段，从 2016 年 7 月 12~26 日 23:55，参与微信网络投票人数达 80 万人次。根据活动流程，专家团对参与投票活动的牛人资料进行了二次审核，并结合牛人所得真实票数与人气综合评定，最终有 258 位牛人获评第二届“全国最美养牛人”殊荣。

11 日　首届“南方草山奶业发展论坛”在湖南城步苗族自治县拉开帷幕，来自福建、广东、广西等地的奶业协会专家、企业家等齐聚城步南山下，为中国南方草山奶业的发展献计献策。此次活动由湖南省奶业协会主办，湖南南山牧业有限公司承办，南山牧场协办。

16 日　在农业部、国家质量监督检验检疫总局、国家食品药品监督管理总局等部委的指导和支持下，中国奶业协会组织编写的《中国奶业质量报告（2016）》首次向社会发布。中国奶业协会副会长兼秘书长谷继承主持发布会，农业部奶及奶制品质量监督检验测试（北京）中心主任、中国农业科学院研究员王加启，国家奶牛产业技术体系首席科学家、中国农业大学教授李胜利出席发布会。央视新闻中心、人民日报、新华社等 60 余家新闻媒体受邀参会。

26 日　中国奶业 20 强峰会暨奶业振兴大会在河北省石家庄市召开，农业部部长韩长赋在会上发表主旨演讲。中宣部、国家质检总局、国家食品药品监管总局、工业和信息化部，河北省政府、黑龙江省政府有关负责人和乳品企业代表在峰会上发言。会前，农业部、工业和信息化部、国家质量监督检验检疫总局、国家食品药品监督管理总局与河北省政府签订了《部（局）省共建奶业振兴示范省战略合作协议》。

9 月

4 日　由中国奶业协会支持，福建省奶业协会、台湾乳业协会主办，福建长富乳品有限公司承办，唯绿包装（上海）有限公司协办的第五届海峡两岸巴氏鲜奶发展论坛在福州市举行。中国奶业协会会长高鸿宾、副会长兼秘书长谷继承，福建省政协原副主席、福建省闽港澳经济促进委员会副主任李祖可，福州市副市长严可仕，台湾地区 21 世纪基金会执行长孙明贤，福建省农业厅总畜牧兽医师梁全顺等领导和台湾乳业协会名誉理事长、东海大学荣誉教授施宗雄博士，台湾乳业协会秘书长方清泉，农业部奶及奶制品质量监督检验测试中心（北京）主任王加启，中国奶业协会乳品工业专业委员会副主任顾佳升等专家出席论坛。

11 日　由国家食品药品监督管理总局新闻宣传司指导、央广网主办的“中国乳业巡礼”活动启动仪式在齐齐哈尔市飞鹤乳业生产基地举行。国家食品药品监督管理总局新闻宣传司司长颜江瑛、中央人民广播电台副总编辑姜海清、黑龙江省食药局副局长赵中原、齐齐哈尔市副市长李洪国、中国食品工业协会品牌战略工作委员会常务副会长兼秘书长曾黔、中国乳制品工业协会常务副秘书长刘超、中国奶业协会副秘书长杨秀文和中国乳业行业龙头企业代表参加启动仪式。

15 日　蒙牛乳业发布公告称，蒙牛前总裁孙伊萍因个人职业发展需要向公司董事会辞任，蒙牛帅印将由原雅士利总裁卢敏放接手。至此，蒙牛乳业在经历牛根生、杨文俊、孙伊萍三任主帅后，迎来了卢敏放时代。

26 日　由河北省奶业协会主办，北京市奶业协会、天津市奶业协会、山东省奶业协会、辽宁省奶业协会协办，廊坊市奶业协会、廊坊国际展览集团有限公司承办，河北省农业厅、君乐宝乳业、伊利集团、三元食品、蒙牛乳业、中粮饲料公司支持的首届环渤海奶业发展大会暨奶业展览会在廊坊市召开。来自河北、北京、天津、辽宁、山东、内蒙古等环渤海地区的奶业监管部门、专家学者、企业代表 300 余人参加会议。论坛由河北省农业厅副厅长、省畜牧兽医局局长张强主持。

同日　中国奶业协会与利拉伐、利乐公司组织的 2016 中瑞现代化奶牛场高级管理和技术人才培训项目启动了海外学习行程，来自伊利、蒙牛、辉山、君乐宝等企业的 18 位优秀参训学员赴瑞典参加为期一周的奶业培训考察。当天上午，在瑞典 Hamra 牧场会议中心，举行了培训考察活动开班仪式。利拉伐全球总裁JoakimRosengren首先代表公司对各位学员的到来表示欢迎，并介绍了公司的整体情况。

10月

12~14日　世界奶山羊产业发展大会暨第二届中国奶山羊健康养殖与羊奶加工技术国际研讨会在陕西陇县举办。大会期间，陕西绿能牧业4万只奶山羊标准化养殖场正式揭牌，这标志着亚洲最大规模奶山羊养殖基地就此落户陇县。来自9个国家的12名专家和领导，中国奶业协会、中国乳制品工业协会等行业组织的主要负责人、陕西省及宝鸡市政府领导、国内外羊奶企业的巨头、羊奶研究的科技精英，19个省市的来宾、企业代表，媒体记者共1 200多人参会。大会由西北农林科技大学、国际山羊协会主办，陇县人民政府、陕西和氏乳业有限责任公司、陕西关山陇州乳业有限责任公司等单位承办。

16~17日　农业部检查组一行在呼和浩特开展2016年生鲜乳专项整治行动。检查组一行深入和林格尔县、土默特左旗的12个奶站、10辆运输车及伊利、蒙牛2个乳品企业奶源基地，采取现场检查、入户（场）调查等形式，重点对收购站和运输车关停并转情况，生鲜乳收购证和运奶车准运证发放、换证和吊销情况，生鲜乳质量安全监测及执法查处情况，生鲜乳收购站运输车监督管理系统运行情况，收购站和运输车标准化建设与管理，生鲜乳质量安全监管制度建设和落实情况等进行了检查。

19日　中德畜牧业合作项目——粪污处理培训班在天津举办。全国畜牧总站、天津畜牧兽医局和中德畜牧业技术创新中心等相关机构代表和专家共同参加了此次培训。

26日　中国母婴数据库暨三元婴幼儿乳粉新品新闻发布会在京举行。三元正式对外发布了中国母婴数据库，同时，三元奶粉家族新成员——“超级金装爱力优”婴幼儿配方奶粉全新亮相。中国食品科学技术学会理事长孟素荷、中国乳制品工业协会秘书长刘美菊、农业部奶及奶制品质量监督检验测试中心（北京）主任王加启、中国营养保健食品协会秘书长刘学聪等领导和专家出席。

28~29日　第九届长三角奶业大会暨奶业展览会在江苏扬州举办。会议由江苏省奶业协会、上海奶业行业协会、浙江省奶牛业协会、安徽省奶业协会、福建省奶业协会主办。会议主题为“凝聚共识，汇集力量，坚持不懈推进优质乳工程”。江苏省农业委员会总畜牧兽医师黄焱、上海市农委畜牧兽医办公室主任李建颖、中国奶业协会副秘书长刘琳出席大会。

11月

10日　2016食品营养与健康国际论坛——中新乳业健康论坛在北京国家会议中心举办。来自中新两国相关管理部门的代表、专家学者及企业代表参加了此次论坛。此次论坛由中国食品科学技术学会主办，中国食品科学技术学会食品营养与健康分会承办，恒天然商贸（上海）有限公司、贝因美婴童食品股份有限公司支持。论坛由国家食品药品监督管理总局食品安全风险交流专家张守文、中国农业大学食品科学与营养工程学院教授任发政共同主持。

19日　国家奶业科技创新联盟在中国农业科学院召开成立大会，国家农业科技创新联盟领导小组副组长、中国农业科学院党组书记陈萌山，农业部科技教育司副司长汪学军，农业部畜牧业司副司长王俊勋，农业部农产品质量安全监管局副局长金发忠等领导出席会议并讲话。会议由国家农业科技创新联盟副秘书长、中国农业科学院科技局局长梅旭荣主持，中国农业科学院北京畜牧兽医研究所所长秦玉昌致欢迎辞。国家奶业科技创新联盟是在国家农业科技创新联盟框架下成立的专业联盟，首批成员由11家中央科研单位、23家省部地市级科研单位、18家高等院校和23家乳品相关企业共75家单位组成，中国农业科学院北京畜牧兽医研究所农业部奶产品质量安全风险评估实验室（北京）担任理事长单位。

21~23日　第二十七届中美商贸联委会在美国华盛顿举行。作为全球乳业八强和中国乳业龙头企业的伊利集团，受邀参加了联委会重要活动——中美农业食品伙伴关系研讨会，与两国农业方面的专家、企业代表进行交流。研讨会上伊利集团提出的“基于全产业链的优质乳五星体系”，获得了中美两国与会嘉宾的一致认可和肯定。中美两国政府高层官员及艾默生、杜邦、伊利等中美知名企业的代表出席了会议。

23日　由中国新闻社、《中国新闻周刊》主办的第十二届“中国·企业社会责任国际论坛”上，评委会对伊利引领行业落实社会责任给予高度评价，并将2016年度责任企业大奖颁给伊利。

26日　辽宁检验检疫局发布消息说，辽宁大窑湾检验检疫局工作人员在对一批来自美国共计5个集装箱的紫花苜蓿干草实施现场检验检疫时发现疑似检疫性害虫，为保证害虫不扩散，工作人员迅速将所发现害虫装管后封箱，并将虫样送检。经过辽宁检验检疫局技术中心鉴定确定截获害虫为谷斑皮蠹和小菌虫，其中谷斑皮蠹为检疫性害虫，该虫食害多种谷类及经济作物，危害性极大。按照中美关于苜蓿草双边议定书中的要求对此批货物实施熏蒸处理。

12月

1日　由新华网主办的主题为“中国乳业发展新趋势”的2016中国食品发展大会乳业论坛在北京举行。食药监总局食品监管一司司长张靖、工业和信息化部消费品司司长高延敏、中国奶业协会副秘书长刘琳、农业部奶业管理办公室副主任马莹、农业部奶产品质量安全风险评估实验室（北京）副主任李松励出席论坛并发表讲话。

同日　第五届中德牛业研讨会在京举行。本次会议的主题是“在目前大环境挑战下中德两国乳肉生产创新方案”，由全国畜牧总站和德国ADT国际管理与咨询公司共同组织，参会人员超过100人，分别来自10家项目示范单位以及行业内相关领域。开幕式上，中国农业部畜牧业司畜牧处左玲玲处长、德国农业部国际项目处克兰维希处长、中德畜牧业技术创新中心代表司拉夫先生以及中德农业中心霍康德主任分别致辞。中外专家进行专题讲座。

6日 中荷奶业发展中心成立三周年庆典活动在北京举行。荷兰王国驻华大使馆临时代办杜安德（André Driessen）、中国农业部总畜牧师王智才、中国奶业协会会长高鸿宾、中国农业大学党委书记姜沛民、中国农业大学副校长龚元石、瓦赫宁根大学校董事会成员Martin Scholten、荷兰皇家菲仕兰首席执行官鲁乐夫（RoelofJoosten）等出席了活动。活动当天，中荷奶业发展中心创始三方再次共同签署了下一个三年合作备忘录。荷兰知名乳制品质量安全监督检测机构Qlip签约中荷奶业发展中心。至此，中荷奶业发展中心的合作伙伴已由三年前成立时的3家扩展至10家。

7日 2016第二届“牛人”摄影展及颁奖仪式在石家庄举行，本次摄影大赛活动由《中国奶牛》编辑部承办，得到了荷兰皇家菲仕兰公司的大力支持。评选出特等奖1名，一等奖3名，二等奖6名，三等奖10名。中国奶业协会副秘书长杨秀文主持第二届“牛人”摄影大赛颁奖仪式，中国奶业协会秘书长谷继承、荷兰皇家菲仕兰公司政府事务总监宋侃分别致辞。

8日 首届宁夏乳品质量安全检验技能大赛在银川大学举办，来自蒙牛、夏进、金河、塞尚、黄河等乳品企业的13支代表队40余人参加比赛。大赛由宁夏食品药品监督管理局主办，宁夏乳制品工业协会承办，银川大学协办。比赛设理论考试和实验室操作技能考试两部分，分别占总成绩的30%和70%。比赛试题涉及食品安全法律法规、乳品相关国家标准、乳品检测操作技能等方面。

15日 2016国家“学生饮用奶计划”交流会在湛江召开。中国奶业协会副秘书长刘琳，湛江市教育局党组成员、副调研员刘绍群，中国教育报编辑李小伟，风行乳业有限公司以及利乐中国有关负责人出席会议，各省、自治区、直辖市学生饮用奶计划工作机构负责人、学生饮用奶生产企业学生奶项目负责人等近150人参加了会议。

17日 来自广西水牛研究所、广西大学动物科学技术学院等区内权威水牛奶科研单位的专家和消费者一起，汇聚华胥水牛鲜奶吧，品尝巴氏水牛奶、水牛奶酸奶、双皮奶，为广西首个水牛奶制品直营店把脉献策。

20日 由成都商务委、成都烹饪协会指导，成都传媒集团下属若干媒体、微信大号成都美食、中国网等参与，圣牧乳业赞助，成都泽善文化传播公司策划执行的首届“益生活菌·成都健康美食节”正式启动。圣牧乳业执行总裁武建邺参加了此次健康美食节的启动仪式。

27日 以“精准营养聚焦服务节本增效提高牧场核心竞争力”为主题的“2016年北京亚禾奶牛营养高峰论坛”在北京举行。来自全国各地的奶业专家、牧场代表、媒体记者约300人参会。中国奶业协会秘书长谷继承在会上指出，国内外牛奶的营养和质量是没有区别的，但不同的加工工艺使乳制品品质不同。若想拉动牛奶的消费，要讲好牛奶和奶牛的故事，让广大消费者明白牛奶是安全的、有营养的、不可替代的食品。他指出，亚禾公司一直专注于奶牛营养的研究和牛场的社会化服务，推广氨基酸平衡技术，调整日粮配方，使每千克奶成本降低0.5~0.7元，还可大大降低牛场的运营成本。这是降本增效的重要途径，值得推广。

行业统计

HANGYE TONGJI

【奶业发展趋势走势图】

图9-1　1978—2016年我国奶牛存栏走势图

数据来源：国家统计局

图9-2　1978—2016年我国牛奶产量走势图

数据来源：国家统计局

图9-3　1978-2016年我国奶类产量走势图

数据来源：国家统计局

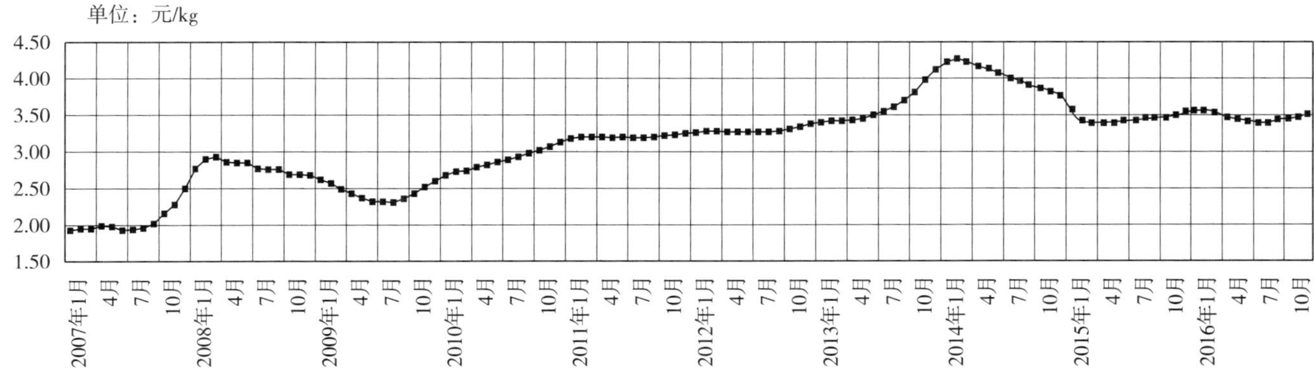

图9-4　2007—2016年全国主产省（区）生鲜乳价格情况

数据来源：农业部（区）

注：生鲜乳主产省（市、自治区）统计范围是：河北、山西、内蒙古、辽宁、黑龙江、山东、河南、陕西、宁夏、新疆。

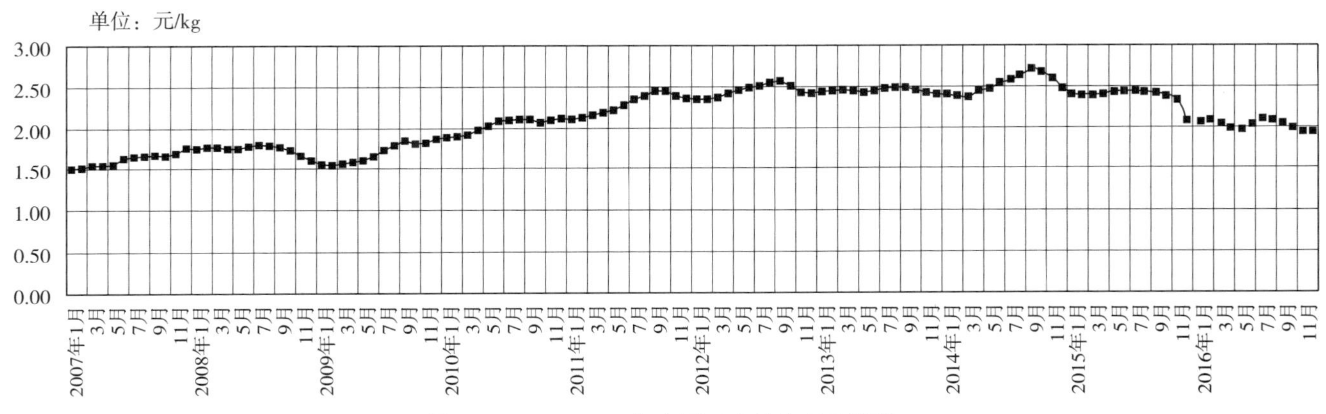

图9-5　2007—2016年全国玉米价格变动情况

数据来源：农业部

图9-6　2007—2016 年全国豆粕价格变动情况

数据来源：农业部

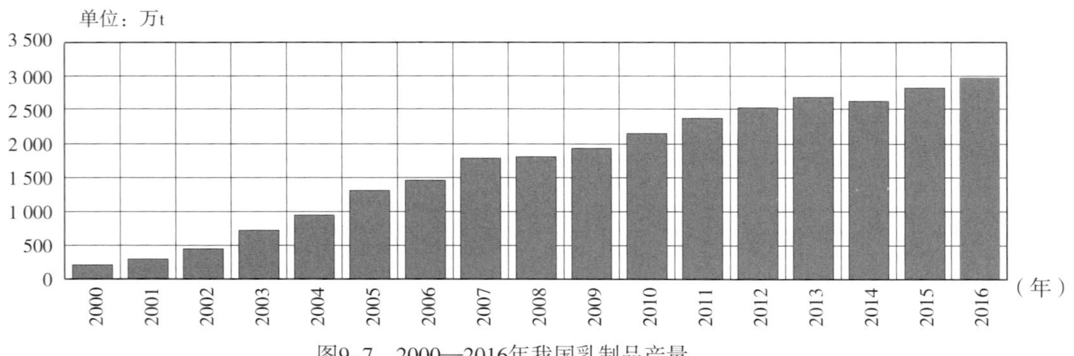

图9-7　2000—2016年我国乳制品产量

数据来源：国家统计局

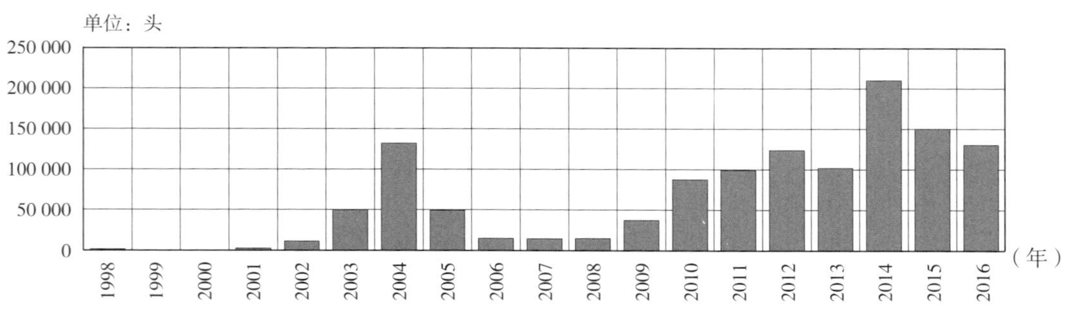

图9-8　1998—2016年我国改良种用牛进口数量

数据来源：海关总署

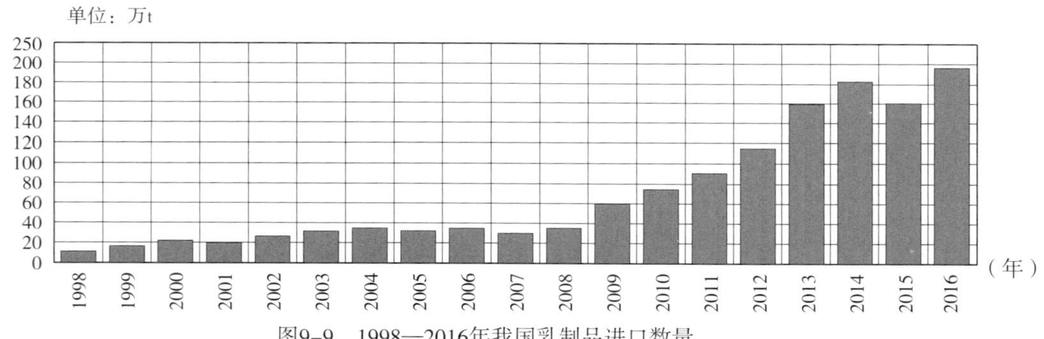

图9-9　1998—2016年我国乳制品进口数量

数据来源：海关总署

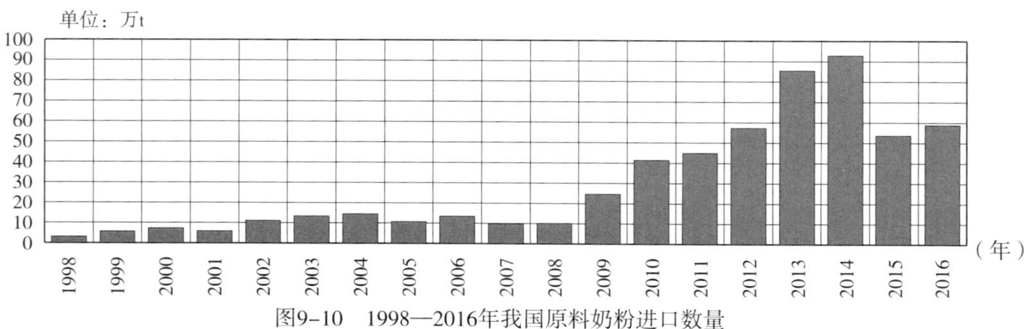

图9-10　1998—2016年我国原料奶粉进口数量

数据来源：海关总署

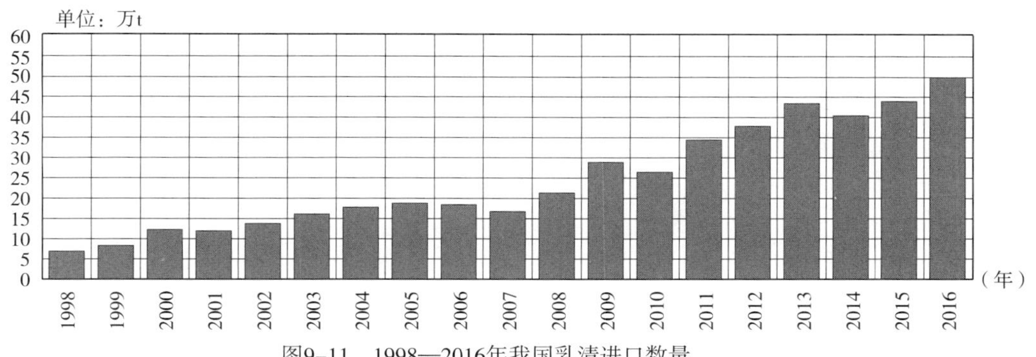

图9-11　1998—2016年我国乳清进口数量

数据来源：海关总署

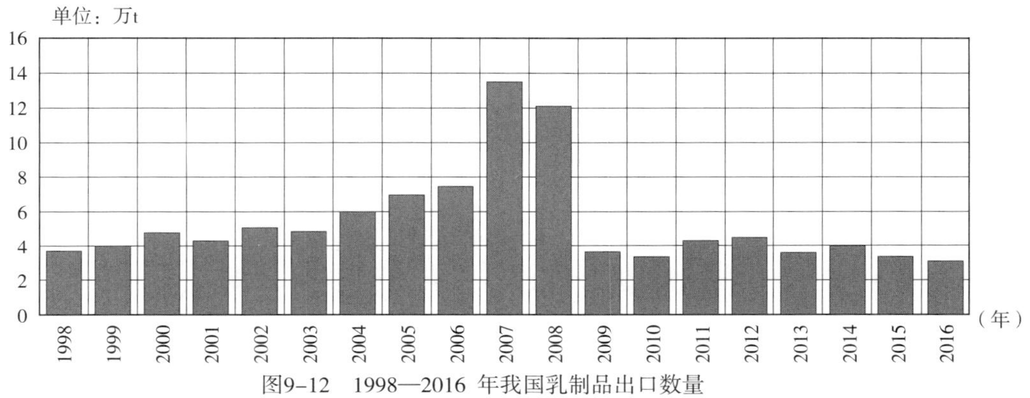

图9-12　1998—2016 年我国乳制品出口数量

数据来源：海关总署

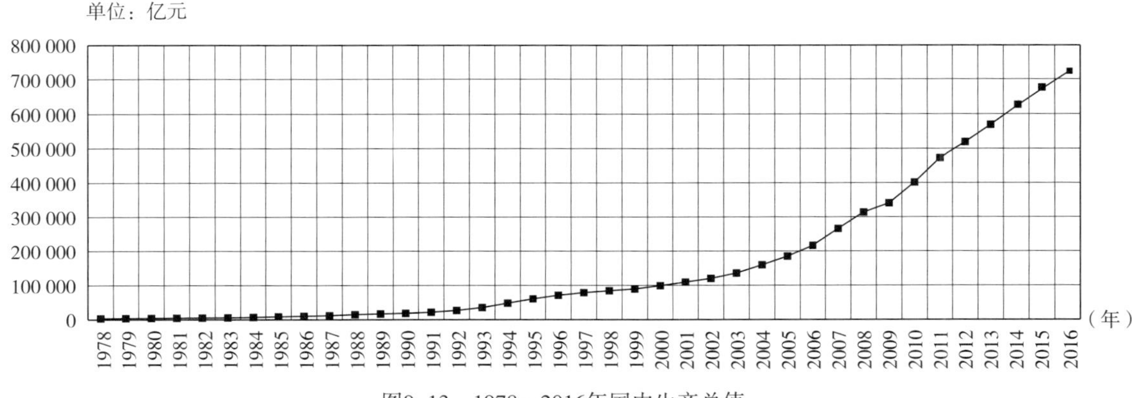

图9-13　1978—2016年国内生产总值

数据来源：国家统计局

【综合情况】

中国奶业基本情况

项 目	单位	2012年	2013年	2014年	2015年	2016年
奶畜资源						
奶牛存栏数	万头	1 493.9	1 441.0	1 499.1	1 507.2	1 425.3
原料奶产量						
奶类产量	万t	3 875.4	3 649.5	3 841.2	3 870.3	3 712.1
牛奶产量	万t	3 743.6	3 531.4	3 724.6	3 754.7	3 602.2
乳制品加工						
乳制品产量	万t	2 545	2 698	2 652	2 783	2 993
其中：液态奶产量	万t	2 147	2 336	2 400	2 521	2 737
乳制品进出口						
其中进口						
液奶	t	93 781	184 567	320 206	460 084	634 096
酸奶	t	7 897	10 241	8 691	10 316	20 940
奶粉	t	572 875	854 416	923 357	547 243	604 209
炼乳	t	5 515	9 265	9 176	10 908	20 013
乳清	t	378 379	434 070	404 706	435 752	497 340
黄油	t	48 326	52 301	80 405	71 259	81 865
干酪	t	38 806	47 316	65 973	75 581	97 177
其中出口						
液奶	t	27 275	25 960	25 731	24 582	22 825
酸奶	t	526	515	588	516	844
奶粉	t	9 703	3 318	8 125	4 869	3 530
炼乳	t	3 723	4 477	2 410	1 805	2 342
乳清	t	702	839	57	27	90
黄油	t	2 567	825	2 842	1 379	1 052
干酪	t	400	119	140	146	133
奶畜进口						
改良种用牛	头	128 294	102 243	215 405	153 309	133 177

数据来源：海关总署；国家统计局。

2012—2016 年全国各地区奶业概况

2012—2016 年全国各地区奶业概况——北京

项 目	单位	2012 年	2013 年	2014 年	2015 年	2016 年
地区概况						
人口总数	万人	2 069.3	2 114.8	2 151.6	2 170.5	2 173.0
其中：城镇常住人口数	万人	1 783.7	1 825.1	1 857.9	0.0	1 879.6
农村常住人口数	万人	285.6	289.7	293.7	2 170.5	293.4
社会消费品零售总额	亿元	7 702.8	8 375.1	9 638.0	10 338.0	11 005.1
地区生产总值	亿元	17 879.4	19 500.6	21 330.8	23 014.6	25 669.1
奶畜资源						
奶牛存栏数	万头	15.1	14.4	13.8	12.4	11.3
原料奶产量						
奶类产量	万 t	65.1	61.5	59.5	57.2	45.7
牛奶产量	万 t	65.1	61.5	59.5	57.2	45.7
乳制品加工						
乳制品产量	万 t	56.6	58.8	60.6	62.1	62.2
其中：液态奶产量	万 t	52.2	55.6	57.2	58.7	59.0
乳制品进口						
液态奶	t	10 111.7	33 297.3	53 522.3	75 487.3	86 467.2
干乳制品	t	71 697.3	112 323.9	105 883.4	124 338.2	147 682.1
其中：奶粉	t	19 124.1	33 049.9	24 465.2	21 018.6	30 548.3
乳清	t	38 513.1	60 587.9	61 481.5	80 657.1	92 829.5
奶畜进口						
改良种用牛	头	8 164	13 818	7 595	6 454	800

数据来源：海关总署；国家统计局。

2012—2016年全国各地区奶业概况——天津

项 目	单位	2012年	2013年	2014年	2015年	2016年
地区概况						
人口总数	万人	1 413.2	1 472.2	1 516.8	1 547.0	1 562.0
其中：城镇常住人口数	万人	1 152.4	1 207.4	1 247.9	1 278.4	1 295.4
农村常住人口数	万人	260.7	264.9	268.9	268.6	266.6
社会消费品零售总额	亿元	3 921.4	4 470.4	4 738.7	5 257.3	5 635.8
地区生产总值	亿元	12 893.9	14 370.2	15 726.9	16 538.2	17 885.4
奶畜资源						
奶牛存栏数	万头	15.6	15.1	15.7	14.9	14.9
原料奶产量						
奶类产量	万t	68.2	68.5	68.9	68.0	68.0
牛奶产量	万t	67.9	68.2	68.9	68.0	68.0
乳制品加工						
乳制品产量	万t	44.0	62.6	76.8	81.3	62.8
其中：液态奶产量	万t	19.8	29.5	31.6	32.8	30.9
乳制品进口						
液态奶	t	2 231.3	3 849.8	12 088.6	24 909.1	32 058.0
干乳制品	t	255 925.3	394 921.9	428 413.8	210 701.5	177 831.0
其中：奶粉	t	149 507.2	273 066.1	309 186.9	113 308.0	87 075.3
乳清	t	95 728.5	109 441.0	90 403.1	75 418.3	68 368.1
奶畜进口						
改良种用牛	头			824		3 702

数据来源：海关总署；国家统计局。

2012—2016 年全国各地区奶业概况——河北

项 目	单位	2012 年	2013 年	2014 年	2015 年	2016 年
地区概况						
人口总数	万人	7 287.5	7 332.6	7 383.8	7 424.9	7 470.0
其中：城镇常住人口数	万人	3 410.6	3 528.5	3 642.4	3 811.2	3 983.0
农村常住人口数	万人	3 877.0	3 804.2	3 741.3	3 613.7	3 487.0
社会消费品零售总额	亿元	9 254.0	10516.7	11 820.5	12 990.7	14 364.7
地区生产总值	亿元	26 575.0	2 8301.4	29 421.2	29 806.1	32 070.5
奶畜资源						
奶牛存栏数	万头	196.3	191.2	198.1	196.3	180.6
原料奶产量						
奶类产量	万 t	479.0	465.7	496.1	480.9	448.0
牛奶产量	万 t	470.4	458.0	487.8	473.1	440.5
乳制品加工						
乳制品产量	万 t	272.5	298.1	328.9	346.0	371.3
其中：液态奶产量	万 t	239.6	274.4	323.1	335.4	361.2
乳制品进口						
液态奶	t	80.1	70.4	181.4	40.0	51.4
干乳制品	t	8 791.9	6 685.2	9 016.9	4 703.5	6 939.1
其中：奶粉	t	7 254.2	5 919.4	8 427.5	3 814.3	6 611.9
乳清	t	1 494.5	677.8	500.4	735.6	151.5
奶畜进口						
改良种用牛	头	12 090	8 690	36 645	27 908	28 960

数据来源：海关总署；国家统计局。

2012—2016 年全国各地区奶业概况——山西

项 目	单位	2012 年	2013 年	2014 年	2015 年	2016 年
地区概况						
人口总数	万人	3 610.8	3 629.8	3 648.0	3 664.1	3 682.0
其中：城镇常住人口数	万人	1 850.9	1 907.8	1 962.2	2 016.4	2 069.7
农村常住人口数	万人	1 759.9	1 722.0	1 685.7	1 647.8	1 612.3
社会消费品零售总额	亿元	4 506.8	5139.3	5 717.9	6 033.7	6 480.5
地区生产总值	亿元	12 112.8	12 602.2	12 761.5	12 766.5	13 050.4
奶畜资源						
奶牛存栏数	万头	30.6	32.1	34.7	34.6	40.7
原料奶产量						
奶类产量	万 t	81.0	87.2	97.2	92.7	95.9
牛奶产量	万 t	80.0	86.2	96.2	91.9	95.1
乳制品加工						
乳制品产量	万 t	65.2	53.4	48.1	47.9	57.4
其中：液态奶产量	万 t	60.4	48.7	45.2	45.0	56.0
乳制品进口						
液态奶						0.1
干乳制品	t	252.0				
其中：奶粉	t	252.0				
乳清						
奶畜进口						
改良种用牛				16 561	10 802	2 958

数据来源：海关总署；国家统计局。

2012—2016 年全国各地区奶业概况——内蒙古

项 目	单位	2012 年	2013 年	2014 年	2015 年	2016 年
地区概况						
人口总数	万人	2 489.9	2 497.6	2 504.8	2 511.0	2 520.0
其中：城镇常住人口数	万人	1 437.6	1 466.3	1 490.6	1 514.2	1 542.0
农村常住人口数	万人	1 052.2	1 031.3	1 014.2	996.9	978.0
社会消费品零售总额	亿元	4 572.5	5 114.2	5 657.6	6 107.7	6 700.8
地区生产总值	亿元	15 880.6	16 832.4	17 770.2	17 831.5	18 128.1
奶畜资源						
奶牛存栏数	万头	263.2	229.2	231.2	237.2	202.3
原料奶产量						
奶类产量	万 t	930.7	778.6	797.1	812.2	741.3
牛奶产量	万 t	910.2	767.3	788.0	803.2	734.1
乳制品加工						
乳制品产量	万 t	325.7	300.9	269.8	293.6	336.5
其中：液态奶产量	万 t	273.4	273.0	246.5	276.4	313.8
乳制品进口						
液态奶	t				21.0	0.0
干乳制品	t	33 826.8	73 334.5	68 440.1	50 013.2	56 707.6
其中：奶粉	t	30 728.4	60 888.3	58 536.0	42 956.0	50 603.5
乳清	t	2 769.4	2 730.9	6 647.5	7 057.2	6 002.8
奶畜进口						
改良种用牛	头	11 796	9 495	8 151	18 086	35 869

数据来源：海关总署；国家统计局。

2012—2016年全国各地区奶业概况——辽宁

项 目	单位	2012年	2013年	2014年	2015年	2016年
地区概况						
人口总数	万人	4 389.0	4 390.0	4 391.0	4 382.4	4 378.0
其中：城镇常住人口数	万人	2 881.4	2 917.2	2 944.2	2 951.5	2 949.5
农村常住人口数	万人	1 507.6	1 472.8	1 446.8	1 430.9	1 428.5
社会消费品零售总额	亿元	9 346.6	10 581.4	11 857.0	12 787.2	13 414.1
地区生产总值	亿元	24 846.4	27 077.7	28 626.6	28 669.0	22 246.9
奶畜资源						
奶牛存栏数	万头	32.2	30.5	31.6	33.6	34.8
原料奶产量						
奶类产量	万吨	130.2	125.7	134.5	142.6	144.2
牛奶产量	万吨	124.7	120.9	131.2	140.3	143.1
乳制品加工						
乳制品产量	万t	106.0	96.7	87.5	92.8	85.0
其中：液态奶产量	万t	105.6	96.6	87.4	90.7	84.0
乳制品进口						
液态奶	t	1 081.2	2 909.1	3 586.5	6 298.6	6 088.1
干乳制品	t	39 883.7	54 355.7	66 414.5	64 866.1	69 285.2
其中：奶粉	t	2 181.2	5 885.1	16 116.4	12 685.0	8 688.1
乳清	t	35 790.4	46 348.9	47 786.0	49 003.9	56 788.3
奶畜进口						
改良种用牛	头	21 760	10 312	20 330	13 829	2 960

数据来源：海关总署；国家统计局。

2012—2016 年全国各地区奶业概况——吉林

项 目	单位	2012 年	2013 年	2014 年	2015 年	2016 年
地区概况						
人口总数	万人	2 750.4	2 751.3	27 52.4	2 753.3	2 733.0
其中：城镇常住人口数	万人	1 477.0	1 491.2	1 508.6	1 522.9	1 529.7
农村常住人口数	万人	1 273.4	1 260.1	1 243.8	1 230.5	1 203.3
社会消费品零售总额	亿元	4 772.9	5 426.4	6 080.9	6 651.9	7 310.4
地区生产总值	亿元	11 939.2	12 981.5	13 803.1	14 063.1	14 776.8
奶畜资源						
奶牛存栏数	万头	24.0	23.2	24.5	26.2	25.0
原料奶产量						
奶类产量	万 t	49.8	48.3	49.8	52.8	53.4
牛奶产量	万 t	49.1	47.6	49.3	52.3	52.9
乳制品加工						
乳制品产量	万 t	16.7	16.6	15.7	17.6	16.7
其中：液态奶产量	万 t	15.0	14.1	12.9	14.4	12.4
乳制品进口						
液态奶	t			23.0	0.0	12.4
干乳制品	t	256.0	227.6	405.9	69.7	69.8
其中：奶粉	t	256.0	227.6	405.6	50.4	12.5
乳清	t				19.1	57.4
奶畜进口						
改良种用牛	头	1 000				145

数据来源：海关总署；国家统计局。

2012—2016 年全国各地区奶业概况——黑龙江

项 目	单位	2012 年	2013 年	2014 年	2015 年	2016 年
地区概况						
人口总数	万人	3 834.0	3 835.0	3 833.0	3 811.7	3 799.0
其中：城镇常住人口数	万人	2 181.5	2 201.3	2 223.5	2 241.3	2 249.0
农村常住人口数	万人	1 652.5	1 633.7	1 609.5	1 570.4	1 550.0
社会消费品零售总额	亿元	5 491.0	6 251.2	7 015.3	7 640.2	8 402.5
地区生产总值	亿元	13 691.6	14 382.9	15 039.4	15 083.7	15 386.1
奶畜资源						
奶牛存栏数	万头	202.2	191.7	197.2	193.4	176.8
原料奶产量						
奶类产量	万 t	564.99	522.52	560.14	574.4	548.6
牛奶产量	万 t	559.94	518.23	556.58	570.5	545.9
乳制品加工						
乳制品产量	万 t	185.74	213.74	195.38	191.4	196.1
其中：液态奶产量	万 t	134.09	150.31	141.09	140.7	140.3
乳制品进口						
液态奶	t		6.58		13.6	48.1
干乳制品	t	11 456.37	13 833.21	15 700.77	11 010.1	13 588.9
其中：奶粉	t	1 889.28	3 418.13	5 779.55	6 164.8	9 214.3
乳清	t	9 527.90	10 415.08	9 921.22	4 845.3	4 369.8
奶畜进口						
改良种用牛	头	3 618	10 074		21 040	10 273

数据来源：海关总署；国家统计局。

2012—2016 年全国各地区奶业概况——上海

项 目	单位	2012 年	2013 年	2014 年	2015 年	2016 年
地区概况						
人口总数	万人	2 380.4	2 415.2	2 425.7	2 415.3	2 420.0
其中：城镇常住人口数	万人	2 125.7	2 164.0	2 173.4	2 115.8	2 127.2
农村常住人口数	万人	254.7	251.2	252.3	299.5	292.8
社会消费品零售总额	亿元	7 412.3	8 052.0	9 303.5	10 131.5	10 946.6
地区生产总值	亿元	20 181.7	21 602.1	23 567.7	25 123.5	28 178.7
奶畜资源						
奶牛存栏数	万头	6.9	5.8	5.8	5.8	5.1
原料奶产量						
奶类产量	万 t	30.2	26.5	27.1	27.7	26.0
牛奶产量	万 t	30.2	26.5	27.1	27.7	26.0
乳制品加工						
乳制品产量	万 t	58.2	48.9	53.7	50.0	46.5
其中：液态奶产量	万 t	53.1	45.2	51.5	48.5	45.5
乳制品进口						
液态奶	t	72 073.6	122 891.4	187 473.1	247 525.3	289 295.9
干乳制品	t	158 208.0	242 290.6	242 898.0	210 217.1	241 686.2
其中：奶粉	t	71 527.0	140 803.0	136 792.7	91 208.0	107 549.9
乳清	t	52 386.8	65 478.2	58 197.6	65 964.7	73 054.2
奶畜进口						
改良种用牛	头	122				

数据来源：海关总署；国家统计局。

2012—2016 年全国各地区奶业概况——江苏

项 目	单位	2012 年	2013 年	2014 年	2015 年	2016 年
地区概况						
人口总数	万人	7 920.0	7 939.5	7 960.1	7 976.3	7 999.0
其中：城镇常住人口数	万人	4 989.6	5 090.0	5 190.8	5 305.8	5 416.9
农村常住人口数	万人	2 930.4	2 849.5	2 769.3	2 670.5	2 582.1
社会消费品零售总额	亿元	18 331.3	20 796.5	23 458.1	25 876.8	28 707.1
地区生产总值	亿元	54 058.2	59 161.8	65 088.3	70 116.4	77 388.3
奶畜资源						
奶牛存栏数	万头	20.9	20.4	20.5	20.0	19.9
原料奶产量						
奶类产量	万 t	61.3	59.9	60.7	59.6	59.0
牛奶产量	万 t	61.3	59.9	60.7	59.6	59.0
乳制品加工						
乳制品产量	万 t	128.3	141.6	141.9	154.4	160.2
其中：液态奶产量	万 t	109.2	122.4	128.3	141.3	148.5
乳制品进口						
液态奶	t	358.7	958.7	4 568.6	10 759.9	29 880.5
干乳制品	t	29 277.0	32 767.7	35 248.4	29 834.9	37 276.7
其中：奶粉	t	20 962.4	23 373.5	28 373.5	23 400.4	27 845.9
乳清	t	7 338.3	8 143.8	5 366.3	5 455.5	8 053.6
奶畜进口						
改良种用牛	头	11 895	13 720	15 205	9 899	600

数据来源：海关总署；国家统计局。

2012—2016 年全国各地区奶业概况——浙江

项　目	单位	2012 年	2013 年	2014 年	2015 年	2016 年
地区概况						
人口总数	万人	5 477.00	5 498.00	5 508.00	5 539.0	5 590.0
其中：城镇常住人口数	万人	3 461.46	3 518.72	3 573.04	3 644.7	3 745.3
农村常住人口数	万人	2 015.54	1 979.28	1 934.96	1 894.3	1 844.7
社会消费品零售总额	亿元	13 588.34	15 225.54	17 835.34	19 784.7	21 970.8
地区生产总值	亿元	34 665.33	37 568.49	40 173.03	42 886.5	47 251.4
奶畜资源						
奶牛存栏数	万头	5.7	5.2	4.6	4.4	3.9
原料奶产量						
奶类产量	万 t	19.27	18.21	15.90	16.5	15.3
牛奶产量	万 t	19.27	18.21	15.90	16.5	15.3
乳制品加工						
乳制品产量	万 t	42.12	50.03	49.74	49.8	62.5
其中：液态奶产量	万 t	30.17	37.56	41.44	43.1	56.7
乳制品进口						
液态奶	t	1 068.19	4 102.74	12 457.32	18 240.2	33 528.4
干乳制品	t	132 708.36	136 324.98	138 961.62	80 934.8	119 220.8
其中：奶粉	t	107 722.71	114 328.61	119 794.14	63 071.6	100 647.8
乳清	t	22 233.37	18 216.68	15 168.50	13 100.3	11 655.3
奶畜进口						
改良种用牛	头	300		400		

数据来源：海关总署；国家统计局。

2012—2016年全国各地区奶业概况——安徽

项 目	单位	2012年	2013年	2014年	2015年	2016年
地区概况						
人口总数	万人	5 988.0	6 029.8	6 082.9	6 143.6	6 196.0
其中：城镇常住人口数	万人	2 784.4	2 885.9	2 989.7	3 102.5	3 221.3
农村常住人口数	万人	3 203.6	3 143.9	3 093.2	3 041.1	2 974.7
社会消费品零售总额	亿元	5 736.6	6 542.4	7 957.0	8 908.0	10 000.2
地区生产总值	亿元	17 212.1	19 038.9	20 848.7	22 005.6	24 407.6
奶畜资源						
奶牛存栏数	万头	10.8	11.1	11.7	13.0	13.2
原料奶产量						
奶类产量	万t	24.1	25.3	27.9	30.6	32.7
牛奶产量	万t	24.1	25.3	27.9	30.6	32.7
乳制品加工						
乳制品产量	万t	75.2	94.1	108.2	94.4	106.2
其中：液态奶产量	万t	71.0	90.0	103.3	88.1	101.2
乳制品进口						
液态奶	t		47.0	1 733.1	6 510.1	3 242.7
干乳制品	t	14 606.0	8 862.5	11 935.2	17 759.0	20 543.6
其中：奶粉	t	6 862.2	3 940.4	5 544.4	10 323.0	9 177.0
乳清	t	7 644.0	4 812.1	5 981.8	7 370.0	11 228.9
奶畜进口						
改良种用牛	头	17 960		6 252		917

数据来源：海关总署；国家统计局。

2012—2016 年全国各地区奶业概况——福建

项 目	单位	2012 年	2013 年	2014 年	2015 年	2016 年
地区概况						
人口总数	万人	3 748.0	3 774.0	3 806.0	3 839.0	3 874.0
其中：城镇常住人口数	万人	2 233.8	2 293.5	2 352.1	2 403.2	2 463.9
农村常住人口数	万人	1 514.2	1 480.5	1 453.9	1 435.8	1 410.1
社会消费品零售总额	亿元	7 256.5	8 275.3	9 346.7	10 505.9	11 674.5
地区生产总值	亿元	19 701.8	21 759.6	24 055.8	25 979.8	28 810.6
奶畜资源						
奶牛存栏数	万头	5.1	5.0	5.1	5.0	5.0
原料奶产量						
奶类产量	万 t	15.4	15.3	15.4	15.4	15.9
牛奶产量	万 t	15.0	14.9	15.0	15.0	15.4
乳制品加工						
乳制品产量	万 t	22.4	26.4	20.4	16.3	19.1
其中：液态奶产量	万 t	17.3	21.8	15.9	10.1	12.4
乳制品进口						
液态奶	t	1 296.0	1 025.5	2 092.0	4 332.9	8 426.0
干乳制品	t	29 964.7	44 371.2	40 543.6	49 661.9	65 115.9
其中：奶粉	t	3 554.2	10 538.3	11 183.4	13 414.1	14 771.5
乳清	t	23 382.6	31 076.2	25 227.1	31 674.2	38 671.8
奶畜进口						
改良种用牛	头		2 931			

数据来源：海关总署；国家统计局。

2012—2016年全国各地区奶业概况——江西

项 目	单位	2012年	2013年	2014年	2015年	2016年
地区概况						
人口总数	万人	4 503.9	4 522.2	4 542.2	4 565.6	4 592.0
其中：城镇常住人口数	万人	2 139.8	2 210.0	2 281.1	2 356.8	2 438.4
农村常住人口数	万人	2 364.1	2 312.2	2 261.1	2 208.9	2 153.6
社会消费品零售总额	亿元	4 027.2	4 576.1	5 292.6	5 925.5	6 634.6
地区生产总值	亿元	12 948.9	14 338.5	15 714.6	16 723.8	18 499.0
奶畜资源						
奶牛存栏数	万头	7.6	7.5	7.1	7.2	6.9
原料奶产量						
奶类产量	万t	12.6	12.2	12.9	13.0	13.5
牛奶产量	万t	12.6	12.2	12.9	13.0	13.5
乳制品加工						
乳制品产量	万t	28.5	32.1	33.2	33.2	20.7
其中：液态奶产量	万t	25.0	27.4	29.2	29.7	16.6
乳制品进口						
液态奶	t					24.4
干乳制品	t	141.2	1 325.7	889.8	1 414.1	1 714.5
其中：奶粉	t	141.2	1 025.9	889.8	1 414.1	1 454.8
乳清	t		299.8			259.8
奶畜进口						
改良种用牛	头					

数据来源：海关总署；国家统计局。

2012—2016年全国各地区奶业概况——山东

项 目	单位	2012年	2013年	2014年	2015年	2016年
地区概况						
人口总数	万人	9 685.0	9 733.4	9 789.4	9 847.2	9 947.0
其中：城镇常住人口数	万人	5 077.8	5 231.7	5 385.2	5 613.9	5 870.7
农村常住人口数	万人	4 607.1	4 501.7	4 404.3	4 233.3	4 076.3
社会消费品零售总额	亿元	19 651.9	22 294.8	25 111.5	27 761.4	30 645.8
地区生产总值	亿元	50 013.2	54 684.3	59 426.6	63 002.3	68 024.5
奶畜资源						
奶牛存栏数	万头	129.8	125.0	139.7	133.4	129.3
原料奶产量						
奶类产量	万t	294.1	281.2	289.6	284.9	276.8
牛奶产量	万t	283.9	271.4	279.6	275.4	268.4
乳制品加工						
乳制品产量	万t	320.7	274.7	212.8	250.9	259.9
其中：液态奶产量	万t	265.7	231.6	203.0	242.2	243.6
乳制品进口						
液态奶	t	2 399.6	6 916.9	11 000.1	11 706.3	50 709.3
干乳制品	t	54 186.7	46 771.4	60327.1	61 123.5	50 592.8
其中：奶粉	t	25 510.4	21 974.6	27 798.2	32 675.6	20 557.3
乳清	t	24 356.7	19 746.5	24 724.1	20 780.8	20 184.4
奶畜进口						
改良种用牛	头	12 697	12 105	19 114	14 981	11 200

数据来源：海关总署；国家统计局。

2012—2016年全国各地区奶业概况——河南

项 目	单位	2012年	2013年	2014年	2015年	2016年
地区概况						
人口总数	万人	9 406.0	9 413.4	9 436.0	9 480.0	9 532.0
其中：城镇常住人口数	万人	3 991.0	4 123.0	4 265.1	4 441.4	4 623.0
农村常住人口数	万人	5 415.0	5 290.3	5 170.9	5 038.6	4 909.0
社会消费品零售总额	亿元	10 915.6	12 426.6	14 005.0	15 740.4	17 618.4
地区生产总值	亿元	29 599.3	32 155.9	34 938.2	37 002.2	40 471.8
奶畜资源						
奶牛存栏数	万头	100.6	100.7	103.2	107.8	99.0
原料奶产量						
奶类产量	万t	330.4	328.8	342.4	352.3	336.6
牛奶产量	万t	316.1	316.4	332.0	342.2	326.8
乳制品加工						
乳制品产量	万t	175.4	193.1	220.8	236.9	306.5
其中：液态奶产量	万t	145.4	188.6	220.2	236.3	305.9
乳制品进口						
液态奶	t		181.4	331.2	1 337.2	984.9
干乳制品	t	220.2	274.4	90.2	827.7	2 720.4
其中：奶粉	t	193.5	250.0	4.5	501.6	553.7
乳清	t		0.0	5.1	186.2	2 093.4
奶畜进口						
改良种用牛	头	22	871	511	6 933	335

数据来源：海关总署；国家统计局。

2012—2016 年全国各地区奶业概况——湖北

项 目	单位	2012 年	2013 年	2014 年	2015 年	2016 年
地区概况						
人口总数	万人	5 779.0	5 799.0	5 816.0	5 851.5	5 885.0
其中：城镇常住人口数	万人	3 091.8	3 161.0	3 237.8	3 326.6	3 419.2
农村常住人口数	万人	2 687.2	2 638.0	2 578.2	2 524.9	2 465.8
社会消费品零售总额	亿元	9 562.5	10 885.9	12 449.3	14 003.2	15 649.2
地区生产总值	亿元	22 250.5	24 668.5	27 379.2	29 550.2	32 665.4
奶畜资源						
奶牛存栏数	万头	6.3	6.3	6.5	6.9	6.8
原料奶产量						
奶类产量	万 t	15.7	15.8	16.4	16.9	16.9
牛奶产量	万 t	15.3	15.4	16.1	16.9	16.9
乳制品加工						
乳制品产量	万 t	60.5	77.8	87.1	102.6	114.0
其中：液态奶产量	万 t	60.4	75.4	86.0	99.6	112.5
乳制品进口						
液态奶	t		392.2	816.9	46.0	1 172.6
干乳制品	t	2 414.3	2 794.7	4 623.8	972.2	295.0
其中：奶粉	t	1 814.3	2 385.8	3 151.9	308.1	0.0
乳清	t	600.0	375.0	1 080.0	495.0	
奶畜进口						
改良种用牛	头	45	1 200	20	1 551	755

数据来源：海关总署；国家统计局。

2012—2016年全国各地区奶业概况——湖南

项 目	单位	2012年	2013年	2014年	2015年	2016年
地区概况						
人口总数	万人	6 638.9	6 690.6	6 737.2	6 783.0	6 822.0
其中：城镇常住人口数	万人	3 097.1	3 208.8	3 320.1	3 451.9	3 598.6
农村常住人口数	万人	3 541.9	3 481.8	3 417.1	3 331.1	3 223.4
社会消费品零售总额	亿元	7 921.9	9 018.6	10 723.5	12 024.0	13 436.5
地区生产总值	亿元	22 154.2	24 501.7	27 037.3	28 902.2	31 551.4
奶畜资源						
奶牛存栏数	万头	14.0	14.4	14.8	15.5	14.3
原料奶产量						
奶类产量	万t	8.5	8.9	9.3	9.7	10.1
牛奶产量	万t	8.5	8.9	9.3	9.7	10.1
乳制品加工						
乳制品产量	万t	37.7	38.4	36.4	29.5	28.1
其中：液态奶产量	万t	17.3	20.9	31.8	24.4	22.1
乳制品进口						
液态奶	t			162.0	354.4	672.6
干乳制品	t	4 214.0	4 482.8	3 243.7	9 862.6	17 843.7
其中：奶粉	t	4 214.0	3 282.9	908.3	5 959.0	5 615.6
乳清	t		1 199.9	2 302.0	3 607.9	11 645.5
奶畜进口						
改良种用牛	头					4

数据来源：海关总署；国家统计局。

2012—2016 年全国各地区奶业概况——广东

项 目	单位	2012 年	2013 年	2014 年	2015 年	2016 年
地区概况						
人口总数	万人	10 594.0	10 644.0	10 724.0	10 849.0	10 999.0
其中：城镇常住人口数	万人	7 140.4	7 212.4	7 292.3	7 454.3	7 611.3
农村常住人口数	万人	3 453.6	3 431.6	3 431.7	3 394.7	3 387.7
社会消费品零售总额	亿元	22 677.1	25	28 471.1	31 517.6	34 739.1
地区生产总值	亿元	57 067.9	62 164.0	67 809.9	72 812.6	80 854.9
奶畜资源						
奶牛存栏数	万头	5.7	5.8	5.4	5.3	5.4
原料奶产量						
奶类产量	万 t	13.9	14.1	13.8	12.9	13.0
牛奶产量	万 t	13.6	13.8	13.5	12.9	12.9
乳制品加工						
乳制品产量	万 t	56.8	88.8	57.0	66.4	69.1
其中：液态奶产量	万 t	28.0	56.5	39.4	45.7	49.2
乳制品进口						
液态奶	t	10 866.7	18 051.7	38 595.3	59 423.2	109 724.9
干乳制品	t	184 210.3	218 337.5	244 755.0	205 501.8	249 535.3
其中：奶粉	t	118 500.7	147 824.0	165 869.8	102 231.4	108 433.3
乳清	t	45 692.7	45 081.1	44 280.5	65 259.7	87 995.8
奶畜进口						
改良种用牛	头	1 378	500	1 972	3 016	765

数据来源：海关总署；国家统计局。

2012—2016 年全国各地区奶业概况——广西

项　目	单位	2012 年	2013 年	2014 年	2015 年	2016 年
地区概况						
人口总数	万人	4 682.0	4 719.0	4 754.0	4 796.0	4 838.0
其中：城镇常住人口数	万人	2 038.1	2 114.6	2 187.3	2 257.0	2 326.1
农村常住人口数	万人	2 643.9	2 604.4	2 566.7	2 539.0	2 511.9
社会消费品零售总额	亿元	4 516.6	5 133.1	5 772.8	6 348.1	7 027.3
地区生产总值	亿元	13 035.1	14 378.0	15 672.9	16 803.1	18 317.6
奶畜资源						
奶牛存栏数	万头	4.7	4.7	4.8	5.2	5.0
原料奶产量						
奶类产量	万 t	9.4	9.6	9.7	10.1	9.7
牛奶产量	万 t	9.4	9.6	9.7	10.1	9.7
乳制品加工						
乳制品产量	万 t	15.7	27.1	37.6	37.7	43.4
其中：液态奶产量	万 t	13.2	20.8	37.3	37.6	43.3
乳制品进口						
液态奶	t	42.8			2.6	
干乳制品	t	55.4			200.0	103.6
其中：奶粉	t	55.4			200.0	8.6
乳清	t					95.0
奶畜进口						
改良种用牛	头		96		1 585	69

数据来源：海关总署；国家统计局。

2012—2016年全国各地区奶业概况——海南

项　目	单位	2012 年	2013 年	2014 年	2015 年	2016 年
地区概况						
人口总数	万人	886.6	895.3	903.5	910.8	917.0
其中：城镇常住人口数	万人	457.5	472.2	485.7	502.0	520.7
农村常住人口数	万人	429.1	423.1	417.8	408.8	396.3
社会消费品零售总额	亿元	870.8	992.9	1 224.5	1 325.1	1 453.7
地区生产总值	亿元	2 855.5	3 146.5	3 500.7	3 702.8	4 053.2
奶畜资源						
奶牛存栏数	万头	0.9	0.1	0.1	0.1	0.1
原料奶产量						
奶类产量	万 t	0.2	0.2	0.2	0.2	0.2
牛奶产量	万 t	0.2	0.2	0.2	0.2	0.2
乳制品加工						
乳制品产量	万 t	0.4	0.5	0.5	0.5	0.4
其中：液态奶产量	万 t	0.4	0.5	0.5	0.4	0.3
乳制品进口						
液态奶	t					
干乳制品	t	25.2	21.2	25.8	76.0	241.2
其中：奶粉	t	25.2	21.2	25.8	76.0	204.0
乳清	t					
奶畜进口						
改良种用牛	头					

数据来源：海关总署；国家统计局。

2012—2016年全国各地区奶业概况——重庆

项　目	单位	2012年	2013年	2014年	2015年	2016年
地区概况						
人口总数	万人	2 945.0	2 970.0	2 991.4	3 016.6	3 048.0
其中：城镇常住人口数	万人	1 678.1	1 732.7	1 782.9	1 838.3	1 908.0
农村常住人口数	万人	1 266.9	1 237.3	1 208.5	1 178.3	1 140.0
社会消费品零售总额	亿元	4 033.7	4 599.8	5 710.7	6 424.0	7 271.4
地区生产总值	亿元	11 409.6	12 656.7	14 262.6	15 717.3	17 740.6
奶畜资源						
奶牛存栏数	万头	2.3	2.0	1.9	1.8	1.7
原料奶产量						
奶类产量	万t	7.7	6.8	5.7	5.4	5.5
牛奶产量	万t	7.7	6.8	5.7	5.4	5.5
乳制品加工						
乳制品产量	万t	11.2	13.7	14.8	20.5	24.7
其中：液态奶产量	万t	11.2	13.7	14.8	19.5	24.7
乳制品进口						
液态奶	t	68.0	68.3	1.5	812.9	934.1
干乳制品	t			261.5	2 493.5	999.4
其中：奶粉	t			1.4	1 251.6	37.2
乳清	t			260.1	1 241.7	962.1
奶畜进口						
改良种用牛	头	98				

数据来源：海关总署；国家统计局。

2012—2016 年全国各地区奶业概况——四川

项 目	单位	2012 年	2013 年	2014 年	2015 年	2016 年
地区概况						
人口总数	万人	8 076.2	8 107.0	8 140.2	8 204.0	8 262.0
其中：城镇常住人口数	万人	3 515.6	3 640.0	3 768.9	3 912.5	4 065.7
农村常住人口数	万人	4 560.6	4 467.0	4 371.3	4 291.5	4 196.3
社会消费品零售总额	亿元	9 268.6	10 561.4	12 393.0	13 877.7	15 601.9
地区生产总值	亿元	23 872.8	26 260.8	28 536.7	30 053.1	32 934.5
奶畜资源						
奶牛存栏数	万头	19.5	19.4	19.3	17.8	17.6
原料奶产量						
奶类产量	万 t	72.2	71.1	71.3	67.5	62.8
牛奶产量	万 t	71.7	70.6	70.8	67.5	62.8
乳制品加工						
乳制品产量	万 t	77.2	94.9	102.7	104.9	123.4
其中：液态奶产量	万 t	66.1	81.9	95.1	95.5	109.7
乳制品进口						
液态奶	t	0.6		213.8	1 848.4	749.1
干乳制品	t	3 629.7	3 700.6	1 255.4	4 058.1	18 919.4
其中：奶粉	t	552.0	615.7	55.5	1 378.7	13 691.4
乳清	t	3 077.7	3 084.9	1 199.9	2 679.4	2 759.9
奶畜进口						
改良种用牛	头			1 900		808

数据来源：海关总署；国家统计局。

2012—2016年全国各地区奶业概况——贵州

项 目	单位	2012年	2013年	2014年	2015年	2016年
地区概况						
人口总数	万人	3 484.1	3 502.2	3 508.0	3 529.5	3 555.0
其中：城镇常住人口数	万人	1 268.5	1 324.9	1 403.6	1 482.7	1 569.5
农村常住人口数	万人	2 215.5	2 177.3	2 104.5	2 046.8	1 985.5
社会消费品零售总额	亿元	2 027.6	2 366.2	2 936.9	3 283.0	3 709.0
地区生产总值	亿元	6 852.2	8 006.8	9 266.4	10 502.6	11 776.7
奶畜资源						
奶牛存栏数	万头	3.8	4.0	5.6	6.1	5.7
原料奶产量						
奶类产量	万t	5.1	5.5	5.7	6.2	6.4
牛奶产量	万t	5.1	5.5	5.7	6.2	6.4
乳制品加工						
乳制品产量	万t	5.9	6.7	7.9	8.2	10.6
其中：液态奶产量	万t	5.9	6.7	7.9	8.2	10.6
乳制品进口						
液态奶	t					102.3
干乳制品	t					1 275.4
其中：奶粉	t					700.3
乳清	t					88.3
奶畜进口						
改良种用牛	头	3 099			712	4 000

数据来源：海关总署；国家统计局。

2012—2016 年全国各地区奶业概况——云南

项 目	单位	2012 年	2013 年	2014 年	2015 年	2016 年
地区概况						
人口总数	万人	4 659.0	4 686.6	4 713.9	4 741.8	4 771.0
其中：城镇常住人口数	万人	1 831.5	1 897.1	1 967.1	2 054.6	2 148.4
农村常住人口数	万人	2 827.5	2 789.5	2 746.8	2 687.2	2 622.6
社会消费品零售总额	亿元	3 511.6	4 004.6	4 632.9	5 103.2	5 722.9
地区生产总值	亿元	10 309.5	11 720.9	12 814.6	13 619.2	14 788.4
奶畜资源						
奶牛存栏数	万头	14.8	15.1	17.3	17.1	17.7
原料奶产量						
奶类产量	万 t	58.0	59.3	64.6	62.5	64.1
牛奶产量	万 t	53.7	54.5	58.2	55.0	56.9
乳制品加工						
乳制品产量	万 t	47.0	50.5	52.7	57.5	66.4
其中：液态奶产量	万 t	46.0	49.5	52.1	56.8	65.8
乳制品进口						
液态奶	t					
干乳制品	t	7 792.7	6 410.5	3 977.4		
其中：奶粉	t			0.0		
乳清	t	7 792.7	6 410.5	3 977.4		
奶畜进口						
改良种用牛	头	1 500		2 791	900	600

数据来源：海关总署；国家统计局。

2012—2016年全国各地区奶业概况——西藏

项 目	单位	2012年	2013年	2014年	2015年	2016年
地区概况						
人口总数	万人	307.6	312.0	317.6	324.0	331.0
其中：城镇常住人口数	万人	70.0	74.0	81.8	89.9	97.8
农村常住人口数	万人	237.6	238.1	235.8	234.1	233.2
社会消费品零售总额	亿元	254.6	293.2	364.5	408.5	459.4
地区生产总值	亿元	701.0	807.7	920.8	1 026.4	1 151.4
奶畜资源						
奶牛存栏数	万头	36.3	37.2	37.2	37.6	37.2
原料奶产量						
奶类产量	万t	31.6	33.0	34.3	35.0	34.7
牛奶产量	万t	25.6	27.0	29.0	30.0	29.7
乳制品加工						
乳制品产量	万t	0.5	0.5	0.6	0.9	1.0
其中：液态奶产量	万t	0.3	0.3	0.5	0.8	0.9
乳制品进口						
液态奶	t					
干乳制品	t					
其中：奶粉	t					
乳清	t					
奶畜进口						
改良种用牛	头				190	42

数据来源：海关总署；国家统计局。

2012—2016 年全国各地区奶业概况——陕西

项 目	单位	2012 年	2013 年	2014 年	2015 年	2016 年
地区概况						
人口总数	万人	3 753.1	3 764.0	3 775.1	3 793.0	3 813.0
其中：城镇常住人口数	万人	1 877.3	1 931.3	1 984.6	2 045.2	2110.1
农村常住人口数	万人	1 875.8	1 832.7	1 790.5	1 747.8	1 702.9
社会消费品零售总额	亿元	4 383.8	4 999.5	5 918.7	6 578.1	7 367.6
地区生产总值	亿元	14 453.7	16 045.2	17 689.9	18 021.9	19 399.6
奶畜资源						
奶牛存栏数	万头	46.9	46.5	45.5	43.5	43.7
原料奶产量						
奶类产量	万 t	189.1	188.5	192.3	189.9	189.1
牛奶产量	万 t	141.8	141.1	144.7	141.2	140.2
乳制品加工						
乳制品产量	万 t	172.1	184.0	161.3	161.7	143.7
其中：液态奶产量	万 t	155.1	161.8	137.3	134.7	120.7
乳制品进口						
液态奶	t			50.5	754.1	855.8
干乳制品	t	156.8	53.8	304.9	103.6	416.9
其中：奶粉	t	48.0		46.4	33.1	206.6
乳清	t	50.0		196.0	0.0	25.0
奶畜进口						
改良种用牛	头	4 535	1 936	9 508	1 400	367

数据来源：海关总署；国家统计局。

2012—2016年全国各地区奶业概况——甘肃

项 目	单位	2012年	2013年	2014年	2015年	2016年
地区概况						
人口总数	万人	2 577.6	2 582.2	2 590.8	2 599.6	2 610.0
其中：城镇常住人口数	万人	998.8	1 036.2	1 079.8	1 122.7	1 166.4
农村常住人口数	万人	1 578.7	1 546.0	1 510.9	1 476.8	1 443.6
社会消费品零售总额	亿元	1 906.5	2 173.8	2 668.3	2 907.2	3 184.4
地区生产总值	亿元	5 650.2	6 268.0	6 836.8	6 790.3	7 200.4
奶畜资源						
奶牛存栏数	万头	29.1	29.4	30.2	30.0	29.7
原料奶产量						
奶类产量	万t	38.6	39.1	40.3	39.9	40.7
牛奶产量	万t	38.0	38.5	39.6	39.3	40.0
乳制品加工						
乳制品产量	万t	24.0	29.0	33.5	33.3	34.2
其中：液态奶产量	万t	22.7	26.6	31.5	31.4	32.1
乳制品进口						
液态奶	t					
干乳制品	t					
其中：奶粉	t					
乳清	t					
奶畜进口						
改良种用牛	头	893	4 361	13 203	2 659	4 527

数据来源：海关总署；国家统计局。

2012—2016 年全国各地区奶业概况——青海

项 目	单位	2012 年	2013 年	2014 年	2015 年	2016 年
地区概况						
人口总数	万人	573.2	577.8	583.4	588.4	593.0
其中：城镇常住人口数	万人	271.9	280.3	290.4	296.0	306.2
农村常住人口数	万人	301.3	297.5	293.0	292.4	286.8
社会消费品零售总额	亿元	476.0	544.1	620.8	691.0	767.3
地区生产总值	亿元	1 893.5	2 101.1	2 303.3	2 417.1	2 572.5
奶畜资源						
奶牛存栏数	万头	28.8	28.6	25.8	25.6	25.8
原料奶产量						
奶类产量	万 t	29.4	28.7	31.3	32.7	34.2
牛奶产量	万 t	27.6	27.6	30.5	31.5	33.0
乳制品加工						
乳制品产量	万 t	15.8	16.6	19.0	19.8	19.4
其中：液态奶产量	万 t	15.6	16.4	19.0	19.8	19.4
乳制品进口						
液态奶	t					
干乳制品	t					
其中：奶粉	t					
乳清	t					
奶畜进口						
改良种用牛	头				3 193	

数据来源：海关总署；国家统计局。

2012—2016 年全国各地区奶业概况——宁夏

项 目	单位	2012 年	2013 年	2014 年	2015 年	2016 年
地区概况						
人口总数	万人	647.2	654.2	661.5	667.9	675.0
其中：城镇常住人口数	万人	327.9	340.2	354.7	368.9	380.0
农村常住人口数	万人	319.3	313.9	306.9	299.0	295.0
社会消费品零售总额	亿元	548.8	610.5	737.2	789.6	850.1
地区生产总值	亿元	2 341.3	2 565.1	2 752.1	2 911.8	3 168.6
奶畜资源						
奶牛存栏数	万头	32.9	34.1	37.4	35.4	36.5
原料奶产量						
奶类产量	万 t	103.5	104.2	135.7	136.5	139.5
牛奶产量	万 t	103.5	104.2	135.7	136.5	139.5
乳制品加工						
乳制品产量	万 t	56.6	65.7	75.2	77.3	92.5
其中：液态奶产量	万 t	53.6	63.0	71.1	72.7	87.8
乳制品进口						
液态奶	t					
干乳制品	t					
其中：奶粉	t					
乳清	t					
奶畜进口						
改良种用牛	头	11 308	9 137	16 817	987	14 959

数据来源：海关总署；国家统计局。

2012—2016年全国各地区奶业概况——新疆

项 目	单位	2012年	2013年	2014年	2015年	2016年
地区概况						
人口总数	万人	2 232.8	2 264.3	2 298.5	2 359.7	2 398.0
其中：城镇常住人口数	万人	982.0	1 006.9	1 058.9	1 114.5	1 159.4
农村常住人口数	万人	1 250.8	1 257.4	1 239.6	1 245.2	1 238.6
社会消费品零售总额	亿元	1 858.6	2 108.2	2 436.5	2 606.0	2 825.9
地区生产总值	亿元	7 505.3	8 360.2	9 273.5	9 324.8	9 649.7
奶畜资源						
奶牛存栏数	万头	181.5	185.3	203.0	214.0	209.5
原料奶产量						
奶类产量	万t	136.3	139.2	155.6	163.8	164.4
牛奶产量	万t	132.2	135.0	147.5	155.8	156.1
乳制品加工						
乳制品产量	万t	40.5	41.9	42.0	43.2	52.7
其中：液态奶产量	万t	33.7	35.4	38.2	40.6	50.1
乳制品进口						6.6
液态奶	t					
干乳制品	t					
其中：奶粉	t					
乳清	t					
奶畜进口						
改良种用牛	头	11	2 997	13 008	7 184	7 562

数据来源：海关总署；国家统计局。

【奶牛养殖】

奶 牛 存 栏

1978—2016 年我国奶牛存栏、奶类产量、牛奶产量

年 份	奶牛存栏（万头）	奶类产量（万 t）	牛奶产量（万 t）
1978 年	47.5	97.1	88.3
1979 年	55.7	130.2	106.5
1980 年	64.1	136.7	114.1
1981 年	69.8	154.9	129.1
1982 年	81.7	195.9	161.8
1983 年	95.1	221.9	184.5
1984 年	133.6	259.6	218.6
1985 年	162.7	289.4	249.9
1986 年	184.6	332.9	289.9
1987 年	216.4	378.8	330.1
1988 年	222.2	418.9	366
1989 年	252.6	435.8	381.3
1990 年	269.1	475.1	415.7
1991 年	294.6	524.3	464.6
1992 年	294.2	563.9	503.1
1993 年	345.1	563.7	498.6
1994 年	384.3	608.9	528.8
1995 年	417.3	672.8	576.4
1996 年	447	735.9	629.4
1997 年	442	681.1	601.1
1998 年	426.5	745.4	662.9
1999 年	424.1	806.7	717.6
2000 年	489	918.9	827.4
2001 年	566.2	1 122.6	1 025.5
2002 年	687.5	1 400.4	1 299.8
2003 年	893.2	1 848.6	1 746.3
2004 年	1 108	2 368.4	2 260.6
2005 年	1 216.1	2 864.8	2 753.4
2006 年	1 068.9	3 302.5	3 193.4
2007 年	1 218.9	3 633.4	3 525.2
2008 年	1 233.5	3 781.5	3 555.8
2009 年	1 260.3	3 734.6	3 520.9
2010 年	1 420.1	3 748.0	3 575.6
2011 年	1 440.2	3 810.7	3 657.8
2012 年	1 493.9	3 875.4	3 743.6
2013 年	1 441.0	3 649.5	3 531.4
2014 年	1 499.1	3 841.2	3 724.6
2015 年	1 507.2	3 870.3	3 754.7
2016 年	1 425.3	3 712.1	3 602.2

数据来源：国家统计局

2012—2016 年全国各地区奶牛存栏数

单位：万头

地 区	2012 年	2013 年	2014 年	2015 年	2016 年
全 国	1 493.9	1 441.0	1 499.1	1 507.2	1 425.3
北 京	15.1	14.4	13.8	12.4	11.3
天 津	15.6	15.1	15.7	14.9	14.9
河 北	196.3	191.2	198.1	196.3	180.6
山 西	30.6	32.1	34.7	34.6	40.7
内蒙古	263.2	229.2	231.2	237.2	202.3
辽 宁	32.2	30.5	31.6	33.6	34.8
吉 林	24.0	23.2	24.5	26.2	25.0
黑龙江	202.2	191.7	197.2	193.4	176.8
上 海	6.9	5.8	5.8	5.8	5.1
江 苏	20.9	20.4	20.5	20.0	19.9
浙 江	5.7	5.2	4.6	4.4	3.9
安 徽	10.8	11.1	11.7	13.0	13.2
福 建	5.1	5.0	5.1	5.0	5.0
江 西	7.6	7.5	7.1	7.2	6.9
山 东	129.8	125.0	139.7	133.4	129.3
河 南	100.6	100.7	103.2	107.8	99.0
湖 北	6.3	6.3	6.5	6.9	6.8
湖 南	14.0	14.4	14.8	15.5	14.3
广 东	5.7	5.8	5.4	5.3	5.4
广 西	4.7	4.7	4.8	5.2	5.0
海 南	0.9	0.1	0.1	0.1	0.1
重 庆	2.3	2.0	1.9	1.8	1.7
四 川	19.5	19.4	19.3	17.8	17.6
贵 州	3.8	4.0	5.6	6.1	5.7
云 南	14.8	15.1	17.3	17.1	17.7
西 藏	36.3	37.2	37.2	37.6	37.2
陕 西	46.9	46.5	45.5	43.5	43.7
甘 肃	29.1	29.4	30.2	30.0	29.7
青 海	28.8	28.6	25.8	25.6	25.8
宁 夏	32.9	34.1	37.4	35.4	36.5
新 疆	181.5	185.3	203.0	214.0	209.5

数据来源：国家统计局

2012—2016年全国各地区奶类产量

单位：t

地区	2012年	2013年	2014年	2015年	2016年
全 国(万t)	3 875.4	3 649.5	3 841.2	3 870.3	3 712.1
北 京	650 500.2	614 600.0	594 800.0	572 155.0	456 952.8
天 津	681 680.0	685 300.0	689 050.0	680 000.0	680 167.0
河 北	4 789 630.9	4 656 562.0	49 61 234.0	4 809 345.0	4 480 417.5
山 西	809 892.1	872 119.5	971 905.1	927 396.6	958 782.0
内蒙古	9 306 508.0	7 785 547.0	7 970 836.6	8 122 382.0	7 413 449.5
辽 宁	1 302 032.0	1 257 430.9	1 344 701.0	1 425 627.7	1 442 350.0
吉 林	498 000.0	483 414.8	498 339.4	528 446.3	533 754.0
黑龙江	5 649 895.4	5 225 199.7	5 601 367.3	5 743 920.4	5 485 890.7
上 海	301 800.0	265 286.3	270 500.0	276 900.0	260 400.0
江 苏	612 980.0	598 912.0	607 220.0	595 910.0	590 110.0
浙 江	192 733.0	182 133.0	159 035.0	165 036.0	153 327.0
安 徽	240 867.7	253 392.8	278 706.7	306 298.7	326 820.7
福 建	153 878.0	153 030.0	153 614.0	153 727.0	158 641.0
江 西	126 000.0	122 472.0	128 500.0	130 000.0	134 500.0
山 东	2 940 907.6	2 812 219.9	2 895 899.3	2 849 016.2	2 68 018.3
河 南	3 304 314.0	3 287 655.0	3 423 722.0	3 522 965.0	3 365 916.0
湖 北	157 392.9	157 847.5	164 100.0	168 500.0	168 600.0
湖 南	85 000.0	89 000.0	93 000.0	97 000.0	101 000.0
广 东	139 286.0	140 608.0	138 107.8	129 492.7	129 770.7
广 西	93 565.3	95 565.6	96 543.5	100 566.2	96 644.1
海 南	2 262.9	2 260.0	2 300.0	2 300.0	2 231.0
重 庆	77 303.0	68 003.0	56 900.0	54 453.3	54 534.0
四 川	722 255.1	711 207.9	713 000.0	674 930.5	627 683.9
贵 州	51 000.0	54 519.0	57 100.0	62 105.0	63 945.0
云 南	579 962.5	593 017.0	646 011.0	625 323.0	641 144.0
西 藏	316 000.0	329 730.9	343 226.9	350 052.8	347 049.3
陕 西	1 890 751.0	1 885 482.0	1 923 128.0	1 899 231.0	1 891 397.7
甘 肃	385 878.6	391 458.7	402 774.0	399 340.0	406 793.0
青 海	293 543.2	287 436.0	312 584.0	327 111.0	342 230.0
宁 夏	1 034 880.0	1 041 900.0	1 357 400.0	1 365 312.0	1 394 654.1
新 疆	1 363 181.0	1 391 864.1	1 556 454.5	1 638 264.1	1 643 902.2

数据来源：国家统计局

2012—2016 年全国各地区牛奶产量

单位：t

地区	2012 年	2013 年	2014 年	2015 年	2016 年
全 国(万 t)	3 743.6	3 531.4	3 724.6	3 754.7	3 602.2
北 京	650 500.0	614 600.0	594 800.0	572 155.0	456 952.8
天 津	678 700.0	682 400.0	689 000.0	680 000.0	680 167.0
河 北	4 703 677.9	4 580 000.0	4 877 700.0	4 731 369.0	4 404 904.5
山 西	799 712.0	862 089.5	962 000.0	918 727.5	950 882.9
内蒙古	9 102 020.0	7 672 986.0	7 880 156.6	8 032 000.0	7 341 248.0
辽 宁	1 247 490.0	1 208 817.8	1 312 000.0	1 402 500.0	1 430 550.0
吉 林	491 000.0	475 803.8	493 056.4	523 267.3	528 500.0
黑龙江	5 599 386.4	5 182 265.7	5 565 753.3	5 704 783.4	5 459 477.7
上 海	301 800.0	265 286.3	270 500.0	276 900.0	260 400.0
江 苏	612 980.0	598 912.0	607 200.0	595 900.0	590 100.0
浙 江	192 700.0	182 100.0	159 000.0	165 000.0	153 000.0
安 徽	240 867.7	253 392.8	278 706.7	306 298.7	326 820.7
福 建	150 357.0	149 348.0	149 654.0	149 543.0	154 470.0
江 西	126 000.0	122 472.0	128 500.0	130 000.0	134 500.0
山 东	2 839 234.3	2 714 307.9	2 796 000.0	2 753 800.0	2 683 956.6
河 南	3 161 046.0	3 164 161.0	3 320 000.0	3 422 000.0	3 268 010.0
湖 北	153 433.8	154 047.5	161 000.0	168 500.0	168 600.0
湖 南	85 000.0	89 000.0	93 000.0	97 000.0	101 000.0
广 东	136 370.0	137 600.0	135 122.8	129 454.7	129 463.7
广 西	93 565.3	95 565.6	96 543.5	100 566.2	96 644.1
海 南	2 262.9	2 260.0	2 300.0	2 300.0	2 231.0
重 庆	77 300.0	68 000.0	56 900.0	54 453.3	54 534.0
四 川	717 081.1	706 324.9	708 118.0	674 836.5	627 597.9
贵 州	51 000.0	54 519.0	57 100.0	62 000.0	63 900.0
云 南	536 997.5	545 100.0	582 000.0	549 990.0	569 300.0
西 藏	255 612.0	269 670.7	289 913.8	300 350.7	297 347.2
陕 西	1 417 645.0	1 410 910.0	1 446 700.0	1 411 900.0	1 402 016.7
甘 肃	379 722.6	385 038.7	396 000.0	393 100.0	399 980.0
青 海	275 531.2	275 500.0	305 000.0	315 000.0	330 000.0
宁 夏	1 034 880.0	1 041 900.0	1 357 400.0	1 365 312.0	1 394 654.1
新 疆	1 322 100.0	1 349 864.1	1 475 254.5	1 557 700.0	1 560 815.4

数据来源：国家统计局

2002—2016年奶牛规模养殖情况表

单位：%

养殖规模	2002年	2003年	2004年	2005年	2006年	2007年	2008年	2009年	2010年	2011年	2012年	2013年	2014年	2015年	2016年
年存栏 1~4头	44.8%	46.7%	47.0%	45.6%	42.8%	39.7%	32.4%	28.1%	26.4%	24.0%	22.5%	21.8%	20.8%	20.3%	19.0%
年存栏 5头以上	55.2%	53.3%	53.0%	54.4%	57.2%	60.3%	67.6%	71.9%	73.6%	76.0%	77.5%	78.2%	79.2%	79.7%	80.8%
年存栏 20头以上	25.9%	27.4%	25.2%	27.7%	28.8%	26.1%	36.1%	42.6%	46.5%	51.1%	55.7%	57.0%	59.9%	62.5%	65.6%
年存栏 100头以上	11.9%	12.5%	11.2%	11.2%	13.1%	16.4%	19.5%	26.8%	30.6%	32.9%	37.3%	41.1%	45.2%	48.3%	52.3%
年存栏 200头以上	8.3%	8.8%	7.7%	7.9%	9.3%	12.1%	15.5%	22.9%	26.5%	28.4%	32.3%	35.3%	38.8%	42.3%	46.6%
年存栏 500头以上	5.5%	5.5%	4.9%	4.8%	5.6%	7.5%	10.1%	16.0%	19.4%	20.8%	25.0%	27.7%	30.7%	34.0%	38.5%
年存栏 1 000头以上	2.9%	2.7%	2.7%	2.3%	3.0%	3.9%	5.5%	8.3%	10.4%	12.1%	15.4%	17.8%	20.2%	23.6%	28.1%

数据来源：农业部

奶 牛 育 种

2012 年全国各地区生产性能测定奶牛场性能概况

地 区	牛场数（个）	奶牛头数（头）	测定日平均产奶量（kg）	测定日平均乳脂肪率（%）	测定日平均蛋白率（%）	测定日平均体细胞数（万个 /mL）
合计 / 平均	1 043	525 714	24.5	3.71	3.26	39.7
北 京	55	36 714	31.7	3.72	3.22	26.0
天 津	35	21 934	30.2	3.78	3.23	29.6
河 北	116	68 121	26.2	3.79	3.31	38.0
山 西	41	14 106	21.4	3.42	3.17	48.2
内蒙古	36	43 596	26.8	3.68	3.37	36.5
辽 宁	57	31 990	21.6	3.74	3.22	35.8
吉 林	1	421	15.2	3.92	3.20	35.0
黑龙江	90	61 621	19.6	3.63	3.33	32.5
上 海	119	54 388	27.0	3.77	3.28	45.1
江 苏	14	7 267	25.0	3.58	3.27	51.2
浙 江	2	2 300	22.2	4.10	3.54	59.0
安 徽	4	706	22.7	3.91	3.30	54.0
福 建	5	1 147	20.1	3.65	3.20	54.8
山 东	136	37 567	20.9	3.69	3.21	48.8
河 南	114	30 812	20.9	3.53	3.18	42.9
湖 北	17	14 397	22.3	3.63	3.26	53.3
湖 南	6	2 070	19.3	3.76	3.25	25.0
广 东	4	5 339	22.3	3.83	3.37	29.2
广 西	5	1 693	19.3	3.72	3.17	53.4
贵 州	1	269	14.6	3.65	3.32	60.4
云 南	34	8 795	18.2	3.52	3.15	68.3
重 庆	5	2 767	22.7	3.56	3.28	42.6
陕 西	48	26 551	22.6	3.91	3.16	33.4
宁 夏	52	24 834	27.8	3.66	3.16	49.4
新 疆	46	26 309	24.9	3.81	3.19	48.3

数据来源：中国奶业协会

2013年全国各地区生产性能测定奶牛场性能概况

地区	牛场数（个）	奶牛头数（头）	测定日平均产奶量（kg）	测定日平均乳脂肪率（%）	测定日平均蛋白率（%）	测定日平均体细胞数（万个/mL）
总计/平均	1 036	542 408	24.4	3.77	3.29	41.3
北京	60	38 150	30.4	3.74	3.22	31.1
天津	30	21 967	29.9	3.86	3.31	28.5
河北	125	74 927	22.9	3.93	3.31	47.0
山西	46	16 751	22.6	3.52	3.26	49.9
内蒙古	32	30 602	29.0	3.97	3.41	47.8
辽宁	73	45 762	22.6	3.86	3.30	27.8
吉林	3	247	30.8	4.08	3.42	16.9
黑龙江	94	70 684	19.9	3.71	3.36	42.4
上海	105	48 942	27.5	3.65	3.27	42.9
江苏	13	5 613	26.8	3.59	3.28	51.6
浙江	3	2 189	22.1	4.06	3.46	54.2
安徽	2	505	21.4	3.28	3.16	72.3
福建	6	5 177	24.3	3.76	3.28	57.2
山东	117	40 315	21.9	3.72	3.29	44.4
河南	115	31 823	22.1	3.61	3.19	42.9
湖北	18	16 078	23.8	3.58	3.27	36.9
湖南	6	2 174	19.8	3.65	3.21	22.4
广东	4	5 050	23.2	3.97	3.29	27.7
广西	3	1 683	19.8	3.91	3.23	48.9
云南	33	6 850	18.4	3.41	3.26	66.2
重庆	5	1 882	22.9	3.51	3.33	37.8
陕西	52	27 388	23.6	3.83	3.28	30.9
宁夏	49	26 073	28.2	3.82	3.24	42.3
新疆	42	21 576	25.1	3.82	3.19	41.6

数据来源：中国奶业协会

2014 年全国各地区生产性能测定奶牛场性能概况

地 区	牛场数（个）	奶牛头数（头）	测定日平均产奶量（kg）	测定日平均乳脂肪率（%）	测定日平均蛋白率（%）	测定日平均体细胞数（万个 /mL）
总计 / 平均	1 178	723 636	25.8	3.78	3.28	38.7
北 京	62	44 881	31.2	3.69	3.16	26.9
天 津	32	22 956	31.2	3.91	3.31	22.1
河 北	165	82 886	24.7	3.94	3.31	31.6
山 西	74	25 576	23.8	3.58	3.27	50.9
内蒙古	39	48 588	28.1	4.03	3.38	44.4
辽 宁	38	40 294	23.3	3.97	3.38	23.9
吉 林	5	749	35.6	4.35	3.74	11.6
黑龙江	97	114 379	23.4	3.73	3.34	58.1
上 海	99	50 829	28.3	3.71	3.22	40.2
江 苏	13	6 286	26.6	3.72	3.29	45.4
浙 江	4	2 892	24.6	3.97	3.29	44.8
安 徽	3	1 231	24.2	3.73	3.23	48.3
福 建	6	5 118	25.6	3.81	3.3	64.4
山 东	137	57 660	26.3	3.74	3.32	37.9
河 南	167	74 483	23.0	3.57	3.18	35.1
湖 北	20	17 603	26.7	3.44	3.31	29.0
湖 南	16	6 358	18.1	3.54	3.18	17.1
广 东	5	6 389	25.4	3.91	3.31	27.3
广 西	3	1 615	21.0	3.91	3.26	49.4
云 南	39	12 188	19.6	3.57	3.20	49.9
重 庆	3	1 154	23.4	3.78	3.31	36.7
陕 西	51	29 529	25.5	3.94	3.36	29.9
宁 夏	50	33 994	29.1	3.88	3.21	33.7
新 疆	50	35 998	25.4	3.80	3.19	37.8

数据来源：中国奶业协会

2015年全国各地区生产性能测定奶牛场性能概况

地　区	牛场数（个）	奶牛头数（头）	测定日平均产奶量（kg）	测定日平均乳脂肪率（%）	测定日平均蛋白率（%）	测定日平均体细胞数（万个/mL）
总计/平均	1 302	794 969	27.1	3.76	3.23	34.3
北　京	72	49 434	31.5	3.77	3.12	26.7
天　津	34	24 631	31.9	3.78	3.21	23.1
河　北	171	89 601	26.8	3.89	3.25	24.4
山　西	66	25 135	25.1	3.62	3.24	37.0
内蒙古	33	58 656	28.8	3.99	3.29	37.0
辽　宁	31	36 447	23.3	3.79	3.27	21.4
吉　林	5	3 900	34.1	4.44	3.79	27.1
黑龙江	108	110 120	27.6	3.73	3.34	52.9
上　海	110	52 639	30.0	3.67	3.14	34.8
江　苏	20	9 911	28.6	3.62	3.25	42.9
浙　江	8	4 120	25.2	4.01	3.19	41.5
安　徽	3	1 369	27.0	3.73	3.17	41.3
福　建	11	8 196	27.0	3.84	3.29	57.4
山　东	194	79 342	27.2	3.68	3.27	33.5
河　南	203	91 508	23.6	3.68	3.13	32.5
湖　北	19	13 854	27.2	3.47	3.21	27.7
湖　南	18	7 650	18.6	3.54	3.19	27.5
广　东	5	6 197	23.6	4.08	3.36	28.9
广　西	2	890	20.9	3.84	3.27	46.8
云　南	36	11 607	20.0	3.44	3.13	52.5
重　庆	1	369	21.1	3.54	3.37	58.5
四　川	4	2 968	26.6	3.76	3.22	24.5
陕　西	50	31 810	25.7	4.00	3.20	27.1
宁　夏	45	40 147	31.1	3.69	3.15	24.5
新　疆	53	34 468	25.1	3.75	3.19	38.5

数据来源：中国奶业协会

2016年全国各地区生产性能测定奶牛场性能概况

地 区	牛场数（个）	奶牛头数（头）	测定日平均产奶量（kg）	测定日平均乳脂肪率（%）	测定日平均蛋白率（%）	测定日平均体细胞数（万个/mL）
总计/平均	1 543	1 005 496	28.1	3.83	3.30	29.6
北 京	63	43 205	32.3	3.88	3.22	29.3
天 津	39	28 514	31.8	3.61	3.27	20.5
河 北	313	139 869	27.3	3.88	3.31	25.8
山 西	66	29 083	27.5	3.64	3.33	29.1
内蒙古	61	110 968	29.8	3.98	3.40	41.4
辽 宁	33	31 506	24.2	4.03	3.25	22.8
吉 林	6	6 223	37.7	4.66	4.12	6.4
黑龙江	115	157 035	28.3	3.80	3.35	33.8
上 海	98	42 444	31.2	3.56	3.18	27.4
江 苏	29	27 011	31.4	3.70	3.21	29.3
浙 江	10	4 923	29.2	3.84	3.24	36.6
安 徽	10	4 949	29.3	3.08	3.30	33.2
福 建	13	11 585	30.1	3.73	3.27	34.5
山 东	202	83 476	27.1	3.74	3.33	25.3
河 南	249	114 916	25.9	4.02	3.28	29.1
湖 北	24	16 253	28.2	3.66	3.33	23.2
湖 南	19	7 588	19.4	3.54	3.26	50.5
广 东	5	6 298	24.7	3.78	3.25	24.6
广 西	3	3 425	25.1	3.75	3.23	39.3
四 川	4	3 805	27.7	3.78	3.20	20.3
贵 州	1	768	22.4	3.77	3.24	35.6
云 南	28	13 791	24.4	3.74	3.22	24.0
陕 西	46	22 673	27.3	3.97	3.33	22.4
宁 夏	43	40 720	31.9	3.73	3.29	22.7
新 疆	63	54 468	25.4	3.68	3.23	36.8

数据来源：中国奶业协会

2012 年全国各地区不同规模生产性能测定奶牛场性能概况

规模（奶牛存栏）	牛场数（个）	测定日平均产奶量（kg）	测定日平均乳脂肪率（%）	测定日平均蛋白率（%）	测定日平均体细胞数（万个 /mL）
< 50	30	19.0	3.46	3.38	46.8
50~100	79	19.7	3.54	3.23	52.5
100~200	206	21.3	3.61	3.24	46.4
200~500	415	22.9	3.66	3.23	46.5
500~1 000	197	25.0	3.68	3.23	40.2
≥ 1 000	116	25.7	3.77	3.30	34.5

数据来源：中国奶业协会

2013 年全国各地区不同规模生产性能测定奶牛场性能概况

规模（奶牛存栏）	牛场数（个）	测定日平均产奶量（kg）	测定日平均乳脂肪率（%）	测定日平均蛋白率（%）	测定日平均体细胞数（万个 /mL）
< 50	24	13.6	3.70	3.65	57.3
50~100	59	20.7	3.50	3.29	55.1
100~200	217	21.2	3.65	3.27	49.7
200~500	429	22.9	3.69	3.26	46.2
500~1 000	176	25.2	3.72	3.27	41.5
≥ 1 000	131	25.2	3.86	3.32	37.3

数据来源：中国奶业协会

2014 年全国各地区不同规模生产性能测定奶牛场性能概况

规模（奶牛存栏）	牛场数（个）	测定日平均产奶量（kg）	测定日平均乳脂肪率（%）	测定日平均蛋白率（%）	测定日平均体细胞数（万个 /mL）
< 50	34	16.4	3.86	3.38	49.2
50~100	76	21.4	3.54	3.24	49.0
100~200	214	22.1	3.63	3.29	48.0
200~500	411	24.0	3.71	3.26	41.3
500~1 000	264	25.6	3.72	3.23	36.2
≥ 1 000	179	26.9	3.85	3.32	38.2

数据来源：中国奶业协会

2015 年全国各地区不同规模生产性能测定奶牛场性能概况

规 模（奶牛存栏）	牛场数（个）	测定日平均产奶量（kg）	测定日平均乳脂肪率（%）	测定日平均蛋白率（%）	测定日平均体细胞数（万个 /mL）
< 50	23	16.3	3.57	3.24	54.3
50~100	63	21.1	3.42	3.14	40.4
100~200	232	23.5	3.58	3.22	39.4
200~500	486	25.0	3.65	3.20	34.0
500~1 000	320	27.0	3.76	3.19	33.8
≥ 1 000	178	28.5	3.82	3.26	34.3

数据来源：中国奶业协会

2016 年全国各地区不同规模生产性能测定奶牛场性能概况

规 模（奶牛存栏）	牛场数（个）	测定日平均产奶量（kg）	测定日平均乳脂肪率（%）	测定日平均蛋白率（%）	测定日平均体细胞数（万个 /mL）
< 50	14	20.7	3.26	3.32	30.9
50~100	62	22.3	3.37	3.31	35.9
100~200	277	24.8	3.55	3.32	31.3
200~500	593	26.2	3.70	3.29	29.8
500~1 000	360	28.1	3.88	3.27	28.1
≥ 1 000	237	29.0	3.87	3.33	30.1

数据来源：中国奶业协会

2012年畜牧良种补贴项目

编号	单位	荷斯坦牛				娟姗牛	乳肉兼用西门塔尔	奶水牛	褐牛	牦牛	三河牛	夏洛来	其他
		CPI1	CPI2	CPI3	GCPI								
	合　计	192	183	90	362	23	169	158	31	32	30	93	620
111	北京奶牛中心	42	14	7	34	2	11		4			5	
121	天津市奶牛发展中心	7	9	4	9								
131	河北品元畜禽育种有限公司	17	5		26							4	
132	秦皇岛全农精牛繁育有限公司	1	28	5	5								
133	亚达艾格威(唐山)畜牧有限公司			7	18								
141	山西鑫源良种繁育有限公司		19	4	7							2	
151	内蒙古天和荷斯坦牧业有限公司	16	13	4	14								
152	通辽京缘种牛繁育有限责任公司						19					2	
153	海拉尔农牧场管理局家畜繁育指导站										30		
154	赤峰赛奥牧业技术服务有限公司											2	
155	内蒙古赛科星繁育生物技术股份有限公司			36		1							
211	辽宁省牧经种牛繁育中心有限公司			5	3		1					9	
221	长春新牧科技有限公司											2	
222	白城市翔牧肉奶牛中心				2							1	
223	延边畜牧开发集团有限公司												
224	四平市兴牛牧业服务有限公司											1	
231	黑龙江省博瑞遗传有限公司	17	4	1	32		3					7	
232	大庆市银螺乳业有限公司种公牛站		1		7								
311	上海奶牛育种中心有限公司	39	13		49								
312	上海市肉牛育种中心有限公司												
321	徐州恒泰牧业发展有限公司											6	
322	南京利农奶牛育种有限公司	2	5	3	6								
341	安徽天达畜牧科技有限责任公司	1					6	2					
361	江西省天添畜禽育种有限公司	1	2				10	6					
371	山东省种公牛站有限责任公司						28						
373	山东奥克斯生物技术有限公司	18	18		33								
374	山东盛能奶牛胚胎工程有限公司		2		5								
411	河南省鼎元种牛育种有限公司		21	5	18		31					19	
412	许昌市夏昌种畜禽有限公司											2	
413	南阳昌盛牛业有限公司				2							4	
414	洛阳市洛瑞牧业有限公司			3	4		14					14	
421	武汉兴牧生物科技有限公司					5		22				3	
431	湖南光大牧业科技有限公司							4					
441	广州市奶牛研究所有限公司	2	3		2	10		1					
451	广西壮族自治区畜禽品种改良站							73					
511	成都汇丰动物育种有限公司			4	3	5	5						
531	云南恒翔家畜良种科技有限公司		1		4			35					
532	大理五福畜禽良种有限责任公司		2		11			15					
611	陕西秦申金牛育种有限公司	8	6										
621	甘肃省家畜繁育中心						9						
631	青海省家畜改良中心	2			7		6			32			
641	宁夏四正生物工程技术研究中心	2	6	2	26							2	
651	新疆天山畜牧生物工程股份有限公司	17	11		35		26		27			8	

数据来源：中国奶业协会

入选种公牛站及种公牛数量汇总表

单位：头

肉用西门塔尔	南德温牛	利木赞	德国黄牛	安格斯	和牛	皮埃蒙特牛	金黄阿奎登	短角牛	婆罗门牛	延黄牛	辽育白牛	夏南牛	秦川牛	南阳牛	鲁西牛	延边牛	小计
408	32	56	17	34	2	2	1	5	2	8	9	1	7	5	4	27	1 983
6		1															126
1																	30
20		5															77
2																	41
																	25
6																	38
10				4	2												63
53																	74
																	30
26																	28
1				4													42
6		1									9						34
42		2															46
16																	19
		6	1	2						8						27	44
27																	28
33		1															98
																	8
																	101
	32																32
4		3															13
																	16
4				8													21
4																	23
33		2													4		67
																	69
																	7
23		16	5	5		1	1					1					146
																	2
3		3	11			1								5			29
29		6		1													71
1		1															32
2				4													10
																	18
																	73
17																	34
8								5	2								55
10																	38
1													7				22
																	9
																	47
11		8															57
9		1		6													140

2013年奶牛良种补贴项目入选

编号	单 位	荷斯坦牛			
		CPI1	CPI2	CPI3	GCPI
	合 计	266	171	117	215
1	北京奶牛中心	46	13	7	23
2	天津市奶牛发展中心	19	5	4	6
3	河北品元畜禽育种有限公司	23	3		16
4	秦皇岛全农精牛繁育有限公司	2	27	12	
5	亚达艾格威（唐山）畜牧有限公司			10	17
6	山西鑫源良种繁育有限公司	5	11	5	6
7	内蒙古天和荷斯坦牧业有限责任公司	18	20	5	4
8	通辽京缘种牛繁育有限责任公司				
9	海拉尔农牧场管理局家畜繁育指导站				
10	赤峰赛奥牧业技术服务有限公司				
11	内蒙古赛科星繁育生物技术股份有限公司		1	27	6
12	辽宁省牧经种牛繁育中心有限公司			5	1
13	长春新牧科技有限公司				
14	白城市翔牧肉奶牛中心				1
15	延边畜牧开发集团有限公司				
16	四平市兴牛牧业服务有限公司				
17	黑龙江省博瑞遗传有限公司	25	8	2	21
18	大庆市银螺乳业有限公司		9		
19	上海奶牛育种中心有限公司	31	11		32
20	上海市肉牛育种中心有限公司				
21	徐州恒泰牧业发展有限公司				
22	南京利农奶牛育种有限公司	2	9	3	1
23	安徽天达畜牧科技有限责任公司				
24	江西省天添畜禽育种有限公司	1	2		
25	山东省种公牛站有限责任公司			3	
26	山东奥克斯生物技术有限公司	28	17		18
27	山东盛能奶牛胚胎工程有限公司		1	9	11
28	河南省鼎元种牛育种有限公司	28	4	5	14
29	许昌市夏昌种畜禽有限公司				
30	南阳昌盛牛业有限公司				
31	洛阳市洛瑞牧业有限公司			6	5
32	武汉兴牧生物科技有限公司				
33	湖南光大牧业科技有限公司				
34	广州市奶牛研究所有限公司	1	3		1
35	广西壮族自治区畜禽品种改良站				
36	成都汇丰动物育种有限公司			4	
37	云南恒翔家畜良种科技有限公司		2		1
38	大理五福畜禽良种有限责任公司		7	2	3
39	西藏自治区当雄县牦牛冻精站				
40	陕西秦申金牛育种有限公司	10	3		
41	甘肃省家畜繁育中心				
42	青海省家畜改良中心	2	1		
43	宁夏四正生物工程技术研究中心（有限公司）	2	3	2	12
44	新疆天山畜牧生物工程股份有限公司	23	11	6	16

数据来源：中国奶业协会

种公牛站及种公牛数量汇总表

单位：头

娟姗牛	乳肉兼用西门塔尔	奶水牛	褐牛	牦牛	三河牛	夏洛来牛	其他	小 计
25	123	144	26	61	25	103	708	1 984
2	11		4			5	7	118
							1	35
						4	29	75
							2	43
							0	27
	2						16	45
						4	14	65
						2	64	66
					25		0	25
						8	37	45
4							4	42
						10	16	32
						1	38	39
	10					5	26	42
						1	46	47
						1	22	23
	20					3	19	98
							0	9
							0	74
							33	33
						6	9	15
			5			2	11	33
	3	2					25	30
	4	6					18	31
	21						21	45
							0	63
							4	25
						13	58	122
						9	16	25
						3	21	24
	11					15	39	76
5		32				3	1	41
							14	14
10		1					0	16
		58					0	58
4	5						14	27
		27					18	48
		18					9	39
				32			0	32
							7	20
	3						0	3
	4			29			0	36
						2	17	38
	29		17			6	32	140

2014年畜牧良种补贴项目入选

编号	单位	荷斯坦牛				乳肉兼用西门塔尔	娟姗牛	槟榔江水牛	尼里/拉菲水牛	摩拉水牛	牦牛	褐牛	三河牛	肉用西门塔尔
		CPI1	CPI2	CPI3	GCPI									
	合　计	324	195	119	147	123	23	16	61	74	29	24	23	446
1	北京首农畜牧发展有限公司奶牛中心	45	24	4	15	8	2					3		11
2	天津市奶牛发展中心	31	8	9	3									
3	河北品元畜禽育种有限公司	34	1	8	13									16
4	秦皇岛全农精牛繁育有限公司	1	24	17	1		2							4
5	亚达艾格威（唐山）畜牧有限公司		3	10	14									
6	山西鑫源良种繁育有限公司	6	9	1	2	2								7
7	内蒙古天和荷斯坦牧业有限责任公司	19	15	3	5									3
8	通辽京缘种牛繁育有限责任公司													33
9	海拉尔农牧场管理局家畜繁育指导站												23	
10	赤峰赛奥牧业技术服务有限公司													46
11	内蒙古赛科星繁育生物技术股份有限公司	1		21	8		1							3
12	辽宁省牧经种牛繁育中心有限公司		2	7										2
13	长春新牧科技有限公司													27
14	白城市翔牧肉奶牛中心	2	1											19
15	延边畜牧开发集团有限公司													7
16	四平市兴牛牧业服务有限公司													17
17	黑龙江省博瑞遗传有限公司	24	25	2	11	12								52
18	大庆市银螺乳业有限公司		7		9	5								
19	上海奶牛育种中心有限公司	41	9		19									
20	上海市肉牛育种中心有限公司													
21	徐州恒泰牧业发展有限公司													3
22	南京利农奶牛育种有限公司	2	9	3	1							5		
23	安徽天达畜牧科技有限责任公司					13				2				7
24	江西省天添畜禽育种有限公司		2						2	3				14
25	山东省种公牛站有限责任公司			4		14								18
26	山东奥克斯生物技术有限公司	36	14		11									
27	先马士畜牧（山东）有限公司		1	13	5									
28	河南省鼎元种牛育种有限公司	45	5	3	8	9								34
29	许昌市夏昌种畜禽有限公司													6
30	南阳昌盛牛业有限公司													9
31	洛阳市洛瑞牧业有限公司			3	2	2								24
32	武汉兴牧生物科技有限公司						5	16	8	8				7
33	湖南光大牧业科技有限公司									9				11
34	广州市奶牛研究所有限公司		4				10							
35	广西壮族自治区畜禽品种改良站								36	28				
36	成都汇丰动物育种有限公司		1	4		1	3							16
37	云南恒翔家畜良种科技有限公司		4		2				9	18				6
38	大理五福畜禽良种有限责任公司		7		1				6	6				6
39	陕西秦申金牛育种有限公司	10	2		3									
40	甘肃省家畜繁育中心					1								
41	青海省家畜改良中心	2	3			3					29			
42	宁夏四正种牛育种有限公司	2	7	1	5	2								8
43	新疆天山畜牧生物工程股份有限公司	23	8	6	9	51						16		30

数据来源：中国奶业协会

种公牛站及种公牛数量汇总表

单位：头

夏洛来牛	利木赞牛	安格斯牛	德国黄牛	和牛	皮埃蒙特	南德温牛	金黄阿奎	短角牛	辽育白牛	延黄牛	夏南牛	秦川牛	晋南牛	延边牛	南阳牛	鲁西牛	郏县红牛	海子水牛	小计
78	27	26	16	12	1	27	1	7	33	1	9	7	2	17	6	6	16	16	1 912
4																			116
																			51
5	2			2															81
																			49
																			27
4		1											2						34
		2		2															49
2																			35
																			23
6																			52
		1		1															36
7									33										51
		2																	29
8		1																	31
1	7	2	2							1				17					37
1																			18
3				1															130
																			21
																			69
						27													27
6	2																	5	16
2																		11	33
		2		6															30
																			21
	1															6			43
																			61
																			19
6			2				1												113
6		5									9						16		42
2	1		11		1										6				30
10		4	1																46
2																			46
		1																	21
																			14
																			64
																			25
		2						5											46
								2											28
												7							22
																			1
																			37
	7																		32
3	7	3																	156

2015年畜牧良种补贴项目入选

编号	单位	荷斯坦牛				娟姗牛	乳肉兼用西门塔尔	摩拉水牛	尼里/拉菲水牛	槟榔江水牛	牦牛	褐牛	三河牛	肉用西门塔尔牛	夏洛来牛
		CPI1	CPI2	CPI3	GCPI										
	合计	429	162	85	206	13	119	82	69	9	37	34	27	404	75
1	北京首农畜牧发展有限公司奶牛中心	80	8		21		7					1		8	6
2	天津市奶牛发展中心	51	6	8	10										
3	河北品元畜禽育种有限公司	37	4	8	14									16	2
4	秦皇岛全农精牛繁育有限公司	3	22	7	3	2								10	
5	亚达艾格威（唐山）畜牧有限公司		2	10	12										
6	山西鑫源良种繁育有限公司	8	7	1	1		2							5	3
7	内蒙古天和荷斯坦牧业有限责任公司	29	18		9									5	2
8	通辽京缘种牛繁育有限责任公司													23	
9	海拉尔农牧场管理局家畜繁育指导站												27		
10	赤峰赛奥牧业技术服务有限公司													39	7
11	内蒙古赛科星繁育生物技术股份有限公司	1	5	11	7	1								2	
12	辽宁省牧经种牛繁育中心有限公司		2	4											4
13	大连金弘基种畜有限公司				10		1					6		3	
14	长春新牧科技有限公司													22	
15	吉林省德信生物工程有限公司	3	4		6		19							8	3
16	延边东兴种牛科技有限公司													6	2
17	四平市兴牛牧业服务有限公司													12	1
18	黑龙江省博瑞遗传有限公司	16	24	1	4		1							40	2
19	大庆市银螺乳业有限公司		5		5									3	
20	上海奶牛育种中心有限公司	46	14		18										
21	上海市肉牛育种中心有限公司														
22	徐州恒泰牧业发展有限公司													3	
23	南京利农奶牛育种有限公司		6	3								5			1
24	安徽天达畜牧科技有限责任公司						15							2	
25	江西省天添畜禽育种有限公司	1	1				4	3	2					10	
26	山东省种公牛站有限责任公司			5	5		11							19	
27	山东奥克斯畜牧种业有限公司	44	7		25										
28	先马士畜牧（山东）有限公司			14	7										
29	河南省鼎元种牛育种有限公司	46	2	3	16		11							38	3
30	许昌市夏昌种畜禽有限公司													10	13
31	南阳昌盛牛业有限公司													10	5
32	洛阳市洛瑞牧业有限公司			1			1							27	9
33	武汉兴牧生物科技有限公司					5		8	8	9				5	6
34	湖南光大牧业科技有限公司							9						4	
35	广西壮族自治区畜禽品种改良站							34	44						
36	成都汇丰动物育种有限公司		1	3		5								20	
37	云南恒翔家畜良种科技有限公司	2	7					18	9					9	
38	大理五福畜禽良种有限责任公司		2		3			10	6					3	
39	陕西秦申金牛育种有限公司	11	2		1									3	
40	西安市奶牛育种中心				6									4	
41	青海省家畜改良中心	4	2								37				
42	宁夏四正种牛育种有限公司	13	7		1									12	
43	新疆天山畜牧生物工程股份有限公司	34	4	6	22		47					22		23	6

数据来源：中国奶业协会

种公牛站及种公牛数量汇总表

单位：头

利木赞牛	安格斯牛	德国黄牛	和牛	皮埃蒙特牛	南德温牛	金黄阿奎登牛	短角牛	辽育白牛	延黄牛	夏南牛	蜀宣花牛	秦川牛	晋南牛	延边牛	南阳牛	鲁西牛	郏县红牛	海子水牛	小计
27	44	13	17	4	17	1	9	22	11	10	7	7	2	15	5	5	23	8	1 998
																			131
																			75
1			3																85
	1																		48
																			24
	2												2						31
	2		2																67
	1																		24
																			27
																			46
			1																28
								22											32
																			20
	1																		23
	1																		44
4									11					15					38
																			13
			1																89
																			13
																			78
					17														17
2																		3	8
																		5	20
	3		9																29
																			21
3																5			48
																			76
																			21
1	3	1		1		1													126
	14									10							23		70
		11		3											5				34
4	6	1																	49
																			41
	2																		15
																			78
											7								36
							7												52
							2												26
												7							24
																			10
																			43
4			1																38
8	8																		180

2016 年畜牧良种补贴项目入选

编号	种公牛站	荷斯坦牛				娟姗牛	乳肉兼用西门塔尔牛	摩拉水牛	尼里/拉菲水牛	槟榔江水牛	地中海水牛	牦牛	褐牛	三河牛	肉用西门塔尔牛	夏洛来牛	利木赞牛
		CPI1	CPI2	CPI3	GCPI												
1	北京首农畜牧发展有限公司奶牛中心	51	2	1	45	3	2						5		5	5	
2	天津市奶牛发展中心	17		9	9												
3	河北品元畜禽育种有限公司	20	4	7	22										16	3	
4	秦皇岛全农精牛繁育有限公司	4	3	7	2	2	12								3		
5	亚达艾格威（唐山）畜牧有限公司	1	2	8	7												
6	山西省畜牧遗传育种中心	2	2	1	4		2								5	4	
7	内蒙古天和荷斯坦牧业有限责任公司	22	5		11										5		1
8	通辽京缘种牛繁育有限责任公司						23								14		
9	海拉尔农牧场管理局家畜繁育指导站													34			
10	赤峰赛奥牧业技术服务有限公司														30	6	
11	内蒙古赛科星繁育生物技术（集团）股份有限公司	3		20	12												
12	辽宁省牧经种牛繁育中心有限公司			2											3		
13	大连金弘基种畜有限公司				20	3							9		1		
14	长春新牧科技有限公司														16		
15	吉林省德信生物工程有限公司		1		2		11								22	11	1
16	延边东兴种牛科技有限公司														4	1	4
17	四平市兴牛牧业服务有限公司														43	3	
18	黑龙江省博瑞遗传有限公司	14	8	1	3										32		
19	龙江元盛食品有限公司雪牛分公司																
20	上海奶牛育种中心有限公司	42	4		20												
21	上海市肉牛育种中心有限公司																
22	徐州恒泰牧业发展有限公司														2	1	
23	安徽天达畜牧科技有限责任公司						11								2		
24	江西省天添畜禽育种有限公司	1					9	3	2						15		
25	山东省种公牛站有限责任公司	1		5	6		18								13		3
26	山东奥克斯畜牧种业有限公司	39	11		24												
27	先马士畜牧（山东）有限公司			24	3												
28	河南省鼎元种牛育种有限公司	12		3	19		15								34	5	2
29	许昌市夏昌种畜禽有限公司														20	7	5
30	南阳昌盛牛业有限公司														9	3	
31	洛阳市洛瑞牧业有限公司			3											32	6	3
32	武汉兴牧生物科技有限公司					5		7	6	4	4				6	5	
33	湖南光大牧业科技有限公司							13							8		
34	广西壮族自治区畜禽品种改良站							33	40		10						
35	成都汇丰动物育种有限公司					5									27		
36	云南恒翔家畜良种科技有限公司	1						15	5						5		
37	大理五福畜禽良种有限责任公司				1			9	4						3		
38	陕西秦申金牛育种有限公司	10	2		2										4		
39	西安市奶牛育种中心				6		1										
40	甘肃佳源畜牧生物科技有限责任公司														19		
41	青海正雅畜牧良种科技有限公司	2			4		2					37			3		
42	宁夏四正种牛育种有限公司				6												
43	新疆天山畜牧生物工程股份有限公司	12		3	20		7						25		11	5	3
	合计	254	44	94	248	18	113	80	57	4	14	37	39	34	412	65	22

数据来源：中国奶业协会

种公牛站及种公牛数量汇总表

单位：头

安格斯牛	德国黄牛	和牛	皮埃蒙特牛	南德温牛	金黄阿奎登牛	短角牛	辽育白牛	延黄牛	夏南牛	蜀宣花牛	秦川牛	晋南牛	延边牛	南阳牛	鲁西牛	郏县红牛	海子水牛	徐州黄牛	巫陵牛	大别山牛	皖东牛	皖南牛	小计
1																							120
																							35
2		4																					78
																							33
																							18
												1											21
3		3																					50
2																							39
																							34
																							36
																							35
							11																16
3																							36
																							16
2																							50
								7					14										30
																							46
		2																					60
		9																					9
																							66
				15																			15
																	18	1					22
		2																		2	2	2	21
																							30
															2								48
																							74
																							27
4	3		1		1																		99
5									11							27							75
	5		4											5									26
3	1																						48
																							37
2																			4				27
																							83
										1													33
1						7																	34
						5																	22
											7												25
		1																					8
			1																				20
																							48
																							6
6																							92
34	9	21	6	15	1	12	11	7	11	1	7	1	14	5	2	27	18	1	4	2	2	2	1 748

成　本

2016 年各地区散养

项　　目	单位	平 均	山 西	吉 林	山 东
每头					
主产品产量	kg	5 191.91	5 631.51	5 190.00	5 070.67
产值合计	元	21 025.12	28 508.94	17 114.67	23 735.76
主产品产值	元	18 992.87	26 467.05	15 569.67	21 933.43
副产品产值	元	2 032.25	2 041.89	1 545.00	1 802.33
总成本	元	16 369.50	17 933.97	14 316.01	14 319.34
生产成本	元	16 331.17	17 933.97	14 316.01	14 288.34
物质与服务费用	元	12 454.58	13 985.98	9 516.10	10 923.83
人工成本	元	3 876.59	3 947.99	4 799.91	3 364.51
家庭用工折价	元	3 830.11	3 828.81	4 799.91	3 364.51
雇工费用	元	46.48	119.18		
土地成本	元	38.33			31.00
净利润	元	4 655.62	10 574.97	2 798.66	9 416.42
成本利润率	%	28.44	58.97	19.55	65.76
每 50kg 主产品					
平均出售价格	元	182.91	234.99	150.00	216.28
总成本	元	142.41	147.82	125.47	130.48
生产成本	元	142.07	147.82	125.47	130.20
净利润	元	40.50	87.17	24.53	85.80
附：					
每头用工数量	日	47.54	48.30	58.97	41.33
平均饲养天数	日	365.00	365.00	365.00	365.00

数据来源：国家发展和改革委员会价格司

收　益

奶牛成本收益情况

河　南	湖　南	广　西	贵　州	陕　西	新　疆
4 534.00	4 440.00	5 432.66	4 436.67	6417.89	5 573.75
15 894.01	17 606.67	29 463.77	16 130.33	21 237.00	19 534.99
14 073.86	15 540.00	26 576.27	14 740.33	19 332.33	16 702.93
1 820.15	2 066.67	2 887.50	1 390.00	1 904.67	2 832.06
15 926.72	15 670.64	20 568.53	19 010.99	16 757.27	12 822.04
15 926.72	15 638.14	20 319.15	19 010.99	16 757.27	12 789.96
10 975.56	12 900.66	16 160.02	15 754.99	11 837.13	10 036.82
4 951.16	2 737.48	4 159.13	3 256.00	4 920.14	2 753.14
4 951.16	2 737.48	4 159.13	3 256.00	4 920.14	2 453.97
					299.17
	32.50	249.38			32.08
−32.71	1 936.03	8 895.24	−2 880.66	4 479.73	6 712.95
−0.21	12.35	43.25	−15.15	26.73	52.35
155.20	175.00	244.60	166.12	150.61	149.84
155.52	155.76	170.75	195.79	118.84	98.35
155.52	155.43	168.68	195.79	118.84	98.10
−0.32	19.24	73.85	−29.67	31.77	51.49
60.83	33.63	51.10	40.00	60.44	33.29
365.00	365.00	365.00	365.00	365.00	365.00

2016年各地区散养奶牛

项　　目	单位	平均	山　西	吉　林	山　东
一、每头物质与服务费用	元	12 454.58	13 985.98	9 516.10	10 923.83
（一）直接费用	元	10 575.15	11 700.54	8 297.43	9 050.43
1. 仔畜费	元				
2. 精饲料费	元	7 617.95	8 931.39	6 966.67	6 401.80
3. 青粗饲料费	元	2 377.90	2 156.41	1 077.00	2 025.33
4. 饲料加工费	元	48.45	86.22	21.30	92.57
5. 水费	元	31.00	34.31	15.60	34.33
6. 燃料动力费	元	105.77	97.34	23.01	65.50
电费	元	62.43	48.63	10.72	47.33
煤费	元	40.94	48.71	12.29	18.17
其他燃料动力费	元	2.40			
7. 医疗防疫费	元	143.93	122.35	21.56	224.67
8. 死亡损失费	元	84.40	86.33	10.69	63.00
9. 技术服务费	元	16.60		10.86	
10. 工具材料费	元	36.29	50.04	9.84	27.00
11. 修理维护费	元	28.27	34.11	8.23	16.23
12. 其他直接费用	元	84.59	102.04	132.67	100.00
（二）间接费用	元	1 879.43	2 285.44	1 218.67	1 873.40
1. 固定资产折旧	元	1 747.41	2 174.37	1 218.67	1 612.00
2. 保险费	元	22.22			
3. 管理费	元	6.03			
4. 财务费	元				
5. 销售费	元	103.77	111.07		261.40
二、每头人工成本	元	3 876.59	3 947.99	4 799.91	3 364.51
1. 家庭用工折价	元	3 830.11	3 828.81	4 99.91	3 364.51
家庭用工天数	d	47.05	47.04	58.97	41.33
劳动日工价	元	81.40	81.40	81.40	81.40
2. 雇工费用	元	46.48	119.18		
雇工天数	d	0.49	1.26		
雇工工价	元	94.86	94.59	100.00	80.00
三、附					
1. 仔畜重量	kg				
2. 精饲料数量	kg	2 807.07	3 327.01	2 582.00	2 723.33
3. 耗粮数量	kg	1 992.90	2 380.48	1 807.40	1 988.03

数据来源：国家发展和改革委员会价格司

费用和用工情况

河 南	湖 南	广 西	贵 州	陕 西	新 疆
10 975.56	12 900.66	16 160.02	15 754.99	11 837.13	10 036.82
9 096.39	11 225.50	13 103.77	14 528.33	9 088.57	9 085.26
5 892.37	8 415.00	8 994.34	10 350.67	6 712.33	5 896.96
2 599.30	2 481.25	3 158.07	3 380.00	1 744.33	2 779.40
50.19				61.22	124.55
40.65	35.00	50.40	11.33	31.89	25.52
147.42	44.25	102.65	268.33	162.55	40.84
87.00	33.75	79.02	203.33	37.33	14.73
60.42	10.50	23.63	65.00	125.22	4.49
					21.62
160.17	37.50	373.38	150.00	166.78	38.92
18.00	100.00	192.50	180.00	43.00	66.04
	37.50	27.45	33.33	17.28	22.97
27.37	25.00	97.23	38.00	22.52	29.60
29.52	15.00	42.00	51.67	25.11	32.56
131.40	35.00	65.75	65.00	101.56	27.90
1 879.17	1 675.16	3 056.25	1 226.66	2 748.56	951.56
1 832.55	1 219.66	2 837.75	1 133.33	2 748.56	949.78
	200.00				
		54.25			
46.62	255.50	164.25	93.33		1.78
4 951.16	2 737.48	4 159.13	3 256.00	4 920.14	2 753.14
4 951.16	2 737.48	4 159.13	3 256.00	4 920.14	2 453.97
60.83	33.63	51.10	40.00	60.44	30.15
81.40	81.40	81.40	81.40	81.40	81.40
					299.17
					3.14
78.80	100.00	80.00	100.00	80.00	95.28
2 323.86	2 550.00	3 218.63	3 131.67	2 768.22	2 638.94
1 661.89	1 785.00	2 253.04	2 192.17	2 020.80	1 847.26

2016年各地区小规模

项目	单位	平均	河北	山西	内蒙古	辽宁	吉林
每头							
主产品产量	kg	5 336.86	5 949.83	5 362.50	6 532.95	5 652.75	5 129.59
产值合计	元	21 785.97	23 550.06	22 182.50	20 157.04	2 4785.53	20 455.42
主产品产值	元	19 589.74	20 602.71	20 377.50	17 039.34	22 527.95	18 811.25
副产品产值	元	2 196.23	2 947.35	1 805.00	3 117.70	2 257.58	1 644.17
总成本	元	16 478.61	16 188.96	15 755.45	19 033.53	18 120.64	14 328.13
生产成本	元	16 428.37	16 154.20	15 738.70	19 015.28	18 115.95	14 314.67
物质与服务费用	元	13 234.24	14 123.41	12 072.00	16 238.89	13 874.65	10 808.67
人工成本	元	3 194.13	2 030.79	3 666.70	2 776.39	4 241.30	3 506.00
家庭用工折价	元	2 665.85	1 848.92	2 279.20	2 776.39	3 213.59	3 256.00
雇工费用	元	528.28	181.87	1 387.50		1 027.71	250.00
土地成本	元	50.24	34.76	16.75	18.25	4.69	13.46
净利润	元	5 307.36	7 361.10	6 427.05	1 123.51	6 664.89	6 127.29
成本利润率	%	32.21	45.47	40.79	5.90	36.78	42.76
每50kg主产品							
平均出售价格	元	183.53	173.14	190.00	130.41	199.27	183.36
总成本	元	138.82	119.02	134.95	123.14	145.69	128.44
生产成本	元	138.40	118.77	134.81	123.02	145.65	128.32
净利润	元	44.71	54.12	55.05	7.27	53.58	54.92
附:							
每头用工数量	d	37.45	24.50	39.25	34.11	49.73	42.50
平均饲养天数	d	365.00	365.00	365.00	365.00	365.00	365.00

数据来源：国家发展和改革委员会价格司

奶牛成本收益情况

黑龙江	福 建	河 南	湖 南	广 西	贵 州	云 南	宁 夏
5 596.31	4 943.55	5 161.95	4 573.76	5 716.65	4 512.00	4 749.27	5 498.06
19 026.04	36 563.95	17 896.13	18 674.58	31 181.86	17 141.00	15 916.51	15 687.05
17 422.76	34 223.80	15 916.75	16 628.03	28 064.19	15 611.00	13 622.07	13 819.27
1 603.28	2 340.15	1 979.38	2 046.55	3 117.67	1 530.00	2 294.44	1 867.78
13 538.58	18 796.72	14 990.12	14 499.88	20 598.05	18 383.72	14 496.33	15 491.78
13 522.22	18 759.12	14 951.68	14 442.47	20 364.75	18 363.72	14 352.25	15 473.75
11 055.74	13 661.10	11 742.68	12 209.02	16 296.62	15 824.04	11 521.23	12 616.85
2 466.48	5 098.02	3 209.00	2 233.45	4 068.13	2 539.68	2 831.02	2 856.90
2 218.15	1 978.02	3 150.10	2 233.45	4 068.13	2 539.68	2 704.35	2 390.23
248.33	3 120.00	58.90				126.67	466.67
16.36	37.60	38.44	57.41	233.30	20.00	144.08	18.03
5 487.46	17 767.23	2 906.01	4 174.70	10 583.81	−1 242.72	1 420.18	195.27
40.53	94.52	19.39	28.79	51.38	−6.76	9.80	1.26
155.66	346.15	154.17	181.78	245.46	172.99	143.41	125.67
110.76	177.95	129.14	141.14	162.15	185.53	130.61	124.11
110.63	177.59	128.80	140.58	160.31	185.33	129.32	123.96
44.90	168.20	25.03	40.64	83.31	−12.54	12.80	1.56
30.11	48.30	39.50	27.44	49.98	31.20	35.10	35.11
365.00	365.00	365.00	365.00	365.00	365.00	365.00	365.00

2016年各地区小规模

项　　目	单位	平均	河 北	山 西	内蒙古	辽 宁	吉 林
一、每头物质与服务费用	元	13 234.24	14 123.41	12 072.00	16 238.89	13 874.65	10 808.67
（一）直接费用	元	11 135.13	11 612.09	10 189.50	14 290.54	11 592.12	8 963.10
1. 仔畜费	元						
2. 精饲料费	元	7 922.00	9 492.80	7 796.50	9 375.69	8 644.06	7 148.25
3. 青粗饲料费	元	2 657.14	1 767.27	1 837.50	4 396.02	2 206.78	1 407.50
4. 饲料加工费	元	28.78		56.25	41.78	92.80	14.67
5. 水费	元	38.18	22.82	54.25	39.25	29.81	35.00
6. 燃料动力费	元	108.65	55.11	92.00	164.27	178.75	77.92
电费	元	79.18	55.11	52.00	95.20	123.53	50.42
煤费	元	28.16		40.00	52.08	55.22	27.50
其他燃料动力费	元	1.31			16.99		
7. 医疗防疫费	元	149.46	154.72	63.25	103.61	81.36	51.83
8. 死亡损失费	元	71.40		70.75		149.08	25.84
9. 技术服务费	元	9.00		23.00	10.13	6.40	
10. 工具材料费	元	31.49	20.73	57.50	7.13	37.77	18.75
11. 修理维护费	元	29.42	11.67	41.50	85.53	24.79	38.42
12. 其他直接费用	元	89.61	86.97	97.00	67.13	140.52	144.92
（二）间接费用	元	2 099.11	2 511.32	1 882.50	1 948.35	2 282.53	1 845.57
1. 固定资产折旧	元	1 943.08	2 480.72	1 837.50	1 948.35	2 128.90	1 391.67
2. 保险费	元	20.86	11.90				
3. 管理费	元	14.36	18.70	45.00		1.88	
4. 财务费	元	0.39					1.03
5. 销售费	元	120.42				151.75	452.87
二、每头人工成本	元	3 194.13	2 030.79	3 666.70	2 776.39	4 241.30	3 506.00
1. 家庭用工折价	元	2 665.85	1 848.92	2 279.20	2 776.39	3 213.59	3 256.00
家庭用工天数	d	32.75	22.71	28.00	34.11	39.48	40.00
劳动日工价	元	81.40	81.40	81.40	81.40	81.40	81.40
2. 雇工费用	元	528.28	181.87	1 387.50		1 027.71	250.00
雇工天数	d	4.70	1.79	11.25		10.25	2.50
雇工工价	元	112.40	101.60	123.33	100.00	100.26	100.00
三、附							
1. 仔畜重量	kg						
2. 精饲料数量	kg	2 855.83	3 325.24	2 795.00	3 370.32	3 126.49	2 681.84
3. 耗粮数量	kg	2 040.58	2 327.67	2 005.45	2 359.22	2 188.54	1 877.29

数据来源：国家发展和改革委员会价格司

奶牛费用和用工情况

黑龙江	福 建	河 南	湖 南	广 西	贵 州	云 南	宁 夏
11 055.74	13 661.10	11 742.68	12 209.02	16 296.62	15 824.04	11 521.23	12 616.85
9 412.42	10 756.60	9 982.26	10 706.80	13 095.61	14 392.50	93 26.67	10 436.28
6 324.21	7 672.60	6 858.25	8 502.95	9 055.44	9 538.00	4 966.33	7 610.87
2 596.39	2 542.50	2 449.71	1 944.39	3 104.17	4 110.00	3 742.78	2 437.78
48.18		36.54			21.00	39.33	23.57
18.66	97.60	34.34	26.71	57.03	23.50	38.79	18.56
42.11	122.85	144.17	46.50	123.26	220.00	118.27	27.19
31.08	122.85	92.50	37.26	93.26	220.00	33.16	22.92
11.03		51.67	9.24	30.00		85.11	4.27
129.49	207.85	214.92	41.85	337.17	147.00	231.44	178.47
105.33	75.70	49.25	38.46	202.03	160.00	51.74	
5.24		6.60	31.10	30.50		4.00	
10.58	33.15	34.15	18.35	86.67	21.00	37.85	25.78
9.76	4.35	28.03	22.74	39.67	31.00	24.23	20.73
122.47		126.30	33.75	59.67	121.00	71.91	93.33
1 643.32	2 904.50	1 760.42	1 502.22	3 201.01	1 431.54	2 194.56	2 180.57
1 617.50	2 371.70	1 700.56	1 210.88	2 952.67	1 321.00	2 170.83	2 127.72
8.89			200.00			14.40	36.00
8.37	12.65	33.40		63.67		3.00	
						4.00	
8.56	520.15	26.46	91.34	184.67	110.54	2.33	16.85
2 466.48	5 098.02	3 209.00	2 233.45	4 068.13	2 539.68	2 831.02	2 856.90
2 218.15	1 978.02	3 150.10	2 233.45	4 068.13	2 539.68	2 704.35	2 390.23
27.25	24.30	38.70	27.44	49.98	31.20	33.22	29.36
81.40	81.40	81.40	81.40	81.40	81.40	81.40	81.40
248.33	3 120.00	58.90				126.67	466.67
2.86	24.00	0.80				1.88	5.75
86.83	130.00	73.63	100.00	80.00	90.00	67.38	81.16
2 311.43	2 852.50	2 698.29	2 705.17	3 202.23	3 180.00	2 027.83	2 849.45
1 877.64	1 996.75	1 941.24	1 893.62	2 241.56	2 226.00	1 597.91	1 994.61

2016年各地区中规模

项　　目	单位	平 均	北 京	天 津	山 西	内蒙古	辽 宁	吉 林	黑龙江	上 海	江 苏	浙 江
每头												
主产品产量	kg	6 073.12	8 130.00	7 236.00	5 739.17	6 585.15	6 157.30	5 766.75	5 876.56	8 724.65	5 843.51	6 630.00
产值合计	元	25 771.48	27 803.00	28 673.33	23 209.17	25 037.74	22 691.10	24 297.19	21 521.71	39 742.47	25 130.38	30 274.50
主产品产值	元	23 357.17	25 203.00	26 326.47	21209.17	21 800.51	20 562.10	22 065.69	19 891.99	36 762.12	23 374.04	27 514.50
副产品产值	元	2 414.31	2 600.00	2 346.86	2 000.00	3 237.23	2 129.00	2 231.50	1 629.72	2 980.35	1 756.34	2 760.00
总成本	元	20 194.39	18 181.00	19 486.38	14 183.03	21 583.62	18 348.38	15 528.43	14 452.83	34 062.18	17 289.85	27 379.72
生产成本	元	20 115.78	18 181.00	19 455.63	14 167.05	21 565.53	18 320.88	15 486.18	14 435.62	33 810.24	17 206.15	27 319.72
物质与服务费用	元	17 113.92	17 181.00	17 323.05	12 079.12	18 093.29	14 998.08	12 968.68	11 798.86	29 433.97	14 918.35	22 569.72
人工成本	元	3 001.86	1 000.00	2 132.58	2 087.93	3 472.24	3 322.80	2 517.50	2 636.76	4 376.27	2 287.80	4 750.00
家庭用工折价	元	301.10		578.51	122.10	554.42			298.98			
雇工费用	元	2 700.76	1 000.00	1 554.07	1 965.83	2 917.82	3 322.80	2 517.50	2 337.78	4 376.27	2 287.80	4 750.00
土地成本	元	78.61		30.75	15.98	18.09	27.50	42.25	17.21	251.94	83.70	60.00
净利润	元	5 577.09	9 622.00	9 186.95	9 026.14	3 454.12	4 342.72	8 768.76	7 068.88	5 680.29	7 840.53	2 894.78
成本利润率	%	27.62	52.92	47.15	63.64	16.00	23.67	56.47	48.91	16.68	45.35	10.57
每50kg主产品												
平均出售价格	元	192.30	155.00	181.91	184.78	165.53	166.97	191.32	169.25	210.68	200.00	207.50
总成本	元	150.69	101.36	123.63	112.92	142.69	135.01	122.27	113.66	180.57	137.60	187.66
生产成本	元	150.10	101.36	123.43	112.79	142.57	134.81	121.94	113.52	179.23	136.94	187.25
净利润	元	41.61	53.64	58.28	71.86	22.84	31.96	69.05	55.59	30.11	62.40	19.84
附：												
每头用工数量	d	30.23	10.00	20.75	22.02	35.43	38.40	25.18	28.84	34.57	38.13	38.00
平均饲养天数	d	365.00	365.00	365.00	365.00	365.00	365.00	365.00	365.00	365.00	365.00	365.00

数据来源：国家发展和改革委员会价格司

奶牛成本收益情况

安徽	福建	山东	河南	湖南	广西	重庆	四川	贵州	云南	陕西	甘肃	宁夏	新疆
7 581.47	4 972.30	6 156.67	5 641.65	4 818.30	2 512.35	4 618.38	6 320.00	4 605.00	5 000.00	6 200.00	7 269.23	5 870.48	7 500.00
36 362.82	42 728.00	20 423.83	21 259.71	20 490.49	26 417.62	22 683.51	29 212.00	17 007.00	21 650.00	21 791.50	25 269.32	18 239.18	26 600.00
33 003.82	39 778.00	18 260.83	19 235.24	18 309.54	21 354.98	21 538.25	27 492.00	15 427.00	19 500.00	19 836.50	21 961.54	16 164.78	24 000.00
3 359.00	2 950.00	2 163.00	2 024.47	2 180.95	5 062.64	1 145.26	1 720.00	1 580.00	2 150.00	1 955.00	3 307.78	2 074.40	2 600.00
30 696.29	21 171.34	18 115.98	15 845.09	13 549.51	15 814.62	22 153.81	23 824.65	19 494.20	19 037.00	20 487.00	22 288.83	17 111.48	24 579.80
30 475.98	21 128.14	18 106.53	15 801.33	13 451.56	15 552.62	22 057.15	23 682.65	19 416.20	18 937.00	20 454.00	22 122.16	17 065.15	24 579.80
27 916.78	14 822.54	16 128.84	12 807.59	11 751.65	12 649.12	18 869.76	18 807.65	17 158.00	15 787.00	15 954.00	19 987.10	14 159.77	22 570.00
2 559.20	6 305.60	1 977.69	2 993.74	1 699.91	2 903.50	3 187.39	4 875.00	2 258.20	3 150.00	4 500.00	2 135.06	2 905.38	2 009.80
	325.60	1 139.60	141.80	529.91				1 058.20				1 907.20	569.80
2 559.20	5 980.00	838.09	2 851.94	1 170.00	2 903.50	3 187.39	4 875.00	1 200.00	3 150.00	4 500.00	2 135.06	998.18	1 440.00
220.31	43.20	9.45	43.76	97.95	262.00	96.66	142.00	78.00	100.00	33.00	166.67	46.33	
5 666.53	21 556.66	2 307.85	5 414.62	6 940.98	10 603.00	529.70	5 387.35	−2 487.20	2 613.00	1304.50	2 980.49	1 127.70	2 020.20
18.46	101.82	12.74	34.17	51.23	67.05	2.39	22.61	−12.76	13.73	6.37	13.37	6.59	8.22
217.66	400.00	148.30	170.48	190.00	425.00	233.18	217.50	167.50	195.00	159.97	151.06	137.68	160.00
183.74	198.20	131.54	127.06	125.64	254.42	227.73	177.39	192.00	171.46	150.39	133.24	129.17	147.85
182.42	197.79	131.47	126.71	124.73	250.21	226.74	176.33	191.23	170.56	150.15	132.25	128.82	147.85
33.92	201.80	16.76	43.42	64.36	170.58	5.45	40.11	−24.50	23.54	9.58	17.82	8.51	12.15
25.66	50.00	20.98	37.50	19.86	35.52	30.98	39.00	23.00	35.00	44.80	18.30	34.58	19.00
365.00	365.00	365.00	365.00	365.00	365.00	365.00	365.00	365.00	365.00	365.00	365.00	365.00	365.00

2016年各地区中规模

项目	单位	平均	北京	天津	山西	内蒙古	辽宁	吉林	黑龙江	上海	江苏	浙江
一、每头物质与服务费用	元	17 113.92	17 181.00	17 323.05	12 079.12	18 093.29	14 998.08	12 968.68	11 798.86	29 433.97	14 918.35	22 569.72
（一）直接费用	元	14 019.20	13 561.00	15 215.52	10 219.46	15 129.01	12 404.08	10 628.23	10 099.80	25 789.18	12 813.18	16 464.72
1. 仔畜费	元											
2. 精饲料费	元	8 602.94	8 400.00	10 866.43	7 719.63	9 444.18	8 285.08	7 872.45	6 575.01	11 848.62	7 242.36	8 814.84
3. 青粗饲料费	元	4 504.67	4 100.00	3 777.39	1 923.83	4 807.88	3 090.00	2 013.75	2 995.83	11 258.71	4 815.24	5 240.72
4. 饲料加工费	元	17.91		6.56	37.17	28.96	112.50		38.38		8.55	59.16
5. 水费	元	72.02		49.71	39.75	54.01	55.00	59.00	18.75	390.34	34.98	290.00
6. 燃料动力费	元	227.78	410.00	164.60	113.67	245.78	215.00	215.60	61.64	733.26	151.52	360.00
电费	元	171.27	300.00	133.14	64.67	139.25	135.00	135.60	44.29	733.26	151.52	360.00
煤费	元	31.81	110.00	31.46	49.00	69.49	80.00	80.00	17.35			
其他燃料动力费	元	24.70				37.04						
7. 医疗防疫费	元	197.58	300.00	130.02	87.58	130.75	97.50	71.99	152.89	570.74	248.62	600.00
8. 死亡损失费	元	89.12	56.00	41.96	85.00	77.23	264.00	61.25	78.92	155.83	56.35	200.00
9. 技术服务费	元	38.14	80.00		20.75	4.81	48.50	12.00	10.12	52.49	112.00	
10. 工具材料费	元	59.56	20.00	27.56	49.50	17.08	55.00	66.08	11.46	237.79	40.57	220.00
11. 修理维护费	元	65.17	80.00	24.86	54.00	120.95	29.00	48.61	12.41	294.56	50.87	150.00
12. 其他直接费用	元	144.31	115.00	126.43	88.58	197.38	152.50	207.50	144.39	246.84	52.12	530.00
（二）间接费用	元	3 094.72	3 620.00	2 107.53	1 859.66	2 964.28	2 594.00	2 340.45	1 699.06	3 644.79	2 105.17	6 105.00
1. 固定资产折旧	元	2 593.19	3 050.00	1 960.01	1 770.17	2 299.78	2 435.00	1 780.98	1 648.44	2 299.55	1 965.24	5 000.00
2. 保险费	元	119.63	80.00			297.14			24.44	109.11		225.00
3. 管理费	元	209.28	310.00	38.69	44.08	29.75	105.50	69.92	15.18	1 086.65	42.14	520.00
4. 财务费	元	74.90		20.79	3.58	126.67	5.00	9.55	1.44	149.48	35.45	360.00
5. 销售费	元	97.72	180.00	88.04	41.83	210.94	48.50	480.00	9.56		62.34	
二、每头人工成本	元	3 001.86	1 000.00	2 132.58	2 087.93	3 472.24	3 322.80	2 517.50	2 636.76	4 376.27	2 287.80	4 750.00
1. 家庭用工折价	元	301.10		578.51	122.10	554.42			298.98			
家庭用工天数	d	3.70		7.11	1.50	6.81			3.67			
劳动日工价	元	81.40	81.40	81.40	81.40	81.40	81.40	81.40	81.40	81.40	81.40	81.40
2. 雇工费用	元	2 700.76	1 000.00	1 554.07	1 965.83	2 917.82	3 322.80	2 517.50	2 337.78	4 376.27	2 287.80	4 750.00
雇工天数	d	26.53	10.00	13.64	20.52	28.62	38.40	25.18	25.17	34.57	38.13	38.00
雇工工价	元	101.80	100.00	113.94	95.80	101.95	86.53	99.98	92.88	126.59	60.00	125.00
三、附												
1. 仔畜重量	kg											
2. 精饲料数量	kg	3 159.09	2 880.00	3 951.71	2 932.50	3 433.10	3 102.40	3 125.75	2 435.64	4 178.45	2 988.86	2 958.00
3. 耗粮数量	kg	2 268.69	2 016.00	2 766.20	2 133.56	2 403.17	2 171.68	2 188.03	1 923.47	2 924.92	2 618.84	2 070.60

数据来源：国家发展和改革委员会价格司

奶牛费用和用工情况

安徽	福建	山东	河南	湖南	广西	重庆	四川	贵州	云南	陕西	甘肃	宁夏	新疆
27 916.78	14 822.54	16 128.84	12 807.59	1 1751.65	12 649.12	18 869.76	18 807.65	17 158.00	15 787.00	15 954.00	19 987.10	14 159.77	22 570.00
22 236.86	11 436.90	13 464.17	10 891.26	10 232.93	9 679.22	13 702.18	16 702.65	14 191.00	13 387.00	1 2884.50	16 289.15	11 768.64	17 270.00
11 304.90	7 592.00	8 772.92	7 511.31	8 328.51	1 342.00	7 069.60	11 204.35	9 214.00	8 800.00	9 604.50	10 220.00	8 507.77	9 930.00
9 681.92	3 108.70	3 990.67	2 629.08	1 740.74	7 450.00	5 848.75	4 782.00	4 250.00	3 850.00	2 466.50	5 288.17	2 702.12	6 300.00
			47.79							56.00		34.74	
16.93	153.20	20.67	56.43	22.86		22.54	46.00	42.00	155.00	60.50	74.20	36.55	30.00
472.93	143.70	178.67	158.32	33.00	174.52	92.72	107.30	235.00	100.00	247.00	131.04	121.38	600.00
338.69	143.70	178.67	96.80	24.50	174.52	71.31	75.30	235.00	100.00	173.50	131.04	70.73	100.00
			61.52	8.50			32.00			73.50		50.65	100.00
134.24						21.41							400.00
208.50	170.60	335.67	192.08	11.71	74.60	72.96	181.00	120.00	200.00	187.50	250.18	196.99	150.00
75.00	66.30		54.47		193.45	72.04	102.00	210.00	120.00	58.00	111.11		
13.00			18.90	28.57	22.00	266.11	56.00	30.00					140.00
144.50	32.40	10.37	28.43	11.11	108.10	44.35	82.00	50.00	24.00	52.50	16.67	40.07	40.00
74.25		5.20	30.95	21.43	249.50	30.61	42.00	40.00	58.00	65.50	5.78	35.69	40.00
244.93	170.00	150.00	163.50	35.00	65.05	182.50	100.00		80.00	86.50	192.00	93.33	40.00
5 679.92	3 385.64	2 664.67	1 916.33	1 518.72	2 969.90	5 167.58	2 105.00	2 967.00	2 400.00	3 069.50	3 697.95	2 391.13	5 300.00
4 669.02	2 857.14	2 664.67	1 845.14	1 280.95	2 630.33	4 071.44	1 836.00	2 315.00	2 100.00	2 602.50	2 174.23	2 180.91	4 800.00
360.00				200.00		500.00	60.00		300.00	79.50	300.00	36.00	300.00
650.90	30.20		43.03		317.24	232.28	83.00	572.00		349.50	444.90	37.80	
						363.86	54.00			38.00	325.49	104.34	200.00
	498.30		28.16	37.77	22.33		72.00	80.00			453.33	32.08	
2 559.20	6 305.60	1 977.69	2 993.74	1 699.91	2 903.50	3 187.39	4 875.00	2 258.20	3 150.00	4 500.00	2 135.06	2 905.38	2 009.80
	325.60	1 139.60	141.80	529.91				1058.20				1 907.20	569.80
	4.00	14.00	1.74	6.51				13.00				23.43	7.00
81.40	81.40	81.40	81.40	81.40	81.40	81.40	81.40	81.40	81.40	81.40	81.40	81.40	81.40
2 559.20	5 980.00	838.09	2 851.94	1 170.00	2 903.50	3 187.39	4 875.00	1 200.00	3 150.00	4 500.00	2 135.06	998.18	1 440.00
25.66	46.00	6.98	35.76	13.35	35.52	30.98	39.00	10.00	35.00	44.80	18.30	11.15	12.00
99.74	130.00	120.07	79.75	87.64	81.74	102.89	125.00	120.00	90.00	100.45	116.67	89.52	120.00
3 531.49	2 920.00	3 557.05	2 935.82	2 696.30	545.00	3 496.35	3 385.00	3 125.00	3 520.00	3 888.50	3 650.00	3 035.22	3 546.00
2 566.50	2 044.00	2 14.41	2 104.91	1 887.41	3 76.05	2 158.80	2 369.50	2 187.50	2 640.00	2 838.61	2 737.50	2 124.66	2 482.20

2016年各地区大规模

项　　目	单位	平 均	北 京	山 西	内蒙古	辽 宁	黑龙江	上 海	江 苏
每头									
主产品产量	kg	7 350.83	10 183.59	5 875.89	7 066.74	5 459.50	6 606.00	9 385.00	8 721.13
产值合计	元	32 076.78	40 479.93	23 310.56	29 495.11	21 988.00	24 963.08	45 016.21	39 375.78
主产品产值	元	29 271.32	37 282.66	21 392.36	26 179.76	19 926.00	22 934.75	41 876.70	37 844.07
副产品产值	元	2 805.46	3 197.27	1 918.20	3 315.35	2 062.00	2 028.33	3 139.51	1 531.71
总成本	元	25 479.80	29 712.93	15 322.85	22 851.25	19 072.65	17 595.80	37 173.59	32 273.96
生产成本	元	25 399.66	29 677.93	15 307.26	22 827.95	19 020.15	17 566.73	36 980.03	31 936.18
物质与服务费用	元	22 182.65	26 477.18	12 714.37	19 040.42	16 995.15	14 778.02	32 716.70	28 255.48
人工成本	元	3 217.01	3 200.75	2 592.89	3 787.53	2 025.00	2 788.71	4 263.33	3 680.70
家庭用工折价	元	17.91			32.56		23.04		
雇工费用	元	3 199.10	3 200.75	2 592.89	3 754.97	2 025.00	2 765.67	4 263.33	3 680.70
土地成本	元	80.14	35.00	15.59	23.30	52.50	29.07	193.56	337.78
净利润	元	6 596.98	10 767.00	7 987.71	6 643.86	2 915.35	7 367.28	7 842.62	7 101.82
成本利润率	%	25.89	36.24	52.13	29.07	15.29	41.87	21.10	22.00
每50kg主产品									
平均出售价格	元	199.10	183.05	182.04	185.23	182.49	173.59	223.10	216.97
总成本	元	158.15	134.36	119.66	143.51	158.29	122.36	184.23	177.84
生产成本	元	157.66	134.20	119.54	143.36	157.86	122.16	183.27	175.98
净利润	元	40.95	48.69	62.38	41.72	24.20	51.23	38.87	39.13
附：									
每头用工数量	d	29.30	12.76	21.26	39.73	19.25	28.42	32.10	54.25
平均饲养天数	d	365.00	365.00	365.00	365.00	365.00	365.00	365.00	365.00

数据来源：国家发展和改革委员会价格司

奶牛成本收益情况

浙 江	安 徽	福 建	山 东	河 南	湖 北	广 东	四 川	贵 州	甘 肃	青 海	新 疆
7 650.26	7 742.11	8 541.50	7 369.50	6 106.96	8 210.00	5 200.00	5 960.00	5 533.33	9 111.29	6 737.90	8 205.07
38 043.03	33 948.23	43 282.08	27 450.98	24 889.21	36 482.00	31 160.00	28 537.53	21 351.00	31 027.74	33 069.95	35 588.40
33 340.08	31 008.98	41 126.08	24 641.69	22 622.81	34 482.00	28 600.00	25 628.00	19 724.00	28 330.69	26 276.40	32 937.98
4 702.95	2 939.25	2 156.00	2 809.29	2 266.40	2 000.00	2 560.00	2 909.53	1 627.00	2 697.05	6 793.55	2 650.42
34 758.84	30 361.71	34 429.71	24 968.83	17 416.65	21 232.50	25 168.00	20 823.39	23 613.07	25 679.89	28 854.29	22 806.29
34 711.34	30 115.98	34 409.71	24 910.61	17 362.71	21 052.50	25 132.00	20 683.39	23 581.12	25 679.89	28 831.83	22 806.29
30 001.34	26 913.07	31 996.21	22 850.87	14 237.02	18 052.50	20 582.00	15 851.64	20 864.12	23 583.14	25 472.63	20 088.38
4 710.00	3 202.91	2 413.50	2 059.74	3 125.69	3 000.00	4 550.00	4 831.75	2 717.00	2 096.75	3 359.20	2 717.91
											284.90
4 710.00	3 202.91	2 413.50	2 059.74	3 125.69	3 000.00	4 550.00	4 831.75	2 717.00	2 096.75	3 359.20	2 433.01
47.50	245.73	20.00	58.22	53.94	180.00	36.00	140.00	31.95		22.46	
3 284.19	3 586.52	8 852.37	2 482.15	7 472.56	15 249.50	5 992.00	7 714.14	−2 262.07	5 347.85	4 215.66	12 782.11
9.45	11.81	25.71	9.94	42.90	71.82	23.81	37.05	−9.58	20.83	14.61	56.05
217.90	200.26	240.74	167.19	185.22	210.00	275.00	215.00	178.23	155.47	194.99	200.72
199.09	179.10	191.50	152.07	129.61	122.22	222.12	156.88	197.11	128.67	170.13	128.63
198.82	177.65	191.39	151.72	129.21	121.18	221.80	155.83	196.85	128.67	170.00	128.63
18.81	21.16	49.24	15.12	55.61	87.78	52.88	58.12	−18.88	26.80	24.86	72.09
35.50	25.31	25.00	26.83	39.45	30.00	35.00	38.50	21.33	16.15	32.30	23.59
365.00	365.00	365.00	365.00	365.00	365.00	365.00	365.00	365.00	365.00	365.00	365.00

2016年各地区大规模

项　　目	单位	平均	北 京	山 西	内蒙古	辽 宁	黑龙江	上 海	江 苏
一、每头物质与服务费用	元	22 182.65	26 477.18	12 714.37	19 040.42	16 995.15	14 778.02	32 716.70	28 255.48
（一）直接费用	元	18 497.83	22 218.97	10 538.48	15 668.84	13 508.65	12 457.84	28 815.58	24 210.05
1. 仔畜费	元								
2. 精饲料费	元	9 848.63	10 246.93	8 080.98	9 780.69	7 795.00	7 411.35	12 994.47	10 705.22
3. 青粗饲料费	元	6 858.78	8 136.96	1 872.80	4 934.68	4 864.50	4 306.00	12 995.00	9 945.29
4. 饲料加工费	元	25.62		11.67	12.81	69.00			73.00
5. 水费	元	78.58	11.03	54.78	59.95	73.50	24.49	227.25	302.12
6. 燃料动力费	元	462.90	746.44	135.99	282.60	186.05	173.50	809.57	873.93
电费	元	356.07	331.18	82.00	150.28	137.50	119.33	809.57	774.36
煤费	元	54.30	56.80	53.99	62.54	48.55	54.17		75.48
其他燃料动力费	元	52.53	358.46		69.78				24.09
7. 医疗防疫费	元	429.06	606.51	82.16	155.33	115.50	154.23	643.42	1 028.17
8. 死亡损失费	元	205.53	389.11	81.06	18.75	202.00	129.17	314.63	26.67
9. 技术服务费	元	17.71	40.00	33.88	11.72		25.96	23.81	
10. 工具材料费	元	192.16	96.15	46.72	10.75	60.10	25.61	426.42	840.09
11. 修理维护费	元	115.86	261.33	44.44	182.53	43.00	21.20	158.65	135.23
12. 其他直接费用	元	263.00	1 684.51	94.00	219.03	100.00	186.33	222.36	280.33
（二）间接费用	元	3 684.82	4 258.21	2 175.89	3 371.58	3 486.50	2 320.18	3 901.12	4 045.43
1. 固定资产折旧	元	2 928.13	3 660.71	1 975.83	2 473.12	3 205.50	2 116.33	2 417.25	3 684.35
2. 保险费	元	119.83	45.00	90.00	440.00	10.00	18.00	129.10	
3. 管理费	元	421.18	337.50	54.28	57.33	154.00	173.85	1 216.13	361.08
4. 财务费	元	141.08	100.00	14.68	96.52	41.00	2.67	138.64	
5. 销售费	元	74.60	115.00	41.10	304.61	76.00	9.33		
二、每头人工成本	元	3 217.01	3 200.75	2 592.89	3 787.53	2 025.00	2 788.71	4 263.33	3 680.70
1. 家庭用工折价	元	17.91			32.56		23.04		
家庭用工天数	d	0.22			0.40		0.28		
劳动日工价	元	81.40	81.40	81.40	81.40	81.40	81.40	81.40	81.40
2. 雇工费用	元	3 199.10	3 200.75	2 592.89	3 754.97	2 025.00	2 765.67	4 263.33	3 680.70
雇工天数	d	29.08	12.76	21.26	39.33	19.25	28.14	32.10	54.25
雇工工价	元	110.01	250.84	121.96	95.47	105.20	98.28	132.81	67.85
三、附									
1. 仔畜重量	kg								
2. 精饲料数量	kg	3 446.49	3 624.64	3 069.25	3 518.15	2 979.00	2 674.23	4 317.10	3 890.36
3. 耗粮数量	kg	2 468.22	2 537.25	2 220.00	2 462.71	2 085.30	2 080.46	3 021.97	3 001.27

数据来源：国家发展和改革委员会价格司

奶牛费用和用工情况

浙 江	安 徽	福 建	山 东	河 南	湖 北	广 东	四 川	贵 州	甘 肃	青 海	新 疆
30 001.34	26 913.07	31 996.21	22 850.87	14 237.02	18 052.50	20 582.00	15 851.64	20 864.12	23 583.14	25 472.63	20 088.38
23 591.79	21 655.92	27 877.75	18 914.19	11 995.39	14 586.50	18 829.00	13 332.64	17 197.17	19 80.15	19 980.58	16 499.10
11 528.52	10 983.17	11 590.63	8 755.12	8 183.83	10 200.00	11 520.00	9 178.64	9 277.16	10 942.98	6 953.25	10 996.01
9 821.25	8 818.56	12 759.39	7741.74	2 920.92	2 620.00	5 318.00	3 650.00	6 873.58	7 550.44	11 066.80	4 120.83
77.82		41.00		51.45	150.00						
214.25	13.93	10.00	30.13	58.58	59.50	96.00	35.00	31.50	85.42	10.95	94.60
648.70	489.89	1 002.50	652.95	198.60	527.00	720.00	176.00	236.10	223.68	364.42	347.14
397.20	408.01	1 002.50	652.95	117.53	352.00	680.00	95.00	236.10	195.28	124.10	100.39
251.50	19.84			81.07			81.00				246.75
	62.04				175.00	40.00			28.40	240.32	
557.50	401.65	1 684.40	375.90	253.82	300.00	452.00	100.00	243.00	221.53	375.95	401.05
49.30	440.36	157.75	336.91	70.47	200.00	378.00		156.67	105.26	772.76	76.17
1.25		32.94		17.65	50.00	21.00	50.00	28.33			
283.60	244.21	430.38	373.99	34.73	250.00	130.00	23.00	51.67	112.29	114.05	97.28
132.60	99.86	168.76	267.45	36.88	130.00	99.00	45.00	221.64	45.21	18.25	90.29
277.00	164.29		380.00	168.46	100.00	95.00	75.00	77.52	293.34	304.15	275.73
6 409.55	5 257.15	4 118.46	3 936.68	2 241.63	3 466.00	1 753.00	2 519.00	3 666.95	4 002.99	5 492.05	3 589.28
5 748.50	4 361.53	2 003.00	3 593.71	2 090.94	2 350.00	1 420.00	2 228.00	2 745.87	2 829.14	4 051.99	2 678.76
175.00	360.00				36.00	43.00	100.00	5.83	300.00	524.75	
406.80	504.37	968.71	311.70	60.22	980.00	260.00	67.00	280.46	726.10	565.66	517.20
18.25		1 136.00		49.13	100.00	15.00	46.00	429.98		349.65	143.09
61.00	31.25	10.75	31.27	41.34		15.00	78.00	204.81	147.75		250.23
4 710.00	3 202.91	2 413.50	2 059.74	3 125.69	3 000.00	4 550.00	4 831.75	2 717.00	2 096.75	3 359.20	2 717.91
											284.90
											3.50
81.40	81.40	81.40	81.40	81.40	81.40	81.40	81.40	81.40	81.40	81.40	81.40
4 710.00	3 202.91	2 413.50	2 059.74	3 125.69	3000.00	4 550.00	4 831.75	2 717.00	2 096.75	3 359.20	2 433.01
35.50	25.31	25.00	26.83	39.45	30.00	35.00	38.50	21.33	16.15	32.30	20.09
132.68	126.55	96.54	76.77	79.23	100.00	130.00	125.50	127.38	129.83	104.00	121.11
4 116.25	3 503.28	4 705.28	3 155.50	3 129.16	3 315.00	2 716.00	2 786.00	3 061.79	4 083.20	2 920.00	3 919.15
2 881.38	2 802.63	3 293.70	2 145.74	2 294.41	2 320.50	2 009.84	1 950.20	2 143.26	2 858.24	2 044.00	2 743.41

生 产 价 格

2010—2016 年我国奶类生产价格指数

上年 =100

季 度	2010 年	2011 年	2012 年	2013 年	2014 年	2015 年	2016 年
第一季度	112.48	112.50	103.69	107.70	118.40	90.30	95.40
第二季度	116.80	108.64	102.90	108.10	122.10	91.80	95.30
第三季度	116.40	106.90	103.66	111.20	103.70	92.60	95.60
第四季度	115.30	105.10	105.30	114.30	96.80	94.40	98.90

2007—2016 年全国生鲜乳收购价格

单位：元 /kg

年 份	1 月	2 月	3 月	4 月	5 月	6 月	7 月	8 月	9 月	10 月	11 月	12 月
2007 年	1.93	1.95	1.95	1.99	1.98	1.93	1.94	1.96	2.02	2.16	2.28	2.50
2008 年	2.77	2.90	2.93	2.86	2.85	2.85	2.77	2.76	2.76	2.69	2.69	2.68
2009 年	2.62	2.57	2.49	2.43	2.37	2.32	2.32	2.31	2.36	2.43	2.52	2.60
2010 年	2.68	2.73	2.74	2.79	2.82	2.86	2.89	2.93	2.98	3.02	3.07	3.13
2011 年	3.18	3.20	3.20	3.20	3.19	3.20	3.19	3.19	3.20	3.22	3.23	3.25
2012 年	3.26	3.28	3.28	3.27	3.27	3.27	3.27	3.27	3.28	3.31	3.34	3.38
2013 年	3.40	3.42	3.42	3.43	3.45	3.50	3.55	3.61	3.70	3.81	3.98	4.12
2014 年	4.23	4.26	4.23	4.21	4.16	4.08	4.00	3.95	3.92	3.90	3.84	3.79
2015 年	3.56	3.44	3.42	3.40	3.40	3.41	3.41	3.41	3.44	3.47	3.50	3.54
2016 年	3.56	3.56	3.54	3.47	3.46	3.42	3.40	3.39	3.44	3.45	3.47	3.52

【饲料工业】

行 业 情 况

2012—2016 年全国饲料加工业基本经营情况

分 项	单位	2012 年	2013 年	2014 年	2015 年	2016 年
企业数量	个	3 353	3 664	3 842	4 117	4 232
亏损企业数	个	225	304	330	411	524
主营业务收入	亿元	8 557.2	9 742.8	10 813.9	11 052.8	11 533.6
利润总额	亿元	435.9	481.4	508.0	536.2	560.3
资产总额	亿元	2 684.1	3 197.2	3 846.5	4 250.5	4 679.0
负债总额	亿元	1 304.5	1 534.4	1 845.1	1 929.3	2 159.3

数据来源：国家统计局、农业部

2011—2015 年全国各地区配合、混合饲料合计产量

单位：万 t

地 区	2011 年	2012 年	2013 年	2014 年	2015 年
全 国	15 304.19	17 957.69	19 813.05	21 791.64	22 120.64
北 京	169.80	165.68	162.61	166.69	142.77
天 津	171.56	117.33	157.96	181.21	140.54
河 北	946.43	926.33	1 013.12	1 119.37	1 183.17
山 西	180.64	203.30	213.00	258.56	244.45
内蒙古	463.39	419.15	389.28	441.10	427.45
辽 宁	1 387.10	1 573.35	1 663.14	1 648.13	1 453.12
吉 林	622.51	637.28	644.20	707.84	708.66
黑龙江	118.37	196.91	263.18	259.50	298.13
上 海	92.14	98.74	92.57	103.44	104.35
江 苏	317.83	872.95	478.66	614.56	653.34
浙 江	362.24	423.70	439.09	412.37	345.97
安 徽	350.03	395.62	429.31	459.34	482.96
福 建	549.23	602.96	748.85	826.31	910.72
江 西	865.40	1 053.95	1 272.87	1 340.52	1 401.27
山 东	1 689.11	2 488.62	2 678.47	2 915.02	2 757.29
河 南	1 168.72	1 186.94	1 409.40	1 551.02	1 611.62
湖 北	438.39	730.23	950.29	1 215.79	1 327.57
湖 南	1 179.03	1 202.29	1 302.40	1 329.51	1 333.57
广 东	1 425.10	1 457.80	1 694.63	1 969.20	2 087.87
广 西	943.25	1 143.54	1 330.69	1 445.60	1 558.49
海 南	139.45	158.98	179.95	167.58	172.65
重 庆	157.22	196.33	235.19	258.13	270.51
四 川	937.28	921.54	1 091.22	1 247.84	1 201.35
贵 州	82.76	69.56	91.42	115.81	118.67
云 南	146.28	201.43	238.86	267.62	326.03
西 藏			0.74	2.80	0.87
陕 西	162.95	210.83	258.75	348.65	374.90
甘 肃	86.92	115.38	141.54	135.51	150.11
青 海	0.40	3.11	3.36	4.16	4.00
宁 夏	29.35	31.60	32.38	37.52	34.55
新 疆	121.30	152.25	205.90	240.95	293.69

数据来源：国家统计局

2016年全国及各地区饲料、配合饲料、混合饲料产量

单位：万 t

	饲料	配合饲料	混合饲料
全国	29 051.57	16 350.21	6 397.33
北京	166.02	86.03	58.19
天津	374.91	132.53	10.12
河北	1 345.91	664.80	519.58
山西	284.36	136.54	118.31
内蒙古	527.09	157.95	309.41
辽宁	1 082.41	441.41	374.84
吉林	765.95	340.48	314.85
黑龙江	513.83	220.51	123.11
上海	175.08	83.79	15.69
江苏	976.78	518.41	187.35
浙江	399.23	320.49	22.55
安徽	1 021.45	417.01	118.53
福建	1 416.13	1 001.04	68.38
江西	1 809.42	1 059.34	395.15
山东	3 275.14	2 160.62	633.86
河南	2 268.09	1 083.91	499.46
湖北	2 000.41	1 174.66	332.83
湖南	1 819.69	965.04	467.59
广东	2 929.18	1 928.71	457.02
广西	1 931.67	1 377.88	336.13
海南	226.83	162.07	34.98
重庆	488.37	244.80	58.86
四川	1 568.45	859.51	351.30
贵州	164.55	98.56	45.22
云南	394.08	269.74	88.61
西藏	2.76	1.99	0.77
陕西	469.00	183.43	153.83
甘肃	185.59	103.92	59.24
青海	18.71	7.77	
宁夏	41.54	22.72	13.51
新疆	408.94	124.57	228.06

数据来源：国家统计局

2012—2016 年全国饲料生产量（月度）

单位：万 t

	2012 年		2013 年		2014 年		2015 年		2016 年	
	配合饲料	混合饲料	配合饲料	混合饲料	配合饲料	混合饲料	配合饲料	混合饲料	配合饲料	混合饲料
01-02 月	1334.20	755.20	1 690.50	795.50	1 994.72	835.45	2 070.72	873.61	2 169.17	867.20
03 月	901.60	485.20	1 114.21	498.82	1 164.63	487.42	1 204.02	494.85	1 262.66	506.89
04 月	884.90	441.80	1 026.10	447.92	1 092.61	468.50	1 144.62	488.43	1 235.29	499.80
05 月	952.70	460.40	1 070.82	484.42	1181.85	518.83	1 209.66	512.20	1 340.75	533.21
06 月	1 059.70	528.00	1 166.46	535.39	1 312.54	586.55	1 356.25	574.22	1 436.15	571.15
07 月	1 034.30	482.90	1 136.55	481.01	1 273.57	541.85	1 327.19	552.01	1 378.33	521.83
08 月	1 067.60	512.80	1 177.69	486.14	1 323.17	537.15	1 366.05	566.97	1 454.95	538.34
09 月	1 118.60	526.40	1 284.83	535.47	1 407.43	590.70	1 433.89	615.91	1 547.48	582.07
10 月	1 127.60	575.20	1 271.77	552.66	1 407.90	622.78	1 449.64	597.27	1 475.65	587.99
11 月	1 130.00	513.60	1 294.70	542.73	1 375.08	608.47	1 403.03	609.87	1 499.79	597.19
12 月	1 179.00	524.80	1 313.92	539.15	1 379.70	606.98	1 511.04	591.57	1 490.51	604.88

数据来源：国家统计局

饲料价格

2012—2016年全国玉米、豆粕收购价格（月度）

单位：元/kg

月份	2012年		2013年		2014年		2015年		2016年	
	玉米	豆粕	玉米	豆粕	玉米	豆粕	玉米	豆粕	玉米	豆粕
01月	2.35	3.43	2.44	4.22	2.40	4.30	2.43	3.73	2.10	3.08
02月	2.35	3.46	2.45	4.24	2.38	4.25	2.41	3.60	2.09	3.10
03月	2.37	3.51	2.46	4.30	2.37	4.12	2.42	3.59	2.04	3.03
04月	2.42	3.63	2.45	4.25	2.36	4.05	2.44	3.54	1.98	2.98
05月	2.46	3.69	2.43	4.20	2.41	4.13	2.46	3.47	1.97	3.08
06月	2.49	3.68	2.45	4.30	2.47	4.17	2.47	3.33	2.03	3.35
07月	2.51	3.83	2.48	4.24	2.56	4.11	2.47	3.31	2.11	3.54
08月	2.55	4.20	2.49	4.24	2.65	4.05	2.46	3.30	2.08	3.45
09月	2.57	4.52	2.49	4.40	2.70	4.01	2.37	3.25	2.04	3.44
10月	2.51	4.39	2.46	4.53	2.61	3.94	2.23	3.24	1.95	3.47
11月	2.43	4.17	2.43	4.50	2.51	3.93	2.13	3.18	1.94	3.53
12月	2.42	4.18	2.41	4.43	2.47	3.86	2.14	3.10	1.95	3.68

数据来源：农业部

【乳品加工】

行 业 情 况

2012—2016年全国液体乳及乳制品制造业基本经营情况

分 项	单位	2012年	2013年	2014年	2015年	2016年
企业数量[1]	个	649	658	631	638	627
亏损企业数	个	114	91	100	103	104
资产总额	亿元	1 744.1	2 056.9	2 321.2	2 565.0	2 792.0
负债总额	亿元	958.2	1 116.5	1 241.3	1 314.2	1 388.7
主营业务收入	亿元	2 502.0	2 831.6	3 297.7	3 328.5	3 503.9
利润总额	亿元	159.6	180.1	225.3	241.7	259.9

1. 指规模以上企业数量

数据来源：国家统计局

乳 制 品 产 量

2009—2016 年度全国乳制品产量

单位：万 t

年 度	乳制品		其中		
			液态奶		干乳制品
	产量	同比	产量	同比	产量
2009 年	1 935.1	12.88	1 641.7	13.49	293.5
2010 年	2 159.4	11.18	1 845.6	11.10	313.8
2011 年	2 387.5	13.99	2 060.8	13.47	326.7
2012 年	2 545.2	8.10	2 146.6	8.10	398.6
2013 年	2 698.0	5.15	2 336.0	7.01	362.1
2014 年	2 651.8	−1.23	2 400.1	−0.91	251.7
2015 年	2 782.5	4.60	2 521.0	4.72	261.5
2016 年	2 993.2	7.68	2 737.2	8.53	256.1

数据来源：国家统计局

2012—2016 年全国各地区乳制品产量

单位：万 t

地 区	2012 年	2013 年	2014 年	2015 年	2016 年
全 国	2 545.19	2 698.03	2 651.81	2 782.53	2 993.23
北 京	56.58	58.76	60.62	62.13	62.19
天 津	43.98	62.55	76.80	81.26	62.76
河 北	272.48	298.12	328.95	346.00	371.27
山 西	65.18	53.43	48.08	47.91	57.40
内蒙古	325.67	300.92	269.83	293.55	336.52
辽 宁	106.04	96.69	87.48	92.85	85.01
吉 林	16.67	16.58	15.71	17.58	16.72
黑龙江	185.74	213.74	195.38	191.40	196.08
上 海	58.17	48.92	53.72	49.97	46.50
江 苏	128.32	141.63	141.95	154.39	160.21
浙 江	42.12	50.03	49.74	49.82	62.54
安 徽	75.23	94.05	108.17	94.37	106.17
福 建	22.45	26.44	20.37	16.32	19.06
江 西	28.51	32.09	33.16	33.24	20.71
山 东	320.72	274.73	212.75	250.90	259.87
河 南	175.36	193.06	220.79	236.87	306.54
湖 北	60.52	77.83	87.10	102.60	113.99
湖 南	37.73	38.45	36.42	29.52	28.13
广 东	56.80	88.84	57.00	66.43	69.13
广 西	15.73	27.11	37.58	37.72	43.35
海 南	0.42	0.45	0.48	0.49	0.42
重 庆	11.24	13.74	14.78	20.45	24.74
四 川	77.22	94.92	102.71	104.90	123.42
贵 州	5.88	6.74	7.87	8.18	10.57
云 南	47.03	50.46	52.70	57.47	66.41
西 藏	0.47	0.48	0.63	0.94	1.02
陕 西	172.10	183.98	161.34	161.66	143.73
甘 肃	23.99	29.02	33.55	33.28	34.22
青 海	15.75	16.64	19.00	19.80	19.38
宁 夏	56.56	65.74	75.21	77.28	92.51
新 疆	40.52	41.87	41.96	43.23	52.67

数据来源：国家统计局

2012—2016年全国各地区液体乳产量

单位：万t

地区	2012年	2013年	2014年	2015年	2016年
全国	2 146.57	2 335.97	2 400.12	2 521.00	2 737.17
北京	52.23	55.56	57.16	58.71	58.98
天津	19.82	29.51	31.59	32.81	30.87
河北	239.58	274.38	323.06	335.44	361.18
山西	60.36	48.67	45.15	45.01	56.01
内蒙古	273.39	272.97	246.47	276.37	313.84
辽宁	105.62	96.57	87.35	90.70	84.00
吉林	15.00	14.10	12.90	14.37	12.39
黑龙江	134.09	150.31	141.09	140.73	140.30
上海	53.07	45.18	51.54	48.49	45.48
江苏	109.19	122.44	128.33	141.26	148.52
浙江	30.17	37.56	41.44	43.14	56.69
安徽	70.98	89.98	103.32	88.06	101.15
福建	17.34	21.83	15.94	10.06	12.41
江西	24.99	27.40	29.15	29.68	16.55
山东	265.67	231.57	202.99	242.17	243.60
河南	145.38	188.61	220.23	236.29	305.89
湖北	60.43	75.40	85.96	99.57	112.54
湖南	17.34	20.93	31.84	24.36	22.13
广东	27.97	56.47	39.44	45.72	49.25
广西	13.20	20.83	37.29	37.55	43.34
海南	0.42	0.45	0.48	0.42	0.34
重庆	11.21	13.74	14.78	19.48	24.74
四川	66.12	81.86	95.08	95.54	109.69
贵州	5.88	6.74	7.87	8.18	10.57
云南	46.04	49.54	52.09	56.78	65.77
西藏	0.32	0.26	0.52	0.85	0.90
陕西	155.12	161.78	137.26	134.72	120.71
甘肃	22.70	26.57	31.46	31.44	32.08
青海	15.56	16.38	19.00	19.80	19.38
宁夏	53.65	62.99	71.09	72.67	87.78
新疆	33.73	35.38	38.25	40.63	50.11

数据来源：国家统计局

2010—2016 年全国乳制品生产量（月度）

单位：万 t

月 份	2010 年	2011 年	2012 年	2013 年	2014 年	2015 年	2016 年
01–02 月	303.19	319.20	347.38	403.70	402.82	409.41	423.50
03 月	168.00	178.40	196.40	214.70	204.55	213.33	236.38
04 月	175.40	183.90	190.82	213.78	208.80	213.74	233.45
05 月	174.46	185.40	199.15	224.79	222.04	228.53	242.89
06 月	179.50	209.50	215.16	247.60	242.00	248.81	299.79
07 月	179.70	223.10	209.33	217.60	222.95	228.03	255.60
08 月	193.10	211.60	213.04	219.40	217.58	236.91	255.07
09 月	192.20	214.30	247.39	233.60	226.02	254.28	270.66
10 月	195.10	208.60	225.86	229.70	233.13	246.46	265.42
11 月	189.20	214.80	245.81	232.50	234.10	241.55	269.81
12 月	199.80	234.10	260.81	246.06	232.44	251.07	279.77

数据来源：国家统计局

2010—2016 年全国液态奶生产量（月度）

单位：万 t

月 份	2010 年	2011 年	2012 年	2013 年	2014 年	2015 年	2016 年
01–02 月	255.09	269.60	290.74	332.70	354.37	366.59	383.96
03 月	142.00	149.50	163.87	180.88	179.69	188.20	213.89
04 月	150.80	152.40	158.95	186.20	185.38	190.74	212.25
05 月	148.27	155.30	167.50	194.28	198.70	205.04	219.30
06 月	151.20	178.40	180.91	206.65	216.76	224.27	275.30
07 月	153.20	199.10	178.93	185.22	199.74	206.48	234.17
08 月	165.90	184.10	182.05	188.63	197.24	215.27	235.95
09 月	163.60	186.80	212.53	198.27	203.19	231.00	249.68
10 月	167.99	180.10	193.38	196.72	211.33	224.29	241.98
11 月	162.70	183.00	200.98	200.42	211.31	218.01	245.77
12 月	170.50	200.10	220.69	212.02	208.98	224.77	254.03

数据来源：国家统计局

2010—2016 年全国奶粉生产量（月度）

单位：万 t

月份	2010 年	2011 年	2012 年	2013 年	2014 年	2015 年	2016 年
01-02 月	16.50	18.40	20.40	19.53	20.28	19.68	20.38
03 月	9.30	10.40	12.20	14.40	11.33	10.28	10.93
04 月	8.30	10.50	10.40	12.00	10.41	10.12	10.51
05 月	9.40	10.10	11.50	12.98	12.00	11.12	11.30
06 月	10.90	12.80	13.40	17.89	13.78	12.18	12.99
07 月	11.20	10.20	10.90	14.53	12.77	11.47	12.29
08 月	12.30	11.10	10.50	12.33	12.76	11.44	10.58
09 月	13.60	13.00	11.10	14.68	13.21	13.07	12.12
10 月	12.80	12.40	12.60	14.32	13.66	12.89	12.61
11 月	12.50	13.30	13.30	13.77	14.81	14.07	13.94
12 月	14.60	14.30	14.00	13.32	15.70	15.84	16.13

数据来源：国家统计局

奶 业 贸 易

2011—2016 年全国改良种用牛进口量值（来源地）

单位：头、万美元

来源地	2011 年		2012 年		2013 年		2014 年		2015 年		2016 年	
	进口量	进口额	进口量	进口额	进口量	进口额	进口量	进口额	进口量	进口额	进口量	进口额
国家合计	99 348	26 210.0	124 291	36 440.3	102 243	26 666.7	215 405	61 780.9	153 309	38 265.5	133 177	24 155.3
澳大利亚	54 299	14 687.7	61 145	18 153.6	66 950	17 089.8	101 821	27 406.5	102 876	24 835.3	95 516	16 712.3
新 西 兰	28 272	7 177.0	35 643	10 508.1	31 271	8 390.4	79 775	24 524.2	23 819	6 787.0	37 661	7 443.0
智　利	–	–	–	–	–	–	–	–	22 817	5 699.7	–	–
乌 拉 圭	16 777	4 345.3	27 503	7 778.6	4 022	1 186.5	33 809	9 850.1	3 797	943.6	–	–

数据来源：海关总署

2012—2016年全国改良种用牛进口量（进口地区）

单位：头

进口地区	2012年	2013年	2014年	2015年	2016年
全国合计	124 291	102 243	215 405	153 309	133 177
北 京	8 164	13 818	7 595	6 454	800
江 苏	11 895	13 720	15 205	9 899	600
山 东	12 697	12 105	19 114	14 981	11 200
辽 宁	21 760	10 312	20 330	13 829	2 960
黑龙江	3 618	10 074	24 598	21 040	10 273
内蒙古	11 796	9 495	8 151	18 086	35 869
宁 夏	11 308	9 137	16 817	987	14 959
河 北	12 090	8 690	36 645	27 908	28 960
甘 肃	893	4 361	13 203	2 659	4 527
新 疆	11	2 997	13 008	7 184	7 562
福 建		2 931			
陕 西	4 535	1 936	9 508	1 400	367
湖 北	45	1 200	20	1 551	755
河 南	22	871	511	6 933	335
广 东	1 378	500	1 972	3 016	765
广 西		96		1 585	69
安 徽	17 960		6 252		917
四 川			1 900		808
山 西			16 561	10 802	2 958
浙 江	300		400		
上 海	122				
重 庆	98				
云 南	1 500		2 791	900	600
贵 州	3 099			712	4 000
吉 林	1 000				145
天 津			824		3 702
湖 南					4
西 藏				190	42
青 海				3 193	

数据来源：海关总署

2012—2016 年全国改良种用牛进口量值（月度）

单位：头、万美元

月份	2012 年		2013 年		2014 年		2015 年		2016 年	
	进口量	进口额	进口量	进口额	进口量	进口额	进口量	进口额	进口量	进口额
合 计	128 294	37 540.3	102 243	26 666.7	215 405	61 780.9	153 309	38 265.5	133 177	24 155.3
01 月	10 754	2 955.6	5 958	1 753.7	8 511	1 901.2	32 633	10 081.0	2 566	486.0
02 月	3 143	1 000.9	11 102	3 111.5	3 000	740.0	8 058	2 291.2	3 290	536.5
03 月	9 932	2 834.9	9 736	2 677.9	9 576	2 743.9	6 474	2 132.7	12 791	2 131.9
04 月	4 529	1 289.7	3 926	1 092.6	9 824	2 791.0	11 082	3 101.0	26 459	4 939.9
05 月	24 401	6 995.6	2 698	648.0	25 165	6 553.9	5 900	1 683.0	628	126.9
06 月	5 387	1 491.2	0	0.0	11 270	2 889.0	171	82.1	12 553	2 163.7
07 月	11 485	3 334.8	15 384	3 705.3	28 834	7 076.4	9 281	2 304.4	9 486	1 602.8
08 月	15 296	4 903.0	6 870	1 611.9	27 729	8 481.2	20 938	4 364.0	15 143	3 559.5
09 月	2 882	881.5	3 842	1 035.5	33 392	10 640.7	22 092	5 296.2	14 269	2 259.5
10 月	15 646	4 588.9	15 550	4 635.7	20 256	5 939.4	7 485	1 335.9	3 000	1 038.6
11 月	9 117	2 689.3	17 295	4 028.4	22 797	7 397.6	7 588	1 407.2	8 163	1 345.2
12 月	15 722	4 575.0	9 882	2 366.1	15 051	4 626.6	21 607	4 186.9	24 829	3 964.8

数据来源：海关总署

牧草国际贸易

2008—2016年我国苜蓿干草进口量值

单位：t、万美元、美元/t

年 份	进口量	进口额	进口单价
2008年	17 613	513	291
2009年	74 185	2 003	270
2010年	218 058	5 906	271
2011年	275 564	9 960	361
2012年	442 696	17 416	393
2013年	755 598	28 060	371
2014年	884 513	34 249	387
2015年	1 210 030	46 859	387
2016年	1 387 775	44 613	321

数据来源：海关总署

2009—2016 年我国苜蓿干草进口量值（分月）

单位：t、万美元

	2009 年		2010 年		2011 年		2012 年		2013 年		2014 年		2015 年		2016 年	
	进口量	进口额	进口量	进口额	进口量	进口额	进口量	进口额	进口量	进口额	进口量	进口额	进口量	进口额	进口量	进口额
01 月	1 698	60.3	11 099	285.6	18 463	525.2	24 570	1 009.6	58 026	2 223.3	66 126	2 409.0	78 796	3 179.1	102 548	3 489.9
02 月	433	14.9	8 657	227.5	7 467	215.5	32 542	1 343.3	26 779	1 027.9	33 235	1 213.2	60 758	2 442.1	52 775	1 852.5
03 月	4 080	127.3	20 635	544.0	21 148	623.9	33 687	1 419.7	61 514	2 362.5	72 150	2 626.2	71 213	2 929.3	125 908	4 378.7
04 月	2 275	67.5	20 129	529.2	14 597	436.8	33 630	1 402.1	58 634	2 233.4	89 345	3 276.4	112 501	4 572.4	103 980	3 525.7
05 月	4 951	144.0	20 197	528.4	18 679	577.2	38 668	1 614.3	65 380	2 482.4	82 499	3 075.8	112 892	4 635.8	12 1581	3 923.3
06 月	4 090	111.1	9 980	272.3	14 024	459.2	3 3611	1 371.1	49 176	1 830.6	62 218	2 362.7	131 343	5 287.7	11 5040	3 625.2
07 月	7 965	212.1	12 125	340.1	9 696	335.5	37 815	1 490.6	52 898	1 937.6	73 543	2 903.1	124 568	4 863.0	136 280	4 299.3
08 月	7 262	184.4	16 618	460.0	19 911	761.5	38 508	1 449.5	63 422	2 297.9	70 676	2 831.4	115 793	4 369.3	156 947	4 972.8
09 月	12 841	336.5	28 683	781.4	38 321	1 501.4	52 052	1 922.8	83 531	3 029.5	89 653	3 606.1	126 558	4 744.0	134 744	4 265.8
10 月	6 741	179.0	26 428	730.7	31 194	1 228.4	44 827	1 662.4	87 043	3 170.6	79 122	3 253.7	83 366	3 031.1	105 619	3 295.6
11 月	9 832	259.2	26 456	732.7	45 681	1 826.1	39 733	1 482.4	71 847	2 626.3	72 176	2 929.5	100 098	3 541.0	107 472	3 270.4
12 月	12 016	306.8	17 052	474.1	36 381	1 469.3	33 053	1 248.8	77 349	2 838.0	93 771	3 762.1	92 145	3 264.6	124 882	3 713.4

数据来源：海关总署

2008—2016 年我国燕麦干草进口量值

单位：t、万美元、美元 /t

年 份	进口量	进口额	进口单价
2008 年	1 546	48	314
2009 年	1 448	37	257
2010 年	8 991	240	267
2011 年	12 726	395	310
2012 年	17 525	620	354
2013 年	42 812	1 581	369
2014 年	120 953	4 064	336
2015 年	151 490	5 280	349
2016 年	222 688	7 307	328

数据来源：海关总署

2009—2016 年我国燕麦干草进口量值（分月）

单位：t、万美元

	2009 年		2010 年		2011 年		2012 年		2013 年		2014 年		2015 年		2016 年	
	进口量	进口额	进口量	进口额	进口量	进口额	进口量	进口额	进口量	进口额	进口量	进口额	进口量	进口额	进口量	进口额
01 月	259	7.4	78	2.0	391	11.7	679	23.6	951	33.9	4 337	148.2	10 187	341.2	20 064	663.6
02 月	78	2.0	52	1.6	0	0.0	1 109	37.8	74	2.4	3 639	123.5	8 749	309.7	12 421	409.2
03 月	0	0.0	780	22.1	1 278	38.0	1 577	55.5	1 156	43.7	8 588	292.1	15 042	529.6	20 924	692.8
04 月	0	0.0	540	14.0	1 297	39.6	1 459	52.8	2 411	95.0	8 321	281.4	11 470	404.1	19 291	640.7
05 月	0	0.0	654	17.1	1 167	35.1	2 083	73.0	3 737	146.6	10 186	349.1	14 432	503.1	17 916	599.1
06 月	0	0.0	649	16.9	1 168	36.2	2 301	81.8	3 249	125.5	10 394	355.9	14 521	505.9	18 051	598.7
07 月	129	3.1	1 347	35.8	1 014	34.8	1 794	65.2	3 962	157.3	11 299	384.4	16 271	576.9	17 362	576.7
08 月	252	6.1	1 546	41.0	2 428	71.4	1 985	71.1	3 475	132.4	13 648	462.6	11 666	414.1	22 435	742.5
09 月	341	8.7	1 142	30.2	1 191	38.8	2 117	75.4	8 026	289.2	13 955	460.1	12 836	452.6	19 757	650.5
10 月	258	6.2	1 290	34.5	1 645	53.0	437	14.8	4 609	162.5	12 597	408.0	9 818	344.2	15 196	499.3
11 月	79	2.4	259	7.0	1 018	32.2	694	24.8	4 676	167.4	14 265	474.5	9 048	314.3	15 234	493.4
12 月	52	1.4	654	18.0	129	4.3	1 290	44.7	6 486	224.9	9 723	323.8	17 451	584.4	24 038	741.0

数据来源：海关总署

乳制品贸易

2012—2016年全国乳制品进口情况

单位：t，万美元，美元/t

品种	2012年			2013年			2014年			2015年			2016年		
	进口量	进口额	平均单价	进口量	进口额	平均单价	进口量	进口额	平均单价	进口量	进口额	平均单价	进口量	进口额	平均单价
乳制品	1 145 578	321 306	2 805	1 592 175	518 780	3 258	1 812 514	641 292	3 538	1 611 166	318 145	1 975	1 955 640	337 125	1 724
液态奶	101 678	14 363	1 413	194 807	27 455	1 409	328 897	44 475	1 352	470 423	51 336	1 091	655 036	68 180	1 041
液奶	93 781	11 875	1 266	184 567	23 440	1 270	320 206	40 824	1 275	460 107	48 560	1 055	634 096	63 971	1 009
酸奶	7 897	2 488	3 151	10 241	4 015	3 921	8 691	3 651	4 200	10 316	2 776	2 691	20 940	4 208	2 010
干乳制品	1 043 900	306 943	2 940	1 397 368	491 325	3 516	1 483 617	596 817	4 023	1 140 743	266 809	2 339	1 300 605	268 945	2 068
奶粉	572 875	192 739	3 364	854 416	358 473	4 196	923 357	443 761	4 806	547 243	150 690	2 754	604 209	147 843	2 447
炼乳	5 515	1 260	2 284	9 265	2 088	2 254	9 176	2 146	2 338	10 908	2 240	2 053	20 013	3 645	1 821
乳清	378 379	74 724	1 975	434 070	85 045	1 959	404 706	78 866	1 949	435 752	52 534	1 206	497 340	45 206	909
黄油	48 326	19 566	4 049	52 301	22 612	4 323	80 405	37 801	4 701	71 259	26 548	3 726	81 865	30 315	3 703
奶酪	38 806	18 655	4 807	47 316	23 106	4 883	65 973	34 243	5 190	75 581	34 796	4 604	97 177	41 936	4 315
婴幼儿配方奶粉	91 511	104 867	11 460	122 793	147 795	12 036	121 366	154 870	12 761	175 976	247 120	14 043	221 326	301 014	13 600
其他相关制品															
乳糖	79 812	15 585	1 953	83 539	14 480	1 733	84 855	12 565	1 481	89 527	8 357	933	87 080	7 026	807
酪蛋白	12 476	12 390	9 931	12 535	13 864	11 060	15 449	18 313	11 854	21 152	17 216	8 139	21 071	13 534	6 423
白蛋白	11 576	13 043	11 267	16 093	19 745	12 269	15 858	19 991	12 606	17 229	15 740	9 135	19 585	12 872	6 572

数据来源：海关总署

2010—2016 年全国乳制品出口情况

单位：t，万美元，美元/t

品种	2010 年			2011 年			2012 年			2013 年			2014 年			2015 年			2016 年		
	出口量	出口额	平均单价	出口量	出口额	平均单价	出口量	出口额	平均单价	出口量	出口额	平均单价	出口量	出口额	平均单价	出口量	出口额	平均单价	出口量	出口额	平均单价
乳制品	33 761	4 394	1 302	43 325	7 966	1 839	44 896	8 236	1 834	36 052	5 702	1 582	39 865	7 511	1 884	33 324	4 508	1 353	30 815	4 735	1 537
液态奶	23 667	1 714	724	26 020	2 140	823	27 801	2 362	850	26 475	2 415	912	26 319	2 650	1 007	25 099	2 463	981	23 669	2 155	910
液奶	22 492	1 600	711	25 169	2 061	819	27 275	2 312	848	25 960	2 365	911	25 731	2 589	1 006	24 582	2 406	979	22 825	2 020	885
酸奶	1 175	114	974	851	79	931	526	50	945	515	50	974	588	61	1 035	516	57	1 102	844	135	1 597
干乳制品	10 094	2 680	2 655	17 305	5 826	3 367	17 095	5 874	3 436	9 576	3 286	3 432	13 546	4 861	3 589	8 225	2 045	2 486	7 146	2 580	3 611
奶粉	2 970	943	3 175	9 327	3 711	3 979	9 703	3 984	4 106	3 318	1 622	4 889	8 124	3 224	3 968	4 869	1 098	2 255	3 530	1 605	4 547
炼乳	3 444	590	1 714	3 130	599	1 915	3 723	720	1 934	4 477	947	2 116	2 384	622	2 608	1 805	443	2 453	2 342	512	2 188
乳清	446	80	1 797	1 150	146	1 269	702	143	2 039	839	355	4 230	57	6	1 129	27	6	2 086	90	19	2 099
黄油	3 039	972	3 200	3 359	1 193	3 551	2 567	801	3 120	825	277	3 354	2 842	900	3 168	1 379	400	2 899	1 052	358	3 408
奶酪	196	95	4 820	339	177	5 224	400	226	5 643	119	85	7 211	140	109	7 791	146	99	6 788	133	86	6480

数据来源：海关总署

2010—2016 年全国液奶进口量值（来源地）

单位：t、万美元

	2010 年		2011 年		2012 年		2013 年		2014 年		2015 年		2016 年	
	进口量	进口额	进口量	进口额	进口量	进口额	进口量	进口额	进口量	进口额	进口量	进口额	进口量	进口额
合计	15 891	2 819.1	40 540	6 049.0	93 781	11 874.9	184 507	23 445.6	320 206	40 824.5	460 084	48 558.4	634 096	63 971.5
日本	62	18.1	0	0.0	0	0.0	0	0.0	0	0.0	0	0.0	0	0.0
马来西亚	1	0.2	0	0.0	0	0.0	0	0.0	0	0.0	0	0.0	0	0.0
韩国	37	5.1	137	15.6	1 924	353.3	4 639	885.3	7 728	1 565.8	8 870	1 737.0	8 693	1 623.7
泰国	0	0.0	3	0.2	120	12.9	279	30.5	43	6.0	521	87.9	0	0.0
中国台湾	17	1.4	76	6.0	57	9.9	219	33.9	179	25.7	111	15.5	170	17.9
埃及	0	0.0	0	0.0	0	0.0	0	0.0	2	0.2	0	0.0	0	0.0
比利时	2	0.8	39	3.8	262	21.8	1 806	219.9	8 100	869.8	5 072	468.3	9 215	832.4
丹麦	29	8.7	0	0.1	0	0.0	295	48.1	1 279	199.1	4 533	544.7	2 770	329.1
英国	231	52.2	282	79.3	594	117.7	1 874	363.6	9 097	1 202.1	12 263	1 424.5	16 440	2 234.4
德国	3 077	309.7	13 360	1 134.2	37 700	3 022.6	77 392	7 225.5	125 655	12 542.2	204 613	15 202.4	221 310	15 818.7
法国	3 421	669.9	4 266	914.5	10 257	1 725.5	26 677	4 587.2	38 519	7 079.1	36 221	6 798.3	107 154	12 997.5
爱尔兰	0	0.0	0	0.0	11	2.8	95	25.1	197	27.1	1 494	169.4	6 413	560.5
意大利	14	1.2	38	3.6	319	31.7	921	119.8	4 852	533.9	12 669	1 335.1	6 338	739.5
卢森堡	0	0.0	0	0.0	0	0.0	0	0.0	77	9.4	596	59.4	314	26.8
荷兰	0	0.0	19	1.2	201	16.6	924	65.1	3 216	338.0	3 878	314.4	4 757	396.5
葡萄牙	0	0.0	0	0.0	0	0.0	0	0.0	0	0.0	384	31.1	381	40.1
西班牙	56	13.7	57	9.8	36	3.7	177	12.5	3 240	229.4	5 414	345.0	10 948	664.8
奥地利	55	14.1	54	15.4	142	33.1	416	68.3	1 308	153.0	3 138	253.3	6 086	430.7
波兰	0	0.0	0	0.0	279	29.5	2 912	235.0	7 461	602.1	11 713	747.1	19 417	1 078.7
瑞士	0	0.0	36	3.9	434	48.4	3 088	403.1	2 116	299.7	2 685	301.0	1 770	198.2
白俄罗斯	0	0.0	0	0.0	0	0.0	0	0.0	0	0.0	93	5.7	427	26.9
捷克	0	0.0	0	0.0	0	0.0	0	0.0	39	3.2	29	2.4	252	18.4
阿根廷	0	0.0	0	0.0	0	0.0	41	2.9	35	2.7	45	3.3	0	0.0
智利	0	0.0	65	6.9	200	20.2	356	34.2	861	90.8	684	77.5	1 137	127.2
哥斯达黎加	0	0.0	0	0.0	0	0.0	21	2.1	562	49.0	0	0.0	0	0.0
乌拉圭	0	0.0	0	0.0	818	57.5	3 392	232.8	11 052	820.7	6 193	420.2	3 211	161.3
加拿大	0	0.0	0	0.0	50	5.1	135	11.8	718	56.4	619	42.3	1 237	84.0
美国	45	4.8	322	37.2	2 747	358.2	3 900	536.2	6 108	879.0	1 108	179.2	359	71.5
澳大利亚	1 423	138.1	4 549	496.5	12 981	1 462.0	21 736	2 498.5	42 546	4 942.5	62 402	6 479.5	73 163	6 618.0
新西兰	7 420	1 581.0	17 236	3 320.8	24 650	4 542.3	33 214	5 804.1	45 217	8 297.7	74 735	11 514.1	131 792	18 845.5

数据来源：海关总署

2010—2016 年全国液奶进口量值（进口地区）

单位：t、万美元

	2010 年		2011 年		2012 年		2013 年		2014 年		2015 年		2016 年	
	进口量	进口额	进口量	进口额	进口量	进口额	进口量	进口额	进口量	进口额	进口量	进口额	进口量	进口额
全国合计	15 891	2 819.1	40 540	6 049.0	93 781	11 874.9	184 507	23 445.6	320 206	40 824.5	460 084	48 558.4	634 096	63 971.5
北京	2 003	510.8	3 071	862.9	7 965	1 369.1	29 571	3 940.7	55 587	6 748.1	90 289	8 588.9	82 964	8 452.7
天津	63	16.5	73	9.3	468	92.5	1 124	195.8	1 743	306.4	11 108	835.0	31 638	3 779.1
河北	97	11.1	458	69.1	80	10.7	76	8.9	190	20.1	40	4.1	51	3.4
内蒙古	0	0.0	0	0.0	0	0.0	0	0.0	33	5.4	0	0.0	0	0.0
辽宁	0	0.0	0	0.0	1 107	79.2	2 986	298.2	6 041	655.1	11 909	1 060.3	6 039	751.3
黑龙江	0	0.0	0	0.0	0	0.0	0	0.0	27	2.2	14	1.0	39	1.8
上海	11 716	1 903.4	29 128	3 915.2	72 161	8 319.1	128 751	15 562.0	192 474	24 458.2	242 513	26 286.6	277 862	27 546.8
江苏	0	0.0	591	79.0	739	99.3	890	88.0	11 617	1 184.9	17 352	1 449.0	29 800	2 386.5
浙江	438	93.9	475	142.0	918	199.2	3 745	487.8	12 773	1 306.8	17 754	1 705.8	33 142	2 925.3
安徽	0	0.0	0	0.0	0	0.0	63	17.2	1 871	273.5	6 534	727.9	3 243	388.6
福建	121	30.6	3 957	519.2	2 016	399.5	2 412	567.1	2 049	363.2	10 174	1 066.8	8 418	2 304.4
山东	41	10.5	198	20.6	2 164	371.7	6 105	993.5	10 756	1 878.7	12 070	1 978.8	50 341	3 925.5
河南	0	0.0	0	0.0	0	0.0	181	15.1	331	31.7	1 333	124.0	934	64.6
湖北	0	0.0	0	0.0	0	0.0	126	11.5	82	10.3	47	4.5	1 173	185.8
湖南	0	0.0	0	0.0	0	0.0	0	0.0	384	28.4	121	9.3	673	175.5
广东	1 413	242.3	2 589	431.7	6 052	925.3	8 398	1 253.0	23 878	3 520.7	35 216	4 427.2	105 204	10 843.8
广西	0	0.0	0	0.0	43	2.8	19	1.8	0	0.0	1	0.1	0	0.0
重庆	0	0.0	0	0.0	68	6.5	60	5.0	1	0.6	786	82.2	934	70.9
四川	0	0.0	0	0.0	1	0.1	0	0.0	214	17.8	2 071	140.3	749	79.4
陕西	0	0.0	0	0.0	0	0.0	0	0.0	155	12.3	754	66.4	856	81.5

数据来源：海关总署

2010—2016 年全国酸奶进口量值（来源地）

单位：t、万美元

	2010 年		2011 年		2012 年		2013 年		2014 年		2015 年		2016 年	
	进口量	进口额	进口量	进口额	进口量	进口额	进口量	进口额	进口量	进口额	进口量	进口额	进口量	进口额
合计	1 228	417.2	2 546	892.5	7 897	2 488.3	10 241	4 014.4	8 691	3 650.5	10 316	2 784.7	20 940	4 208.4
塞浦路斯	0	0.1	0	0.1	0	0.0	0	0.0	0	0.0	0	0.0	0	0.0
中国香港	1	0.2	0	0.0	0	0.0	0	0.0	0	0.0	0	0.0	0	0.0
日本	23	9.4	0	0.0	0	0.0	0	0.0	0	0.0	0	0.0	0	0.0
马来西亚	0	0.0	0	0.0	0	0.1	0	0.0	0	0.0	0	0.0	0	0.0
韩国	0	0.2	0	0.0	60	17.1	89	28.5	53	16.7	171	60.2	453	149.6
泰国	11	0.6	27	3.6	205	28.4	261	33.6	0	0.0	14	1.1	268	16.1
越南	0	0.0	0	0.0	0	0.0	16	1.4	0	0.0	0	0.0	0	0.0
台湾省	186	39.8	305	69.6	439	105.5	281	64.7	562	128.1	772	160.2	934	109.4
比利时	25	7.6	0	0.0	2	1.4	3	2.2	2	1.5	25	5.3	50	10.3
丹麦	0	0.0	0	0.1	0	0.0	0	0.0	0	0.0	0	0.0	0	0.0
英国	0	0.0	0	0.0	0	0.1	0	0.0	0	0.0	24	6.0	2	3.2
德国	132	24.5	357	69.4	1 213	273.0	711	178.6	918	226.8	2 507	455.0	10 632	1 765.6
法国	134	54.3	461	159.9	485	159.5	226	91.5	195	67.2	192	74.9	164	69.4
爱尔兰	75	22.7	0	0.0	0	0.0	2	1.0	1	0.8	0	0.2	8	4.8
意大利	2	1.7	7	7.2	2	1.5	4	4.4	1	0.6	4	4.1	10	6.5
荷兰	32	15.9	40	22.8	52	25.3	101	43.5	0	0.0	122	14.9	40	4.9
希腊	10	7.9	18	16.3	30	29.0	34	35.2	16	16.1	10	6.5	32	24.2
西班牙	112	25.1	135	31.4	462	97.3	1 063	236.5	1 429	332.1	1 908	397.8	1 596	344.2
奥地利	0	0.0	0	0.0	0	0.0	19	8.6	16	7.5	16	7.8	210	25.6
芬兰	0	0.0	50	15.0	0	0.0	0	0.0	0	0.0	0	0.0	0	0.0
波兰	0	0.0	0	0.0	0	0.0	69	13.4	69	26.5	140	41.5	258	45.2
瑞典	0	0.0	0	0.0	0	0.0	0	0.0	0	0.0	0	0.0	0	0.0
瑞士	185	74.1	230	106.5	316	130.8	372	156.5	373	173.5	740	338.9	667	302.4
智利	1	0.3	0	0.0	0	0.0	0	0.0	0	0.0	0	0.0	0	0.0
圣文森特和格林纳丁斯	0	0.0	0	0.0	0	0.0	0	0.0	0	0.0	0	0.0	0	0.0
乌拉圭	0	0.0	0	0.0	0	0.0	50	15.9	0	0.0	0	0.0	0	0.0
加拿大	0	0.0	0	0.4	0	0.0	0	0.0	0	0.0	3	1.8	0	0.0
美国	29	12.3	53	29.5	74	18.6	55	16.2	334	125.1	269	68.1	623	136.3
澳大利亚	221	99.3	259	142.3	253	146.0	326	202.4	456	227.5	453	185.0	415	174.0
新西兰	49	21.3	603	218.3	4 304	1 454.9	6 558	2 880.0	4 266	2 300.5	2 947	955.6	4 571	1 016.4

数据来源：海关总署

2010—2016 年全国酸奶进口量值（进口地区）

单位：t、万美元

	2010 年		2011 年		2012 年		2013 年		2014 年		2015 年		2016 年	
	进口量	进口额	进口量	进口额	进口量	进口额	进口量	进口额	进口量	进口额	进口量	进口额	进口量	进口额
全国合计	1 228	417.2	2 546	892.5	7 897	2 488.3	10 241	4 014.4	8 691	3 650.5	10 316	2 784.7	20 940	4 208.4
北京	145	52.1	141	67.1	896	305.0	259	143.5	340	154.4	751	175.7	3 503	666.5
天津	3	0.3	116	40.7	241	82.1	197	81.3	367	183.7	124	38.8	420	98.9
河北	0	0.0	1	1.3	0	0.0	39	38.1	5	5.9	0	0.0	0	0.0
内蒙古	0	0.0	175	53.5	0	0.0	0	0.0	0	0.0	0	0.0	0	0.0
辽宁	0	0.0	2	0.8	2	2.2	16	2.9	1	0.2	17	2.8	49	7.5
吉林	0	0.0	0	0.0	0	0.0	0	0.0	0	0.0	0	0.1	1	0.3
黑龙江	0	0.0	0	0.0	0	0.0	7	7.0	0	0.0	0	0.0	10	1.6
上海	959	315.3	1 695	551.8	2 258	673.9	1 851	727.0	2 393	830.2	4 227	1 301.1	11 434	2 356.5
江苏	0	0.1	0	0.0	481	102.1	1 075	239.9	1 470	345.4	1 876	386.5	80	17.1
浙江	47	16.7	66	47.8	165	133.6	210	126.6	340	290.0	606	223.5	387	70.5
安徽	0	0.0	0	0.0	0	0.0	0	0.0	32	16.3	0	0.0	0	0.0
福建	8	0.6	45	13.3	–	–	59	25.1	0	0.0	7	1.1	8	7.6
山东	43	18.1	65	23.5	132	34.6	188	109.0	162	59.2	246	78.4	368	118.4
河南	0	0.0	0	0.0	0	0.0	0	0.0	0	0.0	2	5.2	51	23.7
广东	23	13.9	240	92.8	3 722	1 154.8	6 332	2 506.3	3 581	1 765.1	2 456	564.3	4 521	822.5
广西	0	0.0	0	0.0	0	0.0	0	0.0	0	0.0	1	0.4	0	0.0
重庆	0	0.0	0	0.0	0	0.0	8	7.5	0	0.0	6	6.8	0	0.1

数据来源：海关总署

2010—2016 年全国奶粉进口量值（来源地）

单位：t、万美元

	2010 年		2011 年		2012 年		2013 年		2014 年		2015 年		2016 年	
	进口量	进口额	进口量	进口额	进口量	进口额	进口量	进口额	进口量	进口额	进口量	进口额	进口量	进口额
合计	414 083	138 828.8	449 542	164 544.5	572 875	192 738.6	854 416	358 472.8	923 307	443 711.4	547 243	150 690.2	604 209	147 843.2
缅甸	0	0.0	0	0.0	0	0.0	0	0.0	0	0.0	0	0.0	0	0.0
中国香港	0	0.0	0	1.8	0	0.0	0	0.0	0	0.0	0	0.0	0	0.0
印度	0	0.0	0	0.0	0	0.0	0	0.0	0	0.0	0	0.0	0	0.0
日本	1	0.5	0	0.0	0	0.0	0	0.0	0	0.0	0	0.0	1	1.1
老挝	0	0.0	0	0.0	0	0.0	0	0.0	0	0.0	0	0.0	0	0.0
马来西亚	21	33.8	507	269.9	954	522.9	1 100	356.6	25	9.7	2	2.7	0	0.0
菲律宾	5	2.4	123	72.3	224	116.8	122	67.5	0	0.0	0	0.0	0	0.0
新加坡	2 551	776.8	2 771	947.6	2 706	845.5	5 521	2 156.4	2 293	1 046.4	635	170.6	774	206.0
韩国	0	0.0	5	15.9	0	0.0	0	0.0	0	0.0	13	4.2	12	5.9
泰国	0	0.0	19	2.5	27	2.9	0	0.0	0	0.0	0	0.0	0	0.0
土耳其	0	0.0	0	0.0	0	0.0	0	0.0	0	0.0	0	0.0	0	0.0
中国（大陆）	17	7.4	56	19.9	78	26.6	23	8.0	0	0.0	1	0.3	28	19.4
中国台湾	2	1.4	5	3.9	321	210.0	488	312.8	334	217.2	135	99.1	485	264.8
埃及	0	0.0	1	0.2	0	0.2	0	0.4	0	0.4	0	0.4	0	0.3
肯尼亚	0	0.0	0	0.0	0	0.0	0	0.0	0	0.1	0	0.0	0	0.0
比利时	3 270	1 137.6	600	184.8	923	305.4	3 470	1 690.0	2 964	1 327.9	337	88.3	24	10.2
丹麦	8 547	2 981.1	6 626	2 351.5	4 285	1 456.4	5 141	2 191.9	7 652	3 162.3	2 011	492.5	1 810	403.2
英国	1 098	377.7	1 746	577.8	0	0.0	1 775	895.8	1 746	834.5	697	170.8	4	4.2
德国	3 302	1 044.3	8 116	2 899.9	11 910	3 977.2	16 142	6 563.8	17 397	7 812.2	14 129	3 553.5	11 735	2 699.6
法国	5 172	1 631.2	7 342	2 687.6	11 139	3 773.7	9 173	3 831.0	17 972	8 245.3	11 953	3 179.8	13 441	3 531.2
爱尔兰	2 635	881.9	2 634	920.0	1 559	531.4	5 117	2 148.8	7 212	3 253.6	4 802	1 372.1	4 167	959.2
意大利	0	0.0	0	0.0	0	0.0	0	0.0	118	110.4	231	194.6	326	281.3
荷兰	2 631	766.1	622	214.9	328	115.7	2 609	1 277.1	2 577	1 420.1	3 054	1 655.4	4 865	2 232.7
西班牙	99	37.5	3	1.4	20	14.8	24	17.9	0	0.0	100	88.9	1 272	1 000.3
奥地利	0	0.0	0	0.0	0	0.0	0	0.0	0	0.0	51	24.8	159	55.7

数据来源：海关总署

（续）

	2010 年		2011 年		2012 年		2013 年		2014 年		2015 年		2016 年	
	进口量	进口额	进口量	进口额	进口量	进口额	进口量	进口额	进口量	进口额	进口量	进口额	进口量	进口额
芬兰	717	188.6	388	139.5	1 215	390.3	2 601	1 074.7	5 737	2 383.9	4 657	1 073.1	7 695	1 512.0
波兰	731	204.1	1 101	367.5	384	111.6	1 500	621.4	8 307	3 615.1	2 252	508.6	2 412	525.0
瑞典	–	–	173	59.8	2 396	688.2	6 495	2 731.3	5 439	2 618.2	3 297	797.1	4 601	922.0
瑞士	822	253.8	1 548	526.2	850	264.0	55	30.4	299	146.1	655	159.9	110	31.4
白俄罗斯	550	124.4	0	0.0	0	0.0	0	0.0	0	0.0	0	0.0	0	0.0
乌克兰	100	22.6	0	0.0	0	0.0	425	162.1	0	0.0	0	0.0	0	0.0
捷克	50	16.8	200	67.4	550	182.4	0	0.0	16	7.6	0	0.0	0	0.0
阿根廷	2 008	647.9	2 109	698.3	600	219.2	8 965	4 100.0	12 589	6 110.1	653	179.1	302	69.6
智利	1 550	518.4	2 500	902.7	1 504	539.2	3 403	1 604.8	6 825	3 473.0	600	151.6	241	62.2
哥斯达黎加	0	0.0	0	0.0	0	0.0	0	0.0	41	20.3	480	210.2	0	0.0
墨西哥	0	0.1	0	0.0	0	0.0	0	0.0	0	0.0	0	0.0	1	0.6
乌拉圭	1 775	556.4	510	178.2	521	200.4	10 300	4 852.5	12 800	6 286.7	602	150.4	3 300	777.4
加拿大	650	164.5	0	0.0	0	0.0	0	0.0	0	0.0	1	3.8	2	1.9
美国	14 487	4 215.9	21 428	7 199.9	18 602	5 778.2	55 412	22 317.3	49 847	21 683.8	21 528	5 938.7	16 195	3 772.9
澳大利亚	24 767	8 635.0	21 369	7 544.6	16 497	5 659.9	28 030	12 493.2	32 994	16 180.6	26 610	10 671.2	26 687	12 095.5
新西兰	336 526	113 600.5	367 041	135 688.4	495 281	166 805.4	686 523	286 967.2	728 123	353 745.9	447 758	119 748.4	503 562	116 397.5

数据来源：海关总署

2011—2016年全国奶粉进口量值（进口地区）

单位：t、万美元

	2011年		2012年		2013年		2014年		2015年		2016年	
	进口量	进口额	进口量	进口额	进口量	进口额	进口量	进口额	进口量	进口额	进口量	进口额
全国合计	449 542	164 544.5	572 875	192 738.6	854 416	358 472.8	923 307	443 711.4	547 243	150 690.2	604 209	147 843.2
北京	12 482	4 597.7	26 199	8 826.7	42 975	17 298.0	37 384	17 560.2	26 545	7 222.0	30 548	7 071.6
天津	86 616	30 488.4	115 498	39 170.0	220 152	91 525.5	256 893	120 763.6	90 299	22 851.1	87 075	19 319.2
河北	6 582	2 505.6	7 276	2 636.5	5 919	2 516.5	8 428	4 616.5	3 979	1 291.5	6 612	1 699.6
内蒙古	45 685	16 220.9	35 452	11 587.3	61 632	26 826.8	57 209	27 420.8	53 830	14 196.2	50 603	11 869.2
辽宁	497	250.7	989	337.9	2 286	1 155.0	8 944	2 758.2	7 336	2 060.2	8 688	1 779.1
黑龙江	227	68.2	1 727	553.5	4 357	1 870.2	7 161	3 387.8	6 265	1 720.7	9 214	1 892.2
上海	57 229	20 874.3	73 729	24 256.7	136 881	57 888.8	137 713	66 326.7	91 087	24 353.3	107 550	25 827.1
江苏	20 985	7 588.4	20 964	7 292.5	23 433	10 137.8	28 454	13 773.2	23 899	6 877.1	27 846	6 699.4
浙江	87 055	32 078.5	110 911	37 028.7	116 591	48 854.2	126 830	62 633.6	66 795	19 003.1	100 648	27 087.5
安徽	3 442	1 179.7	7 378	2 379.0	20 766	8 412.7	17 600	7 957.0	20 630	5 144.0	9 177	2 273.9
福建	4 885	1 641.0	10 559	3 210.7	19 896	8 173.9	15 259	7 516.7	16 654	4 591.2	14 772	3 546.3
江西	372	127.3	141	45.0	1 026	438.2	890	430.9	1 362	397.7	1 455	361.8
山东	28 061	10 526.9	25 510	9 042.0	21 844	8 828.5	27 748	13 635.2	32 676	9 020.2	20 557	6 666.9
河南	128	44.5	194	59.8	250	122.4	5	5.0	502	453.2	554	519.6
湖北	628	228.5	216	75.1	2	1.7	0	0.0	1	0.4	0	0.0
湖南	5 063	1 847.0	4 214	1 511.1	3 283	1 158.4	907	418.6	5 959	1 697.5	5 616	1 453.6
广东	82 650	31 807.3	116 925	40 060.1	142 303	60 851.7	164 356	80 533.5	88 187	26 831.8	108 433	26 496.1
广西	–	–	–	–	–	–	–	–	–	–	9	4.4
海南	17	69.3	25	29.5	21	11.3	26	14.9	76	19.6	204	45.3
重庆	–	–	–	–	0	0.0	1	2.3	1 252	445.3	37	24.1
四川	6 938	2 399.9	14 967	4 636.6	30 799	12 401.2	27 454	13 915.0	9 900	2 508.0	13 691	2 905.3
贵州	0	0.4	–	–	–	–	–	–	–	–	700	153.4
陕西	–	–	–	–	–	–	46	41.7	12	6.3	207	143.3

数据来源：海关总署

2011—2016 年全国炼乳进口量值（来源地）

单位：t、万美元

	2011 年		2012 年		2013 年		2014 年		2015 年		2016 年	
	进口量	进口额	进口量	进口额	进口量	进口额	进口量	进口额	进口量	进口额	进口量	进口额
合计	4 913	1 155.4	5 515	1 259.6	9 254	2 086.9	9 176	2 145.5	10 908	2 240.0	20 013	3 644.9
日本	0	0.0	0	0.0	0	0.0	0	0.0	0	0.1	0	0.4
科威特	5	1.0	0	0.0	0	0.0	0	0.0	0	0.0	0	0.0
马来西亚	0	0.0	0	0.0	0	0.0	0	0.0	0	0.0	71	8.7
沙特阿拉伯	0	0.3	0	0.0	0	0.0	0	0.0	0	0.0	0	0.0
新加坡	0	0.0	8	1.4	0	0.0	0	0.0	0	0.0	16	4.1
韩国	0	0.1	2	0.3	73	12.1	147	26.7	26	7.6	0	0.2
泰国	227	30.9	213	28.9	416	60.5	42	8.9	20	2.8	98	8.3
中国（大陆）	129	23.9	117	21.5	1 355	274.6	255	59.9	36	8.5	243	57.1
中国台湾	0	0.0	4	0.7	36	21.8	34	8.7	90	22.0	134	21.2
比利时	6	4.5	5	2.0	0	0.0	5	0.4	0	0.1	239	26.9
丹麦	6	3.2	15	8.2	27	13.3	70	26.2	622	141.5	741	162.2
英国	0	0.2	0	0.1	0	0.4	0	0.4	0	0.2	0	0.3
德国	1 036	303.4	1 325	389.6	1 836	558.7	2 004	616.5	1 019	167.5	1 226	190.1
法国	242	82.6	435	133.3	576	172.6	497	158.3	289	81.9	9	6.5
爱尔兰	0	0.0	0	0.0	0	0.0	0	0.1	0	0.0	0	0.0
意大利	0	0.0	0	0.0	13	1.8	6	0.9	0	0.2	2	0.1
卢森堡	0	0.0	0	0.0	0	0.0	0	0.0	57	13.0	185	41.4
荷兰	2 210	399.7	2 917	524.6	4 379	800.7	5 432	1 062.0	8 050	1 613.1	12 019	2 322.6
西班牙	0	0.0	0	0.0	20	6.1	2	0.6	0	0.0	45	9.6
奥地利	0	0.0	0	0.0	0	0.1	0	0.0	74	9.4	42	5.6
挪威	0	0.0	0	0.0	0	0.0	0	0.0	0	0.1	0	0.3
波兰	0	0.0	0	0.0	146	33.2	59	22.5	16	4.7	1	0.1
瑞典	0	0.0	0	0.0	0	0.0	0	0.0	0	0.0	0	0.1
瑞士	0	0.0	0	0.0	11	4.6	0	0.0	0	0.0	0	0.0
捷克	0	0.0	0	0.0	0	0.0	0	0.0	3	0.5	187	29.5
智利	178	42.5	49	12.6	8	1.9	0	0.0	0	0.0	0	0.0
美国	194	57.9	135	33.6	175	42.1	16	5.1	69	22.6	44	18.3
澳大利亚	629	182.0	235	83.1	178	78.3	294	79.5	538	144.3	4 711	731.1
新西兰	51	23.2	53	19.4	4	4.2	312	68.9	0	0.0	0	0.0

数据来源：海关总署

2010—2016 年全国炼乳进口量值（进口地区）

单位：t、万美元

	2010 年		2011 年		2012 年		2013 年		2014 年		2015 年		2016 年	
	进口量	进口额	进口量	进口额	进口量	进口额	进口量	进口额	进口量	进口额	进口量	进口额	进口量	进口额
全国合计	3 272	741.2	4 913	1 155.4	5 515	1 259.6	9 254	2 086.9	9 176	2 145.5	10 908	2 240.0	20 013	3 644.9
北京	350	99.4	956	271.1	1 028	304.4	1 790	548.7	2 005	594.3	1 133	236.5	1 008	214.4
天津	43	13.4	4	1.9	0	0.0	1	0.2	31	6.4	4	2.3	19	4.6
辽宁	20	5.5	0	0.0	0	0.0	0	0.0	12	2.2	57	13.0	209	43.4
吉林	0	0.2	0	0.0	0	0.0	0	0.0	0	0.0	0	0.0	0	0.0
上海	1 397	331.5	1 313	376.8	1 719	428.6	2 290	510.2	2 865	645.9	4 620	968.3	6 953	1 359.4
江苏	5	4.7	52	23.3	38	14.7	0	0.0	0	0.0	0	0.0	0	0.0
浙江	0	0.0	0	0.0	0	0.0	158	39.9	59	22.6	93	21.3	281	55.6
安徽	0	0.0	0	0.0	0	0.0	43	10.3	80	19.9	40	8.3	0	0.0
福建	199	33.9	285	49.8	9	2.7	6	1.5	54	11.1	43	6.9	75	7.1
山东	3	6.0	0	0.0	2	0.2	73	12.1	116	20.3	33	4.9	220	22.3
河南	0	0.0	0	0.0	0	0.0	0	0.0	3	0.6	9	11.2	0	0.6
湖北	17	8.7	0	0.0	0	0.0	0	0.0	0	0.0	0	0.0	0	0.0
广东	1 225	236.2	2 304	432.6	2 719	509.0	4 892	964.0	3 951	822.3	4 877	966.8	11 209	1 930.8
海南	14	1.6	0	0.0	0	0.0	0	0.0	0	0.0	0	0.0	37	6.1
重庆	0	0.0	0	0.0	0	0.0	0	0.0	0	0.1	0	0.4	0	0.4

数据来源：海关总署

2010—2016 年全国乳清进口量值（来源地）

单位：t、万美元

	2010 年		2011 年		2012 年		2013 年		2014 年		2015 年		2016 年	
	进口量	进口额	进口量	进口额	进口量	进口额	进口量	进口额	进口量	进口额	进口量	进口额	进口量	进口额
合计	264 560	34 487.4	344 244	57 102.2	378 279	74 700.7	434 026	85 063.6	404 406	78 817.2	435 752	52 533.7	497 340	45 206.2
印度	624	139.8	228	63.1	0	0.0	0	0.0	0	0.0	0	0.0	0	0.0
日本	36	10.8	0	0.0	0	0.0	0	0.0	0	0.0	0	0.0	0	0.0
马来西亚	0	0.0	0	0.0	0	0.0	0	0.0	0	0.0	1	0.4	0	0.0
蒙古	17	1.3	0	0.0	0	0.0	0	0.0	0	0.0	0	0.0	0	0.0
新加坡	0	0.0	0	0.0	0	0.0	285	52.9	50	15.9	0	0.0	48	13.4
韩国	0	0.0	0	0.0	0	0.0	0	0.0	0	0.1	0	0.0	1	0.8
泰国	0	0.0	0	0.0	0	0.0	0	0.0	2	0.3	0	0.0	0	0.0
中国台湾	5	0.6	10	2.7	61	10.4	27	7.1	29	4.9	13	2.4	102	13.3
埃及	0	0.0	0	0.0	0	0.0	0	0.0	2	0.2	0	0.0	0	0.0
南非	300	26.6	0	0.0	0	0.0	0	0.0	0	0.0	0	0.0	0	0.0
比利时	170	68.4	2 125	462.8	3 748	963.0	0	0.0	82	14.5	25	5.5	0	0.0
丹麦	342	248.3	612	450.7	435	334.9	416	409.9	727	725.4	1 272	1 060.5	1 143	918.6
英国	425	78.9	1 449	379.2	2 286	646.5	462	160.3	2 314	887.3	631	193.6	164	22.8
德国	16 399	2 929.0	20 635	4 460.3	23 049	6 308.5	20 629	5 429.9	22 454	5 778.3	23 894	4 030.1	20 094	2 592.9
法国	35 633	6 168.4	47 656	9 043.4	54 873	13 186.0	60 574	15 601.1	64 426	15 927.2	49 602	8 808.1	53 607	7 773.0
爱尔兰	9 270	1 528.2	18 011	3 533.7	14 851	3 939.3	13 930	4 119.7	11 609	3 265.3	16 828	3 076.2	16 149	2 412.9
意大利	306	66.2	400	81.0	505	66.9	1 898	260.1	0	0.0	591	70.7	2 191	275.7
卢森堡	0	0.0	0	0.0	0	0.0	0	0.0	7	2.7	88	13.7	0	0.0
荷兰	11	2 657.6	23 593	5 743.6	25 225	6 422.3	27 964	8 692.7	22 158	7 132.9	23 572	4 149.5	32 251	3 697.3
希腊	0	0.0	0	0.0	40	19.0	0	0.0	0	0.0	0	0.0	0	0.0
葡萄牙	0	0.0	0	0.0	0	0.0	0	0.0	0	0.0	100	10.7	0	0.0
西班牙	360	37.1	31	20.5	3 172	468.1	3 422	506.8	2 602	404.0	2 714	322.9	1 600	121.0
奥地利	1 195	249.1	100	12.5	2 698	859.8	3 526	1 035.4	2 994	790.8	1 625	418.2	757	301.2

（续）

	2010 年		2011 年		2012 年		2013 年		2014 年		2015 年		2016 年	
	进口量	进口额	进口量	进口额	进口量	进口额	进口量	进口额	进口量	进口额	进口量	进口额	进口量	进口额
芬兰	13 654	2 287.1	14 363	3 138.2	15 320	4 768.8	14 900	4 772.6	15 825	4 287.3	11 725	2 128.9	10 048	1 415.5
挪威	40	26.2	0	0.0	0	0.0	0	0.0	0	0.0	0	0.0	0	0.0
波兰	7 951	886.7	13 516	1 795.8	11 124	1 564.5	16 779	2 367.4	16 534	2 287.8	29 404	3 073.7	27 648	1 950.2
瑞士	0	0.0	1	2.1	0	0.0	0	0.0	0	0.0	0	0.0	0	0.0
拉脱维亚	0	0.0	0	0.0	0	0.0	0	0.0	0	0.0	25	3.7	89	11.3
立陶宛	0	0.0	0	0.0	0	0.0	25	7.0	0	0.0	0	0.0	0	0.0
白俄罗斯	0	0.0	100	14.5	1 120	167.6	4 331	598.2	2 125	279.3	450	42.3	800	57.5
俄罗斯联邦	0	0.0	0	0.0	0	0.0	0	0.0	75	10.4	0	0.0	0	0.0
乌克兰	3 075	285.7	3 050	355.4	550	71.6	1 625	231.1	0	0.0	925	51.6	3 700	229.6
斯洛文尼亚	0	0.0	0	0.0	0	0.0	48	14.6	0	0.0	145	26.6	0	0.0
捷克	50	7.9	2 550	423.9	4 800	1 029.3	2 825	689.9	500	125.8	45	3.8	234	23.0
阿根廷	4 805	1 060.6	16 803	2 907.5	23 556	5 696.1	37 259	7 431.9	22 058	4 583.0	28 107	3 400.0	24 838	2 060.9
智利	0	0.0	50	6.9	575	79.1	275	38.8	1 250	168.6	1 436	106.5	3 675	241.3
乌拉圭	3 050	282.6	4 725	590.5	4 275	629.1	6 350	932.6	2 500	387.5	4 725	637.0	3 850	330.1
加拿大	2 009	237.8	877	142.1	468	104.7	83	25.8	687	132.0	53	19.4	4	26.5
美国	141 524	12 180.5	162 924	18 929.6	173 615	21 132.8	207 006	26 826.2	208 353	29 389.3	229 373	18 149.6	283 885	18 619.5
澳大利亚	6 391	948.7	5 536	1 367.4	6 192	1 704.7	4 820	1 387.2	3 617	1 187.3	5 243	1 293.7	7 406	731.8
新西兰	5 140	2 073.2	4 901	3 174.8	5 741	4 527.8	4 568	3 464.6	1 427	1 029.4	3 141	1 434.5	3 056	1 366.2

数据来源：海关总署

2010—2016 年全国乳清进口量值（进口地区）

单位：t、万美元

	2010 年		2011 年		2012 年		2013 年		2014 年		2015 年		2016 年	
	进口量	进口额	进口量	进口额	进口量	进口额	进口量	进口额	进口量	进口额	进口量	进口额	进口量	进口额
全国合计	264 560	34 487.4	344 244	57 102.2	378 279	74 700.7	434 026	85 063.6	404 406	78 817.2	435 752	52 533.7	497 340	45 206.2
北京	40 005	3 526.5	62 542	7 426.9	67 504	8 387.9	102 651	14 380.4	106 601	15 380.3	131 258	12 722.5	92 829	7 573.1
天津	26 301	5 050.7	37 479	8 317.5	41 704	10 940.1	50 558	13 706.0	50 393	13 276.8	40 873	7 497.3	68 368	7 494.5
河北	246	55.6	350	60.0	268	62.7	0	0.0	29	6.0	25	5.3	152	12.4
内蒙古	4 064	688.6	2 866	654.7	5 906	1 619.2	2 731	874.6	6 648	1 886.3	6 953	1 394.3	6 003	895.9
辽宁	13 768	1 859.0	12 361	2 092.0	11 634	2 486.8	17 761	4 009.1	18 685	3 895.5	12 159	1 861.3	56 788	6 462.0
吉林	0	0.0	0	0.0	0	0.0	38	5.7	38	5.7	115	15.2	57	6.4
黑龙江	4 786	1 033.2	5 097	1 287.6	8 200	2 343.5	13 309	3 967.1	12 364	3 191.9	13 249	2 471.0	4 370	604.4
上海	63 839	8 431.1	70 218	12 515.7	68 534	15 112.4	80 573	18 020.6	72 550	16 227.0	68 024	9 509.4	73 054	6 883.7
江苏	5 698	695.6	10 412	1 471.7	9 110	1 799.4	9 244	1 465.1	6 418	1 399.4	7 864	1 311.0	8 054	1 213.7
浙江	20 077	3 607.9	45 707	9 699.0	39 110	10 471.5	33 720	8 787.0	24 040	7 064.2	24 938	3 243.5	11 655	1 817.1
安徽	8 063	1 290.5	12 424	2 233.0	19 304	2 944.8	19 978	3 289.5	23 872	3 135.7	31 843	2 313.3	11 229	647.3
福建	34 516	2 569.3	33 956	3 390.4	44 750	5 729.6	44 891	5 192.8	32 253	3 856.5	38 621	3 215.0	38 672	2 308.8
江西	0	0.0	0	0.0	0	0.0	900	88.2	1 056	97.1	0	0.0	260	15.8
山东	13 477	2 412.2	11 906	2 256.2	22 769	5 423.9	17 362	4 352.5	22 009	5 050.9	18 253	2 905.5	20 184	2 461.2
河南	0	0.0	0	0.0	0	0.0	0	0.1	5	2.5	186	18.9	2 093	137.4
湖北	23	6.0	200	14.3	0	0.0	0	0.0	0	0.0	0	0.0	0	0.0
湖南	865	61.9	120	12.0	0	0.0	0	0.0	737	61.5	3 224	174.9	11 646	672.1
广东	14 905	2 308.7	25 556	4 447.4	28 153	6 095.5	30 261	5 951.5	20 630	3 693.1	32 380	3 433.5	87 996	5 708.1
广西	0	0.0	0	0.0	0	0.0	0	0.0	0	0.0	200	10.6	95	4.6
重庆	0	0.0	0	0.0	0	0.0	0	0.0	260	26.3	1 043	98.0	962	77.3
四川	1 196	103.3	2 668	308.7	3 540	454.3	3 515	407.0	2 641	276.9	4 543	333.3	2 760	183.0
云南	12 731	787.4	10 077	882.8	7 792	829.2	6 534	566.5	3 177	283.7	0	0.0	0	0.0
陕西	0	0.0	306	32.4	0	0.0	0	0.0	0	0.0	0	0.0	25	20.9

数据来源：海关总署

2010—2016 年全国黄油进口量值（来源地）

单位：t、万美元

	2010 年		2011 年		2012 年		2013 年		2014 年		2015 年		2016 年	
	进口量	进口额	进口量	进口额	进口量	进口额	进口量	进口额	进口量	进口额	进口量	进口额	进口量	进口额
合计	23 449	9 140.5	35 676	18 368.4	48 326	19 566.2	52 238	22 583.8	80 385	37 791.7	71 259	26 548.3	81 865	30 315.2
日本	0	0.1	0	0.0	0	0.0	0	0.0	0	0.0	0	0.1	0	0.0
新加坡	8	3.3	8	3.9	25	11.3	151	92.8	0	0.0	34	17.1	97	47.9
韩国	0	0.0	0	0.0	0	0.1	0	0.0	44	25.2	4	2.9	2	5.2
泰国	0	0.0	0	0.0	0	0.1	0	0.0	0	0.0	0	0.0	0	0.0
中国台湾	1	0.3	0	0.0	3	1.6	14	7.6	25	11.8	20	9.8	0	0.0
比利时	320	159.5	499	352.2	653	395.5	1 227	752.4	1 147	788.4	1 811	948.8	2 153	1 072.4
丹麦	193	120.5	227	171.2	294	238.1	237	180.9	226	153.6	678	337.8	332	151.5
英国	0	0.0	0	0.0	0	0.0	1	2.0	2	2.8	4	6.4	3	4.2
德国	54	28.6	43	27.9	150	75.6	86	49.0	0	0.0	0	0.0	338	159.3
法国	797	445.5	913	592.3	882	562.0	1 369	937.0	1 672	1 299.1	3 250	1 987.8	4 336	2 431.2
爱尔兰	56	25.6	73	42.8	78	48.4	91	66.4	107	66.3	138	72.3	163	66.5
意大利	0	0.0	0	0.1	1	0.2	9	5.7	38	23.6	212	99.1	238	100.7
荷兰	136	53.0	132	68.3	155	70.3	155	83.6	633	349.6	568	251.4	896	373.8
西班牙	0	0.0	0	0.0	0	0.0	11	8.4	40	22.6	92	47.1	6	3.1
奥地利	0	0.0	0	0.0	0	0.0	0	0.0	2	1.8	0	0.0	0	0.0
波兰	0	0.0	0	0.0	0	0.0	0	0.0	0	0.0	16	5.9	0	0.0
阿根廷	403	134.4	369	161.3	438	171.6	308	123.3	331	182.2	872	382.2	475	196.1
智利	0	0.0	25	12.1	0	0.0	0	0.0	0	0.0	0	0.3	0	0.0
哥斯达黎加	0	0.0	0	0.0	0	0.0	120	42.8	118	43.5	0	0.0	0	0.0
乌拉圭	0	0.0	65	30.2	75	25.9	226	68.4	0	0.0	0	0.0	12	3.6
加拿大	0	0.0	0	0.0	0	0.0	18	10.9	0	0.0	0	0.0	0	0.0
美国	202	91.8	212	113.3	152	80.8	719	371.2	1 556	875.7	18	8.2	10	4.9
澳大利亚	1 779	728.2	1 827	822.8	2 265	901.9	1 827	823.6	1 492	772.0	2 613	1 108.8	1 996	830.7
新西兰	19 500	7 349.6	31 282	15 970.0	43 155	16 982.7	45 670	18 957.6	72 951	33 173.6	60 929	21 262.6	70 807	24 864.2

数据来源：海关总署

2010—2016 年全国黄油进口量值（进口地区）

单位：t、万美元

	2010 年		2011 年		2012 年		2013 年		2014 年		2015 年		2016 年	
	进口量	进口额	进口量	进口额	进口量	进口额	进口量	进口额	进口量	进口额	进口量	进口额	进口量	进口额
全国合计	23 449	9 140.5	35 676	18 368.4	48 326	19 566.2	52 238	22 583.8	80 385	37 791.7	71 259	26 548.3	81 865	30 315.2
北京	2 984	1 242.6	3 844	2 015.6	5 775	2 430.4	7 437	3 404.4	7 745	3 810.3	7 374	3 083.5	6 491	2 853.9
天津	1 908	668.9	4 354	2 411.3	6 852	2 820.7	6 670	2 727.5	16 434	7 939.3	3 736	1 275.9	8 951	3 082.5
河北	109	53.4	108	61.1	43	23.8	88	46.7	89	53.3	176	77.3	176	71.0
内蒙古	1 092	436.0	1 898	1 039.5	23	14.2	903	356.8	3 305	1 373.2	195	99.5	101	29.2
辽宁	0	0.1	0	0.0	60	21.2	60	23.0	20	9.4	398	141.0	861	311.8
黑龙江	151	46.6	50	26.4	0	0.0	0	0.0	0	0.0	0	0.0	0	0.0
上海	10 587	4 016.2	13 881	6 888.9	20 093	8 354.8	19 240	8 605.4	26 892	12 594.4	27 430	10 242.6	23 645	8 792.9
江苏	529	156.3	770	273.4	509	189.7	615	257.6	941	442.9	701	264.4	1 314	527.2
浙江	1 249	538.8	2 025	1 096.6	2 284	847.3	2 986	1 173.8	3 071	1 466.5	3 533	1 265.6	5 702	1 968.6
安徽	0	0.0	17	9.7	199	64.2	274	107.0	512	252.8	69	27.7	11	6.5
福建	196	76.9	410	195.3	740	271.0	563	245.0	1 279	557.6	1 497	529.3	3 903	1 614.1
山东	728	362.6	2 331	1 312.2	3 995	1 463.2	4 537	1 977.9	5 640	2 754.1	5 353	2 023.3	7 651	2 913.7
湖北	0	0.0	168	93.7	0	0.0	34	14.8	50	23.9	118	42.5	210	80.8
广东	3 915	1 542.2	5 798	2 935.3	7 752	3 065.4	8 831	3 643.9	14 405	6 513.9	16 405	5 876.7	19 687	7 181.1
广西	0	0.0	0	0.0	0	0.1	0	0.0	0	0.0	0	0.0	0	0.0
海南	0	0.0	20	9.3	0	0.0	0	0.0	0	0.0	0	0.0	0	0.0
四川	0	0.0	0	0.0	0	0.0	0	0.0	0	0.0	4 276	1 599.2	2 443	639.3

数据来源：海关总署

2010—2016 年全国奶酪进口量值（来源地）

单位：t、万美元

	2010 年		2011 年		2012 年		2013 年		2014 年		2015 年		2016 年	
	进口量	进口额	进口量	进口额	进口量	进口额	进口量	进口额	进口量	进口额	进口量	进口额	进口量	进口额
合计	22 921	10 545.0	28 603	13 907.4	38 806	18 655.1	47 331	23 109.0	65 973	34 242.8	75 581	34 796.3	97 177	41 935.9
塞浦路斯	0	0.2	1	0.2	0	0.0	0	0.0	0	0.0	0	0.0	0	0.0
印度尼西亚	49	27.3	0	0.0	0	0.0	0	0.0	0	0.0	0	0.0	0	0.0
日本	9	12.1	1	0.4	0	0.0	0	0.0	0	0.0	1	6.1	0	0.0
新加坡	93	54.3	78	56.2	99	75.9	63	50.3	126	100.2	172	137.1	88	68.9
韩国	1	0.3	12	4.7	0	0.5	1	0.7	12	8.0	10	8.2	49	55.1
中国台湾	6	3.3	3	2.9	38	22.6	99	62.0	122	80.7	166	124.5	147	109.5
比利时	3	1.8	1	0.6	1	1.2	1	0.9	1	0.9	19	6.2	33	8.7
丹麦	325	286.0	340	330.9	497	456.6	678	563.0	1 084	895.4	2 427	1 264.9	3 103	1 471.1
英国	44	16.6	31	17.8	4	4.8	15	16.7	48	50.5	49	44.0	575	234.4
德国	239	129.7	259	158.7	562	253.9	586	286.5	855	470.3	1 486	645.6	2 460	881.2
法国	538	503.2	566	605.1	877	774.2	1 354	1 083.6	1 915	1 577.3	1 889	1 392.7	3 493	2 103.1
爱尔兰	38	26.0	42	28.8	90	66.0	90	61.9	196	132.4	211	126.2	245	114.1
意大利	364	315.1	535	479.4	722	598.7	1 122	958.0	1 458	1 166.6	1 899	1 282.0	2 585	1 564.0
卢森堡	0	0.0	0	0.0	0	0.0	0	0.0	0	0.0	0	0.0	0	0.0
荷兰	268	139.0	405	239.9	603	351.8	412	288.4	491	337.5	881	468.7	611	341.6
希腊	8	10.7	11	16.0	17	18.3	29	29.2	9	9.8	23	21.2	29	26.2
葡萄牙	0	0.0	0	0.0	0	0.0	0	0.0	0	0.1	0	0.8	10	8.7
西班牙	7	10.2	5	8.4	9	14.3	39	37.6	55	56.7	69	59.4	160	106.5
奥地利	139	60.6	149	69.3	224	102.1	222	102.8	383	195.9	542	232.9	529	230.5
芬兰	13	2.6	0	0.0	0	0.0	0	0.0	0	0.0	0	0.0	0	0.0
波兰	123	59.0	73	39.3	32	33.1	54	59.8	95	93.6	194	120.4	200	118.1
瑞典	22	22.2	14	14.6	0	0.0	0	0.0	3	1.7	0	0.0	1	0.8
瑞士	61	68.2	57	73.6	60	74.1	77	100.9	69	98.4	88	116.0	71	99.9
拉脱维亚	0	0.0	0	0.0	8	4.3	8	7.2	0	0.0	0	0.0	0	0.1

（续）

	2010年		2011年		2012年		2013年		2014年		2015年		2016年	
	进口量	进口额	进口量	进口额	进口量	进口额	进口量	进口额	进口量	进口额	进口量	进口额	进口量	进口额
立陶宛	10	4.0	0	0.0	10	5.2	0	0.0	0	0.0	0	0.0	0	0.0
俄罗斯联邦	0	0.0	0	0.0	0	0.0	0	0.0	0	0.0	0	0.2	0	0.0
捷克	0	0.0	0	0.0	0	0.0	0	0.0	48	23.2	45	15.6	45	12.1
斯洛伐克	4	3.3	4	3.9	0	0.0	0	0.0	0	0.0	0	0.0	0	0.0
阿根廷	568	221.9	233	103.0	594	248.5	368	157.8	717	351.3	724	297.1	763	259.1
智利	36	14.3	0	0.0	0	0.0	0	0.0	0	0.0	46	23.9	338	133.2
乌拉圭	215	74.2	324	141.9	340	143.5	906	386.0	491	223.7	925	412.5	1 600	558.5
美国	2 704	1 276.5	6 287	2 843.2	8 954	3 880.8	10 010	4 300.5	11 635	5 564.4	11 658	5 341.3	8 956	4 097.6
澳大利亚	5 170	2 132.2	6 030	2 852.7	8 059	3 907.1	11 167	5 267.6	17 336	8 142.5	15 277	6 477.3	19 968	7 692.9
新西兰	11 864	5 070.1	13 142	5 816.0	17 005	7 617.6	20 030	9 287.6	28 825	14 661.7	36 779	16 171.5	51 116	21 639.2

数据来源：海关总署

2010—2016 年全国奶酪进口量值（进口地区）

单位：t、万美元

	2010 年		2011 年		2012 年		2013 年		2014 年		2015 年		2016 年	
	进口量	进口额	进口量	进口额	进口量	进口额	进口量	进口额	进口量	进口额	进口量	进口额	进口量	进口额
全国合计	22 921	10 545.0	28 603	13 907.4	38 806	18 655.1	47 331	23 109.0	65 973	34 242.8	75 581	34 796.3	97 177	41 935.9
北京	3 041	1 431.0	3 715	1 894.2	6 391	3 129.0	9 317	4 826.9	13 087	7 327.1	15 524	7 269.5	16 804	7 304.4
天津	1 421	563.8	2 433	1 065.5	2 374	1 027.3	1 673	732.9	3 634	1 707.8	3 821	1 497.1	13 417	5 313.8
内蒙古	229	101.4	170	78.4	324	135.2	206	89.5	0	0.0	0	0.0	1	0.8
辽宁	240	87.0	410	160.4	547	259.8	482	231.7	319	166.4	1 852	863.8	2 739	1 200.1
吉林	0	0.1	0	0.0	0	0.0	0	0.0	0	0.0	0	0.2	0	0.0
黑龙江	0	0.1	0	0.0	39	14.3	0	0.0	0	0.0	0	0.0	5	2.9
上海	10 868	5 058.4	14 063	7 135.9	19 212	9 409.4	23 374	11 267.5	30 551	15 574.0	33 506	15 489.0	30 484	13 434.7
江苏	409	256.6	266	199.0	541	332.8	636	425.3	568	508.7	278	257.8	64	22.1
浙江	312	133.6	296	141.7	488	231.0	658	328.0	868	458.1	1 137	531.6	935	406.4
安徽	30	21.8	0	0.0	18	6.3	169	76.3	526	251.2	236	124.6	127	54.3
福建	2 243	923.9	3 817	1 597.4	3 762	1 614.0	4 666	2 072.5	5 734	2 836.1	7 811	3 483.0	7 694	3 470.4
山东	1 646	684.1	541	241.1	440	190.6	338	159.5	215	106.0	136	79.6	1 980	818.9
河南	75	42.5	39	27.2	27	19.7	24	18.0	77	59.3	131	104.3	73	53.8
湖北	0	0.0	0	0.0	0	0.0	0	0.7	1	1.2	1	2.0	85	26.4
广东	2 381	1 217.3	2 807	1 327.3	4 582	2 235.7	5 734	2 831.6	10 332	5 195.6	10 429	4 811.6	22 209	9 566.7
四川	0	0.0	0	0.0	0	0.0	0	0.0	0	0.0	648	235.3	25	8.0
陕西	27	23.4	45	39.4	59	50.1	54	48.7	62	51.4	71	47.0	129	70.4

数据来源：海关总署

2016 年全国乳制品进口量（月度）

单位：t

月 度	乳制品	液态奶			干乳制品						婴幼儿配方乳粉
		合计	液奶	酸奶	合计	奶粉	炼乳	乳清	黄油	奶酪	
合 计	1 955 583	655 089	634 100	20 988	1 300 495	604 217	20 013	497 221	81 865	97 179	221 372
01 月	272 096	48 008	46 623	1 385	224 088	154 047	1470	43 980	14 807	9 784	16 620
02 月	122 511	28 675	27 079	1 597	93 836	53 442	634	24 907	7 847	7 006	11 060
03 月	189 463	63 592	61 667	1 925	125 870	69 042	1 855	42 074	5 630	7 269	16 956
04 月	149 764	59 701	57 916	1 784	90 063	43 218	2 161	33 301	4 853	6 531	15 506
05 月	169 976	68 231	66 406	1 824	101 745	45 978	1 601	42 980	4 321	6 865	16 766
06 月	159 307	56 558	55 036	1 522	102 749	42 109	1 640	44 172	6 716	8113	17 636
07 月	158 546	54 182	52 825	1 357	104 363	37 844	1563	46 718	8 004	10233	20 201
08 月	158 721	57 501	55 663	1 838	101220	34 683	1 675	49 173	7 448	8 242	19 630
09 月	128 174	51 103	49 951	1 152	77 072	16 380	1 995	47322	5 016	6 358	18 308
10 月	122 231	52 101	50 751	1 350	70 130	19 539	957	37 280	4 385	7 969	18 605
11 月	170 123	62 067	58 395	3 671	108 056	42 562	2517	45681	6 328	10 968	23479
12 月	154 671	53 370	51 788	1 582	101 301	45 373	1 943	39 634	6 510	7 841	26 606

数据来源：海关总署

2016年全国乳制品进口额（月度）

单位：万美元

月 度	乳制品	液态奶			干乳制品						婴幼儿配方乳粉
		合计	液奶	酸奶	合计	奶粉	炼乳	乳清	黄油	奶酪	
合 计	337 146	68 190	63973	4 217	268 956	147 817	3 645	45 239	30 315	41 941	301 014
01月	54 097	4 934	4642	291	49 163	35 733	306	4 155	4 892	4 078	23 599
02月	24 629	3 417	3042	375	21 212	13 014	122	2 388	2 697	2 992	15 217
03月	32 187	6 411	6017	394	25 776	16 531	344	3 609	2 105	3 188	25 095
04月	25 690	6 225	5848	377	19 465	10 952	425	3 241	1 999	2 848	19 415
05月	26 324	6 606	6234	372	19 718	11 105	294	3 634	1 750	2 935	22 666
06月	26 925	6 054	5736	318	20 870	10 962	316	3 631	2 540	3 421	23 582
07月	26 030	5 917	5602	314	20 114	8 863	277	3 827	2 850	4 296	27 124
08月	24 972	5 745	5390	355	19227	8 229	286	4 343	2 780	3 588	26 411
09月	19 196	5 613	5339	274	13 583	4 122	333	4 234	2 040	2 854	25 087
10月	19 378	5 553	5304	249	13 826	4 751	161	3 548	1 759	3 607	25 679
11月	29 458	6 374	5756	619	23 083	11 085	451	4 347	2 491	4 710	32 021
12月	28 262	5 343	5064	278	22 919	12 470	331	4 282	2 413	3 423	35 118

数据来源：海关总署

2016年全国乳制品出口量（月度）

单位：t

月度	乳制品	液态奶			干乳制品						婴幼儿配方乳粉
		合计	液奶	酸奶	合计	奶粉	炼乳	乳清	奶油	奶酪	
合 计	30 815	23 669	22 825	844	7 146	3 530	2 342	90	1 052	133	1 878
01月	2 312	1 875	1 827	48	437	199	122	0	97	19	20
02月	2 143	1 587	1 558	29	556	138	228	0	185	4	4
03月	2 104	1 562	1 509	54	541	288	110	13	119	11	57
04月	2 360	1 805	1 757	48	555	201	302	0	34	18	76
05月	2 688	2 123	2 051	72	565	291	232	10	22	11	108
06月	2 645	2 073	2 002	71	572	281	204	20	48	19	134
07月	2 618	2 167	2 066	101	450	170	139	4	129	8	122
08月	2 553	2 079	2 016	63	474	258	162	1	34	17	175
09月	2 738	2 035	1 976	59	702	445	168	35	43	10	138
10月	2 749	2 039	1 967	72	710	381	158	2	169	0	105
11月	2 709	1 974	1 905	69	735	429	177	2	114	14	607
12月	3 317	2 350	2 191	158	967	534	339	2	91	0	367

数据来源：海关总署

2016年全国乳制品出口额（月度）

单位：万美元

月度	乳制品	液态奶			干乳制品						婴幼儿配方乳粉
		合计	液奶	酸奶	合计	奶粉	炼乳	乳清	奶油	干酪	
合计	4 735	2 155	2 020	135	2 580	1 605	512	19	358	86	2 862
01月	314	170	164	6	144	77	30	0	23	14	17
02月	331	143	139	4	188	77	51	0	59	2	11
03月	331	141	133	8	190	111	26	5	41	7	84
04月	345	165	158	7	180	96	62	0	11	11	163
05月	402	195	186	10	206	144	46	1	6	9	155
06月	381	191	179	12	190	114	47	2	15	12	230
07月	344	198	183	16	145	70	32	2	37	5	191
08月	359	187	179	9	171	115	34	1	11	9	238
09月	414	184	173	11	230	168	40	4	12	6	243
10月	489	183	172	11	306	200	36	1	68	0	196
11月	470	178	166	12	292	200	39	1	41	11	739
12月	574	218	188	30	356	246	68	2	40	1	646

数据来源：海关总署

2009—2016 年全国原料奶粉进口量值表

单位：t、万美元、美元/t

年 份	奶粉			其中：脱脂奶粉			其中：全脂淡奶粉			其中：全脂甜奶粉		
	数量	金额	单价	数量	金额	单价	数量	金额	单价	数量	金额	单价
2009 年	246 787	58 041	2 352	70 443	15 601	2 215	174 969	41 953	2 398	1 375	486	3 537
2010 年	414 040	138 810	3 353	88 544	27 403	3 095	324 708	110 431	3 401	788	976	12 389
2011 年	449 542	164 544	3 660	129 805	45 564	3 510	318 049	117 848	3 705	1 687	1 132	6 710
2012 年	572 875	192 739	3 364	167 593	55 397	3 305	402 387	135 490	3 367	2 896	1 852	6 396
2013 年	854 416	358 473	4 196	235 019	95 850	4 078	617 798	261 485	4 233	1 599	1 137	7 111
2014 年	923 697	443 686	4 803	252 840	112 520	4 450	670 043	330 630	4 934	814	535	6 574
2015 年	547 243	150 690	2 754	200 220	51 717	2 583	342 620	95 238	2 780	4 403	3 735	8 483
2016 年	604 217	147 817	2 446	184 469	39 619	2 148	415 724	105 354	2 534	4 024	2 844	7 067

数据来源：海关总署

2009—2016 年全国原料奶粉出口量值表

单位：t、万美元、美元/t

年 份	奶粉			其中：脱脂奶粉			其中：全脂淡奶粉			其中：全脂甜奶粉		
	数量	金额	单价	数量	金额	单价	数量	金额	单价	数量	金额	单价
2009 年	9 738	3 086	3 169	0	0	3 372	8 051	2 561	3 181	1 687	525	3 112
2010 年	2 970	943	3 175	189	69	3 649	606	198	3 274	2 175	675	3 106
2011 年	9 327	3 711	398	199	91	4 569	6 562	2 360	360	2 566	1 260	4 909
2012 年	9 703	3 984	4 106	345	166	4 816	5 999	2 076	4 106	3 359	1 742	5 185
2013 年	3 318	1 622	4 889	359	149	4 148	1 000	347	3 473	1 958	1 126	5 749
2014 年	8 125	3 228	3 973	2 356	826	3 507	4 931	1 868	3 788	838	534	6 372
2015 年	4 869	1 098	2 255	1 178	246	2 086	3 030	455	1 502	661	397	6 008
2016 年	3 530	1 605	4 547	655	196	2 986	1 383	563	4 073	1491	846	5 672

数据来源：海关总署

【乳品消费】

居民人均奶类消费量

单位：kg

	2013 年	2014 年	2015 年	2016 年
全国居民	11.7	12.6	12.1	12
城镇居民	17.1	18.1	17.1	16.5
农村居民	5.7	6.4	6.3	6.6

城镇居民人均鲜奶消费量

单位：kg

	1990 年	1995 年	2000 年	2005 年	2010 年	2011 年	2012 年
鲜 奶	4.6	4.6	9.9	17.9	14.0	13.7	14.0

农村居民人均奶及奶制品消费量

单位：kg

指　标	1990 年	1995 年	2000 年	2005 年	2010 年	2011 年	2012 年
奶及奶制品	1.1	0.6	1.1	2.9	3.6	5.2	5.3

注：2012 年及以前数据来源于国家统计局农村住户调查。

分地区居民人均可支配收入

单位：元

地 区	2013 年	2014 年	2015 年	2016 年
全 国	18 310.8	20 167.1	21 966.2	23 821.0
北 京	40 830.0	44 488.6	48 458.0	52 530.4
天 津	26 359.2	28 832.3	31 291.4	34 074.5
河 北	15 189.6	16 647.4	18 118.1	19 725.4
山 西	15 119.7	16 538.3	17 853.7	19 048.9
内蒙古	18 692.9	20 559.3	22 310.1	24 126.6
辽 宁	20 817.8	22 820.2	24 575.6	26 039.7
吉 林	15 998.1	17 520.4	18 683.7	19 967.0
黑龙江	15 903.4	17 404.4	18 592.7	19 838.5
上 海	42 173.6	45 965.8	49 867.2	54 305.3
江 苏	24 775.5	27 172.8	29 538.9	32 070.1
浙 江	29 775.0	32 657.6	35 537.1	38 529.0
安 徽	15 154.3	16 795.5	18 362.6	19 998.1
福 建	21 217.9	23 330.9	25 404.4	27 607.9
江 西	15 099.7	16 734.2	18 437.1	20 109.6
山 东	19 008.3	20 864.2	22 703.2	24 685.3
河 南	14 203.7	15 695.2	17 124.8	18 443.1
湖 北	16 472.5	18 283.2	20 025.6	21 786.6
湖 南	16 004.9	17 621.7	19 317.5	21 114.8
广 东	23 420.7	25 685.0	27 858.9	30 295.8
广 西	14 082.3	15 557.1	16 873.4	18 305.1
海 南	15 733.3	17 476.5	18 979.0	20 653.4
重 庆	16 568.7	18351.9	20 110.1	22 034.1
四 川	14 231.0	15 749.0	17 221.0	18 808.3
贵 州	11 083.1	12 371.1	13 696.6	15 121.1
云 南	12 577.9	13 772.2	15 222.6	16 719.9
西 藏	9 740.4	10 730.2	12 254.3	13 639.2
陕 西	14 371.5	15 836.7	17 395.0	18 873.7
甘 肃	10 954.4	12 184.7	13 466.6	14 670.3
青 海	12 947.8	14 374.0	15 812.7	17 301.8
宁 夏	14 565.8	15 906.8	17 329.1	18 832.3
新 疆	13 669.6	15 096.6	16 859.1	18 354.7

注：数据来源于国家统计局开展的城乡一体化住户收支与生活状况调查。

分地区居民人均消费支出

单位：元

地区	2013年	2014年	2015年	2016年
全国	**13 220.4**	**14 491.4**	**15 712.4**	**17 110.7**
北京	29 175.6	31 102.9	33 802.8	35 415.7
天津	20 418.7	22 343.0	24 162.5	26 129.3
河北	10 872.2	11 931.5	13 030.7	14 247.5
山西	10 118.3	10 863.8	11 729.1	12 682.9
内蒙古	14 877.7	16 258.1	17 178.5	18 072.3
辽宁	14 950.2	16 068.0	17 199.8	19 852.8
吉林	12 054.3	13 026.0	13 763.9	14 772.6
黑龙江	12 037.2	12 768.8	13 402.5	14 445.8
上海	30 399.9	33 064.8	34 783.6	37 458.3
江苏	17 925.8	19 163.6	20 555.6	22 129.9
浙江	20 610.1	22 552.0	24 116.9	25 526.6
安徽	10 544.1	11 727.0	12 840.1	14 711.5
福建	16 176.6	17 644.5	18 850.2	20 167.5
江西	10 052.8	11 088.9	12 403.4	13 258.6
山东	11 896.8	13 328.9	14 578.4	15 926.4
河南	10 002.5	11 000.4	11 835.1	12 712.3
湖北	11 760.8	12 928.3	14316.5	15 888.7
湖南	11 945.9	13 288.7	14 267.3	15 750.5
广东	17 421.0	19 205.5	20 975.7	23 448.4
广西	9 596.5	10 274.3	11 401.0	12 295.2
海南	11 192.9	12 470.6	13 575.0	14 275.4
重庆	12 600.2	13 810.6	15 139.5	16 384.8
四川	11 054.7	12 368.4	13 632.1	14 838.5
贵州	8 288.0	9 303.4	10 413.8	11 931.6
云南	8 823.8	9 869.5	11 005.4	11 768.8
西藏	6 306.8	7 317.0	8 245.8	9 318.7
陕西	11 217.3	12 203.6	13 087.2	13 943.0
甘肃	8 943.4	9 874.6	10 950.8	12 254.2
青海	11 576.5	12 604.8	13 611.3	14 774.7
宁夏	11 292.0	12 484.5	13 815.6	14 965.4
新疆	11 391.8	11 903.7	12 867.4	14 066.5

分地区城镇居民人均可支配收入

单位：元

地 区	2013 年	2014 年	2015 年	2016 年
全 国	26 467.0	28 843.9	31 194.8	33 616.2
北 京	44 563.9	48 531.8	52 859.2	57 275.3
天 津	28 979.8	31 506.0	34 101.3	37 109.6
河 北	22 226.7	24 141.3	26 152.2	28 249.4
山 西	22 258.2	24 069.4	25 827.7	27 352.3
内蒙古	26 003.6	28 349.6	30 594.1	32 974.9
辽 宁	26 697.0	29 081.7	31 125.7	32 876.1
吉 林	21 331.1	23 217.8	24 900.9	26 530.4
黑龙江	20 848.4	22 609.0	24 202.6	25 736.4
上 海	44 878.3	48 841.4	52 961.9	57 691.7
江 苏	31 585.5	34 346.3	37 173.5	40 151.6
浙 江	37 079.7	40 392.7	43 714.5	47237.2
安 徽	22 789.3	24 838.5	26 935.8	29 156.0
福 建	28 173.9	30 722.4	33 275.3	36 014.3
江 西	22 119.7	24 309.2	26 500.1	28 673.3
山 东	26 882.4	29 221.9	31 545.3	34 012.1
河 南	21 740.7	23 672.1	25 575.6	27 232.9
湖 北	22 667.9	24 852.3	27 051.5	29 385.8
湖 南	24 352.0	26 570.2	28 838.1	31 283.9
广 东	29 537.3	32 148.1	34 757.2	37 684.3
广 西	22 689.4	24 669.0	26 415.9	28 324.4
海 南	22 411.4	24 486.5	26 356.4	28 453.5
重 庆	23 058.2	25 147.2	27 238.8	29 610.0
四 川	22 227.5	24 234.4	26 205.3	28 335.3
贵 州	20 564.9	22 548.2	24 579.6	26 742.6
云 南	22 460.0	24 299.0	26 373.2	28 610.6
西 藏	20 394.5	22 015.8	25 456.6	27 802.4
陕 西	22 345.9	24 365.8	26 420.2	28 440.1
甘 肃	19 873.4	21 803.9	23 767.1	25 693.5
青 海	20 352.4	22 306.6	24 542.3	26 757.4
宁 夏	21 475.7	23 284.6	25 186.0	27 153.0
新 疆	21 091.5	23 214.0	26 274.7	28 463.4

分地区城镇居民人均消费支出

单位：元

地 区	2013 年	2014 年	2015 年	2016 年
全 国	18 487.5	19 968.1	21 392.4	23 078.9
北 京	31 632.2	33 17.5	36 642.0	38 255.5
天 津	22 306.2	24 289.6	26 229.5	28 344.6
河 北	14 970.0	16 203.8	17 586.6	19 105.9
山 西	13 762.7	14 636.9	15 818.6	16 992.8
内蒙古	19 244.0	20 885.2	21 876.5	22 744.5
辽 宁	19 318.4	20 519.6	21 556.7	24995.9
吉 林	15 940.7	17 156.1	17 972.6	19 166.4
黑龙江	15 704.1	16 466.6	17 152.1	18 145.2
上 海	32 447.2	35 182.4	36 946.1	39 856.8
江 苏	22 262.3	23 476.3	24 966.0	26 432.9
浙 江	25 253.5	27 241.7	28 661.3	30 067.7
安 徽	14 593.6	16 107.1	17233.5	19 606.2
福 建	20 564.7	22 204.1	23 520.2	25 005.5
江 西	13 843.0	15 141.8	16 731.8	17 695.6
山 东	16 646.5	18 322.6	19 853.8	21 495.3
河 南	15 248.8	16 184.5	17 154.3	18 087.8
湖 北	15 334.5	16 681.4	18 192.3	20 040.0
湖 南	16 867.3	18 334.7	19 501.4	21 420.0
广 东	21 621.5	23 611.7	25 673.1	28 613.3
广 西	14 470.1	15 045.4	16 321.2	17 268.5
海 南	15 833.5	17 513.8	18 448.4	19 015.5
重 庆	17 123.8	18 279.5	19 742.3	21 030.9
四 川	16 098.2	17 759.9	19 276.8	20 659.8
贵 州	13 768.2	15 254.6	16 914.2	19 201.7
云 南	14 862.3	16 268.3	17 675.0	18 622.4
西 藏	13 678.6	15 669.4	17 022.0	19 440.5
陕 西	16 398.6	17 546.0	18 463.9	19 368.9
甘 肃	14 411.3	15 942.3	17 450.9	19 539.2
青 海	16 223.4	17 492.9	19 200.6	20 853.2
宁 夏	15 806.9	17 216.2	18 983.9	20 364.2
新 疆	16 858.1	17 684.5	19 414.7	21 228.5

分地区农村居民人均可支配收入

单位：元

地 区	2013 年	2014 年	2015 年	2016 年
全 国	9 429.6	10 488.9	11 421.7	12 363.4
北 京	17 101.2	18 867.3	20 568.7	22 309.5
天 津	15 352.6	17 014.2	18 481.6	20 075.6
河 北	9 187.7	10 186.1	11 050.5	11 919.4
山 西	7 949.5	8 809.4	9 453.9	10 082.5
内蒙古	8 984.9	9 976.3	10 775.9	11 609.0
辽 宁	10 161.2	11 191.5	12 056.9	12 880.7
吉 林	9 780.7	10 780.1	11 326.2	12 122.9
黑龙江	9 369.0	10 453.2	11 095.2	11 831.9
上 海	19 208.3	21 191.6	23 205.2	25 520.4
江 苏	13 521.3	14 958.4	16 256.7	17 605.6
浙 江	17 493.9	19 373.3	21 125.0	22 866.1
安 徽	8 850.0	9 916.4	10 820.7	11 720.5
福 建	11 404.8	12 650.2	13 792.7	14 999.2
江 西	9 088.8	10 116.6	11 139.1	12 137.7
山 东	10 686.9	11 882.3	12 930.4	13 954.1
河 南	8 969.1	9 966.1	10 852.9	11 696.7
湖 北	9 691.8	10 849.1	11 843.9	12 725.0
湖 南	9 028.6	10 060.2	10 992.5	11 930.4
广 东	11 067.8	12 245.6	13 360.4	14 512.2
广 西	7 793.1	8 683.2	9 466.6	10 359.5
海 南	8 801.7	9 912.6	10 857.6	11 842.9
重 庆	8 492.5	9 489.8	10 504.7	11 548.8
四 川	8 380.7	9 347.7	10 247.4	11 203.1
贵 州	5 897.8	6 671.2	7 386.9	8 090.3
云 南	6 723.6	7 456.1	8 242.1	9 019.8
西 藏	6 553.4	7 359.2	8 243.7	9 093.8
陕 西	7 092.2	7 932.2	8 688.9	9 396.4
甘 肃	5 588.8	6 276.6	6 936.2	7 456.9
青 海	6 461.6	7 282.7	7 933.4	8 664.4
宁 夏	7 598.7	8 410.0	9 118.7	9 851.6
新 疆	7 846.6	8 723.8	9 425.1	10 183.2

分地区农村居民人均消费支出

单位：元

地区	2013年	2014年	2015年	2016年
全国	7 485.2	8 382.6	9 222.6	10 129.8
北京	13 563.9	14 535.1	15 811.2	17 329.0
天津	12 491.1	13 738.6	14 739.4	15 912.1
河北	7 377.1	8 248.0	9 022.8	9 798.3
山西	6 457.7	6 991.7	7 421.2	8 028.8
内蒙古	9 079.6	9 972.2	10 637.4	11 462.6
辽宁	7 032.1	7 800.7	8 872.8	9 953.1
吉林	7 523.4	8 139.8	8 783.3	9 521.4
黑龙江	7 191.7	7 830.0	8 391.5	9 423.8
上海	13 016.2	14 820.1	16 152.3	17 070.8
江苏	10 759.0	11 820.3	12 882.5	14 428.2
浙江	12 803.3	14 497.8	16 107.7	17 358.9
安徽	7 200.3	7 980.8	8 975.2	10 287.3
福建	9 986.2	11 055.9	11 960.8	12 910.8
江西	6 807.4	7 548.3	8 485.6	9 128.3
山东	6 877.3	7 962.2	8 747.6	9 518.9
河南	6 358.7	7 277.2	7 887.4	8 586.6
湖北	7 849.5	8 680.9	9 803.1	10 938.3
湖南	7 832.6	9 024.8	9 690.6	10 629.9
广东	8 937.8	10 043.2	11 103.0	12 414.8
广西	6 035.3	6 675.1	7 582.0	8 351.2
海南	6 376.2	7 029.0	8 210.3	8 921.2
重庆	6 970.7	7 982.6	8 937.7	9 954.4
四川	7 364.8	8 301.1	9 250.6	10 191.6
贵州	5 291.1	5 970.3	6 644.9	7 533.3
云南	5 246.6	6 030.3	6 830.1	7 330.5
西藏	4 101.6	4 822.1	5 579.7	6 070.3
陕西	6 487.6	7 252.4	7 900.7	8 567.7
甘肃	5 653.9	6 147.8	6 829.8	7 487.0
青海	7 505.9	8 235.1	8 566.5	9 222.2
宁夏	6 739.8	7 676.5	8 414.9	9 138.4
新疆	7 103.1	7 365.3	7 697.9	8 277.0

居民消费水平

年份（年）	绝对数（元）			城乡消费水平对比（农村居民=1)	指数（上年=100)			指数 (1978=100)		
	全体居民	城镇居民	农村居民		全体居民	城镇居民	农村居民	全体居民	城镇居民	农村居民
1978	184	405	138	2.9	104.1	103.3	104.3	100.0	100.0	100.0
1980	238	490	178	2.7	109.1	107.3	108.6	116.8	110.4	115.7
1985	440	750	346	2.2	112.7	107.4	114.4	181.3	137.4	192.5
1990	831	1 404	627	2.2	102.8	101.4	103.4	227.5	163.6	240.4
1995	2 330	4 769	1 344	3.5	108.3	109.5	105.0	339.8	285.6	288.8
2000	3 721	6 999	1 917	3.7	110.6	109.7	106.6	493.1	382.9	377.6
2001	3 987	7 324	2 032	3.6	106.1	103.8	104.6	523.2	397.4	395.2
2002	4 301	7 745	2 157	3.6	108.4	106.3	106.6	567.3	422.5	421.1
2003	4 606	8 104	2 292	3.5	105.8	103.5	104.6	600.0	437.2	440.5
2004	5 138	8 880	2 521	3.5	107.2	106.0	103.9	643.0	463.3	457.8
2005	5 771	9 832	2 784	3.5	109.7	108.5	106.8	705.4	502.6	488.9
2006	6 416	10 739	3 066	3.5	108.4	106.6	107.3	765.0	535.6	524.7
2007	7 572	12 480	3 538	3.5	112.8	111.6	108.7	862.6	597.6	570.4
2008	8 707	14 061	4 065	3.5	108.3	106.5	107.0	934.3	636.4	610.3
2009	9 514	15 127	4 402	3.4	109.8	108.0	109.3	1 026.1	687.1	666.9
2010	10 919	17 104	4 941	3.5	109.6	107.9	107.4	1 124.5	741.2	716.0
2011	13 134	19 912	6 187	3.2	111.0	108.2	112.9	1 248.6	802.1	808.6
2012	14 699	21 861	6 964	3.1	109.1	107.2	108.9	1 362.0	859.9	880.4
2013	16 190	23 609	7 773	3.0	107.3	105.3	108.6	1 462.0	905.4	955.8
2014	17 778	25 424	8 711	2.9	107.7	105.6	109.9	1 574.6	956.3	1 050.4
2015	19 397	27 210	9 679	2.8	107.5	105.4	109.5	1 692.6	1 008.1	1 150.6
2016	21 228	29 219	10 752	2.7	107.3	105.2	109.1	1 816.1	1 060.9	1 254.9

注：1. 城乡消费水平对比没有剔除城乡价格不可比的因素（相关表同）。
2. 居民消费水平指按常住人口计算的人均居民消费支出（相关表同）。
3. 本表绝对数按当年价格计算，指数按不变价格计算。

分地区居民消费水平 (2016 年)

地区	绝对数 (元)			城乡消费水平对比 (农村居民 =1)	指数 (上年 =100)		
	全体居民	城镇居民	农村居民		全体居民	城镇居民	农村居民
北 京	48 883	52 721	24 285	2.2	106.2	106.1	107.4
天 津	36 257	39 181	22 194	1.8	106.9	106.4	109.3
河 北	14 328	19 276	8 897	2.2	110.7	106.8	114.5
山 西	15 065	19 724	9 226	2.1	103.7	102.5	103.7
内蒙古	22 293	28 289	13 013	2.2	105.5	104.2	107.2
辽 宁	23 670	29 254	12 145	2.4	110.1	110.4	107.8
吉 林	13 786	18 144	8 390	2.2	103.4	102.6	104.8
黑龙江	17 393	22 318	10 305	2.2	105.6	104.2	108.5
上 海	49 617	53 240	23 660	2.3	106.7	107.6	101.4
江 苏	35 875	41 957	23 459	1.8	109.1	107.7	110.6
浙 江	30 743	35 152	22 028	1.6	105.4	103.7	108.8
安 徽	15 466	22 030	8 565	2.6	108.1	105.8	109.3
福 建	23 355	27 859	15 653	1.8	110.9	109.3	113.8
江 西	16 040	20 335	11 320	1.8	108.9	105.8	112.3
山 东	25 860	33 016	15 970	2.1	108.5	104.6	114.2
河 南	16 043	23 454	9 291	2.5	109.0	105.9	110.6
湖 北	19 391	25 703	10 860	2.4	109.7	107.7	111.7
湖 南	17 490	24 025	10 461	2.3	108.0	106.5	106.7
广 东	28 495	34 667	14 784	2.3	105.7	104.9	107.0
广 西	15 013	22 491	8 225	2.7	106.3	103.7	109.1
海 南	18 431	24 664	10 512	2.3	106.6	103.1	112.3
重 庆	21 032	28 209	9 433	3.0	110.0	107.9	111.5
四 川	16 013	21 246	11 094	1.9	107.3	104.2	110.2
贵 州	14 666	22 301	8 887	2.5	112.6	109.6	112.0
云 南	14 534	22 365	8 336	2.7	106.8	104.3	106.7
西 藏	9 743	18 775	5 952	3.2	108.0	104.1	107.1
陕 西	16 657	23 206	8 768	2.6	107.3	104.9	109.4
甘 肃	13 086	21 128	6 781	3.1	108.8	107.3	106.4
青 海	16 751	22 761	10 505	2.2	109.2	106.3	113.6
宁 夏	18 570	25 384	9 980	2.5	107.2	104.9	109.6
新 疆	15 247	22 272	8 816	2.5	110.4	107.6	113.2

说明：本表绝对数按当年价格计算，指数按不变价格计算。

分地区居民消费价格分类指数(2016 年)

(上年 =100)

地 区	总指数	食品烟酒		
			食品	
				奶类
全 国	102.0	103.8	104.6	99.9
北 京	101.4	103.0	103.3	102.1
天 津	102.1	102.1	102.8	98.8
河 北	101.5	102.6	103.0	99.3
山 西	101.1	102.8	103.3	99.6
内蒙古	101.2	102.2	102.6	100.4
辽 宁	101.6	102.5	103.0	99.0
吉 林	101.6	103.2	103.6	101.3
黑龙江	101.5	102.6	103.1	96.8
上 海	103.2	103.7	104.8	101.4
江 苏	102.3	103.8	104.7	100.1
浙 江	101.9	104.4	105.1	100.2
安 徽	101.8	103.7	104.6	99.3
福 建	101.7	103.9	104.7	99.0
江 西	102.0	104.4	105.6	100.6
山 东	102.1	103.6	104.3	99.8
河 南	101.9	103.2	104.1	99.6
湖 北	102.2	104.0	105.4	100.3
湖 南	101.9	104.3	105.3	100.0
广 东	102.3	104.8	105.9	99.4
广 西	101.6	103.4	104.3	99.6
海 南	102.8	105.1	106.1	101.0
重 庆	101.8	103.6	104.7	99.4
四 川	101.9	104.1	105.0	99.5
贵 州	101.4	103.6	104.5	100.1
云 南	101.5	103.5	104.3	99.6
西 藏	102.5	104.9	104.4	102.7
陕 西	101.3	103.1	103.8	96.7
甘 肃	101.3	103.2	104.0	100.0
青 海	101.8	102.3	102.4	99.8
宁 夏	101.5	102.4	103.2	100.6
新 疆	101.4	101.9	101.5	100.7

分地区居民家庭人均主要食品消费量(2016年)——奶类

单位：kg

地区	居民	城镇居民	农村居民
全国	12.0	16.5	6.6
北京	23.2	24.8	13.3
天津	17.0	18.3	10.9
河北	15.2	23.0	8.0
山西	14.1	18.9	8.9
内蒙古	22.7	29.5	13.1
辽宁	14.8	19.9	5.1
吉林	9.5	13.8	4.3
黑龙江	9.8	13.8	4.4
上海	21.0	22.0	11.8
江苏	15.8	18.6	10.8
浙江	12.0	13.6	9.1
安徽	10.5	13.6	7.8
福建	11.0	13.5	7.3
江西	10.1	14.4	6.0
山东	17.7	22.9	11.8
河南	11.0	17.9	5.8
湖北	7.6	10.6	4.1
湖南	5.4	8.4	2.7
广东	7.5	9.7	2.9
广西	5.6	9.8	2.2
海南	4.4	7.0	1.5
重庆	16.6	22.5	8.5
四川	11.1	16.3	6.9
贵州	5.5	11.5	1.9
云南	5.3	10.1	2.2
西藏	20.4	16.7	21.6
陕西	13.4	19.6	7.3
甘肃	13.8	24.6	6.7
青海	18.2	23.1	13.8
宁夏	14.4	20.3	8.1
新疆	20.5	28.7	13.8

2013 年全国各地区零售鲜奶平均价格（纯牛奶 利乐枕 240mL 月度）

单位：元

地 区	01 月	02 月	03 月	04 月	05 月	06 月	07 月	08 月	09 月	10 月	11 月	12 月
北 京	2.48	2.48	2.34	2.29	2.28	2.16	2.16	2.14	2.14	2.16	2.33	2.52
天 津	2.10	2.10	2.23	2.33	2.40	2.40	2.40	2.37	2.30	2.37	2.37	2.43
河 北	2.03	2.03	1.99	1.96	2.00	1.97	1.98	2.07	2.31	2.43	2.45	2.59
山 西	2.18	2.20	2.23	2.23	2.23	2.23	2.23	2.24	2.26	2.28	2.36	2.63
内蒙古	2.40	2.48	2.46	2.46	2.51	2.51	2.51	2.49	2.54	2.67	2.69	2.77
辽 宁	2.02	2.04	2.02	2.02	2.05	2.05	2.06	2.05	2.07	2.08	2.16	2.25
吉 林	2.10	2.11	2.11	2.12	2.13	2.12	2.12	2.12	2.12	2.12	2.28	2.44
黑龙江	1.95	2.01	2.10	2.13	2.13	2.14	2.10	2.11	2.13	2.16	2.33	2.48
上 海	2.57	2.60	2.58	2.61	2.60	2.63	2.61	2.64	2.64	2.64	2.89	2.89
江 苏	2.21	2.24	2.28	2.25	2.25	2.25	2.25	2.26	2.29	2.30	2.37	2.45
浙 江	2.10	2.11	2.15	2.13	2.17	2.18	2.17	2.15	2.16	2.19	2.19	2.33
安 徽	2.21	2.22	2.22	2.22	2.22	2.22	2.21	2.20	2.27	2.33	2.35	2.38
福 建												
江 西	1.80	1.80	1.80	1.83	1.90	1.90	1.90	1.90	1.90	1.90	1.90	1.90
山 东	2.20	2.21	2.23	2.23	2.23	2.24	2.24	2.26	2.30	2.35	2.35	2.46
河 南	2.05	2.35	2.45	2.45	2.45	2.36	2.36	2.36	2.36	2.36	2.50	2.50
湖 北	2.53	2.54	2.55	2.55	2.56	2.54	2.54	2.56	2.60	2.60	2.61	2.66
湖 南	2.17	2.11	2.09	2.09	2.08	2.06	2.06	2.06	2.16	2.20	2.21	2.18
广 东	2.45	2.45	2.45	2.45	2.45	2.45	2.48	2.55	2.55	2.75	2.98	3.30
广 西	2.37	2.41	2.50	2.49	2.49	2.47	2.45	2.41	2.43	2.48	2.59	2.61
海 南	2.42	2.42	2.45	2.43	2.41	2.36	2.34	2.38	2.46	2.61	2.59	2.64
重 庆	2.31	2.38	2.38	2.38	2.38	2.38	2.38	2.38	2.38	2.38	2.38	2.38
四 川	2.07	2.07	2.15	2.17	2.17	2.18	2.33	2.43	2.41	2.44	2.46	2.48
贵 州	2.11	2.08	2.06	2.04	2.06	2.11	2.16	2.18	2.21	2.22	2.24	2.29
云 南	2.45	2.45	2.46	2.46	2.46	2.46	2.46	2.46	2.45	2.45	2.47	2.51
西 藏									3.00	3.00		
陕 西	2.14	2.22	2.22	2.24	2.26	2.29	2.27	2.27	2.30	2.30	2.31	2.33
甘 肃	2.06	2.06	2.07	2.07	2.07	2.07	2.02	2.06	2.12	2.19	2.18	2.23
青 海	1.70	1.75	1.75	1.75	1.75	1.80	1.80	1.81	1.91	2.20	2.20	2.30
宁 夏	1.98	1.96	1.97	1.99	2.02	2.01	2.01	2.01	2.02	2.09	2.14	2.21
新 疆	1.73	1.73	1.74	1.74	1.76	1.77	1.78	1.78	1.84	1.91	2.02	2.04

数据来源：国家发改委

2013 年全国各地区零售鲜奶平均价格（纯牛奶 盒装 250mL 月度）

单位：元

地 区	01 月	02 月	03 月	04 月	05 月	06 月	07 月	08 月	09 月	10 月	11 月	12 月
北 京	2.54	2.54	2.53	2.55	2.62	2.65	2.65	2.72	2.85	2.91	2.94	3.03
天 津	2.48	2.50	2.63	2.70	2.70	2.70	2.70	2.70	2.70	2.77	2.90	2.90
河 北	2.55	2.55	2.60	2.62	2.61	2.71	2.77	2.78	2.88	3.00	3.06	3.08
山 西	2.56	2.58	2.61	2.59	2.59	2.60	2.60	2.60	2.66	2.68	2.77	2.88
内蒙古	4.00	3.99	3.99	3.99	3.99	3.99	3.99	3.99	4.08	4.12	4.12	4.21
辽 宁	2.54	2.56	2.55	2.56	2.61	2.60	2.60	2.59	2.59	2.63	2.66	2.73
吉 林	2.53	2.54	2.55	2.55	2.55	2.55	2.55	2.55	2.55	2.55	2.71	2.83
黑龙江	2.68	2.72	2.73	2.70	2.73	2.74	2.75	2.77	2.80	2.83	2.89	3.03
上 海	2.97	3.03	3.03	2.99	2.98	2.99	2.96	2.96	2.94	2.92	3.00	3.34
江 苏	3.26	3.24	3.40	3.43	3.42	3.42	3.39	3.45	3.49	3.50	3.56	3.61
浙 江	2.59	2.61	2.66	2.65	2.67	2.68	2.68	2.74	2.79	2.80	2.82	2.98
安 徽	2.75	2.75	2.75	2.75	2.75	2.75	2.76	2.80	2.82	2.88	2.80	2.78
福 建	2.58	2.63	2.67	2.66	2.61	2.60	2.58	2.69	2.83	2.90	2.94	3.00
江 西	2.50	2.50	2.50	2.52	2.57	2.57	2.57	2.57	2.57	2.57	2.57	2.57
山 东	2.68	2.69	2.64	2.64	2.65	2.67	2.67	2.67	2.68	2.73	2.75	2.91
河 南	2.50	2.63	2.70	2.70	2.70	2.70	2.70	2.70	2.70	2.70	2.92	2.92
湖 北	2.59	2.61	2.62	2.64	2.63	2.63	2.65	2.64	2.65	2.69	2.70	2.75
湖 南	2.50	2.51	2.52	2.52	2.53	2.51	2.50	2.49	2.51	2.51	2.52	2.58
广 东	2.38	2.43	2.41	2.41	2.46	2.60	2.61	2.63	2.70	2.74	2.80	2.88
广 西	2.44	2.48	2.57	2.56	2.56	2.57	2.56	2.56	2.62	2.65	2.74	2.70
海 南	2.59	2.62	2.61	2.61	2.59	2.51	2.51	2.53	2.59	2.70	2.73	2.75
重 庆	3.22	3.30	3.30	3.30	3.30	3.30	3.30	3.30	3.30	3.30	3.30	3.30
四 川	2.48	2.53	2.59	2.58	2.58	2.61	2.63	2.67	2.82	2.87	2.94	2.94
贵 州	2.33	2.32	2.37	2.40	2.41	2.42	2.43	2.44	2.40	2.44	2.45	2.49
云 南	2.96	2.96	2.96	3.05	3.05	3.04	3.02	3.02	3.02	3.02	3.02	3.03
西 藏	2.50	2.83	3.00	3.00	3.00	3.00	3.00	3.00	3.00	3.00	3.00	3.00
陕 西	2.52	2.59	2.58	2.61	2.60	2.60	2.59	2.59	2.62	2.66	2.69	2.76
甘 肃	3.13	3.10	3.10	3.11	3.09	3.09	3.09	3.12	3.17	3.19	3.17	3.19
青 海	2.78	2.80	2.80	2.80	2.74	2.73	2.79	2.83	2.80	2.77	2.62	2.70
宁 夏	2.21	2.24	2.25	2.29	2.30	2.30	2.30	2.30	2.30	2.37	2.46	2.67
新 疆	2.35	2.35	2.35	2.35	2.34	2.33	2.33	2.33	2.37	2.46	2.58	2.65

数据来源：国家发改委

2013 年全国各地区零售盒装婴幼儿配方乳粉平均价格（国产三段 400g 月度）

单位：元

地　区	01 月	02 月	03 月	04 月	05 月	06 月	07 月	08 月	09 月	10 月	11 月	12 月
北　京	57.47	50.40	50.40	50.40	48.73	47.90	47.90	49.63	51.33	53.00	53.00	53.00
天　津	69.00	69.00	69.00	69.00	69.00	69.00	69.00	69.60	69.90	69.90	69.00	69.00
河　北	60.75	60.75	59.93	59.53	59.53	59.78	59.86	60.03	61.10	61.27	62.10	62.35
山　西	68.61	68.61	68.61	68.61	68.61	68.61	68.61	68.61	68.61	68.61	68.61	68.61
内蒙古	54.63	54.63	54.63	55.74	56.29	56.29	56.29	56.29	56.29	56.29	56.29	56.29
辽　宁	60.29	60.29	60.29	60.29	60.29	60.29	60.29	60.29	60.29	60.28	60.16	60.83
吉　林	61.17	61.17	61.17	61.17	60.44	60.00	59.00	58.50	58.50	58.50	58.50	63.17
黑龙江	67.56	67.48	67.39	67.39	67.69	68.00	67.69	67.55	67.55	67.55	68.50	69.05
上　海	43.50	43.50	43.50	44.83	45.50	45.50	45.50	45.50	45.50	45.50	45.50	45.50
江　苏	58.95	58.87	58.37	57.69	58.50	57.79	56.12	56.63	56.76	56.49	56.45	56.68
浙　江	56.92	56.91	57.74	59.39	59.10	59.66	59.52	59.44	59.19	59.50	59.63	59.03
安　徽	55.19	55.26	55.26	54.95	54.95	55.14	54.88	54.75	54.75	54.75	56.64	57.99
福　建	46.56	46.37	46.28	46.64	46.81	47.18	47.22	48.18	48.15	48.15	48.52	49.76
江　西	59.57	59.57	59.57	59.57	59.57	59.57	59.57	59.57	59.57	59.57	59.57	59.57
山　东	59.02	58.77	58.77	58.97	58.97	58.97	58.92	59.03	59.31	59.31	59.31	59.33
河　南	73.00	73.00	73.00	73.00	73.00	73.00	73.00	73.00	73.00	73.00	73.00	73.00
湖　北	57.41	58.07	58.00	58.17	58.40	59.85	58.06	57.65	57.73	57.73	58.34	58.08
湖　南	54.37	54.37	54.37	54.37	54.37	54.37	54.37	54.37	54.37	54.60	54.71	54.71
广　东	55.92	55.92	55.92	56.39	56.19	56.75	56.58	56.58	57.17	57.86	57.84	57.76
广　西	60.95	60.95	61.17	62.14	63.20	63.20	63.20	63.20	62.87	62.87	62.70	61.52
海　南	68.75	68.86	68.82	69.03	69.18	69.20	68.89	68.52	68.74	69.04	69.20	69.85
重　庆	64.04	64.04	64.04	64.04	64.04	65.85	66.75	66.47	66.20	66.75	66.75	66.75
四　川	58.55	58.55	58.37	57.96	57.96	56.87	56.73	57.16	58.40	58.17	58.17	58.17
贵　州	76.63	76.85	75.68	79.49	79.82	77.91	82.52	80.49	80.49	80.93	83.10	83.96
云　南	62.94	62.96	62.96	62.96	62.96	62.96	62.96	62.96	67.25	67.25	67.25	67.25
西　藏	75.15	75.15	75.15	75.15	75.15	75.15	75.15	76.65	76.65	76.65	76.65	76.65
陕　西	71.25	71.25	71.25	71.25	71.25	71.25	71.25	70.09	70.09	70.09	70.09	70.09
甘　肃	70.78	70.86	70.86	70.88	64.97	62.05	62.23	62.86	64.99	67.49	66.36	66.74
青　海	49.00	49.00	49.00	49.00	49.00	49.00	49.83	50.25	51.08	60.50	44.75	40.29
宁　夏	80.42	93.11	112.50	107.96	109.42	109.42	109.42	109.42	109.42	107.36	93.53	85.67
新　疆	55.10	55.28	55.28	55.30	56.10	56.49	55.91	55.91	55.95	56.39	57.22	57.05

数据来源：国家发改委

2013年全国各地区零售盒装婴幼儿配方乳粉平均价格（进口三段400g月度）

单位：元

地区	01月	02月	03月	04月	05月	06月	07月	08月	09月	10月	11月	12月
北京	78.75	78.75	78.75	77.58	75.25	75.25	75.25	74.15	71.45	71.45	71.45	71.45
天津	72.00	72.00	72.00	72.00	72.00	72.00	72.00	72.00	71.33	70.00	73.00	74.50
河北	79.40	79.40	79.07	78.90	78.90	79.70	79.70	80.50	79.95	80.11	80.31	80.58
山西	79.33	79.27	79.17	79.27	79.36	79.43	79.36	79.25	79.77	79.75	79.69	79.69
内蒙古	101.53	101.53	101.53	101.53	101.53	101.53	100.62	100.16	99.52	99.20	99.20	99.20
辽宁	74.51	74.51	74.64	74.70	74.70	74.64	74.51	74.51	74.51	74.53	75.03	76.22
吉林	73.20	74.23	74.25	74.25	73.69	72.87	73.20	73.20	73.20	73.20	73.20	73.20
黑龙江	103.02	103.02	103.02	99.33	97.48	97.22	93.18	91.29	91.46	91.54	91.58	91.58
上海	73.50	74.25	75.00	74.15	72.23	72.98	74.75	73.13	72.45	72.37	71.07	72.97
江苏	70.74	71.74	72.18	71.77	72.46	72.79	71.02	71.66	72.06	72.28	71.45	71.51
浙江	89.19	88.87	89.28	86.94	86.21	85.88	85.91	84.91	85.21	86.07	86.22	88.83
安徽	78.59	78.59	78.59	78.59	78.59	78.59	77.27	76.40	76.42	76.48	76.74	76.91
福建	73.33	73.29	73.01	72.82	73.31	72.81	72.40	72.84	73.00	72.70	72.99	75.52
江西	71.47	71.47	71.47	71.47	71.47	71.47	71.47	71.47	71.47	71.47	71.47	71.47
山东	75.51	75.51	75.47	75.38	75.49	77.27	77.40	77.08	77.08	77.08	77.08	75.83
河南	73.50	78.67	81.00	81.00	81.00	81.00	81.00	81.00	81.00	81.00	81.00	81.00
湖北	79.04	78.89	79.00	79.00	78.88	78.98	79.38	79.66	79.68	79.98	80.11	80.13
湖南	89.99	76.30	70.31	70.78	71.41	72.66	70.63	69.62	70.11	71.60	72.61	72.67
广东	75.47	78.33	78.33	79.39	78.61	78.58	78.89	77.94	75.57	75.22	75.59	75.81
广西	77.42	77.42	76.50	76.50	76.50	76.50	76.50	76.47	76.40	76.39	76.21	75.76
海南	73.23	73.23	73.23	73.60	73.85	73.98	72.93	71.56	71.96	71.96	72.06	71.98
重庆	83.45	84.00	84.00	84.00	85.09	85.09	84.81	84.81	85.09	84.53	85.09	85.09
四川	72.98	73.17	73.83	74.08	74.81	74.39	73.83	73.12	73.10	73.38	73.75	73.75
贵州	104.42	105.94	106.64	111.08	111.08	111.08	114.42	114.42	94.00	93.50	97.00	98.75
云南	81.46	81.29	81.29	81.13	81.17	81.83	81.17	81.17	81.67	81.67	81.67	81.67
西藏	138.75	138.75	138.75	138.75	138.75	138.75	138.75	141.20	137.45	141.20	141.20	141.20
陕西	99.67	98.73	96.86	96.86	96.86	96.86	96.27	93.67	93.79	90.66	93.86	93.86
甘肃	89.18	92.47	92.47	92.45	92.51	92.60	92.45	97.85	101.45	104.98	101.00	101.29
青海	76.67	76.00	76.00	76.00	76.00	76.00	76.00	76.00	76.00	78.50	78.50	83.50
宁夏	119.27	120.74	121.29	122.42	124.96	126.04	126.04	126.04	126.04	125.49	143.99	153.79
新疆	97.25	97.25	97.25	108.21	120.08	108.06	107.94	107.94	107.94	108.15	108.56	108.89

数据来源：国家发改委

2014 年全国各地区零售鲜奶平均价格（纯牛奶 利乐枕 240mL 月度）

单位：元

地　区	01 月	02 月	03 月	04 月	05 月	06 月	07 月	08 月	09 月	10 月	11 月	12 月
北　京	2.55	2.41	2.43	2.47	2.47	2.47	2.49	2.52	2.52	2.52	2.52	2.55
天　津	2.50	2.50	2.50	2.50	2.50	2.50	2.50	2.50	2.50	2.23	2.10	1.90
河　北	2.62	2.62	2.51	2.48	2.46	2.33	2.35	2.26	2.31	2.30	2.22	2.19
山　西	2.70	2.72	2.72	2.72	2.73	2.76	2.73	2.69	2.75	2.74	2.76	2.76
内蒙古	2.92	2.95	2.98	3.01	2.94	2.96	2.80	2.81	2.85	2.70	2.58	2.58
辽　宁	2.33	2.35	2.35	2.35	2.32	2.33	2.32	2.32	2.32	2.30	2.31	2.30
吉　林	2.64	2.64	2.64	2.64	2.63	2.62	2.60	2.60	2.60	2.60	2.60	2.60
黑龙江	2.54	2.53	2.52	2.52	2.45	2.43	2.40	2.39	2.38	2.40	2.41	2.40
上　海	2.89	2.89	2.89	2.81	2.64	2.76	2.65	2.65	2.65	2.65	2.65	2.98
江　苏	2.50	2.51	2.51	2.51	2.53	2.55	2.57	2.58	2.53	2.53	2.53	2.53
浙　江	2.35	2.30	2.28	2.26	2.21	2.26	2.22	2.21	2.21	2.27	2.30	2.30
安　徽	2.48	2.50	2.52	2.52	2.52	2.52	2.52	2.52	2.52	2.49	2.48	2.48
福　建												
江　西	2.07	2.07	2.07	2.07	2.07	2.07	2.07	2.07	2.07	2.08	2.11	2.14
山　东	2.50	2.53	2.53	2.56	2.58	2.58	2.58	2.56	2.56	2.56	2.55	2.55
河　南	2.57	2.77	2.77	2.77	2.77	2.77	2.77	2.77	2.68	2.61	2.60	2.60
湖　北	2.68	2.68	2.68	2.69	2.69	2.72	2.65	2.60	2.55	2.47	2.44	2.41
湖　南	2.18	2.18	2.23	2.41	2.44	2.44	2.44	2.44	2.44	2.44	2.44	2.50
广　东	3.35	3.38	3.43	3.62	3.45	3.52	3.47	3.45	3.53	3.50	3.50	3.40
广　西	2.71	2.74	2.68	2.67	2.68	2.66	2.72	2.80	2.78	2.75	2.72	2.72
海　南	2.80	2.89	2.91	2.84	2.83	2.80	2.85	2.84	2.86	2.85	2.81	2.76
重　庆	2.43	2.43	2.43	2.43	2.43	2.43	2.43	2.43	2.43	2.43	2.43	2.43
四　川	2.51	2.56	2.50	2.50	2.49	2.50	2.48	2.51	2.51	2.50	2.50	2.50
贵　州	2.34	2.28	2.26	2.29	2.29	2.29	2.31	2.32	2.38	2.38	2.35	2.33
云　南	2.53	2.59	2.60	2.60	2.62	2.62	2.62	2.62	2.62	2.62	2.62	2.63
西　藏												
陕　西	2.42	2.47	2.48	2.46	2.50	2.58	2.58	2.58	2.56	2.54	2.47	2.48
甘　肃	2.34	2.34	2.43	2.53	2.51	2.48	2.47	2.46	2.44	2.43	2.40	2.41
青　海	2.60	2.64	2.65	2.65	2.65	2.65	2.59	2.50	2.47	2.38	2.22	2.40
宁　夏	2.21	2.27	2.31	2.34	2.36	2.36	2.36	2.36	2.36	2.38	2.38	2.39
新　疆	2.04	2.04	2.04	2.04	2.06	2.07	2.08	2.10	2.11	2.12	2.12	2.18

数据来源：国家发改委

2014年全国各地区零售鲜奶平均价格（纯牛奶 盒装250mL 月度）

单位：元

地 区	01月	02月	03月	04月	05月	06月	07月	08月	09月	10月	11月	12月
北 京	3.07	2.95	2.97	3.04	3.04	3.04	3.09	3.11	3.11	3.11	3.11	3.12
天 津	3.00	3.00	3.00	2.87	2.80	2.93	3.00	3.00	3.00	2.87	2.80	2.20
河 北	3.15	3.15	3.14	3.11	3.09	3.15	3.15	2.73	2.69	2.68	2.86	2.73
山 西	2.89	2.94	2.94	2.94	2.90	2.89	2.88	2.86	2.90	2.90	2.90	2.85
内蒙古	4.22	4.23	4.23	4.23	4.23	4.23	4.23	4.23	4.23	4.14	4.17	4.22
辽 宁	2.79	2.81	2.81	2.81	2.81	2.81	2.81	2.78	2.77	2.74	2.73	2.74
吉 林	2.86	2.86	2.86	2.86	2.86	2.86	2.86	2.86	2.86	2.86	2.86	2.86
黑龙江	3.11	3.08	3.05	3.06	3.04	3.04	3.03	3.01	3.00	2.99	2.97	2.97
上 海	3.54	3.48	3.45	3.45	3.43	3.45	3.45	3.45	3.43	3.45	3.47	3.46
江 苏	3.64	3.64	3.68	3.69	3.71	3.73	3.71	3.70	3.67	3.67	3.67	3.66
浙 江	3.07	2.99	2.98	2.95	2.96	2.93	2.92	2.89	2.92	2.94	2.95	2.97
安 徽	2.87	2.89	2.90	2.90	2.90	2.90	2.90	2.91	2.91	2.91	2.91	2.90
福 建	3.05	3.05	3.04	2.98	2.94	2.91	2.87	2.90	2.93	2.90	2.94	2.97
江 西	2.67	2.67	2.67	2.67	2.67	2.67	2.67	2.67	2.67	2.67	2.68	2.82
山 东	2.98	2.99	3.00	3.00	3.02	3.03	3.03	3.02	3.02	3.00	2.98	2.98
河 南	2.97	3.07	3.07	3.07	3.07	3.07	3.07	3.07	3.00	2.96	2.97	2.97
湖 北	2.82	2.83	2.82	2.83	2.83	2.86	2.85	2.90	2.89	2.84	2.80	2.78
湖 南	2.59	2.62	2.66	2.68	2.67	2.60	2.53	2.53	2.59	2.59	2.54	2.58
广 东	2.90	2.93	2.93	2.91	2.85	2.79	2.74	2.75	2.73	2.76	2.75	2.73
广 西	2.81	2.87	2.88	2.95	2.90	2.87	2.93	2.88	2.85	2.87	2.90	2.84
海 南	2.79	2.82	2.81	2.77	2.71	2.70	2.64	2.64	2.64	2.70	2.66	2.64
重 庆	3.20	3.25	3.25	3.25	3.25	3.25	3.25	3.25	3.25	3.27	3.30	3.23
四 川	2.99	2.99	3.00	3.03	2.96	2.89	2.89	2.86	2.85	2.85	2.83	2.74
贵 州	2.61	2.68	2.69	2.67	2.66	2.65	2.67	2.73	2.74	2.75	2.79	2.78
云 南	3.07	3.05	3.01	3.01	3.01	3.01	3.07	3.07	3.07	3.07	3.07	3.07
西 藏	3.00	2.83	3.50	3.50	3.50	3.50	3.50	3.50	3.50	3.50	3.50	3.50
陕 西	2.85	2.85	2.84	2.84	2.83	2.83	2.83	2.81	2.77	2.76	2.77	2.79
甘 肃	3.27	3.28	3.33	3.39	3.31	3.37	3.35	3.28	3.27	3.27	3.26	3.38
青 海	2.75	2.75	2.75	2.62	2.55	2.60	2.70	2.81	3.00	3.00	3.03	3.05
宁 夏	2.71	2.73	2.69	2.66	2.65	2.66	2.63	2.67	2.68	2.70	2.70	2.71
新 疆	2.71	2.71	2.71	2.69	2.67	2.71	2.75	2.75	2.75	2.75	2.79	2.81

数据来源：国家发改委

2014年全国各地区零售盒装婴幼儿配方乳粉平均价格（国产三段 400g 月度）

单位：元

地 区	01月	02月	03月	04月	05月	06月	07月	08月	09月	10月	11月	12月
北 京	53.00	53.00	53.00	53.00	53.00	53.00	53.00	53.00	53.00	53.00	53.00	53.00
天 津	69.00	69.00	69.00	69.00	69.00	69.00	69.00	69.33	70.00	70.00	70.00	70.00
河 北	62.35	62.40	62.85	62.85	62.85	62.85	62.85	62.28	62.25	62.25	62.25	61.50
山 西	68.61	68.69	68.69	68.69	68.69	68.69	68.69	68.69	68.69	68.69	68.69	68.69
内蒙古	56.29	56.29	56.29	56.29	56.29	56.29	56.29	56.29	56.29	56.29	56.29	56.29
辽 宁	62.60	62.60	62.60	62.60	62.60	62.60	62.60	61.19	61.05	61.32	61.22	61.22
吉 林	65.50	65.50	66.39	66.83	66.83	66.83	66.83	66.83	66.83	66.83	66.83	66.83
黑龙江	69.37	69.35	69.33	69.26	69.24	69.29	69.29	69.04	68.91	68.91	68.33	68.10
上 海	45.50	45.50	45.50	45.50	45.50	45.50	45.50	45.50	45.50	45.50	45.50	45.50
江 苏	55.08	54.43	54.01	52.73	52.71	54.27	54.44	55.15	54.11	53.84	53.91	55.95
浙 江	60.45	60.43	61.66	62.56	62.42	62.63	62.77	62.70	62.19	61.52	61.50	61.24
安 徽	58.20	58.73	58.92	59.50	59.79	59.79	59.22	58.46	58.46	57.99	57.76	57.66
福 建												
江 西	59.57	59.57	59.57	60.02	60.92	60.92	60.92	60.92	61.36	62.25	62.25	61.88
山 东	59.36	59.36	59.36	59.36	59.39	59.40	59.40	59.40	59.40	59.40	59.40	59.40
河 南	73.00	73.00	73.00	73.00	73.00	73.00	73.00	73.00	73.00	73.00	73.00	73.00
湖 北	58.92	59.18	59.12	59.08	59.56	59.98	60.50	60.62	60.91	62.18	62.66	62.67
湖 南	54.71	54.71	54.71	54.71	54.71	54.58	54.51	54.51	54.51	54.51	54.51	56.72
广 东	57.80	57.95	58.18	58.09	58.17	58.19	58.25	57.82	58.22	58.30	58.53	58.02
广 西	60.92	60.92	60.92	65.92	65.92	66.67	66.70	65.42	65.57	65.57	66.11	67.67
海 南	70.31	69.85	69.85	69.85	69.85	69.85	69.85	69.85	69.85	69.30	70.97	72.97
重 庆	66.50	66.50	66.78	67.34	67.34	67.34	66.64	65.25	65.25	65.25	65.25	65.25
四 川	58.61	58.56	58.46	58.47	58.67	58.67	58.59	58.59	58.97	58.97	58.97	59.08
贵 州	80.11	80.82	80.82	80.82	80.82	80.82	77.98	74.61	73.87	71.07	68.39	68.88
云 南	67.36	67.36	67.36	67.36	67.52	67.61	70.11	70.06	70.06	70.54	71.02	68.12
西 藏	76.65	76.65	76.65	76.65	76.65	76.65	76.65	76.65	76.65	76.65	76.65	76.65
陕 西	70.09	70.09	70.09	70.09	71.72	71.72	71.72	71.72	71.28	71.28	71.32	71.35
甘 肃	67.46	67.44	68.27	69.94	69.56	69.60	69.88	69.51	72.10	73.58	72.86	72.31
青 海	40.29	40.29	40.29	40.29	40.29	43.66	43.66	43.66	60.50	60.50	46.10	42.50
宁 夏	85.67	85.67	85.67	85.67	85.67	88.67	88.67	88.25	87.73	88.34	89.86	90.67
新 疆	56.43	56.10	56.10	56.22	57.32	57.90	58.10	58.52	58.14	58.52	58.52	59.87

数据来源：国家发改委

2014 年全国各地区零售盒装婴幼儿配方乳粉平均价格（进口三段 400g 月度）

单位：元

地　区	01 月	02 月	03 月	04 月	05 月	06 月	07 月	08 月	09 月	10 月	11 月	12 月
北　京	71.45	73.58	72.52	71.45	71.45	71.45	71.45	71.45	71.45	71.45	69.85	66.35
天　津	74.50	74.50	74.50	73.37	72.80	72.63	72.30	72.37	72.50	72.50	72.50	73.83
河　北	80.75	81.00	82.55	82.05	81.50	81.64	81.84	80.25	80.75	80.75	80.75	81.66
山　西	79.69	79.80	79.80	79.80	79.80	79.80	79.80	79.80	79.80	79.80	80.74	81.21
内蒙古	99.20	99.20	99.20	99.20	99.20	100.36	100.36	100.36	100.36	100.36	100.37	100.37
辽　宁	77.25	77.25	77.25	77.25	77.25	77.25	77.25	76.65	76.65	78.29	78.09	78.09
吉　林	73.20	73.20	74.24	74.76	74.76	74.76	74.76	74.76	74.76	74.76	74.76	74.76
黑龙江	91.58	91.39	91.02	91.23	91.23	91.34	91.34	91.34	91.34	91.34	91.43	91.59
上　海	75.10	76.50	77.50	76.33	75.40	76.00	77.87	78.73	78.23	78.50	78.53	79.00
江　苏	70.07	71.32	71.52	71.99	72.22	72.02	71.52	71.75	72.47	72.43	72.60	71.61
浙　江	89.15	88.46	88.95	89.42	88.98	89.16	89.13	89.12	89.04	88.96	89.06	88.64
安　徽	78.02	78.02	78.02	78.02	78.02	78.02	77.67	76.97	76.97	76.97	76.97	76.77
福　建	73.89	73.59	73.54	73.19	72.44	72.18	72.18	72.15	72.07	71.66	71.95	72.34
江　西	71.47	71.47	71.47	71.81	72.47	72.47	72.47	72.47	73.03	74.14	74.14	73.84
山　东	75.37	75.37	75.37	75.37	75.37	75.37	75.37	75.12	75.12	75.12	75.12	75.08
河　南	81.00	81.00	81.00	81.00	81.00	81.00	81.00	81.00	81.00	81.00	81.00	81.00
湖　北	80.18	80.28	80.24	80.03	79.65	79.81	79.93	79.84	79.79	79.95	80.04	79.95
湖　南	71.54	71.78	71.34	71.34	71.34	70.57	70.19	70.19	70.19	70.16	70.11	69.14
广　东	76.73	77.35	77.23	77.15	76.35	75.99	76.13	75.99	76.13	76.32	76.13	77.07
广　西	75.67	75.67	75.67	91.98	91.98	92.20	88.34	89.30	89.86	90.97	91.64	92.98
海　南	71.98	71.98	71.98	71.98	71.98	71.91	71.98	71.98	71.98	71.89	71.85	71.85
重　庆	81.04	82.57	83.34	83.34	83.34	83.34	83.34	81.34	81.34	81.34	81.34	81.34
四　川	73.75	73.54	74.31	74.07	73.92	73.81	73.58	72.81	71.95	71.86	71.86	71.90
贵　州	96.07	106.13	101.92	93.50	93.50	93.50	93.50	92.66	93.50	90.45	84.34	84.34
云　南	81.21	81.21	81.21	81.21	81.63	81.84	85.15	86.55	86.55	86.63	87.06	83.68
西　藏	141.20	141.20	141.20	141.20	141.20	141.20	141.20	141.20	141.20	141.20	141.20	141.20
陕　西	93.86	93.86	92.86	92.98	94.98	94.93	94.93	94.93	94.93	94.93	94.14	94.31
甘　肃	101.88	101.88	102.29	103.13	103.13	103.13	102.81	102.25	104.18	104.96	104.64	107.34
青　海	143.00	143.00	143.00	143.00	143.00	143.00	143.00	143.00	97.00	97.00	80.20	76.00
宁　夏	153.79	153.79	153.79	153.79	153.79	153.79	153.79	153.79	153.57	153.12	147.74	144.75
新　疆	108.73	108.56	108.56	108.73	109.44	109.06	109.17	109.25	109.25	109.25	109.13	105.83

数据来源：国家发改委

2015 年全国各地区零售鲜奶平均价格（纯牛奶 利乐枕 240mL 月度）

单位：元

地 区	01 月	02 月	03 月	04 月	05 月	06 月	07 月	08 月	09 月	10 月	11 月	12 月
北 京	2.60	2.60	2.53	2.46	2.30	2.30	2.36	2.38	2.38	2.48	2.52	2.59
天 津	1.80	1.97	2.05	2.30	2.30	2.30	1.90	1.90	1.80	1.80	1.80	1.80
河 北	2.16	2.12	2.10	2.12	2.12	2.04	2.04	2.03	2.03	2.02	2.02	2.03
山 西	2.74	2.77	2.72	2.66	2.65	2.62	2.56	2.45	2.44	2.46	2.43	2.43
内蒙古	2.60	2.56	2.57	2.56	2.54	2.48	2.46	2.47	2.50	2.52	2.52	2.55
辽 宁	2.28	2.29	2.24	2.17	2.18	2.25	2.29	2.28	2.27	2.27	2.27	2.26
吉 林	2.59	2.59	2.56	2.54	2.53	2.53	2.53	2.53	2.53	2.54	2.54	2.54
黑龙江	2.25	2.05	2.06	2.06	2.07	2.07	2.02	2.03	2.06	2.12	2.12	2.15
上 海	3.15	3.09	3.03	3.05	3.07	3.09	3.09	3.09	3.09	3.09	3.09	3.09
江 苏	2.49	2.45	2.49	2.50	2.50	2.50	2.50	2.48	2.45	2.44	2.40	2.37
浙 江	2.28	2.29	2.30	2.30	2.26	2.28	2.28	2.27	2.27	2.26	2.27	2.25
安 徽	2.48	2.48	2.48	2.47	2.45	2.45	2.45	2.45	2.42	2.42	2.42	2.42
福 建												
江 西	2.14	2.14	2.14	2.16	2.20	2.25	2.30	2.33	2.33	2.33	2.33	2.33
山 东	2.55	2.55	2.55	2.55	2.55	2.55	2.55	2.55	2.55	2.55	2.55	2.55
河 南	2.60	2.60	2.60	2.60	2.60	2.60	2.60	2.60	2.60	2.60	2.60	2.60
湖 北	2.36	2.35	2.35	2.36	2.36	2.35	2.33	2.33	2.32	2.31	2.31	2.31
湖 南	2.47	2.44	2.44	2.44	2.44	2.44	2.44	2.44	2.44	2.44	2.44	2.44
广 东	2.92	2.75	2.65	2.77	2.58	2.79	2.88	2.88	2.92	2.93	2.92	2.86
广 西	2.67	2.74	2.69	2.78	2.74	2.71	2.69	2.67	2.64	2.65	2.66	2.65
海 南	2.76	2.71	2.68	2.67	2.63	2.64	2.71	2.73	2.74	2.87	2.87	2.87
重 庆	2.43	2.43	2.43	2.43	2.43	2.43	2.43	2.43	2.43	2.43	2.43	2.43
四 川	2.44	2.38	2.49	2.53	2.52	2.59	2.59	2.59	2.59	2.59	2.54	2.53
贵 州	2.31	2.26	2.26	2.27	2.27	2.31	2.27	2.29	2.28	2.47	2.48	2.43
云 南	2.63	2.63	2.63	2.64	2.65	2.66	2.66	2.66	2.66	2.66	2.66	2.66
西 藏												
陕 西	2.22	2.16	2.19	2.15	2.14	2.09	2.04	2.04	2.04	2.04	2.04	2.06
甘 肃	2.40	2.42	2.40	2.36	2.39	2.37	2.35	2.40	2.38	2.37	2.38	2.38
青 海	2.40	2.40	2.40	2.38	2.32	2.30	2.30	2.30	2.30	2.30	2.30	2.30
宁 夏	2.37	2.33	2.34	2.34	2.30	2.20	2.22	2.24	2.22	2.24	2.19	2.22
新 疆	2.13	2.13	2.11	2.12	2.15	2.13	2.12	2.19	2.17	2.15	2.18	2.19

数据来源：国家发改委

2015年全国各地区零售鲜奶平均价格（纯牛奶 盒装250mL 月度）

单位：元

地 区	01月	02月	03月	04月	05月	06月	07月	08月	09月	10月	11月	12月
北 京	3.10	3.06	2.95	2.93	3.01	3.05	3.01	3.05	3.17	3.40	3.47	3.38
天 津	2.23	2.60	2.80	2.80	2.80	2.80	2.27	2.80	2.80	2.80	2.80	2.80
河 北	2.67	2.67	2.70	2.71	2.67	2.55	2.56	2.59	2.60	2.71	2.88	2.89
山 西	2.84	2.90	2.86	2.81	2.79	2.74	2.71	2.69	2.66	2.69	2.71	2.71
内蒙古	4.18	4.04	4.15	4.13	4.09	3.95	3.72	3.64	3.70	3.70	3.71	3.76
辽 宁	2.73	2.73	2.72	2.72	2.73	2.72	2.71	2.71	2.70	2.70	2.70	2.70
吉 林	2.83	2.83	2.83	2.83	2.83	2.83	2.83	2.83	2.83	2.83	2.84	2.86
黑龙江	2.85	2.88	2.83	2.73	2.73	2.73	2.75	2.80	2.76	2.75	2.75	2.76
上 海	3.48	3.47	3.44	3.44	3.45	3.46	3.44	3.46	3.44	3.44	3.42	3.44
江 苏	3.61	3.55	3.60	3.62	3.61	3.61	3.61	3.59	3.58	3.54	3.52	3.41
浙 江	2.94	2.94	2.94	2.94	2.85	2.87	2.87	2.89	2.89	2.93	2.93	2.93
安 徽	2.89	2.89	2.89	2.88	2.87	2.87	2.87	2.87	2.91	2.91	2.91	2.91
福 建	2.88	2.85	2.76	2.81	2.77	2.73	2.72	2.72	2.76	2.69	2.71	2.72
江 西	2.86	2.86	2.86	2.90	2.94	2.97	2.99	3.00	3.00	3.00	3.00	3.00
山 东	2.97	2.96	2.96	2.96	2.95	2.95	2.95	2.95	2.95	2.95	2.94	2.95
河 南	2.97	2.97	2.97	2.97	2.97	2.97	2.97	2.97	2.97	2.97	2.97	2.97
湖 北	2.72	2.71	2.72	2.74	2.75	2.75	2.82	2.88	2.88	2.86	2.86	2.86
湖 南	2.55	2.53	2.53	2.53	2.53	2.61	2.59	2.58	2.63	2.59	2.55	2.54
广 东	2.84	2.77	2.73	2.74	2.65	2.66	2.71	2.72	2.78	2.80	2.74	2.75
广 西	2.75	2.85	2.80	2.88	2.82	2.76	2.72	2.76	2.74	2.75	2.75	2.69
海 南	2.62	2.69	2.61	2.68	2.70	2.67	2.67	2.66	2.63	2.62	2.62	2.62
重 庆	3.07	3.08	3.08	3.08	3.13	3.13	3.13	3.13	3.13	3.11	3.10	3.10
四 川	2.71	2.73	2.77	2.76	2.77	2.79	2.78	2.78	2.78	2.78	2.82	2.82
贵 州	2.68	2.64	2.63	2.64	2.64	2.66	2.64	2.66	2.64	2.64	2.63	2.63
云 南	3.07	3.07	3.07	3.07	3.07	3.07	3.07	3.06	3.06	3.06	3.06	3.06
西 藏	3.50	3.50	3.50	3.50	3.50	3.50	3.50	3.50	3.50	3.50	3.50	3.50
陕 西	2.60	2.72	2.60	2.71	2.77	2.70	2.64	2.64	2.64	2.64	2.62	2.62
甘 肃	3.36	3.37	3.33	3.35	3.40	3.41	3.41	3.41	3.41	3.41	3.41	3.47
青 海	3.05	3.02	3.05	2.99	2.96	3.03	3.03	3.03	3.03	3.03	3.03	3.03
宁 夏	2.75	2.70	2.47	2.36	2.41	2.40	2.45	2.40	2.40	2.58	2.63	2.67
新 疆	2.84	2.85	2.91	2.89	2.86	2.88	2.88	3.09	3.06	3.14	3.03	3.15

数据来源：国家发改委

2015年全国各地区零售盒装婴幼儿配方乳粉平均价格（国产三段400g月度）

单位：元

地　区	01月	02月	03月	04月	05月	06月	07月	08月	09月	10月	11月	12月
北　京	53.00	53.00	53.00	53.00	53.00	52.63	53.00	53.00	53.00	53.00	53.00	53.00
天　津	70.00	70.00	69.00	69.00	67.00	66.00	66.00	66.00	66.00	66.00	66.00	66.00
河　北	61.50	61.50	62.07	62.07	62.35	62.35	62.35	62.35	62.35	62.35	62.35	62.40
山　西	68.69	68.69	68.69	68.69	68.72	68.77	68.77	68.77	68.77	68.77	68.77	68.77
内蒙古	55.97	55.49	55.81	55.81	55.81	55.81	55.24	54.46	54.46	54.46	54.46	54.46
辽　宁	61.22	61.22	61.22	61.22	61.22	61.09	60.84	60.90	61.00	61.10	61.60	61.80
吉　林	66.83	66.83	66.83	66.83	66.83	66.83	66.83	66.83	66.83	66.83	66.83	66.83
黑龙江	66.24	67.30	66.82	65.88	65.47	65.35	65.35	65.35	65.45	65.66	65.66	65.66
上　海	45.50	45.50	43.00	45.50	45.50	45.50	45.50	45.50	45.50	45.50	45.50	45.50
江　苏	55.72	53.62	54.16	55.19	56.45	57.44	57.05	57.60	57.06	57.06	57.06	57.06
浙　江	61.36	61.70	61.94	61.92	62.17	62.14	61.91	61.78	61.87	61.91	61.90	61.95
安　徽	57.61	57.61	57.61	57.61	57.11	56.77	56.77	56.77	55.57	55.57	55.57	55.57
福　建	50.48	50.63	50.37	50.07	49.99	49.99	49.99	49.99	49.99	49.99	49.76	49.76
江　西	60.97	60.97	60.97	61.31	61.47	61.47	61.47	61.47	61.47	61.47	61.47	61.47
山　东	59.40	59.24	59.24	59.24	59.24	59.24	59.24	59.24	59.24	59.24	59.24	59.24
河　南	73.00	73.00	73.00	73.00	73.00	73.00	73.00	73.00	73.00	73.00	73.00	73.00
湖　北	62.39	61.99	62.04	62.38	62.08	61.82	61.92	61.97	61.94	62.05	62.21	62.26
湖　南	55.48	54.51	54.51	54.51	54.51	54.51	54.51	54.51	54.51	54.51	54.51	54.51
广　东	61.42	61.85	61.45	61.67	61.90	60.76	60.78	60.74	60.75	60.78	60.10	59.71
广　西	68.60	68.37	68.20	67.82	67.71	67.71	68.62	68.60	68.60	68.64	68.66	68.66
海　南	73.22	73.01	72.93	73.10	73.01	73.10	73.01	72.85	72.85	72.85	72.85	72.85
重　庆	65.25	65.25	65.25	65.25	65.25	65.25	65.25	65.25	65.25	65.25	65.25	65.25
四　川	59.30	59.35	59.35	58.54	58.54	58.54	58.54	58.54	58.54	58.54	59.37	59.37
贵　州	69.69	71.75	71.67	68.42	67.92	67.92	67.92	69.35	69.35	69.35	69.35	70.20
云　南	65.52	76.31	91.39	91.39	91.66	91.79	91.79	91.79	91.79	91.79	90.82	90.34
西　藏	76.65	76.65	76.65	76.65	76.65	76.65	76.65	76.65	76.65	76.65	76.65	76.65
陕　西	71.35	71.35	71.35	71.35	71.35	71.35	71.35	71.35	71.35	71.35	71.35	71.35
甘　肃	78.28	76.15	72.56	70.73	71.60	71.89	71.75	72.06	72.10	72.10	71.53	71.24
青　海	42.50	42.50	42.50	42.50	42.50	42.50	42.50	42.50	42.50	42.50	42.50	42.50
宁　夏	90.67	90.67	90.67	90.67	90.67	90.67	89.34	88.06	87.75	91.75	91.75	91.75
新　疆	59.15	59.15	59.52	56.54	58.92	58.82	60.41	64.74	66.91	66.60	67.87	68.28

数据来源：国家发改委

2015年全国各地区零售盒装婴幼儿配方乳粉平均价格（进口三段400g月度）

单位：元

地区	01月	02月	03月	04月	05月	06月	07月	08月	09月	10月	11月	12月
北京	66.35	63.02	60.85	59.85	45.80	40.80	41.93	57.33	74.82	74.45	74.38	74.23
天津	74.50	74.50	72.00	72.00	73.67	69.53	69.53	74.50	74.50	74.50	74.50	74.50
河北	81.66	81.66	81.66	81.66	81.66	81.66	81.66	81.66	81.66	81.66	81.66	80.61
山西	81.21	81.21	81.21	81.21	81.21	81.21	81.21	81.21	81.21	81.21	81.21	81.21
内蒙古	100.37	100.37	100.37	100.37	100.37	100.37	100.37	100.37	100.37	100.37	100.37	100.37
辽宁	78.09	78.09	78.09	78.09	78.09	77.95	76.30	77.25	77.04	76.71	76.46	76.38
吉林	74.76	74.17	73.17	73.26	73.26	73.26	73.26	73.26	73.26	73.26	73.26	73.26
黑龙江	92.63	92.72	92.78	92.90	92.21	91.87	91.87	91.87	91.87	91.87	91.87	91.87
上海	76.20	76.20	76.20	76.20	76.20	76.20	76.20	76.20	76.20	76.20	76.20	76.20
江苏	70.77	71.22	71.38	71.78	71.27	72.03	72.40	71.90	71.11	71.93	71.47	71.60
浙江	88.89	87.94	87.72	87.72	86.41	86.38	86.00	85.85	85.79	85.88	86.15	86.47
安徽	76.67	76.67	76.67	76.67	76.67	76.48	76.48	76.48	76.48	76.48	76.48	76.48
福建	72.34	72.34	72.37	72.73	72.89	72.72	72.62	72.61	72.41	72.44	72.25	72.07
江西	72.47	72.47	72.47	72.94	73.17	73.17	73.17	73.17	73.17	73.17	73.17	73.17
山东	75.06	73.65	73.65	73.65	73.65	73.65	73.65	73.65	73.65	73.65	73.65	74.06
河南	81.00	81.00	81.00	81.00	81.00	81.00	81.00	81.00	81.00	81.00	81.00	81.00
湖北	80.42	80.34	80.18	80.33	80.33	80.33	80.33	80.33	80.19	80.08	80.08	80.37
湖南	70.31	71.04	71.04	71.04	71.04	71.04	71.04	71.04	71.04	71.04	71.04	71.04
广东	78.94	79.91	80.18	80.18	78.63	78.35	77.67	76.96	76.15	75.89	75.49	75.09
广西	92.98	92.85	92.85	93.07	93.18	93.52	93.97	93.97	93.97	94.88	96.53	96.52
海南	71.93	71.98	72.27	72.85	72.85	71.27	71.43	73.10	72.90	72.90	72.90	72.90
重庆	81.06	80.50	80.50	80.50	80.50	80.50	80.50	80.50	80.50	80.50	80.50	80.50
四川	72.08	72.14	71.66	71.41	71.41	70.62	70.82	70.82	70.82	70.82	71.86	71.86
贵州	84.34	84.34	84.34	84.34	84.34	99.50	104.56	104.56	104.56	104.56	104.56	108.06
云南	80.83	140.37	140.37	140.36	140.37	140.12	140.12	140.11	140.08	140.08	146.21	149.32
西藏	141.20	141.20	141.20	141.20	141.20	141.20	141.20	141.20	141.20	141.20	141.20	141.20
陕西	94.31	94.31	94.31	94.31	94.31	94.31	94.31	94.31	94.31	94.31	94.31	94.31
甘肃	119.22	115.95	111.54	110.30	110.98	111.31	111.81	112.25	113.13	113.13	113.17	113.19
青海	87.00	87.00	81.50	87.00	87.00	87.00	87.00	87.00	87.00	87.00	62.00	55.75
宁夏	144.75	144.50	144.75	144.75	144.75	144.75	144.75	142.64	142.34	142.34	142.34	142.34
新疆	104.82	108.88	111.86	104.27	108.27	110.05	111.65	110.82	105.88	110.38	102.98	102.88

数据来源：国家发改委

2016年全国各地区零售鲜奶平均价格（纯牛奶 利乐枕240mL月度）

单位：元

地 区	01月	02月	03月	04月	05月	06月	07月	08月	09月	10月	11月	12月
北 京	2.53	2.40	2.39	2.40	2.40	2.41	2.49	2.52	2.59	2.59	2.56	2.54
天 津	1.80	1.97	2.30	2.30	2.30	2.30	2.30	2.05	1.96	1.96	1.96	1.96
河 北	2.05	2.04	2.08	2.07	2.06	2.07	2.04	2.04	2.09	2.12	2.09	2.10
山 西	2.45	2.45	2.45	2.45	2.45	2.48	2.48	2.49	2.48	2.48	2.49	2.49
内蒙古	2.58	2.58	2.58	2.62	2.62	2.63	2.60	2.57	2.57	2.55	2.54	2.56
辽 宁	2.24	2.24	2.24	2.27	2.24	2.27	2.24	2.27	2.25	2.25	2.25	2.33
吉 林	2.55	2.56	2.56	2.56	2.56	2.56	2.56	2.56	2.56	2.56	2.56	2.56
黑龙江	2.21	2.20	2.19	2.20	2.18	2.17	2.15	2.16	2.18	2.16	2.18	2.17
上 海	3.07	3.08	3.08	3.08	3.07	3.07	2.88	2.88	2.88	2.89	2.83	2.83
江 苏	2.34	2.33	2.34	2.33	2.44	2.46	2.43	2.40	2.41	2.41	2.41	2.42
浙 江	2.23	2.24	2.23	2.18	2.20	2.17	2.18	2.18	2.19	2.18	2.20	2.17
安 徽	2.42	2.42	2.42	2.42	2.42	2.43	2.46	2.46	2.46	2.46	2.46	2.46
福 建												
江 西	2.33	2.33	2.33	2.33	2.33	2.33	2.33	2.33	2.33	2.33	2.33	2.33
山 东	2.55	2.55	2.55	2.56	2.56	2.56	2.56	2.55	2.55	2.55	2.55	2.55
河 南	2.40	2.40	2.40	2.40	2.40	2.40	2.40	2.40	2.40	2.40	2.40	2.40
湖 北	2.36	2.37	2.38	2.38	2.38	2.38	2.38	2.40	2.40	2.41	2.41	2.41
湖 南	2.44	2.44	2.44	2.44	2.44	2.44	2.44	2.44	2.44	2.44	2.44	2.44
广 东	3.30	3.28	3.33	3.30	3.33	3.17	3.30	3.20	3.25	3.28	2.55	2.55
广 西	2.70	2.69	2.71	2.70	2.66	2.71	2.71	2.73	2.73	2.68	2.68	2.68
海 南	2.87	2.87	2.87	2.88	2.92	2.94	2.87	2.86	2.85	2.89	2.86	2.86
重 庆	2.43	2.43	2.43	2.43		2.32	2.32	2.32	2.32	2.32	2.32	2.32
四 川	2.52	2.52	2.52	2.52	2.50	2.47	2.47	2.47	2.47	2.47	2.47	2.47
贵 州	2.44	2.41	2.34	2.40	2.43	2.45	2.45	2.39	2.43	2.43	2.41	2.35
云 南	2.66	2.65	2.66	2.65	2.65	2.65	2.66	2.68	2.70	2.70	2.70	2.70
西 藏												
陕 西	2.09	2.09	2.09	2.09	2.08	2.05	2.01	1.89	1.99	1.99	1.99	1.99
甘 肃	2.43	2.47	2.50	2.50	2.47	2.45	2.47	2.35	2.36	2.44	2.44	2.46
青 海	2.30	2.30	2.31	2.24	2.24	2.22	2.24	2.22	2.23	2.20	2.20	2.23
宁 夏	2.20	2.22	2.20	2.20	2.20	2.21	2.22	2.22	2.22	2.22	2.23	2.23
新 疆	2.15	2.07	2.12	2.12	2.13	2.13	2.15	2.18	2.17	2.18	2.17	2.16

数据来源：国家发改委

2016年全国各地区零售鲜奶平均价格（纯牛奶 盒装250mL 月度）

单位：元

地区	01月	02月	03月	04月	05月	06月	07月	08月	09月	10月	11月	12月
北京	3.35	3.35	3.35	3.35	3.35	3.29	3.35	3.35	3.35	3.35	3.20	3.13
天津	2.80	2.80	2.80	2.80	2.80	2.80	2.80	2.39	2.26	2.15	2.37	2.39
河北	2.95	2.91	2.81	2.83	2.91	2.94	2.99	2.91	2.97	2.92	2.88	2.89
山西	2.68	2.66	2.66	2.62	2.64	2.65	2.65	2.65	2.65	2.65	2.67	2.67
内蒙古	3.74	3.74	3.76	3.76	3.74	3.76	3.85	3.75	3.61	3.62	3.64	3.62
辽宁	2.72	2.72	2.72	2.72	2.72	2.74	2.72	2.72	2.72	2.72	2.72	2.77
吉林	2.87	2.88	2.88	2.88	2.98	3.18	3.18	3.18	3.18	3.18	3.18	3.18
黑龙江	2.82	2.82	2.81	2.82	2.78	2.78	2.78	2.73	2.73	2.73	2.70	2.70
上海	3.47	3.45	3.43	3.43	3.43	3.43	3.48	3.49	3.49	3.49	3.49	3.48
江苏	3.41	3.35	3.35	3.35	3.31	3.30	3.30	3.30	3.31	3.33	3.33	3.34
浙江	2.90	2.92	2.87	2.84	2.79	2.71	2.72	2.76	2.77	2.76	2.77	2.79
安徽	2.91	2.87	2.85	2.85	2.85	2.82	2.76	2.76	2.76	2.76	2.76	2.76
福建	2.70	2.69	2.67	2.72	2.75	2.72	2.70	2.74	2.72	2.71	2.71	2.74
江西	3.00	3.00	3.00	3.00	3.00	3.00	3.00	3.00	3.00	3.00	3.00	3.00
山东	2.95	2.95	2.95	2.95	2.95	2.95	2.95	2.94	2.94	2.94	2.93	2.93
河南	2.77	2.79	2.79	2.79	2.79	2.79	2.79	2.79	2.79	2.79	2.79	2.79
湖北	2.82	2.81	2.80	2.82	2.84	2.83	2.83	2.86	2.84	2.84	2.85	2.85
湖南	2.54	2.55	2.54	2.54	2.55	2.54	2.54	2.54	2.54	2.55	2.56	2.56
广东	2.76	2.70	2.63	2.63	2.68	2.69	2.76	2.73	2.71	2.67	2.65	2.63
广西	2.78	2.76	2.79	2.78	2.74	2.73	2.73	2.74	2.72	2.69	2.71	2.71
海南	2.62	2.79	2.79	2.82	2.88	2.79	2.74	2.74	2.77	2.80	2.82	2.80
重庆	3.10	3.10	3.10	3.10		3.10	3.10	3.10	3.10	3.10	3.10	3.09
四川	2.82	2.78	2.78	2.75	2.73	2.73	2.77	2.77	2.79	2.80	2.80	2.70
贵州	2.66	2.60	2.48	2.56	2.63	2.63	2.68	2.70	2.70	2.70	2.70	2.70
云南	3.05	3.05	3.05	3.05	3.05	3.05	3.05	3.05	3.05	3.05	3.03	3.00
西藏	3.50	3.50	3.50	3.50	3.50	3.50	3.50	3.50	3.50	3.50	3.50	3.50
陕西	2.64	2.64	2.64	2.64	2.64	2.61	2.55	2.55	2.63	2.63	2.63	2.63
甘肃	3.44	3.44	3.56	3.44	3.45	3.52	3.52	3.52	3.52	3.48	3.35	3.34
青海	3.03	2.99	3.18	3.12	3.15	3.15	3.12	3.08	3.00	2.98	2.98	3.08
宁夏	2.89	2.93	2.94	2.94	2.94	2.94	2.92	2.92	2.89	2.89	2.85	2.85
新疆	3.07	2.84	2.86	2.85	2.88	2.88	2.88	2.86	2.81	2.81	2.79	2.78

数据来源：国家发改委

2016年全国各地区零售盒装婴幼儿配方乳粉平均价格（国产三段 400g 月度）

单位：元

地 区	01月	02月	03月	04月	05月	06月	07月	08月	09月	10月	11月	12月
北 京	52.50	52.50	52.50	52.50	52.50	52.50	52.50	52.50	52.50	52.50	52.50	52.50
天 津	66.00	66.00	66.00	66.00	66.00	66.00	66.00	60.64	61.59	61.59	61.59	61.59
河 北	62.45	62.35	62.35	61.77	60.15	59.15	65.52	67.10	69.60	69.60	69.60	69.65
山 西	68.77	68.77	68.77	68.77	68.77	68.77	68.77	68.77	68.77	68.77	68.77	68.77
内蒙古	54.46	54.46	54.46	54.46	54.46	54.46	54.46	54.46	54.46	54.46	54.46	54.46
辽 宁	61.45	61.35	61.35	61.35	61.35	61.35	61.05	60.85	61.14	61.70	61.70	62.73
吉 林	66.83	66.83	66.83	66.83	66.06	64.50	64.50	64.50	64.50	64.50	64.50	64.50
黑龙江	66.77	66.73	66.82	67.12	67.77	69.23	69.85	69.85	69.85	69.85	70.27	70.85
上 海	45.50	45.50	45.50	50.17	52.50	52.50	52.50	52.50	52.50	52.50	52.50	52.50
江 苏	57.06	57.06	57.06	57.06	57.06	56.99	57.61	58.10	58.72	58.72	58.72	58.72
浙 江	62.11	62.16	62.66	65.14	65.95	66.06	66.03	65.85	65.88	65.64	65.61	65.90
安 徽	55.57	55.57	56.13	56.42	56.42	56.43	56.51	56.51	56.51	56.51	56.51	56.51
福 建	49.99	49.99	49.99	49.76	49.99	49.99	49.87	49.99	53.87	55.80	55.84	55.83
江 西	61.47	61.47	61.09	61.09	61.09	61.09	61.09	61.09	61.09	61.09	61.09	61.09
山 东	59.24	59.24	59.24	59.24	59.24	59.24	59.24	59.24	59.24	59.24	59.24	59.24
河 南	64.92	64.92	64.92	64.92	64.92	64.92	64.92	64.98	65.01	65.01	65.01	65.01
湖 北	62.36	62.24	62.11	63.14	63.26	63.16	63.11	63.31	63.31	63.31	63.31	63.30
湖 南	54.51	54.53	54.57	54.57	54.57	54.57	54.57	54.57	54.57	54.57	54.57	54.57
广 东	59.92	58.67	58.49	58.65	60.02	59.38	59.55	59.17	58.89	59.30	57.25	56.86
广 西	68.66	68.55	68.32	67.31	67.49	68.27	68.30	68.36	68.30	68.19	68.30	68.25
海 南	72.85	72.85	72.85	72.85	72.85	73.10	73.10	73.10	72.93	73.10	73.10	73.01
重 庆	65.25	65.25	65.25	65.25		65.25	65.25	65.25	65.25	65.25	65.25	65.25
四 川	59.37	59.37	59.37	59.37	59.37	59.37	59.37	59.37	59.37	59.37	59.37	60.15
贵 州	71.26	71.38	71.13	70.44	70.44	70.44	70.44	70.44	70.44	70.44	70.44	70.44
云 南	90.43	90.65	90.65	90.80	90.80	90.80	90.80	90.80	90.80	90.80	90.84	90.30
西 藏	76.65	76.65	76.65	76.65	76.65	76.65	76.65	76.65	76.65	76.65	76.65	76.65
陕 西	71.35	71.35	71.35	71.35	71.31	71.31	71.54	71.31	72.00	72.00	72.00	72.00
甘 肃	68.53	68.53	69.68	69.68	69.68	69.68	69.68	69.68	69.68	77.71	93.77	93.77
青 海	42.50	42.50	42.50	42.50	42.50	42.50	42.50	42.50	42.50	42.50	42.50	42.50
宁 夏	85.37	85.37	85.37	85.37	85.37	85.37	83.70	80.37	80.37	80.37	82.45	82.45
新 疆	67.80	69.60	69.92	70.15	68.89	69.63	69.99	68.73	67.96	68.06	68.06	68.04

数据来源：国家发改委

2016年全国各地区零售盒装婴幼儿配方乳粉平均价格（进口三段 400g 月度）

单位：元

地区	01月	02月	03月	04月	05月	06月	07月	08月	09月	10月	11月	12月
北京	74.56	74.56	74.56	74.56	74.56	74.56	74.56	74.56	74.45	74.45	74.56	74.56
天津	74.50	74.50	74.50	74.50	74.50	74.50	74.50	87.28	90.17	90.17	90.59	89.92
河北	76.00	76.00	76.00	78.59	79.89	79.47	79.89	79.89	79.89	79.81	79.56	79.89
山西	81.04	80.96	80.96	80.96	80.96	80.96	80.96	80.96	80.96	80.96	80.96	80.96
内蒙古	100.37	100.37	100.37	100.37	100.37	99.20	99.20	99.20	99.20	99.59	100.37	100.37
辽宁	76.01	76.01	76.01	76.01	76.01	76.01	76.47	76.62	76.73	77.02	77.02	77.16
吉林	73.26	73.26	73.26	73.26	72.92	72.25	72.25	72.25	72.25	72.25	72.25	72.25
黑龙江	88.90	88.90	89.07	89.67	89.67	89.67	89.67	89.67	89.67	89.67	89.67	89.72
上海	76.20	76.20	76.20	76.20	76.20	76.20	76.20	76.20	76.20	76.20	76.20	75.68
江苏	72.33	72.33	72.02	71.29	70.75	71.52	72.01	72.64	72.68	71.87	72.86	72.76
浙江	86.51	86.65	87.40	90.67	92.46	92.40	92.23	92.15	91.69	91.54	91.72	91.71
安徽	76.48	76.48	77.18	77.18	77.18	77.18	77.18	77.18	77.18	77.18	77.18	77.18
福建	71.85	71.85	72.00	72.04	72.04	72.04	72.06	72.01	73.13	73.49	73.63	73.66
江西	73.17	73.17	72.90	72.90	72.90	72.90	72.90	72.90	72.90	72.90	72.90	72.90
山东	74.06	74.06	74.06	74.06	74.06	74.06	74.06	74.06	74.06	74.06	74.06	74.06
河南	80.20	80.18	81.14	81.14	81.14	81.14	81.14	81.18	81.20	81.20	81.20	81.20
湖北	80.37	80.37	80.37	80.51	80.83	80.40	80.40	80.57	80.57	80.62	80.62	80.14
湖南	71.04	71.04	71.04	71.04	71.04	71.04	70.11	70.11	70.11	70.11	70.11	70.11
广东	75.66	75.66	75.72	74.35	75.97	75.30	75.43	74.97	74.52	74.97	75.29	74.10
广西	96.52	96.10	95.28	94.83	94.61	94.78	95.13	94.89	95.03	95.21	95.13	96.40
海南	72.90	72.90	72.90	72.90	72.90	73.28	73.48	73.48	73.48	73.48	73.31	72.98
重庆	80.50	80.50	80.50	80.50		80.50	80.50	80.50	80.50	80.50	80.50	80.50
四川	71.86	71.86	71.86	71.86	71.86	71.86	71.86	71.86	71.86	71.86	71.86	72.03
贵州	108.86	106.83	106.58	106.55	106.53	106.53	106.53	106.53	106.53	106.53	106.53	106.53
云南	149.30	152.74	154.13	154.34	154.34	154.34	154.34	154.34	154.34	154.34	154.42	155.49
西藏	141.20	141.20	141.20	141.20	141.20	141.20	141.20	141.20	141.20	141.20	141.20	141.20
陕西	94.31	94.31	94.31	94.31	94.31	94.49	95.11	94.86	95.61	95.61	95.61	95.61
甘肃	113.83	113.83	113.83	113.83	113.83	113.97	113.97	113.89	113.97	119.21	129.83	129.83
青海	55.75	55.75	56.57	56.98	56.98	56.98	56.98	56.98	56.98	56.98	56.98	57.71
宁夏	130.97	130.97	130.97	130.97	130.97	130.97	126.95	118.89	118.89	118.89	130.39	130.39
新疆	100.10	94.54	106.61	106.61	106.92	106.58	106.41	106.41	106.41	106.41	106.41	106.41

数据来源：国家发改委

【含乳饮料和植物蛋白饮料制造业】

2009—2016 年全国含乳饮料和植物蛋白饮料制造业基本经营情况

分 项	单位	2009 年	2010 年	2011 年	2012 年	2013 年	2014 年	2015 年	2016 年
企业数量	个	231	236	184	202	211	246	265	286
亏损企业数	个	12	12	10	15	11	13	15	14
资产总额	亿元	242.3	331.1	335.6	439.4	570.8	658.2	741.6	817.4
负债总额	亿元	110.1	150.8	154.7	177.2	242.5	261.6	306.8	370.5
主营业务收入	亿元	337.1	430.9	620.9	748.9	895.2	1 039.2	1 132.9	1 147.9
利润总额	亿元	59.0	68.0	66.8	100.7	125.4	126.3	149.6	159.3

资料来源：国家统计局

【社会经济综合指标】

国内生产总值

单位：亿元

年份（年）	国民总收入	国内生产总值	按产业分				人均国内生产总值（元）
			第一产业	第二产业	第三产业	农林牧渔业	
1978	3 678.7	3 678.7	1 018.5	1 755.2	905.1	1 027.5	385
1979	4 100.5	4 100.5	1 259.0	1 925.4	916.1	1 270.2	423
1980	4 587.6	4 587.6	1 359.5	2 204.7	1 023.4	1 371.6	468
1981	4 933.7	4 935.8	1 545.7	2 269.1	1 121.1	1 559.4	497
1982	5 380.5	5 373.4	1 761.7	2 397.7	1 214.0	1 777.3	533
1983	6 043.8	6 020.9	1 960.9	2 663.0	1 397.0	1 978.3	588
1984	7 314.2	7 278.5	2 295.6	3 124.8	1 858.1	2 316.0	702
1985	9 123.6	9 098.9	2 541.7	3 886.5	2 670.7	2 564.3	866
1986	10 375.4	10 376.2	2 764.1	4 515.2	3 096.9	2 788.6	973
1987	12 166.6	12 174.6	3 204.5	5 274.0	3 696.2	3 232.9	1 123
1988	15 174.4	15 180.4	3 831.2	6 607.4	4 741.8	3 865.2	1 378
1989	17 188.4	17 179.7	4 228.2	7 300.9	5 650.6	4 265.8	1 536
1990	18 923.3	18 872.9	5 017.2	7 744.3	6 111.4	5 061.8	1 663
1991	22 050.3	22 005.6	5 288.8	9 129.8	7 587.0	5 341.9	1 912
1992	27 208.2	27 194.5	5 800.3	11 725.3	9 668.9	5 866.2	2 334
1993	35 599.2	35 673.2	6 887.6	16 473.1	12 312.6	6 963.3	3 027
1994	48 548.2	48 637.5	9 471.8	22 453.1	16 712.5	9 572.1	4 081
1995	60 356.6	61 339.9	12 020.5	28 677.5	20 641.9	12 135.1	5 091
1996	70 779.6	71 813.6	13 878.3	33 828.1	24 107.2	14 014.7	5 898
1997	78 802.9	79 715.0	14 265.2	37 546.0	27 903.8	14 440.8	6 481
1998	83 817.6	85 195.5	14 618.7	39 018.5	31 558.3	14 816.4	6 860
1999	89 366.5	90 564.4	14 549.0	41 080.9	34 934.5	14 768.7	7 229
2000	99 066.1	100 280.1	14 717.4	45 664.8	39 897.9	14 943.6	7 942
2001	109 276.2	110 863.1	15 502.5	49 660.7	45 700.0	15 780.0	8 717
2002	120 480.4	121 717.4	16 190.2	54 105.5	51 421.7	16 535.7	9 506
2003	136 576.3	137 422.0	16 970.2	62 697.4	57 754.4	17 380.6	10 666
2004	161 415.4	161 840.2	20 904.3	74 286.9	66 648.9	21 410.7	12 487
2005	185 998.9	187 318.9	21 806.7	88 084.4	77 427.8	22 416.2	14 368
2006	219 028.5	219 438.5	23 317.0	104 361.8	91 759.7	24 036.4	16 738
2007	270 844.0	270 232.3	27 788.0	126 633.6	115 810.7	28 623.7	20 505
2008	321 500.5	319 515.5	32 753.2	149 956.6	136 805.8	33 699.1	24 121
2009	348 498.5	349 081.4	34 161.8	160 171.7	154 747.9	35 223.3	26 222
2010	411 265.2	413 030.3	39 362.6	191 629.8	182 038.0	40 530.0	30 876
2011	484 753.2	489 300.6	46 163.1	227 038.8	216 098.6	47 483.0	36 403
2012	539 116.5	540 367.4	50 902.3	244 643.3	244 821.9	52 368.7	40 007
2013	590 422.4	595 244.4	55 329.1	261 956.1	277 959.3	56 973.6	43 852
2014	644 791.1	643 974.0	58 343.5	277 571.8	308 058.6	60 165.7	47 203
2015	686 449.6	689 052.1	60 862.1	282 040.3	346 149.7	62 911.8	50 251
2016	741 140.4	744 127.2	63 670.7	296 236.0	384 220.5	65 964.4	53 980

注：1980 年以后国民总收入（原称国民生产总值）与国内生产总值的差额为国外净要素收入。

农、林、牧、渔业总产值及指数

单位：亿元

年份	绝对数（亿元）					指 数（上年 =100）				
	农林牧渔业总产值	农 业	林业	牧 业	渔 业	农林牧渔业总产值	农 业	林业	牧业	渔业
1978 年	1 397.0	1 117.5	48.1	209.3	22.1					
1980 年	1 922.6	1 454.1	81.4	354.2	32.9	101.4	99.7	112.2	107.0	107.7
1985 年	3 619.5	2 506.4	188.7	798.3	126.1	103.4	99.8	104.5	117.2	118.9
1990 年	7 662.1	4 954.3	330.3	1 967.0	410.6	107.6	108.0	103.1	107.0	110.0
1995 年	20 340.9	11 884.6	709.9	6 045.0	1 701.3	110.9	107.9	105.0	114.8	119.4
2000 年	24 915.8	13 873.6	936.5	7 393.1	2 712.6	103.6	101.4	105.4	106.3	106.5
2005 年	39 450.9	19 613.4	1 425.5	13 310.8	4 016.1	105.7	104.1	103.2	107.8	106.5
2006 年	40 810.8	21 522.3	1 610.8	12 083.9	3 970.5	105.4	105.4	105.6	105.0	106.0
2007 年	48 893.0	24 658.1	1 861.6	16 124.9	4 457.5	103.9	104.0	106.9	102.3	104.8
2008 年	58 002.2	28 044.2	2 152.9	20 583.6	5 203.4	105.7	104.8	108.1	106.8	106.0
2009 年	60 361.0	30 777.5	2 193.0	19 468.4	5 626.4	104.6	103.8	107.1	105.8	105.8
2010 年	69 319.8	36 941.1	2 595.5	20 825.7	6 422.4	104.4	104.1	106.5	104.1	105.5
2011 年	81 303.9	41 988.6	3 120.7	25 770.7	7 568.0	104.5	105.6	107.6	101.7	104.5
2012 年	89 453.0	46 940.5	3 447.1	27 189.4	8 706.0	104.9	104.4	106.7	105.2	105.1
2013 年	96 995.3	51 497.4	3 902.4	28 435.5	9 634.6	104.0	104.4	107.3	102.0	105.2
2014 年	102 226.1	54 771.5	4 256.0	28 956.3	10 334.3	104.2	104.4	106.1	103.0	104.4
2015 年	107 056.4	57 635.8	4 436.4	29 780.4	10 880.6	103.9	105.0	105.3	101.1	103.8
2016 年	112 091.3	59 287.8	4 631.6	31 703.2	11 602.9	103.5	104.2	106.0	100.7	104.2
北 京	338.1	145.2	52.2	122.7	9.2	90.1	95.0	91.1	84.4	78.6
天 津	494.4	244.3	8.4	140.9	89.0	103.3	105.5	107.9	98.7	103.2
河 北	6 083.9	3 459.4	132.3	1 939.2	211.0	103.5	103.2	106.4	103.0	103.8
山 西	1 534.0	958.1	100.3	376.2	9.9	103.2	103.3	106.6	101.9	100.2
内蒙古	2 794.2	1 415.1	98.6	1 202.9	33.0	103.1	102.8	100.3	103.6	102.8
辽 宁	4 421.8	1 859.5	143.7	1 575.7	639.6	97.4	92.6	93.5	97.8	108.5
吉 林	2 724.9	1 232.0	107.2	1 252.8	43.0	103.2	105.3	100.1	100.9	106.9
黑龙江	5 197.8	2 873.9	219.9	1 854.8	129.2	105.5	105.4	108.7	104.7	108.1
上 海	285.1	148.5	13.2	62.6	50.2	90.8	90.3	110.0	88.9	90.2
江 苏	7 235.1	3 714.6	129.3	1 331.5	1 621.9	100.8	100.5	104.2	98.9	101.2
浙 江	3 146.1	1 521.2	158.1	434.3	962.0	102.5	103.4	101.2	93.7	105.2
安 徽	4 655.5	2 234.1	291.1	1 375.7	513.2	103.4	102.5	104.9	102.0	103.1
福 建	4 155.7	1 782.0	315.1	681.7	1 235.5	103.7	103.0	104.0	103.4	104.6
江 西	3 130.3	1 446.9	324.6	788.6	458.9	104.1	104.8	107.5	102.1	102.6
山 东	9 325.9	4 641.3	147.5	2 540.8	1 485.6	104.4	105.0	109.5	102.6	102.0
河 南	7 799.7	4 577.2	121.3	2 611.3	128.3	104.5	105.9	104.9	101.0	105.5
湖 北	6 278.4	2 921.3	203.4	1 715.2	1 030.0	104.9	105.0	112.0	99.0	107.8
湖 南	6 081.9	3 255.1	321.6	1 762.7	396.7	103.6	103.9	108.3	100.5	106.4
广 东	6 078.4	3 134.4	314.7	1 221.8	1 195.6	102.9	103.6	106.4	99.0	103.4
广 西	4 591.4	2 347.9	323.5	1 266.4	464.2	103.3	104.7	105.9	98.3	104.3
海 南	1 470.4	695.6	100.0	267.1	353.8	104.3	104.8	104.0	103.2	103.5
重 庆	1 968.3	1 151.8	73.4	627.4	85.3	104.5	104.3	111.4	103.1	110.2
四 川	6 831.1	3 711.0	219.1	2 551.7	223.9	104.0	111.3	105.0	93.8	104.9
贵 州	3 097.2	1 888.6	195.0	797.2	68.7	106.2	106.9	109.0	103.2	116.7
云 南	3 633.1	1 943.6	330.4	1 141.8	94.2	105.8	106.1	111.1	102.9	111.1
西 藏	173.0	52.2	2.4	113.8	0.2	112.6	74.7	110.4	147.1	136.2
陕 西	2 985.8	2 027.6	85.5	695.9	26.2	104.1	104.9	114.6	99.7	108.7
甘 肃	1 778.0	1 274.7	30.8	299.7	2.2	104.2	104.4	107.6	102.5	101.1
青 海	338.8	155.5	8.3	165.7	3.3	105.4	105.5	111.4	105.0	117.2
宁 夏	493.6	311.9	10.1	131.7	17.0	104.4	103.7	83.6	107.9	108.3
新 疆	2 969.7	2 163.1	50.3	653.2	22.2	106.0	106.4	107.4	104.4	106.6

注：本表绝对数按当年价格计算，指数按可比价格计算。2003 年起总产值包括农林牧渔服务业产值。

1978—2016年全国社会消费品零售总额

单位：亿元

年份	社会消费品零售总额	市	县	县以下
1978年	1 558.6	505.2	380.4	673.0
1979年	1 800.0	584.7	347.5	867.8
1980年	2 140.0	733.6	399.4	1 007.0
1981年	2 350.0	843.3	431.9	1 074.8
1982年	2 570.0	920.5	471.3	1 178.2
1983年	2 849.4	1 057.3	520.8	1 271.2
1984年	3 376.4	1 348.7	586.4	1 441.3
1985年	4 305.0	1 874.5	737.2	1 693.3
1986年	4 950.0	2 018.0	902.0	2 030.0
1987年	5 820.0	2 427.0	1 030.0	2 363.0
1988年	7 440.0	3 260.8	1 264.3	2 914.9
1989年	8 101.4	3 666.8	1 329.5	3 105.1
1990年	8 300.1	3 888.6	1 337.4	3 074.1
1991年	9 415.6	4 529.8	1 491.2	3 394.6
1992年	10 993.7	5 470.3	1 689.8	3 833.6
1993年	14 270.4	7 138.1	2 090.1	5 042.2
1994年	18 622.9	9 387.8	2 558.7	6 676.4
1995年	23 613.8	12 979.4	3 366.3	7 268.1
1996年	28 360.2	16 199.2	3 759.7	8 401.3
1997年	31 252.9	18 499.5	4 011.6	8 741.8
1998年	33 378.1	20 294.1	4 220.2	8 863.8
1999年	35 647.9	22 201.8	4 460.8	8 985.3
2000年	39 105.7	24 555.2	4 831.1	9 719.4
2001年	43 055.4	27 379.1	5 251.4	10 424.9
2002年	48 135.9	31 376.5	5 566.5	11 192.9
2003年	52 516.3	34 608.3	6 011.8	11 896.2
2004年	59 501.0	39 695.7	6 636.0	13 169.3
2005年	67 176.6	45 094.3	7 485.4	14 596.9
2006年	76 410.0	51 542.6	8 477.9	16 389.5
2007年	89 210.0	60 410.7	9 943.8	18 855.5
2008年	114 830.1	73 734.9	12 212.8	22 540.0
2009年	132 678.4	85 133.0	/	/
2010年	156 998.4	/	/	/
2011年	183 918.6	/	/	/
2012年	210 307.0	/	/	/
2013年	242 842.8	/	/	/
2014年	271 896.1	/	/	/
2015年	300 930.8	/	/	/
2016年	332 316.3	/	/	/

数据来源：国家统计局

2012—2016年全国各地区社会消费品零售总额

单位：亿元

地区	2012年	2013年	2014年	2015年	2016年	增长%
全国	210 307.0	242 842.8	271 896.1	300 930.8	332 316.3	10.4
北京	7 702.8	8 375.1	9 638.0	10 338.0	11 005.1	6.5
天津	3 921.4	4 470.4	4 738.7	5 257.3	5 635.8	7.2
河北	9 254.0	10 516.7	11 820.5	12 990.7	14 364.7	10.6
山西	4 506.8	5 139.3	5 717.9	6 033.7	6 480.5	7.4
内蒙古	4 572.5	5 114.2	5 657.6	6 107.7	6 700.8	9.7
辽宁	9 346.6	10 581.4	11 857.0	12 787.2	13 414.1	4.9
吉林	4 772.9	5 426.4	6 080.9	6 651.9	7 310.4	9.9
黑龙江	5 491.0	6 251.2	7 015.3	7 640.2	8 402.5	10.0
上海	7 412.3	8 052.0	9 303.5	10 131.5	10 946.6	8.0
江苏	18 331.3	20 796.5	23 458.1	25 876.8	28 707.1	10.9
浙江	13 588.3	15 225.5	17 835.3	19 784.7	21 970.8	11.0
安徽	5 736.6	6 542.4	7 957.0	8 908.0	10 000.2	12.3
福建	7 256.5	8 275.3	9 346.7	10 505.9	11 674.5	11.1
江西	4 027.2	4 576.1	5 292.6	5 925.5	6 634.6	12.0
山东	19 651.9	22 294.8	25 111.5	27 761.4	30 645.8	10.4
河南	10 915.6	12 426.6	14 005.0	15 740.4	17 618.4	11.9
湖北	9 562.5	10 885.9	12 449.3	14 003.2	15 649.2	11.8
湖南	7 921.9	9 018.6	10 723.5	12 024.0	13 436.5	11.7
广东	22 677.1	25 453.9	28 471.1	31 517.6	34 739.1	10.2
广西	4 516.6	5 133.1	5 772.8	6 348.1	7 027.3	10.7
海南	870.8	992.9	1 224.5	1 325.1	1 453.7	9.7
重庆	4 033.7	4 599.8	5 710.7	6 424.0	7 271.4	13.2
四川	9 268.6	10 561.4	12 393.0	13 877.7	15 601.9	11.7
贵州	2 027.6	2 366.2	2 936.9	3 283.0	3 709.0	13.0
云南	3 511.6	4 004.6	4 632.9	5 103.2	5 722.9	12.1
西藏	254.6	293.2	364.5	408.5	459.4	12.5
陕西	4 383.8	4 999.5	5 918.7	6 578.1	7 367.6	11.0
甘肃	1 906.5	2 173.8	2 668.3	2 907.2	3 184.4	9.5
青海	476.0	544.1	620.8	691.0	767.3	11.0
宁夏	548.8	610.5	737.2	789.6	850.1	7.7
新疆	1 858.6	2 108.2	2 436.5	2 606.0	2 825.9	8.4

数据来源：国家统计局

1978—2016年全国城乡人口数

单位：万人 %

年份	年末人口数	城镇人口数	比重	乡村人口数	比重
1978年	96 259	17 245	17.92	79 014	82.08
1979年	97 542	18 495	18.96	79 047	81.04
1980年	98 705	19 140	19.39	79 565	80.61
1981年	100 072	20 171	20.16	79 901	79.84
1982年	101 654	21 480	21.13	80 174	78.87
1983年	103 008	22 274	21.62	80 734	78.38
1984年	104 357	24 017	23.01	80 340	76.99
1985年	105 851	25 094	23.71	80 757	76.29
1986年	107 507	26 366	24.52	81 141	75.48
1987年	109 300	27 674	25.32	81 626	74.68
1988年	111 026	28 661	25.81	82 365	74.19
1989年	112 704	29 540	26.21	83 164	73.79
1990年	114 333	30 195	26.41	84 138	73.59
1991年	115 823	31 203	26.94	84 620	73.06
1992年	117 171	32 175	27.46	84 996	72.54
1993年	118 517	33 173	27.99	85 344	72.01
1994年	119 850	34 169	28.51	85 681	71.49
1995年	121 121	35 174	29.04	85 947	70.96
1996年	122 389	37 304	30.48	85 085	69.52
1997年	123 626	39 449	31.91	84 177	68.09
1998年	124 761	41 608	33.35	83 153	66.65
1999年	125 786	43 748	34.78	82 038	65.22
2000年	126 743	45 906	36.22	80 837	63.78
2001年	127 627	48 064	37.66	79 563	62.34
2002年	128 453	50 212	39.09	78 241	60.91
2003年	129 227	52 376	40.53	76 851	59.47
2004年	129 988	54 283	41.76	75 705	58.24
2005年	130 756	56 212	42.99	74 544	57.01
2006年	131 448	58 288	44.34	73 160	55.66
2007年	132 129	60 633	45.89	71 496	54.11
2008年	132 802	62 403	46.99	70 399	53.01
2009年	133 450	64 512	48.34	68 938	51.66
2010年	134 091	66 978	49.95	67 113	50.05
2011年	134 735	69 079	51.27	65 656	48.73
2012年	135 404	71 182	52.57	64 222	47.43
2013年	136 072	73 111	53.73	62 961	46.27
2014年	136 782	74 916	54.77	61 866	45.23
2015年	137 462	77 116	56.10	60 346	43.90
2016年	138 271	79 298	57.35	58 973	42.65

数据来源：国家统计局

分地区年末城镇人口比重

单位：%

地 区	2007 年	2008 年	2009 年	2010 年	2011 年	2012 年	2013 年	2014 年	2015 年
全 国	**45.89**	**46.99**	**48.34**	**49.95**	**51.27**	**52.57**	**53.73**	**54.77**	**56.10**
北 京	84.50	84.90	85.00	85.96	86.20	86.20	86.30	86.35	86.50
天 津	76.31	77.23	78.01	79.55	80.50	81.55	82.01	82.27	82.64
河 北	40.25	41.90	43.74	44.50	45.60	46.80	48.12	49.33	51.33
山 西	44.03	45.11	45.99	48.05	49.68	51.26	52.56	53.79	55.03
内蒙古	50.15	51.71	53.40	55.50	56.62	57.74	58.71	59.51	60.30
辽 宁	59.20	60.05	60.35	62.10	64.05	65.65	66.45	67.05	67.35
吉 林	53.16	53.21	53.32	53.35	53.40	53.70	54.20	54.81	55.31
黑龙江	53.90	55.40	55.50	55.66	56.50	56.90	57.40	58.01	58.80
上 海	88.70	88.60	88.60	89.30	89.30	89.30	89.60	89.60	87.60
江 苏	53.20	54.30	55.60	60.58	61.90	63.00	64.11	65.21	66.52
浙 江	57.20	57.60	57.90	61.62	62.30	63.20	64.00	64.87	65.80
安 徽	38.70	40.50	42.10	43.01	44.80	46.50	47.86	49.15	50.50
福 建	51.40	53.00	55.10	57.10	58.10	59.60	60.77	61.80	62.60
江 西	39.80	41.36	43.18	44.06	45.70	47.51	48.87	50.22	51.62
山 东	46.75	47.60	48.32	49.70	50.95	52.43	53.75	55.01	57.01
河 南	34.34	36.03	37.70	38.50	40.57	42.43	43.80	45.20	46.85
湖 北	44.30	45.20	46.00	49.70	51.83	53.50	54.51	55.67	56.85
湖 南	40.45	42.15	43.20	43.30	45.10	46.65	47.96	49.28	50.89
广 东	63.14	63.37	63.40	66.18	66.50	67.40	67.76	68.00	68.71
广 西	36.24	38.16	39.20	40.00	41.80	43.53	44.81	46.01	47.06
海 南	47.20	48.00	49.13	49.80	50.50	51.60	52.74	53.76	55.12
重 庆	48.30	49.99	51.59	53.02	55.02	56.98	58.34	59.60	60.94
四 川	35.60	37.40	38.70	40.18	41.83	43.53	44.90	46.30	47.69
贵 州	28.24	29.11	29.89	33.81	34.96	36.41	37.83	40.01	42.01
云 南	31.60	33.00	34.00	34.70	36.80	39.31	40.48	41.73	43.33
西 藏	21.50	21.90	22.30	22.67	22.71	22.75	23.71	25.75	27.74
陕 西	40.62	42.10	43.50	45.76	47.30	50.02	51.31	52.57	53.92
甘 肃	32.25	33.56	34.89	36.12	37.15	38.75	40.13	41.68	43.19
青 海	40.07	40.86	41.90	44.72	46.22	47.44	48.51	49.78	50.30
宁 夏	44.02	44.98	46.10	47.90	49.82	50.67	52.01	53.61	55.23
新 疆	39.15	39.64	39.85	43.01	43.54	43.98	44.47	46.07	47.23

注：2010 年数据为当年人口普查数据推算数；其余年份数据为年度人口抽样调查推算数据，部分省份 2006–2009 年数据根据 2010 年普查数据进行了修订。

【国际奶业】

2005—2016年全球原料奶产量

单位：万t

原料奶种类	2005年	2010年	2014年	2015年	2016年	2016年增长率	2005—2016年复合年均增长率
牛奶	54 780.4	60 561.2	66 078.7	67 521.2	67 858.1	0.5%	2.0%
水牛奶	7 937.4	9 301.0	10 691.1	10 950.1	11 351.9	3.7%	3.3%
山羊奶	1 670.8	1 766.8	1 881.4	1 899.8	1 925.6	1.4%	1.3%
绵羊奶	879.8	1 007.9	1 033.9	1 055.7	1 060.6	0.5%	1.7%
其他	264.2	382.7	387.3	405.1	399.5	−1.4%	3.8%
全球总产量	65 532.5	73 019.5	80 072.2	81 831.9	82 595.8	0.9%	2.1%

数据来源：IDF

2005—2016年全球各地区牛奶产量

单位：万t

	2005年	2010年	2014年	2015年	2016年	2016年增长率	2005—2016年复合年均增长率
亚洲	13 134. 7	16 542. 8	18 866.0	19 842.0	20 209. 3	1.9%	4.0%
欧盟28国	15 045. 4	14 981.0	16 019. 5	16 344. 1	16 433. 2	0.5%	0.8%
北美和中美	10 300. 5	11 208. 3	11 912. 5	12 090. 4	12 340. 5	2.1%	1.7%
南美洲	5 086. 8	6 046.0	6 685. 6	6 687. 4	6 335. 5	−5.3%	2.0%
其他欧洲国家	5 983.0	5 914. 4	5 807. 9	5 793. 1	5 775. 6	−0.3%	−0.3%
非洲	2 667. 9	3 199. 5	3 588.0	3 601. 3	3 705. 7	2.9%	3.0%
大洋洲	2 562.0	2 669. 2	3 199. 1	3 163.0	3 058. 3	−3.3%	1.6%
全 球	54 780. 4	60 561. 2	66 078. 7	67 521. 2	67 858. 1	0.5%	2.0%

数据来源：IDF

2005—2016 年世界主要国家奶牛存栏数

单位：万头

国 家	2005 年	2010 年	2014 年	2015 年	2016 年	2016 年增长率	2005—2016 年复合年均增长率
印度	3 658.6	4 275.5	4 594.9	4 716.5	4 799.3	1.8%	2.5%
中国	1 216.1	1 420.1	1 499.1	1 507.2	1 425.3	–5.4%	1.5%
日本	105.5	96.4	89.3	87.0	87.1	0.1%	–1.7%
韩国	27.1	24.1	24.8	23.3	22.9	–1.7%	–1.5%
巴西	2 062.6	2 292.5	2 302.8	2 175.1	2 128.7	–2.1%	0.3%
阿根廷	188.5	174.9	178.6	177.0	177.3	0.2%	–0.6%
欧盟（28 国）	2 526.3	2 325.7	2 329.4	2 327.2	2 327.5	0.0%	–0.7%
德国	416.4	418.2	429.6	428.5	421.8	–1.6%	0.1%
法国	395.8	371.2	369.5	365.8	362.9	–0.8%	–0.8%
波兰	279.5	252.9	224.8	213.4	213.0	–0.2%	–2.4%
英国	200.7	184.7	188.3	191.8	189.8	–1.0%	–0.5%
意大利	184.2	174.6	183.1	182.7	185.0	1.3%	0.0%
荷兰	143.3	147.9	157.2	162.2	174.5	7.6%	1.8%
爱尔兰	112.2	100.7	112.8	124.0	129.5	4.5%	1.3%
西班牙	111.3	84.5	87.6	85.3	85.2	–0.1%	–2.4%
丹麦	55.8	57.3	54.7	57.0	56.5	–0.9%	0.1%
美国	904.3	911.9	925.7	931.4	932.8	0.2%	0.3%
墨西哥	599.5	648.0	635.0	640.0	645.0	0.8%	0.7%
加拿大	104.1	96.6	95.4	95.9	95.7	–0.2%	–0.8%
俄罗斯	964.7	884.4	851.1	837.9	825.0	–1.5%	–1.4%
乌克兰	378.1	255.7	226.3	216.7	210.9	–2.7%	–5.2%
新西兰	410.0	440.0	492.5	501.8	499.8	–0.4%	1.8%
澳大利亚	188.0	158.9	168.9	166.3	166.3	0.0%	–1.1%
全球	24 072.6	26 358.8	27 730.7	27 929.6	28 223.5	1.1%	1.5%

数据来源：IDF

2005—2016年世界主要国家牛奶产量

单位：万t

国家	2005年	2010年	2014年	2015年	2016年	2016年增长率	2005—2016年复合年均增长率
印度1	3 975.9	5 490.3	6 642.3	7 364.5	7 769.9	5.5%	6.3%
中国	2 753.4	3 575.6	3 724.6	3 754.7	3 602.0	–4.1%	2.5%
日本	828.5	772.1	733.4	737.9	739.4	0.2%	–1.0%
韩国	223.0	207.3	221.4	216.8	207.0	–4.5%	–0.7%
欧盟（28国）	15 045.4	14 981.0	16 019.5	16 344.1	16 433.2	0.5%	0.8%
德国	2 845.3	2 962.9	3 239.5	3 268.5	3 267.6	0.0%	1.3%
法国	2 488.5	2 401.0	2 570.8	2 580.0	2 519.7	–2.3%	0.1%
英国	1 447.0	1 385.2	1 505.0	1 545.0	1 494.6	–3.3%	0.3%
荷兰	1 083.6	1 182.9	1 266.0	1 352.2	1 453.1	7.5%	2.7%
波兰	1 190.1	1 227.9	1 298.6	1 308.5	1 326.4	1.4%	1.0%
意大利	1 089.7	1 100.5	1 143.1	1 154.9	1 191.4	3.2%	0.8%
西班牙	655.3	635.7	678.0	702.9	713.7	1.5%	0.8%
爱尔兰	516.3	543.5	593.2	671.7	698.8	4.0%	2.8%
丹麦	458.6	496.5	518.7	535.2	544.8	1.8%	1.6%
美国	8 025.4	8 747.4	9 346.5	9 461.8	9 635.9	1.8%	1.7%
墨西哥	1 016.4	1 099.7	1 146.4	1 173.7	1 195.5	1.9%	1.5%
加拿大	824.1	843.4	862.5	901.2	933.6	3.6%	1.1%
巴西	2 535.9	3 163.7	3 617.8	3 605.0	3 478.1	–3.5%	2.9%
阿根廷	977.8	1 061.7	1 134.0	1 165.3	1 019.2	–12.5%	0.4%
俄罗斯	3 089.3	3 158.5	3 051.1	3 052.2	3 049.5	–0.1%	–0.1%
乌克兰	1 342.4	1 097.7	1 086.1	1 035.9	1 013.7	–2.1%	–2.5%
新西兰	1 516.3	1 716.9	2 189.8	2 159.3	2 122.9	–1.7%	3.1%
澳大利亚	1 039.2	945.5	1 002.4	997.0	928.6	–6.9%	–1.0%
全球	54 780.4	60 561.2	66 078.7	67 521.2	67 858.1	0.5%	2.0%

备注：（1）奶业年度为4月1日至次年3月31日

（2）2014年、2015年不包括属地数据

（3）2000年及2005年数据为2000/2001及2005/2006奶业年度（6月1日至次年5月31日）数据

（4）奶业年度为7月1日至次年6月30日

索　引

说　明

一、本索引采用分析索引方法，按英文字母顺序的汉语拼音排列，汉语拼音同音字按声调排列。

二、“特载”“政策法规”“奶业大事记”“行业统计”未作索引，可结合目录检索。

三、索引采用数字和字母表示，数字表示该内容所在的页码，字母（a、b）表示该页自左至右的栏别。单独数字（没有字母组合的），表示该内容在本页的通栏中或左右栏中都有。

G

H

J

O

P

Q

R

S

T

X

Y

Z

2017 2017 2017